幼沖凡預宗枝皆蒙寵樹況以將軍之地將軍之才將
軍之名將軍之勢而能克修藩服北面稱臣寧與劉澤
同年而語其功業哉登不身與山河等安名與金石相
敝顧加三思慮之無忽寄氣力綿微餘陰無幾感恩懷
德不覺狂言鈇鉞之誅甘之如薺寶應覽書大怒或謂
寶應曰虞公病勢漸篤言多錯謬寶應意乃小釋亦為
寄有民望且優容之及寶應敗走夜至莆田碩謂其子
扞泰曰早從虞公計不至今日扞泰但泣而已寶應既

莆田通史

林国平　彭文宇　主编

社会科学文献出版社
SOCIAL SCIENCES ACADEMIC PRESS (CHINA)

序　言

在福建的发展历史上，莆田（旧称兴化）地区可称得上是八闽文化的重要发源地。秦汉以来，北方士民陆续迁移入闽，莆田地区以其优良的地理环境和自然条件，成为北方士民率先驻足和繁衍生息的福地之一。北方士民的迁入，不仅迅速推动了莆田平原的开发和社会经济的发展，同时也带来了尊师重教的文化风气。延至唐代，莆田地区已经成为福建境内文化教育最为兴盛的区域。据统计，唐代时期，福建全境中进士的士子在 70 人左右，其中兴化士子占 20 名左右。从进士在福建不同地区的分布看，虽然唐代中进士人数最多的是福州方言区，但是当时福州方言区的属县近 20 个，而兴化方言区仅 2 个县，即莆田、仙游二县，从县均的绝对数字上讲，还是兴化士子中进士的比例最高。从行政区划上看，唐代莆、仙两县属于泉州，而泉州的文化教育中心，却是在莆田地区。除了莆、仙境内的士子在国家科举选拔中脱颖而出之外，泉州辖区之内的许多著名士子，如与韩愈同榜进士的欧阳詹等，都在莆田地区受过教育。

到了宋明时期，兴化地区的文化教育成就，无论是从绝对数字还是相对标准而言，都是福建区域的佼佼者。宋代的文献记载称这里"十室九书堂，龙门半天下""比屋业儒，号衣冠盛处"，可谓宋明时期兴化地区文化教育盛景的真实写照。宋明时期兴化的文化教育，不仅在福建的文化发展史上光彩夺目，即使是在全中国的文化发展史上，也占有重要的地位。据不完全统计，有宋一代，兴化士子著书 2632 部，收入《四库全书》的有 43 部 831 卷，还有存目 37 部 345 卷。由于文化教育的发达，兴化地区在宋代涌现了许多著名的藏书家。在整个福建，现今见诸史载的藏书家有 110 人左右，而兴化地区就有 75 人。这样的藏书规模，即使是在全国范围内看，也是屈指可数的。可以想见，宋明时期兴化地区文化教育的发展，对福建乃至全国的文化事业都产生了积极的推动作用。当然，到了明代后期，因为倭难等，兴化地区在科举及文化事业等方面发展相对迟缓，但是其在唐宋时期作为八闽文化重要发源地的历史地位，是应当被人们充分认识的。

宋明时期兴化地区文化教育的发展还对社会风气的转变和民间教化产生了潜移默化的影响。举两个十分有趣的例子。由于宋明时期莆田地区读书人之多及文献收藏之盛，莆田地区有"文献（物）之邦"或"文献名邦"的美誉。有关史料记载，明嘉靖四十四年（1565 年），莆田知县徐策在县衙署外县巷的南北路口树立两座牌坊，南坊匾书"莆阳文献"，北坊匾书"海滨邹鲁"；30 多年后，即明万历二十六年（1598 年），知县孙继有将两坊匾题换为"壶兰雄邑"和"文献名邦"。显然，这种美誉既是对宋元以来莆田重视文化教育事业的肯定，也是对邑人勤奋读书风尚的一种激励。终明之世，我们还找不到其他地方有此称呼的历史记载。但是近现代以来，全国的不少地方，陆续出现了诸如"文献名邦"的称谓。这种现象的出现，不能不说是莆田地区作为文化教育标杆而受到各地仿效向往的一个明证。另一个例子是，宋高宗绍兴八年（1138 年），莆田黄公度、陈俊卿高中同科状元、榜眼。据传，在廷对时，高宗问黄公度和陈俊卿："卿土何奇？"陈俊卿以"地瘦栽松柏，家贫子读书"对，深得高宗赞许。从此，"地瘦栽松柏，家贫子读书"成为兴化地区激励民间读书兴学的古训。这一励志的古训，不仅在兴化深入人心，而且不断地向周边扩散延伸。时至今日，在我国的东南一带，以这一古训作为家乡荣光的标志和倡导治学的所在不少。我们从这两个例子中，就可以十分清楚地了解到兴化地区作为区域文化发源地的永久影响力。

自唐宋至明代，兴化地区的文化教育事业如此辉煌多彩，理应予以认真的撰写总结，但是明代晚期以来这一地区因为倭寇屠城、"迁界禁海"等战乱因素，文化教育事业有所衰退，致使后世人对兴化历史的撰写不能尽如人意。虽然说我国修撰地方志书有着悠久的历史，但就全国的情景而言，编撰府县志书，还是从明代开始比较普遍。兴化作为国内文化教育比较先进的地区，在修撰地方志书上也不甘人后。我们现在所能看到的明代修撰的《兴化府志》共有三种，即明代弘治十六年（1504 年）周瑛、黄仲昭纂的 54 卷《兴化府志》、万历二年（1574 年）康大和纂的 36 卷《兴化府志》、万历四十一年（1613 年）林尧俞纂的 59 卷《兴化府志》。明代三修府志，这从全国来看也是比较突出的。但是，明代晚期至清代、民国，正是全国各地修撰地方志书的高峰时期，兴化地区再也没有修撰过《兴化府志》，这不能不说是莆田文化史上的一个重大缺憾！

21 世纪以来，在中共莆田市委、莆田市人民政府的正确领导下，莆田市的社会经济与文化事业取得了迅猛发展。在这大好形势之下，莆田市委、市政府不失时机地倡导编纂《莆田通史》，这是一件值得所有莆田人欢欣鼓舞的文化大事。特别是市委宣传部聘请到莆籍历史学者林国平教授担任该书主编。林国平教授组织精干而又专业素质良好的编写队伍，对全书的体例、结构等进行了精心的设计。历经数载、几易其稿，终于撰写完成一部与时俱进、能够充分体现时代特征的《莆田通史》。我作为一名地方史的爱好者，由衷地为《莆田通史》的问世感到高兴并受到鼓舞。我坚信，《莆田通史》的问世，必将为莆田市社会经济的发展、文化事业的承继，贡献其永恒的精神力量。

陈支平

2020 年 6 月 20 日

绪　论

莆田市位于福建沿海中部，北连省会城市福州，南接历史名城泉州，西依戴云山，东南濒临台湾海峡。陆域面积约4119平方公里，海域面积1.1万平方公里。

莆田市古称兴化军、兴化路、兴化府，雅称"莆阳""兴安"，1971年设莆田地区，1983年撤区设市辖莆田、仙游二县和城厢、涵江二区。2002年莆田县撤县改区后，莆田一般指莆田市。莆田为古府新市，历史底蕴深厚、人文荟萃，素有"文献名邦、海滨邹鲁"之美誉，为福建省历史文化名城。

早在距今5500～3500年的新石器时代中晚期，莆田就有先民在这里劳作、生息。白兰坡、鲎尾寨、走马山、东岩山等遗址的发掘表明，先民早期主要以滩涂采集与近海捕捞为业，后期则以山海食物采集、狩猎和耕作为主。

距今3500～2200年，相当于商周时期，处于青铜时代的莆田留下的文化遗址与遗物较新石器时代增长了近8倍，呈聚落状星星点点地散落在今城厢区、涵江区、荔城区、秀屿区及仙游县各地，反映出当时莆田已处于原始社会部落联盟及聚落经济形态发展的高级阶段。

战国中期（前334年前后），越王勾践的子孙"败走南山"，部分进入闽中，融入闽族社会，形成闽越族，并建立闽越国。秦一统天下，设立闽中郡，福建短暂纳入王朝版图。汉初恢复闽越国，历三代共92年。闽越王为了加强对莆田区域的控制与管理，在仙游建立鸡子城、蛇湾城、龙穿城等，迄今尚有5处汉代遗迹可寻，足见莆田特别是仙游在当时闽越国疆域中的重要地位。

元封元年（前110年），汉武帝派兵灭掉闽越国，下令将闽越人强行迁于江淮地区，造成闽中人口稀少，社会经济文化发展停滞甚至倒退。此时，虽然也有北方汉人零星迁入莆田地区，但人数太少，两汉时期的莆田基本上处于无人治理的蛮荒状态。

三国时期，东吴政权着力开发江南，多次派兵入闽平叛，增设行政机构，加强对福建的控制。两晋南北朝时期，因北方战乱，大批汉人移民福建，部分进入莆田，带来先进的生产技术和文化，推动莆田地区社会经济文化初步发展。南朝梁、陈时代，郑氏"开莆来学"，陈光大二年（568年）初置莆田县，标志着莆田历史进入新阶段。

隋唐五代，特别是唐末五代，随着大批北方汉人陆续涌入莆田，莆田的社会经济文化得到较快的发展，为宋代莆田社会经济文化的腾飞奠定坚实的基础。一方面，大规模兴修水利，莆田南北洋平原初步开发，农业生产加速发展，纺织、制盐、冶铁、制糖等手工业也有所发展；兴修驿路和桥梁，交通得到改善；商业贸易初步发展，形成商业网点。另一方面，伴随着经济的发展，莆田的文化教育事业应运兴起，书堂逐渐盛行，重教兴学的传统初步形成。

宋代，随着中国政治经济文化重心的南移，经过隋唐五代的长期蓄力和积淀，莆田社会经济文化开始腾飞。在政治上表现为脱离泉州管辖，自成军级区划；在经济上表现为人口剧增，木兰陂等大型水利工程兴建和水利灌溉系统形成，南北洋平原大规模开发，农、渔、手工业繁荣，商业和海上贸易兴盛等；在文化上表现为重教兴学的优良传统形成，科举兴盛、人才辈出、文学艺术繁荣、宗教信仰盛行，具有浓郁地域特色的莆仙民系和莆仙文化已经形成。

宋末元初，莆田在元军和宋军之间多次易手，遭受战争破坏极为严重。景炎二年（1277年），元兵攻打兴化城，陈文龙、陈瓒率军民守城拒敌，兵败殉国，书写了可歌可泣的历史篇章。兴化城陷后，元兵屠城，死者三万余人，莆田经济文化遭受极大破坏。元朝实行民族歧视政策，莆田教育停滞不前，科举式微，士人隐居山林，文学艺术衰落，社会经济文化发展艰难，莆田历史进入缓慢发展时期。

明初，福建社会秩序开始重建，莆田经济得到恢复和发展。明代莆田的农业、手工业、渔业、盐业等都得到长足发展。特别是商贸的繁荣促使兴化商帮崛起，对后来的莆田历史产生重大影响。明代，莆田文化再度走向辉煌，教育科举、文学艺术重振雄风，宗教信仰生机勃勃，"海滨邹鲁、文献名邦"的称誉实至名归。明代中期，莆田人民前赴后继，展开抗击倭寇的英勇斗争，其不屈不挠的民族精神成为莆田人民的宝贵精神财富。

清初，清军入闽残杀无辜，莆田人民展开规模浩大的抗清斗争。清初实行的海禁与迁界政策，给莆田沿海居民带来了巨大灾难，其创伤上百年后才慢慢弥合。康熙之后，莆田社会经济文化得到恢复和发展。一方面，为了缓和人口剧增带来的人多地少的尖锐矛盾，莆田人开始大规模向周边的府县、省份乃至海外移民。另一方面，在农业、手工业、渔业等传统经济得到持续发展的同时，航运、印刷、粮食加工、纺织、制糖等近代民族工业也在清末开始出现。

民国时期，在内忧外患日益加剧的历史背景下，莆田人民积极投身于革命的洪流，从新文化运动、工农武装革命、游击战争到抗日战争、解放战争，都写下了可歌可泣的光辉篇章。尽管当时社会动荡、战乱频仍，莆田人民仍以超常的毅力艰苦奋斗，推动社会经济的发展，尤其是在教育与人才培养、医疗卫生、文学艺术等文化变革方面取得突出的成就，某些领域还出现难得的复兴景象。1949年8月21日，莆田宣告解放，开启了社会主义建设的新的历史篇章。

综上所述，古代兴化府仅辖有莆田、仙游两县之地，自然条件并不优越，在文化地理上又受到强大的闽都文化和闽南文化的南北挤压，但是，莆田先民因地制宜、砥砺奋进，以超常的毅力和智慧在蕞尔之地创造出独具特色的兴化文化，谱写出波澜壮阔的历史篇章，为丰富中国历史文化做出了不可磨灭的贡献。概括起来，莆田历史与莆仙文化至少在以下八个方面具有超越时空的意义和价值。

1. 木兰陂等农业水利工程体系代表中国先民高超的治水智慧与技术，兴化平原是中国古代农业文明治海的杰出代表

自唐代开始，直至明清，莆田人民根据周期性海退的客观规律，大规模兴修水利、围海造田，巧妙利用自然条件，拓展生存空间。大兴水利工程，形成以木兰陂为枢纽的南洋水利系统，以延寿陂、太平陂、泗华陂为枢纽的北洋水利系统，以南安陂为枢纽的九里洋水利系统，借助淡水冲洗土壤中的盐分和灌溉作物。莆田人民用勤劳的双手和不懈的努力造就了福建历史上最大规模围海造田的兴化平原，围海造田面积达280平方公里，创造了人间奇迹。兴化平原是中国古代农业文明治海的杰出代表，而最能代表中国先民治水智慧与技术的木兰陂水利工程，至今仍在为南北洋平原发挥蓄水、抗旱、拦洪、挡潮、排涝、引水、灌溉等多种功能，被誉为"南方都江堰"，2014年国际灌溉排水委员会将它列入首批《世界灌溉工程遗产名录》。

2. 莆田是中国古代海上丝绸之路的重镇，兴化商帮足迹遍及85个国家和地区

莆田地处东南沿海，自古海上对外贸易兴盛，借助北依福州、南邻泉州的区位优势，依托中国古代海上丝绸之路，在世界范围内进行商品贸易。宋元时期，莆田既是中国古代海上丝绸之路的贸易通道与必经之路，也是中国古代海上丝绸之路的重要物产区和商品集散地，还是福建四大造船中心之一。宋代与兴化军进行贸易往来的国家和地区有十多个，与莆田商人进行海上贸易的国家和地区也很多，"外至北戎、西夏，其东南舟行新罗、日本、流求、大食之属，莫不爱好，重利以酬之"。明清时期形成的兴化商帮为福建三大商帮之一，活跃于国内各地，有"无兴不成镇""无兴不成市"之称。兴化商帮的足迹还遍及古代海上丝绸之路各国，如今世界各地共有200多万名莆商，其中海外莆籍商人有150多万名，活跃于85个国家和地区。古代海上丝绸之路既是一条经济贸易之路，也是一条文化交流之路。海上丝绸之路的开辟，根本原因是海上贸易和海外移民，而精神支柱则是海神信仰，莆田人民创造的妈祖信仰为海上丝绸之路的开辟和发展提供了重要的精神支柱，做出了无可替代的重要贡献。

3. 莆田是福建乃至中国著名的教育中心之一，其重教尚学的传统和科甲奇观在中国教育史上占有重要地位

莆田的自然条件并不优越，百姓生活也不富裕，但是，莆田人自古以来就十分重视教育，很早就认识到文化知识的重要性，对"知识改变命运"有着特别深刻的理解。其重教尚学的风气始于南朝梁、陈，兴盛于宋代，南宋时流传的"家贫子读书"名训，成为古今莆田人践行的信条。历史上莆田学堂书院林立，习儒成风、人文蔚起，科甲鼎盛、人才荟萃，是福建乃至中国著名的教育中心之一。自隋朝文帝开皇年间（581～600年）开创科举至清朝光绪三十一年（1905年）停止科举的约1300年间，莆田共产生2000多名进士、21名文武状元，雄踞福建省进士县的榜首，在全国也名列前茅。莆田还出现唐代仙游"郑家八虎"和宋代莆田方氏28对父子高中进士的奇观，留下"一家九刺史""一门五学士""一科两状元""魁亚同榜""四异同科"等许许多多科举佳话，为古今士民津津乐道，鼓舞着人们刻苦学习、积极向上，成就轰轰烈烈的大事业，以光宗耀祖、荣耀乡邦。莆田重教尚学传统世世代代得以传承和弘扬，勤奋好学至今仍是兴化人的基本品格和主要标识。莆田历史上的科甲奇观，在福建乃至中国教育史上都占有重要的地位。

4. 莆田人民对中国古代文化事业做出了巨大贡献，"海滨邹鲁、文献名邦"的称誉实至名归

在中国沿海号称"海滨邹鲁"的地方不止一处，而并称"海滨邹鲁、文献名邦"者却只有莆田一地。这绝不是自我标榜，而是唐宋以来莆田教育兴旺、文化繁荣的真实写照。莆田文人墨客不但人数多，且热衷践行学术，勤于著书立说，给后世留下了丰富而宝贵的文化遗产。据不完全统计，历史上有著述的莆田人有1000多人，著作总数4000多部，仅清代《四库全书总目》收录的莆仙人作品就多达117部1865卷，其数量在福建省首屈一指，在全国也不多见。其中，具有全国性乃至国际性影响的大家巨匠不乏其人，如号称"闽中文章初

祖""福建文坛盟主"的黄滔,一代词赋大师、著名文学家徐寅,兄弟高僧妙
应、本寂,书法大家蔡襄、蔡京,著名文学家、诗论家、江湖派诗人领袖刘克
庄,史学大家郑樵、柯维骐,理学家林光朝,三一教创始人林兆恩,等等。莆
田人的著述不但涵盖郑樵《通志》这样的传统文史哲学,也有蔡襄《荔枝谱》
《茶录》、宋珏《荔枝谱》、余怀《茶史补》之类的农林科技著作,还有李熊
《木兰陂集》、陈池养《莆阳水利志》、吴元枢《桥工新志》之类的水利桥梁著
述。"以文化民、以文兴莆"是先人留给我们最宝贵的历史经验。因此,莆田获
得"海滨邹鲁、文献名邦"的称誉,真乃实至名归,自古以来一直激励着莆田
人民不断前行,争取为人类文明进步做出更大贡献。

5. 莆仙文化独具区域特色,莆仙方言、莆仙戏、兴化民俗魅力无穷

由于自然环境、族群融合、社会历史条件的长期影响,福建历史上形成了
福州人、闽南人、闽北人、客家人、龙岩人和兴化人等六大汉族民系,不同民
系具有各自的禀赋性格和人文特征。居住在今莆田市辖区内的兴化人,拥有独
特的方言、戏曲、宗教信仰、民俗和人文性格,创造了独具地域特色的莆仙文
化。其最重要的载体莆仙方言,既受到闽南方言和福州方言的影响,又自成一
系。莆仙方言语音有着特殊的边擦音声母,词汇则留存有许多汉唐时代及其以
前的中原古汉语,并夹杂不少古代吴楚方言词语和古越语底层成分。语法方面,
除遗存古汉语的一些特殊用法外,也融合了一些南方少数民族方言语法成分。
莆仙方言是莆仙文化区别于其他区域文化的重要标志,是闽方言五个次方言之
一,在中国语言史上独具特色。莆仙文化的另一个标志是莆仙戏。它源于唐代
"百戏",融汇了杂技、舞蹈、表演唱等多种表演艺术,极具魅力,被称为宋元
南戏的"活化石"。莆仙戏留存有5000多个传统剧目、一万多种抄本,在中国
戏剧史乃至世界戏剧史上都未见可与之相媲美者。莆仙境内的民俗,既保留中
原古风,又独具地方特色。莆田的"做大岁"、贴"白额春联"和全国持续时
间最长的闹元宵等独特习俗,均蕴含着不忘历史创伤和思亲念祖的情怀,也有
着浓郁的地方特色和丰富的文化内涵。

6. 莆田军民在抗元、抗倭和抗清斗争中不屈不挠,是民族气节的突出体现

由于莆田文化教育繁荣,文人士大夫众多,儒家思想深入民心,莆田人特
别崇尚传统道德,重视气节,所谓"好礼而修文,士相矜以名节",出现一大批
宁死不屈、刚正不阿和以身殉职的文官武将。自唐代以降,莆田人担任御史官
者不下百人,莆田堪称"御史之乡"。特别在与民族压迫和外族入侵的斗争中,
莆田人不屈不挠,前赴后继,凸显出强烈的民族气节。如元兵大举入闽时,不

少地方守将逃走或出降，而元兵两次攻打兴化，均遭到陈文龙和陈瓒领导的兴化军民的顽强抵抗，虽然最终兴化遭到元兵屠城，但陈文龙、陈瓒大义凛然的形象成为忠义气节的楷模，陈文龙的"未闻烈士树降旗"的名句成为莆田人的性格象征。为了纪念陈文龙、陈瓒的忠义气节，后人于莆田城隍庙旁建"二忠祠"以祀之。明代，倭寇经常袭扰福建沿海，嘉靖年间（1522～1566 年）莆田受倭患之害尤烈。嘉靖四十一年（1562 年）十一月，兴化府城被倭寇攻陷，尸骸遍地，损失惨重。实际上，倭寇侵扰莆田的历史，也是莆田军民奋勇抗倭的历史。每一次倭寇入侵，莆田军民均英勇抗击，给倭寇以沉重打击，体现了同仇敌忾的民族精神，这种精神一直传承至今，成为莆田人民的宝贵精神财富。莆田城内、黄石、涵江等地纪念戚继光的戚公祠，纪念兴化卫千户白仁的会生宫忠勇祠，纪念平海卫左正千户叶巨卿、千户邱珍和副千户杨一茂的平海忠勇祠，纪念兴化卫千户鲁师亮的驿前忠勇祠，纪念兴化府知府奚世亮的西门内奚公祠，等等，都是莆田人民英勇抗击倭寇精神的物质载体，承载着集体记忆。清军入闽，莆田涌现出众多的抗清义士，演绎了一幕幕悲壮的抗清故事。最初有潘忠琼、王方玉等义军，后来有朱继祚、杨耿的义军围攻被清军占领的府城，并一度光复府城，给清军沉重打击。清军入城后，大肆搜捕义军领袖，朱继祚等一大批抗清志士，均不屈而死。莆田人在外为官者，也纷纷投入抗清斗争中，写下可歌可泣的历史诗篇。莆田军民不屈不挠的抗元、抗倭和抗清斗争，共同塑造了兴化人不畏强暴的性格特征，集中体现了民族气节。

7. 莆田是妈祖信仰发祥地和世界妈祖文化的核心区，妈祖信俗成为全人类共同的文化遗产

妈祖信仰发祥于宋代莆田，因契合海洋经济勃兴的时代，适应航海者祈求顺风顺水的需要而产生。自宋代起，妈祖信仰不但在莆仙地区得到较快发展，而且传播至福建省其他地区乃至省外多地。元代，妈祖已从一位普通的地方女神上升为在中国影响最大的海神，成为中国航海活动的精神支柱、海洋文化的灵魂。清代妈祖的封号达到至高无上的"天后"，民间又尊称其为"天上圣母"。明清以来，妈祖随着渔民、航海者、移民、商人、履职官员、军事活动等的足迹，传遍除新疆、西藏、宁夏等地区之外的中国大地，妈祖不但成为航海者信仰的神明，在中国绝大多数江河流域甚至内陆地区也有众多的妈祖庙和信众，妈祖也受到其他许多国家和地区人们的崇信。根据最近的调查统计，全世界有 46 个国家和地区共建有妈祖庙上万座。妈祖信仰成为维系两岸同胞的文化桥梁和纽带，亦成为广大海外侨胞的精神家园。当今，莆田有妈祖庙超过 1000

座，妈祖信众数量在世界上首屈一指，是名副其实的妈祖信仰发祥地和世界妈祖文化的核心区。妈祖文化中的平安、和谐、包容特质及其所体现出来的进取、拼搏、正义、勇敢、护国、庇民、大爱的文化内核，得到世界人民的认同，"妈祖信俗"于2009年9月被联合国教科文组织列入《人类非物质文化遗产代表作名录》，成为全人类共同的文化遗产。妈祖文化是莆田人民对世界文化做出的重要贡献。

8. 莆田是中国宗族文化的活态传承地，也是宗教文化多元共生的典型

由于历史上北方汉人不断举族迁入莆田，聚族而居，莆田的宗族文化相当繁荣，例如为不忘阀阅而沿袭郡望、堂号，为不数典忘祖而编修谱牒，为凝聚宗族力量而兴建祠堂、隆重祭祖，为约束家族、训勉族人而制定族规家训等。莆田是中国宗族文化的活态传承地，宗族文化至今仍然盛行于民间，影响着社会生活的方方面面。其中，各家族的族规家训，内容大多是笃宗族、重纲常、修族谱、设祠堂、祭祖宗、孝父母、友兄弟、敬尊长、重继嗣、安灵墓、亲师友、训子孙、端品行、睦邻里、肃闺阁、慎婚姻、严治家、尚勤俭、力本业、节财用、完国课、息争讼、恤患难、戒赌博、罢欺凌、禁乱伦等。族规家训虽不免带有一些封建糟粕，但总体而言，其是历代治家的经验总结和智慧结晶，蕴含着丰富的中华民族传统文化，具有很强的现实教化意义。莆田也是宗教文化多元共生的典型。由于不同时代、不同地域的北方汉人移民带来的不同宗教与信仰在莆田得到延续和传播，加上莆田人自己创造的诸多神明和一些宗教，还有由海上丝绸之路带来的外国宗教，莆田的宗教丰富而且多元，呈现出共生共存的文化景观。历史上莆田除流传有道教、佛教、基督教新教、天主教外，还有摩尼教（明教）、三一教（又名夏教、先生教）、金幢教（又名金堂教）、龙华教（又名龙华会）、先天教（由青莲教改名）和诸多民间神明信仰。这些宗教信仰和睦相处，满足百姓祈福禳灾的诉求，共同维护着社会安宁。宗教信仰传承着先民的善良愿望和美好情怀，承载着浓郁的乡愁，是百姓精神生活的重要组成部分。

总之，莆田是个神奇的地方，人杰地灵，文化绚丽多彩，先民书写了光辉灿烂的莆田历史文化，为人类文明进步做出了自己的贡献。光辉灿烂的莆田历史文化是先民留给后人的一笔巨大而宝贵的精神财富，必将鼓舞着莆田人民继续奋发图强，不断砥砺前行，续写更加辉煌灿烂的历史新篇章！

第一章　远古至秦汉：跨入文明时代

　　莆田①从遥远的古代走来，历经新石器时代中晚期（距今 5500～3500 年）、青铜时代（相当于商周时期，即公元前 15 世纪～前 221 年，距今 3500～2200 年）、闽越国时期（秦至汉武帝元封元年，即公元前 221～前 110 年，距今 2200～2100 年）。莆田区域的新石器时代中晚期文化遗址，主要分布在沿海地带与山区河谷的小山岗突出部；步入青铜时代，文化遗址的数量明显增多，规模大小不一，且主要沿着横贯莆田全境的木兰溪与萩芦溪两岸分布；到了闽越国时期，则出现了扼守一方的"鸡子城""蛇湾城""龙穿城"等城垣和"越王台""三燧峰"等楼台。

　　繁衍生息在莆田区域的史前至秦汉先民，虽然见诸文献记载者甚少，留下的文物史迹不多，野外考古勘探发掘资料所得贫乏，但经细细对比分析，亦能说明莆田的原始社会形态从初级逐渐到高级的发展历程。原始经济形态由拾贝、采摘到渔猎、耕作的递进过程，原始生活形态自濒海临溪而栖到筑城掎角相守的历史跨越，显现出莆田与福建其他地区文化形成的早期共性，又具有其自身发展的规律与区域特色，在福建远古至秦汉历史中占有重要地位。

第一节　新石器时代文化遗存与社会生活方式

一　自然地理与生态环境

　　莆田地处中国福建沿海的中部，北回归线北侧，北纬 24°59′～25°46′、东经 118°27′～119°56′，兴化湾、平海湾、湄洲湾横列沿海，木兰溪、萩芦溪、枫慈

---

① 本书的"莆田"是指 1950 年以前的行政区，含莆田县和仙游县。本书中的"莆田地区""莆仙地区""莆田文化""莆仙文化"等提法，也与"莆田"定义相同。

溪等深入内陆，三湾之间形成埭头半岛、忠门半岛、醴泉半岛等，分布有大小岛屿 150 多个，海岸线长 534.5 千米，海域面积 1.1 万平方千米，滩涂面积 180.5 平方千米，陆域面积 4119 平方千米。

莆田是典型的亚热带海洋性季风气候区，年年季风明显，主要的风向有东北风和西南风，其中东北风控制沿海地区 10 个月左右，山区则以北风或东风居多；随着季节的变化，冬季多为偏北风，夏季多为东南风，而春、秋季则为风向转换季节，交替明显。年均太阳辐射量达 110.41 千卡每平方厘米，日照时数为 1995.9 小时，日照率为 45%，气温在 16℃ 至 21℃，无霜期达 316 天至 350 天，降水量在 1000 毫米至 2300 毫米。日照时间从内陆山区至沿海逐渐增多，气温由东南沿海向西北内陆山区逐渐降低，降水量自西北内陆山区向东南沿海逐渐递减。全境大部分土地适宜一年三熟制农作物之栽培。

正是东濒台湾海峡、西倚戴云山脉的地理和气候条件，形成了西北逶迤峻拔的山地、沿海连绵起伏的低山丘陵，向东南及其间的盆谷、平原、海滨倾斜的空间格局。自仙游境内的戴云山余脉笔架山而下，自西向东横贯全境中南部的木兰溪，在不同河段汇聚了中岳溪、溪口溪、大济溪、龙华溪、松溪、苦溪、柴桥头溪、仙水溪、九鲤湖溪、延寿溪等水系，蜿蜒曲折至三江口注入兴化湾，全长 105 千米，感潮段长 25.8 千米，流域面积 1732 平方千米，天然落差达 780 多米。

木兰溪、萩芦溪、枫慈溪等溪流的上游地貌，以中、低山为主，由中生代火山岩组成，海拔 500~1800 米不等，山势险峻秀美；其中下游流域，低山、丘陵、平原与盆谷错综其间，溪流渐宽，水势趋缓。木兰溪、萩芦溪、枫慈溪等溪流携带的泥沙经此大量淤积，加上兴化湾、平海湾、湄洲湾的海潮进退带来的海沙堆积，形成了海积 - 冲积型的兴化平原、鲤城 - 赖店盆地、东西乡平原等，有海中"浮"出之感，这或许即莆田民谚"沉七洲、浮莆田"之成因。

当地球处于末次冰期（距今 7 万~1 万年，约距今 1.8 万年达到高峰值）时，全球平均气温下降 12 摄氏度，海平面下降幅度最大达 140 米，海水深度平均仅有 40 米的台湾海峡和兴化湾、平海湾、湄洲湾等海域，绝大部分成为陆地。东边高高耸立的台湾中央山脉、西隅层层遮挡的武夷山脉和戴云山脉，使闽台间峡沟洼地成了当时适宜人类生活和动植物生长的小气候区。福建闽南一带的沿海渔民在捕鱼作业时，从台湾海峡的海床捞上来的近 30 种哺乳类动物残骸化石和距今 2 万~1 万年的人类骨骼化石等，证明了这一事实。

距今 1 万年左右的末次冰期结束之后，全球气候迅速回暖，海平面大幅度回升，海水复涌入闽台间槽沟洼地，绵延了数万年的森林、湖泊、山峦、溪流、草地、家园……都被淹没在海底，"在距今 5000～6000 年时达到目前的海面高度，并稳定至今"。① 闽台间形成的与今天类似的宽阔海峡，使生活在这一带的史前先民，被长达 3000～4000 年的海水持续上涨逼退到近海的岛屿、濒海的半岛、沿海的山岗等坡地，择处劳作谋生。福建沿海，自大嶝岛、马祖列岛、平潭岛、南日岛、金门岛到东山岛的新石器时代早期文化遗址分布链，就是这种不停地被台湾海峡水面提升逼得不断颠沛流离的人们幸存的"家园"。马祖列岛"靓岛人"骨骼之发现，平潭岛壳丘头文化遗址之考古，南日岛白兰坡文化遗址之勘察，金门岛"复国墩文化"内涵之确认，东山岛大帽山文化遗址之发掘，呈现了距今 8000～5000 年，退居到台湾海峡西岸的靓岛、平潭岛、南日岛等区域的史前先民，不断退避或化解沧桑巨变带来的灾害，接受着大地回暖、万物复苏、江河充盈、禽兽遍野的大自然恩赐，筚路蓝缕，拓展自己的生产生活空间，步入新石器时代之情景；他们进而又从海岛跨过邻近的水带、滩涂，从木兰溪等的入海口走向广阔流域，打造出具有自身特点的初始社会形态和繁衍生息环境，迈入文明社会。

木兰溪、萩芦溪、枫慈溪等的出海口，系感潮河段，历来受潮水进退影响颇大，在撷引淡水造田前，多是滋生蒲草的盐碱沼泽地，故有"蒲田"之称。莆田先民们一代代坚持不懈地围堰、凿塘、建陂、拦水、引流、垦田，打造出一片片平原、盆地和山间谷地等可耕作空间，成为承载着莆田社会经济文化发展的新家园，至迟在南朝陈光大二年（568 年）立县时，此地已正式被称为"莆田"而名垂史册。②

二　文化遗址与遗物

史前文化面貌，主要靠考古学文化来认识，依托文化遗址的内涵来说明，通常以文物普查、考古调查或勘探发掘所见文化遗址中拥有的打制或磨制石器与制作的陶器面貌作为辨识的重要依据；同时考虑石器磨制的程度，陶器制作的材料、烧造的温度、装饰的图案等，以及考古发掘过程中显现的地层叠压关系、遗址表现迹象、器物组合特征等因素，乃至与周边内涵已明晰的文化遗址进行排比分析来区别。依此推理判断，莆田区域已发现的能够说明新石器时代文化面貌的遗址有 4 处，年代当在新石器时代的中晚期，距今 5500～3500 年，延续到青铜时代。

---

① 蔡爱智、石谦：《台湾海峡成因初探》，厦门大学出版社，2009，第 55 页。

② （明）周瑛、黄仲昭：《重刊兴化府志》卷 1《吏纪一·叙郡县》，蔡金耀点校，福建人民出版社，2007，第 3 页。

1. 白兰坡遗址

白兰坡遗址，于 1987 年文物普查时被发现，位于兴化湾的秀屿区南日岛石盘村东北 300 米处，面向海湾、滩涂，是目前莆田区域年代最早的亦是唯一发现于莆田沿海岛屿的新石器时代文化遗址，分布范围约 800 平方米，从中采集有残断石锛等生产工具和夹砂黑陶、夹砂红陶器等生活用具。陶片纹饰有方格纹、竖篮纹、弦纹、刻划纹等。[①]

从陶片的质地分析，其多为夹砂粗陶，制作与烧造水平较低，陶色呈黑色或浅红色且不均匀；陶片纹饰以拍印和斜线刻画为主。残断的石锛，打磨较粗糙，使用痕迹明显。这些器物特征显示，其受毗邻的平潭岛新石器时代中期的壳丘头文化影响，与马祖列岛新石器时代中晚期的炽坪陇遗址的文化迹象有相似之处。由此推测，南日岛白兰坡遗址的文化遗存年代，当距今 5500～3500 年，约相当于新石器时代的中晚期，延续到青铜时代。

2. 鲎尾寨遗址

鲎尾寨遗址，于 1987 年文物普查时被发现，位于兴化湾南岸、北靠平海湾的秀屿区埭头镇后郑村西南 2.5 千米处，面向海湾、滩涂，与南日岛白兰坡遗址隔 1 个海湾水道相望，分布范围约 3000 平方米，从中采集有石锛、石刀、石锤等生产工具，夹砂灰陶、夹砂红陶及少量的彩陶器等生活用具。陶片纹饰有绳纹、叶脉纹、曲折纹、圈点纹、方格纹、弦纹等，可辨器形有釜、罐等。[②]

图 1-1 鲎尾寨遗址出土的陶片

从陶片的质地分析，其以夹砂陶为主，制作与烧造水平偏低，陶色呈灰色或浅红色；陶片纹饰以拍印和圈点为主，纹样增多；出土的彩陶，与新石器时

---

① 国家文物局主编《中国文物地图集·福建分册（下）》，福建省地图出版社，2007，第 470 页。
② 国家文物局主编《中国文物地图集·福建分册（下）》，福建省地图出版社，2007，第 470 页。

代晚期的闽侯县昙石山文化遗址及其后的霞浦黄瓜山文化遗址的类似；器物普遍采用轮制，器形承袭了闽侯县昙石山文化以釜、罐等炊具为主的特色。石器品种增多，制作工艺较精细。这些都表明，其当属于昙石山文化及其后的黄瓜山文化的范畴。由此推测，兴化湾南岸的鲎尾寨遗址的文化遗存年代，当距今 5000 ~ 3500 年，约相当于新石器时代的晚期，延续到青铜时代。

3. 天马山遗址

天马山遗址，于 1958 年文物普查时被发现，位于木兰溪中游北岸的仙游城北双桥村高 10 余米的小山岗上，分布范围不详，地面散布有很多粗砂陶片，断崖面显现少量文化层堆积。从中采集到石锛、残石环和陶拍等生产工具，以及陶管和各种陶片等。①

图 1 - 2　天马山遗址出土的陶片

从陶片的质地分析，其以夹砂粗陶为主，纹饰多样，制作与烧造水平偏低。在 9 件夹砂灰陶印模中，圆形的 1 件，方形的 8 件，纹饰有条纹、蕉叶纹、圆圈纹等。2 件夹砂红陶管，皆长 3.5 厘米，径分别为 2.3 厘米与 1.2 厘米。石器品种有别，制作工艺趋于精细，其中石环径与厚度达 4 厘米。这些器物特征，与兴化湾南岸的鲎尾寨遗址之文化内涵类似，据此推测，此地居民当是其中的一支先民，由兴化湾顶、溯木兰溪流而上，择木兰溪中游盆地北岸小山岗而居。其文化遗存年代当距今 5000 ~ 3500 年，约相当于新石器时代的晚期，延续到青铜时代。

4. 东岩山遗址

东岩山遗址，于 1987 年文物普查时被发现，位于荔城区梅峰社区的东岩山，分布范围约 150 平方米，从中采集到石刀等生产工具，以及夹砂灰陶和灰硬陶器等生活用具。陶片纹饰有方格纹、弦纹、席纹等。②

---

① 叶文程、蒋炳钊：《福建莆田、仙游、南安新石器时代遗址的调查》，《考古通讯》1958 年第 1 期，第 54 页。

② 国家文物局主编《中国文物地图集·福建分册（下）》，福建省地图出版社，2007，第 443 页。

从陶片的质地分析，其多为夹砂陶，制作与烧造水平偏低，胎体呈灰色；陶片纹饰有别，以拍印为主；石刀，近圆形单面刃，刀脊长6厘米，刀刃长8厘米，刀片厚1.5厘米，打磨精细。这些器物特征，亦与兴化湾南岸的鲎尾寨遗址的文化内涵类似。由此推测，此地居民当是其中又一支先民，由兴化湾畔走出，择东岩山麓台地而居。其文化遗存年代当距今5000～3500年，约相当于新石器时代的晚期，延续到青铜时代。

图1-3　东岩山遗址出土的陶片

三　原始社会经济生产、生活方式与艺术表现

（一）原始社会经济形态

从莆田地区新石器时代文化遗址的分布规律和蕴含的陶器、石器等文化内涵分析，其先期当与分布在福建东南沿海诸岛屿上的氏族社会聚落有着紧密关联，应是活跃在平潭岛一带的"壳丘头文化"氏族社会大家庭的组成部分。日后该氏族社会大家庭中一支劳动生息在兴化湾南日岛的先民，跨过兴化湾水道，进驻兴化湾湾顶的陆域台地，在新的环境里构建了比兴化湾南日岛祖地扩大四五倍的繁衍生息空间，实现了原始社会经济形态与生产生活方式的转变：从单纯靠下海拾贝、渔猎、捕捞以获取生活所需为主，走向主要依托陆域的采集、狩猎、耕作去获取更有保障的生活来源。先民们的活动空间因此得以不断拓展，或溯流而上直至木兰溪中游两岸，聚居在高10米左右的台地；或循着丘陵、盆地边缘而进，择居于高10～30米的小山岗，打造出一处处新的家园。据此推测，以莆田兴化湾岛屿、海滨至木兰溪中游两岸为活动中心，以原始农业为主体的原始社会氏族部落形态这时已在莆田形成。

（二）原始社会经济生产模式

根据新石器时代文化遗址中发现的器物类型的变化分析，莆田的原始社会经济生产模式先期主要是滩涂采集与近海捕捞，后期以山海食物采集、狩猎和耕作为主。从由上述新石器时代遗址采集的石锛、石刀、石锤等生产工具分析，此时的原始农业耕种、收割与加工过程，首先应是用捆绑在弯曲木柄上的石锛

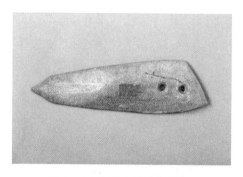

图 1-4 东圳水库出土的石刀

将山坡、台地上的灌木砍倒、杂草除光,再翻土以便播种,由于劳作强度大,石锛残断或破损现象普遍;收割时用的石刀,近圆形或弧形单面刃,便于单手握住;刀刃薄且长,打磨得精细锋利,易于割断稻穗。加工稻谷的石锤,当与周边自然形成的石盘结合着使用,加工时将晒干的稻谷平铺在石盘上,然后用石锤来回滚动脱去谷壳。当然,石刀、石锤还可用于采集及渔猎、狩猎物品的宰割、加工等。将从上述新石器时代遗址中采集到的陶器标本按质地分类,可以看到,早期的陶器,大量是夹粗砂的,没有经过淘洗就直接手捏成器,烧结程度低,质地疏松易碎,表面多呈黑红色或灰黑色;进入晚期,胎质明显细腻,显然经过沤渍、淘洗、练土等多道工序,再手拉轮制而成,烧结火候高,器壁厚薄均匀,表面浑然美观,多呈灰色、灰黄色,反映了制陶工艺的进步。从仙游走马山遗址采集到的 9 件夹砂灰陶印模,其中圆形 1 件、方形 8 件,纹饰主要有条纹、蕉叶纹、圆圈纹等,显示出陶器生产已具有一定规模和规范。据此推测,以制陶为主体的原始手工业,已开始从原始农业中分离出来,这是社会化生产的一大进步。

(三)原始社会生活方式

人类社会经过长期的用火烧烤等作业实践,在距今 1 万年左右出现了抟土成器、用火制陶的作业,这成为人类社会进入新石器时代及迈入文明社会初始阶段的重要标志,走过了由粗糙厚重到细腻美观的发展历程;渐渐稳定的氏族社会聚居生活,再加上采集、捕捞、狩猎和原始农业、畜养业、手工业的发展,先民们的生活习惯发生了革命性改变,炊煮器成了生活中的必需品。将从上述新石器时代遗址中采集到的陶器按照器形分类,可辨器形主要有釜、罐等,满足先民们日常炊、煮需要的特征明显。

(四)原始艺术表现

原始艺术的表现,主要反映在对使用的陶器、佩戴的物品施以纹饰或装饰上。陶器纹饰,以拍印为主,既达到了促成胎体致密牢固之目的,又增添了陶器的美感。早期的纹饰,主要有绳纹、竖篮纹、刻划纹等,相对简单些;晚期的纹饰,逐渐增加了弦纹、条纹、方格纹、蕉叶纹、圆圈纹、叶脉纹、曲折纹、圈点纹等,渐趋复杂。少量彩陶的出现,标志着陶器装饰艺术从拍印纹饰到表

图 1 - 5 绳纹陶执壶、蕉叶纹陶拍

面着色的飞跃，亦反映了胎体细腻，已经达到不用拍打即可成器的水平。彩绘原料，主要来自赭石，属氧化物类矿物刚玉族赤铁矿，主含三氧化二铁（Fe_2O_3）成分，呈暗棕红色或灰黑色，有收敛止血的药用功能，平肝息风宜生用，味甘，无毒。先民们将这种矿石，除去杂质，砸碎，过筛，入陶釜内用火煅红透，取出搁陶盆中用果酸淬酥，捣碎，再煅淬一次，晒干，碾成粉末，和水，绘涂成条状的由直线或曲线组成的几何形图案施于陶胚，再烧造成器，供祭天、拜地、祀祖等使用。磨制石环和夹砂红陶管等原始佩戴物的出现，反映了原始艺术审美的水准随着氏族社会生产生活活动的主导者和支配者追求属于自己的生活装饰品而提升。不言而喻，这些都含有精神寄托与艺术追求的因素。

第二节 青铜时代文化遗存与社会生活方式

一 文化遗址与遗物

公元前 15 世纪～前 221 年，距今 3500～2200 年，相当于商周时期，莆田社会进入青铜时代。此时的文化遗址与遗物的发现，较新石器时代显著增多，反映出社会经济文化初步发展。这种认识的取得，是建立在最近 60 多年来，一代代的文物考古工作者和考古学家、民族学家、历史学家等，坚持不懈地开展野外调查、专题勘探和考古发掘，持之以恒地进行器物排比、量化分析和探索研究，形成的综合科研成果基础之上的。

福建的史前文化遗址，以包含陶器、石器等的文化堆积为主，青铜器只是零星发现，且多小型化，故很长一段时间没有引起学术界的足够重视，乃至形成了在福建就没有过青铜时代或缺乏这一历史阶段的见证材料等不同看法。在这种学术背景下，全省数以千计的本是青铜时代（相当于商周时期）的遗址，一度被视为新石器时代的文化遗存而载入调查报告或研究成果，莆田亦不例外。直到1974年，在20世纪50年代文物普查时发现并确认为新石器时代遗址的南安大盈后寨山遗址，考古清理出戈（5件）、戚（2件）、矛（1件）、匕首（2件）、锛（2件）、铜铃（8件）及玉戈、玉璜等，通过对比研究发现，其中的西周时期器物造型以及器物外表所绘古越族人常用的几何形纹饰图案，与福建区域发现的几何印纹硬陶有着密切联系。[①] 这一考古发现与研究成果推动了对福建青铜文化的再认识。1974～1979年，通过对闽侯黄土仑遗址的调查、试掘和两次考古发掘，700平方米范围内的19座竖穴土坑墓，出土了15种计158件工艺精湛、富有地方色彩和仿青铜器作风的云雷纹、连续回形纹等几何印纹硬陶器，涉及豆、壶、杯、缸、钵、勺、盂、簋、尊、盘、釜、瓶、罐、鼓、鬶形器、甗形器、虎子形器等生活用具，以及少量陶网坠、陶纺轮和石镞等生产工具，上面绘有羊、虎、夔龙等动物造型。该遗址被确定为距今3250±150年的青铜时代，约相当于商代晚期的闽族地方文化遗存，这大大丰富了对几何印纹硬陶所体现的年代、族属、区域人文特征等一系列问题展开的研究与探索。[②]

根据这些划时代的福建青铜文化考古发掘与学术研究成果带来的科学新认识，福建全省新发现的或由原定的新石器时代遗址中剥离出来的青铜时代遗址达3000多处，其中莆田范围内可识别的就有33处。[③]

正是有了持续多年的历次文物普查和勘察资料，以及就发现的史前遗迹进行的实地考古分析，对获取的文物标本的研究探讨等，莆田的青铜时代遗址分布规律及其单元文化面貌逐渐明晰，既呈现出与全省特别是东南沿海和闽江中下游流域青铜时代文化的共性，又具有兴化湾、平海湾、湄洲湾与木兰溪、萩芦溪、枫慈溪等流域青铜时代文化的个性。

从区域学的角度看待莆田青铜时代经济社会活动空间分布，其所依托的节点体系成聚落状，星星点点地散布在城厢区的凤凰山街道、霞林街道、龙桥街道、常太镇、华亭镇，涵江区的白沙镇，荔城区的西天尾镇，秀屿区的南日镇、埭头镇，仙游县的鲤城街道、鲤南街道、枫亭镇、榜头镇、度尾镇、赖店镇、园庄镇、大

---

① 庄锦清、林华东：《福建南安大盈出土青铜器》，《考古》1977年第3期。
② 福建省博物馆：《福建闽侯黄土仑遗址发掘简报》，《文物》1984年第4期。
③ 国家文物局主编《中国文物地图集·福建分册（下）》，福建省地图出版社，2007，第443、470、491页。

济镇、龙华镇、钟山镇、游洋镇等地。这与新石器时代的莆田区域仅发现4处文化遗址点相比，增长了近8倍，并出现了青铜工具和仿铜风格的生产生活用具等。

（一）分布在岛屿的文化遗址

乱石山遗址，于1987年文物普查时被发现，位于秀屿区南日镇石盘村东北300米，分布规模较与之相距约50米的白兰坡青铜时代遗址扩大了约5倍，达5000平方米。在遗址的东坡和西南坡的礁石缝隙中，保存有厚约0.6米的文化层堆积。从中采集到的器物，除了延续有类似白兰坡遗址的石锛之外，新出现了石环、石球和夹砂红陶纺轮等生产工具，且石锛、石环、石球的磨制程度要比白兰坡遗址的精细得多。生活用具以灰硬陶器为主，陶片纹饰除了延续有白兰坡遗址的方格纹、竖篮纹、弦纹、刻划纹等之外，新出现了圆点纹、网纹等几何印纹图案，明显具有青铜时代文化特征。[①]

图1-6 乱石山遗址出土的陶片

（二）分布在沿海的文化遗址

1. 天云洞遗址

该遗址于1987年文物普查时被发现，位于秀屿区埭头镇温李村北、木兰溪的出海口，比濒海的鲎尾寨新石器时代－青铜时代遗址更深入内陆数公里。从中采集到的生产工具，除承袭了鲎尾寨遗址的石锛、石刀、石锤等器形，且磨制程度较之精细外，新出现了陶拍。生活

图1-7 天云洞遗址出土的石锛

---

① 国家文物局主编《中国文物地图集·福建分册（下）》，福建省地图出版社，2007，第470页。

用具以灰硬陶器为主，陶片纹饰除了延续有鲨尾寨遗址的绳纹、叶脉纹、曲折纹、圈点纹、方格纹、弦纹等之外，新出现了网纹、戳点纹等几何印纹图案；可辨器形除与鲨尾寨遗址类似的釜、罐组合之外，新出现了陶豆等器形。①

2. 番薯干遗址

该遗址于1958年文物普查时被发现，位于仙游县枫亭镇锦岭村附近的小山岗上，从中采集到的陶片，以几何印纹硬陶为主，说明到了青铜时代，枫慈溪的出海口已有一支先民迁徙到这里生产生活。②

（三）分布在溪流两岸的文化遗址

1. 木兰溪流域的遗址群

在木兰溪中游北岸的走马山发现1处新石器时代遗址，青铜时代，有30多处遗址呈聚落状区域结构，分布于木兰溪中下游两岸的小山岗上。

（1）木兰溪莆田城区段流域的九跳山、石室岩、陂头山、廿七家山、下郑山等5个点，各有1处文化遗址，于1987年文物普查时被发现，分别位于凤凰山街道新塘村西南1.5公里、北磨居委会西北1公里、霞林街道坂头村南300米、龙桥街道下磨村东北、泗华村西北700米，遗址规模皆在1000～2000平方米，形成了一组散布在木兰溪莆田城区段两岸小山岗的聚落体系。③

从中采集到的生产工具，承袭了天马山新石器时代遗址的石锛、石环等器形，但磨制程度较之精细，新出现有石刀、石锤、石球、石镞及夹砂红陶纺轮等。

特别是1978年在莆田城郊龙斑山出土的制作精美的东周青铜镘，系莆田区域迄今有确切地点的考古发现的青铜器，亦是莆田存在青铜时代的重要见证物。④

生活用具以灰硬陶器为主，伴有少量夹砂灰陶和泥质红陶器；陶片纹饰除延续走马山遗址的绳纹、叶脉纹、曲折纹、圈点纹、方格纹、弦纹等之外，新出现了网纹等几何印纹图案，可辨器形有罐等。

（2）木兰溪莆田华亭段流域的后兰山、红土山、营寨山等3个点，各有1处文化遗址，于1987年文物普查时被发现，分别位于城厢区华亭镇后山村东南300米、埔柳村西北400米、柳园村南500米，遗址规模分别为1000平方米、

① 福建省博物馆：《闽南新石器时代遗存调查报告》，《福建考古资料汇编（1953～1959年）》，科学出版社，2011，第360页。
② 国家文物局主编《中国文物地图集·福建分册（下）》，福建省地图出版社，2007，第443页。
③ 国家文物局主编《中国文物地图集·福建分册（下）》，福建省地图出版社，2007，第443页。
④ 福建省地方志编纂委员会编《福建省志·文物志》，方志出版社，2002，第226页。

图 1-8　东周青铜镬

3000 平方米、5000 平方米左右，形成了一组散布在木兰溪畔二级台地的聚落体系。[1] 从中采集到的生产工具，承袭了天马山新石器时代遗址发现的石锛等器形，但磨制程度较之精细；新出现的石戈，与 20 世纪 70 年代在营寨山发现的完整石戈相似。生活用具以灰硬陶器为主，伴有少量夹砂灰陶和夹砂红陶器；陶片纹饰除了延续走马山遗址的绳纹、叶脉纹、曲折纹、圈点纹、方格纹、弦纹等之外，新出现了席纹、云雷纹、回纹等几何印纹图案。

（3）木兰溪仙游榜头段流域的灵山、羊尾山、溪口山、山坪万人遗址、观音山、龟山、塘坡山、墓山、内墓山等 9 个点，各有 1 处文化遗址。其中，灵山、羊尾山、溪口山、山坪万人等 4 处遗址为 1958 年文物普查发现，分别位于仙游县榜头镇西山村、窑下村、赤荷村、昆头村。观音山、龟山、塘坡山、墓山、内墓山等 5 处遗址系 1987 年文物普查发现，分别位于仙游县榜头镇后坂村北 500 米、仙水村北 200 米、上昆村东北 200 米、象塘村东南 300 米、云庄村北 300 米。遗址规模从 1500 平方米（墓山）、2000 平方米（塘坡山）、2500 平方米（内墓山）、3000 平方米（观音山）到 5000 平方米（龟山）、60000 平方米（羊尾山）不等，形成了一组散布在木兰溪中游两岸小山岗的大型聚落体系。[2]

从该遗址采集到的生产工具，承袭了天马山新石器时代遗址发现的石锛等器形，但磨制程度较之精细；新出现有石镰和陶纺轮等品种。生活用具以泥质灰陶和灰硬陶器为主；陶片纹饰除保留有类似天马山遗址的绳纹、叶脉纹、曲折纹、圈点纹、方格纹、弦纹等之外，新出现了条纹、网纹、回纹等几何印纹

---

① 国家文物局主编《中国文物地图集·福建分册（下）》，福建省地图出版社，2007，第 470 页。
② 福建省博物馆：《闽南新石器时代遗存调查报告》，科学出版社，2011，第 360 页；国家文物局主编《中国文物地图集·福建分册（下）》，福建省地图出版社，2007，第 491 页。

图案；可辨器形除与鲎尾寨新石器时代遗址类似的釜、罐组合外，新出现了盆、钵、豆、瓮、瓶等器形。

（4）木兰溪仙游赖店段流域的前埔、下山饼、打石山等 3 个点，各有 1 处文化遗址，于 1958 年文物普查时被发现，分别位于仙游县赖店镇前埔村东南 1 公里、丘后村、仙安村叶宅东面山，遗址规模约 1000 平方米，形成了一组散布在木兰溪畔二级台地的聚落体系。[①] 从中采集到的生产工具，承袭了天马山新石器时代遗址发现的石锛等器形，但磨制程度较之精细；新出现了石镞。生活用具以灰硬陶器为主，陶片纹饰有篮纹、刻划纹、网纹等几何印纹图案，可辨器形有罐和新出现的壶等。

（5）木兰溪仙游城关段流域的南桥街、玉田村等 2 个点，各有 1 处文化遗址，于 1958 年文物普查时被发现，分别位于木兰溪东岸的仙游县鲤城街道南桥街东面、西岸的鲤南镇玉田村西北高约 10 米的小山丘，形成了一组隔溪相望的聚落体系。从中采集到石器和少量陶片。[②]

（6）木兰溪仙游大济段流域的塔兜山、洋塘山、溪东村旁、蜚乌寨等 4 个点，各有 1 处文化遗址，除了蜚乌寨遗址为 1987 年文物普查发现外，余皆为 1958 年文物普查发现，分别位于仙游县大济镇塔斗村、汾阳村西南 400 米、钟峰村北 200 米、溪东村，遗址规模 2000～3000 平方米不等，形成了一组散布在木兰溪南北岸的聚落体系。[③] 从中采集到的生产工具，承袭了天马山新石器时代遗址发现的石锛等器形，但磨制程度较之更精细；新出现了石镞和梯式陶纺轮等品种。生活用具以灰硬陶器为主；陶片纹饰除保留有在天马山遗址发现的绳纹、叶脉纹、曲折纹、圈点纹、方格纹、弦纹外，新出现了云雷纹、篮纹、网纹等精美的几何印纹图案；可辨器形除与鲎尾寨新石器时代遗址类似的釜、罐组合外，新出现了甑、盆、豆等器形。

（7）木兰溪上游仙游钟山段流域的土城埔遗址，位于仙游县钟山镇鸣和村南 200 米，于 1987 年文物普查时被发现，分布规模达 6000 多平方米。从中采集

①　福建省博物馆：《闽南新石器时代遗存调查报告》，《福建考古资料汇编（1953～1959 年）》，科学出版社，2011，第 360 页；国家文物局主编《中国文物地图集·福建分册（下）》，福建省地图出版社，2007，第 491 页。

②　福建省博物馆：《闽南新石器时代遗存调查报告》，《福建考古资料汇编（1953～1959 年）》，科学出版社，2011，第 360 页。

③　福建省博物馆：《闽南新石器时代遗存调查报告》，《福建考古资料汇编（1953～1959 年）》，科学出版社，2011，第 360 页；国家文物局主编《中国文物地图集·福建分册（下）》，福建省地图出版社，2007，第 491 页。

到的生活用具以灰硬陶器为主，伴有少量夹砂黑陶器；陶片纹饰有弦纹、云雷纹等几何印纹图案，可辨器形有釜、甑、瓮等。①

2. 萩芦溪流域的遗址

埔岭头遗址，位于萩芦溪流域上游的涵江区白沙镇广山村东 100 米，于 1987 年文物普查时发现，分布规模达 5000 多平方米。从中采集到的生产工具，承袭了新石器时代遗址发现的石锛等器形，新出现了石戈等品种，皆磨制精细。生活用具以泥质灰陶器为主，伴有少量夹砂灰陶器；陶片纹饰有云雷纹、席纹等几何印纹图案，可辨器形有罐等。②

3. 枫慈溪流域的遗址

溪尾山遗址，位于枫慈溪的上游、仙游县园庄镇土楼村东南 500 米，与枫慈溪入海口的湄洲湾湾顶青铜时代番薯干文化遗址遥遥相望。于 1976 年考古调查时被发现，分布规模达 5500 平方米，文化层堆积厚约 1.5 米。从中采集到的生产工具，承袭了新石器时代遗址的石锛等器形，新出现了石戈等品种，皆磨制精细。生活用具有夹砂灰陶和灰硬陶器，陶片纹饰除保留有新石器时代遗址出现的刻划纹、方格纹之外，新出现了云雷纹等精美的几何印纹图案，可辨器形有罐、豆、碗、壶等。③

4. 山谷盆地的遗址群

（1）常太盆地的长头埔、乌宫山、下上郑等 3 个点，各有 1 处文化遗址，于 1987 年文物普查时被发现，分别位于莆田城厢区常太镇溪北村西北 150 米、五上村、洋边村东 1 公里的小山岗，遗址规模 1000～3000 平方米不等，形成了一组沿着常太盆地边缘分布的聚落体系。从中采集到石锛和砺石等生产工具。生活用具有夹砂灰陶、红陶、黑陶和泥质灰陶、灰硬陶器。陶片纹饰除保留有新石器时代遗址的方格纹、弦纹、刻划纹、弦纹外，新出现了篮纹、席纹、网纹、锥刺纹、条纹、曲折纹等图案；可辨器形延续着与鲎尾寨新石器时代遗址类似的釜、罐组合。

（2）常太盆地边缘的仑仔山墓葬遗址，位于莆田城厢区常太镇东青村东北，于 2017 年 2 月村民挖坑栽树时被发现，莆田市博物馆等联合组队对其进行了考古清理。根据出土的石矛 1 件、石锛 3 件，原始瓷尊 1 件、双耳罐 1 件、单耳罐

---

① 国家文物局主编《中国文物地图集·福建分册（下）》，福建省地图出版社，2007，第 491 页。
② 国家文物局主编《中国文物地图集·福建分册（下）》，福建省地图出版社，2007，第 470 页。
③ 莆田市博物馆等：《莆田市常太镇仑仔山古墓葬清理报告》（待刊）。

1 件，印纹硬陶器 2 件推断，该墓葬年代约相当于商周时期，系莆田区域经考古清理发掘的青铜时代重要墓葬遗址。

（3）度尾盆地的中峰、元兜山、下凤山等 3 个点，各有 1 处文化遗址，于1958 年文物普查时被发现，分别位于仙游县度尾镇中峰村北 500 米、元兜村东北 200 米、中岳村，形成一组围绕度尾盆地分布的聚落体系，其中中峰遗址的规模经 1987 年复查约为 5000 平方米。从中采集到的生产工具，有陶拍和承袭了新石器时代遗址的石锛，新出现了石戈，石锛和石戈皆磨制精细。生活用具以灰硬陶器为主，陶片纹饰除保留了新石器时代遗址出现的方格纹等之外，新出现了网纹等几何印纹图案，可辨器形有碗、壶等。

（4）游洋盆地的顶溪山、后山、吴仓等 3 个点，各有 1 处文化遗址，于1987 年文物普查时被发现，分别位于仙游县游洋镇梧椿村南 300 米、村北 150米、村东北 600 米，形成一组沿着游洋盆地边缘分布的聚落体系，遗址的规模皆在 2500 平方米左右。从中采集到的生活用具以灰硬陶器为主，唯在顶溪山遗址有少量夹砂黑陶器。陶片纹饰除保留有新石器时代遗址的方格纹、刻划纹等之外，新出现了网纹等几何印纹图案；可辨器形除与鲎尾寨新石器时代遗址类似的釜、罐组合外，新出现了豆、钵、碗、盆、瓶等器形。①

二 闽族社会经济与生活方式

（一）闽族社会经济形态

青铜时代的莆田闽族社会群体，星星点点地分布在由滨海到内陆，特别是沿着木兰溪、萩芦溪、枫慈溪溯流而上的两岸。既有散布于木兰溪流域的 7 个聚落28 个遗址点，萩芦溪上游的白沙埔岭南头聚落点，枫慈溪上游的园庄溪尾山聚落点；亦有进入相对独立的常太、度尾、游洋 3 个小盆地，形成的围绕盆地繁衍生息的 3 个聚落，每个聚落各由 3 个遗址点组成。从聚落节点体系规模和文化内涵剖析，每个聚落的几个遗址点中，总有 1 个是该组聚落体系的核心点，举例如下。

莆田城区聚落体系，由九跳山、石室岩、陂头山、廿七家山、下郑山等 5个遗址点组成，下郑山遗址是该组聚落体系的核心点。在城厢区城郊的龙斑山发现有制作精美的青铜镢等。

莆田城厢区华亭聚落体系，由后兰山、红土山、营寨山等 3 个遗址点组成，

① 国家文物局主编《中国文物地图集·福建分册（下）》，福建省地图出版社，2007，第 491 页。

规模达 5000 平方米的营寨山遗址是该组聚落体系的核心点，从中采集到磨制精美的石戈等。

莆田城厢区常太聚落体系，由长头埔、乌宫山、下上郑等 3 个遗址点组成，规模达到 3000 平方米的长头埔遗址是该组聚落体系的核心点，从中采集到石锛、砺石等生产工具和夹砂黑陶器等生活用具。

仙游榜头聚落体系，由灵山、羊尾山、溪口山、山坪万人遗址、观音山、龟山、塘坡山、墓山、内墓山等 9 个遗址点组成，其中龟山遗址点的规模有 5000 平方米，从中采集到陶纺轮等生产工具；与之毗邻的羊尾山遗址点，南北长 1200 米、东西宽 500 米，分布范围约 6 万平方米，居莆田青铜时代遗址规模之首，为福建青铜时代代表性遗址——闽侯黄土仑遗址分布面积的 12 倍，是该组聚落体系的核心点，从中采集到石锛、石镞、和陶纺轮等生产工具，釉陶器和各种几何印纹硬陶器等生活用具。

仙游大济聚落体系，由塔兜山、洋塘山、溪东村旁、蚩乌寨等 4 个遗址点组成，规模达 3000 平方米的洋塘山遗址是该组聚落体系的核心点，有厚 0.5～0.8 米的文化层堆积，从中采集到梯式陶纺轮等生产工具，以及与陶釜配套的陶甑等生活用具。

仙游游洋聚落体系，由顶溪山、后山、吴仑等 3 个各 2500 平方米的遗址点组成，分别居盆地的南、北、东北三方，聚合成面积达 7500 平方米规模的共同体，别有一番特色，位于东北角的吴仑遗址是该组聚落体系的核心点，从中采集到陶碗、豆、瓶、盆等生活用具。

仙游度尾聚落体系，由中峰、元兜山、下凤山等 3 个遗址点组成，规模达 5000 平方米的中峰遗址是该组聚落体系的核心点，从中采集到石戈和陶拍等生产工具。

相对独立地位于萩芦溪上游的白沙埔岭头、落居枫慈溪上游的园庄溪尾山、扎根木兰溪流域上游的土城埔等聚落，其分布范围也分别达到 5000 平方米、5500 平方米和 6000 平方米，相当于或超过同时期的闽侯黄土仑遗址规模。

戈是古代的一种兵器，同时又是青铜时代的仪仗器。特别是玉戈，作为青铜时代的仪仗器，最早出现在 4000 年前的二里头文化和凌家滩文化时期；福建则是在青铜时代出现"具有明显的地方特点"之青铜戈，[①] 1974 年与玉璜、铜

---

① 吕荣芳：《对福建南安大盈出土青铜器的几点看法》，《考古》1978 年第 5 期，第 320 页。

铃等一起出土于南安大盈后寨山遗址中。[①]

图1-9　采集自仙游青铜时代文化遗址的石戈

　　综合采集自莆田城厢区华亭镇的营寨山和后兰山、涵江区白沙镇的埔岭头、仙游县度尾镇的中峰以及园庄镇的溪尾山等5个青铜时代文化遗址的石戈，将其置于莆田区域系统的人文地理单元进行解析性和实证性研究，再将石戈发现的地点由北往南排列推测：涵江区白沙镇的埔岭头，扼守着北边由福州方向经永泰梧桐峡谷进出莆田区域的关口；仙游县园庄镇的溪尾山、度尾镇的中峰，则扼守着南边或西南边由泉州方向经今泉港区或洛江区、经永春县或德化县，进出莆田区域的关口；莆田城厢区华亭镇的营寨山和后兰山，则把守着莆田沿海区域南来北往的要道口。由此传达出如下信息：在上述文化遗址出现的石戈，当具有仿玉戈性质（毕竟福建不产玉）的作用，许是被作为该聚落体系核心点的族群或负有重要责任担当之族群拥有的象征社会地位的仪仗器。若这一考证成立，则对深入剖析青铜时代的莆田闽族社会经济形态具有重要价值。期待着具有聚落体系核心点特征的仙游县榜头镇羊尾山遗址等，亦能随着考古调查的深入或勘探发掘的展开，出土具有社会地位象征的石戈或青铜器。

图1-10　东周青铜钁"傩面"形象装饰

　　莆田城厢区城郊的龙斑山青铜时代遗址出土的青铜钁，于1978年发现，器长21厘米、顶宽10.4厘米、刃部宽8.7厘米、最厚处为3.8厘米；扁圆形銎、弧刃、束腰、弓背。[②] 器身正面上半部，饰对称圆圈纹，呈双圆目状；近顶部有两周凸起箍饰，似帽檐装饰。将"帽檐装饰"与"双圆目状装饰"结合起来考究，极具抽象的商周时期"傩面"形态，寓意深刻。器身背面中间有2道竖棱，呈"八"字形，由銎口直至刃部左右角，制作精美，是件极富时代特色的青铜农具。综合器物造型、纹饰与铸造工艺判断，当是相当于东周时期的作品。这种器物，在莆田之外，仅于南安莲塘、泉州北

---

①　庄锦清、林华东：《福建南安大盈出土青铜器》，《考古》1977年第3期，第169~172页。
②　福建省地方志编纂委员会编《福建省志·文物志》，方志出版社，2002，第226页。

峰、云霄墓林山遗址各出土 1 件，亦被视为福建发现的第Ⅲ式青铜锛，这是仅在福建沿海地区出现的"一种极富地方特色的青铜器"。[①] 根据三国魏曹植《藉田赋》中"名王亲枉千乘之体于陇亩之中，执锄钁于畦町之侧"的描述，结合该青铜双目双箍饰弧身钁的器体没有作为农具挖掘留下的痕迹推测，该器物应是在特定场面作为象征用的，如"劝耕"时节。若这一考证成立，则说明早在福建青铜时代的后期，相当于东周时期，莆田城厢区城郊下郑村的龙斑山青铜时代遗址这一带，已形成莆田区域闽族社会十来个聚落体系拥立的部落联盟（或酋邦）之宗邑，青铜双目双箍饰弧身钁，当是被作为部落联盟（或酋邦）首领社会地位的象征与最高权力的仪仗器。或许南安莲塘、泉州北峰、云霄墓林山一带亦是如此。

活跃在莆田区域的这些闽族部落群体，既依托兴化湾南日岛祖地的白兰坡、乱石山以及濒海的鲎尾寨、天云洞、番薯干等聚落体系，与生活在福建东南沿海的闽族社会渔猎族群保持着密切联系；同时又依托木兰溪、萩芦溪、枫慈溪流域和常太、度尾、游洋等盆地的聚落体系，与闽江、晋江等流域的闽族社会农耕族群保持着地缘交往。至迟到青铜时代后期，约相当于东周时期，莆田社会经济形态已经步入原始社会部落联盟及其聚落经济形态的高级发展阶段：城厢区的华亭周边，仙游县的榜头、大济、度尾等区域，已是闽族社会经济相对发达的区域；木兰溪、萩芦溪、枫慈溪流域的上游和游洋盆地，已成为闽族社会经济发展的重要地带；由闽族各部落联盟组建的"七闽""方国"麾下的宗邑，已经出现在莆田城厢区城郊的龙斑山一带，共同构成了劳动繁衍在福建青铜时代的"七闽"族群社会大家庭，是福建海洋文明与农耕文明进化过程中富有时代特点的区域系统之一。

（二）闽族社会经济生产模式

莆田的闽族社会经济形态和聚落体系，孕育了青铜时代以原始农耕农业为主体的经济生产模式。生产工具依然主要依靠石制。从各种石器的采集点及其类型特征传达的信息判断，相对高度在 10~50 米的山坡、丘陵之台地，既是聚落体系分布的区域，亦是便利人们就近"随陵陆而耕种"的场所。作为农业耕种主要工具的有段或无段石锛的数量增多，且磨制精细，表明农业生产的规模正在扩大；与之相应的石刀、石镰等收割农具的普遍出现，表明稻作农业经济

---

① 陈龙：《福建青铜时代社会经济研究》，《福建文博》1996 年第 1 期，第 59 页。

正在稳定发展。人们的食物来源有了一定保障，又促进了聚落人口增长、群体迁徙和部落联盟的形成。生产活动中，使用石镞、石球、石锤等工具的现象仍较普遍，表明"逐禽鹿以给食"依旧为食物的重要来源。陶拍、陶纺轮等手工业生产工具的明显增多，表明陶器烧造、纺织品制作等社会初始分工颇具规模。

陶器的烧造，采纳了毗邻的闽侯黄土仑文化仿铜风格，受到东南沿海的浮滨文化特别是九龙江流域的虎林山族群文化影响，几何印纹硬陶的烧造已居于主流地位，烧成温度高达 1100 摄氏度左右；受漳州一带浮滨文化影响产生的釉陶器，其烧成温度高达 1200 摄氏度左右。陶器纹饰制作，除保留有新石器时代的绳纹、弦纹、叶脉纹、曲折纹、圈点纹、方格纹、刻划纹等之外，新出现了篮纹、条纹、网纹、回纹、席纹、条纹、云雷纹等几何印纹及圆点纹、锥刺纹、戳点纹等。

图 1 – 11　青铜凿、青铜斤

福建的青铜器铸造，根据发现的西周中晚期或东周的青铜镬、青铜斤、青铜凿等器形分析，主要采用陶范铸模，然后将烧开的铜液注入范腔，通体浑铸，待冷却后，敲开模具脱范，再加以打磨加工成器。在福建各地还使用石器作为主要生产工具的青铜时代，莆田出现了极少量青铜工具，虽然种类有限，但显现轻巧、锋利和硬度大、耐磨等优点，大幅度提高了劳动效率，并实实在在地表明莆田区域已经进入青铜时代，生产工具发生质的飞跃。

（三）闽族社会生活方式

在南日岛和木兰溪、萩芦溪、枫慈溪流域，相继出现规模超过闽侯黄土仑遗址的聚落体系。其中常太镇的下上郑遗址，东北面山坡幸存有厚 0.2 ~ 0.3 米、分布面积约 300 平方米的文化层堆积；南日岛的乱石山遗址和城厢区霞林街道的陂头山遗址，其东坡、西南坡磹石缝隙中，皆幸存有厚约 0.6 米的文化层堆积；园庄镇的溪尾山遗址幸存有厚约 1.5 米的文化层堆积；等等。这些都说明了青铜时代除陶釜、罐组合外，新出现了陶甗、盆、豆、钵、碗、壶、瓶、瓮、带鋬罐等新器形。特别是底部有许多透气孔的陶甑出现，与古老的陶釜构成组合，将陶甑置于陶釜上炊、煮、蒸，反映了以农业经济形态为主导的生活方式已成为莆田闽族社会的主流，对陶器的生产提出了更高的要求。随着炊、煮、蒸陶器的普及，莆田闽族社会群体的起居饮食等生活习惯发生了革命性改变。莆田闽族社会的生活品质，正随着饮食结构与炊、煮、蒸方式的进步而得到明显改善。

图 1-12　圈足折腹束颈喇叭口陶壶、带鋬陶罐

第三节　闽越王国时期文化遗存与社会生活方式

一　闽越族形成与闽越王国建立

闽越族形成于何时？闽越王国始建于何代？说法不一。[1] 通常认为，公元前334年（战国中期）楚败越，越王勾践的部分子孙进入闽域，融入闽族社会，形成闽越族，后来建立闽越王国。至秦一统天下，时任闽越王无诸及越东海王摇者皆被废为君长，"以其地为闽中郡"。[2]

汉高祖五年（公元前202年），汉朝开国皇帝刘邦，信守诺言，以"无诸身帅闽中兵"，佐灭秦朝又击败西楚霸王项羽有功，"复立无诸为闽越王，王闽中故地，都东冶"。[3]

无诸复建的闽越王国，历三代（一说经数世），凡92年（公元前202～前110年）。在这期间，闽越王国统治者显然加强了对扼守闽越王都"冶"城南隅要地莆田一带的建设与管理，使之成为闽越王都以南区域涉及闽越王国的史迹与传说最为集中的地带。《仙游县志》记载：在县东，有鸡子城，"旧传越王所

---

① 蒋炳钊：《无诸非勾践之后考》，《福建文博》2003年第1期，第114～119页。
② 《史记》卷114《东越列传》，中华书局，1959，第2980页。
③ 《史记》卷114《东越列传》，中华书局，1959，第2979页。

筑，遗址犹存"；有蛇湾城，"俗号为越王城"。①

二 文化遗址与遗物

闽越王国时期的莆田，秉承青铜时代形成的区域间各聚落体系互动发展的态势，社会经济文化得到进一步发展。为了加强对作为闽越王国"冶"都路出闽南必经之道的莆田区域的控制与管理，闽越王国加强了在莆田一带的城址楼台建设。迄今尚有"越王城"等5处闽越时期的遗迹可寻，这在福建全省亦属少见，足见当年的莆田一带在闽越王国疆域中具有的重要地位。

1. 鸡子城遗址

1958年，根据《仙游县志》记载的方位，经文物普查确认，鸡子城遗址位于仙游县榜头镇泉山村西南800米的泉山巅。1987年全国第二次文物普查期间，又对其进行了较为全面的调查。2002年开展的全省闽越文化系列专题调查，再次专门对这座具有闽越文化内涵的城址进行全面调查与探沟式考古发掘。惜其已屡被开垦，破损严重，所获未能如愿。但整合前后三轮的调查、考古资料，还是基本摸清了当年的鸡子城系选择建在四面环水之山丘上，海拔82.5米，相对高程5～15米不等，东、南、北三面对着广袤田垄，西面衔接着大山，东南方向距木兰溪200米，平面呈不规则长方形，有三个台地从西向东层层叠落。经测量的城址，东西长400米，南北宽200米，占地面积约80000平方米。城墙为夯筑，东南及西北地段保持较好，残存墙基高5～6米、宽4.5～8米，断面夯土层厚0.13～0.15米。② 从采集到的石锛、灰色和灰黑色夹砂陶片、灰色硬陶片等，以及与武夷山城村汉城、福州屏山汉代遗址出土相类似的绳纹、乳丁纹

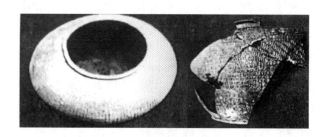

图1－13 鸡子城采集的陶罐和陶片

资料来源：福建博物院：《仙游鸡子城遗址调查报告》，《福建文博》2004年第1期，第50页。

---

① （明）《仙游县志》卷1《古迹》，书目文献出版社，1992，第1页。
② 福建博物院：《仙游鸡子城遗址调查报告》，《福建文博》2004年第1期，第46～50页。

瓦片及灰硬陶片等推断，鸡子城当系莆田区域保存较完整的福建西汉时期闽越王国阶段的城址。

2. 蛇湾城遗址

1958 年，根据《仙游县志》记载的方位，经文物普查确认，蛇湾城遗址位于仙游县钟山镇鸣和村石阁自然村西北处。1987 年全国第二次文物普查期间，又对其进行了较为全面的调查，发现城墙已毁坏，仅存东、西、南、北的城门遗址和城内的跑马道，城址面积约 5000 平方米。[1] 由从城址地表采集到的福建西汉时期闽越王国阶段的席纹硬陶片及夹砂陶片等推测，蛇湾城就是史志记载的"越王城，环山之巅筑城十余层，石础犹存"之所在。[2]

图 1-14 蛇湾城遗址和瓦当残片

3. 龙穿城遗址

1982 年文物普查时发现，位于仙游县游洋镇里洋村东北约 8000 米、高约 400 米的云顶岩上，有座方圆达 3 公里的天然石城，四周悬崖峭壁，犹如斧劈刀削，十分险要。山顶平面近方形，占地面积约 2 万平方米，残存有西汉时期闽越王国阶段建筑的越王台遗址。因在距地面 200 米的石壁上留有凹槽，环绕峰腰，可通人马上下，故名"龙穿城"。[3]

4. 越王台遗址

位于涵江区白沙镇宝阳村西北 1 公里的古越（院）山。残存西汉时期闽越王国阶段所建的环山腰石阶及"条石垒筑基础"等。[4] 相传：汉会稽太守朱买臣带兵追杀闽越王余善，余善率部即退据此台坚守，世称其为越王台。早在明弘治年间就"疑或是此处"；又云"台高十余层，遗址石础犹在。则闻非尽无

---

① 国家文物局主编《中国文物地图集·福建分册（下）》，福建省地图出版社，2007，第 492 页。
② （清）《仙游县志》卷 6《地舆志·古迹》，上海书店出版社，2000，第 215 页。
③ 莆田市地方志编纂委员会编《莆田市志》卷 39《文物·古遗址》，方志出版社，2001，第 2468 页。
④ 国家文物局主编《中国文物地图集·福建分册（下）》，福建省地图出版社，2007，第 470 页。

稽矣"。①

据史书记载,汉武帝是在元封元年(公元前110年)发四路兵马攻入闽越境内的。面对强大攻势,此前由"汉使归谕余善"的越衍侯吴阳,临阵率部倒戈,"攻越军于汉阳";又与闽越王国建成侯敖、繇王居股"谋曰:'余善首恶,劫守吾属。今汉兵至,众强。计杀余善,自归诸将,傥幸得脱。'乃遂俱杀余善,以其众降横海将军"。② 关于闽越王余善被"计杀",有其从福州的冶山南遁之说。依此推测,莆田的这一越王台遗址,就是当年入闽的汉朝军队最后围攻的闽越王国堡垒,即闽越王余善被"计杀"之地。

图 1-15 越王台遗址

5. 三燧峰

三燧峰位于仙游县游洋镇里洋村,与高约400米的仙游云顶岩龙穿城遗址毗邻,相传为闽越王余善军队举烽火报警之所。③

三 社会经济文化

20世纪80年代以来,文物考古工作者陆续开展对莆田区域西汉时期闽越王国阶段遗址的考古调查、勘探或重点发掘,证实了在莆、仙一带,的确存在史书记载的西汉时期闽越王国建立的城郭、楼台等遗迹。这些城郭、楼台,有占地约80000平方米、依三个台地从东向西层层递升的鸡子城;有依山就势、环山之巅筑城十余层的蛇湾城,城内面积约5000平方米;有在方圆达3公里、高约400米的云顶岩上,环绕峰腰凿凹槽,可通人马直上,占地面积约2万平方米的龙穿城;有环山腰将石阶直铺到山巅,以条石垒筑高十余层基础的越王台……

① 《民国莆田县志》卷6《舆地(下)·古迹》,《中国地方志集成·福建府县志专辑》第16册,上海书店出版社,2000,第25页。
② 《史记》卷114《东越列传》,中华书局,1959,第2982~2983页。
③ 国家文物局主编《中国文物地图集·福建分册(下)》,福建省地图出版社,2007,第470页。

无论建设规模，还是建筑形式，无不反映了西汉时期闽越王国阶段的莆田社会已进入城郭邑落并存的封建社会初期阶段。

1. 莆、仙的城郭、楼台与"封邑"

《史记·东越列传》载"越衍侯吴阳以其邑七百人反"，说明闽越王国的衍侯，有封邑在闽北。据唐代司马贞在《史记索隐》中对《史记·东越列传》所载"无诸孙繇君丑"的释意可知：闽越王无诸，有位孙子，名丑的，为闽越族的宗室首领之一，其封邑在"繇"。闽越王国的君侯贵族，拥有了自己的封邑，即择地建造起高大的城郭、楼台，过上了居住在城里的统治阶层生活，这促使闽越王国迈入以城市建设与发展为重点的发展阶段。

由此推理，仙游鸡子城、蛇湾城等，应是闽越王国"封邑"在莆、仙之地的王侯贵族建造的重要城郭、楼台等，以满足其对这个区域的统治管理、攻守防御和自身的生活起居等需要。

闽越王国的"冶"都之南数百里疆域，迄今未发现像莆、仙区域如此多的闽越时期城郭、楼台建筑，这些建筑客观上对当时莆、仙之地封建社会经济文化形态的形成与发展具有重要推动作用。

2. "计杀余善"事件与莆、仙"封邑"之主

依史料，闽越王国的越衍侯吴阳，是循着东越王（自称"武帝"）余善南遁路线，由闽北直下闽中，逼近余善最后据险厮杀之所，又与建成侯敖、繇王居股"计杀余善"的。据此情景分析，"计杀余善"事件的地点，应在建成侯敖、繇王居股的势力控制范围，故远道而来的越衍侯吴阳，才会为"计杀余善"之事与其谋，并达到目的。

若这一推理成立，则说明在闽越王无诸"王闽中故地"后的92年里，莆、仙一带或许是闽越王国的建成侯敖或繇君丑（后为"越繇王"）或越繇王居股（封王前）的封邑。莆、仙之地拥有鸡子城、蛇湾城、龙穿城、彭城和越王台等五六座宏伟的城垣、楼台，留下了"旧传越王所筑""俗号为越王城""越王台"（又说是"东越王台"）等史志记载与民间传说。宋元祐六年（1091年）进士里人方叔震即有诗云："闻道越王避汉兵，窜身岩谷觊偷生。如云甲马今何在，只见良田万顷平。"①

---

① （宋）方叔震：《越王城》，《全闽诗录》第1册《闽诗录》，福建人民出版社，2011，第332页。

四 闽越王国灭亡与汉人入莆

元鼎六年（公元前111年）秋，闽越王国首领余善，不满汉楼船将军杨仆提议愿率剪灭南越之师再击闽越，公开表示脱离汉朝一统体系，起兵反汉，自立为帝。闽越王国与汉朝中央的矛盾激化。

1. 闽越王国的灭亡

汉武帝刘彻得知闽越有变，即派遣横海将军韩说出句章，一路浮海，从东方进攻闽越王国都城"冶"；派遣楼船将军杨仆出武林、中尉王温舒出梅林，以越侯郑严为戈船将军、田甲为下濑将军出若邪、白沙，三路并进，围攻闽北重镇"汉阳"等。

元封元年（公元前110年）冬，四路汉军全部攻入闽越地。在外有强兵入境肆杀的高压、内有王侯贵族"计杀余善"的求和中，闽越王国结束了在汉朝统一版图内近百年的蓬勃发展。越繇王居股被降为东成侯，食万户；建成侯敖改为开陵侯；越衍侯吴阳改为北石侯。与此同时，汉武帝又以"东越狭多阻，闽越悍，数反复"为由，"诏军吏皆将其民徙处江淮间，东越地遂虚"。① 莆田在这场浩劫中，城郭、楼台残存断壁，人、财、物等几近荡然，社会经济文化极大地倒退，一派凄惨景象。偶有逃脱者，藏匿于仙游高望山的"凌烟洞"等处，得以幸存。②

2. 北方汉人入莆

始元二年（公元前85年），有鉴于"遁逃山谷"的闽越族人"颇出"，始立"冶县，属会稽"。③ 其间，自然有莆、仙一带藏匿于高望山"凌烟洞"等处的复出者。又经过了300余年，到三国吴（222～280年）时，闽地人口约有10万户，④ 当然这里面包括了从北方南迁入闽者。

相传汉武帝元狩年间（公元前122～前117年），安徽庐江何氏兄弟9人，为避淮南王刘安叛汉之祸，几经辗转来到闽越地，相继在今福州的于山、福清的石竹山、莆田的太平社、仙游的九鲤湖隐居，洗眼修身，采药炼丹，悬壶济世，最后在仙游的九鲤湖修炼成仙，"各乘其一（鲤）而升"，⑤ 千百年来受世

---

① 《史记》卷114《东越列传》，中华书局，1959，第2984页。

② 国家文物局主编《中国文物地图集·福建分册（下）》，福建省地图出版社，2007，第470页。

③ 《宋书》卷36《志第二十六·州郡二》，中华书局，1974，第1092页。

④ 朱维幹：《福建史稿》（上册），福建教育出版社，1985，第52页。

⑤ 《康熙仙游县志》卷1《舆地志·兴泰》，线装书局，1990，第3页。

人称颂礼拜有加。"厥父府君，迹而寻之，见九子已仙去，因隐此山"，[①] 成为早期入莆择地而居的非闽越族人。这表明早在闽越王国时期，就有北方汉民迁徙入闽，在莆田、仙游留下感人的传说与事迹。

莆田城厢区九华山陈岩宝泉寺内，有口"淘金井"，相传系汉代中原来此隐居的秦代遗民陈仙开凿，以供饮用。[②]

据北宋黄宗旦主持续修的《锦田黄氏大宗族谱》记载：道隆公，河南光州固始人，黄舜夫之幼子，任官东郡会稽令。东汉建安年间（196~220年），因见世乱不已，"弃官避地入闽。初居仙游大、小尖山之阳"。[③] 可见到了东汉时期，已有谱牒明确记载的中原汉人定居在莆田仙游区域了。他们带来了中原的先进文化和生产生活方式，在与闽越族人的交往中走向融合，共同推动着莆田社会经济文化的复苏与发展。

闽越族作为中国古代东南地区的一支重要族群，随着与中原的交流融合加快，特别是社会上层的中原化以及纳入汉朝设县管理体制的民众逐渐汉化，最终融合于汉族或者成为东南少数民族族群的源头之一。莆田荔城西天尾镇三山村即有奉祀闽越王的通济庙。

五　莆田早期图像文字

福建的闽族社会文化形态，至迟在商朝至西周时期已经形成；到春秋时期，伴随着闽族各部落联盟及其宗邑的建立，初具规模；西汉初，得益于闽越王国的强大，趋于繁荣。这一发展轨迹，与志书记载的"七闽"史迹，以及最近60多年来福建青铜时代至西汉时期闽越王国阶段的文物考古成果，基本可以互证。体现在早期图像文字方面，主要有以下方面。

1. 九华山仙篆摩崖石刻

位于莆田西天尾镇与常太镇交界处的"陈岩"，岩石坦平，其上纵横铭刻若篆、若籀的象形文字，无从识读。宋秘书省正字方翥有诗云："何人登眺睨绝顶，一树一石探幽奇；虫文鸟篆不可识，如读岣嵝神禹碑。"[④]

2. 石所山仙篆摩崖石刻

位于仙游钟山镇麦斜村的石所山"云居岩"，岩石面平，其上铭刻"篆字百

---

① （宋）黄岩孙：《仙溪志》卷7《叙县》，福建人民出版社，1989，第58页。
② 国家文物局主编《中国文物地图集·福建分册（下）》，福建省地图出版社，2007，第446页。
③ 莆田市地方志编纂委员会编《莆田市姓氏志》，方志出版社，2010，第62页。
④ 国家文物局主编《中国文物地图集·福建分册（下）》，福建省地图出版社，2007，第488页。

余，状如蛇纠缠，不可识读"。①

3. 淘金井旁象形文字石刻

位于莆田城厢区九华山陈岩宝泉寺内淘金井旁石壁上，壁面平坦，其上"浅刻有象形文字"，"寺后石壁上有类似的文字，不能辨认"。②

这些字迹，纵横如篆、如籀，无人能辨识，俗称"仙篆""仙字""象形字"等，有可能如前所述，是青铜时代"七闽"部落在莆田的这支闽族，或是早期的闽越族留下的图像文字。

总之，闽越王国时期的莆田社会经济文化，在青铜时代发展形成的部落、部落联盟及建立的宗邑基础上，达到空前繁荣的水平。在作为闽越王侯贵族重要封邑的莆、仙一带关隘道口，城郭、楼台交相辉映。这与自南而北"趋国都者，皆阻于大义渡"，唯有途经仙游榜头"鸡子城"、钟山的"蛇湾城"，再东出游洋"龙穿城"，"官道坦夷"颇有关联，"士夫、商贾咸道此为捷径焉"。③闽越王国湮没于历史舞台后，"其地遂虚"，莆田亦几无人烟，只剩下"遁逃山谷"者，社会经济文化一度倒退到谷底。历经300多年的繁衍生息，直到东汉末，闽域人口一度达10万户左右；再加上北方汉人零星入闽，带来中原先进文化与生产生活方式，福建及其莆田社会经济文化有了缓慢回升的迹象。

---

① 《康熙仙游县志》卷1《舆地志·兴泰》，线装书局，1990，第3页。

② 国家文物局主编《中国文物地图集·福建分册（下）》，福建省地图出版社，2007，第446页。

③ （宋）黄岩孙：《仙溪志》卷7《叙县》，福建人民出版社，1989，第5页。

第二章　三国至唐五代：社会经济的初步
发展与莆仙文化的孕育

西汉初年，汉武帝出兵灭亡了闽越国，并把闽越国的王公贵族、官僚、军队和部分闽越人强行迁往江淮地区，导致福建人口稀少，经济文化严重倒退。东汉末年（220年），北方汉人为躲避战乱，开始迁居福建，这股移民福建的浪潮一直延续到唐末五代，且规模不断扩大。山清水秀的莆田也是北方汉人移居的重要地区，他们不但带来先进的生产技术、生产工具，还带来中原的政治制度、传统文化等，开启了莆田历史的新篇章。这个时期，莆田地区在政治、经济、文化各方面都发生了翻天覆地的变化。政治上，莆田和仙游相继设县，奠定宋代独立设"军"的基础。经济上，随着人口增加和大批聚落的形成，水利工程开始建造，莆田南北洋初步开发，农业、手工业、商业都得到较快发展，交通条件也得到改善。文化上，梁、陈时期郑氏兴办学堂，开创莆田教育的先河，唐五代莆田重教兴学传统初步形成，科举考试崭露头角，意义重大，影响深远。总之，三国至唐五代的莆田历史，承前启后，为宋代莆田经济文化的繁荣奠定了坚实的基础。

第一节　三国至五代政治与莆田建置沿革

一　三国至五代政治

元封元年（前110年），汉武帝出兵平定闽越叛乱。闽越国亡后，汉武帝命军队强行把闽越人迁往江淮地区。当然，被迁徙的主要是闽越国的贵族、官僚和军队，一部分闽越人遁逃于山林溪谷间，得以繁衍下来。此次"虚闽"的军事行动造成闽中人口稀少，社会经济文化发展停滞甚至倒退。西汉在福建仅设冶县管辖，并隶于南部都尉，这说明福建经济文化落后不被汉王朝所重视。关于冶县所在地，一种观点认为在今福州，另一种观点认为在武夷山城村汉城遗址。不过，无论冶县设在哪里，都与莆田有着一定的距离，两汉时期的莆田基本上处于无人治理的状态。

三国时期吴为了与魏、蜀两个政权争霸，着力于开发江南并取得初步进展。吴政权先后五次派兵入闽平定叛乱，扩大了其在福建的领土范围。为加强对福建的政治控制，建安八年（203年）孙权将管理福建的南部都尉迁移到闽中的建安县，驻军5000人。建安十二年（207年）吴政权在闽中已设候官、建安、南平、汉兴、建平五县。永安三年（260年），吴政权重新设立建安郡，管辖建安、南平、将乐、建平（今建阳）、东平（今松溪）、昭武（晋初改名邵武）、吴兴（今浦城）、候官（"候官"在清代统称"侯官"，后并入闽侯县）、东安（南安、同安）等九县。这九县中，建安、将乐、建平、东平、昭武、吴兴均在闽北，候官在闽东沿海，东安在闽南沿海地区。九个县的设置和分布，既说明三国吴时期闽北是福建最先开发的地区，也反映出吴对福建的控制已渗透到闽东南沿海地区。其时莆田虽未有行政建置，但北、南两边的候官与东安两地均已置县，莆田自然属于建安郡，处于吴政权的行政管辖下。

晋统一全国后，在闽中设置建安、晋安两郡。建安郡辖地在闽北，郡治为建安（今建瓯市），下辖建安、吴兴、东平、建阳、邵武、将乐、延平等七县，晋末又增设绥城（今建宁县）。晋安郡初设于晋太康三年（282年），共有候官、原丰（后改称闽县）、温麻（霞浦）、晋安（今南安）、同安、新罗（上杭东北50里处）、宛平、罗山等八县，辖地主要为福建沿海地区以及闽西的一些地方，莆田隶属之。

从永初元年（420年）刘宋政权建立，到开皇九年（589年）隋统一全国，共经历宋、齐、梁、陈四个朝代，史称南朝。南朝时期，中国处于分裂战乱时代，福建僻处边陲，政治较为安定，得到宋、齐、梁等朝代统治者的重视，这些王朝都曾将一些皇子册封到福建各郡县。南朝时期，建安、晋安两郡继续保留，但晋安郡在刘宋时曾改名为晋平郡。南朝时福建行政建置的重大变化是梁朝天监年间（502～519年）新置南安郡，莆田隶属南安郡。陈朝光大二年（568年），置莆田县于延陵里，不久并入南安县。这是莆田历史上第一次建置，但寻建寻废，废弃的原因是莆田多水患、耕地少、居民不多，志称："莆本海滨涨地，多水则地无所利而居民少，故废之。"[①]

---

① 《民国莆田县志》卷2《通纪一》，收入《中国地方志集成·福建福县志专辑》第16册，上海书店出版社，2000，第34页。

隋朝建立后统一全国，闽中地区全部纳入隋的管辖范围。开皇九年（589年），析南安置莆田县，辖境包括今仙游。大业十二年（616年），陈迈领泉南兵马镇莆田。

隋末暴政，各地发生农民起义，天下大乱。陇西李渊率军推翻隋朝，唐朝建立后，对闽中地区的控制有所加强。唐初，陈政、陈元光奉命入闽平定土著啸乱，曾派部分军队驻扎仙游枫亭，并在枫亭驿馆附近买地建造房屋，安顿家眷，取名陈庐园，后来成为威惠灵济王庙，祭祀陈政、陈元光。关于唐代莆田的行政隶属情况，弘治《兴化府志》记载："唐武德五年（622年），析南安别置丰州，复置莆田县以属之。圣历二年（699年），改丰州为武荣州，复析莆田地，置清源县以属之。景云以后属泉州。天宝以后属清源郡。"[①] 丰州更名为武荣州后，莆田县所辖的西部地区分设为清源县。但天宝元年（742年），武荣州再次更名为清源郡，这样就出现了郡县同名的情况。在别驾赵颐正的建议下，以县内的何氏九仙典故，改清源县为仙游县，隶于清源郡。

图 2-1　陈元光画像

天祐四年（907年），唐朝灭亡，中原地区进入后梁、后唐、后晋、后汉与后周五个朝代继替时期，史称五代。中原以外的地区共有前蜀、后蜀、吴、南唐、吴越、闽、楚、南汉、南平（荆南）、北汉等十余个割据政权，史称十国。闽国由王潮、王审知兄弟创立，一度政治清明，国泰民安。王审知死后，其子孙争权夺利，内乱不断。后晋开运二年（945年），闽国为南唐攻灭。

在南唐进攻闽国时，泉州永春人留从效因助南唐国主李璟有功，被封为泉州刺史，据有泉、漳两州前后达17年。留从效去世后，陈洪进主政泉、漳。莆田地区先后归属于留从效和陈洪进。陈洪进，仙游县连江里枫亭人，军旅出身。在闽国后期的战乱中，追随留从效而获其赏识。他接替留从效主政泉、漳后，保境安民，大力发展农业生产和海外贸易，促进社会

图 2-2　陈洪进画像

---

① （明）周瑛、黄仲昭：《重刊兴化府志》卷1《吏纪一·叙郡县》，蔡金耀点校，福建人民出版社，2007，第2页。

经济文化的进步。北宋政权挥兵南下，势不可挡，陈洪进顺应国家统一的历史潮流，于北宋太平兴国二年（977 年）献土归宋，莆田也一起被纳入北宋版图。

综上，莆田在陈朝之前未有建置，陈朝置县不久即废，隋唐时再重新置县。尽管三国至五代闽中政治斗争此起彼伏，战乱频仍，莆田地区却未受大的影响。正如民国《莆田县志》所言："莆自隋唐立县，山林初启，桑海变迁，凡所以资民之生、化民之俗者，均莆民自为之，而非迫于法令。"[①] 北宋初，陈洪进献土归宋，避免因残酷战争带来的社会经济文化的大破坏，从而为宋代莆田经济文化的腾飞奠定了坚实基础。

二 莆田与仙游设县

（一）"莆田"名称的由来

"莆田"地名最早写作"蒲田"，以唐代姚察、姚思廉父子所纂《陈书》"及宝应败走，夜至蒲田，顾谓其子扞秦曰：早从虞公计，不至今日……"[②] 的记载为最早。其背景是南朝陈时，福建晋安郡候官（今福州）人陈宝应，割据晋安和建安二郡，陈朝曾封其为闽州（治所今福州）刺史，领会稽（治所今苏州）太守，并编入陈朝宗室属籍，借以钳制。但其"性反覆，多变诈"，暗地里与反叛陈朝的割据势力结盟。其时有会稽余姚（今余姚市）人虞寄流寓闽中，劝宝应归诚陈朝，而为宝应所赏识。虞又规谏宝应释甲偃兵，一遵朝旨。宝应怒而不纳，执意反叛。他在水路和陆路修起栅栏，用来抵御陈朝军队。陈天嘉五年（564 年），陈文帝敕令护军将军章昭达率大军追讨。章昭达利用大雨之后闽江江水猛涨的有利时机，自上游放木筏顺流而下，撞坏陈宝应设立的江中水栅。又出兵进攻陈宝应的步军。正当双方会战时，陈文帝派将军余孝顷从海路支援，和章昭达合力围攻。十一月初五，陈宝应大败，率其子南逃至莆田。后来，陈宝应逃亡到山区荒野被俘获，连同他的家属 20 多人被解送到建康（今南京）斩首。陈宝应败走莆地被擒事件，其本身对于莆田的历史并未产生什么重大影响，但因史籍明确记载了其败走被执之地，而使莆田地名始见于史籍，成为后世史家考据莆田历史沿革的重要依据。

---

① 《民国莆田县志》卷 2《通纪一》，收入《中国地方志集成·福建福县志专辑》第 16 册，上海书店出版社，2000，第 37 页。

② 见《陈书》卷 19《列传第十三·虞荔传附弟寄》。《陈书》成书于唐贞观九年（635 年）。

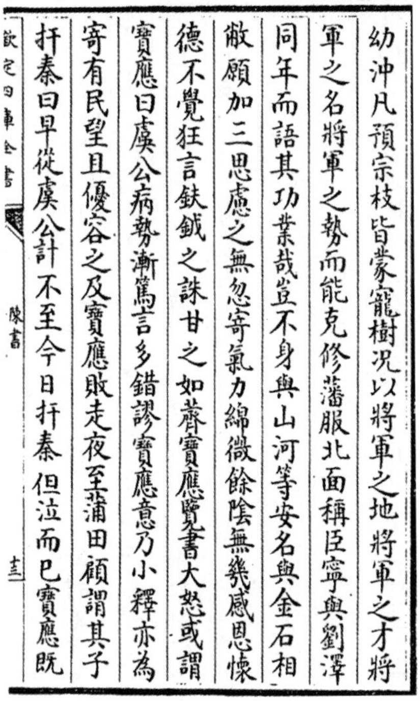

欽定四庫全書　陳書

幼沖凡預宗枝皆蒙寵樹况以將軍之地將軍之才將軍之名將軍之勢而能克修藩服北面稱臣寧與劉澤同年而語其功業哉豈不身與山河等安名與金石相敝願加三思慮之無忽寄氣力綿微餘陰無幾感恩懷德不覺狂言鈇鉞之誅甘之如薺寶應覽書大怒或謂寶應曰虞公病勢漸篤言多錯謬寶應意乃小釋亦為寄有民望且優容之及寶應敗走夜至蒲田顧謂其子扞秦曰早從虞公計不至今日扞秦但泣而已寶應既

图 2－3　《陈书》中有关“蒲田”的记载

“莆田”一词也出现于唐代，唐魏征等撰《隋书》载“又置莆田县，寻废入焉”①，唐李吉甫纂《元和郡县图志》载“莆田县……本南安县地”②，皆写作“莆田”，但唐李延寿撰《南史》③、南宋郑樵撰《通志》④ 等仍引作“蒲田”。

“莆口”一词出现于北宋。北宋司马光（1019～1086 年）主编《资治通鉴》载：“十一月，己丑（初五），宝应大败，逃至莆口，谓其子曰：‘早从虞公计，不至今日。’”⑤《资治通鉴》把《陈书》中的“蒲田”地名引作“莆口”，成为“蒲田”“莆田”之外历史上的另一个异名。明弘治《兴化府志》记述莆田县建置沿革时，注曰：“莆田县别称莆口。”

“蒲田”与“莆田”二词关系，因“蒲田”记载在前，“莆田”略后，后人多认为“蒲”“莆”可通假，“莆田”是“蒲田”的简写。但宋代便流行有“去水从莆”之说，《通志·山物考》云：“宋志释蒲云：‘莆地多生蒲，故曰蒲田，后频有水患，故去水从莆。”“蒲”“莆”通假虽于古有征，但民众似乎更喜欢

① 见《隋书》卷 26《地理志·建安郡》。《隋书》成书于唐贞观十年（636 年）。

② 见《元和郡县图志》卷 29《江南道五》。《元和郡县图志》成书于唐元和八年（813 年）。

③ 见《南史》卷 69《列传第五十九·虞荔传附弟寄》。《南史》成书于唐显庆四年（659 年）。

④ 见《通志》卷 145《列传五十八·虞荔传》。

⑤ 见《资治通鉴》卷 169《陈纪三》。

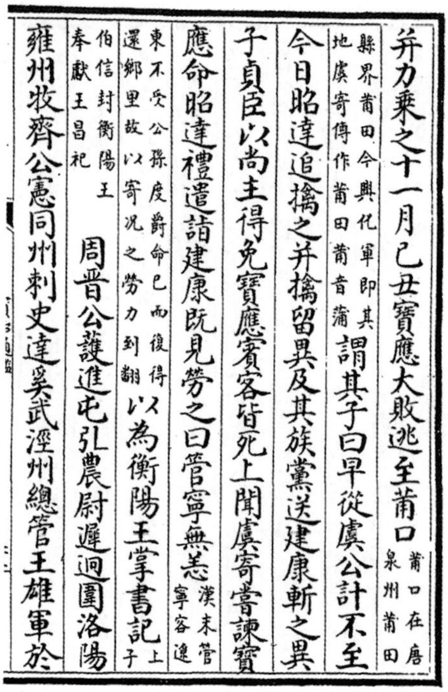
并力乘之十一月己丑寶應大敗逃至莆口莆口在唐泉州莆田縣界莆田今興化軍即其地虞寄傳作莆田莆音蒲謂其子曰早從虞公計不至今日昭達追擒之并擒留異及其族黨送建康斬之異子貞臣以尚主得免寶應賓客皆死上聞虞寄嘗諫寶應命昭達禮遣詣建康既見勞之曰管寧無恙漢末管寧客遼東不受公孫度爵命已而復得還鄉里故以寄况之勞力到翻以為衡陽王掌書記于上伯信封衡陽王奉獻王昌祀周晋公護進屯弘農尉遲迥圍洛陽雍州牧齊公憲同州刺史達奚武涇州總管王雄軍於

图 2－4　《资治通鉴》中有关“莆口”的记载

“去水为莆”的通俗解说，[①] 甚至流传有“沉七洲，浮莆田”的民间传说。

关于最早的“蒲田”、“莆田”或“莆口”具体地点在哪里，历代学者说法不一。明弘治《兴化府志》、清《一统志》、清林扬祖《莆田县志》等皆主“莆口”为今秀屿区东庄莆头村之说。清顾祖禹《读史方舆纪要》主莆口为秀屿区忠门镇莆禧村之说。清光绪二十九年（1903 年）进士关陈谟（佛心）则认为“莆口”和“莆田”不是一个地方，他认为“黄石古时本称莆田，所以置县时就把它做一县的名称了”。当代著名历史学家、莆田人朱维幹则认为“莆口不是醴泉里莆头村，也不是遥对惠安的莆禧城，莆口是今天莆田城和城郊公社所在地”。[②] 此说被新编《莆田县志》所采信，认为“晋隋之间的莆口（在今莆田城关），是县内最初的港口”。[③]

（二）莆田地域所属及置县

1. 置县前莆仙地域所属

在南北朝之前，莆仙大地上尚无县级建制。按地域所属，大致是：夏、商

① 《弘治兴化府志》、《康熙兴化府莆田县志》、（清）陈池养《莆阳水利志》，皆持“去水从莆”说。（南宋）李俊甫《莆阳比事》、（民国）张琴《莆田县志稿》则倾向“莆，古蒲字”或“蒲”古与“莆”相通的说法。

② 朱维幹：《福建史稿》（上册），福建教育出版社，2008，第 86 页。

③ 莆田县地方志编纂委员会编《莆田县志·交通篇》，中华书局，1994，第 343 页。

时期（前 2070～前 1046 年）属传说中的古九州之一的扬州；西周时期（前 1046～前 771 年）属"七闽"之地；春秋时期（前 770～前 476 年）属百越；战国时期（前 475～前 221 年）为越国领地，东周显王十三年（前 356 年）越国被楚国所灭，一支越国贵族入闽；至战国末，无诸建立闽越国，自称闽越王，莆田之地属之。秦朝时（前 221～前 206 年），莆田地属闽中郡。

西汉前期（前 206～前 111 年）属闽越国，汉高祖五年（前 202 年），汉廷加封无诸为闽越王。西汉元封元年（前 110 年）闽越王余善反叛，汉廷将其镇压后，其地划归会稽郡，并把闽越人民迁移到江淮之间。始元二年（前 85 年），鉴于闽越人民潜回原地的情况，在闽越旧地设冶县以加强管理，仍属会稽郡。

东汉建武十年（34 年），朝廷分会稽郡为东西二都尉，冶县属东部都尉。永和六年（141 年）又在冶县故地增设南部都尉，改冶县为候官县，莆仙地域属南部都尉候官县。三国吴永安三年（260 年）南部都尉撤销，设立建安郡，郡治在今闽北建瓯，莆仙地域属建安郡候官县。

西晋太康三年（282 年）析建安郡南部置晋安郡（郡治在今福州），莆仙地域属扬州晋安郡候官县。西晋元康元年（291 年）从荆、扬二州分出 10 郡设江州，莆仙地域改属江州晋安郡晋安县。南朝梁天监元年（502 年）析晋安郡南部地置南安郡，莆仙地域从候官县划出，属江州南安郡直辖。南朝陈永定元年（557 年），升晋安郡为闽州，辖晋安、建安、南安三郡，莆仙地域属闽州南安郡。

2. 莆田的三次置县

莆田第一次置县时间，据载是南朝陈光大二年（568 年）。唐《元和郡县图志》载："本南安县地，陈废帝分置莆田县。隋开皇十年省，武德六年复置。"[①] 这里只记载是"陈废帝分置莆田县"。陈废帝即陈伯宗（554～570 年），其在位只有两年（567～568 年）。弘治《兴化府志》明确记载莆田首次置县年份为："陈光大二年，分南安地置莆田县，属丰州，寻废，入南安。"此时的"丰州"指今福州。

莆田第二次置县时间，是隋开皇九年（589 年）。《隋书》云："旧曰晋安，置南安郡，平陈，郡废，县改名焉；又置莆田县，寻废入焉。"[②] "平陈"事件发生在隋开皇九年，结合《元和郡县图志》相关记载可推断，陈光大年间莆田

---

① 见《元和郡县图志》卷 29《江南道五·泉州·莆田县》。
② 见《隋书》卷 31《地理志下》之"建安郡""南安"注。

置县后，曾被废，具体年份不清楚。至隋开皇九年才重新建置，但翌年又废去。莆田废县后，县地仍划归南安县。①

莆田第三次置县时间，有唐武德五年（622年）和武德六年（623年）两种说法。《旧唐书》载："武德五年，分南安县置，属丰州。州废来属。"②《唐会要》作："莆田县，武德五年三月置。"③宋《太平寰宇记》亦载："唐武德五年，分南安县置莆田县，属丰州。州废，属泉州。今兴化军之理所。"④以上史籍记载莆田县复置时间为武德五年。但亦有认为复县时间是武德六年（623年）的，唐《元和郡县图志》云："武德六年复置。贞观改隶闽州，景云二年（711年），割属泉州。"⑤莆田县地名办公室编《莆田县地名录》（1982年）、傅祖德主编《中华人民共和国地名词典·福建省》（1995年）、崔乃夫主编《中华人民共和国地名大词典·第1卷》（1998年）等，均持"武德六年"莆田恢复置县说。

总之，莆田置县始于南朝陈废帝，此后历经数次反复，到唐代武德年间才真正稳定下来。莆田著名县令陈迈正是武德年间（618～626年）上任的。陈迈为河南颍川人，于隋炀帝大业十二年（616年）领泉州兵马镇守莆田。唐高祖武德二年（619年）陈迈自领莆田令，说明其时莆田未正式复县。逮至武德五年（622年）唐军入闽，平定了闽中诸郡，正式恢复莆田县建置，陈迈才被正式任命为莆田县令。

对于莆田置县历经数次反复的原因，后人做了一些推测。张琴论莆田首次立县与废县事云："曷为县废？以县多水也。莆本海滨涨地，多水则地无所利，而居民少，故废之也。然县之名，自是立矣。"⑥陈长城亦认为："光大二年（568年）置县寻废，是什么理由呢？光大二年去天嘉五年（564年）只有二年，陈宝应败后遂设县以资镇抚，与宋太宗因游洋地险，期以德化，遂设兴化县一样的理由，设县而寻废，则又因海患的缘故……光大距隋开皇九年（589年）为二十三年，距唐武德五年（622年）为五十三年，这五十三年中两设县而俱

① 南朝梁天监年间置南安郡，隋开皇九年改郡为县。
② 见《旧唐书》卷40《地理三》之"泉州·莆田县"。
③ 见《唐会要》卷71。
④ 见《太平寰宇记》卷120《江南东道十四》之"兴化军·莆田县"。
⑤ 见《元和郡县图志》卷29《江南道五·泉州·莆田县》。景云二年（711年）始复闽县之泉州为"闽州"，而武荣州改为"泉州"，有学者认为"贞观改隶闽州"为"贞观改隶泉州"之误，因此，莆田县先是改隶闽县之泉州（今福州），景云二年之后改隶晋江之泉州（今泉州）。
⑥ 张琴：《莆田县志》卷2《通纪》，《中国地方志集成·福建府县志辑·民国莆田县志（一）》，第34页。

废，不是因为海患，何以至此？"① 早期的莆田，濒海而少地，经常遭受台风、海潮侵袭，当居民不断减少时，置县资格就被撤销。这应当是莆田县建置历经数次反复才稳定下来的主要原因。

（三）仙游设县与隶属

仙游地域，原本都属于莆田县。莆田自武德五年（或六年）复县后，经过近80年的发展，社会经济总量、户数人口等都有了明显的增长。开元十八年（730年）三月敕令，以6000户以上为上县，3000户以上为中县，不满3000户为中下县。据《新唐书·地理志》记载，其时莆田属上县，仙游为中县。莆田在析设仙游后，犹属于"上县"，可见，此前莆田已完全具备析县的条件了。

至唐圣历二年（699年），开始析莆田县西部"十五里"②之地设置清源县，县名据说来源于清源镇。③ 县治原设在功建里大飞山（今大蜚山）之南五里，后又迁至其南三十步许。宋郡志、《仙游县志》等皆谓于"唐垂拱二年而迁县"。垂拱二年为公元686年，其时仙游尚未设县，何谈迁治。故明弘治《兴化府志》曰："今考唐《地理志》，圣历二年始置县，亦谓垂拱迁县，非也。世传宋绍圣间迁县，此说或是。"④ 朱维幹则认为仙游县"善化里一带，坦平肥沃，适在县城西北十余里，故老相传有城隍庙，清源城当在其地。天宝元年（742年），改县名为仙游，移于今县治"。⑤ "善化里"在今大济镇一带，是否为最早的清源城所在地，有待进一步考证。

南宋《仙溪志》谓："圣历三年，复以丰州地为武荣州（原注：今泉州），寻析莆田为清源县（原注：今仙游），此清源置县之始也。"⑥ 圣历三年（700年）五月，武周即已改元"久视"。清源设县后，与莆田县同隶于武荣州。景云二年（711年）武荣州改名泉州，遂隶泉州。天宝元年（742年）朝廷改州为郡，泉州被改称为清源郡，辖南安、龙溪、莆田、清源等县。这样，清源郡下辖有清源县，容易造成混淆。《旧唐书》郡志和县志俱载清源郡别驾赵颐正"以郡县同名非便，奏请改之"，于是本年清源县就改称仙游县。《唐会要》载：

① 陈长城：《莆田设县的沿革》，载马来西亚雪兰莪兴安会馆编印《兴化文献》，1947，第9页。
② 此依唐《元和郡县图志》卷29记载。
③ 《仙溪志》卷1《叙县》载："寻析莆田为清源县，此清源县置县之始也。耆旧相传，县本清源镇，后因其名为县，然旧无此纪。"
④ （明）周瑛、黄仲昭：《重刊兴化府志》，卷52《工纪一·廨署志》，蔡金耀点校，福建人民出版社，2007，第1312页。
⑤ 见朱维幹《福建史稿》（上册）第7章"唐代的福建"，福建教育出版社，2008，第125页。
⑥ （宋）黄岩孙：《仙溪志》卷1《叙县》。

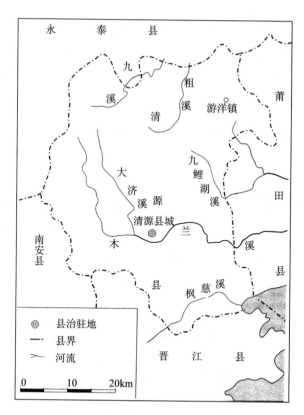

图 2-5 唐圣历二年（699年）清源县

"清源县，天宝元年八月二十四日改为仙游县。"① 可见仙游县名具体产生日期为唐天宝元年八月二十四日，即公元742年9月27日。

关于清源县名改为仙游县名的来历，诸志记述不同。唐《元和郡县图志》说："仙游山在县西三十里，县因以为名。"② 认为仙游县名来源于县西的"仙游山"。清王捷南云："九座山在仙游西北，即古仙游山。仙游旧志：九座山在县西北七十里。本德化县地，宋太平兴国中始析入仙游县，天宝初，不应遽取是山为名。"③ 王氏认为"仙游山"就是后代的九座山，而九座山原属于德化县，宋代才划归仙游，仙游立县时，怎么会取德化县的一个山名来做县名呢？不过，九座山在唐代已有记载，在"县西北七十里"，而仙游山是"在县西三十里"，可见这两处山名并不是指同一座山。

仙游古代县境内最有影响的传说首推何氏九仙的故事，因此有理由认为"仙游山""仙游县"实际都是源于何氏九仙的传说。宋《仙溪志》正是这样认

① 见《唐会要》卷71。
② 见《元和郡县图志》卷29。
③ 见（清）王捷南《闽中沿革表》卷2《仙游县》。

为的："因考故事，谓县有九仙人姓何，以兄弟九人登仙得名，遂改为仙游县，隶清源郡。"[1] 明代《八闽通志》《闽书》以及明清县志多沿此说。如清乾隆《仙游县志》就解释说："因有何氏九仙故，则邑之曰仙游者，亦犹君山以湘君名，谷城山以黄石著之类，典而雅也。"[2]

唐乾元元年（758 年），清源郡复名泉州，莆田、仙游改隶泉州。后唐长兴四年（933 年），王审知次子王延钧在福州称帝，国号大闽，莆田和仙游并属之。五代闽天德元年（943 年）二月，闽王王延钧弟延政在建州称帝，国号大殷，改元天德，莆田、仙游为其所属。后晋天福九年即南唐保大二年（944 年）十二月，南唐军入闽，闽王王延政投降，闽国亡。建、泉、漳、汀等州皆归顺南唐。至天福十二年（947 年），吴越击败南唐，占据福州。与此同时，泉州散员指挥使永春人留从效与其兄留从愿先后夺取泉州、漳州的兵权。南唐为争取留氏为附庸，只好承认既成事实，"累授从效同平章事兼侍中，封晋江王"。[3] 后汉乾祐二年（949 年），改泉州为清源军，以留从效为节度使。从此，福建之地一分为三：建州、汀州属南唐，福州属吴越，泉、漳属留从效。莆田、仙游属清源军留从效地盘。宋太祖建隆三年（962 年），留从效病死。此后，清源军统军使仙游人陈洪进继续割据其地，莆田、仙游遂属陈所割据的清源军。

综上所述，在南朝之前，莆田、仙游不见史书记载，经济文化比较落后。晋代之后，随着北方汉人的大批迁入，莆田和仙游也得到大规模开发，陈朝和唐代，莆田和仙游相继设县，标志着其社会经济文化已经达到相当高的水平。不过，这个时期的莆田、仙游尚处于福州或泉州的行政管辖之下，并未走上独立发展的道路。

第二节　社会经济初步发展

一　汉人南迁与人口增长

东汉末年，中原战乱兴起，先是黄巾起义，继之军阀混战，百姓四处逃亡，

---

[1]　见（宋）黄岩孙《仙溪志》卷 1《叙县》。
[2]　见（清）叶和侃纂《仙游县志》卷 8《邑肇志》，台北：成文出版社，1975，第 235 页。
[3]　见（宋）路振《九国志》卷 10《留从效传》。

一部分人向南方迁移。孙吴集团崛起江东，建立吴国，为扩展势力范围，先后五次派兵入闽，从而推动了大批北方汉民入闽，闽中的政区建置由两汉时期的候官一县发展为一郡（建安郡）九县。[①]

据乾隆《莆田县志》记载，清康熙二十九年（1690年），郡城西岩寺建山门，发现太康八年（287年）制作的砖。[②] 太康是西晋武帝司马炎的年号，20世纪以来，在莆田还有其他太康砖出土，[③] 说明早在永嘉南渡以前，汉人已开始陆续迁入莆田地域。

西晋末年永嘉之乱后，迁移到莆仙的北方汉人逐渐增多。志书记载："莆古称荒地，居民属闽七种之人，寥寥无几。自永嘉二年（308年）中州衣冠始入闽者八族：林、黄、陈、郑、詹、邱、何、胡是也。时有散处莆地，土田渐辟，异姓之人亦相继来居，由是人民广众，厥成斯邑焉。"[④] 如郑氏，"自永嘉渡江后，（郑）昭公任福、泉二州刺史，道由莆境，见南湖山环秀，遂葬祖圹十二圹于山之阳。因官于泉，遂家焉"。[⑤] 郑氏祖墓在今城厢南山广化寺后侧。邱氏，"五胡之乱，南迁入闽，居兴化之莆田"。[⑥] 据《仙游县志》载，邱、何等姓氏亦是自永嘉之乱后进入仙游定居。陈光大二年（568年），分南安地置莆田县，表明隋唐以前迁入的汉族移民相当多，已经达到需设立县级行政机构加以统治的程度。

到了唐代，北方汉民入迁莆仙平原已形成一定的规模。林氏自东晋时林禄始迁于候官都西里，数传至林茂，林茂生孝宝，隋代由晋安迁居莆田北螺村（今西天尾镇林峰村）。又过了五世，林披自北螺村迁居澄渚，生九子，皆为刺史，世称"莆田九牧林"。其后世远支分，子孙分布福建各地，"北自福清、闽县、长乐、连江、浦城，以逮吴下，南自惠安、晋江、龙溪、漳浦，以及惠潮，莫不聚"。[⑦]

---

① 参见朱维幹《福建史稿》（上册），福建教育出版社，1985，第51～52页。

② 《乾隆兴化府莆田县志》卷35《杂事》，台北：成文出版社，1968年影印本，第700页。

③ 朱维幹：《莆田县简志》，方志出版社，2005，第13页。

④ 《莆田乡土地理》卷上《第三课·居民之始》，美兴印书局，1921，第1页。

⑤ 莆田《南湖郑氏大宗谱·后埭郑氏族谱序》。郑昭任福、泉二州刺史之说应是虚构。晋初福建仅设晋安一郡，并未设立福、泉二州。参见朱维幹《福建史稿》（上册），福建教育出版社，1985，第66页。一说郑昭为入闽始祖，后裔郑露兄弟始迁入莆。参见莆田市地方志编纂委员会编《莆田市姓氏志》，方志出版社，2010，第81页。

⑥ 《台湾省通志稿》卷2《人民志·氏族篇》。

⑦ 林光铨校《西河林氏族谱·林英序（撰于宋元祐三年）》，光绪三年新加坡古友轩石印本，收入《北京图书馆藏家谱丛刊·闽粤侨乡卷》第1册，北京图书馆出版社，2000，第331～332页。关于九牧林的来历，有两种说法：一说林披九子"俱为刺史，号九牧林家"；一说林披第九子林蔇为处士，林披八个儿子"并其父号九牧"。参见李俊甫《莆阳比事》卷2，收入阮元辑《宛委别藏》，江苏古籍出版社，1988年影印本，第72页。另，关于林氏入莆始祖，一说林禄四世孙林恪率子侄入蒲口，居山沥峙山（今城厢区霞林棠坡一带），为莆林始祖。参见莆田市地方志编纂委员会编《莆田市姓氏志》，方志出版社，2010，第34页。

又有"阙下林家"，在唐代也是盛极一时。阙下林家是林韬的分支，林韬于唐天宝三载（744年）授谏议大夫，迁礼部侍郎。生子尊，尊生攒（闽林十八世），唐贞元年间（785～805年）任福唐县尉，事母至孝，德宗降诏褒誉，敕立双阙，并旌表门闾，故称"阙下林家"①。因此，至今福建的许多林姓，都自称源自莆田的九牧林或阙下林，隋唐时期迁入莆田的这支林姓，几乎成了福建林姓的共同祖先。

图 2-6 九牧林祖祠

陈氏也是最早迁入福建的家族之一，"东晋时为八姓入闽之一。唐武德间（618～626年），陈迈为莆田令，家于莆刺桐巷（今文献社区坊巷），支庶众多"。② 方氏在莆田是大家族，明正统《游洋志·大姓志》载："至唐有叔达者，为泉州刺史，遂家焉。叔达之后，初居莆田之方山，子孙散居郡境。自天宝中（742～756年），由方山迁游洋。大房子祐生三子：长迪吉，居百俊，待制偕其后也；次元吉，居赤石；三逢吉，居上仓，其后析居凤冲。"③ 吴氏在莆田也是相当显赫的家族，《延陵吴兴宗谱》记载：吴兴，祖籍延陵郡，唐高宗年间（650～683年在位），率胞弟吴瑞、吴良及子侄十数人，自江西豫章入闽营商[一说武周永昌元年（689年）避"则天乱政"随父入闽]，卜居莆田县城北华

---

① 《乾隆兴化府莆田县志》卷25《孝友传》，台北：成文出版社，1968年影印本，第567页。
② 《民国莆田县志》卷7《氏族》，收入《中国地方志集成·福建府县志专辑》第16册，上海书店出版社，2000，第227页。《仙游县榜头镇紫溪陈氏世谱》（2001年）第二部分"序言荟萃"引了一篇据称是陈迈写于隋大业丁丑（617年）的《陈氏谱序》，称"予于隋大业（605～618年）初领兵镇莆，居刺桐巷"，据此，陈迈似是先领兵镇莆，后任莆田令。
③ 一说方叔达于隋代入莆，参见萧亚生《兴化家族与祖宗崇拜》，鹭江出版社，2014，第21页。

岩山下，为莆田延陵吴氏始祖。① 洪氏，"始祖洪忠，唐京兆万年县洪故乡胄桂里人，子邕，唐神龙初进士，官太子太傅，与李林甫不协。开元四年（716年），上书乞归，旋被谪入闽，始居兴化"，其后裔子孙亦逐渐向闽南各地分迁。② 徐氏，"始于天宝八年（749年）自浙衢徙居兴之莆阳，不数传而支分于

图 2-7 黄岸画像

他省别郡，生聚教诲，又各为世族开基"。③ 黄氏，祖先为晋代入闽的"八姓"之一，始祖黄元方仕晋，卜居候官，号曰黄巷。至唐肃宗在位时（756～761年），桂州刺史黄岸谢去桂事，从南越海道归，见莆田涵头延福山山水之秀，便定居于此，仍以黄巷名村，成了莆田黄氏的开基祖。④ 弘治《兴化府志》卷44说，唐末战乱，中州名士如李洵、韩偓、罗隐、崔道融、赵观文辈，避地闽中，经常来到莆田黄家，与黄家名士黄滔过从甚密。

据《莆田县志》记载，入唐以来迁入莆田的汉民尚有：江氏，"唐天宝中，东华村有江仲逊，世为医，其女名采蘋，高力士使粤过莆，选入宫，是为梅妃，今江东江姓其后也"；游氏，"唐中叶时，大理寺评事游植为泉州别驾，道经莆阳，爱紫霄之胜，卜居山下后埔村，子孙聚族于是，其散居东门者甲科最盛"；许氏，"唐许辅乾为泉州刺史，家于莆，其子许稷⑤，登贞元十八年（802年）进士，子孙聚族于武盛里许厝、东峤，文里后山、后东坡，新兴里后枫"；欧阳，"唐欧阳詹自晋江来莆，读书于南山，登贞元八年（792年）进士，卒葬于南山，子孙遂家于莆"；翁氏，"唐中叶后，有翁轩，以朝请大夫入闽，其长子散骑常侍名何，居莆田，孙承赞，登乾宁三年（896年）进士第，官左拾遗"；欧氏，"唐欧志学，官广东潮阳县，后迁莆，子孙散居铁灶、东田、澄塘、白沙、城厢各处"；孔氏，"唐时至圣四十一世孔仲良为莆田县令，家于涵江"；罗氏，"唐兴化令殿撰季子罗斌由沙县迁游洋，遂婚于崑山（即翁山），因家焉"；董氏，"唐吏部尚书董勇由晋安迁莆，居南门外"；薛氏，"唐补阙薛令之，长溪

① 参见莆田市地方志编纂委员会编《莆田市姓氏志》，方志出版社，2010，第103页。

② 《台湾省通志稿》卷2《人民志·氏族篇》。

③ 《乾隆莆田延寿徐氏族谱》卷首《李钟份新序》，福建省图书馆收藏。

④ 黄彦辉（黄氏十三世裔孙）：《莆阳黄氏谱序》，载黄邦士辑《莆阳碧溪黄氏宗谱》甲辑，福建师范大学图书馆收藏。

⑤ 一说许稷为许辅乾之孙。参见莆田市地方志编纂委员会编《莆田市姓氏志》，方志出版社，2010，第180页。

人，六世孙廷辉为百丈镇将，因家于莆"；① 李氏，"李欣，字公愉，曾祖丹，唐蔡王蔚八代孙，贬莆田令，卒，遂家于莆。欣，太平兴国八年（983 年）进士"。②

大批移民的涌入，使莆田人口大增。唐代以户口多寡来划定县的等级，开元十八年（730 年）以6000 户以上为上县，3000 户以上为中县，不满3000 户为中下县，"其赤、畿、望、紧等县，不限户数，并为上县"。③ 当时泉州领有晋江、南安、莆田、仙游四县，总共50754 户，其中晋江、莆田是上县，南安为紧县，仙游为中县。④ 根据史志记载推测，莆、仙两县开元年间（713～741 年）户数为12000 余户。

唐代后期，中原的战乱日益加剧，军阀割据一方，民不聊生，北方士民再次南迁。尤其是唐末五代时，随着王潮、王审知率部入闽及建立地方政权，出现了汉人入闽的又一次高潮，一些北方汉民也在这个时期迁入莆田、仙游。民国《莆田县志》载："王氏居闽，与五代相终始，是时闽地安谧，中州避乱者皆举族南来，莆户口繁殖当在此时。"⑤《仙溪志》载："置县之始，人烟稀疏。五季干戈，北方避地者多居于此……"⑥《游洋志》（又称《福建兴化县志》）亦载："迨王氏自光州固始入闽，而一时仕宗宦族，率从而南，则大姓大都纵横矣。"⑦

这一时期迁入莆仙地域的家族很多，见表 2-1。

表 2-1 唐后期及五代迁入莆仙地域的家族

姓氏	迁出地	迁入地	迁入时间	资料来源
蔡氏	浙江钱塘	莆田	唐末*	《宋淳熙四年蔡公序》，蔡炳坤、蔡金耀主编《莆田沁后蔡氏族谱（惟溥世系)》，1993，第 5 页
方氏	河南光州固始	莆田刺桐巷（方巷）	唐末	方元会纂修顺治《莆阳刺桐金紫方氏族谱》卷 1《宗派系略》上

① 《民国莆田县志》卷 7《氏族》。
② 《乾隆兴化府莆田县志》卷 24《人物志·仕迹传》，第 532 页。
③ 《唐会要》卷 70，中华书局，1955，第 1231 页。
④ （唐）李吉甫：《元和郡县图志》卷 29《江南道五》，中华书局，1983，第 719～721 页。
⑤ 《民国莆田县志》卷 14《赋役志》。
⑥ （宋）黄岩孙：宝祐《仙溪志》卷 1《户口》，第 13 页。
⑦ 周华纂修《正统游洋志》卷 3《大姓志》，蔡金耀点校，1999，第 55 页。

续表

姓氏	迁出地	迁入地	迁入时间	资料来源
龚氏	浙江钱塘	莆田	唐末	民国《莆田县志》卷7《氏族》
俞氏	河南光州固始	莆田	唐末	民国《莆田县志》卷7《氏族》
余氏	建阳	莆壶山翠峰下，子孙聚居东埔、度尾、东华等处	唐末	民国《莆田县志》卷7《氏族》
何氏	安徽太和	莆田	乾符元年（874年）	民国《莆田县志》卷7《氏族》
杨氏	祖籍河南光州固始，初居福清	迁居莆杨山，子孙散居阳城、常泰、广业、塔林、华亭、乌山、莒溪、游洋、赤溪山	唐末	民国《莆田县志》卷7《氏族》
刘氏	河南光州固始	涵江沙阪（今涵江保尾），子孙聚族居松坂、洋中、西刘、城中各处	唐末	民国《莆田县志》卷7《氏族》
吴氏	河南光州固始	莆之华岩山下，又迁居黄石等地	僖宗年间（873~888年）**	民国《莆田县志》卷7《氏族》
崔氏	—	莆田	光启、天祐年间（885~907年）	民国《莆田县志》卷7《氏族》
王氏	河南光州固始	莆田凫山（即江口前王）、壶公王庄村，其后子孙散居城中、涵江、冲溪	唐末	民国《莆田县志》卷7《氏族》
潘氏	河南荥阳	莆田	后唐（923~936年）	民国《莆田县志》卷7《氏族》
柯氏	晋江	莆田武盛里西山	五代（907~960年）	民国《莆田县志》卷7《氏族》
张氏	永泰	莆田横塘，其后裔分居沙堤、赤岐、洋埭、岐尾、长基、马洋、南日各处	五代（907~960年）	民国《莆田县志》卷7《氏族》
康氏	—	莆田霞江	后唐天成、长兴年间（926~933年）	民国《莆田县志》卷7《氏族》
郭氏	长乐	仙游大蜚山下郭宅	后梁开平年间（907~911年）	仙游《郭氏正续世庆志》卷首《续世庆志跋》
詹氏	河北	仙游植德	五代（907~960年）	《台湾省通志稿》卷2《人民志·氏族篇》
傅氏	河南光州固始	仙游	唐末	民国《罗峰傅氏族谱·序》（傅求撰）
阮氏	祖籍河南陈留，东晋入闽	仙游金沙	唐末	乾隆《仙游县志》卷41上《人物志·隐逸》
杨氏	陕西华阴	仙游	唐末	黄岩孙：宝祐《仙溪志》卷4《唐及五代人物》，第70页

姓氏	迁出地	迁入地	迁入时间	资料来源
李氏	—	仙游汾阳	后汉乾祐年间 （948～950 年）	黄岩孙：宝祐《仙溪志》卷 4《唐及五代人物》，第 70 页

注：*或认为唐朝蔡用元、蔡用明兄弟定居仙游枫亭蕉溪为蔡氏入闽之始；**一说吴氏在唐高宗年间迁入。

　　值得一提的是，唐末五代时期，北方入闽汉族的主要组成部分是随王潮、王审知入闽的河南光州固始一带的士民，也有不少其他地方的士民，其中包括仕宦、流卒、商贾及一般的贫民。[①] 但是，因王潮、王审知以武力据闽立国，随王氏兄弟入闽的固始同乡，大多成为闽中的统治者，夸耀门阀成为一时风气。于是，其他一些不是来自河南光州固始的姓氏，亦相继附会。故自宋代以来，包括莆仙族谱在内的福建民间的许多族谱，往往记述自家的渊源为河南固始县。正如南宋莆田人方大琮所指出的："曩见乡人凡诸姓墓志铭皆曰自光州固始来，则从王氏入闽似矣。又见旧姓在王氏之前者，亦曰来自固始。诘其说，则曰有二：唐光启中（885～888 年），王审知弟兄自固始携诸姓入闽，此光启之固始也；前此晋永嘉乱，林、王、陈、郑、丘、黄、何、胡八姓入闽，亦自固始，此永嘉之固始也。非独莆也，凡闽人之说亦然。"对此现象，方氏提出几点疑问：其一，"闽之有长材秀民旧矣，借曰衣冠避地而来，岂必一处而必曰固始哉？"其二，"况永嘉距光启五百七十余年，而来自固始前后吻合，诚切疑之"。方氏后来看了邑人郑樵的有关论述，方才"释然"。[②] 郑樵是宋代著名的史学家和谱学家，他在为《荥阳郑氏家谱》所写的序言中指出："今闽人称祖者，皆曰光州固始。实由王绪举光、寿二州，以附秦宗权，王潮兄弟以固始之众从之。后绪与宗权有隙，遂拔二州之众入闽。王审知因其众以定闽中，以桑梓故，独优固始。故闽人至今言氏谱者，皆云固始。其实谬滥云。"[③] 或曰："王氏初建，国人不自保，谩言乡人，幸其不杀，后世子孙承袭其说，世祀绵藐，并与其初而忘之尔……"[④]

　　综上，北方汉民从汉晋至唐末五代陆续迁入莆仙地域，带来先进的生产技术和不同地区的文化，对莆田地区的全面开发起着决定性的作用，做出了不可

---

① 参见陈支平《福建六大民系》，福建人民出版社，2000，第 47～48 页。

② （宋）方大琮：《跋方诗境叙长官迁莆事始》，收入郑岳《莆阳文献》卷 7，第 51 页。

③ 《莆田南湖郑氏家乘》，郑樵："荥阳郑氏家谱序"。

④ （宋）陈振孙：《直斋书录解题》卷 17《解陈襄古灵集》，上海古籍出版社，1987，第 500 页。

磨灭的贡献。其中林、陈、郑、黄、蔡、傅、方诸姓，自唐宋迄今，不但在莆仙社会经济文化发展中占有举足轻重的地位，而且对闽台以及粤东、海南等地的开发也产生过重要的影响。

二　水利工程的肇始

闽越国灭亡后，北方人因避战乱陆续渡江南下，翻山越岭进入闽地，不断南拓，有的携家带口移居莆田，逐渐形成许多村落。与此同时，农垦和水利设施相伴而生，但有关农田水利建设不见史籍记载，仅有的几种旧记、图经也早已在历年战乱中遗失殆尽，现存史志记载的莆田最早的农田水利建设是在唐代，唐以前的农田水利情况有待今后考古与新文献资料的发现。

（一）唐五代农田水利建设

唐五代时期，是福建历史上重要的发展阶段，也是莆田地方史发展的重要阶段。历代封建统治者重视农田水利兴修，地方官府也热心倡导并作为政绩上报，因此《新唐书》就有各地水利兴建的记载，其中包括莆田水利设施。《新唐书·地理五》"莆田县"条记载："西一里有诸泉塘，南五里有沥峤塘，西南二里有永丰塘，南二十里有横塘，东北四十里有颉洋塘，东南二十里有国清塘，溉田总千二百顷，并贞观中置。"[①] 这是莆田农田水利建设第一次被写入正史。

《新唐书》对六塘的建造时间，只是笼统说都在贞观年间（627～649年），而且对水塘的规模大小等均语焉未详，倒是明代弘治年间（1488～1505年）纂修的《兴化府志》依据宋代绍熙年间（1190～1194年）编纂的《莆阳志》的资料，对六塘的建置时间、水塘规模、受益田亩均进行了具体记载，如下。

> 诸泉塘，在县西一里，唐贞观元年（627年）置，周回三里，灌田四十余顷。
>
> 永丰塘，在县西南三里，《唐书》云，唐贞观元年（627年）置，周回一里，灌田一百顷。
>
> 沥峤塘，在县南五里，《唐书》云，唐贞观元年（627年）置，周回一里，灌田一百四十顷。
>
> 横塘，《唐书》云，贞观五年（631年）置，周回二十里，灌田二百顷。

---

① 《新唐书》卷41《志第三十一地理五·泉州清源郡》。

国清塘，《唐书》云，贞观中（627～649 年）置，周回三十里，灌田五百顷。

漉洋塘，贞观五年（631 年）置，周回一十里，灌田二百顷。[①]

"塘"即池塘，是南方人挖掘洼地蓄水用于农田灌溉的水利工程。1994 年出版的《莆田县志》对唐代六塘所在地做了考证，认为诸泉塘在今北磨附近（属城厢区），永丰塘在今筱塘附近（属城厢区），沥峙塘在今霞林、棠坡附近（属城厢区），漉洋塘（又名胜寿塘）在今卓坡附近（属涵江区），国清塘在今黄石定庄附近（属荔城区）。[②] 独"横塘"无记，2001 年出版的《莆田市志》也阙而不语。按弘治《兴化府志·水利志》的记载，"横塘"在县东南安乐里（今黄石镇横塘村）。

从史书记载看，这几个水塘分布的地点都远离县城，其中后三塘都在城关东部或南部方向，距离城关均几十里，可见唐代时莆田移民已经到滨海地区进行围垦活动，莆田开发速度相当快。从规模上看，小的有一里宽，大的周回达二三十里，其中国清塘周回 30 里，灌溉田亩达 500 顷以上，无论是工程规模还是受益面积，在唐代福建各地农田水利工程中，都属于较大的。

随着移民数量不断增多，原先的蓄水塘越来越难以满足日益增长的田地用水需求。沿海围垦田已成为入莆民众赖以生存的手段，也是地方官府增加赋税的重要途径。这客观上要求修建规模更大、效能更高的水利工程，催生了唐中叶"陂"坝水利工程的兴建。

所谓筑"陂"坝就是拦溪截水，以抬高水位，有利于更大规模的灌溉。《新唐书·地理志》记载：莆田城"北七里有延寿陂，溉田四百余顷，建中年置"。明弘治《兴化府志·水利志》根据宋绍熙志资料对此有具体的记载，略云：建中年间（780～783 年），里人吴兴在北洋片积极围海造田的同时，针对围垦农田严重缺水的状况，捐出家资，率众人在延寿溪下"渡塘"（又叫杜塘，今西天尾镇霞尾）地修建堤坝，称"延寿陂"。为防水涝，又在陂口别出两派以疏水，一叫长生港，一叫儿戏陂，开挖大小沟渠 60 条，灌溉农田 400 多顷。至于建造

---

① （明）周瑛、黄仲昭：《重刊兴化府志》卷 53《工纪二·水利志上》，蔡金耀点校，福建人民出版社，2007，第 1357、1360 页。
② 莆田县地方志编纂委员会编《莆田县志·大事记》，中华书局，1994。

时间，"乡里相传作神龙年中置"。^① 宋人刘克庄在《义勇普济吴侯庙记》中亦以传说为参考，"作陂在神龙间，非建中"。^② 神龙年间为 705～707 年。

莆田境内的主要河流是木兰溪，发源于仙游县西苑乡仙西村黄坑头，流经兴化冲积平原而入兴化湾。木兰溪把平原一分为二，古人称溪北部的平原为北洋，溪南部的平原为南洋，宋时就有了南北洋的说法，所谓洋是当地百姓不断障海围田使斥卤变沃土平原的俗称。吴兴就是在北洋片筑堤围田，兴修水利，促进了北洋片的开发。不久，南洋片也兴建了较大规模的水利工程。志书记载：唐元和八年（813 年），时任福建观察使裴次元，组织民众在红泉地（今黄石镇黄石小学附近）一带筑堰蓄水，围海垦田 322 顷，岁收谷物数万斛，以赡军储。^③ 可见其修筑工程之巨大。时人对吴兴、裴次元在开发南北洋中的突出贡献给予了极高的评价，并建庙祭祀，以励后人。

实际上，北洋的先民早在唐初就在平原滩涂上开垦造田，但屡遭海潮侵蚀，往往无功而返。据记载，海潮一直涌到壶山脚下，导致水草交杂，沮洳斥卤，禾田难保。为了解决这个难题，吴兴、裴次元组织民众直接在潮间带筑堤捍潮，挡咸水于外，疏淡水入内，有效地遏制了海潮的泛滥，逐步使斥卤之地变成沃野良田。志称"自唐长官吴兴筑海为堤，以开北洋之利，及唐观察使裴次元筑海为堤，以开南洋之利，于是人始得平土而居之"。^④ 对于吴兴的治水功绩，里人还赋予其英雄般的传奇故事。陂成后，时有蛟龙溯溪流而上，兴风作浪，不时毁坏陂坝，民不聊生。吴兴见状，毅然持青剑而出，对众人说，他要与蛟龙决战，三日后，溪流青则蛟毙，溪流赤则吾死。说罢跳入河中。三天后，人们看到了溪中漂浮一把青剑，血染溪流，遂成赤溪（今畅林村赤溪桥），知道吴兴与蛟龙同归于尽了。从此，陂坝农田安然无恙，百姓安居乐业，乡里父老感念其德，立祠祀之。^⑤ 这个故事也反映了当时修筑海堤之艰险。吴兴、裴次元义无反顾，功在千秋，他们分别被后人称赞为开发北洋、南洋的第一人。

仙游在唐圣历二年（699 年）置县，山多人少，其社会经济与人口不如莆

---

① （明）周瑛、黄仲昭：《重刊兴化府志》卷 53《工纪二·水利志上》，蔡金耀点校，福建人民出版社，2007，第 1358 页。

② （宋）刘克庄：《后村集》卷 5《义勇普济吴侯庙记》，明谢氏小草斋抄本。

③ 《乾隆莆田县志》卷 3《坛庙·裴次元庙》。

④ （明）周瑛、黄仲昭：《重刊兴化府志》卷 53《工纪二·水利志上》，蔡金耀点校，福建人民出版社，2007，第 1372 页

⑤ （明）周瑛、黄仲昭：《重刊兴化府志》卷 25《礼纪·群祀志·吴公庙》，蔡金耀点校，福建人民出版社，2007，第 665 页。

图 2 - 8　绶溪延寿村西刘吴公庙与吴兴神像

田县，当时莆田县是上县，仙游县是中县，其境内理应存在与农业生产紧密相关的水利设施，然现存史书包括仙游第一部县志宋代《仙溪志》都不见记载，只能留待以后的考古与材料的发现了。

五代十国时，王审知拥兵割据福建，外臣中原、内保境安，在中原战乱不断的背景下，闽地能有 30 多年的安靖实属不易，福建经济也有了一定的发展。可能因为闽政权存在的时间不长，有关记载不多，特别是莆田农田水利建设材料更是少见。现在所能知道的有两项水利工程与这一历史时期有关。一项是在北洋兴教里（今梧塘镇一带）有太和、屯前、东塘等三塘，弘治《兴化府志》认为"伪闽时置太和塘，溉田五十顷"。① 后人却把这三塘看成同一时期挖掘的，道光《福建通志·水利志》也持这一看法。② 另一项是南安陂的兴建，根据志书记载，五代末闽国灭亡后，南唐与吴越争夺福建，盘踞漳州、泉州的仙游人陈洪进拥兵自保。太平兴国二年（977 年），陈洪进在萩芦溪下游（在今涵江区江口石狮村附近）建筑陂坝，明代人陈中《重修南安陂记》说"然吾闻是陂自宋时创始于陈郡王洪进"，后经宋蔡襄重修。③ 南安陂被认为是莆田最早建成的万亩引水工程，与宋代以后建造的木兰陂、太平陂、泗华陂、官杜陂合称莆田古代五大水利工程陂。④

① （明）周瑛、黄仲昭：《重刊兴化府志》卷25《礼纪十一·群祀志·太和庙》，蔡金耀点校，福建人民出版社，2007，第 665 页。
② 《乾隆莆田县志》则说太和塘是唐刺史何玉所置。何玉，原名何泰和，号玉，人们为纪念他，把其中一塘命名为太和塘。然清代陈池养所著的《莆阳水利志》对此提出异议，认为无此人，同时也认为说是闽国时建"不知何据"。
③ （明）周瑛、黄仲昭：《重刊兴化府志》卷30《礼纪十六·陈中〈重修南安陂记〉》，蔡金耀点校，福建人民出版社，2007，第 788 页。
④ 莆田市地方志编纂委员会编《莆田市志》第 2 册，卷18《水利电力》，方志出版社，2001。

（二）唐五代水利建设的特点

水利工程的接连兴建，既是农业生产不断扩展的体现，也是地方社会生产力明显提升的重要标志。唐五代莆田水利建设的文献记载虽然是零星的，但也能反映出莆田农业生产的快速扩大，所以，在《新唐书》列举的福建 13 处水利项目中，莆田就占了 7 个，这也反映了当时莆田农田水利快速发展的真实面貌。唐五代莆田农田水利建设有以下特点。

1. 水利设施以陂塘为主，先塘后陂

莆田山岭叠嶂，溪涧纵横，河道密布，人稀田少时，农家就近开渠自用足矣。随着人口不断增加，耕地面积也持续扩大，原先的取水方式就不能满足需求了，这就需要建造大型的水利设施，开凿大水塘引水蓄存，以满足成片耕地用水的需求，塘成为唐代初期平原农田灌溉水利设施的主要形式。唐中晚期人口与垦田同步增长，原来的水塘难以满足农业灌溉的需求，而扩建水塘意味着要占用更多的田地。因此，直接在溪流的高处筑陂拦水，抬高水位增加蓄水量，由高而下灌溉更远的田地的水利工程——陂坝便应运而生。一些大的陂坝的功能不限于储水，它还配有许多分水沟渠，一旦洪涝发生，陂渠就能起到一定的调节作用，所以唐代以后具有抗旱排涝功能的陂坝得到广泛应用。弘治《兴化府志》论曰："初未免凿塘开窟，以为救济；继而仁者不惜财，智者不惜计，作陂筑坝，分引山涧之水，以灌平洋之田。"①

2. 水利设施与沿海围垦紧密相关，有力促进了南北洋的开发

这一时期主要的水利建设都与沿海的围垦密切相关。号称福建四大平原之一的莆田平原，其主体是南北洋，而当时南北洋还不时浸漫在潮汐之中，所以开发南北洋实际上就是一个围垦造田的历史过程。到唐代中后期，百姓已经能直接在大片滩涂上围垦增地。围垦的新田地需要大量的淡水来不断洗涤卤渍，这也需要兴建较大型的水利设施，以满足沿海围垦不断发展的需求。同时也出现了直接筑建海堤以抵御海潮的水利工程，有力保障了围垦的成功，使南北洋变沃土成为可能。明代吴遂在《水利碑文》中指出："莆山海之区，良田沃壤南北两洋，昔受潮卤，惟宜蒲；唐宋之季，率兴水利，筑堤遏溪流以灌两洋，环堤以捍潮汐。"② 围垦与水利工程的初步发展，大大加快了南北洋的开发。

---

① （明）周瑛、黄仲昭：《重刊兴化府志》卷 53《工纪二·水利志上》，蔡金耀点校，福建人民出版社，2007，第 1372 页。

② 《乾隆莆田县志》卷 2《水利·明·吴遂·水利碑文》。

3. 水利设施抗旱防涝功能兼备

筑海堤御潮浪，保障围田成良田，这些工程在当时都具有较高的建筑水平。如延寿陂，明代黄仲昭的《八闽通志》记述：陂成还酾南、中、北三大巨沟，沟宽五或六丈，深一丈，分支沟五十九条；又在陂口别为二派，一曰长生港，一曰儿戏陂，在濒海之地修有六十条泄道，以排洪泄涝。特别是儿戏陂，充分利用大自然的力量，"壅沙为塍，遏水入洋，雨大溪溢，自推沙而注于海；水减顺溪南下，沙复自壅成塍，不劳人力，通塞自如，若儿戏然"。① 主体工程与辅助工程相得益彰，整个工程庞大，设计巧妙，配套周详，不但在福建，在整个中国也是不多见的，故被《新唐书》收录。又如南安陂，采用浆砌条石滚水坝形式，陂高 2.94 米，长 379.3 米，坝体结构与众不同，都是使用每块重 1.4 吨～2.0 吨的大条石板砌筑的，以当时的生产条件，其工程之浩大和施工难度可想而知。②

总之，唐五代莆田相对属于安宁的地方，南迁的北方人接踵而至，不但增加了宝贵的人口资源，而且带来了北方先进的生产技术，因此在莆阳大地上揭开了兴修水利、围垦造田、开发南北洋的历史序幕。

三　唐五代莆田南北洋的初步开发

莆田南北洋通常被称为莆田平原，唐五代称壶公洋，地处木兰溪下游的南北侧，由河海泥沙在浅海湾交错沉积以及人工围垦而成，海拔仅 5～7 米，大抵把木兰溪以北的平原统称"北洋"，以南的统称"南洋"。宋人郑寅在《重修濠塘泄记》中曰："莆地濒海广斥，昔人陂双溪以灌泻卤田之号南北洋者，遂为沃野。"③ 元人柯举在《新港斗门记》中言："莆阳方二百里，郡居其中。南北田数万亩，其平如掌。郡西南古有溪水，溯源自仙游、永春、德化，入于海。田在南北，谓之南北洋。"④ 从水利角度看，"南洋称木兰陂，北洋称延寿陂、太平陂"。⑤ 南北洋平原东濒兴化湾，西抵九华山麓，南达燕山期花岗丘陵边缘，北至囊山之麓，总面积 464 平方公里，约占莆田县土地面积的 23.5%，在福建四大平原中仅次于漳州平原和福州平原，位居第三，是福建省最大的人工围海造田形成的平原。

---

① （明）黄仲昭：《八闽通志》卷 24《食货·水利·延寿陂》，福建人民出版社，1990，第 493 页。
② 莆田市地方志编纂委员会编《莆田市志》第 2 册，卷 18《水利电力》，方志出版社，2001。
③ （宋）郑寅：《重修濠塘泄记》，《莆田市历代水利功臣录》，2013，第 53 页。
④ （元）柯举：《新港斗门记》，《莆田市历代水利功臣录》，2013，第 63 页。
⑤ （明）周瑛、黄仲昭：《重刊兴化府志》卷 53《工纪二》，蔡金耀点校，福建人民出版社，2007，第 1372 页。

（一）早期海山相连之地

远古时代，莆田地形面貌和现在不一样。民间传说"沉七洲，浮莆田"。七洲现在何处，史无可考。但莆田是由地壳升降运动浮出海面的，确是事实。大约在100万年以前，台湾是和大陆连在一起的，由于地壳陷落下去，形成台湾海峡，莆田地处台湾海峡的西岸，当时也属于台湾海峡的一部分，被海水淹没。后来由于地壳的升降运动，莆田就间歇性上升，成为蒲草丛生的浅滩，经围垦而成田地。据《莆田县志》载，壶公山在古时是露出海面的岛屿，直到宋代，壶公山上的石穴里还生长有螃蟹。有宋代咸淳四年（1268年）进士柯应东诗句为证："方壶久伏海中洲，涌出高山不计秋。峰上今犹蚝带石，穴边时有蟹寻湫。"①

许多古籍记载，早期的兴化平原，是海山相连之地。南北洋平原在洪荒时期，是海潮出没的疆域，其海岸线与今天的海岸线相去甚远。当年，平原腹地的山峰都受过大海的侵浸，而今都已远离海岸。宋志称：九华山"山高数百丈，距海七十里，今山顶有蚝壳黏石上"。方翥诗云："累累蚝山着石面，此非所有能无疑？细看大石深孔窍，舟人操篙迹犹遗。乃知此山千载前，汹涌尚作海渺弥。蛟龙鱼鳖占窟宅，不省造化能密移。"② 明代弘治《兴化府志》称：莆田市西天尾镇的澄渚村，"莆未塍海时，潮至此，故曰'渚'"。③ 乾隆《莆田县志·舆地志》载："城北五里，有九华山，形势高峻，离海数十里，而其上有粘蚝石，此非山上所宜有者也。"《仙游县志·舆地志·释港及潮汐》载："宋时海潮，自莆达仙之灵陂，回流八十余里。至筑木兰陂后，海潮乃止。然则古代城南之海，且深啮至濑溪以上矣。"后来几经沧桑，海平面下降，海岸线向外推移，就大致形成了今天沿海一带的自然格局。兴化平原是在长年累月的江河冲积和海潮搬运下泥沙大量淤积而成。兴化（莆田）平原由于木兰溪的冲积，每年向海伸展一米。④ 这种自然力量营造的结果，为古人围海造田提供了可能性。

在南朝梁、陈时期，南北洋还是水乡泽国。海水漫至南山广化寺前，遍地蒲草，因此其时南北洋几乎都是沼泽海荡之地，诚如宋代史学家郑樵所说："吾郡地为斥卤，不堪耕作。"除先贤著述记载外，后世众多地名也佐证了南北洋古

---

① （清）郑杰：《闽诗录》丙集卷15。
② （明）周瑛、黄仲昭：《重刊兴化府志》卷53《户纪一》，蔡金耀点校，福建人民出版社，2007，第213页。
③ （明）周瑛、黄仲昭：《重刊兴化府志》卷7《户纪一》，蔡金耀点校，福建人民出版社，2007，第215页。
④ 彭文宇：《唐宋福建沿海围垦发展的原因及特点》，《农业考古》1989年第1期，第235页。

为海域的史实。如"哆、澳、埭、浦、渚"等与海洋有关的许多地名，就是这种地理的历史记忆。如涵江"哆头"，"哆"的本字从"石"旁，是海中礁石的意思。白沙的"澳柄"，古为海澳，后代筑坝围垦，称为"澳坝"，方言谐音改写为"澳柄"。莆田称海堤为"海埭"，带"埭"的地名也是围海造田的史实见证，如沿海埭头、黄石下埭、涵江埭里等，弘治《兴化府志·水利志》载，"平地筑堤障海，谓之埭"。"渚"本是水中小块陆地，今西天尾有澄渚、沿海东峤有南渚和北渚等村名。又如地名带"浦"字者也很多，如涵江新浦、荔城清浦、濠浦、荔浦等。涵江镇前海滨的村名"孝户"，清代还是写作"鲎扈"，它本是先民在海中设"扈"以捕鲎的一种设施。

（二）唐代南北洋初辟

唐王朝重视开垦土地和发展农业生产。唐高祖在《劝农诏》中明确责令各地州县牧宰，必须组织百姓发展生产，要求各级官吏倡导垦殖并对新垦田实行"五年不在税限，五年之外，依例收税"的优惠政策，鼓励各地继续开垦土地。而且，唐代各地赋税允许部分留州归官府支配，曰分天下之赋为三，曰上供、曰送使、曰留州。各种惠农惠官的政策，调动了农民的生产积极性，地方官吏也不遗余力地组织民众筑海造田和兴修水利，加快了莆田南北洋的开发进程。兴修水利、凿塘灌田和其后筑堤障潮，扩大耕地，是莆田南北洋平原最初的开发措施。唐五代，莆田先民开始筑海为堤和兴修水塘，志称"自唐长官吴兴筑海为堤，以开北洋之利，及唐观察使裴次元筑海为堤，以开南洋之利，于是人始得平土而居之"。①

北洋的开发要早于南洋。唐神龙年间（705～707年）②，莆田地方官吏吴兴捐资率众在杜塘（今西天尾镇霞尾村菱角池）堵截延寿溪，构筑延寿陂，把溪流引向南面的沙塘陂，在延寿溪的下游筑长堤来抗击潮汐，并一鼓作气在堤内开垦出万余亩耕地。继而又构筑延寿陂，此陂与平原上其他所筑大陂不同，它的主要作用不是抬高水位以引水，而是遏阻溪流，使之改道南流，然后分流入沟，通过堵截延寿溪，灌田400顷，初步形成了北洋平原。吴兴在北洋围垦区开凿大小60多条沟渠，既引导溪流灌溉耕地，又避免洪水汇集造成涝灾威胁。

---

① （明）周瑛、黄仲昭：《重刊兴化府志》卷53《工纪二》，蔡金耀点校，福建人民出版社，2007，第1372页。
② 一说为唐建中年间（780～783年），见《重刊兴化府志》卷53《工纪二·水利志上·延寿陂》，但是《重刊兴化府志》卷25《礼纪十一·群祀志·吴公庙》、宋人李俊甫《莆阳比事》卷7与刘克庄《义勇普济吴侯庙记》均载神龙年间（705～707年）。

他在海堤上设置涵洞60多处排泄洪水，并开出两条水渠，一条把阪口的水向南引到芦蒲（今城厢区荔浦村），注入木兰溪，名"长生港"；另一条向北注入陈墩，称为"儿戏陂"。延寿陂和沟渠，构成北洋平原的主要河道，至今仍对灌溉和交通发挥着巨大的作用。

北洋平原开发直接推动木兰溪南部即南洋的开发进程。唐元和八年（813年），①福建观察使裴次元到莆田视察，组织民众在莆田水南红泉界（今黄石地区）构筑堤堰，潴蓄木兰溪下游的溪水，从而大面积开垦南洋平原耕地，面积达332顷，"岁收数万斛，以赡军储"②。为保障这些田地不受海潮侵袭，裴次元又组织人力，除全面整修加固吴兴所筑的北洋海堤外，又沿今东角、遮浪一带，大规模修筑南洋海堤，后代称为"镇海堤"。通过筑堤，外堤加筑新埭，埭田累增，为将饱受海潮侵袭的壶公洋开发为南洋平原做出了重大贡献。大规模修筑海堤后，开垦面积3万余亩，至此，兴化南洋平原初步形成。

图 2-9 镇海堤

综上所述，莆田南北洋的初步开发，使兴化平原初具规模，大片盐卤之地变成可耕沃土，为莆田社会经济文化的发展奠定了良好基础，意义深远。

四 农业、手工业初步发展

莆田属于亚热带海洋性季风气候，日照充足，雨量充沛，土地肥沃，温差较小，适宜多种亚热带植物生长和动物栖息。优越的地理环境和气候条件为莆田农业的发展开辟了广阔的前景。秦汉之际，莆田地属闽越，深林丛莽，交通不便，人烟稀少，经济落后。西汉时期，闽中百姓"刀耕火种，自给自足"。在山上穴居的莆田人，每年春季放火烧山，将草木烧作肥料，这种火耕水耨、靠

---

① （明）黄仲昭：《八闽通志》卷60《祠庙》，福建人民出版社，1991，第411页。
② 宫兆麟、汪大经、王恒修乾隆《莆田县志》卷3，民国15年补刊光绪五年本。

天吃饭的粗放农耕方式被称为"畲田""火耕田"。宋代莆人刘克庄在《后村先生大全集》中就记载："畲民不悦（役）、畲田不税，其来久矣。"[①] 魏晋南北朝时期，北方士族为了躲避战火，开始大量南迁入闽进莆。中原移民入莆后，不仅带来了先进的生产工具，也带来了先进的农耕方式，还为莆田的开发提供了必要的劳动力。北方移民进入莆田后，为了生计，便在山间盆地垦荒种植，发展农业。特别是在水稻栽培、绿肥使用、牛耕和农业技术革新等方面，有了重大的突破，劳动生产率大幅提高。同时，迁至木兰溪流域的中原汉人将北方种植的麦、豆、菽等耐旱耐寒的农作物移植到莆田，使莆田农作物品种不断增多。经过魏晋时期的农业开发，莆田境内农耕技术有了较大的进步。

（一）农业初步发展

从南北朝开始，莆田境内农耕技术有了重大突破，农业经济呈现后来者居上的发展态势。隋后，莆田的地理条件有了极大改善，经过几千年的风雨冲刷，沿海的盐碱地开始淡化，可种植多种农作物。山区腹地林竹茂盛，有丰富的森林资源可资利用。山区的畲田经过长期的改造已成为旱涝保收的梯田。唐初，莆田境内大量的荒地、荒山、荒滩得到开垦，境内修建了众多的塘、陂、渠、堰等农业基础设施，兴化平原基本形成以后，水稻等粮食作物得以大规模种植，荔枝等水果也普遍栽种，人口快速聚集繁衍，农业经济加速发展。

农业生产规模迅速扩大，带动了莆田经济社会的快速发展。早在汉代以前，莆田地区就已开始种植水稻，逮至唐代，莆田、仙游二县水稻种植已非常普遍，水稻已成为居民的主要粮食作物。麦、豆等辅助粮食作物也开始广泛种植。

图 2 - 10　水稻种植（插秧）

---

① （宋）刘克庄：《后村先生大全集》卷13。

（二）种植茶果经济作物

在种植粮食作物的同时，莆田地区还广泛种植荔枝、龙眼、甘蔗、蔬菜、瓜果、茶、木棉等经济作物。

1. 荔枝

莆田别称"荔城"，因遍植荔枝树而闻名。邑人蔡襄在其《荔枝谱》中云："闽中唯四郡有之，福州最多，而兴化军最为奇特。"莆田何时种植荔枝，地方志没有明文记载，蔡襄专门记录了"宋公荔枝"，"世传其树已三百岁，旧属王氏。黄巢兵过，欲斧薪之，王氏媪抱树号泣，求与树偕死。贼怜之不伐"。据此推断，此树植于蔡襄撰谱之前300年，约与杨贵妃同时。可见莆田之荔枝种植，早在唐时已有。这棵"宋公荔枝"，俗称宋家香，至今尚存，被列入福建省第一批一级古树名木。唐末莆田籍诗人徐寅对荔枝情有独钟，留下《荔枝》二首，其一："朱弹星丸粲日光，绿琼枝散小香囊。龙绡壳绽红纹栗，鱼目珠涵白膜浆。梅熟已过南岭雨，橘酸空待洞庭霜。蛮山蹋晓和烟摘，拜捧金盘奉越王。"其二："日日熏风卷瘴烟，南园珍果荔枝先。灵鸦啄破琼津滴，宝器盛来蚌腹圆。锦里只闻销醉客，蕊宫惟合赠神仙。何人刺出猩猩血，深染罗纹遍壳鲜。"第一首诗歌咏家乡特产荔枝，用"群山拱岳"之法，从各个方面渲染荔枝的美丽与尊贵。诗人对荔枝的外形、颜色、果肉进行了入木三分的描述，"朱弹""星丸""绿琼""龙绡"，语词富丽，写得名贵异常，溢美之情跃然纸上，称荔枝献给越王也毫无愧色。在叙述荔枝的产地时，以"梅""橘"反衬，梅子已过，黄橘未来，只有荔枝独占鳌头，只有君王能享用，可见荔枝身价之尊贵。

图 2-11　漫山遍野的莆田荔枝

中唐以后，莆田荔枝的种植规模进一步扩大，产量提高，因为鲜荔枝只能存放 3～5 天，为了延长荔枝的保存时间，百姓将荔枝放进深井中浸泡，降温储藏。之后，莆田的百姓发明了曝晒法，也就是将新鲜的荔枝放在烈日下曝晒，脱水后制成荔枝干。尽管曝晒法比较简陋，但毕竟迈出了农产品加工的重要一步。

图 2－12　年年硕果累累的"宋家香"
（树龄近千年）

2. 龙眼

西晋左思《蜀都赋》载："旁挺龙目，侧生荔枝。龙眼唯闽中及南粤有之。"莆田龙眼栽培始于汉代，距今 2000 多年，并以皮薄、肉甜、味鲜而闻名于世。莆田境内开始大量栽培龙眼树始于中唐，到了唐末龙眼树的高接换种、小苗嫁接、品种选育等栽培技术有了较大的提高。唐御史黄滔在《莆山灵岩寺碑铭》中记载：莆田县东峰庙有龙眼栽培，迄唐天祐二年（905年）仍见"嘉树双梿"。随着龙眼树种植面积不断扩大，产量日益提高，为了解决龙眼鲜果不易保存的问题，莆田的百姓除了采取曝晒脱水的方式制作桂圆干外，还研制出了烘焙技术，即用温火烘焙鲜果，使龙眼迅速脱水，制成桂圆干。烘焙技术的出现，成为莆田农产品加工技术的重大突破，在莆田经济发展史上具有重要的意义。莆田地区还种植枇杷、橄榄、沙橘、桃李等水果，其中橄榄、沙橘是贡品。[1]

图 2－13　桂圆干

3. 茶

莆田地区大多为低山丘陵地势，适宜茶树的生长。莆田境内茶树栽培起源于隋朝，《仙游县志》记载："仙游茶叶始植于隋代。唐代孝仁里郑宅（今赖店

---

[1] 谢如明：《莆田发展简史》，厦门大学出版社，2008，第 17 页。

镇圣泉村)、凤山九座山区已有成片种植。"《莆阳文献》也记载:"闽中兴化府城外有茶二株,香美甲天下,虽武夷岩茶不及也。所藏无几。邻近有茶十八株,味亦美,合二十株。有司先时使人谨伺之,烘焙如法,籍其数以充贡。"① 可见早在隋唐时期莆田就有了先进制茶工艺,茶叶已成为朝廷贡品,也是易货贸易的重要农副产品。唐初,莆田百姓采取曝晒的方法制茶,将鲜茶叶放在烈日之下曝晒,使其迅速脱水,制成茶饼。唐末,莆田百姓逐渐探索出茶叶烘焙技术,包括选叶、去枝、烘焙、碾茶等工序,茶叶质量大为提高,产量也稳步增长。

图 2-14　无了禅师

唐代莆田声名远播的茶叶是龟山茶叶。龟山位于莆田市城厢区华亭镇境内,因山形隆起似龟背,毗连的紫帽山昂立如龟首,故而得名。传说唐长庆二年(822 年),无了禅师从莆田灵岩寺(广化寺)登山西行,一路翻山越岭,涉水过涧,来到三紫山峰一处平坞里,发现密林复被一坳,泉水潺潺有声,禅师欲走向坳边掬水解渴,迎面走来一只六眸巨龟,引领四小龟,齐向禅师三复行礼,尔后消失无踪。禅师闭目,顿然醒悟,认为此处是所求之圣地。从此结庐为庵,白天开山种茶,夜间坐禅悟道。唐御史黄滔在《龟洋灵感禅院东塔和尚碑》中叙述无了禅师开山灵迹云:"初,大师之卜龟洋也,云木之深,藤萝如织,狼虎有穴,樵采无径,俄值六眸之巨龟,足蹴四龟,俯仰其首如作礼者三,逡巡而失,遂驻锡卓庵,名其地曰龟洋焉。"祖师盛名远播,归者千众,无了禅师率领众徒,开山种茶,几易寒暑,终建成龟洋庵。龟洋庵众僧开发了 18 处茶园,"辟茶园千余亩"。②

僧人不仅种植茶树,还加工经营茶叶,龟山茶叶因品质优良成为朝廷贡品,所谓"龟洋山产茶为莆之最"。众僧依靠经营茶叶维持生计,并扩建寺院。至唐咸通十一年(870 年),共扩建了 9 座寺院,取名"龟洋灵感禅院",僧众达 500多人,茶叶成为寺院重要的经济来源。唐末,龟山寺名冠闽中,僧众逾千,茶叶生产规模也不断扩大,成为福建重要产茶基地。龟山茶叶与龟山寺齐名,史书记载:"古今八闽所有方志、山经、茶史、茶经、茶录等史乘文献,凡其涉笔

① 林国梁主编《福建兴化文献》,台北:台北市莆仙同乡会,1978,第 383 页。
② 莆田市地方志编纂委员会编《莆田市志》,方志出版社,2001,第 20 页。

莆阳茶史者，皆有龟洋山产茶为莆之最之说。"① 所以龟山茶叶代表了唐代莆田茶树栽培和茶叶加工技术的水平。

唐代，莆田境内茶园众多，除了龟洋茶园外，还有石梯茶园和西天尾林山茶园。其中石梯茶园生产的茶叶堪称上乘，《八闽通志》称莆田"石梯山峻峭如梯，其上最宜茶。莆之茶，龟山为上，石梯次之"。② 同时，仙游境内也有多个茶园，除了盛产名茶的圣泉茶园外，还有凤山茶园、剑山茶园、林山茶园等。《莆田市志》记载："唐代，仙游孝仁里郑宅（今赖店镇圣泉村）、凤山、龟洋山、林山等山区有成片种植。"③ 到了唐末，莆田境内茶叶产量大幅提高，茶叶销量不断扩大，不单在本地销售茶叶，还大量销往江浙一带和淮河流域，甚至远销到高丽、安南、暹罗、琉球、日本等地。大规模的茶园开发，促进了茶叶加工业的发展。

（三）手工业

莆田最早的手工业行业是纺织业和制陶业，大概起源于新石器时期。唐初，随着粮食产量的提高和经济作物的广泛种植，莆田境内"已有手工制糖、纺织、造纸、烧壳灰等"手工业行业。④ 随着纺纱技术的逐渐提高和纺织工艺的改进，唐代时纺织品数量不断增加、质量也开始提高，出现了两种纱线混合编织的布料和以棉纱为原料的棉布。百姓用棉纱编织出轻薄透气的帐幔布料，可用于制作结实保暖的鞋袜和衣服。唐代，莆田的丝织品质量尤为上乘。唐人徐寅《尚书筵中咏红手帕》诗写道："鹤绫三尺晓霞浓，送与东家二八容。罗带绣裙轻好系，藕丝红缕细初缝。"可见，这些丝织品非常美丽。徐寅《纸帐》诗曰："几笑文园四壁空，避寒深入剡藤中。误悬谢守澄江练，自宿嫦娥白兔宫。几叠玉山开洞壑，半岩春雾结房栊。针罗截锦饶君侈，争及蒙茸暖避风。"本是简陋的纸帐，在徐寅笔下，却是谢朓的澄江练、嫦娥的白兔宫，再加上"玉山""春雾"的烘托，显得神采飞扬，美丽高雅。

莆田的冶炼业，源于汉代，发展于唐代。据《仙溪志》记载，唐代仙游苏山的蔡家，世代炼铁铸鼎，远近闻名。此书还记录了高超的冶铁技术："炼铅而粉，采柏而烛……煮铁而出之模，则鼎釜之利及于旁郡。"⑤ 莆田三江口的铁灶

---

① 莆田市地方志编纂委员会编《莆田市志》，方志出版社，2001，第1039页。
② （明）黄仲昭：《八闽通志》卷11《地理》，福建人民出版社，2006，第209页。
③ 莆田市地方志编纂委员会编《莆田市志》，方志出版社，2001，第1039页。
④ 仙游县枫亭镇人民政府编《枫亭志》，方志出版社，1999，第117页。
⑤ （宋）黄岩孙：《仙溪志》卷1《叙县》，福建人民出版社，1989，第15页。

村，就是因冶铁而得名。

莆田的雕塑、酿酒、制蜡、制盐和农产品加工等行业，约在陈朝以后陆续发展起来。到了唐代，莆田境内已有十多个手工业行业。[①]《新唐书》记载："莆田县……有盐、有铁。"制盐主要沿用传统牢盆煮盐法，生产规模较小。制糖业已有一定规模，其工艺流程是：先使用木槽、木杵、舂槌等原始工具榨取蔗汁，然后煎煮而成。元代林亨在《螺江风物赋》中记载"刳木为槽""长歌相舂"，"调以甘膏，火不停而灵砂曰熔"。至大历年间（766~779年）还能生产冰糖。宋人林世程在《闽中记》中载："荻蔗节疏而细短，可为稀糖，即冰糖也。"此外，陶瓷、砖瓦、农具等行业也已形成一定规模。

三国至隋唐，莆田的饲养业得到全面发展，农家猪犬鸡鸭成群。唐贞元年间（785~805年），福建观察使柳冕奏请在闽中设牧区获准，于是从陕西引进马、羊等在福州、莆田等地放牧。《八闽通志》载："冕贞元间观察福建，巡管之内，福唐、莆田、仙游皆置马监领牧，悉以'万安'为名，而秀屿其一也……近屿诸村有马坑、马厂，即旧监牧之遗迹……柳氏兄弟尝职马政，没而神灵，故莆人立庙于此。"庙共三座：醴泉里秀屿曰"灵感"，营边曰"昌骏"，马厂曰"昌骥"。醴泉里秀屿即今秀屿区东庄镇，当地至今还保留营边村（又称柳营村）、马厂村等地名。"死马累铺"也是当地民间广泛流传的一句俗语，意思是官马饲养不善致死，要铺内各户捐钱再购新马。相传，秀屿牧区当时共有马5000匹、驴骡牛800头、羊3000只。[②]

综上所述，古代社会经济的发展，主要由劳动力和耕地所决定。魏晋以后，北方汉人陆续入闽进莆，不仅带来大量劳动力，也带来先进的生产工具和农耕方式，为莆田的初步开发奠定基础。唐代，兴化平原初具规模，耕地面积剧增，有力地促进了莆田农业的发展，进而推动经济作物的种植和手工业的发展。唐代莆田社会经济发展，又反过来促进莆田南北洋的大规模开发，形成良性循环。

五　交通改善与商业发展

唐代，莆仙境内交通条件有了改善，从福州通往泉州的驿道贯穿莆仙境内。按唐代的驿站制度，"凡三十里一驿"，非通途大道则设馆。由于当时莆仙境内

① 蔡天新：《莆商发展史》，中央文献出版社，2014，第35页。
② 谢如明：《莆田发展简史》，厦门大学出版社，2008，第19页。

尚未设立州级建置，因而设立待宾馆（今涵江区江口镇）和枫亭馆。① 驿道自福州南下，经福清蒜岭山折进待宾馆，经莆田县城和仙游枫亭，向南通往泉州。

图 2 - 15　福莆岭修整前后的古驿道

　　莆仙地区农业、手工业的发展和交通条件的改善，为商品经济的发展创造了条件。《莆田市志》记载："隋末唐初，莆田前墩尾（今西天尾）已出现集贸市场。初为'十日一墟，日中为市'，以后逐渐发展为'三日一集，不限于午之市'。唐代以后，集贸发展的一大特征是专业性加强。境内的濒海之地枫亭，圩集以水产品、农副产品的交易为主，专业性特色明显，太平桥和三妈宫等地分别分布有海产品、渔盐、大米、柴草之类的不同圩集。"② 莆田的黄石、庄边、白沙、百丈（今属大洋乡）、濑溪和仙游县城、中岳、游洋等地，都逐渐形成了墟集。③

　　随着商品经济的发展，墟集已经不能满足交换需要，商店便应运而生。据《仙游县志》记载，"隋代西乡三般店（今度尾镇剑山村）已有店铺"；"唐代，枫亭街市、县城东门街的私营商店亦初具规模"。④《莆田县志》亦载："唐代，县城及城郊已有私人商店，黄石、庄边、白沙、百丈（今大洋乡）、濑溪等地已出现墟集和私营小店。"⑤ 仙游枫亭在唐代，"因陆海交通便捷、商贾云集而形成

---

① （明）周瑛、黄仲昭：《重刊兴化府志》卷48《兵纪一·驿递志》，蔡金耀点校，福建人民出版社，2007，第1238～1239页。
② 莆田市地方志编纂委员会编《莆田市志》卷25《商业》，方志出版社，2001，第1543页。
③ 莆田县地方志编纂委员会编纂《莆田县志》，中华书局，1994，第411页；仙游县地方志编纂委员会编《仙游县志》，方志出版社，1995，第421页。
④ 仙游县地方志编纂委员会编《仙游县志》，方志出版社，1995，第418～419页。
⑤ 莆田县地方志编纂委员会编纂《莆田县志》，中华书局，1994，第406页。

集镇，成为闽中海产品、谷米等农副土产集散地"，① 形成了南街（包括南市坪和南市尾）、北街（即现在的霞溪）和后览街（现在属秀峰村），以后南街又延长到筛斗桥街、新店街和长贝街。② 涵江的萩芦镇，据称"有唐开元年间（713～741 年）开设的九坎店，宋人称为'唐店'，后逐步形成商贸集镇"。③

唐代，古驿道上客商往来频繁，与待宾馆毗邻的涵头，水陆交通方便，商业发达，逐渐发展成为商业集市。根据记载，"早在唐初，现涵江市区的发源地仅为一处排泄调节河水入海的水涵之首，俗称'涵头'。其地不过泊数艘海舶、河舟而已，岸上也只有数十家商铺、居户，'日中为市始列肆'，经营农副产品、手工艺品的小买卖"。④

莆仙位于福建省沿海中部，东濒台湾海峡，港湾环抱，岛屿众多，有港口条件优越的湄洲湾、兴化湾、平海湾等，唐代已形成秀屿港、东湖港、二江口港、枫亭港等众多港口，有利于发展对外贸易。唐代实行朝贡制度，周边民族或外国常以朝贡为名，携带大批商人、商团，在中国沿途进行贸易。由海道而来的使臣也带有大批商人（包括印度和大食等地商人）乘舶来唐朝贸易。更有许多南海诸国城主、富商大贾借朝贡之名，来中国贸易。正因为如此，唐朝不得不明确规定："由海路朝者，广州择首领一人、左右二人入朝。"其余的商人、商团则留在广州及沿海口岸进行贸易。安史之乱以后，由于长安至西域的陆上丝绸之路被阻断，经过南海诸国的海上交通日趋重要，远在南亚、西亚、欧洲的一些国家也多改道海路至中国。⑤ 根据记载，"随贡船过境的船舶多停泊莆口、枫亭、涵江、江口"，"由商户或蕃舶直接采购货物，互市经销……多以易货贸易为主"。⑥

元和八年（813 年），莆田沿海修筑了镇海堤，通航条件有了较大改善。大和八年（834 年），唐文宗下达谕令："南海蕃舶，本以慕化而来，固在接以仁恩，使其感悦。"强调"岭南、福建及扬州蕃客，宜委节度观察使常加存问。除舶脚、收市、进奉外，任其来往通流，自为交易，不得重加率税"。⑦

---

① 仙游县枫亭镇人民政府编《枫亭志》，方志出版社，1999，第 169 页。
② 中国人民政治协商会议福建省仙游县委员会文史资料委员会编《仙游文史资料》第 8 辑，1990，第 117 页。
③ 翁卫平主编《天下莆商》，经济日报出版社，2005，第 81 页。
④ 林祖泉：《千年涵江》，方志出版社，2004，第 6 页。
⑤ 参见周伟洲《唐朝与南海诸国通贡关系研究》，《中国史研究》2002 年第 3 期。
⑥ 陈美德、戴永存主编《莆田市外经贸志》，方志出版社，1995，第 82、111 页。
⑦ 《册府元龟》卷 170《舶脚》，即征收外商的下碇税，或称舶货税；"收市"，指政府以价收购皇室需要的进口珍奇物品；"进奉"，指代替朝廷收受进口的物品。

唐朝对海外贸易的保护政策大大鼓励了海外诸国前来贸易，来莆蕃船逐渐增多，"海舶多由海堤陡门靠岸"。"莆仙沿海更成为过往贡舶蕃客的重要停靠口岸。当时江口、莆口、端明（今涵江）、枫亭，已成为易货互市的繁华集镇……大型船舶曾直驶进莆口（今城厢区南门、筱塘一带）"。① 与此同时，亦有部分莆仙人远涉重洋，泛海经商。唐末莆田人黄滔在《贾客》一诗中写道："大舟有深利，沧海无浅波。利深波也深，君意竟如何？鲸鲵齿上路，何如少经过！"② 反映包括莆仙商人在内的许多商贾，为通洋贸易盈利，不畏浪高波险，常年从事海上贸易。

阿拉伯地理学家伊本·胡尔达兹比赫（Ibn Khordadhbeh）（820～912年）所著《道里邦国志》记载了从伊拉克港口巴士拉经波斯湾到中国的航道。该航线出波斯湾后，往东沿印度海岸经穆拉（Mulā，即没来国）、塞兰迪布（Sarandīb，今斯里兰卡），横渡孟加拉湾抵艾兰凯巴鲁斯（Alankabālūs，今印度尼科巴群岛），经印度尼西亚群岛、菲律宾群岛、中南半岛上的栓府（Al-sanf，即占婆，明代为占城国），到达唐朝南部城市鲁金（Lūqīn，即龙编，今越南河内），往北航行4日，到唐朝最大的港口汉府（Khānfū，今广州），继续航行8日到达汉久（Khānjū，今福州，一说泉州），再向北航行20日至刚突（Qāntū，即江都，今扬州）。③ 该航线中，广州至福州段经过莆田境内沿海口岸。

王审知主闽期间（898～925年），实行宽商的政策，"尽去繁苛，纵其交易，关讯廛市，匪绝往来"。吸引各地商人到福建经商，出现"击毂摩肩"的热闹景象。④ 王审知还注重发展对外贸易，委任张睦"领榷货物，睦抢攘之际，雍容下士，招来蛮裔商贾，敛不加暴，而国用日以富饶"。⑤ 王审知侄子王延彬，任泉州刺史26年，也鼓励对外贸易，"郡人藉之为利，号招宝侍郎"。⑥ 由于福建官府积极发展对外贸易，福州、泉州成为对外贸易的重要港口，"北至新罗，南达南洋诸岛及印度、三佛齐和阿拉伯等国，都经常有使者、商旅往来，舶来品如象牙、犀角、珍珠、香药、玳瑁、龙脑、白氎、红氎、沉香、肉豆蔻等，

---

① 陈美德、戴永存主编《莆田市外经贸志》，方志出版社，1995，第237页。
② （唐）黄滔：《莆阳黄御史集》卷2，收入《丛书集成初编》，中华书局，1985。
③ 〔阿拉伯〕伊本·胡尔达兹比赫：《道里邦国志》，宋岘译注，中华书局，1991，第64～72页。文中今地名据译者注。
④ （五代梁）于兢：《恩赐琅琊郡王德政碑》。
⑤ （清）吴任臣：《十国春秋》卷95《张睦传》，中华书局，1983，第1377页。
⑥ 《（乾隆）泉州府志》卷40《封爵》。

行销京都各地"。① 随着泉州对外贸易的迅速发展，当时尚隶属于泉州的莆仙沿海各港口的商贸亦逐渐繁荣。

图 2 - 16　建于五代的枫亭天中万寿塔（亦为航标塔）

第三节　莆田文化的孕育与萌发

一　南湖三先生"开莆来学"

东汉之后，特别是晋代永嘉之乱时，大批北方汉人迁移入闽。刚入闽的北方汉人中的一部分最初只是想暂时避难，待北方战乱平定后便返回故乡，因此不愿投巨资建立学堂、宫庙寺院。另一部分迁入福建的北方汉人虽然定居下来，但初来乍到，忙于开垦土地，建立居所，为创造基本生存条件而辛苦操劳，无心也无力去建立学堂、宫庙寺院。因此，在唐代之前，福建文化相对落后，有"闽人不知学"之说。

莆田开发的时间与福建其他地区几乎同步，由于当时大片土地还是盐碱地，不宜耕种粮食，因此，北方汉人迁入人口数量不多、开发水平相对于福建大多数地区而言比较落后。然而，在教育方面莆田却领先于福建的许多地区，其最重要的标志是南朝梁、陈时期郑氏三兄弟在南山建湖山书堂，教育子弟，史称"开莆来学"。所谓"开莆来学"，顾名思义就是开启莆田文化教育之先河的意思，赋予其首创、开新局的内涵。有人甚至认为，莆田文教之所以发达，享有"文献名邦""海滨邹鲁"之美誉，与开创"开莆来学"局面的郑氏南湖三先生有密切关系。

关于南湖三先生建湖山书堂的事迹，现存最早的文献见于唐御史黄滔《莆

---

① 福建省地方志编纂委员会编《福建省志·商业志》，中国社会科学出版社，1999，第 2 页。

图 2 - 17　"开莆来学"想象图

山灵岩寺碑铭》：

> 粤灵岩寺，乃莆山之灵秀焉，神授焉。懿！夫狱立大山，堆下数峰，面乙臂坤，石嵌松瘦。昔梁陈间邑儒荥阳郑生家之。生严乎一堂，架以诗书。既而秋，一夕风月清朗，俄有神人鹤发麻衣，丈余其状，见于堂曰：诚易兹为佛宇，善莫之大。生拜而诺，瞬而失。旋以堂居僧像佛，献其居为金仙院，即陈永定二年庚申也。①

这段史料，至少包含以下历史信息：一是灵岩寺所在地山清水秀，原来是郑生家族所有；二是郑氏家族是从荥阳移民来的；三是郑氏家族重视教育，梁、陈间便在这里建立书堂和居所，以儒家的经典教育子弟；四是陈永定二年（558年）秋天的一个晚上，梦见神人要郑生献出学堂和居所，改为佛宇，郑生允诺并很快献出书堂供奉佛像，居所改为金仙院，即后来的广化寺。

撰写碑铭的黄滔是莆田人，曾经在东峰书堂求学长达 10 年，乾宁二年（895 年）中进士后荣归故里，乡人拜托他撰写《莆山灵岩寺碑铭》。黄滔治学十分严谨，是文化大家，有"八闽人文之祖"之称。为了准确复原历史，他进行实地考察，广泛搜集各种资料，去伪存真，才撰写成文，所以《莆山灵岩寺碑铭》具有很高的史料价值。关于碑铭的写作过程，黄滔说道："寻旧址，苍苔四叠，嘉树双亚。访旧僧，云肩十扣，雪顶一存。于是敬（谨）祝金仪，益誓丘（邱）祷，以谢兹山之灵秀；刻铭贞石，兼补前贤之未述。"

---

① （唐）黄滔：《黄御史集》卷 5《莆山灵岩寺碑铭》。

由于《莆山灵岩寺碑铭》记载的内容主要是莆田佛教史和莆田文化名人事迹，郑氏献学堂居所为金仙院只是碑铭中的一小部分，所以不可能详细记述。加上黄滔撰写《莆山灵岩寺碑铭》离陈永定二年庚申月（八月）郑氏献学堂居所为佛寺的时间相距337年，因此仍给后世留下一些疑团。关于"郑生"是一个人的姓名还是泛指"郑先生"，或者是指郑氏三兄弟，后世有不同的解读。不过，通读碑铭，其中有"愚慕三贤之懿躅，葺斋于东峰十年，奋然凡二十四年于举场，幸忝甲第东归之"句，意思是黄滔十分景仰三贤的光辉事迹，故选择在附近的东峰书堂苦读十年，经过多次科考，终于金榜题名，荣归故里。从碑铭上下文看，这里的"三贤"显然是指郑氏三兄弟。遗憾的是，碑铭没有点出郑氏三兄弟的名字，又给后世留下历史公案。直到南宋嘉定间（1208～1224年），才在文献上第一次出现"郑露"。李俊甫《莆阳比事》卷1"干戈不动，弦歌相闻"条曰：

莆为文物之地旧矣。梁、陈间已有南湖先生郑露书堂（原注：露，一名襃。今广化寺讲堂是也）唐林藻、弟蕴肄业其地。欧阳詹自泉山诣焉。原其所倡，非在常衮入闽之后也。国家涵养日久，迄今有"三家两书堂"之谚云（原注：以郡志、郑家谱参出）。①

卷7"罗汉化院，神人请地"条曰：

广化寺，梁、陈间邑儒郑露之居。俄有神人，鹤发麻衣，夕见于堂，请易为佛宇。露诺而献之，为金仙院。时永定二年也（原注：详见《寺碑记》）②。

李俊甫，莆田人，嘉定十年（1217年）进士，他对乡土历史情有独钟，"上考史记，旁摭纪录，下至诸家文集行实、碑碣书尺，悉从采掇。询于耆儒，参之故老，积十余年心目之勤"，写成《莆阳比事》7卷，史料价值极高。《四库全书总目》评其"属辞有法，纪事核真，可与《汝南先贤传》《襄阳耆旧志》并传也"。李俊甫《莆阳比事》所载南湖"郑露书堂"条，明确标明"以郡志、郑氏家谱参出"。显然，当时郡志、郑氏家谱，既认同郑露易书堂为佛寺一事，也对郑露为梁、陈间人没有异议。

---

① 李俊甫：《莆阳比事》卷1，明万历刻本。
② 李俊甫：《莆阳比事》卷7，明万历刻本。

到了元代，文献上才见到郑露、郑庄、郑淑三兄弟的名字，郑玘《南湖祠堂记》载：

> 郑穑尝语予："祖有自莆入建者。"予曰："吾祖也。"每念未阅其谱。至正壬寅，藩于莆，访其子孙。族之老者，前致词曰："郡之南山广化寺，即祖露公兄弟之故居，寺有祠仅存。"予涓日谒祖，阜命以状来。按状：晋永嘉中，刺史昭公入莆，爱其南山，遂迁祖坟于山阳南湖上。梁陈间，太府卿露公、中郎将庄公、别驾淑公，偕庐山墓侧，架书堂卜居焉，乡人号南湖三先生。陈永定二年，梦僧请书堂基，公神之，与为永丰庵，今寺之讲堂是也。退即所居，又有麻衣鹤发，画见其地，公益神之，与为金仙庵，今大殿是也。①

图 2-18　郑露夫妻之墓

郑玘，浦城人，翰林国史院检讨，元至正中为福建行中书省左丞。他曾经听莆田人郑穑说浦城郑氏从莆田迁入，故到莆田当官时，于至正二十二年（1362 年）访问族老，查阅族谱，才得到上述郑露、郑庄、郑淑三兄弟的相关历史信息。

综上所述，长期流传于民间的梁、陈间邑儒南湖三先生兴办学堂的说法，到唐代才见诸文献记载。宋元时期，逐渐明晰郑露、郑庄、郑淑三兄弟为南湖三先生。明清时期，此说被《大明一统志》、《八闽通志》、弘治《兴化府志》、万历《兴化府志》《游洋志》《莆舆纪胜》《闽书》《莆阳文献》、康熙《福建通

---

① 《南山志》，乾隆郑远芳抄本。

志》《古今图书集成》《兴化府莆田县志》《钦定大清一统志》、乾隆《仙游县志》《南山志》、道光《重纂福建省志》、民国《福建通志》《莆田县志稿》等文献的作者，以及吴源、凌迪思、林登名、林文、郑纪、祝允明、郑岳、王思、郑远芳、丘复等诸多文人学者所认同，成为主流观点。明代正德年间（1506~1521年），提举刘玉倡建"开莆来学"坊，表彰南湖三先生在莆田开启教育之功，"开莆来学"坊成为莆田教育源远流长的标志。①

二 唐代重教兴学传统的孕育

众所周知，唐以前福建教育总体尚处于孕育状态，这与当时社会发展水平不高有密切关系。唐代，福建教育有了一定发展。具体论及莆田，其与福建教育的总体发展趋势相一致，但其实际运作与形式有独特之处。

（一）官学

莆田历史上有明确记载的官学出现在贞观三年（629年）。民国张琴在《莆田县志》卷11《学校志》中记载：莆田县孔庙建于唐代。根据有庙便有学的规律，可以判断官办学校也在同一时期出现。具体而言，莆田县在贞观年间（627~649年）办起县学。佐证材料是贞观三年（629年）朝廷要求各州、县学都要设立孔庙，实行庙学合一的办学体制，莆田也不例外。唐玄宗开元年间（713~741年），名臣张九龄为莆田县庙学书额。因此，也有文献将莆田县学设立的时间定在开元年间。

此后，仙游县在"县署西邻"也办起县学。据记载，"唐贞观三年（629年），诏令各道所辖州、县治立孔庙而置官学（时称夫子庙学）。开元二十六年（738年），闽省各乡、里奉诏设乡学，县治所在镇、里专置一官学。仙游县学因时而立，初名清源县学，俗称功建（里）庙学。天宝十二年（753年），诏令非官学出身者不得应贡举；乾元元年（758年），仙游始立县学，初行祭孔。开成二年（837年），依诏定员"。② 唐代宗大历初年，仙游重修泮宫，置祭祀乐器，设佾生。晚唐，阳乐里陈氏族人两度倡修县学。五代后唐同光至长兴年间

---

① 关于"开莆来学"的史实，明代以来学界有诸多分歧，焦点集中在南湖三先生是哪个时代的人，他们分别叫什么名字，生前是否当过官。除了主流观点外，关于南湖三先生的生活时代还有陈隋、隋代、唐代三种说法；关于南湖三先生的姓名，古代没有争议，当代则出现郑伯纯、郑伯雄、郑伯良的新说；至于南湖三先生生前是否当过官，一种观点认为郑露三兄弟生前分别担任过太府卿、中郎将和常州别驾，主流观点则认为郑露三兄弟生前为布衣儒生，太府卿等乃后世赠之官。

② 《仙游县教育志》编纂委员会编《仙游县教育志》，方志出版社，1997，第27页。

（923～933年），主簿贾郁迁仙游县令，在治贪戒贿、整顿县政的同时，对县学进行更新以振兴斯文。从上述有关记载可以看出，仙游县学是在朝廷统一诏令下得以设立的，当时已经形成庙学合一的办学体制，县学学生与科举考试产生紧密关联，进入县学读书成为参加科举考试的必要条件。县学的创办，标志着莆田地方官学教育的正式开始。

唐玄宗开元年间（713～741年），莆田被认定为上县，分配县学入学名额40名；仙游被认定为下县，分配县学名额20名。莆田地方官学选拔学生的途径相对公开，采取"乡论其秀而举生徒"的方式进行，但要通过考试且合格后方能入学。通常由知县亲自主持县学生员的选考，强调择优录取。考试内容按照科举会试的科目，设帖经、墨义、时策问、诗赋等。凡是一科中式（又称发解试中式）者，即可成为县学生员，也可以直接参加会试。县学生员参加发解试时，应进行经义、时务策及大经十帖的考试。当时没有专门设置试院，莆田、仙游两县生员的入学考试在县学内举行。

唐代规定，州县学统归地方长史管理。县学设官治教，形成官学教养职事制。莆田县学和仙游县学各设经学博士一员，由朝廷派遣明经出身者担任；各设助教一员或二员，由当地官府选聘乡贡出身者或名贤名儒担任。对学官有较高要求，如要求他们尊先圣、尚周礼，还要躬教以经，做好学生的表率。平时，县学课儒习礼，四时致祭，要求师生做到重廉耻、惜行检、兴斯文。至于学官的品级，依上州、下州来区分。上州的经学博士为从八品下，中州以下为九品或不入流，这使得部分学官无法获得职业满足感以及维持体面生活所需的报酬。

莆田县学和仙游县学生员在校要求学习经术，使用的教材是本经，如《孝经》《周易》《尚书》等。永徽四年（653年），将《五经正义》确定为教材。生员在校有旬考、岁考、毕业考，通一经者方能毕业。同时，官方要求学生学习所谓吉凶礼与公私礼，定期参加地方上组织的相关活动。唐代，各级学校中的祭孔活动逐渐制度化，莆田和仙游的县学也要求师生参加这项活动。县学生员须住校，生活费用由官府按规定供给。维持县学运转所需的各项开支，均由莆田和仙游两县官府自行筹措。

莆田县学和仙游县学生员学成后，其出路主要有：由地方官府选送参加省试（尚书省礼部试），取得功名称生徒；参加地方的发解试，取得乡贡资格后再参加省试；由地方官府考选后推荐入中央四门学学习；一些人直接出任吏职。

在莆田和仙游两县的县学中，多数学生来自平民阶层，要求掌握经学等方面的通用知识，没有修业年限的具体规定，学生通一经即可毕业。中央和地方双轨办学，在培养人才的规格方面各有侧重，在一定程度上实现了教育资源的调适，使一部分平民子弟也能享受初步的学校教育，这对莆田和仙游的经济开发、社会发展都具有积极意义。

（二）书院

唐代，书院这一教育形式开始在莆田出现并得到发展。

早期，莆田的书院因主办者更迭、社会环境变化等因素，名称屡有变更，书院和书堂等教育机构常常混称。有研究者认为，唐代福建见诸文献记载的书院有 20 余所，莆田便占了 7 所。① 分别是建于唐中和年间（881～885 年）的仙游枫亭乡枫江讲堂，建于唐末位于仙游的文昌书院、东山书院，建于唐大历年间（776～779 年）位于莆田广化寺的灵岩精舍，建于唐乾符年间（874～879 年）位于北磨山的北岩精舍，建于唐咸通年间（860～874 年）位于今莆田广化寺旁普门庵的东峰书堂，以及湖山书堂。创办者多为莆田籍知名人士，且大都有科举功名，如林藻、林蕴、陈峤、黄滔等。准确地说，其中有些是书堂、讲堂，而不是严格意义上的书院。

与其他地区书院有所不同的是，莆田书院多由禅林嬗变而来。当地富家宦族向寺庵捐款捐地，设檀越祠以祭祖，又在其中设堂教书。也就是说，这些书院的前身多为寺庙和庵堂，在举办佛事活动的同时，也接纳读书人前来寄读备试，或有儒者在此集徒施教。热心教育的僧人、地方士绅等，便在其中设书堂及斋舍以方便授读。还有的在废弃的寺庙遗址上另建书院、讲堂，作为士儒游学论道、讲经授徒的场所，并供隐者寄足养志及写作。莆田的一些寺院不但接纳贫家子弟在寺读书，而且提供食宿。学子因长期与晨钟暮鼓相伴，久之会从内心生发出对佛教所倡导理念的认可，有的因此终身信佛。唐末五代，莆田的多所书院，如仙游的东山书院和文昌书院（一说文昌书堂）与寺院都有密切关系。东山书院在仙游县度尾，由正觉禅师创办，后成为杨在尧读书处。杨在尧于唐天祐二年（905 年）中进士，官至右补阙，有文集传世。他回乡后，关注地方教育，在东山书院招徒讲学以教育宗族子弟。仙游的麦斜岩在唐初建有僧堂，唐中期时有文人入内读书，为此另辟了文昌书堂，后来改为渔仲书院，再后来又改称夹漈书院。唐末时，陈易在此聚徒讲学。建在枫亭塔斗山的会心书院，隋代时便建有寺庙，唐初设讲堂，唐中和年间（881～885 年）改为枫江

---

① 吕秋心：《福建省历代书院述略（一）》，《福建史志》2015 年第 2 期。

书堂。

唐宝历二年（826 年），孔子的第 41 代孙孔仲良来莆田任县令，后死于任上，其子孙便定居于涵头镇宫下，这里被称为"孔里"。莆田在唐代就有了家族书院，如位于莆田涵江紫璜山上，专为孔子后裔设立的书院——涵江书院便具有家族书院的特征。

以上书院多属私人办学性质。可以确证为官办书院的，有贞元年间（785～805 年）在澄渚创办的梯云斋，其办学宗旨是"延纳学者，讲道穷经"。

（三）私学

唐代，尤其在中晚唐，莆田民间办学很活跃，一批私学相继出现。

开元二十一年（733 年），朝廷诏许百姓设立私学，允许受业者入县学听课。于是，莆田境内的书堂、精舍、院学、家学开始出现。一些文化人或购地筑屋从事讲学活动，或借周边寺庙场地办学，或设书堂聚众习文。其人数少则二三人，多则十余人，由于规模小，只能算是教学点。虽然名称不同，人数各异，但大多数没有官方力量参与，纯属由民间的个体意愿与行为所催生。莆田书堂（学馆）中办得较有特色的，有天宝年间（742～756 年）由林披设于莆田兴教里的灵岩精庐；大历元年（766 年），由林藻和林蕴兄弟设于莆田城北澄渚的澄渚学堂；大历元年（766 年），由欧阳詹设于莆田城北福平山的福平书堂；咸通六年（865 年）设于仙游万善里的东学院；唐僖宗时，设于莆田城西北磨山的北岩精舍，创办人是陈峤、许龟图、黄彦修；唐僖宗时，由陈鄙设于仙游光浦里的白岩院学；唐宣宗时，由黄滔设于莆田城南南山的东峰书堂；唐宣宗时由翁巨隅设于莆田江口的漆林书堂。

迄今难以统计当时的确切办学数目，但可以推定数量不会太多。这种教学机构小型多样，教学不囿成规，在一定程度上满足了当地士子接受初步教育的要求，具有较强的生命力。创办人的动机不尽相同，有的是为了谋生，有的受友朋影响而为之，有的为兴学潮流所裹挟。林藻年轻时与其弟林蕴读到《观察使李锜碑》，为李锜的兴学举动所感动，便有了办澄渚书堂之举，后人称这所书堂为林蕴书堂。晋江的欧阳詹与林藻、林蕴兄弟交游甚密，便仿效他们在当地创办书堂。还有的想在科场上一搏高下，便先通过办学来进行热身。这样就出现了一个有意思的现象，即他们既是私学的创办者，又是私学的就学者，这类私学更像是聚友读书的场所。

多位私学的创办人后来在科举考试及仕途上都有上佳表现。林披于天宝十一载（752年）北上入京参加科举考试，最终明经及第。其儿子林藻、林蕴以及女婿欧阳詹"誓志业文"，经过十年寒窗苦读，也都取得科考佳绩：林藻、欧阳詹中进士，林蕴明经及第，被誉为"欧阳独步，蕴藻横行"。陈峤、许龟图、黄彦修在莆田城西筑北岩精舍读书五年。后来，陈峤又独居北平山读书，光启三年（887年）登礼部上第。翁巨隅在漆林书堂"训督子弟"，后来儿子翁承赞[①]、翁承裕、翁承俭（袭明）都在科举上有所成就。

唐代后期，莆田民间从师习儒风气日渐浓厚，除官办县学及书院外，家族创办的私学遍布城乡。中和年间，仙游县的陈鄙在光埔白岩院筑书堂，致力于讲学、授徒、著述。天复元年（901年），原国子四门博士郑良士归隐白岩故墅筑书堂，史称课子授徒，述作兼举。其著有《白岩诗文集》《中垒集》及诗集等。晚唐，黄滔在莆田广化寺内辟东峰书堂，与黄楷、欧阳碣等在此读书长达十年，后参加科举考试中了进士，成为著名的文化学者。

莆田私学的创办者或主持者大都具有较高学养，办学形式较为灵活多样，培养了一批人才，有的甚至在唐代文坛上具有重要影响。此外，莆田私学具有较强的活力，能够有效地弥补当时官学教育的不足，是引领地方文运不可或缺的教育形式。

唐代的前期和中期，莆田处于相对稳定的和平环境中，经济发展快，人口增加，行政建制形成，官学、私学和书院得到一定程度的发展。有研究者甚至将两晋时的张华、危京推重文学于建安，南朝（刘）宋时的阮弥之、虞愿、王秀之创办府学于福州，梁陈间的郑露倡学于莆田，作为"闽人知学已有基础"的重要依据。同时，他们认为上述兴学举动为大历年间（766～779年）福建地方官员李锜移建府学、扩大办学规模以及建中元年（780年）观察使常衮在福建大规模兴学创造了良好条件。

总之，唐代是福建经济和文化发展的重要时期，也是莆田经济和文化发展的重要时期。随着人文与教育的逐步展开，莆田在唐中叶以后呈现人口素质提升，经济持续增长，社会相对安定、有序的状态，与中原先进地区的差距逐步缩小。

---

① 翁承赞是否为莆田人存在争议。民国时期致力于乡邦文献研究的莆田人吴梦吾在致陈长城的信中指出："翁承赞县籍。《莆志》说'莆田'，《福清志》说'福清'，《建安志》说'建瓯'。实则《兴化府志》明明说：'宋时莆辖至蒜岭'，则翁承赞原住待贤里，在桥尾与蒜岭之间，当然是莆田人。若只以现在县辖视之，当然属福清。至建瓯，乃晚年流寓之所，不足置论。《兴化府志》卷15《学校志》'漆林学堂'一条，记翁承赞读书处。"从吴梦吾列举《兴化府志》所记内容来看，至少在明代时人们将翁承赞视为莆田人。

三　科举考试崭露头角

唐五代，随着教育的发展，莆田的人文逐渐兴盛，人才培养的质量不断提升，一些士子在参加科考时取得不俗成绩，进而登上仕途。这一时期，可称为莆田士子在科举考试中崭露头角的时期，虽然实际取录人数不多，社会影响有限，但毕竟开启了士子读书入仕的重要途径，改变了区域文化结构，在形成当地良好文风的同时，也改变了当地的社会风气。

（一）考试科目和考试内容

唐代科举考试有口试、帖经、墨义、策问和诗赋之分，重在考查考生对所学知识的掌握程度，这就逼使考生为应付考试而大量记忆儒家的经典和相关知识。

唐代科举重视以诗赋取士，莆田人黄滔在参加科举考试时所作的《人文化天下赋》中，从周文王演"周易"说起，涉及"八卦"，认为"八卦"来自天象，具有施于自身的伟大功用，能使处于对自然无所适从状态的先民崇拜上天。河图、洛书是时代的圣品，它与太极、八卦共同构成中华民族远古文明的源泉。[①] 黄滔的答卷虽然引用典故较多，有些令人费解，但十分切题、合规、精妙，若无对赋这一文体的娴熟驾驭以及深厚的文史功力和扎实的文字基础，是很难做到的，更不可能金榜题名。

莆田人徐寅参加科举考试的文章视角也较为独特。他认为："先王所以总斯御物，体彼为君，遂使足历四门。亲爱之仪已睹，身由万户，民从之义皆闻。莫不周览金汤，潜量王霸，审乐知政以攸类，陈诗观风而相亚。是以逢耕让畔，得先人后己之规；察鸟安巢，验恶杀好生之化。今吾君兴帝业，赫皇明，以谦柔而教蟹貊，以朴素而教公卿，以节俭而教百姓，以农耕而教五兵，自然八方走响，六合飞声。"[②] 作者认为，开明的帝王，其作为必然合乎礼，合乎正道，治国有方，教民有法，兴农保境，从而实现社会的发展。[③] 在表达士子对自身的要求和期盼的同时，表示要通过实际作为来实现济世报国的目标。

五代时，改朝换代频繁，科目兴废不一，各朝有所差别。总的来说，这一时期除了进士科是必设科目外，其他诸科废置情况比较复杂。明经科在后梁、

---

① （唐）黄滔：《莆阳黄御史集》上秩，黄鸿恩根据家藏珍本印行，2005，第 65～66 页。
② （唐）徐寅：《入国知教赋》，《正字先辈徐公钓矶文集》卷 4，江苏古籍出版社，1988，第 96 页。
③ （唐）徐寅：《入国知教赋》，《正字先辈徐公钓矶文集》卷 4，江苏古籍出版社，1988，第 96 页。

后唐都是照常试行,后晋天福五年(940年),明经科首次被废。

(二)进士人数

唐五代虽然只是莆田科举的初步发展时期,受各种条件的限制,中进士的人数不是很多,但一些科第人物在全国范围内具有较大影响力,已显露出较好的发展势头。

衡量区域科考水准高低的最重要指标是中进士的人数,然而由于唐五代科举项目的多样性以及受容易为后人混淆的某些因素的影响,对唐五代莆田进士人数的统计结果不一致,有12人说、13人说、11人说、41人说。

《莆阳志》在谈及唐五代莆田中进士的情况时,认为"贞元以前莆人未有登进士者,贞元七年(791年)林端公藻擢第。《登科记》云:欧阳詹,八年(792年)进士第。十八年(802年),许稷进士第。光启四年(888年),有陈峤。乾宁元年(894年),徐寅、陈乘登进士第。天祐二年(905年),杨在尧进士。三年,陈光义、翁袭明登进士第。四年(907年),陈淑登进士第。(后梁)开平二年(908年),陈沆、郑希闵同第进士"。① 照此说法,唐五代中进士者有林藻、欧阳詹②、许稷、陈峤、徐寅、陈乘、杨在尧、陈光义、翁袭明、陈淑、陈沆、郑希闵等12人。

明弘治《兴化府志》也认为唐五代莆田有12人中进士,其中唐代10人,为林藻、许稷、陈峤、徐寅、陈乘、黄滔、翁承赞、杨在尧、翁袭明、陈淑;五代2人,为陈沆和郑希闵。③ 其中,黄滔取代了欧阳詹,翁承赞取代了陈光义。

《八闽通志》认为,唐五代莆田中进士人数为13人。其中,唐代11人,为林藻、许稷、陈峤、徐寅、陈乘、黄滔、翁承赞、杨在尧、翁袭明、陈光义、陈淑;五代2人,为陈沆和郑希闵。④ 比弘治《兴化府志》增加了"陈光义"1人。⑤

《福建省志·人事志》认为,莆田在唐五代中进士的人数为11人。其中,

① 蔡国耀主编《莆阳方志九种》,吉林文史出版社,2016,第62页。

② 欧阳詹只是在莆田寄读,多数典籍将之列为泉州进士。

③ (明)周瑛、黄仲昭:《重刊兴化府志》卷16《礼纪二·科目一》,蔡金耀点校,福建人民出版社,2007,第457页。

④ (明)黄仲昭:《八闽通志》卷53《选举》,福建人民出版社,1991,第235页。

⑤ 弘治《兴化府志》由周瑛和黄仲昭合著,《八闽通志》由黄仲昭修撰。黄仲昭参与了这两本书的编写,但为何两书关于莆田士子中进士的数量会出现差异?此外,弘治《兴化府志》称陈沆,《八闽通志》称陈沆,是笔误还是两个人,均须进一步考证。

唐代 9 人，为林藻、陈峤、徐寅、陈乘、黄滔、杨在尧、翁袭明、陈光义、陈淑；五代 2 人，为陈沆和郑希闵。[①]

2000 年出版的《莆田市教育志》认为，唐五代莆田中进士人数为 41 人。其中，唐代 38 人，五代 3 人（除陈沆和郑希闵外，增加郑元弼）。[②] 之所以进士数量剧增，是把明经及第、举茂才策、宏词科及第者计算在内。如所列林玄泰系茂才策第三名，林万宠、林披、林苇、林蕴、林著、林荐、林晔、林应、林迈、林萍等均系明经及第，林慎思系宏词科及第。

唐五代莆田进士人数统计之所以存在差异，既与封建社会相关信息缺乏权威发布和统一认定有关，也与因行政区划变更导致后人对进士籍贯的认定产生歧见有关，还与后人对科举考试科目的划分与归类的认识不同有关，这在全国各地带有普遍性，不足为奇。综合上述各家说法，摒除籍贯、科目等方面的因素，就进士科取士而言，唐五代莆田中进士的人数应是 12 人，其中莆田 9 人、仙游 3 人。

唐五代莆田进士人数看上去似乎不多，但相对于福建其他州县，除了比闽县少之外，比其他州县都多，如当时泉州进士只有 8 名，晋江 5 名，建州 2 名，汀州 1 名。实际上，唐五代进士录取率很低，每上千人赴考仅 30 人左右上榜，许多人虽才华横溢，但屡考屡不中，终身不取的大有人在。如莆田名士"陈厚庆、陈泛、陈黯、林颢、许温、林速、许龟图、黄彦修、许超、林郁，俱以梦笔之词、籝金之学，半身随计，没齿衔冤"。[③] 另外，福建离唐都长安路途遥远，沿途盗贼经常出没，进京赶考不仅要花费大量银两，还需要有长途跋涉的勇气。由于诸多因素制约，唐代闽人考中进士人数不多也在情理之中。

（三）科举家族

除了进士科，唐代还设了明经科。据统计，唐代时莆田人中明经科的为数不少。在明经科取士中，莆田一些科举家族迅速崭露头角，影响力不断扩大，历经多代而不衰。唐代，莆田已出现一些有影响的科举家族，如林家与郑家。

林家指林披家族。林披系高平太守林万宠之次子，于天宝十一载（752 年）明经擢第，先后任将乐令、漳州刺史、湖南澧州司马、广东康州刺史。因得罪权贵被贬临汀郡曹掾，改任四川临江令，后授临汀别驾知州事。当地民众尚鬼

① 福建省地方志编纂委员会编《福建省志·人事志》，方志出版社，2000，第 9～11 页。据文献记载，黄璞乃大顺二年（891 年）进士。
② 刘荣玉、姚志平：《莆田市教育志》，方志出版社，2000，第 64 页。
③ （唐）黄滔：《黄御史集》卷 6《撰墓志铭》。

信巫，其曾撰《无鬼论》一文以晓谕民众。林披本人脱颖于科场，官至刺史。林家经明经取士步入仕途的人数较多，粗略统计有9人：天宝十一载（752年），林披；贞元四年（788年），林蕴，林披之子；六年（790年），林著，林披之子，巴东县令、横州刺史；十二年（796年），林荐，林披之子，北阳县令、韶州刺史；十七年（801年），林应，林披之孙、林苇之子；元和十五年（820年），林慇，林披之孙、林蒙之子，余杭令；长庆元年（821年），林凭，林披之孙，林荐之子；乾符五年（878年）林翱，林披之孙、林藻之子；光化二年（899年），林翊，林翱之兄，校书郎。① 其中，林披的次子林藻于贞元四年（788年）明经及第，贞元七年（791年）中进士，先在广西容州任职，后任殿中侍御史、内供奉岭南节度副使、湖北江陵府使。其工诗善书，传世作品有行书《深慰帖》，诗作收录于《全唐诗》中。林披的第六子林蕴于贞元四年（788年）明经及第，这被视为福建文化教育史上具有标志性意义的事件。宋人王谠指出："闽自贞元以前，未有进士。观察使李锜始建庠序，请独孤常州及为新学记云：'缦胡之缨，化为青衿。'林藻弟蕴与欧阳詹观之叹息，相与结誓，继登科第。"② 林蕴先后任四川西州节度推官、郡州刺史，其关注边境安全问题，曾提出安边之策，强调改革之道在于得人，主张任用具有才识和胆略的善战之士，充分发挥他们的才干。

郑家指郑庄家族。郑庄的儿子郑积、孙子郑方迕、曾孙郑朗、玄孙郑璩，都通过科举考试取得功名。由此，后人感叹"四代蝉联科第，高官相续，真是家学薪传，难能可贵"。③

总之，唐五代社会经济的发展为莆田教育的发展创造了条件，文化教育水平的整体提升推动了莆田士子跨越地域限制，通过科举考试获得功名，走向全国，这在莆田文化发展史上具有重要意义。从严格意义上说，唐五代只是莆田士子参加科举考试崭露头角的时期，但为宋代莆田士子在科场上大显身手树立了榜样，为莆田成为全国科举名区奠定了基础。

四　唐五代文学艺术初显

相对于中原甚至江浙地区，福建的开发和文化的发展都比较晚和缓慢，不过，相对于福建其他地区来说，莆仙的文教则开发较早。

"开莆来学"的南朝莆田人郑露，不但是莆仙地区，而且是福建第一位见诸

---

① 蔡国耀主编《莆阳方志九种》，吉林文史出版社，2016，第62~63页。
② （宋）王谠：《唐语林》卷4，上海古籍出版社，1985，第140页。
③ 黄永聪：《教育家郑庄在仙游》，《仙游文史资料》第12辑，1985，第88页。

文献记载的诗人，值得莆田人引以为傲。郑露有《彻云涧》诗云："延绵不可穷，寒光彻云际。落石早雷鸣，溅空春雨细。"[①] 诗中以早雷形容瀑布巨响，以春雨形容水花细碎，生动描绘出彻云涧的磅礴气势。郑露开启了唐代莆仙文学成就初显的先声。

（一）文学成就初显

据《莆田县志》《莆风清籁集》《福建通志·艺文志》，以及陈长城《历代莆田人著述及版本存佚》等文献记载，唐五代莆仙有史可稽的文人有 19 人，著述 30 多种，其中在莆仙文学史上占有重要地位的有林披的次子林藻、六子林蕴、女婿欧阳詹，以及许稷、黄璞、徐寅、黄滔、郑良士、翁承赞等。

林披（733～802 年）[②] 有子九人，其中八人为刺史、一人为司马，时号"九牧林氏"。披次子藻，贞元七年（791 年）擢进士第；六子蕴，贞元四年（788 年）明经及第。林藻、林蕴均有诗集。《闽川名士传》云：林藻与弟蕴，俱擢唐第，名动京师。归经梨岭，题诗云："昨向岭头题姓字，不穿杨叶不言归。弟兄各折一枝桂，还向岭头联影飞。"林藻尚有试律诗《青云干吕》、咏史诗《吴宫教战》传世。林蕴则有《林邵州遗集》传世。

唐德宗贞元十八年（802 年）进士许稷，字君苗，也是诗人。他曾隐终南山，苦学三年，出就府荐，第进士，历南省员外，终衡州刺史，有《许刺史集》。《全唐诗》录诗二首，《全唐诗外编》补诗一首，《全唐诗续拾》补断句六。宋《莆阳比事》卷 3 "以诗名家，有文行世"条注："许稷工于歌诗，为晚唐所称。"许稷《九鲤湖》一诗曰："道是烧丹地，依然云水居。山空人去后，梦醒客来初。溪雨飞沙霁，石门隐雾虚。高歌对明月，松影落扶疏。"诗作既描绘出九鲤湖的清幽景色，又点出其为道教祈梦胜地由来已久。

黄璞（832～？年），字德温，一字绍山，号雾居子，早年居候官（今福州）黄巷，后迁莆田涵江黄巷（今涵江区黄霞村）。黄璞于大顺二年（891 年）登进士第，授尚衣监主簿，乾宁元年（894 年）升崇文阁校书郎，著有《雾居子集》和《闽川名士传》，后者记述自神龙元年（705 年）以后福建人物 54 名，是福建最早的一部人物志。璞生有五子，其中四人与他同任馆职，世称"一门五学士"。

---

① 陈庆元《福建文学发展史》（福建教育出版社，1996）第 37 页将末句误录为"溅空春如雨"，故认为郑露此诗"声调韵脚都不甚讲究"。《八闽通志》卷 12 仙游"九座山"条引此诗，记为"失名氏"作，其第三句作"落石早雷喷"。

② （宋）李俊甫《莆阳比事》卷 2 "林家九牧，陈氏五侯"条："唐林披，一作丕，字茂则，一字茂彦。莆田人。年十五，自写六经、百家子史千余卷。年二十以明经擢第，为汀州漕椽（掾）。"

图 2 - 19　黄滔塑像

图 2 - 20　《唐黄御史公集》封面

黄滔（840～约911年①），字文江，莆田前埭东里巷（今荔城区英龙街）人，于咸通间（860～874年）被荐入京，客居长安二十四载，于乾宁二年（895年）始登进士第。唐末返闽，以辅佐闽王王审知名世，因擅文辞，被誉为"闽中文章初祖"。黄滔的诗歌清新自然，用语通俗易晓。如《河南府试秋夕闻新雁》云："湘南飞去日，蓟北乍惊秋。叫出陇云夜，闻为客子愁。一声初触梦，半白已侵头。旅馆移敧枕，江城起倚楼。余灯依古壁，片月下沧洲。寂听良宵彻，踌躇感岁流。"黄滔还以律赋知名，今存21篇。不少赋内容刺上化下，针砭时弊，如《经马嵬坡赋》《馆娃赋》《景阳宫赋》《水殿赋》《狎鸥赋》《以不贪为宝赋》等。艺术方面则"雄新隽永，称一时绝调"②，为《黄御史集》作序的宋人洪迈，在其《容斋四笔》卷7"黄文江赋"条就列举以古事为题的律赋"有情致"之丽句数十联。③清李调元《赋话》卷4中亦多次品鉴黄滔赋，尤其喜欢黄滔的《汉宫人诵洞箫赋》，认为"最多丽句，传在人口……文江律赋，美不胜收，此篇尤胜。句调之新异，字法之尖颖，开后人多少法门"。④显然，黄滔律赋特色对后代有较大的影响。所著《黄御史集》8卷收入《四库全书》，《全唐诗》录其诗208首，所选刊的《泉山秀句集》30卷为福建第一部诗歌总集，惜已散佚。

徐寅是唐末五代之际另一位工诗擅赋的著名文学家，一作徐夤，乾宁元年（894年）进士，昭宗诏赐状元⑤，为黄滔挚友。徐寅晚年隐于莆田延寿溪畔延

---

① 后梁开平五年（911年）三月南平王刘隐卒，黄滔代王审知作《祭南海南平王》文，此为滔生平可考之最后作品，则滔最早卒于本年。

② （清）吴任臣：《十国春秋》卷95《黄滔传》。

③ （宋）洪迈：《容斋随笔（下）》，穆公校点，上海古籍出版社，2015，第471～472页。

④ （清）李调元：《赋话（一）》，丛书集成初编本，中华书局，1985，第30页。

⑤ （唐）徐寅《诏赐时奉寄二亲》云："宫花重插帽檐春，朝贺上方酒正醺。赐号推先酬凤愿，叨恩独步庆英君。名颁黄榜优金榜，身倚紫云望白云。安得一飞归膝下，却将荣幸细云云。"清乾隆重刊《延寿徐氏族谱》载："时，昭宗闻渤海人得公赋，家家珍宝之，诏赐号'状元'，授秘书省正字。"

寿村。据《十国春秋》记载，其善赋，且其赋脍炙人口。渤海国的高元固曾言及，徐寅所撰《斩蛇剑赋》《御水沟赋》《人生几何赋》，在当地受到"家家皆以金书，列为屏障"的待遇。清代收入《四库全书》的《徐正字诗赋》存诗、赋各一卷。今存诗达 368 首、赋 40 多篇，为唐五代闽人之冠。徐寅的诗"体物之咏尤多"，借物托志，讽喻世事。如《鹰》："害物伤生性岂驯，且宜笼罩待知人。惟擒燕雀唼腥血，却笑鸾凰啄翠筠。狡兔穴多非尔识，鸣鸠胫短罚君身。豪门不读诗书者，走马平原放玩频。"该诗以鹰的习性讽喻那些趋炎附势、涂炭百姓之政客。徐寅的诗歌中最有特色的是那些感叹人生的作品，这类诗题共有20 余首，如"七贵竞作长逝客，五侯寻作不归人"（《潘丞相旧宅》），"豪门有利人争去，陋巷无权客不来"（《西寨寓居》二首其一），"只闻神鬼害盈满，不见古今争贱贫"（《新葺茆堂》二首其一），"眼众岂能分瑞璧，舌多须信烁良金"（《绿鬓》），等等，这些作品虽免不了带有个人牢落不偶、怀才不遇的色彩，但对现实人生的观察却是入木三分。徐寅的诗还敢于直面现实，关心国家的兴衰废替，常借咏历史题材来寄托感慨，指出天下兴亡，不完全由"历数"所定，而关键是能否重用"贤能"，诗云："大道岂全关历数，雄图强半属贤能。"（《偶题》）徐寅的赋，题材广泛，关切现实。《寒赋》为士卒、农夫、儒士啼饥号寒，《御沟水赋》愿"分紫禁以余润，作黔黎之大惠"，都具有深刻的思想内容。他的律赋通俗易懂，文笔流畅，还时作散句，显示着赋体的发展动向。

值得一提的还有仙游人陈乘，他与徐寅为同榜进士①，亦是仙游第一位进士，以能诗称，其《游九鲤湖》诗云："汗漫乘春至，林峦雾雨生。洞莓黏屐重，岩雪溅衣轻。窟宅分三岛，烟霞接五城。却怜饶药物，欲辨不知名。"此诗用"三岛、五城"等仙家典故而不晦涩，颇切九鲤湖之环境与诗人心境。

（二）书法和工艺成就初显

1. 书法艺术

唐代实行科举取士制度，书法艺术与科举密不可分。唐代莆仙科举成就显著，涌现林披、林苇、林藻、林蕴、欧阳詹、黄滔、郑良士等名噪一时的书家。

林蕴为其父林披撰《神道碑铭》中云："府君讳披，字茂则，少聪悟，经、书、子、史一览必记。年十有五，自写六经、百家、子史约千余卷；工钟隶草，

---

① （宋）《仙溪志·进士题名》、（宋）《莆阳比事·前代名贤》、（明）《永乐大典》引（宋）《莆阳志》，以及《八闽通志》《十国春秋》等史籍皆记载陈乘于乾宁元年（894 年）登进士第（苏俭榜）。

迥得其迹。"可见林披擅长三国魏人钟繇的"隶草"书体。林苇为林披长子，建中元年（780年）明经及第，官端州刺史。今莆田龙山九牧祖祠内尚存"乌山""种槐"石刻，另有《乌山》"乌石开灵境，白云护草庐。径中松菊在，解组赋旧欤"诗刻落款"林苇"。在祖祠前古井旁石壁今存"砚泉"石碣，落款"端州"，亦为端州刺史林苇手迹。林苇书迹虽传世不多，但就现存几块石刻可看出其楷书端严中寓飘逸，行书笔力稳健而流畅自然。

图 2 - 21　林苇"种槐"书迹

图 2 - 22　林苇《乌山》诗刻书迹

图 2 - 23　林苇"砚泉"书迹

林披次子林藻则有墨帖流传至今，其书写的《深慰帖》历代广为流传。宋代《宣和书谱》卷10称："林藻……作行书，其婉约丰妍处，得智永笔法为多……藻之步骤，盖出入智永之域者。"① 明代文征明将《深慰帖》刻入《停云馆帖》，董其昌则收入《戏鸿堂群帖》。林藻行书笔意潇疏古淡，笔法以颜书为主，融汇诸家韵味，用笔精细，使转圆润，多侧锋取势，牵丝笔断意连，灵动飞扬。

图 2 - 24　林藻《深慰帖》

林藻弟林蕴官礼部员外郎、邵州刺史，亦擅书法，并撰有《拨镫序》书法理论文章。文中引《翰林禁经》论曰："大凡点画，不在拘之长短远近，但无遏其势。俾令筋骨相连，意在笔前，然后作字。若平直相似，状如算子，比画尔，非书也。吾昔受教于韩史部，其法曰'拨镫'，今将授子，子勿妄传。推、拖、撚、拽是也。诀尽于此，子其旨而味乎。"② 明陶宗仪在《书史会要》中称林蕴"师卢肇子弟安期后，得肇授'拨镫法'，从此书日进"。③ 因此林蕴倡导的"推、拖、撚、拽"四字运笔法，成为后代学书者的圭臬。

唐景福二年（893 年）因献诗得授国子四门博士的仙游人郑良士也是书法名家，据说其楷书秀丽隽逸，可与欧阳询相媲美，今仙游赖店圣泉宫之"圣泉祖殿"相传为其手迹。

2. 工艺美术

现在能见到的唐五代工艺美术作品主要是一些宗教石雕文物。如仙游西苑凤顶村九座寺西面的无尘塔，创建于唐咸通六年（865 年），为历代寺僧火化的茶毗塔。此塔与宋以后的石塔形制迥然不同，为三层石构，八角空心，高 14.22 米，内径 4.45 米。塔尖为莲花葫芦形。基座为莲花石雕，各层角柱呈瓜楞形。

① 宋《宣和书谱》，中华书局，1985，第 238～239 页。
② （宋）陈思编纂《书苑菁华》，北京图书馆出版社，2003，第 618 页。
③ （明）陶宗仪：《书史会要》卷 5，上海书店，1984，第 168 页。

图 2－25 郑良士"圣泉祖殿"书迹

底层下部八面刻有奔龙舞狮等浮雕图案。东南与西南两面有护门卫士浮雕。塔内有螺旋形石级盘旋而上,塔前有月台,是省内罕见特殊唐塔之一。

图 2－26 仙游九座寺无尘塔及其护门卫士浮雕

又如仙游枫亭天中万寿塔,始创于五代末,石构实心,方形五层,高 7.4米,边长 5.1 米。该塔表面布满浮雕,雕刻技艺精湛。第一层置于瓣莲花须弥座上,四转角各雕一尊力神,塔身四面则各雕双龙相戏图,形态各异;第二层底部重垫一道须弥座，塔身四转角只置圆鼓形立柱，每面各雕四幅折枝花卉；第三层每面各凿三个拱门形浅龛，龛中各雕一尊佛像，四转角作浮雕身着古代武士服人像；第四层塔身各面中间各有一尊浮雕头戴古印度宝冠，两边著缨络的女菩萨，四转角则各雕鸟嘴人形、长翅膀的佛教迦楼罗（金翅鸟）立像为角柱，造型奇特。

图 2 - 27　仙游天中万寿塔浮雕

唐末五代是宗教画和宗教美术兴盛时期，一些诗文中还提及莆仙开始出现版画插图。如唐五代诗人徐寅《自咏十韵》诗句云："拙赋偏闻镌印卖，恶诗亲见画图呈。"有学者认为"这证明五代时期福建已有中国传统的木刻版画的插图，可谓闽中版画之开篇"。[①] 徐诗也是公认的莆田乃至福建历史上对刻书的最早记载。

综上所述，随着社会经济的发展，唐五代莆田的文学艺术也取得令人瞩目的成就，出现一些小有名气的文学家和艺术家，虽然他们的传世作品不多，但为宋代莆田文学艺术的繁荣奠定了坚实基础。

五　道教佛教传入与初步发展

道教是中国土生土长的宗教，创立于东汉，基本教义是认为在现实世界之外还存在一个超现实的神仙世界，主张通过修炼或吃丹药等途径，就可以得道成仙、长生不老。佛教产生于公元前 6 世纪至前 5 世纪的古印度，创始人是乔达摩·悉达多，两汉之际传入中国。汉代以后，随着中原文化逐渐传入福建，道教、佛教也传入莆田并逐渐传播开来。

---

① 梁桂元：《闽画史稿》，天津人民美术出版社，2001，第 25 页。

（一）道教的传入与初步发展

1. 莆田早期的方士活动和神仙传说

有关神仙的传说由来已久，至迟可以追溯到春秋战国时期。《山海经》中多次提到"不死山""不死国""不死药""不死民"，大荒之中有灵山以及巫咸、巫彭、巫姑等十巫，"从此升降，百药爰在"。战国时，渤海中有蓬莱、方丈、瀛洲三神山及仙人和不死之药的传说在燕齐一带更是广为流传。秦始皇一统天下后，就曾多次派方士到传说中的三神山寻仙药求长生。汉武帝是继秦始皇之后的又一个神仙迷，为求长生不死之药，他兴建无数神祠，派成千上万的方士去求仙人仙药。

莆田依山傍海，海天的明灭变幻、海岛的迷茫隐约以及群峰的连绵雄伟，引发了人们丰富的联想和遐思。因此，在道教传入之前，莆田境内就流传有一些神仙传说。如《闽书》载：九华山，"又名莲花峰，又名陈岩，亦名陈仙。盖古有陈仙隐此，所称陈、胡二仙者也"。① 又说："旧经云：昔有隐者，于绝顶遇老人言神仙事，忽见宫阙台殿，似非人间，曰：'此壶中日月也。'后人因以名山。又云古姓陈，名壶，于此山成道。又云莆有陈、胡二仙，陈仙隐北，胡仙隐南，山名胡公也。后人改'胡'为'壶'。而里仍旧名曰陈胡尔。又云莆西有灵潭庙，井泉灵异，胡道人修真于此。"② 依此推测，莆田早在开发之前就有陈、胡二仙在此从事方士活动，陈居北山，故名陈岩（即今九华山），山顶有井，深二尺，泉甘而清，旧传陈仙于此淘金，被称为"淘金井"。胡仙居南山，此山因此被称为胡公山（即今壶公山）。后来，陈仙也从陈岩山来到壶公山，与胡仙一起修行，羽化后，"乡人祠之，祷雨必应"③。

图 2－28　信众祈梦圣地九华山

---

① （明）何乔远：《闽书》卷23《方域志》，福建人民出版社，1994，第552页。
② （明）何乔远：《闽书》卷23《方域志》，福建人民出版社，1994，第558页。
③ （宋）李俊甫：《莆阳比事》卷7。

　　莆田境内流传最广的是关于何氏九仙的传说。相传何氏九仙为何氏九兄弟，安徽庐江人，九人中除老大的额头中间有一只眼睛"郎然如月"，其余八人皆双目失明。汉武帝时，何氏九兄弟因担心其父参与淮南王刘安谋反而殃及自身，结伴入闽。先后隐居在闽县九仙山（今福州于山）、福清石竹山、莆田太平社等，后来在仙游九鲤湖炼丹修真，丹成，乘坐化为龙的九鲤升天。民国《莆田县志》载：

　　　　何氏九仙，汉武帝时何氏兄弟九人也，父居庐江，徙临川，任侠有奇气，与淮南王安游，娶张氏，生男九人女四人，生时俱目盲，独长者一眼，朗然如月，为诸真人先行。九人初亦从父客淮南，师大罗学辟谷法，劝父俱隐，父不听，遂相与自九江入闽，始即石竹鼓山居焉，月余游莆。西洲龙津庙井泉灵异，有胡道人修真于此，九人往谒，因饮此水，仙眼尽开。一日，辞胡曰：此地非吾所也，吾将去。胡曰：子名已登金台玉堂，不患不仙，其寻鸡子山往矣。吾亦蹑壶山这颠，以了尘寰，异日当会子于白云清洞。因留词以别。九人西行六十里，结枫为亭而处，已而经鸡子城入何岩，饮其泉，飘飘欲冲举，或谓岭之东大有佳处，遂逾岭入湖，炼药湖中，丹成，九鲤化龙，白日乘之升天。[1]

　　何氏九仙的传说在莆田境内广为流传，《仙溪志》《莆阳比事》《兴化府莆田县志》《闽书》《八闽通志》《九鲤湖志》等地方文献中均有类似的记载。时至今日，莆田境内许多地方均与何氏九仙有关，如"留仙乃其游憩之山，枫亭乃其结枫之所。湖曰仙湖，岭曰仙岭，水曰仙水，山曰九仙，县曰仙游，皆本诸此"。[2] 神仙传说固然纯属虚构，却被道教所吸收，成为道教的重要思想渊源之一，客观上为道教的传播和发展提供了条件。

2. 道教的传入与初步发展

　　道教正式形成于东汉末年，其标志是太平道和五斗米道的创立。太平道的创立者是张角，光和七年（184 年），张角利用太平道发动了声势浩大的黄巾大起义，起义被镇压后太平道便销声匿迹。五斗米道的创立者是张陵，又称张道陵。张陵自称太上大道君曾授予他"天师"称号，所以五斗米道又称天师道。

---

① （清）石有纪修、张琴纂《民国莆田县志》，《中国地方志集成·福建府县志辑》第 16 册，上海书店出版社，2000，第 791 页。
② （宋）黄岩孙：《仙溪志》卷 3《仙释》，福建人民出版社，1989，第 58 页。

太平道和五斗米道的主要发源地是东方的青、徐和西南的巴蜀一带，原本对东南地区的影响极小，三国两晋时期由于北方战乱不止，中原及巴蜀一些道教徒为避战乱纷纷徙居江南，莆田境内也出现天师道徒的活动足迹。宋代李俊甫《莆阳比事》和黄岩孙《仙溪志》均记载，张道陵的弟子赵升曾经乘铁舸至莆田江口，今舟痕犹存于石，里人立祠奉祀。据说这位赵升还到过仙游，并在仙游县南凿井得泉，灌溉农田，虽旱不涸，百姓深受其惠，称其泉为"圣泉"，井为"龙井"，并立行祠奉祀。

东晋末年（420年），世奉五斗米道的杜子恭道团在南方传播天师道，在民间有相当大的影响力。特别是元兴元年（402年）至义熙元年（405年），其门徒卢循在福建继续领导反对晋王朝统治的斗争，其余部散居山海各地传播五斗米道。卢循部是否到过莆田传播五斗米道，目前没有发现确切的文献记载。

隋唐时期，朝廷大力扶植道教，道教得到迅速发展并达到鼎盛。由于隋唐时期莆田尚未完全开发，经济文化比较落后，因此相对于全国道教发展而言，这一时期的莆田道教发展相对滞后，不过仍有初步的发展，建有多座宫观。唐贞观二年（628年），在莆田城东北门外创建了境内第一座道观（即今元妙观）。唐嗣圣元年（684年），仙游县东常德里建有紫泽观。咸通年间（860~874年），建罗隐庙，相传著名道教学者罗隐到莆田大蚶山修道，乡人为其立庙奉祀。

五代十国时期是我国历史上的一个分裂割据时期。五代十国的帝王们在战火纷飞、朝不保夕的岁月里，更是将希望寄托于神灵的庇护，进行了许多崇道活动。其中，闽王无一不好神仙之术，由于其大力扶植，道教在福建有了长足的发展。五代末，人称"江南怀术真人"的沈祖师正式营建仙游九鲤湖九仙祠。

图 2 - 29 九鲤湖的九仙祠

总之，莆田道教源远流长，上古就有方士活动和神仙传说，汉代九仙信仰传说广为流传，甚至影响到后来的"仙游"县名。东汉之后，道教传入莆田并得到初步发展，唐代多座道观的建立为其重要标志。

（二）佛教的传入与初步发展

1. 佛教的传入

佛教大约在两汉之际从西域传入中国内地。据文献记载，莆田最早的佛教寺院为金仙院（即广化寺）。[①] 南朝宋、齐、梁、陈四朝的统治者大多信奉佛教，因此这个时期南方各地的佛教较前期均有较大的发展。就莆田而言，这一时期新增的有纪年可考的寺院仅2座——金仙院和宝台庵，均建于陈朝。其中，金仙院建于陈永定二年（558年），黄滔在《莆山灵岩寺碑铭》中指出："灵岩寺……昔梁陈间邑儒荥阳郑生家之。生严乎一堂，架以诗书，既而秋，一夕风月清朗，俄有神人鹤发麻衣，丈余其状，见于堂曰：诚易兹为佛宇，善莫之大。生拜而诺，瞬而失。旋以堂居僧像佛，献其居为金仙院，即陈永定二年庚申也。"[②]

图2-30　广化寺

2. 佛教的初步发展

隋朝大力扶植佛教，一时间南北方佛教皆兴。据王荣国先生《福建佛教史》

---

① 一说莆田最早的寺院为永和尼院。据刘福铸研究，这里的"永和"是指闽国王延钧的年号，参见《广化寺是莆田历史上真正第一座佛教寺院》，《莆田侨时乡报》2018年7月2日。

② （唐）黄滔：《黄御史集》卷5《莆山灵岩寺碑铭》。

考证，隋朝福建兴造的寺、院、庵共计12所，其中包括仙游的龙华寺。《闽书》记载，隋大业年间（605～618年），有润州僧卓庵，在宝幢山下精修梵行，有白龙衔白莲华自空中来献，故名其寺为"龙华寺"。除新建寺院外，南朝时的一些庵院到隋朝时还得到扩建，如莆田陈朝时建的金仙院在隋开皇九年（589年）升为金仙寺。

图2-31　龙华寺山门

唐朝虽然对儒、道、释三教采取儒先、道次、释最后的政策，但总的来说，唐朝大部分帝王均不同程度地对佛教采取扶持与利用的态度。五代时期，福建先后由闽国、吴越和南唐统治，相对安定，统治者都很重视佛教。由于统治者的扶植和倡导，唐五代时期的莆田佛教在前代的基础上得到比较快的发展。

首先，佛教寺院数量剧增，规模扩大。据统计，唐代莆田地区兴建的寺院有14座，其中莆田10座、仙游4座。① 五代时，莆田地区共新建寺院4座。② 《莆阳比事》卷1"寺观相望"条记载：五代闽王时"莆大姓争施财造佛舍为香火院，多至五百余区"。除寺院数量猛增外，有些寺院的规模还非常大。如上文提到的金仙寺，唐代时敕额为"灵岩寺"，有志彦、无际、元悟、元准、慧全、省文、灵敏、无了等僧人，他们"坚持密行，或临坛表德，或降虎示真。厥众如云，厥施若市"。③

---

① 陈支平主编《福建宗教史》，福建教育出版社，1996，第136页。
② 陈支平主编《福建宗教史》，福建教育出版社，1996，第147页。
③ （唐）黄滔：《黄御史集》卷5《莆山灵岩寺碑铭》。

其次，唐五代时期，莆田地区高僧辈出，宗派林立。如唐代仙游人僧叔端，俗姓陈，出家受具足戒后，遍习诸经，精通唯识宗奥义，著有经论数十卷。唐代律宗在福建颇为流行，莆田灵岩寺僧人志彦长于《四分律》，景云二年（711年）被召进宫讲解《四分律》，受到睿宗嘉奖，赐号"聪明"。《四分律》是唐代传入中国的最重要也是最盛行的一部佛教律典，可见其律学造诣之深。灵岩寺僧人无际，"持《妙法莲华经》，感石，上涌白泉"①，睿宗因此赐寺额"灵岩寺"。灵岩寺僧人无了，莆田人，俗姓沈，曾参谒禅宗南岳系二祖马祖道一禅师，后在龟洋结庵弘法，开创龟山道场，与僧人志忠一起被当地信众奉为龟山"二菩萨僧"。净土宗僧人文俏，仙游人，唐元和年间（806~820年），学佛于邑之仙苑，"修行坚苦，日诵《金刚经》不辍口"。咸通（861~874年）初，泉州刺史闻师名，延请至开元地，并在寺东为其造五级木塔。九座禅师（807~886年），仙游人，俗姓陈，法名智广，谥号正觉，幼承祖训，勤读诗书，唐宝历元年（825年）出家，初上富洋山，潜心参究佛理。开成三年（838年）正式落发入佛门，从道一法孙嵩山禅师受持法戒。②后云游名山大刹，遍叩禅匠之门。咸通六年（865年）在仙游与永春、德化交界处的九座山建寺，俗称"九座寺"。正幹禅师，莆田人，俗姓吴，曾前往广东听慧能说法，得法于曹溪，辞归后在福唐（今福清市）黄檗山结庵传法。唐末五代莆田华严院系一华严道场，有行标法师师徒30人在此弘传华严宗佛法。僧人涅槃，"唐末人，名文炬，字子薰，黄姓"，"言谶必应，行二虎相随"，号"古辟支佛"，开创囊山寺，被谥封为妙应禅师。何乔远《闽书》称："莆城画屏街，有虎亭，旧传涅槃骑虎至此。"③又如，唐末五代曹洞宗本寂禅师，莆田人，俗姓黄，文炬胞弟，名崇精，少习儒学，19岁时在福清灵石山出家，25岁时受具足戒，后往江西高安洞山参谒良价禅师，"依止十余年"，深受良价器重。后到江西吉水传法，并将吉水山改名"曹山"，使洞山宗风大振，成为曹洞宗创始人之一，参学者云集，其得法子弟中仅《五灯会元》立传者就有14人，分赴江西、浙江、湖南、广东、四川、陕西、湖北、福建等地传法。④五代时僧省澄，仙游人，俗姓阮，禅行高洁，乾德中（963~968年）赐号真觉，曾住持泉州招庆寺、龙华寺、承庆寺，

---

① （唐）黄滔：《黄御史集》卷5《莆山灵岩寺碑铭》。

② 抄本《开科禅师语录》中收录《重修唐正觉祖师本行序》记载智广于开成丁巳年"如愿禅师为之落发，旋往嵩山受持戒法"。有人把"嵩山"改为"嵩山"，与少林寺拉上关系，缺乏历史依据。

③ （明）何乔远：《闽书》卷23《方域志》，福建人民出版社，1994，第549页。

④ 陈支平主编《福建宗教史》，福建教育出版社，1996，第176~179页。

从学者千计，① 撰有《泉州千佛新著诸祖师颂》一书，问世后流行一时，各地僧人争相传抄，今存五代敦煌三界寺僧道真抄本，学界认为，该书的发现，"对于研究福建佛教史，乃至中国佛教史有重要意义"。②

图 2 - 32 妙应禅师

再次，唐五代时期，不少外籍僧人也往来莆仙建道场、传佛法。如瑞香禅师，"名恩，姓王，泉州人"，唐元和元年（806 年）在仙游建富洋院道场，"大和六年（832 年）示寂，得舍利无数，建塔于院东。会昌间，官司欲毁之，雷电大作，蛇虎绕伏，遂不敢毁"。③ 再如，会昌年间（841 ~ 846 年），沙门千灵"辞六祖入闽"，在莆田苦竹山住锡，建苦竹院。④

总之，唐五代时期，莆田佛教初步发展，境内不仅寺院剧增、高僧云集，而且宗派林立，唯识宗、律宗、法华宗、净土宗、华严宗、禅宗等中国佛教宗派均在莆田境内流传，为宋代莆田佛教的兴盛奠定了坚实基础。

图 2 - 33 涵江黄巷黄冈祠妙应堂

六 好巫尚鬼传统与民间信仰发展

（一）好巫尚鬼传统

秦汉以前，福建是闽越族的聚居地，巫术十分盛行，且名扬天下，连汉武

---

① （宋）黄岩孙：《仙溪志》卷 3《仙释》，福建人民出版社，1989，第 60 页。

② 陈支平、詹石窗主编《透视中国东南：文化经济的整合研究》，厦门大学出版社，2003，第 714 页。

③ （宋）黄岩孙：《仙溪志》卷 3《仙释》，福建人民出版社，1989，第 59 页。

④ （明）何乔远：《闽书》卷 23《方域志》，福建人民出版社，1994，第 552 页。

帝都对越巫深信不疑，还令越巫立越祝祠于宫中为其祈寿。元封元年（前110年），闽越国灭亡，但越人的巫术传统并没有因此消亡，而是与之后传入的北方汉族的宗教文化相结合，形成好巫尚鬼之风。翻开各种方志，"邑人贵巫尚鬼""专事师巫，不任医药""病痛不用药，祭鬼以祈福""信鬼尚巫""好巫信鬼"等字眼随处可见。北宋时，蔡襄就曾指出："闽俗左医右巫，疾家依巫索祟，而过医门十才二三，故医之传益少。"① 他对这种信巫不信医的陋习深恶痛绝，曾大力提倡医药，"谓莆人巫觋主病，宜痛断绝，因择民之聪明者，教以医药，使治疾病"，② 试图通过教人医药知识来改变信巫不信医的陋习，但积重难返，收效甚微。

图 2-34　修葺一新的苦竹寺

（二）民间信仰

好巫尚鬼的传统，以及佛教、道教的传入，为莆田民间信仰的发展提供了肥沃的土壤。三国至唐五代时期，莆田人民在继承闽越族某些宗教信仰的基础上，又创造了许多新的神灵，建造了不少祠庙，民间信仰有了新的发展。

闽越族以蛇为图腾，素有崇蛇的习俗。这种崇蛇习俗在莆田境内同样存在，如在莆田，人们视蛇爬进民居为不祥，主人要烧香把"蛇神"驱赶出去，禁忌打杀。莆田境内亦有不少蛇王庙（或称"青公庙"）。

佛教、道教传入莆田以后，一些僧侣、道士以及神话传说中的人物也被人们奉为神灵，立祠祭祀。例如，佛教僧侣九座禅师，俗姓陈，法名智广，仙游县留坡人，生于唐元和二年（807年）。相传，九座禅师有巫术，"每行日中，

① （明）黄仲昭：《八闽通志》（下）卷85《拾遗》，福建人民出版社，1991，第988页。
② 《（乾隆）海澄县志》卷15《风土》。

图 2-35　随佛教传入的石狮崇拜

有二影"①，"常持铁钵，并一白犬随行，或闻面前有引道呵喝之声，空中或降乳香，中宵或现灯烛"，乡人异之，四方倾慕。据说，九座禅师祷祈雨泽、预卜吉凶十分灵验，《仙溪志》称："王氏入闽，师曰：'骑马来，骑马去。'自光启丙午（886年）据闽，终保大丙午（946年）……其它灵验多如此。世谓龙树王化身。"② 光启二年（886年）圆寂后，其被当地百姓奉为神灵。

在莆田境内，由神话传说人物演变为神灵的有陈仙、胡仙和何氏九仙，其中何氏九仙影响最大。何氏九兄弟在仙游九鲤湖炼丹后乘鲤升天，"里人神之"，就在九鲤湖畔建庙祭祀，香火十分旺盛。唐代以降，何氏九仙不仅是莆仙民众祈福禳灾的对象，还是祈梦预测吉凶的神仙。福建祈梦之风自古盛行，而以仙游九鲤湖祈梦最负盛名，所谓"九鲤祈梦，海内咸知"，不仅善男信女们千里迢迢赶来祈梦，就连王公巨卿、文人墨客也纷至沓来。至今民间还流传着许多活灵活现的祈梦故事，有关九鲤祈梦的文献记载更是不胜枚举。

图 2-36　何氏九仙塑像

① （宋）李俊甫：《莆阳比事》卷7。
② （宋）黄岩孙：《仙溪志》卷3《仙释》，福建人民出版社，1989，第59页。

有些神灵是由巫觋转变而来的。据传东瓯神女吴媛，"能水上布席，禹步治病驱邪"，五代时曾游历莆田兴角山，见当地多鬼魅，护佑当地安宁。吴氏死后，当地百姓为之立祠。宋淳熙年间（1174～1189年）赐庙号"昭惠"，开禧年间（1205～1207年），因祷雨有应，封为"灵顺昭应夫人"。

此外，三国至五代时期，莆田境内还盛传一些王公将相等历史人物死后演变为神灵，如护驾将军、江梅妃、江国舅、吴长官、柳冕、裴次元、长寿圣王等。

护驾将军，不知何许人也。相传，汉武帝派兵讨伐闽越国时，闽越王兵败退至越王峰（今莆田白沙镇古院山）筑台御守。

图 2-37　吴圣天妃（即神女吴媛）塑像

汉军围逼，闽越王军投降，闽越王护驾将军拒不投降，投潭而死。后人感其忠义，遂立祠祀之。因不知其姓名，便泛称"护驾将军"。

江梅妃，原名江采萍，莆田人，唐玄宗开元中（713～741年）被选秀入宫，因能歌舞、善文辞，甚受李隆基宠幸。又因酷爱梅花，人称江梅妃。其弟江采芹，人称江国舅。民间传说，有一年莆田地方干旱闹饥荒，当时江国舅化鞋为船，运粮来兴化湾，当地百姓才得以存活。江梅妃、江国舅姐弟俩死后，当地人便建庙祭祀。今莆田江东村浦口宫即其祠庙。

吴长官，原名吴兴，延陵郡人，唐高宗年间（650～683年）率弟吴瑞及子侄十人，自江西豫章入闽营商，据莆田县城北华岩山下（即今城厢区龙桥街道延寿村、洋西村之间），生卒年不详，"性慷

图 2-38　江梅妃神像

慨，急公好义"。宋代李俊甫《莆阳比事》记载：唐德宗建中年间（780～783年）①，吴兴在莆田填海为田，陂延寿溪以灌溉。时有蛟龙为患，数溃堤，兴大忿，便与众人约曰："吾当斩蛟，溪流青则蛟死，赤则吾死矣！"越二日，其刀出于东方泥淖中，故地名吴刀；血溅于溪，故名赤溪。乡人感之，立庙，号曰"吴长官庙"，千百年来香火十分旺盛。传说吴长官有个妹妹，有道术，能降伏妖怪，用神针协助吴长官射杀蛟龙，乡人亦祀之。宋神宗元丰三年（1080年），吴长官庙得以扩建。宋徽宗大观三年（1109年），赐庙额"孚应"。

继吴兴之后，唐元和年间（806～820年）福建观察使裴次元率众在莆田红泉界（今荔城区黄石镇）筑堰垦荒，开莆田南洋开发的先河。为纪念裴次元的功绩，乡民在红泉界修建红泉宫。

柳冕，唐德宗贞元年间（785～805年）任福建观察使，又称柳侯。传说柳侯曾奏准朝廷在福建沿海岛屿设万安监，兴办畜牧业。当时莆田县醴泉里（今秀屿区的一个小屿）为牧场之一，为纪念柳冕功绩，乡人在屿上建有"柳侯庙"，该屿因名"侯屿"。

长寿圣王，姓陈名寅，唐福建观察使陈岩之侄，居莆田，生前乐善好施，善预测吉凶，死后里人立庙祀之。据传，宋太宗太平兴国四年（979年），陈靖讨林居裔于游洋，祷祝而行。及战，对方见宋军皆执"长寿"旗号。事后奏闻，朝廷敕封"护国孚惠显佑长寿圣王"。宋宁宗庆元六年（1200年）以灭军城火灾有功，赐庙额"灵应"。之后，其因累显灵迹，屡得朝廷加封。

唐代莆田还流传石敢当信仰。石敢当又称泰山石敢当，即把刻有"石敢当"或"泰山石敢当"字样的石碑立在街衢巷口以厌煞避邪。据《八闽通志》记载，宋庆历四年（1044年），莆田县令张纬在修建县署中堂时，在旧地基下发现一块长、宽各五尺左右的石板，上书："石敢当，镇百鬼，压灾殃，官吏福，百姓康，风教盛，礼乐张。唐大历五年（770年）四月十日县令郑押字记。"这是中国现存最早的石敢当实物。

总之，莆田好巫尚鬼信俗由来已久，它既是民间信仰的重要组成部分，又为民间信仰的发展提供了肥沃的土壤。三国至五代时期，是莆田民间信仰发展的重要阶段，一方面继承闽越族原有的某些宗教信仰，另一方面又沿袭北方汉人民间信仰，并根据新的需要，创造出许多新的神灵，建造了不少宫庙。

---

① 一称中宗神龙年间（705～707年）。

图 2 - 39　中国现存最早的石敢当

第三章　宋朝：社会经济的迅速发展
与文化的繁荣

宋代，是中国经济文化取得辉煌成就的时代。在政治经济重心南移、江南社会相对安定等有利的客观条件下，福建经济文化迅速发展，从原来落后的"瓯越险远之地"，一跃成为"东南全盛之邦"。宋代莆田的经济文化也进入鼎盛时期。一方面，随着莆田人口的大量增长，代表着中国先民高超的治水智慧与技术的木兰陂等大型水利设施被陆续修建，福建历史上最大规模围海造田的兴化平原也在莆田人民的不懈努力下基本完成。宋代，莆田既是中国古代海上丝绸之路的贸易通道与必经之路，也是中国古代海上丝绸之路的重要物产区和商品集散地，还是福建四大造船中心之一。另一方面，随着经济的迅速发展，莆田重教尚学的优良传统基本形成，学堂书院林立，习儒成风，人文蔚起，科举昌盛，人才荟萃，是福建乃至全国著名的教育中心之一，宋代莆田进士人数雄踞福建省进士县的榜首，在全国也名列前茅。特别是宋代莆田在行政上成为独立单元，拥有独特的方言、戏曲、宗教信仰、民俗、人文性格的兴化民系和莆仙文化初步形成，为莆田历史文化打上不可磨灭的印记。

第一节　宋朝政治与兴化县、兴化军的设立

一　宋朝政治与经济重心南移

12世纪初，东北的女真族兴起。政和五年（1115年），完颜阿骨打称帝，国号"金"。金国建立后，很快走向强盛。靖康元年（1126年）秋，金兵分东西两路南下。西路军攻克太原后，乘胜渡河，与东路金军共同围攻开封，闰十一月二十五日，开封城破。金兵占领开封四个多月，在大肆勒索搜刮之后，于建炎元年（1127年）三月二十七日和四月初一日，分两批撤兵北去，带走包括

徽、钦二帝在内的全部俘虏和财物。史称"靖康之难"，北宋统治到此结束。

北宋灭亡后，徽宗第九子康王赵构于建炎元年（1127年）五月即皇帝位于南京应天府（今河南商丘），即宋高宗。南宋建立之初，金兵不时南下，南宋政权不得不继续南移。绍兴元年（1131年），高宗改元"绍兴"，升越州为绍兴府。绍兴二年（1132年）正月，宋高宗率领文武大臣于临安府安顿下来。绍兴八年（1138年），宋高宗正式下令定都临安（今杭州）。

在政治中心南移的同时，经济重心也随之南移。

经济重心南移，首先与政治中心的南移有很大关系。从古至今，政治中心大多是国家的经济中心。京城集中了大量的人口，围绕着众多人口进行的粮食生产、工业品生产、商品交换，以及修筑的道路，有利于在京城周边形成一个经济繁荣带。南宋京城临安就是当时的政治、经济和文化中心。在临安的市场上，可以看见平江（苏州）、湖州甚至淮、广运来的米，严、婺、衢、徽等州运来的柴炭、水果，明、越、温、台等州运来的海鲜、水产。吴自牧在《梦粱录》中这样描写临安的繁华情况："自大街及诸坊巷，大小铺席，连门俱是，即无虚空之屋。"[1] "要支撑统一的中央王朝的发展，必然需要极大的经济能力，单一的城市不可能完成这个艰巨的历史任务，即使是国都。"[2] 江南其他城市的经济也因为政治中心的南移而获得新的发展机遇。在临安的带动下，平江、建康、鄂州、江陵等城市的手工业和商业也很发达。

其次，南宋时期经济重心南移，与北方人口南下有很大的关系。北方的汉族人，不愿受异族的压迫与奴役，大多长途跋涉，追随宋室政权南下。此外，北方是宋金交战的主战场，游牧民族的掠夺性入侵，严重破坏了当地的生产，迫使北方汉人南下，到安定的江南地区寻找安居乐业之地。据统计，绍兴十九年（1149年），南方人口为1684万人，到淳熙六年（1179年）已达2950多万人。[3] 按照人口的自然增长，20年间不可能增长这么多。因此，增加的这些人口，有很多是南迁的北方移民。北人南移，不仅增加了江南的劳动力，更重要的是带来了北方先进的生产技术和生产工具，加快了南方的开发。

最后，南宋只有半壁江山，但开支浩繁，特别是国防开支巨大。在与金交战期间，南宋需要大量的物资储备与供应。在和平时期，南宋又必须每年缴付

---

① 吴自牧《梦粱录》卷13《铺席》，收入《笔记小说大观》第3册，江苏广陵古籍刻印社，1995年影印本（第二版），第688页。

② 杨国利：《两宋时期经济中心南移的思考》，《兰台世界》2014年第30期，第123页。

③ 朱绍侯主编《中国古代史》中册，福建人民出版社，1990，第390页。

给金国、西夏大量的岁币。总之，不管是和平时期还是战争时期，南宋政府的负担均极为沉重。为了应对巨额的财政开支，南宋政权不得不大力发展经济，采取一系列鼓励生产的政策措施，南方农业经济获得了很大发展。不过，尽管江南的农耕条件优于北方，但光靠农业并不足以应付南宋政府的巨大开支，发展海外贸易就成为南宋政府利用滨海环境来获得财政收入的重要途径。

在朝廷的鼓励政策下，广州、泉州、明州（宁波）等东南沿海城市的海外贸易逐渐走向兴盛。其中泉州是南宋最重要的对外贸易口岸，也是当时南方最大的商港，号称"市井十洲人""涨海声中万国商"。1974 年在泉州湾后渚港出土一艘宋代海船，残长 24.2 米，残宽 9.15 米，深 1.92 米，有 13 个船舱。根据其长、宽、深计算，该船载重量当在 200 吨以上，可见当时泉州对外贸易之繁盛。《岭外代答》《诸蕃志》等史籍记载，当时与南宋贸易的国家有 50 多个，南宋商人泛海去贸易的国家也有 20 多个。在高宗时，"市舶收入达二百万贯，超过北宋最高额的两倍多。在南宋的财政收入中占有相当的地位"。[①]

福建地处东南边陲，受惠于南宋政治中心与经济重心南移，经济文化各方面都得到极大的发展，甚至后来居上，超过中原地区，宋人张守在诗文中这样描绘："忆昔瓯越险远之地，今为东南全盛之邦。"[②]宋初（960 年）福建总户数为 467815 户，到了南宋嘉定十六年（1223 年），福建总户数为 1599214 户，270 年间福建总户数"增到三倍以上"。[③]为适应人口增长的现实，宋王朝在福建增设郡县。北宋初，析泉州置兴化军，析建州置邵武军。宋室南渡后，升建州为建宁府。这样，福建路就有一府、五州、二军，"八闽"的雏形由此形成。

莆田的发展也受益于南宋政治中心与经济重心的南移。北宋初，莆田脱离泉州管辖，自成军州，表明宋代莆田的人口与经济都有了极大的发展。弘治《兴化府志》引宋郡志记载，南宋光宗绍熙年间（1190～1194 年），"户七万二千三百六十三，口一十七万一千七百八十四"。弘治《兴化府志》特别指出，绍熙年间"为极盛之时，户视太宗时增一万七千一百二十八"。[④]宋太宗的在位时间为太平兴国元年到至道三年（976～997 年），从太宗太平兴国至光宗绍熙的百余年间，莆田户数增长了 17128 户，对于仅辖有莆田、兴化、仙游三个小县

---

① 王松苗：《关于宋朝经济中心的南移》，《青海师范大学学报》1990 年第 4 期，第 50 页。
② （宋）张守：《毗陵集》卷五《谢除知福州到任表》。
③ 朱维幹：《福建史稿》上册，福建教育出版社，1984，第 237 页。
④ （明）周瑛、黄仲昭：《重刊兴化府志》卷 10《户纪四·户口考》，蔡金耀点校，福建人民出版社，2007，第 293～294 页。

的兴化军来说，这个人口增长数无疑是跳跃式的。

两宋时莆田人口的大量增长，促进了莆田当地水利设施的修筑与农业生产的发展。自唐至宋，莆田人民在萩芦溪、延寿溪和木兰溪相继筑成南安、太平、使华、木兰四大陂，溉田数万顷，使莆田南北洋成为一片沃土。光绪元年陈懋烈出知莆田时即指出"莆田三面滨海，自宋以来为田亿万，沮洳斥卤，尽成膏腴，陂隄潴蓄之为功大也"。[①]

二　林居裔领导的农民运动

北宋太宗太平兴国三年（978 年），莆田游洋发生了林居裔领导的农民运动。这次运动不但声势浩大，而且有明确的政治目标。不久，北宋政府出动军队加以镇压，运动很快被平定。北宋王朝为加强对莆田的统治，决定在游洋设立军治。从此，莆田脱离泉州行政管辖，开始走上独立发展的历史新阶段。

（一）林居裔领导的农民运动爆发的原因

关于林居裔领导的农民运动爆发的原因，史料未有明确说明，不过我们从五代末、北宋初的社会状况也能推测一二。

首先是赋税负担极为沉重。五代时期，陈洪进在占据漳、泉二州期间，所管辖的区域内仅有 151978 户，兵额却多至 18727 名，平均每 8 户要养 1 兵，百姓负担之繁重可见一斑。面对北宋大军压境，陈洪进为了给自己留下政治退路，多次进贡珍宝财物给宋廷。《宋史·陈洪进传》记载："建隆四年，（洪进）遣使朝贡。是冬，又贡白金万两，乳香茶药万斤……及江南平，吴越王来朝，洪进不自安，遣其子文颢入贡乳香万斤、象牙三千斤、龙脑香五斤。"这些进贡的珍宝财物自然来自民脂民膏。"洪进每岁以修贡朝廷，多厚敛于民。"[②] 当时莆田隶属泉州，在陈洪进的横征暴敛之下，莆田百姓的赋税负担也极为沉重。北宋太平兴国二年（977 年），陈洪进献土归宋后，继续统治漳、泉，赋税并未减轻，如身丁钱从原来的折算为米 5 斗，增加为 7 斗 5 升，大大超出百姓的承受力，导致百姓流离失所。蔡襄在《乞减放漳泉州兴化军人户身丁米札子》中指出，闽南地方"地狭人贫"，百姓"终年佣作"，也只够交身丁米。交不起的人，"父子流移，逃避他所。又有甚者，往往生子不举"。连蔡襄也情不自禁地

---

① （清）陈懋烈修《莆田水利志》，收入中国方志丛书华南地方第 225 号，台北：成文出版社，1974 年影印本，第 1 页。

② （元）脱脱等撰《宋史》卷 483《陈洪进》，中华书局，1977，第 13961 页。

发出"人情至此，可为嗟痛"的叹息！①

其次是土地兼并严重。北宋初年，有些富户为了多占土地，不惜破坏水利设施，直接导致百姓生活陷入赤贫。例如，莆田县共有胜寿、西冲、大和、屯前、东塘等5塘，潴水灌溉塘下沿海1000余顷田地。有陈清等富户30余家，勾结官府，将5个水塘全部"去水为田"，改造成100余顷田地。结果，"旧日仰塘水灌注"的塘下1000余顷田地，"尽皆焦旱"，当地8000余户农民沦为赤贫。当百姓向官府申冤请愿时，州县却"一向抑迫，不与申理"。②豪强的兼并、官府的腐败导致百姓怨声载道。

最后，游洋地处偏僻，官府控制比较薄弱。游洋地处仙游县西北山区，山势险峻，原称游洋洞，官府鞭长莫及，盗贼经常出没。《读史方舆纪要》称：游洋"至险峻，盗贼出没处也"。③林居裔为游洋人，是一个很有势力的地方豪强。明弘治《八闽通志》转《游洋志》记载称："郡志谓县治乃林居裔故居。"《八闽通志》引陈铸《西林院记》：居裔"名茂殷，始以资武断乡曲"。④可见，林居裔资财丰茂，在乡间横行无忌，其发动农民运动的动机不明，但应有政治诉求。

（二）林居裔领导的农民运动的经过和失败原因

林居裔领导的农民运动爆发后，各地民众因官逼民反而踊跃参加，形成一股很大的势力。《八闽通志》记载有多达十余万人攻打县城。当时莆仙地区只有六万户人家，地处偏僻山区的游洋只有三五千户，说参与运动的农民有十余万人显然夸大不实。《宋史》记载：当时"游洋洞民万余叛，攻泉"。⑤相比之下，《宋史》中关于林居裔农民军数量的记载，应较为可信。

林居裔率领农民军万余人，直扑泉州。而当时的泉州城守军只有3000人，防守形势相当严峻。当时驻守泉州的监军何承矩、王文宝丧失抵抗信心，居然想要杀尽城中百姓，焚毁府库而逃。这支农民军，不仅人数众多，战斗力也较强，多次击败官军。莆田涵江盐仓西灵显庙的主神陈应功，就是在奉诏镇压林居裔农民军的战斗中战败阵亡。《八闽通志》卷60《祠庙》载："灵显庙，在涵

① （宋）蔡襄：《蔡襄全集》，陈庆元等校注，福建人民出版社，1999，第488页。
② （宋）蔡襄：《蔡襄全集》，陈庆元等校注，福建人民出版社，1999，第484页。
③ （清）顾祖禹撰《读史方舆纪要》卷96《兴化废县》，贺次君等点校，中华书局，2005，第4410页。
④ （明）黄仲昭：《八闽通志》卷80《古迹》，福建省地方志编纂委员会旧志整理组、福建省图书馆特藏部整理，福建人民出版社，1989，第904页
⑤ （元）脱脱等撰《宋史》卷276《王继升》，中华书局，1977，第9406页。

江盐仓之西。神姓陈名应功，涵江之东山人。母甘氏当载震载夙之时，梦一苍龙蟠于寝室户枢上，明发而应功实生。年甫弱冠，慷慨忠勇，恒以诸葛忠武侯自许，下视马、臧、张、许诸人，谓不足为。宋太平兴国初（976 年），陈洪进尚据漳泉，应功洞识时机，且以爱护乡邦为念，力劝洪进纳土于朝。是年游洋草寇窃发，至有隗嚣、公孙述伪号，诏就近地调兵收讨，应功直诣军前，自请讨贼，遂任前锋。越溪谷鏖战，竟为贼刃所劀。乡人壮之，相率舁棺归葬，而祠之于此。"① 隗嚣、公孙述乃王莽篡汉后，跟刘秀竞争天子之位的几个农民军领袖。林居裔农民军打出隗嚣、公孙述旗号，以建立新王朝来争取民众，有明确的政治目标。陈应功自任先锋，与林居裔农民军鏖战，不敌被杀，表明农民军有较强的战斗力。

图 3 - 1　陈应功纪念馆

林居裔领导的农民运动最终被官府镇压了，失败的原因，大致有三。

首先，北宋驻守泉州、莆田一带的官吏中，除了前面提到的陈应功外，还有不少忠勇之士。林居裔攻占莆田，莆田县令黄禹锡被执之后，林居裔等人推其为农民军头目，想利用其名声来为这次运动正名。但黄禹锡对宋廷忠心耿耿，宣称"头可断，而贼不可为"。② 他不仅拒绝了林居裔的收买与拉拢，还秘密派遣儿子黄观与陈靖，到漕使杨克让那里去搬求救兵。当林居裔率军攻打泉州，而泉州守将何承矩、王文宝想要弃城逃跑时，泉州通判乔维岳挺身而出，坚守泉州，直到援军赶到，镇压了运动。

其次，周边援军的及时助剿，是运动失败的另一重要原因。《宋史》记载，

---

① （明）黄仲昭：《八闽通志》卷 60《祠庙》，福建省地方志编纂委员会旧志整理组、福建省图书馆特藏部整理，福建人民出版社，1989，第 410 页。
② 《嘉靖惠安县志》卷 13《黄禹锡传》，收入《天一阁藏明代方志选刊》第 43 册，上海古籍出版社，1982 年影印本，第 1 页 b。

林居裔领导的农民军攻打泉州时，两浙西南路转运使杨克让从福州"率其屯兵至泉州，与王明、王文宝共讨平之"。[1] 杨克让不仅应黄观、陈靖之请，及时率军助剿，还根据黄观向他借兵时的表现，让他代父亲继任莆田令。兵马都监王继升用兵胆大心细，率二百骑乘夜突袭农民军成功，林居裔被擒，余部也被镇压。

最后，宋廷的招降利诱瓦解了农民军的斗志。关于林居裔农民军的结局，《宋史》认为是被官兵平定的，林居裔被活捉，余部被镇压。但《八闽通志》则认为是被招安的，称："太平兴国四年（979 年），遣偏师伐之，且谕以不死，遂率众降，因置军焉。"[2] 林居裔是被官兵擒拿还是被招安，目前尚难下定论，但武力和招降，软硬兼施是历代王朝对付农民运动常用的手段，宋廷对林居裔农民军进行招降利诱也符合常理。

林居裔农民运动失败了，但这次运动给莆田带来了深远的政治影响，催生了兴化军的设置。史家认为：运动结束后，"宋代统治者，考虑到游洋民风强悍，于太平兴国五年（980 年），特设兴化军，控制山区；以游洋为军治，同时置兴化县，为兴化军的首县，以居裔的住宅为县署，自此时起，兴化军统辖三县——莆田、仙游、兴化"。[3] 显而易见，林居裔领导的农民运动是北宋第一次有规模、有政治诉求的农民运动，给北宋统治者敲响了警钟。朝廷对问题的严重性有所认识，决定让莆田脱离泉州管辖，设置带有一定军事色彩的兴化军，并将军治设于游洋，加强控制。综上，林居裔领导的农民运动在客观上推动了莆田脱离泉州的行政管辖，开始独立发展并逐渐形成具有特色的地域文化的历史进程，这一定是林居裔所未料到的。

三 兴化县与兴化军的设立

（一）兴化县的设立

宋太平兴国三年（978 年），陈洪进纳土归宋，同年十二月游洋人林居裔招集游洋洞农民万余人发动运动。翌年（979 年），林居裔兵败。运动被镇压后，宋太宗赵光义披阅《泉福图志》舆图，感叹仙游、游洋洞介于泉、福两郡之间，

---

① （元）脱脱等撰《宋史》卷 270《杨克让》，中华书局，1977，第 9270 页。
② （明）黄仲昭：《八闽通志》卷 80《古迹》，福建省地方志编纂委员会旧志整理组、福建省图书馆特藏部整理，福建人民出版社，1989，第 904 页。
③ 朱维幹：《福建史稿》上册，福建教育出版社，1984，第 300 页。

地势险要，山民剽悍，不易征服，认为"必择其人往教之，乃可以从化"，[①] 遂下诏在泉州游洋、百丈 2 镇 6 里，莆田县新析 2 里，加上仙游县来苏里，永福（今永泰）县永泰里，福唐（福清）县清元（源）东、西、中 3 里，共 14 里设一新县。[②] 新设立的县名兴化县，取"欲以德化民"之意，治所在兴泰里游洋洞，并在兴化县置太平军以领之。旋改称兴化军，军治与县治均在游洋洞。[③]

设县之初的"兴化"之地，仅限于莆、仙两县的部分山区和永泰、福清的一部分。东西相距 160 里，南北相距 100 里，周围 265 里，面积约 8000 平方里。行政区划为三乡十四里或者是三乡八里，范围相当于现在莆田市涵江区的大洋、新县、庄边、白沙镇和萩芦镇部分村落，仙游县的游洋、钟山、石苍、象溪等乡镇，以及永泰的岭路陈山头（七斗村），福清东张的漈山、百丈岭、岭下等村落。兴化县虽然地域不大，且多是山区，但风景秀丽，人文繁盛，志称：兴化县"山川清秀，林木蔚荟，民居稠密，地气精灵；而百姓殷殷饶厚，故家诗书而户礼乐，虽或僻在万山之中，而人文之盛，于兹独最，则是邑也，固夸万世不拔之基也"。[④]

（二）兴化军的设立

太平兴国四年（979 年），宋廷在设立兴化县的同时，设太平军以领之。翌年，宋廷划德化县九座山一带归仙游县，改太平军为兴化军，将原属泉州管辖的莆田、仙游两县改隶兴化军。从此，兴化军辖莆田、仙游、兴化三县，"始正体统，齐于列郡"[⑤]。"兴化"之称也就包括此后的莆仙全部区域。首任兴化知军由兴化知县加著作佐郎的京兆人（今陕西西安）段鹏兼任。

---

① 见（宋）陈仁璧《军厅记》。

② 弘治《兴化府志》卷 1《吏纪一》称兴化县置县时"总一十四里"，但其上文所列却仅有 13 里。卷 1《兴化县》的叙县文中出现的具体里名则只有 12 里，即永泰里、广业里、崇仁里、安仁里、清元东里、清元中里、清元西里、峄阳里、兴建里、兴泰里、福兴里、来苏里。南宋《莆阳比事》则载："兴化在郡之西北七十里，乡三、里十一。"而明《兴化县志》（《游洋志》）则只记 3 乡 8 里，即武化乡 3 里：广业里、崇仁里、清源（元）西里；永贵乡 3 里：兴泰里、福兴里、来苏里；长乐乡 2 里：清源东里、清源中里。

③ 游洋洞之"洞"字，朱维幹《福建史稿》（第 300 页）中释为"山洞"，把"游洋洞"说成"游洋山洞"是不妥的。根据方言专家的考证，南方汉语方言的"洞"，亦写为"峒"，乃是古代百越民族的语言底层，是山间谷地、盆地或为群山环绕小河流域的意思。岭南、福建带"洞"字的地名也很多，如南海的陈洞、罗洞、黄洞、马洞之类。福建传统说部《杨文广平闽十八洞》之类的"洞"也是这个意思，因此"游洋洞"就是游洋山区的意思。

④ （明）萧敏：《裁革兴化县本》，载明周华《兴化县志》卷 8。

⑤ （明）周瑛、黄仲昭：《重刊兴化府志》卷 1《吏纪一·叙郡县》，蔡金耀点校，福建人民出版社，2007，第 2 页。

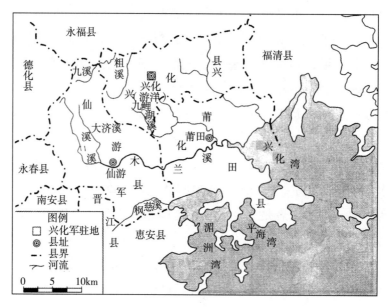

图 3 - 2 宋太平兴国五年（980 年）兴化军行政区划

　　由于游洋地处偏僻，转输财货颇为不便，且山间天气多变，疫病多发，兴化知县兼兴化知军段鹏上书朝廷，建议把军治迁移到莆田县，与莆田县治合一。此建议得到朝廷的批准，太平兴国八年（983 年），迁移军治于莆田。关于迁移兴化军治的始末，时人陈仁璧《兴化军厅壁记》载："（段鹏）公寻加著作佐郎，恩之优也。且旧军之地，山岚昼暝，溪流夏寒，屯彼师徒，时多疟痬。旋闻于上，诏移之莆邑，犹虬龙跃渤澥之波，骐骥骋康庄之路。"① 从此兴化郡治与莆田县治都设于莆田（今荔城），莆田县成为兴化军的附郭。其时兴化军直属于江南东路，至宋太宗雍熙二年（985 年），改隶于福建路。

　　综上所述，兴化县和兴化军的设立与林居裔领导的农民运动有直接联系，看上去似乎是偶然因素所致，实际上是兴化地区经济文化发展到一定阶段的必然产物。兴化县和兴化军的设立，标志着莆田人在行政上摆脱了长期依附于泉州的地位，走上独立发展的道路，拉开了全面建构兴化文化的序幕。

---

① （明）周瑛、黄仲昭：《重刊兴化府志》卷 26《礼纪十二·纪载类一》，蔡金耀点校，福建人民出版社，2007，第 703 页。关于迁兴化军治于莆田的时间，南宋《莆阳比事》谓："（太平兴国）八年（983年），因转运使杨克让请，移治莆田县都巡检廨。"明《八闽通志》、《弘治兴化府志》、明《兴化县志》等直至现当代朱维幹所著《福建史稿》等皆沿袭太平兴国八年（983 年）转运使杨克让奏迁兴化军治于莆田之说。然太平兴国八年，克让已死三年，因此杨是不可能向宋廷奏请迁移兴化军治于莆田城的。

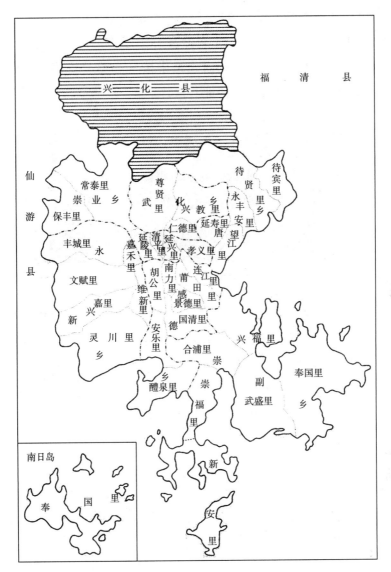

图 3-3　宋嘉祐八年（1063 年）至宋末（1279 年）莆田县行政区划

四　兴化城垣的建造与官署建设

（一）兴化军城的创筑营建

莆田在陈朝置县时，县治设在崇业乡延陵里（址在原莆田县公共体育场）。陈朝置县及隋代、唐代莆田复县时，莆田都没有建造城垣。太平兴国八年（983年）七月，兴化军治自山区游洋移至莆田县后，才开始创筑军城。宋代的兴化军城亦是附郭莆田县城，其间有过 3 次大的城垣修筑和扩城工程。

1. 第一次：修筑土城

宋太平兴国八年（983年），兴化军治自游洋迁移莆田，兴化军知军段鹏创始筑城。子城周长2里零318步。同时建造崇楼（亦称"谯门"）于军治之前，以鸣鼓角，今荔城区文献路之古谯楼即其遗迹。

图3－4　古谯楼

兴化军子城空间格局大致是：南至今文献路；北至今县后巷；东界未及今县巷，约至旧戴弄里偏西；西界约至旧射圃前通今中山中学之巷道。子城建好后，又按照古代"筑城以卫君，造郭以守民"的城市建设制度，在子城外筑土垣为外城，让百姓居住在外城。外城内有大街小巷，道路四通八达。实际上，兴化军初建之军城只不过是"版筑草创，土垣茅覆而已"，[①] 城垣既偏小又不坚固。

2. 第二次：改筑砖城

宋宣和三年（1121年），兴化军城由土城改筑为砖城。外城城址周长7里零83步，北面引北涧水（北磨水）为护城河（小西湖、兼济河），广1丈、深6尺，绕城而达于东南，与城址吻合，并与西南沟堑合。城高1.5丈，基厚7.5尺。又开辟5个城门：东门名"望海"，以可望白湖海港而命名；南门叫"望仙"，因城门面对陈、胡二仙所居之壶山而命名；西门号"肃清"，因唐高僧涅槃留有"吾居之地，永不动干戈"谶语而命名；北门为"朝天"，因当时从军城出发上京都必由此出而得名，政和三年改为"望京"；东北门叫"宁真"，因所在有道教天庆观（元代改称玄妙观）而得名，又因附近有天然温泉汤塘，俗呼"汤塘门"。军城重建后，各个城门均建有城楼，日夜派兵把守巡逻。

3. 第三次：修筑石城

宋徽宗崇宁初年（约1102年），因旧城年久失修，莆田曾多次提议修筑罗

---

① （明）黄仲昭：《八闽通志》卷13《地理·兴化府·府城》。

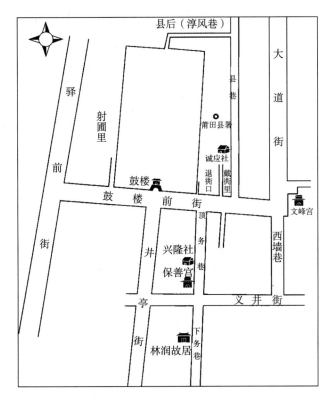

图 3 - 5　宋代兴化军城街巷示意

城，但直到北宋灭亡也未实施。南宋绍定初年（1228 年），旧城倾毁，南北城门无法开关。而当时盗寇猖獗，百姓惶惶不安。绍定三年（1230 年），名相陈俊卿之子、直秘阁学士邑人陈宓再次倡议筑城，知军赵汝固奏请朝廷，得赐祠牒[①]五千，作为修城启动费。赵汝固调任他地，继任者曾用虎负责修城事宜。工程始于绍定三年春天，翌年冬天竣工。建城周长 1298 丈、高 1.84 丈，把原来砖砌城墙改为外墙砌石，上覆以砖，计用石 57172 丈、大小砖 670800 多块、灰 51400 石、民夫 11400 工、耗费缗钱 24677、楮币 66800。经过此次大规模修建，兴化城格局基本形成。城垣、城楼更加雄伟壮观，坚实牢固，成为福建省三座名城之一，故福建民间流传有"铜延平，铁邵武，石兴化"[②]之谚。

4. 兴化古城的山水营城理念

兴化古城的创筑营建贯穿着"因天时，就地利"的天人合一理念，形成了负山襟海、山屏水障、城港一体的格局。兴化古城所倚主山为太平山，古人认

为太平山乃"郡主山孕毓真气处,堪舆家谓之胎息"。太平山博大长平,其势舒缓,堪舆家称其山"展开如舒屏,其建顶艮。南一支分脉自申,数折转乾,入城为梅峰。北走一支分脉自酉,数折曲辛转亥,入城为乌石山。中一支独短,自辛脉发脉而下,曰龙翕山"①。明代林登名《莆舆纪胜》称:"郡治山脉地势起自东北,结以西南。阳先阴后,安贞吉也。乌山、梅峰之锁,太平若括囊耳。"②因此古城诸山中,太平山被堪舆家视为最重要的风水之山。

兴化古城的营城之水,主要源于木兰溪。溪水发源于仙游县西苑乡黄坑头,流经仙游县双溪至华亭镇的俞潭入莆田县境,自西向东横贯中部,至三江口入海。宋时筑陂以灌南洋田,元皇庆间(1312~1313年),分流其十分之三水量,会于城北濠。古城外即城垣下凿有护城河。宋军城即引北涧智泉水为濠,宽一丈、深六尺,绕城而达于东南,复过兼济桥,经兼济河出东水关,与西南沟壑合流。明洪武年间(1368~1398年)扩城后,城下仍凿护城河,"左起东北隅,转折而南,引延寿溪水注之。右起西北隅,转折而东,引木兰溪之水来注之",二水交合于枋尾(邦尾)。西北负山,则凿为旱壕。设水关门二所:东水关,俗称"水关头",位于今八二一中路,"通舟楫,入兼济河","兴化卫拨军守";西水关,俗称"小水关",位于今兴安中路北偏西,栏以石盾,仅容水入而已。

郡城主山太平山分二支入城,左脉为乌石山,右脉为梅峰。而乌石山之水,一是向南流经后塘,一支东折过后塘头,往石幢街南直注兼济河,或转折坑边而入兼济河;一支流经后塘南折下井,直注小西湖。一是向南流经洋沟墘,东折校场坡经御史巷,一支过桥仔头而潴于双池,复折而东经云门寺前的沟仔墘向城外"蚊帐亭",今曰"浅水湾"泄去;一支流经上林、赤柱里,而潴于东黄黄滔祠前的印斗池,复过洗马埕、壁立门,而泄入东城濠。此为城北之水。

梅峰之水,一是向东北泄入宋北城濠即今小西湖。一是向东南方向泄流:一支向东流经桃巷,至橄榄巷注入地下涵洞,经东北左所营、正一坛泄入北城濠;一支过上桥向东经衙后,分流后街、大路等地沟,分注南北城濠;一支折而南流经上桥、下桥,复折而东过鼓楼,与凤山自文峰宫西泄之水,会于水漈头,又折南由务巷泄入南城濠。而凤山北之水,即流经下金桥,过义井街、书

---

① (明)林登名:《莆舆纪胜》卷9"龟山考",万历四十六年(1618年)刊本。
② (明)林登名:《莆舆纪胜》卷9"山川考·太平山考",万历四十六年(1618年)刊本。

仓巷，泄入南濠。以上为城南之水。这些水系，千百年来很好地发挥了其防洪、防守以及满足军民日常生活需要的作用。

兴化城又是一座城市和平原一体化的海滨城池，其选址特色、空间格局发展与平原以及沿海的历史发展关系密切。北宋，"军"与"州"为同等级地方行政区划，"军"设于军事要冲，兴化军自设置伊始就与军事联系在一起。北宋兴化军因林居裔起事反宋而设置，南宋末兴安州城因莆田人陈文龙、陈瓒领导的抗元斗争而被破坏，元代的兴化路城则因波斯人"亦思法杭兵乱"再次遭受严重损坏，明代为防备倭乱而扩筑兴化府城，清道光三十年（1850年）为防备会党攻城又修缮城池。可见，兴化古城的空间格局以及历代修扩城活动，主要动因是抵御军事入侵，甚至民国年间兴化城垣的最后拆除，也缘于抗日战争。

（二）仙游城垣的建造

仙游自唐圣历二年（699年）设县以后，并未建造城垣，只是仰赖溪山形势来防御盗寇。宋《仙溪志》载："县负山带溪，虽无城筑，然轫县以来，中更山寇，而安堵如故者，得非溪山形势之壮欤。"① 南宋绍兴十年（1140年）② 因"山寇窃发"，县城不靖，知县陈致一始有修筑城墙及挖掘护城河以御寇之倡，但工程尚未完成，山寇已退，于是筑城工程遂"不克终役"。至孝宗乾道年间（1165～1173年），知县赵公绸完成了未竣工的县城建造，并建成了四座城门，东称"九仙门"；西称"甘泽门"，后改名"丽泽门"；南称"流庆门"，后改名"望壶门"；北称"横翔门"。

宁宗庆元年间（1195～1200年），知县吕祖平发起重建东门，并改名"朝京门"。

嘉定十二年（1219年），知县许伯诩重建北门，并改名"拱德门"，由兵部侍郎、邑人陈谠（1134～1216年）题写城额。

嘉熙三年（1239年），知县黄清叟主持重建西门，并为纪念尚书左仆射兼枢密使、邑人叶颙（1100～1167年），改名"元台门"，由嘉定元年（1208年）状元、参知政事、长乐人郑性之题写城额。"元台"本指三台星中的上阶二星，这里喻指天子之首辅。

淳祐三年（1243年），知县蔡次传主持重建南门，并改名"登俊门"，由进

---

① 见（宋）黄岩孙《仙溪志》卷1《县郭》。
② 明弘治《兴化府志》及清乾隆《仙游县志》作"绍兴十五年（1145年）"。此依（宋）黄岩孙《仙溪志》卷1《县郭》。

士潘昉题写城额。

宝祐四年（1256 年），知县赵与泌曾再次重建东门，并请莆田人、端平二年（1235 年）状元吴叔告（1193～1265 年）题写城额。宝祐间（1253～1258年）迪功郎黄岩孙任仙游县尉时，仙游城已初具规模，"水绕山蟠，面势环翕，真东南之壮邑也"。①

（三）兴化的官署建设

1. 兴化军署建设

官署古称"廨署"，乃"居官听政之所"。太平兴国八年（983 年），兴化军署自游洋迁移至莆田城内礼义坊北后，开始营造廨署配套建筑。据郡志记载，宋代建成和陆续完善的主要设施如下。

正厅：又称设厅，知军治事的主要场所。首任知军段鹏创建，宣和二年（1120 年）知军廖刚重修。厅中有御书御制之《戒石铭》《座右铭》石刻，东西两庑设架阁库、甲仗库、印书库、客位、吏舍等。小厅：在大厅之东，天圣六年（1028 年）知军李庆余创建。直司：在后堂东庑角落。直司为宋代府签书判官厅当直司的省称，为府推、判官讯鞫（审讯推问）之所。设厨：在直司之北，即官家的厨房。签厅：在谯门内，旧为回车院，绍兴十七年（1147 年）知军王辟章创，为幕职官联事合治签发文书之所。使院：在大厅西北角。使院为唐代节度使、观察使小公之所的通称，后来节度留后治事之官署亦称使院，但宋代使院多指吏人之官舍。通判厅：在戟门外之西偏，为通判办公之所。后代改为察院行台。经总制库：在通判厅西庑。宣和三年（1121 年）开始征收经总制钱之府库②。行衙：转运廨舍。兴化军初属江南东道，寻改隶福建路。后来诏转运使于所属郡不辍巡检，故州、军皆有行司。旧行衙在军署之西南隅，号转运廨舍。乾道七年（1171 年），知军事何俌议以其地改创贡院，遂迁行衙于宣化坊通衢之北。绍熙三年（1192 年），知军事赵彦励重修。教授厅：军学教授治事之所。绍兴二十年（1150 年），兴化军教授徐士龙在军学之西创建，东曰"冷轩"，西曰"无隐"。乾道五年（1169 年），教授陆琰更名为"无毡"。淳熙四年（1177 年）焚，后寓军学钱粮厅。判官厅：为判官治事之所，在行衙之东，大观元年（1107 年）判官王公济创建。

---

① （宋）黄岩孙：《仙溪志》卷 1。
② 经总制钱为宋代杂税经制钱和总制钱的合称。经制钱始于宣和三年（1121 年），是经制江淮荆浙福建七路诸司财计（简称经制使）陈遘所创，故名。

军院：军录事参军院的省称，为军一级地方刑狱机构。初在旧行衙之东，录参廨舍附之。乾道七年（1171 年）议创贡院，遂迁于行衙之西偏。司理院：为司理参军院简称，由司理参军事主之，是宋代府州军的刑狱机构，在谯门外通衢之西，司理廨舍附之。司法厅：为司理参军与司法参军治事之所，在善俗坊新路之东，不久废。淳熙元年（1174 年），知军潘畴创为省马院，后废为民居，而改寓贡院誊录所。都监厅：为兵马都监治事之所（宋朝各路、府、州、军、监及县镇城寨掌屯戍、边防、训练之事机构为兵马都监，旧在军治之东，乾道七年议创贡院，以其地为行衙，暂寓威果指挥管营居舍，后移于贡院弥封所）。监押厅：为统兵官兵马监押治事之所，初为都巡检廨，继为莆田县丞厅，再改为主簿厅。淳熙元年（1174 年），知军事潘畴改为监押厅。

广节指挥营：地方武装广节指挥营军事设置，在郡治之东北。后代改为莆田县署。牢城指挥营：管理监狱囚犯的机构，在望海门内。保节二十五指挥营：地方军营之一，在郡城右厢横街之西北。保节二十四指挥营及壮城指挥营：两种地方军事机构，俱在郡城朝天坊内。剩员指挥营及忠顺官舍：两种地方军事机构，俱在肃清坊之内。监税廨舍：掌管地方钱粮事务的机构，在市西街立义坊内。巡辖廨舍：巡辖官廨署，在望京门外，以北门铺为之（巡辖官为宋代巡辖马递铺官的省称，掌督察铺驿邮兵）。都税务：地方税务官署，在行衙之南街通远坊内。宣和七年（1125 年），知军事廖刚重修。作院：掌司各种兵械制造的机构，在子城之西。绍熙二年（1191 年），太守赵彦励重修。原系小作院，所管兵匠三十名为额。分四作：皮甲作、铁作、弓弩作、箭作。

宋代兴化军署其他建筑物还有：军资库、常平库、公使库、酒库、都仓、常平仓等。军署附属之斋亭楼阁则有：桂籍堂、正己斋、和简堂、靖共亭、式宴亭、清心堂、扶春馆、望壶楼、五芝亭、强为善斋、流化堂、志喜堂以及宣诏亭、班春亭、手诏亭等。

2. 莆田县署建设

前已述及，莆田县置于陈光大二年（568 年），最早的县署之址虽无明确记载，但唐代、宋代莆田县署在城西南隅延陵里，即明清的兴化府治所在地应无可疑。宋代莆田县官署主要建筑如下。

正厅：为知县治事之所。建隆二年（961 年），清源招讨使留居道来知县事，开始修建。天禧元年（1017 年），知县事严己重修。丞厅：即辅佐县令的县丞治事之所，初以都巡检廨为之，寻与主簿厅互易。在县门之西偏。厅之右有双梅堂，后更名曰眉寿堂。主簿厅：为主簿治事之所，初在县门内之西偏，后与丞厅易换，始在县外。淳熙元年（1174 年），始改建于县门外之东偏。主簿为县佐属官之一，掌勾稽、省署、抄目等事。尉司：县尉治事之所，在宁真门外，东西偏为教场、弓手营。

宋代莆田县署附属楼堂亭阁有：位于厅事之后的燕堂、燕堂之西的致爽轩、县后圃的嘉木亭等。在县城外的官署主要有：在涵头（涵江）的监盐仓廨舍，在迎仙市（江口）的同巡检廨舍，在系蓼澳（吉了）的巡盐廨舍。还有供给江口迎仙寨士兵军粮的迎仙仓，以及在涵江的涵头盐仓等。

3. 仙游县署建设

宋代仙游县治在功建里（今鲤城镇），宋《仙溪志》载："旧在大飞山（大蜚山）南五里，唐垂拱二年（686 年）始迁于旧治之南三十步。"宋郡志亦谓："唐垂拱二年迁而县。"新旧志皆沿袭此说。但垂拱二年为 686 年，而仙游于圣历二年（699 年）始置县，显然垂拱二年无县可迁，故弘治《兴化府志》认为"世传宋绍圣间（1094～1098 年）迁县，此说或是"。宋代仙游县署主要建筑如下。

正厅：始建年间未详，至淳祐十一年（1251 年），知县赵时铸重建。县丞厅：在县鼓门外南街之东，旧为仙溪馆，后改迟轩馆。崇宁二年（1103 年）置县丞，始修葺为厅。绍定元年（1228 年），县丞赵瑟夫重建。主簿厅：在县东南隅，始建年代不详。旧名"委屋"，主簿林汸所建并改名。东西有二亭，曰"栖鸾""乐香"。尉厅：在县中门外西南隅，始建年代不详。元祐六年（1091年），县尉李环重建。

县署附属亭堂楼阁主要有：厅事之后的平政堂，平政堂之后的平易堂，以及道爱堂、东圃（梅圃）、爱香亭（在东圃中）、横琴亭和制美亭（均在爱香亭北）、清越台和玉照台（均在制美亭南）、望秀楼（在厅事西）、大隐楼（在尉厅东甲仗库上）、梅林（在县尉厅西）、思贤堂（在梅林之北）、环秀亭（熙春台北）等。

配套官仓则有：在县中门外之东偏的省仓、常平仓，在枫亭市的太平仓，在县中门外之西偏的盐仓等。

4. 兴化县署建设

兴化县治在万山之中的兴泰里，本为唐游洋镇，隶属于莆田县，北宋置县后，相传是以农民运动首领林居裔故居改为县署的。兴化县居民分散，初期没有筑城，后来据说也有夯筑土城墙。宋代官署主要建筑如下。

正厅：太平兴国四年（979 年）置县后，知县事段鹏所建。乾道间（1165～1173 年），知县林外重修。主簿厅：最初在县外惠政桥，后迁于皇华馆。绍熙年间（1190～1194 年）复旧。县尉厅：在县署之前，始建时间未详。其左有堂曰

"仙隐"。市务：掌管市场贸易事务的机构，由主簿兼管，在县治西门内。儒学：绍兴二年（1132年）知县詹卓然创建于县尉厅，后迁建三圣堂之东，有敷典堂、大成殿、议道堂、适正斋、升俊斋、存诚斋等建筑。

图3-6　游洋惠政桥（1999年被洪水冲毁）

游洋兴化县署附属亭堂楼阁主要有：皇华馆（在县西，后改为主簿厅）、问政堂和平福斋（均在县治之前）、吏隐堂（在厅事之西）、黄绸阁（在县治之右）、流香亭（在吏隐堂之西）、双桂堂（在县署前）、澄心堂（在县后北山之巅），此外还有宦游亭、别圃、知鱼亭、冽泉亭、读书斋、共赋轩等建筑。

县署仓库有：省役库（与省役额配套的府库，在县署西庑）、省仓（赈贷救荒之仓储，附设常平仓，在县署内）、盐仓（在县大门外）。

综上，兴化古城特色鲜明，其创筑营建贯穿着"因天时，就地利"的天人合一理念，具有负山襟海、山屏水障、城港一体的格局，在福建古城建筑史上占据重要地位。兴化古城的发展变迁与抗击军事入侵的历史紧密联系在一起。官署设置是政权的物质载体，历代不同等级的官署都有严格的规制，兴化军及所属三个县虽然地域较小，但官署设置也一应俱全，符合规制。

第二节　社会经济迅速发展

一　人口剧增与对外移民

1. 汉民的迁入和人口剧增

宋代，北方汉民迁入莆仙的浪潮并未停歇。根据民国《莆田县志·氏族》的记载，宋代共有洪、苏、黎、邹、阮、宋、蔡、顾、谢、廖、魏、喻、叶、雍、卢、田、萧、梁、曾、周、留、范、赵、戴、蒋、郭、唐、彭、鲍、卓、石、邱等32个姓氏迁入莆田，宋末元初有祁、陆、程3个姓氏迁入。在仙游，宋代亦有郑、薛、庄、张、陆等姓氏迁入。①

宋代迁入莆仙的汉民，在迁移的历史背景上，与汉晋至五代有所不同。汉晋至五代迁入莆仙的北方汉民中，避乱及拓边戡乱的突发性移民占较大的比重，而宋代迁入莆仙的汉民，常规性移民即非战乱时期主动迁入的移民所占的比重加大。以莆田为例，宋代迁入的30余个姓氏，大多是在承平时期迁入的。如洪氏，"宋洪皓之后，宝元中（1038～1040年），有洪道光管福建戎务，由镇江迁莆，始居孝义里镇前"；雍氏，"宋时，雍汝和由京兆来为兴化盐运使，家莆城大度街，子孙散居东坡、涵江、丙店各处"；卢氏，"宋卢冲入莆，始居汤浦……"；黎氏，"宋神宗时，有黎畛，广东博罗人，为莆田县主簿，奉命勘木兰陂，暴卒，子孙遂家于洋尾村"；萧氏，"宋户部郎中萧潢入莆，居城北霞萧"；邹氏，"宋龙图学士传志由山东兖州入莆，孙琪登元符进士"；廖氏，"宋嘉定间（1208～1224年），有廖阅以进士官秀州太守，宝庆间（1225～1227年），偕仲子安来莆，卜居于维新里"；等等。

因战乱迁入莆田地区的，主要是在两宋之际及宋末元初，见于民国《莆田县志》记载的有以下4个姓氏：赵氏，"宋靖康之难，宗室居莆者多赵，以宗子取应者三人，登进士第者二十余人，其遗族居凤山、书仓，在忠门、岳秀者颇族盛，走马亭亦有赵姓"；祁氏，"宋祥兴二年（1279年），有祁匡衡随帝昺南迁，封护驾将军、朝散大夫，宋亡，子孙居安乐里名祁家村，迁水南、度尾、江东、洪里、丰尾各处"；程氏，"宋程明道先生子端慇，由河南迁婺源，六世孙文，理宗朝奉使居杭州，历任度、敬、端三朝，随少帝入海殉难，其子孙复与侄鹏居莆亚美巷"；陆氏，"宋陆秀夫随少帝入莆，过枫亭，杨太后以忠臣不可以无后为主婚，以蔡继忠之女配之，秀夫殉难崖山，子孙居枫亭"。②

随着汉民的迁入和繁衍生息，莆仙地区人口剧增。据成书于南宋嘉定七年（1214年）的《莆阳比事》记载："按旧志，太平置郡，主户13107，客户20628。《元丰九域志》主户35153，客户20084，视太平间（976～984年）为多，以口计者不与。绍熙（1190～1194年）重修莆志，主户44376，口100887，客户

---

① 参见《莆田市志》表3-7《历代迁入境内姓氏情况表》，第236页。该表中宋代迁入的姓氏还有雷、蓝、盘三姓，因三姓是畲族姓，未列入统计。
② 以上均见《民国莆田县志》卷7《氏族》。

27987，口70897。比之元丰，主客户增至（注：应为增加）17126。今主客丁口日益殷阜焉。"① 从太平兴国五年（980年）兴化军"齐于列郡"到元丰（1078~1085年）的近百年间，莆仙地区的户数增加了21502户，增长了63.7%，除了人口的自然增长外，与这一时期汉民的继续迁入有关。又过了100余年，到绍熙年间（1190~1194年），户数比元丰年间增加了17126户，增长了31%，主要是自然增长。关于宋代官方的户口数据，学术界有"统计全部人口""只统计男性人口""只统计成丁"等三种差异颇大的观点。② 按《莆阳比事》的记载，绍熙年间共72363户、171784口，平均每户约2.37口，应是"只统计男性人口"。学者认为："由于诡名子户等原因，男口又与实际的男性人口有一定的距离，只有户数比较可靠，要讨论宋代人口规模只能将户数乘以平均家庭人口。"至于宋代的平均家庭规模，南方户均口数估计为5.2，北方户均口数估计为6，"或许比较接近实际"，"最保守的估计也应在5口以上，或许5.4比较合理一些"。③ 若以"最保守"的户均5口计算，莆田地区绍熙年间的口数大约是361815口；若以"比较接近实际"的户均5.2口计算，莆田地区绍熙年间的口数大约是376288口。

2. 莆仙人向外移民

宋代，随着人口的剧增，莆仙地区人多地少的矛盾初步显现出来。南宋著名理学家邑人林光朝曾指出："原畛如绳，廛里如栉，十室五六，无田可耕。"宋代出现莆仙人向外移民的现象，主要集中在潮汕地区。据统计，宋代迁入潮州府的莆田家族共有25个，见表3-1。

表3-1 宋代莆田家族移居潮州府情况

时间	家族	家族数
北宋	郭、丘（饶平）、卢、方（普宁）	4
南宋	郑（潮阳隆井都神山）、陈（惠来）、黄（惠来）、方（海阳仙庭）、方（惠来，2支）、吴、杜、陈（潮阳濠浦）、陈（潮阳，始迁祖仕颖）、魏（潮阳）、丘（海阳）、魏（揭阳）	13
宋末	洪（惠来）、蔡、罗	3
不详	黄（潮阳）、林（潮阳）、姚、郑（潮州）、陈（澄海）	5

资料来源：黄桂：《潮州的社会传统与经济发展》表3《历代入潮移民名录》，江西人民出版社，2002，第119~128页。

① （宋）李俊甫：《莆阳比事》卷1，收入（清）阮元辑《宛委别藏》，江苏古籍出版社，1988，第6页。
② 参见吴松弟《宋代户口的汇总发布系统》，《历史研究》1999年第4期。
③ 吴松弟：《中国人口史》第3卷《辽宋金元时期》，复旦大学出版社，2000，第155、162页。

在宋代莆仙移民中，有相当部分是因官潮阳而后定居的。宋代选官，一般不用本地人主政，南宋郑凤厚《水驿记》记载："潮居广府之极东，与闽岭比壤。凡将官于广者，闽士居十八九，自闽之广，必达于潮。故潮虽为岭海小郡，而假道者无虚日。"① 如迁入潮阳县的 11 个家族中，有 9 个家族均是因仕宦移入潮阳，参见表 3－2（表中黄詹不在前面统计的 11 个家族之列）。在潮阳地名中，如乌石、东浦、东山、北洋、陂头、洋尾、赤港、李厝、埭头、下尾、白沙、湄洲等，与莆田县地名相同，是莆田人移民潮阳的历史见证。

表 3－2　宋代莆田人仕宦潮阳情况

朝代	姓名	迁潮阳的过程	资料来源
北宋	郭浩	以进士*任广南西路提点刑狱，始卜居潮阳。	光绪《潮阳县志》卷 17《循吏》，第 282 页
北宋	林植	神宗熙宁九年（1076 年）以进士司理于潮，遂家邑南之平湖里	光绪《潮阳县志》卷 17《义行》，第 315 页
宋	姚氏	宦潮，因家于邑之古埕里	乾隆《潮州府志》卷 29《义行》，第 55 页
北宋	黄詹	徽宗大观三年（1109 年）**进士，任潮州判官，后知州事。莅治有声，秩满乐潮阳山水之胜，因家焉	乾隆《潮州府志》卷 33《侨寓》，第 92 页
南宋	郑徽	宣和四年（1122 年），举福建乡试第一。历广东三泊漕运货泉都运使。南渡播迁，偕子诚来潮，卜隆井都神山而家焉	乾隆《潮州府志》卷 33《侨寓》，第 92 页
南宋	陈憺	孝宗淳熙十三年（1186 年）赐进士。初官侍讲，嘉定间（1208～1224 年）出知潮州。修学宫，崇礼教，清正有声。任满，士民攀留，因择潮之濠浦乡家焉	光绪《潮阳县志》卷 16《侨寓》，第 264 页
南宋	黄经德	乡贡，尝知程乡县事，性慈祥，多善政。后调潮阳，方莅任，以病解组，因家于直浦都之夏林	光绪《潮阳县志》卷 16《侨寓》，第 265 页
南宋	陈仕颖	端平间（1234～1236 年），由明经知潮阳县，多惠政，士民爱之，遂占籍	光绪《潮阳县志》卷 17《忠义》，第 274 页
南宋	魏廷弼	宁宗癸未（1223 年）进士***，嘉熙元年（1237 年）擢知潮州军事，有惠政，民爱之，因入籍潮阳，再迁澄海蓬州富砂乡	乾隆《潮州府志》卷 33《侨寓》，第 94 页
南宋	郑升	朝奉郎，宋季宦游入潮，因家焉	乾隆《潮州府志》卷 33《侨寓》，第 103 页

注：*弘治《兴化府志》卷 16《礼纪二·宋进士科》未载。

**弘治《兴化府志》卷 16《礼纪二·宋进士科》载，黄詹为大观三年（1109 年）进士。

***弘治《兴化府志》卷 16《礼纪二·宋进士科》未载；乾隆《潮州府志》卷 33《侨寓》载："魏廷弼，字景瑞，莆田人。宁宗壬午（1222 年）举人，癸未（1223 年）进士。"

---

① 《永乐大典》卷 5345。

除了因仕宦迁移于潮阳外，还有因避乱而迁移的。如方瑶，号濂溪，莆田人，"世有显爵。瑶为诸生，富著作声，华甲流辈。金人入中国，守义不就试，偕昆弟徙于潮阳。瑶独羡洪阳形势……爰即厚屿而家焉。即今普宁方氏始祖也"。①

宋代莆仙人迁入海南者也不少，如符姓，为莆田稀有姓氏，海南岛文昌县符姓，自云宋天圣三年（1025 年）有符某征黎有功，封百户，入籍文昌县。后子孙繁衍，分成不同支系，散居琼山、万宁、陵水、崖州、儋县等。临高冯姓族谱云："莆人冯文备，于宋淳熙间（1174～1189 年）任海南副将，征黎有功，荫子朝璋，官至统制。"② 崖县孙姓，祖籍莆田，宋淳熙十四年（1187 年）为官琼山，历元及明，繁衍为四支，分迁岛内各县，其一支即为今崖之孙姓。邱姓，原籍莆田甘蔗田村，宋末，随抗元军南下入琼，先居澄迈、临高，继散居各州县。蔡氏，祖籍福建仙游，宋入琼，后支脉分散，大面积分布于岛上各地。③

二　家族社会形成

1. 聚族而居

随着汉民陆续迁入莆仙地域，到了北宋年间（960～1127 年），汉民在莆仙平原聚族而居的局面已经基本形成。家族组织在莆仙平原的开发上曾经发挥了重要的作用。如莆田北洋在唐神龙年间（705～707 年）修筑延寿陂之后，主要由各大姓进行分区围垦，陆续建成各种相对独立的"塘"或"埭"，如林埭、前埭、叶塘、林塘、潘埭、王塘、小林塘、陈塘、方埭、魏塘、陈埭、苏塘、游塘、郑埭等。④ 九里洋南安陂创建于北宋太平兴国二年（977 年），南宋及明代先后由方氏、黄氏、王氏等大姓主持重建，而沿海的开发也主要是由各大姓分别围垦，形成吴墩、游墩、陈墩、欧埭、何埭、卓埭、东蔡埭、西刘埭等不同的聚落和垦区。⑤ 南洋于北宋元丰五年（1082 年）木兰陂落成后，"官司选土著大家食陂之利者，轮差正副，以司财谷，以时巡视而修治之。时在选者十有

① 《乾隆普宁县志》卷10《艺文志·方濂溪墓铭》，台北：成文出版社，据民国23年铅字重印本影印，1974，第437页；乾隆《潮州府志》卷30《隐逸》，第2页。
② 陈长城：《迁居外地的莆田人》，《莆田市文史资料》第11辑，1996。
③ 司徒尚纪：《海南岛历代民族迁移和人口分布初探》，《历史地理》第7辑，上海人民出版社，1990，第80页。
④ （清）陈池养：《莆阳水利志》卷3《陂塘·延寿陂》，第198～201页。
⑤ （清）陈池养：《莆阳水利志》卷3《陂塘·南安陂》，第265～274页；郑振满：《莆田平原的宗族与宗教——福建兴化府历代碑铭解析》，《历史人类学学刊》2006年第1期，第4页。

四人，而（吴）诹与焉。十四人者，余氏三人，朱氏七人，陈氏、林氏、吴氏、顾氏各一人，皆莆田人，吴即诹也。子孙继是役者，年有酬劳，日有食钱。盖以先世有功于陂，特加优厚"。^① 因为这十四大家"先世有功于陂"，他们长期控制南洋水利系统，成为当地最有影响力的社会集团。

对于大族在莆仙社会经济结构中的地位，早在北宋中期，蔡襄已指出："温陵、临漳、莆阳三郡之民，岁输镪以税其身……故强宗右族力于兼并，游手惰农因之以流荡。"^② 可见，强宗大族在当时莆仙与泉州、漳州等地区的社会经济结构中已经占据了统治地位。他们通过建祠堂、修族谱、置祭产，以"敬宗收族"，凝聚族人，从而加强和巩固自己的社会地位。

2. 建立祠堂、置办祭产

祠堂是一个家族组织的中心，它既是供设祖先神主牌位、举行祭祖活动的场所，又是宣传、执行族规家法、议事宴饮的地点。从现有的资料来看，莆仙地区祠堂的修建可以追溯到晚唐时期。乾隆《莘郊黄氏族谱》卷 2《唐赐谥妙应大师》记载传主："生有异质，精于青鸟家言，就黄巷祖居卜地建黄冈祠，祀始祖开国公以下四世考妣。" 又据同卷《妙应大师传》可知，妙应大师本莆田黄氏子弟落发为僧，生于宪宗元和十五年（820 年），卒于昭宗乾宁五年（898年）。如果此说成立，则莆田黄氏在晚唐时期已建有祭祀始祖开国公（即黄岸）以下四代祖先的祠堂。^③ 莆田延寿徐氏，清代族人所撰《重建景祥徐氏祠堂记》载："景祥禅寺离郡城六七里，即吾家唐状元公讳寅所鼎建，而宋状元讳铎所重兴，规模宏敞，佛火辉耀。而寺之东有堂翼然，几与寺垺者，则寺僧之崇祀二公檀越祠也。"^④ 元代《重修景祥徐氏祠堂记》载："粤先辈秘书寅公尚志时，物色于僧，既得志，随捐资创寺，名立'景祥'，舍田七余顷……长老自道云：'寺立公祠，为檀越，意可想也。'"^⑤ 寺中所建祭祀施主徐寅的祠堂，极有可能

---

① （明）周瑛、黄仲昭：《重刊兴化府志》卷 44《乡惠列传·李宏传》，蔡金耀点校，福建人民出版社，2007，第 1140 页。

② （宋）蔡襄：《莆阳居士蔡公文集》卷 19《上运使王殿院书》，《北京图书馆古籍珍本丛刊》第 86 册《集部·宋别集类》，第 163 页。

③ 参见常建华《明代福建兴化府宗族祠庙祭祖研究——兼论福建兴化府唐明间的宗族祠庙祭祖》，《中国社会历史评论》第 3 卷，中华书局，2001，第 117 页。另，黄中瓒光绪十一年（1885 年）撰《重修黄巷祠墓碑记》（《福建宗教碑铭汇编·兴化府分册》第 306 号）载，黄岸"传五世生妙应公，有凤慧，精地理，卜葬公于国懽右麓，复与侄吏部公、校书公、侍御公谋建家庙于旧宅，未既而卒。从奉礼郎公营之，赠朝议公成之，赠大中公继而美奂之，则黄冈祠之建，三公厥功伟哉！"若据此，黄冈祠在妙应去世前并未建成。

④ 《福建宗教碑铭汇编·兴化府分册》第 196 号。

⑤ 《福建宗教碑铭汇编·兴化府分册》第 64 号。

建于唐代。莆田林氏，明代永乐年间（1403～1424年）所作《林氏重修祠堂记》载："林氏祠堂者，莆田林氏所建以祀其先也。上世有永公者，在唐大顺间（890～891年）素善浮屠涅槃。永将构堂以为蒸尝之所，涅槃为卜莆之城东前墝为宜，且曰：'是必有异。'既发地，得异石宛然若龟、笏各一，遂谶谓：'五百年后，当有状元及第。'永遂筑祠，岁春秋荐享，举族集祠下，恪恭祀事。"① 据此，林氏唐代祖先林永在唐末昭宗大顺年间（890～891年）修建了独立的祭祖祠堂。

图3-7　涵江国欢镇黄冈祠

五代时期，莆田郑氏、方氏、仙游郑氏也先后建立了祭祀祖先的场所。莆田郑氏向佛寺施田，在寺中为祖先修设斋供、进行追荐。据五代时期的《广化寺檀越郑氏舍田碑记》载，郑氏先后两次向广化寺施田，一次是廷评捐田60余段，请寺庙祭祀郑露、郑庄、郑淑三位远祖；另一次是梁开平三年（909年），其子郑筠、郑震兄弟捐田、捐钱追荐廷评夫妇。从第二次"仍请立碑于大雄殿侧及影堂之内"来判断，影堂应是修设斋供的祭祀之所。②

莆阳刺桐金紫方氏家族，其入莆始祖"廷范公，历宰闽三邑，遂居于莆。葬父祖于乌齐丰田。及卒，葬灵隐山，以子贵，赠金紫。然父老相传，犹号长官云。长官尝营精舍，以奉先合族"。他的6个儿子"咸协力以成父志"，购买土地，营建荐福祠。随后又捐田，计种59石，产钱7贯265文。据载，"初长官阅宦闽邦，实有唐之世臣。及五季分裂，仕者各就其方"，说明荐福祠建于五代时期。祠内奉祀"长史（廷范之祖）、中丞（廷范之父）、长官三世，及六房始祖于正堂，遇祖考妣忌，则追严；中元盂兰供则合祭。而六房之后，各来瞻敬，

---

① 《福建宗教碑铭汇编·兴化府分册》第80号。
② 张琴编纂《民国莆田广化寺志》卷2；《福建宗教碑铭汇编·兴化府分册》第6号；常建华：《明代福建兴化府宗族祠庙祭祖研究——兼论福建兴化府唐明间的宗族祠庙祭祖》，《中国社会历史评论》第3卷，中华书局，2001，第118页。

聚首几千人"。①

仙游郑氏，据元至正元年（1341年）郑汉《龙华普惠寺郑氏祠堂记》载，普惠寺，原为通惠庵，由四代祖御史中丞郑良士舍地施田创建。于是僧人于法堂东侧，建檀越祠堂以奉祀良士神像，而酬施舍之恩。至五代祖太保尚书元弼，捐田充入寺院为忌辰等祀。②宋宝祐《仙溪志》卷4《唐及五代人物》载：郑良士，字君梦，"昭宗景福二年（893年），献诗五百篇，授国子四门博士，累迁康、恩二州刺史，兼御史中丞……长兴六年（930年）卒，年七十五"。可见，郑良士生活的年代是唐末五代之际的宣宗大中十年至十四年（856～930年），寺院为其建檀越祠应在其去世之后，即五代时期。

在以上晚唐及五代莆田黄氏、徐氏、林氏、郑氏、方氏及仙游郑氏6个家族所建立的祭祀祖先的场所中，徐氏景祥祠、莆田广化寺郑氏影堂、仙游龙华普惠寺郑氏祠均属于檀越祠。方氏荐福祠建成后，因其地远离城郭，扫除拂拭须有专人负责，于是扩建小庵，"赡以田，置僧居之，专香火之职"，庵后改称院，故云："载观郡中，梵刹之有乡先生祠，多缘寺而起，独南山迤西之荐福，则因吾祠而名。"③由此可见，唐及五代时期莆仙地区的世家大族，大多与寺院有一定的依附关系。由于当时不允许民间奉祀四代以上的祖先，世家大族为了祭祖护墓，往往在寺院中设立檀越祠，或是在祖坟附近创建寺院庵堂。④

宋代莆仙地区祠堂的修建得到了很大的发展。如莆田朱氏，据其十三世孙元功于南宋度宗咸淳十年（1274年）所作《群仙书社祠堂记》载，其五世祖宣义十五公于舍南僻地创设群仙书社，建成堂宇2座30余间，"前座为家庙，祀先世神主，以寓时思之敬，揭其匾曰'朱氏祠堂'。后座为家塾，训子侄读书入仕，以为报国之忠，揭其匾曰'群仙书社'"。⑤群仙书社的创设者与碑文作者相距8代，以25年为一代，两者相距大约200年。碑文中还记载了群仙书社在高宗南渡之后匾额变为"敕赐顺济庙"的过程。由此可以判定，朱氏祠堂建于北宋时期。莆田蔡氏，据载，蔡氏旧有祠堂，在莆城南三里许，是宋端明殿学士忠惠公蔡襄所创居第，"公卒因祠之矣。其子孙若曾玄而下凡几世，皆合祀是

---

① （宋）刘克庄：《方氏南山荐福祠碑记》，（清）方元会纂修顺治《莆阳刺桐金紫方氏族谱·历代祠堂碑记》，第25～30页。该谱所录碑文与《福建宗教碑铭汇编·兴化府分册》第44号所录碑文略有不同。
② 《福建宗教碑铭汇编·兴化府分册》第364号。
③ （明）方尚祖：《重建南山荐福祠碑记》（撰于明崇祯十五年），（清）方元会纂修顺治《莆阳刺桐金紫方氏族谱·历代祠堂碑记》，第53页。
④ 参见郑振满《宋以后福建的祭祖习俗与宗族组织》，《厦门大学学报》1987年增刊，第97～105页。
⑤ 《福建宗教碑铭汇编·兴化府分册》第45号。

祠，以忠惠公为始祖"。① 仙游朱氏，始祖敬则为唐相国，世居于亳。七世孙玑登唐朝咸通（860～874 年）进士，"率族属奉绩于闽之侯官，遂至莆相宅水南"。又三世分迁仙游，又五世分籍钱江。至南宋光宗绍熙元年（1190 年），"迁居于此二三百载"，将谱系刻碑，树于祠堂。该祠被称为"祖庙"。② 莆田国清林氏，始迁祖为唐朝邵州刺史林蕴之裔大理评事林元，"五传为睦庵府君格"，明初宋濂作《国清林氏重修先祠记》说林氏"先祠旧在浣锦社，盖以睦庵为之宗……睦庵在宋时已置祭田"③，说明林氏先祠应建于宋代。莆田柯氏，丘濬《莆田柯氏重修祠堂记》说，"柯之先当有宋盛时，构屋数楹，以为族人总会之所，名以都厅，又于厅之东建祠堂，祀其始迁祖赠承事郎昱及其子"④，可知莆田柯氏在宋代已设置祠堂，祭祀始迁祖；还"构屋数楹"总会族人，实为族祠。仙游罗峰傅氏，明代傅氏子孙所作《重修祠堂记》称："傅氏祠堂创于宋。"⑤ 王迈在南宋淳祐三年（1243 年）撰写的《仙游县傅氏金石山福神道院记》记载，傅谦受"捐俸割地，创堂于邑之北山，奉少师（傅楫，谦受父）祠，以福神名之"。该堂"经始于建炎之庚戌（建炎四年，1130 年），绩成于绍兴之丁巳（绍兴七年，1137 年）"。⑥

图 3-8 仙游林氏大宗祠

前述唐及五代已修建祠堂的黄氏、徐氏、方氏等家族，也相继新建或重建祠堂。莆田黄氏家族，南宋大儒朱熹《唐桂州刺史封开国公谥忠义黄公祠堂记》

① （明）陈俊：《蔡氏祠堂记》，《福建宗教碑铭汇编·兴化府分册》第 101 号。
② （宋）朱泳：《钱江朱氏祖庙碑刻谱系记》，《福建宗教碑铭汇编·兴化府分册》第 348 号。
③ 《福建宗教碑铭汇编·兴化府分册》第 72 号。
④ （明）邱濬：《重编琼台稿》卷 17，《四库全书》集部·别集类第 1248 册，第 345 页。
⑤ 《福建宗教碑铭汇编·兴化府分册》第 369 号。
⑥ 《福建宗教碑铭汇编·兴化府分册》第 353 号。

（撰于庆元二年，1196 年）云："刺史六世孙校书郎偕其孙奉礼郎文惠，孝心克笃，爱构家庙，未既而卒。其孙世规以国子司业赠朝议大夫，于明道元年（1032 年）命工营建，榜曰'黄氏祠堂'，定祭田以供祀典，未备复卒。世规孙彦辉历官潮州通判，捐俸新之。"① 黄氏于北宋仁宗明道年间（1032～1033 年）营建了"黄氏祠堂"；南宋时，黄彦辉捐俸重修，朱熹为之作记。莆田徐氏家族，在宋代由状元徐铎重新兴建祠堂。清乾隆《重建景祥徐氏祠堂记》说："至宋熙宁间，族祖讳铎魁天下，官尚书，复整是寺，增施田二顷，住僧戴德，饰祠宇，祀二祖，额曰'唐宋二状元祠'。"② 由此可知，景祥徐氏祠堂重建于北宋神宗熙宁年间（1068～1077 年）。莆田方氏荐福祠，也在南宋绍定年间（1228～1233 年）重修。③

宋代莆仙大族新建的祠堂，与唐及五代有所不同，大多是专门为祭祖而建的独立的祠堂。仙游人陈谠《道庆堂记》说："兴属仙游为壮邑，四民士风为盛，士风盛故多世家宦族。今有合族祠堂，置祭田以供祀事者，仿文公《家礼》而行。"④《道庆堂记》撰写于《家礼》刊刻不久，说明《家礼》刊刻不久，仙游就有仿造《家礼》中祠堂之制而建合族祠堂、置祭田供祀的。事实上，前述莆田朱氏和黄氏在《家礼》成书之前的北宋所建立的祠堂，都已是独立的祭祖祠堂。

原来依附于寺院的檀越祠，由于南宋后期寺院经济日趋衰落，莆仙的世家大族直接介入寺院的经营管理，使寺院反而依附于世家大族。⑤ 如莆田方氏荐福祠，"自创祠逾三百年，香火如一日。后稍衰落，赖宝谟公、忠惠公后先扶持而复振"。至南宋绍定年间（1228～1233 年），"岁俭屋老，赋急债重，住僧宝薰计无所出，将委之而逃"。忠惠子寺丞公，捐出私钱，"完课平债，经理两年，铢寸累积，一新门庑殿堂"。为了维持祠堂，寺丞率宗族向地方政府提出今后酌减岁纳助军钱，允许"本宗官高者选举住僧"，蠲免"诸色泛征"。地方政府"照所陈给据"，并经中央政府批准。方氏还规定荐福祠、灵隐金紫墓两处祭祖均由荐福院办理酒食，说明寺院服从方氏家族领导，为方氏家族服务，实际上

---

① （清）黄邦士辑《莆阳碧溪黄氏宗谱》甲辑，福建师范大学图书馆收藏；《福建宗教碑铭汇编·兴化府分册》第 29 号。

② 《乾隆莆田延寿徐氏族谱》卷 24，福建省图书馆收藏；《福建宗教碑铭汇编·兴化府分册》第 207 号。

③ （宋）刘克庄：《方氏南山荐福祠碑记》，（清）方元会纂修顺治《莆阳刺桐金紫方氏族谱·历代祠堂碑记》，第 27 页。

④ 《乾隆仙游县志》卷 8《风俗》，《中国地方志集成·福建府县志专辑》第 18 册，上海书店出版社，2000，第 138 页。

⑤ 参见郑振满《莆田平原的宗族与宗教——福建兴化府历代碑铭解析》，《历史人类学学刊》2006 年第 1 期，第 6 页。

成了方氏家族的附庸。① 方氏家族与荐福院之间关系的演变趋势，在其他家族与寺院的关系中也同样存在。如徐氏景祥寺，宋末仅剩佛殿、祠堂。咸淳年间（1265～1274 年），"司干端衡公请于郡，允抽园租，充时思用"。未几，僧人元规"以坟山为己业"。徐吉甫执券证，乃弄明白。随后佛殿倒塌，仅遗留法堂、祠堂。徐氏族人重修寺庙，重绘祖先画像，增置祭田。② 在这里，徐氏族人对景祥寺的控制，首先是从争夺产权开始的，接着通过重修寺庙，徐氏家族确立了在景祥寺中的主导地位。尽管直到清代，景祥寺与景祥祠依然并存，但徐氏族人俨然以主人自居，寺僧只是徐氏家族的附庸而已。③

3. 修纂族谱

莆仙世家大族强化家族组织的另一项重要措施，是修纂族谱。曾任广东巡抚的莆田乡贤彭鹏在康熙年间（1662～1722 年）为仙游陈氏世谱所作的序中称："尝谓家谱之作，所以尊祖也，睦族也，亲亲长长也，其义与立宗祠同，而功则当倍之。何则？立祠者，功有限而难长；作谱者，功无穷而可久。盖取前千百年之祖宗，传之后千百年之孙子。俾感盛知某为祖之，当尊；某为族之，当睦；某为亲之长之，当亲当敬也。此其功何如大也哉！故昔贤以家之有谱，当国之有史，诚哉言乎！"④ 正由于族谱的尊祖睦族、亲亲长长的社会功能，莆仙世家大族十分注重族谱的修撰。唐宋时期所修的族谱现已不可见，但是我们可以从一些现存的族谱序言及修谱题名中，窥见当时修撰族谱的情景。

乾隆莆田《延寿徐氏族谱》载有唐光化二年（899 年）徐寅撰写的《徐氏唐人莆谱序》，称："远祖洪公生务公，唐天宝八年（749 年）入闽至泉州莆田县北，居崇仁里徐州村焉。务公生三子：长珍公，寅大父；次玖公，徙建安；三珧公，与松宙大父居岩麓溪南是也。子孙相承，虑其年代绵远，分派乖错，谨按原谱，传示后裔。"⑤ 唐代的修谱序文能够在族谱中流传下来，比较难得，这说明莆仙民间修纂族谱，自唐迄今，虽历经世道沧桑，但仍保持着某种延续性。

宋代，莆仙地区族谱的修撰有了进一步的发展，有些大族甚至多次续修族谱。

---

① （宋）刘克庄：《方氏南山荐福祠碑记》，（清）方元会纂修顺治《莆阳刺桐金紫方氏族谱·历代祠堂碑记》，第 27～28 页。

② （元）徐大同：《重修景祥徐氏祠堂记》，乾隆《莆田延寿徐氏族谱》卷 24，福建省图书馆收藏；《福建宗教碑铭汇编·兴化府分册》第 64 号。

③ 参见（清）徐临《重建景祥徐氏祠堂记》，《福建宗教碑铭汇编·兴化府分册》第 207 号。

④ 仙游县榜头镇《紫溪陈氏世谱》第二部分"序言荟萃"，2001，第 20 页。

⑤ 乾隆《莆田延寿徐氏族谱》卷首，福建省图书馆收藏。

图 3 - 9　莆阳碧溪黄氏宗谱

如莆田浮山东阳陈氏家族，"其族谱之修，则始自谨修先生，继自仲循先生"。[1]据族谱记载，谨修先生为浮山陈氏七世祖，名宗道，谨修为其字，"元丰辛酉（1081 年）仲冬返其真宅，年七十有二"。[2]其生活的年代应为北宋真宗大中祥符三年到神宗元丰四年（1010～1081 年）。仲循先生为浮山陈氏八世祖，名大卞，嘉庆《莆田浮山东阳陈氏族谱》收录了翰林院学士许安世于绍圣四年（1097 年）为其所修族谱而作的序。此后，十世仪宾有猷（名元勋）、十一世集贤殿学士帝弼（名襄）相继续修族谱。[3]可见，该家族在宋代已先后四次修谱。

莆阳刺桐金紫方氏家族，据十三世族人方大琮云：入宋以后，"长官子孙，彬彬辈出，与中州士抗衡，而族始大。故合天下诸方，不如莆之盛；合莆诸方，不如长官之盛。枝叶繁衍，冠冕辉映，所在克仞，几半于莆……然人之情，少则易亲，多则易疏。吾宗最以多称，固有一族之居，五服之近，卒然相值于途，憧憧往来而不相视。噫，由一人之身，而至于途人之视，吾用是惧。此族谱所为作也……需次之隙，纂列旧谱，爰知源流之所从来，续而补之，则可至于无穷而不乱"。[4]他于宋嘉定元年（1208 年）著《族谱宗图》。在他之前，十二世

---

① （清）陈云章修《莆田浮山东阳陈氏族谱》卷首《前序·林麟焻序》，嘉庆二十二年（1817 年）刻本，《北京图书馆藏家谱丛刊·闽粤侨乡卷》第 7 册，北京图书馆出版社，2000，第 24 页。

② （清）陈云章修嘉庆《莆田浮山东阳陈氏族谱》卷 3《志铭》，第 306 页。

③ （清）陈云章修嘉庆《莆田浮山东阳陈氏族谱》卷首《历代修谱题名》，第 49 页。

④ （宋）方大琮：《族谱宗图序》，（清）方元会纂修顺治《莆阳刺桐金紫方氏族谱·历代族谱序言》，第 75～76 页。

宝谟阁学士方信孺著《谱考派辨》。[①]

据族谱记载，仙游傅氏家族在宋代也三次修谱，第一次是元符二年（1099年），第二次是绍兴二十四年（1154年），第三次是乾道五年（1169年）。[②]

综上，由于大批移民入莆和相对和平的环境，宋代莆田人口剧增，人多地少的矛盾产生，进而推动莆仙一些家族向潮州、海南等地移民。宋代，莆仙地区还形成诸多大家族，家族的力量和家族相互间的竞争有力地推动了经济文化的发展和繁荣。

三　水利兴建与木兰陂工程

宋代是福建经济社会发展的重要时期，也是莆田全面发展的黄金时期。随着因避战乱而南下入闽的人口不断增多，莆田地区的农田拓展与水利建设也呈现空前繁荣的景象。

（一）蔡襄与莆田农田水利活动

北宋，莆田最早记录有关水利活动的是名臣蔡襄向朝廷所上疏文《乞复五塘札子》，略云：庆历四年（1044年），蔡襄出知福州时，获悉家乡兴化军的北洋片旧有的胜寿（又名灏洋塘）、西冲、太和、屯前、东塘等5处蓄水塘，被陈清等30多家地方豪强“去水为田”，得到100多顷田地。而原来依赖五塘水灌溉的1000多顷田地的8000多户农家，则遇到旱灾，无水灌溉，叫苦连天，遂告到衙门。地方官员却以开塘为田的定额租赋已每年上报、改动不了为由，不予申理。蔡襄上奏仁宗皇帝，条陈利弊，力主恢复五塘蓄水，强调不能迁就三十几家官户，而伤害8000余家民户的利益。[③] 蔡襄在奏折中敢于为民疾呼吁，抨击地方官府不顾民众切身利益、与豪强沆瀣一气，恣意决塘为田，在当时反响较大。朝廷采纳了蔡襄复塘蓄水的建议，当地百姓感念蔡襄为民请命、仗义执言的大功德，就在古塘边立祠奉祀。

图3-10　蔡襄画像

① （清）方元会纂修顺治《莆阳剌桐金紫方氏族谱·历代建修宗祠谱录诸祖世讳》，第21页。
② 仙游《罗峰傅氏族谱》卷1《重修族谱题名》。
③ （宋）蔡襄：《端明集》卷26《乞复五塘札子》。

大文豪欧阳修在为蔡襄撰写的墓志铭中还特意写道："复古五塘以溉田，民以为利，为公立生祠于塘侧。"①

蔡襄除了奏请恢复五塘等水利设施外，还参与了莆田的两项水利工程建设。其一是重修南安陂。弘治《兴化府志》云："考宋志，南安陂，陈洪进创，蔡端明修。"② 明代府志依据宋代郡志的有关记载认为蔡襄重修了南安陂，应该比较可信，这在明清文献中也得到印证。明代陈中《重修南安陂记》载："然吾闻是陂，自宋时创始于陈郡王洪进，重修于蔡端明学士。"③ 清人沈起元《修南安陂记》也说南安陂"自唐陈忠顺公创为陂，而成于宋蔡忠惠公"。④ 这里的南安陂成于蔡襄的说法，可能是因为陈洪进在太平兴国二年（977 年）初建南安陂，但第二年就归顺大宋王朝了，不再是地方军政长官，时间短促，水利工程还未完成，后来由蔡襄继续修建而成。其二是创建慈寿陡门。所谓陡门，是古代水利工程系统中的重要设施，古人在修建陂塘拦蓄溪水时，既考虑到开纵横沟渠以灌溉农田，也考虑到雨季水涨如何防洪排涝的问题，就建造了能开启闭合的大闸门，俗称"陡门"，并设有专人管护，根据季节变化和旱涝情景来开闭闸门，以保障闸门内上下田地灌溉的需要。慈寿陡门位于涵江延宁，因"宋端明学士蔡襄创"，又因石碑上刻有"端明"两字，故又称"端明陡门"。⑤ 蔡襄是有宋一代名臣，为官清廉，关注民生疾苦，在福州、泉州等地也主持了多项民生工程，为地方经济社会的发展做出了重大贡献，受到百姓的称颂与纪念。

（二）太平陂水利工程

由于北洋区围垦农田面积不断扩大，急需修建新的更大规模的水利工程，以满足日益增长的耕地用水需求。嘉祐年间（1056～1063 年），由知军刘谔主持在萩芦溪上游（今萩芦镇崇联村莲花石下）兴建一座拦水坝堤，时称太平陂，亦名太和陂。太平陂被刘克庄称为"陂工最巨"的工程。该陂是一座用大溪石垒砌而成的滚水坝，坝长 92 米、高 3.2 米、顶宽 2 米；坝上设有泄水口，建筑引水圳渠，渠道沿山修筑，皆用石块砌成，"遇山壑断处，乃作砥柱，联驾石船而飞渡之，其势磐折蛇行二十余里，及入境，乃分为上下二圳"，上圳长 11 公里、

---

① （宋）欧阳修：《文忠集》卷 35《端明殿学士蔡公墓志铭》。
② （明）周瑛、黄仲昭：《重刊兴化府志》卷 53《工纪二·水利志上》，蔡金耀点校，福建人民出版社，2007，第 1360 页。
③ （清）陈池养：《莆阳水利志》，卷 8《附录·传记》。
④ （清）陈池养：《莆阳水利志》，卷 8《附录·传记》。
⑤ （明）周瑛、黄仲昭：《重刊兴化府志》卷 53《工纪二·水利志上》，蔡金耀点校，福建人民出版社，2007，第 1368 页。

下圳长 5 公里，灌溉兴教里、延寿里大片田地，太平陂灌溉面积达 432 平方公里。

太平陂建成后，太和塘、屯前塘、东塘便没有灌溉价值，废去为田，作为建陂与护陂的费用。此水利工程带来巨大经济效益，后人感念刘谔功德，便在太和塘边建庙奉祀知军刘谔，俗称太和庙，故太平陂也因庙名而叫太和陂。但到绍定年间（1228～1233 年），太平陂圳渠损坏严重，郡守曾用虎命莆田县丞陈于颐组织里民重新修治，"费工钱百五十万，傟夫六千，丞欲悦公，更名曾公陂，且以祀之"。① 曾用虎大规模重修太平陂及疏浚渠道，做了件有利于当地百姓发展农业生产的好事，后人也把他供奉在太和庙中，与刘谔并列祭祀。

图 3-11　太平陂

（三）闻名于世的木兰陂工程

木兰溪被誉为莆田的母亲河，干流全长 105 公里，发源于德化县戴云山脉，流经仙游县，由华亭入原莆田县境内，横贯中部，把莆田平原一分为二，形成南北洋区域，最后经三江口流入兴化湾海域。当北洋片接二连三的兴起拦溪筑坝活动时，人们也把目光投向了木兰溪，思考着如何更充分地利用木兰溪水利资源，"后言利者谓，永春、德化、仙游三县水合趋吾县以入于海，若横而堰之，可灌田万顷"。② 木兰陂前后经历了三次大规模的易址才修建而成。

1. 第一次建陂

治平元年（1064 年），福州府长乐女子钱四娘，"捐十万缗创陂"。③ 她选址

---

① （明）周瑛、黄仲昭：《重刊兴化府志》卷 53《工纪二·水利志上》，蔡金耀点校，福建人民出版社，2007，第 1360 页。

② （清）陈池养：《莆阳水利志》卷 8《附录·传记·明周瑛〈重修木兰陂记〉》。

③ （明）周瑛、黄仲昭：《八闽通志》卷 60《祠庙·兴化府·协应庙》，福建人民出版社，1990，第 409 页。

在木兰溪上游将军岩下（今城厢区樟林村一带），垒石堰溪为陂，又开渠沿鼓角山西南行，以灌溉沿途农田；工程完工，钱四娘正高兴地与众人划船饮酒以庆，不料山洪突发，顷刻间冲垮陂坝。望着倾注自己全部心血的工程毁于一旦，钱四娘万分悲愤、投溪而亡。当时莆田县主簿黎畛闻讯赶赴现场，再三哀惜钱氏义举，一时过于悲痛也气绝殒身。

图 3-12　钱四娘塑像

图 3-13　钱氏圣妃宫

2. 第二次建陂

在钱四娘建坝失败不久，她的同邑人林从世也携款十万缗入莆，继承钱氏遗志在木兰溪上再度修建水利工程。时间上如刘克庄《协应李长者庙记》所记："皆治平年间（1064～1067 年）。"林从世吸取钱四娘建陂失败的教训，选择在木兰溪下游的温泉水口（今上杭头）处筑陂。该处河道较窄，两岸凸起，被认为易于筑陂。虽然陂坝很快建成，但岸高口狭，造成陂后溪流湍急，陂前海潮汹涌，陂坝遭到急流与大潮的前后夹击，刚建成不久"竟为怒涛所夺而废"，第二次建陂也归于失败。

3. 第三次建陂

熙宁年间（1068～1077 年）王安石执政，大力推行变法新政，鼓励兴修农田水利，宋神宗也多次诏告天下，劝修陂塘圩堤，对有功于农田水利工程者给予表彰。为此，熙宁年间福州府候官人李宏，也应诏募携巨款步林从世之后，赴莆建造木兰陂。李宏，因其多财好施，又称李长者，传说他建陂时曾得到异僧冯智日的指点与帮助，冯智日告诉李宏查勘地形时"逢竹则筑"，李宏在木兰

图 3 - 14　木兰陂纪念馆（供奉林从世、李宏、冯智日神像）

山下发现有截溪插竹的地方，便选定为陂址，取得成功。第三次筑陂之所以获得成功，实际上是总结了前两次失败的原因，陂址选择在第一次和第二次陂址之间的木兰山下（今城厢区霞林街道陂头村），既避免第一次建陂因陂址太靠近上游而水流湍急冲毁陂坝的悲剧重演，也避开第二次建陂因选址太靠近下游海潮带而被"怒涛所夺"的风险，体现了先民的智慧。

图 3 - 15　冯智日纪念馆

图 3 - 16　冯智日塑像

4. 木兰陂的作用和历史地位

木兰陂工程浩大，熙宁初动工，到元丰六年（1083 年）才建成，耗时多年，筑建不易。宋名相莆人陈俊卿《过木兰陂》诗云："三山来募诸家宝，十载成陂万壑溪。"元代邑人柯举的《木兰陂李侯钱妃庙》诗云："十载勤劳陂创成，木兰不朽李侯名；壶山水绕恩波在，村北村南处处耕。"木兰陂水利工程由拦水坝枢纽、引水沟渠、大小涵闸等组成，是具有蓄水、溢洪、挡潮、灌溉等多种功能的大型水利工程。拦水坝陂长219米，由溢流堰闸和重力坝组成，全部用大块花岗岩石分层交叉砌筑，形成牢固的整体，原有32孔闸墩，元代至正年间（1341~1368年）修闸墩时堵了3孔，现存29孔；沟渠系配套工程，南洋沟渠长173公里、北洋沟渠长185.5公里，是宋代福建规模最大的水利灌溉工程。弘治《兴化府志·木兰陂》："迭石水，障东流而南者三十余里，为大沟七、小沟无数，溉南洋上中下三段民田……合之，凡溉田万余顷，岁输军储三万七千斛。"木兰陂建成后，其水利枢纽基本上覆盖了南洋片，极大地改善了南洋农地的灌溉条件，使南洋大片土地真正变成了沃壤，当时整个兴化军岁输军储6万斛，而南洋片就占了一半以上。

图 3-17　被誉为"南方都江堰"的木兰陂

李宏建成陂后不久就去世，莆田人民为了感恩他的功绩，就在木兰陂旁修建了一座纪念李长者的庙祠，以崇报祀；后人也将钱四娘、黎主簿、林从世合祭其中，淳祐年间（1241~1252年）郡守赵与滋请于朝，赐庙额"协应"，景定二年（1261年）朝廷封李长者惠济侯、钱氏惠烈协顺夫人，元延祐年间（1314~1320年）迁建协应庙于东边见思亭处作新庙，以祀李长者，旧庙祀钱氏等人，至顺元年（1330年）将林从世、黎主簿移入新庙。两庙香火不断，历代共列祀典。

木兰陂不仅是宋代福建浩大的具有综合性功能的水利工程，也是现存不多

图 3-18 木兰陂回澜桥碑刻

的中国古代大型的水利陂坝工程之一，1961 年被省政府批准为第一批省级文物保护单位，1988 年被国务院批准为全国重点文物保护单位，2014 年入选首届《世界灌溉工程遗产名录》，被誉为"可持续利用的古代灌溉工程的典范"。

（四）宋代莆田其他水利工程

在宋代朝廷鼓励兴修水利政策的推动下，莆田县各地修建了许多水利灌溉工程，有陂塘、沟渠、陡门涵泄、堤防等，因地制宜，形式多样。从弘治《兴化府志》和《八闽通志》有关水利记载来看，单陂坝就有几百座。

这里要着重提到的是使华陂，又称泗华陂，陂址位于城厢区延寿溪下游龙桥大石旁，此地是宋驿道，道边有座使华亭，陂因此而得名。陂长 253.12 米、高 5 米，分有南北两渠，灌溉两岸大片农田。使华陂建造时间不详，清代陈池养《莆阳水利志》便定论"使华陂创筑无考"，而明代福建两部重要的志书《八闽通志》和弘治《兴化府志》，在使华陂修建时间上意见相左。黄仲昭《八闽通志》只记载延寿陂，只字不提使华陂，但记载了明朝永乐五年（1407 年）兴化府通判董彬重修该陂，改名为"永利陂"，还记载了明朝成化十二年（1476 年），地方官府协调上游尊贤里与下游东厢等里因水源分派引起的纠纷的过程，指出起因是尊贤里地势高，仰赖儿戏陂溉田，经常去堵塞延寿陂另一分口长生港的水，以使水更多地流向儿戏陂。

弘治《兴化府志》则说使华陂是在唐代延寿陂建成后，因上游尊贤里地势高，未尝得食其利，就与延兴里等乡亲商议建造了使华陂，并说"后人不察，妄指使华陂为儿戏陂……近东厢人与尊贤里人争水利，又指永利陂北注水为儿

图 3 - 19　泗华陂

戏陂，东注水为长生港，皆误也"，直批《八闽通志》混淆了使华陂与儿戏陂。弘治《兴化府志》认为使华陂不是唐代儿戏陂的说法为明代后多数人所接受。

宋代仙游也掀起兴修农田水利设施的热潮。根据弘治《兴化府志·水利志》的记载，宋代仙游县建造"陂"506 座。"篇内陂座与灌田亩数，皆传录宋志"，意即有明确记录的陂是依据宋代地方志书，《八闽通志·水利》也记有仙游 627 座"陂"，但没说明年代；而乾隆《仙游县志·水利》也说："今考宋志载陂堰之属，凡六百三十有奇。"虽然记录陂的数目各有不同，但这几部志书都反映了仙游堰陂水利工程数量还是比较多的，不过水利设施大多是小型、简易的。仙游县地方志编纂委员会编纂的《仙游县志·农田基本建设》说，仙游第一座水利工程是宋淳熙三年（1176 年）在榜头东乡平原修建的杜陂，灌溉农田 6120 亩。淳祐年间（1241 ~ 1252 年）郡守杨栋、县令蔡次傅等，组织百姓对已填塞的古西塘开挖复塘，"周围五百余步，膏润三千余亩"。此塘曾被改名为"杨公塘"。

据弘治《兴化府志》《八闽通志》等记载，宋代还有一些水利工程值得一提：崇宁二年（1103 年），兴化通判章炳文组织建造连江里林墩陡门等；绍兴十五年（1145 年），莆田县丞王康功重修南安陂，后又维修太平陂；绍兴二十八年（1158 年），莆田县丞冯元肃，因木兰陂水失故道，由北岸东突，动员力量筑堤以捍水，时人称之为"冯公堤"；淳熙元年（1174 年），知军潘畴修治木兰陂、后改建国清里洋城泄为陡门；绍熙元年（1190 年），知军赵彦励主持迁建西湖陈坝陡门于旧基之北，第二年（1191 年）又重修洋城陡门和端明陡门；等等。

综上所述，宋代莆田出现历史上前所未有的水利灌溉设施建设浪潮，一批兼具拦、蓄、排、灌等功能的大型水利工程应运而生，其中被称为"南方都江堰"的木兰陂极大改变了莆田的经济面貌。数百座的陂坝和如经脉密布的水渠，形成严密的灌溉体系。水渠所到之处，坝上坝下稻浪连片，炊烟袅袅，村落星罗棋布。宋代仙游人张礼《题木兰陂》诗云："钱妃庙下水东流，陂北陂南植万牛。千古翠壶山下路，两沟明月稻花秋。"一幅江南鱼米之乡的繁荣景象跃然纸上。水利工程的大量兴建，既是农业发展的需要，也是地方经济快速发展的重要标志之一。

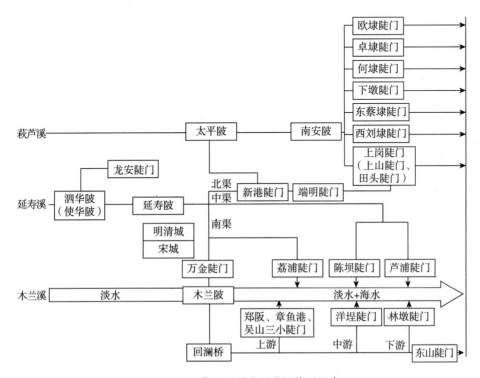

图 3-20　莆田平原水利灌溉体系示意

四　莆田南北洋的大规模开发

（一）南北洋大规模开发的背景

从唐代开始，莆阳百姓就积极围海造田，与海要地，经过数百年的努力，加上海平面退降，围海造田的空间大大增加了。北宋年间，全国各地的人口都有了显著的增长。宋室南渡后，大批中原士民纷纷流入东南，兴化地区的人口也快速增长。元丰年间（1078~1085 年）有 55237 户，绍熙年间（1190~1194年）达 72363 户，人口有 171784 人。[1] 兴化背山面海，农业只有向山、海地区

---

① （明）周瑛、黄仲昭：《重刊兴化府志》卷 10《户纪四·户口考》，蔡金耀点校，福建人民出版社，2007，第 293~294 页。

发展。人口的激增，刺激了人们对土地的需求，而江畔、滩涂等处女地自然就成为新辟田园的绝好天地；同时，人口的增长也为南北洋的大开发提供了必不可少的人力资源。

唐朝初期，均田制的实施加快了莆田平原的开发进程。尽管初唐时莆田兴修了诸泉、永丰、沥峤、横塘、围渚、太和、濒洋等十几个水塘，但水塘蓄水量毕竟不多，灌溉的范围有限，大塘灌溉农田5000亩，小塘灌溉千亩。一碰上旱情，庄稼枯萎，饥荒就发生了。林大鼐在《李长者传》中写道："莆田壶公洋三面濒海，潮汐往来，泻卤弥天。虽有塘六所，储积浅涸，不足以备旱暵。岁歉无以输官，民则转徙流移矣。"人们认识到，只有大规模围陂筑堰才有出路。莆田大规模的围海造田、兴修水利就是在这个历史条件下进行的，与此同时，也掀开了莆田南北洋开发的辉煌篇章。

宋朝政府十分重视农田的垦辟，多次以诏书的形式颁布有关的法令，鼓励民众积极垦辟农田。如，宋太祖在乾德四年（966年）闰八月发出诏令，规定："有能广植桑枣、开垦荒田者，并只纳旧租，永不通检。"[①] 宋太宗在至道元年（995年）六月发布诏书，规定："应诸道州府军监管内旷土，并许民请佃，便为永业，仍免三年租调，三年外输税十之三。"[②] 宋王朝每年还将各地新垦田数作为考核地方官吏政绩的主要依据之一，并奖励能够积极组织民众垦田的地方官员。"应州县官吏劝课居民垦田多少，并书于印纸，以俟旌赏。"[③] 因此，地方官吏都积极推动沿海的围垦活动。在政府的鼓励下，兴化人民向山要地、和海争田，掀起了轰轰烈烈的造田运动。

（二）北洋的开发

志称"自唐长官吴兴筑海为堤，以开北洋之利"。宋代，随着经济的发展，人力财力比较充足，加上沙洲和沼泽地又有所扩大，兴化围海造田的规模逐渐扩大。宋庆历四年（1044年），名臣蔡襄上书皇帝，乞请恢复北洋被土豪侵占的五塘，又创建涵江慈寿陡门（端明陡门）。宋嘉祐年间（1056～1063年），知军刘谔主持修建萩芦溪上游太平陂，灌田8000亩。陂成又决去胜寿、西冲、泰和、屯前、东塘五塘之水，废塘为田，不仅改善了平原排灌系统，而且扩大了耕地面积。林汀水指出：从唐至清，北洋的围垦是有一个过程的，即大致自北

---

① 司义祖整理《宋大诏令集》卷182《劝栽植开垦诏》，中华书局，1962，第658页。
② （清）徐松辑《宋会要辑稿》食货一之一七。
③ 《宋大诏令集》卷182《募民耕旷土诏》。

而南、由西向东逐步推进，最初垦区只在县城东北，接着延伸到平原的中部，然后才由中部向东扩展。①

尽管延寿陂的修筑到现在已经近1300年，遗址也早已泯然无存，可是吴兴领导人民群众开凿的60多条沟渠，构成了北洋平原的主要河道，至今仍对灌溉和交通发挥巨大的作用。延寿陂灌溉地域涵盖了常泰里（延寿）、孝义里（上林、溪头、溪口、义门、西庚、下戴、畅山、大洋、埔头、上下南沟、濠亭、登科口、四亭、陈桥、三步、徐桥、西机、西漳、染店、东墩、上南、黄沟衖、西洋、镇前、孝户、墓兜、西湖、宫后、衙口、后刘宫、下蔡、上俞、后亭、洋尾、塘边、南埕、直街、大埕）、兴教里（碗窑、漏头、埔头、陈厝尾）、尊贤里（淡头、西墩尾、东黄、半路店、庙前水流利）、仁德里（溪安、圳下、西山、后亭、大桥头、澄林、北山、陈墩、后俞、大沟、西郑、北沟、宫兜、长丰、郊下、上林埭、林埭、西港边、游桥头、溪口、前黄埭、蔡埭、北港、霞岑、顶半埔、前庵、后角、港边、港尾、利墩、周墩、昆墩、上郑、前港、七步七墩、吴刀、上黄、洋池角、后亭、庄里、前后上林、大度下、柯塘、上郭、魏塘五村、郭庄、新港、后郑）、延兴里（芦浦、陡门头、桂林、东周、东沟、南箕、傅墎、前墩、西洙七墩、江边、黄沟边、新沟、黄墩、东阳、下吴塘、沟西、田岑）、延寿里（涵头市、塘北、下林、卓埔、冲沁、度边、模兜、前后东埔、坂头西林、仓口）、望江里（上港、田厝、上方、高里、百美、新浦、半埕、哆头、温厝、院边、黄大埕、东方、前林、铁灶、刘安、金墩、苏厝、洋中、小山、岩峙、埔尾、塘头）、北附郭（拱辰、潭头桥）、东附郭（东门街、西社、坊尾、梅花亭、周沟岑、陡门头、下墩、阔口街）、南附郭（南门街、后巷、沟下巷、沟头、东埔、下林、杭头、屿上、萧厝、谢厝、柳桥、亭墩、吴墩、下黄、下度、黄厝墩、隄尾），大小共172村，统名曰北洋，②受益田地7万多亩。

莆田涵江一带滩涂，在宋以前就有人进行围垦，后来一度荒废，宋代时人们又垦复围田千余顷。③因为古人对沿海围垦记述不详，我们无法进行量化的统计。还有不少豪民在围垦后，欺隐不报，企图逃避赋税。如绍兴五年（1135年），提刑司所奏的"漳、泉、福州、兴化军各有海退淤田、江涨沙田，形势之

---

① 林汀水：《从地学观点看莆田平原的围垦》，《中国社会经济史研究》1983年第1期。
② （清）陈池养：《莆阳水利志》卷3，清同治八年（1869）刻本，第185～186页。
③ 蔡襄：《蔡忠惠公文集》卷22《乞复五塘札子》。

家诡名请射，岁日增广，未尝自陈"。① 可见，当年漏隐围垦田的现象是相当普遍的，而且数目比较可观，才会引起官府的重视。亦可见宋朝时的围垦与前代相比，范围更加广泛了，达到了一个高潮。特别是在南宋时期，滨海一带可供垦殖的荒土几乎开垦无遗。

（三）南洋的开发

唐元和八年（813 年），福建观察使裴次元组织大批人力，沿今黄石东角、遮浪一带，大规模修筑"镇海堤"。至此，海潮被阻到原木兰溪和延寿溪溪口 10～20 公里以外，莆田平原正式形成。富饶、肥沃的莆田平原展现在兴化湾的西岸，标志着南北洋早期开发基本完成。志称："唐观察使裴次元筑海为堤，以开南洋之利，于是人始得平土而居之。"

北宋前期，与北洋平原相比，南洋的大片土地还是基本靠凿塘蓄水灌溉，十年九旱，粮食生产还很不稳定。而莆田第一大河木兰溪却常常泛滥成灾，冲毁村庄田园。加上海水沿溪逆灌，两岸良田变成海渍地。《莆阳水利志》回顾围垦初期时说，"初未免凿塘开窟为救济，继而作陂筑坝引水灌田，南北洋始成乐土"。唐代时普遍采用的灌溉设施塘池毕竟蓄水有限，"朝满夕除，农家病焉"，小型水利设施已难以应付日益扩展的围垦。莆田南洋一带，唐代时虽已围海造田，可是到宋初仍受到"溪涨左冲，海咸右啮"的威胁。为此，兴化军有识之士开始募建木兰陂。

宋治平元年（1064 年），长乐女子钱四娘开始兴建木兰陂，但钱陂最终被冲毁。长乐人林从世继续筑陂，再度失败。至熙宁八年（1075 年），候官人李宏在僧人冯智日帮助下继续筑陂，经八载奋斗，至元丰六年（1083 年）告竣。并在陂右兴建回澜桥，作为通向南洋灌区的进水闸。接着开挖"大沟"七条，支沟 109 条，并立林墩陡门一座，洋埕、东山水泄二座，东山石涵一座，以及东南等处木涵 29 口，形成一套大型的水利工程。长达百余公里的沟渠，把木兰溪水引入南洋平原，从而让 7 万余亩农田得到灌溉，山洪、海潮之患亦基本得以解除。至工程完善后，即弃横塘诸塘为田，只留国清一塘以备大旱，且并小龟屿北、大龟屿东沿海白地，垦田 200 余顷。木兰陂及其相关水利设施的兴建，标志着莆田南洋平原的早期开发基本完成。志称，木兰陂筑成之后，灌溉了维新里（铁灶、上横山、下横山、沟口、横沟、前黄、郑坂、后廖、塘东、龟

---

① 邓来柞：《乾隆海澄县态》卷 16《水利》。

塘）、胡公里（桥头、深渎、冲溪、溪东、东汾、草鞋墩、王庄、圳尾、锦墩、洋尾）、南匿里（白埕、蒲坂、上墩、东阜、高垱、港利、山屏、下坂、新度、东镇、前张、厝柄）、国清里（樟桥、洋城、西津、东津、小横塘、徐厝、西山）、安乐里（横塘、新塘、前尾、梅陇、沟尾、凌厝）、莆田里（余埭、清江、埕尾、郑塘、西利、宋墓、峬头、船度）、景德里（沙坂、银渡头、金墩、塘头、定庄、巷口、塘塍、下坂、窑台）、连江里（西洪、东吴、下江头、下埭、龙瑁、埭尾、海滨、林墩、港西、宁海、垢江、东华、沟边、东埭、东角、遮浪、井埔、后洙、五龙、院后、大龟屿、塘下、前欧、后洋、坑园、康厝）、兴福里（郑会徐、斗南、榜头、东张、陈山、湖厝、刘山、后积、程洋、谢厝）、合浦里（南田、企石）和古山、埭里，合计 102 村。[①]

（四）南北洋农业经济迅速发展

经过长期的水利建设和围海造田，兴化平原逐渐形成了三大相对独立的水利系统，即以木兰陂为枢纽的南洋水利系统，以延寿陂、太平陂、使华陂为枢纽的北洋水利系统和以南安陂为枢纽的江口九里洋水利系统。特别是木兰陂的建成，完全改变了莆田农业的命运。木兰陂是当时福建规模最大的水利工程。它修成以后，不仅抵御了洪水和海潮的侵害，保障了农田灌溉，扩大了耕地面积，而且使兴化平原的农业生产、种植品种发生了根本性的变化。原先田地只能种植旱地作物，得陂水灌溉后，可改为种植水稻；原单季稻则改为双季稻，进而又增加一季大小麦、蚕豆等作物，变为一年三熟。同时，原来莆田境内所修凿的许多水塘也已不复需要，于是废"五塘"为田，扩大了土地耕种面积，诚如古人赞颂的"木兰陂成，莆成乐土"。

木兰陂下能御海潮，上能截永春、德化、仙游三县流水，可灌田万顷，彻底改变了莆田南北洋平原的面貌。宋人林大鼐在《李长者传》中描述当时木兰陂筑成后的情景："后人填海而耕，皆仰余波。计其所溉，殆及万顷，变洿卤为上腴，更旱暵为膏泽……自是南洋之田，天不能旱，水不能涝。"对于木兰陂修成后的效益，林氏又云："兴化军储才六万斛，而陂田输三万七千斛，南洋官庄尤多。民素苦歉，由此屡稔，一岁再收。向之窭人（贫人），皆为高赀富户。"[②]

---

① （清）陈池养：《莆阳水利志》卷2，清同治八年（1869）刻本，第123~124页。
② （明）周瑛、黄仲昭：《重刊兴化府志》卷29《礼纪十五》，蔡金耀点校，福建人民出版社，2007，第779页。

原来的水塘失去作用，"遂废五塘为田，令民业之，岁得谷二千五百五十五石有奇"①。宋人徐铎诗颂："莆邑之南，原为斥卤。有泽有陂，有桑有圃。饮水知源，其功可数……俗成康衢，风成邹鲁。灌溉历程，众目共睹。岁稔丰年，口碑满路。"② 又有"天上银河分一派，莆中粒食共千春"（明陈茂烈诗句），"木兰蜀堰两丰碑"（明林俊诗句），"障海功成粒众生"（明余琦诗句），"凿了一田灌万田"（明岳正诗句），"壶公山阴田畴美""衣食莆口十万家"（清陈池养诗句）等。对于莆田地区社会经济的繁荣，木兰陂这一水利工程的建成可谓起到了决定性的作用。③

木兰陂建成之前，莆田平原尚处于荒泽之中，溪海相混，"泻卤弥天"，限制了农业的发展。木兰陂枢纽工程兴建后，于两岸设立护河堤坝，防止溪水泛滥横流，木兰溪下游的入海路径因此明晰。渠系和海堤等配套工程的修建，有效地改善了莆田平原的滩涂低地面貌，兴化湾海岸线也大幅向外延伸，大大增加了莆田平原的耕地面积。大量新增土地缓解了人地矛盾，为区域的整体发展奠定了基础。

木兰陂建成后，以南北洋为依托，莆田农耕文明得到进一步发展，莆田县经济迅速赶超仙游县和兴化县。志称，宋时兴化军领三县额设夏税，正钱、布钱、折麦钱、折草钱四色，总计 17711 贯 698 文，其中莆田县该 8374 贯 538 文、仙游县该 7691 贯 450 文、兴化县该 1645 贯 710 文④，无论是夏税、秋税还是丁米钱，莆田县都占兴化军近半税额。宋无莆田县田亩、田赋的记载，从明初的文献记载亦可见宋代南北洋田土尽辟。志称，洪武二十四年（1391 年），兴化府领莆田、仙游、兴化三县，共官民田、地、山 15232 顷 41 亩 9 分 8 厘，其中莆田有 8347 顷 6 亩 9 分 6 厘，仙游县有 4245 顷 62 亩 9 分 2 厘，兴化县有 2639 顷 72 亩 1 分。⑤

南北洋的开发，沟渠的修建，给莆田人民带来了水上交通和运输的极大便利，从而也促进了经贸的发展。在古代，水运比陆运更方便、廉价，而且运输量大，因此，河道运输是旧时兴化平原的主要运输方式。平原上主要的水运工

---

① 宫兆麟、汪大经、王恒修《（乾隆）莆田县志》卷2，民国15年补刊光绪五年本。
② 阮其山：《莆阳名人传》，海峡文艺出版社，2013，第83~84页。
③ 周方高：《宋朝农业管理初探》，博士学位论文，浙江大学，2005，第98页。
④ （明）周瑛、黄仲昭：《重刊兴化府志》卷10《户纪四》，蔡金耀点校，福建人民出版社，2007，第303页。
⑤ （明）周瑛、黄仲昭：《重刊兴化府志》卷10《户纪四》，蔡金耀点校，福建人民出版社，2007，第295~296页。

具有沟船、溪船。这些船用于载货，也用于载人，航行于兴化平原纵横交错的河道之中。在日常生活和农业生产中，沟船不但用于运输货物，进行商业贸易，也用于农忙时节运输收割下来的庄稼、进城收集和往田地输送肥料。水运极大地降低了劳动强度，提高了生产效率。兴化平原开始变成福建著名的鱼米之乡，人口继续增加，莆田的经济社会取得了长足的进步。

（五）南北洋社会繁荣、文教大兴

南北洋开发后，莆田经济快速发展，人口增加，村落相望。至明初，兴化府之莆田县就有32340户，立县已久的仙游县只有5500户，莆田县已经大大超过仙游县。因生聚日繁，莆田县在宋时已立六乡，曰崇业乡（分领清平、延陵、常泰、孝义、保丰、延兴六里）、武化乡（分领尊贤、兴教、仁德三里）、永嘉乡（分领维新、新兴、灵川、嘉禾、文赋、丰咸六里）、崇福乡（分领奉国、合浦、兴福、崇福、新安、武盛六里）、感德乡（分领莆田、景德、连江、南匿、胡公、国清、安乐、醴泉八里）、唐安乡（分领望江、永丰、待贤、延寿、待宾五里），分领34里。①

南北洋的开发迅速推进了莆田地区文教的兴盛。莆田教育鼎盛，人才辈出，形成了"莆田地狭而人物盛"的局面，成为闻名遐迩的"文献名邦"。唐宋之际，莆田十室九书堂，出现了"地瘦栽松柏，家贫子读书"的兴教重学局面，其盛况历明清而不衰；宋时，莆田地区即以科甲鼎盛、俊秀如林、政坛风流而名扬全国。有过"名亚虎榜，魁占龙头""四异同科，七名联第""三世登云，四代攀桂""父子一榜，昆季同年"② 等科甲佳话，宋代莆田科举考试水平居于福建乃至全国前列，成为无可争议的科举文化发达地区，莆田从唐以前文化教育相对落后的地区一举跃升为人文荟萃之地。

唐宋时，莆仙地区以"诗书为八闽之甲"著称。唐末，莆人徐寅有诗208首被收进《全唐诗》。宋朝，莆仙地区有15位词人作品被收入《全宋词》。南宋是"词"高度繁荣的时代，境内刘克庄、王迈、方信孺等著名诗人和词人，成为当时词坛上执牛耳的人物，为后人传颂。宋代郑樵撰写的《通志》是一部百科全书式的巨著，其史学价值和编纂体例对后世产生巨大影响。陈均辑成《宋编年举要》《备要》数十卷，杨兴宗修成《四朝会要》，都是有影响的史书。据

---

① （明）周瑛、黄仲昭：《重刊兴化府志》卷9《户纪三》，蔡金耀点校，福建人民出版社，2007，第250页。

② （宋）李俊甫：《莆阳比事》卷1，宛委别藏影抄明覆宋本。

不完全统计，两宋莆仙人的史学著作有 45 部、5140 多卷。宋代有《莆阳图经》《莆阳志》《莆阳比事》《仙溪志》等志书，其中《仙溪志》为全省流传至今的唯一宋代县志。

在开发南北洋的数百年过程中，莆田百姓做出了巨大的牺牲。民众本着朴素的"礼法施于民则祀之，以勤死事则祀之，以劳定国则祀之，能御大灾、捍大患则祀之"的造神原则，出于"崇德报功"的初衷，把对开发南北洋有功的吴兴、吴媛、钱四娘、李宏、林从世、冯智日和尚，捐资筑陂、舍田开沟的水南 14 家大户等有功于民、有德于民的吏官、布衣奉为神灵，建庙奉祀，加以膜拜，充分表达了莆田人民对这些修陂功臣的感怀及思念，也极大地丰富了莆田民间信仰的神祇世界。莆田民众在长期的经济开发中，融合了中原的文化传统。车鼓、十番八乐、舞龙、舞狮、游灯等文化形式与莆仙群众文化习俗有机结合，在唐代后期就形成了独具一格的"百戏"，历代流传不衰。现今的莆仙戏被誉为宋元南戏的"活化石"。

图 3 - 21 木兰陂纪念馆内供奉的十四家功臣牌位

综上所述，南北洋的大规模开发，不仅促进了莆田农业经济的繁荣，形成了以家族为主要纽带的密集村落，使百姓安居乐业，而且带来了莆仙文化的腾飞，使莆田成为闻名遐迩的"文献名邦"。

五 农业快速发展

宋代兴化军的农业得到较快发展，兴化成为福建著名的鱼米之乡，是中国古代海上丝绸之路的重要物产区。

（一）粮食作物

宋代，兴化境内以木兰陂为代表的大规模的水利设施建设，极大地促进了农业经济的快速发展。新修建的陂、堰、坝、渠等水利工程，把大片盐碱地和不能耕种的滩涂海田冲刷改造成旱涝保收的良田。几处大水陂建成之后，建于唐代的众多蓄水塘失去了灌溉价值，百姓遂将其改造成为农田，既扩大了耕地面积，也促进了粮食的增产。

宋代，兴化军粮食生产以种植水稻为主，"稻收再熟，岁屡丰年"。当时，兴化军有籼、糯等稻类，有献台、穟、占城稻等品种，有单季稻、双季稻的区别。宋宝祐《仙溪志》载："稻，种类非一，有一岁两收者，春种夏熟曰早谷。《闽中记》谓之献台，既获再插，至十月熟，曰穟；有夏种秋熟，曰晚稻。无芒而粒，曰占城稻。其种甚多，难以俱载。"① 据《中国稻作史》介绍，宋代兴化军已有连作稻出现，穟就是连作稻品种。南宋时，又开始种植小麦、大麦，此外还种植大豆、薏苡等作物。先进农业生产技术的运用对提高粮食产量至关重要。宋代兴化军很重视农作物优良品种的选育和推广。宋大中祥符五年（1012年），成功引进占城稻。据载，占城稻的特点是抗旱、早熟、高产，"不择地而生"，适于普遍种植。在施肥技术上，根据不同土质施用不同的粪肥，还重视精耕细作，使得单位面积粮食产量有很大的提高。

宋代兴化军大规模的水利设施建设，使境内沟渠纵横交错，形成水陆交通网络，既保障交通、水产养殖等综合效益，又有提供生产生活用水的功能，还为航运和庄稼收成运输提供了极大的便利。宋代农业的发展，使穷乡僻壤的兴化军成为富庶之邦。

（二）经济作物

宋元时期，兴化军经济作物品种极为丰富，其中甘蔗、茶叶、荔枝、龙眼都是远近闻名的重要产品。随着经济作物在兴化农业中的比重越来越大，原先单一的粮食生产体系逐渐向全面发展的农业体系过渡。

1. 荔枝

宋代，兴化军是全国闻名的水果产区，其荔枝更是名扬四方。蔡襄在《荔枝谱》中记载：荔枝"闽中唯四郡有之，福州最多，而兴化最为奇特"。"兴化军风俗，园池胜处，唯种荔枝。当其熟时，虽有他果，不复见省，尤重'陈紫'。"② 《枫亭志》记载：宋初，太平军节度使陈洪进的女儿陈玑，排行第十八，别名十八娘。这位官宦出身的富家女，同情百姓疾苦，变卖自己的金银首饰，帮助百姓挖掘了一条从枫亭至惠安县驿坂的引水渠，以灌溉水渠两边的农田，并在长达15里的水渠两旁种植了大量荔枝树。水渠两旁的荔枝色泽鲜紫、

---

① （宋）黄岩孙：《仙溪志》，福建人民出版社，1989，第16、17页。
② （宋）蔡襄：《荔枝谱》，福建人民出版社，2004，第3、4页。

味香鲜甜，深受百姓喜爱，为了感激陈玑，当地民众将水渠边的荔枝树取名为"十八娘红"。蔡襄把"十八娘红"誉为"绛衣仙子"，载入《荔枝谱》。苏东坡亦有诗赞曰："红绡白瘦香犹在，想见当年十八娘。"

图 3-22　仙游枫亭的宋代古荔枝树

宋代，兴化军荔枝种植面积很大。蔡襄《荔枝谱》中有"一家之有，至于万株"的记载。南宋丞相陈俊卿（莆田人）在《共乐堂》一诗中赞道："共乐堂前花木深，登临当暑豁尘襟。红垂荔子千家熟，翠拥簧笃十亩阴。"[①] 可见宋代兴化境内荔枝种植面积之大。其次，荔枝品种多，《荔枝谱》中共列出陈紫、江绿、小陈紫、方家红、游家紫、蓝家红、周家红、宋家香、状元香、十八娘红等32个品种，大部分在兴化军有种植。再次，质好价贵。兴化荔枝首屈一指的品种当数"陈紫"。蔡襄描述说："其实广上而圆下，大可径寸有五分，香气清远，色泽鲜紫，壳薄而平，瓢厚而莹，膜如桃花红，核如丁香母。剥之凝如水精，食之消如绛雪。其味之至，不可得而状也。"[②] 也就是说，陈紫这一品种不仅个头有鸡蛋大，果壳呈紫色，壳薄肉厚核小，而且味道清香中正，果肉晶莹如水晶，甜中透酸，入口即化无渣滓，是公认的荔中绝品。兴化军荔枝质高价亦贵。宋人刘克庄《和赵南塘荔支五绝》之三是首咏"皱玉"的诗，诗下注云："皱玉盛时颗值百钱。"皱玉是兴化军继陈紫后又一荔枝佳品。宋代兴化荔枝栽培技术已经成熟。南宋嘉定年间（1208～1224年），仙游县荔枝已采用掇树法（今称高压枝法）育苗、"壅新泥"改良土壤、"一树浇肥一斛盐"、"保果"

---

① 《莆田诗咏》，方志出版社，1995，第180页。
② 《蔡襄全集》，福建人民出版社，1999，第677页。

等新颖、成熟的栽培技术,① 即选择品种优良的荔枝树，在其树干分叉处将树皮轻轻削掉一圈，包以草泥，经常浇水，待生根后移植土中种植。用掇树法繁殖荔枝，成活率高，树苗成长快，比核种荔枝缩短了许多时间，并为大面积种植荔枝奠定了基础。南宋时，推行掇树法，推广优良品种，取得显著效果，使枫亭呈现"烟火万家，荔荫十里"的壮观景象。仙游县枫亭镇东宅村尚存三株宋代荔枝，至今枝叶繁茂，硕果累累。

图 3 - 23　莆田下横山村树龄已达 900 年的"荔枝王"

莆田城别称"荔城"，有着深厚的荔枝文化积淀，如大暑时家家户户要吃荔枝以消暑。宋代后出现多部《荔枝谱》。如北宋名臣蔡襄的《荔枝谱》，宋嘉祐间（1056～1063 年）兴化知军徐师闵的《莆田荔枝谱》。

2. 龙眼

莆田地区日照充足，雨量适中，昼夜温差大，适合龙眼树的栽培。兴化龙眼以果大、可良率高、含糖量高为特点，各种指标明显优于其他地区的龙眼，故备受海内外欢迎。宋代兴化龙眼名扬海内外，素有"兴化桂圆甲天下"之美誉。苏轼也对兴化龙眼赞不绝口。兴化军木兰溪两岸，自然条件得天独厚，是龙眼树生长的最佳之地，该处生长的龙眼树成活率高、品质好、产量高。特别是宋代对外贸易繁荣之后，桂圆干成为主要出口产品，需求量剧增。在利益的驱动下，莆田境内龙眼树种植面积日益扩大。仙游县木兰溪沿岸及南部丘陵地带为龙眼的主产区，果实品质更优，俗称"溪货"，素有"溪货甲兴化"之美誉。宋《仙溪志》也记述，榜头南溪一带"碧溪龙眼为佳"。南宋末的仙游榜

---

① 仙游县地方志编纂委员会编《仙游县志》，方志出版社，1995，第180页。

头云庄、昆仑、后庄，已经成片栽培龙眼。莆田华亭乌龙本龙眼品质优良，果壳厚度适中，最适宜焙制桂圆干，成为宋廷指定的贡品。据《兴化府志》记载，宋代兴化军每年进贡桂圆干"一千二百九十五斤"①，其数量位居众多贡品之首。

3. 甘蔗

兴化依山濒海，属亚热带海洋性季风气候，境内雨量充沛，日照充足，无霜期长，适宜甘蔗生长。早在汉代时期，境内就有野生竹蔗，"早熟，中小茎，植株直立，分蘖力强，适应性广，耐氧耐寒、耐瘠，宿根性好"。②进入唐代之后，蔗糖需求日增，甘蔗种植面积也进一步扩大。到了宋代，兴化军不仅甘蔗种植面积扩大，甘蔗品种也开始多样化，有竹蔗、荻蔗、芦蔗、茅蔗等多个品种，甘蔗产量不断增长。同时，甘蔗栽培技术也有较大的提高，据史书记载：甘蔗栽培"择其短者（芽生节间，短则节密而芽多），掘坑深二尺、阔狭从使，断去尾，倒立坑中，土盖之"。宋代，兴化百姓还总结出一套保持土地肥力的轮耕技术，即"今年为蔗田者，明年改种五谷"。③还有"五年二蔗""五年三蔗"的轮耕方式。"五年二蔗"，即第一年为新植蔗，第二年为宿根蔗，第三、四、五年种早稻（或大豆、花生）、晚稻、大小麦。"五年三蔗"，即前三年种植甘蔗，后两年种植水稻和小麦。甘蔗栽培技术的提高促进了兴化甘蔗种植面积的迅速扩大，甚至出现了"糖粮争田"现象。特别是地处丘陵地带的仙游县，受夏季台风影响较小，甘蔗产量高，近半数农田用于种植甘蔗，"田耗于蔗糖"现象十分严重。

4. 茶树

隋朝以前，莆田境内就有野生茶树，但一般只作药用。进入唐代之后，随着汉人南迁的增多，兴化境内饮茶之风渐兴，客观上促进了茶树的种植与茶叶的生产。如莆田龟山寺"辟茶园千亩，建十八座茶寮"，成为唐代莆田境内最大的茶园。到了宋代，兴化百姓形成了品茶习俗，北宋名臣蔡襄《试茶》诗云："兔毫紫瓯新，蟹眼青泉煮。雪冻作成花，云间未垂缕。愿尔池中波，去作人间雨。"④百姓饮茶之风盛起，促进了兴化境内茶树栽培面积的扩大。蔡襄在《茶垄》中描写了兴化茶树种植盛况："造化曾无私，亦有意所加。夜雨作春力，朝

---

① （明）周瑛、黄仲昭：《重刊兴化府志》卷12《户纪六》，蔡金耀点校，福建人民出版社，2007，第340页。

② 仙游县地方志编纂委员会编《仙游县志》，方志出版社，1995，第200页。

③ 王灼：《糖霜谱》卷3。

④ 福建省蔡襄学术研究会主编《蔡襄全集》，福建人民出版社，1999，第53页。

云护日华。千万碧玉枝，戢戢抽灵芽。"其《采茶》诗描写了兴化农民采茶的繁忙景象："春衫逐红旗，散入青林下。阴崖喜先至，新苗渐盈把。竞携筠笼归，更带山云写。"①蔡襄的《茶录》问世后，兴化茶叶身价百倍，茶树种植面积迅速扩大。

宋代，兴化境内已经培育出多个茶种。据史书记载，兴化茶树栽培"绿茶品种用种子繁殖，乌龙茶品种用压条法繁殖，茶园沿山顺坡开垦，栽植粗放"。②茶叶的品种较多，志称："仙游度尾东山寺僧制'药丹花'。赖店岩里寺'九条茶'，系北宋时尚安祖师建寺后，采集寺周围山上野茶及双子叶植物纲山毛榉科的乔木树，摘其幼嫩芽叶制成，'九条茶'，有药、饮两用功效，久负盛名。南宋时，日本国和尚到此寺喝上'九条茶'，极为赞赏，并带回日本。"③宋代"莆田华亭龟山寺、灵川石梯寺、西天尾林山南少林和仙游钟山麦斜岩、南雾寺、榜头塔山寺等，因其地处高山，名茶叠出，都是贡品茶的产地"。④据史书记载，宋代兴化军每年进贡朝廷茶叶"二百二十三斤"。⑤能够成为朝廷贡茶，其品质必定上乘。

《宋史》载，兴化军"茶盐海物之饶"，可见，茶叶生产同制盐业、捕捞一样成为兴化军的重要经济支柱。"厥植唯茶"，百姓"例以采摘为衣食"，因而许多山坡都被开发为茶园，产量较高，质量上乘。其时"郑宅茶"被列为贡品，"药丹花""九条茶"有药、饮两功效，负有盛名。

总之，宋代兴化农业经济发展迅速，经济作物大面积种植。棉花在宋元以前称为木棉，也叫吉贝。兴化军家家都曾种植棉花，因而被刘弇誉为"家家余岁计，吉贝与蒸纱"。⑥除了棉花、甘蔗、荔枝、龙眼、茶叶之外，兴化还有柑橘、枇杷、橄榄、芒果、菩提果、新萝葛、杨桃、栗、柿、李、桃、黄梅、香蕉等水果。著名的梅峰光孝寺就坐落在郁郁葱葱的梅林之中，有"梅林佛国"之誉。水果种植面积的扩大、产量的提高，推动了农产品加工业的发展。特别是农产品加工技术的提高，为兴化经济作物种植和农业经济发展开辟了广阔前景。

① 福建省蔡襄学术研究会主编《蔡襄全集》，福建人民出版社，1999，第53页。
② 仙游县地方志编纂委员会编《仙游县志》，方志出版社，1995，第180页。
③ 仙游县地方志编纂委员会编《仙游县志》，方志出版社，1995，第180页。
④ 莆田市地方志编纂委员会编《莆田市志》，方志出版社，2001，第1040页。
⑤ （明）周瑛、黄仲昭：《重刊兴化府志》卷12《户纪六》，蔡金耀点校，福建人民出版社，2007，第340页。
⑥ （宋）刘弇：《龙云集》卷7《莆田杂诗二十首》之一。

六　渔业与海产养殖业初步发展

莆田地区自古渔业生产就很发达，海岸线长，港湾多，滩涂和浅海养分丰富，适宜鱼、虾、贝、藻等的生长，海产资源丰富。到了宋代，不但捕捞业技术迅速提高，产量也大幅增加，部分海产品驰名远近。子鱼、紫菜、牡蛎和荔枝被誉为"闽中四美"，其中海产品就有三种。宋人王得臣《麈史》载："闽中鲜鱼最珍者子鱼，莆田迎仙镇乃其出处。"这也是"子鱼"与"迎仙镇"二词首次见载于史书。宋宝祐五年（1257年）《仙溪志》载，仙游有石鳞鱼、子鱼、蛎房、螃蟹、团鱼、抱石鱼等水产品，多为海产品。可见，宋代兴化军海洋捕捞业已相当发达。

江瑶柱是宋代兴化军的著名海产品。江瑶柱现称干贝，是一种不可多得的美味佳肴。邑人陈宓（1171～1226年）《复斋先生文集》卷5《江瑶柱》诗云："江上分来三寸瑶，殷勤海若道寒潮。尽将马甲深深锁，好把弯刀款款挑。榼酒怪来星不醉，杯羹元是雪难消。若将陈紫同时赏，饮罢身端在沵寥。"在发展捕捞业的同时，兴化军开始人工养殖牡蛎。据记载，蔡襄在修造泉州洛阳桥时，就是使用牡蛎养殖技术来固化滨海桥墩基石，可见牡蛎人工养殖技术已经相当成熟。宋代兴化军已有海产品加工技术。明弘治《兴化府志》载："按宋志，有鲨鱼脍、鳗鱼鳔脍。"①

七　手工业水平提升

宋代，人口的飞速增长使兴化军地少人多的矛盾凸显出来，许多人转向经营手工业，手工业因此迅速发展。手工业有纺织、制糖、制盐、酿酒、制蜡、陶瓷、砖瓦、造纸、炼铁、农具制造、雕刻、建筑等。

（一）纺织业

宋代，福建纺织业出现了快速发展态势，纺织技术不断提高，达到了全国一流水平。当时一些四川著名织帛工匠不能解决的技术难题，福建丝织工匠都能解决。史书记载："徽宗崇、观间（1102～1110年）造柱衣，欲织锦作升龙附于柱，文轶不合，凡易百工不成，因以殿柱尺度付蜀工，亦不能造。有言建阳民善织者，试使为之，既成，施之殿柱，文合为龙不差。"② 因此，朝廷指定

---

① （明）周瑛、黄仲昭：《重刊兴化府志》卷12《户纪六》，蔡金耀点校，福建人民出版社，2007，第334页。
② （宋）王象之：《舆地纪胜》，李勇先校点，四川大学出版社，2005，第4081页。

福建建阳生产的罗绫、纱、丝绵等纺织品为贡品。在福建纺织业大发展的历史背景下，兴化纺织业开始快速发展。据《闽书》载，兴化军生产的布种有丝绸、棉布、葛布、福生布、福纱布、苎布、麻布和蕉布等，其中，绢、棉布、葛布被列为贡品。因要向辽、金输送丝绢，朝廷向民间买了许多丝绢。为了收买方便，朝廷在兴化军"置场收买"。南宋后，由于兴化蚕丝所产丝绸多节疵，兴化人民发明了用蚕丝杂以苎麻合织的白缣丝布，还使用外购的湖丝织造上等丝绸。棉布生产规模扩大，已使用和创造出一系列较为先进的纺织机具，如脚踏纺车，初步形成赶、弹、卷、纺、轩、织、染等工序。

兴化境内纺织原料十分丰富，自古以来兴化百姓就地取材，纺纱织布，自给自足，纺织业成为传统家庭手工业。据史书记载，莆田"黄麻产量居全省首位"，[①] "蕉麻苎葛、水湄蒲草随处可见，木有松柏（棕）、杉、桑、山绵、木棉"。[②] 进入宋代之后，兴化纺织业生产规模迅速扩大，江浙的先进纺织技术传入了莆田，普遍采用纺纱车，劳动生产率迅速提高，纺织品产量大增，纺织业开始由传统家庭副业向专业化商品生产过渡，并迅速发展成为地方特色产业。

北宋时期，兴化境内大面积种植木棉，促进了纺织业的发展。彭乘的《续墨客挥犀》记载："闽岭以南多木棉，土人竞植之，有至数千株者，采其花为布，号吉贝布。""其华成时如鹅毛，抽其绪，纺之以作布。"[③] 木棉即棉花，古代称吉贝，耐旱，成活率高，"地无南北皆宜之"，且"功不在五谷之下"，所以"种植木棉成为棉农衣食之资"，宋代兴化境内木棉种植十分普遍。

宋代，兴化百姓将传统的葛、麻纱线与棉纱混合织布，即"取藤抽丝，析而织之"，生产葛布制成葛衣，作为夏秋衣服。宋《仙溪志》中有关葛布、葛衣的记载很多，如"取蕉，以灰理其皮，绩而成布，可以为暑服"，[④] "布帛之幅，则治麻与蕉，织丝以苎"。[⑤] 南宋时期，都城临安（今杭州）成为宋代政治经济中心，南方经济繁荣，丝帛绸布需求剧增，促进了南方丝绸织业的发展。据史书记载，兴化军"南宋宝祐年间（1253～1264年），绝大多数农家植桑养蚕"。[⑥] 据《八闽通志》记载，兴化有"绸兼丝布。细缉苎麻，杂丝绩之。宋本军土贡

① 《莆田市地理志》，福建省教育出版社，1989，第25页。
② （清）郑得来：《连江里志》卷4《事类》第18页，收入仙游县枫亭镇人民政府编《枫亭志》，方志出版社，1999，第458页。
③ （清）彭乘：《续墨客挥犀》卷1《吉贝布》，乾隆版线装本，第6页。
④ （宋）黄岩孙：《仙溪志》，福建人民出版社，1989，第16页。
⑤ （宋）黄岩孙：《仙溪志》，福建人民出版社，1989，第15页。
⑥ 翁卫平主编《天下莆商》，经济日报出版社，2005，第121页。

葛布十匹，后以非土宜，而代之以此。生苎布、白纻布。以灰治之，其色纯白（以上莆田、仙游二县俱有，而莆之涵头、吉了出者尤佳）"。① 宋代兴化境内的纺织品，品质上乘，成为朝廷贡品。

纺织业是宋代兴化最主要的手工业行业，仅次于农业。时人刘弇（1048～1102 年）在《龙云集》中描写莆阳纺织业时写道："家家余岁计，吉贝与蒸纱。"② 可见兴化纺织业规模之大。据《游洋志》记载，"兴化为邑，僻在万山之中，舟车不通，民性质朴，多事稼穑，而妇习纤织"，农家妇女在家纺纱织布，以补贴家用。③ 蔡襄在《端明集》中描述了北宋时期兴化妇女纺纱织布的盛况："农暇之时，所出布匹，日以万计。以织助耕，女红有力焉。"④ 但由于古代统计数据不全，兴化纺织业的从业人员、生产数量和销售情况等均无记载，后人很难还原宋代兴化纺织业的基本情况。不过从地方政府财税征收情况可以看出宋代兴化纺织业的生产规模及贸易情况。据宋绍熙年间（1190～1194 年）兴化军夏税征收记载，布税是兴化军四大赋税之一，"本军领三县额设夏税，正钱、布钱、折麦钱、折草钱四色，总计一万七千一十一贯六百九十八文，省"，其中"有土贡。本军岁贡葛布一十匹（以土产缣丝布充）、绵一百两（系军资库收买起发）"，"有春冬衣赐。合用绢三千五百匹，绸七百五十布匹，绵八千一百五十两"。⑤ 纺织品税赋数量仅次于田赋，可见宋代兴化纺织业在兴化军经济中的比重之大。

北宋时期，兴化纺纱技术有较大的进步，旧的纺织工艺逐渐被淘汰，先进的纺织工具开始引进，并形成了一整套新的纺织工序，如赶、弹、卷、纺、轩、织染等工艺，并普遍应用于纺织生产之中。宋代，兴化引进了"五腕竹弓弹吉贝"工艺，即用手扯松棉絮，梳理成条，手握茸就纺，纺成纱线。集开棉和清棉于一身的线弦竹弧小竹弓新工艺，利用振荡原理，将棉花振松后，纺成纱线，不但提高了纺纱速度，而且纱线质量更优，劳动生产率迅速提高。同时，采用新式脚踏式纺车进行织布，俗称"土机"，既省力，速度又快，布料均匀细密、光滑平整。宋《仙溪志》中记载："纱出于土机者最精，绸鬻于蚕户者为良用。"⑥

---

① （明）黄仲昭：《八闽通志》，福建人民出版社，2006，第 726 页。
② （宋）刘弇：《龙云集》卷 7《莆田杂诗二十首》之一。
③ 《游洋志》卷 3《宦迹志》。
④ 蔡襄：《乞减放漳泉州兴化军人户丁米额子》，收入《端明集》卷 26。
⑤ （明）周瑛、黄仲昭：《重刊兴化府志》卷 10《户纪四》，蔡金耀点校，福建人民出版社，2007，第 307 页。
⑥ （宋）黄岩孙：《仙溪志》，福建人民出版社，1989，第 15 页。

宋代兴化纺织品质量好、品种多。据《莆田市志》记载，"宋代，兴化已生产蕉布、苎布、棉布、绸布"及丝、帛、绸等多个品种。① 方志对兴化纺织品种类有详细的记载，如"莆有生苎布。其法：绩苎为纱纺而之，名福生布。其纱不纺，用糯米糊烈日中抽过而织之，名褊纱布"。蕉布是兴化境内产量最多的一种布料。"此布性硬而脆，染作真红，极鲜亮。染青可作员领"。② 加上蕉布透气、吸汗，适应沿海炎热气候，其深受百姓欢迎。宋代，兴化生产的苎麻布、绸布和棉布，数量甚多。方志载："细绩苎麻杂丝织以为布。""其布均匀疏朗，他方人乍见爱之。""本军岁贡绵百两。以非土产，岁就军资库拨钱收买"。③ 弘治《兴化府志》中也记载了宋代绸布和棉布的生产情况："土产之丝多疵，以为绸绝可也。绸音俦，厚缯酾，缯似布者。"④ 以绸绝代替蚕丝织成的布料，美观大方，质优价廉，非常畅销。另外，兴化沿海一带还生产棉布，据《兴化府志》记载，兴化"有绵布，织吉贝为之。下里人家女妇，治此甚勤"。宋代，兴化境内还生产以麻丝为材质的"丽密"布，俗称"贡绸"，被朝廷指定为贡品。据《仙溪志》记载，贡绸"是以细织纟麻皮杂丝织为布"。贡绸以苎麻为原料，加入一些蚕丝，"以丝为经，以苎麻杂丝为纬"，经过严密罄而成，俗称"麻丝布"。这种麻丝布柔软细密，均匀对称，远销大江南北。由于进贡朝廷的"贡绸"数量有限，宫中供不应求，朝廷特地派人到兴化军"置场收买"，大量收购"贡绸"，贮藏于尚衣库，作为奖赏百官的礼品。⑤ 时任北宋宰相的蔡京（仙游枫亭人）最喜欢穿家乡贡绸制成的青道衣，平时又习惯乘坐用棕叶草编的蒲轿。陆游在《陆放翁集》中记载："蔡太师作相时，衣青道衣，谓之太师青，出入乘棕顶轿子，谓之太师轿。"⑥ 可见宋代兴化纺织技术已经达到了一定水平，纺织品质量大有提高，深受达官贵人喜爱。

（二）印染业

宋代，纺织业的发达也带动了印染业的发展。早在唐代，兴化百姓就利用

---

① 莆田市地方志编纂委员会编《莆田市志》，方志出版社，2001，第1345页。
② （明）周瑛、黄仲昭：《重刊兴化府志》卷12《户纪六》，蔡金耀点校，福建人民出版社，2007，第335页。
③ （明）周瑛、黄仲昭：《重刊兴化府志》卷12《户纪六》，蔡金耀点校，福建人民出版社，2007，第336页。
④ （明）周瑛、黄仲昭：《重刊兴化府志》卷12《户纪六》，蔡金耀点校，福建人民出版社，2007，第336页。
⑤ （清）徐松辑《宋会要辑稿·食货六四》，上海古籍出版社，2014，第7744页。
⑥ （宋）陆游：《陆放翁集》卷24，上海商务印书馆，1920，第86页。

天然植物作为染料，将白布染成红、黑、蓝等单色布。据史书记载，兴化"农民采用栽种的靛蓝类植物（俗称小青）浸制成染料，把土布染成青蓝、黑色，做衣服、被单等"。①兴化军农村广泛种植青黛，用来浸制成染布的染料。《仙溪志》载："渍蓝为靛，红花可以朱，茈草可以紫。"蔡襄在《江南月录》里也有类似记载。靛又称大青，俗名山皇后、大青臭、大叶地骨皮，属马鞭科，叶椭圆形，叶背粗糙。夏季开花，花粉红色，果球形，呈蓝色。靛是兴化特产，以仙游西北部山区（今书峰乡）产量最多。大青系野生植物，通常生长在潮湿的灌木丛中，既怕高温，又怕霜冻，既怕旱，又怕涝，生长环境需要阳光柔和、不干不湿和不冷不热的气候条件。宋代兴化农民已经掌握了大青的生长习性，通常用木头搭架，上面盖些杂草，遮住部分阳光，不让其直接照到大青树叶上，使其在和煦的阳光下生长。宋代，兴化境内大青栽培技术非常成熟，百姓采取扦插法栽培青苗，选择适当的青树，砍其中一节树枝，插在松软的土中，经常浇水，长出根来，即可成活。整个栽培周期 100 天左右，以后每隔 20～30 天收割一次。一棵大青可活三年，第二年出靛率最佳。蓝靛制作工艺比较简单，只需挖一个直径 2 米、深 1 米的水池，中间略深，像个浴盆，注入清水，将收割的大青放入水中浸泡，温度掌握在 30℃ 左右，三天后捞出青梗，留下蓝蓝的浓水，投入石灰搅拌催化，使其起化学反应，然后进行过滤脱水，制成蓝靛。据《兴化府志》记载，宋代兴化境内"有淀。按淀，以蓝为之。马蓝叶大，槐蓝叶细，皆可为淀"。蔡襄在《江南月录》中云："采，以船盛水，浸除滓梗，以灰搅之即成淀，转贩入浙。据此，则自宋以来，莆人擅蓝淀之利矣。"②到了宋代，随着印染技术的不断提高，兴化百姓能够染印多色花布。《仙溪志》载："渍蓝为靛，红花可以朱，茈草可以紫。"③即利用靛蓝类植物，浸制成染料把土布染成朱、青、兰、蓝、黑等多种颜色，并设计出简单的花样图案，染成花布，以提高纺织品的附加值。

（三）陶瓷业

宋代，兴化军陶瓷制造业发展很快，规模庞大，技术高超，久负盛名，产品销往海外。弘治《兴化府志》记载："考宋志，兴化县徐州有青瓷窑，今废。

---

① 仙游县地方志编纂委员会编《仙游县志》，方志出版社，1995，第 297 页。

② （明）周瑛、黄仲昭：《重刊兴化府志》卷 12《户纪六》，蔡金耀点校，福建人民出版社，2007，第 337 页。

③ （宋）黄岩孙：《仙溪志》，福建人民出版社，1989，第 15 页。

近仙游县万善里潭边有青瓷窑，烧造器皿颇佳。及本县北洋澄林有瓷窑，烧粗碗碟；南洋濑溪有瓷窑，烧酒缸、花盆等器。景德里又有瓦窑，专烧造砖瓦，阖郡资以为用。"① 中华人民共和国成立后，考古发现莆田境内有多处宋代古窑址，有几万平方米的宋代古瓷片散布和丰富的成品陶瓷堆积，可见宋代陶瓷生产规模之大。比较著名的宋代古窑址有仙游县西北部的古窑群，如度尾镇的埔尾窑址、潭边窑址、云居山窑址、圣山窑址和大济镇溪车窑址等。还有涵江区庄边的徐州窑址、荔城区西天尾镇的碗洋瓷窑、城厢区灵川镇的青蛙山瓷窑、东海镇的许山瓷窑等遗址。

近代，从菲律宾八打雁的卡拉塔等地发掘出土一批中国宋、元瓷器，经专家研究，其中有庄边窑的青白瓷，这同赵汝适《诸蕃志》的记载相符。叶文程主编的《中国福建古陶瓷标本大系——莆田窑》也盛赞莆田窑"一度辉煌"。兴化军古窑址遍布今涵江区的庄边镇、仙游县的度尾镇、城厢区的灵川镇和东海镇等地。庄边窑遗址面积较大，专烧青瓷，装饰主要有光素与印花、划花、贴花等，光素器物有灯盏、碗、盘、三足炉、瓶、碟，釉色为青、青灰，造型和纹饰与浙江龙泉窑相似。据《江口镇志》载，1984 年江口蒲坂华侨中学建校舍清基时，除发掘出土一批新石器时代的陶片、石斧、石簇等遗物外，还发掘出土一具宋代陶棺，长约 33 厘米，呈灰褐色，无花纹，四周密封，唯棺盖上有一小口，有盖可启闭，现藏于莆田市博物馆。

图 3-24 庄边窑发掘的宋代青白釉碗和青白釉瓶

2007 年福建省博物院考古所对正在修筑的福厦沿海高速铁路沿线上的从青铜时期至明清时期的 28 处古文化遗址进行抢救性发掘。其中在莆田市城厢区东海镇利角村宋窑址遗址挖出了两座保存完好的斜坡式龙窑，出土了较多的碗、盏、盆、盘、炉、钵、壶、瓶、匣钵、支座、支圈等青白瓷器物、残片，瓷器

---

① （明）周瑛、黄仲昭：《重刊兴化府志》卷 12《户纪六》，蔡金耀点校，福建人民出版社，2007，第 337 页。

上有精美的莲瓣纹饰，还出土了许多各式窑具、模具等。专家们认为，此窑虽是民窑，但为研究福建和莆田宋窑址结构、性质、烧造工艺等提供了不可多得的实物资料，对于研究福建中部地区陶瓷史有着重要学术价值。

城厢区东海镇海头村的许山南麓遗址，瓷片散布范围约 3000 平方米，堆积层厚 3~7 米，采集到的影青白瓷碗、碟、盏、瓶等生活用品的瓷器上，纹饰有印花纹、刻划纹、素纹等，经鉴定是宋代古窑址。仙游县度尾镇霞溪村发现总面积约 5000 平方米、堆积约 2 米高的瓷片层，有"青瓷彩青碗片、匣钵、陶垫等，窑孔内还存有成迭碗坯的陶垫，以及完整的青瓷碗"，①为北宋时窑址。仙游县文物馆保存一宋代陶塔，五层六角空心仿木结构，有回廊，出檐形状，圆柱形刹顶，构造逼真。

仙游县度尾镇埔尾窑址系宋代瓷窑遗址，窑址方圆三个村（今埔尾、屏山、云居村），据传有 99 座瓷窑相连，并与德化瓷都有母子窑相关联之说，是闽省沿海南部最大的宋代瓷窑遗址之一，至今还有后窑、破窑、前窑、窑嘴（口）等地名。明弘治《兴化府志》载："考《宋志》兴化府有瓷窑百座，今废。"埔尾与当今中国三大瓷都之一的德化县交界，当时九座山区（今仙游县的凤山乡、西苑乡）隶属德化县，于宋太平兴国五年（980 年）划属仙游县管辖。据遗物鉴查，埔尾瓷窑址各处出土的大量制瓷工具残片，特别是地表暴露的大蓝瓷片、匣钵、青瓷、影青等类，瓷骨细润、釉彩光滑，器形多样，以青瓷平底器最多，也有褐色瓷碗及瓷片，还有碗碟匙盘等类。大蓝瓷是成型品，需要二次工序烧制而成。一次把坯模烧到五六成熟即可；另一次对已烧到五六成熟的坯模进行彩绘并上精制的蓝釉，然后再烧至九成熟即可（烧十成熟的话，有的瓷器会偏（变）形，有的会爆裂）。青瓷分为青灰色和白色两种。前者釉为灰青色与青黄色，釉质都较浅薄，釉面不甚光润；后者青色，釉质较浓，面较光滑。碗碟匙盘罐等，外面施釉不到底，底足露胎，器内印花纹和器外刻花纹的，是经过贴彩画或绘彩画的两种，也是经过二次或多次工序制成的。还有花瓶、酒壶、三足炉、高足杯等瓷器，其造型、纹饰、釉色皆仿官窑。

（四）造纸业

宋代，兴化境内造纸业也很兴盛。莆田地区盛产竹木，早在唐末五代，山区一带就能生产以毛竹为原料的土纸。新编《仙游县志》记载："仙游造纸业始

---

① 仙游县地方志编纂委员会编《仙游县志》，方志出版社，1995，第 1003 页。

于唐代，先制楮衾后造竹纸。产地香山里（今赖店镇）朱山村及慈孝里（今枫亭、园庄）洪仓村。后其他产纸区也多在山区竹林茂盛处。"到了宋代，通过工艺革新、工具改造，生产水平得到提高，能生产出品种更多、质量更高的纸张。同时，出现了造纸"专业户"，即以造纸为主要生计的家庭。仙游县竹纸最早出自东西乡，当时已大宗生产，商人贩卖于莆田、泉州等地。此外，还有藤纸、"皮纸"和"专以事鬼神"的"纸胚"，以及用红花染色的"红色纸""米色纸"等。南宋时期，兴化境内刻书业发达，开始引进高档印书纸。《宋志》记载："兴化县辜岭村有厚藤纸。彭志：莆田县文赋里茧村有皮纸。近皆辍业。莆人所用纸，皆自顺昌等县兴贩而至者。近九座等处产纸胚，其纸不可书字，专以事鬼；邻邑有黄氏者，因而致富。"① 《闽产录异》云："兴化产红花，施乌梅染纸，价廉工省。又有米色纸，乳细金为焊头，为帧眉，坚实不烂。"可见宋代兴化境内造纸业发达，产品种类众多。

（五）冶铁业

宋代兴化军冶铁业发达。明弘治《兴化府志》载：宋代莆田县"海滨有铁沙场，舟载陆运凡数十里，依山为炉，昼夜火不绝。今望江、永丰等里有东西铁灶，安乐里亦有铁灶"。② 今江口镇院里村还有遗址存在。宋宝祐《仙溪志》也有"煮铁"的记载，其"鼎釜之利，及于旁郡"。"煮铁而出之模，则鼎釜之利及于旁郡。"同时，兴化军还有"银铜葛越之产"。

（六）盐业

莆田东南临海，浅海滩涂面积广，海水出盐率高，沿海气候适宜四季产盐，素为海盐的主产区。③ 唐之前，兴化百姓沿用汉代牢盆煮盐法，也称"熬波"，即"编竹为盆，煮波出盐"。到了唐末，境内煎盐技术有了较大进步，先从海水中提取卤水，"海水有咸卤，潮长（涨）而遇埕地，则卤归土中，潮退日曝至生白花，取以淋卤。方潮未至，先耕埕地，使土虚而受信，既过，刮起堆聚，用车及担辇致墩头，穴土为窟，名为漏垱，以杵筑实，用茅衬底，满贮土信，取咸水淋之，堆实则取卤必咸，旁用芦管引入卤槤，槤在漏垱之下，掘土为窟以受卤，茅草覆之，取鸡子或桃仁置卤中以候浮，则卤咸可煎。筑土为斛，畎在

① （明）周瑛、黄仲昭：《重刊兴化府志》卷12《户纪六》，蔡金耀点校，福建人民出版社，2007，第337页。
② （明）周瑛、黄仲昭：《重刊兴化府志》卷12《户纪六》，蔡金耀点校，福建人民出版社，2007，第337页。
③ 莆田县地方志编纂委员会编《莆田县志》，中华书局，1994，第321页。

宫灶旁，以竹管接入盐盘，如畎浍之流。盘以竹箅织，用蛎灰涂，复织釜墙以围绕，亦坚以蛎灰，盖益以受卤也"。[①] 然后对卤水浓度进行测试，将莲子放在卤水之中，莲子浮则浓度合适，可用于煎盐。后来又用鸡蛋和桃核仁测试卤水浓度，"卤水浓度厚则鸡蛋、桃核仁垂直浮在卤水上，若卤水浓度只及一半，则鸡蛋、桃核仁沉底"。卤水浓度低，则含盐量低，不宜煎盐。煎盐时"把径一丈深一尺，平底的铁制盐盘上下四周涂上牡蛎壳灰，置于灶上。灶眼（即燃烧室）多的有十二三个，少的有七八个，各灶眼共同加热于盐盘。用竹节管自卤池接引卤水注入盐盘，煮沸后卤水逐渐浓厚，水蒸发后就剩下盐。然后用竹帚在盐盘内扫集，用竹片推堆，用镘子打捞湿盐移入灶旁木架上的竹箅筐内。依照上述工序周而复始，每昼夜可煮盐三起，大盐盘一次可得干盐 200 斤，小盐盘一次可得干盐 150 斤"。但柴薪煎盐成本高、产量低，兴化盐业发展缓慢。

进入宋代之后，兴化境内出现了"结砂"制盐法。"结砂"就是晒盐。《兴化府志》记载："天下盐皆烹煎，独莆盐用晒法。"即利用海潮出没的滩涂作为制盐池，铺以瓦片，纳入海水，借助阳光晒蒸成卤水，逐步凝出盐粒，从而节省大量燃料和人力，且工效明显，原产盐量大增，迅速带动盐业发展。据莆田民间传说，晒盐法的发明人是涵江陈应功，此说后来也得到官方认可。嘉庆十五年（1810 年），莆田盐政吕良在《重建世祖忠圣侯庙碑》中记载："岁壬戌（1802 年），余以简命来视盐政，以其（应功）改煎为晒，裕国便民，凡朔望祷祈，无不躬亲谒庙。"清道光二十年（1840 年）四月，福建盐务巴扬阿巴到涵江视察盐场，拜谒忠侯庙，陈应功族人重修忠侯庙，请他撰写碑文。巴扬阿巴遂写道：陈应功"且于盐政易薪火而为晒曝，使海滨人共享乐利"，并悬匾曰"德盛惠孚"。不过，陈应功发明晒盐法的说法未必可信，明代《兴化府志》写道："闻其初有陈姓者，居陈侯庙南，为人多智计，私取海水，日曝盐园中。及成，乃教其乡之人。后人失真，遂以为陈侯云。"[②] 也就是说，晒盐法为莆田陈姓人所发明，因他居住在陈应功庙附近，后来百姓便把晒盐法发明权附会给名人陈应功了。晒盐法的发明和推广，厥功至伟，至今仍造福百姓。

（七）制糖业

兴化制糖业历史悠久，早在隋代之前境内就有制糖工艺。志称："唐代农民

---

① （宋）梁克家：《三山志》卷 41《土俗类三·物产》，海风出版社，2000，第 647 页。
② （明）周瑛、黄仲昭：《重刊兴化府志》卷 12《户纪六》，蔡金耀点校，福建人民出版社，2007，第 334 页。

制糖，使用木槽、木杵、舂槌榨取蔗汁。"列鼎煮炼，调以石灰制成砂糖。[1] 五代十国时期，兴化境内出现了众多的"土糖坊"。进入宋代之后，兴化制糖工艺有了较大的进步，特别是引进印度制糖新工艺之后，利用畜力榨糖，生产效率大幅提高。《仙游县志》记载：宋代"仙游土糖坊遍布各蔗村，用石𬺈牛拉，手工榨取蔗汁。由二个石𬺈并立榨盆之上，其高53厘米，径宽76厘米，石𬺈圆柱上下部中心各凿一个六方孔，均用竖木作为安装支撑转动轴。石𬺈齿轮16孔，齿轮高22厘米，宽5~6厘米，凹入深6~7厘米，齿轮中间凿一个孔均装入长方体竖木，齿突出于外，作为转动用。圆柱石𬺈所突出之齿及凹入之孔相当。石𬺈中轴贯以竖木、两石𬺈其一较长，名曰天杆。天杆之上部贯以桁一或二，榨蔗时，系牛于桁，人驱之，𬺈随桁转，由一人将6~9条蔗插入两石𬺈相切处榨之。第一次榨过的蔗渣，集齐插入再榨，经2~3次夹榨后，将蔗渣晒干作燃料用。用此法每昼夜可压榨甘蔗6~7吨，产糖300~350公斤"。[2] 甘蔗榨汁之后，经过炼煮方能成糖，据《兴化府志·货殖》记载，煮糖在"冬月蔗成后，取而断之，入碓捣烂，用大桶装贮。桶底旁侧为窍，每纳蔗一层，以灰薄洒之，皆筑实。及满，用热汤自上淋下，别用大桶自下承之，旋取入釜烹炼"。[3] 煮糖鼎有品字形一灶三口鼎和梅花形一灶四口鼎两种。煮炼以灰（石灰）薄口之，火候既足，蔗浆渐稠，乃取油渣点化之，另用大方盘，挹置盘内，拌匀，"遂凝结成糖，其面光洁如漆，其脚粒粒如沙，故又名沙糖"。白糖，每岁正月内炼沙糖为之。取干好沙糖，在大釜中烹炼，"用鸭蛋连清、黄搅之，使渣滓上浮，用铁苙蓠撇取干净，看火候足，别用两器上下相乘，上曰圂、下曰窝，圂下尖而有窍，窝内虚而底实，乃以草塞窍，取炼成糖浆置圂中，以物乘热搅之。及冷，糖凝定，糖油堕入窝中。二月梅雨作，乃用赤泥封之。约半月后，又易封之，则糖油尽抽入窝。至大小暑月，乃破泥取糖。其近上者全白，近下者稍黑，遂曝干之"，[4] 用木桶装贮白糖出售。还有直接取蔗汁倾入煮糖鼎，加热后以漏苙拂取污物泡渣，经过滤后纯净蔗液煮至甚浓，倾入圆锥形糖锅中，待其结晶，糖油下沉，露出白糖，即可晒干出售。[5] 宋代，兴化境内已经能够生产多种蔗

① 莆田市地方志编纂委员会编《莆田市志》，方志出版社，2001，第1340页。
② 仙游县地方志编纂委员会编《仙游县志》，方志出版社，1995，第211页。
③ （明）周瑛、黄仲昭：《重刊兴化府志》卷12《户纪六》，蔡金耀点校，福建人民出版社，2007，第336页。
④ （明）周瑛、黄仲昭：《重刊兴化府志》卷12《户纪六》，蔡金耀点校，福建人民出版社，2007，第336页。
⑤ 仙游县地方志编纂委员会编《仙游县志》，方志出版社，1995，第211页。

糖，"直接取蔗汁顷入煮糖鼎，加热后，以漏张拂取污物泡渣，经过泸后纯净蔗液煮至甚浓，倾入圆锥形糖锅中"，可制成白糖。还可先制成"黑糖、板糖、粉糖、砂糖，再煮之成冰糖"。① 据宋《闽中记》载，"获蔗节疏而细短，可为稀糖，即冰糖也"。弘治《兴化府志》记载："按宋志，以今蔗为竹蔗，别有获蔗煮成冰糖。"② 宋代兴化制糖技术处于全省领先水平，仙游是福建省蔗糖的主要产地，所产的白糖（奇白糖）、赤砂糖、红糖、板糖、冰糖，因其味清甜，"为全省最佳"。宋末，兴化境内出现了众多的制糖小作坊，时称"蔗铺"。宋代，兴化军的蔗糖产量不低，据史书记载，仙游生产的蔗糖"岁运于淮浙者，不知其几千万坛，蔗之妨田固矣"③。兴化军每年进贡"白沙糖三千六百五十三斤""黑沙糖一千二百八十二斤"，④ 可见宋代兴化军制糖业之发达。

图 3 - 25 古老榨糖法
资料来源：英国威廉·查尔斯摄于 20 世纪初，莆田兴化府论坛，才子整理编辑，2016。

（八）经济作物加工业

宋代兴化境内粮食加工业迅速兴起，出现了石臼、石磨等传统的粮食加工工具，建立了众多的粮食加工作坊。最著名的粮食加工业是兴化米粉加工业。据史书记载，北宋治平元年（1064 年）钱四娘修筑木兰陂时，兴化军主簿黎畛受命协助建陂。为了解决大批民工的吃饭问题，黎畛将广东老家的米粉加工设

---

① 仙游县地方志编纂委员会编《仙游县志》，方志出版社，1995，第 211 页。
② （明）周瑛、黄仲昭：《重刊兴化府志》卷 12《户纪六》，蔡金耀点校，福建人民出版社，2007，第 336 页。
③ （宋）方大琮：《铁庵方公文集》卷 21。
④ （明）周瑛、黄仲昭：《重刊兴化府志》卷 12《户纪六》，蔡金耀点校，福建人民出版社，2007，第 340 页。

备和技术引入兴化，生产出方便易熟的兴化米粉，并指导百姓大量加工制作。黎畛因公遇难后，民工们就以米粉、米酒祭江，建庙纪念他。此后，兴化米粉工艺世世代代流传，成为莆田地方特色小吃。

兴化荔枝果鲜肉嫩，味道甜美，闻名天下，但鲜果无法储藏，极易腐烂变质。所以，兴化百姓很早就开始探索荔枝干的加工技术。到了宋代，兴化荔枝加工技术有了较大提高。蔡襄在《荔枝谱》中记载：兴化荔枝加工工艺有"红盐""密煎""暴晒"三种。"红盐之法，民间以盐梅卤（水）浸佛桑花代为红浆，投荔枝渍之。曝干，色红而甘酸，可三四年不虫，称之红盐花。"暴晒法，即"白晒者正尔。烈日干之，以核坚为止。蓄之瓮中，密封百日，谓之出汗。去汗耐久，不然逾岁坏"。而"蜜煎，剥生荔枝，笮去其浆，然后蜜煮之"。"或用晒及半干者为煎，色黄白而味美可爱。"① 可见，北宋时期兴化百姓的荔枝干加工技术已比较成熟，也为大面积种植荔枝创造了条件。

宋代兴化境内制茶工艺日趋成熟。蔡襄在《茶录》中记载："茶焙编竹为之，裹以蒻叶，盖其上以收火也；隔其中以有容也。纳火其下，去茶尺许，常温温然，所以养茶色、香、味也。""茶不入焙者，宜密封裹，以蒻笼盛之，置高处，不近湿气。"宋代，兴化百姓对茶叶的储藏也很讲究。"藏茶：茶宜蒻叶而畏香药，喜温燥而忌湿冷。故收藏之家，以蒻叶封裹入焙中，两三月一次用火，常以人体温，温以御湿润。若火多，则茶焦不可食。"② 宋代，兴化茶叶制作工艺日渐成熟，蔡襄有一首专门描写制茶的诗："屑玉寸阴间，抟金新范里。规呈月正圆，势动龙初起。焙出香色全，争夸火候是。"③ 可见，早在北宋时期，兴化百姓已经能够掌握烘焙茶叶的最佳火候，制作出色香味俱全的好茶。据史书记载，仙游"郑宅茶""龙凤茶"，闻名京都，成为贡品，被誉为福建七大名茶之一。

另外，宋代兴化军还有酿酒、酝蜜、制蜡等手工业。据《仙溪志》记载，"酒则以粳为柚"，"用物则窠而取蜜，且溶其房以蜡，惟人家养蜂所酝"，"灰蛎而柔竹、则蒸其屑以纸"。

宋代兴化军手工业行业众多，生产规模不一，收益也不尽相同。从行业规模看，从业人员最多的是纺织业，几乎是家家户户都纺纱织布。制糖业次之，

① （宋）蔡襄撰《荔枝谱》，陈定玉点校，福建人民出版社，2004，第6~7页。
② （宋）蔡襄：《茶录》，收入仙游县枫亭镇人民政府编《枫亭志》，方志出版社，1999，第450页。
③ 福建省蔡襄学术研究会主编《蔡襄全集》，福建人民出版社，1999，第53页。

图 3 - 26　茶园

资料来源：莆田市地方志编纂委员会编《莆田市名产志》，方志出版社，2012。

蔗糖是宋代兴化对外贸易的主要产品，也是农村经济的重要来源。排在第三位的是制盐业，宋代兴化沿海创建了上里大盐场，食盐产量居全省前三名。据《仙溪志》记载，宋代兴化境内货殖有"盐，编竹为盆，熬波出素"。"沙糖，捣蔗为之。太平港藉此贩易。""蜂糖，土人为之。蜜有三种，石蜜、土蜜、木蜜。""蜡，有黄蜡，无白蜡。""铁，苏山蔡家世其业焉。""瓷，白瓷器出仁德里。""铅粉，桃花、雪花二粉，县市所造。""纸，竹纸出东西里，商人贩卖于莆、泉。纸出香山里，朱山及慈孝里洪仓。""青靛，《尔雅》云马蓝。""红花，可以染绛，一名苴草。""蕉布，取蕉，以灰理其皮，绩而成布，可以为暑服。出西里。"① 由上可见，宋代兴化境内已经形成了一个以纺织业、制陶业、盐业和农产品加工业为主，以制造业、建筑业、渔业和酿酒、制蜡、建材、造纸、雕刻等为辅的手工业体系。②

（九）宋代手工业发展的原因

宋代兴化军的手工业无论是生产规模还是质量，都大大超过唐代，成为支柱产业，其主要原因有四个方面。

一是手工业技术有了较大进步。一方面，经过唐代手工业的长期发展，兴化工匠积累了丰富的手工业制作技术和生产经验，技术创新能力有了较大的提高，境内手工业行业增多，手工业品日益多样化；另一方面，中原汉人和江浙移民陆续入莆，带来了先进手工业生产技术，如丝帛织品纺织技术、冶炼技术和陶瓷新工艺等，对兴化传统手工业产生了积极的促进作用。

---

① （宋）黄岩孙撰《仙溪志》，福建人民出版社，1989，第16页。
② 蔡天新：《莆商发展史》，中央文献出版社，2014，第68页。

二是农业经济的快速发展，为兴化手工业崛起奠定了物质基础。宋代莆田农业经济出现了长足发展，农作物品种不断增多，农产品日益丰富，社会财富迅速增加，百姓生活水平逐渐提高，手工业品需求日趋旺盛，为兴化手工业发展和手工业品销售开辟了广阔前景。

三是得天独厚的地理位置和丰富的自然资源，为兴化手工业发展创造了条件。兴化地理条件优越，矿产资源丰富，"县境依山濒海，水陆之产足于他邦。五谷之种随所宜树……酒则以秫为曲。盐则编竹为盆。货殖之利则捣蔗为糖，渍蓝为靛，红花可以朱，茈草可以紫。布帛之幅，则治麻与蕉、织丝以纻。纱出于土机者最精，绸鬻于蚕户者为良。用物则窠蜂而取蜜，且溶其房以蜡。灰蛎而柔竹，则蒸其屑以纸。炼铅而粉，采柏而烛。凝土而燔之窑，则埏埴之器通于三邑。煮铁而出之模，则鼎釜之利及于旁郡"。① 许多自然资源在唐代之前还不能充分利用，而到了宋代之后已经能够有效地开发利用，煮铁、制蜡、晒盐、制作青釉陶瓷等手工业技术日趋成熟，手工业工艺更加精湛，手工业品产量不断提高。

四是手工业队伍日益壮大。宋代兴化境内人口剧增，人多地少矛盾依然突出，一些无田少地的农民逐渐从农业中分离出来，从而为兴化手工业发展提供了充裕的劳动力，《兴化府志》之《货殖志》记载："莆为郡，枕山带海，田三山之一；民服习衣亩，视浮食之民，亦三之一，计其为利微矣。"② 故而，无论是农业经济发展，还是手工业技术水平提高，无论是市场需求的日益扩大还是从业人员的不断增多，都对宋代兴化手工业发展产生了积极的推动作用。③

七　陆上交通与海上航运

（一）陆上交通

1. 驿道

唐代在莆仙境内设立待宾馆（今涵江区江口镇）和枫亭馆。宋承唐制，"三十里有驿，非通途大道则曰馆"。兴化军设立后，待宾馆改为迎仙驿，枫亭馆改为太平驿，兴化军城设有东驿、西驿；仙游县设立华衮馆（今仙游县鲤城镇西）

① （宋）黄岩孙撰《仙溪志》，福建人民出版社，1989，第15页。
② （明）周瑛、黄仲昭：《重刊兴化府志》卷12《户纪六》，蔡金耀点校，福建人民出版社，2007，第333页。
③ 蔡天新：《莆商发展史》，中央文献出版社，2014，第68页。

及登瀛馆（今仙游县鲤城镇东北）；兴化县设立皇华馆（今仙游县游洋镇）。这些驿、馆，"皆为待宾而设"，^①专供过往宾客食宿之所。宋代地方官员的考秩迁补，"有以驿传、桥道观人者"，^②因此，地方官都非常重视辖区内道路、桥梁、驿铺的日常修治。兴化军城内外道路旧时多凹凸不平，宋绍熙二年（1191 年），太守赵彦励"斥公帑羡缗，甃石而更之，凡十有二处，亡虑千余丈，横经直贯，坦然如砥"。^③仙游，"虽在重冈复岭之中，而官道坦夷，行者便之"。^④兴化军西北"路旧皆危峰峻岭，仅通小蹊"，设置军、县后，"方渐开辟"。熙宁二年（1069 年），"宣教军倡乱，朝廷遣石遇宣谕，大发莆田、兴化二邑民丁，开平床、石马等路，始为坦途云"。^⑤

图 3 - 27　莆田澳柄古驿道与旅馆

2. 桥梁

莆仙地域枕山面海，境内河网密布，水系发达，道路"或涉溪海，或过沟

---

① （明）周瑛、黄仲昭：《重刊兴化府志》卷 48《兵纪一·驿递志》，蔡金耀点校，福建人民出版社，2007，第 1238~1239 页。有学者认为，宋代馆驿之间的距离，一般为 60 里。参见曹家齐《宋代交通管理制度研究》，河南大学出版社，2002，第 12 页。

② （宋）魏了翁：《鹤山集》卷 49《宝庆府跃龙桥记》，《四库全书》集部·别集类第 1173 册。

③ （明）周瑛、黄仲昭：《重刊兴化府志》卷 52《工纪一·道路志》，蔡金耀点校，福建人民出版社，2007，第 1326 页。

④ （宋）黄岩孙：《仙溪志》卷 1，第 5 页。

⑤ （明）周瑛、黄仲昭：《重刊兴化府志》卷 52《工纪一·道路志》，蔡金耀点校，福建人民出版社，2007，第 1327 页。

渠"，因而要发展陆上交通就必须修建桥梁。随着经济的繁荣，宋代莆仙人掀起了一个建桥高潮，共建桥梁96座。[①] 其中许多桥梁是富豪捐资建造的，如仙游人洪忠，"庆历（1041～1048年）初以家赀造枫亭、沙溪等桥，凡七所"[②]；莆田洋尾（今涵江区白塘镇洋尾村）人李富（1085～1162年），"尝于郡境内造桥梁凡三十有四所"。[③]

图3-28　白塘李富纪念馆

宋代莆仙所建桥梁的类型有三种。第一种为浮桥。如兴化军城望仙门（南门）外五里许的元丰桥，一名上杭桥。志书记载："旧为温泉渡，后为浮梁以济。盖浮梁造于元丰（1078～1085年），故以'元丰'名也。其曰'上杭'者，'杭'与'航'同。昔此地海航所聚，故以名地，而桥因以名也。"[④] 又如熙宁桥，位于木兰溪下游阔口村（今属荔城区）。熙宁间（1068～1077年），于原白湖渡"造舟为梁"，郑叔侨题诗云："结驷直通黄石市，连艘横断白湖腰。"[⑤] 第二种为木桥。如莲塘桥，"初作木桥以便来往"；仙游坑边桥，"旧以木为梁"。[⑥] 第三种为石桥，为数最多。如前述元丰桥，绍兴二十八年（1158年），"转运使

① 莆田市地方志编纂委员会编《莆田市志》卷23《交通》，方志出版社，2001，第1386页。
② （宋）李俊甫：《莆阳比事》卷6，收入（清）阮元辑《宛委别藏》，江苏古籍出版社，1988，第251页。
③ （明）周瑛、黄仲昭：《重刊兴化府志》卷44《礼纪三十·人物列传十一·乡惠》，蔡金耀点校，福建人民出版社，2007，第1140页。
④ （明）周瑛、黄仲昭：《重刊兴化府志》卷52《工纪一·道路志》，蔡金耀点校，福建人民出版社，2007，第1329页。
⑤ （明）周瑛、黄仲昭：《重刊兴化府志》卷52《工纪一·道路志》，蔡金耀点校，福建人民出版社，2007，第1334页。
⑥ （明）周瑛、黄仲昭：《重刊兴化府志》卷52《工纪一·道路志》，蔡金耀点校，福建人民出版社，2007，第1328、1344页。

姚流始命垒石为之……太守朱定国继之，乃垒址于海，驾石而梁之，厮水为八道，修三十二丈、广二丈。吏部尚书林大鼐为记。绍熙二年（1191 年），郡守赵彦励更造，并建护桥菴"。[1] 前述熙宁桥，后亦改为石桥，"修四十寻，广二十之一，厮水为八道"。[2] 仙游仙溪桥，又名南门桥，绍兴八年（1138 年）由邑人陈可大兄弟捐资倡建。长 57 丈、宽 1 丈 3 尺、高 4 丈 2 尺，计 18 墩 19 孔，"上至虎啸潭，下至报恩堂前，水底俱铺以长松、巨石，预防冲激"。[3]

图 3 - 29　熙宁桥

桥梁的大量修建，使许多被溪海、沟渠切断的道路变为通衢。福州至莆田驿道原由福清蒜岭入境，经迎仙驿、囊山寺、吴店铺（今梧塘镇松东村铺墩）、枫林铺（今西天尾镇）、白杜（今西天尾镇溪白村）、泗华到达城北朝天门（政和三年即 1113 年改称望京门）。南宋建炎年间（1127 ~ 1130 年），延寿桥建成后，驿道由迎仙驿至白杜后，经延寿桥、上林抵城。莆田至泉州驿道由城南门出，经濑溪铺、长岭铺入仙游县境，经枫亭、惠安到泉州。途中所经濑溪桥，旧为莆阳渡，当南北要冲。宋绍兴十三年（1143 年）始建浮桥。淳熙十年（1183 年），丞相陈俊卿、同知林元仲倡建石桥，长 15 丈 4 尺，宽 1 丈 9 尺，13 墩，高 3 丈 9 尺。从此，福（州）兴（化）泉（州）驿道成为陆上通途，周边百姓免受摆渡风涛之苦。

绍兴十三年（1143 年），名僧隆树等九人募建莆田白沙澳柄桥，长 49 米，宽 2.3 米，高 11 米，6 墩，经过历代山洪冲击仍安然无恙，成为莆田山区与涵江往来的必经之道。

① （明）周瑛、黄仲昭：《重刊兴化府志》卷 52《工纪一·道路志》，蔡金耀点校，福建人民出版社，2007，第 1329 页。

② （明）周瑛、黄仲昭：《重刊兴化府志》卷 52《工纪一·道路志》，蔡金耀点校，福建人民出版社，2007，第 1334 页。

③ 《乾隆仙游县志》卷 14《建置志·桥梁》，收入《中国地方志集成·福建府县志专辑》第 18 册，上海书店出版社，2000，第 176 ~ 177 页。

图 3 – 30　延寿桥

图 3 – 31　澳柄桥

又如，黄石、笏石的百姓，"有事于城府者，多就白湖渡或温泉口过渡"①；元丰桥、熙宁桥修好后，亦变为通衢。仙游仙溪桥，"无有造是桥者，往来几病，跋履转艰，隔岸望洋兴叹，自崖而返"；桥建成后，"往来无病涉"，成了仙游县城与外界交通的重要通道。

图 3 – 32　仙溪桥

---

① （明）周瑛、黄仲昭：《重刊兴化府志》卷52《工纪一·道路志》，蔡金耀点校，福建人民出版社，2007，第1326页。

（二）海上航运

1. 造船业

宋代福建造船业发达，所造海船享有盛名，时人称："海舟以福建船为上，广东西船次之，温、明州船又次之。"① 兴化军是福建四大造船中心之一。《宋会要辑稿》记载："漳、泉、福、兴化，凡滨海之民所造舟船，乃自备财力，兴贩牟利。"② 《宋史》记载：建炎三年（1129 年），朝廷以金人渡江为虑，命"监察御史林之平为沿海防托，募海舟守隘"。③ 弘治《兴化府志》记载：林之平，字国衡，莆田人。建炎三年被任命为福建、广南路招募使，在福建、广东招募了 600 余艘海船。④ 至南宋末年，兴化军海船数量众多。《元史》记载，元军高兴部攻陷兴化军时，"获海舶七千余艘"。⑤

2. 港口

造船业的发达，加上指南针应用于航海，促进了海上航运的发展。乾隆《莆田县志》卷 1 《潮汐》引宋绍《熙志云》："莆东南滨海，商舟之所会，贩籴往来，民食以济。"白湖、宁海、枫亭、江口、吉了五港是宋代莆仙内外船舶聚集之所，以白湖港规模最大。⑥

白湖港，位于阔口村。宋乾道《莆阳图经》云："白湖东引沧江，介延寿、木兰二水之间，南北商舟会焉。"清乾隆《湄洲志》云："宋绍兴二十七年（1157 年）秋，莆田东五里许有水市，诸舶所聚，曰'白湖'。"民国张琴的《莆田县志稿》载："宋时白湖初筑浮桥，海舟可直达木兰陂下，故以'上杭'为上杭头，以熙宁桥为下杭头，'杭'为'航'字之讹。"从中可见白湖港口的繁荣。⑦ 在港口北十里的白杜村建有祥应庙，宋绍兴八年（1138 年）方略撰写的碑文记载："往时游商海贾，冒风涛，历险阻，以谋利于他郡外蕃者，未尝至祠下，往往不幸，有覆舟于风波，遇贼于蒲苇者。"⑧ 宋时白湖港是内外海舟集

---

① （宋）吕颐浩：《忠穆集》卷 2 《论舟楫之利》，《四库全书》第 1131 册，第 273 页。
② （清）徐松辑《宋会要辑稿》刑法二之一三七，中华书局，1967，第 6564 页。
③ 《宋史》卷 25 《高宗本纪二》，中华书局，1977，第 461 页。
④ （明）周瑛、黄仲昭：《重刊兴化府志》卷 36 《礼纪二十二·人物列传三》，蔡金耀点校，福建人民出版社，2007，第 943 页。
⑤ 《元史》卷 162 《高兴列传》，中华书局，1976，第 3804 页。这里记载的"获海舶七千余艘"有夸大之词，元代明善（1269～1322 年）撰写的《河南行省左丞相高公神道碑》（收入《元文类》卷 65）记载，"得海船七十八艘"，疑是。
⑥ 莆田市地方志编纂委员会编《莆田市志》卷 23 《交通》，方志出版社，2001，第 1409 页。
⑦ 参见莆田市地方志编纂委员会编《莆田市志》卷 23 《交通》，方志出版社，2001，第 1416 页。
⑧ 《福建宗教碑铭汇编·兴化府分册》第 14 号。

泊之地，海商舶主为祈求航行安全及经商获利，都要到祥应庙祭拜。绍兴二十七年（1157年），建有白湖顺济庙，是莆田较早建立的妈祖庙之一。

图3-33　记载宋代海外贸易和海神信仰的《祥应庙记》碑

宁海港，在白湖港下游，今涵江区白塘镇镇前村。《元丰九域志》卷9《福建路》记载："莆田，六乡，宁海、安德二镇，一盐仓，有壶公山、大海。"弘治《兴化府志》记载："旧有宁海镇，今废。"[1] 宁海位于木兰溪下游，江宽水缓，是北宋时莆田的主要港口之一。

枫亭太平港，在枫亭市之北，弘治《兴化府志》载："海潮至此，首受枫亭溪、沙溪二水，并入于海。"[2] 据称，太平港于宋太平兴国四年（979年）开发通航。[3]《螺江风物赋》云："千艘桂楫，顺风扬帆，不数日而达于江、浙、淮、湖都会之冲。"[4]

江口港，位于萩芦溪下游出海口的右岸。弘治《兴化府志》载："旧经云，

① （明）周瑛、黄仲昭：《重刊兴化府志》卷9《户纪三·里图考》，蔡金耀点校，福建人民出版社，2007，第272页。
② （明）周瑛、黄仲昭：《重刊兴化府志》卷8《户纪二·山川考下》，蔡金耀点校，福建人民出版社，2007，第249页。
③ 福建省地方志编纂委员会编《福建省志·商业志》，中国社会科学出版社，1999，第138页。
④ （宋）林蒙亨：《螺江风物赋》，收入林蔡国耀主编《莆阳方志九种》，吉林文史出版社，2016，第9页。

地南北商舟所泊，人烟稠密，环山而居。"①

吉了港，志书记载："宋击蓼（在今忠门吉了）、湄洲之间，为闽市辐辏之所。"②

3. 海上航线

宋代莆仙的海上航线有国内和国外两种，其中国内航线有两条。一是向南航线：从莆仙各港口出发，航往泉州、厦门、广东、香港等地。如："绍兴末，兴化有官人仕于潮阳，任满浮海归。"③ 又如："莆田士人守官广右，满罢泛海归。"④ 二是向北航线：从莆仙各港口出发，航往福州、温州、明州（今宁波）、杭州、华亭（今上海）等地，然后沿长江而上，或是北至山东半岛。如方腊起义时，任郯县（今浙江嵊州市）知县的莆田人宋旅"遣妻子浮海归闽，独与民据守"。⑤ 又如，建炎四年（1130年），高宗赵构渡长江时，"幸遇莆新安人田经之舡"。⑥ 再如，元祐三年（1088年），臣僚言："广南、福建、淮、浙贾人，航海贩物至京东、河北、河东等路，运载钱帛丝绵贸易。"⑦ 不过，自宋朝的北方领土沦陷于金后，官府严禁商人前去金统治下的这些地方进行贸易。"禁闽、广、淮、浙海舶商贩山东，虑为金人乡导。"⑧ 因此，南宋时莆仙等地的商船多汇聚于江南诸港，很少北上山东。

宋朝在主要通商港口设市舶司，管理海外贸易。不过，据学者考证，北宋前期海外贸易管理较为宽松，并未限制发舶和住舶港口，⑨ 未设立市舶机构的港口亦可进行海外贸易。⑩ 到了熙宁年间（1068～1077年），情况发生变化，海外贸易的商船都要经市舶司审批，所谓"泉人贾海外，春去夏返，皆乘风便。熙宁中始变市舶法，往复必使东诣广，不者没其货"⑪。福建商人赴海外贸易，必须绕远路往返广州，十分不便。至元丰三年（1080年），朝廷进一步规定："诸非广州市舶司，辄发过南蕃纲舶船，非明州市舶司，而发过日本、高丽者，以

---

① （明）周瑛、黄仲昭：《重刊兴化府志》卷9《户纪三·里图考》，蔡金耀点校，福建人民出版社，2007，第273页。

② 转引自莆田市地方志编纂委员会编《莆田市志》卷23《交通》，方志出版社，2001，第1416页。

③ （宋）洪迈：《夷坚志》夷坚支戊卷3《兴化官人》，中华书局，1981，第1155页。

④ （宋）洪迈：《夷坚志》夷坚支戊卷3《莆田人海船》，中华书局，1981，第1157页。

⑤ 《宋史》卷453《宋旅传》，中华书局，1977，第13317页。

⑥ （宋）朱元功：《群仙书社祠堂记》，《福建宗教碑铭汇编·兴化府分册》第45号。

⑦ 《宋史》卷186《食货志下八》，中华书局，1977，第4561页。

⑧ 《宋史》卷26《高宗三》，中华书局，1977，第480页。

⑨ 住舶港口，指船舶进入中国境内后首次进驻的港口。

⑩ 参见陈少丰《宋代未立市舶机构港口之海外贸易》，《海交史研究》2016年第1期。

⑪ 《永乐大典》卷3141《陈偁》，中华书局，1986，第1836页。

违制论。"① 莆仙沿海各港口失去了海外贸易发舶和住舶的权力。元祐二年（1087 年），朝廷下诏在泉州增置市舶司。泉州市舶司的设立，促进了福建海外贸易的发展。据《诸蕃志》记载，宋代与泉州贸易的国家与地区有 50 多个，分布于东亚、南亚、西亚、东非。

与泉州相邻的莆仙地区，国外航线主要是：海船由境内港口先至泉州，由泉州南下，经占城（今越南中部及南部）、罗斛（今泰国曼谷）、真腊（今柬埔寨，属国有波斯兰、真里富），前往三佛齐（位于今印尼苏门答腊岛）。三佛齐是诸番水道要冲，属国有凌牙斯加、吉兰丹、佛罗安等，大多属马来半岛的范围。商船到三佛齐后，分东西两条航线。东航线：由三佛齐东南航行，至阇婆（今爪哇），然后向东北至渤泥（文莱），继续往东北至麻逸（菲律宾民都洛岛）；西航线：由三佛齐西行，取道凌牙斯加进入印度洋，先至南毗（在印度马拉巴尔），或先至故临（在今印度西南奎隆一带）过冬，次年再起锚，顺风 60 余日到大食。②

除了南海诸国航线外，还有前往东北亚高丽、日本的航线。宋代对高丽、日本交通的主要港口是明州（今宁波），福建商船大多取道明州，"故兴贩必先至四明（即宁波），而后再发"。③ 蔡襄《荔枝谱》云："水浮陆转，以入京师，外至北戎、西夏。其东南舟行新罗、日本、流求、大食之属……"④

综上，随着道路、桥梁、驿铺的大量修建，宋代莆田境内的陆上交通有长足的发展，并与福州、泉州的道路更紧密地连接起来，促进商品的流通。在海上交通方面，由于港口的修建、造船业的发达，无论是国内航线还是海外航线都相当繁忙，宋代莆田是海上丝绸之路的重要通道和商品集散地。

八　商业和对外贸易繁荣

（一）集市发展和商贸交流

宋代，随着农渔业、手工业的发展以及陆上交通与航运的拓展，莆仙地区集市贸易发展迅速。

---

① （宋）苏轼：《苏轼文集编年笺注》卷 31《乞禁商旅过外国状》，李之亮笺注，巴蜀书社，2011，第 206 页。
② 参见《莆田市志》卷 28《对外对台经贸》，第 1689 页；廖大珂：《福建海外交通史》，福建人民出版社，2002，第 95～126 页。
③ （宋）赵汝适：《诸蕃志校释》卷上《新罗国》，杨博文校释，中华书局，1996，第 151 页。
④ （宋）蔡襄：《荔枝谱》第 3，福建人民出版社，2004，第 5 页。

1. 集市

《舆地纪胜》记载：莆田"通海道，舟车所会，民物繁伙，比屋业儒，号衣冠盛处"。[1] 据弘治《兴化府志·里图考》记载，宋代莆田县的主要集市如下。

乌石市，"旧时大路所经，民多兴贩贸易，有竹木行"。

白湖市，"旧时客商兴贩米谷，舳舻相望"。

南市，"旧名行尾市，亦名鱼行。初，唐乾宁间（894～898年），异僧黄涅槃指行尾众水归流之处可以立市，留谶云：'市连义井岁时丰，水绕壶公文物盛。'越七十余年，始即其处为市"。[2] 依此记载，南市应始设于北宋初年。

水亭，"即今锦亭……旧有村落及市，乡人于此贸易"。

涵头市，今人研究宋代时涵江"陡门周围的墟集进一步扩张，形成小集镇。建炎年间（1127～1130年），国子监祭酒刘政辞官返回家乡涵头，见其住地保尾至楼下一带，海水浸漫，内河堵塞，水不可饮。刘政主持疏通水心河，使周围居民饮上清洁的河水，并浇灌楼下附近的塪田。河道疏浚后，涵头集市的交通更顺畅，交易更便利，集镇范围也进一步扩大。原有的'涵头'之名已不能适应日益繁荣的市井，于是，有识之士便改'涵头'为'涵江'，故后人有'涵江得名起宋世'之咏"。[3]

江口市，"旧经云，地南北商舟所泊，人烟稠密，环山而居"。

迎仙市，"旧时大路经此，及有馆、镇务寨，故人烟辏集而成市"。

黄石市，"物货充斥，买卖傍午"。

白沙，宋属兴化县，"旧有市及镇务"。

仙游县，"县地僻而物货悭，商旅迹罕到。一哄之市间或有之"。据宝祐《仙溪志·市镇》记载，仙游县有以下5个集市。

枫亭市，"在连江里。人家并海，土产砂糖。商舟博贩者，率于是解缆焉"。

沙溪市，在旸谷里。

龙华市，在养志里龙华寺前。

潭边市，在万善里。

中岳市，在万善里中岳寺前。

另据弘治《兴化府志·里图考》记载，龙华市，"街长一里余"；中岳市，

---

① （宋）王象之：《舆地纪胜》卷135《兴化军》，第2页。

② （明）周瑛、黄仲昭：《重刊兴化府志》卷9《户纪三·里图考》，蔡金耀点校，福建人民出版社，2007，第255页。

③ 林祖泉：《千年涵江》，方志出版社，2004，第6页。

"旧为山中闹市"；潭边市，"旧有镇、寨，人物繁盛，同中岳市为山中闹市"。

2. 商贸

宋代，官府在一些人烟繁盛、交换频繁的集市设立镇，设镇的标准是"民聚不成县而有税课者，则为镇，或以官监之"，[①] 即包括人口和税收两个方面。镇官"掌巡逻、盗窃及火禁之事，兼征税榷酤，则掌其出纳会计"，[②] 即维持治安与征收商税。据《宋会要辑稿·食货·商税》记载，熙宁十年（1077 年），兴化军税务有八处，除了兴化军城及仙游县、兴化县外，其余五处为：黄石务，100 贯 76 文；迎仙务，81 贯 326 文；石碧潭务，238 贯 837 文；风（枫）亭务，381 贯 143 文；龙华务，291 贯 340 文。[③]《元丰九域志·福建路》记载的莆田县的镇与《宋会要辑稿》不同，是宁海、安德二镇，仙游县太平（在枫亭）、石碧潭、龙华三镇则与《宋会要辑稿》一致。另据弘治《兴化府志·里图考》记载，莆田县的莆禧、兴化县的白沙等地都曾设立镇务。

据宝祐《仙溪志·市镇》记载，枫亭市的太平镇、龙华市的阜安镇、潭边市的石碧镇，都在绍兴二十六年（1156 年）被废。[④] 成书于嘉定（1208～1224 年）初年的《莆阳比事》，记载的镇只有涵头、黄石两个。[⑤]

兴化军城依托白湖港成为兴化的商贸中心。《城厢区志》记载："当时，市场上形成的较大行业有：土苎麻棉细布业、饮食糕饼业、盐商、牙行、中医药铺、三土业（土烟、土纸、土糖）、南北京果、山货、杉木行、铸造和陶业。一些商人还通过海上运输，搞易地贸易，输出的以糖为主，输入的以大米为主。"[⑥] 集市贸易商品繁多，如枫亭市："一哄之市，百货骈集；五达之逵，四方会通。"既有从外国输入的"胡椒、槟榔、玳瑁、犀象，殊香百品，异药千名"，也有本地出产的各种海鲜鱼货、农副产品："粒米之狼戾，海物之维错，遐琛远货，不可殚名者，辐辏于南北之贾客；白鱼、赤蟳、虾魁、乌贼，水珍川怪，肥甘是适者，云集于朝夕之渔翁。蚶蛎蟳蛤，章举缠胡，川泽之百种，先二潮而上者，

① （宋）高承：《事物纪原》卷 7《州郡方域部第三十五》，中华书局，1985，第 251 页。
② （元）马端临：《文献通考》卷 63《职官十七》考 574，中华书局，1986。
③ （清）徐松辑《宋会要辑稿》食货一六之二二，中华书局，1967，第 5083 页。
④ 有学者认为，由于税官扰民，许多私商都尽量回避镇务，他们往往从市镇的边上绕过，官府无法向他们收税，造成许多地方的镇废为市。参见徐晓望主编《福建通史》第 3 卷《宋元》，福建人民出版社，2006，第 318 页。
⑤ （宋）李俊甫：《莆阳比事》卷 1，收入（清）阮元辑《宛委别藏》，江苏古籍出版社，1988，第 3 页。
⑥ 《城厢区志》第 7 篇《商业经贸》，中国社会科学出版社，1999，第 173 页。其中"土荽"即土烟，烟草明代才传入福建，宋代兴化军城不可能有土烟业。

所至相接踵；薪炭竹木，柿梨枣栗，山林之百物，由数道而来者，其积如崇墉。"① 枫亭市场以仁王院（后称王院）为中心，以南街、北街、后览街的店邸商肆为网络。②

宝祐《仙溪志》记载："货殖之利则捣蔗为糖，渍蓝为靛，红花可以朱，茈草可以紫。……煮铁而出之模，则鼎釜之利及于旁郡。"砂糖，"太平港借此贩易"；纸，"竹纸出东西里，商人贩卖于莆、泉"。③ 莆人方大琮亦云："仙游县田耗于蔗糖，岁运入浙淮者，不知其几万亿。"④《螺江风物赋》描述了枫亭出产的荔枝、地栗（荸荠）、蔗糖等名产大量运销外地的情形。荔枝"其致远而色味之不变，则鸟惊而风发（指为保色味而日夜运销，如风似电，惊动夜鸟）；其耐久而苞苴之可贡，则日干而火烘"；地栗（荸荠）"实以巨瓶，泛以轻艘，散入于京都，则足为远方珍味之供"；蔗糖"于以盛之，万瓮竹络；于以奠之，千艘桂楫。顺风扬帆，不数日而达江、浙、淮、湖都会之冲"。⑤ 莆仙出产的蔗糖、桂圆、荔枝、土纸、蓝靛等土特产品，行销至泉州、江浙等地。《宋史·罗拯传》记载："（其）提点福建刑狱，泉州兴化军水坏庐舍，拯请勿征海运竹木。经一年，民居皆复其旧。"说明有部分竹木由海上输出。

莆仙地区"土狭民稠，虽丰年无半岁粮，全仰广舟"。⑥ 遇到灾荒时，多从广东购粮。如莆田进士刘夙（1124～1171年，刘克庄祖父）自温州返乡时，"莆亦大旱，手为救荒十余事，率乡人行之，招潮惠米商……四集城下，郡以不饥"。⑦ 莆田另一进士陈炜（1192～1268年），淳祐、宝祐间（1241～1258年）先后任广东转运判官、潮州知州，"遇岁荒籴贵，常航南粟至莆"。⑧ 倘若没有南风，广东船只无法到莆仙沿海，莆仙地域就会出现饥荒。史载："莆之水市，朔风弥旬，南舟不至，神为反风，人免艰食。"⑨ 宋时，莆仙地区的粮价多操纵于远赴广东的粮商手中，因此，当地建立平粜仓后，民众高兴地说："异时富家南船，迭操谷价低昂之柄，以制吾侪之命。今公为民积谷五千斛，富家之仁者劝，

① （宋）林蒙亨：《螺江风物赋》，收入蔡国耀主编《莆阳方志九种》，吉林文史出版社，2016，第5～7页。
② 福建省地方志编纂委员会编《福建省志·商业志》，中国社会科学出版社，1999，第138页。
③ （宋）黄岩孙：《仙溪志》卷1，福建人民出版社，1989，第15～16页。
④ （宋）方大琮：《铁庵集》卷21《与项乡守书》，《四库全书》集部·别集类第1178册。
⑤ （宋）林蒙亨：《螺江风物赋》，收入蔡国耀主编《莆阳方志九种》，吉林文史出版社，2016，第8～9页。
⑥ （宋）方大琮：《铁庵集》卷21《与项乡守书》，《四库全书》集部·别集类第1178册。
⑦ （宋）叶适：《水心集》卷16《著作正字二刘公墓志铭》。
⑧ （宋）刘克庄：《后村先生大全集》卷165《陈光仲常卿墓志铭》。
⑨ （宋）丁伯桂：《顺济圣妃庙记》，咸淳《临安志》卷73《祠礼三》，台北：成文出版社，1970，第704页。

鄙者愧，南船亦不得而擅垄断之利矣。"① 其实，常平仓的设立，也不能解决粮食不能自给的问题，从这里可以看出莆仙地区对广东粮食的依赖是很深的。

《宋会要辑稿》记载，莆仙人还到广东的大奚山（今香港）等地从事走私贸易。"近年多有兴化、漳、泉等州逋逃之人，聚集其处，易置大船，创造兵器，般贩私盐。"②

（二）海外贸易

1. 禁榷制度

宋初，对海外贸易实行禁榷制度。禁榷，即专买专卖，海外进口商品禁止私人买卖，由官方垄断经营。太平兴国初，朝廷在京师设立榷易院，诏令"诸蕃国香药、宝货至广州、交趾、泉州、两浙，非出于官库者，不得私相市易"。③全面禁榷制的实行，损害了海商的利益，导致民间走私活动盛行，严重阻碍了海外贸易的正常开展。宋政府不得不调整政策，从太平兴国七年（982 年）起，改行"部分禁榷制"，即将进口舶货分成两大类：一类为禁榷物，主要是统治者生活需要的奢侈品和民间畅销利厚的香药，这类舶货抽解后"尽官市"，由国家全部收购，专买专卖，不许民间私相交易；另一类是"放通行药物"，主要是利润不高、销路不畅的舶货，允许民间交易。由于官方对禁榷物的收购价很低，又以滞销之物折支，"仍不得支给金银、匹段"，④ 商人贩运禁榷物无利可图，转而贩运"放通行药物"，从而影响禁榷物的进口和政府的市舶之利。淳化二年（991 年）开始，实行和买制度，对"放通行药物"规定一定比例由官方收购。"官市之余，听市货与民"。⑤

北宋前期，朝廷通过对舶货实行全面禁榷制或者部分禁榷制，实现官方对舶货的全面或部分垄断，以获取高额利润。熙宁以前，宋朝并未严格规定国内出洋贸易船只的发舶地，"市舶司对外贸的垄断既不十分严厉，也不十分周密"。⑥ 庆历年间（1041～1048 年）、嘉祐年间（1056～1063 年）的规定都是"客旅于海道商贩者，不得往高丽、新罗及至登、莱州界。若往余州，并须于发地州、军，先经官司投状，开坐所载行货名件，欲往某州、军出卖。许召本上

① （宋）刘克庄：《兴化军创平籴仓记》，《福建宗教碑铭汇编·兴化府分册》第 34 号。
② （清）徐松辑《宋会要辑稿》刑法二之一二一，中华书局，1967，第 6556 页。
③ （清）徐松辑《宋会要辑稿》职官四四之一，中华书局，1967，第 3364 页。
④ （清）徐松辑《宋会要辑稿》食货三六之一，中华书局，1967，第 5432 页。
⑤ （清）徐松辑《宋会要辑稿》职官四四之一，中华书局，1967，第 3364 页。
⑥ 章深：《重评宋代市舶司的主要功能》，《广东社会科学》1998 年第 4 期，第 74 页。

有物力居民三名，结罪保明，委不夹带违禁及堪造军器物色，不至过越所禁地分。官司即为出给公凭"。① 沿海州军包括未立市舶机构的港口亦可就地发舶，有利于莆仙沿海地区发展海外贸易。北宋前期，荔枝干等土特产已成为大宗出口商品，不仅运销京师、西北，甚至海运到新罗、日本、琉球和大食。

到了熙宁年间（1068～1077年），福建商人赴海外贸易，必须到广州市舶司申请，领取公凭，方能出海。返航时，还要到广州市舶司抽解、和买，否则没收其货物。熙宁七年（1074年），宋廷下诏："诸泉、福缘海州有南蕃海南物货船到，并取公据验认，如已经抽买，有税务给到回引，即许通行。若无照证及买得未经抽买物货，即押赴随近市舶司勘验施行。诸客人买到抽解下物货，并于市舶司请公凭引目，许往外州货卖。如不出引目，许人告，依偷税法。"② 按照此规定，海外贸易船舶到达泉州、福州等沿海未立市舶机构之地，经过市舶司（此时仅有广州、明州和杭州市舶司）抽解、和买，如果持有公凭则放行，如果没有公凭则押送至就近的市舶司抽解、和买。

元祐二年（1087年）泉州市舶司设立后，莆仙海商可就近到泉州市舶司申领公凭、抽解和买。进士方略于绍兴八年（1138年）撰《有宋兴化军祥应庙记》碑文，文中云："往时游商海贾，冒风涛，历险阻，以谋利于他郡外蕃者……"③ 说明在南宋以前，有不少莆仙"游商海贾"谋利于"他郡外藩"。

淳熙二年（1175年），允许蕃商离开市舶港口所在地往其他州军贩卖货物，提举福建路市舶苏岘言："'近降旨挥，蕃商止许于市舶置司所贸易，不得出境。此令一下，其徒有失所之忧。乞自今诸蕃物货既经征榷之后，有往他者，召保经舶司陈状，疏其名件，给据付之，许令就福建路州军兴贩。'从之。"④ 这一政策有利于莆仙地区开展对外经济交流。

2. 海外贸易

据《莆田市外经贸志》记载，宋代进口商品"有占城稻（即早稻）、木棉（棉花）、香料、细香料（含丁沉香、豆蔻仁、龙脑之类）、胡椒、犀角、象牙、玳瑁、耶悉茗（俗称素馨）、蕃桂（俗称指甲花）、茉莉（俗称茉莉花）、俱耶异（俗称夹竹花）"。⑤ 其中，占城稻，据学者考证，于宋真宗大中祥符元年

---

① （宋）苏轼：《苏轼文集编年笺注》卷31《乞禁商旅过外国状》，李之亮笺注，巴蜀书社，2011，第205页。
② （清）徐松辑《宋会要辑稿》职官四四之五至六，中华书局，1967，第3366页。
③ 《福建宗教碑铭汇编·兴化府分册》第14号。
④ （清）徐松辑《宋会要辑稿》职官四四之三十至三一，中华书局，1967，第3378～3379页。
⑤ 陈美德、戴永存主编《莆田市外经贸志》，方志出版社，1995，第26页。

（1008 年）传入福建，① 在福建试种成功。大中祥符五年（1012 年），"帝以江、淮、两浙稍旱即水田不登，遣使就福建取占城稻三万斛，分给三路为种"。② 素馨，弘治《兴化府志》引宋志云："《岭表异录》谓也悉茗花，始自蕃舶载至，香闻百步。广人易其名曰素馨，转而入闽。蒸取花油和香用。"蔡襄咏曰："素馨出南海，万里来商舶。"府志引曾师建《闽中记》云："阇提、茉莉、俱那异等花皆出于西域，盛传于闽中。"③ 而关于指甲花，据《三辅黄图》记载，汉武帝元鼎六年（公元前 111 年）统一南越时，所得的"奇草异木"中即有指甲花，④ 莆仙地区未必到宋代才引进。宋代莆仙地区进口产品应以香料和奢侈品为主。开禧三年（1207 年），王安居知兴化军，⑤ 言："蕃舶多得香犀象翠，崇侈俗，泄铜锣，有损无益，宜遏绝禁止。"⑥ 说明香药、犀角、象牙、翡翠等舶来品的大量输入，已深刻地影响了人们的生活，造成崇尚奢华的社会风气。

出口商品"有纺织葛布、银器、蔗糖、晒盐、青瓷器、青白瓷器、福建版本书籍、中药材（肉桂、川芎、甘草、茯苓）、荔枝干果，以荔枝干果、瓷器、晒盐为大宗"。⑦ 据考证，1974 年在西沙群岛发掘的双耳洗与在庄边窑（兴化县徐州青瓷窑）采集的标本相同，应是庄边窑产品。1958 年菲律宾八打雁和 1968 年菲律宾内湖省出土的大批中国宋元瓷片中亦有庄边窑青瓷。日本著名的镰仓海岸、唐津山麓遗址、大宰府附近、福冈湾

图 3-34 北土龟礁 1 号宋代沉船
出水的青釉碗

底以及福山革户庄等地的镰仓时代遗址出土的"珠光青瓷"中，很可能也包含有庄边窑青瓷。⑧ 此外，在澎湖列岛也发掘出与庄边窑、西天尾窑相关的青瓷器。⑨ 这些考古发掘成果，充分印证了南宋时期莆仙瓷器大量销往日本、菲律宾

① 徐晓望：《〈占城稻质疑〉补证》，《中国社会经济史研究》1984 年第 3 期。
② 《宋史》卷 173《食货上一》。
③ （明）周瑛、黄仲昭：《重刊兴化府志》卷 13《户纪七·山海物考》，蔡金耀点校，福建人民出版社，2007，第 385～386 页。
④ 陈直校证《三辅黄图校证》卷 3，陕西人民出版社，1980，第 75 页。
⑤ （明）周瑛、黄仲昭：《重刊兴化府志》卷 2《吏纪二·各官年表》，蔡金耀点校，福建人民出版社，2007，第 53 页。
⑥ 《宋史》卷 405《王居安列传》。
⑦ 陈美德、戴永存主编《莆田市外经贸志》，方志出版社，1995，第 28 页。
⑧ 李辉柄：《莆田窑址初探》，《文物》1979 年第 12 期。
⑨ 柯凤梅、陈豪：《福建莆田古窑址》，《考古》1995 年第 7 期。

诸国及中国台湾地区。

总之，随着南北洋的开发和经济的长足发展，宋代兴化军集市、商贸和海外贸易也迅速发展，兴化军成为海上丝绸之路重要的商品集散地。

第三节　文化的发展与繁荣

一　莆仙方言的形成与成熟

（一）莆仙方言形成的主要条件

莆仙方言又称莆仙话，和其他闽方言一样也是由古代中原汉语分化出来，经过漫长演变历程，由多种因素汇合而形成。莆仙方言亦是莆仙戏等地方戏曲的载体，其形成和成熟与莆仙戏的发展过程应是同步的。

1. 中原人士迁居莆仙

莆仙方言的形成首先与历代的人口迁徙有关。仙游里洋尚存越王城，莆田白沙宝阳尚存越王台、三燧峰等与朱买臣率汉兵讨伐闽越王有关的遗迹。汉室南征时，可能有部分汉兵落籍莆仙，带来了当时的中原话。后来，零星的中州人士入闽，史不绝书。如史称东晋"永嘉之乱"的所谓"八姓"入闽，以及五代时中原人士避乱入闽，就是两次大规模的中原士族入闽。入闽八姓在莆田一带定居的据说有林、陈、郑、黄、方五姓。《莆田榄巷文峰陈氏族谱》云："颍川衣冠旧族，与周伯仁、王弘辈，渡江者八百余家。"宋代的《仙溪志》"户口"条载："置县之始，人烟稀疏，五季干戈，北方避地者多居于此。"至宋末，端宗登极于福州，这一时期从北方又来了不少忠臣义士，力图据闽保驾抗元，后来眼看中原沦陷，不忍北返，定居闽粤者亦颇多。

可以肯定，历次的中原人入闽，都带来了不同时代的中州汉语，并在福建大地包括莆仙地区扎下了根。莆仙方言中存在的不同时代语音、词汇层次，反映出不同时代中原移民带来的语言成分。从莆仙方言及其他闽方言都可以看到这类明显的不同时代语言特征。例如声母无轻唇音、无舌上音，这是上古汉语时期的语音特点。莆仙方言的文白异读中有不少"一文多白"现象，如"平"文读为 $[piŋ^2]$，白读有 $[pa^2]$（平直）、$[pia^2]$（平仄）二读；"明"文读为 $[miŋ^2]$，白读有 $[ma^2]$（明年）、$[mia^2]$（清明）二读；"定"文读为 $[tiŋ^5]$，白读有 $[ta^5]$（定庄）、$[tia^5]$（定做）二读；"清"文读为 $[ts'iŋ^1]$，白读有

$[ts'a^1]$（清明节）、$[ts'ia^1]$（闽清）；"石"文读为 $[li?^4]$，"石头"中白读为 $[\textipa{ì}iau^8]$，地名"石城"中白读为 $[ts'iau^8]$。这类不同的白读音反映了不同的语音历史层次。

在莆仙话词汇中，也有不同时期的古汉语用词，如口语常用词"潘"（泔水）、"悬"（高）"藻"（萍）、"诤"（争辩）、"清"（凉）、"恶少"（无赖）、"听闻"（听见）、"欢喜"（高兴），都见于先秦两汉典籍。汉代以后典籍所见语词更难枚举。如"挨"（推）、"然"（烧）、"桁"（檩子）、"一工"（一天）、"用此"（因此）、"亲情"（亲戚）、"外家"（娘家）、"郎罢"（父亲）、"相因"（便宜）、"礼数"（礼仪）、"颠倒"（反而）等。

2. 民族及语言的融合

莆仙方言形成过程中也有民族融合的因素。莆仙话把其他闽方言念 $[s]$ 的字读为边擦音 $[\textipa{ì}]$。这在汉语方言中是很罕见的，只在古越人居住地如"山越"人居地的黄山（徽语），"骆越"人居住的四邑、高阳、桂南（粤语）发现有此声母，但在西南少数民族语言中，$[\textipa{ì}]$ 声母却不乏其例。如今天的壮族、藏族、彝族、苗族、布依族语言中，都

图 3-35 莆田渭阳畲族村

普遍有此声母。古代东南部的民族，统称百越。有的学者认为，黄山和粤西等汉地的 $[\textipa{ì}]$ 声母是受古越语影响的结果。值得注意的是，就在与莆田邻近的闽东畲族语言中，也普遍有这个边擦音 $[\textipa{ì}]$，而莆仙地区至今仍有畲族村落，主要分布在西天尾、常太、庄边、大洋、白沙等乡镇 12 个自然村，有蓝、雷、盘、钟四姓。常太镇山区的畲落（今作斜落）、畲后（社后）、畲角里（曾改斜角里），庄边镇的下畲（今作下斜）等村则是古代莆田畲民的聚居地的地名遗迹。在闽东福安的《畲族迁徙歌》中还唱道："宁德种匏福安生，下南兴化起匏棚。"[①] 说的是畲族崇拜盘瓠，而闽东宁德、福安、霞浦等县的畲族都是先由下南（闽南）兴化（莆田）迁徙连江，再到罗源，最后散居宁德地区。可见闽南、兴化（莆仙）的畲族与闽东畲族有密切关系。许多学者考证畲

---

① 中国歌谣集成福建卷编辑委员会：《中国歌谣集成·福建卷》，2007，第 850 页。

族也是古越人后裔，① 古代莆田的畲族语言现虽已被莆仙话同化，但闽东、福州畲语中至今仍存 [ɬ] 声母，故莆仙话的 [ɬ] 也应是古代莆仙畲语的语言底层。②

在词汇、语法方面，我们也可以在莆仙话中发现这种原住居民语言的"底层成分"。学术界普遍认为，闽粤方言词汇中有些显然是壮侗语的"底层"。壮侗语又称"侗台语"或"台语"，是由古越语发展而来的。莆仙话把动量词"回、次"说成"摆"，不论是读音和含义，与壮侗语（使用者如壮族、水族、布依族）都相同。又如莆仙话指称鞋子、筷子、袜子等成双的物件之一，俗写作"奇"或"戈"，与壮族（武鸣）、布依族（罗甸）的说法也音义相合。莆仙称桌子为"床"，与侗语音义相差无几；莆仙称"问"为"勘"，与武鸣壮语、望谟布依语、侗语均相似。

这类底层成分在地名中也有不少反映。如"坂"相当于壮侗语的 [ban³]，义为"村寨"。莆仙就有不少地名带"坂"字，如，沙坂、林坂、莆坂、溪坂、郑坂、芳坂、南坂（以上属原莆田县）；湖坂、后坂、洋坂、西坂、上坂、高坂、龙坂（以上属仙游县）。又如"洞"，又写作"峒"，是我国东南和西南少数民族聚居地区的称谓。"洞主"就是村寨的寨主。百越民族被称为"峒蛮"。宋代仙游有"游洋洞"莆田有"桃花洞"地名。清代章回小说《平闽十八洞》中，涉及莆仙之"洞"也有4处。如第13洞之"镇山洞"，谓"洞在仙游县外十里"（第22回）；第14洞之"水晶洞"，则谓"洞在莆田县外五十里地"（第24回）；第15洞之"黄草洞"，谓"洞在莆田县壶公山"；第16洞之"清峰洞"，谓"洞在莆田县百丈山"（第28回）。

语法方面，定语后置是壮侗语的语法特点。莆仙话的部分词语，也有修饰成分后置现象，如菜腌（腌菜）、虾烰（炸虾）、笋咸（咸笋）、蚝煎（煎海蛎）、布拖（拖布）、鞋拖（拖鞋）、面线（线面）、鸡公（公鸡）、药膏（膏药）、人客（客人）、米碎（碎米）、肉干（干肉）等。

单音形容词、动词之后加叠音后缀作为生动形式，在壮侗语中十分常见，莆仙方言也有类似的例子，如肥秃秃、瘠（瘦）悸悸、暗摸摸、红灿灿等。

① 徐松石：《粤江流域人民史》，中华书局，1939，第143页；王新民：《越王勾践子孙移民考》，《福建文化》第2卷第1期，1944年；蒋炳钊：《畲族族源初探》，《民族研究》1980年第4期；施联朱：《解放以来畲族研究综述》，见施联朱编《畲族研究论文集》，民族出版社，1987；石奕龙：《关于畲族族源的若干问题》，见施联朱编《畲族研究论文集》，民族出版社，1987；傅衣凌：《福建畲姓考》，见《傅衣凌治史五十年文编》，厦门大学出版社，1989，第170~177页。
② 刘福铸：《莆仙方言边擦音 [ɬ] 声母探源》，《莆田学院学报》2007年第3期。

3. 独特的地理位置

莆仙话在闽语中显得独特，还有地理位置和社会交往的原因。莆仙西、南与泉州市接壤，北和福州市毗邻，处于闽南话和闽东话（南部）中间地带，自成一统，地理位置较为独特。

兴化军成立前，莆仙地属泉州，莆仙话也应属于闽南话。宋代蔡襄任泉州知州时，莆田、泉州方言应是相通的。周振鹤、游汝杰在《方言与中国文化》中写道："在唐代，这二县（莆仙）归泉州管辖，到北宋时才分置兴化军，后来的莆仙方言也应该是在当时晋江一带方言的基础上发展起来的，一直到今天，它的文白异读系统还是与闽南话基本一致。"[①] 除了文白异读系统与闽南话颇一致外，在今天的莆仙话中还可以找到一些闽南读音的痕迹。例如莆仙话在鼻音韵尾方面，与闽东语系福清、福州话是一样的，即只有一种鼻音尾韵，而闽南话则保留古音的 – m、– n、– ŋ 三种鼻音韵尾。但是在连读音变后，莆仙话的"南兄"读 [nam²mia¹]，"观音佛"读 [kua¹im¹mɔʔ⁷]；仙游话的"三国"读 [ɬam¹mɒʔ⁶]，"甘愿"读 [kam¹muiˉ⁵]，"探花"读 [tham⁴mua¹]，"心肝"读 [ɬim¹muã¹]。又如莆田话的"冤枉"读 [œn¹nɒŋ³]，"团鱼"读 [tuaŋ²ny²]，"官话"读 [kua¹nua⁵]，"仙游"读 [ɬin¹niu²]，"鸳鸯"读 [ɛn¹niau¹]，"匾额"读 [pan³nɛʔ⁷]。这些词语的连读音变，有别于一般的连读音变规律，唯一合理的解释是其中"南、音、三、甘、探、心"读 – m 尾；"冤、团、官、仙、鸳、匾"读 – n 尾，它们都是闽南话的［– m］和［– n］在莆仙话中的残留，亦是中原古音的遗存。

从词汇方面来看，莆仙话与闽南话说法相同的占一大半。李如龙、陈章太《论闽方言内部的主要差异》一文所列的 214 条词语，其中莆仙话与泉州话说法相同的有 133 条，约占 62%，而与福州话说法相同的则只有 81 条，约占 38%。还有不少类似的量化研究，均有力地证明了莆仙话是从泉州闽南话分化出来的，但也与福州话有较大的关系，是闽南话和闽东话之间的一种过渡性方言。[②]

（二）莆仙方言的成熟

古音学家刘晓南通过考察宋代诗人用韵特点，提出宋代福州、南剑州、兴

---

① 周振鹤、游汝杰：《方言与中国文化》，上海人民出版社，1986，第 69 页。

② 蔡国妹：《莆仙方言研究》，厦门大学出版社，2017；黄金洪：《闽语仙游话和厦门话、福州话词语同异探析》，《辽宁教育行政学院学报》2008 年第 3 期。

化方言都属于闽东方言的观点。① 但大多数语言学家认为莆仙话历史上应与闽南话较相近。现今分布在粤东潮汕地区和雷州半岛乃至海南岛的闽南方言，都有祖上来自"莆田荔枝村"的说法。粤琼的闽南话是宋、元以后传去的，当时的莆仙话应与泉漳闽南话没有太大的差异。后来莆仙话之所以从闽南话分化出来，其原因主要有二：一是行政区划的变动，木兰溪流域的莆仙二县自宋太平兴国四年（979 年）建兴化军后，一直与泉州分离，经济文化自成一统；二是地缘上莆仙与省城福州的各项交流更为密切，莆仙话也不断接受闽东方言的影响，因而带有某种过渡性质。关于莆仙话与闽东话和闽南话的关系，李如龙在《闽南方言》中写道："（莆仙话）从严区分，把它划为一个单独的小区或者作为闽东闽南之间的过渡区都是可以的；从宽区分，认为它本来就是早期的闽南话，只是后来发生了一些变化，这些变化其实还没有像雷州、琼州的闽语变得那么厉害，把它作为闽南方言的一支来研究也无不可。"②

1. 有关宋代莆仙方言的掌故

黄典诚先生（1982 年）说，现代"闽南方言……不论在语音、词汇、语法各方面，都还保留着若干上古汉语的残余"。③ 其实早在 800 年前，南宋闽学大师朱熹就在不同场合多次指出闽方言与古汉语暗合，保留不少古汉语余绪。如《朱子大全》卷 71："大抵方言多有自来，亦有暗合古语者……如闽人谓口为苦，走为祖者，皆合古韵，不能尽举也。"朱熹在《原本韩集考异》卷 2"芳荼"条中，还针对莆田人方崧卿将韩愈《燕河南府秀才》诗中"芳荼"别本作"芳茶"校定为"芳荼"的缘由，明确指出"大抵茶与荼，古音相近。如今言搽，与涂亦通用也"。朱子写道："今按'茶'与'荼'，今人语不相近，而方云'相近'者，莆田语音然也。虽出俚俗，亦由音本相近，故与古暗合耳。"朱熹说的"今人语不相近"，"今人"应指莆田以外的人，包括他自己。朱熹是闽北人，其母语是闽北方言，由此例似可推知，朱熹并不认为同属福建路的建州和莆田说一种方言，反映出南宋莆仙话已是一种较独立的方言。

宋代周密《齐东野语》卷 4 亦涉及莆仙方音，文谓："蔡京在相日，权势甚盛……蔡经国闻闽音称京为经，乃奏乞改名纯道，此犹可笑。"周密所记，说明"经"与"京"的发音在北宋汴京是有区别的，而闽音包括莆仙话却完全一样，

---

① 刘晓南：《宋代闽音考》，岳麓书社，1999，第 239～240 页。
② 李如龙：《闽南方言》，福建人民出版社，2008，第 9 页。
③ 黄典诚：《闽南方音中的上古音残余》，收入《黄典诚语言学论文集》，厦门大学出版社，2003，第 209 页。

因此蔡经国为了避蔡京的名讳，才更改名字"经国"为"纯道"，闹出笑话。

蔡京第三子蔡絛的《铁围山丛谈》卷 2 亦记载了这样的故事："宰相堂食，必一吏唱唱呼其名，听索用后供。此礼旧矣。独菜羹以其音颇类鲁公姓讳，故回避曰羹菜。至今为故事。""堂食"又名"堂馔"，是唐宋时朝会后由政事堂提供给群臣的公费餐。"鲁公"即蔡京，这则逸事说的是蔡京当权时，宰相堂食时吏因呼叫"菜羹"与"蔡京"的名字发音相似，故避称"羹菜"。元熊忠撰《古今韵会举要》"羹"字注云："音与青韵经同。"可证宋代的"经、羹"发音相同，而与"京"略有差别，但在莆仙话中"经""京"完全同音，于是"菜羹"听起来就是"蔡京"。

周密《癸辛杂识·后集》之"私取林竹溪"条亦涉及莆仙乡音故事，略云：莆田人王迈为乙未年（端平二年，1235 年）参加乡试，事前将揣测的考试题目告诉"素相厚善"的好友福清渔溪人林希逸。当时老乡林彬之亦应试，有事请示考官，王迈便操"乡音"把考题透露给他，后来两个人都考上了。可见当时的莆田话与其他地方的方言不同，"外人"难以听懂，所以敢在考官面前交流考试题目。

2. 莆仙方言中的宋代词汇

词汇方面，两宋间流行的许多语词在今北方话口语中已难觅踪迹，但至今仍是莆仙方言的口语常用词。例如：

名词：月日（月）；日昼（中午）；分数（比例）；壁落（墙壁）；水鸡（青蛙）；师姑（尼姑）；生理（生意、买卖）。

动词：趁食（讨生活）；下定（订婚）；咒誓（发誓）；行棋（下棋）；着（在，又"应该"）。

形容词：鏖糟（肮脏）；后生（年轻）；通透（明白融会）；通使（通用）。

副词、兼类词：腌（音"啊"，副词，尽、很。仙游话保存此词之音义用法，如"腌辛苦"）；特特（特地）；甚生（很，又"什么样"）；逐处（随处）。

有的宋金戏曲词语还保存于莆仙戏剧本。如起动：敬词，劳驾。金董解元《西厢记诸宫调》卷 5："你也有投奔人时，姐姐晒起动。"莆仙戏《冯商·合府团圆》："（京白）起动㑚爹。"又如嗏：语气词、叹词。金董解元《西厢记诸宫调》卷 1："那鹘鸰渌老儿难道不清雅，见人不住偷睛抹，被你风魔了人也嗏！"莆仙戏《秦少游·较议进京》："（佛唱）嗏，汝务六七个，瓦务那独忌……"

综上所述，莆仙方言是经过漫长演变历程，由多种因素汇合而形成的，其基本要素是不同时期传入的中原古汉语，包含着一些原住居民语言的"底层成分"。在福建诸多方言中，莆仙方言是闽南话和闽东话之间的一种过渡性方言，独具特色。语言不仅仅是交流工具，也是文化的载体，莆仙方言的形成与成熟，标志着莆仙区域文化的形成。

二　重教兴学传统的形成

宋代，社会相对稳定，生产力得到长足发展，人口增长较快，社会对教育的要求不断提高，各种教育形式得到完善，教育质量逐步提高。据粗略统计，就全国而言，到南宋末年，政府掌管的地方学校有 588 所，其中州学 72 所，县学 516 所。① 具体到莆田地区，重教兴学传统已然形成，教育发展迅速，当地文风兴盛，在全省乃至全国都产生重要影响。

（一）官学

宋代，莆田的官学由兴化军学、莆田县学、仙游县学、兴化县学构成，在层级上可分为两级，也就是按习惯划分的军学与县学。

1. 兴化军学

兴化军学的设立始于真宗咸平年间（998～1003 年）。当时，朝廷要求全国普建官学，但莆田限于财力而迟迟未能动工。于是，莆田士人方仪向皇帝上书，请求朝廷拨款三十万作为修建费，他愿捐出自家住宅，并带头捐款，以支持兴办兴化军学。这一请求得到皇帝同意，咸平三年（1000 年）兴化军学创办。按庙学合一的规制，方仪等人首先修建了军学的正殿，塑孔子与十哲像。第二年，再动工建三礼堂和御书阁，六年后主要建筑全部建成。"变闽为鲁，实仪之力。"此举表明，当时莆田的有识之士重视兴办官学，朝廷也予以支持并拨给巨款，地方官员将之作为一件大事来办，使得莆田官学的规模和层次在全省处于领先位置。其后，军学建筑经多次重修和扩建，增加生员，聘请良师，教学质量不断提高。

庆历年间（1041～1048 年），莆田官学（军学、县学）生员名额不受限制，只要学舍能够容纳就可以入学，但规定士子须学满 300 天方可参加军的贡士试（亦称进士发解试）。崇宁年间（1102～1106 年），应军贡士试者不限于在学生员，这样每年应试学子多达千余人。后来，有关方面将军学和县学生员数量与举贡士中试数绑定，如果举贡士中试数超过 200 人，允许录取 100 名生员入学；如果贡士中试不足 200 人，允许录取 67 名生员入学。宋沿唐制，由兴化军举行贡士试（亦称试进士），凡军贡士试中试者可参加会试。军贡士试（含县生员

---

① 转引自李弘祺《宋代官学教育与科举》，台北：联经出版事业股份有限公司，1994，第 117 页。

试）的内容参照会试科目，设九经、五经、三史、三传、三礼、学究、明法、开元礼等，每三年举贡士科考一次。宋初，兴化军贡士试于军学内举行。绍兴十年（1140年），改在广化寺普门庵举行。淳熙二年（1175年），兴化知军将一处兵营旧址扩建为贡院，此后军贡士试改在贡院举行。这一时期，莆田应贡士试者多时达6000余人。淳化三年（992年），军贡举考校以及县学、军学考试，都根据朝廷统一要求，实行试卷糊名并建立锁院制度，要求考官在考选期间与外界隔离，有时隔离时间长达50天。从上述政策性设计可以看出，官方的目的在于使官学教育和科举考试衔接起来，实现彼此间的互通、互动。

兴化军学重视通过名贤事迹来教育学生。在军学的名贤祠中，供奉了16位莆田乡贤的牌位，有林攒、林藻、林蕴、方仪、蔡襄、林冲之、林郁、叶颙、郑厚、郑樵、陈俊卿、龚茂良、林光朝、刘夙、刘朔、郑侨。每逢特定的日子，官方便会组织师生前往祭拜。通过这种方式向先贤致敬，使师生受到潜移默化的教育。"岁时率诸生敬拜祠下，企道躅，挹典型，以格浮薄，以激廉耻，崇乡党之化，莫尚焉。"① 黄灏在《兴化军名贤合祀记》中指出："莆邦文学号邹鲁，学宫壮伟甲于闽都，其巍峨岌嶪可望而不可亲者，夫子之宫墙堂奥也。"同时，他认为学宫"合是邦典型文物之盛而萃于一堂，邹鲁之风彬彬在是矣"。

兴化军学师资较为完备。北宋时期对府学教授的选派很慎重，教授的名额是根据全国各地府学的规模来确定的，往往在比较长的一段时间里保持名额的稳定，不会轻易增减名额。如元丰年间（1078~1085年），全国仅设53位教授。福建设教授的州见于记载的有建州、福州、泉州、兴化军，建州和福州的府学教授名额一度达到三名，表明其办学规模很大。兴化军学被列为设教授的官方教育机构之一，可认定为其也具有一定的办学规模。

兴化军学能够得到比较大的发展，原因是教育经费比较充足。通常，地方官学在经济上大都面临着压力，仅提供学生膳食一项就需要耗费不少钱粮。陆游指出，"崇宁间（1102~1106年）初兴学校，州郡建学，聚学粮，日不暇给。士人入辟雍，皆给券，一日不可缓，缓则谓之害学政，议罚不少贷"。② 莆田地方官学的情况好很多。据考证，宋代兴化军所拥有的学田及所收田租，超出朝廷规定的府学一级教育机构应当拥有的学田定额。此外，还通过官府拨支的形式，提取库银用于购置学田以及直接将原为废寺所有的田地转为学田。

① （明）周瑛、黄仲昭：《重刊兴化府志》，蔡金耀点校，福建人民出版社，2007，第765页。
② （宋）陆游：《陆放翁全集》上《老学庵笔记》卷2，中国书店，1986，第14页。

2. 莆田县学

在发展军学的同时，县学一级的教育机构也得到发展。关于莆田县学，留存下来的资料很少，其情况比较特殊。弘治《兴化府志》记载："莆田县学，附郭。以事理度之，盖自唐设，其额张九龄书也。宋高宗绍兴十九年（1149 年）教授徐士龙改作军学，乃以县学附于大成殿东偏，有职事位，及显道、式谷二斋。"①《八闽通志》指出："绍兴十九年（1149 年），教授徐士龙重修，并新教授厅于学之西，设县学于庙之东。"② 两段文献谈及宋代的莆田县学时所用篇幅很少，言语亦很简洁，以至于有研究者感叹其始建情况无法稽考。不过，若仔细分析，从中仍然可以寻到一些相关信息。如其系唐代所设，宋代在此基础上形成兴化军所属的莆田县学。其历史比较悠久，在很长一段时间里都是单独设置。到了绍兴十九年（1149 年），被改为兴化军学。但是，仍然保留了莆田县学的架构，只是将之附设在兴化军学内的孔庙的东面。也就是说，唐时莆田县学就在后来的兴化军学所在地，而兴化军学是在县学之地创建，且仍保留了县学。县学除有两斋的规模，还有专门的人员编制。莆田县学重视学田的征集与管理。嘉定六年（1213 年），知县叶文炳委学职核实租谷置籍画图，明确土地分界及四至等，对学田进行规划和整合。宝祐二年（1254 年），知县赵与泌委派官员核实当地交纳租税的数量，要求将余下的租税用以在县学中养士。除官方通过学田提供充足的教育经费之外，莆田县学还接受社会捐助，一些官员也将俸禄捐出用于办学。

3. 仙游县学

宋代，仙游县学无论在学校规模、建筑规制、师资力量、学田配备方面都较为完善。早在唐圣历二年至长安四年（699 ~ 704 年），仙游便在城西建立县学。到宋咸平五年（1002 年），将县学迁建于县署南面，设有正殿、讲堂、射棚（后扩建为射圃）等，又建了游圣亭、移风厅，以及日新、中鹄二亭，被称为"学门列戟，学宫庄严"。庆历八年（1048 年），对县学学舍进行重修，竖立进士题名碑以激励士子向学。元祐九年（1094 年），对县学进行修葺。徽宗年间，县学一度被损坏。绍兴九年（1139 年），曾任广东肇庆知府的仙游人陈可大率先捐资，并动员族亲与友人一道出资重建县学，得到时任知县谢天民的大力支持和帮助。此后，仙游县学又经过多次扩建。乾道七年（1171 年），知县赵公绸扩建大成殿、尊道堂和忠告、明伦、笃志、懿文、宣德、诚意 6 个书斋。

① （明）周瑛、黄仲昭：《重刊兴化府志》，蔡金耀点校，福建人民出版社，2007，第 442 页。
② （明）黄仲昭：《八闽通志》下，福建人民出版社，1991，第 33 页。

同时，建有瑞英堂、六经阁、祭器库、乐器库及土地祠、庖舍等。嘉定年间（1208～1224 年），知县叶文炳在尊道堂后面分别建蔡公祠和叶公祠，以纪念仙游历史上的蔡襄和叶颙两位著名人物。绍定六年（1233 年），知县黄登对尊道堂进行重修，在瑞英堂的原址上修建亭台。嘉熙四年（1240 年），知县黄清叟开始在县学内实行三献官的祭祀制度。宝祐三年（1255 年），知县赵与泌在尊道堂东侧修尊经阁，西侧建文会堂。次年，在尊经阁后修建朱子祠。经过长期持续的增修，仙游县学的规模不断扩大，成为当地重要的教育场所。同时，仙游县学重视学田的经营和管理。绍兴三年（1133 年），兴化军通判许巽撰《建兴院学田记》，并立碑于仙游县学宫。碑文以简洁的文字介绍了兴化郡守赵彦励将废弃寺院——建兴院的田地重新加以调配并拨作学田的事迹，并指出赵彦励以建兴院的田产钱计 11 贯 264 文 4 分用于资助仙游县学办学。作者对此举十分赞赏，称其"居官为循良吏，立朝必为名臣云"。这从一个侧面表明，在当时府县两级官员中，关注和发展教育已然成为一种风气。

4. 兴化县学

兴化县在人口与辖区方面不如莆田县和仙游县，在县学教育方面则有所长。关于兴化县学的情况，志书中有较为详尽的记述。"在兴泰里，县治东南一百八十步。学门列戟，大成殿塑先圣、先师、十哲像，绘诸贤于两壁。讲堂在大成殿后，学长、学谕、教谕、直学位列于讲堂学门之左右，四斋分次于两庑。按本县旧志，绍兴二年（1132 年）始建学，规摹甫立。自后知县朱斐创敷典堂，张钧新大成殿，黄逸建议道堂，梁舒立适正坊，陆南置书籍。县尉蔡美置祭器。主簿周若思于敷典堂东西庑立六斋，东曰升俊、存诚、适正，西曰时习、果行、兴贤。"[1] 从中可以看出，多位官员采取化整为零的做法，根据财力和能力，各自局部性地进行庙与学的建设，最终使兴化县学具备了一般县级官学所具有的基本要素，如庙学合一、重视儒学传承、教师配备齐整、祭祀地点和教学地点完全依照传统加以确定等。

需要指出的是，宋代地方官学在规模上有一定限制。一般而言，县学只有数十名学生，比较完善的州学也仅有 200 名左右学生，在这方面北宋与南宋的差别不大。朱熹指出："福州之学，在东南为最盛，弟子员常数百人。"福州府学在北宋教育改革的高潮时期，生员人数一度达到 1200 人，但这只是特例，正常年份的录取人数为 200～300 人。兴化军学与莆田、仙游、兴化等县学的规模

① （明）周瑛、黄仲昭：《重刊兴化府志》，蔡金耀点校，福建人民出版社，2007，第 443 页。

明显比福州府学的规模小，能够接收的学生自然也少。尽管如此，其在地方教育上的地位却是独一无二的，备受尊崇，是官民向往的教育与文化中心，因受到重视而得到大的发展。莆田科举取士稳居全国前列的事实为此提供了佐证。

（二）书院

宋代，莆田兴办书院的形式日益多样化，既有民办书院，又有公立书院，还有私立公助书院和公立私助的书院。随着经济发展和重教兴学风气的盛行，一些具有科举功名的人致仕后也创办书院，为家乡培养人才。一些地方官支持办书院，甚至亲自出面建书院，或到书院讲学。一批有较高儒学修养和学术水平的学者应邀到书院授徒讲学。在多种因素的交互作用下，莆田书院的整体质量高，易于吸引学子入学。由于与科举考试接轨，不少学生中了举人和进士，进而入仕为官，使书院的影响力越来越大。此外，书院本身在组织结构、管理体系、教学形式等方面也形成特色，这使其成为地方官学的有力补充。

1. 莆田县书院

宋代，莆田县比较著名的书院有涵江书院等。涵江书院由镇官郑雄飞建于淳祐五年（1245年），专教孔氏后裔。同时，建孔庙，拨田产供孔庙祭祀和书院开支。景定五年（1264年），郡守徐直谅上书朝廷，请求赐额，宋理宗御书"涵江书院"赐之，又委派祝洙为首任山长。据说祝洙曾研读朱熹《四书集注》，见书中有引而不发的内容，便采诸家语录附之于下，名曰《四书集注附录》。他担任涵江书院山长期间，大力阐扬师说，发明经旨，讲篇时出，受到士子肯定。这所书院就性质而论应属官办书院，在办学规制和教育管理方面与私人所办书院有明显区别。

图 3 - 36 涵江孔庙正学门

图 3 - 37 李富塑像

梅峰书院位于莆田城内的梅峰上，为李富所办。李富出身殷实之家，少年时就有志操，平日里习文练武。金兵入侵时愤然而起，舍家财，招兵买马，率三千义军北上抗金。解甲返乡后从事慈善事业，捐资修筑桥梁，还创办书院，培养人才。绍兴二十六年（1156 年），黄公度在《宋殿前制干澹轩李先生梅峰书院碑》中提到了李富办梅峰书院的一些情况。黄公度指出，在莆田城北隅的梅峰之麓有一片占地百余亩的岗地，是李富的祖业。李富家族将这块地献出建了"崇宁禅寺"，寺的西面则建"卧云轩"作为藏修讲学之处，后来演变为梅峰书院。由于既是寺庙，又具有教学职能，这一建筑群落被视为"讲寺"。黄公度认为李富不但忠心许国，抗金业绩卓著，返乡后还重整梅峰书院，以"阐明理学为务，乐施养士为心"。"凡修郡学以化育人才，筑海堤以保障民业，造桥建亭以普济行人，皆出自己赀，曷尝有所市于人也？"[①] 李富长时间从事办学活动，还著书立说，有《澹轩集》《春秋集注》等存世。学生中出现不少学有成就者，如徐师仁、刘孔修、黄庚、林观等。黄公度与李富的孙子李茹"有同门之谊"，所以撰写了这篇文字，赞扬其为"一代元良，百世师表"。

涵江书院和梅峰书院是莆田较有代表性的书院。涵江书院属官办书院性质，山长具学官身份。由于其注重理学的传承，又可视之为理学书院。梅峰书院由个人所办，校址是祖地，建筑费用和日常经费由私人独自承担，具有典型的私人书院特征。但是，教学质量高，培养人才多，所以远近闻名。

莆田地区较为知名的书院还有仰止堂、红泉书院、金山草堂等。仰止堂，陈宓从朱熹讲学于此；红泉书院，林光朝、林亦之、林网山讲学处，亦称东井书堂；金山草堂，林光朝、林充、林褒讲学于此。

2. 仙游县书院

宋代，仙游的书院也不少，其中会元书院比较有名。会元书院初建于闽王王审知治闽之时，位于仙游枫亭塔斗山顶会元寺附近，前身为"青螺草堂"，后成为士子就读之所。绍兴十七年（1147 年），朱熹被授予同安县主簿，赴任路过塔斗山，在此聚集四方文人学子研读，并倡议重建时已破败的会元书院。于是，当地文人学子集资予以重建。后来，会元书院学生中有数十人中了进士，有的从政后成为具有全国性影响的人物。

双林书院在仙游赖店。景祐四年（1037 年），国子助教茅知至辞官回乡，在此建书院，授徒讲学。大飞书院在仙游县城北大蜚山上。绍定五年（1232

---

① 郑振满、丁荷生编纂《福建宗教碑铭汇编·兴化府分册》，福建人民出版社，1995，第 17 页。

年），特奏名进士俞畤，依左壁山门构筑讲堂，自镌"大飞书院"，授徒讲学。慈云亭书院在仙游园庄。嘉定初年（1208 年），王迈出仕前在家乡慈孝里（今园庄）设养正堂。出仕后，该处成为乡儒修课授徒之所，里人将之扩建为慈云亭书院。金石书院位于仙游县城北金石山，傅楫年轻时曾于此读书，后于治平四年（1067 年）考上进士。

（三）私学

宋代，莆田的私学较发达，大多以书堂、义斋、义学、草堂等形式出现，形成"三家四书堂"的景象，数量在福建居于领先地位。这些私学形式多样，多依靠个人或宗族的力量，采用独资或集资的方式创办，受教育对象除自家子弟、同宗子弟外，有的还扩大到不具有血缘、亲缘关系的儿童。义学与义斋、书堂是宋代莆田私学教育的重要形式。这些教育机构虽然名称不同，但在本质上很难将之加以严格区分，所以相关方志往往将其归为一类加以介绍。

1. 书堂、义斋、义学、草堂

宋代莆田规模较大、影响较远的私学教育机构有数十所，如郑耕老的郑氏书堂，黄问的上林义斋，方泳、方洞兄弟的寿峰义斋，方峻的植德堂，陈襄的金石山书堂，郑樵的夹漈草堂，郑厚的溪东草堂，郑樵、郑厚的芗林书堂，林尧的龙华书堂，林国钧的东井书堂，林光朝的金山草堂，郑安正的木兰书堂，林安中的澄渚梯云斋，黄公偃的静和轩，郑侨的澄坑书堂，黄绩的东湖书堂，陈尧道的东湖书堂等。

图 3 - 38　涵江黄氏家族书堂

在莆田，义学是私学的重要组成部分。义学也称"义塾"，是指旧时靠官款、地方公款或地租设立的蒙学，招生对象多为贫寒子弟，免费上学，学中所教大多只是识文断字。其之所以发展迅速，原因是多方面的，而重要的原因在于做到"义"与"学"的有机结合。"义"指公益性，这决定了创办者大多没有谋利的意图，只是在尽社会义务。"学"指接受教育，平民阶层子弟谋求通过教育改变命运，但缺乏财力，而设在家门口的义学大都是非营利性的，使得接受初级教育成为可能，自然受到人们的欢迎。"义学之所以能够在社会上推广，日渐多见，又有理想的力量在推动。义学结合了'义'与'学'两项理想，'学'有助于'教化'，'义'则关怀到大众。这两项理想，经由富家的财力结合在一起，具体呈现为义学，使得教化能够施及更广的人群，政府力量所不及之处因而获得弥补。因此，义学从出现以来，就一直受到政府或士大夫的肯定，为之宣扬。"① 确实，从深层次探究，多数莆田私学呈现的是理想和现实兼顾、拔擢人才与教育关怀并行的形态，其公益性往往超过功利性，所以受到官方与民间的共同支持。

表 3 - 3　宋代莆田部分私学设置情况

名称	学址	建立时间	创建人
上林义斋	今涵江黄巷村	咸平年间（998~1003 年）	黄问
寿峰义斋	今庄边镇仙寿峰	天禧年间（1017~1021 年）	方泳、方洞
植德堂	今西天尾镇白杜村	天圣年间（1023~1032 年）	方峻
木兰书堂	木兰陂	元祐年间（1086~1094 年）	郑安正
南峰书堂	今白沙镇越王山	宣和年间（1119~1125 年）	郑樵
溪东草堂	今庄边镇溪东村	宣和年间（1119~1125 年）	郑厚
澄渚梯云斋	今西天尾镇澄渚村	建元元年（1127 年）	林安中
东井义斋	今黄石镇红泉宫	绍兴九年（1139 年）	林国钧、林光朝
蒲弄草堂	五侯山（今东峤镇珠川）	绍兴年间（1131~1162 年）	林光朝
松隐岩	今黄石镇青山	绍兴年间（1131~1162 年）	林光朝
一经书堂	今荔城北河一经铺	淳熙年间（1174~1189 年）	方万
仰止堂	今荔城阔口村	淳熙年间（1174~1189 年）	陈宓
东湖书堂	今城厢南门外	淳祐年间（1241~1252 年）	黄绩
东里书堂	今荔城东里巷	咸淳年间（1265~1274 年）	黄仲元

资料来源：莆田县地方志编纂委员会编《莆田县志》，中华书局，1994，第 772 页。

2. 私学管理模式

福建的不少私学是以实施学约的方式来进行管理的，莆田的私学也是如此。

① 梁庚尧：《宋代科举社会》，台北：台湾大学东方出版中心，2015，第 126 页。

宋时，学约这一形式尚处于初始形态，但在莆田的私学中却已出现较为成熟的学约。如黄问办上林义斋时，便手订五条著名学规。史载，黄问字公裕，侍讲君俞之父，通五经，于居庐之南为义学，聚四方英俊，立五规以警之。"一曰修身谨行，二曰立志抗节，三曰潜心经术，四曰学通世务，五曰限日收功。"这五条学规言简意赅，涵括德行、节操、治学、实行、学程等方面的内容，且易懂、易记、易于实践。在当时的历史条件下，要求学生"留心世务"，表明制定者目光长远，致力于培养的不是书呆子，而是经世致用之才。

办私学需要经费支撑，莆田的私学创办者主要通过购置学田来解决，多数私学的田产达数十亩，最多的达千亩。

3. 私学与科举

宋代，莆田不少私学的办学目标是培养学生参加科举考试的能力，这使其与科举取士之间具有紧密的内在关系。

宋初，黄问在新兴里创办上林义斋。黄问通《五经》，办学的目的是聚四方英才而教之。黄问的儿子黄君俞也在这所义斋读书，治平四年（1067年）擢许安世榜进士。

真宗天禧年间（1017~1021年），方泳、方洞在莆田城西北的广业里创办寿峰义斋，每年有50余人来学，在当时属规模较大的私学。培养的学生在科举时代具有较强的竞争力，据说有一年同舍人举选，这所义斋学生相继登第者七人。"天禧间，方泳与其弟洞筑斋于此，以来四方贤士，岁不下五十余人。一夕，山神折花七枝置几上，是岁七人俱荐，相继擢第，独陈升之位跻上相。"① 有人赋诗赞美这种教育奇观，曰："义斋昔启虎蹲岗，一夕山夔预报祥。会客曾闻居鼎席，应须重立相儒堂。"② 方泳族侄方次彭、方次夔兄弟，另一族侄方公衮，先后中了进士。后来，方次夔的六个儿子都当了官。其子安道、原道与叔父公衮、次皋同登进士第。当时的兴化知军谢履得知后非常高兴，写诗称："一榜君家桂四枝，清朝荣盛似君稀。相将月窟轮边去，大笑金鳌背上归。骐骥各酬千里志，凤鸾争向九天飞。行人尽指仙峰下，峰下十年无白衣。"由于教学质量高，四方学子慕名前来就读的人数不断增加。

设于莆田黄石水南的群仙书社，是一处家庙和家塾并存的教育设施，由当地朱氏先祖创设。据其后人回忆，这位被称为"宣义十五公"的先祖，"自幼耽

---

① （明）黄仲昭：《八闽通志》下，福建人民出版社，1991，第36页。
② （明）黄仲昭：《八闽通志》下，福建人民出版社，1991，第36页。

学嗜书，博通今古，奈命乖累试不第，于舍侧南僻地一区，命工斫木，架成堂宇二座三十余间，外为华表。前座为家庙，祀先世神主，以寓时思之敬，揭其匾曰'朱氏祠堂'。后座为家塾，训子侄读书入仕，以为报国之忠，揭其匾曰'群仙书社'。遂乃聘道德之士及族中之有学行者，遣族中子侄鼓箧从游，使日授其业，朝夕讲论，日月刮劘"。[①] 该书社的创办者虽饱读经书却屡试不第，于是修建了两座堂宇，作为祭祀和教学的综合性场所，聘请富有学行之人前来为族中子弟讲授。后来，在这个书社就学的不少学子去参加科举考试，获得功名的竟有42人之多。

4. 私学教师

在长期的私学办学实践中，莆田涌现出一批有影响力的私学教师，形成在全国都享有盛名的文化群体。首先，这些私学教师在当地富有文名，道德文章都不错，美誉度也高，追随他们就读的人数较多。如仙游人林磻，嘉定十三年（1220年）进士，王迈曾拜他为师。仙游人林蒙亨，不少兴泉学子随之学习。仙游人郑鼎新，嘉定十六年（1223年）进士，少游著名理学家黄榦门下，考究礼书成编，家居设有义塾、义庄。乾道八年（1172年）登科特之黄补，有及门人数百人，"时林光朝讲学城南，补在城东，几与齐名"。黄补讲学城东，与大儒林光朝形成互相呼应之势。黄绩弃举子业，立志求道，在莆田城南筑东湖书堂，传朱子学，执教乡里30年。绍兴五年（1135年）以赋魁天下之郑厚在兴化县讲学，从之学习者甚多。其次，这些教师在治学方面颇有心得，有的甚至还是具有很高学术造诣的专家。如郑耕老，绍兴十五年（1145年）进士出身，在浙江明州的州学任过教授，在国子监任过主簿，所著《周易洪范中庸解》被作为当时官办书院和国子监的教材。他淡泊名利，无意仕途，归居家乡的木兰溪草堂。郑耕老主张立身以力学为先，力学以读书为本。强调修养品行从学习开始，学习以读书为根本，提出的"大小九经"学习方法多为后人所仿效。其筑书堂于木兰陂上，讲学其中，一时名士多从之游。同郑耕老一样，一些私学教师将教学与研究结合起来，舌耕不忘著述，取得不俗成就，有的甚至对中国史学的发展和文化的传承起了重要作用。如郑樵创办夹漈草堂，参与弟弟郑槱在广业里南峰寺西麓创建的南峰书堂和堂兄郑厚创办的芗林书堂的教育活动。此外，还先后在溪西书堂、麦斜书堂授徒讲学，引导学生读古人之书、求百家之学。郑樵的学识在当时首屈一指，其撰写的《通志》与杜佑的《通典》及马端

---

① 郑振满、丁荷生编纂《福建宗教碑铭汇编（兴化府分册）》，福建人民出版社，1995，第50页。

临的《通考》合称"三通"，为古代知识分子必读之书，被认为是继司马迁《史记》之后的又一部史学巨制。再次，一些私学主办者在地方上的影响力大，容易争取到社会赞助，办学条件较好，甚至能为学生提供免费食宿。如林光朝在族叔林国钧的资助下，在红泉宫"开门教授"，史称"红泉义学"。因地处黄石东井，又称"东井书堂"。其为前来从学之士免费提供食宿，各地求学者纷至沓来，每年都有数百人之多。此外，从私学教师的构成来看，他们大都具有家学渊源，接受过良好的教育，不少人得过科名，任过官职，是一个具有较高文化层次和较大社会影响力的群体。他们在青少年时期都曾在私学接受教育，成名后又以授讲学徒为职志，具有较高的社会责任感。在教书育人的过程中，他们中的一些人还著书立说，形成自己的思想体系和学术主张，在区域文化传承和创新中发挥着重要作用。

综上所述，宋代兴化军的教育具有显而易见的普遍性和全面性，具体表现为办学机构明显增加，参与办学的人员素质比较高。官方对办学的重视与民间对办学的热情投入十分紧密地联系在一起，从而促成莆田教育史上的一个兴学高潮。莆田办学的具体形式和方法有不少创新之举，书堂、义学、义斋等形式的出现，完善了教育结构，扩大了受教育的范围。在办学经费方面，多渠道、多方面筹措。就其办学的总体效果而言，其不同层次的分类办学在一定程度上实现了教育下移。正是由于以上原因，宋代莆田学校、书院林立，习儒成风，科甲鼎盛，人才荟萃，成为福建乃至中国著名的教育中心之一。

三　科举的兴盛

宋代实行重文偃武政策，社会环境和文化环境相对宽松。随着生产力的发展、教育的兴盛、科举考试制度的日臻完善，考试取士呈现常态化，开考科目稳定，取录人数增加。在这种大趋势影响下，素来崇儒重文的莆田社会出现积极变化，士子争相参加科举考试，考中人数长时间居国内前列，文化影响力持续提升，莆田由此进入科举的兴盛时期。

（一）科举名邦地位的奠定

在封建社会里，科举取录人数的多少与科名等第的高低，是衡量一个区域教育实力、人才培养质量乃至文运昌盛与否的重要指标。宋代，莆田在这方面处于优势地位，历来受到世人的认可和好评。

1. 状元的考取

在科名的最高层级——状元的考取方面，莆田士子表现突出。熙宁九年

（1076年），徐铎殿试第一，薛奕武科进士第一，时有"一方文武魁天下"之誉。绍兴八年（1138年），莆田士子考取了同一科的状元（黄公度）、榜眼（陈俊卿），加上名列第四、年方18岁的龚茂良（榜幼），以及年纪最大的74岁的林邓（榜尊），被时人称为"四异同科"。乾道五年（1169年），郑侨殿试第一。端平二年（1235年），吴叔告殿试第一。咸淳四年（1268年），陈文龙殿试第一。在宋代有籍贯记载的113名状元中，福建籍状元19名（一说21名），仅次于浙江（24名）。其中，福州籍状元8名（一说7名），紧接其后的是莆田（5名），分别是以上所列的徐铎、黄公度、郑侨、吴叔告、陈文龙。黄仲昭在《皇明兴化府乡贡进士题名记》中，称宋代莆田魁天下者五人，登宰辅者六人。"有文武并魁者，有魁亚联擢者，其盛极矣。"宋人伊洙曾指出："状元登第，虽将兵数十万，恢复幽蓟，逐强虏于穷漠，凯歌劳还，献捷太庙，其荣亦不可及也。"[①] 这段话由于形象、生动地描绘了状元在人们心目中的尊崇地位，而常在有关科举史的研究文字中被引用。在应考人数多、竞争激烈的态势下，莆田士子能获得状元头衔十分不易。

图3-39　状元徐铎画像　　　　图3-40　名相陈俊卿画像

2. 兴化军进士人数

在进士的取中方面，莆田士子成绩斐然。宋时的兴化军辖莆田、仙游、兴化三个县，在全国州军一级的行政区划中体量较小。综合历史和现实的原因，根据人文底蕴的深浅、人口数量的多少、生产力发展水平的高低，其内部科名排列大致可分为三个梯次：莆田县为第一梯次，仙游县为第二梯次，兴化县为

---

① （宋）田况：《儒林公议》卷上10，中华书局，2017，第8页。

第三梯次。据弘治《兴化府志》记载，从宋太祖建隆元年（960年）开科取士开始，至庆历二年（1042年）的83年中，兴化军中进士93人。其中，莆田县63人、仙游县24人、兴化县6人。从庆历六年（1046年）到神宗熙宁三年（1070年）的25年中，兴化军中进士94人。其中，莆田县67人、仙游县23人、兴化县4人。显然，莆田县科考实力雄厚，仙游县次之，兴化县则相对落后。仙游县的科名虽不如莆田，但与同期全国其他区域相比，其科举取士的实力仍居前列。《仙溪志》对仙游县的科举成就有较为形象的描述，称："仙溪地方百里，科第蝉联，簪缨鼎盛，甲于他邑。自昔有'一门两公相，五里三待制'之谣。"① 刘克庄称赞仙游县"魁彦胜流不可胜书"。尽管在各县域中存在科举取士方面的差异性，形成显而易见的不平衡局面，但兴化军作为一个行政主体，所拥有的总体上的科举取士优势始终客观存在，长期以来人们对此没有太多异议。

关于宋代兴化军科举登第人数，有多种说法。以下综合相关福建典籍和当代学人的观点，按其出现的时间顺序加以排列和简要分析。《八闽通志》载宋代进士分布（含特奏名）情况，其中兴化军中进士1588名，内有正奏名1005名，特奏名583名。② 《福建通志》认为，兴化军中进士1013名，其中莆田县703名、仙游县228名、兴化县82名。刘海峰和庄明水在《福建教育史》中援引贾志扬在《宋代学子的艰难门槛：科举的社会史》一书中所载各路进士人数统计表，认为兴化军在北宋时中进士468名、南宋时中进士558名，合计中进士1026名。与此相应，他们认为："从地方志统计所有进士数，兴化军在宋代共中进士1026名，而汀州和漳州分别只有80名和268名。"③ 莆田学者在具体数字的确认方面也有所不同。有的认为："两宋，兴化科举达到鼎盛时期，考中进士的人数917人。"④ 有的认为："两宋320年间共举行118次进士考试，录取进士约39000余人，其中福建籍进士7000多人，名列全国第一。区区只有3个县的'兴化军'却举进士1014人，诸科、特奏者等742人，为福建进士总数的25%，占整个莆田进士总数（自唐至清2375人）的74%左右。这就是说，宋代所取进士中，每39人中就有一个莆田人。"且"当时'兴化'的人口数只占全国总人口的0.5%，但考取的进士数却占全国进士总数的4.5%，无论从考取进士的绝

① （宋）黄岩孙：《仙溪志》卷3，福建人民出版社，1989，第55页。
② 参见（明）黄仲昭《八闽通志》下卷53《选举》，福建人民出版社，1990，第235～265页；戴显群、方慧《福建科举史》，黑龙江人民出版社，2012，第114～115页。
③ 刘海峰、庄明水：《福建教育史》，福建教育出版社，1996，第73～75页。
④ 金文亨：《兴化进士》，厦门大学出版社，2001，第32页。

对数，还是按照人口比例考取进士数而言，宋代莆田科举考试都居于福建乃至全国前列，'兴化军'科甲鼎盛由此可见一斑"。① 还有的认为："两宋320年间，莆田共举进士1014人，诸科、特奏名等742人，宋代所取进士中，每42人中就有一个是莆田人，莆田人中状元、榜眼、探花以及中赋魁、别试第一名的人数，也是位居福建之首。"② 从来自莆田学者的三种说法可以看出，其中的两种说法认同宋代莆田有1014人中进士。这应是目前学界的一种基本判断。

宋代莆田中进士人数之所以存有争议，各家说法不一，原因是多方面的。从迄今为止问世的研究成果中可以看到，即便在《宋史》中涉及这方面的记载也有不准确之处。如在莆田士子叶颙、林震登科时间的记载上便存在误记。关于叶颙，《宋史》卷384《叶颙传》指出："叶颙字子昂，兴化军仙游人。登绍兴元年（1131年）进士第，为广州南海县主簿、摄尉。"有研究者认为，高宗绍兴元年（1131年）未行贡举。杨万里《诚斋集》卷119《叶公（颙）行状》记载："壬子，车驾幸扬州，廷策进士，公擢第，调广州南海主簿兼摄尉。"靖康之变后，高宗赵构南逃至扬州时确在那儿亲试过一次，但时间为建炎二年（1128年）。"壬子"乃绍兴二年（1132年），该年虽行贡举，地点却在临安。《叶公（颙）行状》所云，被认为是自相抵牾。林光朝在《艾轩文集》卷8《叶公行状》中认为："建炎以来，岁多巡行，礼部贡举分诸路，公以是第进士，调广州南海县主簿。"如此，叶颙登进士第的时间，为绍兴二年与建炎二年二者之一。陈骙在《南宋馆阁录》卷7《官联上》中则明确记载，叶颙乃绍兴二年（1132年）"张九成榜同进士出身"。有研究者据此认为，《宋史》本传所载当改作"登绍兴二年进士第"为是，这样亦可补叶颙行状之阙失。③ 关于林震，《宋史》卷449《林冲之传附从子震传》指出："林冲之，字和叔，兴化军莆田人……（从子）震，字时勇，崇宁元年（1102年）进士，仕至秘书少监。"有研究者认为，徽宗崇宁元年（1102年）未行贡举。林震生平履历，史无明文，唯成书于民国时期的《福建通志》总卷33《选举志》转录《闽书》所载，言其为"崇宁二年（1103年）霍端友榜"进士。考《闽书》作于明万历年间（1573～1620年），作者何乔远"荟萃郡邑各志，参考前代载纪，以成是书"。故林震登第年代应以此为据。④ 以上表明，即便在官修正史中对莆田中进士人数的认定也存在

① 林祖泉：《莆田历代科考及第探析》，《福建史志》2014年第5期。
② 《莆田通讯》编辑部：《莆邦文学号邹鲁》，《莆田通讯》2016年第3期。
③ 何忠礼：《科举与宋代社会》，商务印书馆，2006，第195～196页。
④ 何忠礼：《科举与宋代社会》，商务印书馆，2006，第205～206页。

误差，这使得今人很难仅根据一家之说便对此做出准确判断。

综合各家统计，可知北宋和南宋共举行 118 次进士考试，录取进士 39000 余名。其中，有福建籍进士 7000 多名，兴化军举进士 1000 余名，另有诸科、特奏名等 700 余名，上述数字虽只是大概统计，但基本可以采信。其实，不论哪种说法，兴化进士总数的差距并不大，且丝毫不影响莆田作为科名大郡的历史地位。一个具体区域在一个朝代拥有千余名的进士规模，足以在同期国内科举排行榜上名列前茅。

3. 特奏名进士

这里有必要提及颇受争议的特奏名进士，因为在莆田中进士者中相当多的人得到的是这类功名。所谓特奏名，指凡解试合格而省试或殿试落第的举人，积累到一定举数和年龄，可不经解试、省试，由礼部特予奏名，经分别等第后赐予出身或授予官衔。不过，获得者需具备"举数"和"年甲"两个主要条件。宋代于正奏名进士之外专设特奏名进士，目的是笼络士人，安抚贫寒的年老举子。开宝三年（970 年），宋太祖首度进行特奏名进士的选拔，将参加进士、诸科 15 举以上，且能坚持考试到终场者共 106 人特赐本科出身。有宋一代，获特奏名进士的人数较多，仅咸平三年（1000 年），便有特奏名者 900 余人。所谓"咸平三年（1000 年），亲试陈尧咨等八百四十人，特奏名者九百余人，有晋天福（936～943 年）中尝预贡者。凡士贡于乡而屡绌于礼部，或廷试所不录者，积前后举数，参其年而差等之，遇亲策士则别籍其名以奏，径许附试，故曰特奏名"。[①] 特奏名制度的设立，意味着取士名额的增加，所谓"退者俟乎再来"，为科场失意者保留了下一次成功的机会与希望。莆田士子参加科考的积极性很高，不少人是屡败屡战，符合特奏名进士录取条件的人数也多。从元丰五年（1082 年）黄裳榜起至咸淳十年（1274 年）王龙泽榜止的 193 年间，共产生特奏名进士 582 人。莆田不但特奏名进士所占比例较大，还有 8 人甚至名列特奏名进士榜首，如刘景旸、郑测、林泃美等。[②] 据记载，在绍兴十五年（1145 年）的科举取士中，"甲申，特奏名林泃美（莆田人）等二百四十七人，武举正奏名应褒然等二人、特奏名三人，授官有差"。[③] 特奏名进士不是通过传统选拔方式而产生，明显含有照顾一部分人的推恩性质。我们认为，特奏名进士的情况比

---

① 《宋史》卷 155《选举志》，吉林人民出版社，2003，第 2260 页。
② 莆田市莆仙文化研究院编《莆田市名人志》（上册），福建人民出版社，2014，第 10 页。
③ （宋）李心传：《建炎以来系年要录》卷 153，中华书局，2013，第 2894 页。

较复杂，有争论实属正常。然而，作为科举取士的重要组成部分，特奏名进士是科举功名的一种称谓，获得者自然意味着取得了功名，这是官方认可的，也为当时的社会所承认，后人没有理由轻易加以否定。

4. 兴化军科举的影响

莆田科举取士的成绩令人瞩目，受到朝廷肯定，获得解额较一般府州军多。在福建八个府州军中，兴化军的解额数一度达 44 名，超过拥有七个县的泉州和拥有五个县的南剑州、汀州，列全省第三位。理宗端平元年（1234 年）取消牒试后，朝廷将牒试部分空出的解额追加给临安、绍兴、兴化等十余州府及四川诸州府，新增解额达 170 名，是南宋时期给州郡增加解额最多的一次，体现了官方对莆田等地科举取士成就的认可、重视和褒奖。

莆田科名之盛引起诸多知名人士的关注和好评。陈执方于庆历年间（1041 ~ 1048 年）知兴化军，对当地文教发展有所贡献。王安石在他去世后作《陈执方神道碑》，指出："兴化多进士，就乡举者常八九百人，而学舍弊小，无文籍，公至则新而大之，为之讲书，而国子之所有者皆具。时庆历中（1041 ~ 1048 年）也。今三岁一诏就试，凡六千九百三十四人，几七倍也。"[①] 以王安石在朝野的地位和声望，"兴化多进士"的赞叹自然受到时人注目。在很长一段时间里，虽然在取士人数等具体问题上存有争议，但从未有人怀疑莆田的科举实力。段全在《仙游县学文宣王庙记》中指出："圣宋以文化天下，岁诏州县贡秀民，十倍于昔，而闽人十计三四。"[②] 蔡襄在《仙游县学进士题名记》中以兴化军为例强调："每朝廷取士，率登第言之，举天下郡县无有绝过吾郡县者。甚乎其盛也哉！"[③]

（二）科举家族的持续出现

1. 科举家族的出现

在中国人才史上常出现集聚效应，在合适的社会条件下，因天时、地利、人和，某个特定区域在一定的历史时期不断产出优秀人才，进而形成辐射作用，对周边区域的人文进步乃至社会发展都产生积极作用，是否出现集聚效应的重要衡量标准是科举家族的产生与否及数量的多寡。宋代，在很长一段时间里，由于生产力发展、重视文教、社会治理宽松、生存环境安定，各地都出现特点各异、数量不等的科举家族。莆田也是如此，一些科举家族逐渐形成并持续发

①　（明）黄仲昭：《八闽通志》卷 86《拾遗》，福建人民出版社，1990，第 1022 页。
②　郑振满、丁荷生编纂《福建宗教碑铭汇编（兴化府分册）》，福建人民出版社，1995，第 375 页。
③　（明）周瑛、黄仲昭：《重刊兴化府志》卷 28，蔡金耀点校，福建人民出版社，2007，第 760 页。

挥影响力。科名方面出现集聚效应，且持续时间长，涉及人数多。

　　据统计，莆田三四代连续登科的家族有 14 个。在这些科举世家中，以方、林、陈、黄、郑等家族最为著名。其中，方氏获功名者 111 人，林氏获功名者 98 人，陈氏获功名者 94 人，黄氏获功名者 66 人，郑氏获功名者 56 人。"合计北宋五姓共 205 人，占莆田进士人数的 60%，南宋五姓共 220 人，占莆田进士人数的一半。"[①] 在仙游，一门登进士第超过 10 名的家族有 4 个，父子同登进士第的有 14 对，兄弟同登进士第的有 15 对，其中有 4 对兄弟在同一年同科考中进士。《莆阳比事》指出，截至宋宁宗嘉定初年（1208 年），兴化军所辖三县有官族世家 308 支，能形象反映这些世家在科第攫取中兴盛状态的联对有："名亚虎榜，魁占龙头""南宫高第，璧水上游""四异同科，七名联第""三世登云，四代攀桂""父子一榜，昆季同年""进士甲科，诸试优选""大魁祖孙，双元文武"。

图 3 - 41　记载宋元明清黄氏家族科第人物的白塘科第坊

2. 科举家族的特点

（1）重视文化传承和改善当地教育环境并举

　　在传承文化和改善当地教育环境方面，各科举家族都采取了切实可行的措施，且积累了许多经验。其中，方氏家族尤为突出。南宋时期，方大琮对方氏家族在北宋的史事进行回顾时指出："太平兴国三年，陈氏奉版籍以归，莆升为郡，士气百倍，预选者有人，天下之视莆隐然若一大郡。吾长官子孙亦可以备磨砻振迅，出为世用矣。独以庙学未立，无师承为郡阙。典秘监之子仪，以布衣间关万里，俯伏阙廷，慷慨上书，名动京师。咸平改元，有诏立学，仪倾家资以助，族人从之者翕然，河南氏之气始吐。二年，仪遂与弟能、从子谨言始

----

① 梁庚尧：《宋代科举社会》，台北：台湾大学东方出版中心，2017，第 202 页。

克举茂才京师。复拜疏于朝，请大其址。京人曰：此向之伏阙请立学者，而今复与其弟、侄俱来矣。三年，学成，河南氏之气始张。仪遂以是年与谨言联名擢太常第。豪杰之士，虽无学校犹兴，夫岂不能自奋收一第，而切切于立学如营私计，其爱邦人子弟深矣。则莆之有学自吾方氏始。"[1] 从这段文字可以了解到，真宗咸平元年（998 年）朝廷下诏要求地方设立学校，在这之前方氏族人就已先行北上京师请求设学，方仪是力主其事者。下诏之后，方氏族人提供了兴建学校所需要的经济支持。其之所以强烈要求并积极配合政府在莆田设学校，除有阐扬文运的考虑外，还试图借助莆田独立设郡产生的积极影响，推动子弟在科举考试中出人头地。包括方氏在内的莆田不少科举家族人士认为，只有兴学育人蔚为风气，教育氛围浓厚，子弟才会受到好的影响而一心向学。由此，他们大都将鼓励子弟求取功名与推进当地教育的发展紧密联系在一起，展示了这些科举家族的远见卓识。

（2）强调"种德"与获取科名并行不悖

方氏长辈"福平长者"注重子孙教育，"子孙满前，督教不倦"。长子"有声乡校，将贡不果，而能以长兄助其父课子弟于学"。同时，注重通过行善来"种德"。方大琮在《宋宝章阁直学士忠惠铁庵方公文集》卷 32《记后埭福平长者八祖遗事》中，详细讲述了福平长者种德的事迹及其后裔在举业上的表现。如"高价买产，贱价粜廪，值岁荒，则倾困无吝色，……饥食寒衣，病药死棺，人人满意。衲子持疏以桥、道、寺、宇请者，无不遂其求"。平日发廪捐金、疗疾赈贫、造桥铺路，多行善事、造福乡里。"福平长者"后人众多，从孙子一辈开始，孙子、曾孙、玄孙三代均有人登第。方大琮是玄孙辈，写此文时，再下一辈也有人预荐。"甫一传后，联翩策名，五世其昌，蓄久发宏"。方大琮本人在地方、朝廷都任过官，做过广东经略安抚使，儿子方演孙也曾出任官职，累官司农卿。方大琮用"种德"一词讲述方家的事迹，认为积善与种德是相关联的，回报未必是落在种德者自身，而是应验在后嗣的科名上。在莆田，持这种理念的科举家族不少。有家族祠堂以"种德"作为堂号，一旦家族子弟在科举、仕宦上有了成就，便认定是家族长期的种德有了成果，这在客观上将积德行善和求取功名有机结合在一起，对于推动文风兴盛和完善社会治理都具有正面作用。

---

[1]　（宋）方大琮：《宋宝章阁直学士忠惠铁庵方公文集》卷32，四川大学古籍研究所编《宋珍本丛刊》第79 册，线装书局，2004，第 72～73 页。

（3）兄弟共同登第现象较为常见

图 3-42　反映陈俊卿家族辉煌
历史的对联

林氏家族。熙宁六年（1073 年）余中榜，林嗣先、林嗣宗兄弟登第，当时录取的莆田籍进士有 20 人。据统计，宋代莆田林氏中进士 205 名，其中正奏名进士 125 名，诸科进士 8 名，其他科进士 12 名，还有 60 名特奏名进士。[1] 兴化军有 20 对兄弟双双同科及第，林氏家族就有两对，分别是林宋臣、林宋弼和林岳、林准，还出现林汝大、林栋父子同科及第的现象。陈氏家族。天圣八年（1030 年）王拱辰榜，陈动之、陈说之兄弟同年登第，当年录取莆田籍进士共 11 人。陈动之，莆田县孝义里人，陈绛长子，为甲科第八名。陈说之，陈绛次子。两兄弟与著名文人欧阳修都是同榜进士。熙宁六年（1073 年）余中榜，陈孝纯、陈中复兄弟同年登第，当时录取莆田籍进士 20 人。郑氏、翁氏、吴氏、蔡氏、徐氏等家族也都出现兄弟同登的现象。元祐六年（1091 年）马涓榜，郑亨道、郑事道兄弟同年登第，当年录取莆田籍进士 16 人。莆田福兴里竹啸庄人翁乾度生有六子——翁处厚、翁处恭、翁处易、翁处朴、翁处廉、翁处休，六子皆中进士，且都是兄弟同榜得中进士，即所谓"六子三榜双折桂"。庆历二年（1042 年）杨寘榜，吴乘、吴秉兄弟同年登第，当年录取莆田籍进士 10 人。熙宁三年（1070 年）叶祖洽榜，蔡京、蔡卞兄弟同年登第，这一榜有莆田籍进士 8 人。熙宁九年（1076 年）徐铎榜，徐锐、徐铎兄弟同年登第，当年录取莆田籍进士 12 人。令人称奇的是，一科之中竟有叔侄四人同登第及两对莆田籍兄弟同时上榜的。元丰二年（1079 年）时彦榜，录取莆田籍进士 14 人，方公衮、方次彪、方原道、方安道叔侄四人同年登第，一时传为佳话。元符三年（1100 年）李釜榜，莆田有两对亲兄弟同年登第，一对为苏烨、苏械兄弟，另一对为郑升之、郑敏之兄弟，当年录取莆田籍进士 30 人。据统计，兄弟同年同科登第 4 家，兄弟同登进士 11 家。出现兄弟同登第的原因并不复杂，两人共同攻读，教育环境相同，使用教材相同，

---

①　林祖泉：《莆田林氏科第录》，海峡文艺出版社，2017，第 5 页。

甚至授教者也都相同，如果禀赋差异不大的话，自然会有上述结果。

（4）出现一个家庭数代都有人中进士的现象，俗称"联第"

在莆田，有父子两代联第14家，三代联第1家，四代联第1家，六代联第1家。还有一人领起数人或数代联第。陈骥领起子孙三代3人联第，蔡准（蔡京父亲）领起四代6人联第，许积领起六代9人联第，陈次升领起一门5人联第，叶宾与余象各领起一门15人和7人联第，许程领起一门12人联第，蔡襄领起一门25人联第，傅楫领起一门28人联第。这种现象出现的原因亦不复杂，与科举家族长期累积的学养和学识、形成的应试能力和经验、先行者的成功示范以及较强的经济实力等有关。

应当指出，莆田科举家族的出现和发展与科名集聚的产生之间存在正效应。一些家族凭借自身所拥有的经济条件、文化传统、教育优势，大力支持子弟应试并持续性地获取科名，客观上使后来者受到鼓励。他们在长者引导下，以族中科名成功者为榜样，于人生的初始阶段便立志搏击科场，并为此进行严格的学业方面的训练，这样族中的成功者便逐渐多起来。长此以往，地方上就会出现强者愈强的科举家族，影响力甚至绵延数代而不绝。这种家族内部的正效应辐射到一定范围内的其他科举家族，形成相互比较、效仿、追赶的局面，进而对莆田全域的教育发展和文化传承产生推动作用。

（三）科第人物参与科举改革

在莆田，还出现科第人物从政后积极参与科举改革与科考实务的现象。不少科第人物作为科举制度实施的亲历者和受益者，在相关层级上或积极推动科举改革，或担纲科举实务，做了许多实际工作，其中的一些人甚至对宋代科举发展的走向产生影响。

1. 提出改革科举的具体建议

早在北宋时期，一些莆田士子便参与有关科举改革的讨论；南宋时期，莆田籍科第人物和官员对科举制度的关注一以贯之，且提出不少改革建议。

蔡襄关注科举改革，在《国论要目·择官》中指出："今之取士，所谓制科者，博学强记者也；进士者，能诗赋，有文词者也；明经者，诵史经而对题义者也。是三者得善官，至宰辅皆由此也。"他深刻认识到科举取士的弊端，经过深思熟虑，认为必须痛下决心予以改革并由此萌发关于改革路径方面的一些设想。庆历三年（1043年），蔡襄上《论改科场条制疏》，指出："臣闻有国家者，取天下之士，将以治民而经国耳。故敦其行，欲以表风俗；试其才，欲以济成务。今进士之诗赋、明经之帖义，于治民经国之术了不关及。其间或有长才异节之士，幸而有之，或官而后习，非因设科而得也。"他对于进士、明经两科取士的改革十分关注，认为："以试策为去留进士之术，以大义为去留明经之术，庶几可行也。"在这一认识的基础上，蔡襄提出三条改革建议。第一条建议："天下之州军尽许立学，选择乡里有年德通经义者，补为教授，讲说经书，教授生徒。不应举者，三年后乞与助教名目，且令说讲。应举之人，须经本州学听书，其日限以国子监新立条约为例。"强调了参加科举之人必须接受学校教育，并由官方教育机构负责核验，这在客观上提升了考生素质，并将原先相互脱节的教育与选士紧密结合起来。第二条建议："请试策三道为一场；考校验落外，次试论为一场；又考校验落外，次试诗赋为一场。以三场皆善者为优，或策论、诗赋互有所长，则互取之。其策仍请一道问经义异同，以观其识；一道问古今沿革，以观其学；一道问当世之务，以观其才。此其大略也。"主张将试策、论、诗赋等考试内容有机组合在一起，既考"学"的内容，也检验"术"的能力，突出了科考中对综合能力的检测。第三条建议："明经只问所习经书异同大义，所对之义只合注疏大意，不须文字尽同。或自有意见，即依注疏解释外，任自陈述，可以明其识虑。若以经科文人所习已久，未能变革，即艰其取，而薄其恩。取能对大义者，颇优奖之，自然稍有智识之人去彼取此。"[①] 主张明经考试重在检验考生的理解和运用能力，反对一成不变地照搬经义内容，强调学贵贯通和发挥，从而达致选拔真才的目的。

蔡襄的科举改革主张具有调整力度大、涉及面广等特点，保守的官员难以接受，视蔡襄为同道的庆历名臣范仲淹、富弼等对此也有不同意见。"内欧阳修、蔡襄更乞逐场去留，贵文卷少而考较精。臣谓尽令逐场去留，则恐旧人扞格，不能创习策论，亦不能旋通经旨，皆忧弃遗，别无进路。"出于对"逐场去留"可能造成负面后果的担忧，范仲淹等主张采取相对稳健的改革举措。"臣请进士旧人三举已上者，先策论而后诗赋，许将三场文卷通考，互取其长。两举、初举者，皆是少年，足以进学，请逐场去留。诸科中有通经旨者，至终场，别问经旨十道。如不能命辞而对，则于知举官前，讲说七通者为合格。不会经旨者，三举已上，即逐场所对墨义，依自来通粗施行。两举、初举者，至于终场日，须八通者为合格。""又外郡解发进士、诸科人，本乡举里选之式，必先考

---

① 诸葛忆兵：《宋代科举资料长编》北宋卷（上），凤凰出版社，2017，第410页。

其履行，然后取以艺业。"① 虽然皇帝最终采纳范仲淹等人的意见，但从长远看蔡襄的改革主张更具应用性和彻底性，值得予以肯定。

2. 参与科举考试的制度性改革

在宋代科举考试中，确立并实行糊名与誊录制度，被视为有助于完善科举考试的重大制度性变革。其中，糊名制度的产生与莆田籍官员陈靖有关。糊名早在宋前就已出现，在很长一段时间里只是偶尔用之。宋初开始用在殿试中，具体出现的时间在（太宗）淳化三年（992 年）。据李焘的《续资治通鉴长编》卷 33 记载，当年三月戊戌，"上御崇政殿，覆试合格进士。先是，胡旦、苏易简、王世则、梁灏（一说颢）、陈尧叟皆以所试先成擢上第，由是士争习浮华，尚敏速，或一刻数诗，或一日十赋。将作监丞莆田陈靖上疏，请糊名考校，以革其弊。上嘉纳之。于是召两省、三馆文学之士，始令糊名考校，第其优劣，以分等级"。《文献通考》卷 30《选举三》记载："淳化三年，是岁诸道举人凡万七千余人，苏易简知举，殿试始令糊名考校。"这表明，在陈靖提出建议的当年便开始在科举考试中实行糊名。此时的糊名与后来的糊名略有区别，即主要防范部分士子在功利性目标驱使下，"习浮华，尚敏速"，而考官也以"先进"（先交卷）者为优先录取对象。既然试卷被糊名，考生是谁无从知晓，"敏速"便无意义，考官也难以上下其手。陈靖官职不算高，但颇具使命感，对相关弊端的危害有深刻认识，发声之前似做过一番访察和评估。糊名制度的确立取决于皇帝意志和重臣考量，但陈靖的首倡极具推动力。

在推动科举改革方面，莆田人陈次升也做出了努力。绍圣二年（1095 年）十二月，时任提点湖北路刑狱的陈次升提出："按《贡举敕》，举人因子孙授封官，或进纳得官，或摄授官后免解，或特奏名，而愿纳付身文书赴省试、御试者，听。今欲添入'应奏授，不理选限官。准此'十字。"② 所谓"付身文书"又称付身文字，是吏部发给官员随身携带的"功过历"，上级官府在上面注明"该官员于某年月日奉某官司之命，差到干办某事，至某年月日替罢；有无未结绝事件、在假月日、不在职月日，以及展磨减勘指挥等"。"功过历"含有身份介绍、官方评鉴等方面的内容，是士子参加科考时需要提交的重要材料之一。陈次升在以往做法的基础上建议增加十个字，使得实际上对参加考试者身份的界定更为严格。由于这项建议针对性强，有助于完善科举考试的相关环节，有

---

① （宋）李焘：《续资治通鉴长编》卷 143，中华书局，1984，第 3436 页。
② 诸葛忆兵：《宋代科举资料长编》北宋卷（下），凤凰出版社，2017，第 934 页。

效防范资历不足者进入科场，且是一个官员负责任的体现，所以得到朝廷"从之"的批复。同月，陈次升在《上哲宗论五路举人省试》中，对京东、陕西、河北、河东、京西等州军的取士问题提出建议，其间涉及考试公平问题。他指出，熙宁间（1068～1077年），朝廷以声律记诵之学不达先王道德之妙，所以罢声律、损诸科，以经义取人。由于这五路参与诸科考试者多，为使之顺利过渡，对这些地方的举人"别作一项考校"。实行20余年后，情况有了大的变化。当地"人习经义之学，与诸路举人无异。兼元祐以前，诸科解额有阙，并许发解进士。其举人赴省试者甚多，近年已行罢去。每及十人，方取一人。发解举人既少，南省奏名尚别作一项考校，显属未均"。他建议："南省奏名除曾应诸科改应进士外，其五路举人与诸路衮同考校，庶得均济取进上。"① 通过均济来达致取士的相对公正与合理，这是他提出这项建议的出发点。元符元年（1098年）八月，时任左司谏的陈次升就科场管理提出建议。此前，为防止考生乘夜黑作弊，禁止燃烛夜考，所有考试均要求考生凌晨入试，傍晚交卷。陈次升认为这样做不足以杜绝舞弊，强调"举人就试，将烛入院者，乞依怀挟法"。② 所谓怀挟法，是宋代在科举考试中处理考生携带、包藏的法律规定。"乞依怀挟法"，意味着考生若是将烛带入贡院便是犯法，自然要受到相应处分。这项建议很快得到朝廷的批准。

3. 以兴学运动来助推科举取士改革

崇宁年间（1102～1106年），在蔡京主持下展开兴学运动，史称"崇宁兴学"，其涉及层面较多，最重要的部分是"罢科举，改由学校取士"，太学地位由此凸显，成为改革和兴学的主要场域。此次兴学，被认为是继范仲淹"庆历兴学"、王安石"熙宁兴学"之后的第三次兴学运动，是中国教育史上的重要事件。现代教育史家认为："上述宋朝三次兴学运动，虽然前两次均未能取得预期的效果，但都不同程度地将宋朝教育事业向前推进了一大步。第三次兴学，对宋朝教育事业发展所起的促进作用，更是超过了前两次。"③

蔡京主张大兴学校于天下，谋划将太学外舍析出另建外学（辟雍），专门用来安置外舍生。生徒由州学每三年选贡一次，确定的名额为3000人，太学里只收上舍生和内舍生。崇宁元年（1102年），时任宰相的蔡京提出天下皆置学，

---

① 诸葛忆兵：《宋代科举资料长编》北宋卷（下），凤凰出版社，2017，第934页。
② 诸葛忆兵：《宋代科举资料长编》北宋卷（下），凤凰出版社，2017，第947页。
③ 孙培青：《中国教育史》，华东师范大学出版社，1992，第337页。

小郡或应举人少，即合二三州共置一学。凡学均设教授二员。州、县皆置小学。同时，推三舍法遍行天下。蔡京的兴学计划实际上是一个精简太学的计划，最大限度地集中有限的财力，以达到培养高层次人才的目的。同时，促进普遍教育的实施，以学校教育的加强和质量的提升来取代科举考试。当年，"命将作少监李诫即城南门外相地营建外学，是为辟雍……士初贡至，皆入外学，经试补入上舍、内舍，始得进处太学"。由此，蔡京的教育计划开始正式实施。

对于蔡京的改革，有人认为会使学校与科举关系错乱，科举失去取士的意义，而沦为压制士林的工具。即便一些温和人士，甚至理解和支持改革的人士，对此也存有疑虑和担忧。曾任端明殿学士的黄裳考虑"公私繁费，人不以为便"，提出"宜近不宜远，宜少不宜老，宜富不宜贫，不若遵祖宗旧章，以科举取士"。曾慥在《高斋漫录》中指出，章惇曾对访客表达对蔡京改革的担忧："蔡元长必行三舍，奈何？"访客表示："三舍取士，只《周官》宾兴之法，相公何为不取？"章惇回答道："正如人家有百金之产，以其半请门客教弟子，非不是美事，但家计当何如？"访客听了觉得有道理，所谓"闻者以为知言"。上述史料表明，黄裳、章惇等有影响的人物担心这项改革会影响传统科举取士政策的实施，且忧虑财力不足以支撑这一改革。

由于复杂的原因，蔡京等推行的地方三舍及州学升贡被终止实行，但是制度上的一些设计得以保留。尤其是后来直接将省试落第之人送到太学去受教育，然后再准许参加科举考试，等同于无形中承认太学教育与科举考试相衔接的事实，这在中国考试制度史上是一个重要变化。有研究者认为，蔡京在历史上常被视为大奸臣，所以没有人正面研究他对教育的贡献，很长一段时间里蔡京的教育计划及其实施无人知晓。"其实地方三舍及舍试授官的制度都在蔡京主政时付之实现。南宋后引省试落地之人按解额比例送往太学，然后付以'免解'资格，与地方州县贡士一同再参加省试，无形中等于承认太学（国子监）是一个资格，以后演化至元之国子监'贡生'，历坐斋（在学）三年便可充贡学，与举人同资格；明之'举监'（会试下第之人充之）及贡监（州郡学生员升贡），皆源自蔡京学制及南宋之'混补''待补'，一路相承，可见影响之深。"① 这段文字的作者以详尽的史料为依据，客观评价了蔡京在教育改革上的作为，具有较强的说服力。

除参与科举制度的改革外，不少莆田科第人物还接受朝廷派遣的科举实务，

---

① 李弘祺：《宋代教育散论》，台北：东升出版事业有限公司，1970，第157页。

图 3-43 蔡京画像与蔡京墓

主持或具体参与中央与地方组织的科举考试。

蔡襄等一批莆田籍官员虽然身处时代有别、科名等第有别、官职有别、从政经历不同，但都关注科举改革，倾一己之力而为之，提出许多改革构想并付诸实施，在中国科举考试史上写下厚重一页。他们对科举取士改革的关注与推动持续不断，一以贯之，且注重具体问题的发现和解决，所提建议契合实际，可操作性强，易于收到成效。他们之所以能这样做，与其深刻认识到科举改革对宋代社会发展和政权稳固具有重要意义有关。通过参与科举实务，累积、丰富选才经验，不少莆田籍官员实现了从科举制度的亲历者、受益者到科举制度的执行者、完善者的人生转变，对扩大自身的仕宦空间也有助益。

（四）科举制度下的人生际遇

在竞逐科名的大背景下，士子对功名的追逐达到痴迷程度，不少人间悲剧由此引发。宋初，穆修在《河南穆公集》卷2《送李秀才归泉南序》中记述了他时隔11年与考进士时结识的泉州举子李某再次相见的情形。两人都已面老心衰，李某却还在科场中拼搏，即"犹举于进士场中"，这令他很吃惊。有研究者认为李某的境遇不算最差，比他差的大有人在，如莆田的方应龙。王迈在《莆阳方梅叔（应龙）墓志铭》中透露：方应龙生前考试不停，但始终未能如愿以偿，直至在孤寂和困顿中抱憾离世。"天无老眼，命压人头，偃蹇不得志，赍恨下泉。唐人所谓'直教桂子落坟上，生得一枝魂始消'者，非君之谓欤？"① 在现实生活中，像方应龙这样终老场屋却壮志未酬身先死的莆田士子还有不少。

一些莆田士子自思难以获得功名，便早早选择放弃，如林亨之。黄仲元在

---

① 《臞轩集》卷11，收入王国太主编《王迈全集》，中国文史出版社，2015，第154页。

《隐君子林君亨之墓铭》中指出，林亨之"年十六，即弃举子业，曰'三场焉能名世！'千里求师，授六经，学不肯为章句"。[①] 有研究者认为，林亨之这样的人属于"转"得早的一类人。"这些人'转'得早，但代价也很高：放弃举业就意味着放弃仕途，在以科名为中心的社会里，他们只能被边缘化，做着以诗文或学问'自娱'的'隐君子'。"[②]

科第人物即便功成名就，人生仍面临一系列不确定性因素，甚至最终的结局也不好。状元黄公度因受秦桧打击而遭贬，秦桧死后被重新起用。在奉召回朝的旅途上恰逢除夕，于浦城渔梁驿舍中以极复杂的心态写下《乙亥岁除渔梁村》："年来似觉道途熟，老去空更岁月频。爆竹一声乡梦破，残灯永夜客愁新。云容山意商量雪，柳眼桃腮领略春。想得在家小儿女，地炉相对说行人。"黄公度运用对偶，从岁末欲雪到春光明媚，把大跨度的不同时间的两个意象组合在一起，增加了意境之美，试图用残冬将尽、春天正迎面而来的憧憬来消解当前旅途的艰困。[③] 全诗以情出景，以景寓情，情景相生，虚实结合，用词鲜明，质朴真切。但是，黄公度所憧憬的春天并没有来临。到临安后，因秦桧余党依然把持朝政，他只得了个考功员外郎的闲职。极度失落之下，他的精神饱受摧残，满头疏发，身体虚弱，不到半年便赍志以殁。人们感叹，以之才识造福邦国本当有一番成就，可偏偏造化弄人，命运不济，郁郁寡欢，英年早逝，朝野为之痛惜。在那个年代，虽有科第盛名但怀才不遇者远不止黄公度一人，追根溯源与业已存在的朝政败坏、人才观扭曲以及科举取士制度产生的负面影响等因素有关。

宋代，尽管科举考试给许多莆田士子造成诸多缺憾，但应举出仕依然是重要的人生选择。其中，不少人历经寒窗苦读，在科场上脱颖而出，实现了从下层社会向上层社会的移动，进而在很大程度上改变了个人的命运。就整个区域而言，莆田由于取录数量多、科名等第高而成为全国的科举名区，由此收获人才迭出所产生的多种红利。在经由科举入仕的莆田士子中涌现出一批政治、经济、军事、文化、艺术、教育方面的突出人物，如蔡襄、黄公度、陈俊卿、郑侨、王迈、刘克庄、陈文龙等，也出现了蔡京等有争议的人物。其中，在《宋史》中被立传的官员多达30余人，宰相（辅）10名、尚书16名、侍郎22名。

① 《翠微南征录·黄仲元四如先生文稿·吾汶稿》中《黄仲元四如先生文稿》卷4，上海书店，1986年影印本。
② 祝尚书：《宋代科举与文学》，中华书局，2008，第566页。
③ 吴邦江：《宋代民俗诗研究》，南京大学出版社，2010，第230页。

不少科第人物入仕后勤政廉政，关心民众疾苦，在一定程度上改善了官场生态。从整个历史时段来看，莆田士人在科举方面所取得的成就，对区域社会变迁和经济发展的影响是深远的，也有助于鼓励地方子弟向学，促进文教事业发展。

四 文学艺术繁荣

宋代莆田文学艺术的繁荣，首先得益于经济的发展，特别是莆田木兰陂的建成使莆田平原的农业生产出现前所未有的繁荣景象，同时手工业和海运业的繁盛使商业也有了长足的发展，为地方文化发展奠定了物质基础。其次，宋代莆田地区教育科举发达，政治精英和文化精英辈出。宋代所取正奏名进士中，每 39 人中就有一位是莆田人，故一代名相王安石曾赞叹"兴化多进士"①，朱熹亦赞"莆人物之盛"②。这些士子除了参与国家管理外，还热衷于著书立说，繁荣一代文化。再次，宋室南迁后，文化中心南移，福建与浙江相邻，学术日渐繁荣，藏书数量大增，兴化成为藏书、著书、刻书的渊薮，不负海滨邹鲁之誉。在诸多因素的共同作用下，宋代莆田名家辈出，著述如林，据统计，著书作者达 250 余人，著作 2632 部 5000 多卷，现存 63 部。被收入《四库全书》的有 35 部 838 卷，存目 8 部 17 卷，有 15 位词人作品收入《全宋词》③。

（一）北宋文学名家

北宋莆田文学名家灿若繁星，有作品传世者如徐昌图、蔡准、方龟年、蔡襄、陈睦、方惟深、陈次升、林迪、蔡京、蔡卞、徐铎、方天若、蔡伸、蔡佃、蔡攸、方略、蔡絛、徐师仁、黄泳等，其中蔡襄是北宋莆田文学最有成就的代表人物。

蔡襄（1012～1067 年），字君谟，号莆阳居士，仙游枫亭人，后迁莆田蔡宅。19 岁中天圣八年（1030 年）进士甲科，任过福州太守、泉州太守、杭州太守等地方官，也当过知谏院、礼部侍郎等京官。史称"三上三下，官宦生涯三十七年，为政清廉，忠国惠民"。去世后，孝宗乾道（1165～1173 年）中追谥忠惠，有《蔡忠惠集》（《端明集》）传世。

蔡襄多才多艺，在文学方面，被尊为闽中"宋调"的确立者。宋初至真宗朝几十年间，诗坛上出现白体、西昆体、晚唐体诸流派，他们都试图改变五代

① （宋）王安石：《临川先生文集》卷88《司农卿分司南京陈公神道碑》，中华书局，1959，第914页。
② （元）李有：《壶公山记》，李修生主编《全元文》第35册，凤凰出版社，2004，第333页。
③ 今人一些著述谓《全宋词》收录兴化词人11人，实际应为15人，即徐昌图、蔡襄、陈睦、陈居仁、蔡戡、蔡京、蔡伸、黄童、黄公度、苏十能、方信孺、王迈、刘克庄、刘克逊、陈彦章妻。

图 3 – 44　蔡襄塑像

以来的靡弱诗风，尽管都以中晚唐诗相标榜，但未能跳出唐诗窠臼而形成自己的独特风格。宋诗真正形成自己的风格是在仁宗朝，以范仲淹、石延年、尹洙、梅尧臣、欧阳修、苏舜钦等为代表，其中欧阳修是当时诗文革新的领袖人物。蔡襄比欧阳修小 5 岁，与欧阳修为同榜进士，同时步入政坛，不但政治主张比较接近，文学思想也相似。蔡襄提倡"道为文之本，文为道之用"[1]，主张"由道而学文"，反对"由文而之道"。他认为形式美而内容空洞无物的文章毫无用处，所谓"其道馁焉，而其文虽工，终亦莫之致也"[2]。

　　蔡襄在散文、诗作中实践着自己的理论，其散文受韩愈、欧阳修的影响，又有自己独特的风格。他有不少政论性的文章，如《乞罢吕夷简商量军国事》《论绝元昊通和其终亦战》《废贪赃》《强兵》《富国》等都是思想性高、洋溢阳刚正气、语言明畅、逻辑严密的好文章。其他如《祭范侍郎文》《祭弟文》等悼念亲人挚友之作，则感情真挚，凄恻动人。描绘山水的散文，更具有高超的艺术技巧。如《游径山记》中，作者以流畅奇秀的文笔，一步步地把读者引入林壑幽美的境界。《葛氏草堂记》状草堂主人的悠闲自得情怀，颇富文采。

　　蔡襄今存诗约 400 首，其诗在仁宗朝尽管不如欧、梅，但从其诗的整体风貌来考察，与欧、梅、苏、黄并无二致。四库馆臣评其诗云："今观所作，虽未能排突欧、梅，驰骤坡、谷，在北宋诸作者间，亦不失为第二流焉。"[3] 蔡襄是

---

① （宋）蔡襄《端明集》卷 27《答谢景山书》。
② （宋）蔡襄《端明集》卷 27《再答谢景山书》。
③ （清）永瑢等：《四库全书简明目录》，上海古籍出版社，1985，第 617 页。

在闽中最早确立宋调的诗人。蔡襄写了不少田园山水诗，明朗活泼，清秀淡雅，表达了诗人纯朴、健康、热爱大自然的思想感情，具有较高的美学价值。如《江村》："黯澹江村春日斜，汀洲芳草野田花。孤舟横笛向何处，竹外炊烟一两家。"一些神、气俱佳的小诗尤其可爱，如《登清风楼》："郭外清溪溪外山，溪云飞上破山颜。清明天气琉璃色，何处峰头带雨还。"犹如一幅泼墨的山水画，清新动人。又如《榴花洞》："洞里花开无定期，落红曾见逐泉飞。仙人应向青山口，管却春风不与归。"本诗吟咏福州榴花洞之四季如春，犹如世外桃源。有的诗还蕴含哲理，如《十三日吉祥院探花》："花未全开月未圆，看花候月思依然。明知花月无情物，若使多情更可怜。"道出了再美好的东西也不尽如人意的哲理。

蔡襄有《北苑十咏》，分别咏北苑御茶园（在今建瓯）的地理位置、采摘、制造、试茶、井水、贡亭等，用诗记述茶叶的采制过程，在诗史上当属首见。蔡襄是宋代四大书家之一，其《观宋中道家藏书画》长诗，赞美书画的精妙，追怀故人的恩德。《鄺阳行》一诗，用白描散文手法，浅近鲜明的语言，描写鄺阳一带（今属河南永城）水灾的悲惨景象，真实反映了人民的疾苦，具有很强的感染力。诗云："《春秋》书大水，灾患古所评。去年积行潦，田亩鱼蛙生。今岁谷翔贵，鼎饪无以烹。继亦掇原野，草莱不得萌。剥伐及桑枣，折发连檐甍。谁家有仓困，指此为兼并。头会复箕敛，劝率以为名。壮强先转徙，羸瘠何经营？天子忧元元，四郊扬使旌。朝暮给馆粥，军廪阙丰盈。殍亡与疫死，颠倒投官坑。坑满弃道傍，腐肉犬豕争。往往互食啖，欲语心魂惊。荒村但寂寥，晚日多哭声。哭哀声不续，饥病焉能哭。止哭复吞声，清血暗双目。陇上麦欲黄，寄命在一熟。麦熟有几何，人稀麦应足。纵得新麦尝，悲哉旧亲属。我歌鄺阳行，诗成宁忍读。"① 这样深刻具体的灾情描写，在蔡襄之前是少见的。

在北宋，蔡襄诗名仅次于欧、梅、苏、黄，在福建则是第一流名家，唯其诗名常被其为人磊落之品格、为官辉煌之政绩以及显赫之书法盛名所掩蔽，遂不为人所重矣。

（二）南宋文学名家

宋廷南渡后，政治文化中心南移临安，对莆田文化发展则产生更多积极影

---

① （宋）蔡襄：《蔡襄全集》，陈庆元等校注，福建人民出版社，1999，第21页。

响。在浓厚的文化氛围下，莆田出现了郑樵这样的布衣史家、柯梦得等布衣诗人，而大批的科举人才中更不乏文学名家，如叶颙、林大鼐、郑耕老、黄公度、陈俊卿、林光朝、方翥、龚茂良、刘夙、刘朔、郑侨、薛元鼎、廖鹏飞、陈宓、丁伯桂、方信孺、方大琮、王迈、刘克庄、刘克逊、吴叔告、李丑父、黄绩、李俊甫、陈文龙等。其中黄公度、陈俊卿等都是知名文学家，刘克庄更是一代文坛宗主。

1. 郑樵

郑樵是著名史学家，也是文学家。郑樵（1104～1162年），字渔仲，兴化县广业里（今涵江区新县镇）人，他一生不应科举，以布衣身份，在夹漈山刻苦力学30年，立志"集天下之书为一书"。他于绍兴十八年（1148年）徒步赴临安献新著书18种、140卷，复返草堂继续著书，于绍兴三十一年（1161年）完成了200卷巨著《通志》（《郑氏通志》），在史学、经学、语言学、文献学乃至自然科学方面，都有开拓性的贡献，《通志》与《通典》、《通考》合称"三通"。郑樵一生著述宏富，除《通志》外，传世的还有《夹漈遗稿》《尔雅注》等。

图 3 - 45　郑樵雕像与《郑氏通志》

郑樵的诗歌传世的只有60多首，但思想性、艺术性都很高。其《建炎初秋不得北狩消息作》云："昨夜西风到汉军，塞鸿不敢传殷勤。几山衰草连天见，何处悲笳异地闻。犬马有心虽许国，草茅无路可酬君。微臣一缕申胥泪，不落秦庭落暮云。"此诗借春秋时期楚国大夫申包胥的报国事迹，表达了自己对二帝北狩的痛心与关心，同时也抒发了报国无门的愤懑之情。郑樵描写村居的《负耒歌》云："烟冉冉兮雨纷纷，负耒耜兮出柴门。出柴门兮踏行云，茫茫山色天未分，相率歌吟兮乐耕耘。"又《插秧歌》云："漠漠兮水田，袅袅兮轻烟。布谷啼兮人比肩，纵横兮陌阡。"这类诗歌采用楚骚形式，自由酣畅，语言平白又极富诗意，故《四库提要》评"其诗不甚修饰，而萧散无俗韵；其文滉漾恣肆，多类唐李观、孙樵、刘蜕，在宋人中亦自为别调"。① 这里所说的"别调"，就是"难能可贵"的意思。

2. 黄公度

南宋莆田文学名家更多的是出于科班。如黄公度（1109～1156年），字师宪，号知稼翁，莆田东里巷（今荔城区英龙街）人。绍兴八年（1138年）状元，签书平海军节度判官，除秘书省正字，后任广东肇庆通判及南恩州太守，终考功员外郎。黄公度善文工诗，有《知稼翁集》《知稼翁词》传世。其文"典重温雅，如为其人"，其诗则"格律森严，兴寄深远"，精深而不浮于巧，平淡而不近于俗，有忧国忧时的伤悲，有坚节守志的自白，在南宋初期自成一家，颇受洪迈等人赞赏。《四库提要》评云："其诗文皆平易浅显，在南宋之初，未能凌踏诸家，然词气恬静而轩爽，无一切澳涩龌龊之态。"② 如《悲秋》云："万里西风入晚扉，高斋怅望独移时。迢迢别浦帆双去，漠漠平芜天四垂。雨意欲晴山鸟乐，寒声初到井梧知。丈夫感慨关时事，不学楚人儿女悲。"本诗寄意深远，借写"悲秋"抒发爱国情怀，缘季节之变化而感时事之变化，"悲秋"者乃"悲"金兵南侵，朝政腐败，故国河山已笼罩于萧飒"秋气"之中。"丈夫感慨关时事，不学楚人儿女悲"，正是全诗的主旨。《宋词三百首》收有黄公度《青玉案》词："邻鸡不管离怀苦，又还是、催人去。回首高城音信阻。霜桥月馆，水村烟市，总是思君处。裛残别袖燕支雨，谩留得、愁千缕？欲倩归鸿分付与。鸿飞不住，倚阑无语，独立长天暮。"此词写于黄公度应诏入京前夕，他在行前预感到前途不妙，借写高楼之人依依不舍的情态与别后无法释怀的情抱，看似在说佳人对他的留恋之情，实是在表达词人对自己入京以后政治前途的担忧。"鸿飞不住，倚阑无语，独立长天暮"，于不言之中，我们可以体会到词人那腔痛之入骨的哀伤。

3. 陈俊卿

与黄公度同科的陈俊卿（1113～1186年），字应求，号陆梅、六梅，莆田县

---

① 《四库全书》卷159别集十二《夹漈遗稿》三卷提要。
② 《四库全书》卷158别集十一《知稼翁集》二卷提要。

玉湖（今荔城区阔口村）人，绍兴八年（1138 年）榜眼，授泉州观察推官，累迁监察御史、殿中侍御史。后历官参赞军事、通判南剑州、监察御史、吏部尚书，拜同知枢密院事兼参知政事，其"以用人为己任，所除吏皆一时之选，抑奔竞奖廉退"。淳熙十年（1183 年），除少傅，依前观文殿大学士致仕，封魏国公，赠太师，谥正献，有《陈正献集》10 卷。俊卿雄才大略，秉义怀忠，正色立朝，被誉为"南渡名相"。其《示二子》诗云："兴来文字三杯酒，老去生涯万卷书。遗汝子孙清白在，不须夏屋太渠渠。""夏屋太渠渠"用《诗经》"于我乎夏屋渠渠"典故，形容房子深广高大。本诗想表达的是，留给后代的遗产——清清白白的精神财富胜过富丽堂皇的高楼大厦，思想性艺术性俱备，故宋王应麟赞为"贤相之清风，可以愧木妖之习"。①

4. 林光朝

林光朝（1114～1178 年），字谦之，号艾轩，莆田县崇福里（今秀屿区东峤镇珠江村）人②。青年时期在族叔林国钧资助下，于莆田黄石东井创办红泉义学，四方来学者达数百人，人称"南夫子"。隆兴元年（1163 年）年五十始登进士第，授袁州司户参军。以名儒召对，改左承奉郎，知永福县。召试馆职，除秘书省正字，累迁国子祭酒，兼太子左谕德，改权工部侍郎，不拜，以朝奉郎充集英殿修撰、知婺州。请祠，提举太平兴国宫。著《艾轩集》，谥"文节"。林光朝是南宋著名的教育家、理学家，以德行清正、学问渊博而受人敬仰。林光朝一生成就主要在理学，大儒朱熹尊其为师，名臣陈俊卿称其为友。在诗文文学方面，陈宓谓其不以文辞为重，而为文"森严奥美，精深简古"，"他人数百言不能道者，直数语雍容有余"③。刘克庄称艾轩不轻作诗，必深湛锻炼，"以约敌繁，密胜疏，精掩粗"④。"与理学家有韵之语录迥异"的《东宫生日》诗六首，言词富丽，为其诗压卷之作⑤。明代林俊评云："艾翁不但道学倡莆，诗亦莆之祖，用字命意无及者。后村虽工，其深厚未至也。"⑥ 明人谢肇淛认为"艾轩以道学名，而歌行亦效长吉（李贺）"，所举诗句如："疏篱短短花枝阑，鸠妇不鸣天雨寒"（《乞竹鸡》）；"横枝冻雀昨夜死，水底黏鱼吹不起"（《冬至》）；"盘古一笑鸿蒙开，神马负图从天来"（《徐广文生朝》）。

① （宋）王应麟：《困学纪闻》，上海古籍出版社，2015，第 517 页。
② 一说林光朝祖出莆田城厢"柴行林"，为"九牧林"林蕴后裔。
③ （宋）林光朝：《艾轩集·旧序》，文渊阁四库全书本，上海古籍出版社，1985。
④ （宋）刘克庄：《后村先生大全集》卷 94《竹溪诗序》，四部丛刊初编本。
⑤ （元）刘埙《隐居通议》卷 12，王云五主编《丛书集成初编》本，上海商务印书馆，1937。
⑥ （清）吴之振、吕留良、吴自牧编选《宋诗钞·艾轩诗钞》，中华书局，1984。

这类具有"长吉体"冷艳怪丽风格的诗句"皆奇俊可喜"①。今存文168篇,诗62首②。

图3-46　林光朝讲学处——蒲弄草堂

5. 龚茂良

龚茂良(1121~1178年),字实之,莆田华亭人,年十七登绍兴八年(1138年)进士第,时称"榜幼"。历任南安主簿、邵武司法、泉州观察推官、秘书省正字、吏部侍郎、监察御史、建宁知府、礼部侍郎等职。淳熙元年(1174年)拜参知政事。次年,不置宰相,乃以首参行宰相事,并主持编修《仁宗玉牒》《徽宗实录》等。因反对北伐,群臣言边防利害,必遭其讥骂,故大不为孝宗所满,又得罪孝宗宠臣曾觌,淳熙四年(1177年),被罢参知政事,以资政殿学士出知镇江府。因陛辞时手疏六事而得罪孝宗,黜责宁远军节度副使、英州安置。未几,卒于贬所。淳熙十五年(1188年)诏复其为资政殿学士,追赠少保,谥庄敏。明代被列为"莆田四贤"之一。龚茂良著有《静泰堂文集》,已佚。今尚存诗10多首,皆具忧国忧民之思想特征和淋漓凄婉之艺术美。如《咏老木》绝句云:"千樟古木转头空,去与人间作栋隆。未必真能庇寒士,不如留此贮清风。"本诗借物喻人,说的是树,实际上是在写人。《后村诗话》曾评云:"故参与龚公役过一山,有老木参天;再过其山,童矣。居人云:'巨室以此造屋'。公记以绝句云……。晦翁后见此诗,叹曰:'此龚公一生诗评'。意谓公初为谏官负重名,晚不必为执政也。"在龚茂良看来,参天古木被

---

① (明)谢肇淛:《小草斋诗话》卷3,载张健主编《珍本明诗话五种》,北京大学出版社,2008。

② 分别见《全宋文》卷4650~4658、《全宋诗》卷2052。

伐充豪门栋梁实在可悲，倒不如留在山间为路人"贮清风"，这正是他一生睥睨权贵、洁身自好、襟怀磊落的写照。

6. 方大琮

方大琮是与刘克庄、王迈同时代的一位文学名家。方大琮（1183～1247年），字德润，号壶山，又号铁庵，莆田人。开禧元年（1205年）省试第三人，廷试进士及第，授南剑州教授，历知县、司农寺簿、太府寺丞、著作郎等，谥忠惠。有《铁庵集》《壶山四六》传世。方大琮于诗文各体皆能，刘克庄评其"遗文皆精妙可传"①。所作四六文更与刘克庄、王迈、汪莘并称宋"四家四六"。方大琮的四六文在内容方面，有的用于福建路州府县官员之间交际，反映官场生态；有的反映端平嘉熙年间（1234～1240年）朝廷政争和仕途挫折；有的反映社会现实，提出施政希望。如南宋后期，泉州港因关税偏高、商船减少而一度衰落，加上宗室云集、开销巨大，财政陷入困境。王会龙知泉州后进行一些改革，方大琮对王氏的改革措施充满期待，他在《回王泉州（会龙）启》中写道："不买蛮琛，舶将群集；少镌税额，商自争来。食蘖则贪夫廉，拔薤则巨姓服。先声所至，舆诵交孚。"②兴化地狭人稠，粮食不能自给，常因饥荒发生哄乱。同时，官方籴米价低，本地收成又常流向邻郡，加重了本地粮食负担。方大琮对兴化父母官项博文提出建议："维郡政放纷之久，加民食艰厄之余。一饱幸及于食新，二价竟难于告籴。"③方大琮的四六文风格醇厚沉挚，善用本土典实，凸显莆阳地域文学的特色，提升了应酬文字的品位。

7. 王迈

仙游人王迈是刘克庄的挚友。王迈（1184～1248年），字实之，号臞轩居士，嘉定十年（1217年）进士，官历南外睦宗院教授、秘书省正字、漳州通判、吉州通判等职。为人刚直敢言，刘克庄曾以"策好人争诵，名高士责全"④诗句相赠。端平二年（1235年），应诏抗言，理宗斥为"狂生"，迈归乡里，遂自称"敕赐狂生"，尝有诗云："未知死所先期死，自笑狂生老更狂。"淳祐七年（1247年）知邵武军。卒赠司农少卿，有《臞轩集》16卷，今人编有《王迈全集》。王迈诗虽不入《江湖小集》，但受江湖派影响居多。其诗泼辣尖锐，

---

① （宋）刘克庄：《铁庵方阁学墓志铭》，载《后村先生大全集》卷151。
② （宋）方大琮：《壶山先生四六》，载《中华再造善本·四家四六》，北京图书馆出版社，2004。
③ （宋）方大琮：《壶山先生四六》，载《中华再造善本·四家四六》，北京图书馆出版社，2004。
④ （宋）刘克庄：《送王实之赴长沙幕》，载《后村先生大全集》卷2。

表现了他刚肠如石、忧国怀家的情思。写景抒情、叙事议论皆真切感人。其《嘲科费》曰："元宵灯火费科条,斗巧争妍照彩鳌。官府只知行乐事,谁知点点是民膏。"① 本诗揭露官府以过元宵节为名向百姓收取彩灯费用,官家自顾观赏争奇斗胜的彩灯巧叠鳌山以取乐,哪知那彩灯都是由民脂民膏来点燃的!诗作大胆直率、一针见血,深受晚唐现实主义诗歌的影响。又如《暮春即事》云:"云头红上三竿日,烟际青来数点峰。桑柘熟时鸠唤雨,麦花黄后燕翻风。"诗作体物入微,用流畅的诗笔,勾勒出一幅有声有色的田园风景画,令人耳目一新。王迈的古体诗也写得颇有特色,如《观猎行》《简同年刁时中俊卿诗》等篇什。刘克庄甚重王迈其人其文,在所撰《臞轩王少卿墓志铭》中谓其"胸奇腹愤,一切发于穷居野处、逆旅行役之间,其抑扬顿挫,开阖变化,各有态度,不主一体。初若不抒思,徐考其机键密,首尾贯、音节谐,若他人呕心肝、抉胃肾而成者,子昂、太白之流也"②。又曾赞曰:"亡友王臞轩,天下隽人也。其文字脍炙人口,其论谏雷霆一世,虽偶然引笔行墨,为古风近体,单辞半简,皆清拔巨丽,有一种风骨,友人争藏去为宝。"③ 可见评价之高。

8. 刘克庄

南宋莆田最著名的文学家无疑是江湖派领袖刘克庄,其创作"富且精",继先贤而开后学,允称一代宗师。

刘克庄(1187~1269年),小名镇,学名灼,字潜夫,号后村居士,莆田县清平里后村(今荔城区英龙街)人,理宗淳祐六年(1246年)特赐进士出身。其在地方和中央任过多种官职,宦海沉浮,几上几下,最终以龙图阁学士身份致仕。著有《后村先生大全集》196卷,其诗近5000首、词200多首,数量仅次于陆游。去世后,谥文定。刘克庄是南宋后期的文学大家,技艺精湛,诗、文、词俱工;各种领域都有涉猎,尤以骈文、散文见长;词作方面的成就更为突出。由于早年的诗集《南岳集》被同时代的陈起收入《江湖集》,所以又被人们视为"江湖派"这一重要文学流派的代表性人物。④ 然因晚年与贾似道有交集,故未入《宋史》人物传。

---

① (宋)刘克庄编《后村千家诗校注》,胡问侬、王皓叟校注,贵州人民出版社,1986,第93页。
② (宋)刘克庄:《臞轩王少卿墓志铭》,载《后村先生大全集》卷152。
③ (宋)刘克庄:《傅渚诗卷跋》,载《后村先生大全集》卷110。
④ 关于刘克庄晚年与贾似道交往的微词,实则存在冤枉与误会,已有不少文章辨析,参见陈祥耀《刘克庄》(福建人民出版社1987年版《福建历代名人传略》)、李国庭《刘克庄生平三考》[《福建论坛》(文史哲版)1991年第4期]、王明见《刘克庄与贾似道》(《西南师范大学学报》1998年第1期)以及王蓉贵、向以鲜校点《后村先生大全集·前言》(四川大学出版社,2008)等。

刘克庄的文学成就首为诗词。他是江湖诗派领袖、辛派词人重要代表，词风豪迈慷慨。刘克庄早年与四灵诗派[①]翁卷、赵师秀等人交往，学"晚唐体"，刻琢精丽。他与江湖派戴复古、敖陶孙等也有交往，自言"江湖吟人亦或谓余能诗"（《跋赵崇安诗卷》），"江湖社友犹以畴昔虚名相推让"（《刻楮集序》）。遭"江湖诗祸"[②]后，渐趋新变，既不满于"永嘉四灵"的寒俭刻削之态，亦厌倦江湖派的肤廓浮滥，转而学陆游与杨万里，以诗歌反映现实，摆脱了"永嘉四灵"的影响，成就远超江湖派诗人。

他一生"前后四立朝"，但多数时间被贬黜在外，这样反倒扩大了眼界，与社会的接触面更为广阔，诗歌内容亦随之丰富，思想亦更深刻。

图 3 - 47 刘克庄塑像与《后村先生大全集》书影

南宋后期，政治更加黑暗，国势江河日下，金人占领的淮河以北地区始终未能收复，又逐渐受到崛起漠北的蒙古的入侵。作为一个关心祖国命运而又在政治上屡受打击的诗人，他只有"夜窗和泪看舆图"（《感昔二首》），感慨"书生空抱闻鸡志"（《瓜洲城》）。他有不少诗歌抒发忧时的孤愤，如"忧时元是诗人职，莫怪吟中感慨多"（《有感》）。他痛心国土沦陷，"神州只在阑干北，度度来时怕上楼"（《冶城》）；他悼惜大好河山遭受践踏破坏，"瓜渡月明空粉堞，

---

① "四灵诗派"之"四灵"指南宋永嘉人徐照、徐玑、翁卷、赵师秀，四人号中皆有一"灵"字。四灵诗派专攻近体，题材多山水小景及闲情野趣，追求语言明快，诗境清幽，然取径太狭，格调小弱。

② 宋宁宗嘉定末年（1224年），权相史弥远专权，废掉太子并逼其自尽，改立理宗。当时，朝中正义之士纷纷斥责史弥远，都被贬逐。史弥远为钳制舆论，网罗罪名，排斥异己，便从书商陈起所刊《江湖集》中摘陈起"秋雨梧桐皇子府，春风杨柳相公桥"，曾极"九十日春晴景少，一千年事乱时多"以及刘克庄《落梅》诗"东风谬掌花权柄，却忌孤高不主张"等诗句，作为"讪谤当国"罪证。结果陈起被发配，曾极被贬死，刘克庄被贬废。大型诗歌丛刊《江湖集》也被禁毁，这就是文学史上著名的"江湖诗祸"。

芜城烟断只昏鸦"（《扬州作》）；又同情移民的悲伤，"移民似蚁饥难给，侠士如鹰饱易扬"（《书事二首》）；更关怀战士的疾苦，"壮士如驹出渥洼，死眠牖下等虫沙"（《赠防江卒六首》）。他始终期望山河重振，"黄旗一片边头回，两河百郡送款来。至尊御殿受捷奏，六军张凯声如雷"（《破阵曲》）。对于南宋王朝依靠"岁币"换取苟安的妥协投降路线，他极为愤慨，"诗人安得有青衫，今岁和戎百万缣"（《戊辰即事》）；对于文恬武嬉的腐败现象，他也做了深刻的揭露，如《绳伎》《闻城中募兵有感二首》等。

尤其值得注意的是，他有一组以边防为题材的歌行体诗歌，刻意模拟中唐新乐府，描写当时人民的痛苦辛酸与统治者的奢侈骄横，具有很强的现实性。《筑城行》《开壕行》《运粮行》《阵寒行》《国殇行》《军中乐》《寄衣曲》《大梁老人行》《朝陵行》《破阵曲》《戍妇词》《观射》《苦寒行》等都是杰出诗篇。如《苦寒行》道："十月边头风色恶，官军身上衣裘薄。押衣敕使来不来？夜长甲冷睡难着。长安城中多热官，朱门日高未启关。重重帏箔施屏山，中酒不知屏外寒。"该诗将官军身上"衣裘薄"与"热官"的乐居"重重帏箔"、官军"夜长甲冷睡难着"与"朱门日高未启关"进行鲜明对比，反映戍边战士的艰辛，鞭挞官僚奢侈享乐的生活。《卖炭图》中的"尽爱炉中兽，谁怜窑下人"与白居易《卖炭翁》何其相似。刘克庄对陆游、杨万里很推崇，自述"初余由放翁入，后喜诚斋"（《刻楮集序》），晚年不少诗作深得杨万里"诚斋体"的旨趣。当然因刘克庄应酬叠和之作过多，一些作品率尔成章，亦不免疏于辞采，缺乏性情。

在词创作方面，刘克庄推崇辛弃疾、陆游，对辛词评价尤高。他的词以爱国思想与豪放的艺术风格见称于时，在辛派词人"三刘"（刘克庄、刘过、刘辰翁）中成就最大，甚至被认为"与放翁、稼轩，犹鼎三足"（冯煦《宋六十一家词选例言》）。《贺新郎·送陈真州子华》《沁园春·梦孚若》《玉楼春·戏林推》等都是其代表词作。《玉楼春·戏林推》中的"男儿西北有神州，莫滴水西桥畔泪"等名句，爱国情深，沉郁苍凉，确乎"壮语亦可起懦"（杨慎《词品》）。此外，像《鹊桥仙·乡守赵寺丞生日》中要求"更将补纳放宽些，便是个西京循吏"，则直是以词为民请命。清人刘熙载认为刘克庄不屑于剪红刻翠，如"后村《贺新郎·席上闻歌有感》云：'粗识国风《关雎》乱，羞学流莺百转，总不涉闺情春怨。'……意殆自寓其词品耶？"[1]李调元亦认为："刘后村克庄有《满江红》十二首，悲壮激烈，有敲碎唾壶、旁若无人之意，南渡后诸贤

---

① （清）刘熙载：《艺概》卷4。

皆不及。升庵称其壮语足以立懦，信然。自名《别调》，不辜也。"①

刘克庄在诗词之外，又长于为文，如四六、序跋等各体皆工。林希逸《后村居士集序》认为："诗虽会众作而自为一宗，文不主一家而兼备众体，摹写之笔工妙，援据之论精详。其错综也严，其兴寄也远。或春容而多态，或峭拔以为奇。融贯古今，自入炉鞴，有《榖梁》之洁，而寓《离骚》之幽；有相如之丽，而得退之之正。霜明玉莹，虎跃龙骧，闳肆瑰奇，超迈特立。千载而下，必与欧、梅六子并行，当为中兴一大家数也。"② 尤其是当时还以表制诰启见称（林希逸《后村先生行状》）。四库馆臣也说："文体雅洁，较胜其诗，题跋诸篇，尤为独擅。盖南宋末年，江湖一派盛行，诗则汩于时趋，文则未失旧格也。"③

9. 陈文龙

陈文龙（1232～1277年），咸淳四年（1268年）状元，抗元英雄。景炎元年（1276年）冬，他率兵困守兴化孤城，抵御入闽元兵，城破后被俘绝食而死。其诗刚烈、悲壮，表现出傲岸不屈的气节，《被执至合沙诗寄仲子诀别》绝命诗感动万人："斗垒孤危弱不支，书生守志誓不移。自经沟渎非吾事，得死封疆是此时。须信累臣堪衅鼓，未闻烈士树降旗。一门百指沦胥尽，惟有丹心天地知。"此诗充满强烈的爱国思想，更以生命践行了亢志高节。"未闻烈士树降旗"的不朽名句为南宋兴化带有强烈抗争特征的文学画上了句号。

（三）诗话

诗话是宋人创作的一种批评体裁，也是中国古代文学批评的一种主要形式。宋代莆田在诗话领域取得骄人成就，尚存世的蔡絛《西清诗话》、黄彻《䂬溪诗话》、刘克庄《后村诗话》等是宋代诗话的代表性专著。另外，莆田人方醇道的《类集杜甫诗史》、方深道的《诸家老杜诗评》、黄钟的《杜诗注释》、方铨的《续老杜诗评》、刘弥邵的《杜诗补注》、陈正己的《杜诗解》、陈禹锡的《杜诗补注》、吴泾的《杜诗九发》等皆为杜诗学专著，惜多已佚。今存者唯方深道《诸家老杜诗评》200余条而已。

1.《西清诗话》

《西清诗话》3卷，作者蔡絛（1097～1156?年），字约之，号百衲居士、无为子，仙游人，蔡京第四子。他官位虽不高，但颇具文才，在学术、音乐等方

---

① （清）李调元：《雨村词话》卷3。
② 曾枣庄、李凯等编《宋文纪事》（下），四川大学出版社，1995，第1411页。
③ （清）永瑢等编《四库全书总目》卷163《后村集》，中华书局，1965，第1401页。

面造诣甚高，且身处北宋政治中心，因此所著在当时就受人瞩目。《西清诗话》，又称《金玉诗话》，今存120则①，成书于宣和五年（1123年）秋。其主要诗学观点有四：一是强调要有真实的生活感受，称"作诗者陶冶物情，体会光景，必贵乎自得"；二是主才气情致，称"诗家要当有情致，抑扬高下，使气宏拔，快字凌纸，又用事皆破觚为圆，挫刚成柔，始为有功者，昔人所谓缚虎手也"，这一见解与苏轼为近；三是认为用事要含而不露，不着痕迹，称"作诗用事要如禅家语，水中着盐，饮水乃知盐味。此说诗家秘密藏也"，"善用事者，如系风捕影，岂有迹邪"；四是反对剽窃雷同，既不赞成后人与前人"语意互相剽窃，所谓左右拔剑，彼此相笑"，更不赞成千篇一律，"百首如一首，卷初如卷终"。此外，蔡絛称"诗家不妨间用俗语"，考药名诗非起自陈亚，辨集句盛行非始自王安石，比较"丹青吟咏，妙处相资"等，所论多为后人称引。②

2. 《碧溪诗话》

《碧溪诗话》10卷，作者黄彻（1093～1168年），字常明，号太甲，兴化县碧溪人。宣和六年（1124年）进士，历官县丞、判官、县令，以拙直忤权贵弃官南归，寓居家乡碧溪，著《碧溪诗话》。宋代三大诗话总集《诗人玉屑》《诗话总龟》《苕溪渔隐丛话》就选录了《碧溪诗话》部分条目。《四库提要》评云："彻论诗大抵以风教为本，不尚雕华。然彻本工诗，故能不失风人之旨，非务以语录为宗，使比兴之义都绝者，在宋人诗话中固不失为善本焉。"③ 其价值及影响主要有四点。一是纠正江西诗派弊端，批驳了江西诗派仅注意到诗歌的形式技巧，过分强调句法，造成偏硬、偏瘦的诗歌取向，提出了一系列诗歌创作主张，如重视语言的独创性，对诗歌的健康发展起到重要的作用。二是深入挖掘了杜甫诗歌的艺术魅力（用字、语言、思想内容、反映社会现实等方面），不仅称赞了杜甫文学修养的博大精深、善于运用各种前人留下的文学遗产，而且肯定了杜甫"语不惊人死不休"的语言创作风格，更重要的是注意到杜甫为后世所敬仰的内在原因，即杜甫的忧国忧民思想。三是指出诗歌创作要突破传统的温柔敦厚之教，要讽谏，力图"有补于世"。回归诗歌本身所应具有的现实

---

① （宋）无为子撰《西清诗话》3卷，收入王道荣发行《古今诗话续编》，台北：广文书局，1973年影印明孙道明抄本。

② 参见邓国军《宋诗话考论》，博士学位论文，四川大学，2003。北宋灭亡后，蔡絛被流放到广西博白，追思往事，诉诸笔端，撰成《铁围山丛谈》，此书记太祖建隆至高宗绍兴（960～1162年）约200年间的朝廷掌故、琐闻轶事共235条，涉及政治、经济、军事、文化、社会生活各个方面，大都详尽具体，有较高的史料价值。

③ （清）纪昀等：《文渊阁四库全书》集部"诗文评类"，上海古籍出版社，1987，第1479册，第215页。

作用，把诗歌创作引向重视反映现实生活的方向。在南宋这个江西诗派统治诗坛的时期，他的这种主张对引导诗人关注社会有着不可忽视的促进作用。四是继承了司马迁的"发愤著书"说、韩愈的"不平则鸣"思想，弘扬了传统的"诗言志"精神，针对诗歌的创作提出了一条正确的发展路线。

3.《后村诗话》

《后村诗话》，刘克庄著，原载《后村先生大全集》。全书之前集、后集、续集统说汉魏以来诗坛，而以唐、宋为主；新集则专录唐诗，并稍加评述。全书侧重于录诗、记事及考证，论评不多，略复北宋诗话之习。本书中的论评内容虽然不成系统，但由于作者学识渊博，于诗确有心得，又无立派、立说之想，故书中就唐、宋诗所发的一些议论，大抵平实可观。尤其是对于身处其间的本朝诗，也能据实分析，如提出"本朝诗，惟宛陵为开山祖师"；"元祐后，诗人迭起，一种则波澜富而句律疏，一种则锻炼精而情性远，要之不出苏、黄二体而已"等看法，基本符合梅尧臣诗的历史地位，以及苏轼、黄庭坚两家各自的长处与短处。刘克庄又大力表彰时代更近的陆游与杨万里，谓陆游："近岁诗人，杂博者堆队仗，空疏者窘材料，出奇者费搜索，缚律者少变化。惟放翁记问足以贯通，力量足以驱使，才思足以发越，气魄足以陵暴。南渡而后，故当为一大宗。"又以杨万里与陆游并列："放翁，学力也，似杜甫；诚斋，天分也，似李白。"[①] 从这些不薄今人而又大致允当的见解出发，书中录下不少本朝人的诗作，后人赞云："宋代诸诗，其集不传于今者十之五六，亦皆赖是书以存，可称善本。"[②]

（四）书画及雕刻艺术

1. 书画艺术

宋代兴化军在书画领域也成就斐然，尤以书法最为可观，出现的书法家有陈靖、陈文璸、陈俊卿、陈宓、柯梦得、郑侨、方信孺、刘克庄、陈谠、郑寅、方士繇、陈文龙、余日华等，而书法大家蔡襄和蔡京、蔡卞兄弟，影响尤其深远。

蔡襄是位多才多艺的名臣。《宋史》列传中称赞："襄工于手书，为当世第一，仁宗尤爱之。"在苏、黄、米、蔡"四家"中，按年龄辈分，他应在苏轼、黄庭坚、米芾之前。苏、黄、米都以行草、行楷见长，而以楷书见长的则是蔡襄（代表作有泉州洛阳桥碑）。他的书法学习王羲之、颜真卿、柳公权，风格浑厚端庄，雄伟遒丽，淳淡婉美，自成一体。《蔡襄尺牍》字字端雅，雍容大度，

---

① 均见刘克庄《后村诗话》前集卷2。
② （清）永瑢等编《四库全书总目》卷195，中华书局，1965，第1788~1789页。

一笔不倚，似乎全用颜法，当时就颇负盛誉。苏轼说："君谟天资既高，积学至深，心手相应，变化无穷，遂为本朝第一。"《蒙惠帖》《澄心堂纸帖》则是行楷作品，取法《兰亭集序》而又参以颜真卿敦厚沉稳的成分，丰富了宋代行书尺牍书法的艺术内涵。《郊燔帖》是行草书札的代表作，笔画浑雄敦厚，婉转有致，运笔飞动自如，形成蔡襄独特的草书风格。沈括说蔡善"以散笔作草书，谓之散草，或曰飞草，其法皆生于飞白，自成一家"。《陶生帖》则是草书翰札，潇洒劲逸，结体欹正大小，重轻疏密，随心所至，一气呵成。黄庭坚评"君谟真、行简札甚秀丽，能入永兴（虞世南）之室"①，是很中肯的。

图 3-48　蔡襄的泉州洛阳桥碑　　　　　图 3-49　蔡襄《蒙惠帖》

图 3-50　蔡襄《澄心堂纸帖》　　　　　图 3-51　蔡襄《陶生帖》

---

①　（宋）黄庭坚：《题蔡致君家庙堂碑》，载《豫章黄先生文集》卷28，四部丛刊本，上海商务印书馆，1922。

蔡京（1047～1126年），字元长，仙游人，北宋权相，亦是著名书法家。熙宁三年（1070年），与弟蔡卞同登进士第，一生4次任相长达17年之久。蔡京书法初师蔡襄、徐季海，不久弃之，改学沈传师，又厌弃，改学欧阳询，又改学"二王"，博采诸家众长，自成一体。其书笔法姿媚，字势豪健，痛快沉着，独具风格，颇能体现宋代"尚意"的书法美学情趣，因而在当时已享盛誉。元陶宗仪《书史会要》谓其书"深得王羲之笔意，自名一家。评者谓其字严而不拘，逸而不外规矩，正书如冠剑大人，议于庙堂之上；行书如贵胄公子，意气赫奕，光彩射人；大字冠绝古今，鲜有俦匹"①，反映了蔡京当时在书法艺术上的显赫地位。其存世书迹有《草堂寺题记》《节夫帖》《宫使帖》等。

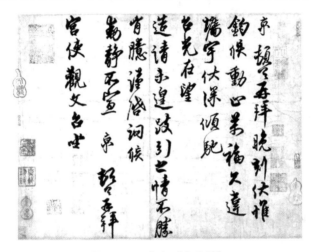

图3-52　蔡京《宫使帖》

蔡京之弟蔡卞（1048～1117年），字元度，与蔡京同榜进士，为王安石之婿，亦为著名书法家。蔡卞书崇晋风，尊古为新，笔势飘逸，圭角稍露，表现出俊朗淳美、圆健遒丽的风格，宋米芾称其书"颇得笔法"（《海岳名言》）。蔡卞传世的《曹娥碑》似唐代李邕；行书《雪意帖》，用墨酣畅淋漓，神韵飞动。

宋代莆仙书画群体也有不少名家，列举如下。陈靖（948～1026年），字道卿，莆田人。博学通古，工笔札，其迹杂见《凤墅续法帖》。蔡枬，字子坚，蔡襄曾孙，蔡传第三子。工书画，得蔡襄用笔之妙。蔡絛（？～1126年），蔡京次子，书承家法，兼学米黄，尤善行草，颇享时誉，其《致子通都监尺牍》帖，现存台北故宫博物院。陈谠（1134～1216年），字正仲，仙游人，精书法，尤擅擘窠大楷。前人称谠"赋诗属文，雅有典则，尤工书法，大书遒劲处

---

① （明）陶宗仪、朱谋垔撰《书史会要》，浙江人民美术出版社，2012，第146页。

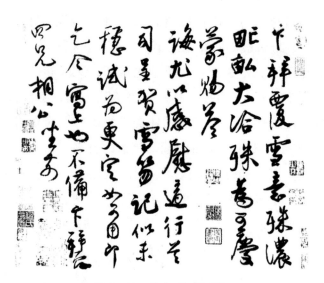

图 3-53 蔡卞《雪意帖》

不减蔡君谟"①，今九鲤湖尚存其"天子万年"等摩崖题刻。徐少高，南宋莆田人，善写真，淳祐十年（1250年）尝为刘克庄画像，深得刘克庄赞许，称"其技为一郡冠"。② 陈文顼（958~992年），仙游人，颇知书，亦工书画。余日华，字君实，仙游人，有《兑斋文集》，诗书画三绝。

2. 雕刻艺术

图 3-54　仙游文庙宋代
雕刻石鼓

唐五代莆田宗教石雕已流行，宋代石雕技艺更趋精湛，如始建于宋的仙游文庙至今还保存着宋代雕刻石鼓。木雕则是宋代兴化新崛起的艺术。北宋权相仙游人蔡京倡"丰亨豫大"之说，大兴土木，崇宁三年（1104年），"铸九鼎，建明堂，修方泽（祭地神祭坛），立道观，作大晟乐，制定命宝（玉玺名）"③。宋徽宗的传世名画《听琴图》中的琴桌，相传即为蔡京呈献给徽宗的兴化木雕家具精品。宋代莆田刻书业亦兴盛，如蔡襄曾自刻《荔枝谱》，南宋郡守林希逸主持刻印刘克庄的《后村居士集》，通判陈振孙主持刻《开元天宝遗事》《通考经谱》等。莆城南门外万寿庵内一幅平雕宋代马

---

① （明）何乔远：《闽书》卷113（第4册），福建人民出版社，1995，第3409页。
② 曾枣庄、刘琳：《全宋文》第329册，上海辞书出版社、安徽教育出版社，2006，第371页。
③ 见《宋史》卷472《蔡京传》。

远所绘关羽像，为宋代名手所刻。宋末元初，雕刻艺人林恢、林奕所刻的唐代梅妃江采萍及宋太师陈文龙抗金死难的圆雕，精细绝伦，形象生动。[①]

海上女神妈祖信仰形成于宋代，保存至今的宋代妈祖雕像尚有多尊，荔城文峰天后宫木雕髹漆夫人像、仙游灵应堂木雕髹漆神妃像以及北岸港里祖祠的妈祖神像，都是宋代风格的雕像。可见兴化雕刻特别是木雕具有十分悠久的历史。

总之，宋代莆田在文学艺术方面群星璀璨、成就非凡，不但在当代具有较大影响，而且对后世也产生深远影响。

五　莆仙戏的形成

莆仙戏是中华人民共和国成立后因剧种流行于莆仙话地区而命名的，原莆田县和仙游县合称莆仙，历史上则属于兴化军、兴化路、兴化府，所以该剧种长期被称为兴化戏、兴化戏文或兴化杂剧。其形成与发展，与莆仙文化关系密切。莆仙戏起源于唐五代，形成于两宋，成熟于元朝，兴盛于明清，被公认为我国古老的南戏剧种之一，被称为南戏的"活化石"。

（一）莆仙戏可溯源唐代百戏

莆仙戏源远流长，宋代《景德传灯录》卷18记载："福州玄沙宗一大师，法名师备，福州闽县人也，姓谢氏。幼好垂钓，泛小艇于南台江，狎诸渔者。唐咸通初（860年），年甫三十，忽慕出尘。乃弃钓舟，投芙蓉山灵训禅师落发。往豫章开元寺道玄律师受具……师南游，莆田县排百戏接迎。来日，师问小塘长老（筱塘石室岩为涅槃驻锡之处，当时囊山古刹未建，故师误称涅槃为'小塘长老'）：'昨日许多喧闹，向什么处去也？'小塘长老提起衲衣角。师曰：'料掉勿交涉。'（原注：法眼别云：'昨日有多少喧闹？'法灯别云：'今日更好笑。'）"[②]唐咸通初年，为公元860年，这是迄今有关唐代莆田流行百戏最早的文献记载，亦是莆仙戏起源于古代百戏的可靠记载。[③]

"百戏"一词出现于汉代，是当时各种民间表演艺术的泛称。魏晋时代，北

---

① 福建日报资料室编印《八闽纵横（第1集）·福建木雕》，1980，第252页。
② （宋）释道元：《景德传灯录》卷18，成都古籍书店，2000，第353页。
③ 关于莆仙戏起源另有其他民间传说。一说开元年间（713～741年），莆田江东村美女江采萍被高力士选送入皇宫，成为玄宗宠妃，因采萍爱梅，被称为梅妃。其弟江采芹随姐进京，成为国舅。玄宗雅好音乐、戏曲，江国舅得御赐宫廷梨园一部带回莆田，成为莆仙戏的源头。另一说法是仙游著名画家李耕根据本姓族谱记载，提出莆仙戏起源与其远祖唐高祖第十三子李元祥南迁泉州有关（详见《福建侨报》1999年9月24日刊余启锵《莆仙戏起源诸说》一文）。

方成为群雄逐鹿的战场，中原的百姓纷纷迁往南方，中原地区的"百戏"随之南下，传入包括福建在内的南方地区。显然，唐代莆田流行的百戏虽然还不是严格意义上的莆仙戏，但它无疑是莆仙戏的重要源头。

（二）莆仙戏前身为兴化南戏

从现有文献史料看，兴化百戏经唐五代到北宋数百年的发展，到北宋末南宋初形成了独立的地方剧种，即莆仙戏的前身——兴化南戏。

学术界通常认为，宋代的南戏是中国戏曲最早的成熟形式。出生于明天顺四年（1460 年）的文学家祝允明撰《猥谈》"南戏"条云："南戏出于宣和之后，南渡之际，谓之温州杂剧。予见旧牒，其时有赵闳夫榜禁，颇述名目，如《赵真女蔡二郎》等，亦不甚多，以后日增。"① 宣和年间为公元 1119～1125 年。出生年代比祝允明晚些的嘉靖时人徐渭在所著《南词叙录》中则认为"南戏出于宋光宗朝"。光宗朝为公元 1190～1194 年，但他又在同书中补充了另一种说法："或云宣和间（1119～1125 年）已滥觞，其盛行则自南渡。"而现代学者钱南扬则认为南戏形成于北宋宣和年间之前，他在《戏文概论》一书中写道："戏文怎样由村坊小戏进入城市，怎样由城市生根发展而流传到外埠，自然需要一个相当长的时间的。倘然上面南渡之际戏文已传至杭州，这个推想不错的话，则戏文的发生，应远在宣和之前。"② 南宋建都临安（杭州），而浙江温州则是早期南戏的故乡。温州南戏脱胎于温州地区的民间歌舞小戏，是由里巷歌谣、村坊小曲形成的村坊小戏发展起来的。由于社会发展对文化的需求增多，这些歌舞小戏渐由农村流入城市，先是流行于浙、闽地区乡村，后来流入都城临安。南戏在与诸宫调、唱赚③、宋词等技艺的交流中得到了发展。尤其是北方杂剧南下后，不少杂剧作家也参与了南戏的创作，融入北方杂剧的艺术经验和成就，从而大大提高了南戏的艺术水平，使之日臻成熟。兴化南戏便是南戏在福建发展的一支。

（三）宋人描述的兴化戏演出盛况

兴化地区特别是士大夫贵族阶层中盛行戏曲，在北宋已见文献记载。北宋仙游人蔡京兄弟及其子辈，皆位高权重，蔡氏一家善歌好乐，家中养有家伎以取乐。宋人周辉记："蔡卞之妻七夫人，颇知书，能诗词。蔡每有国事，先谋之

---

① 见明佚名辑《烟霞小说十三种》第五帙《猥谈》，收入《四库全书存目丛书》子部第 125 册。
② 钱南扬：《戏文概论》，上海古籍出版社，1981，第 25 页。
③ "唱赚"是宋代民间流行的歌唱艺术形式。早期形式为缠令、缠达，流传于北宋末年，为歌舞相兼之曲。在此基础上逐渐发展，吸收多种民间音乐而形成，盛行于南宋，是最早用同一宫调中的若干支曲子组成一个套数来歌唱的艺术形式。

于床笫，然后宣之于庙堂。时执政相语曰：'吾辈每日奉行者，皆其咳唾之余也。'蔡拜右相，家宴张乐。伶人扬言曰：'右丞今日大拜，都是夫人裙带。'讥其官职自妻而致，中外传以为笑。"① 蔡卞妻是王安石女，蔡颇受枕边风之影响，以至"家宴张乐"时被优伶幽默讥讽。蔡京之子蔡攸还精通乐曲，能编"优戏"。宋周密记云："宣和间（1119～1125年），徽宗与蔡攸辈在禁中，自为优戏。上作参军趋出，攸戏上曰：'陛下好个神宗皇帝。'上以杖鞭之曰：'你也好个司马丞相'。"② 这是宣和间，蔡攸与宋徽宗以滑稽戏口吻相戏的一个镜头。《宋史·艺文志》亦载："蔡京之子蔡攸，善歌好乐，曾自制《燕乐》三十四章。"另《宋史》载："（蔡攸）得预宫中秘戏，或侍曲宴，则短衫窄裤，涂抹青红，染倡优侏儒，多道市并淫媟谑浪语，以盅帝心。"③ 正因为北宋仙游蔡氏一族位高权重，对家乡莆仙的影响力巨大，所以后代学界普遍认为，蔡氏对莆仙戏在南宋的形成亦具有重要推动作用。

至南宋时，兴化地方戏曲演出已相当盛行。南宋文坛领袖刘克庄有许多涉及兴化戏曲的诗作。如《田舍即事十首》之九："儿女相携看市优，纵谈楚汉割鸿沟。山河不暇为渠惜，听到虞姬直是愁。"又《闻祥应庙优戏甚盛二首》，其一云："空巷无人尽出嬉，烛光过似放灯时。山中一老眠初觉，棚上诸君闹未知。游女归来寻坠珥，邻翁看罢感牵丝。可怜朴散非渠罪，薄俗如今几偃师。"其二之首联云："巫祝欢言岁事详，丛祠十里鼓箫忙。"又《即事三首》其一云："抽簪脱裤满城忙，大半人多在戏场。"《即事又三首》其一云："冠盖幢幢有许忙，直从虚市到毯场。宝珠似得于佗家，卉服疑来自越裳。鬓雪难勾小儿队，眼花休发少年狂。几时游女归蚕织，勿学施朱与约黄。"这些诗咏都反映了当时莆田城乡戏曲活动的盛况。

刘克庄诗作中反映的兴化戏曲演出时间有农闲、节日、社日、迎神赛会等。如《观社行，用实之（王迈）韵》记述了应邀携幼前往观看社戏表演的情景："吾家世南折简呼，有目盍不见子都。牵衣况复幼吾幼，闭户大似愚公愚。鲜妆袯服出空巷，钿车绣毂来塞涂；展鸟丝栏拥小玉，设锦步障盛绿珠。尔时病叟亦随喜，携添丁郎使了奴；非惟儿童竞嗤笑，更被傀儡旁揶揄。"诗人感叹："一国若狂孰醉醒，宋玉奚必讥登徒。"古代莆田地区尤其重视迎神赛会，因此，

---

① （宋）周辉：《清波杂志》卷3，丛书集成初编本，商务印书馆，1936，第26页。
② （宋）周密：《齐东野语》卷20"温公重望"，上海书店出版社，1990，第469页。
③ 见《宋史》卷472《列传》第二百三十一"蔡京传附子攸传"。

刘克庄在《观社行·和实之韵》中有"杀牛欲赛西邻祭，惹狗翻吠东门儒"之句，反映了当时迎神赛会中，人们竞赛似地宰牛、东村西邻竞为祭神的习俗。

在刘克庄吟咏赛神活动的诗歌中，如《闻祥应庙优戏甚盛二首》生动地描述庙会期间的多种戏剧演出："巫祝欢言岁事详，丛祠十里鼓箫忙。衣冠优孟名孙□，……□□阏氏成妪妇，幼教穆满作□□。……□必区区笑郭郎。"从这些不完整的诗句中亦可看出当时演出的节目，有的如当年优孟一样，能把孙叔敖扮演得真假难辨，有的则把阏氏（即汉代美人王嫱）扮成了老太婆，还有由偃师操纵的木偶戏。"□必区区笑郭郎"句中的"郭郎"，是古代对傀儡（木偶）的别称。

宋时，莆田戏曲演出场所遍及城乡。据刘克庄的诗词描述，莆田城内有固定的"戏场"，如《即事三首》（其一）所咏："抽簪脱裤满城忙，大半人多在戏场。"在乡村则于广场搭棚演戏，如《无题二首》所咏："棚上偃师何过去，误他棚下几人愁。""棚空众散足凄凉，昨日人趋似堵墙。"诗中的"棚"即戏台，莆仙话至今仍称戏台为戏棚。

（四）莆仙戏与南戏相承剧目及表演艺术

学者研究认为，莆仙戏中不少剧目是宋元"南戏遗珍"，尤其是其代表剧目如《目连救母》、《傅天斗》、《王魁》、《刘锡》、《陈光蕊》、《张洽》（即南戏《张协状元》）等。莆仙戏传统剧目大都以剧中男主角之名为题，只有少数以女主角为名，如《赵贞女》《孟姜女》。这种名目方式也符合宋元南戏题名的方式。

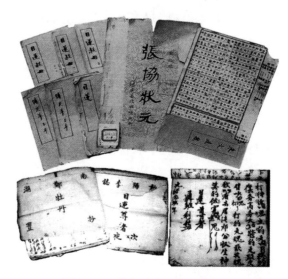

图 3－55　莆仙戏古剧本（抄本）

根据 1949 年后莆田、仙游两县编剧小组成员的核对，莆仙戏现存剧目中与宋元南戏有相承关系的剧目至少有 32 部，详见表 3 - 4。

表 3 - 4 莆仙戏与宋元南戏的相承关系

序号	宋元南戏剧目	莆仙戏剧目
1	王月英月下留鞋	郭华
2	王祥卧冰	王祥
3	王魁负桂英	王魁
4	司马相如题桥记	司马相如
5	朱文鬼赠太平钱	朱文
6	朱买臣休妻记	朱买臣
7	李亚仙（郑元和）	郑元和
8	京娘怨燕子传书	千里送京娘
9	孟姜女送寒衣	孟姜女
10	浣纱女	伍子胥
11	祝英台	梁山伯
12	崔莺莺西厢记	张君瑞
13	陈光蕊江流和尚	陈光蕊
14	董秀才遇仙记	董永
15	赵普	赵普（桃花女）
16	刘文龙菱花镜	刘文龙（上半部）
17	单刀会	单刀会
18	秋胡戏妻	秋胡
19	赵贞女蔡二郎	蔡伯喈
20	老莱子	老莱子
21	王十朋荆钗记	王十朋
22	刘智远白兔记	刘智远
23	王瑞兰闺怨拜月亭	蒋士隆（瑞兰走雨）
24	吕蒙正风雪破窑记	吕蒙正
25	赵氏孤儿报冤记	岸贾
26	杨德贤妇杀狗劝夫记	杀狗记
27	包待制判断盆儿记	审乌盆
28	刘锡沉香太子	刘锡
29	苏秦衣锦还乡	苏秦

序号	宋元南戏剧目	莆仙戏剧目
31	闵子骞单衣记	闵子骞
31	楚昭王	楚昭王
32	貂蝉女	王允献貂蝉女

以上许多剧目长期以来都是莆仙戏常演不衰的剧目，如《郭华》《王魁》《千里送京娘》等。

图 3-56　莆仙戏《郭华》剧照

图 3-57　莆仙戏《王魁》剧照

图 3-58　莆仙戏《千里送京娘》剧照

在表演音乐方面，有本地民间音乐"村乐"，也有南方俗曲"蛮讴"。刘克庄《神君歌十首》（之六）咏云："村乐殊音节，蛮讴欠雅训。老儒无酌献，歌此送相迎。"可见，在当时的迎神赛会演出活动中，"村乐""蛮讴"是很重要的民乐和俗曲。除了这些兴化当地的乐曲外，随着北方杂剧、歌舞艺人的南来，他们也把盛行于吴楚间的"吴歌""楚谣"带到兴化地区，并融入当地的民间戏曲中。南宋莆田理学家林光朝有《闰月九日登越王台次韵经略敷文所寄诗》

云："闲陪小队出山椒，为有吴歌杂楚谣。纵道菊花如昨日，要看汤饼作三朝。"
莆仙戏曲牌中，至今仍保存有《苏州歌》《江南歌》《湖北歌》等。苏州、江南
属吴地，湖北古为荆楚，这些曲牌正可与吴歌、楚谣相印证。在伴奏形式方面，
宋元戏曲"锣与鼓、笛是重要的乐器"，[1] 传统莆仙戏乐队只有司锣、司鼓、司
吹三人，也是"锣、鼓、笛"的组织形式，正是继承了南戏的伴奏形式。

图 3 - 59　莆仙戏"靓妆"包公脸谱　　　图 3 - 60　莆仙戏《公背婆》剧照

综上，北宋末南宋初，温州产生了南戏——温州杂剧，并在南方流行开来，
传入兴化后，与当地方言等相结合，形成了独具特色的"兴化戏"（莆仙戏）。
值得注意的是，兴化戏艺术个性非常强，在吸收外来剧种有益养分时，并不轻
易放弃自身固有的特色。如兴化南戏的脚色体制在宋元时期就已定型，其他南
戏"七子"行当都有"外、净"两个脚色，而兴化戏在"生、旦、靓妆、末、
两贴（贴生、贴旦）、丑"七子脚色中，不见"外"脚；"净"脚又沿袭宋元古
制称"靓妆"[2]。兴化戏脚色名称的奇特在所有古老剧种中是独一无二的，亦成
为莆仙戏是宋元南戏活化石之一证。另外，兴化戏的表演一直都有模仿傀儡的
动作，至今还保存不少"傀儡介"的古老遗迹，如手势中的"簇手""前四后
五""双手掩面"，步式中的"雀鸟步""双手摇步"等；又如莆剧"靓妆"有
文武之分，但都以"傀儡介"为表演基础，区别在于肢体幅度的扩张和动作的
节制。《三鞭回两铜》中武生秦叔宝和"靓妆"尉迟恭短兵对打，其对打表演与
提线木偶相似，被称为"傀儡打"。在《公背婆》中，则直接是人和木偶的合演，

---

① 冯沅君：《古剧四考·作场考》，载张静主编《中国戏曲史研究卷》，安徽文艺出版社，2015，第 76 页。
② （明）朱权《太和正音谱·谱上》"词林须知"："付粉墨者谓之'靓'，献笑供诮者也。……'靓'，
粉白黛绿者谓之'靓妆'，故曰妆靓色。呼为'净'，非也。"莆仙戏称净为"靓妆"，沿袭了宋元杂剧
的称谓。

称为"傀儡式"。

总之，莆仙戏源远流长，是中国独特的地方戏剧剧种，其表演、唱腔、音乐、剧目都具有浓郁的莆仙地方特色，为古往今来莆仙人喜闻乐见。莆仙戏是莆仙文化的重要标识之一，其形成从一个侧面反映了莆仙文化的形成。

六　佛教、道教的兴盛

宋王朝继承前朝的宗教政策，采取以儒为核心、儒释道三教并尊的政策。对道教，继续加以利用和扶植，并形成两次崇道的高潮，一次是在真宗时，一次是在徽宗时，其中以宋徽宗时为甚。宋徽宗是历史上著名的"道君皇帝"，他在位期间，在全国大力扶植和推行道教。对于佛教，整个宋王朝，除宋徽宗崇道抑佛外，其余北宋诸帝都尊崇佛教。建炎元年（1127年），宋室南渡，处于内忧外患困境中的南宋统治者虽对佛教采取某些限制，但始终承认佛教存在的合理性和合法性。

经济的发展，再加上统治者的提倡和扶植，两宋时期佛、道二教在福建发展的速度十分惊人。黄仲昭在《八闽通志》中写道："自吴孙权始建。建初寺于江东，建洞元观于方山，而后寺观始蔓延诸郡以及于闽。历晋、宋、齐、梁而始盛，又历隋唐以及伪闽而益盛，至于宋极矣！名山胜地多为所占，绀宇琳宫罗布郡邑。"[①] 宋代，福建僧侣人数亦居全国之冠，当时福州，"家有三丁，率一人或二人舍俗入寺观"[②]，以至于出现"山路逢人半是僧"的情况。道教的发展虽不及佛教，但是与之前相比，两宋时期，福建道观数量增加的速度也是非常快的。五代两宋时期，许多道派如灵宝派、茅山宗、闾山三奶派、神霄派等，都在福建流行，并对福建政治、经济、文化、风俗习惯等产生深远影响。

有宋一代，兴化军同福建全路一样，经济繁荣，海上交通发达。宋代兴化军天灾人祸频繁，据统计，兴化军在宋代320年间发生较大的自然灾害，有旱灾12次、大水6次、风灾4次、饥荒2次、疹病1次；发生动乱的有起义、兵变、盗起各1次，海寇2次。面对频繁发生的天灾人祸，老百姓在艰难而无望之时，便去祈求神明消灾除祸、保佑平安。经济的发展、统治者的倡导以及百姓的信仰需求等因素推动了宋代莆田佛教、道教的兴盛。

---

① （明）黄仲昭：《八闽通志》（下册）卷75《寺观》，福建人民出版社，1996，第773页。
② （宋）江应辰：《文定集》卷13《请免卖寺观趱剩田书》，商务印书馆，1936。

（一）佛教的兴盛

同福建其他地方一样，宋代莆田地区的佛教在隋唐五代的基础上持续发展，迅速膨胀，极为兴盛。

1. 寺院数量多、规模大

据不完全统计，两宋时期福建新建的寺院总数达 1165 座，其中兴化军 49 座，莆田 41 座，仙游 8 座。[①]《仙溪志》说："晚唐以来，地有佛国之号。"[②] 仅黄仲昭《八闽通志》中明确标注着宋代建造的兴化军寺院（包括庵、精舍）就有 42 座。另据明弘治《兴化府志》记载，宋代莆田寺院经济较好需要交税的共有 495 座。由此可见，宋代莆田地区佛教寺院的数量是十分可观的，反映了宋代兴化军佛教的兴盛状况。

宋代兴化军寺院不仅数量多，而且规模大。南山广化、法海二寺极盛时共有 10 院 120 庵，"檐楹相摩，轩宇层出"，有僧众千余人。始建于唐代的囊山寺，宋代时有住山僧众数百人，寺院除主要佛殿外，还有放日亭、云涛亭、苍霞亭、蘸绿亭、石屏轩、松风阁、云卧堂、白云堂、海月堂、延寿堂、西来室、幻如室、净居室等多处殿堂楼阁，规模浩大。宋代的龟山寺也十分兴盛，至今寺内仍保存有多口宋元祐四年（1089 年）所造的供寺内僧众使用的达万斤的储水槽，僧众之多由此亦可见一斑。仙游的龙华寺当时也有 11 院 77 庵。九座寺几度兴废，宋代重建有殿堂、楼、阁、院、寮、舍、方丈、山门等 20 多座建筑物，占地面积 3 万多平方米，有僧人 200 多人。三会寺始建于唐代，宋元丰五年（1082 年）知县李适将附近的十座庵院并入三会寺，从而使三会寺得到空前的发展。

图 3-61　宋代的仙游龙华寺山门和九座寺

2. 宗派林立，高僧辈出

宋代莆田社会经济文化发达，隋唐以降流传于莆田的唯识宗、律宗、禅宗、

---

① 陈支平主编《福建宗教史》，福建教育出版社，1996，第 196 页。
② （宋）黄岩孙：《仙溪志》卷 3《仙释》，福建人民出版社，1989。

净土宗等各佛教宗派继续流行，并有所发展。莆田广化寺内仍保存有宋治平二年（1065 年）制造的两座八角五层形状的"佛顶尊胜陀罗尼经咒"石幢，说明宋代密宗在莆田已存在。

图 3-62　龙华寺报恩双塔之一　　图 3-63　广化寺"佛顶尊胜陀罗尼经咒"石幢

　　宋代，莆田地区高僧辈出，颇负盛名又入灯录者有 64 位。令观、从显、其辨、戒香、道旻、祖珍、有需、祖照、昙懿、遵璞等尤为著名。道旻（1047～1122 年），禅宗南岳系临济宗黄龙派第四代禅师，仙游人，俗姓蔡，曾宦游京师，依景德寺德祥出家，后游方参学，于渤潭应乾处获印可。宋徽宗初年，在灌溪开法，后迁圆通，学者奔凑，名满海内，被誉为旻古佛。祖珍，禅宗南岳系临济宗黄龙派第五代禅师，莆田人，俗姓林，在上封本才禅师处得法，后在福州鼓山别峰传法。有需，俗姓陈，莆田人，在仙游何岩南湖（在今仙游钟山镇）创建万安院，垦土养徒百余人，后先后住持福州鼓山涌泉寺、雪峰寺，有《语录》传世，名载《续传灯录》。祖照禅师（1057～1124 年），仙游人，俗姓潘，名道和，弃儒就释。《仙溪志》载："徽庙时，曾对，御升座赐紫，太中大夫、左阶儒，禄食邑一千五百户，实封五百户，特赐今号。"[1] 住持江苏真州长芦寺，广扬宗风，有语录传世。另据《仙溪志》记载，宋代有僧号僧伽，不知何许人也，"绍兴间（1131～1162 年）来憩灵陂院前小桥之上，伺饭钟则入，

①　（宋）黄岩孙：《仙溪志》卷 3《仙释》，福建人民出版社，1989，第 62 页。

僧徒厌之，食后鸣钟，僧伽入赴，而食已罢。且至桥，僧伽趺坐而化"，灵陂院僧众试图以香花法器将其迎入本寺，却无论如何也抬不动。灵峰寺僧人得知后，率众来迎接，只需二人便轻而易举地把他抬入寺内，并塑像崇奉，此后，"雨旸祈祷，无不应验"。还有僧自殊，不知何许人，曾参大慧禅师，住持文笔峰下般若庵。①

3. 寺院经济发达

由于皇室的赐予以及豪门贵族的布施，宋代福建寺院经济十分发达。宋人吴潜就曾指出："寺观所在不同，湖南不如江西，江西不如两浙，两浙不如闽中。"② 北宋蔡襄曾指出福建寺院占有大量土地问题的严重性，他在《上运使王殿院书》中指出："七闽之地……土地硗确，所居之地家户联密，有欲耕而无尺土者，有蓄积愈年即为陶朱、倚顿之富者。何哉？昔者僭王相继，竟取良民膏腴之田以入浮屠氏，国朝以来因而不改。"③ 宋代，福建的寺院田产之多在全国首屈一指。而宋代的兴化军经济、文化空前繁荣，高官厚禄者不乏其人，许多大官僚乡绅纷纷舍田充寺产，在寺内建功德道场，请僧供香灯，因此，一些大的寺院均占有大量的田产。如宋代南山广化寺占地 500 余亩，盛极一时；囊山寺有寺田万亩，"常住极盛，岁收谷逾万石"。④ 据史志记载，宋代兴化 495 座寺院岁征产钱达 1998 贯 440 文，僧道免丁钱 6898 贯 900 文。富有的佛教寺院，除了建造富丽堂皇的寺院外，还热衷于社会公益事业，如参与水利工程建设、桥梁修建、助学等。以桥梁为例：兴贤里九座桥，天圣二年（1024 年）僧法本建；侍者桥，天圣三年（1025 年）僧大辩建⑤；常泰里驾龙桥，绍兴二十年（1150 年）僧慧寂建；仙游孝仁里会仙桥，乾道初（1165 年）僧妙随等人建；熨斗桥，淳熙二年（1175 年）僧无了建；⑥ 永兴里青龙桥，嘉定初（1208 年）僧守净募建；香田里石马桥，嘉定间（1208～1224 年）僧顽庵、僧师杰募建；俞潭桥，僧师杰募建；莆田南厢迎和门外沟头桥，广化寺僧人澄海募建；孝义里陈仓七间桥，南宋李富建，后来倾毁，僧德金、晦中相继修治。

---

① 详见黄祖绪《莆仙历代高僧大德知见录》，宗教文化出版社，2019。

② 《许国云奏议》卷 2《奏论计亩官会一贯有九害》，转引自陈支平、詹石窗主编《透视中国东南：文化经济的整合研究》，厦门大学出版社，2003，第 767 页。

③ （宋）蔡襄：《端明集》卷 27，转引自陈支平、詹石窗主编《透视中国东南：文化经济的整合研究》，厦门大学出版社，2003，第 768～769 页。

④ 《夷坚志·癸集下》卷 7《九座山杉兰》，转引自陈支平、詹石窗主编《透视中国东南：文化经济的整合研究》，厦门大学出版社，2003，第 768。

⑤ （明）周瑛、黄仲昭：《重刊兴化府志》卷 52《工纪一》，蔡金耀点校，福建人民出版社，2007。

⑥ 莆田历史上有两位无了禅师，一位为唐代人，卒于咸通九年（867 年），另一位为宋代人，建熨斗桥。

南宋后期，社会动乱，为解决地方财政困难问题，朝廷开始向寺院征收赋税，正如刘克庄在《方氏南山荐福祠碑记》中所言，"郡计取办僧刹久矣"，导致大多数寺院"赋急、债重、屋老、院贫"，僧人或被迫还俗，或一逃了之。至南宋末年，多数寺院或废或圮毁，就连广化、法海、龟山、囊山、龙华这样的大寺都难逃厄运，只有城里的梅峰寺能够勉强维持生计。

（二）道教的兴盛

宋代，兴化军道教在隋唐五代的基础上继续发展，达到鼎盛。这个时期，莆田地区先后兴建、重修了许多道教宫观，道观数量急剧增加。仅黄仲昭《八闽通志》卷79中记载的就有玄妙观（即元妙观）、玉虚东观、福神西观、祐圣道观、紫霄洞观、金石山福神观、何仙宫等。此外，还有兴化军城隍庙、兴化县城隍庙、浙江城隍庙、仙游县城隍庙。

图 3-64　游洋兴化军城隍庙（明代改名"游洋庙"）

这里有必要着重介绍一下元妙观。

元妙观，时称天庆观，元妙观始建于唐贞观二年（628年）；大中祥符二年（1009年），宋真宗诏令诸路、州、府、军、监、关、县择官地建道场，并以"天庆"为额，因此改名"天庆观"。李俊甫在《莆阳比事》中称："道观始于祥符，盛于宣政，佛寺或废为神霄玉清宫，未几，复旧。今天庆观三殿宏丽，甲于八郡。元祐间，雷击殿，鸱吻坠，内得黑木板，文曰：'后八十年狄觉奴来守此邦，重易殿屋'。主者以闻，郡守狄明远视之叹曰：'吾小字也，以年计之，吾犹生，何其验耶.'遂捐俸新之。"元元贞二年（1296年），改称玄妙观。清代，因避康熙玄烨名讳，改称元妙观，并一直沿用至今。[1] 观内供奉着道教三清尊神、玉皇大帝及其他各种道教神灵，是莆田地区重要的道教圣地。

图3-65 元妙观

三清殿于宋大中祥符八年（1015年）重建，为重檐歇山造，面宽七间，进深六间，殿内斗拱用材硕大，形式为双杪三下昂八铺作。三清殿建筑群还包括尚存的山门、通明殿、九御殿、四官殿、文昌殿和五帝庙、东岳殿、五显庙、西岳殿等，规模宏大，是兴化道教建筑的代表。该殿结构古拙，保存完好，是我国南方宋代木结构建筑的珍品。殿内竖有20根木石连接大柱，基本构造保存北宋原貌，其建筑结构可与宋代李诫著《营造法式》一书相印证，故与福州华林寺大殿、宁波保国寺大殿并称"江南古建之花"，被列入国家级文物保护单位。据中日专家的比较研究，日本国"大佛样"建筑群的结构，就是仿照三清殿和福州市华林寺建造的。

图3-66 元妙观三清殿

宋徽宗宠任道士林灵素，大力扶植神霄派，诏令天下建神霄玉清万寿宫，或改旧宫观为之，"无观者，以寺充"[2]。应朝廷命，当时兴化军亦改城中佛刹天福寺（今凤山寺）为神霄玉清万寿宫。宣和元年（1119年）八月，京师神霄玉

---

① （宋）李俊甫：《莆阳比事》卷1，江苏古籍出版社，1988。
② 卿希泰主编《中国道教史》（第2卷），四川人民出版社，1996，第614页。

图 3 - 67　三清殿斗拱等木构件

清万寿宫建成，宋徽宗亲制《神霄玉清万寿宫记》，令京师神霄宫刻记于碑，并以碑本赐天下，令天下神霄宫摹勒立石。然而，由于第二年朝廷即诏令"罢道学"，宋徽宗要各地立神霄碑的事便被搁置下来，许多地方根本来不及勒石立碑。有的地方虽已勒石立碑，却毁于战火之中，就连开封的那块石碑亦毁于靖康之乱，故《神霄玉清万寿宫记》碑流传下来的甚少。目前全国仅存两方《神霄玉清万寿宫记》碑，一方在海南省海口市五公祠内，另一方在莆田市元妙观内。

图 3 - 68　三清殿碑亭保存《神霄玉清万寿宫记》等珍贵碑刻

莆田《神霄玉清万寿宫记》碑高 336 厘米，宽 125 厘米。碑额为拱形顶，竖书两行楷体"御笔手诏"四个大字，为当朝宰相蔡京之子蔡絛奉圣旨题写。碑额文字内框内为回纹底上刻相扣的"〰"形缠枝纹，框左右满雕双龙盘旋而上。碑额与碑身之间刻如意云纹。碑身竖书《神霄玉清万寿宫记》，16 行，满行 40 字，共 392 字，没有标点符号，文中除落款"宣和元年八月十三日奉圣旨立石"为楷体外，均为宋徽宗瘦金体。碑身左右、下框内为回纹纹饰，在碑身四角、左右边框及下边框中间共刻有 16 条瘦长的小蟠龙。据称，该碑是迄今为止发现的见于金石著录的字数最多的宋徽宗瘦金体碑刻。

莆田地处东南一隅，为什么会留传有该碑呢？

民间传说，在宋徽宗扶植神霄派的过程中，兴化军仙游县人蔡京及其儿子蔡攸起到推动作用。蔡京被封为玉清左仙伯，蔡攸则"独唱异闻，谓有珠星璧月跨凤乘龙天书仙篆之符，与方士林灵素之徒争证神变事，于是神霄玉清之祠遍天下"①。相传，当时宋徽宗御制御书神霄碑并以碑本赐天下时，蔡京即令同时摹刻一块，由海道运回家乡，安置在神霄玉清万寿宫内。后因复观为寺，该碑遂移到天庆观内。据说因蔡京之故，兴化军是最早得到摹本和举行最隆重摹勒立石仪式的军州。又因兴化地处东南海陬，金兵铁蹄未至，该碑才得以保存下来。

民间的说法固然有一定的依据，而实际上神霄碑在莆田的流传，与宋代神霄派在福建的盛行不无关系。据地方史料记载，神霄派主要创始人王文卿在政和间（1111～1118 年）曾到南平一带传教，福建道士传习神霄雷法者不乏其人。如福安陈药山"有道术，能缩地驱雷降雪，行符咒水逐瘟疫"②。建阳江师隆"入武夷山修炼，得雷霆秘术，能致晴雨"③。长乐人陈通"与弟灵皆有道术，能驱雷雨除祟。宣和中（1119～1125 年）召至京，符咒辄验。徽宗悦之，俱封以王爵"④。清流人欧阳仙"结庐丰顺道院，养真修炼……水旱迎致，能动风雨，随车而雨"⑤。北宋末年，得林灵素、王文卿之雷法的西河人萨守坚，曾寓居与莆田毗邻的泉州，从学者数百人。南平人谢祐"师事萨真人，遂精道术"⑥。由此可见，神霄派在福建的影响颇大，虽然方志中未能找到神霄派在莆田流传的

① 《莆田县志·莆田金石木刻拓本志》（内部版）。
② （清）李拔等纂修《乾隆福宁府志》卷 32《方外》，收入《中国地方志集成·福建府县志辑》第 12 册，上海书店出版社，2012，第 496 页。
③ 姚有则、万文衡等修，罗应辰纂《民国建阳县志》卷 12《方外》，收入《中国地方志集成·福建府县志辑》第 6 册，上海书店出版社，2012，第 345 页。
④ （明）何乔远《闽书》卷 138《方外志·仙道》，福建人民出版社，1994，第 4103 页。
⑤ （明）何乔远《闽书》卷 138《方外志·仙道》，福建人民出版社，1994，第 4111 页。
⑥ （明）何乔远《闽书》卷 138《方外志·仙道》，福建人民出版社，1994，第 4107 页。

确切史料记载，但宋代莆田经济、文化繁荣，兴建、重修了许多道观，再加上仙游籍权臣蔡京、蔡攸父子对神霄派的推崇，神霄派在宋代的莆田地区亦应有一定的影响。

综上所述，由于统治者的提倡扶植，以及经济文化的繁荣，宋代莆田地区的佛教、道教在隋唐五代的基础上继续快速发展并达到鼎盛，寺观的数量、规模、经济、僧道人数等均达到顶峰。

七　妈祖信仰的产生和初步发展

1. 妈祖生平

妈祖，莆田湄洲屿人[①]，林姓，相传生于宋建隆元年（960 年），卒于雍熙四年（987 年）[②]。起初妈祖并无名字，被称为"湄洲林氏女"。民间传说妈祖出生一个月，不哭不啼，"因命名曰默"[③]，被称为"林默"或"林默娘"。林默年仅 28 岁便去世，百姓称之为"妈祖"，兴化方言中的"妈"是对女性年长者或德高望重者的最高尊称，"妈祖"的称呼表达了百姓对她的无限敬重之意。

据宋代有关文献记载，妈祖生前为女巫，"初以巫祝为事，能预知人祸福"，由于预测吉凶相当灵验，被称为"通贤神女"[④]。相传，妈祖自幼聪敏，富有爱心。她熟习水性，又洞晓天文气象，能在渔民出海前预测天气变化，避免海难发生。遇到有人遇难，妈祖总能尽己所能救助。妈祖生前为百姓做了许多善事，声名传于乡野，去世后被当地人奉为神灵，"众为立庙于本屿"祭拜。[⑤] 虽然当时湄洲妈祖庙规模很小，但由于妈祖能满足百姓祈福禳灾的诉求，所以其香火很盛，"祈祷报赛，殆无虚日"。[⑥]

---

① 关于妈祖出生地，学界有不同说法。最早记载妈祖信仰的文献《圣墩祖庙重建顺济庙记》称妈祖"姓林，湄洲屿人"。宋元时期文献均记载妈祖的出生地为湄洲屿或湄洲，明清时期部分文献记载妈祖出生地为莆田贤良港。

② 关于妈祖的出生时间，尚有唐玄宗天宝元年（742 年）、五代后晋天福八年（943 年）、五代末、宋太平兴国元年（976 年）、宋太平兴国四年（979 年）、宋元祐八年（1093 年）等不同说法。妈祖的去世时间，也有雍熙四年（987 年）二月十九、景德三年（1006 年）十月初十等不同说法。

③ 《天妃显圣录》。

④ 廖鹏飞：《圣墩祖庙重建顺济庙记》，莆田涵江清抄本《白塘李氏族谱》忠部绍兴二十年（1150 年）。黄公度《题顺济庙》诗云："枯木肇灵沧海东，参差宫殿崒晴空。平生不厌混巫媪，已死犹能效国功。万户牲醪无水旱，四时歌舞走儿童。传闻利泽至今在，千里危樯一信风"；李俊甫《莆阳比事》云："湄洲神女林氏，生而神异，能言人休咎，死庙食焉"；黄岩孙《仙溪志》曰："顺济庙，本湄洲林氏女，为巫，能知人祸福，殁而人祠之"；丁伯桂《顺济圣妃庙记》载："少能言人祸福，殁庙祀之，号通贤神女"。

⑤ 廖鹏飞：《圣墩祖庙重建顺济庙记》，莆田涵江清抄本《白塘李氏族谱》忠部绍兴二十年（1150 年）。

⑥ 《天妃显圣录·湄洲飞升》，《台湾文献丛刊》第 77 种，台湾银行经济研究室，1960。

图 3 - 69　湄洲祖庙妈祖塑像

图 3 - 70　妈祖升天古迹

图 3 - 71　湄洲妈祖祖殿

2. 妈祖信仰的传播

妈祖信仰最初仅在湄洲屿及其附近传播，如湄洲岛对岸的浮曦崇福夫人庙就建于宋代①，影响范围有限。

在妈祖去世后 100 年的宋元祐元年（1086 年），妈祖信仰扩大到在湄洲岛百里之外的涵江三江口一带。当地人在宁海圣墩堆（今镇前村）建造妈祖庙，称圣墩庙。百姓事无巨细，都要祈求妈祖保佑，其中航海者尤其崇信，所谓“岁水旱则祷之，疠疫祟降则祷之，海寇盘亘则祷之，其应如响。商舶尤借以指南，

---

① 参见洪迈《夷坚志》支戊卷 1《浮曦祠妃》。浮曦即今莆禧。

得吉卜而济，虽怒涛汹涌，舟亦无恙"。① 涵江地处滨海，航海业比较发达，是兴化地区重要商业市镇，妈祖信仰在这里扎下根来，形成新的传播中心。② 廖鹏飞《圣墩祖庙重建顺济庙记》也明确指出："神女生于湄洲，至显灵迹，实自此墩始。"

图 3-72 湄洲渔船上挂着祈求妈祖保佑航海平安的旗帜

图 3-73 妈祖显灵救助路允迪船队

在中国古代，只有少数民间神明得到朝廷的承认，被列入官方祀典，多数未列入官方祀典的民间神明被视为"淫祀"，不受官府保护。因此，神明或宫庙能否得到朝廷的敕封或赐额，关系到所崇奉神明的合法性甚至兴衰存亡。圣墩庙是第一座获得皇帝赐额的妈祖庙，为妈祖信仰争取到合法的身份，对后来妈祖信仰的传播和发展具有重大意义。据相关文献记载，宋宣和五年（1123 年）③，路允迪奉使高丽国，船队在黄水洋一带遇到大风暴，八只船中有七只沉没。唯独路允迪乘坐的那只船因"有神女登墙竿为旋舞状，俄获安济"。路允迪询问众人显灵救助船只者为何方神明，恰好在此船上担任保义郎的莆田人李振，平时信奉圣墩妈祖，遂

① 廖鹏飞：《圣墩祖庙重建顺济庙记》，莆田涵江清抄本《白塘李氏族谱》忠部绍兴二十年（1150 年）。
② （宋）洪迈：《夷坚志》支景卷 9。
③ 关于路允迪出使高丽国的时间，廖鹏飞《圣墩祖庙重建顺济庙记》记载为宣和四年（1122 年），但李俊甫《莆阳比事》、丁伯桂《顺济圣妃庙记》等记载为宣和五年（1123 年）。据今人考证，路允迪出使高丽国的时间应为宣和五年，参见刘福铸《妈祖褒封事实综考》，《湛江海洋大学学报》2005 年第 5 期。

报告路允迪，该船只之所以能幸免于难，是因为得到圣墩庙主神妈祖的保佑。路允迪返国后，便将此神奇经历奏请朝廷。当时的皇帝是自封为"教主道君皇帝"的宋徽宗，具有浓厚道教色彩的妈祖显灵救助路允迪船只的故事，为宋徽宗迷恋的道教信仰做了有力的印证，所以宋徽宗听后大悦，便赐予圣墩妈祖庙"顺济"匾额①。这次赐额虽然存在某种"历史的机缘巧合"，但对妈祖信仰的发展意义重大，时人刘克庄就敏锐地指出："妃以一女子与建隆真人同时奋兴，去而为神，香火布天下，与国家祚运相为无穷。"② 文中"同时奋兴"和"与国家祚运相为无穷"，道出了妈祖信仰与宋徽宗、王朝兴衰的内在联系。

由于圣墩妈祖庙的特殊地位，其也和湄洲妈祖庙一样一度被信众奉为"祖庙"。

圣墩妈祖庙获得"顺济"庙额后，妈祖信仰在莆田的影响迅速扩大，主要沿着四个方向传播：一是向涵江周边沿海港口扩散，陆续兴建了白塘浮屿宫、涵江灵慈庙、江口顺济庙等妈祖庙；二是向平原腹地沿木兰溪上溯，建造阔口白湖顺济庙等妈祖庙；三是向北部山区沿萩芦溪传播，白沙妈祖宫、新县的碧溪宫、郡城文峰宫等妈祖庙即建立于这个时期；四是往南传入仙游，建造的妈祖庙有枫亭顺济行祠、城关三妃庙、顺济祠等③。时人刘克庄在谈及妈祖信仰在莆仙的影响时写道："妃庙遍于莆，凡大墟市、小聚落皆有之。"④ 丁伯桂也说道："莆人户祠之，若乡若里悉有祠，所谓湄州圣堆、白湖、江口特其大者尔。"⑤

宋代莆仙地区的妈祖宫庙数量虽然较多，但规模都不大，大多坐落在渔村、港口、商贸集镇和政治经济中心，一些妈祖宫庙后来还成为妈祖信仰向莆田之外地区再传播的起点。其中阔口白湖顺济庙的建立意义非凡。

白湖地处木兰溪与海潮交汇处，这里航运商业发达，素有"白湖水市"之称。据《天妃显圣录》和《敕封天后志》记载，宋高宗绍兴二十五年（1155年）春，莆田发生大规模瘟疫，妈祖显灵托梦白湖李本家指点开凿"圣泉井"，乡人饮用甘泉后，很快痊愈，瘟疫得到有效抑制，百姓"皆腾跃拜谢"⑥，便献出土地兴建妈祖庙。该庙于绍兴二十七年（1157年）兴建，翌年秋落成，名曰

① 廖鹏飞：《圣墩祖庙重建顺济庙记》，载许更生《妈祖研覃考辨》，西安出版社，2014，第124页。
② （宋）刘克庄：《后村先生大全集》卷91《风亭新建妃庙记》。
③ 据统计，宋代莆仙地区共建造114处妈祖宫庙，分布于39个乡镇（街道），见中华妈祖文化交流协会纂《莆田妈祖宫庙大全》，海风出版社，2012。
④ （宋）刘克庄：《后村先生大全集》卷91《风亭新建妃庙》。
⑤ 《咸淳临安志》卷73《顺济圣妃庙记》。
⑥ （清）林清标：《敕封天后志》卷下。

"白湖顺济庙"。由于白湖顺济庙所处的地理位置和乡人陈俊卿担任丞相的影响，白湖顺济庙逐渐取代圣墩妈祖庙成为莆田妈祖信仰对外传播的中心①。陈俊卿之子陈宓在《白湖顺济庙重建寝殿上梁文》中写道："昔称湘水神灵，独擅南方，今仰白湖香火，几半天下。"②

图 3-74　修葺一新的白湖顺济庙

宋代妈祖信仰不但在莆仙地区得到较快发展，而且超越莆仙方言区传播到福建省其他地区乃至省外许多地方。时人刘克庄说：妈祖"非但莆人敬事，余北游边、南使粤，见承楚、番禺之人祀妃尤谨，而都人亦然"③。丁伯桂也说："神虽莆神，所福遍宇内。故凡潮迎汐送，以神为心；回南簸北，以神为信；边防里捍，以神为命；商贩者不问食货之低昂，惟神之听……神之祠不独盛于莆，闽、广、江、浙、淮甸皆祠也。"④

3. 妈祖信仰迅速传播的原因

宋代妈祖之所以能从一位普通的地方女神，发展为莆仙地区最大的海神，进而传播到福建各地乃至省外许多地方，成为全国性的海神，有其深刻的社会历史原因。

首先，海洋经济的勃兴是妈祖信仰产生和发展的根本原因。

北宋立国之初，顺应当时对外贸易发展的趋势，确立了保护和"招诱奖进"的对外贸易政策。宋太祖于开宝四年（971 年）在广州设置宋代的第一个市舶

---

① 南宋丁伯桂《顺济圣妃庙记》记载："其年白湖童、邵，一夕梦神指为祠处，丞相正献陈公俊卿闻之，乃以地券奉神立祠。"民间也盛传陈俊卿当宰相后捐地建造白湖顺济庙。查史书，陈俊卿是乾道四年（1168 年）才担任丞相的，此时白湖顺济庙已落成整整十年了。所以，陈俊卿捐地建造白湖顺济庙，或为当丞相之前，或为后人附会，但陈俊卿在推动妈祖信仰的传播方面功不可没。

② 蒋维锬：《妈祖文献资料》，福建人民出版社，1990，第 7 页。

③ （宋）刘克庄：《后村先生大全集》卷 91《风亭新建妃庙记》。

④ 《咸淳临安志》卷 73《顺济圣妃庙记》。

司，负责对外贸易。宋神宗颁发"政事之先，理财为急"的诏令，特地指示发运使薛向："东南利国之大，舶商亦居其一焉。卿宜创法讲求，不惟岁获厚利，兼使外蕃辐辏中国，亦壮观一事也。"① 南宋偏安东南，版图缩小，财政困难，更加倚重市舶收入，制定一系列积极鼓励海外贸易的政策，广州港、浙江明州（庆元）港、福建泉州港成为东方贸易大港，与南太平洋、非洲、欧洲等地区50多个国家频繁通商，海外商贸达到空前繁荣。

由于经济重心南移，宋代福建经济文化得到长足的发展。就商业贸易而言，福建港口众多，凡沿海地区，争相以舟船贩货，闽商遍布全国沿海各地。刘克庄诗句云："潋江多海物，比屋尽闽人。"② 苏东坡说："福建一路，多以海商为业。"③ 特别是随着泉州港兴起，福建海外贸易也走向繁荣，"州南有海浩无穷，每岁造舟通夷域"。④ "巨商大贾，摩肩接足，相刃于道。"⑤ 至于兴化军太平港、白湖港、通应港、端明港、浮曦港等港口，也无一不是南北商舟会集、千艘挂楫。南宋大儒林光朝也说："东南有海道，所以扞隔诸蕃，如三佛齐、大食、占城、阇婆等数国，每听其往来，相为互市。"⑥

然而，古代造船和航海技术相对落后，航海特别是远洋航行几乎是一种以生命为赌注的赌博，王十朋咏泉州诗中有"大商航海蹈万死，远物输官被八垠"⑦ 之句。刘克庄《泉州南廓》诗云："海贾归来富不赀，以身殉货绝堪悲。"真德秀在《西山先生真文忠公文集》中也说："浮海之商，以死易货。"总之，随着对外贸易的不断拓展，航海者急需海神这样超自然的力量来克服航海中的种种恐惧和不安，祈求一帆风顺，妈祖信仰应运而生，适时得到迅速发展。实际上，妈祖信仰贯穿于海上交通、海上贸易始终，它既反映了时人对海上巨大风险的畏惧心理，又体现了航海者借助海神信仰战胜各种艰难险阻的信念，这两种心态交织在一起，但后者占主导地位，促使大批航海者勇敢地走向海洋，"唯圣妃神灵煊赫，凡航海之人，赖以为司命"⑧。洪迈《林夫人庙》中写道："兴化军境内地名海口，旧有林夫人庙，莫知何年所立，室宇不甚广大而灵异素

① 《续修四库全书·皇宋通鉴长编纪事本末》，上海古籍出版社，2002。
② （宋）刘克庄：《后村先生大全集》卷12《城南》。
③ 转引自廖大珂《福建海外交通史》，福建人民出版社，2002，第63页。
④ 《乾隆泉州府志》卷20《风俗》。
⑤ （明）何乔远：《闽书》卷55《文莅志》，福建人民出版社，1994，第1489页。
⑥ （明）黄淮、杨士奇：《历代名臣奏议》卷349《夷狄》。
⑦ （宋）王十朋：《梅溪后集》卷17《提举延福祈风道中有作次韵》。
⑧ （宋）真德秀：《西山先生真文忠公文集》卷50《圣妃祝文》。

著。凡贾客入海，彼致祷祠下，求杯珓，祈阴护，乃敢行。盖尝有至大洋遇恶风而遥望百拜乞怜，见神出现于樯竿者。"① 南宋吴自牧在《梦粱录》卷14《顺济圣妃庙》中也写道："其妃之灵著，多于海洋之中佑护船舶，其功甚大。"总之，海洋经济的勃兴促进妈祖信仰产生和发展，而妈祖信仰反过来又推动航海事业的发展。

其次，平安、和谐、包容的三大特质和进取、拼搏、正义、勇敢、护国、庇民、大爱的妈祖文化内核是妈祖信仰迅速传播的内在原因。

在中国，海神古已有之，如四海龙王、玄天上帝、南海观音等。在妈祖之前或与妈祖同时代，福建也有众多的海神，如显应侯、通远王、感应将军、灵应将军、威应将军、显惠侯、光济王、协灵惠显侯、忠佑侯、叶忠、十八元帅、助顺将军等。没有记载的海神更多，沿海地区宫庙中供奉的神明多兼有保佑航海安全的职能。② 那么，妈祖为何能后来居上，影响力大大超过其他海神？其内在原因是妈祖信仰中的进取、拼搏、正义、勇敢、护国、庇民、包容、大爱的文化内核得到众多航海者所认同。

在丰富多彩的民间传说中，妈祖生前具有仁爱善良、无私奉献、见义勇为、不畏艰险、拼搏进取等性格特征。妈祖成神后的显灵故事，也体现了妈祖关爱百姓、扶危济困、保国庇民的大爱精神。就妈祖的形象而言，她不但美丽，而且慈祥，犹如慈母，航海者愿意向她倾诉内心的孤独和恐惧。更重要的是，妈祖具有慈母般的宽阔胸怀，以及无比仁爱和善良的品格。妈祖集中国女性的高尚品格于一身，任劳任怨，无私奉献，任何人有求于她，她从不拒绝，都会前去救助，排忧解难，化凶为吉。特别是舟船遇到狂风巨浪时，只要向妈祖呼救，她就会身穿红衣，手提红灯，为舟船导航，使其化险为夷。元代黄仲元在分析妈祖与其他海神的不同神性时指出："他所谓神者，以死生祸福惊动人，惟妃生人、福人，未尝以死与祸恐之。故人人事妃，爱敬如母，中心向之，然后于庙飨之……神之报乎人，犹亲之爱其子孙。"③ 一语道破妈祖能取代其他海神成为众多航海者信仰对象的"天机"。易言之，妈祖信仰具有平安、和谐、包容三大特质，所体现出来的进取、拼搏、正义、勇敢、护国、庇民、大爱的文化内核，

---

① （宋）洪迈：《夷坚志》支景卷9《林夫人庙》。
② 参见林国平《福建海神信仰与祭祀仪式》，《东亚海域史现地调查研究》（平成17～21年度日本文部省特定领域研究项目"东亚海域交流与日本传统文化的形成"论文集），鲤城印刷株式会社，2007，第22～32页。
③ （明）黄仲元：《黄四如文集》卷1《圣墩顺济祖庙新建蕃釐殿记》。

已经大大超出地域文化形态的局限，具有普遍的意义，所以得到不同地区航海者的崇敬。

再次，帝王的扶植为妈祖信仰的发展提供了政治保障。

在古代中国，皇权高于一切，任何事物只要与皇权沾上边，就风光无限。民间神明一旦得到朝廷的敕封，或所在宫庙得到朝廷的赐额，即表明其拥有正统的地位，为其生存和发展提供了有力的保障。妈祖信仰在早期的发展中，就得到了宋代帝王的"扶植"。

如前所述，宋宣和五年（1123年）妈祖显灵救助路允迪出使高丽国船只而得到宋徽宗的"顺济"庙额，使得妈祖信仰开始走上正统化的轨道。宋徽宗之后，妈祖因显灵祈雨抗灾、抵御盗贼、抗击瘟疫等功绩，先后得到宋代朝廷八次敕封[1]。最早的是绍兴二十六年（1156年）妈祖被封为"灵惠夫人"，到了绍熙元年（1190年）妈祖被封为"妃"。妈祖的身份由最初的巫女、神女，上升为朝廷认可的"夫人""妃"，封号有"灵惠""崇福""昭应""善利"等，妈祖信仰也从民间信仰一跃成为政府认可的合法信仰，从而避免了被官府当成"淫祀"打击或禁止的命运，为妈祖信仰日后的传播开辟了一条康庄大道。

最后，莆田文人士大夫的宣传有力推动了妈祖信仰的发展。

宋代是莆田文化发展的繁荣时期，科举鼎盛，无论从考取进士的绝对人数来看，还是按照人口比例考取进士数而言，宋代莆田科举考试都居于福建乃至全国前列。北宋名臣莆田蔡襄在《兴化军仙游县登第记序》中赞道："每朝廷取士，率登第言之，举天下郡县，无有绝过吾郡县者。甚乎，其盛也哉！"[2] 北宋宰相王安石赞叹："兴化多进士。"[3] 同时，宋代也是莆田政治精英辈出的时代，入仕者官居高位的众多，"冠大廷，位台、射，策中眉，参机要，前后相望"[4]。据统计，宋代莆田人位居宰相者3名，官至六部尚书者13名，在《宋史》中立传的有39名（含附传5名）[5]。他们多热爱家乡，热衷于宣扬莆仙文化，积极参与妈祖庙的兴建，大力宣传妈祖信仰，甚至将妈祖事迹上奏皇帝，推动最高统治者承认和褒扬妈祖。如刘克庄对妈祖十分崇敬，每次履新到任，都要前往当

① 关于宋代妈祖被敕封次数，学界有诸多不同说法，或以为多达13次，但有史可考的只有8次，参见刘福铸《妈祖褒封事实综考》，《湛江海洋大学学报》2005年第5期。
② （宋）蔡襄：《端明集》卷29《兴化军仙游县登第记序》，《景印文渊阁四库全书》本。
③ （宋）王安石：《王安石全集（下）》，宁波等校点，吉林人民出版社，1996，第917页。
④ （宋）王象之：《舆地纪胜》卷135。
⑤ 林祖泉：《莆田宋代科举述略》，《湄洲日报》2014年6月19日。

地妈祖庙祭拜一番，对妈祖宣誓"上不辱君命，下不贻亲忧"①。又如南宋宰相陈俊卿家族不但捐献土地兴建白湖妈祖庙，陈俊卿本人还亲自疏通关系，奏请朝廷诰封妈祖。妈祖被晋封为"妃"，与陈俊卿等达官贵人的推动也是分不开的。还有不少文人士大夫热衷为妈祖撰写碑记、祝文、游记等，不遗余力地宣扬妈祖信仰，如廖鹏飞撰写的《圣墩祖庙重建顺济碑记》，丁伯桂撰写的杭州的圣妃庙《庙记》，李丑父撰写的镇江圣妃庙《灵惠妃庙记》，等等。

总之，妈祖信仰因契合宋代海洋经济勃兴的时代，适应航海者祈求顺风顺水的信仰需要而产生，又因其具有百姓认同的普遍价值，得到帝王的封赐倡导、文人士大夫的大力宣传而迅速发展。

---

① （宋）刘克庄：《后村先生大全集》卷36《到任谒诸庙：谒圣妃庙》。

第四章　元朝：社会经济的缓慢发展
与文化的沉浮

元代是莆田历史上灾难深重的时代。元初，莆田遭到元兵屠城，生灵涂炭，文物破坏殆尽。元末，席卷泉州、福州、莆田、仙游等地的"亦思法杭兵乱"又给各地人民带来了深重的灾难，其中几次大的战斗发生在莆田地区，莆田所受到的战争创伤最为严重。元代实行民族压迫和民族歧视政策，使莆田社会经济丧失了活力，在恶劣的环境中缓慢发展，与宋代形成强烈的反差。元代莆田文化更是一落千丈，学校教育衰落，科举式微，文学艺术衰微。当然，元代莆田历史也有值得记述的方面，特别是元初陈文龙和陈瓒领导的兴化军民前赴后继的抗元斗争。陈文龙、陈瓒成为忠孝气节的楷模，陈文龙"未闻烈士树降旗"的不朽名句成为莆田人不畏强暴的性格象征。

第一节　元朝政治与莆田建置沿革

一　宋元交替与元初政治

宋末，元兵在江浙一带攻城略地，逼近临安，一些忠于南宋朝廷的爱国将士如文天祥等人出于对退路的考虑，建议朝廷让赵昰、赵昺两王分镇福建。① 但是，当时宋廷的权臣一心想着与元兵求和，太皇太后也优柔寡断，直到元兵兵临城下，才被迫派遣昰、昺二王到福建去。

昰、昺二王的入闽，使福建在临安失陷后逐渐成为南宋流亡政府抗元的重要基地。因此，福建也成为元朝用兵的重地，战乱造成福建人口锐减。据统计，宋元两代福建各（府）路户数的减损数如下：福州减 141590 户，建宁减 69883

① 《文山全集》卷13《指南录·自序》。

户，泉州减 166698 户，漳州减 90319 户，汀州减 182009 户，南剑州（延平）减 67264 户，邵武减 148824 户，兴化减 4624 户。① 原来的"东南全盛之邦"变成"人间地狱"，连泉州市郊也是满目疮痍，有诗歌描写道："鸡犬不鸣何处村，颓檐破壁问谁门。蓬蒿满地田园在，瓦砾如山井臼存。青草髑髅疑是梦，白头老父泣无言。谘诹邻旧多为鬼，倚杖徘徊堪断魂。"②

相对于福建其他地区，宋末元初兴化军所遭受的战争破坏最为惨重。特别是景炎二年（1277 年）十月，元将唆都率大军南下，福州、闽清、怀安等地闻风归降，而兴化军在陈瓒的领导下闭城拒守，顽强抵抗。按照元兵惯例，凡是抵抗的地方，在攻下之后，实行屠城政策。兴化城破，唆都将陈瓒车裂处死，并下令屠城。后来，屠城令虽经帅府提控案牍官乌古孙泽力谏而止，但此时已有 3 万多人被元兵杀害。一些在元兵疯狂屠杀中幸存下来的兴化人，也纷纷外出逃难，迁徙到海南等地。

战争结束后，元朝实行民族歧视政策，将全国人分为蒙古人、色目人、汉人和南人四个等级。南人又称蛮子，指南宋统治下的汉族及西南地区各民族，为最低等级，他们对元朝统治的抵抗最为持久，所以受到的压迫也最重。

为了镇压福建人民的反抗和加强对福建的控制，元政府在福建各地设立万户府，派遣重兵入驻。据统计，"元代福建设有 9 个万户府，53 个千户所，总兵力在 36000 人以上"。③ 大量的驻军、官员、家眷大大增加了百姓的负担，加上官府腐败，地主豪强兼并土地，百姓流离失所，饿殍遍野，更激起社会矛盾，形成恶性循环。

宋元交替的战火以及元初的民族歧视政策，给福建民众带来无尽的灾难，也积聚了民众反抗的怒火。

二　陈文龙、陈瓒领导的抗元斗争

当元兵大举入闽时，福建许多地方的守将看到元兵势大，纷纷逃走或出降。例如，元兵大破建宁时，邵武军知军赵时赏、南剑州知州王积翁闻风丧胆，弃城而逃。董文炳大军抵达福州时，知州王刚中赶紧献城投降。因此，元兵占领福建，几乎没费多大力气。但是，元兵两次攻打兴化时，却都遇到

---

① 朱维幹：《福建史稿》上册，福建教育出版社，1984，第 393～394 页。
② （宋）蒲寿宬：《心泉学诗稿》卷 5《郊行有感》，收入四库全书珍本初集集部别集类。
③ 汪征鲁主编《福建史纲》，福建人民出版社，2003，第 123 页。

兴化军民的顽强抵抗。陈瓒和陈文龙叔侄，就是这两次抵抗的领导者和组织者。

（一）陈文龙及其领导的抗元斗争

陈文龙（1232～1277年），原名子龙，字德刚、一字君贲，别号如心，陈俊卿五世从孙。陈文龙自小在先辈辉煌成就的激励下成长。聪慧加上勤奋，使其年未弱冠，即已精于声律而闻名于郡庠。陈文龙进太学后，以"工文词，负气节"著称。咸淳四年（1268年），陈文龙廷对第一，宋度宗皇帝亲自易其名为"文龙"，字"君贲"。

图 4-1　南宋抗元英雄陈文龙雕像

由于陈文龙工于词赋文章，丞相贾似道"爱其文，雅礼重之"。陈文龙的仕途较为顺利，"由镇东军节度判官，历崇政殿说书，秘书省校书郎。数年，拜监察御史"。[①] 陈文龙不像那些钻营之徒一味地阿谀奉承贾似道，相反，他为官刚直不阿，处事方正，主张积极抗元，多次为民请命，弹劾权贵，甚至不惜触怒贾似道，一度被罢官返回故里。

德祐元年（1275年）十二月，陈文龙升任参知政事。此时元兵已进至杭州北关外，临安告急。张世杰、陈宜中、文天祥、陈文龙等重臣的救国方略意见不一：陈文龙的主张是集中兵力，与元兵决一死战；张世杰、文天祥主张护送益王赵昰、广王赵昺入闽，开创新的抗元基地；陈宜中和谢太后则主张讲和。

---

① （明）周瑛、黄仲昭：《重刊兴化府志》卷43《礼纪二十九·人物列传十》，蔡金耀点校，福建人民出版社，2007，第1108页。

陈文龙见无人愿意与元兵决一死战，只好以母老为由，请求致仕归里。

宋临安朝廷投降后，元兵俘掠皇室及官吏北去。德祐二年（1276年）五月，张世杰、陈宜中等人辅佐益王赵昰在福州登基，改元景炎（1276年），是为端宗。陈文龙重新出山，出任福州新政权的参知政事。新建立的福州政权威信全无，各地叛乱频发，幸有陈文龙赴各处镇压。八月，漳州反叛，端宗任命陈文龙为闽广宣抚使，出兵讨伐。陈文龙提拔曾经镇守漳州且有恩于民的黄恮为参谋官，派遣其入漳州招抚叛民，一举而定。兴化有石手军反叛，端宗令陈文龙为兴化知军，迅速剿平。

景炎元年（1276年）十一月，元将董文炳、阿剌罕等领兵至福州。张世杰见元兵势大，不敢交战，即护送端宗赵昰上船，从海路趋泉州。蒲寿庚闭城不纳之后，再趋广州。端宗去广州前，封陈文龙为闽广宣抚大使。于是陈文龙变卖家财，招募军队，决心死守兴化城。一些乡绅认为在强大的元兵面前，这些努力都是螳臂当车，规劝陈文龙降元。陈文龙回答说："吾岂不知大厦之倾，非一木能支。顾世荷国恩，官至三府，国何负予，而予负国……设吾贪生畏死，则已屈辱于杭矣……百姓要降自降，吾有死尔，愿勿复言。"① 表明了自己与宋王朝同生死的决心。

十二月，蒲寿庚和知州田真子以泉州城降元。北面的福州和南面的泉州相继降元，兴化就成了一座孤城。已降元的福州知州王刚中派使者持书至兴化招降。陈文龙怒斩来使，放归副使，让他带亲笔信给王刚中。信中，陈文龙怒责王世强、王刚中叛国。为表明自己的忠心，陈文龙特制"生为宋臣，死为宋鬼"两大旗，树于军门前。于城内巡逻时，让兵士持两旗以前导，以激励士气。此后，元将阿剌罕又遣使前来劝降，也遭到陈文龙的严词拒绝。

在陈文龙的感召和有效组织下，兴化军民同仇敌忾，誓死守城。元兵屡攻不克，不得已又施展劝降伎俩。十二月二十三日，太学生卢泽奉命至兴化劝降。陈文龙斩其卒，悬头于槊上，号令军前。元兵一计不成，又生一计，他们抓获陈文龙的姻家，逼其写信给陈文龙劝降。陈文龙焚毁书信，斩杀来使，并复信严词拒绝，说："孟子曰'效死勿去'，贾谊曰'臣死封疆'。国事至此，不如无生，惟当决一死以守。"②

---

① 张日起：《陈忠肃公行状》，转引自林美熙《陈文龙兴化抗元至以身殉国时期》，《福建论坛》（人文社会科学版）1997年第2期，第48页。

② 黄洋：《有关陈文龙的遗文、书信、文诰、诏书和祭文》，《福建论坛》（人文社会科学版）1997年第2期，第61页。

二十五日，陈文龙派遣部将林华出城侦查。不料林华叛变，勾结降将王世强，引元兵至兴化城下，诈称自己是援兵。通判曹澄孙开城门投降，迎进元兵，而"小校黄泰跃马突至设厅，称有太皇太后诏，逼驱文龙出，并其家尽俘以去"。当时，陈文龙自知难免一死，穿上朝服，西向而拜，说："臣得死报陛下矣。"然后抽刀欲自刎，但手肘被左右士兵所执，被拉上马，送至军营。下马后，陈文龙踞胡床而坐，怒目瞪视。其时，军营外火光冲天，陈文龙担心百姓受到伤害，对元兵说："速杀我，无害百姓！"①

不久，陈文龙全家被押往福州。董文炳劝他投降，其手下将士也乘机相逼。但陈文龙不为所动，手指己腹说："此皆节义文章也，可相逼耶！"董文炳为之叹服。此后，元帅唆都又多次劝谕陈文龙，"且以母老子幼感动之"。对此，陈文龙回复说："宋无失德，三宫北狩，二邸深入瘴烟，何必穷兵至此？我家世受国恩，万万无降理。母老且死；先皇三子岐分南北。我子何足关念！"② 陈文龙的精忠报国之心，让唆都听后都怃然动容。《宋元学案补遗》中保存有一份《陈文龙复唆都元帅书》。信中，陈文龙以《孟子》《左传》的警句自励，表达了他忠于宋室、想保存赵宋一脉的想法："来书谓我名盖天下，何书不读，览尽兴亡，褒拂过当。不知我平生读书，但识《孟子》'效死勿去'字，《左传》'有殒无二'字。如此而已。但谓天数如此，何必固执，不能嘿嘿。宋三百年天下，列圣相承，无有失德，未至天遽厌之。柄国非人，不幸至此。譬如大家，不幸破败，如何亦留破屋荒田与子孙。我太祖造邦，柴氏俱有分地。闽、广数个破郡，存赵封疆。岂非盛德事？不然，蕞尔小州，把作田横海岛，有何不可？昔微子之宋，听其自存，聊摄以东，置而不问，惟执事图之。若弗获命，磨厉以须。"③

陈文龙义不投降，唆都无奈，将之械送杭州。陈文龙被俘离开兴化后就开始绝食，至杭州即饿死。宋端宗闻讯，赠太师谥"忠肃"。其母关押于福州尼寺中，生重病，不肯服药，告之众人："吾与吾儿同死，又何恨哉！"于是病逝。众人感叹："有斯母，宜有是儿。"④ 为之收葬。元至正间（1341～1368年），朝

---

① （明）周瑛、黄仲昭：《重刊兴化府志》卷43《礼纪二十九·人物列传十》，蔡金耀点校，福建人民出版社，2007，第1110～1111页。

② （明）周瑛、黄仲昭：《重刊兴化府志》卷43《礼纪二十九·人物列传十》，蔡金耀点校，福建人民出版社，2007，第1110页。

③ 黄洋：《有关陈文龙的遗文、书信、文诰、诏书和祭文》，《福建论坛》（人文社会科学版）1997年第2期，第61页。

④ （明）周瑛、黄仲昭：《重刊兴化府志》卷43《礼纪二十九·人物列传十》，蔡金耀点校，福建人民出版社，2007，第1110页。

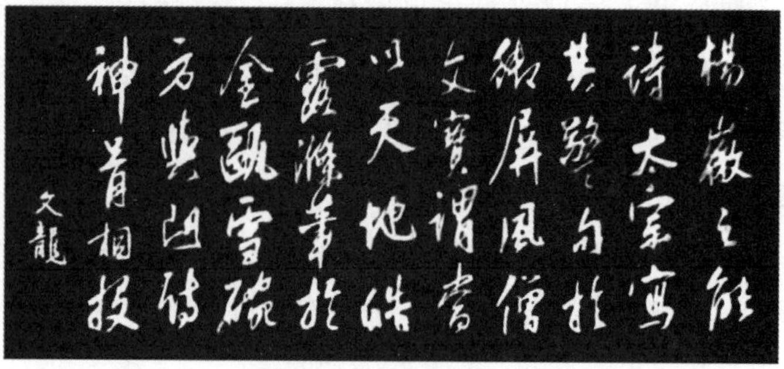

图 4-2　陈文龙手迹

廷以陈文龙忠勇，遣使李文虎到兴化，寻访陈文龙子孙后裔，准备录用。但陈文龙的子孙以先祖气节自励，无一人愿应诏出仕。可见陈文龙流风遗烈，对其子孙影响甚大。

（二）陈瓒及其领导的抗元斗争

陈瓒（1232～1277 年），太府寺臣陈宓之孙，与陈文龙在辈分上是叔侄，但两人是同年生。后来，两人又于同年在抗元斗争中牺牲。

陈瓒年少时就讲求气节，他料到宋末将天下大乱，不愿意为官仕进。他将家中粟、帛等衣食财物施舍给饥寒者，并称这样做的理由是"吾家世受国恩，当为国收民心耳"。① 说明他人虽在野，心却在朝，一直在为国家默默付出。

贾似道所率军队于芜湖大败，宋王朝重新启用陈文龙为左司谏，委以救国重任。赴任前，陈瓒将自己的救国之策告诉陈文龙，希望他能够将之转告当权者："今天下之势已危，列郡皆团兵自守，此不足以讨贼，适足以饵贼也。为今之计，莫若劝上尽召天下之兵，屯聚沿江要害，择贤王与文武才干之臣分督之。敌若来战，并力齐奋，则国犹可为也。"② 应该说，陈瓒对当时的政治形势看得非常清楚，其救国之策也是很中肯的。如果当权者能够照此计策行事，南宋也许不会那么快灭亡。

景炎元年（1276 年）十一月，端宗命陈文龙为闽广宣抚使，于兴化设置军府，招兵买马，抵抗元兵。陈瓒散尽家财，得 300 万缗，航海到广东，作为军费送给张世杰。陈瓒雪中送炭的举动，让张世杰极为感动，要授予官衔给陈瓒。陈瓒回答说："吾为忠义所激而来，岂买爵耶？"他拒不受官，回到兴化，帮助

① （明）周瑛、黄仲昭：《重刊兴化府志》卷 43《礼纪二十九·人物列传十》，蔡金耀点校，福建人民出版社，2007，第 1112 页。

② （明）周瑛、黄仲昭：《重刊兴化府志》卷 43《礼纪二十九·人物列传十》，蔡金耀点校，福建人民出版社，2007，第 1112 页。

陈文龙抗元。

景炎元年（1276 年）十二月，叛将林华、陈渊等人通敌，导致兴化城陷，陈文龙阖家被俘北去。陈瓒闻知此消息，宣称："吾侄不负国，吾当不负吾侄！"接下来，他暗中部署宾客，招募义军 500 余人。景炎二年（1277 年）二月，陈瓒率义军攻打兴化城，不仅诛杀害死陈文龙的凶手林华，而且重新夺回兴化城。陈瓒将林华首级祭告于祖庙后，献于宋朝廷。宋端宗以其忠义，授陈瓒通判衔，镇守兴化，与张世杰形成掎角之势，以图收复福州、泉州两郡。

图 4 - 3　黄石二忠祠（祭祀陈瓒）

图 4 - 4　陈瓒神像

兴化重回宋军手中，让元兵统帅唆都大惊失色。景炎二年（1277 年）九月，唆都亲自率领大军，进剿兴化。陈瓒见元兵势大，加紧防范。每次在城内巡逻，他都南向恸哭。士兵受其激励，士气高昂。唆都亲临城下劝降："若归顺，不杀一人；若抗拒，城破之日，鸡犬不留。"陈瓒回答说："我家世代忠义，前次守城不降者，吾侄也。这次是我，哪有向胡狗求活之理。"[①] 十月十五日，唆都率军攻城。元兵数量极众，"蚁附登城"，陈瓒的军队抵挡不住，元兵攻入城中。但陈瓒仍不放弃抵抗，他率领家丁义勇 500 人，与元兵展开巷战。由于家丁义勇的激烈抵抗，"元兵死者千余"。最终，陈瓒兵败被俘。唆都爱其忠勇，想要招降他，但陈瓒不惧威逼利诱，骂不绝口。唆都大怒，将陈瓒"车裂于五门以殉"，同时下令屠城。事后，张世杰上陈瓒其事，宋廷"赠兵部侍郎，谥忠武"。[②]

---

① 许众行：《叔侄两忠烈——陈瓒与陈文龙》，《福建论坛》（人文社会科学版）1996 年第 1 期，第 73 页。
② （明）周瑛、黄仲昭：《重刊兴化府志》卷 43《礼纪二十九·人物列传十》，蔡金耀点校，福建人民出版社，2007，第 1112 页。

元军攻进莆田城后,唆都下令屠城,元兵大肆杀戮,莆田三万多无辜百姓死于非命。值得大书一笔的是,在唆都下屠城令后,时任总管女真人乌古孙泽曾极力制止,并开南门让民众逃生,不然会有更多人丧命。弘治《兴化府志》卷4《吏纪四》"乌古孙泽"中记载:"及城陷,(唆都)下令屠城,泽谏不听。时张世杰攻泉州方急,乃说唆都开南门,令民得逸去传报世杰,于是全活者众。"① 在善后工作中,乌古孙泽也起到很大作用。弘治《兴化府志》载:"时郡新剋于兵,暴骨在野,首下令瘗之,又衣食其流移之民。有弃子于道者,置慈幼曹养之。郡人乱后贪暴俗炽,诸恶少皆用资求窜名卒伍,冀授功版。泽悉毁所授,诛其尤无良者。吏请援例籍战死者田产,泽曰:'民从陈瓚,瓚死,民何及焉?'乃访无后者,皆以田产归其族姻云。"②

陈文龙、陈瓚二人领导的抗元斗争最终失败了。莆田军民的顽强抵抗,触怒了元兵。灭绝人性的血腥大屠杀给莆田地方带来了前所未有的浩劫,其罪在唆都。陈文龙、陈瓚二人大义凛然,成为莆田人的楷模,潜移默化地塑造着莆田人的族群性格。明正德五年(1510年),时任南京大理寺左评事的莆田人徐元稔,将陈文龙、陈瓚二人的感人事迹详尽上奏朝廷,请予立祠祭祀。八月,莆田同知李大纪、莆田县尹周任于莆田城隍庙的左偏,建祠祀陈文龙、陈瓚,名"二忠祠"。福建提刑按察副使姚镆在《二忠祠记》中写道:宋室要苟延残喘,得依赖闽、广;而闽的作用尤大,进可图恢复中原,"退犹足屏蔽东广,以少延汉人西蜀之祀;故守闽所以守天下也"。闽诸郡中,又以兴化为最重要。"兴化破而闽尽矣。彼区区东粤,复何恃而能久哉?"因此,陈文龙和陈瓚之死,"非独以其郡与邑,而系于国势如是也"③。姚镆给予了陈文龙、陈瓚极高的评价。

三　兴化路设立与兴化县徙治

(一)兴化路的设立

1. 兴化路设置

南宋景炎元年(1276年)十二月,元兵攻陷兴化军城。景炎二年(1277

① (明)周瑛、黄仲昭:《重刊兴化府志》卷4《吏纪四·官监上》,蔡金耀点校,福建人民出版社,2007,第152页。
② (明)周瑛、黄仲昭:《重刊兴化府志》卷4《吏纪四·官监上》,蔡金耀点校,福建人民出版社,2007,第152页。
③ 郑振满、丁荷生编纂《福建宗教碑铭汇编·兴化府分册》,福建人民出版社,1995,第138~139页。所录文字与原碑有个别不同。

年）二月二十九日，陈文龙从叔陈瓒率抗元队伍收复兴化城。五月，端宗赵昰下诏升兴化军为"兴安州"，领莆田、仙游、兴化县，以陈瓒为通判。十一月，元兵破兴安州城。年底，元廷把兴安州改为兴化路，莆田县城亦是兴化路城。

元朝中央设置中书省，作为全国最高的行政机构；地方设行中书省作为地方政权机构，行中书省下设路、府、州、县。据《元史·乌古孙泽传》载，至元十五年（1278 年）夏五月，诏立福建行中书省，以唆都为行参知政事，乌古孙泽为行省都事。二人入京师朝见元世祖，世祖又命乌古孙泽知兴化军，赐金织衣，以嘉奖他善于出谋划策。兴化军改为兴化路后，授乌古孙泽为行总管府事。

入元，兴化军改为兴化路，置专门管理城内"户民之事"的录事司，城区和近郊被划分为四厢，与附郭莆田县分治。东厢为宋代的清平里，南厢为宋代的嘉禾里，左厢为宋代的延陵里东乡，右厢为宋代的延陵里西乡。《元史》称："至元十三年（1276 年）割左右二厢隶录事司，县如故。"

至元二十二年（1285 年），元臣中书右丞卢世荣"请罢福建行中书省，立宣慰司，隶江西行中书省"。至元二十三年（1286 年），复置福建行省，治所在福州，但很快又并入江浙行省。至元二十五年（1288 年），漳州一带反元义军非常活跃，元廷急令江浙行省调兵讨伐，是年已有福建行省见于记载，至元二十八年（1291 年）废，二十九年又置福建行省。成宗大德元年（1297 年），改福建行省为福建平海等处行中书省，移治泉州。大德三年又罢福建行省，而置福建宣慰使司都元帅府，隶属江浙行省。直至顺帝至正十六年（1356 年），又改福建宣慰使司都元帅府为福建行省。后因军事需要，至正十八年（1358 年），置建宁、泉州分省。十九年（1359 年），原江浙行省平章事、自称福建行省平章事的三旦八勾结兴化路总管安童，擅自又置兴化、延平分省，三旦八自立为兴化分省平章事，安童立为参政。

兴化路设立后，总管府设在宋兴化军治地，初以旧廨行事。依郡志所载，其后置于子城内之公署，所知者主要有以下几个机构。

正厅：至治元年（1321 年），总管阿鲁威建；至正十二年（1352 年），县尹董秃坚帖木儿重建。

廉访分司：在宋通判厅故址，元初改为闽海道廉访分司。职掌本路之监察、廉访，为上司下派机构。

因元代没有修郡志，故子城内之其余廨舍多已不可考。

2. 兴化路城的重修与破坏

元军攻占兴化后，军城遭到重大破坏。此后仍然是军阀混战不断，元季更是"胜国兵燹，瀰罹板荡"。[①]元代兴化路城虽亦有数次重修，但都没有真正的固防之举。至正十二年（1352年）冬，有"罢吏"（免职的官吏）梁某借负责修葺城垣为名，搜括钱财，其中半入私囊，而竟将郡城附近西山十八大夫坟、西畔国谕公坟的石头挖来充数，引起群情激愤的诉讼官司。时莆田文学家洪希文作《壬辰冬十一月，官筑城垣，罢吏梁某者，起众坟石而筑之，将西山十八大夫坟、西畔国谕公坟开穴见棺，讼之于（兴化）路，呈诸郡公》诗以纪其事。后来在"郡公"的干预下，这位挖人坟石的"梁贼"受到了"榜击"（杖击），并"令重新坟墓，以杜其讼"。[②]至正十四年（1354年），安溪李大、南安李光甫发动农民起义，部下刘广仁攻陷仙游县城，经濑溪攻兴化路城，毁广化寺。本年兴化路同知关保曾于旧址重修路城。

至正十七年（1357年），来泉州经商的波斯（今伊朗）人亦思法杭、商人"义兵"首领赛甫丁和阿迷里丁因镇压农民起义被元廷封为"义兵万户"，他们所带的夷兵也被称为"亦思法杭兵"。亦思法杭兵盘踞泉州，控制泉州军政大权，为争夺兴化路，开始了为期十年的"亦思法杭兵乱"，亦称"波斯戍兵之乱"。其间，兴化城又沦为战场。

"亦思法杭兵乱"前后持续十年。史学家朱维幹先生总结说："自至正十七年起至二十六年止（1357~1366年）十年之间，就（兴化）郡城论，林德隆入城一次，柳伯顺入城二次，亦思法杭军队入城三次，时间之久，战区之广，兵祸之烈，有过于唆都屠城。"[③]因兵寇掠侵，兴化路城池不断被毁损，此后至元朝灭亡兴化城再未重修过。

（二）兴化县的徙治

太平兴国八年（983年），段鹏知兴化军，奏请把军治迁往莆田县（今荔城）。此后兴化县不再是兴化军附郭，而成为属邑之一。

1. 兴化县迁治因由

兴化军治自山中外迁平原莆田县后，原在游洋的兴化县治又延续了300多

---

① （明）方尚祖《重建南山荐福祠碑记》，载郑振满、丁荷生编纂《福建宗教碑铭汇编·兴化府分册》，福建人民出版社，1995，第204页。
② （元）洪希文《续轩渠集》卷6。
③ 朱维幹：《元末莆田的亦思法杭兵乱》，载林国梁主编《福建兴化文献》，台北：台北市莆仙同乡会，1978，第535页。

年。当年设在游洋的兴化县治，县衙之中心建有正堂，东边为主簿厅，西边为典史厅；厅外建有宣诏亭。此外还建有吏隐堂、仙隐堂、黄绸阁、甲仗库、土地祠等。

元皇庆元年（1312 年），知县以游洋县境形势负山、山路崎岖、地狭人稀、货物交流不畅，而莆田广业里湘溪（今涵江区新县镇）居民辏集、地势坦夷、经济较发达、文化积淀深厚为由，奏请迁兴化县治至百里之外的莆田湘溪。得准迁移县治后，游洋被称为旧县，又称古邑，而湘溪新县治则称为"新县"。此后，兴化县又延续了 130 多年，直至明代被撤销。

2. 兴化县迁治后的机构

县治迁移到新县后，元至正十三年（1353 年），知县达鲁花赤臧吉以新县治"制度卑隘"，对县治进行扩大重建。县衙中心仍为公厅，东边为幕厅，西边为库房，东西两庑列为吏舍。至正十三年十二月，又改制锦坊为谯楼，次年三月竣工。谯门距县衙只有 50 多步，七开间，宽五丈二尺、高三丈一尺，面朝莲峰，背倚石竹，左为湘水溪，南有清乐桥。[①]

图 4-5　元代兴化县尹常瓒立　　　图 4-6　原立于兴化县衙门正厅的
　　　　 "清乐桥"碑　　　　　　　　　　　御书《戒石铭》

据《兴化县志》载，兴化县徙治后陆续建成的地方机构如下。

---

① （元）朱文霆：《兴化县谯门记》，载明郑岳《莆阳文献》卷 11。

县儒学：本县最高学府，中为大成殿，塑孔子、四配、十哲像于内。大成殿后有讲堂，东西设两斋，左为"达材"，右为"养正"；大成殿东西两庑，立先贤名位以从祀，其前为棂星门、戟门等。至正二十年（1360 年），知县实克己和教谕李季昌主持重修县儒学，一是修葺殿堂，翻新门庑；二是于孔庙左新创讲堂，于大殿之东建神库，于讲堂之西建立乡贤祠，于县学之北建射圃。

僧会司：管理全县佛教寺院和僧尼事务的机构。

道会司：管理全县道教宫观和道士事务的机构。

预备仓：共两处，官府储藏粮食之仓，"有司于丰年平价收籴，凶年则开仓救民，俟秋成之后，则抵斗于官"。

盐仓：贮盐的仓库。

教场：操练和检阅军队的场地。

另有医学、阴阳学、省仓、税铺、驿铺、省役库等机构。

本县的官祭配套建筑如下。

社稷坛：官祭土神、谷神之所，坛西建有神库、神厨、宰牲房舍三间。

风雨雷云山川坛：左祀本县山川之神，右祀城隍爷。坛东建有神库、神厨、宰牲房。

县厉坛：祭无祀鬼神之所，祭时迎城隍大神以主之，立二牌位于坛下左右，题曰"无嗣鬼神"。每年春、秋、冬举行三次祭祀。

乡厉坛：每七里各设一坛，制度与县厉坛相同。

里社坛：与乡厉坛同时建，亦各设一坛，祭祀制度与乡厉坛相似。

元代，兴化县的许多建筑都已"岁久倾圮"或破败不堪。至明洪武二十八年（1395 年），除教谕李杰曾粗略重修一次外，没有再修葺过，直至正统十三年（1448 年）兴化县被撤销。

四 元末政治腐败与亦思法杭兵乱

宋元时代随着泉州港的兴起，大批中亚、东欧商人特别是阿拉伯商人会聚于泉州经商，并逐渐演变为一股重要的地方政治势力。入元以后，元王朝实行民族歧视政策，拉拢色目人来打压其他民族，色目人开始恃宠而骄。泉州是当时色目人最多的地方之一，色目人的势力甚大，他们与蒙古人之间的争权夺利，加上地方乡族武装势力之间的恩怨纷争，引发了席卷泉州、福州、兴化等地的战乱，史称"亦思法杭[①]兵乱"，给各地人民带来了深重的灾难。其中，几次大的战斗发生在莆田地区，所以莆田所受到的战争创伤最为严重。

（一）元末政治腐败

元朝是靠军事征服建立起来的王朝，一直强调军事暴力在维持统治方面的作用，不重文治、法治，朝纲紊乱，政治腐败。特别是到了末期，中央的放任、官吏的贪腐、地方豪强的横行不法十分严重。

叶子奇《草木子》说："元初法度犹明，尚有所惮，未至于泛滥。"后来，朝廷开始放纵官吏，吏治腐败遂一发不可收拾。叶子奇指出："自秦王伯颜专政，台宪官皆谐价而得，往往至数千缗。及其分巡，竞以事势相渔猎，而价其值。如唐债帅之比，于是有司承风上下贿赂，公行如市，荡然无复纪纲矣。肃政廉访司官，所至州县，各带库子检钞秤银，殆同市道矣。春秋传曰：国家之败，由官邪也。官之失德，宠赂彰也，岂不信夫。"[②] 叶子奇感慨地总结，元朝的灭亡，就是从吏治腐败开始的。

元末官吏不仅贪污腐败，而且横行无忌，欺男霸女，无恶不作。如泉州路总管马谋在镇压农民起义途中，为了霸占一名女子，打死9人、重伤5人，劫掠财产，其行径比强盗有过之而无不及。此案曝光后，还顺藤摸瓜找到了119名被马谋、张万户送给上下官吏的撒花男女。[③]

元末，中央对地方控制能力下降，导致地方乡族势力攀升。地方官吏与乡族势力相互勾结，亏空财政，中饱私囊，政治更加腐败。

---

① 亦思法杭又称"亦思巴奚"。张星烺认为亦思巴奚乃波斯语 Ispahan 的译音，Ispahan 乃波斯一古城之名，又译为"亦思法罕"。朱维干亦持此说。他根据《蒙兀儿史记·陈友定传》将该词定为"亦思法杭"。朱维干认为，亦思法杭位于"今伊朗国都德黑兰之南二二六哩（约合294公里）"，是沙漠中的一片绿洲。来泉州的波斯人赛甫丁等，想要在福建沿海一带建立一个亦思法杭王国，由此燃起了战火（参见朱维干《福建史稿》（上册），福建教育出版社，1985，第472页）。陈达生认为，宋元时代侨居泉州的穆斯林来自巴士拉、哈姆丹、艾比奈、土耳其斯坦、施拉夫、设拉子、贾杰奋姆、布哈拉、花剌子模、霍拉桑、亦思法罕（杭）、大不里士、吉兰尼等地，其中波斯来的较多是事实，但亦思法罕人仅是其中一小部分，因此，亦思巴奚为亦思法杭的推论，难以凭信（参见陈达生《泉州伊斯兰教派与元末亦思巴奚战乱性质试探》，《海交史研究》1982年第4期）。廖大珂通过对文献的梳理，指出亦思巴奚是从波斯语 Shahbandar 转译过来的，即沙班达尔，意为港务长。古代波斯人浪迹天涯，商业据点遍布海内外，形成许多波斯人聚居的社团。而这些波斯人所在国家的统治者为了招徕外国商人，也极力笼络这些波斯商业领袖，授予其沙班达尔的称号，让其"管理外国人社团，促进对外贸易"。波斯人来到泉州后，元政府也授予其首领沙班达尔的称号，即亦思巴奚（参见廖大珂《"亦思巴奚"初探》，《海交史研究》1997年第1期，第78页）。

② （明）叶子奇：《草木子》卷4下《杂俎篇》，中华书局，1959，第82页。

③ 《大元通制条格》卷20，郭成伟点校，法律出版社，2000，第265页。

（二）亦思法杭兵乱

随着元中央对地方控制能力的下降，一些中央派到地方的官员，为了攫取实权，不得不依靠地方势力的支持。泉州色目人作为一股重要的军事政治力量，成为元末福建地方官吏在利益争夺中所倚重的力量。不过，在地方官吏争权夺利的过程中，泉州色目人的贪欲大大膨胀，他们不甘于充当工具，而是反过来利用地方官吏的争权夺利来扩大自身的势力范围，由此引发了席卷福州、泉州、兴化等地区的亦思法杭兵乱。

1. 第一次兵乱

至正十八年（1358 年）福建省平章政事普化帖木儿和廉访佥事般若帖木儿为了权力而相互倾轧，史称"省宪构兵"。普化帖木儿为了打败对手，拉拢前江浙行省平章三旦八和前兴化路总管安童两人，同时还贿赂泉州的亦思法杭，将其兵调入福州，以为声援。

三旦八原先任江浙平章政事，曾奉命讨伐饶州贼寇，但他"贪财玩寇，久而无功，遂妄称迁职福建行省"①。此事被福建廉访佥事般若帖木儿发现，上奏弹劾。三旦八被降职为宣政院使，寓兴化路。三旦八与般若帖木儿有仇隙，这是后来普化帖木儿邀请他率兵赴福州为自己助阵的一个重要原因。前兴化路总管安童则已弃官为道士，在莆田州峰下买房定居。

至正十九年（1359 年）正月，三旦八自称平章，安童称参政，于兴化设分省，并胁迫郡里各处兵马前来会合。二月，三旦八应普化帖木儿之邀，率领兴化兵和泉州赛甫丁的亦思法杭兵数千人前往福州，支援普化帖木儿。安童负责兴化分省事务，留守兴化。赛甫丁经过兴化时，留下一支军队，用以监督安童。安童瞧不起亦思法杭兵，屡次挑衅，惹恼了阿迷里丁。阿迷里丁为泉州亦思法杭兵头目，他以支援福州为名，从泉州率兵袭取兴化。对于阿迷里丁的来意，安童早有察觉，他采用漳州总管陈君用的谋略，关闭城门，并于城上布兵，让敌方以为兴化城早有防备。同时，招募乌合之众驻扎于西门外，作为疑兵。三旦八闻讯，轻骑从福州赶回兴化，劝安童开门纳降，但安童不为所动。三旦八无可奈何，只好自己出城迎接阿迷里丁。对于三旦八的主动示好，阿迷里丁并不领情，他将三旦八软禁，下令纵火焚烧城门，并命令士兵向城上射箭。安童也不示弱，安排人手取水灭火，同时下令将士以矢石回敬阿迷里丁。双方交战

---

① 《元史二种：蒙兀儿史记》卷 130《陈友定传》，上海古籍出版社、上海书店出版社，1989，第 780 页。

一天，相持不下。第二天早上，阿迷里丁下令猛攻，数百亦思法杭兵从城西攀缘而上，兴化城由此失陷，安童弃家狼狈逃走。阿迷里丁率兵进城，掳获安童的妻子财物，并纵兵在兴化城内外杀掠近一个月。后来，阿迷里丁听说安童在集结军队准备反击，心里害怕，于四月"执三旦八及驱所虏获男女奔回泉州"①。这是亦思法杭兵乱中兴化地区遭受的第一次战火洗劫。

2. 第二次兵乱

接下来，兴化、惠安等地乡族武装势力也卷入了亦思法杭兵乱，兵乱规模升级。至正二十年（1360年）正月，推官林德隆集合民兵，赶走兴化路判官柳伯祥，占据了兴化城。当时，广东元帅苫思丁以福建平章便宜升任右丞、分省兴化。对于林德隆和柳伯祥之间的冲突，苫思丁装聋作哑。是年冬，林德隆升迁为兴化路总管。与此同时，惠安人陈从仁以军功升任兴化路同知。林、陈两人均为地方豪强，彼此不和，拥兵自卫，多次嫌隙交恶。陈从仁人多势众，其弟陈同也率兵加入，遂与苫思丁密谋诛杀林德隆。十二月，陈从仁乘林德隆外出时，将其抓获，"系于狱，诬以谋为不轨之罪，搒掠无完躯。既而囊沙压杀之，明日以病死告，出其尸检验，令数卒昇至西山，烬而蹂之。复遣兵莆禧没其财产"②。林德隆的长子林珙逃至福州，向赛甫丁求助；次子许瑛则逃至泉州阿迷里丁处。③

至正二十一年（1361年）四月，林珙从福州归来，集民兵于湖头等处。阿迷里丁配合林珙，出兵到惠安攻打陈同。苫思丁与赛甫丁、阿迷里丁订有密约，用计杀陈从仁于兴化分省的后堂，肢解其尸体。当时，阿迷里丁军队已打到仙游枫亭，林珙军队打到黄石，看到苫思丁派人送来的陈从仁的首级与手臂，乃各退兵。陈同本来率军要来救援其兄长陈从仁，听说从仁已死，遂率军投奔漳州路总管罗良。不久，苫思丁回福州行省，参政忽都、元帅忽先奉命分省兴化。

同年六月，陈同得罗良之助，从漳州航海回惠安。他将当地民众组织起来，打出为陈从仁复仇的旗号，攻陷惠安县治，杀死官吏。林珙闻讯，派刘希良、林子敬、陈县尉等民兵赴枫亭迎战，结果被陈同打败。陈同的姐夫柳伯顺及其同党杨九、黄国辅等率兵追林珙至吴山、下林等地。所到之处，为泄私愤，任意杀人放火。陈同的军队由惠安县民组成，深入兴化地区打仗，久攻不克，就

---

① 《八闽通志》卷87《拾遗》，福建人民出版社，1989，第1035页。
② 《八闽通志》卷87《拾遗》，福建人民出版社，1989，第1035页。
③ 《八闽通志》卷87《拾遗》记载许瑛乃林德隆次子，《元史二种：蒙兀儿史记》卷130《陈友定传》则记载许瑛是林德隆的部将。

暗中与忽先疏通。七月，柳伯顺派杜武惠、胡庆甫、林全、李德正等率兵攻袭兴化城，从西门攀梯进入城中，突然在忽都家出现，逼迫忽都出具讨伐林珙的文书。拿到忽都文书，攻打林珙有了官方凭证后，柳伯顺遂据守兴化城，自称府判，胁迫官军民兵与柳子仪等去讨伐林珙。兴化局势突变，许瑛急奔泉州，再一次向阿迷里丁求助。阿迷里丁于八月派遣扶信率领亦思法杭兵赶去兴化，围攻兴化城。柳伯顺兵少力弱，无力防守，遂将忽先送回福州，然后率领部队乘夜逃走。九月，扶信入城。林珙也率兵进城，自称总管，据城守卫。亦思法杭军队兵纪松弛，杀掠无禁，其再次入驻给兴化带来了第二次深重灾难。

3. 第三次兵乱

至正二十二年（1362 年）二月，阿巫那杀死阿迷里丁，追究其同党的责任。率兵在兴化的扶信心生畏惧，遂由林珙护送到福州投靠赛甫丁。赛甫丁命令林珙再回到兴化，担任兴化路总管。此时，柳伯顺率军从永福潜至，攻陷兴化县，并兵临兴化路城下。林珙伪称泉州亦思法杭兵到，攻其不备，大败柳伯顺军。六月，柳伯顺整顿军队，再次进攻，但仍然失败。此时，燕只不花继普化帖木儿为福建平章。燕只不花一上任，就下令围剿赛甫丁的亦思法杭兵。后来，尚书李士赡诱使赛甫丁、扶信登舟，参政魏留家奴"蹙杀亦思法杭兵数百人"，燕只不花克复福州省治。江西行省左丞余阿里在兴化遏阻赛甫丁、扶信的败军，重立行省官府，兴化才恢复了一点生气。不久，参政郑昱顶替余阿里，出任兴化分省，并为林珙、陈同两家调解。林珙退回莆禧，陈同和柳伯顺也罢兵言和。两家虽已罢兵，但多年战争已经给兴化带来了难以弥补的损失。《八闽通志》引《至正近记》说："莆四百年文物郡，自陈从仁、林德隆作难，兵连不解，遂引异类肆其惨毒，前后戕杀二万余人，焚荡三四万家。"①

此后，泉州亦思法杭的新首领阿巫那与地方武装以及元王朝派遣来的官吏屡生冲突，兵乱仍困扰着兴化地区。至正二十三年（1363 年）十一月，阿巫那派遣白牌、大阔率军进攻陈同的惠安寨，搜不到人，追至仙游，攻破县治，杀死官民。又追至兴化县龙纪寺，搜捕不到柳伯顺，就大肆杀掠。阿巫那怨恨郑昱站在陈同和柳伯顺这边，于至正二十四年（1364 年）正月，派兵进逼兴化路城。兴化分省的官员们纷纷挈眷逃跑，城里民心惶惶。最后，兴化分省官员杀死柳伯顺派来的人，同时，福建行省也派左右司员外郎德安驻泉州，喻令阿巫那退兵，兴化路城才得以解围。

① 《八闽通志》卷 87《拾遗》，福建人民出版社，1989，第 1037 页。

4. 平定亦思法杭兵乱

至正二十四年（1364年）四月，福建行省左丞观孙自京师来，"奉旨分省兴泉，提调市舶军马"。观孙自恃有朝廷旨命和印信，看不起阿巫那。他派员外郎任立到泉州"封市舶库及检计仓库钱谷"。没想到，阿巫那将仓库清空，又阻止任立封视。对于观孙提调军马的命令，阿巫那也只派遣湖州左副千百户带领三百兵至兴化听调。此后，阿巫那还多次想挑起事端。对于阿巫那的傲慢与不逊，观孙无可奈何，只好征发百姓来疏通河道，修缮城池。民众不堪其扰。

至正二十五年（1365年）十一月，观孙奉皇太子命令，再次前来分省兴泉。德安起兵抗拒，引发其与福建行省孟孙两同金之间的冲突。德安派人向阿巫那求助，城中百姓得到亦思法杭军队将来的消息，无分贵贱，通通挈家逃走，最后连德安也逃走。等到阿巫那派遣哈散、黄希善率领亦思法杭兵抵达兴化城时，兴化已是一座空城。于是亦思法杭兵占领兴化，同时"出兵大掠涵头、江口、新岭诸处，直至蒜岭、宏路，逼近福清，所至焚掠"。[①]

至正二十六年（1366年）正月，阿巫那手下白牌、金阿里、哈散、黄希善等人又纵兵荼毒莆田、仙游等地。阿巫那对兴化、惠安的接连骚扰，终于使得林琪、柳伯顺两人尽释前嫌。二月，两人联手，于兴化城大败哈散军，杀死哈散及其他亦思法杭兵数十人，赶走黄希善。三月，白牌、马合谋、金阿里等率领亦思法杭兵由枫亭沿海直趋吴山，攻打林琪和许瑛。许瑛战败，全军溺水死。林琪得到许瑛死讯，亦逃走。于是亦思法杭"纵兵夷琪家坟墓，并毁其屋宇、营寨，而新安、武盛、奉国、醴泉、合浦诸里之民，亦皆被其杀掠，扫荡一空"。[②]

此时，陈友定已经接到行省讨伐亦思法杭的命令。柳伯顺本来就是陈友定的牙将，遂乘虚进入兴化城。白牌、马合谋、金阿里等人听说柳伯顺占领兴化城，急忙回兵进攻兴化城。亦思法杭军队包围了东南西北四个门，却漏了宁真门。于是，陈友定的儿子陈宗海乘夜率军从宁真门进入兴化城内。第二天天亮，陈宗海打开西门和南门，率领部队出城。白牌、马合谋、金阿里等人见到城门打开，已经错愕不已，"又见兵出者旗帜衣装鲜明，进退步趋严肃，益恐"。亦思法杭兵靠的是弓箭刀牌，适合远距离作战。而陈宗海率军出城后，不等亦思法杭兵发挥其远距离作战优势，立即近前搏斗。于是"亦思法杭之兵卒无所施，遂大败，僵尸数千。追擒白牌、马合谋、金阿里等杀之，余星散鼠窜，所在农

---

① 《八闽通志》卷87《拾遗》，福建人民出版社，1989，第1038页。
② 《八闽通志》卷87《拾遗》，福建人民出版社，1989，第1039页。

民亦以锄、梃乱杀，无得免者"。当天，陈友定大军赶至兴化，命令陈宗海率柳伯顺、陈同兵马以及林琪的水军，进讨泉州。五月，陈友定大军攻克泉州，阿巫那被擒。至此，"兴、泉二郡始获免亦思法杭之祸"①。

综上，元末政治腐败，地方官员争权夺利，豪强横行霸道，泉州亦思法杭趁机发展武装，成为元末福州、兴化和闽南地区兵乱之源。"亦思法杭兵乱"产生的原因和过程极其错综复杂，很难完全厘清，但这场持续数年之久的兵乱，给兴化、泉州、福州等地百姓带来了深重灾难，对社会经济、文化的巨大破坏是触目惊心的，其教训也是十分惨痛的。

第二节　社会经济缓慢发展

一　人口减少与家族组织重建

（一）元初屠城与人口减少

宋景炎二年（1277 年）十月，元军攻陷兴化军城，屠城 3 个时辰（6 小时），死者 3 万余人，三县之民以连累受戮者，达 3000 余家。② 这是莆仙历史上的空前浩劫，社会经济文化遭到严重破坏，世家大族亦受到猛烈冲击。至元二十七年（1290 年），宋良佐序《莆田宋氏旧谱》云："莆虽小垒，世族最多，而且长远，外郡所不及。数十年来，大非昔比。亦尝过之，见其颓垣败壁，废圃荒墟。问诸其邻，不曰兵厄，则曰绝而无后。又否，则困于科差，流离四出，不知所如。"③ 余谦一《寄轩》云："丁丑寇作，吾族之甍连栋接者，化而为烟为埃，族之人，往往流徙奔窜，近稍还集。"④ 莆田玉湖陈氏，由于陈瓒、陈文龙叔侄相继起兵抗元，玉湖里第化为灰烬，陈氏族人纷纷逃难，或近隐藏于本邑的海澨山陬，或远徙于潮阳、东莞、新会、琼州各处。⑤ 莆田浮山陈氏，"爰及景炎，陵移谷迁，水亭故地，禾黍离离。于是，族众分析，至有远不相往来者，六十年于兹矣！"⑥《元史·地理志》记载：至元二十七年（1290 年），兴化

---

① 《八闽通志》卷 87《拾遗》，福建人民出版社，1989，第 1039 页。
② 《新元史》卷 174《乌古孙泽传》，《传世藏书·史库·二十六史》第 15 册，第 1206 页。
③ 转引自朱维幹《莆田县简志》，第 88 页。
④ （明）郑岳：《莆阳文献列传》卷 11，第 124 页。余谦一，据弘治《八闽通志·选举》载，登咸淳元年（1265 年）进士第，所云丁丑，应为景炎二年。
⑤ 参见朱维幹《福建史稿》上册，福建教育出版社，1985，第 388 页。
⑥ （清）陈云章修嘉庆《莆田浮山东阳陈氏族谱》卷首《前序·陈文介序》，第 29 页。

路户 67739，口 352534。① 元朝在莆仙地区已经统治 13 年，户数却比 100 年前的宋绍熙年间（1190～1194 年）减少 4624 户，可见元军屠城对莆仙人口的摧残。

（二）家族组织的重建

元朝统治趋于稳定后，莆仙的一些家族撰修族谱、重修祠堂，重建家族组织。如莆田浮山陈氏族人，鉴于"遭世变更，谱牒散失"，"深惧日远月忘，将不知其先之所自出"，于是"博采志铭，历寻世系，撷入闽以来述而辑之，名曰《家记传芳录》。庶乎支派虽殊而宗族之情不衰，岁月虽久而祖宗之德不抿……"② 该谱修成于元至正二年（1342 年）。莆阳刺桐金紫方氏十三世祖清素公旦于元至治辛酉（1321 年）编刻谱图。③ 仙游《傅氏族谱》亦于元至正二十三年（1363 年）重修。④

在祠堂建设方面，前述莆田徐氏、郑氏和仙游傅氏等家族，先后重修或改建祠堂。仙游罗峰傅氏祠堂，"丁丑（1277 年）毁于兵"，族人于元成宗大德六年（1302 年）"重新轮奂"，题曰"奉思"，"崇祀如旧，春秋时祭惟谨"⑤。元至正三年（1343 年），"族长以励贤田所入茸而新之"⑥，重修奉思堂。莆田徐氏的景祥寺，在宋季衰败，"仅遗法堂、公祠"，其族人"重绘先影，增置圭租，使祖宗数百年之盛事复见于今日"。从至正六年（1346 年）徐大同写作《重修景祥徐氏祠堂记》和文中"今日"用语来看，重修时间当在至正六年或稍前。⑦ 建于五代的莆田广化寺郑氏檀越祠，到后来，"碑久毁，寺僧或废是礼。至元至正初有诏，凡寺院旧檀越施主祠堂礼废，举行。于是，远孙前埭秉成、后埭同祖等，与寺僧谋兴旧典，绘三先生像，祀于司马庙右"⑧。据至正十三年（1353 年）郑梭所作《南湖山郑氏祠堂记》载，他于是年倡族人及僧"绘三祖像，崇奉于司马王庙之右"⑨。

此外，亦有一些家族在元代新建祠堂。如莆田东里黄氏，在元大德八年

---

① 吴松弟：《中国人口史》第 3 卷《辽宋金元时期》，复旦大学出版社，2000，第 283～284 页。

② （清）陈云章修嘉庆《莆田浮山东阳陈氏族谱》卷首《前序·陈文介序》，第 30 页。

③ （明）方应偲：《重修族谱后序》，（清）方元会纂修顺治《莆阳刺桐金紫方氏族谱·历代族谱序言》，第 95 页。

④ 仙游《罗峰傅氏族谱》卷 1《序》。

⑤ （元）罗定保：《正伦堂记》，《福建宗教碑铭汇编·兴化府分册》第 363 号。

⑥ （元）郑梭：《奉思堂记》，《福建宗教碑铭汇编·兴化府分册》第 365 号。

⑦ （元）徐大同：《重修景祥徐氏祠堂记》，《福建宗教碑铭汇编·兴化府分册》第 64 号。

⑧ （明）林文：《南湖郑三先生祠堂记》，《福建宗教碑铭汇编·兴化府分册》第 94 号。

⑨ （元）郑梭：《南湖山郑氏祠堂记》，《福建宗教碑铭汇编·兴化府分册》第 66 号。

图 4 - 7　仙游罗峰傅氏祠堂

（1304 年）修建族祠思敬堂，奉祀族祖黄滔以下十三代祖先。[①] 仙游钱江朱氏，在元至治年间（1321～1323 年），建"大宗祠二座，高敞壮丽，为列祖妥灵之所"[②]。但从整体上看，由于元代承平时期短暂，许多家族尚无暇顾及家族组织的建设。同时，元朝实行歧视汉人的政策，统治者多为色目人，据弘治《兴化府志》卷 2《府官年表》，自至元十六年到至正二十七年（1279～1367 年）近90 年间，兴化路总管之姓名可考者 14 人，其中 9 人非汉族；同知姓名传者 8 人，其半非汉族；判官姓名传者 4 人，其半非汉族。汉人社会地位低下，这也影响到家族组织的建设。因此，元代莆仙不论是族谱修撰，还是祠堂建设，均大大逊色于宋代。

元末，从至正十二年到至正二十六年（1352～1366 年）长达十多年的兵祸，对莆仙地区的破坏是极大的。就莆田而论，从至正十七年到至正二十六年十年间，林德隆入城一次，柳伯顺入城两次，夷兵入城三次，战区之广，兵祸之烈，死亡之众，有甚于元初的唆都屠城。[③] 仙游，明人林俊《城仙游诗序》云："至正间，巨寇陈君信陷县治，李文［大］再陷，陈同、柳伯顺、白牌又连陷，沟壑捐瘠，殆遍乡东西。"[④] 在元末的兵灾之中，莆仙地区的家族组织受到严重破坏。明初莆人吴源《至正近记》载："莆四百年文物郡，自陈从仁、林德隆作难，兵连不解，遂引异类肆其惨毒，前后戕杀二万余人，焚荡三四万家。"[⑤] 族人或遭杀戮，或四散流移。据碧溪黄氏家谱记载，黄松兄弟五人，居黄石金墩。

①　（元）黄仲元：《黄氏族祠思敬堂记》，《福建宗教碑铭汇编·兴化府分册》第 46 号。
②　（清）朱凤洲：《重修宗祠记》，《福建宗教碑铭汇编·兴化府分册》第 408 号。
③　朱维幹：《福建史稿》上册，福建教育出版社，1985，第 481 页。
④　（明）林俊：《见素文集》卷 3，《四库全书》集部·别集类第 1257 册，第 28 页。
⑤　《八闽通志》卷 87《拾遗》，福建人民出版社，1989，第 1037 页。

元季寇乱，松与弟侄，各自迁避。最近者迁郑塘，远者迁往仙游兴泰里黄宅，甚至漂泊到晋江潘湖。松父子迁居泉州城里，后裔因而分居安海。不迁的仅有一房，然而也往祖居碧溪暂避，到明初才搬回金墩故宅。又如莆田桃园郑氏，全盛时，"族人居第百余多，而其五世祖校勘甫公屋宇尤雄敞，甲于闽中，子姓蕃衍，户至三百余口"。元末兵燹，族人散徙，各聚为族，而其地遂墟。① 一些家族的祠、墓也毁于兵火，祭田散失。如林俊《林氏重修先墓记》云："至正壬寅（二十二年，1362 年）乱，墓不可守。"② 方氏荐福祠，"胜国兵燹，涪罹板荡。皇朝洪武丙子（二十九年，1396 年），移建追远堂于古棠巷中，此地浸鞠莱草"。③ 林孝子祠，旧在义门，有双阙，元季毁于兵。明成化时，迁祠、阙于乌石山下。④ 莆田国清林氏，"（五世祖）睦庵在宋时已置祭田，自后累增至二千亩有奇，故其烝尝之礼视他族为特丰。元季乱离，始不能以自守……"⑤

综上，在古代最主要的生产力是人，残酷的战争导致莆仙地区人口减少，直接影响社会经济的发展。家族组织是古代民间社会最重要的组织，元初和元末莆仙家族组织受到严重的破坏，重建家族组织进展缓慢，这对基层社会秩序重构和民间文化建设产生了消极的影响。

二　水利建设放缓与"南水北调"工程

（一）水利工程零星修建

经过宋末元初的战争，受到重创的莆田社会经济经过很长时间才恢复过来，水利工程亦多零星地修复。比较早的水利设施修缮活动，是至元二十七年（1290 年）南洋片海堤因台风巨浪而毁坏，廉访使者分巡司张孝思组织官民修复。"自是风涛不惊，年谷用成，万口赞叹曰：一方之利，百世之功，公赐也。"⑥ 大德八年（1304 年），仙游枫亭崇福寺僧人何自永倡建太平陂，拦截枫慈溪，灌溉南北庄大片农田。据《枫亭镇志·水利》记载，枫亭在元代修建了两处重要的陂，一是在沧溪下游拦水筑建的三峰陂，二是在枫慈溪上游截流建

① （明）黄仲昭：《宗湖堂记》，《福建宗教碑铭汇编·兴化府分册》第 86 号。
② 《福建宗教碑铭汇编·兴化府分册》第 113 号。
③ （明）方尚ものなど：《重建南山荐福祠碑记》（撰于明崇祯十五年），（清）方元会纂修顺治《莆阳刺桐金紫方氏族谱·历代祠堂碑记》，第 54 页。
④ （明）周瑛、黄仲昭：《重刊兴化府志》卷 25《礼纪十一·群祀志》，蔡金耀点校，福建人民出版社，2007，第 669 页。
⑤ （明）宋濂：《国清林氏重修祠记》，《福建宗教碑铭汇编·兴化府分册》第 72 号。
⑥ 参见宋国强主编《莆田市历代水利功臣录》印册，2013。

成的上坽坝，分别灌溉几千亩的田地。元代枫亭的水利工程兴建比较突出，可能与它靠近泉州港，贸易发达、经济富裕有关，有了活跃的商贸经济做支撑，地方才有更多的财力投向水利工程的建设。

（二）木兰溪"南水北调"工程

元代莆田影响比较大的水利项目是木兰溪"南水北调"工程。木兰陂建成后，不断有人提议把木兰溪水南引北注，缓解北洋片水利资源不足的问题，但南洋片的人怕溪水北调会直接影响当地的水资源，一直持反对意见。延祐元年（1314年）大旱，城内外井水干竭，北洋片旱情更加严重，沟枯田槁。时任兴化路总管郭朵儿亲临木兰陂一带查看，认为只有充分利用丰沛的木兰溪水才能解除旱情。他力排众议，决定开渠引木兰溪水北上，在木兰陂北端开挖分水沟渠，引木兰水抵城下，以灌北洋。但工程刚开始建造，郭朵儿即离任。继任者张仲仪"始缵成旧绪"，[①]继续进行"南水北调"工程，开山挖沟，导木兰溪水北上与延寿溪下游汇合，流向北洋片灌区；在木兰陂北岸口创立新陡门，名曰"万金"，俗称"万金陡门"（今进水闸），以下挖一条大沟，经东埔、沟头、柳桥至南门沟，与北洋渠系相通，分小沟8条，引水通湖下、郊下、顶墩、黄墩、下黄、下路、堤尾等村落，又在城外另挖一条城濠（即护城河），引木兰溪水与延寿溪水汇合，灌溉北洋农田，从此南北洋平原灌区水系连成一片。并且订立民约，"水以三七为则"，南洋片得木兰溪水七成，北洋片得木兰溪水三成，永为定例。工程于延祐三年（1316年）完工，这样，南北洋平原沟渠相连，互通舟楫，大大便利了交通运输和农田灌溉。翌年金汝砺写下《万金斗门记》，刻于石碑以示纪念，碑记云："浚开河道，分灌北洋，耕者获耒耜之利，商者乐舟楫之便……又于芦浦、陈坝，重砌斗门两座以泄之，使北洋三里田土，旱不干，涝不溢，为万世利，侯之功也。"[②]

碑记通篇溢美之词，赞颂总管张仲仪，而只字未提前任郭朵儿。据说延祐四年（1317年）秋，郭朵儿还委托地方官周文郁等修建新港陡门（今涵江区新港村），邑人柯举为之作《新港斗门记》，专言郭朵儿引木兰溪水北注之功，未提张仲仪后续之贡献。二者各持一端说事，实属蹊跷。到至顺元年（1330年），官府新修缮完纪念李长者等的协应庙，郡人林定老作《协应庙记》，首次将郭朵

---

① （明）周瑛、黄仲昭：《重刊兴化府志》卷4《吏纪四·官监上》，蔡金耀点校，福建人民出版社，2007，第152页。

② （清）陈池养：《莆阳水利志》卷7"万金斗门记"。

儿、张仲仪放在一起记述："皇朝延祐间（1314～1320年），总管郭公朵儿、相台张公仲仪续凿河道，建斗门，分是水注焉，由是地亦饶沃。"① 林定老还说是张仲仪在木兰陂的见思亭附近新建李长者庙，旧庙祀钱四娘。林定老时任兴化路推官，距万金陂门建立只有15年左右的时间，其说应该有据，故弘治《兴化府志·张仲仪传》曰："是朵儿善创始，仲仪善继终者矣。"对两人的作用给予了明确的定位。

图4-8　万金陂门

万金陂门的开辟，将木兰溪水分流北上，与延寿溪汇合于芦浦（今荔城区荔浦村），通过大小沟渠灌溉北洋大片土地。百姓还在沟渠两岸广植荔枝树，形成一道亮丽独特的果树风景线。渠道总长185.5公里，溉田面积达7万多亩，与木兰陂南端渠系工程构成南北洋纵横交错的水利灌溉网络，为南北洋成为莆田最大的粮仓奠定了重要的基础。

根据弘治《兴化府志》有关记载，元代重修的水利设施如下。在南洋片，延祐七年（1320年），方庆翁在南厢下黄华严埭创建上下两个陂门；至元五年（1339年），木兰陂年久失修，柱石倾坏，兴化达鲁花赤八的儿组织维修，增叠石，每层植松柱五根，以固柱石；至正三年（1343年），重修国清里洋城陂门；至正二十年（1360年），在维新里下楼通沟建一陂门。在北洋片，皇庆年间（1312～1313年），郡守郭朵儿重建望江里金墩陂门；延祐年间（1314～1320年），莆田县尉谢元修复延兴里芦浦陂门。

① （明）周瑛、黄仲昭：《重刊兴化府志》卷29《艺文志四·祠庙》，蔡金耀点校，福建人民出版社，2007，第772页。

总之，元代莆仙地区的水利建设发展缓慢，只是在宋代的基础上修修补补而已，成绩不大。不过，将木兰溪水"南水北调"颇具想象力，且效益显著，有效缓解了长期以来北洋的旱涝问题。

三 农业、手工业与渔盐业缓慢发展

(一) 农业

元入主中原后，深知农业生产的好坏与元朝的安危息息相关，正如《元史·食货一·农桑》所说："农桑，王政之本也。太祖起朔方，其俗不待蚕而衣，不待耕而食。世祖即位之初，首诏天下，国以民为本，民以衣食为本，衣食以农桑为本。"为鼓励百姓垦荒，增加耕地，忽必烈在中统二年（1261 年）规定：逃亡农民回来继续种田，第一年全免差税，第二年减半，第三年才按规定征税。同时鼓励农民自由开荒，"凡荒闲之地，悉以付民，先给贫者，次及余户"①。元朝还采取了一系列重农政策和措施，要求各级地方官"劝诱百姓，开垦田土，种植桑枣，不得擅兴不急之务，妨夺农时"②。三令五申禁止权势官兵纵容牛羊损坏禾稼桑果，对违禁者要判罪，并令其加倍赔偿。元朝实施的劝课农桑政策，为兴化农业生产的恢复和发展创造了有利的条件。

元朝统治者认为，农桑之术，以备旱暵为先，始终把兴修水利摆在重要的位置。元朝建立后，即"内立都水监，外设各处河渠司，以兴举水利，修理河堤为务"。规定：凡有条件开引河渠兴修水利的地方，地方官应会同熟悉水利的工程人员前往勘察。工程规模小，民力可以兴修的，"许民量力开引"。如果工程较大，民力不能兴修，则报请上级官员，经推举河渠官查验规划后，由地方政府帮助雇工添力开挑。为了进行某一项水利工程，政府有时专门成立行都水司、都水庸田司等临时性机构。至元二十八年（1291 年），兴化境内发生了特大台风暴雨，多处海堤被冲毁，海水涌进兴化平原，大片的农田变成盐碱地，粮食减产。兴化路总管组织民众及时修复海堤，促进了兴化农村经济的恢复。大德八年（1304 年），崇福寺高僧祖和、自永募捐倡建太平陂，得到了兴化路官员的支持。太平陂位于仙游县枫亭镇霞桥村，陂基用长条石砌筑，全长 200米。太平陂筑成后，溪海之水截然分开，枫江两岸万亩望天田变成了旱涝保收的良田。元延祐元年（1314 年），兴化大旱，北洋农田缺水歉收，兴化总管郭

---

① 《元史》卷 92《食货一》。
② 《元史》卷 5《世祖二》。

朵儿组织民众修筑沟渠 20 多里，自木兰陂引水环郡东北与延寿溪会合，灌溉北洋田万余亩。郭朵儿还在陂头北端创建万金陡门进水闸，引溪水往北，完成了木兰、泗华二溪的汇流和并网，调剂两溪的水源余缺。延祐元年（1314 年）郭朵儿又组织民众重建望江里金敦陡门，增加望江的泄洪量，确保望江里数千亩良田免受涝灾。元延祐二年（1315 年），新任兴化总管张仲仪组织民众挖渠，引木兰溪水与延寿溪水汇合，使南北洋水渠相接，又将萩芦溪太平陂的水渠与延寿陂的水渠相连，使兴化境内三大溪流并网，扩大了数万亩的农田灌溉面积，为兴化农业经济的恢复发展创造了条件。

由于元代兴化境内水利设施日渐完善，农田灌溉问题基本解决，兴化平原实现了旱涝保收，粮食产量不断增长。[1] 在兴化平原农作物生产中，粮食生产占主导地位，粮食作物有稻、麦等。当时，南北洋平原是兴化路最发达的地区，特别是路城周边，在百姓苦心经营下，"良田美柘""田土肥美""年谷丰衍"，是兴化路重要的粮食产区，"田稻丰饶"，物产丰富。元朝在大力抓农业生产的同时，还注意到其他方面的生产，提倡因地制宜，种植经济作物，进行多种经营。为保障农民生活和社会稳定，元朝很注意发展林木，规定每个劳动力每年要种桑枣 20 株，如果"土性不宜"种桑枣，就应根据各地的土性栽种合适的树木，如柳树、榆树等，也可以栽种各种果树，株数不限于 20 株，"愿多种者听"。还令各地"布种首蓿，以防饥年"。这种政策不论对绿化、水土保持，还是对增加农民收入都有莫大的好处。此外，还积极提倡农民搞各种副业，"近水之家，许凿池养鱼，并鹅鸭之类，及栽种莲藕、鸡头、菱角、蒲苇等，以助衣食"[2]。凡是对农民有利的副业、渔业，都鼓励发展。元代兴化境内有甘蔗、荔枝、龙眼、茶叶、棉花等经济作物。其中，棉花、甘蔗、茶叶、水果等远近闻名，有的还远销海外。宋代开始引进的棉花，至元代种植面积更为广泛，成为农业生产上的一项重要成就；茶叶也是当时重要的农产品之一，产量高，品质好；甘蔗种植在经济结构中占重要地位。水果生产已成为兴化路农业中的一个独立部门，兴化路所产的荔枝、龙眼、枇杷等享有很高声誉，其干制品更是畅销海内外；杨梅、橄榄等杂果的种植面积也扩大了，还从北方引进了西瓜等品种。

---

① 蔡天新：《莆商发展史》，中央文献出版社，2014，第 118 页。
② 《通制条格》卷 16；《元史》卷 92《食货一》。

（二）手工业

元代，兴化路手工业达到了一个新的水平，朝廷在此设杂造局进行生产管理。除官方经营的作坊外，民办手工业生产的规模也相当可观，技术上也取得了长足进步。当时，兴化路有纺织、制盐、酿造、陶瓷、雕刻、制糖及各类生产工具、生活用具制造等多种手工业。

元代兴化路纺织业比较发达，特别是丝绸织造使用从江浙一带购进的湖丝，彻底摆脱了本地丝"才可为绸"的窘境，"绮罗不减蜀吴春"。元代兴化路丝绸产量不少，朝廷每年都要在这里征调大量丝织品。兴化路纺织业也成为官府重点控制的行业之一，置纺染局专事生产和收购纺织品。黄石是兴化路的纺织中心，从业妇女心灵手巧，"夜浣纱而且成布"。当时，兴化路纺织品有丝织品、棉织品和麻织品三大类。

元代，兴化路陶瓷业在宋代基础上有新的发展，以生产高质量的青白瓷而闻名，产品除了供应国内，还远销日本、朝鲜及南洋，兴化路成为我国古代外销瓷产地之一。莆田市境内已发现两处元代窑址：一处在荔城区西天尾镇，遗物全系元代青瓷盘碗，器物里多印阴纹折花卉，也有灵芝纹等；一处在城厢区灵川镇上亭村许山，遗址面积较大，专烧青白瓷，遗物为宋、元两代的盘、碗及洗等器皿，变形少，釉色好，器底部与德化窑接近，纹饰多印花，有莲瓣、蝴蝶及十字纹等。专家认为，许山窑是宋窑延续下来的。

除此之外，其他手工业部门也都取得一定进步，如冶铁、制糖、制茶、造纸、砖瓦烧制、农具制造等。《元史》明确记载，兴化路是全国45个"产铁之所"之一。

（三）渔盐业

兴化路制盐业比较发达，是福建的重要产盐区域。盐业收入也是兴化路重要的财政支柱。元至元十年（1273年），朝廷在兴化路设上里场盐课司，隶属于福建都运盐使司。使用结砂晒盐法是元代兴化路制盐业的一个显著特点。所谓结砂晒盐法，就是在滩涂上修建一口口盐埕，把海水抽到盐埕里利用阳光曝晒成盐，由于这种盐颗粒粗大，色泽白净如砂，故名结砂晒盐，又称盐埕砂盐。《元典章》户部《盐课》载：大德五年（1301年）江浙省向朝廷汇报海盐生产时，引用了福建运司所申报的闽盐生产情况："所辖十场，除煎4场外，晒盐6场，所办课程，全凭日色晒曝成盐，色与净砂无异，名曰砂盐。"莆田县上里场是福建6个晒盐场之一。清乾隆《莆田县志》记载，元时涵江上里场有盐埕。

清《仙游县志》也记载：元大德（1297~1307 年）时，僧祖和奏请盐埕为田。可知，结砂晒盐法已在兴化路推广。有关专家认为，结砂晒盐法在中国制盐史上是一项重要技术革新，使制盐成本大大下降。张琴《莆田县志稿》载："元至顺元年（1330 年）定盐钞法，煎盐每引递增至 20 贯，晒盐每引 17 贯 4 钱。"于是，产生了煎盐、晒盐两种盐引法。

元代，朝廷轻视渔业生产，采取"听民自渔"的政策，自古渔业发达的兴化路得风气之先，渔业生产有较大发展。捕捞成为沿海居民的主要生产方式和生活手段，鱼、虾、贝等产量有所提高；兴化路还发展了紫菜、牡蛎等海水养殖产业和沟渠塘等淡水养殖产业。《元史》载，"近水之家""凿池养鱼""以助衣食"。

四　交通和商贸艰难发展

（一）水陆交通

元统一全国后，建立起以大都为中心辐射全国的驿站交通网络。据《经世大典》记载，元代在莆仙境内设立在城站和枫亭站。[1] 在城站，又名莆阳站，"在府治北福宁道之后，宋监押厅地也，使院之址疑亦入焉。元初改建为莆阳驿"。[2] 枫亭站，"在县东南连江里枫亭市。按《皇华四达记》，即唐风亭馆。宋为太平驿……元至正七年（1347 年），改为枫亭铺。十二年（1352 年）火。二十七年（1367 年）录事刘杰重建"。[3] 嘉靖《仙游县志·公署类》的记载与此相似，所不同者，"元至正七年改为枫亭驿"。[4]《八闽通志》与嘉靖《仙游县志》未提及元代前期在此处设置驿站的史实，仅言及元后期至正七年始改称枫亭驿（铺）的说法似乎不准确，《经世大典·站赤七》记载兴化路所辖站赤中列有此站，在此处设驿站应始于元代前期至元年间（1271~1294 年）。

张养浩（1270~1329 年）曾作《兴化道中》云："骇目樟榕树半天，雄阴翠压道途边。满城香火民风鬼，到处楼台海市仙。驿舍远因山曲折，僧居喧为

① 《永乐大典》卷 19422 引《经世大典·站赤七》，中华书局，1986 年影印版，第 7249 页。
② （明）周瑛、黄仲昭：《重刊兴化府志》卷 52《工纪一·廨署志》，蔡金耀点校，福建人民出版社，2007，第 1317 页。
③ 《八闽通志》卷 43《公署·兴化府》，第 1234~1235 页。
④ 元代，驿、铺是分离的。驿站主要负责接待使臣和运送物资，一般每隔 60 里左右置站，以中上户为站户，以车马船只为主要交通工具；急递铺主要传递政府公文，靠铺兵快速步行，多数地区每隔 10 里或 15 里设置一个递铺，佥发地方贫困下户为铺兵。

图 4 - 9　枫亭驿遗址

水潺湲。有时检点奚奴锦，尽觉新诗带瘴烟。"① 这首诗大约作于延祐三年（1316 年）张养浩"征舶泉南"途中，描写了当时莆仙境内道路两旁樟树、榕树青葱碧绿，到处是楼台殿阁，宛如海市蜃楼般的仙境。府志记载，莆仙"官路在北者一向循山而行，后以虎祸，乃徙平地，自魏塘、涵头、佘埔，历江口桥而北"②。其实，正如朱维幹先生在《福建史稿》中所言："与其说因为防避虎灾，毋宁说是由于集奎、江口两渡口，都有了桥梁的建筑。"③ 涵江至集奎的新桥，乾隆《莆田县志》记载："亦官道所经，李富建。"④《涵江区志》载："宋建炎年间（1127～1130 年），李富捐建。"⑤ 江口桥，据考，绍熙三年（1192 年）所修郡志，已载江口桥，故江口桥应建于绍熙三年以前。此桥"为福兴要冲"⑥，是莆田、福清之间的交通要道。《莆田市志》云："南宋江口桥建成，元明时期驿道直接由福清县入江口桥进莆境，经佘埔（江口石庭顶斜坡村）、涵江、新港、魏塘（涵江显应村）、长丰、沟下、四亭、三亭、头亭至莆田城关，出城关南下。"⑦

元代莆田修建桥梁 19 座，其中宁海桥是莆田古代最大的滨海桥梁工程。⑧

① （元）张养浩：《张养浩集》卷 7，吉林文史出版社，2008，第 63 页。
② （明）周瑛、黄仲昭：《重刊兴化府志》卷 52《工纪一·道路志》，蔡金耀点校，福建人民出版社，2007，第 1326 页。
③ 朱维幹：《福建史稿》，福建教育出版社，2008，第 202 页。
④ 《乾隆莆田县志》卷 4《建置·津梁》，第 147 页。
⑤ 涵江区地方志编纂委员会编《涵江区志》，方志出版社，1997，第 155、705 页。
⑥ （明）周瑛、黄仲昭：《重刊兴化府志》卷 52《工纪一·道路志》，蔡金耀点校，福建人民出版社，2007，第 1332 页。
⑦ 莆田市地方志编纂委员会编《莆田市志》卷 23《交通》，方志出版社，2001，第 1389 页。
⑧ 莆田市地方志编纂委员会编《莆田市志》卷 23《交通》，方志出版社，2001，第 1398 页。

宁海桥位于涵江白塘镇镇前村与黄石镇桥兜村之间，为木兰溪入海处，北岸为古宁海镇，"镇前有渡，凡过往皆以渡"。但因其在支海处，两岸宽阔，遇风潮侵袭，就要冒翻船沉溺的危险，行人视为畏途。元统二年（1334 年），龟山寺僧越浦始募建，驾海为桥，复建寺护桥，名吉祥。至正十年（1350 年），桥坏，"行者复以渡"①。明清时期多次修建。迎溪桥位于常太镇莒溪，元代创建，石构拱桥，有 3 座船形桥墩，分水 4 门，跨径 6～10 米，长 35 米，宽 2.5 米，两侧置石板护栏。②

图 4-10　宁海桥

图 4-11　守卫宁海桥的桥头将军之一

水路方面，自郭朵儿、张仲仪开凿木兰陂北渠后，兰水绕莆田城北，与延寿陂水合流，又北流至涵江附近，与太平陂水汇合，三水合流（木兰、延寿、太平三陂的水），使莆田南北两洋可以互通舟楫，便利了水上运输。至此，木兰溪航道从涵江顺内航道可上溯至华亭、杉尾、石马、坝下，达仙游城关，全长62.5 公里，自陂头以上的中游可通航 2 吨～3 吨木帆船（溪船），下游可通航 3吨～4 吨木帆船。③

海运方面，元代一度在福建设立海上驿站。元代泉州是重要的贸易港口，朝廷在泉州获得的珍宝，一般要由泉州转运到杭州，然后由运河水路运往大都。

---

① （明）周瑛、黄仲昭：《重刊兴化府志》卷 52《工纪一·道路志》，蔡金耀点校，福建人民出版社，2007，第 1336 页。

② 莆田县地方志编纂委员会编纂《莆田县志》第 35 篇《文物》，中华书局，1994，第 933 页。

③ 福建省地方志编纂委员会编《福建省志·交通志》，方志出版社，1998，第 126 页。

泉州至杭州之间设有递运站，"外国使客进献奇异物货，劳民负荷，铺马多死"①。为了减轻驿站运送货物的压力，至元二十六年（1289 年），"自泉州至杭州，立海站十五，站置船五艘、水军二百，专运番夷贡物及商贩奇货，且防御海道"。② 在泉州至杭州间设立 15 个海站，兴化应居其一，只是海站存在的时间并不长。至元二十八年（1291 年），因为"下番使臣进贡物货盖不常有。一岁之间唯六、七月可以顺行，余月风信不便"，撤去海站，其船只水手分别拨隶万户府为军队，但是他们仍然要承担泉州到杭州间运输进贡物货的任务，"遇有使客进贡物货，自泉州发泊，上下接递，以致杭州"。③

（二）商业与外贸

随着农业与手工业的缓慢发展，莆仙商业经济也逐渐恢复与发展。莆田的涵江、迎仙、宁海、梯吴、浮曦等商业集市逐渐繁荣起来。郡城的南门和西门均有米圩和水果圩，农产品贸易持续发展。④ 特别是黄石商业集市，由于贸易经济的发展，成为莆田、仙游、惠安三县的商业中心。⑤ 仙游枫亭、沧溪、榜头、坝下、何岭关、赖店、玉墩、柴桥头、慈孝、中岳、度尾、磨头等处均有粮油集市。⑥ 其中枫亭，在至正二十六年（1366 年），形成了渔街、角头街（现合称为兰友街）、南街（现称为学士街），这些街市迤逦近五里，与霞桥港衔接起来，枫亭市场初具规模。⑦

元代中后期，黄石、涵江、枫亭等集市的商业行业开始集聚，形成了棉布行、杉木行、京果行、渔牙行、蔗糖、粮食等几大行业，各个行业相继出现了若干商业巨头，在本行业中具有举足轻重的地位。⑧ 如仙游枫亭的豪商薛和源，在霞桥港开设油栈和豆饼行，成为富甲一方的批发商。《仙游粮食志》记载："薛和源，连江里（今枫亭镇）人。生活于元代，元至正年间（1341～1368 年），依港建立粮仓油库，在霞桥开设货栈，以经营北方食油为著，囤积花生油 100 多吨，销售网络辐射莆田、永春、德化、惠安各县，收入颇丰。"⑨ 在兴化

① 《永乐大典》卷 19418《经世大典·站赤三》，第 7209 页。
② 《元史》卷 15《世祖纪》，中华书局，1976，第 320 页。
③ 《永乐大典》卷 19419《经世大典·站赤四》，第 7212 页。
④ 参见蔡天新《莆商发展史》，中央文献出版社，2014，第 122 页。
⑤ 《莆田市志》卷 25《商业》，第 1526 页。
⑥ 《仙游县志》第 15 篇《粮油经营》，第 465 页。
⑦ 福建省地方志编纂委员会编《福建省志·商业志》，中国社会科学出版社，1999，第 138 页。
⑧ 参见蔡天新《莆商发展史》，中央文献出版社，2014，第 124 页。
⑨ 《仙游县粮食志》第 12 章"人物志"，方志出版社，1995。

郡城、涵江、黄石等集镇，也出现了一批富商巨贾。[①]

对外贸易方面，元朝沿袭宋代的市舶司制度，至元十四年（1277 年），在泉州、庆元（今浙江宁波）、上海、澉浦四地设立市舶司。第二年八月，忽必烈命福建行省向外国商船宣布："其往来互市，各从所欲。"[②] 此后元王朝的海外贸易政策反复无常，自忽必烈统治末年（1294 年）至英宗至治二年（1322 年），前后四禁四开。[③] 不过，从至元十四年（1277 年）到元末（1368 年）的 92 年间，海外贸易中断只有 11 年时间，其他 81 年间均有海外贸易。[④] 在舶税结构中，元代明确取消了博买，由抽解与舶税钱构成。所谓抽解，就是按比例征收进口税，又叫抽分。至元二十年（1283 年）规定："凡邻海诸郡与番国往还互易舶货者，其货以十分取一，粗者十五分取一，以市舶官主之。"[⑤] 延祐元年（1314 年），抽解比例提高了一倍，改为"细物十分抽二，粗物十五分抽二"[⑥]。抽分之后，还要交舶税钱，三十抽一。舶税钱创行于泉州，至元三十年（1293年）以后推行于其他市舶司。完成上述手续后，才允许"舶商发卖与贩客人"。

弘治《兴化府志》记载："初，元政宽纵，听民与番为市，故海岛居民多货番。"[⑦] 说明元代的海外贸易政策，对莆仙地区发展对外贸易产生了积极影响。

元代，莆仙境内航道出现了变化。元统二年（1334 年）宁海桥的建立，虽然方便了陆上交通，但航路受到阻碍，不仅上游的白湖港逐渐淤塞荒废，宁海港也受到破坏，涵江港取而代之，成为莆仙主要港口。[⑧] 枫亭港在枫慈溪上游未建太平陂时可上行至焦溪、赤湖。元大德年间（1297～1307 年），太平陂建成后，港道逐渐淤浅，只能在下游近海处乘潮通行木帆船。[⑨]

秀屿港是元代新崛起的港口。秀屿港航道宽阔，水深不淤，又处于湄洲湾避风处，是商船装卸货物、加水、避风和中转的理想港口。但在宋之前，秀屿港地处偏僻，陆路交通不便，进港货物需要二道运输，增加了商品流通成本，其港口优势没能得到充分发挥。进入元代之后，莆仙商业中心开始向沿海转移，

---

① 参见蔡天新《莆商发展史》，中央文献出版社，2014，第 125 页。

② 《元史》卷 10《世祖纪七》。

③ 参见陈高华《元代的海外贸易》，《历史研究》1978 年第 3 期。

④ 参见王冠倬《元代市舶制度简述》，《中国历史博物馆馆刊》1979 年第 00 期。

⑤ 《元史》卷 94《食货二·市舶》，第 2401 页。

⑥ 《元史》卷 94《食货二·市舶》，第 2403 页。

⑦ （明）周瑛、黄仲昭：《重刊兴化府志》卷 48《兵政志·防御》，蔡金耀点校，福建人民出版社，2007，第 1237 页。

⑧ 莆田市地方志编纂委员会编《莆田市志》卷 23《交通》，方志出版社，2001，第 1413、1416 页。

⑨ 莆田市地方志编纂委员会编《莆田市志》卷 23《交通》，方志出版社，2001，第 1413 页。

特别是白湖港荒废之后，秀屿港的优势逐渐呈现出来，大型船舶大多停靠在秀屿港，过境船只也经常到秀屿港避风、吸水和补充给养，秀屿港逐渐繁荣起来。① 据志书记载，元代，方圆仅 1 平方公里的秀屿港是食糖、食盐、水果、水产、陶瓷、杉木、中医药、土苎麻棉细布等商品的重要贸易基地。②

元代，莆仙船舶经泉州港出洋，通商的国家和地区有占城（今越南中部）、三屿（今菲律宾）、罗斛（1340 年与暹国合并，称暹罗）、三佛齐、朋加剌（今孟加拉）、真腊、渤泥（今文莱）、伊利汗国（阿拉伯）、爪哇、锡兰、马八儿（南印度的马拉巴尔，Malabar）、俱蓝（今印度西南奎隆一带，Quilon）、日本、高丽（朝鲜半岛）、琉球。③

元代，莆仙出口商品主要有两大类：一类是农副产品，主要有蔗糖、干果、茶叶、山货等；另一类是手工业品，主要有陶瓷、纺织品、杂货、铁器、白金、青铜、工艺品等，以蔗糖、干果、陶瓷和纺织品为大宗。进口商品有"宝石、珍珠、胡椒、犀角、玳瑁、象牙、槟榔、木棉、葛布、药材（包括没药、芦荟、血碣、荜拨）、沉香、檀香及其他粗货"④。

关于莆仙人赴海外经商的情况，史籍中亦有一些零星的记载。如莆田人林仲坚"远舶海邦，阅八寒暑"⑤。莆仙海商财力雄厚，曾一次征用"大舶二百艘"⑥。

综上，交通是商品流通的命脉，随着元初被破坏的交通设施的恢复，莆仙地区的商业贸易也有所恢复，艰难向前发展。特别在海外贸易方面，元朝实行开放政策，泉州港一度成为中国最大的海外贸易港之一，也带动周边地区包括莆仙地区海外贸易的发展。

第三节　文化的沉浮

一　莆田学校教育的衰落

元代在教育上实行庙学合一体制，由官方任命各级学校和书院的学官，这

---

① 参见蔡天新《莆商发展史》，中央文献出版社，2014，第 126~127 页。
② 莆田市地方志编纂委员会编《莆田市志》卷 25《商业》，方志出版社，2001，第 1526 页。
③ 参见陈美德、戴永存主编《莆田市外经贸志》，第 33 页；廖大珂《福建海外交通史》，福建人民出版社，2002，第 95~126 页。
④ 参见陈美德、戴永存主编《莆田市外经贸志》，第 26、28 页。
⑤ （元）洪希文：《续轩渠集》卷 10《故济南征君墓铭》，《四库全书》第 1205 册，第 147 页。
⑥ （元）贡师泰：《玩斋集》卷 10《福建道都元帅奏差潘积中墓志铭》，《四库全书》第 1215 册，第 692 页。

在很大程度上导致书院官学化倾向的产生，元代书院与宋及明清两代的书院，有着比较明显的区别。这一时期，莆田的学校教育出现一些明显的变化。

（一）地方官学

莆田地方官学主要由兴化路学、莆田县学、仙游县学、兴化县学构成，辖区为一路三县，设 4 所官学。从同一时期福建其他地区的官学设置情况看，莆田地方官学的数量不算少，与所处区域地位匹配。

1. 兴化路学

兴化路学是在宋代兴化军学的基础上，于元世祖至元年间（1271～1294年）改建的。按弘治《兴化府志》的说法，由于元代不重儒学，君臣谋治都只是出于一时识见，莆田在长时期内出现学政不修文、贤才不进用、纲常倒置、政事昏乱的局面。又由于教育没有大的发展，故有关兴化路学的记载不多。成宗以后，对教育有所重视，至元三十一年（1294年）才有相关的办学记录。元贞元年（1295年），兴化路教授曹忞重修夫子庙，修葺堂庑、厢屋、斋庐、库藏，史称"秩有成规"。大德六年（1302年），教授宋眉年重修道化堂。至顺二年（1年），同知大悲奴修复教授厅。元统二年（1334年），知军卢端智复学田以廪士，筑堤防以固田，被认为有功于学。至正八年（1348年），黄烈节缩岁入修夫子庙及讲堂，又增葺尊德、尚贤二堂，以崇先贤、乡贤之祀。至正十二年（1352年），地方官员田九嘉等目睹庙学衰败，与教授叶应礼、学正陈英观"论其是非去取之宜，命有司各厘正之"。总体上，元代莆田的官学教育不景气，但一些有责任心的官员在任期内能够致力于修复校舍，力图恢复正常的教学秩序。

2. 莆田县学、仙游县学、兴化县学

莆田县学、仙游县学、兴化县学都是在承袭宋代县学的基础上办学的。

元初，莆田县学的东面为庙，西面为学，明伦堂之前为二斋，以旧薛公池为泮池，建廨舍于大成殿之东。至元三十年（1293年），黄仲元在《莆田县庙学圣像记》一文中描绘了莆田县学的庙学合一形态，指出："莆邑旧未有学，儒隶郡博士弟子员。逮学宫成，天地舆薪矣。学左为庙，庙者貌也，先圣、先师之所宴娭。官吏、师生朔望奠谒、春秋荐币，唯谨。至元癸巳（1293年），教谕高元子感梦之明月，始绘泗水侯右方三十五人于庑之右，单父侯左方十五人于庑之左。已事舍菜，颂礼威如。"[1] 泗水侯指孔子的儿子孔鲤，单父侯指孔子

---

① 《翠微南征录·黄仲元四如先生文稿·吾汶稿》之《黄仲元四如先生文稿》卷1，上海书店，1986年影印版。

的学生宓子贱，有些古书也称伏子贱、伏不齐。这段话表明，元代莆田有比较完备的官办教育机构——县学，具备封建时代庙学所要求的各种要素，如两庑设有陪祀对象的牌位，能开展常规的祭孔活动，组织官吏和师生定期前往参拜。

图 4-12 薛公池（元代莆田县学的一部分）

兴化路下辖的三个县中，仙游在宋代时教育较为发达。元代，仙游县学承继了宋代的规制。黄仲元在《仙游县学尊道堂记》中指出："县南百步许，学有尊道堂。"原先县学中设有尊道堂，但后来损毁了。至元二十三年（1286年），当地官员修了礼殿，尊道堂未能修复。大德六年（1302年）秋天，在多位官员的支持下开始重修尊道堂，历经一年多的时间，尊道堂面貌为之一新，其中多位官员发挥了重要作用，如任文学掾的方平、任郡府佐的孟姓官员、任幕掾的孔姓官员等，后来王姓令尹等也参与进来。由此观之，修尊道堂是当时仙游官员群体性的自觉行为。

兴化县治于皇庆二年（1313年）从游洋迁往湘溪，之后人称湘溪为新县。县儒学也随着县治的迁移，在新县以东半里的地方重新修建，但学舍十分简陋。至正十五年（1355年），乌古孙泽知兴化军，"尤留意学校，召长者及诸生讲肄经义，行乡饮酒礼"。至正二十年（1360年），在知县实克己和教谕李季昌的主持下，对县学进行重修。完工后，中有大成殿，东西为两庑。殿中立先圣、四配、十哲塑像，两庑从祀诸贤。前为戟门，又前为棂星门。讲堂建于大成殿之后，讲堂东西为两斋，分别为"达材"和"养正"。至正二十六年（1366年），修复殿庑门墙，建讲堂、东西厢及两斋，以及仓库、神库，还设射圃，建观德亭，作为师生习射之所，县学建筑颇为完备。

这一时期，莆田地方官学与宋代时相比，在庙和学的整体建筑布局上发生一些变化，部分建筑结构有所调整。由于独尊儒家思想，属于"庙"的大成殿等建筑的地位比较高，师生的祭祀活动主要在此进行。至于"学"的建筑，包括明伦堂、学斋、尊经阁等，是教学场所，地位不如庙重要。相应的附属建筑，如浴室、碑亭、公厨、学官厅舍、泮池、泮桥、围墙、棂星门等，地位又次之，却是整个儒学建筑群中不可或缺的部分。先贤祠、文昌祠等也属于祭祀的建筑，但规格低、地域性强，是否设置没有统一规定。官方对建筑结构和功能进行调整，其用意在于使教学、祭祀及辅助设施发挥最大的效能。

元代，全国各地官学学生名额多寡不一，少者十余人，多者一二百人。重要地区的官学规模较大，师资较优，官员子弟往往就便入学。元代仙游县学原定生员为 20 名，实际入学人数有 40 名（含增补生 20 名），在学额配给上属于中等水平，兼收当地官民子弟入学。元沿宋制，举凡兴化路学及县学考试，都以朱熹所撰"四书"注释作为考试标准。

3. 特殊学校

兴化路除设有路学和县学外，还根据朝廷统一要求设立了一些特殊学校，如蒙古字学、医学、阴阳学等。

蒙古字学的入学对象是官吏子弟和民间子弟。兴化路的蒙古字学招收官吏子弟 2 名、民间子弟 25 名入学。大德五年（1301 年），改为招收生员 20 名入学，实际上是减少了招生名额。显然，这是一所培养专门人才的具有专科性质的学校。黄仲元在《蒙古字学提名记序》中，诠释了蒙古字学中各斋的含义，指出学习蒙古字学的一些基本方法和先后次序，强调要循序渐进："古人小学教以六书，形声假借，一一皆理。六经中有奇字，有俗字，有读如某字。有平音，有侧音，有读如某音，而一字或该数义。君子之道，孰先孰后，艺云乎哉。"他认为，学习要从小开始，要重点学习儒家的纲常伦理，"告而诸生，字字从子，学字从子。事父母，则为人子必孝；侍先生，则为弟子必恭；循天理，则为君子必义。孝者、恭者、义者皆籍，非斯人者勿籍"。[①] 黄仲元从"字"和"学"字的结构引申到孝亲尊师，实乃奇思妙想，有一定说服力。

元代，在福建各州和 40 个县设立了医学，称惠民药局，隶属太医院。至元二十八年（1291 年），兴化路设置医学，配教授和学正各一人。医学向学生传授《素问》《难经》《脉诀》《千金翼方》等，"四书"也是必修课。

与医学设置的同一年，兴化路设置了阴阳学。

---

① 黄仲元：《有宋福建莆阳黄仲元四如先生文稿》卷 2，《四库提要著录丛书》集部第 105 册，北京出版社，第 103 页。

一般而言，蒙古字学、医学、阴阳学等也实行庙学合一制，只是其庙并非孔庙，供奉的亦非孔子，而是另有特定对象。如医学设在三皇庙；蒙古字学中设有帝师殿，供奉创制蒙古新字的帝师八思巴。这些学校既是生徒学习之处，也是祭祀先贤的重要场所，更是文人经常聚会的地方。

4. 管理机构与热心教育的地方官

元代，路设教授、学正、学录，州设学正，县设教谕，各设训导辅佐。教授由朝廷任命，其他由礼部或行省、宣慰司任命。莆田路儒学设学官三名，分别是教授、学正、学录各一名。此外，设蒙古学教授一名，涵江书院山长一名，医学教授一名，阴阳学教授一名。莆田县、仙游县、兴化县儒学各设教谕一名。

元代，一些地方官员到任后热心教育，兴建了一些教育设施，在当地产生较好影响，如乌古孙泽、蔡真等。

乌古孙泽，字润甫，临潢（今内蒙古巴林左旗）人。历任福建行省都事、兴化路总管府事等。为官清正廉洁，能针对当地实际，教化百姓，与民生息；又兴水利，垦田地，造福一方。任职期间，亲自下乡掩埋遗尸，安抚流民，除暴安良，使少有所养，人心渐定，社会秩序日渐好转。他还兴学校，召集名望之士及诸生讲习经义。

至正二年（1342 年），陈三正在《兴化路复教授厅记》中介绍了一位热心教育的郡守廉秋崖（大悲奴）的事迹。廉秋崖，高昌人，天历年间（1328～1330 年）［按《八闽通志》作泰定中（1324～1328 年）］到兴化路为官。到任后，实行一系列开明政策，尤其重视发展学校教育，陆续修了杏坛、尚贤堂，疏浚泮池，修经阁和魁身阁。他在任期间经常被省里抽调到其他地区去办事，在莆田的时间并不长，但在教育上办了这么多的事，确实令人赞叹。弘治《兴化府志》称："侯（廉秋崖）视学校如家，区画措置，俱出人意表。又敬爱士子，菁莪乐育，每举堂试，中隽者优崇之。于是士气争奋，山巅海滨，亦遣子入学，皆侯勉励力也。"

卢端智，字可及，毗陵（今江苏常州）人。延祐五年（1318 年）进士，顺帝元统二年（1334 年）任兴化路知事，史称为政端平，清讼牒，均徭役，决狱公平。同时，复学田以廪士，筑堤防以固田，有功于学甚厚。"卢端智仕元季世，而能尽力为学，以充庖廪，其为见不亦深乎！自正道丧于异端，人心惑于因果，凡其所谋，非释则老，盖皆自为计也。若卢端智，可谓不自为计，而为国家计矣。"卢端智兴学不是为了沽名钓誉，而是为造就人才着想，实在是难能可贵。

县一级官员的兴学事迹也很感人。

兴化县尹蔡真，仁宗延祐中（1314～1320 年）到任。任内勤于政事，执法严明，致力于均赋役，建义仓，兴学校，表先贤，百废俱兴，德政及人。史称："起立学校，弦诵有声。旌表先贤，百废俱兴。义仓列积，朽粟陈陈。惧民贡重，子产争承。民有父母，召杜再生。勒碑正路，兴诵诉诉；磨崖刻颂，万古芳名。后从政者，凿兹典型。"① 从这段记述可以看出，蔡真政绩突出，其建树是多方面的，兴学校、行教化是其中的重要一项。

兴化知县叶衡，字仲舆，饶州德兴县人。廉政爱民，治政有方。其纾民困，减重负，除盗贼，治地霸，抓歹徒，地方得以安宁。山林竹木为山民赖以为生之物，但时有无赖之徒乱砍滥伐山林，毁民生计。叶衡雷厉风行，严禁乱砍滥伐，令行禁止，赢得山民崇敬与爱戴。他还为民驱猛虎，抗旱保禾苗，开荒地，兴学堂，办教育，兴礼德化山民。至元三年（1337 年）来任，虽为政仅三年，却办了诸多好事实事，并做到廉以律己、两袖清风。离任时，民众竖立"去思"碑以纪念之，称"我有田野，侯辟耕之；我有学校，侯作兴之"。

由上可见，无论是路一级的官员，还是县一级的官员，他们的为政理念比较明确，那就是为官一任就要造福一方。虽然任期较短，但他们还是努力做了许多好事，涉及执法、社会管控、发展经济、保境安民、开拓文教事业等。这些比较有作为的官员，出于具体的社会条件和个人理念方面的考量，在任期间办理的事务自然各有侧重，但都把发展文教事业作为施政的重点，这与封建时代一向倡导的兴学教民的观念一致，也与发展文教易于收到成效有关。

（二）书院

元代，莆田的书院也得到一定发展。唐宋时期建立的一些书院得以延续下来，如仙游的东山书院、会元书院及莆田的涵江书院等。此外，还新建了两所书院，即莆田县的瑶台书院和仙游县的夹漈书院。瑶台书院于至正四年（1344 年）设于莆田县景德里。夹漈书院原为宋代郑樵讲学处，郑樵逝世后生徒称之为渔仲书院，元初改为夹漈书院，由路署派训导主持院事。

这一时期，莆田的书院也像全国大多数书院一样，日益趋向官学化。所谓官学化，是指元代的书院获得与官学基本相同的待遇，不少书院由朝廷赐书、赐田、赐额而建立起来。官方在书院师资任用、组织管理、教学内容等方面都

---

① 周华：《游洋志》，莆田市慈善总会内部印行，2009，第 104 页。

加强了控制，将书院山长等与路府州县儒学的教授、学正、学录、教谕接轨，形成一个学官体系，互相之间可以交流、调整。兴化路总管府对境内书院、讲堂督查颇严，山长、堂长与县学学官概由宣慰司任命或备案，生徒亦由地方有司官推荐。至正十四年（1354年），仙游县达鲁花赤特命训导黄哲常驻夹漈书院司训、监管。莆田书院官学化特征相当突出。

（三）乡学

元代，莆田的乡学包括社学、私学等。

至元二十二年（1285年），朝廷下令在各地兴办社学。兴化路境内乡村，凡50户立为一社，每社设社学1所，择年长而知农及识字者为社长，闲时教社内子弟读书、习字。元末兵灾严重，社学多被废止。莆田地区在元代兴办社学的记录留存下来的很少。

元初，禁止莆田民间聚众设学馆，书堂多废为社祠。元末，律例松弛，操儒业者得以隐于乡里设学馆授徒。莆田的私学分为家塾与门馆两类。家塾多是富裕人家为教导自家子弟而设置，聘有专职教师，有时亦兼收乡里子弟。门馆指公开教授生徒之处，讲授程度深浅不一。部分村里学究开设村塾，招收当地子弟，但仅授以启蒙性的读写知识。

这一时期，莆田的一些私学具有一定的社会影响。

陈氏在县城东门外崇福里办忠门义斋，"有学舍以聚生徒，有学廪以赡师生"。显然，这是一所有校舍、有经费的私学。至于办学条件的提供者，推断应为陈氏及所属家族。

在莆田的私学中，还出现了科技教育的内容。陈绍叔，字克甫。"弱冠，博览群书，洞达性理，至老不倦。终日危坐一室，俯而读，仰而思，有得则喜而不忘，或中夜起炙烛，书以识之。从游日众，则教以'笃行谨信为先，文辞问辨为后'。"陈绍叔在莆田县金沙村设金沙学馆，其自制铜铸小天星模型，用以讲授天文历法。《闽大记》记载："陈绍叔，字克甫，莆田人，尝为学者诵书玑衡，即铸为器，模写天象，究观诸书，极其精微。"[1]

在私学教师中，既有莆田当地人，也有外地人。莆田人王朝，字德辉，号最乐，其学识渊博，但因科场不得志，只好在私学任教，属于为求生存而不得已为之。这种情况较为普遍，如莆田的林以辨、郑献翁、李文，仙游的林璧卿，

---

① （明）王应山纂修《闽大记》，中国社会科学出版社，2005，第591页。

都入元不仕而隐居讲学。外地人到莆田私学任教的有宁德人陈普，其精义理、声律、天文、地理、算术，对周敦颐《太极图》的研究尤有心得，著有《石堂文集》《四书集解》《朱子武夷棹歌注》等。他也是入元后不仕，于晚年移居莆田从事讲学活动。

总体而言，元代莆田的教育远落后于宋代。不过，元代莆田在教育方面也并非一无是处，如：在学校教育方面出现多种类型，具有民族特色的专科性学校得到发展；一部分官员热心教育，采取了不少兴学举措；书院数量虽然不多，但办学相对规范；私学发展有限，但增加了科技教育的内容。这些都值得肯定。

二 科举式微与士人归隐山林

由于社会处于严格管控之下，多数士人选择放弃博取科名而归隐山林，志趣相投者结成文社，以特殊方式延续着传统文脉。与宋代和明代相比，元代莆田的科举式微，考中举人和进士的人数很少。

（一）乡试

福建在元朝统治的近90年时间里，约有30年独立设省，其余时期隶属江浙行省，尚有一段时期是两省并立，或处于在多处州县设置分省的状态。当福建隶属江浙行省时，闽中士子必须远赴江浙参加乡试，存在诸多不便。元政府规定，全国选乡试合格者300名赴京参加会试，其中蒙古人、色目人、汉人、南人各75名。江浙行省属南人区域，按照元政府的配置，只有28个名额，再分配到福建，便少之又少。[①] 在这种政策的影响下，莆田作为江浙行省的一部分，其科举取士的录取率很低。

由于行政区划变更及战乱频发，存留下来的有关莆田士子参加乡试的记载很少。弘治《兴化府志》认为，元代莆田士子乡试中举的有：至治三年（1323年）癸亥江浙行省乡试中举的朱文霆，泰定三年（1326年）丙寅江浙行省乡试中举的郑天瑞，元统三年（1335年）乙亥江浙行省乡试中举的郑稑，至正十年（1350年）庚寅江浙行省乡试中举的方德至，至正十九年（1359年）己亥福建行省乡试中举的薛弥充、林琚。[②]《中国考试史文献集成》认为，元代莆田乡试

① 戴显群、方慧：《福建科举史》，黑龙江人民出版社，2012，第166页。
② （明）周瑛、黄仲昭：《重刊兴化府志》卷16《礼纪二·科目一》，蔡金耀点校，福建人民出版社，2007，第480页。

中举者有参加元统三年（1335 年）乙亥乡试的郑稑，至正十年（1350 年）庚寅乡试的方德至，至正十九年（1359 年）己亥乡试的林善同、薛弥充、林琚。据《八闽通志·选举科第》记载，元代福建各路乡试中选者计 70 人。其中，福州路 30 人，建宁路 27 人，延平路 4 人，泉州路 2 人，漳州路 1 人，汀州路 1 人，兴化路 5 人。兴化路的 5 人为郑稑、方德至、林善同、薛弥充、林琚。虽然各家统计方式不同，具体人数也不尽相同，但中举者少是不争的事实。

表 4-1　元代福建乡试中选人数统计

史籍	福州	建宁	泉州	兴化	邵武	延平	汀州	漳州	合计
八闽通志	30	27	2	5	0	4	1	1	70
福建通志	24	25	2	9	4	2	1	3	70

资料来源：刘海峰、庄明水：《福建教育史》，福建教育出版社，1996，第 99 页。

至正十六年（1356 年）五月，福建成为单独的省级行政区。至正十九年（1359 年），福建开始独立举行乡试。据《八闽通志》记载，这一年福建乡试共录取了 23 名，其中包括来自莆田县的两位色目人：穆偰辉和色霖。不过，元代福建举行乡试只此一科。至正二十二年（1362 年）以后的最末几科乡试，包括莆田举子在内的福建举子又要赴浙江考试。

虽然科举中试者少，但在元代科举史上，有数位莆田人担任过乡试考官，如朱文霆、陈旅。朱文霆（1295~1363 年），字原道，历官有政绩而擅长文章，宋濂称其言醇而理彰，史称"尝考闽、浙、江西三省士，所取得美材。因所居，称葵山先生"。著有《葵山集》若干卷。陈旅（1288~1343 年），字众仲，任国子助教，迁国子监丞，也是知名学者，他于至正元年（1341 年）为大都乡试设计了考题。后卒于官，著有《安雅堂集》13 卷。

（二）会试

由于元代进士题名碑损毁，有关科第文献缺失，后人无法对元代进士取中情况有全面认识。从清代开始，一些学者通过爬梳补证的方式，取得了一些成果，但迄今仍未形成关于元代进士全貌的材料。因此，长期以来学者对各地取士人数、籍贯等存在较大分歧。具体到莆田一地，分歧尤为突出。仅中进士人数便存在 7 人说、12 人说、13 人说和 14 人说。

弘治《兴化府志》认为，元代莆田有 7 人中进士，分别为郑南吉、林冈孙、林以顺、朱文霆、方德至、薛弥充、方景章。《八闽通志》持相同意见。

《重纂福建通志》认为，元代莆田有 13 人中进士，其中有至元六年（1340年）中进士的林济孙、至正三年（1343 年）中进士的林亨、至正十五年（1355年）中进士的茅元。但这几个年份元朝没有开科取士，《重纂福建通志》甚至说仙游人林济孙和林亨先后于至元六年和至正三年中了状元，不知有何根据。另外，元代的 16 科左榜状元在《元史》《续文献通考》等书中有明确记载，其中没有一个是福建人，所以，《重纂福建通志》的相关说法值得怀疑。

《莆田市志》认为，元代有 12 位莆田人中进士，其中莆田 7 位，仙游 5 位。他们是郑南吉、林冈孙、林以顺、朱文霆、郑河祺、郑爱兰、林济孙、林亨、方德至、茅元、薛弥充、方景章。其中，仙游的林济孙和林亨分别于至元六年（1340 年）和至正三年（1343 年）中了状元。

对元代莆田进士人数的统计之所以存在明显差异，除了元代进士资料的混乱和残缺这一根本原因外，还由于进士是国人向往的身份标识，以致有关记载真伪混杂，常常将乡贡进士混记为登第进士，一些宗族或乡绅甚至故意虚冒进士头衔以光宗耀祖。这种情况具有一定的普遍性，真假难辨，许多人信以为真。国内研究元代科举的知名学者通过多方考证，能查找到的拥有科第资料及相关事迹的莆田进士只有 7 位，分别是郑南吉、林重器、林冈孙、林以顺、朱文霆、薛弥充、方景章。

从元代莆田进士的任官情况看，多数担任低阶官员，少数担任中高阶官员。有数位莆田人担任了会试的考官。至顺元年（1330 年）庚午科是元代举行科举的第 6 科，共录取进士 97 人。这一科考试的主持人及考官、阅卷官都是一时之选，莆田人陈旅以国子助教身份名列属官，实属不易。元统元年（1333 年）癸酉科是元代举行科举的第 7 科，陈旅担任本科掌试卷官。

在激烈的竞争态势下，莆田的传统文人家庭子弟和官宦家庭子弟在科举中占有明显优势。有人认为，这使南宋科第簪缨世家子弟获得了重返政坛的机会。不过，即使录取率很低，也还是有一部分平民子弟得以考中走上仕途。在元统元年（1333 年）取中的包括兴化进士在内的百名进士中，有 35% 的人来自全无官宦背景的家庭。

在东南沿海各区域中，并无任何一路在科举中获得高度成功，反映了东南沿海经济与社会滑落的趋势。数据表明，元代闽分区已丧失宋时领先全国之优势地位，南宋时荣居全国第一的福州在元朝产生的进士不过 7 名，与宋时位列第 7 之兴化并列为第 13 位。

表 4 - 2　元代科举江南领先诸路

名次	1	2	3		5	6	7	8			10			13	
路名	吉安	抚州	绍兴	天临	龙兴	茶陵	婺州	温州	信州	衢州	建宁	饶州	福州	兴化
进士	22	17	15	15	14	13	11	9	9	8	8	8	7	7

资料来源：萧启庆《元代的族群文化与科举》，台北：联经出版事业股份有限公司，2008，第 193 页。

综上所述，元代莆田中进士者只有 7 人，虽然人数很少，但若与其他区域取士人数相比，莆田排名依然靠前，在福建甚至与福州并列第一名。在严酷的社会环境下，莆田科考能有这样的表现，也算差强人意。

（三）士子隐居山林

1. 士子隐居山林的因由与特点

科举取士式微、士子归隐山林与莆田文人结社之间存在密切的内在关系。从规模上看，元代开科少，取士少，多数莆田士子很难将之作为人生的首要选择。加之民族歧视的客观存在，士子虽苦读经年，获得功名的可能性却很低。与其皓首穷经，长时间地陷于场屋之中而无所获，不如殖产兴业以养家糊口，或悠游林下博取高士之名。因此，在元政府所组织的科举考试中，有意愿参与的莆田人不多，能考上的更少。从参加科举考试者的资格来看，元代表面上有统一要求，但民族歧视色彩浓厚，在考试程式与内容，以及进士名额分配方面，都对汉人和南人加以歧视。在这种歧视性政策的影响下，莆田士子的录取率极低，不少人只能选择消极反抗的方式，拒绝参加科举考试。走进山林结社问学，成为士子们的一种无奈的选择。

从归隐的莆田士子的构成来看，其具有多种面貌，有节士型、道德型、学者型、才识型，甚或其中也有懒散放诞之人。与北方隐士在出仕与归隐之间进退自如不同，莆田士人隐逸的目的更多的是寻求新的生存方式，而不是将之作为待时再起的筹码。

除了部分士子参加隐居性结社外，更多的莆田士人以个体的方式归隐山林，他们大都是饱学之士。归隐后的黄仲元怡然穷居，深入理奥，口讲心授，过的是一种治学、授徒的乡居生活。陈普，宁德人，入元不仕，晚年移居莆田，讲学终身。其精义理、声律、天文、地理、算术。其对周敦颐《太极图》的解释，丰富和发展了程朱学派的太极观。林雷龙，宋末时曾任录事参军，迁莆田令，后以宣教郎通判兴化军。入元后年余即弃官而去，自号清逸处士，有《耕吟前稿》《醉吟·漫吟后稿》诗集和《春山草韵》传世。陈帝用，元代文学家，享有文名，一生不仕元朝。《全元诗》收录其诗，有《乙亥书事》等诗存世。虽然他们中的多数人可能没有明确参与何种文社，但同道之间的交往、切磋应不会少，这似乎可视为隐性结社的一种类型，其特点是松散，具有即时性。

元代莆田的隐逸之士大多是术有专攻之人。洪德章（岩虎），号吾圃，宋代贡士，曾任兴化军教谕。入元后，归隐山中，与儿子洪希文"朝晡盂饭，烧芋咬菜相唱和而无愠色"。授课之余，吟诗作赋，著有《轩渠集》。洪希文于天历戊辰（1328 年）在莆田游洋的方姓乡绅家设馆授徒，后任兴化路教授，著有《续轩渠集》。父子两人身处严酷的社会生态之下，最终都选择了归隐。方炯、郑德孚、杨元吉等，也都是元代莆田的知名隐者，三人虽归隐乡间，但不约而同地选择悬壶济世、治病救人，表明他们即便身处乱世且已归隐，仍不忘履行自己的社会责任。

莆田的一些隐逸之士在乡村山林间设立教学点，从事教书育人的工作。林以辨在宋朝灭亡后不仕，晋安学者争相聘其为师。郑献翁少从乡先生黄绩学习。曾与朋友私自较艺，一日作 30 余论，众皆惊服。咸淳元年（1265 年）中进士，后任漳州推官。元代，对于宋代的故官有所叙用，而郑献翁以老病为由推辞，以讲学为业。顾长卿兄弟皆出此门。后来郑献翁又与黄仲元、林应成等人倡导仰止之学，颇有影响，年七十余卒。此外，宋国子监祭酒林璧卿不肯仕元，归隐仙游麦斜岩授徒讲学。

在农耕社会相对封闭的状态下，莆田士子隐逸山林具有现实的可能性。面对科举的式微，莆田士子选择归隐山林有一些积极的因素，归隐不全是逃避，更多的是趋利避害，寻求安全所在。在这一过程中，他们不忘修身养性，努力提升自己的修为。同时，致力于继承传统的中华文化，或著书立说，或教书育人。归隐虽是无奈之举，但有时也能迎来新的契机，为日后他们中的一些人在明初的重新出仕创造了条件。在当时的社会大环境下，莆田士子的归隐结社还起到互帮互助的作用，频繁的接触和交流，现实中的抱团取暖，使得在离乱年代里士人间的关系具有了某种暖意。

2. 文人结社

这一时期，一些归隐山林的莆田士人结成文社，最有名的是"壶山文会"。该会于元至正二十七年（1367 年）创立，明洪武三年（1370 年）终止。《八闽通志》记载："元季，莆诸先辈相与结社以文字为乐，号曰：'壶山文会。'初会者九人，曰：宋贵诚、方时举、宋德善、丘伯安、蔡景诚、陈本初、杨元吉、刘晟、陈廷俊。续会者十三人，曰：陈维鼎、李叔英、郭维真、陈必大、吴元善、方用晦、郑德孚、黄性初、黄孟仁、陈熙、方坦、叶原中，其一人曰清源，方外士也，合之凡二十有二人，约月必一会，坐以齿，饮以礼，酒无定等，食无常品，过丰者罚，会而不至者罚。会之日或诗，或文，或琴，或弈，或书，或画，或清谈雅歌，惟陶冶性灵，消除世虑，志不玩乎物也。"① 该会先后共举行 19 次社集，所赋诗文 200 余首。对于壶山文会的诗文创作成就，清代诗人陈田予以很高的评价："壶山会中，诗多雅音，以较十才子诗，不多让也。"

参加壶山文会的人，身份比较多元，有私学教师郭维真，有宗教界人士，有医生如杨元吉、郑德孚，有画家如吴元善。此外，还有大孝子如李叔英，其笃实好古，博学多闻，元季隐居不仕。籍贯方面也不全是莆田人，有河北沧州人郭维真、建安人吴元善。壶山文会不仅仅是文人聚会的团体，还兼有互助的性质，会友去世，其他成员都会自发地前来帮忙料理后事。壶山文会成员变动较大，后人对一些隐逸之士是否是该会成员存在争议，但公认其为元代莆田士子中人数最多也较有影响的隐居性社团，具有独特的时代意义和历史意义。

三 文学艺术衰微

从南宋景炎二年（1277 年）元军攻占福建全境到至正二十八年（1368 年）元朝灭亡，元朝统治福建约 90 年，福建前后共有 40 余年处在战乱之中，生灵涂炭，人口锐减，经济萧条、文教荒废，这对福建文化特别是莆田文化产生了极大的负面影响。莆田作为南宋抗元重镇，被元兵屠城，遭受空前浩劫。元末，莆田又发生"亦思法杭兵乱"，前后持续近 10 年，对社会文化的破坏不亚于元初。元朝崇尚武功，轻视文治，选拔官员主要依靠军功和吏才，儒生社会地位一落千丈。元人谢枋得说："人有十等，一官、二吏，先之者，贵之也，贵之者，谓有益于国也；七匠、八娼、九儒、十丐，后之者，贱之也；贱之者，谓无益于国也。"② 在此背景下，莆田教育也一落千丈，科举衰微，有元一代，兴化路中举的只有 5 人，中进士的只有 7 人。

科举的衰落直接导致文学艺术的衰微。终元之世，莆田著述作者只有 27 人③，

---

① （明）黄仲昭：《八闽通志》下，福建人民出版社，1991，第 1040 页。
② （元）谢枋得：《叠山集》卷 2《送方伯载归三山序》，《全宋文》第 355 册，上海辞书出版社、安徽教育出版社，2006，第 99 页。
③ 据陈长城《历代莆田人著述及其版本存佚》统计。

加上仙游为 33 人①，著作今只存 7 部，收入《四库全书》和《四库全书存目》的只有 3 部，即《续轩渠集》《安雅堂集》《鸣鹤余音》②。

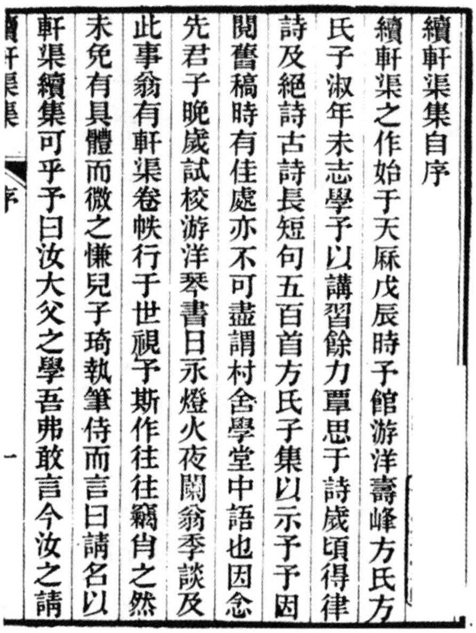

續軒渠集自序

續軒渠之作始于天厤戊辰時予館游洋壽峰方氏，氏子淑年未志學，予以講習餘力覃思于詩，歲頃得律詩及絕詩古詩長短句五百首，方氏子集以示予。因閱舊稿時有佳處，亦不可盡謂村舍學堂中語也。因念先君子晚歲試校游洋，琴書日永，燈火夜闌，翁季談及此事。翁有軒渠卷帙視于世，視予斯作往往竊肖之，未免有具體而微之懼。兒子琦執筆侍而言曰：請名以軒渠續集可乎？予曰：汝大父之學吾弗敢言，今汝之請

图 4 - 13　《续轩渠集》书影

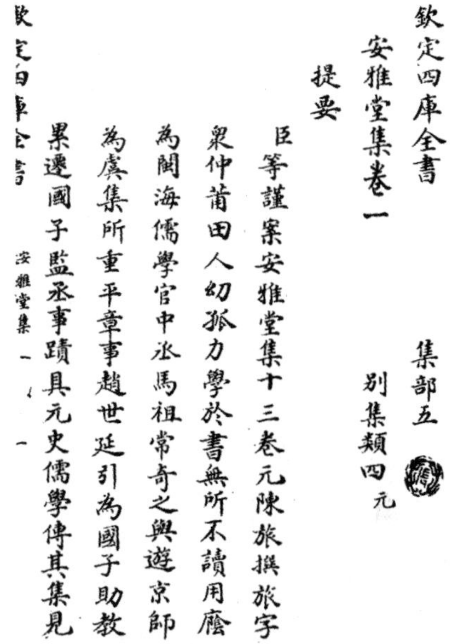

欽定四庫全書

安雅堂集卷一　　集部五
提要　　　　　　別集類四
　　　　　　　　元

臣等謹案安雅堂集十三卷，元陳旅撰。旅字眾仲，莆田人。幼孤力學，於書無所不讀，用廣為閩海儒學官。中丞馬祖常奇之，與遊京師，為虞集所重。平章事趙世延引為國子助教，果遷國子監丞，事蹟具元史儒學傳。其集見

图 4 - 14　《安雅堂集》书影

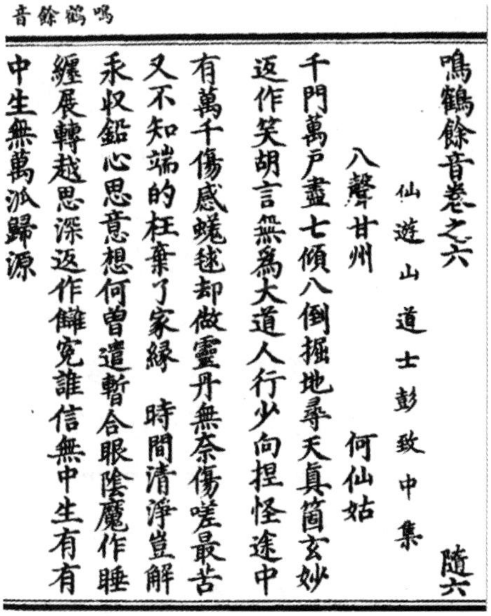

鳴鶴餘音卷之六

仙遊山　道士彭致中集
八聲甘州　　　　　何仙姑

千門萬戶盡七倒八倒，掘地尋天真簡玄妙，返作笑胡言無為大道。人行少向揑怪途中，有萬千傷蟣蝨，卻做靈丹無奈傷嗟最苦。又不知端的枉棄了家緣。時間清淨堂解，秉收鉛心思想，何曾遭暫合眼陰魔作睡。纏展轉越思深，返作儔冤誰信，無中生有有中生無萬派歸源。

图 4 - 15《鸣鹤余音》书影

① 陈枚香：《莆阳书话》，鹭江出版社，2015，第 136 ~ 141 页。
② 《鸣鹤余音》为仙游道士彭致中编纂，9 卷，收汉钟离、吕洞宾、王重阳、马丹阳、丘处机等 40 多位仙真高道之诗词歌赋。

（一）文学家

1. 洪希文和陈旅

在元代衰微的文坛上，洪希文和陈旅二人无疑是兴化的代表性人物。

洪希文（1282～1366年），字汝质，号去华山人，莆田人。父洪岩虎，字德章，号吾圃，南宋末贡士，官兴化教谕。宋末兵乱，父子避居深山，朝餐盂饭，烧芋咬菜，不废吟咏。岩虎著《轩渠集》。希文以授徒为业，入元，被聘为郡庠训导，因其诗得之于父亲熏陶，故名其集为《续轩渠集》，附其父之残篇于卷末。清代收入《四库全书》的《续轩渠集》录诗369首、词33首、杂文18篇。

图4－16　广化寺的释迦文佛塔

洪希文出身布衣，后任教授，他能接触社会底层，情系百姓，对民生苦难、吏治腐败等体会较深，故其诗歌较多反映现实。他在《呈税使索所植程》长诗中道："种田纳地税，买卖商算之。所恨土产薄，不给糟床赀。倘得食其力，免叹终岁疲。黄屋忧元元，常发匡济思。锱铢苟过取，或恐伤单赢。赀富与地倅，不在民膏脂。龟背欲刮毡，九牛亡所遗。愿移高明思，俯听危苦词。"洪希文控诉横暴的贪官污吏，同情贫苦的百姓之情跃然纸上。《续聂夷中伤田家》云："岂为饥寒念，所念疮痍平。哀哀生理窄，了了无余赢。"亦如闻其为民呼吁之声。洪为人耿介刚直，于至正十一年（1351年）古稀之年被罢官。其《黜官书》云："未会羊肠世路艰，居家那得比居官。布衣差胜轩裳好，食禄何如田亩安。狭世出门原有碍，达官当道须从宽。前世法语官知否？留取功名及远看。"他对官场黑暗体会良深。希文亦多吟咏家乡山水名胜之作，如《题圣墩妃宫——湄洲屿》吟咏湄洲妈祖祖庙的恢宏，其他咏及之名胜还有莆田宁海桥、灵岩广化寺、梅峰寺、囊山寺以及仙游圣泉寺等。

清四库馆臣引明蔡宗兖《续轩渠集序》云："是儒博学而志于道者，其发之声诗，所谓山泽之臞出山泽之语也。譬诸夏鼎、商彝，华彩虽若不足，而浑厚朴素之质，使望之者知为古器，而自泯其雕巧之心也。"谓其诗："纯沿宋格，于元末年华缛之风，明中叶堂皇之体，迥焉不同。故二人之论云尔。实则清遒激壮，亦足落落独行也。"① 至治进士同郡人林以顺谓："其诗得意处，皆自肺腑流出。至于造语炼字之法，颇费工夫。"② 洪诗受江西诗派影响，一些作品略呈拗涩，但其诗仍多流畅可诵之句。如《仙邑馆所归溪行书触目》《客中遇寒食》《新秋客中》等。其《牡丹》五绝云："国色酣朝酒，天香散晓风。荒村蜂与蝶，老死菜花丛。"用语平白而蕴含隐喻。洪希文诗作以浑厚朴质，清遒激壮，皆出肺腑之特色，在元末华绮之风中，落落自成一家。

洪希文的词较之于诗，在深度和广度上均稍逊色，但在整个元代中，闽人传下来的词作十分有限，因此其保存下来的33首词作也就弥足珍贵了。《强村丛书·去华山人词》收洪希文词13首③，算是其代表作。其《浣溪沙》词云："丈室萧条似病禅，打窗风雨罢吟笺。归心一点落灯前。犹有十三楼上酒，可无三百杖头钱？一年心老一年年。"这首词是洪在教馆任上所作，表达了老而思归的凄苦情怀。

陈旅（1288～1343年），字众仲，号荔溪，斋名安雅堂，莆田县崇福里（今忠门镇）人。年轻时随泉州名儒傅定保学习，因有文名而被举荐为闽海儒学官。御史中丞马祖常了解到他的才识后，勉励其到京师游学。入京后，陈旅得到翰林院侍讲学士虞集、平章政事赵世延及马祖常的拔擢，出任国子助教，并参与修纂《经世大典》。元统二年（1334年），陈旅前往浙江任江浙儒学副提举。两年后，返京任应奉翰林文学一职。去世前所任最高官职为国子监丞。著有《安雅堂集》13卷，今存诗291首，文189篇④。元人宋玄僖列举本朝"以文而知名者"18家⑤，陈旅（陈莆田）即其一。永福人林泉生《安雅堂集序》云："元兴以质治天下，国初之文之盛，不十年而众仲之文满天下矣。"林序或有夸大，但从马祖常、虞集诸名家的极力推崇看，陈旅之文在当时确实影响很大。林序说陈旅"熏经饫史，吞吐百氏，久则劙玄列颐以为文，自成一家，超轶古昔"。《元史·陈旅列传》称："旅于文，自先秦以来，至唐、宋诸大家，无所不究，故其文典雅峻洁，必求合于古作者，不徒以徇世好而已。"其《过客吟》亦自道："幼孤苦学出蓬蒿，一路勤谨入中朝。行文必合古人意，字无来处不轻召。"陈旅虽是馆阁体作家，但能广泛吸收经史百氏、先秦以来散文的长处，故能自成一家，超迈时人，为天下所重。

---

① （清）永瑢、纪昀主编《钦定四库全书总目》卷167。
② （清）顾嗣立编《元诗选初集（己集）》"去华山人洪希文"，中华书局，1987，第1694页。
③ （清）朱孝臧辑校《强村丛书（叁）》，广陵书社，2005，第1604～1606页。
④ 分别见《全元诗》第35册、《全元文》第37册。
⑤ （明）叶盛：《水东日记》卷23，中华书局，1980，第230页。

陈旅善书法，其诗多应酬及题画之作，其《和维扬友人》曰："扬子江头水拍天，人家种柳住江边。吴娃荡桨潮生浦，楚客吹箫月满船。锦缆忆曾游此地，琼花开不似当年。竹西池馆多红药，日夜题诗舞袖前。"虽是和诗，但是描写扬州的繁华，有目击自然景色，有耳闻悠悠箫声，墨客题诗，红颜舞袖，一片祥和景象。《题画梅》云："处士桥边古岸隈，梅花偏向小园开。冲寒有客寻春去，移得晴窗雪影来。"梅傍处士，冲寒寻春，以咏梅赞人之高洁。陈旅诗文虽丰，然文集中竟无一家乡题材之作，是为遗憾。

2. 其他文学家

元代兴化文学家声誉较著者，还有黄方子、朱文霆、顾长卿等。

黄方子，字潜刚，唐御史莆田人黄滔之后，博学强记，喜搜猎古书近事，纂辑奇文奥语，著有《东家存稿》《论语通义》等数十种，今尚有《兴化路兴学记》等文传世。

朱文霆（1295～1369年），字元道，号葵山先生，先世为建安人，父世英，始迁莆田黄石。文霆登泰定元年（1324年）进士，居官行事，多有可称，又博学善属文，著有《葵山集》，著名文学家宋濂为之序，称"其言醇而理彰，于理不合，虽强之言，不言；其所言者，未尝不本诸道。惟其志于道，而不以文名，故言文者失之"[1]。《全元文》收其《四灵赋》《旧莆田县记》《兴化府儒学兴造记》《兴化县谯门记》《敕赐助威盘瑞二王庙记碑》等五篇存世之文[2]。

图4-17　仙游龙华"万岁山"题刻

顾长卿（？～1343年），字子元，莆田人，少有大志，经传子史，无所不窥，人目之为书橱。顾长卿工律诗，擅辞赋，精通典史，博学多才，著有《文稿》10卷、《甲寅稿》10卷等，惜所著今皆已佚。

（二）书画艺术

元廷鄙视士人，在"九儒十丐"的文化背景下，兴化士大夫文人，多不事科举，隐逸山林，亦罕留书画作品于世，因此，元代兴化的书画艺术同样走向衰微。画史只载有莆田人林士能，善绘山水。

---

① （元）宋濂：《朱葵山文集序》，收入《宋濂全集》卷30，人民文学出版社，2014，第659页。
② 李修生主编《全元文》第39册，凤凰出版社，2004，第271～277页。

仙游龙华宝幢山今存"万岁山"题刻，款署"大元元统乙亥年（1335 年）林济孙书立"，传说此石刻是为纪念仙游龙华寺无隐禅师两度辞谢朝廷征召而题刻的。

据元陶宗仪《书史会要》记载，元代莆田人郑枸①，字子经，泰定年间（1324～1328 年）官南安县教谕，精于字学、书学，善书法，能大字，兼工八分书，著有《衍极》5 卷，全书将文字学和书法史融为一体，品评了晋唐至元代的书家之艺，论述了自传说的仓颉到元代的文字演变，评述精当简约，内容丰富。与郑枸同时的莆田人刘有定，字能静，为此书作注。又文学家陈旅亦"善古隶，行楷亦有法"。惜以上诸家均无手迹传世。

另外，至正二十七年（1367 年）莆田仁德里（今西天尾）人俞良甫与福州陈孟荣等 10 多位刻书艺人东渡日本。俞良甫侨居京都西郊嵯峨等地 20 余年，刊刻佛经和汉籍数十种，因选本精良，所刻书字体隽秀、版面精良，被称为"俞良甫版"。在日本，先后刻有《春秋经传集解》《文选》《昌黎文集》《唐柳先生集》《陆放翁诗集》，以及佛经等，达数十种。同时，他还致力于培养日本雕版技艺的传承人。有日本学者赞扬说："此虽亡命一二人，对日本文化之助力，实有可永远记忆者矣。"确实，"俞良甫及刻工们到日本刊刻书籍，为中华文化在日本的传播，为日本刻书业的发展做出了贡献，也为中日民间交往史写下了有价值的一页。同时说明了中日两国的文化交流源远流长"。②

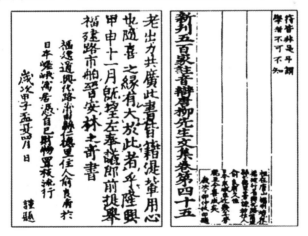

图 4-18　俞良甫于洪武十七年（1384 年）在日本嵯峨刻的
《唐柳先生文集》书影

---

① 姓名一作"郑枸"，籍贯一说为仙游，或说罗源。此依元陶宗仪《书史会要》卷 7 及（明）周瑛、黄仲昭《重刊兴化府志》卷 47，福建人民出版社，2007，第 1219 页。

② 陈金如：《元末明初在日本的莆田人刻工俞良甫》，《中国印刷》2002 年第 11 期。

四　莆仙戏的成熟

元代是中国戏曲史上的繁荣时期，有散曲、杂剧和南戏等盛行于世。散曲是在北方金代俗谣的基础上发展来的，是较简单的民歌、俚曲等没有念白和折子的歌曲经文人加工发展而成的。杂剧则是在以说唱为主的宋杂剧、金院本的基础上，融合宋金以来的音乐、舞蹈等表演艺术形成的一种较完整的戏剧形式。它演唱的是北方流行的曲调，所以也叫北方杂剧或北曲。南戏成熟的标志则是元末温州瑞安人高明（字则诚）创作的《琵琶记》。此后南戏流布到南方杭州、温州、福州、泉州、潮州等乃至于北方的大都。元代重视海运，因南北的交流接触，北地杂剧亦随航运流入兴化地区。受北地杂剧的影响，莆仙戏曲吸收了外来艺术元素，剧目、表演程式以及音乐唱法等得到充实，内容形式皆趋于成熟。

（一）剧目

莆仙戏有许多传统剧目，和元代南戏、北曲相同或相似，如《活捉王魁》《蔡伯喈》《张协状元》《乐昌公主》《史文高》《王十朋》等，与《南词叙录》"宋元旧篇"著录的南戏剧目相同。有些剧目则和北曲完全相同或更接近于北曲。如莆仙戏的《赵贞女》，南戏叫《赵贞女蔡二郎》，仙游的演出本有的叫《蔡伯喈》，则和元杂剧院本名称相同。北曲的《西厢记》，仙游的演出本也叫《西厢记》（有的叫《张君瑞》），而南戏叫《崔莺莺西厢记》、《潇湘夜雨》（《潇湘雨》），内容相似的南戏叫《崔君瑞江天暮雪》《江天暮雪》《江天雪》，而仙游的这个戏有的也称《潇湘雨》，有的称《崔君瑞》（"潇"剧中男主角名崔通，"崔"剧中则名崔君瑞）。仙游的《西游记》或《唐三藏取经》，亦可能是移植杂剧的《西游记》或《唐三藏西天取经》。仙游的《薛仁贵》《薛仁贵征东》，亦来自元杂剧剧目。南戏到元代已渐衰微，而北方杂剧正当兴盛。莆仙戏固然受南戏的影响，而到了元代，受北曲的影响则更多一些。

元代兴化戏曲与艺人的处境是艰难的。尽管元代戏曲鼎盛，但入主中原的蒙古人，为了巩固政权，对属于"南人"的汉族小说戏曲实行毁禁政策，规定"妄撰词曲""诬人以犯上恶言者"及"于城市坊镇演唱词话、教习杂剧"皆可被严惩。[①]

《赵氏孤儿》是一部元代剧作。剧中写晋国上卿赵盾被大将军屠岸贾诬陷，除一婴儿被门客救出外，全家300余人全部被杀害，被救孤儿长大后为赵家报

---

① 《元史·刑法三》"大恶"："诸妄撰词曲，诬人以犯上恶言者，处死。"《元史·刑法四》"禁令"："诸民间子弟，不务生业，辄于城市坊镇演唱词话，教习杂剧，聚众淫谑，并禁治之。"

仇，剧情冲突尖锐。戏曲专家刘念兹认为：莆仙戏《岸贾打》传本出自古本，从剧本到表演都具有浓厚的地方色彩和特色。"从剧目题名上看，莆仙戏不称《赵氏孤儿》以突出'搜孤'、'害孤'事件，也不以'义烈'来点题，偏偏叫做《岸贾打》，即打岸贾的意思，突出在'打'。赵盾打岸贾在前，庄姬又继

图 4-19　《岸贾打》(《赵氏孤儿》)剧照

之后，当赵家一门三百余口，在云阳市斩首之后，顿时'天昏地暗，日月无光'，屠岸贾为了斩草除根，亲率御林军，围困赵府，要把身怀有孕的公主庄姬拘禁冷宫，莆仙戏抓住这一场，大做戏。这时公主利用屠岸贾必须'先行君臣之礼'跪拜之际，经过几句短促的责问，劈头便打，由于人物内心的激变，在

表演上也突破了闺门旦的程式，气氛异常强烈。据传说，莆仙戏演出此剧是带有强烈民族情绪的；元兵入寇，莆田曾惨遭杀戮，一天之中被杀了三万多人，人民恨之入骨，故借舞台上'打岸贾'来发泄，岸贾就是暴元的象征，以其姓'屠'隐射'杀人魔王'，所以他的脸谱是'阔眉虎掌'，头戴'武连'，俨然是个'胡人'的形象。此外，在某些词语上也作了避讳，如'赵朔观灯'中的'滴溜子'一曲里，有'番郎胡女'之句，莆仙本作为'大人妮子'等。"① 《岸贾打》整场戏中，融唱、做、念、打"四功"为一体，紧紧围绕"打"字表演，大泄公主满腹仇恨，亦大快棚

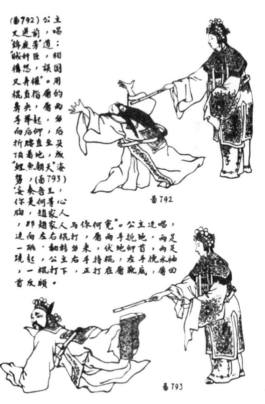

图 4-20　黄文狄《莆仙戏传统科介》书影

---

① 刘念兹：《南戏新证》，中华书局，1986，第 175~176 页。

下观众人心。莆仙民间至今流传的一句俗谚"公主厄打苦无力，岸贾厄避苦无洞"，说的就是这出戏。黄文狄所著《莆仙戏传统科介》书中有专节图解说明。在艺人眼中，屠岸贾是元统治者的象征，莆仙戏借助历史剧，把一方人民的情绪化为戏曲舞台上的集体艺术行为，可见莆仙戏发展到元代其综合表演艺术水平已十分成熟了。

（二）表演程式和唱法

莆仙戏一些表演程式明显承袭元代杂剧。如早期莆仙戏舞台上使用的"竹马"就是元代杂剧中的"竹马儿"。在元杂剧中表现人物骑马，一般以砌末"竹马"代替。如元刊本《追韩信》第二折中有：

（正末背剑蹬竹马儿上，开）：想自家离了淮阴。投于楚国不用……

又如：

（萧何踏竹马儿上，了）：〔雁儿落〕丞相道将咱来不住的赶，韩信则索把程途盼……

元刊本《霍光·鬼谏》中，也有"正末骑竹马儿上"的科范。元代郑光祖《三战吕布》杂剧第三折：

孙坚云："夹着无辔马，两脚走如飞。正是鞭敲金镫响，我可甚人唱凯歌回。"

以上描写的是演员夹着竹马表演的造型。夹竹马表演，在宋元南戏中是一种普遍的表演形式。莆仙戏也是以演员夹竹马来表演骑马的。

在表演道具方面，早期莆仙戏舞台上所用兵器道具都比较小，不仅是为了适应小戏台演出和携带方便，也是因为演出武戏时注重一招一式的舞蹈动作而不尚扑打。如在《三鞭回两锏》中，秦叔宝与尉迟恭使用的鞭与锏，长不到一尺，承袭宋元南戏道具短小的遗规。在早期演出中还常出现以人代"砌末"[①] 的

---

① "砌末"原是金元时期的戏班行话，为传统戏曲舞台各类用具和简单布景的总称。清翟颢《通俗编·俳优》云："元杂剧中，凡出场所应有特设零杂，统为砌末。"

图 4 - 21 《三鞭回两铜》剧照

表演，如在《包公审门鬼》中，把门鬼当作门使用；在《阿官游地府》中，将白无常代作山岭；《王魁》中则以人代作海神、判官，听凭敫桂英哭诉。

唱法上莆仙戏亦多承袭南戏，一支曲牌，可以独唱，也可以合唱，还可以分唱。上场时先唱后白，有时念诗上场，下场时常用念诗，也有时用唱。

元代戏曲的剧本内容和表演艺术，都比唐宋时期有更高的成就，其主题、故事情节、人物形象、音乐唱腔、表演技巧等都达到了一个空前的高度，使以后许多地方产生了新的剧种和剧目。莆仙戏在宋代已形成，但成为一个成熟定型的剧种，则应是在元代受到北方杂剧影响之后。它在剧目、念白、音乐、唱腔和表演技艺等方面，既受到南戏和北曲的影响，又自具地方色彩。

总之，莆仙百戏在吸收汉唐以来的参军戏、歌舞戏、大曲、佛曲、木偶戏和南宋南戏一些艺术内容和表演技巧的基础上，进一步吸收元曲（传奇）的艺术元素，成为一个成熟的剧种——莆仙戏，这在莆田文化全面走向衰微的元代，是极其少见的闪光点。

五 宗教的衰微与摩尼教（明教）传播

大元帝国，"北逾阴山，西极流沙，东尽辽左，南越海表"[①]，规模空前，统治着众多宗教信仰各异的民族。元朝统治者清醒地意识到，要使众多信仰各异的民族臣服于大元帝国，除了依靠武力征服和发挥政权的专政职能外，还必须对他们的宗教信仰给予尊重。因此，早在成吉思汗时就确定了宽松的兼容各教的宗教政策，对境内的佛教、道教、基督教和伊斯兰教等一律支持。至元十七

---

① （明）宋濂等撰《元史》卷58《地理志一》，第 5 册，中华书局，1976，第 1345 页。

年（1280年），里势都儿大王令旨云："依着己（已）前成吉思汗皇帝圣旨、哈罕皇帝圣旨、蒙哥皇帝圣旨、今上皇帝（世祖）圣旨里：和尚（佛教）、先生（道教）、也里可温（基督教）、达失蛮（伊斯兰教），不拣甚么差发休着者。……但属宫观田地、水土、竹苇、碾磨、园林、解典库、浴堂、店舍、铺席、醋酵，不拣甚么差发休要者。索要呵，也休与者。钦此。"① 尽管如此，元朝对境内各宗教，也并非没有厚薄之分，相对而言，它"最重视的是佛教（特别是佛教中的喇嘛教），其次是道教，然后才是基督教和伊斯兰教"。②

（一）佛教

尽管元代统治者青睐藏传佛教，以喇嘛教的高僧为帝师，但是，有元一代，汉传佛教也有所恢复。元世祖时朝廷设立宣政院，地方各路、州、县设置僧录司、僧正等机构，专管佛教僧侣，朝廷鼓励和支持修建寺院。据统计，元代福建全省兴造的见诸史籍的寺院有119座，庵、堂、精舍有262所；重修的寺院有65座，庵堂3所。③ 莆田佛教在元代中期开始复兴，部分寺院得以重修，如华岩寺于至元年间（1271～1294年）重建，龙华寺于元贞年间（1295～1297年）重建，上生寺于大德二年（1298年）重修，保瑞灵光寺、龙泉尼院于皇庆元年（1312年）重修，东岩寺于皇庆二年（1313年）重修，灵源寺于延祐四年（1317年）重修，景祥院于天历三年（1330年）重修，龟山寺于泰定至天历年间（1324～1330年）由住持僧越浦募捐重建，三会寺于至正十一年（1351年）重建，囊山寺于至正二十六年（1366年）重建。此外，元代莆田还新建了一些寺院，如至元十二年（1275年）建的云门国清寺，泰定二年（1325年）建的万寿寺，至顺年间（1330～1333年）建的万安堂，至正三年（1343年）建的积翠庵，至正六年（1346年）建的大云寺，至正七年（1347年）建的石林寺，至正十年（1350年）建的崇福堂，僧隆源于延祐元年（1314年）建的妙峰堂和延祐二年（1315年）建的大隐堂等。元代莆田寺院虽有所恢复，但由于战争频仍，尤其是元末莆田地区发生了近10年的"亦思法杭兵乱"，给地方社会造成严重的破坏，一些寺院被占为兵营，僧人被迫逃离，宋代盛极一时的广化寺、法海寺在这个时期成为废寺。因此，元代莆田地区的佛教总体不及宋代之盛，反映

---

① 《万寿宫披云真人令旨碑》，转引自卿希泰主编《中国道教史》第3卷，四川人民出版社，1996，第179页。

② 郭沫若：《中国史稿》第5册，人民出版社，1983，第613页。

③ 陈支平、詹石窗主编《透视中国东南：文化经济的整合研究》，厦门大学出版社，2003，第717页。

了莆田的佛教由两宋的极盛走向衰微的趋势。

图 4 - 22　龟山寺

元代，莆田佛教的寺院经济并不发达，但许多佛教禅师仍然继承佛教兴办慈善事业的传统，热心于铺路、修桥等社会公益事业，既为地方经济发展做出贡献，也方便了当地民众生活。如大德八年（1304 年），僧人祖和、自永募捐修筑仙游枫亭下石马陂（太平陂），解决了当地农田的灌溉问题。延祐四年（1317 年），僧隆源修建化龙桥，并建庵以护桥。元统二年（1334 年），龟山寺越浦禅师四处募捐，倡议修建宁海桥，在他的努力下，"梁石为桥"的宁海桥建成，为世人所称赞。明弘治《兴化府志》称："莆阳驾海为桥五，此功最巨。"

值得一提的是，元代延祐三年（1316 年），崇奉佛教的福建省平章政事亦黑迷失在建阳发起开雕《毗卢大藏》，亲自担任劝缘主。翌年，指定全国 100 座大寺院，"各施中统钞一百锭，年收息钞，轮月看转《三乘圣教》一藏"。仙游县的寺院做出重要贡献，"又将原买兴化路仙游县租田二千余石，散施泉州、兴化各处寺院，递年看转藏经"。①

（二）道教

出于政治上的考虑，元朝统治者对道教也备加尊重。早在成吉思汗初征天下时，就遣使召请北方全真道龙门祖师丘处机，并封丘处机为长春真人，令其总领天下道教。在南方，元朝统治者对历代天师尤为重用。早在灭南宋之前，元世祖忽必烈便遣使入江西龙虎山，向第 35 代天师张可夫密求符命。得江南后，元世祖又召第 36 代天师张宗演至大都，待以最高礼节，并赐予张宗演"演道灵应冲和真人"称号，给二品银印，命主江南道教事，又给予度牒，可以随

---

①　陈棨仁：《闽中金石略》卷11《一百大寺看经记》。

意度人入道。元世祖还于当时的路设"道录司",州设"道正司",县设"威仪司",皆归张宗演统属。忽必烈以后的历代元朝皇帝对历代天师也均有诏赐,而且与天师往来频繁。如至元二十八年(1291年),元世祖召第37代天师张与棣赴阙,授予"体玄弘道广教真人"称号,管领江南诸路道教。成宗登基后,复召张与棣,命其设醮于内殿、长春宫,并改天下诸路天庆观为"玄妙观"。元代,道教在莆田地区继续流传。元贞二年(1296年)莆田城内的天庆观(今元妙观)改名玄妙观。至顺年间(1330~1333年)重修玄妙观。至正十三年(1353年)重建兴化县城隍庙。此外,元代,莆田境内还新建了一些道教宫观,如延祐元年(1314年)郡人盐铁使方广翁舍田建万寿宫,"凡楼阁、殿宇、云房、寮舍,周遭二百三十余丈","俾子孙甲乙住持之,广翁自为记"①。至元二年(1336年)建江口祐圣观,主祀东岳泰山之神。

(三)摩尼教

摩尼教产生于3世纪的波斯。创始人为摩尼,基本教义是"二宗三际论",宣扬光明必然战胜黑暗,正义必然战胜邪恶,善人死后进天堂,恶人死后入地狱。摩尼教大约在7世纪末传入中国,安史之乱后,影响逐渐扩大。会昌二年(842年),唐政府下令禁止摩尼教。

摩尼教至迟在7世纪末传入福建,因被官方禁止,在北方逐渐湮没无闻,却在闽浙一带顽强地生存下来。宋代,摩尼教在福建衍化为明教,其教义融合道教、佛教、巫术以及儒家伦理道德,高度浓缩为"清净光明、大力智慧"八字,在民间仍有一定的影响。② 元代,摩尼教(明教)一度得到官方的承认。明代以后,摩尼教(明教)在福建的影响逐渐缩小,至今在晋江、福鼎、霞浦、莆田等地仍有摩尼教(明教)的遗迹或遗物。

摩尼教何时传入莆田地区,文献无征。不过从唐代摩尼教传入福建的路线及其遗迹遗物的分布情况分析,唐末五代摩尼教传入莆田地区的可能性较大。今在晋江摩尼教遗址的草庵附近发现两处刻有文字的摩崖,一处是:"兴化路丽山境姚兴祖,奉舍石室一完。祈荐考君正卿姚汝坚三十三□、又妣郭氏五九太孺、继母黄千三娘、先兄姚月涧,四□出生界者。"另一处是:"谢店市信士陈真泽、真□等喜舍本师圣像,祈荐考妣早生佛地者。至元五年(1339年)戌月四日记。"从这两处摩崖我们知道,元代至元五年(1339年)莆田丽山境有人虔诚信仰摩尼

---

① (明)黄仲昭:《八闽通志》卷79《寺观》,福建人民出版社,1996,第865页。
② 参见(宋)陆游《渭南文集》卷5、《老学庵笔记》卷10。

教（明教），故捐资建造晋江摩尼教"石室"一座，为其父母兄长超度。

元代有为数不少的阿拉伯商人在莆田经商、定居，他们的宗教信仰也在当地传播。弘治《兴化府志》卷10《户纪四·土田财赋通考》载：莆田县有礼拜寺田80亩3分。礼拜寺即清真寺，明代还有寺田80亩，元代当不止此数。

在莆田境内，还发现4方摩尼教（明教）碑刻，说明当时摩尼教在莆田有一定影响。

一是1988年在涵江区龙津社发现的残碑，残碑通高179厘米、宽77厘米、厚19厘米，上刻"清净光明，大力智慧，□□□真，摩尼光佛"大字，落款为"□□□都转运盐使司□□场□□许爵乐立"。涵江为著名盐仓，南宋元明清朝廷均派官员管理，该碑为管理盐仓的长官所立，既说明当时摩尼教（明教）为官方认可，也反映当时莆田盐户有不少人信仰摩尼教（明教）。据石碑发现者陈长城先生考证，该石碑为元末明初遗物。[①]

二是1992年在北高镇后积村永兴社的万灵公庙附近发现的另一方残碑，残碑通高137厘米、宽64厘米、厚12厘米，上半部不存，仅存"□□光明，大力智慧，□□□真，摩尼光佛"字样，由于没有落款，故无法推定其年代，但此遗物反映了摩尼教也在莆田沿海地区流传的事实。[②]

三是2004年在宁海桥南侧发现一方摩尼教石刻残碑，残碑呈"八"字形，宽80厘米，最高57厘米，最低20厘米，厚13厘米，上书正楷"劝念"二字。

四是2018年，在莆田东埔镇东吴港吉了古城发现一块完整的元代摩尼教碑刻。

综上所述，与元代莆田地区的社会经济文化走向衰微相适应，莆田的佛教、道教也由两宋的极盛走向衰微。然而值得关注的是，在多数地方销声匿迹的摩尼教衍化为明教，流传于莆田民间，且有一定影响。

六　妈祖信仰的曲折发展与传播

（一）莆田境内妈祖信仰衰微

元朝初年，实行残酷的民族歧视、民族压迫政策，给社会经济文化造成很

---

① 陈长城：《莆田涵江发现摩尼教碑刻》，《海交史研究》1988年第2期。
② 关于摩尼教（明教）在莆田的影响，台湾学者蔡相辉认为贤良港的航标塔与之有关，认为"摩尼教追求光明，信徒常于半夜聚集礼拜，至清晨光明降临始返家，航标塔可于夜晚点燃放光，或为古代摩尼教徒集会礼拜之处，则妈祖祖祠所在的贤良港林氏族人应也有摩尼教徒，妈祖信仰与摩尼教关系就更密了"。参见蔡相辉《妈祖信仰研究》，台北：秀威资讯科技股份有限公司，2006，第301页。

大的破坏。莆田是抗元的重要地区，元兵入莆后，烧杀抢掠，文物破坏殆尽，妈祖宫庙也不能幸免。当元代统治得到巩固后，其民族歧视、民族压迫政策有所缓和，社会经济也逐渐得到恢复和发展，元初莆田被毁坏的部分民间宫庙包括妈祖宫庙得到修复。如在宋代被称为"祖庙"之一的圣墩顺济庙，元初也少有人问津，且因年久失修，主殿破损不堪，所谓"岁月老，主殿陋"。李清淑于元大德三年（1299 年）发起重建工程，"繇寝及殿，易而新之"，虽然得到"卿士庶民"的响应，但由于元初的社会经济遭受了较大破坏，海路不通，信众生活窘迫，心有余而力不足，重建工程历时 6 年才完成。圣墩顺济庙的重建，有力地推动了元代妈祖信仰的发展，时人黄仲元称："泉南、楚越、淮浙、川峡、海岛，在在奉尝，即补陀大士之千亿化身也。"①

根据《八闽通志》的记载，除了宋代的妈祖庙外，元代莆田境内新建的妈祖庙只有 4 座，即城山、青浦、南箕、嵌头灵慈庙。实际新建的妈祖庙要多于此数，《莆田县宗教志》认为，平海西柯文澳灵慈庙、贤良港灵慈西宫也建于元代。② 元代莆田境内新建的妈祖庙，延续宋代妈祖信仰的传播趋势，主要分布在沿海沿溪、港口码头、商贸集镇、政治经济中心一带。如元代涵江霞徐街新开河畔有天妃宫，俗称旧宫，以别于清乾隆初新建的天后宫（新宫）。当时各港口的妈祖庙，有的还用其他称呼，如清浦村称灵慈庙，建于大德元年（1297 年），今尚存。南箕村的妈祖庙也称灵慈庙，至今尚存，且保留元代建筑风格。

图 4-23　莆田城内的文峰宫（古代官方祭祀妈祖的重要场所）

宋代绍兴三十年（1160 年）之前，地方官吏按照朝廷诏令，每逢妈祖诞辰（农历三月二十三）和羽化升天（农历九月初九）等重大节日，都要兴师动众去湄洲妈祖庙祭拜。由于"隔涨海，往返惟艰"，白湖顺济庙建成后，官府的定时祭拜妈祖活动便移到这里举行，虽然要比去湄洲岛方便许多，但白湖顺济庙距离莆田城大约有五里路程，官府祭祀的活动，仍有诸多不便。鉴于此，"元至正十四年

---

① （宋）黄仲元：《黄四如文集》卷 1《圣墩顺济祖庙新建蕃釐殿记》。
② 据中华妈祖文化交流协会所纂《莆田妈祖宫庙大全》（海风出版社，2012）统计，元代莆仙地区共建造 30 余座妈祖宫庙。

（1354 年）僧霞谷合两院为寺，因奉府县舍地建天妃宫。面对凤凰山文峰，故名文峰宫"①。文峰宫兴建后，官府把原来供奉在白湖顺济庙的妈祖神像恭迎到这里奉祀，并把官方祭祀妈祖活动转移于此举行。后来，文峰宫多次重建，规模扩大，成为官方祭祀妈祖的宫庙之一，其影响逐渐扩大。据说元代以后前往湄洲祖庙瞻拜祭祀妈祖，或海内外妈祖回娘家的进香团，往往要先在文峰宫祭祀或驻驾，再从文峰宫起驾往湄洲岛湄洲祖庙，以示正式和隆重。

值得一提的是张翥汇集编订《圣妃灵著录》。张翥（1287～1368 年），字仲举，号蜕庵，山西晋宁襄陵（今临汾）人，元代著名诗人，官至翰林学士承旨，加河南行省平章政事，元至正二十六年（1366 年）奉旨赴闽、浙沿海代祀各处天妃庙。过去学界对《圣妃灵著录》的作者乃至是否有此书都有不同说法，最近发现的《仙游阙下过坑林氏族谱》抄本［初修于明天启年间（1621～1627 年），清康熙二十四年（1685 年）重修］收入的张翥《灵著录序》和《灵著录略》证实了确有此书，且进一步说明了此书的来龙去脉。张翥在序中写道："余曩奉香祀

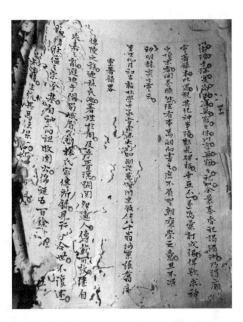

图 4-24　张翥汇集编订《圣妃灵著录》书影

谒湄洲，乃得庙□《灵著录》本，比还，观其祀神事迹，杂见碑板，乖互不一，遂为汇订成编，俾歆求神之顶末者，开卷了然，后有事焉，嗣而书之，庶不负圣朝褒崇之意，且不泯神明赫奕之灵云。"② 他在湄洲岛拜谒妈祖时，收集到庙方所藏的《灵著录》，发现其中有诸多错讹，遂根据他所收集的资料，重新汇集编订成册。《圣妃灵著录》原书惜已失传，只有一些引文，尚可窥大致所收内容。另从《灵著录略》和《天妃庙序》中也能大致了解该书收入的妈祖神话传说故事的主要内容。《灵著录略》涉及妈祖的身世和历代敕封。《天妃庙序》述及天妃之灵异："故生而地变紫，幼而通悟秘法，长而席海以行，逝而见梦以祠。至于祷而雨旸应，寇乱殄，发光怪于涨海猝飓间，以济人于阽危者，若虚

①　《乾隆莆田县志》卷 3《建置志》。
②　参见林龙锋《〈灵著录序〉〈灵著录略〉的发现及其价值探究》，《妈祖文化研究》2018 年第 4 期。

无缥缈，眩幻谲诡矣。"① 显然，明清时期编辑刊行的《天妃显圣录》《敕封天后志》都是以《圣妃灵著录》为蓝本的。

2. 莆田境外妈祖信仰迅速发展

与宋代相比，元代莆田境内的妈祖信仰在曲折中发展，但在莆田境外，妈祖信仰却因漕运得到较快的传播和发展。元代定都北京（大都），军队、官员等所需大批粮食主要依靠漕运从江南输送。由于当时京杭大运河年久失修，河道阻塞，漕舟不通，粮食供不应求，直接危及首都和王朝的安全。自至元十九年（1282年）始，漕运由河运改为海运。由于航道不熟悉和气候变化无常，在海路漕运的最初几年中，海难时常发生，每年有数十万石的粮食沉入海底，船员溺死无数，损失惨重。为保证南粮北调的漕运安全，元朝统治阶级只能采纳漕运官员和船工的建议，推崇汉人所崇拜的妈祖，以此来鼓舞士气，祈求漕运安

图 4-25　天津天后宫

全。这有力地推动了妈祖信仰的迅速发展，主要表现在三个方面。一是朝廷定期派要员到重要的妈祖庙祭拜。如元天历二年（1329年），朝廷派遣翰林直学士布亚实里和艺文太监宋本为特使，祭祀天下妈祖庙。当年八月初一从漕运终点天津直沽妈祖庙开始，由北而南，对漕运所经沿岸的妈祖庙逐一致祭，最终到达漕运始发地的泉州妈祖庙。前后历时数月，行程近万里。其中包括淮安庙、平江庙、昆山庙、路漕庙、杭州庙、越州庙、庆元庙、台州庙、永嘉庙、延平庙、闽宫、白湖庙、湄洲庙等，共计15座妈祖庙。朝廷特使每到一处，都要宣读各庙的祭文，盛赞妈祖护佑漕运之功。此后，元政府又在至顺四年（1333

---

① （明）周瑛、黄仲昭：《重刊兴化府志》卷29《礼纪十五·艺文志四·纪载类四》，蔡金耀点校，福建人民出版社，2007，第769页。

年）、至正九年（1349 年）、至正十一年（1351 年）以及至正十三年（1353
年），派特使代表皇帝自北而南，"遍礼祠所"，进行类似规模的大祭。二是漕运
沿途港口码头纷纷兴建妈祖庙。如江苏省的海漕起始地太仓和刘家港分别建造
了天妃灵慈宫，河北省的海漕终点大直沽也建造了天妃灵慈宫，即天津天后宫。
新建的妈祖庙，南北相望，一始一终，遥相呼应，祈求在漫长的漕运行程中，
能自始至终得到天妃娘娘的庇佑。三是皇帝不断增加妈祖封号。至元十八年
（1281 年）封护国明著天妃，至元二十六年（1289 年）封护国显佑明著天妃；
大德三年（1299 年）封护国辅圣庇民显佑明著天妃；延祐元年（1314 年）封护
国辅圣庇民显佑广济明著天妃；天历二年（1329 年）封护国辅圣庇民显佑广济
灵感助顺福惠徽烈明著天妃。妈祖的神格从宋代的"圣妃"上升为"天妃"，
妈祖也逐渐成为国内影响最大的海神。《元史》称："惟南海女神灵慧夫人，至
元中（1335～1340 年），以护海运有奇应，加封天妃，神号积至十字，庙曰灵
慈。直沽、平江、周泾、泉福、兴化等处皆有庙。"① 黄向《天妃庙迎送神曲》
写道："天妃者，兴化军莆田县湄洲林氏女，为神海上，威福烜著，凡驾海之
舟，咸恃以为命，所到奉祠。"②

　　莆田虽然与漕运没有直接关系，但莆田是妈祖信仰的发祥地，因此元朝在
派员祭拜漕运沿途的妈祖庙时，莆田白湖顺济庙和湄洲祖庙也先后得到谕祭的
礼遇。据《天妃显圣录》载，元代天历元年（1328 年）遣官致祭莆田白湖顺济
庙，祭文曰："天开皇元，以海为漕。降神于莆，实司运道。显相王家，弘济兆
民，盛烈麻光，终古不灭。特遣臣虔修祀事，承兹休命，永锡嘉祉，于万斯年，
百禄是宜。"天历二年（1329 年），遣官祭祀湄洲祖庙，祭文曰："惟乾坤英淑
之气，郁积扶舆，以笃生大圣，炳灵于湄洲。为天地广覆载之恩，为国家弘治
平之化。特命臣恭诣溟岛，虔修岁祀。秩视海岳，光扬今古，於戏休哉！"③ 朝
廷派要员到白湖顺济庙和湄洲祖庙举行隆重的祭典，这是破天荒的大事，自然
会引起莆田民间的轰动，瞻礼者必然云集，这在客观上推动了妈祖信仰在莆田
的发展。

①　《元史》卷 76《祭祀五》。
②　李诩：《续吴郡志》卷下。
③　照乘等：《天妃显圣录·历朝褒封致祭诏诰》。

第五章　明朝：社会经济的稳步发展
与文化再度辉煌

明朝建立后，中国政治逐渐稳定，经济文化得到恢复和发展。兴化府设立，使莆田最后确立其在八闽中占据其一的地位。明代莆田社会经济稳步发展，无论农业、手工业、渔业还是商业，都大大超过元代，提高到新的水平。特别是明中叶之后，莆田商人在私人海上贸易中扮演着重要角色，兴化商帮的形成标志着莆仙地区商品经济进入一个新阶段。在文化上，莆田再度取得辉煌成就，教育体系得到恢复和发展，科举重现宋代荣光，文学艺术重振雄风，宗教信仰持续发展。经过唐宋以来的长期沉淀，明代莆田获得了"海滨邹鲁""文献名邦"的称誉，这是对为中国古代文化事业做出巨大贡献的莆田人民的充分肯定和赞许，也是对莆田人民以文化民、以文兴莆的历史经验的总结。明代发生的倭患给莆田带来深重的灾难，兴化府城是福建唯一被倭寇攻陷的府城，损失惨重。倭寇侵扰莆田的历史，也是莆田军民奋勇抗倭的历史。每一次倭寇入侵，莆田军民均英勇抗击，也给倭寇以沉重打击，体现了同仇敌忾的民族精神，成为莆田人民的宝贵精神财富。

第一节　明朝政治与莆田建置沿革

一　明朝政治与福建地方社会

当元末陈友定平定"亦思法杭兵乱"，成为当时福建政权的实际控制者时，全国局势已经发生了巨大变化。元朝失去了对天下的控制，朱元璋、张士诚、陈友谅、方国珍等几股农民义军，成为建立新政权的有力竞争者。此后，随着局势的发展，朱元璋的势力不断壮大。至正二十七年（1367年），朱元璋平定方国珍后，进兵福建讨伐陈友定。陈友定寡不敌众，兵败后被朱元璋所杀，福建进入明王朝统治时期。

元末明初的战乱，导致福建生灵涂炭、经济凋敝。明王朝建立后，采取了招抚流亡、恢复农业生产、降低田赋、创办学校等措施，福建的社会经济文化得到恢复和发展。明朝的政治举措中，对福建沿海特别是莆田影响较大的是海洋政策。

有明一代，正值日本分裂、战争不断的时期。日本战乱中的部分失败者，成为浪人，不时到中国沿海抢掠，给明王朝的统治带来了极大威胁。面对倭寇的不时侵扰，明太祖朱元璋采用廖永忠的建议，组织水师进行大规模的巡海活动，发现倭寇便予以围剿。明初的这种巡海措施，在抗击倭寇、保护沿海居民方面取得一定的成效，但也存在很大的缺陷。中国海岸线漫长，自南向北有数千里，明朝水师兵力有限，如此漫长的海岸线不可能都巡查到位。而倭寇只要觑准时机，乘明朝水师不备，登陆劫掠，往往能获得成功。洪武十八年（1385年）后，朱元璋先后派出汤和、周德兴等重臣经略东南海防。周德兴在福建福州、兴化、泉州、漳州四个沿海地区，抽丁组成海防大军，并于沿海要紧地区设置卫所水寨，屯军防卫。明朝对倭寇的严防死守政策，给福建社会带来了很大的影响。一方面，参与沿海防卫的军队均自沿海府县抽调，加重了民众的徭役负担。另一方面，明朝在坚决抵抗倭寇骚扰的同时，实行禁止民间海上贸易、"寸板"不准下海的海禁政策，严重阻碍了福建海外贸易的发展。

从洪熙至弘治（1425～1505年），明王朝的统治逐渐衰弱，正统年间（1436～1449年）的"土木之变"更是明王朝由盛转衰的分水岭。随着明王朝的衰弱，海防也逐渐松弛，从而给游荡于中国沿海的倭寇以可乘之机，他们日益猖獗，经常出没在中国沿海地区烧杀抢掠。为了减少倭寇的骚扰，明王朝频频重申海禁令，海洋政策愈发保守，沿海百姓生活雪上加霜，愈加困顿窘迫，部分破产的渔民、农民甚至"沦为倭寇"，加害同胞。嘉靖年间（1522～1566年），倭患达到顶点，给东南沿海民众带来了深重的灾难，也使得明王朝下定决心要驱除倭寇。在明王朝的抗倭斗争中，戚继光和俞大猷劳苦功高，做出重大贡献。

明代中期，政治逐渐腐败，土地兼并严重，民众负担加重。在这种情况下，福建沿海民众不得不冲破禁令，下海谋生，从事民间海上贸易活动，漳州月港成为走私船出洋的主要港口，到成化弘治年间（1465～1505年）已是"人烟辐辏，商贾咸集"的大市镇，有"小苏杭"之称。① 隆庆元年（1567年），明朝政

---

① 参见郑镛《论明代月港在中国海外交通史上的地位》，《漳州职业技术学院学报》2012年第3期，第3页。

府取消海禁，开放漳州月港为对外通商口岸，到万历年间（1573～1620年）月港走向全盛，与东南亚、中南半岛以及朝鲜、琉球、日本等47个国家和地区有直接贸易往来，在我国外贸史上占有重要地位。

明代后期，由于官吏对进出货物的横征暴敛和西方殖民者在东南沿海的骚扰，月港急剧衰落。一些沿海民众铤而走险，组织海盗集团，以谋取海上利益。其中最著名的海盗无疑是郑芝龙，他拥有一支数万人的海上武装，成为南海的霸主。

综上，明代重农的政策促进了福建农业经济的恢复和发展，而海禁政策却严重阻碍了福建沿海地区经济的恢复和发展，从某种意义上说，也助推了倭寇的猖獗，加重了福建沿海百姓的苦难。月港的兴起，虽然在海上丝绸之路的发展史上写下浓重一笔，但其繁荣的时间不长，失去了与西方大航海时代接轨的历史机遇，不免令人唏嘘。

二 兴化府设立与兴化县撤销

洪武元年（1368年），明征南将军汤和等率军进攻福州，元兴化路守将王思义、叶万等弃城逃跑，至此，兴化路三县遂归明。明洪武二年（1369年），改兴化路为兴化府，最高行政长官称知府，同时废元代设立的录事司，元代划出的四厢（东厢、左厢、右厢、南厢）之地则复归莆田县管辖。兴化府辖县依然为莆田、仙游、兴化三县。

由于兴化县经济日益萎缩，人口剧减，税赋凋敝，裁革兴化县的呼声日益高涨。正统九年（1444年），兴化县人何诚[①]最早上奏撤销兴化县，但没有获得批准。正统十三年（1448年），岁贡出身、任南京武功中卫经历的兴化县人萧敏再次上《裁革兴化县本》。《福建兴化县志》卷8全文刊载萧敏的《裁革兴化县本》及明英宗的《圣旨敕》。

对于裁革兴化县之因由，据萧敏奏本并结合其他文献，归纳起来，大抵有以下几条。

第一，深山地僻，虎患频仍。兴化县地处万山之中，人口稀疏分散，虎豹出没无常，伤人事件屡有发生。元至元间（1271～1294年），"民苦虎恶，或遭残害"。县令叶衡泣告神，以祈群虎遁迹。《八闽通志》载："明英宗天顺三年（1459年），城北依山诸村落虎为害，伤人畜以数百计，白昼数十人同行，亦有

---

① 何诚（弘治《兴化府志》卷1讹作"育圻"），兴化县人，岁贡出身，任直隶凤阳府虹县知县。

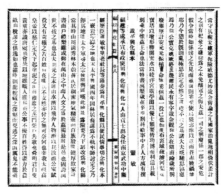

图 5 - 1 《福建兴化县志》之《裁革兴化县本》书影

被伤者，山中数月几绝人迹。"又"成化八年（1472 年），虎复为害，伤人畜不减天顺三年之数"。《福建兴化县志（游洋志）》谓："正统间（1436～1449年），人民瘴疫，虎兕纵横。"《莆田县志》亦载："正统中，兴化县大疫，虎兕纵横，邑人南京武功中卫经历萧敏奏革本县，从之。"又云"天顺三年（1459年），北山虎食人，持杖群行亦不免。山中数月绝人迹"；又"成化八年（1472年），虎害复作。太守潘琴荐于城隍之神，募人捕之乃止"。直至清康熙后期，仍是"山中有虎患，多食童男女"，甚至"豹子从城北门直进民家几案下"，足见兴化县虎患之猖獗。

第二，山区潮湿，瘴疬之害。兴化县地处深山，潮湿多雨，瘴疫多发，在古代缺医少药的社会，实非宜居之地。故奏本中诉"非罹虎狼之苦，则厄瘴疬之灾"；"非速死亡之祸，则忧疾病之侵"。瘴疬者，人因接触山林间湿热蒸发毒气所生之疾病。《福建兴化县志（游洋志）·节妇志》载：宋贡士章京之侄女章氏，嫁予凤冲方大道。不幸家乘疫气，死亡已半。不数日，丈夫大道亦殁。章氏抚棺大哭，数月，亦缢死。只得由县令边慕贤捐资收埋。《福建兴化县志（游洋志）·庙志》"萍湖祖庙"条①中则载，有萍（藻）湖卓氏，习巫术。一日阖家俱染疬疫死，三牲六畜亦如之。后来据说卓氏会显灵，乡人遂立庙以祀。

第三，人口减少，赋役繁重。《裁革兴化县本》指出："迨夫胡元之末，则山水渐以飞奔，人物渐以耗散，而公家赋役，又有苛横之苦，百姓日夜叹其不支，然亦付之无可奈何也。"朝廷虽有"宽租""薄税"之政策，但兴化乃山中弹丸之地，豪门大族早已迁徙千里之外，留下难以逃难的"一二乡民"，他们

---

① （明）周华：《福建兴化县志》（上册）卷 2，莆阳印书局，1936，第 4 页。

"救死犹恐不赡，安能当公门之赋役，而与国家同休戚哉？"百姓负担实在太重，因此只有裁革县建制，并免去本地居民三年追赋税之供与差役之劳，才能"深仁被于穷谷，而富室可以自存，贫民可以自济；死者魂有所安，生者食有所出"。否则，"县不革则役不已，则二三百姓，其何堪焉"。

据《兴化府志》卷10《户纪四·土田考》载，明洪武二十四年（1391年），莆田、仙游、兴化三县，共有官民田、地、山15232顷41亩9分8厘。其中，莆田县占8347顷6亩9分6厘，仙游县占4245顷62亩9分2厘，兴化县2639顷72亩1分。[①]可知其时兴化县的田、地、山只占全府的1/6，相当于莆田的1/3、仙游的3/5。

兴化府的总户数则为64241户（人口数无考），其中莆田县军民等户为51151户，仙游县军民等户为9530户，兴化县为3560户。[②]莆田县户数是兴化县户数的14倍多。而到了永乐时，"百姓亡命者，十已三四"。永乐七年（1409年），知县杨武以里图数少，请裁省县丞、主簿。[③]弘治《兴化府志》卷9《户纪四·户口考》载："兴化县凋耗，正统十三年奏革，其思存及三百户，归并莆、仙二县带管。"洪武二十四年（1391年）至正统十三年（1448年）仅58年时间，兴化县仅剩下300户，户数存量竟然减少了9/10之多，这就彻底丧失了立县的最基本条件，裁革在所难免。由此可知，欲减轻山民承担赋役之重，裁县才是彻底之措。

第四，兵燹祸害，盗寇频起。元末赛甫丁与阿迷里丁在泉州与兴化之间造成了十年祸乱，不但莆仙两县死伤惨重，兴化县也备受蹂躏。据明黄仲昭《八闽通志》引明邑人吴源《至正近记》记载，至正十九年（1359年），前兴化路总管安童，在兴化县龙纪寺起兵，而郡民随处屯结，欲与之抗，无肯附者。二十一年（1361年）九月，陈同（兴化路同知陈从仁之弟）姐夫柳伯顺占据兴化郡城，自任通判。胡兴祖、上官惟达领兵穷追柳伯顺等至兴化县，"郡人遭其惨害，无一方免者"。翌年三月，柳伯顺由永福潜兵陷兴化县，杀官吏，驱县民，逼郡城，欲与陈同约定里外夹攻，未成，遂大败，"僵尸以千计"。六月，柳伯顺复驱兴化县民兵来攻（郡城），兵一交即大败，僵尸又以千计。至正二十三年（1363年）十一月，泉州阿巫那遣其党白牌等追至兴化县龙纪寺搜柳伯顺，无

---

① （明）周瑛、黄仲昭：《重刊兴化府志》卷10《户纪四·土田考》，蔡金耀点校，福建人民出版社，2007，第295~296页。

② （明）周瑛、黄仲昭：《重刊兴化府志》卷9《户纪四·户口考》，蔡金耀点校，福建人民出版社，2007，第293页。

③ （明）周瑛、黄仲昭：《重刊兴化府志》卷1《吏纪一·叙郡县》，蔡金耀点校，福建人民出版社，2007，第4页。

在者，遂肆杀掠回，聚其兵于枫亭。二十六年（1366 年），白牌等率兵攻陷兴化、仙游二县，"所至杀掠毒甚"。在这场持续多年的祸乱中，兴化县民不但惨遭蹂躏杀掠，又反复被驱为炮灰战死，遭受战乱双重灾难。另外，兴化县林密山深，地势险要，往往成为盗贼与暴动的渊薮，即奏本中所指出的"非受饥寒之迫，则遭盗贼之害"。加上"汀州寇""永福盗"等外来盗寇的掠夺，兴化县民更是生活于水深火热之中。

第五，士族外迁，文化衰落。由于生存环境恶化，一些大姓、士族纷纷外迁，这是兴化县没落的深层原因。据《福建兴化县志·大姓志》载，兴化县曾有"郑、薛、方、陈、林、黄、谢、吴、罗、萧、蔡"等大姓，其时朝廷公卿之多、豪姓望族之巨、庶民生齿之繁、田地物产之饶，仅次于莆、仙两县。故明萧焕在《兴化县兴废客问》文中说："兴化为邑，僻在万山之中。其兴也，以礼乐诗书之盛；其废也，以礼乐诗书之衰……故弹丸黑子之区，皆有地主，则县之兴也，兴以郁郁人文耳。洎我皇受命，非不家谈礼乐、户诵诗书也。然而英雄卒自老，数十年无朱紫之士，人困于地薄，地衰于人谢，则县之废也，废以人文之去耳。"这是十分中肯的意见。文教衰，则风俗坏；风俗坏，则人心邪；人心邪，则社会乱。至元末，该县已成匪盗世界，百姓流亡出走者多，虽有县尹叶衡惩治了朱蛇、吴虎（皆诨名）等流氓地痞团伙，处置了敲诈勒索的无赖之民，关押了制造假钞的林尾，打击了横行乡里、欺压小民、侵吞兼并的势家豪族，[1] 但积重难返，靠个别廉吏已是无力回天了。

明英宗朱祁镇得览萧敏《裁革兴化县本》后，颁行了《圣旨敕》，曰："着该府守官，查得兴化县百姓果有此情否，如是的实，即将裁革。其民也，近莆田者附莆田，近仙游者附仙游。仍将轻赋省役，一如经历萧敏之议！"

明正统十三年（1448 年），兴化县正式裁革，距设县的太平兴国二年（977 年）已过去 471 年。兴化县撤销时，全县只剩下 300 户共 461 人。莆田县分得人口 150 户 230 人，仙游县分得 150 户 231 人。原属该县的武化、长乐二乡之崇仁、安仁、清源东、清源中、清源西五里并入广业里，划属莆田；永贵乡峃阳、兴建、福兴、来苏四里并入兴泰里，划归仙游。[2] 此后，兴化府仅辖莆田、仙游两县，但领有的原三县疆域范围则基本未变。

---

① （明）周瑛、黄仲昭：《重刊兴化府志》卷 4《吏纪四》，蔡金耀点校，福建人民出版社，2007。
② 参见（明）周瑛、黄仲昭《重刊兴化府志》卷 1《吏纪一》、卷 10《户纪四》，蔡金耀点校，福建人民出版社，2007。

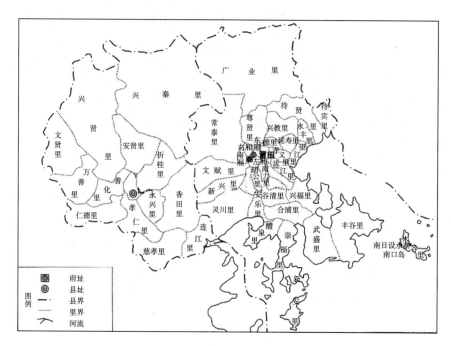

图5-2　明正统十三年（1448年）兴化府辖境示意

三　兴化府城垣扩建与官署建设

（一）兴化府城垣扩建和修建

1. 府城的扩建

明洪武二年（1369年），兴化路改为兴化府，领莆田、仙游、兴化三县。明廷把莆田宋代六乡改为七区，将元代四厢直属于县。为巩固海防，以防倭乱，朝廷还在兴化府城设置兴化卫以及左、右、前、后、中五个千户所，以御寇乱。

洪武三年（1370年），兴化卫指挥使李春曾重新葺缮兴化旧城。洪武十二年（1379年），指挥程昇以"增设军士，城隘不能容"，奏请扩建卫城。弘治《兴化府志》称：新城"乃越旧濠，跨乌石山东麓，历前埭、后埭，与旧城合。共周围一十一里一百四十三步①，广一丈六尺，墙高一丈八尺，女墙高六尺，共高二丈四尺。计女墙二千九百六十有二，窝铺②四十有九，敌楼一十有七③"。城门改为四个，东门"望海"，西门"肃清"照旧；但南门"望仙"改为"迎仙"，北门新开辟，名为"拱辰"。原宁真门，废弃不用。新修的四个城门，各

---

① 《乾隆莆田县志·建置志》作"周二千八百三十丈"。
② "窝铺"是在城墙马面顶上所筑的供士兵躲避风雨、贮兵器之用的小屋。
③ 《乾隆莆田县志·建置志》作"二十七"。

建城楼于其上，每一门各置兵马司，盘诘检查出入城的行人。

图5-3　兴化府城门（拍摄于民国初）

兴化府又建两座水关门。东关可通船只；而西关低小，以石盾为栏，仅容水流入。城外护城河，左起东北隅，折而南，引延寿溪水注入；右起西北隅，折而东，引木兰溪水注入。二水交合，共长770丈，宽2.6丈，深1丈。西北背山，开凿为旱壕，长593丈，宽2.6丈，深2丈，后来旱壕被居民侵占，辟为园圃，遂失去了战略作用。

2. 府城的修建

明代中叶，土地兼并日益加剧，而赋役、地租苛重，破产失业的流民大量涌现，社会矛盾日益尖锐。正统、成化、正德三朝，农民起义连绵不断，延续100多年。其中福建中部沙县的邓茂七起义是福建规模最大的农民起义，队伍达数十万人，声势浩大，响应者众多。闽中还有蒋福成领导的尤溪县万余炉丁（炼铁工人）起义。闽西则有陈政景领导的宁化县农民起义。

闽中、闽西地区的农民起义，也波及莆田。探花林文（1390～1476年）在《莆中城门重建记》中云：莆城"洪武、永乐间（1368～1424年），时以修葺，城楼之势翚飞鸟革，为一郡之壮观。门禁严慎，出入无异言异服之人。近因沙、尤寇发，劫掠焚毁，祸延七郡。莆郡、卫兵民，惫于防御之劳，困于馈饷之费，或避寇而远逃，或饥阻而穷居。由是城门窝铺，久不修葺，旁风上雨，椽朽瓦坠，栋宇其将压矣"①。可见其时的农民起义也对莆田城防备产生了较大压力，加上"久不修葺，旁风上雨"，城楼梁朽瓦落，可以说已岌岌可危。

成化八年（1472年），巡抚副都御史江苏江浦人张瑄、分巡检宪江西吉水

---

① （明）周瑛、黄仲昭：《重刊兴化府志》卷26《礼纪十二·纪载类一》，蔡金耀点校，福建人民出版社，2007，第702页。

人张灏莅莆，在实地察看郡城后认为："莆，名郡也，甲于七闽。今城不加甃（砖砌），濠不加浚，门楼倒塌，若此，咎若谁归？"于是郡守潘琴与同知习襄、通判章哲、推官李俊、经历徐俊、县丞王福等同僚商议后，"乃广节冗费，细积羡余，购材陶瓦，又拆淫祠、废寺栋梁瓦石尚堪用者益之"，择日雇工，次第修之。东门由兴化卫指挥使张侯瑄（当为"胡瑄"）率僚属设计和修建，而郡、县则负责建西、南、北即拱辰、肃清、迎仙三门的修建。工程兴于成化十年（1474年）二月，竣工于翌年（1475年）二月。郡人林文作记云："鉴旧弊，图远虑，城坚而池深，门楼高爽，轮奂一新。"称赞是役"其用力也齐，其成功亦速。规制宏丽，经营缜密，壮城池之金汤，固山城之保障"①。

图 5-4　兴化府城墙（拍摄于民国初）

3. 府城路桥建设

明代，府城路桥也得到了一定修葺。弘治《兴化府志》载："本府城内外道路，旧时多凹凸不平。宋绍熙二年（1191年），太守赵彦砺斥公帑羡缗，砻石而更之，凡十有二处，亡虑千余丈，横经直贯，坦然如砥。所在人蒙其利，刻石以记。国朝宣德六年（1431年），县丞叶叔文，天顺六年（1462年），郡守潘本愚，相继辟砌。弘治十年（1497年），推官詹瑾，督民修砌。其乡下大村小聚，自宋以来，凡经行道路，皆砻石铺砌。昔人喜行阴德，不事表襮（表功暴露），故姓名多隐。"②

与城垣密切相关的府城濠桥（护城河上之桥）共有如下五座，也进行了扩

① （明）周瑛、黄仲昭：《重刊兴化府志》卷26《礼纪十二·纪载类一》，蔡金耀点校，福建人民出版社，2007，第702页。
② （明）周瑛、黄仲昭：《重刊兴化府志》卷52《工纪一·道路志》，蔡金耀点校，福建人民出版社，2007，第1326页。

改建。

（1）洞桥：北门外濠桥。洪武初（1368 年），辟城时扩建，始在城中。长一丈，广一丈四尺。

（2）兼济桥：旧时宁真门外濠桥也，俗称观桥。明初辟城时扩建，后濠（护城河）废而桥存。成化三年（1467 年），郡守岳正，因兴化卫指挥使丁晟奏要疏通城中旧濠，乃潴北涧水于上流，为小西湖，其下凿旧濠而深广之，为兼济河，作桥其上，名兼济桥。小西湖从此成为城中名胜。

（3）城北濠桥：在拱辰门外。宋代为后埭通监桥，系承信郎李富所建二十八桥之一。明朝辟城至此，改为濠桥，上架以木梁，长二丈三尺，宽一丈八尺。天顺五年（1461 年），知府潘本愚改建为石桥。

（4）城南濠桥：在迎仙门外。宋志谓其为"城南第一桥"，桥上建亭，有华表匾曰"惠一"，后废。明朝改为濠桥，长二丈九尺，宽九尺。旧时为木桥，天顺五年（1461 年），知府潘本愚改建为石桥。

（5）城东濠桥：在望海门外，旧名望海桥。宋志谓由南宋林光朝族叔林国钧创建。明朝改为濠桥，原为木构，长二丈五尺，宽九尺。天顺五年（1461 年），知府潘本愚改建为石桥。

弘治《兴化府志》认为，护城河的濠桥之所以为木桥，是因为有祸变时可快速拆毁以御敌，而现在都改为坚固的石桥，这是为敌人修了攻城的畅通大路，因此木桥易为石桥并非良策。后来的倭祸证明了这点。

4. 罗城的建造

嘉靖三十七年（1558 年），倭寇临城下，守城兵射死数名倭贼，其他倭寇逃走。于是分守万衣命令增腰墙，高三尺；垛砌稍阔，增九百有十；筑二大敌台于城西北界，较好地抵御了倭寇的侵扰。

嘉靖四十一年（1562 年）十一月，倭寇趁戚继光班师回浙江的机会，大举纠集，围困莆田城一个月，知府陈瑞龙和以同知署理郡守的奚世亮坚守城池。但守困援绝，倭寇使用伪卒，里应外合，十一月二十九日，倭寇自府城西北部乌石山高处攀梯入城，兴化城最终被攻陷。倭寇陷莆城后，焚屋不计其数，其中有记载被烧的重要建筑有府、县二级所有官署，包括府学、县学、谯楼、莆阳驿、大有仓、督粮馆等，还有名人纪念祠如岳公祠、二忠祠、二烈祠、忠惠祠、林俊祠、彭韶祠、黄仲昭祠、林苇祠等，寺院则有东岩寺、梅峰寺、广化寺等。除屋宇被焚者外，文献典籍被毁者更不知凡几。

倭乱平息后，郡人御史林润上《备陈六事疏》，其中第一条便是要求"建公廨、门楼，以定民心"。① 嘉靖四十三年（1564 年），知府易道谈到任，见莆田四个门楼均被倭寇焚毁，于是发起重修。又置城守器械，民始还集。林润又上疏请上司拨款，巡抚谭纶据总兵戚继光倡议，行令"城外西北筑墙，高七尺，北门至西水关，筑土墙四百五十丈；西水关至南门，筑石墙六百三十四丈五尺，添设敌台六座"②。这便是"罗城"。外城遗址今已难考。

5. "一轴重城"格局的形成

隆庆元年（1567 年），分守杨准以腰墙过高，每用桌凳立守不便，乃命知县徐执策于垛口后筑建副阶，以便防御。五年（1571 年），分守阴武卿命同知钱谷重新修建古谯门，并修葺东、北二门楼，改东门叫"镇海门"，西门叫"永清门"，南门叫"迎和门"，北门仍叫"拱辰门"。

至万历九年（1581 年），知府陆通霄认为城西北一隅，跨山腰之半，乌石（东岩）山一半在城内，一半在城外，造成地势高者反在城外，不利于防守。元至正十九年（1359 年）泉州万户阿迷里丁率兵攻陷兴化，就是从城西门外射走守城者，然后入城的。嘉靖四十一年（1562 年）的倭乱，倭寇又是从此地攻入的，可见此地"利不可失"，于是陆通霄向都察院和福建道申请，重拓西北城垣，将城外高冈包围在内。城墙长 85.5 丈，高 2 丈，宽 1 丈。建敌楼 1 座、窝（警）铺 2 座、方门 2 座、城垛子 182 个。这便是历史上所谓的"重城"，至此兴化府城形成了"一轴重城"的空间形态。

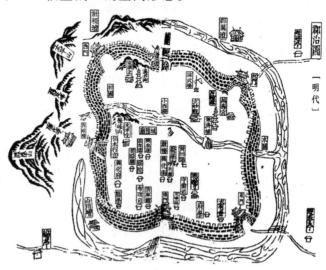

图 5－5　明代兴化府城示意

---

① （明）林润：《备陈六事疏》、《请恤三府疏》，《愿治堂集》第 3 册。
② 见《乾隆莆田县志》卷 3《建置》。

此后，万历十九年（1591年），莆田知县孙继有再次向院、道申请，修砌旧城；万历三十六年（1608年），知县何南金重修，重城周围砌以砖石，楼堞副阶为之一新；万历四十二年（1614年），知府徐穆主持开浚护城河，四周共600余丈，深6尺。至明末，莆田城池屡有重修，但再未扩建过。

值得一提的是，为了御倭，自明洪武二十年（1387年）江夏侯周德兴到福建沿海筑城16座，其中在莆田筑平海卫城、莆禧所城。翌年，增设平海等五都指挥使司，共领6个千户所。并设置南日水寨以及嵌头、冲沁、青山、迎仙、吉了等寨城，还有小屿巡检司以及烽火台等。

（二）明代兴化官署建设

1. 兴化府官署

明代兴化府署最初是以元代兴化路署充当的，继而指挥俞良辅及卢镇请求把兴化卫迁入府署，得准后改为卫署衙门。洪武元年（1368年），知府盖天麟把莆田县署移到左厢善俗坊内，而把原县署改建为府署，其地属于右厢，在城西南隅。兴化府署主要包括以下部分。

正堂：知府、同知、通判、推官同署事于此。前为丹墀，近北为露台，露台下为甬道。东为吏、户、礼房，西为兵、刑、工房。永乐元年（1403年），知府周宗璇改匾曰"敏政"。天顺元年（1457年），知府潘本愚重建，易以石柱，匾曰"公生明"。弘治十四年（1501年），知府陈效重修并稍为节缩。经历司：在正堂之东偏，为经历（掌出纳文移）、知事同署事之所。照磨所：在正堂之西偏。照磨、检校（照磨、检校均为照磨所掌财务稽核与审计事务之官）同署事之所。钦恤厅：推官鞠刑（审问定刑）之所。成化十八年（1482年），知府刘澄迁方明祠而创建此厅。司狱司：在府署外，卫署东。宋都监廨舍，后辟为行衙。元为总管府急递铺。洪武元年（1368年），知府盖天麟改为司狱司，左为官厅，右为监房。弘治初（1488年），推官翁理辟大门为三间。税课司：在府署东、司狱司前、务巷内。宋为都税务。宣和七年（1125年），知军事廖刚重建。洪武元年（1368年）改名税课司。杂造局：在府治东同升坊内，古延福寺地也。正统十年（1445年），布政使孙界建为布政司分司。成化三年（1467年），知府岳正以旧杂造局改为布政司分司，而改建杂造局于此。本局所隶匠人有弓匠、箭匠、油漆匠、络丝匠、染匠。

阴阳学：掌管天文历法人才培养的阴阳官机构，在谯楼内之北，宋军资库、公使库、常平仓地也。洪武九年（1376年）改建为丰盈库。成化三年（1467

年），知府岳正移建丰盈库于府堂之北，而改建阴阳学于此。医学：掌管地方医学校和医疗的医官机构，在西市布政司之左。旧在莆田县治之前。成化四年（1468年），知府岳正移建其地。僧纲司：管理佛教事务的机构，在府治东永福寺内。道纪司：管理道教事务的机构，在府治北万寿宫内。

府署附设的官员廨舍有：知府廨舍（在府署之后）、同知廨舍（在知府廨之东）、通判廨舍（在知府廨之西）、推官廨舍、知事廨舍（依次列于同知廨之南）、经历、照磨、检校廨舍（依次列于通判廨之南）。凡廨舍皆筑有垣墙，各自为居。此外还有六房吏舍。

府署附建之亭台楼阁主要有：戒石亭（甬道之中有宋太宗摘后蜀末帝孟昶《谕诫守令铭》云："尔俸尔禄，民膏民脂，下民易虐，上天难欺。"）、后堂（在正堂之后，为退休之所，堂东西列房四间为斋房）、旌善亭、申明亭（在府署外通衢）等。

府级仓库有：丰盈库〔在府后堂之左，原在谯楼北，成化三年（1467年），知府岳正移建于此〕，架阁库（在府署之东），大有仓〔在府治东望海门内，即宋都仓、常平仓，洪武元年（1368年）改为大有仓，知府盖天麟修葺〕，平海仓〔在府城东平海城内，旧名永聚仓，洪武二十年（1387年），兴化卫指挥佥事吕谦建，正统六年（1441年），改隶兴化府〕。

兴化府另有莆阳驿（洪武初建，在府治北福宁道之后，原址为宋监押厅使院）、河泊所署等府属机构。

2. 兴化卫所公署

洪武初，指挥俞良辅、卢镇奏改元兴化路总管府署为兴化卫所公署，为武职公署。卫所公署主要包括如下部分。

兴化卫署：在迎仙门内大街之北。宋时为兴化军署，元为兴化路总管府署，明初为兴化府署，由指挥俞良辅、卢镇奏改为卫署。

大厅：为卫指挥使、指挥同知、指挥佥事同署事之所。景泰四年（1453年）指挥使张刚重修，并建穿堂。经历司：在大厅之东，为经历、知事署事之所。镇抚署：在卫署东谯楼之内，本宋兴化军签厅之故址。洪武三年（1370年）镇抚邓斌建镇抚厅于此。正厅之左为监房。二十八年（1395年）镇抚阮忠增建后厅。弘治十三年（1500年）指挥胡瑄重建监房。

左千户所署：在卫东镇雅坊内，本宋兴化军宣诏亭故址。洪武十三年（1380年）副千户孙遇创建。中为公厅，两廊建十百户所。右千户所署：在卫前前所之左，洪武十三年千户陈耕创建。前千户所署：在卫前右千户所之右。

洪武十三年正千户王良创建，正统五年（1440年）千户杜熊重建。后千户所署：在卫署之东偏，本宋兴化军桂籍堂、正己斋、和简堂、思无邪斋故址。洪武十三年正千户夏立建。中千户所署：在卫之东偏谯楼内，为宋兴化军靖共亭、清心堂故址。洪武十四年（1381年）副千户姚成创建，宣德十年（1435年）千户白俊重建。

卫署附属司局仓库还有：兵马司（四所，在各城门内）、军器局［在府学新射圃之东。旧寄寓玄妙观内，弘治十五年（1502年）知府陈效移建］、修料库（在卫西厅，以耳房充当）、预备仓［在卫后厅之东偏，弘治十一年（1498年）指挥丁贤建］、永积仓［在乌石山下，洪武十九年（1386年）卫指挥程用创，正统二年（1437年）改名"大积"，是年毁于火，储粮改由府大有仓收纳］。

洪武三年（1370年），兴化卫指挥使李春在军治后堂之北建有兴化卫旗纛庙，"中设军牙六纛神位，春祭用惊蛰日，秋祭用霜降日"，宣德七年（1432年）指挥使张广重修。嘉靖四十一年（1562年）倭寇破城后，兴化卫所公署建筑尽毁，仅存旗纛庙。隆庆三年（1569年），分守熊琦、知府徐绍卿重建衙廨如制。至清康熙八年（1669年）裁卫，衙署俱圮，原总镇改为马厩并习射所，只存旗纛庙。总兵李时芳建亭于庙前月台上，以观兵演习骑射，故邑人俗名其地为"射圃里"。

3. 莆田县官署

明代莆田县治初在右厢，后迁左厢，其地位于宋广节指挥营故址。明莆田县官署主要包括以下部分。

正厅：知县、县丞、主簿同署事于此。共五间，匾曰"琴堂"。前为丹墀，堂下为露台，台下为甬道，东西为吏、户、礼、兵、刑、工之六房，洪武三年（1370年）知县任益建造。天顺六年（1462年）知县王常重修。成化二年（1466年），知县张肃改琴堂匾为"行恕泊水"，北门楣匾为"公清勤慎"。后堂：在正堂之后。县丞叶叔文匾曰"勤政"。景泰元年（1450年）知县刘批建穿堂以相连。成化二年（1466年）知县张肃匾曰"谦冲"，两旁有厢房各四间。县署官舍主要有：知县廨舍（在县署后）、县丞廨舍（在知县廨之东）、主簿廨舍（在知县廨之西）、典史廨舍（在县丞廨之南）、六房吏舍［列于县厅之东西，宣德十年（1435年）县丞叶叔文增辟八门］。县署大门之外，洪武十六年（1383年）立有旌善、申明二亭，另有戒石亭、仪门、大门等。配套之库房有：库房（在正堂后之东偏）、架阁库（在穿堂之西偏）、监房［在兵、刑、工三房之南，洪武三年（1370年）知县任益建］。在县治还有如下机构。

布政司分司：在县治西 300 步，即宋监税廨舍，俗呼西市。元初为录事司，洪武六年（1373 年）为织染局，正统九年（1444 年）改为杂造局。成化二年（1466 年），知府岳正改为布政分司。福宁道：在布政分司之后澄清坊西，为宋军治通判厅，元初为福建闽海道廉访分司，洪武元年（1368 年），更为提刑按察司，永乐六年（1408 年）改福宁道。公馆：在福宁道之前、通衢之南。成化间知府创建，为府僚们候谒上司之所。

在莆田县城之外的主要有以下官署。

都转运盐使司分司：在涵头市（今涵江）。上里场盐课司：在涵头市都转运盐使司分司内，以幕厅为之。木兰陂批验所：在木兰陂，专管批验盐引①。莆田税课局：在涵头市。

莆禧税课局：旧署在莆禧，后被烧毁。洪武三年（1370 年）移寓下渚林朝宗庵内，正统二年（1437 年）撤。黄石税课局：在黄石塘尾，正统元年（1436 年）撤。莆禧仓：在莆禧城内。黄石河泊所：寓本县东南连江里井埔万善堂内。莆田河泊所：寓本县东北延寿里新桥圣寿庵内。莆禧河泊所：寓本县东南崇福里中门（今忠门）神山堂内。迎仙寨巡检司署：在江口巡检司城内，洪武二十年（1387 年）署司事府吏周得清建。冲沁巡检司署：在冲沁巡检司城内，洪武二十年（1387 年）巡检韩翱建。嵌头巡检司署：在嵌头巡检司城内，洪武二十年（1387 年）巡检黄赞建。青山巡检司署：在青山巡检司城内，洪武二十年（1387 年）巡检潘琏建。小屿巡检司署：在小屿（今秀屿）巡检司城内，洪武二十年（1387 年）巡检何拜帖木儿建。吉了巡检司署：在吉了巡检司城内，洪武二十年（1387 年）巡检胡启贤建。

4. 仙游县城修葺及官署

明代的仙游县治仍为元代旧址，但廨署遭山寇焚荡殆尽，唯正署独存。明朝建立后，县署建筑始相继修复。正德元年（1506 年）郑纪曾向巡按御史韩廉申请拨银 2400 两修筑土城，不久，部分土城墙倒塌。三年（1508 年）知府张岿拨库银千余两，砌石作基，砖包土墙，未竣工去任。六年，续修砖墙。嘉靖二年（1523）知县萧宏鲁认为包砖土墙乃权宜之策，难御外犯，奏请朝廷拨款，改用花岗岩白石（砻石）加固城基，陶砖包墙，并砌敌台 28 所，战楼 1 所，城墙长 366 丈。嘉靖七年（1528 年）续修，翌年竣工。城墙长 1095 丈，高 1 丈 2 尺 6 寸，垛高 5 尺，墙宽 3 丈 6 尺。4 个城门改为东名"宾曦"，西名"爱晓"，

---

① "盐引"是盐商的运盐凭证。食盐施行专卖制度，盐商只有取得盐引，才能进场配盐、按引销盐。

南名"迎薰"，北名"拱极"。万历四十二年（1614年）知县徐观又加高东门，改名"朝阳"。

明仙游官署主要包括以下部分。

正厅：明洪武初，知县周从善修葺元代旧署，复建两庑为六房，并立仪门及外门。建文二年（1400年），知县张浦以后厅旧基改建为正厅。宣德八年（1433年），知县王彝重建正厅，匾曰"公生明厅"。下为丹墀，有露台、甬道。东列吏、户、礼三房，西列兵、刑、工三房。后堂：在正厅之后，知县王彝建，正统十二年（1447年）知县宋华重建。幕厅：在正厅之东，宣德八年（1433年）知县王彝改建。医学：在县治东百步许，成化十八年（1482年）知县彭昭重建。阴阳学：在三官堂巷，旧在县前东90步，岁久倾圮，成化十三年（1477年）知县黄璨移建。僧会司：在县西南龙华寺内，洪武十八年（1385年）建。道会司：在县治北福神观内，洪武十八年建。枫亭驿：在县东南枫亭市（今枫亭镇）。

仙游县署有库房（在正厅之西）、架阁库（在正厅东廊）、际留仓［在县治仪门外之西，洪武十六年（1383年）知县顾思敬建，成化十年（1474年）知县黄璨重建］、监房（在仪门外之东）。又有布政司分司［在县东功建里，洪武初为税课局，正统二年（1437年），布政使孙异改为布政司分司，十三年（1448年）毁于寇，十四年（1449年）知县宋华重建］，福宁道［在县治东百步许，元至正十五年（1355年）知县任兴建为尉廨。明宣德间（1426~1435年）知县王彝改为福宁道，正统十二年（1447年），知县宋华重修］，府公馆［在县治东一百余步，弘治四年（1491年），知县陈文建重修］。

县署附属楼亭建筑还有鼓楼、戒石亭、申明亭、旌善亭等。

5. 兴化废县官署

兴化县裁撤于明正统十三年（1448年），据府志和《福建兴化县志》载，废革前的明代兴化廨署主要有以下部分。

正厅：明洪武十年（1377年），知县谢昇对元代兴化旧署进行重修，匾曰"琴堂"。又修两廊为吏、户、礼、兵、刑、工六房。儒学：在县治之东半里，有大成殿、东西两庑、讲堂、神库、射圃、观德堂等建筑。医学：在县治北，洪武十八年（1385年）建。阴阳学：附县南，洪武十八年建。僧会司：在县北资国寺。道会司：在县北朝元观内。

兴化廨舍均为洪武十年（1377年）由知县谢昇修建，主要包括：知县廨舍（在正厅后）、县丞廨舍（在正厅东偏）、主簿廨舍（在正厅西偏）、典史廨舍（在县丞廨舍之前）、吏舍（列于六房之后）。另外，在正厅之西建有库房，在县南龙头建有预备仓，在谯楼之东建有申明亭、旌善亭，在正厅之前建有谯楼门等。

四 莆田的海防建设

明代，倭寇经常骚扰东南沿海地区，百姓苦不堪言。明王朝为了应对倭寇的骚扰，一直实行严厉的海禁政策，并大力加强海防建设。莆田东南临海，有534.5 公里长的海岸线，境内的黄石、秀屿、枫亭、吉了都是重要的海上交通口岸。再加上莆田位于福建中部，上接福州，下连闽南，其地理位置极为重要。因此，在明代的海防建设中，莆田沿海地区占据着枢纽性的地位。

（一）卫城、所城、巡检司城和水寨、墩台建设

明朝建立之初，海防建设尚未引起明王朝的重视。各地的卫所往往设于地方行政中心，莆田也不例外。洪武元年（1368 年），设兴化卫于兴化府城。由于卫所与府城合二为一，地方官吏非常重视府城城池的修缮。洪武三年（1370年）和十二年（1379 年）先后对府城城池进行修缮。然而，莆田卫所与兴化府城合二为一，远离海岸线，不利于及时、有效地御倭。有鉴于此，洪武中期后，转而注重海边卫所的布局与建设。莆田在洪武二十年（1387 年），开始兴建平海卫城、莆禧所城、巡检司城，并创设水寨、墩台。

1. 平海卫城

平海卫城原名南啸，位于兴化府城东 90 里，莆田县武盛里界内。南啸因北依兴化府城，南环大海，为兵家必争之地，而被负责海防的大臣周德兴选中。周德兴委任兴化卫指挥金事吕谦监督建城，并改名平海卫城。平海卫城规模较大："周围八百六丈七尺，阔一丈四尺。墙高一丈八尺，女墙高六尺，共高二丈四尺。计女墙一千三百一十。窝铺三十。门四：东西各一，南二（俗呼大南门、小南门），各建楼其上。每门各置兵司马，盘诘出入。城形势北仰而南俯。三面皆阻海，不凿壕堑，以海为池。城北不置门，据高筑台，以瞭海洋寇盗船只。"[①]正统八年（1443 年），钦差户部侍郎焦宏来莆巡察，命令指挥同知田茂在平海卫增建十座敌台。弘治十年（1497 年）七月，平海卫的城楼、窝铺被狂风卷走，后由指挥同知王昊"区画修治，始复旧观"。[②]嘉靖四十二年（1563 年）二

---

① （明）周瑛、黄仲昭：《重刊兴化府志》卷 48《兵纪一·兵政志》，蔡金耀点校，福建人民出版社，2007，第 1228 页。

② （明）周瑛、黄仲昭：《重刊兴化府志》卷 48《兵纪一·兵政志》，蔡金耀点校，福建人民出版社，2007，第 1228 ~ 1229 页。

月，倭寇攻陷平海卫。八月，兴化知府易道谈命邱鼎宝修葺。隆庆四年（1570
年），暴风雨毁坏城垣，知府林有源重修。

平海卫城从无到有，三面环海，岿然屹立，极为雄伟壮观。明郡守陈效
《海上点兵观海》诗云："平生狭量等蜗牛，今日雄观隘九州。大地茫茫宁有外，
百川浩浩总归流。云收岛屿依稀见，日暖鱼龙自在游。极目大东青一点，问人
云是小琉球。"福建提学副使王世懋的《平海卫观大海》诗云："一瞬已千里，
何人更九州。乾坤尽积气，日月在中流。飓起危鳌极，云归失蜃楼。茫茫竟何
底，身外欲生愁。"① 在两首诗中，平海卫城周边的大海气象以及极佳的视野
（可望见小琉球）映衬出平海卫城在海防建设中的重要性。

图 5 - 6　平海卫城基与小南门遗址

2. 莆禧所城

洪武二十年（1387 年），兴化卫指挥佥事吕谦还同时监督修建了莆禧千户
所城。莆禧所城位于兴化府东南 90 里的莆田县新安里，也是三面环海，但规模
比平海卫城小："周围五百九十丈，阔一丈二尺。墙高一丈三尺，女墙高六尺，
共高一丈九尺。计女墙一千四十有九。窝铺二十。辟东西南北四门，各建楼其
上。东南北三面阻海，西凿旱壕，长二百一十丈，阔二丈，深八尺。"②

3. 巡检司城

洪武二十年（1387 年），周德兴还命令兴化卫指挥佥事吕谦在莆田沿海地
区修建了迎仙寨、冲沁、嵌头、青山、小屿、吉了六个巡检司城。

迎仙寨巡检司城：宋代就有迎仙寨，在嘉禾里施水亭。宋熙宁四年（1071
年），徙于迎仙市的西面，洪武二十年（1387 年）再徙于府城东北待贤里鼓楼。

---

① 《民国莆田县志》卷 18《建设志》，收入《中国地方志集成·福建府县志专辑》第 16 册，上海书店出
版社，2000，第 745 页。
② （明）周瑛、黄仲昭：《重刊兴化府志》卷 48《兵纪一·兵政志》，蔡金耀点校，福建人民出版社，
2007，第 1229 页。

图 5-7　莆禧所城

明以前，迎仙寨有寨无城，至此才开始砌城。迎仙寨巡检司城是一个小城，规模不大："周围一百五十丈，阔一丈，高一丈三尺，女墙高五尺，共高一丈八尺。计女墙三百单八。守宿之铺八。门二，各建楼其上。"

冲沁巡检司城：位于兴化府东兴福里，由巡检韩翱砌筑。冲沁巡检司城与迎仙寨的规模差不多："周围一百五十丈，阔一丈一尺。高一丈三尺，女墙高六尺，共高一丈九尺。计女墙三百单八。守宿之铺八。门二，各建楼其上。"

嵌头巡检司城：原位于新安里莆禧，由于莆禧筑卫城，巡检司迁往兴化府东武盛里嵌头山，由巡检黄赞砌筑。嵌头巡检司城"周围一百五十丈，阔一丈二尺。高一丈三尺，女墙高六尺，共高一丈九尺。计女墙三百一十。守宿之铺六。门二，各建楼其上"。

青山巡检司城：原在武盛里南啸，后来南啸筑平海卫城，巡检司就迁到兴化府东奉国里青山，由巡检司潘琏砌筑。青山巡检司城"高一丈三尺，女墙高五尺，共高一丈八尺。计女墙三百三十有五。守宿之铺八。门二，各建楼其上"。

小屿巡检司城：原在仙游县枫亭镇，后迁往兴化府东南醴泉里小屿山，由巡检司何拜帖木儿砌筑。小屿巡检司城"周围一百五十丈，阔一丈二尺。高一丈五尺，女墙高五尺，共高二丈。计女墙二百八十。守宿之铺八。门二，各建楼其上"。① 嘉靖十三年（1534年），仙游知县萧宏鲁将巡检司迁往仙游白隔岭，小屿巡检司城随即圮毁。嘉靖三十八年（1559年），倭寇往来骚扰，小屿当地乡民请求出资自建，知府陈瑞"将旧寨改建，周回九百丈"。万历三年（1575

---

① 以上参见（明）周瑛、黄仲昭《重刊兴化府志》卷48《兵纪一·兵政志》，蔡金耀点校，福建人民出版社，2007，第1229~1230页。

年），知府吕一静据地方呈告，以城北地势外高内低，难以守御，"命检校王价改辟增三十丈"①。

吉了巡检司城：原在仙游县潭边，后迁往兴化府东南新安里华胥山，由巡检司胡启贤砌筑。吉了巡检司城"周围一百五十丈，阔一丈二尺。高一丈二尺，女墙高六尺，共高一丈八尺。计女墙二百六十。守宿之铺六。门二，各建楼其上"②。

4. 水寨、墩台

与卫城、巡检司城相配套的是水寨。弘治《兴化府志》指出："既设卫所防倭矣，复设水寨，屯聚舟师以捕倭焉。"可见设水寨的用意是屯聚船只和水军，以备捕捉倭寇之用。莆田水寨原设于"南日山（即南匿山）涨海中，景泰（1450～1456年）以来，乃奏移莆田县新安里吉了澳；官府文移仍以南日山水寨称"③。莆田水寨虽从南日山迁往吉了澳，但官方文书中，仍沿袭旧例，称为南日山水寨。民国《莆田县志》的修志者认为，此次水寨搬迁，实属失策，莆田海上武备的松懈，即从此始。这是因为，南日山位于紧要地方，水寨设于南日山下，"北可以遏南茭湖井之冲，南可以阻湄洲岱队之阨……南日弃而不守，还使番舶北向泊以寄潮，是又失一险也。莆之武备，自是疏懈矣"④。

为了快速传递军情信息，莆田沿海还设置墩台。墩台，古称斥堠，"为传报边寇声息而设"。夜晚遇倭寇，则举火把示警，白天遇倭寇则燃烟为号。这样，倭情就能快速传递到各个卫所，使水军做好剿捕倭寇的准备。这在通信科技极为有限的明代，不失为快速传递军情的一个重要途径。明代莆田沿海的墩台设置甚多。东南一路有27所，其中兴化卫管辖的墩台7所，包括灵川里1所，安乐里3所（后牛山、大湖山、槐龟山），醴泉里3所（小屿山、赤坅山、嵩山）。莆禧千户所管辖的墩台有14所，包括新安里11所（吉了山、塔林山、庵前山、门夹山、山西山、东山柄、尖头山、埋头山、后埔山、度边山、西山），崇福里3所（大洪山、吴山、蛎山）。正东一路有26所，均归平海卫管辖，包括兴福里3所（埕口山、双髻山、后博山），连江里3所（三江口、遮浪、宁海），莆田

① 《民国莆田县志》卷18《建设志》，收入《中国地方志集成·福建府县志专辑》第16册，上海书店出版社，2000，第745页。
② （明）周瑛、黄仲昭：《重刊兴化府志》卷48《兵纪一·兵政志》，蔡金耀点校，福建人民出版社，2007，第1230页。
③ （明）周瑛、黄仲昭：《重刊兴化府志》卷48《兵纪一·兵政志》，蔡金耀点校，福建人民出版社，2007，第1231页。
④ 《民国莆田县志》卷3《通纪》，收入《中国地方志集成·福建府县志专辑》第16册，上海书店出版社，2000，第62页。

里1所（塔山），国清里1所（谷城山），武盛里6所（嵌头山、石井山、上欧山、小澳山、赤崎山、石狮山），合浦里5所（大崙山、章厝山、鲔鱼山、林边山、壕山），奉国里7所（湖边山、崎头山、某山、石城山、澄港山、蔡山、东林山）。东北一路有墩台6所，均归平海卫管辖，包括延寿里2所（下徐浦口、矽头山），永丰里1所（蔡墩山），望江里3所（岩崎山、佘埔山、东蔡山）。洪武初，这些墩台均隶属兴化府，雇用当地百姓守瞭。洪武二十年（1387年）后，墩台改隶属卫所管辖，拨派兵士守瞭。正统间（1436～1449年），不少墩台又由驻于当地的巡检司改派弓兵守瞭。从原来由知府管辖，到后来由卫所管辖，从原来由百姓守瞭改为弓兵守瞭，反映了明代对海防建设越来越重视。

（二）卫所兵力与军械配置

兴化卫和平海卫，每卫设指挥使1员，正三品；指挥同知2员，从三品；指挥佥事4员，正四品；卫镇抚2员，从五品，均世袭。卫所内也设文职官员，首领官经历司经历1员，从七品；知事1员，正九品；置六房，掌行文书，其中吏、户、礼三房，共令吏1名；兵、刑、工三房，共令吏1名。户、兵二房，各典吏1名；吏、礼二房，共典吏1名；刑、公二房，共典吏1名。

将卫所官员的职位与明朝地方行政长官的职位进行比较，有助于理解明王朝对海防的重视。明代时，兴化府最高行政长官为知府，"其职总管郡政，凡学校、农桑、户口、赋役、仓库、钱粮、狱讼、盗贼、轻重政务无所不管。凡境内有军民利病及部署官员贤否得失，无不周知"[①]，但官衔才为正四品。知府下设同知1员，辅助知府处理政务，正五品。通判1员，正六品。与卫所官员的职位一比较，莆田地方行政官员的品级就明显差了许多。莆田有两个卫所，每个卫所的最高长官指挥使都是正三品，就连指挥使下的指挥同知的官衔也比知府高，是从三品。明王朝给予卫所官员更高品阶，正说明海防工作的重要性。

兴化卫和平海卫，各分左、右、中、前、后五个千户所，及守御千户所。每个千户所设正千户1员，正五品；副千户2员，从五品。所镇抚1员，从五品；以上官职均世袭。千户所内也设文官。首领官吏目1员，从九品；司吏1名，掌行文书。每个千户所内设10个百户，每个百户下设2名总旗，每总旗下5名小旗，每小旗下10名兵士。每个兵士的随身器械包括"勇"字红帽1顶，

---

① （明）周瑛、黄仲昭：《重刊兴化府志》卷1《吏纪一·叙官》，蔡金耀点校，福建人民出版社，2007，第9～10页。

铁甲 1 副，腰刀 1 把。兵士还必须掌握牌、枪、弓、矢、砲、铳等兵器的使用技能，有管操官负责演习考校。

莆田二卫（兴化卫、平海卫）一所（莆禧千户所）的兵士，均从民众招募编入军户。有的家庭人丁较多，有些不能当兵的人丁，称为"余丁"。"余丁"的姓名仍挂靠在军户中，平时务农，卫所不支给粮食。有战事需要时，"余丁"要随军队征剿，卫所才发给口粮。

水寨的官员有把总和卫总。卫总由该卫的指挥使充任，总管全卫舟师。把总的权力更大，总管兴化等三卫的舟师，从各卫中遴选才能出众者担任，卫总受把总节制。

莆田水寨的船只大小不一，有 400 料的，有 300 料的，也有 50 料的。一料指用木料一石，一石相当于今天的 60 千克左右。400 料和 300 料的，算是大船，明代时称为快船，小的船只称为哨船。快船和哨船皆官府制作，再发给水寨使用。

兴化、平海两卫所的海军，原来不分班轮休。成化年间（1465～1487 年），巡抚都御史张瑄为了让兵士得到休养，改行轮班制，将兴化、平海、泉州三卫兵士分作三班："上班，今年二月上，明年二月下；中班，今年八月上，明年八月下；下班，明年二月上，后年二月下。其法参差旋转，大率一年有半，休息半年。"卫所军官也有轮休。按照旧例，把总"今年二月上，明年二月代者至；卫总，今年八月上，明年八月代者至"。弘治以后实行新例，"卫总更代照旧，把总皆五年一代"。[1] 更改新例，是因为把总负责指挥几个卫所的水师，轮换得太频繁容易误事。

改为轮班制后，莆田各卫所的将、兵以及船只分配情况如下：兴化卫轮班把卫总指挥 1 名，千户以下将官 9 名，兵士 405 名，快船、哨船 9 只；平海卫轮班把卫总指挥 1 名，千户以下将官 10 名，兵士 770 名，快船、哨船 10 只；泉州卫轮班把卫总指挥 1 名，千户以下将官 10 名，兵士 335 名，快船、哨船 10 只；南北海洋哨捕百户 6 名，官、兵 269 名，快船、哨船 6 只。守备双屿，后改移三江口，设指挥 1 名，千户 4 名，百户 3 名，官、兵 218 名，快船、哨船 7 只。

明后期，武备废弛，各卫所的兵士不断逃亡，给倭寇以可乘之机。嘉靖四

---

① （明）周瑛、黄仲昭：《重刊兴化府志》卷 48《兵纪一·兵政志》，蔡金耀点校，福建人民出版社，2007，第 1231 页。

十三年（1564 年），专设中路守备一员，行都指挥使职权，管辖福州、兴化、平海、泉州、永宁各卫所的军队以及兴化、泉州二府的陆军客兵。中路守备的衙门设于莆田，因莆田位于福州泉州之间，"有警便于应援"。隆庆六年（1572 年），总兵戚继光见各卫所的兵士多为老弱病瘦，进行整顿："罢清选，余丁补缺，裁并置营望仙门外闲旷处。每遇操练，入城校阅。春秋二汛，移屯平海莆禧吉了城内。每营把总、哨官、杂役、兵士共计六百二员。"至此，莆田卫所兵士数量仅为明初的 1/10。由于兵士减少太多，万历十九年（1591 年）添设兴泉营，安置于兴化府城北门外。二十年（1592 年），改名兴化新营，隶属于中路守备管辖。二十五年（1597 年），因"朝鲜之警"，明王朝加强了沿海警戒，"复设右营一营屯扎北门外西庚地方，以旧营为前营，新营为左营，裁守备，设游击领之"。三十年（1602 年），右营调守平海，在平海重建营房驻扎。前营和左营仍驻守于兴化府城。团练防御，"汛期每营拨一哨出守贤良、文甲。濒海扼要地方，量据兵队分防，除三江口汛最要外，余以二三十名哨探以防不虞。收汛后全营操练"①。后来因缺军饷，进行裁兵，每营官兵定额 450 名，前营、左营、右营三个营的兵力合起来才 1350 人。

综上，明代由于受倭寇侵扰，加强了海防建设。莆田位于东南沿海，虽蕞尔一地，但海防建设一直不落于人后。明中后期，海防逐渐废弛，倭患日益严重。虽然经戚继光等人的大力整顿后海防略有好转，但总的趋势是不断弱化，最终连莆田府城也被倭寇攻破，酿成大灾难。

五　倭患与抗倭斗争

莆田地处福州与泉州之间，交通位置重要，海岸线漫长，地方富庶，是倭寇劫掠的主要目标之一。有明一代，特别是在嘉靖年间（1522～1566 年），莆田地区多次受到倭寇袭扰与洗劫。嘉靖四十一年（1562 年），兴化府城被倭寇攻陷，成为沿海地区唯一失守的府城，可见莆田倭患之严重。面对倭寇的猖狂侵扰，莆田军民坚决反抗，多次打退倭寇。戚继光入闽后，在林墩、仙游两地，先后大败倭寇，消灭了倭寇的主力，为整个东南沿海肃清倭寇打下了重要的基础。

---

① 《民国莆田县志》卷 18《建设志》，收入《中国地方志集成·福建府县志专辑》第 16 册，上海书店出版社，2000，第 701～702 页。

（一）莆田倭患

早在永乐年间（1403～1424年），就有倭寇试图侵扰莆田。永乐八年（1410年）十月十六日，2000多名倭寇乘坐23艘倭船，试图在平海靠岸。所幸当时平海卫城创建未久，军备充分，军队的战斗力也高，指挥同知王茂率军打开卫城的东门，奋勇杀敌，倭寇落荒而逃。可惜的是，明中叶以后，承平日久，军民习于安乐，导致"军备不整"，海防能力大大下降，尤其是嘉靖时期倭患不断。

嘉靖十九年（1540年）十一月，倭寇侵扰南日和湄洲，把总丁桐率水师将其打败。但倭寇中有名叫林希德者，是莆田港东人，非常熟悉当地的道路交通，百姓担心林希德引寇来袭，夜晚不敢贴席而眠。有钱人家纷纷迁居府城，导致府城中房价猛涨。

嘉靖三十二年（1553年），有倭船遇到台风，飘至莆田南日旧寨，登岸抢劫，杀死千户叶巨卿。不久，南日寨又有三只倭舟登岸。同年，有倭寇在青山寨靠岸。

嘉靖三十三年（1554年），倭寇半夜靠岸劫掠。

嘉靖三十四年（1555年），倭船数十只沿莆田海岸劫掠。倭寇甚至挖决海堤，使得田不可耕，即使耕种了，所收获的粮食还不及播下的稻种。

嘉靖三十七年（1558年）四月初十日，倭寇千余人于三江口登陆，屯新桥头，涵江、镇前、洋尾等村庄被焚掠一空。十四日，倭寇进迫莆田郡城。

嘉靖三十八年（1559年）四月二十六日，倭寇千余人从兴化经过福清天宝陂，屯宿在溪前马山等地。莆田百姓为躲避倭寇，散处于城中以及寺观，大家踞地而寝，又缺粮食果腹，处境困窘不堪。

嘉靖四十年（1561年）自夏至冬，倭寇三次侵犯莆田。芦浦村离兴化府城只有五里之遥，倭寇进攻芦浦村时，参将侯熙见死不救，导致"贼屠芦浦，海水为赤"。

嘉靖四十一年（1562年）六月，倭寇屯聚于蔡垞、上杭头等村寨。城壕上的流民数千人，以舟为生，缺乏水源，生活非常艰难。九月，倭寇屯聚于福清牛田和宁海林墩二个地方，相互呼应。十一月，4000余名倭寇围攻兴化府城。分守翁时器束手无策，城中粮尽，又暴发瘟疫，百姓们日夜登城郭，盼救兵早来。巡抚游震得听说兴化被围，遣总兵刘显率兵来援。但刘显以所率入闽军队不及700人，敌众我寡为由，不敢贸然出兵解围，不得不暂驻于江口。翁时器派人送急件给刘显，请其速速出兵解围。刘显答以兵寡，需先招募兵士。十一月二十八日，包把总遣 8 名身穿缀有"天兵"二字衣甲的士兵带书信给翁时器，半路被倭寇截杀，倭寇派 10 人穿上他们的衣甲，冒充援军进入兴化府城。当时，莆田知府奚世亮、通判李邦光都怀疑这 10 人的身份，请求翁时器逮捕这些人。翁时器不听，令 10 人守北门下。至半夜，这 10 人发铳传递信号，倭寇从北门四埔岭攀梯而上。分守翁时器、总兵毕高、通判李邦光等慌忙逃窜，知府奚世亮、训导卢尧佐战死，兴化府城中被焚劫一空。兴化府城陷落，朝野震惊，因为"自倭乱数年，倭破卫所州县城百数，未尝破府城，至是远近震动"。①

倭寇攻陷兴化府城，给兴化带来了巨大灾难："城陷后，民资库藏，搜劫无遗；公署、民居、祠宇、寺观，焚毁殆尽。"时人的一些文字，也记录了兴化城陷后的惨状。黄廷用《简赵大洲书》云："居第被焚，家无长物。"又《赠月潭山人叙》云："室庐煨烬，道路蓬蒿。"林润《请恤兴化事宜疏》云："官民房屋并府县公廨、儒学，与夫四门城楼、各衙门公署，一昼而焚。环列数万余家，盖荡然一平野矣。"②

倭寇占据兴化府城两个月，大肆屠戮，搞得整个城区惺秒不堪，俨然成为人间地狱，倭寇难以再住下去，不得不离开。倭寇退出兴化城后，又设伏杀死都指挥金事欧阳深，然后乘势占领平海卫。

（二）莆田抗倭斗争

1. 莆田军民抗倭斗争

倭寇侵扰莆田的历史，也是莆田军民奋勇抗倭的历史，在每次倭寇入侵中都可以看到莆田军民英勇抗争的光辉身影。

嘉靖二十三年（1544 年）十一月倭寇侵扰南日和湄洲时，把总丁桐率领水师与敌人英勇作战，斩首 1 人，捕获三四十人。兴化卫所千户白仁率领水军追至连盘四澳，与丁桐并立作战，活捉倭寇 14 人。

嘉靖二十四年（1545 年），倭寇登陆福清，屯驻海口。白仁率部迎敌，最初小胜，杀倭寇数名。久之兵寡力困，援兵不至，兵败身亡。诏赠明威将军，加秩二级，子孙世袭指挥金事，命有司庙祀。今南城东有忠勇祠祭祀之。当时

① 《民国莆田县志》卷 3《通纪》，收入《中国地方志集成·福建府县志专辑》第 16 册，上海书店出版社，2000，第 69~71 页。
② 朱维幹：《莆田县简志》，方志出版社，2005，第 187 页。

有舍人檀文贲代父从军抗倭，亦在战斗中牺牲，官府表彰其为"孝义"。

嘉靖三十二年（1553年），平海卫左所正千户叶巨卿扼守泥沪澳、南日寨时，数十只倭船来袭。叶巨卿率军迎战，生擒百余人。泉州卫右所张养正奉命守兴化青山寨时，倭船试图靠岸，张养正连发五矢，三矢中的。可惜倭寇登岸后，明军后军溃逃，张养正壮烈牺牲。

嘉靖三十三年（1554年），倭寇半夜到莆田沿海劫掠，叶巨卿率军坚决抵抗。天亮后与倭寇决战，身被十余创而死。

嘉靖三十四年（1555年），倭船数十艘沿莆田海岸烧杀劫掠。平海卫千户邱珍率所部在沿海要害处阻击，不让倭船靠岸。倭寇将船只烧毁，于白湖登陆。邱珍令数十兵士乘夜缒城而下，从小路鸣金击鼓大呼"寇至"，兴化府城居民得知倭寇将至的消息后，得以提早逃脱。第二天天亮，邱珍率领数百骑兵马，追至海口，与倭寇殊死搏斗，最后堕马而死。

同年十一月十三日，倭寇自白湖进攻镇东，卫所千总戴洪、高怀德、张鸾出战，牺牲于阵前。

嘉靖四十一年（1562年）十一月倭寇4000余人围攻兴化府城时，知府奚世亮等人坚决抵抗，等待援兵的到来。后来倭寇奸细混进城里，里应外合，不幸城陷。当时奚世亮负责守卫西南城，城陷后，又与倭寇进行了巷战，最后壮烈牺牲，一同牺牲的还有训导卢尧佐。

以上所列，均为驻扎于莆田的政府军队英勇抵抗倭寇侵扰的事例。其实，在倭寇大举来袭，民众生命财产面临严重威胁之时，广大人民群众也自发行动起来，参与到抗击倭寇、保家卫国的战斗中去。

嘉靖三十九年（1560年），倭寇在兴化府城外骚扰，百姓惊恐万分，纷纷到府城内避难。三一教创始人林兆恩率门徒赈济灾民，"具钱米及草荐以施之"。

嘉靖四十年（1561年）自夏至冬，倭寇三次侵袭莆田，芦浦村自设团练，抵御倭寇侵扰，不幸全村被倭寇屠杀，村民鲜血染红了海水。

嘉靖四十一年（1562年）倭寇攻陷府城时，大肆杀戮，加上瘟疫流行，百姓死亡枕藉。倭寇占据府城两个月后才撤出。此时府城内外，到处都是积尸，林兆恩命门人"分别男女，火化收瘗于太平山四千余身，南北洋各村则掘地深若埋亦四万身"①。

---

① 《民国莆田县志》卷3《通纪》，收入《中国地方志集成·福建府县志专辑》第16册，上海书店出版社，2000，第70、72页。

除了林兆恩，其他百姓也积极参与抗倭斗争。嘉靖四十一年（1562年）六月，倭寇屯聚蔡垞、上杭头等村寨。府城流民千数人以舟为生，他们一鼓而前，奋勇杀敌，歼贼百余人。其后，华亭虎匠数百人在上杭头，以毒矢射杀倭寇，倭寇溃败逃窜。

嘉靖四十二年（1563年），倭寇攻打莆禧所城，城内军民同仇敌忾，坚守50多天，保住莆禧所城。戚继光为莆禧所城题写"东南保障"牌匾。

2. 莆田军民抗倭失败的原因

毋庸讳言，在戚继光率军入闽前，莆田军民抗倭斗争也取得了一些胜利，但大部分都失败了。归纳起来，失败的原因有以下几方面。

首先，明代中后期卫所军队的陆战能力差。林希元《上巡按二司防倭揭帖》认为，明军大败倭寇，几乎都是在海上取得的，这是因为倭寇的船只小于明军，明军只需驾船直接撞向倭船，倭船便立马粉碎，明军水中捉鳖即可。但在陆战中，明军的作战能力则大大不及倭寇。如嘉靖三十四年（1555年）夏，倭寇只有160人，从莆田黄石登岸，入驻镇东海口。官兵"募漳泉打手剿捕"。结果官兵大败，各级将领被杀30人，军民死伤以万计。[1] 敌我双方力量如此悬殊，明军却一败涂地，可见明军的陆战能力之低下。为什么明军的陆战能力大大不及倭寇？一是双方的武器装备有差别。倭寇在武器装备方面的长技有三：铳、箭、刀。铳即火绳枪，由葡萄牙人输入日本，装备给日本武士。而明朝对火铳的限制很严，最初与倭寇交战的部队都没有火铳。二是日本弓箭的射程比中国的更远。双方交战时，倭寇先用火铳和弓箭射乱明军，然后再挥刀砍杀，明军很难抵挡。三是日本的倭刀是一种兼有中国剑与刀特点的武器，使用时比中国的刀更灵活。武术家认为这是冷兵器时代最好的武器。[2] 除了武器的差距，林希元还认为与敌我双方的士气和英勇程度有关，他在《拒倭议》中指出："中国之人为贼，则自分必死，皆于死中求生，以故不死。中国之人为兵，则自分必生，不复致死，以故取败。是知为贼为兵，中国之人一，而胜败异者，致死与不致死之故耳。"[3] 意思是说，倭寇心知肚明，如不死战就一定会被杀死，所以他们"死中求生"。而当兵的多是因生活所迫而来，求生乃其首要目的，故缺乏拼死精神，自然就打不过倭寇了。

---

① （明）林希元：《上巡按二司防倭揭帖》，《明经世文编》卷165《林次崖文集》卷4，中华书局，1962，第1680页。

② 徐晓望：《福建通史》第4卷《明清》，福建人民出版社，2006，第106页。

③ （明）林希元：《拒倭议》，《明经世文编》卷165《林次崖文集》卷4，第1684页。

其次，明中后期海防荒废与军队腐败。弘治《兴化府志》在介绍莆田沿海墩台的设置及其使用方法后，指出当时升平日久，"烟不昼举，火不夜发，渐有睥睨台石而墙垣之者矣"。①承平日久，墩台基本没有使用，当地百姓甚至把墩台的台石拆去建房。除了海防设施日渐荒废，更要命的是军队腐败，军官克扣军饷，贿赂成风，兵士逃亡现象相当严重，如泉州、兴化、平海卫共有兵士4700人，逃亡者超过一半，多达2557人。兵士逃亡，造成军队缺额，当倭寇来犯时，各个卫所只能招募新兵迎战。军官腐败堕落，老兵残弱，新兵缺少训练，这样的军队在穷凶极恶的倭寇面前怎能不吃败仗？

最后，沿海民众通敌也是抗倭斗争屡遭失败的另一原因。福建人多地少，粮食不足，故沿海百姓皆以船为家，以海为田，依靠与外番贸易为生。海禁未实施时，民众生计有着落，无人为匪。海禁之后，沿海民众失去生计，为生活所迫，铤而走险，沦为倭寇。倭寇中，中国人大约占70%，所谓"倭居十三，而中国叛逆居十七也"②。有的地方中国人在倭寇中的比例更高，"夷人十一。流人十二，宁绍十五，漳、泉、福人十九，虽概称倭夷，其实多编户之齐民也"③。显然，海禁政策助长了倭寇的壮大。莆田沿海民众沦为倭寇的也不少，嘉靖四十一年（1562年）兴化府城的陷落，就与当地居民通倭有极大关系。

（三）戚继光肃清莆田倭寇

1. 戚继光奉命入闽抗倭

戚继光，字元敬山东登州蓬莱县人。戚继光自幼好读书，通经史大义。嘉靖中（1522～1566年），嗣父亲职，任都指挥金事，于山东备倭。后改金浙江都司，任参将，负责宁、绍、台三郡的军事防卫。戚继光刚参与抗倭战争时，并不擅长与倭寇战斗，甚至一度被朝廷免职，让他戴罪立功。戚继光善于学习，他组建了一支纪律严明、作战勇敢的"戚家军"，并采用新的作战方法，从而扭转了与倭寇作战的不利局面。嘉靖四十年（1561年），戚继光率军在浙江宁海、桃渚、龙山、瓜陵江、圻头、仙居等地剿倭，九战九捷，浙江的倭寇基本被剿灭。

嘉靖四十一年（1562年），倭寇大举侵犯福建：自温州来的倭寇，联合福宁、

① （明）周瑛、黄仲昭：《重刊兴化府志》卷48《兵纪一·兵政志》，蔡金耀点校，福建人民出版社，2007，第1232页。
② 薛国中、韦洪编《明实录类纂·福建台湾卷》，武汉出版社，1993，第469页。
③ 薛国中、韦洪编《明实录类纂·福建台湾卷》，武汉出版社，1993，第526页。

图 5-8 莆田江口东岳庙旁的
戚继光塑像

连江诸倭攻陷寿宁、政和、宁德；自广东南澳来的倭寇，联合福清、长乐诸倭攻陷玄钟所，并进扰龙岩、松溪、大田、古田、莆田等地。当时，倭寇在福建共有三个据点，一个是宁德横屿，距宁德城仅十里，四面皆水，地势险隘，倭寇扎营其中，明军不敢出击，二者对峙年余。新来的倭寇屯聚于福清牛田，倭寇的酋长则盘踞于莆田林墩。三地倭寇互为声援，声势甚大。

福建告急，浙直总督胡宗宪调戚继光率军入闽剿之。嘉靖四十一年（1562 年）八月，戚继光率军进攻横屿，斩首 2600 多名倭寇。又在牛田杀死倭寇 668 人，迫使倭寇胁从部队 2000 余人反正，解救被掳男女 954 人。

2. 林墩大捷

横屿、牛田大捷后，戚继光于嘉靖四十一年（1562 年）九月十二日挥师莆田，直捣倭寇在福建的最后一个据点林墩。林墩位于莆田城南 20 里，地势险要，"四面阻河，通接海港"，倭寇在此"列栅自守"。从牛田逃出的残余倭寇，投奔林墩与贼酋会合，使之力量更加强大。为防止打草惊蛇，戚继光下令全体将士在城中民家歇息，自己从容拜谒宴饮，给倭寇以全军休整的假象。半夜，戚继光悄悄于东市集中将士，乘月色逼近倭寇巢穴。不料向导通敌，留黄石大道给倭寇逃生，而引导戚继光军队走西洪小路。西洪一带淤泥溪水环绕，只有一座小桥通往敌巢。此时倭寇已将小桥拆毁，叠石纵横，顽强抵抗。戚继光军队虽众，但小桥处只容一人可过，"兵无战地，力无所施"，伤亡十分惨重，"前哨官周能已战没首队三十四人，次队金福等兵亦丧其半"。激战一个多时辰，戚军三进三退，战况十分胶着。此时，把总张谏等听到战鼓声，从宁海桥攻倭寇后部，倭寇腹背受敌，被迫退入巢穴。倭寇巢穴"空壁逼水岸，狭巷委屈"[1]，长枪等武器施展不开，双方短刀巷战。倭寇寡不敌众，落水溺毙者千余人。残倭往黄石方向溃逃，戚军乘胜追击 15 里，直抵窑兜。此时，附从倭寇之人见败局已定，四散逃走，真倭躲入砖瓦窑中，藏匿不出。戚军上房揭瓦，将点燃的草木投入屋中，然后再投入火药。火药爆炸时，

---

① 《戚少保年谱耆编》卷 3，清道光刻本，第 19 页 a 至第 21 页 b。

戚军乘机杀入，残倭全部被歼灭。此战，生擒倭寇男妇26人，斩首2023级，焚溺数千人，解救被掳千户1人，生员5人，男妇2114人，夺回永宁卫所印章5颗。

图 5－9　林墩戚公祠

3. 平定倭患

戚继光剿灭了横屿、牛田、林墩三地的倭寇后，率军返回浙江休整。嘉靖四十一年（1562年）倭寇乘戚继光回浙江之机，又在福建沿海烧杀劫掠。此次倭寇集中了4000多兵力，突然围攻兴化府城。在奸细的里应外合下，兴化府城于十一月陷落。当倭寇围兴化时，朝廷已晋封俞大猷为福建总兵官，戚继光为副总兵官，负责福建防倭。兴化城陷之时，刘显驻军于江口，但兵少将寡，不敢前去援救。俞大猷屯兵于福清，但他为人谨慎，也不敢轻举妄动。嘉靖四十二年（1563年）四月，戚继光率军抵达莆田，巡抚谭纶命令戚继光率中军、刘显率左军、俞大猷率右军，在平海围攻倭寇。倭寇大败，被斩首2300人，解救被掳掠人口3000余人。

嘉靖四十二年（1563年）冬，倭寇纠集2万余人，再一次入侵福

图 5－10　平海彰善庙供奉戚继光部将戴、朱将军

建沿海。登陆后的倭寇于十一月围攻仙游县城。当时在闽军队赶上轮班交替，伤兵未愈，新兵未至，兵力不足，无法与倭寇决战。仙游知县陈大有、典史陈贤、白岭巡检殷功等率军民死守，戚继光则多次送火药及人员入仙游城中协防，

并设疑兵以迷惑倭寇，使之存有戒心不敢强攻。双方相持 50 余日，至十二月初六日，倭寇见援兵久不至，大举攻城。倭寇集中精兵至西北水关，砍掉木栅，毁坏土墙，伏以鸟铳，并架起云梯攻城。城中军民齐心，拼死抵抗，烧毁倭寇的竹排、木梯。戚继光率军在城外"喊铳鼓噪"，倭寇疑是大军将至，才后撤。十二月下旬，新的班兵赶到，敌我力量对比发生变化，戚继光决定发起总攻。

图 5-11　黄石北辰宫旁的戚公井

此战，共擒斩倭寇 1000 余人，解救被掳男妇 3000 余人。之后，戚继光乘胜追击，追至同安王仓坪、漳浦蔡丕岭等地，大败倭寇。福建的倭患至此基本平息，倭寇侵扰我国沿海地区的图谋最终失败了。

综上，嘉靖年间长达 20 余年的倭患，给莆田人民带来了深重的灾难，也给莆田的社会经济文化带来重大损失，各行各业都受到摧残，很长时间内难以恢复。莆田原本是文献名邦，科举教育繁盛，经嘉靖倭患洗劫，科举辉煌不再，让人唏嘘感慨！民国《莆田县志》称："弘治、正德两朝为莆文物极盛之时，至中叶倭寇侵陵杀戮惨祸，所仅见室家颠覆，比之中原板荡，抑又甚焉，文物自是稍替矣。"① 倭乱也在莆田人民的记忆中留下了深深的伤痕。莆田民间大年初二不探亲访友、初四（或初五）过大年的"做大岁"习俗，就是为了纪念嘉靖四十一年（1562年）府城陷落这次惨祸。莆田城内、黄石、涵江、江口、仙游等地的戚公祠，以及会生宫忠勇祠、平海忠勇祠、驿前忠勇祠、西门内奚公祠等，都是百姓自发兴建的纪念抗倭英雄的祠庙，② 他们甚至以宗教信仰的形式传颂着不屈不挠、前赴后继、保家卫国的中华民族精神。

---

① 《民国莆田县志》卷 3《通纪》，收入《中国地方志集成·福建府县志专辑》第 16 册，上海书店出版社，2000，第 80 页。
② 谢如明：《莆田发展简史》，厦门大学出版社，2008，第 105 页。

六　明末农民暴动

(一) 明末莆田农民暴动的原因

明末莆田农民暴动的发生，首先与自然灾害频发有很大关系。在封建社会，如果天公作美，风调雨顺，农民辛苦一年，也仅可以勉强糊口。一旦发生天灾人祸，就有可能家破人亡。方志记载，明中后期较大的自然灾害就有 8 次。

嘉靖四十二年（1563 年）"秋，大风雨决堤，海水滥溢至城外"。

隆庆二年（1568 年）"大旱"。

隆庆四年（1570 年）"风雨雷雹大作"。

万历二年（1574 年）"八月初四日未时地震，从东南起，至西北方，声大如雷，大小房屋动摇，沟水泛滥"。

万历十四年（1586 年）"是年至次年皆岁旱大损"。

万历二十八年（1600 年）"秋七月十八日飓风猛雨，历五昼夜，水漂室庐，溺人畜，杀禾稼，东角堤决，海水溢城，不浸者丈余。海船直至城下，小艇直入南市"。

万历三十四年（1606 年）"大旱，田禾尽枯，是岁斗米二百钱"。

崇祯十六年（1643 年）"九月三十日飓风大作，东角长堤尽坏，海水淹入南洋，晚禾绝粒"。[1]

弘治、正德（1488～1521 年）盛世之时，由于社会救助能力较强，自然灾害对社会产生的危害相对小些。上面列举的这些自然灾害都发生在嘉靖倭乱之后，在农业生产的基础设施遭到严重破坏的情况下，自然灾害给莆田百姓的生产生活带来的负面影响要比升平时期大得多，甚至超出百姓的可承受范围。而天灾往往伴随着人祸，明中后期赋税与徭役加重，使莆田百姓生活雪上加霜。

明初田赋不高，百姓生活尚可以对付。宣德四年（1429 年）官府减轻官田赋税，一些百姓将官田当作民田变卖，以图减轻赋税负担，结果造成了田去粮存的问题，大大加重了破产百姓的负担。加上里胥上下其手，百姓的"浮赋"越来越多，负担不断加重："或下田而完上则之赋，或上田而完下则之赋，或田鬻而赋不除，或丁亡而户尚在，久之则浮赋愈积累，户愈多。"[2] 田去粮存、丁

---

[1] 《民国莆田县志》卷 3 《通纪》，收入《中国地方志集成·福建府县志专辑》第 16 册，上海书店出版社，2000，第 73～77 页。

[2] 《民国莆田县志》卷 14 《赋役志》，收入《中国地方志集成·福建府县志专辑》第 16 册，上海书店出版社，2000，第 591 页。

亡户在的现象逐渐严重。

除田赋外，封建社会中农民的另一个重要负担是徭役。明末，后金入侵，各地农民纷纷暴动，明王朝将役税从六分增为七分，并向百姓征派辽饷、练饷、剿饷三饷，又加重了百姓的负担。明末各地农民暴动频发，与苛重的役税有重要关系。

明代徭役的繁重，从有明一代莆田县户口数量上也可以看出来。有明一代莆田县户口数量最多的竟然是洪武二十四年（1391年）："户共五万一千一百五十，口数无考。"此后，景泰、弘治、嘉靖、万历的统计数据不仅没有超过洪武的数据，反而大幅缩水，万历四年（1576年）的数据是："户二万五千八百五十五，口一十四万八千七百五十六。"也就是说，明朝经过300多年的休养生息，其户数仅是明初的一半左右，只相当于"宋元兵燹之余"。对此，民国《莆田县志》是这样解释的："岂明代徭役过重而户口之逋移脱漏者多欤！抑有司奉行故事，但以粮之多寡为人口之损益，冒填虚籍，皆非实数欤！"[1]

再者，明中后期租佃关系发生变化，地主与佃农的关系恶化。明末沿海一带的地主普遍使用"小斗出，大斗入"的方式变相提高田租。为了迫使佃农接受高昂的田租，他们还雇请一班豪奴做打手，甚至勾结官府对付佃农反抗，明末莆田佃农暴动与租佃关系的变化有很大关系。

（二）明末农民暴动的经过

明代莆田农民暴动，由来已久。早在弘治九年（1496年），莆田僧人乌七三发动农民暴动，后来被仙游县魏昇斩杀，暴动遂平息。弘治十二年（1499年），夏、秋、冬均无雨，南北洋农民为抢水灌溉，矛盾冲突频发，幸亏知府陈效、御史胡华等官员多方赈济并蠲免田赋，暴动才没有发生。

明末，农民暴动频发，规模渐大。万历十六年（1588年），广业里遇到旱灾，农田荒芜，农民遭受饥荒，但官府仍然横征暴敛。十二月，柯守乔联合曾建邦、畲民雷五等率众起事，"宣言海上游天王，有神异兵机"[2]。打土豪，杀地霸，甚至开赴永福县五都，打击地方土豪，声势不小。永福县令一日三次飞檄福建巡抚周采，请求派兵支援。周采派遣把总王子龙率军征剿，万历十七年（1589年）二月双方在大洋大战，知县孙继有率军配合围攻。最后，寡不敌众，

① 《民国莆田县志》卷14《赋役志》，收入《中国地方志集成·福建府县志专辑》第16册，上海书店出版社，2000，第571页。
② 《民国莆田县志》卷3《通纪》，收入《中国地方志集成·福建府县志专辑》第16册，上海书店出版社，2000，第74~75页。

柯守乔、陈文章、雷五等100多人被杀害，暴动被镇压。①

崇祯十五年（1642年），仙游李芳馨等为无良胥吏所逼，树旗造反。林简《邑侯德政纪》记载了莆田知县镇压此次暴动的经过："癸未之秋，为侯治莆之三年……去莆之百余里为大蚶山，有两大洞，洞皆石，至者须猿悬蛇伏。今上初，数骁勇据以为巢；居民涯畔，无夷枕而卧。以火治之则灭；以矢治之则绝；以沙石投之，则溃空而雾耳；以利器振之，犹揭竿而揉还风也。侯悲斯民之久患，苦为贼所系获；辄以计捕二骁长，致之庭，立毙之。又选徒练旅，有众孔武，露布山中：有不授首者咸若此！诸骁惊，私相告曰：侯今尽得我矣。长者如斯，弃挺而卷，各鸟兽散云。"② 根据林简的这一记载，李芳馨占据的大蚶山非常险要，官府使用火、矢、沙石、利器等各种方法均无法攻下。后来，莆田知县用计捕获两名暴动军的头目，斩之立威。暴动军在官府的恐吓下，才"各鸟兽散"。隆武二年（1646年），唐王在反思这次暴动时说："仙邑壬午之寇，由邑令残酷、署官贪渎。岂惟仙邑，古今天下之乱，那一非守令不肖所致？据奏：李芳馨之树旗、群盗之响应，祸始于无良胥役；县官岂能无罪？除县官有无赃迹实际别议外，今当先拿滑胥，以服潢池之心；次部署官兵，以为勘剿之用。"③ 可见，这次暴动完全是官逼民反。

综上，明末自然灾害频发，加上赋税、徭役负担日益加重，一些民众生活在水深火热之中，被迫揭竿而起。明朝末年，莆田发生了多起农民暴动，多者上万人，少者仅几百上千人，暴动均最终失败，但客观上加速了明王朝的灭亡。

第二节　社会经济稳步发展

一　人口变化与家族社会发展

（一）在籍户口数

根据弘治和万历《兴化府志》的记载，明代兴化府在籍户口数如表5-1。从表中可以看出，洪武二十四年（1391年），兴化府所属莆田、仙游、兴化三县共64241户，比《元史·地理志》所记载的至元二十七年（1290年）67739户少3498户。从元至元二十七年（1290年）到明洪武二十四年（1391年），经

① 莆田县地方志编纂委员会编《莆田县志》，中华书局，1994，第677页。该书载"柯守乔"为"柯守岳"。
② 林简：《邑侯德政纪》，转引自朱维幹《莆田县简史》，方志出版社，2005，第198页。
③ 三余氏：《南明野史》，收入《台湾文献史料丛刊》第5辑第85种，台北：大通书局，1987，第131页。

历了 102 年，莆仙地区的户数不但没有增加，反而减少，应与元末长达 10 多年兵祸的破坏有关。

表 5 - 1　明代兴化府在籍户口数

| | 户数 | | | | | 口数 | | | | |
| | 莆田 | | 仙游 | | 兴化府 | 莆田 | | 仙游 | | 兴化府 |
	户数（户）	比例（%）	户数（户）	比例（%）		口数（口）	比例（%）	口数（口）	比例（%）	
洪武二十四年	51151	79.62	9530	14.83	64241[1]	—			7.60	—
景泰三年	36009	89.31	4310	10.69	40319	182419	92.40	14994	7.60	197413
弘治五年	26271	90.56	2739	9.44	29010	165481	91.92	14555	8.08	180036
嘉靖三十一年	27943	81.64	6285	18.36	34228	166730	91.37	15751	8.63	182481
嘉靖四十一年	25851	77.57	7475	22.43	33326[2]	147316	92.35	12204	7.65	159520
隆庆六年	25855	75.52	8382	24.48	34237	147684	92.35	12234	7.65	159918
万历十年	34350	86.88	5189	13.12	39539	63849	92.80	4956	7.20	68805[3]
万历二十年	35420	86.74	5414	13.26	40834	59224	92.12	5064.5	7.88	64288.5
万历四十年	25855	75.21	8522	24.79	34377[4]	148756	93.30	10678.5	6.70	159434.5

注：[1] 兴化县 3560 户；[2] 原文为 23330；[3] 原文为 68850；[4] 原文为 34376。

资料来源：（明）周瑛、黄仲昭《重刊兴化府志》卷 10《户纪四·户口考》，蔡金耀点校，福建人民出版社，2007，第 294 ~ 295 页；万历《兴化府志》卷 14《赋役志·户口》。

从表 5 - 1 来看，洪武二十四年（1391 年）以后莆田、仙游的户口数，如同全国大部分地区一样，呈下降趋势。这应与户口登记系统的变更有关。何炳棣认为，洪武二十四年的法令规定，以后编造黄册时重点应该是 10 岁以上的男子，名单上 10 岁以上的男孩必须以年龄为序登记，以便他们在年满 16 岁时能及时编入充役名单。这样，户口登记的重点转为财政赋役，对口数、女子数，甚至对户数的统计就会漫不经心，此后的户口登记逐渐变为只登记部分人口，与真正的人口数量的差异越来越大。①

根据宋代志书记载，在宋绍熙年间（1190 ~ 1194 年），兴化军所属三县共72363 户、171784 口，其中仙游县 27987 户、62464 口，② 占兴化军户数的38.68%、口数的 36.36%。但是，洪武二十四年（1391 年），仙游县的户数只占兴化府总户数的 14.83%，比例下降了近 24 个百分点。正统十三年（1448

① 何炳棣：《明初以降人口及其相关问题 1368 ~ 1953》，葛剑雄译，生活·读书·新知三联书店，2000，第 13 ~ 15 页。

② （宋）李俊甫：《莆阳比事》卷 1，收入（清）阮元辑《宛委别藏》，江苏古籍出版社，1988，第 6 页；（宋）黄岩孙：《仙溪志》卷 1《户口》，福建人民出版社，1989，第 13 页。

年），兴化县裁革，分属莆田、仙游二县。景泰三年（1452 年），仙游县的户数只占兴化府的 10.69%，口数占 7.60%。此后，仙游县户数在兴化府所占的比例虽有较大的波动，万历四十年（1612 年）曾提高到 24.79%，但仙游县口数在兴化府所占的比例基本上维持在 7%~8%。仙游县户数和口数在兴化府所占的比例，除了弘治五年（1492 年）较为平衡外，其他几个年份都有较大的差异。之所以出现这种情况，应与仙游县的口数有关。从仙游县的户均口数来看，只有弘治五年的户均 5.31 口比较正常；景泰三年（1452 年）户均 3.48 口，明显偏低，说明该年的口数存在漏登情况；嘉靖三十一年（1552 年）户均 2.51 口，嘉靖四十一年（1562 年）户均 1.63 口，隆庆六年（1572 年）户均 1.46 口；从嘉靖四十一年（1562 年）到隆庆六年（1572 年），户数增加了 907 户，口数却只增加了 30 口，在籍户口数与实际人口的差异越来越大。万历十年（1582 年），仙游县户均不到 1 人，万历二十年（1592 年）和四十年（1612 年），口数出现小数，说明万历年间（1573~1620 年）的仙游口数应是纳税单位。

莆田县，就户均口数而言，景泰三年（1452 年）户均 5.07 口，弘治五年（1492 年）户均 6.30 口，嘉靖三十一年（1552 年）户均 5.97 口，嘉靖四十一年（1562 年）户均 5.70 口，万历四十年（1612 年）户均 5.75 口，基本上属于正常范围；万历十年（1582 年）户均 1.86 口，万历二十年（1592 年）户均 1.67 口，这两个年份的口数显然只是部分人口。另外，莆田县隆庆六年（1572 年）的户数比嘉靖四十一年（1562 年）只增加 4 户，万历四十年（1612 年）的户数竟与隆庆六年完全一样。

另一方面，根据明代人的记载，宣德（1426~1435 年）以后，随着赋税徭役的加重和土地兼并，民间逃亡流徙人数日益增多，政府所控制的户口确实大大减少。朱元璋建立明朝后，在全国各地推行严密的黄册里甲制度，把各地所能控制的人户一律编入里甲组织之中，不准随便迁徙流动，以加强对于民间基层社会的控制。与此同时，颁布了一系列恢复发展社会经济的政策，以期"四民各有室业，百姓安于农亩"。饱经十多年战乱的莆仙人民，乱极思治，明初社会出现了敦本尚朴的景象，小农经济有一定程度的恢复。志书记载，莆田"俭啬勤力，衣服古朴，重廉耻，惜行检，以读书为故业，科名之盛，甲于闽中"；仙游"敦本质朴，风俗谨厚"①。但是，宣德以后，统治集团日益奢侈腐化，各

---

① （明）周瑛、黄仲昭：《重刊兴化府志》卷 15《礼纪一·风俗志》，蔡金耀点校，福建人民出版社，2007，第 436~439 页。

种赋税徭役逐渐加重，土豪劣绅竞相兼并，昔日可以维持温饱的小农家庭经济不堪负荷。仙游士绅郑纪《新里甲目录序》云："近偶得里甲目录而观之，县令黄时，每甲值一月，用银二十余两。十六图一岁计之，用银三千余两。悉皆庖厨之供，妻妾之奉，与夫过客来使，权门馈赠之需而已。至于祭饮、科贡、物料之类，国典所载者，率以一科十，岁又千两有畸。"① 然而士大夫享有免役特权，把徭役负担全推到老百姓身上。郭造卿《闽中分处郡县议》云："（兴化）科甲既盛，则徭役多复；而田产逾制，细民日困。"② 郑纪《新里甲目录序》云："百家之中，衣食于称贷者，什凡七八。农家铚艾在手，釜甑已空，颠覆逋亡，版图日削。"黄仲昭《田家词》亦云："里正醉饱才出门，督邮复自城中造。急将贱枭纳官需，且免官刑相苦恼。回首场头稻已空，一年生死良难保。"③ 赋税徭役的沉重和土地兼并，使得民间逃亡流徙人数日益增多。郑纪在谈到景泰、天顺间（1450～1464年）户籍变化时说："查国初编籍，仙游一县六十四图，六千四百余户……永乐宣德（1403～1435年）以来，赋役重并，虎瘴交灾，人户消磨，十去八九，至正统、景泰间（1436～1456年），只有一十二里，天顺间（1457～1464年）又将外县流民附籍，增为一十四里，今合军民二籍，仅一千四百之户。"④ 人户减少近8/10，其中一部分人死于各种灾害⑤，也有相当一部分人脱离了官府的控制，成为流民。

嘉靖后期的倭寇之祸，使莆仙人口受到严重的摧残。嘉靖四十一年（1562年），莆人御史林润在《请恤三府疏》中说："今遭寇乱之际，历八年于兹矣。死于锋镝者十之二三，被其虏掠者十之四五，流离转徙于他乡者，又不计其数。近又各府疫疠大作，城中尤甚。一坊数十家，而丧者五六。一家数十人，而死者十七八，甚至有尽绝者。哭声连门，死尸塞野。孤城之外，千里为墟。田野长草莱，市镇生荆棘。昔之一里十图者，今存者一二图耳。昔之一图十甲者，今存者一二甲耳。"⑥ 林润所述为兴化、泉州、漳州三府的受害情景。兴化府城还未失陷，而里图户口，仅十存一二了。根据记载，自嘉靖四十年（1561年）

---

① 《乾隆仙游县志》卷48《艺文志》，《中国地方志集成·福建府县志专辑》第18册，上海书店出版社，2000，第571页。
② （清）顾炎武：《天下郡国利病书》原编第26册《福建》，《续修四库全书》第597册《史部·地理类》，第253页。
③ （明）黄仲昭：《未轩文集》卷9，《四库全书》集部·别集类第1254册，第528页。
④ （明）郑纪：《与庞大参书》，乾隆《仙游县志》卷48《艺文志》，第566页。
⑤ 《乾隆莆田县志》卷27《乡行传·林书童传》载："景泰、天顺间（1450～1464年），岁多灾疹，（林书童）前后施棺逾千数，乡人咸义之。"《中国方志丛书》（81），台北：成文出版社，1968，第581页。
⑥ （明）林润：《愿治堂集》，转引自朱维幹《福建史稿》下册，福建教育出版社，1986，第233页。

冬天至四十一年（1562 年）五月，创立三一教的林兆恩三次分遣门徒在莆田城内外和南北洋收埋和积薪火化尸体 18200 余具。[①] 嘉靖四十一年（1562 年）十一月二十九日，兴化府城沦陷，"贼分守城门，吏民无得脱者"；"全城焚毁殆尽"，不死于寇，则死于火，据估计，死者当在一万人以上或将近两万人。[②] 昔日繁荣的莆城，"环列数万余家，盖荡然一平野矣！"[③] 次年十一月初七日，倭寇围仙游县城，相持 50 余日，方由戚继光率兵解围。[④] 此次倭寇围城，百姓死亡无数，无主尸骨遍野，林兆恩命门人至仙游收埋尸骨，有 800 余具。

（二）家族社会发展

明朝建立后，恢复了汉人的统治地位，以血缘为纽带的家族组织又受到重视。明代前中期兴化府社会经济的恢复发展，也为家族组织的构建奠定了良好的经济基础。

明代，莆仙地区各家族纷纷修族谱、建祠堂、置族产，家族组织得到迅速发展，修谱和建祠均出现普遍化的趋势。以祠堂的修建为例，弘治《兴化府志》记载："莆田世家多有合族祠堂，祀自初祖以下，及有蒸尝田以供祀事。家庭贺岁后，即谒族祠，大小皆会。奠献毕，相与团拜，飨祭余而归。"[⑤] 长期研究福建特别是莆仙地区社会文化史的学者郑振满、丁荷生编纂的《福建宗教碑铭汇编·兴化府分册》，收集了明代莆仙地区 37 个祠堂修建的事例，见表 5 - 2。

表 5 - 2 明代莆仙地区祠堂修建事例

出处	祠制	修建时间	建祠者	所祭祖先	备注
72.《国清林氏重修先祠记》宋濂撰	即大理（国清林氏始祖林元）故宅之基，建屋三楹间	元至正十八年（1358 年）至明洪武三年（1370 年）	林衡	睦庵三子以上祖先	其先祠旧在浣锦社，盖以五世祖睦庵为之宗
74.《方氏祠堂记》林环撰	别立福平、忠惠之祠 立祠于盐使公故址，为龛十一	洪武三十二年（1399 年）至三十三年（1400 年）	十五世孙邦彦	礼部之后始祖以下	旧有荐福、灵隐二祠

① 参见林国平《林兆恩与三一教》，福建人民出版社，1991，第 13 页。
② 朱维幹：《福建史稿》下册，福建教育出版社，1986，第 252 页。
③ （明）林润：《愿治堂疏稿·条陈六事疏》，转引自朱维幹《福建史稿》下册，福建教育出版社，1986，第 253 页。
④ （明）戚祚国汇纂《戚少保年谱耆编》卷 4，第 122～130 页。乾隆《仙游县志》卷 52《摭遗志上·祥异》载倭寇十二月围城，《中国地方志集成·福建府县志专辑》第 18 册，上海书店出版社，2000，第 637 页。
⑤ （明）周瑛、黄仲昭：《重刊兴化府志》卷 15《礼纪一·风俗志》，蔡金耀点校，福建人民出版社，2007，第 438 页。

出处	祠制	修建时间	建祠者	所祭祖先	备注
77.《永思堂记》林环撰	居室东构堂数楹	永乐二年（1404年）	莆守周宗璲	双亲	周氏祠堂
80.《林氏重修祠堂记》曾棨撰	城东前埭	永乐元年（1403年）至三年（1405年）	林德全	永以上祖先	唐已建祠
92.《余氏祠堂记》林文撰	祖祠旧址，前后二座	天顺六年至七年（1462～1463年）	贞吾遗孀戴氏	朴斋以上祖先	水南巨族
94.《南湖郑三先生祠堂记》林文撰	重建于广化寺	成化四年至五年（1468～1469年）	广化寺僧与莆、仙二族子孙	梁、陈间露、庄、淑三位祖先	寺僧旧祀三先生
95.《修复刘后村先生祠堂记》彭韶撰	赎还修饬陈宅巷故居	成化十四年（1478年）	刘泰	刘克庄	克庄门下士即其故居塑像以祠，明代前期刘氏族人光敬以贫故，质故祠以居他姓
96.《清江周氏宗祧碑铭》翁世资撰	堂北列五龛	成化三年至十六年（1467～1480年）	周孟仁之子孙	宋代始祖十七府君以下历代祖先	祭田几三百亩
97.《和美林氏祠堂记》黄仲昭撰	以旧居为祠；中堂四楹，翼以二室	成化八年至十年（1472～1474年）	林叔文	高祖以下	九牧林氏，祭租岁入谷五百石
100.《林氏重建孝友祠堂记》林文撰	择地另建乌山东岩之南	成化年间（1465～1487年）	宗族与知府林懋教谕大猷	唐代祖先林攒	林居莆八大姓之首，旧有祠堂
101.《蔡氏祠堂记》陈俊撰	城南蔡宅正寝之东	成化年间（1465～1487年）	裔孙潮阳丞蔡应元	蔡襄以下	旧祠建于宋[1]
102.《杨氏祠堂记》郑纪撰	居室东北，堂中三间	成化年间（1465～1487年）	杨默蓭及族长崇进等	列祖诸宗	旧有祠
103.《白塘李氏重修先祠碑》彭韶撰	厅事故址（西墩始祖李庭耀故第），中设大龛 构前厅 设五龛	正统二年（1437年）天顺八年（1464年）成化二年（1466年）	族长李德文 族长李德怀 族长李孟殷	合祀上世神主制干、金判以下	西墩支祠
112.《圣墩吴氏新建祠堂记》周瑛撰	祖居西南，祠堂近北列五龛	弘治十年至十五年（1497～1536年）	吴朝器	始迁祖念四府君而下诸祖	始建祠堂
118.《沂山曾氏祠堂记》林俊撰	因居为祠，一堂三室	正德十二年至十三年（1517～1518年）	族长佐，房长植等	始祖以下	先祠久弊
119.《黄巷黄氏祠堂记》林俊撰	一堂五室	正德十年（1515年）	黄巩等	再迁黄巷始祖致政以下	有旧祠
120.《周氏西族总祠记》林俊撰	五龛	正德十一年（1516年）	周良勤	唐代始迁祖以下	二房皆已有祠
122.《林氏忠烈祠碑铭并序》邵宝撰	道院之左	正德七年（1512年）	林俊	唐代始祖蕴	祖祠，以别家祠

出处	祠制	修建时间	建祠者	所祭祖先	备注
123.《郑氏祠堂记》方豪撰	屋三间，为龛五	正德十四年（1519年）	郑继之	始祖深源以下	建祠费三百金，祭田十余亩
131.《永思堂记》林俊撰	治居室先建祠，为四室	嘉靖初（1522~1526年）	李廷安	曾祖龙以下	白塘李氏之家祠
132.《蒲坂郑祠增建记》林俊撰	以所居东厅事质为祠尽撤旧祠，益私地	嘉靖五年（1526年）	十三世孙泰一郑岳	蒲坂始迁祖冲远	南湖郑氏露公支祠
136.《小宗祠碑记》方良永撰	故居之南，为龛五，后设总牌	嘉靖六年（1527年）	方良永	高祖建谦以下	祭田四亩五分，相对后垾大宗祠
138.《南湖郑氏堂记》郑岳撰	中龛四，左龛二，右龛一	嘉靖十年（1531年）	郑岳	始祖露公以下	南湖桃源郑氏支祠
143.《李氏重修东墩记》李庭梧撰	建于始祖故居	弘治十八年（1505年）	李古愚等倡族人	始迁祖江王以下	有旧祠
155.《衍德祠妥主祝文》林秉章撰	万寿宫东	万历五年（1577年）	林炳章	林炳章祖父母和父母	林氏新创
156.《重建梅峰徐氏祠堂记》陈经邦撰	梅峰之麓	万历六年（1578年）	徐琦等	初祖务以下	祭田三十亩，故有祠，重建
165.《世忠祠重建记》方万有撰	建寝室藏主，中开正堂	万历十六年至十九年（1588~1591年）	方万有等	方信孺、方大琮等七位先贤	先祠[2]为官修，后方氏重建
179.《重建南山荐福祠碑记》方尚祖撰	鬻坟地、广辟、扩小苍	崇祯十一年至十四年（1638~1641年）	方尚祖等	远祖	洪武间（1368~1398年）移建于追远堂
207.《重建景祥徐氏祠堂记》徐临撰	距旧基十余步，与法堂并峙	乾隆二十六年重建（1761年）	二十六世孙公善与伾卿、行倡族复建	徐寅、徐铎	元至正间曾重修，嘉靖四十一年，毁于倭寇
277.《重修先中议公祠堂记》陈池养撰	于所居科甲世家里右偏	道光十一年重建（1831年）	陈少淇	曾祖陈常醒以下	少淇父淇塘公避倭乱，由东阳迁居城后塘巷
367.《永思堂记》陈渠撰	构祠于罗峰之阳	永乐年间（1403~1424年）	傅元素	祖父	永乐时创建
369.《重修祠堂记》傅敬斋撰	旧址	景泰四年（1453年）	傅文徽	招讨以上先祖	傅氏祠堂创于宋，景泰重修
373.《仙邑陈氏祠堂记》周瑛撰	三堂十二龛	弘治元年至二年（1488~1489年）	陈俨	始祖、两房近祖	宋有祠堂
376.《屏山家庙记》郑纪撰	旧之官厅改造而成义聚堂之东，堂五间	成化十三年至十五年（1477~1479年）	郑松庵郑纪	先世神主郑淑曾、祖、父	家庙建成后，祀始祖割田五百亩
379.《郑氏祠堂记》郑纪撰	创祠三间于鳌山之阳，中列四龛	弘治年间（1488~1505年）	郑仪祥	先世神主	乐山郑氏

出处	祠制	修建时间	建祠者	所祭祖先	备注
386.《罗峰傅氏重建祠堂记》傅夏器撰	荐井之东	嘉靖三十八年（1559年）	傅体纯、傅积显、傅彦植、傅彦青、傅日义、傅可九	始祖傅楫以下至谦受	宋祠重建
408.《重修宗祠记》朱凤洲撰	钱江朱寨	万历年间（1573～1560年）	朱彦卿	不详	元祠重整，系大宗祠

注：[1]《福建宗教碑铭汇编·兴化府分册》第108号收录莆田人周瑛弘治九年（1496年）所撰《重修蔡忠惠祠记》，称："明成化初，都御史滕公昭行部过城南，见路旁废祠有蔡忠惠字……命郡守潘侯本愚作祠屋三间，奉祀唯谨。弘治七年（1494年），今郡守王侯弼以为祠隘不足以称神栖，乃拓而大之……"潘、王等郡守重修蔡忠惠祠，属于乡贤祠。该书第370号柯潜于成化六年（1470年）所撰《重修蔡忠惠公墓记》载，滕昭于当年即成化六年（1470年）巡视福建，当时兴化知府为蒋云汉，主持重修蔡忠惠公墓；潘本愚任兴化知府的时间，据弘治《兴化府志·府官年表》载，是在天顺元年至七年（1457～1463年）。因而，成化年间（1465～1487年）主持重修蔡忠惠祠的兴化知府应为蒋云汉，而非潘本愚。另，据蔡金发《从蔡宅忠惠祠到东沙蔡襄纪念馆》[《福建论坛》（文史哲版）1994年第5期]，蔡忠惠祠在隆庆六年（1572年）再次重修。

[2]该祠于正德十六年（1521年）由官府出资修建，奉祀方信孺、方大琮等六位方氏先贤。嘉靖四十一年（1562年）毁于倭寇之乱。万历年间（1573～1620年），方氏族人以祀田岁租重建，该祠由乡贤祠转化为宗族祠堂。

资料来源：《福建宗教碑铭汇编·兴化府分册》，福建人民出版社，1995；常建华《明代福建兴化府宗族祠庙祭祖研究——兼论福建兴化府唐宋间的宗族祠庙祭祖》，《中国社会历史评论》第3卷，中华书局，2001（常文把第72号国清林氏重修先祠列入元代所修祠堂，第95、165、179、207、277号未列入其文中）。

表5-2的37个修祠事例中，第277号以上30例为莆田县的，第367号以下7例为仙游县的。表中所列只是明代莆仙家族祠堂修建的一部分而已，许多家族祠堂的修建记录没能收入。比如，第三章述及莆田柯氏在宋代修建了祠堂，该祠"历宋元迄于国初，屡修屡坏，至承事公十一世孙德平，乃慨然撤其旧而新之……时正统己巳（1449年）岁冬十月，毕工则明年夏五月也。规制位设，一如其旧"①。可见，莆田柯氏祠堂在明正统十四年（1449年）重修。再如郑纪《刘母朱氏墓志铭》记载："成化丙申（1476年）以故居闹市，恐夺家教，遂谋子闵，迁诸近村，先建祠堂，以奉先世神主。"② 刘母为莆田人，成化十二年（1476年）所建祠堂当是一所小宗祠。又如莆田宋氏，郑岳为宋友泉作墓志铭说："宋氏自节推讳铣者，自晋江徙居莆之后埭，族久以大……家虽世宦无厚蓄，训导、助教祠田薄，公割私田以助，构专祠以祀立斋，且倡修大宗祠，割地租以充祠费。修始祖节推评事公墓，而并及先世诸墓，割租田以祭。"③ 文中

① （明）邱濬：《重编琼台稿》卷17，《四库全书》集部·别集类第1248册，第345页。
② （明）郑纪：《东园文集》卷12，《四库全书》集部·别集类第1249册，第842页。
③ （明）郑岳：《山斋文集》卷18《明前文林郎潮阳县知县友泉宋公墓志铭》，《四库全书》集部·别集类第1263册，第109～110页。

的训导、助教分别是宋友泉的曾祖和祖父，他们已经有祠，立斋系宋友泉的父亲，友泉为其新设专祠，而且倡修大宗祠。可见宋氏近祖代代设祭，大小宗祠均有。莆田东里黄氏在元代所建思敬堂的基础上，在天顺年间（1457～1464年）添建了下厅惇叙堂。此外，蔡襄的第三子蔡旻移居莆田东沙，为东沙蔡氏始祖。洪武年间（1368～1398年）其后裔建立祠堂，嘉靖时毁于兵火，隆庆五年（1571年）重建东沙祖祠。①

表5-2中的37个事例，涉及方、周、林、余、郑、蔡、杨、李、吴、曾、黄、徐、傅、陈、柯、刘、宋、朱18姓，其中林姓和郑姓各6例，方姓4例，周姓、李姓和傅姓各3例，徐姓和陈姓各2例。有两个事例以上的8个姓氏，除周氏永思堂为莆守所建外，基本上出自同一始祖。也就是说，随着大姓的分衍，出现了不同支派的祠堂。如傅姓宋以来有族祠，明初傅元素创建的永思堂祭祀祖父；李姓分东墩、西墩两支，前者为大宗，后者为小宗，均有祠，而且李姓还有祭祀曾祖、祖、父的家祠；蔡姓从蔡宅分出东沙支，二者都有祠堂；南湖郑氏是莆田最古老的宗族，除了广化寺的总祠，还有蒲坂支祠、南湖桃源郑氏支祠等；林氏，皆以九牧林、阙下林或金紫林为始祖；周氏既有西族总祠，二房各有支祠；方姓既有后埭大宗祠，又有后塘小宗祠，还重修世忠祠以奉祀先贤，重修南山荐福祠奉祀远祖。

图5-12 涵江白塘李富祠

表5-2的37个事例中，有些家族不止一次修祠。如第74、132、376号均有2次，第103号有3次，因此总共有42次修祠活动，修建时间明确的有37

---

① 蔡金发：《从蔡宅忠惠祠到东沙蔡襄纪念馆》，《福建论坛》1994年第5期。

次，其中洪武 2 次、永乐 3 次、景泰 1 次、正统 1 次、天顺 2 次、成化 9 次、弘治 4 次、正德 5 次、嘉靖 5 次、万历 4 次、崇祯 1 次。从成化开始修祠活动明显增加，其中成化以前 97 年共 9 次，大约平均 11 年 1 次；成化至嘉靖 108 年共 23 次，大约平均 5 年 1 次，而嘉靖年间的 5 次中，有 4 次是在嘉靖十年以前；万历 47 年共 4 次，大约平均 12 年 1 次。另外未标明修祠时间的 5 次，第 74 号中的福平、忠惠之祠，据载方邦彦先是"别立福平、忠惠之祠"，复念该祠"但可以祀礼部之后，而不足以及长官而下之六房"，于是"别图立祠于盐使公之故址，以为祀先合族之所"，因此福平、忠惠之祠应修于洪武三十一年（1398 年）以前；第 132 号中，郑岳为蒲坂郑氏十六世孙，他于嘉靖初年（1522 年）重建祠堂，十三世孙泰一"以所居东厅事质为祠，祀冲远始迁"应在此前数十年；第 376 号中，郑松庵殁于成化初，他把"旧之官厅，改造为祠堂"应在成化初以前。因此，未标明修祠时间的 5 次中，有 3 次修于明代前中期，有 2 次修于倭寇之乱后的明后期。由此可见，明代莆仙家族修建祠堂兴盛于成化至嘉靖初年的明中叶，嘉靖十年以后锐减。

明中叶莆仙家族祠堂的兴盛与这一时期的社会经济变迁是密切相关的。如前所述，宣德以后，随着赋税徭役的加重和土地兼并，小农家庭经济不堪负荷，民间逃亡流徙日益频繁。与此同时，亦有一些外地的人口流向莆仙地区。如原兴化县治之东的广业里，在明永乐、正统间（1403～1449 年），因"经灾瘴"，"疆亩靡芜，虎兕率旷，县随以革"。"所触目者，非荆条即密莽，有邓林之巨修焉，仅存庶孽整顿荒畦，百不及一。莆大姓遂跨有四方，并其附田、山地，影射侵凌。然产去粮浮，宰广业里者率荡破流移，计穷窝僻谷，菁枲纤微，亦足赠饷。莆大姓利之，遂相与招结畲汀异客，茶布以为利谋。盖利兴则庸不负，庸不负则免敲朴荡移，一时盖甚称焉。畴知客性黠骜而强猛，侏儒鸟语，诸族不窨矣。平日则贴耳，暨夜有荒变，则不无务为倾险。往时若乌七山、林宗武、易居六、林伯能辈，稍义者毋论矣。"[1] 大量流民的存在，使莆仙地区基层社会的关系相对松弛，同时也增加了社会的不安定因素。志书记载，自成化至嘉靖（1465～1566 年），莆仙地区屡有山贼或流寇。仙游在成化至正德（1465～1521 年）的近 57 年间，先后 13 次遭到寇乱，其中有仙游本地及邻近各县的"山寇"，有"汀漳盗""广东盗"等。[2] 频繁的寇乱，更是扰乱了日渐松弛的基层

---

① （明）郑岳：《纪变漫言》，（明）周华纂修正统《游洋志》卷 8，蔡金耀点校，第 132 页。
② 参见朱维幹《莆田县简志》第 24 章"倭祸（上）"，方志出版社，2005，第 174～176 页。

社会的秩序。在这种历史背景下，各家族均以各种手段来强化本族的内聚力，增强自己的实力，强化对族人的控制，从而也就促进了家族组织的发展。如莆田桂林坊林氏家族，在嘉靖初年建成"开先祠"后，族绅林俊随即为之制定了"林氏族范"，并书于祠中，"岁时祭祀，俾读之以嘉惠族人"。其云：

> 凡林子孙，父慈子孝，兄友弟恭，夫正妇顺。内外有别，长幼有序；礼义廉耻，兼修四维；士农工商，各守一业。气必正，心必厚，事必公，用必俭，学必勤，行必端，言必谨。事君必忠敬，居官必廉慎，处乡里必和平。人非善不交，物非义不取。毋富而骄，毋贫而滥。毋信妇言伤骨肉，毋言人过长薄风。毋忌嫉贤能、伤人害物；毋出入官府、营私召怨；毋奸盗谲诈、饮博斗讼；毋满盈不戒、细微不谨；毋坏名丧节，残己辱先。善者嘉之，贫难、死丧、疾病周恤之；不善者劝诲之，不改，与众剿之，不许入祠以共绵诗礼仁厚之泽。敬之、戒之，毋忽！[1]

林俊为林氏族内的显宦，嘉靖二年（1523 年）以刑部尚书致仕。他所制定的这一"族范"，不仅具有教化的功能，而且具有强制性的效力。在他死后，其子林达又刻之于石碑，意在"垂久远云"[2]。又如莆田碧溪黄氏家族，其嘉靖年间（1522～1566 年）《族议重建祠堂书》宣称："祠堂不建，于祖何所亏损？而生者之伯叔兄弟无以为岁时伏腊衣冠赘聚之所，卒然相值于街市里巷，祖袒裸裼而过，与路人无异。不才子弟习见其如此也，一旦毫毛利害，怨怒恣睢，遂至丑不可言者，其故皆由于祠堂之废。即祠堂尚在，宗家支属时为衣冠之会，得闻察父愆兄胥相训诲，苟未至于悗荡其心者，将毋畏其面斥目数而谯让之？庶几其有瘳乎！此祠堂兴废之明效也。"[3] 由此可见，建祠与其说是为了奉祀祖先，不如说是为了控制族众。

在嘉靖后期的倭寇之祸中，莆仙各家族受到剧烈的冲击，族人或遭杀戮，或向外流徙，谱牒被毁，祠堂被焚，坟墓被挖。黄休《复东里族谱序》云："壬戌（1562 年）倭变，诸家谱牒尽废。"[4] 倭寇还发掘坟墓，以悬棺待赎。至于祠堂，据学者考证，莆田在城则岳公、二忠、九牧、名宦、乡贤及林藻、蔡襄、彭

---

① 郑振满、丁荷生编纂《福建宗教碑铭汇编·兴化府分册》第 142 号，福建人民出版社，1995。
② 郑振满、丁荷生编纂《福建宗教碑铭汇编·兴化府分册》第 142 号，福建人民出版社，1995。
③ （清）黄邦士辑《莆阳碧溪黄氏宗谱》丙辑，福建师范大学图书馆收藏。
④ 转引自朱维幹《莆田县简志》，方志出版社，2005，第 188 页。

韶、林俊、黄仲昭各祠，在涵则二烈祠（祀陈继之、陈彦回者），黄石则石皋朱氏宗祠等，均被焚毁。① 事实上，被毁的祠堂远不止这些，如元代曾经重修的徐氏景祥寺檀越祠，"嘉靖壬戌（1562 年）郡城陷于倭，而寺与祠亦尽付诸灰烬之中"②。

倭寇之乱被平定后的近百年中，莆仙地区的社会环境相对稳定，家族组织得到了一定的恢复。如仙游钱江朱氏，通过按股集资的方式，重建祠堂，其《重兴家庙序》云："至治二年（1322 年），文一公起盖祠宇三座，以为后人崇报之所，又虑享祀之无资，后人或衰于爱敬也，而有田、园、山、海之遗。"嘉靖末年的倭患，"宗社为墟，斯民曾不得聚庐而治处"。迨万历元年（1573 年）升平，"昔之父子流离者，今且生养蕃息，颇知生民之乐"。"于是乎，议建功之费，先以二十金为率。二十以内，不敢少也，少则不足以举事；二十以外，不敢多也，多则人心骇愕，反因以废事。如是，而众谋金同，维时盖正月十有九日也。乃议立文簿，令四房子侄兄弟凡与在出银之列者，各书名、书号，亦假此以约束人心，亦歃血定盟意也。次之以携字为准，次之以备银取字……于是协力齐心，次第成功。"③

莆田东沙蔡氏，通过向外迁族人募捐，筹集建祠经费。据说东沙蔡氏为北宋名臣蔡襄的后裔，家族组织历来较为严密。嘉靖四十四年（1565 年），莆田县生员蔡伯寿在《追补东沙南蔡家乘后集序》中云："自入东沙以来，至寿十有四世矣。岁时祭享，缀之以食，派别支分，无虑三百余人。亦尝累修家乘，子姓宝藏矣。"但是，家乘在倭患中被毁。嘉靖四十三年（1564 年），"禀请族长，修茸祠宇前堂，安置我祖。次年补办岁事，聚会童冠仅百余人，离合悲欢之情殆且数倍。遍询家乘，通无一存……又遍求房族之弟，于灭裂故纸中得一行次图。因细询老成家长，为之逐一分析，溯流而源，寻叶而根，追补一乘，以联属家众于四三年焉耳"④。家乘虽然追补，祠堂却无力重修。蔡伯寿决计弃家外出筹集资金，他到福建、广东、海南各地认同求援，经过多年的奔波劳苦，终于携重金归来。隆庆五年（1571 年）十月，东沙祖祠重建落成，并剩有部分余款，开始筹备修建金沙宫端明殿。过了七年，于万历六年（1578 年）竣工。端明殿分左中右三殿，中殿供有慈济真君（神医）和天上圣母（妈祖）的塑像；

---

① 参见朱维幹《莆田县简志》，方志出版社，2005，第 187、190 页。
② （清）徐登甲：《重建景祥徐氏祠堂记》，《福建宗教碑铭汇编·兴化府分册》第 196 号。
③ 《钱江朱氏族谱》卷 1，转引自郑振满《明清福建家族组织与社会变迁》，湖南教育出版社，1992，第 169～170 页。
④ 转引自郑振满《明清福建家族组织与社会变迁》，湖南教育出版社，1992，第 170 页。

左殿是书院，供有孔子塑像；右殿为端明殿，奉蔡襄为社公，供放着蔡襄的塑像，塑像两旁依次排列着东沙列祖列宗的神牌。东沙族亲的婚丧喜庆，都来此跪拜；每年岁事，都举行隆重的祭祀活动。莆、仙、惠三县及海内外族亲在枫亭扫祭蔡襄墓后，往往结伴来此谒拜祖先牌位。400 多年来，金沙宫端明殿事实上成为继忠惠祠之后，蔡氏族人祭祖活动的又一中心地。[①] 但总的来看，由于倭寇之乱中人口和财物的大量损失，明代后期莆仙地区祠堂的修建逊色于明代前中期，而且有些家族即使重修了祠堂，往往也因为财力所限，未能恢复此前的规模。如徐氏景祥寺檀越祠，"嗣而绵力单弱，虽曰重兴，而规制并未复其旧。至国初（指清初——引者注），残于难民，飘于风雨，仅遗佛殿，而祠之颓垣废址，荡然无存"[②]。

图 5-13　枫亭蔡襄陵园

综上，由于明代不同时期的人口统计制度差别很大，加上倭寇等侵袭，莆仙地区的人口统计数据也有较大变化，但总体而言，明代莆仙地区的人口比元代大有增加，只是不少人不在政府的户口册上，成为流民。明代家族组织得到恢复和发展，莆仙地区的家族组织发展较快，各家族纷纷修族谱、建祠堂、置族产，修谱和建祠均出现普遍化的趋势。

二　农业生产水平提高

朱元璋建立明王朝后，汲取了元朝因苛政而亡的教训，为了巩固统治，实现长治久安，颁行了一系列有利于生产发展的措施，如鼓励百姓还乡复业和垦殖荒地、减轻赋税、惩治贪官、轻徭薄赋、鼓励农耕，促进了兴化农业的恢复

---

① 参见蔡金发《从蔡宅忠惠祠到东沙蔡襄纪念馆》，《福建论坛》1994 年第 5 期。

② （清）徐登甲：《重建景祥徐氏祠堂记》，《福建宗教碑铭汇编·兴化府分册》第 196 号。

与发展。

(一) 兴修水利,改善灌溉条件

唐宋时期,兴化境内修建了大量的陂、塘、堰、渠等水利设施,经过数百年的运作,许多水利设施逐渐老化、损坏。明代兴化府重视兴修水利,"春则筑陂潴水,以备干旱;开陂,以通舟楫"。据弘治《兴化府志》的统计,莆田县共重建新建各类陂、塘、坝、埭52处,先后6次重修和改造木兰陂及渠网工程等;仙游县共修缮、重建、新建各类陂、堰塘坝、埭坑、窑、池、井636处。宣德五年(1430年),县丞叶叔文命囊山寺主僧离庵,里老黄得宾等重修端明陡门,致仕监察御史陈道潜还书碑为记。正统二年(1437年),重修新港陡门;正统六年(1441年),重修西湖陡门(今白塘镇集奎村)。天顺年间(1457~1464年),郡进士郑球在兴化县广业里雇工筑陂垦田,人称"郑雇陂";天顺二年(1458年),参政方逵重修泗华陂;成化二年(1466年),郡守岳正主持修复江口桥,又自塘东开沟引水直至涵口(今新度镇港利村),灌溉城东南大片良田;成化十九年(1483年),重建仙游枫亭太平陂;嘉靖十六年(1537年),知府吴遵把南北洋涵洞500多个减为内外堤涵洞80个,整理加固,并建立管理制度。嘉靖二十一年(1542年)知府周大礼率众重修涵江端明陡门。嘉靖四十三年(1564年),重修太平陂。万历二十二年(1594年),刑部郎中仙游人郑瑞星主持修筑杜陂上游一段16里长的陂渠,俗称"官陂"。成化十四年(1478年),乡人御史林诚请于知府陈表重建万寿溪石坝,溉田4顷余。弘治八年(1495年),洪水冲崩,至十三年(1500年)知府陈效迁建于下流50余步。景泰二年(1451年),乡人募众重修溉田500余亩的岭兜陂。万历二十九年(1601年)知府黄腾春与耆民陈于仪等重建端明陡门。崇祯年间(1628~1644年),涵江人在端明陡门北40米处用石条砌上一个方形石墩,水下部分用生铁浇铸。这石墩四角立四根大石柱,高出河床2.5米,横截面呈倾斜状,石柱比石墩面高出50~85厘米,中央一方石柱比边柱稍低,边上刻有:"崇祯十五年(1642年)岁次孟冬吉日兴建。"墩面呈正方形,边长3.5米左右,总面积12平方米多。因石墩状如印章,涵江人称它为"印兜"。印兜的修筑减缓了上流水势,可保障端明陡门的安全,能避免河水全部直流出海,而分流拐入下望江水道,用以灌溉望江平原数千亩良田,使其旱涝保收;也可以更好地调节宫口河水量,使这段商业水道免遭泛滥之灾。端明陡门连同印兜的修建成为涵江经济发展的命脉。

明代,兴化百姓尤其重视对木兰陂水利工程的修缮。洪武八年(1375年),

兴化府通判尉迟润下令修缮木兰陂。修缮期间，他居于陂上，每三两日巡视修陂工作，督促陂司、民工保证质量。此次修缮，包括修缮陂体、修复堤岸、重设斗口、疏浚沟渠等工作。尉迟润命陂司组织民众修复被水流冲毁的将军柱，并加固支撑，又将陂底部的漏洞以砾石填塞。此后又以巨石加固南北堤岸，于堤岸之上修巡视小道供陂司人员巡视。又修复南北斗口，更换板闸，按时启闭，并疏浚南北沟渠，保证木兰陂水经沟渠能够顺利地流向南北洋平原。此次修缮历时 9 个月，在较长一段时间内保证了木兰陂工程能够正常发挥防洪、灌溉的作用。修缮结束后，兴化府儒学教授吴源专门撰写《重修木兰陂记》一文，称赞此次修缮木兰陂可护陂两三百年之久。这次修缮工作是明代初期规模较大的一次。自永乐二年（1404 年）修缮木兰陂，改木板闸为石板闸之后，修缮工作多集中于修复陂体、疏浚沟渠及加固堤岸等。由于木兰溪上游的水土流失，木兰溪水流含沙量逐年增大，导致河底泥沙淤积，对陂体的稳定性及南北洋沟渠的灌溉产生了影响。永乐十一年（1413 年）又改一石板闸为木板闸，按时启闭，以水流冲沙，解决了泥沙淤积的问题，称"脱沙陡门"。自此，木兰陂陂体陡门固定为 29 间。纵观明代近 300 年，洪涝灾害对木兰陂影响最甚，因而以砾石、灰土填补陂体缺漏，或以木石加固将军柱成为陂体修续的主要方式。而对于南北堤岸的修护，历次修陂主持者亦十分重视。历次修缮南北堤岸，多以巨石为护，填以灰土，最大限度地减小水流对堤岸的侵蚀。而疏浚沟渠，也是历次修缮较为重要的环节之一。至明代后期，经多次疏浚的南北洋沟渠体系已较为成熟，最大限度地发挥了引水灌溉的作用。因此，木兰陂的修缮工作已经形成了包括修陂体、固堤岸、疏渠道三项工作在内的较为完善的体系，为后世修缮提供了借鉴。《木兰陂水利志》记载明代木兰陂共经历了 13 次修缮，简况见表 5-3。

表 5-3　明代木兰陂修缮情况

年份	主持者	修缮情况	用时
洪武八年（1375 年）	尉迟润	修陂柱、疏浚沟渠	9 个月
永乐二年（1404 年）	卫秉	柱石坏，改木板闸为石板闸	4 个月
永乐十一年（1413 年）	董彬	改一石板闸为木板闸，称"脱沙陡门"	4 个月
宣德六年（1431 年）	叶叔文	撤溃堤石改筑，疏浚沟渠	4 个月
天顺六年（1462 年）	王常	陂闸漏，坏六座。重修陂闸并修堤岸	5 个月
成化二年（1466 年）	岳正	修陂浚沟	不详
弘治元年（1488 年）	陈效	修堤岸	不详

年份	主持者	修缮情况	用时
弘治三年（1490 年）	王弼	放水堵溃穴，重布送水长石并修堤岸	不详
嘉靖二十二年（1543 年）	周大礼	修陂柱，重布送水长石并修堤岸	不详
嘉靖三十三年（1554 年）	林寿六	修缮堤岸	不详
嘉靖三十四年（1555 年）	何维懋	重修堤岸	25 天
隆庆三年（1569 年）	钱谷	重修回澜桥、万金桥，并修陂	不详
万历七年（1579 年）	陆通霄、许培之	两岸堤坏，砌石加固	不详
万历三十七年（1609 年）	不详	修陂	不详

资料来源：何彦超《木兰陂与宋清时期区域水利社会研究》，硕士学位论文，南京农业大学，2015，第 31 页；林国举、姚宗森《木兰陂水利志》，方志出版社，1997，第 17 页。

除了对木兰陂的修缮之外，莆田民众还对前代修建的其他陂堤堰渠进行了全面的修复、加固。这些农业基础设施的加固修缮，提高了水利设施的利用率，为明代兴化农业经济的发展奠定了基础。

（二）粮食产量提高

明代，兴化府农业生产水平较前代有了较大提高。为了扩大耕地面积，明代兴化府通过各种手段垦荒造田，大量荒地被开垦为良田，特别是在沿海地区大量开垦"埭田"，使耕地面积迅速扩大。据载，明洪武二十四年（1391 年）全府有耕地 15000 多顷。同时，继续推行屯田制度，全府有兴化卫、平海卫等屯田 10 万多亩。在垦荒的同时，农民还进行土壤改良，变瘠田为良田。耕地面积的增加、灌溉条件的改善、耕作技术的进步和人口的增加，使得兴化府农业生产水平达到封建社会后期的高峰。

明代，兴化府粮食生产有新的发展，粮食种类有稷、黍、粟、粱、麦、豆、稻等。以稻为例，所辖三县普遍种植水稻，志称："有粳有糯。有一年一收者，有一年两收者。一收者谓之大冬，其米颗大。莆人种之广。两收者春种夏熟为早稻。秋种冬熟为晚稻，其米亚于大冬，莆人种之少。盖莆地瘠，凡种田用粪多，较之两收为利与一收同。"[①] 兴化府已经可以种双季稻，但因为气候因素，种双季稻并不见得可以获高产，是故，农民多种单季晚稻。为提高粮食产量，平原地区还大力引进、推广"慈孝里稻"等优良水稻品种，使稻谷亩产量大大

---

① （明）周瑛、黄仲昭：《重刊兴化府志》卷 12《户纪六·上供志》，蔡金耀点校，福建人民出版社，2007，第 343 页。

提高。是故，有谚语曰："壶公洋一季冬，吃捌空。"意为只要南北洋稻谷的一季收成，就吃不完。

万历二十二年（1594年），福建巡抚金学曾檄各府县栽种自吕宋国（今菲律宾）引进的番薯（地瓜），以佐五谷。由于番薯在"瘠土沙砾之地皆可以种"，抗干旱、产量高、口味好、营养高、耐贮存，可酿为酒，可磨滤为淀粉，沿海地区广泛种植。番薯的引进对沿海地区的粮食供应产生了根本性影响，谚语"红薯半年粮"也由此产生并流行。

明代，兴化地区的粮食加工业也逐步发展起来。宋治平间（1064～1067年），兴化军主簿黎畛把家乡广东的米粉加工技术引入兴化。此后，兴化米粉加工技术代代相传，加工工艺越来越精细，米粉质量越来越好，形成了具有地方特色的粮食加工业。到了明代，兴化米粉加工技术更加成熟，百姓总结出选米、淘洗、浸泡、磨粉、脱水、初压、制团、蒸料、压丝、疏理、干燥、成品包装等10多道工序。其中以莆田黄石的清江、西洪村百姓制作的米粉最为有名。以大米为原料的兴化米粉丝细如银毫，洁白如凝脂，易熟可口、价廉物美，成为著名特产之一，畅销四方，扬名各地，也是至今仍用"兴化"命名的特产之一。

明代，兴化境内的酿酒业也比较发达，志载："莆人用糯米五斗，麴一斗，造酒一坛，燔而热之，越岁不败，此为老酒。用糯米一斗，麴二升，造酒一坛，燔而热之，随时食用，此为时酒。"[1] 地瓜烧、米酒等成为百姓日常生活，特别是民俗活动、传统节日和婚嫁等喜庆时的必需品。明代，兴化用糙米酿醋的技术也很成熟，志称："用杂糙米蒸熟，抟为饼，以草麻叶覆之。及生黄毛，乃挼净，用缸盛贮。约米一斗，用水十五六瓶窨覆半月以上，气香而醋成矣。"[2] 米醋虽利倍于酒，但人食少，而买亦少。兴化民众则改良酿醋工艺，"又以米重酿之，名曰法醋，传十数年，其色如漆，其酸反甘。此比常醋价增倍"[3]。不仅可以食用，还增加了醋的药用功能。

---

① （明）周瑛、黄仲昭：《重刊兴化府志》卷12《户纪六·上供志》，蔡金耀点校，福建人民出版社，2007，第339页。
② （明）周瑛、黄仲昭：《重刊兴化府志》卷12《户纪六·上供志》，蔡金耀点校，福建人民出版社，2007，第339页。
③ （明）周瑛、黄仲昭：《重刊兴化府志》卷12《户纪六·上供志》，蔡金耀点校，福建人民出版社，2007，第339页。

图 5 - 14　水车——当时先进的灌溉工具

资料来源：英国威廉·查尔斯摄于 20 世纪初，莆田兴化府论坛，才子整理编辑，2016。

（三）耕作技术进步

明代，兴化农业耕作技术的进步主要体现在三方面。第一，水车的使用极大地扩大了农田灌溉面积。据《兴化县志》记载，明天顺年间（1457～1464 年）进士郑球在广东任教谕时，将水车绘图带回莆田，教农民制造水车引水灌溉，利用水车提高水位，使旱地得到有效的灌溉，增加了水稻种植面积，也迅速提高了粮食产量。第二，大力推广轮耕技术。弘治《兴化府志》记载，山区实行抛荒轮作制，其他多数地区是一年一收的休闲轮作制，少数地区是一年两收的轮作制。到明末一年种两季水稻居多，轮耕技术的采用既保持了土地的肥力，又促进了粮食产量的稳定增长。第三，育苗技术的改进。志称，兴化境内传统的育种方法有"一穗传"和"片选"。明万历年间（1573～1620 年），仙游慈孝里（今园庄镇）黄朝专选育水稻"慈孝早"，培育出高产的新水稻品种，促进了粮食亩产量的提高。明代兴化境内大面积种植番薯，但是育苗技术比较落后，薯苗供不应求，影响了番薯种植面积的扩大。明季，仙游群众采用严格挑选种薯，薯块育苗和二龄藤蔓冬育苗相接合方式，每年育苗 400 亩左右，出苗 2 亿多株，仙游成为福建四大薯苗供应地之一。

（四）茶果栽培技术改进

明代兴化茶叶种植面积不断扩大，茶树栽培技术更加成熟。绿茶用种子繁殖，乌龙茶种用压条法繁殖，茶园沿山顺坡开垦。茶树主要有佛手、水仙、黄旦、福云六号，其次为梅占、毛蟹、本山、铁观音、福云七号等，还有少部分乌龙、桃仁、福鼎大白茶、福鼎大毫茶、政和大白茶、福安大白茶、大红、奇兰、肉桂、菜茶等。莆田华亭龟山寺、灵川石梯寺、壶公山和仙游钟山麦斜岩、榜头塔山寺等，因其地处高山，都是名茶的产地。

明代兴化百姓已经熟练掌握采茶、凉茶、烘焙、储存等茶叶加工技术，出现了多个茶叶品牌。仙游的"九条茶"、"郑宅茶"和"佛手"，盛名远扬。据

《仙游县志》记载，"九条茶"有药、饮两用功效，久负盛名，明代时"日本人还经常到此采购，并在东南亚侨胞中亦享盛誉"。"仙游郑宅茶被列为福建七大名茶之一"，成为朝廷指定的贡茶。仙游度尾峰古刹东山寺，寺内有茶树一株，高僧取山泉烹沸后，冲泡茶叶，饮后解渴生津，被视为奇珍，取名"佛手"，在明代曾被列为上等贡品，盛誉京都。"佛手"也是兴化境内最早的茶叶商标。莆田龟山的"炒绿"和"月中香"亦是朝廷贡茶。志称：明万历年间（1573～1620年），龟山寺住持僧胜权带领众僧种植茶园千余亩，每年上交官府"炒绿"104.5千克，龟山茶园所产的"月中香"远近驰名。明代兴化境内茶叶产量大幅增长，茶税成为地方财政的重要收入。弘治年间（1488～1505年），莆田县茶课（正税）钞47锭，茶引（贸易税）由钞29锭；仙游县茶课钞7锭，茶引由钞22锭，可见明代兴化茶叶生产有了一定的规模。

明代时期兴化的果树栽培技术也有了较大的进步，境内普遍采用压枝法栽培果树，果树成活率大大提高，结果时间也缩短了许多，果农收益增多。志称：（兴化）"近山地宜种荔枝、龙眼（此以二十年计。然夺枝而种者，四五年结果），近海地宜种柑、橘及桃（柑橘以十二年计，桃以四年计。柑、橘夺枝而种者，亦以四、五年结果）"①。《闽部疏》云："枫亭驿荔枝甲天下，弥山被野，树极婆娑可爱。"② 明人方以智在其著作《物理小识》中也有类似的记载"枫亭驿荔枝甲天下"。周亮工《闽小记》说"荔枝当以莆中宋家香为第一"。兴化府每年进贡荔枝1141斤。

同时，兴化百姓已经熟练地掌握果树嫁接技术，据史书记载，"闽之龙眼树，三接者为顶元。核种十五年始实，实小不可食；则锯本之半，以大实之幼枝接之；至四、五年又锯其半，接如前；如此者三数次，其实满溢，倍于常种。若一、二接即止者约野（竹老）（莆田称本数）"。龙眼树嫁接技术的发明和推广，极大地提高了龙眼的产量和质量，客观上也促进了兴化农村经济的发展。在果树的栽培、嫁接和育苗等方面，兴化百姓总结了一套新技术，如"秋冬之际，以淤泥和粪，壅压其根，仍伐去枯条，不令碍树，逢春犹易发生"。经过多次嫁接的龙眼，不但产量高，而且品质好、口感佳。

① （明）周瑛、黄仲昭：《重刊兴化府志》卷12《户纪六·货殖志》，蔡金耀点校，福建人民出版社，2007，第338页。
② （明）王世懋撰《闽部疏》，中华书局，1985，第4页。

（五）引进和种植农作物新品种

在引进的农作物新品种中，对莆田人民影响最大的当数番薯。万历年间（1573～1620年）番薯传入福建后，逐渐传入莆田。番薯是一种适应性广，抗逆性强，不怕风雨灾害，具有耐瘠土、耐旱、耐酸、耐碱等特点的作物。其所需劳动力少、成本低，还高产，且种植期要求不严格，收获期也可提早。因此，番薯既是一种补救误期种植的作物，又是一种救灾度荒的作物，也是开荒围垦的先锋作物，同时还是一种较为稳收的高产作物。番薯的出现，取代了各种旱地作物的地位。它的引进和推广，也使兴化的饥荒得到缓解，为明代兴化经济的发展奠定了重要的基础。

花生，落花生的简称，莆仙地方称"地生"。花生性喜沙土，适宜炎热干燥的气候，沿海地区多有栽种。兴化府的食油多从花生中榨取，缓解了境内食用油紧张的状况。

明万历年间（1573～1620年）兴化府开始种植由吕宋引进的烟草，并加工成条丝烟（也称晒烟）。明莆田人姚旅《露书》载："淡巴菰，今莆中亦有之，俗曰'金丝醺'。"淡巴菰就是烟草。种烟利厚，"一亩之收可以敌田十亩，乃至无人不用"，所以百姓纷纷种烟取利，朝廷也鼓励种烟。仙游县，"东乡间种烟叶、花生，获息较赢"。姚旅的《露书》明确指出烟草由漳州传入，"吕宋国出一草曰'淡巴菰'，一名曰'醺'。以火烧一头，以一头向口，烟气从管中入喉，能令人醉，且可辟瘴气，有人携漳州种之，今反多于吕宋，载入其国售之"①。

明代，兴化府的药材种植有了比较明确的记载。弘治《八闽通志》中收录兴化府地产药材42种，即芙蕾藤（方言曰：荖）、薏苡、石菖蒲、天门冬、麦门冬、艾、紫苏、薄荷、白蘘荷、豨莶、苍耳、莳萝、天南星、马鞭草、蓖麻子、蛇床子、牵牛子、车前子、栝楼、香附子、香薷、决明子、荆芥、羊蹄、半夏、香茅、牛蒡、石益、木鳖子、苦参、芎䓖、金银花、覆盆子、茯苓、枸杞、吴茱萸、金樱子、蒟蒻、使君子、枳实、千金藤、桑螵蛸。

总之，明代莆田农业生产水平有了明显的提高，主要体现在水利灌溉条件的进一步改善，农业生产工具的改进，农作物品种的改良和引进种植农作物新品种，以及种植栽培技术的提高，因此农副产品产量大大增加，在一定程度上缓解了人多地少、粮食不足的社会矛盾。

---

① （明）姚旅：《露书》卷10《错篇下》，福建人民出版社，2008，第261页。

三　手工业和盐业、渔业持续发展

明代兴化农业生产发展，特别是经济作物种植面积的扩大和产量的提高，为手工业发展提供了必要的条件。明代，兴化府手工业有显著发展，其中以纺织、制糖、制盐、粮食加工、水果焙制、雕刻、造船、冶铁、漆器、竹编等手工业发展最为迅速。

（一）纺织业

明初，明太祖朱元璋曾诏令"凡民田五亩至十亩者，栽桑、麻、木棉各半亩，十亩以上倍之，麻亩征八两，木棉亩四两，栽桑以四年起科，不种桑，出绢一匹，不种麻及木棉，出麻布、棉布各一匹"。这项政策无疑推动了棉麻在兴化各地的生产及推广。纺织业是明代兴化手工业中规模最大的行业。志称："莆作业，布为大。"兴化府纺织业发展到明代已达历史高峰，兴化府成为福建四大纺织中心之一。纺织业的发展主要表现在以下几个方面。

其一，种桑、养蚕、纺织技术有了较大的提高。明代之际，兴化种植棉花者不多，加上"本地桑叶薄，所产丝多疵"，莆田人则从江浙一带引进了先进的植桑技术，仿效"吴、杭人种桑皆用粪壤，故叶厚，蚕食得力，其茧亦厚；及缫为丝也，屡易清水，故丝色白"。在养蚕上，除继续养殖季蚕、月蚕等原蚕外，还引进了一种"大而色黑"的"番蚕"。除了引进先进的种桑技术、优良蚕种，还引进了江浙一带的先进纺织技术，棉籽"用输车绞出之"，棉絮"以竹弓弹碎"，织布用"改机"（即原来两层纱，明代改进为四层纱，故称"改机"）。由于纺织技术的提高，兴化百姓能够生产绫、绸、丝、缎等高档纺织品。黄石的机户织造的丝绸品质好，《兴化府志》记载："黄石机户今织绫，有串四、串五不同；串四稀而薄，串五厚而密，用丝有多寡也。""黄石机户纯用丝为之，诸色皆有。其布匀净疏朗，他方人乍见而爱之。其或以丝为经、以绵纱为纬而织者，名白兼丝，与宋制异。"[①]明《八闽通志》载兴化府每年向朝廷贡缎338匹，仅次于福州。

其二，织物丰富多彩，商品化程度高。莆地盛产白苎布、青麻布、棉布、葛布、麻布、剑麻布及绫、绸、缎、丝布等。"白苎布，即福生布用灰淋水沤白耳。今女妇治此，只逐日将所绩纱夜露昼曝，其色自白，比灰沤者为性硬。按

---

①　（明）周瑛、黄仲昭：《重刊兴化府志》卷12《户纪六·货殖志》，蔡金耀点校，福建人民出版社，2007，第335页。

图 5 - 15　传统的织布机

资料来源：英国威廉·查尔斯摄于 20 世纪初，莆田兴化府论坛，才子整理编辑，2016。

白苎，吴服也。古乐府有《白苎辞》，其来远矣，莆人盖习为之耳"；蕉布，"此蕉以灰理之，绩而成布，可为暑服……此布性硬而脆，染作真红，极鲜亮。染青可作员领"。所谓丝布，就是用蚕丝杂以棉纱织造而成的布。据弘治《兴化府志》记载，此丝布不同于宋代白缣丝布，"以丝为经，以棉纱为纬而织者"。莆地还产青麻布，"莆家贫女妇专治此，盖青麻莆地所产，其布粗而易成。凡人家丧服及诸农作着短小衣服，皆用此"①，商贾还将青麻布转售他方。"下里人家女妇，治此甚勤，每四五日织成一布，丈夫持至仙游，易谷一石"②，可见纺织已成为农村家庭收入重要来源之一。

　　纺织业的发展也带动了印染业发展。《天下郡国利病书》里详细记载了靛蓝的生产流程："霜降后割取，浸巨桶中，再越宿，乃出其枝梗，纳灰疾搅之，泡涌微白，久之渐青，泡尽，淀花与灰俱降，乃澄。蓄之而泻出其水，则淀可滤而染矣。"当时，兴化府印染坊采用种植的蓝靛类植物（俗称靛青）浸制成染料，把土布染成青、蓝、黑色等，染业空前繁荣，"擅兰靛之利"，染坊遍布兴化大地，仅仙游一县就有印染作坊60多家。

　　（二）制糖业

　　明代，兴化府制糖业十分发达，志称："莆作业，布为大，黑白糖次之。"

① （明）周瑛、黄仲昭：《重刊兴化府志》卷 12《户纪六·货殖志》，蔡金耀点校，福建人民出版社，2007，第 335 页。
② （明）周瑛、黄仲昭：《重刊兴化府志》卷 12《户纪六·货殖志》，蔡金耀点校，福建人民出版社，2007，第 335 页。

此期，兴化的制糖技术得到改进，广泛使用滚筒榨取蔗汁，极大地提高了生产效率。弘治《兴化府志》详细记载了制糖工艺："冬月蔗成后，取而断之，入碓捣烂，用大桶装贮。桶底旁侧为窍，每纳蔗一层，以灰薄洒之，皆筑实。及满，用热汤自上淋下，别用大桶自下承之，旋取入釜烹炼。火候既足，蔗浆渐稠，乃取油滓点化之，别用大方盘挹置盘内，遂凝结成糖，其面光洁如漆，其脚粒粒如沙，故又名沙糖。"① 正统年间（1436~1449年），有莆人郑立者从泉州学会了从砂糖中提炼白糖的技术，"每岁正月内炼沙糖为之。取干好沙糖置大釜中烹炼，用鸭卵连清、黄搅之，使渣滓上浮，用铁爪篱撇取干净。看火候足，别用两器上下相乘，上曰圌（胡困切），下曰窝，圌下尖而有窍，窝内虚而底实，乃以草塞窍，取炼成糖浆置圌中，以物乘热搅之。及冷，糖凝定，糖油坠入窝中。二月梅雨作，乃用赤泥封之。约半月后，又易封之，则糖油尽抽入窝。至大小暑月，乃破泥取糖，其近上者全白，近下者稍黑，遂曝干之，用大桶装贮"②。或者将蔗汁倒入煮糖鼎，加热后，以漏勺拂取污物泡渣，经过滤后纯净蔗液煮至甚浓，倾入圆锥形糖锅中，待其结晶，糖油下沉，露出白糖，即可晒干出售。革新炼制技术后所产的砂糖洁如雪；红糖、板糖被江苏、浙江、福州等地民众称为"兴化黑糖"，备受欢迎，是妇女坐月子的必备食品；冰糖更是饮誉远近。《八闽通志》载："冰糖以兴化为最多，尤以仙游为最。"兴化府每年贡黑白砂糖4935斤。制糖业的发达带动了蜜饯等加工业的发展。当时，兴化府的黑枣、蜜枣、乌梅、白梅、蒜梅、梅酱、梅饼等颇有名气。

（三）雕刻业

明代，兴化府石木雕刻技术有很大进步，擅长神像、建筑和摆件雕刻的艺人很多。至今，在荔城、城厢、新县、涵江、黄石、鲤城、榜头、枫亭等地，还保存着大量明代艺人手工雕刻的神像、古代人物及石狮子、石马、柱础、屋架、横梁等住宅装饰、家具装饰、花鸟山水等作品，无不栩栩如生，精美细腻。收藏于莆田市博物馆的明代用花岗岩雕造的文狮衔环钮鱼缸精美绝伦，充分展现了当时精湛的石雕工艺。

---

① （明）周瑛、黄仲昭：《重刊兴化府志》卷12《户纪六·货殖志》，蔡金耀点校，福建人民出版社，2007，第336页。

② （明）周瑛、黄仲昭：《重刊兴化府志》卷12《户纪六·货殖志》，蔡金耀点校，福建人民出版社，2007，第336页。

图 5-16　莆田黄石龙柱（局部）

图 5-17　江东浦口宫石鼓

　　莆田木雕，在唐宋时期就已广泛运用于建筑装饰、佛像雕刻、刻书等。由于年代久远，且木质易毁于水火之患，不易保存，能留存的极少。被列入全国重点文物保护单位的三清殿是这个时期莆田建筑和木雕工艺的代表，三清殿的木建筑结构和雕刻工艺遗存是研究宋时期莆田木雕的活化石，其艺术和工艺价值对后世有重要的借鉴和学习价值。莆田木雕涉及的题材非常丰富，有宗教信仰、民间传说、莆仙戏曲、古代传记、祥禽瑞兽、花草鱼虫、民间图案等。只要是百姓喜闻乐见的内容，都会被当作雕刻题材。明代时，兴化府擅长圆雕佛像、平雕建筑装饰的艺人很多。至今我国莆田、台湾地区和日本长崎、鹿耳岛等地天后宫尚存有一些明代木雕妈祖像以及匾额、围屏、祭器等文物。莆田黄石镇江东浦口宫内留存的省级保护文物——"透雕护栏"，可谓明代莆田精细木雕的代表作。秀屿区山亭镇莆禧天妃宫内的明代妈祖木雕软身像，不仅脸部表情好，而且手脚上下左右可以活动，雕刻水平极高，至今保存完好。现存于台湾云林县天后宫的妈祖神像背后刻着"崇祯庚辰年（1640 年）湄洲雕造"的字样。福建省级文物保护单位"大宗伯第"的檐枋雕饰、"御史大夫第"的厅堂仿额雕饰等是明清交替时期宅第装饰木雕承前启后的典型。莆田的荔城、城厢、涵江、黄石、吴埕，仙游的城关、度尾、榜头、赖店、枫亭等地，都有民间艺人手工雕刻的佛像、菩萨轿、古代人物及家具装饰、花鸟山水等作品。

　　（四）建筑业

　　明代，兴化府建筑技艺非常精湛，水平高超，集中体现在众多富有莆田特色的木构件的广泛使用上。如，建于明万历二十年（1592 年）的大宗伯第，五进五开间三厅六房，以大厅为主轴线成对称，加上门房，护厝，共有大小房间100 多间，世称"百廿间大厝"，是明代一品官典型的府第豪宅，也是我国保存比较完整的少数明代大型住宅建筑之一。据有关专家考证，这座庞大的、采用抬梁式与穿斗式相结合的明代木结构建筑群，没有使用一颗钉子，全部使用枋、榫卯等木构件。斗与拱在兴化府建筑中的应用更为广泛。斗拱种类很多，形制复杂。按使用部位，可以分为内檐斗拱、外檐斗拱、平座斗拱。外檐斗拱中，又可分为柱头科斗拱（用于柱头位置上的斗拱）、角科斗拱（用于殿堂角上的斗拱）和平身科斗拱。"飞檐以表，斗拱为里。"它采用纵横交错的、两端成弓状的木块层层叠垒，形成一个上大下小的星斗状托座，上托屋顶，下连立柱，起着承重的作用，而且向外出挑，可把最外层的桁檀挑出一定距离，使建筑物出檐更加深远，造型更加优美、壮观，还可避免雨水弄湿墙身。即使遇到较严重的地震，斗拱建筑物也能"墙倒房不塌"。存世400多年的大宗伯第等12处明代官宅，就先后经历过多次大地震而安然无恙。此外，斗拱造型美观，是很好的装饰性构件，有些官宦、富裕人家还在斗拱上进行雕刻，美轮美奂。

图 5-18 大宗伯第石坊

图 5-19 大宗伯第大门

位于莆田东里巷内的明工部侍郎黄廷用故居"冬卿旧第"用材特大、建造特殊，为省内罕见的明代木结构建筑实物。黄廷用（1500~1566年），字汝行，号少村，四素居士。明嘉靖十四年（1535年）登进士第，初选为翰林院庶吉士，不久又迁为司经局洗马，后升为工部右侍郎。府第于嘉靖四十年（1561年）建成，为二进合院式建筑，坐北向南，通面宽10米，通进深43米，占地面积近800平方米，地面铺设"京砖"，匾题"冬卿旧第"（周代冬官为六卿之一，主管百工事务，后代因称工部官为冬卿）。现存正厅一座，第二进阁楼一座，古香古色，仍可见当年恢宏的气势。

（五）其他手工业

明代，兴化府的造纸、冶铁、制蜡、酿酒、酿醋、陶器、竹木器制作、农具制作、编织、家具制作、纱灯笼制作、砖瓦烧制等手工业也相当发达。其中，仙游县冶铁铸锅业尤为突出，"煮铁而出之模，则是釜之利，及于旁郡"；莆田县纱灯笼"海内争重之"；景德里"瓦窑专烧造砖瓦，阖郡资以为用"。黄蜡质量上乘，每年上供1033斤。明代兴化府手工业之所以迅速发展，是因为在工场内部有细密的分工。如，纺织生产有纺、浆、纾、织、浣等10多个流程，每个流程又有具体工序，每道工序都有专门工人操作；制糖生产有榨、滤、烹、挹等分工；焙制桂圆干有剪果、浸果、过摇、初焙、复焙、过筛、分级包装等流程；冶铁业除采矿、烧炭者外，还有"煽者、看者、上矿者、取钩砂者、炼生者"等。精细分工，不仅提高了劳动生产率和产品质量，也增加了产量。还出现了专门从事手工业和商业的民户。弘治《兴化府志》载："有匠户一千二百八十一……医户一十一，窑冶户一十。"兴化府陶瓷生产达到了很高的水平，以生产青瓷而闻名。弘治《兴化府志》载："仙游县万善里潭边有青瓷窑，烧造器皿颇佳。及本县北洋澄林有瓷窑，烧粗碗碟；南洋獭溪有瓷窑，烧酒缸、花盆等器。"[①] 据此可知，明代中期以前兴化府拥有窑场多处，分别烧制细瓷、粗瓷等，嘉靖年间（1522~1566年），陶瓷生产因倭寇侵扰、破坏而迅速衰落。

（六）盐业

志称，"莆利，盐为大"。明代，兴化府盐业生产继续发展，兴化府是福建七大盐场之一。当时，盐业生产的最大特点是不断革新生产技术。弘治《兴化府志》载："天下盐皆烹煎，独莆盐用晒法。""晒盐法"早在宋代就在兴化军产生，后世不断发展，"晒盐法"技术日趋成熟。元代兴化路采用"结砂晒盐法"，明代又发明了"丘盘晒盐法"。所谓"丘盘"实际上就是对元代"盐埕"的扩大和规范，更接近今之盐埕。弘治《兴化府志》对"丘盘晒盐法"进行了详细的记载："潮退后，各家就泛地（即海荡地，随人所得而为界限）犁取海泥而邱阜聚之。别坎地为溜池（广约七八尺，深约尺四五），池下为溜井（大如

---

① （明）周瑛、黄仲昭：《重刊兴化府志》卷12《户纪六·货殖志》，蔡金耀点校，福建人民出版社，2007，第337页。

釜，深倍之，约盛水二担），各捶研使光，不至漏水。池底为窍，以通于井。窍内塞以草，复丸土以塞其外（土稍粘稻糠，令水得出）。遇天日晴霁，开取所聚泥曝之，务令极干，搬置池中（池面及底，皆稍布稻糠，令易出水），以海水淋之，水由窍渗漉入井。渗尽，干取泥滓而出之。别置新泥，就以井中水淋之。如是者再，则卤可用矣（凡试卤以莲子，莲子浮则卤成矣；若沉，复淋如前法）。仍治地为盘，名邱盘，铺以断瓷，分为畦塍，广狭不过数尺（恐风约水，故令塍狭），乃运井中水倾注盘中。遇烈日，一夫之力，可晒盐二百斤；然亦不能常得日也。此法大省柴薪之费。"①　"丘盘晒盐法"极大地降低了制盐成本，也增加了盐产量。明后期，兴化百姓采用"坎晒法"制盐，食盐产量大增。盐民挖掘土沟用以引入涨潮的海水，称沟滩（即纳潮沟）；在沟滩四周叠土围筑阡陌，称盐埕（即蒸发池）；邱盘垫上缸片（陶器片），砌上坚固石条作成盐坎（即结晶坎）。遇上晴朗天气，用戽桶（后来使用水车）提取海水进盐埕，经自然蒸发成盐卤后，引盐卤进卤沟，用小木桶提取卤水渗坎，经浓缩后结晶成盐，两三天后，每坎（约 15 平方米）可扒盐 20～25 公斤。这样晒出的盐，粒细色白，称为"细盐"。坎晒法制盐成本很低，生产 1 斤食盐仅需 2 文钱成本，为宋之 1/5。明代制盐工艺的不断改进，对兴化制盐业发展产生了促进作用。明廷一度允许私人制盐，兴化境内盐户剧增。据载，上里场有盐户 2566 户，分为 31 团，年产盐 4000 多吨，占全省的 22%，跃居全省第 2 位。

（七）渔业与水产养殖业

明朝非常重视渔业和水产养殖，明初朝廷就诏令各地："小沟小港山涧，及浇灌塘池，民间自养鱼鲜池泽，如有前夺民取采鱼器具者，许民人拿赴有司；有司不理，拿赴京来，议罪枭令。"兴化地处东南沿海，水产资源丰富，在明代积极的渔业政策鼓励下，境内水产养殖业和渔业开始快速发展。明初，就在兴化设立兴化府河伯所、莆田县莆田河伯所、莆田县黄石河伯所、莆田县莆禧河伯所和仙游县代办河伯所，每年"共岁办鱼课米三千五十六石六斗四升七合，闰月加米三百五十五石八斗一升六合"，从渔课收入也可以看出明代兴化渔业的生产规模，渔业是明代兴化的支柱产业之一，也是地方财政收入的重要来源。明代，兴化府的淡水养殖技术已经比较成熟。据载，明万历间（1573～1620年），枫亭下桥户部员外郎薛大丰在花园内建鲑池养鱼，供观赏和食用。明人屠

---

① （明）周瑛、黄仲昭：《重刊兴化府志》卷 12《户纪六·货殖志》，蔡金耀点校，福建人民出版社，2007，第 334 页。

本畯的《闽中海错疏》中也有淡水养殖记载。莆田县庄边的旧厝村,专门养殖鸬鹚捕鱼。仙游东乡的芹山村,全村人都以鸬鹚捕鱼为生。还有不少农民利用池塘、洼地养鱼以增加收入。兴化百姓利用沿海滩涂养殖海产品,如种植海蛏、江瑶柱(干贝)、牡蛎、紫菜等。邑人关佛心在《莆田杂记·蛏》中记载:蛏出产于哆头,以"蛏种"种之。"蚶和蛏皆以海荡地为种之",滨海百姓于浅海滩涂设置大量的蛎石,唯供蛎苗附生,这是有关人工养殖海产的最早历史记载。《莆田县简志》也记载:"牡蛎丽石而生,肉各为房;剖房取肉,故曰蛎房。宁海之桥础便有蛎房寄附,然吾莆之蛎实多产于笏石西南醴泉一带……养蛎者约有六七百家。"紫菜、蛎、蛏等养殖项目也得到发展,弘治《兴化府志》载:"蚶和蛏皆以海荡地为田种之。"由于明代海产珍品品种增多,一直名噪食界的江瑶柱(干贝)受到一定冲击,但是仍有很多人力捧江瑶柱为海产珍品。

明代,兴化渔民的海洋捕捞技术也有较大的进步。明初,兴化渔民大多使用"浮连网"捕鱼,即"将几十片鱼网连起来,用'浮子'和'沉子',使网竖漂在海中,每年大约在3~6月捕马鲛,在4~5月捕鲳鱼。嘉靖后,海洋捕捞工具进一步改进,除用流刺网外,开始使用'纶带'。'纶',也称'绳',即延绳钩,其由干绳与支绳及鱼钩构成。'纶'即干绳,一般长500米,上隔3米连一蝇,下系钩"[1]。渔民还"设密网,于春冬之季专取白虾","沿海步拖大网,施罟网,取小鱼、乌鱼、鲈"。还出现了竹簋渔业,"簋者,插竹如环,缀似缯网,群鱼趁潮面来,潮退则鱼留簋内,大多鲻、鲳、黄花、马鲛之类"。还有传统的"拾小海",即退潮后沿海百姓在礁石上"用铁钩取蛎房、仙掌、螺",在沙滩拾取车螯、蛤蚌、西施舌等。兴化渔民已经探索出一套成熟的捕捞方法,即"取墨鱼以钩勾、取鲨、鳓、马鲛以流网,取带鱼以流网或定置网"。海洋捕捞工具的改进大大提高了渔业生产效率,促进了兴化渔业的快速发展。

由于使用了"纶带",在明嘉靖后,兴化府渔民开始远涉外省,东至浙江舟山,南至广东汕头。清人计六奇的《明季北略》中载:"闽之莆田、福清县人善钓,每至八、九月,联船入钓,动经数百,蚁结蜂聚,正月方归。"明人董应举的《崇相集·条议·护渔末议》中也有类似记载:"福、兴、泉三郡沿海之渔船,无虑数千艘,悉从外洋趋而北,至春渔乃浙南,闽船亦渐归钓。"

明代兴化水产品加工业继续发展。渔民除了出售新鲜海产品外,还将海产品制成干品,以便保存,为水产业发展开辟了广阔前景。随着捕捞量的扩大,

---

[1] 谢如明:《莆田发展简史》,厦门大学出版社,2007,第110页。

水产品加工业也更加发达。志称：兴化"鱼产于海，种类不一，各应时而至。有钓取者，有网取者，有以扈箔取者。暮取诸海，旦鬻诸市为鲜鱼；腌曝成干，赁卖他方为鲞鱼；或不腌而曝名白鲞，尤他方所珍者"。水产品加工业成为一个重要经济部门，海产干制品远销省内外。

总之，莆田人多地少的矛盾在明代更加尖锐，手工业和渔、盐业便成为一部分人谋生的重要手段。在莆田民间，广泛流传着"赐子千金，不如教子一艺"的谚语，除了一些人通过苦读改变命运外，更多人则依靠手艺来养家糊口。从业人员多，竞争激烈，在客观上促进了手工业技术水平的提高，有不少精品传世。虽然明代实行海禁政策，严重影响渔业的发展，但沿海百姓为了生计，冲破种种限制，在困境中发展海洋捕捞和水产养殖加工业，也取得一些进步。

四　商贸繁荣与兴化商帮崛起

（一）城乡集市

明初，太祖采取了一系列保护商业的政策，规定"凡商税，三十而取一，过者以违令论"[①]。洪武元年（1368 年）诏令"田器等物不得征税"[②]；洪武十三年（1380 年）又下令"嫁娶丧祭之物，舟车丝布之类皆勿税"[③]。永乐年间（1403～1424 年）继续实行轻税保护政策，成祖定制："嫁娶丧祭时节礼物，自织布帛、农器、食品及买既税之物，车船运己货物，鱼蔬杂果非市贩者，俱免税。"[④] 明初，政府虽对商人活动加以严格限制，外出经商必须持有路引，住店必须在官府签发的"店历"上登记，但实行轻税政策，征税手续简约，激发了商人的积极性，对明初商业经济的恢复发展起了积极作用。《兴化府志》云：莆田，"其为治生，近海渔盐，近山稼穑，下里少田地则为商贾，终岁勤动，不敢休息，故莆人无厚产，而用常足"[⑤]。

据府志记载，弘治年间（1488～1505 年），莆田领四厢。东厢"为街五，为巷二十一"，其中石幢街有石幢市，又称北市；东门外街，"人家稠密，有杂货铺店"；阔口街，原有白湖市，"旧时客商兴贩米谷，舳舻相望，今废，只有

---

① 《明史》卷 81《食货五》。

② 《明太祖实录》卷 30。

③ 《明太祖实录》卷 132。

④ 《明史》卷 81《食货五》。

⑤ （明）周瑛、黄仲昭：《重刊兴化府志》卷 15《礼纪一·风俗志》，蔡金耀点校，福建人民出版社，2007，第 436 页。

铜铁竹篾家伙等铺存焉"。左厢，"为街七，为市一，为巷一十有九"，市即义井街南市。右厢，"为街五，为巷六"。南厢，"为街一，为巷二"。据此，莆田城厢共有18条街道及南、北2市。农村集市有涵头市和黄石市。涵头市，"长三里许，人家稠密，商贾鱼盐辐辏，为莆闹市"。黄石市，"市跨莆田、景德、连江、国清四里，居人延亘千余家，其秀民多读书登仕版，而果园、蔬畦映带左右。当市闹处，物货充斥，买卖傍午，而读书之声往往杂出其间，是为市井秀处"。其附近埔头，"有食物及杂货等馆在焉"；后度，"有铜铁铺及灯人家"；西街，"鱼鲜米谷行市集此"。① 黄石地近泉州，为古代福、泉省道往来要津，明代前期莆仙的重要商港——枫亭太平港偏于南，因而黄石市成为明代前期莆田的商业中心。此外，莆田东南的吉了，"居民千余家，买卖辐辏"②。

仙游，附郭"为街六，为巷一"。农村集市有沙溪市和枫亭市。沙溪市，"南北往来大路，客店、酒肆稠密"。枫亭市，"街长三里许，为仙游闹市，商贾贸易颇盛……南通泉州，北通郡城，东通黄石、平海，西通本县，为四达之衢"③。

嘉靖后期，倭寇侵扰福建沿海，兴化府城沦陷，黄石市被劫掠一空，市衢巨室，尽化为煨烬砂砾，④ 商业中心移到涵江。"涵江濒临兴化湾的三江口港，位于内河木兰溪的下游，又是福厦公路（明清时代是福泉省道）必经要道。其海运，向北可达大连、烟台、青岛、上海、宁波等地，向南可达泉州、厦门、汕头、广州等地；内河，沿木兰溪可直达仙游县城；公路上通福州，南通泉、厦，是莆田市境内最重要的交通枢纽，遂成为莆、仙、惠安北部和福清、永泰部分地方的货物的重要集散地和商业中心。"⑤

明代后期，仙游县城的商业也有了较大的发展。《仙游县志》载："明末清初，县城三里长街，西出仰照门，商店鳞次栉比，连接起龙星、永正、安怀、台斗、茅亭、泗州尾街市。辐辏城外四境（永正、太平、安怀、鳌峰），集聚大商家64户，成为'日兑千金之地'。"⑥

据弘治《兴化府志·货殖志》记载，明代莆仙出产的商品主要有鱼盐、纺

① （明）周瑛、黄仲昭：《重刊兴化府志》卷9《户纪三·里图考》，蔡金耀点校，福建人民出版社，2007，第274页。
② （明）周瑛、黄仲昭：《重刊兴化府志》卷7《户纪一·山川考上》，蔡金耀点校，福建人民出版社，2007，第226页。
③ （明）周瑛、黄仲昭：《重刊兴化府志》卷9《户纪三·里图考》，蔡金耀点校，福建人民出版社，2007，第290页。
④ （明）王世懋：《闽部疏》，《四库全书存目丛书》史部·地理类第247册，第688页。
⑤ 福建省地方志编纂委员会编《福建省志·商业志》，中国社会科学出版社，1999，第136页。
⑥ 仙游县地方志编纂委员会编《仙游县志》第13篇《商业》，方志出版社，1995，第422页。

织品、白糖、瓷器、水果等。"莆利盐为大，鱼次之。"盐主要输往本省山区的延平府、建宁府和邵武府。鱼产品，"暮取诸海，旦鬻诸市为鲜鱼；腌曝成干，赁卖他方为鲞鱼；或不腌而曝名白鲞，尤他方所珍者。鱼之鳔可粘器物及作弓箭，渔家往往抽为线缕，以鬻诸市及充贡赋"。纺织品以青麻布、棉布、丝布为主。白糖，"九月，各处客商皆来贩卖……今上下习奢，贩卖甚广"。姚旅《露书》云："吾乡郑在质贩糖泛海，舟至宁波……"明清时期，仙游蔗糖生产区移向东、西乡平原，食糖的集散地逐渐移向县城。县城取代枫亭，成为境内最大的食糖交易地。① 瓷器，前文提及明中期以前兴化府有多处窑场，分别烧制不同等级的瓷器，种类丰富。水果，以荔枝、龙眼最为著名。据载，龙眼干"寄远广贩，坐贾行商，利反倍于荔子"②。其时，有不少外地商人入闽采购。"闽种荔枝、龙眼家，多不自采。吴越贾人，春时即入赀，估计其园，吴越人曰断，闽人曰樸，有樸花者，樸孕者，樸青者。树主与樸者，倩惯估乡老为互人，互人环树指示曰：某树得干几许，某少差，某较胜。虽以见时之多寡言，而后日之风雨之肥瘠，互人皆意而得之。他日摘焙，与所估不甚远。估时两家贿互人：树家嘱多，樸家嘱少。"③ 据载，明代仙游县城和枫亭市、沙溪市、石马市、坝下市、俞潭市是龙眼、桂圆、荔枝、蜜枣果品交易的主要市场。④ 莆仙出产的商品还有烟丝等。"明代后期，兴化民间就有手工制作烟丝在集市上销售。明末清初，省内外许多重镇，都有仙游人开设的烟铺、烟行。仙游城关'隆兴号'烟行经营的荔枝牌烟丝，精工细作，畅销江浙一带，颇负盛名。"⑤ 崇祯末年，莆田人王鹏，善制烟丝，因避兵乱，携家迁至福州藤山（今仓山）兴义境，操持烟丝加工业。其烟铺取名"王大盛"，所产烟丝用茶油焙过，味香且防霉变，深受欢迎。⑥

明代输入莆仙的商品，以粮食为大宗，主要是从邻省广东输入。乾隆《莆田县志》记载：明成化二十三年（1487 年），"二麦失收，其秋亡禾。是冬，潮人载谷鬻贩，舳舻相踵，民赖以济"。嘉靖七年（1528 年）大旱，禾稼绝收。郡人布政周宣书向惠、潮二守告籴。⑦ 明人周之夔说："往时兴、泉、漳三郡不

① 仙游县地方志编纂委员会编《仙游县志》第 13 篇《商业》，方志出版社，1995，第 423 页。
② （明）宋珏：《荔枝谱》第 7 篇，福建人民出版社，2004，第 39 页。
③ （清）周亮工：《闽小记》卷 1，第 16 页。
④ 仙游县地方志编纂委员会编《仙游县志》第 13 篇《商业》，方志出版社，1995，第 423 页。
⑤ 莆田市地方志编纂委员会编《莆田市志》卷 25《商业》，方志出版社，2001，第 1560 页。
⑥ 《福建省志·烟草志》第 2 章《烟丝加工》，方志出版社，1995，第 70 页。
⑦ 《乾隆莆田县志》卷 34《祥异志》，第 678～679 页。

足，则仰广米。凡米自广来者，半系广人贩运，半即系漳泉驾南船往籴。资本多者千金，米船多者数百艘，每艘多者千余石。"① 亦有从省城福州及江浙输入的。董应举（1557～1639 年）言："今漳、泉、兴化诸府商贩日集洪塘，贩米以出。"②"福、兴、漳、泉四郡皆滨于海……在北资于浙，而温州之米为多。"③

除了粮食之外，从省内其他地区及江浙等地输入的商品还有北镇布、丝、绵、纸等。北镇布，"出惠安北镇地方，莆不产"；蕉布，"近时为之者少，漳州出产"；丝，"宋志云，此地桑叶薄，所产丝多额，每岁所须以织纱帛，皆资吴、杭而至者"；绵，"非土产"，来自江浙；白蜡，"建宁出产"；纸，"考宋志，兴化县莘岭村有厚藤纸。彭志：莆田县文赋里茧村有皮纸。近皆辍业。莆人所用纸，皆自顺昌等县兴贩而至者"。④

（二）对外贸易

明初，太祖因东南海上势力未靖，倭寇又在山东、江苏、浙江、福建偶有出没，在沿海实行海禁。洪武四年（1371 年）十二月，"禁濒海民不得私出海"。十四年（1381 年）十月，重申"禁濒海民私通海外诸国"⑤。二十三年（1390 年）十月，"诏户部申严交通外番之禁……沿海军民官司纵令私相交易者，悉治以罪"⑥。二十七年（1394 年）正月，"敢有私下诸番互市者，必寘之重法"⑦。成祖登基后，延续海禁政策，永乐二年（1404 年）正月，重申"禁民下海"⑧。明初实行海禁政策，禁绝民间船只从事海上贸易，这给福建这样一个"以海为田"的地区带来了极为不利的影响。

尽管明初实施海禁政策，仍然有部分莆仙人犯禁出洋经商。洪武初年，兴化卫指挥使李兴、李春曾遣人出海通商。⑨ 莆田城关林氏先人在明成祖永乐年间（1403～1424 年）到暹罗经商谋生。⑩ 在商业利益驱动下，海上走私活动屡禁不

---

① （明）周之夔：《弃草集·文集》卷 5《条陈福州府致荒缘由议》，江苏广陵古籍刻印社，1997，第 920 页。
② （明）董应举：《崇相集》议 2《与毕见素议改折官籴》，《四库禁毁书丛刊》集部第 102 册，北京出版社，1997，第 184 页。
③ （清）陈梦雷等编《古今图书集成》职方典卷 1110《台湾府》，第 17682 页。
④ （明）周瑛、黄仲昭：《重刊兴化府志》卷 12《户纪六·货殖志》，蔡金耀点校，福建人民出版社，2007，第 337 页。
⑤ 《明太祖实录》卷 139。
⑥ 《明太祖实录》卷 205。
⑦ 《明太祖实录》卷 231。
⑧ 《明太宗实录》卷 27。
⑨ 《明太祖实录》卷 70。
⑩ 杨力、叶小敦：《东南亚的福建人》，福建人民出版社，1993，第 20 页。

止。据载："南日群岛倭商云集，遂成'澳番船窟'。境内贾民多冒禁出海，引货转贩，外通各洋，市易诸夷。"①

明代中叶以后，私人海上贸易活动日趋活跃。时人记载："成、弘之际（1465～1505 年），豪门巨室间有乘巨舰贸易海外者"②；"湖〔濒〕海大姓私造海舰，岁出诸番市易"③。正德、嘉靖之际（1506～1566 年），福建沿海居民出洋经商已成风气，所谓"素以航海通番为生，其间豪右之家，往往藏匿无赖，私造巨舟，接济器食，相倚为利"④。隆庆元年（1567 年），明朝政府不得不对海禁政策进行调整。史载："隆庆改元，福建巡抚都御史涂泽民请开海禁，准贩东西二洋。"⑤ 这一提议得到中央政府的允准。于是福建地方官府在漳州府月港设立督饷馆，建立"税引"制度，有条件地允许中外商船报税贸易。这次开放海禁，尽管还是有诸多限制，但毕竟打破了自明初以来的海禁政策，使福建沿海的海外贸易活动进入一个新时期，莆仙人外出从事商业和海运的人数有所增加。崇祯年间（1628～1644 年），浙江巡抚张延登云："福建延、汀、邵、建四府出产杉木，其地木商将木沿溪放至洪塘、南台、宁波等处发卖。外载杉木，内装丝绵，驾海出洋，每赁兴化府大海船一只，价至八十余两，其取利不赀。"⑥ 文中提到的洪塘与南台，是福建省会福州临江的市镇，由此可知，兴化商人经常驾驶大海船走江南与福建之间的港口，许多木材商人便租赁他们的海船将木材运到浙江宁波出售。

明代莆仙对外贸易的主要港口有秀屿港、涵江港和枫亭太平港等。

秀屿港，明称石屿、寿屿、小屿。宋代筑有长 300 米的石展，明代改建为石歧桥，有 137 墩，600 多米长，与大陆相通。明洪武初曾设小屿巡检司，海运管理隶属于莆田莆禧河泊所。秀屿在明代是莆田、仙游、惠安三县货物的吞吐口岸。⑦ 据载："（仙游）举坊市之民，仅百余家；而距城不远之小屿（即秀屿），反有千余家。"⑧ 清代《秀屿志略》亦载："商舶巨舟，逾四百艘，岁得利

① 《莆田市志》卷 28《对外对台经贸》，第 1683 页。
② （明）张燮：《东西洋考》卷 7《饷税考》，中华书局，1981，第 131 页。
③ （明）何乔远：《闽书》卷 48《文莅志》，福建人民出版社，1994，第 1215 页。
④ 《明世宗实录》卷 189。
⑤ （明）张燮：《东西洋考》卷 7《饷税考》，中华书局，1981，第 131 页。
⑥ （明）张延登：《请申海禁疏》，计六奇《明季北略》卷 5，中华书局，1984，第 103 页。
⑦ 莆田市地方志编纂委员会编《莆田市志》卷 23《交通》，方志出版社，2001，第 1410 页。
⑧ 王小桂：《秋岩管斑录·奉郡守先生论筑城书》，转引自朱维幹《福建史稿》（下），福建教育出版社，2008，第 64 页。

不下二十万金，殷实甲于莆之东南。"①

涵江港，宋代称端明港，已通商海外。元代后期，白湖港、宁海港荒废后，涵江港取而代之，成为莆田的主要通商口岸。弘治《八闽通志》载：涵头市，"市濒海港，鱼盐之所聚，商贾之所集，亦莆名区也"②。

枫亭太平港是宋代仙游的对外贸易港，元大德年间（1297~1307年），太平陂建成后，港道逐渐淤浅，木帆船只能乘潮航行至下游近海处。但枫亭作为"鱼盐辐辏之区，上司过往之地"，仍是当地最重要的商业中心。弘治《兴化府志》云："太平港在县东南五十里枫亭市之北……吉了、小屿、莆禧、平海商贩船只，皆集于此。"③

除了上述港口之外，莆田沿海的莆禧、冲沁、平海、吉了等港口也逐渐发展成为对外贸易的港口。万历《闽书》记载：冲沁（今属荔城区北高镇）"建石为城……其民岁贩糖饴稻麦之属，浮温、台、泉、潮，贸易为利"；吉了，"居民业海，赀货辐辏，市廛联络"④。据朱淛所记，早在嘉靖年间（1522~1566年），就有来自广东高州的米船停靠在平海、吉了、涵头等港口。"今闻广东高州有谷船到海上，五只泊在平海，一只泊在吉了，三只入涵头，所装乃杂货及米。"⑤《莆变小乘》亦载："吉蓼（今吉了）、小屿、莆禧、平海等处，虽云滨海，不异居城，男享安逸，女多娇养……"⑥

据《莆田市外经贸志》记载：明代，莆仙商贾多经福州港口及漳州月港转口通商。通商国家和地区有日本、朝鲜、琉球、吕宋、猫里务（今菲律宾布里亚斯岛）、下港（爪哇万丹）、美洛居（马鲁古群岛）、苏禄、柬埔寨、暹罗、旧港（原为三佛齐首都）、苏门答腊、大泥（今马来半岛北大年）。⑦ 万历二十一年（1593年），福建巡抚许孚远定海禁条约，行驶东西洋的商船，岁以88只为限。不久，据巡海道呈请，增至100只。万历二十五年（1597年），巡抚金学曾重定东西洋引，合鸡笼、淡水，计120只。⑧莆仙商人能够领到出洋船引的甚

---

① 转引自蔡麟《清中叶间涵江海运业概述》，《莆田市文史资料》第2辑，1986，第75页。
② 《弘治八闽通志》卷15《坊市》，第399页。
③ （明）周瑛、黄仲昭：《重刊兴化府志》卷8《户纪二·山川考下》，蔡金耀点校，福建人民出版社，2007，第249页。
④ （明）何乔远：《闽书》卷40《扦圉志》，第994页。
⑤ （明）朱淛：《天马山房遗稿》卷5《答此斋林大参论海寇书》，《四库全书》集部·别集类第1273册。
⑥ （明）陈鸿：《莆变小乘》，江苏古籍出版社，2000，第46页。
⑦ 陈美德、戴永存主编《莆田市外经贸志》，方志出版社，1995，第33页；廖大珂：《福建海外交通史》，福建人民出版社，2002，第228~247页。
⑧ 参见朱维幹《福建史稿》（下），福建教育出版社，2008，第87页。

少，因而走私活动并未停止。"在沿海则金、温、宁、绍、兴、泉、漳、潮，在内则福宁、福清、连江、长乐，户习风涛，人熟勾引，百人为舟，方舟为党。冒给船由，开洋射利。一遇负贩之舶，弱肉强食，杀戮剽掠以为常。"① 据万历四十年（1612年）兵部的估计，"通倭之人，皆闽人也，合福、兴、泉、漳共数万计"。② 天启四年（1624年），莆田洪陛参加漳州海澄人颜思齐为纲首的海外贸易集团，多往日本经商贸易。③ 不过，就明代福建海上私人贸易而言，漳州、泉州二府的沿海商民是主体，闽东沿海次之，而莆仙两县是从事海上私人贸易人数最少的地区。

值得一提的是，在莆田涵江天后宫发现一幅精美的明末设色星图，残长150厘米，宽90厘米，中央为星图，上下为文字说明。此星图基本上沿袭以北极为中心，以三垣、二十八宿为主体的画法，共288个星宫、1400颗星，不仅在天文学上有重要价值，在航海史上也有重要价值。据研究，星图的中央贴上罗盘，图上的28条经线及其距离的文字说明，与罗盘的外圈相一致。该星图悬挂于海上贸易相当繁荣的涵江霞徐码头天后宫内，也绝非偶然。综合以上诸要素，此星图与航海有密切关系，从一个侧面印证了莆田是海上丝绸之路的重镇之一。

（三）商帮崛起

商帮是以地域为中心，以血缘、乡谊为纽带，以"相亲相助"为宗旨的一种既"亲密"而又松散的自发形成的商人群体。如前所述，早在唐宋时期，就有不少莆仙"游商海贾"谋利于"他郡外藩"。进入元代之后，外出经商的莆仙人逐渐增多。到了明代，特别是明代中后期，随着商品经济和海上私人贸易的发展，莆仙商人的势力迅速壮大，对当地社会经济发展产生重要影响。

兴化商帮的崛起与明代海禁政策有关。海禁政策使"以海为田"的沿海居民生计面临严重困难。张燮《东西洋考》云："顾海滨一带田尽斥卤，耕者无所望岁，只有视渊若陵，久成习惯，富家征货，固得稇载归来；贫者为佣，亦博升米自给。一旦戒严，不得下水，断其生活，若辈悉健有力，势不肯帖手困

① （明）陈荩夫：《水明楼集》卷14《禁通番议》，《四库全书存目丛书》集部·别集类第176册。
② 《明神宗实录》卷498，万历四十年（1612年）八月丁卯，第9389页。
③ 陈美德、戴永存主编《莆田市外经贸志》，方志出版社，1995，第82~83页。颜思齐为漳州海澄人，该书"广东海澄人"有误。

穷。"① 所以，除了一部分人选择犯禁式的下海通商之外，也有相当一部分人选择在国内经商，这是明代兴化商帮迅速壮大的一个重要原因。

莆仙境内地狭人稠，《兴化府志》记载："莆为郡，枕山带海，田三山之一；民服习农亩，视浮食之民，亦三之一，计其为利微矣。"② 大量不事耕作的人，"平居无事，壮者散之四方，以逐什一之利"③。何乔远《闽书》亦云：莆田之人"学书不成者，挟以游四方，亦足糊其口……行贾之人，金陵为盛"④。另一方面，"上之人以为莆地大民众，租税赋役之供甲于全省，以一邑而兼三四邑之担负，是不啻以一人而兼五六人之租税也。其收入甚微，而支出甚巨，故闽南数郡家给户足，独莆民日日忧贫……势使然也"⑤。地狭人稠和赋税徭役的沉重，也使众多莆仙百姓选择外出经商谋生。据载，明代不少莆仙商人"往南京、杭州、芜湖、江西、湖广、泰州等地经商贸易的，有的连续相传三四代"⑥。《莆田市志》亦载："（莆仙）境内城乡自明代起就有许多人从事商业和各种服务行业。除本地商业外，大部分以兴化桂圆和白砂糖等商品为媒介，到境外各地经营，足迹遍及江浙等省及东南亚各国，有'无兴不成镇'之称。境外商业及服务业活动以城厢、涵江、江口、梧塘、西天尾、鲤城、榜头、枫亭、黄石等乡镇为最盛，江口以旅居东南亚人数众多而享有'侨乡'之称，梧塘以在江浙一带经商日久闻名。"⑦

明代莆仙商人来自社会各个阶层，成分十分复杂，既有农民、手工业者，也有富户、豪绅和官员。明代一些莆仙农民以种植甘蔗、荔枝、龙眼、晒烟、靛蓝等经济作物为主，其中有一部分人是自产自销，如仙游"亦有自产自销的蔗农们，肩挑'盆糖'上市或出境求售"⑧。还有部分农民亦农亦商，农忙务农，农闲经商。手工业已经不再是传统意义上自给自足的家庭副业，其目的是实现商品价值。如下里妇女，"每四五日织成一布，丈夫持至仙游，易谷

① （明）张燮：《东西洋考》卷7《饷税考》，中华书局，1981，第131页。
② （明）周瑛、黄仲昭：《重刊兴化府志》卷12《户纪六·货殖志》，蔡金耀点校，福建人民出版社，2007，第333页。
③ 《民国莆田县志》卷21《食货》，《中国地方志集成·福建府县志专辑》第17册，上海书店出版社，2000，第100页。
④ （明）何乔远：《闽书》卷38《风俗志》，福建人民出版社，1994，第945页。
⑤ 民国《莆田县志》卷21《食货》，《中国地方志集成·福建府县志专辑》第17册，上海书店出版社，2000，第100页。
⑥ 莆田市地方志编纂委员会编《莆田市志》卷25《商业》，方志出版社，2001，第1528页。
⑦ 莆田市地方志编纂委员会编《莆田市志》卷21《乡镇企业》，方志出版社，2001，第1315页。
⑧ 仙游县地方志编纂委员会编《仙游县志》第13篇《商业》，方志出版社，1995，第425页。

一石"①。连农村家庭妇女都以商品生产为目的，更何况那些手工业作坊。因而部分手工业者演变为商人。除此之外，更有许多富家地主、巨姓大族和地方官员，为了谋取丰厚的利润而参与商业贸易。张燮在《东西洋考》中指出，早在成化、弘治年间（1465～1505年），便有"豪门巨室"私造巨舰贸易于东西洋。"富者出资，贫者出力"，这在明代后期的海上私人贸易中屡见不鲜，贫者与富人，小民与巨室，渐渐形成了相互依赖的经商关系。地主、富农还利用游资以"放青苗""牛头碰"等高利贷形式生财。有的富户"囤积成糖，或直接运销出境，或批量贩卖给京果商，成为垄断食糖的商户"②。至于地方官员，据载："嘉靖以后，倭寇骚扰作乱，走私活动复发，豪门巨富和府、县官吏多插手走私。"③

明代莆仙商人地域、乡族观念浓厚，"同业聚居，父子相承"。如海商舶主大多来自沿海的枫亭、秀屿、湄洲、黄石、涵江和江口一带，经营干果的商人大多数来自华亭、梧塘、鲤城、枫亭等地，纺织品经营者则以黄石、府城和仙游县城的商人居多，而经营竹木山货的商人，主要是北部山区的小商贩。④"专业村"的形成亦反映了鲜明的乡族色彩。《莆田县志》记载："县内的一些自然村聚集着专业工匠，他们传授传统工艺，世代流传，亲友提携，以家庭为单位经营，年长日久，形成颇具特色的专业村。如黄石镇西洪村的兴化米粉加工，下江头村的打铁业，惠洋村的乐器制造，笏石镇下郑村的竹编，梧塘镇枫林村的线面加工，华亭镇万坂、云峰、西许村的桂圆焙制，忠门镇东埔村的蒸笼制造，渠桥镇港利村的孵化禽苗，涵江陈桥村的木制家具，城郊西洙村的织布，畅林村的木桶业等等，其产品久负盛名，深受群众喜爱。"⑤

综上，在诸多因素的相互作用下，明代莆仙城乡集市兴起，成为重要的商品集散地，在大量输出鱼盐、荔枝、龙眼、糖、瓷器等商品的同时，莆仙从福州、闽南、广东、江苏、浙江输入大量粮食和布、丝、绵、纸等商品，商品贸易一度繁荣。在对外贸易方面，由于海禁政策的限制，明代前中期的对外贸易乏善可陈。明中叶之后，私人海上贸易活动日趋活跃，莆田商人扮演着重要角色，兴化商帮的形成标志着莆仙商品经济进入一个新阶段。

① （明）周瑛、黄仲昭：《重刊兴化府志》卷12《户纪六·货殖志》，蔡金耀点校，福建人民出版社，2007，第335页。
② 仙游县地方志编纂委员会编《仙游县志》第13篇《商业》，方志出版社，1995，第425页。
③ 陈美德、戴永存主编《莆田市外经贸志》，方志出版社，1995，第133页。
④ 参见蔡天新《莆商发展史》，中央文献出版社，2014，第169页。
⑤ 莆田县地方志编纂委员会编纂《莆田县志》第9篇《乡镇企业》，中华书局，1994，第288页。

图 5 - 20　传统的线面加工

资料来源：英国威廉·查尔斯摄于 20 世纪初，莆田兴化府论坛，才子整理编辑，2016。

第三节　文化的再度辉煌

一　教育体系的恢复和发展

明代，朝廷对兴办教育十分重视，加之莆田地区的社会与经济得到发展，为多种多样教育形式的出现和完善提供了良好条件。从明初起，莆田逐步形成比较完整的地方教育体系，包括府县学、书院、私学等。

（一）官学

明代，重修和扩建了兴化府学及莆田和仙游两县学，还创办了平海卫学，形成府学 1 所、县学 2 所、卫学 1 所的官学教育格局。

洪武二年（1369 年），官方将元代的兴化路学改称兴化府学，废蒙古字学。同时，设志道、据德、依仁、游艺四斋，建会膳堂等建筑。永乐四年（1406年），通判孙旻、教授傅显立建进士题名碑。景泰元年（1450 年）建教谕和训导衙门。成化五年（1469 年），教授王镛析建举人、进士题名碑各一座。

表 5 - 4　明代兴化府学建设情况

年代	修建者	内容	经费
洪武三年（1370 年）	知府盖天麟	定四配十哲位次，饰两庑像。改建通化堂为明伦堂，辟仪门，建神厨、祭器库、宰牲所，立米廪	公费

续表

年代	修建者	内容	经费
洪武二十年（1387年）	知府宋麟	斥府学前民地为射圃	公费
永乐四年（1406年）	通判孙旻、教授傅显	立进士题名碑	公费
宣德七年至八年（1432～1433年）	佥事鲁穆命县丞叶叔文，御史杨政募众成之	重葺庙学	捐资
宣德十年（1435年）	佥事陈祚奉召命知县刘玭、主簿唐礼	重建庙学	公费
正统八年（1443年）	佥事李在	修复射圃，创观德亭于射圃	公费
景泰元年（1450年）	知府张澜	饰庙像，即旧射圃地建养牲所	公费
成化二年（1466年）	知府岳正	范铜铸祭器，凡六百三十有四事	公费
成化八年（1472年）	知府潘琴	重建大成门	公费
成化十年（1474年）	巡海副使刘珂	增建月台于明伦堂之前	公费
成化十二年（1476年）	同知孙兰命耆民吕景睿	重建尊经阁	捐资
成化十三年（1477年）	清军御史尹仁命教授王铺	饰两庑像	捐资
成化十五年（1479年）	教授王铺	重立进士题名碑	捐资
嘉靖十年（1531年）	不详	建启圣祠于庙东，建敬一亭于棂星门右	公费
嘉靖四十三年（1564年）	知府易道谈	重建毁于嘉靖四十一年的庙学，规制如旧	捐资
隆庆五年（1571年）	知府林有源	重制祭器	公费
万历三十一年（1603年）	不详	重修据德、游艺二斋	公费
万历三十九年（1611年）	推官殷宗器	以赎锾重修殿庑门墙	公费
天启二年（1622年）	知府胡尔恺	重修殿庑戟门、明伦堂以及志道、据德、依仁、游艺四斋	不详

资料来源：林麟焻《兴化府莆田县志》卷96；多洛肯《明代福建进士研究》，上海辞书出版社，2004，第91页。

从表5-4的统计可以看出，从洪武三年（1370年）至隆庆元年（1567年）的197年中，对兴化府学的修建共有19次，平均约每10年修一次。其中，由知府主持的8次，其他地方官员主持的6次，说明在官学建筑设施的维修方面地方官员起主导作用。所需经费部分支挪各项公费，部分来自官员及民间人士个人捐助。嘉靖四十三年（1564年），兴化知府易道谈重建毁于嘉靖四十一年（1562年）的府学时，就捐出俸禄修建府学，得到僚属和兴化郡各界人士的热烈响应。在维修兴化府学的过程中，官民对教育重要性的认识进一步深化，发展教育的自觉性进一步提升。

有了完善的学校建筑之后，是否拥有充足的学田和田租收入，成为官办教育能否顺利开展的重要条件。明代的莆田官员大多重视学田的设置，在各个时期都采取了相应的措施。嘉靖三十一年（1552 年），推官孙佳出资置田，以租四十石又一百石，用以帮助贫士。万历四年（1576 年），郡人许克相捐田243 亩给府学。万历十九年（1591 年），在郡守徐秉政的主导下，官方通过多种措施，调拨数百亩田给三所学校，以租谷作为养士的费用，这一善举受到广泛好评。此后，万历二十七年（1599 年），郡绅程拱宸捐田租100 石，供祭祀、赡士及充科举卷资。万历三十一年（1603 年），府学训导雷监捐置田租30 石8 斗。万历三十九年（1611 年），推官殷宗器捐置田租15 石。通过官方调拨和民间慨捐，兴化府学的学田拥有量比较可观，相应地，租谷收入也比较多，这为教与学的顺利开展提供了便利。

洪武二年（1369 年），在莆田县丞赵宗源（莱州招远人）、典史蒋德辉（浙江钱塘人）等的支持和协助下，起用当地一位任过教职的林姓文人负责具体的县学修建事务，使庙学设施逐步完备，祭祀与教学秩序得以恢复，在经历了长时间的停滞之后，莆田的文教事业开始走上正轨，取得的成绩大大超过当时大多数人的预期。此后，又先后于弘治、嘉靖年间进行了多次规模较大的修葺。

图 5-21　立于明正统十三年（1448 年）的《重修兴化府庙学记》（钱习礼撰）

宣德十年（1435 年），进士出身曾官至山西参议的莆田人黄常撰写《仙游县儒学重兴庙学记》，对仙游县儒学的重修进行了回顾。他指出，历史上仙游县学规模较大，据有山水之盛，但由于年久失修，风雨侵蚀，损毁严重。一些有见识的官员试图对其加以修复，在短期内备齐了工料。"于是先构大成殿而新圣容，次葺两庑而秩贤位。学堂有严，斋舍咸秩。黝垩丹漆，侈然辉映于其间。至于仪门、泮桥、祠库、庖庾之有垂圮者，悉皆缮而治之。甫及三月，而功告成，巍峨参翼，奂然一新。"① 此后，成化、弘治、正德、嘉靖、万历年间（1465～1620 年）进行了多次重修。

从以上修复兴化府学、莆田县学、仙游县学的文字记载来看，修复大体循着一个通常的模式进行。先是上级部门或是郡守前来视学，对府、县学的破旧景象深感痛心，提出尽快修复。当地官员召集有关人员会商，一些士绅积极响应，在官方提供经费的同时也接受民间捐助。接着，确定具体工程管理人员和总揽修建事务的人员。前者往往由当地有名望、能干事的士绅担任，后者大都由学务官员担任，双方各司其职，既分工又合作。由于这类工程大都被视为当地当时的首要工程，所以进展比较快，一般都在一年内完成。完工后，官方会举行一个仪式，并请在京或当地有名望的官员、文人撰写纪念性的文字，并刻在碑上立于新落成的庙学中。在这类文字中，作者往往先强调传统儒学对于教化育人乃至社会治理的重要意义，赞扬孔子及其学说的深邃广博。然后，概述修复工程的一般经过，以及倡修、参修官员和具体经办人员的贡献。最后，联系当地实际，对读书人提出期许。其实，从这些看似雷同的关于修复过程及所涉人与事的记载中，我们可以获知多方面的信息。如在封建时代，地方官员对于府县学的修复是重视的，一旦有人提出修复要求，只要条件允许，便会尽快予以实施。再如，在实施过程中会有一些约定俗成的做法，如发动民间集资，指定专人负责工程实施，等等。此外，往往将修复成果视为地方上的一项重要德政而归功于朝廷和有关官员。

除设立兴化府学、莆田县学、仙游县学外，还根据众多移民迁入莆田沿海引发的对当地教育的较高需求，在平海卫设立了平海卫学。平海卫学设于正统八年（1443 年），分四斋，生员 45 人。从成化十二年（1476 年）起，允许附近民户子弟入学。

---

① （明）周瑛、黄仲昭：《重刊兴化府志》卷 28《礼纪十四·艺文志三》，蔡金耀点校，福建人民出版社，2007，第 742 页。

图 5 - 22　明代平海卫进士坊

这一时期，还出现了专门的医学学校。兴化府医学原在府治前，成化四年（1468 年），由知府岳正移于布政分司左侧。仙游县医学在县治东边，成化十年（1474 年）由知县彭昭重建。

明代，不少人视学官为清冷职业，有科举功名者往往不愿意担任。"正统中，天下教官多缺，而举人厌其卑冷，多不愿就。十三年（1477 年），御史万节请敕礼部多取副榜，以就教职，部臣以举人愿依亲入监者十之七，愿就教职者仅十之三，但宜各随所欲，却其请不行。至成化十三年（1477 年），御史胡璘言：'天下教官率多岁贡，言行文章不足为人师范，请多取举人选用，而罢贡生勿选。'部议岁贡如其旧，而举人教官仍许会试。自后就教者亦渐多矣。"① 不过，在莆田科第人物中明确对学官一职表示倦怠的并不多。这一时期，在中央或外地官学机构任教的莆田人不少，他们大多甘于清贫，专注于教书育人。青州教授林长懋，字景时，永乐三年（1405 年）举乡试，除南昌教谕，后升现职，居官自奉清俭，朝食唯盐菜，人因呼为"林盐菜"，后擢翰林编撰兼太子侍读。莆田人林岩，字鲁瞻，以乡贡授苏州府学训导。其为人简俭自得，冬一裘，夏一葛，饭蔬一味，家无积蓄而不计较。学生在学业完成后以金帛为束脩，他

---

① 《明史》卷 69，吉林人民出版社，2003，第 1075 页。

却不接受，认为"我职然耳！"仙游人郑纪任国子监祭酒时，教规甚严，杜绝干请。国子监内有膳余银，郑纪从不取用，同僚引为榜样。

（二）书院

明朝虽然一度裁并书院，但很快予以恢复。在此后的很长一段时间里，朝廷既重视官学建设，也关注书院发展。

明代书院遍及 19 个省，但以江西、福建、浙江、湖南为多。

据统计，福建书院有百余所。其中，福州府 38 所，漳州府 31 所，延平、汀州府各 23 所，泉州府 20 所，邵武府 14 所，兴化府 13 所，建宁府 12 所，福宁府 10 所。书院基本普及于全省，分布较为均衡。福州、闽县、候官、长乐、古田、福安、莆田、仙游、晋江、漳州、永安、延平、邵武、崇安等府、县治所都有 5 所以上，尤以莆田县 10 所最多。[①]

在莆田，除既有官办书院外，还有不少由个人或家族创办的书院，创办者为地方官员、社会贤达、科第人物等，他们有声望，有号召力，也有财力。提学姚镆、知府冯驯在黄石创办水南书院；知府朱衮在涵江创办寿泽书院；知府沈灼在涵江创办立诚书院；正统九年（1444 年），方体乾在涵江瑶山创办书院；正德年间（1506～1521 年），兵部左侍郎林富在府城东岩山创办东山精舍，尔后其子林兆恩继续办学；监察御史马明衡在黄石创办明衡学馆；嘉靖年间（1522～1566 年），柯维骐在柯山乌石尾创办柯山学馆；刑部尚书林云同在府城小西湖畔创办湖南书院，又称读书园；万历三十二年（1604 年），李才在梅峰寺创办梅峰学馆；无为军司户林冕在新度创办闽阳书院；分守徐即登在府城梅峰创办明宗书院；广东副使曾光鲁创办海滨钟山书院。此外，社会人士还创办有闽阳书院、凌云书院、兴安书院、钟山书院等。

在明代莆田和仙游的众多书院中，较有代表性的有立诚书院、会心书院、水南书院等。这些书院大都历史悠久，规制完备，造士较多，社会影响大，受官方关注的程度也高。

立诚书院位于涵江上生寺，知府沈灼和继任知府李缙倡建。先以寺为讲堂，后辟地新建。有讲堂 5 间、四斋屋 10 间、仪门 3 间、左右屋 2 间，还有台、池等。取《周易》中"修辞立其诚，所以居业也"一句中的两字，命名为"立诚书院"。书院以"忠信以立本，而谨独以审其几，言必有物而行必有恒，明通圣

---

① 王家生：《福建教育史》，福建教育出版社，2004，第 224 页。

学之能事"为办学宗旨。

会心书院是仙游的著名书院,地址在枫亭塔斗山上。嘉靖四年(1525年),时任福建按察司副使的祝銮撰写《会心书院碑记》。在这篇文字中,祝銮首先通过介绍会心书院所在的地理环境和建筑格局,揭示了书院名称的由来。所谓会心,是指云游此处之人自然会产生一种心灵的感悟,即心领神会是也。接着,他指出这里原先是一座废弃的寺院,有远见的仙游官员(如萧宏鲁)将之改建为一所书院。"嘉靖元年(1522年)壬午,萧子宏鲁来知仙游,乃始以淫祠撤之。甲申(1524年)春,三峰子来知兴化,以行部至,登山而四顾之,若有所会于心者,遂偕为是图,曰'会心'以此也。自是而后,凡乘传至者憩于驿,必登是以览焉,以觞以咏,以杖以屦,山若增以高,水若增以深,景若增以胜,而其名渐著于天下,未必非二三子启之也。况于兹邦之贤,侨居之士,岂无豪杰迈世者出乎其间欤?"[1]同时,借由这篇文字对在此间修学的士子提出期望。"昔人紫阳翁之俦,必契神会于千载之上,即是以肄习潜修,诵诗人景行之诗,求孟子观海之术。他日造诣,必有系万夫之望,为百世之师者,则兹山也,虽与武夷、云谷并称与天下后世,亦可也。"[2]

图 5-23 枫亭塔斗山会心书院

水南书院位于黄石原红泉宫旧址,建有文庙、讲堂3间、宿舍15间及仪门等,"甍栋壮丽,规模宏敞"。书院设山长一人,聘请一些退休官员和著名学者前来讲学。虽然这所书院由民间人士参与修成,却是由官方主导的。就建筑规制而言,其具有典型的官学化特征,如庙学合一,在陪祀著名学者林光朝的同时还陪祀官员裴次元、蔡熙。此外,修建费用由知府冯驯统筹,没有向民间摊

---

① 郑振满、丁荷生编纂《福建宗教碑铭汇编·兴化府分册》,福建人民出版社,1995,第417页。
② 郑振满、丁荷生编纂《福建宗教碑铭汇编·兴化府分册》,福建人民出版社,1995,第417页。

派，可以推断大部分经费是由官方提供。水南书院建成后，相关的祭祀费用与诸生的廪饩之供都由冯驯及继任的赵叶方统一筹划。礼部尚书林文俊感叹："前代盛时，学校寖兴，然有志之士往往依书院以讲习，大率多至数百人，官设山长以主其教。此盖学校之外别出一鑪冶，以为陶成人才之具，而为圣贤之学者恒由是以出，此今日建立之本意也。"[1] 此处点明了书院是与官学相辅相成的一种教育形式，由官方派遣山长，这更表明水南书院具有官学化性质。"学校斯者，必尽弃俗学之陋，而相与潜心所谓圣贤之学者。以是而知，以是而行，以是而始，以是而终，孳孳汲汲，期必至于圣人而后已。然其用力之要，敬是已。盖自程子提出以示人，而学者始有所从入。"[2] 他认为，学校应当引导学生向圣贤学习，以圣贤的学问作为知与行的准则，包括水南书院在内的书院也应如此。

图 5 - 24　黄石文庙

（三）私学

明代，莆田的私学比较活跃，其种类有社学、义学、书堂、书屋、书舍等。

莆田社学以适应科举考试为目的，与府州县儒学相衔接，学生可以通过县试与府试补为儒学生员，这在全国都一样。莆田的社学还对百姓子弟进行基本的伦理道德、朝廷法令、行为规范和日常礼仪教育，使用教材主要有朱熹的《小学》和明太祖的《大诰》，以及《孝经》《内则》等书。此外，也进行初步的文化知识教育，如要求学生读《三字经》《百家姓》《千字诗》及掌握经、史、历、算等知识，使学生不但能够读书识字，还能明白道理。

---

① 郑振满、丁荷生编纂《福建宗教碑铭汇编·兴化府分册》，福建人民出版社，1995，第151页。
② 郑振满、丁荷生编纂《福建宗教碑铭汇编·兴化府分册》，福建人民出版社，1995，第151页。

　　除社学外，莆田还办了不少义学。义学是服务于乡里的学校，由私人捐资或集资创办，程度低，适应面广。义学招收的学生年龄小，主要学习传统的蒙学教材，如《三字经》《百家姓》《千家诗》等。义学相比于书院、社学，较少受到官方的控制，大多由民间创办，民间自行管理，因而其形式、种类以及发展是因时因地因人而异的。有研究者以明代莆田、泉州两地为例，发现"在明代，凡是乡里义学或乡学兴盛的地方，其科举必盛。如福建兴化、泉州二府乡里延师兴学的风气极盛，因此当地科甲最多。每次乡试，兴化、泉州'占通省之半'。有明一代凡91科，而兴化解元达30人，泉州解元达21人，共计51人，占总数的56%"。①

　　书堂、书屋、书舍是私学的一种统称，在明代莆田官绅的诗作中有所体现。莆田人黄思永，字慎修，号遁斋，于洪武中以明经荐授安福教谕。他在《老圃书堂》中写道："瓜地书庐僻，柴门阚碧流。波光摇席冷，山色入帘幽。琴抚听黄鹄，樽开近白鸥。芳邻有如此，宜尔赋归休。"诗人笔下的这所私学位于乡村，环境清幽，适合教学课读。莆田人周莹，字次玉，号鹤洲，系正统乙丑（1445年）进士，授工部主事，后升抚州知府。他在《城南书屋》中写道："城南僻地是行庐，门巷应多长者车。帘外青山开罨画，案头玉轴委图书。梅花送暖熏晴雪，芸草吹香落蠹鱼。莫道云程难自达，灯窗好为惜居诸。"这所私学在城边上，青山、梅花、芸草与学中的灯窗构成一幅和谐的画面。莆田人彭大治，字宜定，系正德甲戌（1514年）进士，官至长芦运使。他在《寄题壶南书舍》中写道："遥忆壶南是旧游，依稀风景似瀛洲。窗涵碧藓晴还湿，帘卷青山翠欲流。野鸟倦吟花影下，故人共醉月明秋。而今误作王门客，只恐归时已白头。"碧藓、青山、野鸟、秋月构成一幅绝佳的画面。虽然上述诗作者在作品中对书堂、书屋、书舍的教学情况、师生情况没有提及，但通过写景抒情对这些私学给予实际的认可和好评。

　　为了支持民间办学，莆田的一些官员征收淫祠来作为办学的场所。成化年间，彭韶向知府岳正建议毁淫祠盖学堂并得到采纳。岳正于成化元年（1465年）任兴化知府，成化五年（1469年）离任。他在任时曾经建立涵江书院及孔子庙。正德年间（1506~1521年），莆田知县雷应龙在士绅阶层的支持下大毁所谓"淫祠"。其在任6年，一共捣毁民间宫庙800多座，专祀文公、诸贤。兴教化历来是各地的普遍做法，莆田在这方面的动作较大。兴教化既有官方的意志，

① 陈宝良：《明代儒学生员与地方社会》，社会科学文献出版社，2005，第165页。

图 5-25　仙游连氏家族书堂

也有一定的民意基础，所以易于推动且收效比较明显。

　　莆田的私学大都聘请名师任教，民间重视择师已然形成传统。在地狭人贫的兴化府，每年元宵节之后，家族就开始延聘教师，以训子弟。一些莆田籍人士弃官归里，从事讲学活动。举人与监生担任私学塾师的现象，于明代社会中亦时有所见。如成化年间莆田人林鲁祥，以太学生身份在京师授学，御史顾睢把儿子送到他那里学习。顾睢的父亲顾童也是位举人，于永乐十九年（1421年）考中进士，官户部员外郎，后来称病辞官还乡，终身以易学教授乡里。正德年间（1506～1521年），御史姚鸣凤罢官回归故里，设私塾教授生童。御史马明衡系王守仁弟子，长期在乡讲学，被认为是闽中倡导王学之始。尚书林云同致仕后在家乡召集诸生讲学。户部主事柯维骐辞官归里后，创办"柯山学馆"，筑屋讲学，前来学习者达 400 余人。万历年间（1573～1620年），分守徐即登延揽丰城的李才，召集诸生在梅峰寺讲学。林圭曾任莆田教谕，后来也辞官还乡，讲学明理，启迪后进，经文辞章颇有名声。欧志学于嘉靖年间（1522～1566年）中举，后返回故里建聚乐楼，招徒讲学，开五经讲席，各地前来求学者云集。林兆恩于嘉靖年间（1522～1566年）在城内筑东山草堂，倡儒、道、释三教合一说，授徒数千人。

　　明代莆田既有程度低、学生年龄小、属蒙学层次的私学，也有程度高、学生年龄大的层次较高的私学。教师或由创办者担任，或从民间聘请。教师既是教学任务的承担者，又是私学管理的主要成员。有的私学优待学生，帮助学生解决食宿问题。

　　明代，莆田形成层次分明的办学体制。府县学起主导作用，生员素质高，师资力量强，办学较为规范，且与科举考试有机衔接，是一种十分重要的教育形式。书院作为府县学的补充，教育层次比较高。社学、义学等私学较为活跃，起到在底层民众中开展启蒙教育的作用，在一定程度上实现了教育下移。形式多样的社会教育，也在潜移默化中发挥着教化的影响力。多种教育形式的存在和联动，使得莆田社会中出现讲学、读书、习文的浓厚风气，产生了一批儒者，形成教育与科考并重、习文与教化相济的良好局面。

二 科举重现辉煌

经历了元代科举取士的停滞不前之后，明代莆田重视科举取士，采取许多制度性的安排，相关体制和机制日趋完善。

（一）乡试

参加乡试需要先获得童生资格。莆田很多家族出于未来参加科举考试的考虑，往往鼓励子弟先考地方官学，从而取得参加乡试的入试资格。这就使童生的入学考试竞争很激烈，应试的考生有时多达万人。

明代，福建的举子业在全国士人心目中的影响力不亚于江左、浙右。兵部侍郎汪道昆指出："自近世经术兴，则闽士为嚆矢。国家令诸博士授业，非闽士说者不传。于是四方之士屈首受成，不啻功令。彼都人士，斐然与江左、浙右同风。"[①] 其中，莆田更为突出。明代，福建共举行89科乡试（一说91科），每科录取90人。在8000名左右的中举者中，兴化府乡试中举者达1800多人。其中，仅莆田一县每科中举人数达30人以上的就有16科，占全省同科录取人数的1/3以上。据记载，自洪武三年（1370年）至嘉靖七年（1528年）的159年间，莆田"士由乡荐者千一百一十一人，其登甲科者三百二十四人，状元及第二人，探花四人，会元一人，会魁七人，解元二十五人，经魁四十人，视宋之盛，殆又过之"。[②] 若以福建后来所定解额90名作为计算的基础，52次乡试应取举人4680名，那么莆田一地中式举人已占全省中式举人的24%，几近1/4。有研究者根据清乾隆《兴化府莆田县志·选举志》的记载进行统计，认为明代莆田中举人数为1707人，其中仅林氏家族就有294人中举。虽然各家说法不一，统计方式不尽相同，但莆田中举人数众多则是毋庸置疑的。

在一些乡试年份，莆田士子表现尤为突出。如景泰四年（1453年）癸酉科，福建全省录取举人90人，兴化府中举者46人，占全省乡试中举人数的半数多，被时人称为"一邑半榜"。又如嘉靖三十一年（1552年），福建有3000余名士子参加乡试，当科录取举人90名，录取率不及3%。其中，莆田县取中21名：第一名黄星耀，兴化府学生员；第三名黄休太，兴化府学附学生员（癸丑

---

① 《太函集》卷3《赠黄全之序》，《四库全书存目全书》集117，第93页。
② （明）郑岳：《山离文集》卷9，见《国朝莆阳科第录序》。

进士）；第七名蒋云，兴化府学附学生员；第十二名李寅实，兴化府学附学生员（癸丑进士）；第十五名林文星，兴化府学生员；第三十五名陈云桂，兴化府学附学生员；第三十七名翁廷瓒，兴化府学附学生员；第四十五名萧标，莆田县学生员；第四十九名陈希登，莆田县学增广生员；第五十三名林润，莆田县儒士（丙辰进士）；第五十五名宋大升，莆田县学附学生员；第五十六名吴泮，莆田县学增广生员；第六十二名林大观，兴化府学生员；第六十七名林大槐，兴化府学生员；第六十八名林大𤲞，兴化府学附学生员；第六十九名翁莹，兴化府学附学生员；第七十四名陈志，兴化府学附学生员；第七十六名林启昌，兴化府学附学生员；第七十七名方攸绩，莆田县儒士（癸丑进士）；第八十二名余应鸿，莆田县学附学生员；第八十九名方瀚，兴化府学增广生员。以上中举者多数是兴化府学的生员，表明这所学校具有较高的教育质量。这些中举者中有一些人后来又继续努力考中进士。姓名后面标有"癸丑进士"的，表示其中举后翌年参加会试，登嘉靖三十二年（1553年）岁次癸丑科进士；标有"丙辰进士"的则为中举后登嘉靖三十五年（1556年）丙辰科进士。①

清人施鸿保在《闽杂记》中以"兴泉科甲之盛"为题指出，"明时，兴化、泉州，科甲最多，乡试每占通省之半，有一科两元者：兴化则永乐戊子省元杨慈、应天元黄寿生，皆莆田人。宣德壬子省元林同、顺天元宋雍，亦皆莆田人。泉州则隆庆庚午省元林奇石，同安人；顺天元李廷机，晋江人。又有一科五魁者：嘉靖癸卯元黄继周、第三林仰成、第四黄谦、第五江从春，皆兴化人；惟第二陈应，福州人。然是科莆田林毫以训导中广西榜第二，仍合五魁之数。泉州则万历辛卯亦中五魁。明一代凡九十一科，兴化解元三十人，泉州解元二十一人。又景泰癸酉，兴化四十四人。隆庆庚午，泉州两元外，合南北榜中五十六人。两郡科甲之盛，在当日固甲于全省也。"② 在施鸿保看来，兴化士子参加乡试取中人数可以比肩泉州，甚至在有的年份还超越泉州。当时无论是人口数量还是区域规模，莆田都难以与泉州相比，在乡试中能取得如此佳绩实属难得。

在明代乡试中，莆田士子不但中举人数多，还出现了人才集聚现象，产生家族式的举人群体，有的父子兄弟同时中举，甚而出现一门三世解元。清人周亮工在《闽小记》中介绍了明代莆田的一个科举家族："闽莆田黄氏，自明开科

---

① 李莫言：《从一份〈福建省乡试录〉看"文献名邦"莆田》，《莆田市文史资料》第 7 辑，1984，第 114 页。
② （清）施鸿保：《闽杂记》，来新夏点校，福建人民出版社，1985，第 99 页。

来，一姓解元十一人。永乐十年戊子，应天解元黄寿生，正统九年甲子，解元黄誉。天顺六年壬午，解元黄初。成化四年戊子，解元黄文琳。成化十年甲午，解元黄乾亨。弘治十七年，解元黄如金。正德五年庚午，解元黄廷宣。嘉靖二十二年癸卯，解元黄继周。二十八年己酉，解元黄大观。三十一年壬子，解元黄星耀。三十四年乙卯，解元黄懋冲。其余五魁之内，合历科又不下二十人。"①一个黄姓家族就有这么多人中举，这在全国范围内都是罕见的。梁章钜在《归田琐记》中也指出，"前明福州有父子解元者，长乐林赐中洪武癸酉科，及子侨中正统戊午科。兴化有三世解元者，黄寿生中永乐应天戊子科，及孙乾亨中成化甲午科，乾亨子如金中弘治甲子科"。在梁章钜的著述中有不少涉及科举的内容，其本人是科举的亲历者，获得功名后又主持过科举考试，作为闽人，他关于莆田"三世解元"的记述应是可靠的。周亮工和梁章钜都不约而同地提到莆田黄氏家族惊人的科考能力，表明这个家族的相关事迹确实具有典型性。较之父子兄弟同榜，要实现"三世解元"更为不易。为了安心备考，家族需要营造良好的学习氛围，需要有一定的经济条件以维持生活，更为重要的是，家族上下对此应达成高度共识。

在莆田，无论是民间还是官方，对于乡试取中者都给予高度评价和推崇。成化年间（1465～1487年），按察使刘城为宣德元年（1426年）乡试第一名的林时望竖立了解元坊。

明代乡试的主考官，多由具有较高文化素养和一定品级的官员担任，福建、浙江、江西、湖广的乡试主考官甚至起用编修、检讨一类的官员担任，其他省份乡试则使用科部官任主考官，表明朝廷对福建等省乡试的高度重视。柯潜、林汝永、康大和、林云同等一些莆田人曾担任乡试考官，为顺利取士做出重要贡献。柯潜系景泰二年（1451年）状元，官至少詹事，兼翰林院学士，掌院事，教习庶吉士。他在主持应天乡试时，能够公正取士，受到时人赞扬。焦竑说："柯潜考应天试，舟维淮扬，有举子暮夜投公，公叱之，彼固以请，以所贿遗置公前。公怒，命执付有司，治以法。是秋场屋肃然，比揭晓，咸称得人。"②柯潜在乡试中杜绝请托，在会试中更是秉公选才，且经受了朝野的检验。"学士吕原、修撰柯潜为会试考官，揭晓后，有落第举人奏考官校文颠倒者。上问李贤，对曰：'此乃私怨，考官实无弊，如臣弟让亦不中，可见其公。'上意始解。

---

① （清）周亮工：《闽小记》，上海古籍出版社，1985，第 54 页。
② （明）焦竑：《玉堂丛语》，中华书局，2014，第 211 页。

乃命九卿会翰林院考前奏者，多不能答题意，因疏其狂妄，命枷号部前以示众，浇风顿息。"[①] 林汝永是莆田城关人，嘉靖元年（1522 年）举人，授南乐县（今属河南）教谕。嘉靖七年（1528 年）典试浙江，以学行擢国子监博士，获得"侍经筵，赐品服"的待遇。康大和是莆田县崇福里人，嘉靖十三年（1534 年）举人，翌年进士，后授翰林院庶吉士及翰林院编修。嘉靖二十年（1541 年）年，受任会试同考官。嘉靖二十八年（1549 年）八月主试顺天府。嘉靖三十二年（1553 年），参与会试和武试。林云同是莆田县城关人，嘉靖元年（1522 年）举人、嘉靖五年（1526 年）进士。后任翰林院庶吉士，授户部山西司主事。嘉靖七年（1528 年），以京官主试广西乡试。综合以上几位莆田籍乡试考官的事迹，可以看出他们都是科第人物，有较高的学识，在主持乡试后都获得提拔，表明其在从事这项工作时忠于职守，出色完成使命，受到朝廷的肯定。一些考官表现尤为突出，如柯潜秉持为国选才的理念，客观公正地主持乡试，坚决反对舞弊，公正取录，使科场风气好转。

（二）会试

莆田士子中举后又继续参加会试的人数比较多，取中者亦多。从洪武四年（1371 年）郑潜、龚与时、林衡中进士，到崇祯十六年（1643 年）余飏、方元会、林日升、翁冠英、张岳、林嵋、林之骥、张廷榜、陈廷武、陈瑜如、徐稚佳中进士，莆田出了 534 位进士，进士数位居福州和泉州之后，占全省 1/5 强。明代，全国出进士最多的十个地方分别是：莆田（534 位）、宁波（509 位）、泉州（452 位）、福州（391 位）、苏州（386 位）、余姚（376 位）、南昌（326位）、绍兴（325 位）、杭州（321 位）、吉安（304 位）。莆田科甲鼎盛，冠于列郡。明代 90 科，莆田金榜题名者 30 人，占全闽的 1/3，为邑中一大盛事。

在殿试中，莆田士子的表现也很抢眼。梁章钜在《归田琐记》中指出："有明一代，吾闽登状元者十一人，闽县陈郊（洪武丁丑）、陈谨（嘉靖癸丑）、侯官翁正春（万历壬辰）、怀安龚用卿（嘉靖丙戌）、长乐马铎（永乐壬辰）、李骐（永乐戊戌）、莆田林环（永乐丙戌）、柯潜（景泰辛未）、永春庄际昌（万历己未）、长泰林震（宣德庚戌）、建宁丁显（洪武乙丑）。"[②] 在梁章钜的统计中，明代福建中状元 11 人，莆田有 2 人。此外，中探花 10 人，莆田有 3 人。状元和探花的数量反映了明代莆田在科举方面的成就。

---

① （明）焦竑：《玉堂丛语》，中华书局，2014，第 212 页。
② （清）梁章钜：《归田琐记》，中华书局，2012，第 75 页。

明代莆田的进士取中者中，家族的科举实力和进取势头十分强劲，出现了"世进士"现象，即一门几代都有人中进士。其中，较有代表性的是莆田柯家，五世都有人中进士。就科举实力而言，莆田与"世进士"相类似的还有科举世家。明代，莆田方氏登科入仕者有方征、方良永、方良节兄弟等人。方征为方大琮五世孙，洪武六年（1373年）进士，官至知怀庆府。方良永、方良节两人皆为弘治三年（1490年）进士；方良永官至右副都御史，方良节则累官至广东右布政使。方良永之孙方攸节为万历四十一年（1613年）进士，官至山东布政使。方良节的孙子方攸跻为嘉靖二十九年（1550年）进士，任顺德县令。其子方沆为隆庆二年（1568年）进士，官至宁州知州。方沆的儿子方笏为万历四十一年（1613年）进士，侄子方承郁为万历二十六年（1598年）进士。

在明代莆田的科举中还出现过兄弟进士。"前明吾闽同怀兄弟进士者，福州凡二十二家，而同榜者五家，洪武乙卯陈仲完、陈洵仁，永乐乙未刘凤、刘麒、林文秩、林文秸，成化壬辰（1472年）林泮、林濬渊，嘉靖丙戌倪组、倪缙。兴化府十六家，而同榜者二家，成化丁未方良永、方良节，嘉靖癸未方一桂、方一兰。泉州府二十一家，而同榜者三家，弘治癸丑黄铭、黄铼，嘉靖癸丑史朝宣、史朝富，万历庚辰谢吉卿、谢台卿。余则漳州府五家，邵武府一家而已，而同榜无闻焉。"① 兄弟进士现象在其他地方也存在，但在莆田尤为突出，有明一代出现16对兄弟进士，同榜的则有两家，表明这在莆田并非小概率的事，而是每隔一段时间就会出现。

在明代的莆田进士中，还出现了"三试巍科"和"同榜三及第"。"三试巍科"指的是科举考试中的乡试、会试和殿试都名列前茅，这样的人，莆田同福州、泉州一样都有两位。梁章钜在《归田琐记》中指出："前明福建有三试并擢巍科者，福州两家，林志以解元、会元而登榜眼，李骐以解元、会魁而登大魁。兴化二家，杨慈以乡试第一，会试第二，而登二甲传胪，戴大宾以乡试第三，会试第二，而登探花。泉州府两家，李廷机以解元、会元而登榜眼，庄际昌以亚魁、会元而登大魁。"② "同榜三及第"即一科包揽前三名，宣德年间（1426～1435年）福建在科考中就包揽了前三名，其中莆田的林文中了探花。更为惊人的是，在永乐年间（1403～1424年）和宣德年间的两次科举考试中，都出现了一科两解元的现象，而这两次的两解元同榜者都是莆田人。周亮工《闽小记》记

---

① （清）梁章钜：《归田琐记》，中华书局，2012，第77页。
② （清）梁章钜：《归田琐记》，中华书局，2012，第78页。

载："闽省一榜三及第，宣德庚戌状元长泰林震，榜眼建安龚锜，探花莆田林文。一科两解元同县者，永乐戊子福建解元杨慈、应天解元黄寿生，宣德壬子解元林同、顺天解元宋维，俱莆田人。隆庆庚午福建解元林奇石、顺天解元李廷机，俱晋江人。"[1]

在取中进士的莆田士子中，有多位年纪很小，被称为少年进士。周亮工在《闽小记》中介绍了几位科举神童，并特别提到兴化的戴大宾。

同乡试一样，在会试中也有一些莆田籍科第人物担任主考官。景泰二年会试，莆田林文就担任了主考官。

有清代学人感叹，明代福建科第人物出仕为官的不多，其实不然。在明代官至尚书的莆田科举人物有 16 名，多人在中央机构任职。《续文献通考》记载，柯潜等莆田籍人士中进士后很快获得官职，永乐四年（1406 年）进士林环获得翰林院修撰职务，林震、林文中进士后也较快获得官职，林震为行在翰林院修撰，林文为编修。

（三）科第人物

明代从莆田籍科第人物中涌现出各个领域和各个层次的人才，他们以自己的学行和才干为社会的发展做出积极贡献，值得予以充分肯定。

勤于政事，严惩奸恶。林云同于隆庆年间（1567～1572 年）任南京都察院右都御史，掌院事。任内，刊立会约，节浮费、禁苛礼、去奢就俭，风气为之一变。当时一位同事以言事得罪，林云同抗疏救之。进士林润，曾任御史，常怀忧国忧民之心，不顾杀身之祸，率先讨伐奸贼严嵩，受到时人赞扬。

图 5 - 26　林润故居

选拔人才。焦竑在《玉堂丛语》中介绍了黄仲昭爱才惜才的事迹，说黄仲昭在担任文选郎的 15 年中，严格按照相关法规选拔人才。黄仲昭于成化二年

① （清）周亮工：《闽小记》，上海古籍出版社，1985，第 117 页。

（1466 年）中进士后，曾在吏部下设的文选清吏司任郎中，具体职责是掌考文职官之品级及其选补升调之事。这一机构中的郎中多达 7 位，黄仲昭只是其中之一，但他认为选人无小事，不以官小为意，而是兢兢业业地致力于人才选拔，极为爱才惜才。

关心民生。林汝永于嘉靖三十四年（1555 年）迁长芦盐运使，奏减拖欠盐课 10 余万两。郑纪累官至户部尚书，刚正不阿，疾恶如仇，在任上为百姓、为家乡办了许多好事。他主张屯垦，增加收入，减轻百姓负担，还主张加强国防。郑弼，官工部郎中，荒年出赈江南，救活了许多人。榷税芜湖时，廉平有声。出任广南（今属云南）知府时，平江洋株连之冤狱。

修史兴文。康大和于嘉靖二十八年（1549 年）二月升翰林院侍讲。万历三年（1575 年），纂修《兴化府志》26 卷。柯维骐中进士后不久便回到故里，从此以教学和著述为生，执经问难，门生 400 余人。著述方面成果较多，有考据类的，也有史志类的，著有《宋史新编》200 卷、《史记考要》10 卷、《续莆阳文献志》20 卷，在学术史上具有一定的地位。

图 5 - 27　柯维骐"修史堂"旧貌

图 5 - 28　柯维骐"修史堂"新貌

教书育人。柯潜任翰林院学士时，掌院事，教习庶吉士。林云同于嘉靖十二年（1533 年）二月转任浙江按察司佥事，提调学校。他敦德崇行，以古道训诸生，与诸生讲论多归于仁义中正。内阁首辅张璁欲替其女婿请补廪膳生员，林云同坚决不同意。郑纪为国子祭酒，逢万寿节修斋醮，礼部预取监生供事。郑纪以为不可，上疏谏。皇帝在东宫行冠礼，郑纪采自文王以来嘉言行凡百条，各绘画作赞，名曰《望功图》以进，意在对皇帝进行劝勉。

尽管明代扩大了科举取士的规模，取录的人数大大增加，但报考者也多，竞争激烈，能如愿取中者，占考生的比例不是太大。莆田的一些科举落榜者选择放弃举业而归隐，并为自己营造相对轻松的归隐环境。这与获得功名后的归隐虽在表现形式上不同，就本质而论却殊途同归。谢肇淛在《寿莆阳陈明臣七十诗并序》中指出："明臣陈君既攻举子业不遂，纵情诗歌酒间也，翩翩乎仙矣。今岁正当七十，耳聪目明，手足矫健，甚适也。君子汝宇走赤崁介周山人、乔卿以丐余言。余家三山海上，与莆风马牛不相及，然时时从芦川拜宋仁济侯祠，为之低回不能去。读古灵先生集，又辄击节扼揽而叹其后之人未有继者。乃今始知明臣为二先生裔也，神明之胄，天必丰之，春秋之算固未可甲子纪。"[1]作者描述了一位因科场失意而隐居乡间，且生活轻松舒适的莆田人陈明臣的形象。清人周亮工在《闽小记》中介绍明代莆田读书人周所谐甘于淡泊，具有隐士风范，平日里不与人接触，也没有将时光用于攻读科举文字，写的诗颇有意境。"周所谐，名如埙，莆处士也。足迹不出户庭，苦吟弗辍，未尝妄与显者游。里中乡学士罕识其面，故其为诗绰有林壑之致。自作《田家吟》云，'不识市朝车马喧，残蓑弱笠老田园。柴门去郭无多路，野竹临流自一村。春雨桑麻终岁足，清时鸡犬数家存。儿孙牧畜南山下，为道须防猛虎繁。'可以见其逸韵矣。他如'风生极浦潮常白，霜冷空林草变衰''万里寒山横积雪，半汀衰草隐斜阳''百花潭上鱼竿在，五柳门前鹤径荒''因嫌城市非吾土，却傍渔家作比邻''墙压花枝妨客过，泥深苔径唤人扶'等句，全无烟火食气。"[2]在封建社会里，参加科举是读书人的正业，若彻底与科举告别则会被视为另类。不参加科举意味着失去了出仕的机会，自然谈不上领取俸禄以维持生活，所以这类人群还需要有一定的生活来源。如果生活无着，又甘当隐士，那生活必定清苦。显然，不应科举者既需要承受较大的社会压力，又要有甘于淡泊之心力。

成化十年（1474 年），王镛出任兴化府学教授。应他的邀请，黄仲昭撰写《皇明兴化府乡贡进士题名记》，指出明朝建立后，"列圣相承，益隆继述，百有余年于兹。莆之歌《鹿鸣》而升春官者，日以益盛。有祖父子兄弟相继者，有父子叔侄兄弟同升者。合八郡解额，吾莆恒得三之一。比年以来，位六卿，列禁从，长藩臬者，接踵而起。人才之盛，盖几于宋矣"。[3]莆田科第如此之盛，势必对社会产生影响。科举制不仅刺激了明代学校教育的发展，而且使明代的官僚队伍保持了较广泛的社会基础。关于明代莆田科第人物所属的社会阶层，未有明确的统计，但科举取士制度的扩展，疏通了部分寒门士子上升的路径，

---

① （明）谢肇淛：《小草斋集》（下册），福建人民出版社，2009，第 827 页。

② （清）郑杰：《全闽诗录》卷 36 "万历朝七"。

③ （明）周瑛、黄仲昭：《重刊兴化府志》卷 2《吏纪二·各官年表》，蔡金耀点校，福建人民出版社，2007，第 75 页。

使他们能够通过相对公平的考试竞争脱颖而出，从而步入仕途，或从事文教活动，或充当乡绅，在当地发挥主导作用。由于莆田科举取士人数多，客观上形成一个具有重要影响的士子阶层，对扩大封建王朝的统治基础，促进地方治理和维护社会稳定，以及发展经济、提升文运，都起着重要作用。

三 文学艺术重振雄风

明朝，莆田教育得到恢复和发展，科举重现宋代的辉煌，莆田县的进士人数在全国位居第一。明代莆田四品以上的官员就多达300余名，甚至出现了"六部尚书占五部"的奇特现象。明代莆田文人著述之多，为历代之冠。其中有诗文佳作传世者不下百人，文献名邦雄风得以重振。

（一）诗人和文学家辈出

在科举人才中，不少人也是著名的诗人或文学家。永乐四年（1406年），林环（1376～1415年），字崇璧，号絅斋，莆田人，状元及第，授翰林院修撰，升侍讲。预修《永乐大典》，为《书经》总裁官，两考礼闱会试，声名藉甚，又工书法，擅长狂草，著有《絅斋集》10卷。后人赞其诗"清思异质，藻而不浮，朴而不枯，极诗家音色之妙"。如其《题画牛》云："春满空原草色深，乌犍追逐过遥岑。半村残照人家晚，似恐天寒去路阴。"此诗寥寥28字，就把一幅生动形象的春天原野牧牛暮归图勾画出来。

林文（1390～1476年），字恒简，号澹轩，林环之族叔，宣德五年（1430年）探花，累官太常寺少卿兼翰林侍读学士，参与修纂《宣宗实录》《历代君鉴》《天下郡志》等官书，卒赠礼部左侍郎，谥"襄敏"，著有《淡轩稿》。《明诗纪事》评云"淡轩诗格清远，有翛然出尘之致"。

柯潜（1423～1473年），字孟时，号竹岩，莆田人，景泰二年（1451年）状元，累官詹事府少詹事兼翰林学士，为人质直，诗咏冲淡清婉，文章峻整雄世，是天顺、成化年间（1457～1487年）的文坛名家，著有《竹岩集》1卷、文集1卷、补遗1卷。其《砚铭》云："刚，其德也；方，其质也。宁刚方以异，不觚觚以随。我其监汝，蚤夜以思。直焉惟汝知之，枉焉惟汝规之。然则汝实为我之畏友，何但策勋于场屋，效事于文辞耶。"本则砚铭，咏物托志，颇含哲理。其《游囊山寺》诗云："下马松关外，行行过虎溪。钟鸣知寺近，云暝觉天低。断涧流泉涩，平冈古木齐。何时谢尘鞅，此地卜幽栖。"此诗记游莆田江口囊山寺之所行、所闻、所见，以"何时谢尘鞅，此地卜幽栖"尾联，表达自己宦游的感受，亦间接表达对斯山、斯寺清幽的赞美之情。

彭韶（1430～1495 年），字凤仪，自号从吾，莆田人，天顺元年（1457 年）进士，官至刑部尚书，卒谥"惠安"，有《彭惠安集》10 卷、《政训》2 卷、《名臣录赞》2 卷、《从吾滞稿》12 卷。其诗文虽沿台阁之体，然醇深雅正，极具根底。特别是他于弘治二年（1489 年）巡视浙江、兼理盐法时，上疏言灶户之苦，并绘 8 图配 8 首《进盐场图诗》，反映了盐民之苦，这样的题材在文学史上是个突破。《四库全书总目》评云："具有元结《舂陵行》、郑侠《流民图》之意，又不仅以词采工拙论矣。"《追赔图》诗云："近宝固贫国，厚货亦贫民。卤丁有常赋，催目何纷纭！侵耗岁已久，蚕缘具虚文。商算无从给，鞭箠不堪闻。富黜自当尔，哀此颠连人。称贷不见售，丝谷无余新。宽减逢优恤，感激谢皇仁。沧海未终竭，更始重辛勤。"诗题所谓"追赔"，就是追补灶户亏欠的盐额。诗中揭露官府巧立名目，对灶户催租课税，灶户无力补税，受到鞭箠责罚，困苦不堪。虽偶遇皇帝"宽减""优恤"，但只要"沧海未终竭"，灶户们便只能周而复始，辛勤劳作。

周瑛（1430～1518 年），字梁石，因与族人凿渠种莲以居，号翠渠，莆田连江里（今荔城区黄石镇）人，成化五年（1469 年）进士，与黄仲昭同修过《兴化府志》，所著诗文集原名《翠渠类稿》，后门人林近龙选录付梓，改称《翠渠摘稿》7 卷，补遗 1 卷，续编 1 卷。郑岳称周瑛文章浑成雅健，有根底，诗格调高古。尝自作绝句称"老去归平淡，时人或未知"。其《辰州坡叹》云："马郎坡，牛郎坡，山高路险将如何？前山望云云片阔，后山听雨雨声发。仆夫尽日赤双脚，尽力踏泥泥转滑。君不见蜀道难，千山万水高嵾峨。我今入蜀向西去，此是东头第一关。""辰州"位于湖南省西北部，今属怀化市沅陵县，为入川第一关，作者以诗的语言描绘了其地山高路险的实况。

郑纪（1433～1508 年），字廷纲，号东园，仙游县文贤里上郑村人。天顺四年（1460 年）进士，官至南京户部尚书。工文辞，尤长于诗，有《归田录》《东园文集》13 卷、《诗集续编》8 卷。其文章简洁，诗风清丽俊逸。如《溪声亭春霁次太守岳蒙泉韵》曰："日午溪亭气候和，斯文冠盖远相过。桥头雨歇溪初瘦，天际云收山渐多。青草台边看马戏，绿莎洲外听渔歌。明年报政还多异，水满西畴虎渡河。"前人认为"桥头雨歇溪初瘦，天际云收山渐多"等句"琅然可诵"，《四库全书总目提要》则认为其有"南宋风格"。

黄仲昭（1435～1508 年），名潜，以字行，学者称未轩先生，莆田东里巷（今荔城区英龙街东里巷）人，成化二年（1466 年）进士，选庶吉士，授翰林院编修，后江西提学金事，修纂首部省志《八闽通志》，与周瑛合修《兴化府志》，还编有《邵武府志》《南平县志》等，所编志书循序记述、体例严整、门类齐备，极具教化资政功能。黄仲昭有《未轩文集》12卷、补遗1卷传世，其中不少诗文具有较高的文学价值。黄仲昭的文风平易质实，其论诗注重"和平之气""正大之体""隽永之味"，反对"流于狂诞"的"豪壮"、"流于纤靡"的"缛丽"和"流于浅俚"的"冲淡"，既与"三杨"（杨士奇、杨荣、杨溥）有相通的地方，又与"三杨"粉饰太平、歌功颂德的主张迥异。其《梨岭道中》写道："花开不为春，路湿非关雨。空谷一声传，山川学人语。"短短20字，就把梨岭幽静空灵的深山环境描绘得淋漓尽致。黄仲昭的《登天妃庙朝天阁》一诗亦常为人所征引，诗曰："扁舟乘兴访湄洲，独向朝天阁上游。钟送清声闻两岸，树移寒影落中流。云开平海见谯橹，潮益禧江度客舟。吟倚阑干清不断，天风吹起海门秋。"本诗客观描述湄洲妈祖庙朝天阁的海天景观，同时借景生情，寄寓一位理学家的爱国情怀。

林俊（1452~1527年），字待用，号见素，晚号云庄，莆田荔城人，成化十四年（1478年）进士，累官刑部尚书。刚直敢谏，廉正忠诚，是成化、弘治、正德、嘉靖四朝的老臣，卒赠少保，谥"贞肃"，著有《见素集》28卷、《奏疏》7卷、《续集》12卷。前人评其为文体裁不一，大都奇崛博奥，不沿袭台阁之派；其诗多学山谷、后山二家，虽多隐涩之词而气味颇能远俗，如绝壑疏林，别有风景。如凭吊岳飞之《题武穆庙》云："十二牌来马便东，鄞城狼狈泣相从。中原赤手经营外，底事书生备料中。大将几看刑白马，诸公无分饮黄龙。播迁竟阻奸臣计，吹落崖山此夜风。"该诗赞颂南宋抗金英雄岳飞的忠勇，斥责昏君听信奸臣谗言，连发12道金牌，促令岳飞班师，终使南宋末帝迁徙流离，溃败崖山。

郑岳（1468~1539年），字汝华，号山斋，莆田人，弘治六年（1493年）进士，官至兵部左侍郎。居官有风节，是明中期莆田最杰出的学者、诗人之一，创逸老会，所编《莆阳文献》，收人物列传75卷，传主246人，保存了大量文学史料，著有《山斋集》24卷。

朱淛（1486~1552年），字必东，号损岩，莆田人，嘉靖二年（1523年）进士，官湖广道监察御史，著有《天马山房遗稿》8卷。《四库全书总目》评其诗文"不事铅华，独抒怀抱"。

黄金（1496~？），字廷声，号莘溪，莆田人，嘉靖二年（1523年）进士，官山东新城（今桓台）知县，外刑部主事。其赴新城时自出京至济南，凡所游历，俱纪以诗，成《东游集》一书，率皆浅易，间以应酬杂著。

林兆珂，字懋忠，一字孟鸣，号榕门，莆田人，万历二年（1574年）进士，历任刑部郎中、廉州知府等，是一代学者，所著《毛诗多识篇》《李诗钞述注》《杜诗钞述注》《林伯子诗草》《选诗约注》等均收入《四库全书》。

余怀（1616～1696年），字澹心，一字无怀，号广霞、鬘翁、鬘持老人等，莆田人，寓居南京，一生恬淡自爱，漠视名利，以游历著述自娱，作品有《味外轩集》《研山堂稿》《秋雪词》《板桥杂记》等20多种，内容涉及诗词、文史、戏曲、茶艺、砚林、服饰等，多为追忆昔日繁华、感叹世事沧桑之作。

明代莆田文学家灿若繁星，还有陈道潜、陈音、陈霖、宋端仪、方良永、林有年、林富、马思聪与马明衡父子、林文俊、林达、林大辂、林云同、黄廷用、林润、佘翔、游日章、陈昂、方沆、林多见、周如磐、彭汝楠、姚旅、黄巩、郭良翰、王家彦、郑郏、周婴、林嵋、郑凤超、董史、李灿旸等，皆有作品集传世，有的被收入《四库全书》。

此外，明代兴化府才女辈出。据统计，明代仅莆田县在历史上留名的女诗人就有40多位。如林恭卿之妻黄幼藻，字汉荄，是一位成就卓著的多产女诗人，著有《柳絮编》。《莆风清籁集》收录其诗10首。所作《题〈明妃出塞图〉》云："天外边风扑面沙，举头何处是中华。早知身被丹青误，但嫁巫山百姓家。"作者以一个女子的眼光、心理，对汉代的昭君远嫁塞外遭遇给予深刻的同情。另有周庚，字明瑛，著《羹绣集》，收诗百余首，《莆风清籁集》亦收录10首，其庶母、二嫂、女婿等亦均能诗。万历朝徽州同知徐廷龙女徐玉英、徐淑英和徐德英三姐妹俱善诗，《莆风清籁集》收录了淑英、德英诗各4首。还有宋芳斌、方淑贞、林淑、陈蕙卿、徐贞女、陈若瑛、黄幼蘩、朱玉耶、陆眷西、周玉箫、方蕙、陈彩玉、方舆妻吕氏、范鹿、郑莺阳、林简妻方氏、周闻妻方氏等"闺秀"诗人，皆有作品传世。另外明代兴化府还涌现一批方外诗僧，《莆风清籁集》就收录了20多位。①

（二）家族文学兴盛

科举与文学有着密切的联系，明代兴化府科举家族有80多家，诸如陈规家族、陈中家族、陈鼎家族、陈伯献家族、陈琳家族、陈道潜家族、林弃家族、林文家族、林俊家族、林宪家族、林富家族、林云同家族、林有年家族、林大辂家族、林应采家族、林元霖家族、林允宗家族、林简家族、林辉家族、林说

---

① 参见黄祖绪《壶山门第》第2集《莆阳历代闺秀名媛·差旅诗人纪略》，中国作家出版社，2015。

家族、林光庭家族、林智家族、林登源家族、林恭章家族、王谨家族、王家彦家族、黄寿生家族、黄誉家族、黄相家族、黄澜家族、黄廷宣家族、黄谦家族、黄世康家族、黄起鲲家族、郑彦成家族、郑瑗家族、郑絅家族、郑弼家族、郑茂家族、郑锜家族、方熙家族、方征家族、方澥家族、方良永家族、方琮家族、方承袞家族、周坦家族、周瑛家族、周宣家族、周闻家族、吴宏密家族、吴希由家族、吴希贤家族、余光家族、余怀家族、顾孟乔家族、邱山家族、宋端仪家族、柯潜家族、彭韶家族、高昂家族、翁世资家族、马明衡家族、姚鸣鸾家族、阮琳家族、俞钊家族、郭应聘家族、朱淛家族、游日益家族、唐维城家族、苏眉山家族、曾楚卿家族、徐廷龙家族、昌应时家族、茅襄家族、唐大章家族，等等，科举家族也多是文学家族，促进了兴化家族文学的兴盛。[①] 择其数家简介如下。

1. 林智家族

林智，字若濬，初号勿斋，晚更号拙叟，莆田人，正统九年（1444年）举人，官苏州府学教授，有《蛙鸣集》。子林季琼，字时献，号他石，弘治十二年己未（1499年）进士，终广东道监察御史。侄林道充，字于本，成化十九年（1483年）举人，任德安知县。曾孙林大观（字朝教）、林大黼（字朝介）同中嘉靖三十一年（1552年）举人，均有文名。

2. 郑弼家族

郑弼（1492~1584年），字谐甫，莆田人，嘉靖二年（1523年）进士，历工部郎中、云南知府，与子郑东白均能诗。郑东白（1518~?），嘉靖二十六年（1547年）进士，官广东佥事，著《金华杂记》1卷。

3. 郑茂家族

郑茂（1526~?），字士元，号壶阳，莆田人，嘉靖三十二年（1553年）进士，官至兵科给事中、河南按察使，有《偲园诗集》《靖海纪略》。子郑泾，博学，以讲文名海内。孙郑郊（1612~?），字牧仲，号南泉，著《史统》145卷、《诗函》、《南华十转》、《偶笔》、《寓骚》、《水书》、《折衡》、《孝经心笺》、《朝易》10卷及诗文集等，惜多未刊。郑郊弟郑郏（1615~?），字奚仲，一字皆山，崇祯末贡生，曾参与郑成功等领导的抗清活动，晚年移居仙游山中，有《皆山集》《易测》《诗史》《和陶》《广骚》《春秋表微》《明书》《南华微笑》《续英雄记》《钞同声录》传世。

---

① 详见郑礼炬《明代福建文学结聚与文化研究》，人民文学出版社，2015，第185~259页。

4. 林澄源家族

林澄源（1536～?），字仲清，号二泉、定庵，莆田人，嘉靖三十八年（1559年）进士，官至四川右布政使，与其兄林静泉均从事文学创作和学术著述。同著有《四书书经讲义》《古易论》。

5. 林恭章家族

林恭章（1562～1631年），字尔肃，莆田人，万历二十六年（1598年）进士，官湖广布政使司右布政。孙林友王、林翼王、林赞王、林翰王、林宾王5人均为清代著名作家。

6. 郑锜家族

郑锜，字元藻，莆田人，万历间（1573～1620年）国子监生，能诗。曾孙王臣，字慎人，一字兰陔，拔贡，官兰州知府。入清后纂《莆风清籁集》60卷。

7. 王家彦家族

王家彦（1588～1644年），字开美，号尊五，莆田人，天启二年（1622年）进士，累官至户部尚书，卒赠太子太保、兵部尚书，谥"忠端"，有《王忠毅奏疏》《王忠毅文集》等。子王赓靖，字自位，顺治国学生，有《自位诗集》。

8. 黄起鲲家族

黄起鲲，字尔虔，籍仙游县学，天启四年（1624年）举人，著有《少摘园集》4卷。子黄辙、黄轼俱擅诗文，有诗集传世。

（三）文人结社成风

明成化、弘治年间，兴化府文人结社成风。与元代文人多数属于避患性质或隐士型的结社不同，明代莆仙文人团体是高龄文人群体，成员以致仕归乡官员为主，他们结社嘤鸣、觞咏唱酬，以乐享天年。明代莆田县文人结社可考者至少有15家，其中壶山文会、逸老会、木兰吟社、耆老会、颐社、红琉璃社、七子社、遗老社诸社成员基本可考；而耆硕会、东山诗社、北山诗社、五君会、响社、魏时敏之结社、林铭几等各结社成员可考者仅一二人而已。

壶山文会从元末延续到明初，影响较大，我们已经在元朝的相关章节中做了介绍，这里从略。成立于嘉靖六年（1527年）的逸老会，由归乡兵部侍郎郑岳倡创，初立时7人，主要由致仕官员组成，称"七老会"；嘉靖十一年（1532年）增为9人，称"九老会"；隆庆三年（1569年）复举逸老会，成员8人，改号"八仙会"。该会援壶山文会之例，强调诗会的教化作用，认为"夫老成典型，风教之助也"。编有《逸老诗集》行世，影响最大。而嘉靖倭患之后陆续出现的木兰吟社、颐社、北山诗社等，则都已成为典型的山林隐逸诗社，作品与士大夫之风教倡导相去甚远。

仙游的明代结社则有由致仕的户部尚书郑纪和原江西参议陈迁创立于弘治十八年（1505年）的"耆乐会"，社址设在枫亭镇。社员共11人，其中枫亭4人、县城3人、其他乡村4人。年龄最小者61岁（郑康），最大者84岁（林宾梅），平均年龄72.5岁，是真正的精英耆老结社。诗社成立时，郑纪作《耆乐会》长诗，记述了参社成员情况，也说明了社聚活动是"间月开社筵"；还有"相谓不呼官，序坐唯齿列。野簌杂前陈，鱼肉不逾约。酒戒晋荒狂，诗破唐格律。举止关伦彝，论谈归典则"等社约；结社宗旨"不是慕高名，聊以全晚节"。耆乐会社事活动持续约三年，其关注现实和民间疾苦的作品不多。

（四）明代莆仙书画艺术

1. 书画艺术

明代社会经济进一步发展，科举重兴，朝廷重置翰林画院，这些因素都促进了绘画艺术的繁荣，亦使莆仙书画艺术达到一个空前的高度，出现了多位开宗立派的大师。张琴《莆田县志稿》中单莆田县就收录明代画家45人、书法家37人，清代刘尚文编《莆画录》收明代画家50人，而《莆田历代书画选集》则收列明代莆田书画家128人。

（1）绘画

明代莆田绘画的代表人物主要有李在、周文靖、吴彬、曾鲸、宋珏等。

李在（1400～1487年），字以政，号龙坡，莆田待贤里（今江口镇郑坂村）人，曾官云南知县。宣德年间（1426～1435年）以擅画被召入京，值仁智殿待诏，任宫廷画家。他精通山水和人物画，笔意生动，墨气淋漓，得烟云雾霭之趣，细润者宗郭熙，豪放者宗马远、夏珪。其地位"自戴进（明初浙派画风领军人物）以下，称一人而已"。传世名作有《琴高乘鲤图》《归去来兮辞图》《米氏云山图》《临清流而赋诗图》等。曾任兴化知府的岳正赋诗赞扬他的画曰："草草如荒意不荒，云根老树带疏篁。摩挲二十年前墨，还有谁如李在狂。"李在不仅长于画山水，还擅于画人物。《西游记》作者吴承恩《二郎搜山图歌》写道："李在唯闻画山水，不谓兼能貌神鬼。笔端变幻真骇人，意态如生状奇诡。"

与李在同时代，同值仁智殿待诏的画家还有周文靖。周文靖，字叔理，善山水，兼工人物花卉，尤长古松，笔力古健。征直仁智殿，御试"枯木寒鸦"第一，历官鸿胪序班。

吴彬（约 1550～1643 年），莆田人，字文中、文仲，又字质先，号织履生、枝庵发僧、枝隐庵主等，以布衣被万历帝荐授中书舍人、工部主事，为宫廷著名画家。后去职游历四方。吴彬于人物、山水、花鸟无所不能，诗、书、画兼修，尤擅白描，其道、释人物绘像，栩栩如生，人称"画仙"。代表作有《五百罗汉图》《十八应真图》《岁华纪胜画册》《鱼篮观音图》《山阴道上图》《千岩万壑图》等，著有《枝隐庵诗集》。

曾鲸（1564～1647 年），字波臣，晚号蘧园老人，莆田人。青年时即出走外地，寓居南京，在江浙从事艺术活动。他最擅长画人物肖像，为"波臣画派"创始人。在继承传统粉彩渲染技法的同时，曾鲸大胆借鉴西洋画的一些技法，写照入神，创造

图 5 - 29　李在《琴高乘鲤图》

了具有民族风格、注重墨骨用笔、层层烘染、立体感强的人物肖像"凹凸法"。其弟子众多，影响及于日本等国家。其传世代表作有《历代名贤真像》《人物肖像册页》《侯峒曾行乐图》等。《中国绘画史》誉其肖像画，在明代 300 年"首屈一指"。

图 5 - 30　吴彬《五百罗汉图》（局部）

图 5 - 31　曾鲸《历代名贤真像·
王阳明像》

　　明代莆田著名画家还有永乐朝方昌龄，成化朝林洛、许伯明、魏时敏，弘治朝陈伯献、黄仲昭，嘉靖朝余一鹏、黄懋冲，万历朝黄阁、赵珣、陈玄藻，天启朝黄起雒、林雒鼎、林铭鼎，崇祯朝林铭几、刘元弼、黄担、黄卷、陈僧权，等等。

　　（2）书法

　　明代兴化书法界也是人才辈出，灿若繁星。其中莆田书法家代表人物有周瑛、周宣、洪珠、陈经邦、周如磐、曾楚卿、朱继祚、黄起有等。仙游有张璘、郑纪等。

　　洪珠，字玉方，号西㳽山人，莆田人，正德十六年（1521年）进士，累官应天府府尹，其书法工行楷，瘦硬通神。杭州西湖岳王庙前照壁"尽忠报国"四字为其所书。曾楚卿（1575～1632年），字元赞，号乔云，莆田人，万历四十一年（1613年）进士，官至礼部尚书，工书法，尤擅小楷。陈经邦（1537～1615年），字公望，号肃庵，莆田人，明嘉靖四十四年（1565年）进士，累官至礼部尚书兼学士，卒赠太子少保。陈既是国师，又是著名书法家，其《行书九曲棹歌》被誉为"萧疏秀逸，行笔流畅，得唐人行书之妙"，著有《群玉山房诗集》等传世。

图5-32　洪珠书"尽忠报国"

图5-33　仙游九鲤湖郑纪书联题刻

　　明代莆田书家还有陈维祯、林峮、黄谦、黄起有等。仙游历英、宪、孝"三朝元老"的尚书郑纪亦是书法名家，今九鲤湖尚存其联句题刻。仙游嘉靖五年（1526年）进士陈祥麟、万历二年（1574年）进士李多见、万历三十五年（1607年）进士朱显文、天启贡生顾有初①等亦以工书扬名。另永乐朝仙游张璘

---

　　① 顾有初于天启间任嘉定县丞，"善大书"。光绪《嘉定县志》作"颜有初"，此从清康熙《嘉定县志》及明崇祯十一年《新建登贤乡玄帝宫记碑》署名。

以擅楷书而得荐辟为官。

2. 莆田派篆刻

明代篆刻"莆田派"亦称"闽派"，与明何震的皖派（徽派）、清丁敬的浙派齐名。莆田派代表人物为宋珏，此前，莆田已有黄巩、魏植等篆刻名家，宋珏深受其影响。宋珏（1576～1632年），字比玉，号浪道人、荔枝仙、莆阳老人，庠生出身，侨居杭州、苏州及南京等地30余年，从事书画篆刻创作，有风流才子、"书圣画禅"之誉。在篆刻上，宋珏突破篆文入印传统，首创以"八分书入印"，风格清丽，形成"莆田派"，影响深远。后继者有莆田吴晋以及福州练元素、薛铨、蓝涟[①]等。

宋珏还长于书法，章、行、草、隶俱佳，八分行草，尤为瘦劲有神，每每于醉后挥毫，更增妙趣。宋珏还是位画家，善画松石山水，笔法雄健，带有灵秀。另其诗亦有可观。

图 5-34　宋珏篆刻印章

图 5-35　宋珏行书作品

总之，明代莆田文学艺术名家众多，不少人具有全国性的影响力，因为有了他们的成就，莆田"文献名邦"的地位得到巩固和提升。

四　莆仙戏繁荣

明代，随着兴化地区科举和地方文化的复兴，莆仙戏迎来了繁荣兴盛的新时代，主要体现在以下几个方面。

（一）民间雇戏演剧成风

明代，莆田民间不论是婚嫁迎娶、建屋乔迁、耆老贺寿、丧葬白喜，还是科举及第、升官发财、远足归里等，都要雇请戏班演戏。同时，兴化又是宗

---

① 孔云白：《篆刻入门》，商务印书馆，1936，第109页。

教和民间信仰极为繁盛的地区，各种神灵庞杂、寺庙宫观众多，每逢佛事道场、盂兰盆会、神祇生辰日、升天日乃至于谢恩、拜忏等，亦例必演戏，以示敬神祀先，人神同乐。因此，民间雇戏班演剧成风成为明代莆仙戏繁荣的表现之一。如位于涵江东山的陈公圣侯庙，祀宋代盐神陈应功，每年农历四月十四日神诞，当地居民都要结彩为棚，"优伶戏舞，灯烛荧煌五昼夜，男女千百人"，于祠前搭戏棚演剧，以"庆四境晏然"①。民间雇戏班演剧，往往要演出多日，每日要演出多个剧本。嘉靖十四年（1535年），尚书康大和在家乡观看莆仙戏后，曾据演出剧目题戏联云："磨镜展风流，未经商母断机教；投荔成窈窕，若遇姜郎掷笔休。"② 该副戏联透露出一次演出《荔镜记》、《商辂》（《断机教子》）、《姜孟道》（《孟道休妻》）三个剧目的历史信息，足见当时演戏风气之盛。

由于演戏盛行，兴化戏班日益增多。明代莆仙民间到底有多少戏班，由于历史资料缺乏，尚无确切数字，但戏班众多是确定无疑的。清初陈鸿《莆靖小纪》记载，康熙三十四年（1695年）"十二月廿九日迎春，戏子廿八班，共装春架四十架，官民共赏新"，即该年参加迎春"装架"活动的兴化戏班就有28班，而当时莆仙社会经济文化刚刚从清初战乱恢复过来，兴化戏剧远没有达到明代的繁盛水平，由是可推断明代兴化戏班应多于清初的28班。

因为戏班多，明代莆仙戏开始出现戏神崇拜之风。坐落于今荔城区拱辰村头亭的瑞云祖庙，是兴化最著名的戏神祖庙。

图 5-36　荔城头亭瑞云祖庙（原庙）

图 5-37　田公元帅雷海青塑像

① （清）陈梅编《东山圣侯陈公列传杂记》，乾隆五十九年（1794年）刊本，福建省图书馆藏。
② 中国戏曲志编辑委员会编《中国戏曲志·福建卷》，中国 ISBN 中心出版社，2000，第 618 页。

头亭原名瞻阙亭，元代建，为城涵驿道第一亭，系府、县长官接待上司大员的驿亭。头亭码头亦为戏班戏船聚集之地，传说东侧为雷海青搭棚演戏旧地，洪武十二年（1379 年），民众在其地立庙供奉田公元帅，由田公元帅雷海青忠魂显圣呈瑞彩之神话故事，取名"瑞云庙"，并重建戏台。庙宇于倭患后的万历三年（1575 年）重建，莆仙民间不少宫庙自此庙分祀田公元帅，瑞云庙遂改称瑞云祖庙，该庙近年又拆迁重建。尚存乾隆二十七年（1762 年）由莆田 32 个戏班班主联名刻制的木质《志德碑》一块。

（二）剧目更加丰富多彩

演出剧目的丰富多彩，是明代莆仙戏繁荣的表现之二。明人徐渭《南词叙录》[1] 中的《宋元旧篇》辑录宋元南戏剧目 65 个，经与兴化戏流传下来的剧目对照，二者剧名、主要人物、故事情节相同的就有 34 个（见表 5 - 5）。

表 5 - 5　宋元南戏与莆仙戏剧目对照

序号	宋元南戏剧目	莆仙戏剧目
1	蔡伯喈琵琶记	琵琶记
2	王祥卧冰	王祥
3	王魁负桂英	王魁
4	司马相如题桥记	司马相如
5	朱文太平钱	朱文
6	朱买臣休妻记	朱买臣
7	柳毅洞庭龙女	柳毅
8	百花亭	江陆云
9	孟姜女送寒衣	孟姜女
10	苏武牧羊记	苏武
11	冤家债主	周荣祖
12	莺莺西厢记	张君瑞
13	陈光蕊江流和尚	陈光蕊
14	崔君瑞江天暮雪	崔君瑞
15	赵普进梅谏	赵普

---

[1] 《南词叙录》成书于明嘉靖三十八年（1559 年）夏，当时的戏剧家徐渭随胡宗宪将军入闽剿倭，在军中充当幕僚。客居闽北顺昌期间完成《南词叙录》。他有感于"南戏无人选集，亦无表其名目者，予尝惜之。客闽多病，咄咄无可与语，遂录诸戏文名"。参见徐渭《南词叙录》，载《曲苑》第 9 册，民国10 年（1921 年）石印本。

序号	宋元南戏剧目	莆仙戏剧目
16	刘文龙菱花镜	刘文龙
17	秦桧东窗事犯	秦桧
18	贾似道木棉庵记	贾似道
19	赵贞女蔡二郎	蔡伯喈
20	王月英月下留鞋	郭华
21	王十朋荆钗记	王十朋
22	刘智远白兔记	刘智远
23	蒋世隆拜月亭	蒋世隆
24	吕蒙正破窑记	吕蒙正
25	赵氏孤儿	屠岸贾
26	杀狗劝夫	杀狗记
27	乐昌公主破镜重圆	徐德言
28	刘锡沉香太子	刘锡
29	苏秦衣锦还乡	苏秦
31	闵子骞单衣记	闵子骞
31	吕洞宾三醉岳阳楼	吕洞宾
32	柳耆卿花柳玩江楼	柳永
33	贺怜怜烟花怨	王焕
34	孟月梅锦香亭	钟景期

这些与《南词叙录》辑录中"宋元旧篇"相同的莆仙戏剧目，应当是徐渭当时往来闽浙等地看到的流行剧目，也是明代莆仙戏常演的宋元南戏剧目，直到20世纪50年代，还保存在莆田、仙游二县的莆仙戏传统剧目中。

明崇祯年间（1628～1644年），万历四十一年（1613年）进士莆田曾楚卿编的《莆曾太史汇纂鳌头琢玉杂字》中亦记载了40副演剧对联，包含的剧目为：《苏武》《蔡伯喈》《苏英》《刘殷》《五伦全备记》《姜诗》《凯文》《杨显》《玉箫女》《刘锡》《朱寿昌》《赵氏孤儿》《蔡端明》《三省半》《孟道》《杨氏》《杨正卿》《李彦贵》《文俊》《王十朋》《孟琰》《包文拯》《韩朋》《冯京》《薛仁贵》《韩信》《曹彬》《班超》《苏秦》《刘知远》《吕蒙正》《傅春卿》《薛登山》《文显》《朱买臣》《拜月亭记》《梁山伯》《陈三》《薛荣》《西厢记》。① 以上40个剧目多为南戏剧目，其中忠孝类14个、节义类10个、

① 〔日〕田仲一成：《中国戏剧史》，云贵彬、于允译，北京广播学院出版社，2003，182～184页。

功名类 11 个、风情类只占 5 个。可见忠孝节义和功名类戏剧有裨教化，是明代地方官绅所欢迎的剧目。

莆仙戏与明南戏剧目或情节类似的还有：《高文举》（《高文举珍珠记》）、《高彦真》（《葵花记》）、《姜诗》（《姜诗得鲤》）、《班超》（《投笔记》）、《张巡杀妾》（《双忠记》）、《韩朋》（《十义记》）、《苏秦》（《金印记》）、《蔡襄起桥》（《四美记》）、《韩信》（《千金记》）、《张君瑞》（《南西厢记》）、《三顾草庐》（《草庐记》）、《古城会》（《古城记》）、《王允献貂蝉记》（《连环记》）、《岳飞》和《秦桧》（《东窗记》）、《薛仁贵》（《白袍记》）、《商辂》（《商辂三元记》）、《金鲤精》（《观音鱼篮记》）等。

明代，开始出现以演唱南曲为主的戏曲新体裁"传奇"，在明中叶以后尤其盛行，延至清代，有"明清传奇"之称。传奇直接脱胎于宋元南戏，总体结构与南戏类同，但表演形式更加完整，曲调更加丰富，兼用一些北曲；角色分工也更加细致，篇幅较长，带有浓厚的南方戏剧特征，形成所谓昆山、弋阳、海盐、余姚"四大声腔"，一时受到观众的普遍喜爱。而明代的莆仙戏班除了演出宋、元、明初的南戏剧目外，也开始大量改编搬演其他声腔的传奇剧目，尤其是弋阳诸腔的传奇剧目。明涵江人姚旅《露书》载："琉球国居常所演戏文，则闽子弟为多。其宫眷喜闻华音，每作，辄从帘中窥。宴天使、长史恒跽请典雅题目，如《拜月》《西厢》《买胭脂》之类皆不演；即《岳武穆破金》《班定远破虏》，亦以为嫌；惟《姜诗》《王祥》《荆钗》之属，则所常演，每啧啧羡华人之节孝云。"① 这则史料中所列的八个剧目，大多为传奇剧，现在仍保存于莆仙戏中。

莆仙戏演出的剧目，来自弋阳诸腔或与弋阳诸腔有关的传奇剧目达 150 多个。② 其中有来自弋阳腔传统剧目的，如《李彦贵》（《卖水记》，括号内为弋阳腔剧名，下同）、《潘葛》（《苏英皇后鹦鹉记》）、《草鞋公追子》（《清风亭》）、《张四姐》（《摇钱树》）、《关公搬二嫂》（《古城会》）、《何文秀》（《何文秀玉钗记》）等；也有的原是昆曲等传奇剧目，后来经弋阳腔"改调歌之"成为弋阳腔的传奇剧目，如《西施》（《浣纱记》）、《仙姑问病》（《玉簪记》）、《裴舜卿》（《红梅记》）、《白虎堂》（《宝剑记》）等。此外，明代莆仙戏也吸收改编泉腔梨园戏的传奇剧目，如《陈三》（《荔镜记》）、《韩国华》等。

---

① （明）姚旅：《露书》卷 9《风篇·中》。
② 郑尚宪、王评章：《莆仙戏史论》（上册），中国戏剧出版社，2006，第 114 页。

莆仙戏的盛行及其对妇女的影响为一些理学卫道士所不容。故嘉靖十二年（1533 年）进士、莆田人黄景星曾于万历间（1572～1620 年）给族人立下"不许沿习俗非，听纵妇女登山入庙，出外看戏文"的"家训"①，这从反面反映出其时兴化城乡演剧的盛行。

（三）表演艺术更加成熟

明代莆仙戏繁荣的表现之三，是表演艺术的进一步完善。莆仙戏流行于莆仙方言区，其音乐唱腔主要来自古代莆仙民间音乐和作为官宦家乐的唐宋大曲、词曲及宋元南戏。明初，莆仙戏主要吸收了弋阳腔与昆山腔的精华，从而形成具有莆仙独特风格又有别于其他地方戏曲的音乐唱腔，人称"兴化腔"，故莆仙戏亦称"兴化戏"，它与当时盛行的海盐腔、余姚腔、弋阳腔、昆山腔以及闽南话地区的泉腔、潮腔等声腔并行于艺坛，使明代的戏曲声腔出现空前繁荣的局面。在莆仙折子戏中，演员通过运用唱、念、做、打等一系列规范化手段，刻画人物，交代情节，传达情感，渲染氛围，观众最注重的已不是故事情节，而是演员的唱功和身段等表演艺术。

图 5 - 38　《目连救母》剧照

为满足传奇剧发展的需要，明代兴化戏还大力提倡"大棚戏"。莆仙戏一直有大棚、小棚两种演出场所。大棚用来演出《目连救母》或大型历史剧与连台本戏，有的戏十几集下来，连续演出 20 多个小时。明代大棚连台莆仙戏传统剧目已知者有 20 部。有的与弋阳腔连台戏有关，如《封神榜》《三国志》《隋唐演义》《西游记》《征东》《征西》《宋江》等，有的是莆仙戏编剧据历史故事、小说自编的，如《刘邦》《刘秀》《薛刚》《宋太祖》《包拯》《岳飞》《狄青》《杨家将》《狸猫换太子》等。一般民间演出的戏被称为"下戏"，只用小棚演出。

明中叶后，莆仙戏班里已有女艺人参与演出。明末莆田俞启相在《订同看戏》中说："某处演梨园，女优娇丽婀娜，可肖南威西子。且歌声遏行云，振林

---

① （明）黄景星：《槐芝堂集》，转引自莆田县县志编集委员会编《莆田戏剧史》（草稿），1960 年内部印；刘念兹：《南戏新证》，中华书局，1986，第 18 页。

木，类韩娥之鬻歌，能令人垂涕，又能令人忭舞者，观者趾错肩摩……"① 可见当时莆仙戏有女优参加演出，女优们貌可媲春秋时晋国美女南威和越国美女西施（西子），而演唱则"遏行云，振林木"，胜过战国时在齐国卖唱的韩娥，可谓色艺俱佳，因而大受观众赞赏。清光绪二十九年（1903 年）进士关陈谟亦在《闽中杂记》中说："莆剧始于宋，而盛于明中叶，莆田大老官都是南京闲散部员，罢职归来之后，也把京都的伎伶带回家乡，或是聚集搬演戏文，以自消遣。后来家道衰落，家伎流落民间，或由一家率领出而为人演唱，所得之资，各家分润。"② 由此可知，明代莆仙戏不但吸收了弋阳腔等剧种的长处，而且出现了女演员，使音乐唱腔、舞台表演艺术等都更加成熟，为莆仙戏的繁荣做出了贡献。

总之，明代莆田民间雇戏演剧成风，表演剧目更加丰富多彩，表演艺术更加成熟，莆仙戏出现繁荣景象，既充实了百姓的文化生活，也大大丰富了莆仙文化的宝库。

五　佛教、道教发展与基督教的传入

（一）佛教、道教发展

明太祖朱元璋深知佛道二教与封建统治之间的利害关系，对佛道运用得当，对维护封建统治是十分有利的，反之，就会危及封建统治。有鉴于此，在开国之初，朱元璋便制定了三教并用的宗教政策，确定了以儒学为主、佛道为辅的基本方针。根据这个方针，朱元璋对佛道二教进行了一定的扶持，对正一派天师更是倍加笼络和礼遇。在尊崇、扶持的同时，朱元璋又不断下诏整顿佛教、道教，制定了从中央到地方的一套严密的僧官、道官管理机构体系，以加强对佛教、道教的管理和约束，从而逐渐形成一套对佛道二教既尊崇又抑制的双重政策。

1. 明代中期之前佛教、道教的发展

朱元璋认为佛道二教能"暗助王纲，益世无穷"，对佛道二教相当尊崇，这使得佛道二教在明初得到一定的发展。根据黄仲昭《八闽通志》的记载，明初兴化府有 50 座寺院宫观得到重修或重建，见表 5 - 6。

---

① 清嘉庆间（1796～1820 年）莆田澄渚俞氏族人编《俞氏族谱·启相诗文集·订同看戏》。
② （清）关陈谟：《闽中杂记》，莆田市图书馆藏抄本。

表5-6　明初兴化府重修或重建寺庙统计

寺院名称	修建时间	修建情况
龙华万寿禅寺	洪武初（1368 年） 正统十四年（1449 年）	重建 重修
大梦岩精舍	洪武二年（1369 年）	重建
观音院	洪武三年（1370 年）	重修
锦亭庵	洪武七年（1374 年）	重修
里尾庵	洪武七年（1374 年）	增建
上宝峰院	洪武八年（1375 年）	重修
朝宗庵	洪武九年（1376 年）	重建
新丰庵	洪武十一年（1378 年）	重建
万安堂	洪武十四年（1381 年）	重建
东岩寺	洪武二十年（1387 年）	重修
紫云岩精舍	洪武二十年（1387 年）	重修
瑞龙院	洪武二十四年（1391 年）	重修
万岁庵	洪武二十四年（1391 年）	重修
思功堂	洪武二十九年（1396 年）	重建
万安永福禅寺	洪武三十一年（1398 年）	修建
玉虚东观	洪武三十一年（1398 年） 成化二十一年（1485 年）	修葺 重建
炉峰岩精舍	洪武三十一年（1398 年）	重修
玉虚东观	洪武三十一年（1398 年） 成化二十一年（1485 年）	修葺 重建
妙应寺	洪武、永乐间（1368～1424 年）	重建
襄山慈寿寺	洪武、永乐、宣德、正统间（1368～1449 年）	相继修建
灵岩广化寺 法海寺	洪武、永乐间（1368～1424 年） 正统四年（1439 年）	修葺 增建
妙峰堂	洪武、正统、景泰间（1368～1456 年）	多次修葺
祐圣道观	洪武、永乐、成化间（1368～1487 年）	多次修建
太平院	永乐元年（1403 年）	重修
地藏院	永乐二年（1404 年）	增建
圣寿院	永乐二年（1404 年）	重建
北辰贞庆堂	永乐二年（1404 年） 成化十九年（1483 年）	重修 重建
玄妙观	永乐五年（1407 年）	修葺
国欢院	永乐六年（1408 年）	重建
报恩光孝寺	永乐六年（1408 年）	重修
永丰陡门庵	永乐九年（1411 年）	重建

续表

寺院名称	修建时间	修建情况
祐圣观	永乐十一年（1413年）	重修
福神西观	永乐十一年（1413年）	重建
国泰院	永乐十三年（1415年）	重建
兴福院	永乐十三年（1415年）	重修
高田宁国院	永乐十四年（1416年）	重建
西重院	永乐十四年（1416年）	重建
九座太平院	永乐十五年（1417年）	重建
净光院	永乐十五年（1417年）	修葺
龙纪院	宣德间（1426~1435年）	重建
重兴寺	正统九年（1444年）	重修
万松庵	景泰元年（1450年）	重建
普惠大通瑜珈寺	景泰间（1450~1456年）	重建
俞潭庵	景泰间（1450~1456年）	重建
龟山福清禅寺	天顺二年（1458年）	重建
集庆堂	成化元年（1465年）	增建
中岳院	成化十年（1474年）	重建
西塔院	成化二十年（1484年）	重建
月峰院	成化二十二年（1486年）	重建

资料来源：（明）黄仲昭《八闽通志》卷79《寺观》，福建人民出版社，1996，第864~868页。

图 5 - 39　囊山慈寿寺

不仅如此，明中叶以前，兴化府还新建了一些小寺院宫观。地藏院"永乐二年（1404年）建"，神山堂"洪武十一年（1378年）建"，南峰福宁院"洪武三十年（1397年）建，景泰元年（1450年）重修"，里尼庵"洪武七年

（1374 年）建，成化十三年（1477 年）修"，登果庵"洪武初（1368 年）建"，仙岭庵"洪武元年（1368 年）建"，南埔庵"洪武三十年（1397 年）建"，马岭庵"洪武三十年（1397 年）建，成化十七年（1481 年）增建"，玉霄宫"永乐四年（1406 年）百户王烈建"。据《八闽通志》记载，兴化府有寺院庵堂111 所。[①]

2. 明代中后期佛教、道教陷入困境

出于维护封建统治的需要，明朝虽然对佛道二教采取一定程度的扶持，但其扶持的热情显然已大大减退，更多的是加强对佛道二教的管理，控制佛道二教的发展。早在开国之初，朱元璋即着手对佛道二教进行限制与整顿，将全国寺院分为禅、讲、教三类，各类寺院有自己的职责，行事不许超出其职责范围；整顿归并了一些寺观，限制各府州县寺观和僧道的数量，规定各府州县只许存大寺观一处，僧道人数府四十、州三十、县二十，禁止私度。黄仲昭在《八闽通志》中写道："洪惟我太祖高皇帝创制立法，自非古有赐额为国祝厘者悉令归并，郡县并限僧之名数，而复禁其私度私创，使之自废。"[②] 此外，对寺观的田产，朝廷也做了一定的限制，寺观不再拥有庞大田产，经济实力大不如前。在国家政权的严格控制下，正统佛教、道教难以自由发展，逐渐衰落。特别是在嘉靖以后，由于倭寇频繁骚扰福建沿海和随之而来的明末战乱，"军储告匮"。为了筹集粮饷，缓解"军储告匮"之危机，福建地方政府对寺观田地加倍征收赋税，实行"寺租四六之法"，即"寺僧存之田以十分为率，四分给僧焚修（每亩输粮差银八分），六分入官克饷（每亩输正赋银八分，加输克饷租银一钱二分，一赋一租共岁输银二钱）"[③]。而实际的征税额往往大于每亩二钱甚至四钱。这一"四六法"制度从嘉靖四十三年（1564 年）开始实行，一直延续到清乾隆元年（1736 年），对福建道教、佛教的打击是十分沉重的，几乎所有的寺观都陷入困境，致使"道流零落，观宇颓废"，道观田地"尽数不清入官"的记载不绝于书，大多数道观因年久失修而成废观，佛寺亦一半以上成废寺，有些地方甚至"存者百无一二"。[④]

明嘉靖年间（1522 ~ 1566 年）倭患严重，东南沿海深受其害。据统计，嘉靖三十六年至四十五年（1557 ~ 1566 年），倭寇曾 151 次进犯福建，"所破

---

① （明）黄仲昭：《八闽通志》卷 79《寺观》，福建人民出版社，1996。
② （明）黄仲昭：《八闽通志》卷 75《寺观》，福建人民出版社，1996，第 773 页。
③ 《乾隆延平府志》卷 15《田赋》，台北：成文出版社，1967，第 278 页。
④ 《弘治仙溪志》卷 9《寺观》。

城十余，掠子女财物数百万，官军吏民战及俘死者，不下十余万"①。而兴化是受倭害最严重的地区之一，倭寇先后 16 次进犯兴化，并曾攻陷兴化府城，杀人放火，掠夺财物。兴化沿海、平原的多数寺观被倭寇占为兵营，广化寺、梅峰寺、凤山寺、囊山寺等多化为焦土，莆田正统佛教、道教遭到毁灭性打击。

社会的动荡对正统佛教、道教的打击是极为沉重的，几乎所有的寺观都陷入困境，但同时，社会动荡使得以诵经拜忏、祈福禳灾、祛病除瘟、超度亡魂为职事的世俗佛教、道教活动勃然兴起。以莆田城内玄妙观为例，明中叶以前，玄妙观奉祀的仅是三清、四御等道教神仙，而嘉靖以后，为满足信众需要，从嘉靖三十五年（1556 年）至崇祯十三年（1640 年）的 80 多年间，元妙观就经历多次修葺、扩建，增建文昌宫、五显庙、五帝庙等，其中"嘉靖丙辰（1556年）道士方汝调、李志升重修玉皇殿，甲子（1564 年）太守易道谈重建山门。万历辛巳（1581 年）玉皇殿坏，道士陈君岩等募建，又道士卓茂乔募建文昌宫、五显庙，道士陈茂瑞募建元帝庙，② 后先助建者朱有开、郑选、林选、林廷皋之力居多"③。文昌、关帝、瘟神、财神等民间神灵被请进了玄妙观，并形成一个庞大的神灵系统，基本上满足了当地信众的信仰需求，从而使该观成为道士和善男信女们拜谒神明的重要活动场所。明代，兴化府民间的玉皇大帝信仰也十分盛行，当时供奉玉皇大帝的宫殿，除了玄妙观玉皇殿、壶公山凌云殿外，还有紫霄山、凤凰山、大蚶山、九鲤湖等地新建的一批崇祀玉皇大帝的宫殿，如祥云殿、青云殿、玉霄宫、通明殿、玉帝楼等。

（二）基督教的传入

早在明代，天主教就已传入莆田地区。今涵江区塘北山的天主教堂，亦称圣母堂，至今尚保存一块"奉旨建造"的石刻。据该堂传道邹境清民国 8 年（1919 年）的调查，明成祖永乐年间（1403～1424 年）何神父以 43000 元的地价向塘北陈姓购买这片地皮和房屋，清道光二十九年（1849 年），将民房翻建为教堂。④

明末，意大利籍耶稣会士艾儒略（Giulio Aleni，1582～1649 年）在福建传

---

① （清）谷应泰：《明史纪事本末》卷 55《沿海倭乱》，商务印书馆，1934，第 59 页。
② 元妙观整个建筑群没有元帝庙，此处应为"五帝庙"之误。
③ 《乾隆兴化府莆田县志》卷 4《寺观》。
④ 《莆田天主教概况补充材料》，莆田县档案馆案卷号 76、归档号 1、全宗号 36；《莆田县宗教志》（下册），莆田县宗教事务局，1991，第 382 页。

图 5 - 40　壶公山凌云殿

图 5 - 41　涵江天主教堂和"奉旨建造"碑

教时，曾到莆田地区，并结交了许多当地士大夫。莆田地区著名士大夫，如朱继祚、曾楚卿、黄鸣乔、柯昶、陈玄藻、柯士芳、彭宪范、郑凤来等，都与艾儒略交往甚笃。其中，黄鸣乔不但赠诗艾儒略，还著有《天学传概》，概述了天主教传入中国的历史。莆田著名肖像画家曾鲸（字波臣）就是看了艾儒略带来的耶稣圣母画像，而创造了中西画法融合的肖像画，被称为"波臣派"。据称，至崇祯五年（1632 年）时，莆田已有 107 人领洗入教。崇祯九年（1636 年），意大利籍神父孟达拉由澳门至福建龙海县后坂村传教，遂由泉州先后到仙游的枫亭及莆田的平海、南日等地传教。

综上所述，明代前期佛教、道教一改元代衰微的态势，修复元末被破坏的大量寺院宫观，还建造了一些新的寺院宫庙，发展速度较快。明后期由于政策的限制及社会动荡不安，佛教寺院、道教宫观也遭到破坏，正统宗教走向衰微，但佛教、道教世俗化进程较快，世俗佛教、世俗道教勃然兴起。

六　民间信仰发展

(一)　民间祠庙与神明

与正统佛教、道教的衰落形成鲜明对比的是，明代中期以后福建的民间信仰进入兴盛阶段。正统宗教的衰落，一方面迫使大批的僧尼道士走出寺院宫观，到民间诵经拜忏、祈福禳灾，在客观上导致佛教和道教进一步世俗化，并使佛教和道教的理论渗透到民间信仰中去，促进了福建民间信仰的繁荣兴盛；另一方面，由于"僧逃寺废"的现象遍布城乡，百姓原有的宗教活动场所减少了，供奉地方神的宫庙遂成为百姓宗教活动的主要场所，客观上又为民间信仰提供了更为广阔的发展空间。由是，明代以后兴化府的民间信仰得到迅速发展，相当兴盛。黄仲昭在《八闽通志》卷 60《祠庙》中列举了当时兴化府民间所崇祀的神灵，达 200 多个，兹举例如表 5-7。

表 5-7　明代莆田民间祠庙及所祀神灵

县区	宫庙	所祀神灵	备注
莆田县	城隍庙	城隍神	
	旗纛庙	不详	
	长寿灵应庙	陈寅	
	显应庙	助顺威惠昭德孚应侯及其夫人	留桥、魏塘名山俱有庙记
	英惠庙	孚惠迪德王	
	英惠兴泰庙	何俨	
	灵祐庙	詹持红	
	通应庙	不详	
	集福庙	不详	
	德义庙	不详	
	灵济庙	不详	
	昼锦庙	不详	
	惠应庙	何氏九仙、昭顺永利侯及其夫人	
	英显翊正侯庙	英显翊正侯	
	神应庙	陈、胡二仙	
	显济庙	朱默	
	龙官显应庙	祐文侯	
	天妃庙	妈祖	在府城内、江口、白湖、涵江、圣墩、城山、清浦、南箕、莆禧、吉了、嵌头、平海皆有祠

县区	宫庙	所祀神灵	备注
莆田县	灵感庙	柳冕	营边有庙曰"昌骏"，马厂有庙曰"昌骥"，皆祀冕者也
	国清惠泽庙	不详	
	协应庙	李宏、林从世、黎畛、涅槃、智日、钱四娘	
	钱圣妃庙	钱四娘	本里香山亦有此庙
	昭灵庙	保禧贞人	江口、石岬俱有祠
	义勇武安王庙	武安王	已废
	灵岩庙	司马英烈王	
	大蚶光济王庙	光济王	
	孚应庙	吴兴	
	祥应庙	显惠侯及其夫人	
	宁昌庙	不详	
	灵应庙	不详	
	威济侯庙	保禧贞人、威济侯及其夫人	
	太和庙	不详	
	通济庙	不详	
	灵应庙	苏侯	
	灵显庙	陈应功	
	惠泽庙	郭吕	
	灵惠庙	林康世	
	瑞沟庙	陈氏	
	乡贤祠	林攒、蔡襄、陈俊卿等93人	
	叶丞相祠	叶颙	
	忠义祠	林冲之父子四人	
	三先生祠	林光朝、林逸之、林藻	
	郭孝子祠	郭义重、郭道卿、郭廷炜	
	五义祠	不详	
	东岳行宫	东岳注生大帝	
	红泉宫	裴次元、蔡僖	
	二相祠堂	叶颙、陈俊卿	
	陈氏二相祠堂	陈俊卿、陈文龙	
	艾轩祠堂	林艾轩	
	蔡忠惠祠堂	蔡襄	
仙游县	城隍庙	城隍神	
	昭灵显祐庙	保禧贞人	孝仁、永兴二里皆有庙

续表

县区	宫庙	所祀神灵	备注
仙游县	明山灵济庙	杨泰、杨梓	
	灵惠袁侯庙	袁章、丘祁	
	兴福庙	林义	
	灵辉庙	昭应利忠嘉显佑侯及其夫人	
	英济庙	陈伯高	功建里亦有庙
	威惠庙	陈元光	兴泰里亦有庙
	萧宫冲应庙	萧氏兄弟3人	
	兴教庙	不详	
	仙水灵惠庙	何氏九仙	
	林将军庙	林氏	
	天妃行祠	妈祖	
	灵显龙王祠	龙王	
	令尹王侯德政祠	王彝	
	张都统祠	张渊	
	朱文公祠	朱文公	
	蔡忠惠祠	蔡襄	
	叶正简祠	叶正简	
	乡贤祠	蔡襄等27人	
	王御史祠	王回	
平海卫	城隍庙	城隍爷	
	天妃庙	妈祖	
莆禧千户所	天妃庙	妈祖	
	城隍庙	城隍爷	
	旗纛庙	不详	

　　除此之外，玉皇大帝、关帝、临水夫人、玄天上帝、田公元帅等神灵在莆田地区亦拥有众多的信仰者。这些民间神灵的宫庙遍布城乡，其信徒人数之多、分布之广、影响之大远远超过前代。据美国学者丁荷生教授的团队在莆田平原724个村落进行的调查，这些村落共有2586座宫庙，平均每个村落有3.6座宫庙，有的村落多达8座。庙里供奉的神明共10433尊，每个宫庙平均有4.03尊神明，有的宫庙神明多达35尊，平均每个村落有14.4尊神明。[①]

---

① 丁荷生、由红、高师宁：《中国东南地方宗教仪式传统：对宗教定义和仪式理论的挑战》，《学海》2009年第3期，第36页。

（二）土地神信仰及其他信仰

在莆田民间信仰中，土地神信仰影响最大，几乎每个村落都供有尊主明王、后土夫人，俗称"社公""社妈"。

图 5-42　涵江宫下大成社

作为地方保护神，社公、社妈得到居民的频繁祭祀。通常每逢农历初一、十五，境内居民会到社庙焚香祈福。除此之外，一般在每年正月元宵前后以及神祇诞辰都会举行隆重的祭祀活动。《八闽通志》卷 3《地理·风俗》称兴化府"祈年自十三日起至十七日止，里民各合其闾社之人，为祈年醮。是夜以鼓乐迎其土神，遍行境内，民家各设香案候神，至则奠酒果，焚楮钱，拜送之，亦古者乡人傩之遗意也"。弘治《兴化府志》载："各社会首于月半前后，集众作祈年醮及舁社主绕境，鼓乐导前，张灯照路，无一家不到者。"正统《兴化县志》亦载曰："上元各乡轮立福首，率社众盛饬旗鼓仪从以迎里祠，各家仍设酒果香烛候迎，会宴而去，周则设醮于里社之中，以祈景福。"

莆田地区的社庙中一般陪祀社妈，当地流行向社妈"请花"的习俗。据《莆田市志》载：在元宵节社炉绕境的同时，行傩的执事以木雕的"社妈"一尊，头上插满鲜花，向各户"散花"，妇女祈子者，虔诚地从"社妈"头上取下一花插在自己头上，名为"请花"。

明代，陈文龙、陈瓒信仰得到进一步的发展。陈文龙、陈瓒的抗元事迹得到明宣宗、宪宗等多位皇帝的彰扬，弘治十八年（1505 年），根据南京大理寺左寺左评事、莆田延寿人兵部郎中徐元稔的奏请，孝宗皇帝诏令有司为其立庙，春秋祭祀。时陈文龙族孙、贡士陈河汇编《二忠录》，彰扬陈文龙、陈瓒二公事迹。正德五年（1510 年），应诏在兴化府城隍庙左边建二忠祠，祀陈文龙、陈

图 5 - 43 尊主明王、后土夫人神像

瓒。此外，还有许多地方建有供奉陈文龙、陈瓒的二忠祠。明代主祀陈文龙的太师庙数以百计，遍及兴化府山隅海角，其中以黄石凤山宫、谷城宫香火最为旺盛。每逢元宵佳节及陈文龙、陈瓒的诞辰日，这些宫庙都要举行隆重的祭祀活动，善男信女们成群结队到庙里摆设供品、焚香礼拜，祈求平安，其间还会演戏酬神，届时宫内彩旗飘舞，敲锣打鼓，鞭炮连天，热闹非凡。

图 5 - 44 谷城宫游神壁画

明代，莆田地区还产生了戚继光信仰。戚继光（1528～1588 年①），字元敬，号南塘，又号孟诸，山东登州（今蓬莱市）人。嘉靖年间（1522～1566年），东南沿海一带倭患十分严重。嘉靖四十一年（1562 年），戚继光奉命援闽，在取得宁德横屿、福清牛田歼倭大捷后，率部进入兴化府抗倭。九月，戚家军首战倭寇巢穴黄石林墩，歼敌 2023 多人，救出被掳群众 2000 余人，大获全胜，这就是著名的林墩歼倭大捷。十月，戚继光班师回浙江。次月，倭寇分兵两路进犯福建，并攻陷兴化府城，据城两个多月后弃城攻陷平海卫。倭寇一路抢掠财物，奸淫烧杀，无恶不作。兴化府城焚毁殆尽，死伤不计其数。府城沦陷，全国仅有，朝野震惊。嘉靖四十二年（1563 年）初，戚继光奉命再次领兵来莆平倭。时戚家军与福建部兵俞大猷、广东部兵刘显兵分三路进攻剿倭，荡平倭营，收复兴化府城。同年十一月，2 万多名倭寇又从莆仙交界的东沙登岸进犯仙游，在仙游县城周围建立 4 个巢营，分扎在东、南、西、北四个城门之外，

图 5 - 45 记载戚继光抗倭功绩的
《崇勋祠碑记》

围城一个多月。十一月中旬，戚继光与福建巡抚谭纶率兵来仙游，在仙游军民的协同下，与倭寇展开浴血奋战，全歼进犯的倭寇，解仙游县城之围。

在兴化府倭患最严重的时候，戚继光两度率兵入莆灭倭，救民于水火之中的事迹，在莆阳大地广为传颂。为纪念他的功绩，倭患解除后，兴化府各地的百姓纷纷建祠奉祀这位抗倭英雄。嘉靖四十一年（1562 年）林墩歼倭大捷后，莆田民众在三一教创始人林兆恩的倡议下，在林墩建戚继光生祠，名"戚公祠"。嘉靖四十二年（1563 年），戚家军解仙游围城之难后，仙游百姓分别在县城和枫亭建崇勋祠祀奉戚继光，祠内分别立有《崇勋祠碑记》和《大总戎戚继光之碑》，以赞颂戚继光功德，当时仙游县衙春秋二祭已成定

---

① 戚继光去世时间有万历十五年（1587 年）十二月初八和十二月二十九日的不同说法，换算为公历则为 1588 年 1 月。

例。嘉靖四十三年（1564年），在府城内下务巷建戚继光生祠；戚继光曾先后三次驻兵江口，江口人民建有惠德祠以缅怀戚继光的丰功伟绩。此外，黄石、涵江也建有戚公祠和功德祠。

明代，兴化府民间的玉皇大帝信仰也十分盛行，当时供奉玉皇大帝的宫殿，除了玄妙观玉皇殿、壶公山凌云殿外，石室岩、紫霄山、凤凰山、大蚶山、九鲤湖等地也有一批崇祀玉皇大帝的宫殿，如凌云别殿、祥云殿、青云殿、玉霄宫、通明殿、玉帝楼等。其中，壶公山凌云殿创建于明初，初名灵云殿，嘉靖六年（1527年）易名凌云殿。传说，正月初九是玉皇大帝诞辰，从正月初一起，福清、莆田城乡、仙游、惠安甚至港澳台和东南亚地区的善男信女就会成群结队上山，他们或游览或进香朝拜。尤其是初八晚上，凌云殿前人山人海，多达万人的信众争先恐后抢着进香、求拜、祈福、还愿。其间，凌云殿也会举行丰富多彩的庙会活动，有车鼓表演、演戏酬神娱神、十音八乐演奏及舞龙舞狮等各种民间文艺节目表演，热闹非凡。

图 5-46　莆田民间盛行演戏酬神习俗

明代，玄天上帝信仰在莆田城乡地区广泛流传。玄天上帝，亦称玄武大帝、真武大帝，是武当山道教崇奉的主神，也是具有广泛社会影响力的道教神祇，其地位仅次于玉皇大帝。明初，乌石山（今城厢区胜利路北段西侧）建有一座北极殿，又名真武坛，主祀玄天上帝。涵江、西天尾、黄石一带也多有奉祀玄天上帝的宫庙。其中，以黄石北辰宫的规模最大，香火最为旺盛。北辰宫始建于明嘉靖四十五年（1566年），关于建庙缘由，清乾隆《莆田县志》载："因前朝兵燹后，鬼魅昼现，居民不安。塔山里人三诣武当山，虔请香火崇奉，先有黄蜂团结'武当行在'四字于树杪，久而不散。爰即其地建殿，并摹其字于匾。"明代，黄石商业发达。嘉靖年间（1522～1566年）倭寇入侵兴化后的据点就设在黄石林墩，因此，黄石深受其害，被倭寇屠杀的人最多。倭患解除后，当地民众觉得死人太多，阴气太重，便决定请个真武大帝回来驱邪镇魅。嘉靖四十五年（1566年），当地朱、吴、卓三大姓族人连续三次上武当山请真武香火，头两次走到半路香火就熄灭了，第三次有黄蜂示异，当请香火队伍回到黄石，路经朱家一棵梧桐树（一说龙眼树）下时，有一群黄蜂在树干上聚结成"武当行在"四字。于是，朱家献地盖庙，取名"北辰宫"，并以其树干就地雕成玄帝像。北辰宫每年都会举行一次巡游活动，以驱魔镇邪、保境安民。根据五行之说，丙年属火，而北方玄武属水，能制火，因此每逢"丙"的年头，北辰宫也要举行大型的醮典活动，以防旱灾。历史上，每逢大旱不雨时，地方官员要步行到北辰宫请玄天上帝出郊祈雨，至今北辰宫仍保留有明万历年间（1573～1620年）名画家吴彬的《玄帝出郊图》，这种祈雨习俗一直流传到20世纪40年代。

图 5-47　黄石北辰宫

明代，关帝信仰在莆田地区也得到进一步的发展。关帝，又称关圣帝君、关公等，俗名关羽，字云长，三国名将，曾追随刘备东征西讨，立下赫赫战功。死后，屡被加封，道教封其为"关圣帝君"，佛教封其为伽蓝神，儒家学者则称其为关夫子、武圣人。在民间，关羽被视为忠、义、勇的化身。明代，关帝信仰在全国各地的影响都很大，明谢肇淛说："今天下神祠，香火之盛，莫过于关壮缪。"李光缙在《关帝庙记》中也说："今天下祠汉亭侯者，遍郡国皆是，其在吾泉，建者勿虑百数……上自监司令，居是邦者，迨郡缙学士，红女婴儒，无不人人奔走，祷靡不神。"兴化府的关帝信仰影响也不小，城乡各地随处可见关帝庙，既有主祀关帝的庙宇，也有不少宫庙将关帝作为陪神供奉。其中，西天尾镇碗洋村的关帝庙是莆田众多关帝庙中颇具代表性的一座。该庙为明崇祯年间（1628～1644年）（一说崇祯三年）里人黄斌卿倡议兴建。庙前殿神龛正中供奉着铜制关羽坐像，重达400千克，关羽脸如枣，须欲飘，手执《春秋》。神龛两侧为关平、周仓之像。该庙吸引善信的还有一副结构严谨、对仗工整的长联："东无孙吴，北无曹魏，盈天地皆非吾敌，寿亭何恨三分；亲则兄弟，义则君臣，本春秋以守其经，汉室终留正传。"据传该联为黄斌卿建庙时所作。

图 5－48　西天尾镇碗洋村关帝庙

　　明代，兴化府的城隍信仰也得到进一步的发展。城隍信仰始于南北朝，宋代纳入国家祀典，几乎天下州县皆立庙祭祀城隍神。明代统治者更是将城隍神视为维系封建统治的重要手段而倍加推崇，大加封赏天下城隍神。洪武初年（1368年），即诏封天下城隍神，府、州、县的城隍神分别封以公、侯、伯，并下令按照各级官府衙门规模建造城隍庙。在统治者的倡导扶植下，城隍神在民间的影响逐渐扩大。明代，兴化府城隍庙不断得到修缮扩建，形成庞大的建筑群，而且在平海、莆禧、涵江各有一座城隍庙。每逢元宵和农历五月十九城隍爷诞辰等重大节日，各地都要举行隆重的祭典。

　　明代莆田地区的五帝信仰也十分兴盛。五帝又称五帝爷，即和瘟匡阜先生、巡瘟杨公太师、主瘟文昌帝君、行瘟叶氏天师和押瘟田公元帅。莆田地区的五帝庙很多，主要有黄石谷成宫、黄石凤山宫、东关太师庙、南关五帝庙、北门五帝庙、吉了城内五帝庙、涵江保尾五帝庙、灵川镇东汾五帝庙、忠门港里五帝庙、北高大王庙、瑞云祖庙等，仅主祀杨公太师的太师庙（府）就有上百座。其中，主祀巡瘟杨公太师的谷城宫、凤山宫和主祀田公元帅的瑞云祖庙香火均十分旺盛。

　　综上所述，明代是莆田民间信仰迅速发展时期，特别是明代中后期，在倭寇经常侵扰、社会动荡不安以及正统宗教衰微的时代背景下，以鬼神信仰为对象、以祈福禳灾为主要职能的民间信仰走向繁盛，宫庙祠堂星罗棋布，成为莆

图 5 - 49　平海卫城隍庙

图 5 - 50　东汾五帝庙

田的一大奇观。

七　妈祖信仰持续发展和向外传播

(一) 明代妈祖信仰基本情况

明代初年，朱元璋鉴于民间宗教信仰对政权的威胁，采取严格控制"淫祀"的政策，此政策在朱元璋之后得到延续，一度有效地抑制了民间宗教信仰的发展。然而，由于妈祖在宋元时期得到诸多皇帝的敕封，并在一些地区被列入官方祀典，从理论上说，明代控制"淫祀"的政策不涉及妈祖信仰。

不过，相对于宋元时期对妈祖的狂热推崇，明王朝对妈祖信仰的扶植力度小得多，有明一代对妈祖的褒封只有 2 次，褒封的规格沿袭元朝，没有新的升格。第一次是明太祖洪武五年 (1372 年)，封号为"昭孝纯正孚济感应圣妃"。第二次是明成祖永乐七年 (1409 年)，封号为"护国庇民妙灵昭应弘仁普济天妃"。明代是历代敕封次数最少的，且封号只是维持元代的"天妃"神格，没有任何提升。所以有学者据此认为："明朝皇帝的妈祖信仰狂热的消退，势必极大地影响和制约着整个社会的妈祖信仰水平，导致妈祖信仰长时期处于停滞或低潮状态。"① 实际情况并非如此，在明代特殊的历史条件下，明代妈祖信仰得到继续发展，且大规模对外传播。

莆田地区妈祖信仰基础雄厚，元末明初战乱毁坏的一些妈祖宫庙很快得到恢复和发展，虽然有关方志没有记载明代莆田地区新建了多少座妈祖庙，但从当时的历史背景推测，明代莆田地区新增妈祖宫庙数量一定不少，且分布区域广大。这一点在近年的妈祖庙普查中得到印证，新编《湄洲妈祖志》写道："民间传说建于明代的有几十座之多。如莆田湄洲文兴宫、东峤瑞麟宫、东海真海宫。仙游鲤城显圣宫、登坑宫、圣龙宫、枫麟宫、昭灵宫、龙天宫、桃源宫。鲤南振皇宫。赖店龙峰宫、林田宫、西亭宫，榜头龙盛田宫、明山宫、龙盛宫，盖尾龙山庙、龙源庙、龙兴宫。钟山武兴宫、西湖宫，游洋兴龙宫，石苍石灵宫，书峰头宫，大济兴龙宫、龙应宫，度尾梁峰宫。"② 另据《莆田妈祖宫庙大全》调研统计，明代莆仙地区共新增妈祖宫庙多达264处。③ 应该指出，近年来对莆田妈祖庙创建时间的调研数据相差甚大，需要进一步考证甄别，但一部分妈祖庙建于明代应该不会有异议。

（二）卫、所、水寨与妈祖信仰

众所周知，明初实行海禁政策，不允许渔民下海捕捞和私人海上贸易，这必然会影响妈祖信仰的发展。但是，明廷为了抵御海寇，加强海防建设，在东南沿海地区建造大量卫城、所城和水寨，驻扎水军。在沿海卫城、所城和水寨中多建有妈祖庙，供水兵及其家眷膜拜，客观上又促进了妈祖信仰的发展。明代福建沿海设有许多卫、所、水寨，其中莆田设有兴化卫、平海卫和莆禧所、南日山水寨。平海卫原名南啸，位于莆田县东南沿海埭头半岛（今隶属莆田市秀屿区），东临南日岛，南邻湄洲岛，地理位置十分重要。洪武二十年（1387年），江夏侯周德兴奉命到福建建构海上防御体系，遂以平海建造卫城，派5600多名将士把守。按照卫城规制，除了建立衙门外，还建立城隍庙、关帝庙、天

---

① 杨振辉：《明代妈祖信仰的趋势及其原因》，《理论学习月刊》1990年第7期，第54~56页。
② 莆田湄洲妈祖祖庙董事会编《湄洲妈祖志》，方志出版社，2011，第187页。
③ 中华妈祖文化交流协会、莆田市人大常委会教科文卫委、中华妈祖研究院、湄洲妈祖祖庙董事会编《莆田妈祖宫庙大全》，海风出版社，2012。

妃庙①等满足将士及其家眷的信仰需求。莆禧所城位于莆田忠门半岛南端,与湄洲岛隔海相望,建造时间也是洪武二十年(1387年)。莆禧所城内的妈祖庙始建于宋代,但莆禧所城建立后,妈祖庙被重建,现存的莆禧天后宫为明代建筑风格即为印证。

图 5 - 51　平海卫天妃庙

(三)郑和下西洋与妈祖信仰

明初在实行海禁的同时,推行积极的外交政策,自永乐元年(1403年)开始频频派遣使者出使东西洋,交好海外诸国。为了祈求舟师一帆风顺,多数使者崇拜海神妈祖,沿途祭拜,以此来增强官兵、船员战胜各种艰难险阻的信心。完成使命平安归国后,便为妈祖树碑立传、修宫庙、塑金身,进行隆重祭典,甚至上奏朝廷请求敕封,有力地推动了妈祖信仰对外传播。据《天妃显圣录》等书记载,明朝册封使臣受到天妃庇护者达15批次以上,《湄洲屿志略》记载的册封使为感谢妈祖亲自或派人到湄洲妈祖庙"致祭"的就有8次,其中影响最大的是郑和船队对妈祖的推崇。郑和船队七次下西洋,其船队庞大,水手和士兵多来自福建,信仰妈祖。为了鼓舞水手和士兵的士气,祈求妈祖的庇佑,每次出洋前,船队都要举行隆重的仪式祭拜妈祖。船队"所历番国,由占城国、爪哇国、三佛齐国、暹罗国,直逾南天竺、锡兰山国、古里国、柯枝国,抵于

---

① 关于平海卫妈祖庙的建造时间,(明)黄仲昭《八闽通志》卷60《祠庙》载:"(平海卫)天妃庙,卫城东南海隅。宋咸平二年(999年)建。"有人据此认为平海卫天妃庙为世界上第一座妈祖分灵庙。但在黄仲昭之前,没有任何史料涉及平海卫妈祖庙,因为是孤证,黄仲昭又没有言明根据,所以,其说法令许多学者产生怀疑。从平海开发史和妈祖信仰传播史来看,平海妈祖庙建于宋咸平二年(999年)的可能性很小,而与明代初年平海卫城同时建立的可能性较大,现存的平海卫天后宫保留明代建筑风格似乎也印证了这一推测。

西域忽鲁谟斯国、阿丹国、木骨都束国，大小凡三十余国，涉沧溟十万余里"，沿途遇到诸多危难，求助于妈祖保佑，均能化险为夷，所谓"诚荷朝廷威福之致，尤赖天妃之神保佑之德也"①。因此，船队除了沿途祭拜妈祖外，顺利归国后，必然要举行隆重仪式酬谢妈祖。如永乐五年（1407 年），郑和下西洋归国后，除在南京龙江创建天妃宫外，还请旨差福建守镇官整修泉州天后宫和莆田湄洲祖庙，"以答神庥"。永乐十三年（1415 年），郑和第四次下西洋归国，"又委内官张源到庙御祭一坛"。宣德六年（1431 年），郑和第七次也是最后一次下西洋，出洋前，郑和在太仓刘家港和长乐天妃宫立碑，又亲自到湄洲

图 5－52　《天妃灵应之记》碑

岛主持御祭，并再次修葺扩建湄洲祖庙。《天妃显圣录》载："宣德六年（1431年），钦差正使太监郑和领兴、平二卫指挥，千百户并府县官员买办木石，修整庙宇，并御祭一坛。"② 可以想见，诸多高官使者频繁前往湄洲祖庙，举行隆重仪式祭拜妈祖，必将在莆田引起轰动，进而对妈祖信仰在莆田的传播起到不可低估的推动作用。

（四）海外移民与妈祖信仰

明代妈祖在保持海神这一特性的同时，其职能进一步扩大，所谓"虽然天妃之英灵非独著于江淮河海而已也，上而国家之大事，下而草野之细故，凡竭诚致敬而祷者，如影之随形，响之随声，靡不从其愿而赐之福"③。妈祖不但随着商人、移民向内陆传播，在国内拥有更广泛的信仰群，而且还伴随着闽人移民的足迹传播到海外。④ 明代中后期，随着福建人多地少的压力增大，闽人不但开始大规模向周边省份移民，而且向日本、琉球、朝鲜等国和东南亚地区迁徙。

---

① 《天妃灵应之记》碑。

② 参见莆田湄洲妈祖祖庙董事会编《湄洲妈祖志》，方志出版社，2011，第39～51页。

③ 《敕封天后志·林兰友序》。

④ 参见徐晓望《妈祖信仰史研究》，海风出版社，2007。

为了增强克服迁徙途中和建设新家园过程中各种艰难险阻的信心，闽人多带去家乡的神明以求保佑，其中妈祖是首选，妈祖信仰便随着闽人移民足迹传播到海外，成为侨居异国他乡之人的精神支柱。西川如见《华夷通商考》卷2记载："来长崎的唐人，号为船菩萨，第一就是妈祖，也号姥妈。"明末妈祖信仰传入日本，"其传播路线是沿九州岛北上到日本本州各地。根据有关报道，在日本的萨摩半岛、鹿儿岛的片浦港、长崎、平户、岐阜市、茨城县的矶原、珂奏，甚至在本州岛最北部的青森县都有妈祖庙"①。其中，奉祀妈祖的最著名寺庙是俗称南京寺、泉州寺和福州寺的所谓"唐三寺"。其中泉州寺又称漳州寺，实名紫山福济寺，由泉漳帮船主集资创建于崇祯元年（1628年），故名。福州寺实名圣寿山崇福寺，由福州帮船主捐资创建于崇祯二年（1629年）。泉州寺和福州寺内均设妈祖堂，供奉妈祖，延续至今。妈祖信仰也随着闽人三十六姓和册封使者传入琉球国，先后在久米村和那霸建有上天妃宫和下天妃宫。马来西亚马六甲的青云亭也是明末由福建人所创建，主祀观世音，配祀妈祖等神祇。菲律宾描东岸省达亚社的妈祖庙建于隆庆六年（1572年）前后，由华人海商兴建。②也许可以这么说，没有海神信仰便不会有海上丝绸之路的开辟，没有妈祖信仰也就没有海上丝绸之路的延续与繁荣。

图5-53　琉球久米岛天后宫

（五）妈祖经书和小说的编印

值得一提的是，明代妈祖信仰进一步吸收并融合儒道释三教的因素，加快

---

① 童家洲：《日本华侨的妈祖信仰及其与新、马的比较研究》，《华侨华人历史研究》1990年第4期。
② 童家洲：《日本、东南亚华人华侨的妈祖信仰》，载福建省炎黄文化研究会、中共莆田市委宣传部编《莆仙文化研究》，海峡文艺出版社，2003，第366～387页。

其去巫化、在地化的进程，其标志是《太上老君说天妃救苦灵验经》和《天妃娘妈传》的编撰和刊印。

《太上老君说天妃救苦灵验经》一卷，又称《天上圣母真经》，明初作品，作者不详，永乐十四年（1416 年）刊印，流传于世，后收入明正统《道藏·洞神部》。该书借助太上老君之口讲述妈祖传奇的一生，说妈祖是妙行玉女降生人间，救民疾苦，"幼而通灵，长而神异，精修妙道，示大神通，救度生民，愿与一切含灵解厄消灾，扶难拔苦。功圆果满，白日上升"。歌颂天妃妈祖的大慈大悲，有求必应，渲染妈祖神力无边，"一者誓救舟船，达于彼岸；二者誓护客商，咸令安乐；三者祛逐邪祟，永得消除；四者荡灭灾逆，家门清净；五者搜捕奸盗，屏迹潜形；六者收斩恶人，诛锄强梗；七者救民护国，民称太平；八者释罪解愆，离诸报对；九者扶持产难，母子安全；十者庇护良民，免遭横逆；十一者卫护法界，风雨顺时；十二者凡有归向，保佑安宁；十三者修学至人，功行果满；十四者求官进职，爵禄亨通；十五者过去超生，九幽息对"[1]。该书还收入各种咒语、偈语、赞，完全是模仿道教经书而编撰的，把妈祖塑造成无所不能的神仙，从道教的层面完成了妈祖信仰去巫化的进程。该书影响很大，清末《湄洲屿志略》亦全文转录，近现代闽台流传的各种妈祖经卷亦多据此本改编。

《天妃娘妈传》上下卷，明吴还初著，万历元年（1573 年）刊行于世。吴还初，名迁，还初乃其字，号南州散人，莆田人[2]，生平不详。该书把流传于莆田地区的妈祖传说演绎成章回小说，共 32 回，是现存最早的一部妈祖小说。该书也把妈祖纳入道教和佛教的神明体系中，谓妈祖乃"北天妙极星君之女玄真"，又是观音的门徒，"虔诚佛法，敦笃传真"，功成后由观音"升奏上帝，度尔一家，共成仙道"。小说围绕着天妃妈祖收伏法鳄、猴二精护国保民的神话故事展开，情节曲折，较完整地囊括了流传于莆田民间的妈祖传说，儒道释三教合一的思想在小说中也得到集中的体现，该书也在一定程度上反映了明代百姓对妈祖的认识和信仰。《天妃娘妈传》小说的刊印，有力地推动了妈祖信仰在

① 上海书店出版社编《道藏》第 11 册，上海书店出版社、文物出版社、天津古籍出版社，1988，第 409 页。
② 参见刘福铸《〈天妃娘妈传〉作者初探》，《莆田学院学报》2003 年第 4 期，第 89～94 页。关于《天妃娘妈传》作者吴还初的籍贯，有多种不同说法，或谓建阳人，参见黄永年《〈天妃娘妈传〉校点前言》，《古籍整理研究学刊》1989 年第 4 期，第 11～12 页；或谓漳州人，参见官桂铨《〈天妃娘妈传〉作者吴还初小考》，《学术研究》1995 年第 2 期，第 107 页；或谓江苏常州人，参见李忠明《十七世纪中国通俗小说史》，安徽大学出版社，2003，第 31～32 页；或谓江西南昌人，参见程国赋《明代小说作家吴还初生平与籍贯新考》，《文学遗产》2007 年第 4 期，第 204～206 页。

民间的传播。

八　三一教的创立与传播

三一教又称三教、夏教、先生教等，是产生于明代后期，盛行于明末清初，至今仍在我国莆田、惠安、泉港、晋江、福清、福州、三明、台湾地区以及东南亚地区流传的民间宗教，因主张三教合一而得名。

（一）林兆恩与三教合一思想

三一教创始人林兆恩（1517～1598年），字懋勋，号龙江，莆田城内赤柱巷人，出生在官宦之家，其祖父林富为兵部右侍郎，总制两广。林兆恩从小就接受科举教育，并以追求功名为业，18岁考中秀才，此后连续三次参加举人考试，均名落孙山。踌躇满志的林兆恩在多次落第的沉重打击下，决意放弃科举业，转而遍游名山大川，出入佛门道观，到处寻师访道，锐志于心身性命之学，追求个人精神解脱。林兆恩经过五年的彷徨、思索，后来在神秘的"明师"指点下，认识到原初的儒道释三教的宗旨是一致的，只是侧重点不同，孔子、老子、释迦牟尼之后的儒道释三教逐渐偏离原来的宗旨，越走越远，产生种种弊端。因此，必须追根溯源，恢复孔子、老子和释迦牟尼时期儒道释三教的本来面貌，并把儒道释三教有机地融合在一起，建构新的思想体系。嘉靖三十年（1551年）林兆恩创立三一教，公开宣扬三教合一思想。

图 5－54　三一教创始人林兆恩画像

在历史上，林兆恩曾经和泉州李贽被称为"闽中二异端"①，实际上，这种定性并不准确。李贽只破不立，全盘否定传统思想特别是儒家的伦理学说，故被《四库全书》编纂者定为"名教罪人"。而林兆恩既破且立，并以立为主，他创立的三教合一论是一种以阳明心学为基础，以儒家的纲常人伦为立本，以道教的修身炼性为入门，以佛教的虚空粉碎为极则，以世间法与出世间法一体化为立身处世的准则，以归儒宗孔为宗旨的三教同归于心的思想体系。林兆恩三教合一的思想体系具有显著的理论原创性和鲜明特色，在中国古代三教合一思想发展史上占据重要地位。②

首先，历史上的三教合一论者虽不乏其人，但大多只是只言片语，没能形成较系统的三教合一思想体系。林兆恩则把毕生精力投入到对三教合一论的倡导上，其著作百余万言，自始至终贯穿着三教合一论这条主线。这样庞大而完整的三教合一思想体系，在历史上还没有过。因此可以说，林兆恩的三教合一论既是魏晋以来三教逐渐融合的必然产物，又是魏晋以后三教合一思想的集大成者。

其次，林兆恩以前的三教合一论主要是从政治作用的角度企图把三教融合在一起，主张"以儒治国，以道治身，以佛治心"③。虽然看到了三教对于封建统治来说犹如鼎之三足不可缺一、治病之药方不可或少，但实际上仍然维持着三教门户之见。林兆恩依靠阳明心学无限夸大自我，自由地解释三教经典。一方面，力图通过三教一致说来消除三教之间的差别，以去异归同的方式将三教义理导向心性之学，使三教趋于同一；另一方面，又极力主张通过个人的内心修养和道德实践以及立身处世的途径将三教有机地联系起来，融为一体。在林兆恩的三教合一思想体系中，三教之间原有的严格差别被克服了，三教之间的门墙壁垒也被冲破了，中国古代三教合一论从不彻底的、外在的统一逐渐转向彻底的、内在的统一。

再次，以往的三教合一论者多偏重于义理的疏通，较少从道德实践和内心修养的工夫来兼容并蓄三教。这样往往会陷入空疏的弊病，而且任何人都无法同时精通三教义理，进而会通之。林兆恩所走的三教合一论的路子与前人的不同，他不仅对三教的义理加以疏通会同，力求在理论上融合三教，而且特别重

---

① （清）朱彝尊《静志居诗话》卷14。
② 关于林兆恩的三教合一思想与三一教的兴衰嬗变，详见林国平《林兆恩与三一教》，福建人民出版社，1992。
③ 《湛然居士文集》卷13。

视道德的实践和心性的体悟，提出了道德实践和心性体悟的工夫次第是先立本，次入门，终极则，并专门创立了一套融三教的修持工夫为一体的九序心法，希望通过循序渐进的修持道路将三教之道融为一体，从内心泯灭三教的分际，破除门户之见。林兆恩的这一主张和实践是一种创见。

最后，以往的三教合一论者对道释二教的宗教观（诸如羽化飞升、长生不死、天堂地狱、因果轮回）要么斥之为虚妄，要么视之为瑰宝，很少人对道释二教的宗教观进行改造。林兆恩则不然，他吸收了道教的内丹理论和佛教禅宗的思辨哲学，用心性之学对道释二教的宗教观进行重新诠释，提出了一些颇有价值的见解。①

（二）三一教的创立与发展

林兆恩不但在理论上有创见，而且创立了以三教合一为宗旨的宗教组织——三一教。

嘉靖四十五年（1566 年）之前，三一教信徒多数为书生，他们追随林兆恩除了学习"道术"外，更重要的是"举业相从"②林兆恩在宣扬三教合一思想主张之同时，扮演教书先生角色，督促弟子进取科举业，所以这个时期三一教还只是一种带有宗教色彩的读书人结社，并非严格意义上的宗教结社。嘉靖四十五年之后，林兆恩不再扮演教书先生的角色，专门从事三一教的传播活动，要求门人以三纲五常为日用，以入孝出悌为实履，以士农工商为常业，以"九序心法"为修持法门，修之于家，行之于天下。林兆恩把神圣的宗教信仰与日常生活有机结合起来，符合百姓宗教信仰的世俗生活的需要，因此得到众多百姓的崇信。同时，林兆恩采取派遣弟子到各地传教的方法，使三一教的影响迅速扩大。《闽书》记载："莆田从兆恩者，所谓与夫子中分。"③谈迁也说道："莆田林兆恩，以艮背之法教人疗病，从者云集。"④林兆恩所到之处，参拜者云集，"焚香顶礼载道"。黄宗羲说："兆恩以艮背之法（也即九序气功）为人却病，行之多验。又别有奇术，济人于危急之时，故从之者愈众，自士人及于僧道，着籍为弟子者、不下数千人，皆分地倡教，所过往观投拜者，倾城毕至，

---

① 以上均参见林兆恩《林子三教正宗统论》《林子全集》等。
② （明）林兆恩：《林子三教正宗统论》第 2 册《宗孔堂》。
③ （明）何乔远：《闽书》卷 129《林兆恩传》。
④ （明）谈迁：《枣林杂俎·丛赘》。

有司约束之亦不能止也。"① 林兆恩八十诞辰时，专程前去祝寿的就有 8000 多人。② 《林子门贤实录》记载，林兆恩众多门徒中，可以称得上"大贤""小贤"的就多达 800 人，可见其信众之多。其中最著名的有卢文辉、林贞明、朱逢时、张洪都，合称"四配"。

图 5 - 55　三一教祖祠——莆田东岩山宗孔堂

三一教不但在莆田地区具有较大影响，在福建其他地区和省外也有众多信众，所谓"鲁江以南，方内方外，闻风麇至，北面师之，称三教先生"③。万历十三年（1585 年），按院杨四知在禁止三一教的榜文中也写道："昨岁经由延（平）、建（阳）、江（西）、浙（江）地方，倡集千有余众……迩来夜间，通城纷纷鸠众，诵经礼佛者，皆率其教也。"④

林兆恩去世后，其弟子继续在各地弘教，三一教在明末清初达到鼎盛。《闽书》记载："莆穷山极海，至三家聚落，莫不祀之。上而延建汀郡，下而晋安清津，皆有三教堂，以供遗貌。"⑤ 谢肇淛也说："兆恩死后，所在设讲堂，香火朔望聚会……今其徒布满郡城。"⑥ 到了清康熙初年（1662 年），三一教影响更大，林兆恩的侄儿林向哲在《瓯离子集》中记述："吾伯祖龙江先生之教，盛于今日吴、越、燕、齐、豫章之区……今先生之祠遍天下，即一郡之内，巨丽巍焕，金碧玲珑璀璨，雕桷绣甍，数里相望。"⑦

① （明）黄宗羲：《南雷文案》卷 9《林三教传》。

② （明）卢文辉等：《林子本行实录》。

③ （明）何乔远：《闽书》卷 129《林兆恩传》。

④ （明）卢文辉等：《林子本行实录》。

⑤ （明）何乔远：《闽书》卷 129《林兆恩传》。

⑥ （明）谢肇淛：《五杂俎》卷 8《人部四》。

⑦ （清）林向哲：《瓯离子集》卷 2《洋城建三教祠序》。

（三）三一教广为流传的原因

三一教之所以在明末莆田地区广为流传，原因是多方面的，主要如下。

（1）三一教融合了儒道释三教的宗教观和修持方法，创造性地把三教合一理论与宗教实践紧密结合起来，具有世俗化、简易化的特点，平民百姓容易理解和接受。

（2）三一教中的"九序心法"不仅仅是三教合一的修持方法，而且在实践中确实能够治疗一些常见的疾病，特别是第一序"艮背心法"简单易行，对于因贫困无力治病的下层百姓而言，具有很大的吸引力。对于多处信众而言，与其说是因三教合一的宗旨皈依三一教，不如说是为了学习九序心法以却病强身而入教。①

（3）林兆恩提倡门徒之间人人平等，要求门徒患难相互周恤，疾病互相扶持，互助友爱，扶危济困，这些主张反映了广大人民通过互助共渡难关的愿望，具有相当大的吸引力，一些人皈依三一教就是为了寻求教友帮助。

（4）林兆恩还针对明代中后期社会出现的种种弊病，提出一些政治改良主张。如针对土地兼并严重、农民大批破产，他主张"因地度田，计亩均授"，每人授田20亩，不必拘泥于"方井之常"的陈规②；针对宦官专权、政治黑暗，他极力反对滥用刑罚，主张无为而治，要求统治者博采众议，倾听民众呼声，不但要采用"知者之知""贤者之贤"，也要采用"愚者之知""不肖者之贤"③；针对军队腐败无能、军费开支庞大，他反对募兵制，主张寓兵于农④；针对道士僧尼众多，他提出严格限制道士僧尼人数，没收大部分寺院土地为公有，以寺院土地的租谷赈贫救灾，奖励两袖清风告老还乡的官吏，资助贫困的读书人⑤。这些改革主张在一定程度上反映了中下层人民的利益和要求，得到他们尤其是贫苦读书人和破产自耕农的拥护，他们因此皈依三一教。

（5）林兆恩的人格魅力对于三一教传播也产生积极的推动作用。林兆恩积极参与抗击倭寇斗争，他在协助官方抵御倭寇的同时，专门撰写《防倭管见》，提出"不宜清野，不宜闭城，不宜遏籴，不宜惜费，滨海以至城邑，乡人各自团练，首尾救应"等主张。林兆恩一生做了大量的慈善活动，仅嘉靖四十年

---

① 详见（明）林兆恩《林子三教正宗统论》第6册《九序摘言》。
② （明）林兆恩：《林子三教正宗统论》第5册《井田》。
③ （明）林兆恩：《林子三教正宗统论》第2册《林子》。
④ （明）林兆恩：《林子三教正宗统论》第35册《寤言录》卷上。
⑤ （明）林兆恩：《林子三教正宗统论》第5册《六美条答》。

（1561 年）至嘉靖四十三年（1564 年），他组织门徒先后六次收埋和火化因倭乱和瘟疫死亡的人的尸体 23000 多具，火化白骨无数，有效地抑制了瘟疫的流行。林兆恩毁家纾难，直到万贯家财变卖殆尽，不得不接受信徒的资助维持简朴的生活，其无私奉献的大爱精神和急公好义的善举得到时人的交口称赞和后世的景仰，当时民间就流传有"龙江功不朽，捐产度众生"的民谣。[①] 受其救助的莆田、仙游百姓更是感恩戴德，把林兆恩视为救世主化身，纷纷皈依三一教，甚至有率领全家入教的。

---

① 刘栻：《明末莆田之倭祸》，《新福建》第 1 卷第 6 期，1942。

第六章　清朝：社会经济的持续发展与文化的转型

清军入闽引起莆田人民的强烈反抗，莆田人民前赴后继抗击清军，涌现出众多的抗清义士，书写了不屈不挠的抗清历史篇章。清初的海禁与迁界，尤其是迁界，不仅给莆田沿海百姓带来巨大祸害，还毁灭性地破坏了沿海各种公共基础设施和文物。所幸康熙二十年（1681 年）之后，清政府逐渐展界和复界，实行一系列鼓励农商发展的政策，促进莆田社会经济持续发展。农业方面，莆田人民采取水旱轮作一年多熟模式，选用优良品种，提高产量，大量种植经济作物，增加经济价值。手工业也有了长足进步，特别是清代后期机器工业开始渗入手工业生产，预示着全新的工业时代即将来临。清中期之后商业再度繁荣，兴化商帮成为福建三大商帮之一，足迹遍及全国，有"无兴不成镇""无兴不成市"之说。海外贸易得到较快发展，莆田商人活跃于海上丝绸之路各国。清代中后期，莆仙地区人多地少的矛盾日益突出，出现向省内其他府县及广东、海南、江西、浙江、台湾等地及海外移民的浪潮，影响深远。妈祖信仰经过宋元明的发展，到清代已传遍除新疆、西藏、宁夏之外的中国各地，并在世界数十个国家和地区传播，妈祖文化是莆田人民对世界文化做出的重要贡献。

第一节　清朝残暴统治与抗清斗争

一　兴化府行政区划及城垣修葺

（一）莆田县行政区划

清初，兴化府沿袭明朝行政区划，莆田县分为 7 区、4 厢、30 里、120 图。至顺治十八年（1661 年）截界，莆田县被划为界内、界外两片，界外有兴福、醴泉、武盛、奉谷、崇福、合浦、新安、安乐、灵川等 9 里，而其他近海的如望江、连江、国清等里，也各有部分截割。全县 120 图，截界后只剩 60 图，被截去之地超过 1/3。

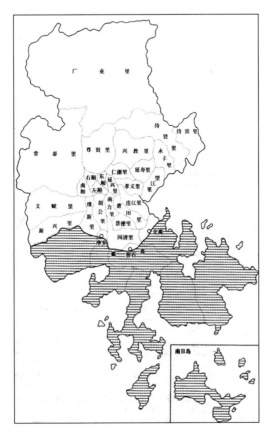

图 6 - 1　清顺治十八年（1661 年）莆田县行政区划示意

康熙二十年（1681 年）复界后，又恢复 50 图，成为 109 图。从此时至清朝灭亡，全县的区划基本没有再变动，古城管理格局也没有大的变动。

莆田县城区划如下。一区领 4 厢 1 里：左厢（城内 7 街①）、右厢（城内 6 街）、东厢（城内 3 街、城外 3 街）、南厢（城郊）、常泰里（常太），计 19 图。二区领 6 里：尊贤里（西天尾）、仁德里（西天尾、白塘）、延兴里（城郊）、延寿里（国欢、三江口）、望江里（三江口）、待宾里（黄石），计 13 图。三区领 5 里：孝义里（白塘、城郊）、兴教里（西天尾、梧塘、萩芦）、永丰里（江口）、待贤里（萩芦、江口）、连江里（黄石），计 13 图。四区领 7 里：南力里（新度）、胡公里（新度）、莆田里（黄石）、景德里（黄石）、新兴里（华亭）、

---

① 古今地名和区划变动复杂，以下里名后括号内所注现代所属镇村，只是说明大致的范围。

文赋里（华亭）、广业里（白沙、庄边、新县、大洋），计 15 图。五区领 5 里：维新里（新度）、国清里（黄石、新度）、安乐里（新度、黄石、笏石）、灵川里（灵川、东海）、醴泉里（东庄），计 15 图。六区领 3 里：兴福里（黄石、北高）、武盛里（平海、埭头、忠门）、奉谷里（东峤、埭头、南日），计 18 图。七区领 3 里：崇福里（忠门、月塘）、合浦里（笏石、东峤）、新安里（山亭、东埔、湄洲），计 16 图。

兴化古城经清代发展，至民国时期，形成了以文献街、井亭街、西市街、南门街、府学前街、义井街、大道街、后街、衙后街、井头街、石幢街、后埭街、乌石街、北门街、驿前街等主要大街以及所谓"九头十八巷"（一般认为"九头"指：观桥头、井头、水漈头、鳌石头、社衙头、河头、洞桥头、水关头、市头；"十八巷"指：县巷、马巷、花园巷、书仓巷、金桥巷、仓边巷、岐山巷、御史巷、高昌巷、后塘巷、府前巷、东里巷、梅峰巷、坊巷、城墙巷、湖岸巷、东岩巷、桃巷）组成的城市格局。

（二）仙游县行政区划

清代仙游县的行政区划，基本沿袭明代。清初受迁界影响的主要是连江里沿海枫亭一带[①]。

全县分为 4 乡、14 里，辖 6 街，共 589 村。

嘉禾乡领 3 里：功建里（鲤城）、孝仁里（赖店）、仁德里（龙华）。归德乡领 4 里：善化里（大济）、文贤里（西苑、凤山、度尾）、兴贤里（社硎、书峰、西苑）、万善里（度尾、大济）。修德乡领 4 里：永兴里（城南）、折桂里（榜头、坝下、昆头）、安贤里（榜头、南溪、后坂、后堡、兰石）、兴泰里（游洋、钟山、石苍、菜溪）。唐安乡领 3 里：香田里（盖尾、郊尾）、慈孝里（园庄、东宅）、连江里（枫亭）。

县城 6 条主要街道为：东街、西街、南街、北街、泗洲堂街、陈库街。

（三）兴化城垣的修葺

兴化城垣自明代扩建后，终清一代，没有再扩建过，但大小修葺则有多次。如清雍正年间（1723～1735 年），兴化城"城垣颓裂，雉堞倾倒，数十年未修"，雍正八年（1730 年），兴化知府张嗣昌与莆田知县汪郊商议筹资重修城

---

① 据载，康熙元年（1662 年），"自九峰山历枫亭驿、梅岭至壶公山尾，界外附海二十里东沙、十里厝头、三里陡门，皆移，共豁田地八十一顷有奇"（清杜臻《粤闽巡视纪略》卷 5）。康熙八年（1669 年），展界五里，按新界线，仙游筑界墙 15 里，设下桥、枫亭二寨。

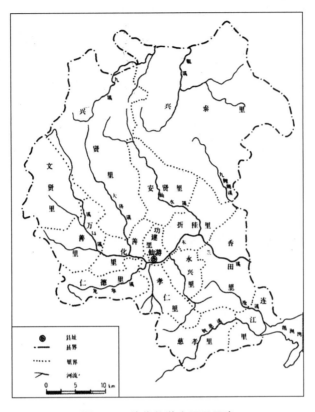

图 6-2 清代仙游十四里示意

墩。工程兴起于雍正八年孟秋（七月），竣工于次年孟夏（四月），原颓裂的城墙、倾倒的城墩，皆一一重修加固，共用石 2712 丈、砖大小 374400 多块、灰 785 石。重修后，"五楼百堞，丹垩严整；凭高望之，巨丽峥嵘"①，康熙举人、太仆寺卿莆田人林源为之作记。

乾隆五十九年（1794 年），兴化知府黄梅人安汎亦曾重修府城，并将西门"永清门"改称"来凤门"。逮至道光三十年（1850 年），莆田致仕的绅士陈池养再次主持补修城垣共 18 段，清理削砍城墙四围石缝野生榕树，补雉堞之缺 82 处。

图 6-3 府城"来凤门"石刻城额

_____

① 《乾隆莆田县志》卷 3。

咸丰三年（1853年），闽南发生民间秘密会党"小刀会起义"，四月，永春县"红钱会"首领林俊在德化，漳浦人黄友（有使）在永安等地揭竿响应。为防乱城，陈池养奉檄在莆田办团练，并以数日时间急修四门城内外墙及水关闸，又把城墙附近的树木先行砍伐，目的是让仰攻者没有可以隐蔽的地方。这些措施使农民军围困莆田城达83天而城不破。莆田举人宋际春在《绿天偶笔》中写道："我郡城雄固，又新修，攻必不易破，城中仓库久空，无大户，即拔无所获。"说明府城当时做了充分防备，也说明城墙的坚固。

光绪八年（1882年），法国入侵越南，中国出兵援越抗法。此后，法军把战争扩大至中国东南沿海，光绪十年（1884年），发生了震惊中外的"中法马江海战"。为防法军入侵，兴化知府施启宗、莆田知县徐承禧发起修城以备防，不久楼堞、警铺为之一新。至光绪十一年（1885年），兴化知府施启宗又用处理械斗的罚款修筑四门城楼，修葺雉堞，并建窝铺27所。[1] 民国元年（1912年），日本人调查兴化府城后写道："城墙非常完整坚固，用红砖砌成，高约1.5丈，不久前修整一新，十分美观。"[2]

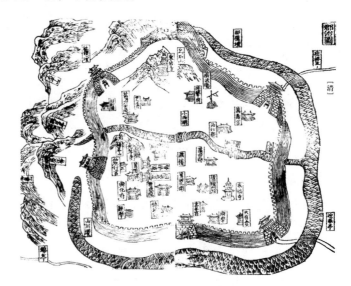

图6-4　清代兴化府城

---

[1]　近年在莆田城周边地区，常发现刻有"兴化府城砖"字样的城砖。如2009年华亭后角村发现百块兴化府城砖，每块砖长约33厘米，宽约17厘米，高约10厘米。砖的侧面嵌印"塘头/兴化府城砖/光绪拾壹年（1884年）"，即涵江塘头村砖窑为这次修城所制之砖。

[2]　日本东亚同文会编纂发行《支那省别全志》第14卷《福建省·第四编·城镇》第28章"兴化府城"。

（四）仙游城垣的修葺

清代仙游县城亦历几次修葺。清顺治十一年（1654 年）十二月二十二日，南明郑成功遣部将林胜等进攻仙游城，次年正月初五（1655 年 2 月 10 日）攻陷县城，东门毁坏数百城垛。当月十八日，移兵攻打兴化府城不克，次日退回仙游。二月，林胜等回师厦门。顺治十三年（1656 年），知县苏雄祖主持重修城墙，经重修后，城墙增高 5 尺，内培土增厚 2 丈，修筑马路 2 层，城墙 2 垛合并为 1 垛。康熙五十四年（1715 年），修复原南城门，正对南桥。雍正十年（1732 年）八月间，暴雨冲坏北门城垣 3 处，监生陈大建等发起重修。乾隆三十四年（1769 年），大雨冲坏城墙 30 多丈，知县胡启柟带头捐俸修葺城池。当时的城周长 1212 丈，高 1 丈 9 尺；城垛 1312 个，高 4 尺 5 寸；炮台 12 座，窝铺 12 间，城门 4 座，马路宽 1 丈多。城郭呈东西长而南北窄，方圆 1.1 平方公里。

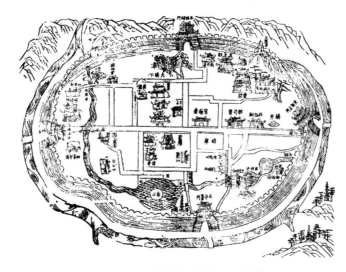

图 6 - 5　清乾隆间《仙游古城图》

咸丰三年（1853 年）八月二十四日，永春人林俊率福建红线会起义，并在仙游乌白旗红花会配合下，攻占仙游县城，改仙游县为兴明县。十一月十八日，林俊撤回永春，仙游城复归清廷控制。此后仙游城墙多年失修，城垛颓圮过半，城东一带城基塌成平地，连牛马都可以出入，盗贼宵小更是防不胜防。光绪二十六年（1900 年）四月，举人出身的番禺人王国瑞（字进之），官仙游知县，发起修复城垣。新筑城垛 710 余垛，修理城垛 580 余垛；砌筑城墙 130 余丈，马路 170 余丈；新建炮台 12 座、窝铺 4 座。城门用铁皮包裹，更换敌楼的腐朽屋椽。工程费银 8900 余两，于翌年十月竣工。王国瑞亲自撰写《重修仙游县城碑记》，由光绪恩贡、仙游名士姚宗夔书丹。至民国 3 年（1914 年）5 月，县城遭到特大洪水的侵袭破坏，后来只重修了县署。仙游城垣维持至民国13年（1924年）。①

二 清初残暴统治

清军进入福建后，遭到反清力量的顽强抵抗，莆田府城几次易手。府城与城外的军事对峙，清军、明郑军队以及盗贼团伙的索饷、骚扰、劫掠，给莆田民众带来了深重的灾难。

（一）军队占用民房

顺治（1644～1661年）初，清军初入莆田城，并无军营，只能借住于民房。乾隆《兴化府莆田县志》载："国朝顺治初，镇将各官兵驻扎兴化城内，未有建置，衙署俱系借住民房，造册达部，奉旨自顺治九年（1652年）以后，不许再为借住，以杜侵扰。"② 然而，禁令归禁令，军队却沿袭不改。陈鸿《国朝莆变小乘》记载：清顺治十七年（1660年）八月，"拨八旗马兵，在莆养马，扎南门外，十一月撤回。不数日，换班养马又至。不扎南门，突向北门外上下南郊、下戴、溪口、溪头、上林、七间、畅山、延寿、溪头数乡驻扎，乡民惊惧，只带衣服银钱而走，米谷家伙俱留，为兵所用。逃不密者，男人随伊驱使，女人使治栖床。至是年（顺治十八年，1661年）三月，起营而去"。③ 此事发生在顺治十七年（1660年），距离朝廷下发禁止军队驻扎民房命令的顺治九年（1652年），已过去了8年，但军队占用民房愈演愈烈。

此外，清政府划地安置明郑投诚军人时，往往也大量侵占民房，百姓因之流离失所。杨富原为郑经的右武卫，厦门之战后投诚清军，被封为太子少师。康熙二年（1663年）十二月初三日，部院行文，将莆田府城内西北角民房圈出1200间，用于安置投诚官兵及其家眷。莆田地方官从府城西北隅的龙坡、厚隆、厚村三铺中，圈出民房2000余间，拨付给杨富军队居住。被圈之家，"只许搬

---

① 莆田城垣一直维持至民国28年（1939年），国民党军队第三战区司令部下令拆城的荒唐理由是抗战时便于攻守、便于市民出城躲避敌机轰炸、有利于城池沦陷后反攻。拆城始于民国28年（1939年）8月，至次年3月拆完，千年古城从此消失。仙游的城墙拆除始于民国13年（1924年）修筑仙游县城至郊尾（仙郊）公路以及仙游城厢内外公路，先拆南门，后拆西门。民国28年（1939年）国民党军队第三战区司令部下令拆毁沿海12座城垣，仙游在其列，剩余城墙遂被全部削平。中华人民共和国成立初期，尚残存部分城基，今则已遗迹全无。

② 《乾隆兴化府莆田县志》卷3《建置·武署》，第25a～25b页。

③ （清）陈鸿：《国朝莆变小乘》，收入陈支平主编《台湾文献汇刊》第2辑第14册，厦门大学出版社、九州出版社，2004年影印本，第238～239页。

出米谷、家伙，门窗不许移动，拨兵监督，不三日即令出厝，不得复入"。[1] 清政府安置其他投诚人员，也大量侵占民房，《莆变纪事》称："自国姓金舻入台湾，留其子在厦门。部下多叛，当事亦多方招抚。于是大镇如杨富，如周全斌，如郭谊，如施琅，皆入港归化。至于拨置郡县、圈庐舍、敛米谷以奉之，各就原职，加少师，加伯爵，领给全俸，以俟升擢。其督同、督金、参、游、守备之类，不可胜计。"[2]

郑成功军队也有侵占民房之举。康熙十五年（1676 年）十月，清军打到福州，耿精忠投降。兴化守将马成龙原为耿精忠部将，看到耿精忠投降，遂转而投靠郑经。郑派左镇许耀前往莆田，于乌龙江畔抵抗清军。结果，清军登陆乌龙江后，大败许耀。许耀败军回奔涵江，"遂占民房居住，房主不敢在家。掘地凿墙，搜寻埋金。衣服米谷，概归乌有"[3]。郑军不仅占用民房，还将屋中财物据为己有，与强盗无异。

（二）军队拷饷

明清鼎革之际，莆田府城被清军占领，城外则被郑成功军队控制，双方在军事对抗的同时，也在掠夺百姓，征集粮饷。

清朝定制："各省军需，俱取之本省。"[4] 清初莆田地区战事频繁，军需供给往往派之民间，百姓负担极为沉重。顺治四年（1647 年）清军被反清义军围困于府城内，为了守城，清军不仅向百姓收取垛饷、兵粮、守垛器械等军需物资，还大量征发百姓去守垛，许多人累死、饿死、冻死于垛边。《国朝莆变小乘》记载："一垛一民，一兵监之……守垛民夫，需日夜备酒肴，与兵买好，方得无亏。此时，贫者有守至二三月，饥寒死于垛边者，有苦累而死者。此时，富者因租难运入城，日夜雇人守垛，又用酒肴供督垛兵，又拷纳垛饷，又取米供给兵粮，又条鞭加饷，又设立守垛器械，虽富者至此皆穷。"[5] 当年十一月，分守道彭遇颿率五百福州兵来援救莆田清军，因所带军粮不足，一路抢掠米谷猪鸡

① （清）陈鸿：《国朝莆变小乘》，收入陈支平主编《台湾文献汇刊》第 2 辑第 14 册，厦门大学出版社、九州出版社，2004 年影印本，第 242 页。
② （清）余飏：《莆变纪事》，收入陈支平主编《台湾文献汇刊》第 2 辑第 14 册，厦门大学出版社、九州出版社，2004 年影印本，第 109 页。
③ （清）陈鸿：《国朝莆变小乘》，收入陈支平主编《台湾文献汇刊》第 2 辑第 14 册，厦门大学出版社、九州出版社，2004 年影印本，第 278 页。
④ 《清世祖实录》卷 137，中华书局，1985 年影印本，第 1058 页。
⑤ （清）陈鸿：《国朝莆变小乘》，收入陈支平主编《台湾文献汇刊》第 2 辑第 14 册，厦门大学出版社、九州出版社，2004 年影印本，第 202 页。

而来，沿途百姓惨遭其害。

郑成功军队为了获得军需物资，也向百姓拷饷。顺治十年（1653年），清廷与郑军谈和之际，郑军以乏粮为由，向莆田沿海百姓征饷。为了最大限度地筹集军饷，郑军采取了竭泽而渔的方式，弄得莆田沿海百姓家财荡尽。而清政府驻莆田的军队与地方官，也以和议在即，对郑军的拷饷活动一概不管。《莆变纪事》载："癸巳之秋，沿乡肆掠，昼夜不宁。是冬，当事者与海上有和辑之议，以下游四府、广东、惠、潮听其节制。疏上候覆。而海上以乏粮为词，当事者准其沿海索饷。各县分官征派，顺者免加兵。吾邑坐派三十万，差郑擎柱以兵部职衔莅黄石征之。开衙设库，分曹置局，诸色人役无不毕集。乡差一捻，村置一司，拘提鞭扑，有如重犯，名一实十，饱于奸猾之手，再加三派，耗于求乞之情。于是里无不破之家，家无不覆之垒。"① 郑军在黄石征饷，清政府任命的莆田县官则在塘下催收条鞭税，双方各做各的，互不干扰。关于郑军此次索饷对莆田百姓造成的巨大创伤，陈鸿《国朝莆变小乘》中也有翔实记载，可补余飏《莆变纪事》之不足："癸巳顺治十年（1653年）七月，国姓遣大镇王大振率兵扎江口、涵江，郭尔龙扎黄石、塘下，分布各头目，沿乡催取虐民。差明朝举人郑擎柱为兵部，扎黄石街，勒索南北洋粮饷，继取各乡军需、器械、布帛。富者拷饷数多，贫者拷饷数少。五日一比，极刑拷打，仍行监禁。富贵者破家浪产，贫贱者出妻卖子。乡民悉遭荼毒。广业常太山民之惨，父母难保，兄弟离散，妻子死亡，家业罄空。有富铺甲者，差官日到其家，先款酒席，后索夫价，前差未去，后差又来。索骗多端，应承不暇。"② 峰头人王大振，驻江口拷饷。此人极为骄横，出入乘轿，前呼后拥，以开国功臣自居。他给父母砌坟，僭用御葬之礼。不久，郑成功以其拷饷太过严酷，调回杀之。

向百姓拷饷的还不止清军和明郑军队。康熙十三年（1674年），平西王吴三桂造反，福建藩王耿精忠起兵响应。为了筹集军费，耿精忠将莆田富户分上、中、下三等输饷。上户300两，中户100两，下户49两。耿军"日日什派，家家驻兵"③，百姓痛苦不堪。

---

① （清）余飏：《莆变纪事》，收入陈支平主编《台湾文献汇刊》第2辑第14册，厦门大学出版社、九州出版社，2004年影印本，第101页。

② （清）陈鸿：《国朝莆变小乘》，收入陈支平主编《台湾文献汇刊》第2辑第14册，厦门大学出版社、九州出版社，2004年影印本，第223～224页。

③ （清）陈鸿：《国朝莆变小乘》，收入陈支平主编《台湾文献汇刊》第2辑第14册，厦门大学出版社、九州出版社，2004年影印本，第274页。

（三）战争荼毒

清军、郑军、耿军以及盗贼团伙等在莆田这片土地上轮番登场，莆田深受战争荼毒。

清顺治三年（1646 年），清军入闽，大败南明唐王军队，入驻兴化。次年夏秋之交，莆田山海两路，都有不少人打着义军旗帜，与清军对峙。有一段时间，义军驻于南洋柯墩，清驻莆总兵张应元率骑兵三千前往征剿，中伏大败。城里官民合作，招募乡兵，与义军对抗，也遭失败。不得已，清军关闭莆田城门，令百姓夜守城垛，穷人饿死、累死在垛边，富人也因为守垛而弄得家徒四壁。莆田城被义军包围，城里断粮，人们想方设法寻食："小西湖莲藕甚多，取食无余。有掘芭蕉头而食者，有捞水壅菜而食者，有采蓖麻叶而食者……有取水芋头而食者。"① 十一月十七日分守道彭遇飚带领福州兵五百来援莆田。十九日，福州兵出城征剿义军，义军退走，一些来不及逃走的百姓，就被当作义军杀死，如新沟一乡，有百余人被杀。兵士乘机抢劫财物无数。二十三日，一些城中百姓跟随兵士出城到黄石抢掠，乡下百姓和义军四处埋伏，"见官兵已去，从新庵、咸淳庵拥出，城民被杀死、踢死、淹死四五百人"②。这些跟随清军出城觅食劫掠的城中百姓，被乡下百姓与义军杀死。

由于城内外对峙，总兵张应元对于被怀疑通敌者，一概施以酷刑：苏六哥的哥哥玉齐在城外义军中，张应元怀疑苏六哥、郑冲陵等四人通敌，用门扇板将四人钉于板上示众。"冲陵肥胖难受，用银买兵丁，踢囊而死。铺甲钉一日夜而死。左右邻未死，黎、盛二公苦劝释放，医治而愈。苏六哥不在家，拿其子插烛。其妻走逃黄轼、黄辙家。即拿二人，用竹钳钳口，游街示众。"③ 清守军对城外抓到的人也通通施以酷刑，其残忍令人发指。

（四）军队骚扰

战争暂歇的时候，各种军队的出入也对当地百姓造成极大骚扰。

为了打败郑军，清政府对郑军及其他义军进行招安，给以优待。一些原来趁火打劫的盗贼团伙，摇身一变成为官兵。余飏《莆变纪事》载："若山队受抚

---

① （清）陈鸿：《国朝莆变小乘》，收入陈支平主编《台湾文献汇刊》第 2 辑第 14 册，厦门大学出版社、九州出版社，2004 年影印本，第 204 页。
② （清）陈鸿：《国朝莆变小乘》，收入陈支平主编《台湾文献汇刊》第 2 辑第 14 册，厦门大学出版社、九州出版社，2004 年影印本，第 211 页。
③ （清）陈鸿：《国朝莆变小乘》，收入陈支平主编《台湾文献汇刊》第 2 辑第 14 册，厦门大学出版社、九州出版社，2004 年影印本，第 208 页。

者，俱属新迁之人啸聚，或在湄洲，或在南日，打劫金银，满囊而入，或投诚本道，或呈身镇府。俱申督抚，准其剃发。俟文下，官给袍笠，隶之麾下。为首数人，随标办事。余党散处城市，勾凶徒，藏亡命，昼抢夜劫。民之苦于若辈，又甚于未抚时也。"① 这些被招安的人，原来就是作奸犯科之人，接受招安，成为官兵后，对百姓的劫扰更加有恃无恐。而地方官自以为招安有功，对他们的为非作歹不闻不问。郑经部下右武卫杨富投诚后，被封为太子少师，驻军于莆田。时镇南王耿继茂改封于福州，其军队也驻扎于莆田。杨富和耿继茂的部下，三五成群，遇单行之人，抢其财物，剥其衣服。如果被抢之人不识好歹，与之争论，则"财物去，身体伤"。杨、耿军队还调戏妇女，"城中孔道，妇人来往，戏将簪珥抢去。一与之索，此兵即传彼兵，驾言虚指，作浪生波。将官不管，府县难投"②。关于杨富军队（杨兵）、耿继茂军队（王兵）对莆田百姓的祸害，陈鸿是这样评价的："杨兵扎莆三载，恶难罄书。杨兵既去，王兵又横，但无甚多人，亦颇畏法。闻西边有警，京差来闽吊王兵往御。七月十二日，藩下驻防将官刘效基并丁兵尽撤回。王兵虽横，尚大概。杨兵一派小局，偷鸡打狗，无非不为。二兵扰害，莆土大伤。"③

康熙八年（1669 年）三月，驻涵江水师 2000 余人，由于未发给三月粮饷，公然在涵江抢劫。涵江百姓为免被抢，白日闭市，不敢营业。《国朝莆变小乘》载："公然劫掠，或登门，或伏度，人莫敢撄。常数十人强下大船，搜检攘物而上，人难防备。拂意则骗装交加。"④ 甚至连清军将领的家眷也不放过。守备钱龙的儿子经过涵江，不仅行李被抢，还遭到毒殴。康熙十三年（1674 年）二月十一日，涵江水师乘吴三桂造反之机，以无粮为借口，抢夺涵江、黄石街市货物，在乡村地区更是大肆劫掠。官府不管，百姓无力反抗。直到十三日，"总镇示禁乃止"⑤。

① （清）余飏：《莆变纪事》，收入陈支平主编《台湾文献汇刊》第 2 辑第 14 册，厦门大学出版社、九州出版社，2004 年影印本，第 109～110 页。
② （清）陈鸿：《国朝莆变小乘》，收入陈支平主编《台湾文献汇刊》第 2 辑第 14 册，厦门大学出版社、九州出版社，2004 年影印本，第 244～245 页。
③ （清）陈鸿：《国朝莆变小乘》，收入陈支平主编《台湾文献汇刊》第 2 辑第 14 册，厦门大学出版社、九州出版社，2004 年影印本，第 252～253 页。
④ （清）陈鸿：《国朝莆变小乘》，收入陈支平主编《台湾文献汇刊》第 2 辑第 14 册，厦门大学出版社、九州出版社，2004 年影印本，第 256～257 页。
⑤ （清）陈鸿：《国朝莆变小乘》，收入陈支平主编《台湾文献汇刊》第 2 辑第 14 册，厦门大学出版社、九州出版社，2004 年影印本，第 265 页。

三　清初民众抗清斗争

清军入闽引起莆田人民的强烈反抗。倪在田《续明纪事本末》载，闽州有贡生齐巽及中书张份、僧不空等，莆田有朱继祚等，延平有义士李长蛟，建宁有知县蒋芬等，光泽有宗室统锟，德化有义士林质，长乐有举人陈希友，福清有兵部右侍郎林汝翥等，永春州有义士林永，福宁有金卫巡抚刘中藻等，漳浦有儒士洪有桢，泉州有在籍御史沈佺期等，南安有义士林忠等，海上有郑成功等，纷纷起兵抗清。① 莆田百姓中涌现出众多抗清义士，书写了不屈不挠的抗清历史篇章。

（一）莆田的抗清斗争

清顺治三年（1646 年）末，清军入闽，大败南明唐王军队，攻入兴化府城。次年夏秋之交，莆田民众纠集人马，打着义军旗帜，前赴后继抗击清军。驻扎于府城的清军，闻风丧胆，紧闭城门，不敢出战。

陈鸿《国朝莆变小乘》载，清顺治四年（1647 年）九月十七日，常太里人潘忠琼（实名"忠芹"），在松岭顶举起反清大旗，数百人参加。起义伊始，驻守莆田总兵张应元不予重视，"不发兵追剿，致贼势愈炽。廿七日，拥至北门外四度岭、西庚等处，出城者多被擒捉"。② 除了潘忠琼外，其他各地民众也纷纷起义，共抗清军。民国《莆田县志》载："仙游义民王士玉（《国朝莆变小乘》称'王似玉'），聚众杨山寨，势甚大，直至莆之锦墩。常泰里义民潘仲勤、王继忠复集子弟为义兵应之，屯黄石。九月，同安伯杨耿扬帆抵西洙、东阳，与王、潘等合攻莆城。"③

据陈鸿《国朝莆变小乘》记载，当时反清义军围城情况如下。杨耿驻扎潭头桥，郑成功部下曾六、曾七兄弟驻扎芦浦，材行林廿五使驻扎北洋，王师驻扎涵江，王似玉兄弟驻扎南洋，潘忠琼驻扎西山常太里。城外乡绅举人，各招兵起义。阁部朱继祚、吏部余飏、原游击李朝伟、举人刘元会、林尚奎等人，纷纷起兵。自九月以来，莆田被围两月，义军攻城数次。一个夜晚，义军摸黑

---

① 倪在田：《续明纪事本末》卷 15《诸方义旅篇》，收入《台湾文献史料丛刊》第 5 辑，台北：大通书局，1987，第 452~458 页。

② （清）陈鸿：《国朝莆变小乘》，收入陈支平主编《台湾文献汇刊》第 2 辑第 14 册，厦门大学出版社、九州出版社，2004 年影印本，第 200~201 页。

③ 《民国莆田县志》卷 3《通纪》，收入《中国地方志集成·福建府县志专辑》第 16 册，上海书店出版社，2000，第 79 页。

来到兴化城下。他们将龙舟倒覆过来，遮挡城上抛下的木石，放火焚烧城门，惜未能成功。杨耿的部队连日"用大贡铳打进城中，铳子如锤，重四五斤，一发喇喇有声，打落屋上，椽桁皆坏"①。可见义军攻城极为猛烈。

此次义军围城，历时两个月，久攻不下。十一月十七日，分守道彭遇飙从福州率五百兵来援兴化，守城实力大增。从十九日开始，清军由守转攻，出城征剿义军，先攻西洙，杀杨耿部千余人。后又至马峰，杀义军千余人，兴化府城之围始解。

顺治五年（1648 年）正月，南明大学士朱继祚、杨耿以及各义军联合起来，再次包围兴化府城。此次围城，义军并不急于与清军决战，而是"断阔口桥，涵江断桥，并要渡石桥、水桥，拒各处隘口，意在坐困到城自破"②。义军如铁桶般的包围，使得兴化府城粮食断绝，米价腾涌。城中百姓或日食一餐，或数日食一餐。

因外援不至，兴化府城百姓饿死者甚众，百姓遂于三月初八日五鼓时分打开东门，迎接义军入城。驻莆总兵张应元听说东门失守，率马步兵千余人从南门出，逃往仙游。另据《小腆纪年》记载，义军攻下兴化府城的过程是这样的："守城监司彭遇飙，故南都御史也，令将士出战，己即登陴，易明旗帜，守将见之不敢入；遇飙遂开城召继祚入守之。"③ 民国《莆田县志》的记载与《小腆纪年》略同："分巡道彭遇飙，故南都御史与知府胡元贡、知县盛于唐，谋开城应之。张应元出战，城上尽易明帜。应元遁入仙游，遂复兴化。"④

反清义军刚入城时，纪律严明，号令森严，不甚扰民。但不久便各自封官，王似玉自称弘义军门，林廿五使自称威义军门，潘忠琼、王眉、陈窍自称都督，"其余众营官各自尊大"⑤。义军中来自山乡的，以前都是府城富户的佃户，长期受到富户的欺辱，此时借机报复。城里富户一旦被搜获，即无生路。义军入城后，掳掠官兵妻子的现象也屡见不鲜。此外，城中的田主、债主、官兵、乡勇、衙蠹，也通通遭到镇压。

① （清）陈鸿：《国朝莆变小乘》，收入陈支平主编《台湾文献汇刊》第 2 辑第 14 册，厦门大学出版社、九州出版社，2004 年影印本，第 207～208 页。
② （清）陈鸿：《国朝莆变小乘》，收入陈支平主编《台湾文献汇刊》第 2 辑第 14 册，厦门大学出版社、九州出版社，2004 年影印本，第 213 页。
③ 徐鼒：《小腆纪年附考》卷 15，中华书局，2010，第 574 页。
④ 民国《莆田县志》卷 3《通纪》，收入《中国地方志集成·福建府县志专辑》第 16 册，上海书店出版社，2000，第 79 页。
⑤ （清）陈鸿：《国朝莆变小乘》，收入陈支平主编《台湾文献汇刊》第 2 辑第 14 册，厦门大学出版社、九州出版社，2004 年影印本，第 215～216 页。

　　由于反清义军由多股力量组成，互不隶属。攻占府城后，彼此之间争权夺利，矛盾逐渐尖锐。五月，杨耿以邀请潘忠琼饮酒为名，就酒席中将之杀害，"从此自相吞并，互杀极惨"①。埋下府城得而复失的伏笔。

　　七月，清礼部尚书陈锦、侍郎郑佟、兵部侍郎李率泰率大军从福州南下江口，意图收复莆田府城。各路义军听说清朝大军将至，闻风而逃。当先锋金守备到达头亭时，城中百姓开北门，迎接清军入城。清军重入兴化府城后，一方面，出榜安民，谕令百姓剃发，归化清朝。另一方面，大肆搜捕、杀害义军领袖。朱继祚、林嵋、汤芬、都廷谏等一大批抗清志士均不屈而死，以下择其要者介绍。

　　朱继祚（1593～1649年），字立望，号胤冈，莆田横塘人。万历四十七年（1619年）进士，改庶吉士，授编修，参与修撰《三朝要典》，后被罢官。崇祯元年（1628年）官复原职，擢升礼部左侍郎，任《实录》总纂。南明隆武帝时任东阁大学士。顺治三年（1646年），朱继祚追随隆武帝前往江西，途中被俘，后潜回莆田待机再起。顺治四年（1647年），鲁王入闽，朱继祚举兵响应，并于翌年与各路义军联合收复兴化城，震动朝野。三月，清军再次攻下兴化城，朱继祚被捕，清顺治六年（1649年）正月初十日，于福州从容就义。朱继祚临刑前作绝命词云："嗟予生兮不辰，逢惨祸兮撄身。乾坤倾溃兮陆海为尘，日星掩曜兮万象沉沦。人谁无死兮鸿毛泰岳，惟其所处兮殇延彭促。且夕毕命兮去将安之，夫妻子母兮不得相依。上告苍天兮鉴此微词，虽为齑粉兮甘之如饴。千秋万古兮谁其予知，与化俱殂兮于戏噫嘻。"②绝命词体现其忠心不二、以死报国的民族大义。朱继祚终年56岁，清乾隆四十一年（1776年）诏谥"忠节"。

　　林嵋（1611～1648年），字小眉，号蕊斋。莆田城关人，少时随父林长茂官镇江，工于文，有"圣童"之称。崇祯十五年（1642年）举人，崇祯十六年（1643年）进士，授工部主事。李自成进北京，林嵋被执不屈，后逃脱，易衣毁形，渡江上书弘光朝兵部尚书史可法，言兵事，可法奏留之，授苏州府吴江（今属江苏省）知县。苏州失守后，林嵋随鲁王入闽，任吏科都给事中。他与大学士朱继祚、左都御史余飏等一起起兵攻克兴化府城。林嵋为人磊落负气节，时事已非，多悲愤语，每念及国事，辄寄悲愤为诗。顺治五年（1648年）清军

① （清）陈鸿：《国朝莆变小乘》，收入陈支平主编《台湾文献汇刊》第 2 辑第 14 册，厦门大学出版社、九州出版社，2004 年影印本，第 217 页。
② 《民国莆田县志》卷 30《忠义传》，收入《中国地方志集成·福建府县志专辑》第 17 册，上海书店出版社，2000，第 628 页。

攻破兴化城时，林嵋被俘。狱中，林嵋与余飏唱和，书绝命词三章，呕血数升自缢而死。

周霱，字殿敷，一字慕存，周如磐次子，以恩荫中书舍人。历任南京工部营缮司主事、屯田司员外郎、吏部清吏司郎中、广西布政司参议等职。周霱"有膂力，精刀槊"。朱继祚起兵抗清时，周霱"应之，结砦芦浦"。清军破城时，周霱"首裹五色缯，拥盾执戈突围出。清兵千余追之。霱且战且退，手格百余人"①。后因帕散，垂绕其脸上，遮挡了视线，遂遇难。

曾世褜，字长修。博学，擅长文章。天启四年（1624 年）举人，任兵科给事中。清军南侵，曾世褜和黄道周、曹能始等人谋划兴复之计。朱继祚起兵围兴化，曾世褜毁家纾难，破产充饷，资助朱继祚攻打兴化。清军再破兴化城后，曾世褜遁至厦门，投海自杀。

彭士瑛，字粲斯，给谏彭汝楠之子。彭汝楠与朱继祚交好，朱继祚攻打兴化城时，彭士瑛结交壮丁为内应，斩杀守城者，迎接朱继祚义军入城。后被义军头目王似玉所害，被害时年尚未及冠。黄毅凭吊诗云："司马有贤儿，功成洒碧血。"

宋洪乾，字美男，天启七年（1627 年）举人。朱继祚起兵抗清时，宋洪乾将家中田产分给农民，募兵筑垒于常泰里赤土墩，与朱继祚军成掎角之势。清军破城后，宋洪乾与其仆均死于乱军中。宋家人寻找其尸不见，葬其衣冠于古岭。

林尊宾，字燕公，幼时勤于学，通六经诸史百家。鲁王入闽后，受兵科给事中之职，从朱继祚起兵，率军与林兰友军队成掎角之势。兴化城破后，林尊宾穿戴整齐，端坐大厅中，作绝命诗，与其兄别。清军入城后殉国。与尊宾同时殉国的还有副将林聚之，以及梁鼎钟、陈宪绾等人。

梁镗，字鼎钟，官中书舍人，随朱继祚战死于木兰陂上。

戴嘉祉，字叔荐，崇祯十五年（1642 年）举人，随朱继祚起兵。清兵入城后逮捕嘉祉，其仆郑十二挺身而出，代嘉祉赴死。嘉祉亡命江湖，不久也去世。

林说，字傅公，号小筑，崇祯十五年（1642 年）举于乡。为人淡泊寡营，喜吟咏。明朝灭亡，林说遁入深山，绝食而死。乾隆四十一年（1776 年）诏祀忠义祠。

---

① 《民国莆田县志》卷 30《忠义传》，收入《中国地方志集成·福建府县志专辑》第 17 册，上海书店出版社，2000，第 631 页。

（二）莆田人在外地的抗清斗争

明末清初，莆田人在外为官者，也纷纷投入抗清斗争中，其中最有名的是郑云锦、周金汤、黄斌卿等。

郑云锦，字子素，号介山，涵江西陵人。以明经起家，历任灵山合浦知县、太平府左州知州、南宁府横州知州。顺治十五年（1658 年）正月十五日，清军破横州，郑云锦被俘，羁送浔阳。不久，又被清军用囚车送到端州狱。清军劝降，郑云锦不从，饮鸩死，未成，作《从西山义士游》诗，以古代忠臣苏武等自比，认为"人生自古谁无死，觅得死所几人乎！"表达了宁死不屈的意志。后绝食七日，竟不死。狱中三年，宁死不屈。或劝其薙发归降，云锦曰："吾办死久矣，所未即死者，留一日鬈发，即顶一日君恩，为一日南冠之楚囚，即为一日朝廷之臣子耳。"清廷无奈，处之死刑。刑前，郑云锦神色自若，视死如归，旁观者皆惊叹不已。郑云锦在狱中，著有《广恨赋》《狱赋》《缧绁者说》《题狱神像并赞》《杂咏》《杂论》等，"皆悲愤激烈，铮喤可诵"[1]。

周金汤，字宪洙，又字永叔，莆田黄石五龙人。幼时擅长诗赋，壮年后喜好孙吴兵法，精于骑射剑槊，崇祯十三年（1640 年）登武进士，决心以身许国，马革裹尸。后担任湖南中军守备，"训练精锐，能以少击众，所向皆捷"。永明王于肇庆即位后，周金汤以副将率兵守均州，率军夜袭永州，获得成功。顺治五年（1648 年）正月，清军大举进入灵川，永明王逃至南宁，其部将郝永忠在桂林大肆劫掠，民怨鼎沸。周金汤等人各率所部兵马赶到，民心方安。周金汤以军功升任中军都督，挂果毅将军印，加太子太傅，封漳平伯，进太师，奉旨册封郑成功为延平郡王。回至潮州时，被清军俘虏，系于狱中。清军劝降，金汤严词拒绝，遂遇害。周金汤就义前，写下绝命词："主辱臣应死，中原寸土无。盖棺何所有，白发满头颅。"[2] 粤人义之，葬其于广州辰门外周家坡。乾隆四十一年（1776 年）入祀忠义祠。

黄斌卿（1609～1649 年），字明辅，崇祯元年（1628 年）以荫补百户。弱冠时以协助许总兵恢复赤水卫三城之功，授唐山把总。在福建抚标游击任上，

---

① 《民国莆田县志》卷 30《忠义传》，收入《中国地方志集成·福建府县志专辑》第 17 册，上海书店出版社，2000，第 633～634 页。

② 《民国莆田县志》卷 30《忠义传》，收入《中国地方志集成·福建府县志专辑》第 17 册，上海书店出版社，2000，第 634 页。

黄斌卿立有"歼红夷、灭刘香、擒渠魁陈遗哥、平妖贼查华十功"①。崇祯十年（1637年），升浙江宁绍台参将，迁副总兵，统水师镇舟山。舟山任上，斌卿降服海盗头子陈虎，招抚贼船百余只，威名四扬，升任南京都督金事。崇祯十七年（1644年），李自成攻陷北京，斌卿即率军勤王。同年五月，福王于南京即位，改元弘光，以斌卿为总兵官，驻防镇江。时朝中大权操于马、阮手中，斌卿因上疏力陈时弊，得罪马、阮，于十一月被撵出南京，挂平蛮将军印出镇广西。次年（1645年），清军攻陷南京，唐王于福州即皇帝位，改元隆武。大学士黄道周上疏唐王，极力举荐黄斌卿。唐王赐斌卿伯爵，挂大将军印。斌卿率所部兵马七千入浙江，战明洋，入舟山联络滨海诸郡邑。浙江沿海士民，以及徽州等地百姓，纷纷起兵响应。唐王以黄斌卿有功，晋升为侯爵。不久，清军入闽，唐王兵败于汀州。永明王于广州即位，改元永历，黄斌卿上疏称臣。其亲家张明振将军则拥护鲁王。顺治六年（1649年），鲁王兵败后再次从闽入浙，希望以黄斌卿占据的瀁州岛为抗清基地，黄斌卿坚持自己的正统观，始终不愿接纳鲁王。同年九月，鲁王与张明振合兵一处，杀死黄斌卿，取舟山为抗清基地。乾隆四十一年（1776年），赐谥"节愍"。黄斌卿著有《来威堂存稿》《东南纪略》《骈丽疏钞》《闽浙杂咏》等。

四　海禁与迁界

清初，郑成功等抗清武装活跃于福建沿海地区。清军来自北方，不习水战，面对擅长水战的郑军，拙于应付。为了断绝沿海居民与郑军的联系，以达到将郑军摒绝于海外之目的，清政府被迫实行海禁与迁界的政策，给福建沿海居民带来了巨大的灾祸。

（一）海禁

在顺治十八年（1661年）郑成功收复台湾之前，其军队曾多次骚扰莆田沿海，甚至攻克仙游县城，给清政府治理福建沿海府县带来巨大的威胁。清军不擅水战，在征剿郑军时往往受挫。此外，郑成功将沿海地区作为军饷的供应地，其军队多次骚扰莆田沿海，主要目的是获取军饷。

有鉴于此，一些清政府官员想方设法，力图禁绝沿海百姓对郑军的供给。王命岳在《靖海疏》中主张，在海战不如郑军的情况下，最重要的是要断绝沿

---

① 《民国莆田县志》卷30《忠义传》，收入《中国地方志集成·福建府县志专辑》第17册，上海书店出版社，2000，第634页。

海百姓对郑军的供给，提出"方今上策，惟有把截隘港，禁绝接济，信赏必罚，申严号令，轻徭薄赋，与民休息，使民不为贼，贼不得资，迟之又久，必有系丑而献阙下者"①。海禁便是清政府断绝沿海百姓与郑成功军队联系的最重要措施之一。顺治十三年（1656 年），清廷发敕谕给浙江、福建、广东、江南、山东、天津各地督抚，申明海禁：

> 海逆郑成功等窜伏海隅，至今尚未剿灭，必有奸人暗通线索，贪图厚利，贸易往来，资以粮物。若不立法严禁，海氛何由廓清！自今以后，各该督、抚、镇著申饬沿海一带文武各官，严禁商民船只私自出海。有将一切粮食、货物等项与逆贼贸易者，或地方官察出，或被人告发，即将贸易之人，不论官民俱行奏闻正法，货物入官；本犯家产，尽给告发之人。其该管地方文武各官不行盘诘擒缉，皆革职、从重治罪。地方保甲通同容隐、不行举首，皆论死。凡沿海地方，大小贼船可容湾泊登岸口子，各该督、抚、镇俱严饬防守各官相度形势，设法拦阻；或筑土坝，或树木栅，处处严防，不许片帆入口、一贼登岸！如仍前防守怠玩，致有疏虞，其专汛各官即以军法从事；该督、抚、镇一并议罪。②

这份敕谕措辞严厉，严禁百姓私自下海。清廷海禁政策虽严，但海岸线漫长，百密难免一疏，执行起来很有难度，效果不彰。有学者指出："海禁这一政策在执行过程中，并未达到彻底割断海内外联系的目的，也未遏制住沿海人民对明郑反清力量的支持……同时也不能限制海上反清武装的进袭，顺治十五年、十六年（1658～1659 年），郑氏武装两次北伐。"③

（二）迁界

为了更有效地打击郑成功军队，顺治十七年（1660 年）九月，清王朝批准了福建总督李率泰将同安、海澄沿海居民迁入十八堡及海澄内地的建议，此为福建迁界之始。由于同安、海澄的迁界效果好于原来的海禁，在一些清朝大员的推动下，迁界从福建的试点运作，迅速推广到东南沿海的广大地区。清顺治

---

① 《乾隆泉州府志》卷25《海防》，收入《中国地方志集成·福建府县志专辑》第22册，上海书店出版社，2000，第593页
② 《清世祖实录选辑》，《台湾文献丛刊》第158种，台湾银行经济研究室，1959～1972，第119页。
③ 孙晟：《两朝之间：清初迁界与社会变迁——以福建兴化地区为中心的研究》，博士学位论文，厦门大学历史系，2006，第43页。

十八年（1661 年），尚书苏达海上疏，"请将山东、江南、浙江、福建、广东附海居民迁入内地，贼以海滨百姓为粮饷，为向导，一到即有供给。清海以待，贼当坐困"。十月，清朝廷下文："著附海居民，搬离城二十里内居住。二十里外，筑土为界，寸板不许下海。界外不许闲行，出界以违旨立杀。武兵不时巡界，一遇巡兵，登时斩首。"①

莆田迁界，开始时以壶山、天马侧入雁沁为界，马峰、惠洋、笏石三乡也被截入。近界地区的居民全部迁出，但远界居民经与当地驻军商议，以交租给军队的方式可以继续在原地耕种采捕。后来，北京前来巡视的官员要求严格执行迁界令，远界居民也一律搬迁，沿海地区一片荒芜，惨不忍睹。余飏《莆变纪事》载：

时有满大人苏达海巡历形势，定为清野之议，将边海居人尽移内地，燔其舍宅，夷其坛宇，荒其土地。弃数百里膏腴之地，荡为瓯脱。刻期十月内不迁，差兵荡剿。以壶山、天马侧入雁沁为界。初议犹存马峰、惠洋、笏石。及满州官自来定界，并三乡而截之。方其时，就居城乡，填门塞巷。有亲戚者兴采葛依居之叹，无亲戚者尽离鸿中泽之哀。糇粮薯麦，富者足支一年，贫者日月可计，于是流离转徙，死亡荡析。郑侠所上之图绘之不尽矣。先是，近界十余里及大度通平海、莆禧者，房屋尽毁，足迹如扫。其远界如东沙、尾莲塘等处，原塞未隳，居民复集其中，与主兵者约，听其耕种采捕。每季纳银钱豆麦，比于租贷之例。稍一不敷，发兵追捕。先通一信，至中途候银。银至，铙唱而归。厥后京师巡界者至，勒令尽迁。乡民负寨拒命，乃督兵攻下。系累男妇入城，大呼曰："官收我钱，许我耕，今乃杀我命耶。"夤缘炀蔽上司若罔闻。当播迁之后，大起民夫，以将官统之出界。毁屋撤墙，民有压死者。至是一望荒芜矣。②

据朱维幹考证，莆田县辖 4 厢，截去兴福、醴泉、武盛、奉谷、崇福、合浦、新安、安乐、灵川 9 里，另望江、连江、国清等里，也有割截。120 图只存60 图，被截为界外的土地达到莆田总土地的 1/3（见表 6 - 1）。

---

① （清）陈鸿：《国朝莆变小乘》，收入陈支平主编《台湾文献汇刊》第 2 辑第 14 册，厦门大学出版社、九州出版社，2004 年影印本，第 238 页。
② （清）余飏：《莆变纪事》，收入陈支平主编《台湾文献汇刊》第 2 辑第 14 册，厦门大学出版社、九州出版社，2004 年影印本，第 104 ~ 105 页。

表 6-1　莆田县各里铺村落的截界情况

里名	铺名	被截村落名	备注
连江里	东华铺	东角、遮浪、海滨	界外
	惠洋仓安铺	后洋	界外
	耕原院后铺	顶坑园	界外
	康厝铺	康厝	界外
国清里	黄泥铺	陈墓村	一部分为界外
	西山铺	山兜、泌头、西面、外东硎头、山头、坑尾、后社	半为界外
	赤岑铺	岭前、刘厝、缨厝	半为界外
	坝边铺	东秀郊、大墩村、西三社、洋山、南海云、北东峰青光	界外
	三社铺	杨三、徐厝、黄林、西津、东峰	界外
	青光铺	东津、西卓、林厝仔、苍店	界外
	马峰铺	马峰、大夫田、沟边、园坑、下街	界外
望江里	哆头铺	哆头	界外
	会方铺	东方、东会	界外
	双田铺	后黄、湾里	界外
		田头、后郭下灶	屋在界内，田小半在界外
	小山铺	小山	界外
安乐里	梅陇前厝铺	陇厝前埔	界外
	新塘龙津铺	新厝、埔东、沟尾、前尾、交津洋	界外
	横塘铺	大横塘	界外
	凌厝铺	后口架、凌厝	界外
莆田里	郑塘铺	郑塘、坑边、田边	界外
	珠坑铺	宋墓、山仔头、船度	界外
其他里	醴泉里、灵川里、兴福里、奉谷里、武盛里、合浦里、崇福里、新安里		虽不截为界外，其为界外无疑

资料来源：朱维幹《莆田县简志》，方志出版社，2005，第 217 页。

清政府在迁界的同时，对迁民严格执行海禁政策，"虑出入者之无禁也，于是就沿边阨塞，建塞四，墩十数，置兵守之"，以此强化界内界外的管理。当地百姓按户征银，按丁服役，作为建筑塞、墩的人力和费用。由于县里经管的胥役百般苛求，而上司派来的差使，在勘验塞、墩工程质量时又多方需索，导致一寨之成，费用多达三四千金，一墩之费也要一二千金，百姓受其害甚大。此外，清政府设置墩、塞，是为了稽查百姓出入。结果，受稽查牵累的百姓数量众多："界内之人，兵导之出，界外之货，兵导之入。其无寨兵验照者，立杀。

故贫民、好民之死于巡兵之手，又不知凡几矣。"①

除了兴建塞、墩来稽查往来界内外百姓，清政府还下令百姓于界处筑墙，严防百姓越界。康熙七年（1668 年）正月，清政府下令征发南北洋百姓砌筑界墙，从江口修至枫亭。界墙阔四尺，高六尺。界口起建瞭望楼一座。途中遇海，还需另筑界堤。由于海水冲击，修造界堤极为不易。界墙修筑的人工和费用也由当地百姓负责，大大加重了他们的经济负担。

迁界之后，海禁极严，百姓贩卖海产品均被视为违例，要受惩罚。陈鸿《国朝莆变小乘》载："海禁甚严，海味无敢卖。城内门守兵，见物入城，俱要搜看，捉得海味，擅自肥己。兵卒借此规利。王兵侦知某家有腌鱼，率党抄寻，径携而去。藏鱼者幸免祸，谁敢声张。"②

（三）迁界的危害

迁界令刚下时，莆田沿海百姓以为只是暂时迁离家乡，不久便可返乡。当他们看到清兵将他们的房屋田园全部拆撤焚毁，并将多年长成之巨木、数千株成林果树，以及无数合抱之松柏统统砍伐时，才意识到这是一场背井离乡的大迁徙、大灾难。余飏《莆变纪事》载："初民之迁也，搬移粮食，携带老幼，以为暂塞功令，不久当复耳。既而焚屋撤墙，既而砍树筑寨，法禁日严，始有无归之叹。"③ 郭凤嵅《截界行》描写了莆田沿海百姓迁离故里时的惨状：

> 黑风吹沙砾，白雾蔽前川。昨夜府帖下，附海尽弃迁。官军来驱迫，长吏令难延。限期出乡井，眼见毁屋椽。亲属骇相对，号泣但呼天。忍料举族去，恻怆辞祖先。妇女哀路旁，牛豕散广阡。暮投树下宿，朝坐草头餐。人生不如草，倏忽见摧残。回首望故里，惨淡无人烟。豺狼窟我冢，狐兔走我田。壮者身何托，老幼命难全。饥寒更转徙，他邦孰肯怜？④

沿海百姓迁到界内后，纷纷投亲靠友，但随着粮食与银钱渐渐用尽，日子变得困顿不堪。陈鸿《国朝莆变小乘》载："海滨迁民，初时带有银米及辎重变

① （清）余飏：《莆变纪事》，收入陈支平主编《台湾文献汇刊》第 2 辑第 14 册，厦门大学出版社、九州出版社，2004 年影印本，第 106～107 页。
② （清）陈鸿：《国朝莆变小乘》，收入陈支平主编《台湾文献汇刊》第 2 辑第 14 册，厦门大学出版社、九州出版社，2004 年影印本，第 241 页。
③ （清）余飏：《莆变纪事》，收入陈支平主编《台湾文献汇刊》第 2 辑第 14 册，厦门大学出版社、九州出版社，2004 年影印本，第 107～108 页。
④ （清）郑王臣编《莆风清籁集》卷 41，转引自朱维幹《莆田县简志》，方志出版社，2005，第 218 页。

卖，尚可支持，日久囊空，既苦糊口无资，又苦栖身无处，流离困迫。"① 为了糊口，迁民将四山坟树砍卖，官府怜其离土失业，不行禁止。吉了、小屿、莆禧、平海等处虽地处滨海，但不异于城市。当地百姓惯于安逸，被强制迁徙到界内后，谋生无策，乞食无门，卖身无所，情况更是悲惨。陈鸿还描写了迁界五年后迁民的生活窘境："迁民零落已经五载，有尽室寻亲浙省，有望空奔窜四方。重廉耻者，父抱子投于水，夫同妻缢于堂。重性命者，或听妻儿跟他人远去，或将一己充权门厮养。夫视妻死而无力收埋，母任儿啼而恝然径去。我生不辰，逢此鞠凶，其是之谓乎。"②

清政府地方官员以及士绅财主等，也想了一些办法赈济迁民，但杯水车薪，根本无法改变迁民的困顿生活。为了生存，一些人铤而走险，先是偷盗界内居民的农产品，进而借尸图赖，讹诈钱财。官府可怜他们是迁民，不与之计较，他们更加胡作非为。一些不安分的迁民盘踞于大蚶、芦峰等地，劫掠人质，勒取赎金，严重影响了社会治安。余飏《莆变纪事》载：

（迁民）百千为群，骚扰城乡。官府怜其失所，每从宽政，即有逾轶，亦常偏宥。未久而食空财竭，恶迹愈横，凌轹土著，瞋目语："难动我迁民也"。相率入田园，掠稻掠麦，摘果实，缚鸡豚。居民悁悁侧目，不可奈何。一有死亡，则借尸居奇，呼群搬抢，始本家，继邻右，继同铺，远近无一免者。如长庚之一村俱烬，朱氏之一姓皆瘁，可叹也。府县间一惩创，终难禁止。癸卯之秋，有发端砍树者。不五六日间，迁民蜂起，壶山、谷城、天马二十余里，合抱条肆，濯濯然无枝干之遗矣。当其时，稍有体面者，犹就约束。穷不安分者，逸于山陬海澨，以大蚶、芦峰为窟，置奸黠，内地为勾援。今夜劫某乡，明夜劫某人。渡海聚南日山，计产勒赎。初犹在地之家，既而并迁移者并掳矣。③

陈鸿《国朝莆变小乘》也记载了类似的情况：迁民中的农工商贾等职业者，处境稍好，其他人则坐以待毙。此外，一些不安分的迁民，"同黜兵什伍为群，剽

① （清）陈鸿：《国朝莆变小乘》，收入陈支平主编《台湾文献汇刊》第2辑第14册，厦门大学出版社、九州出版社，2004年影印本，第240页。
② （清）陈鸿：《国朝莆变小乘》，收入陈支平主编《台湾文献汇刊》第2辑第14册，厦门大学出版社、九州出版社，2004年影印本，第248页。
③ （清）余飏：《莆变纪事》，收入陈支平主编《台湾文献汇刊》第2辑第14册，厦门大学出版社、九州出版社，2004年影印本，第108~109页。

壁抉门,善入强出,人不敢撄。又乘亲戚饿死,移尸图赖,索骗银钱。迁党闻风偕来。不论贫富,一终室俱室。"① 地方官以为是真命案,可怜迁民,不追究他们搬抢之罪,导致恶风愈炽。直到后来李知府严格执法,借尸图赖的现象才稍为减少。

清初的迁界,不仅给莆田百姓带来巨大灾祸,沿海的各种公共基础设施也遭到空前的劫难。平海卫学,创于明正统八年(1443年),规制完备、规模宏敞,培养了不少人才,可谓滨海一巨观。迁界后,平海城废,"庑学舍久已鞠为茂草"②。直到康熙三十一年(1692年)知府范宏遇才倡导重建平海卫学。当然,在森严的迁界令下,遭到毁坏的并非只有平海卫学,其他祠堂、宫庙、寺观等建筑文物也遭到破坏。例如大孤屿纪念木兰陂修建者李宏的李长者升仙祠、东山象峰岩佛教胜寺均因迁界被毁。

(四)展界和复界

清政府的迁界,并没有真正起到阻绝郑成功军队的作用,却给沿海百姓带来巨大灾祸。萧一山在《清代通史》中指出:"迁海议虽行,然延平海上之威,曾不为之稍减。执政者久亦悟其说之诞也,始有开界之令。"③ 一些对沿海情况比较熟悉的清朝大员,开始提出展界的建议。到康熙二十二年(1683年)施琅收复台湾,沿海威胁解除,复界才得以完全实现。

闽浙总督李率泰长期在福建沿海与抗清军队作战,很早就看到了迁界政策的危害。康熙五年(1666年),李率泰逝世时遗奏:"至数年以来,海禁甚严,迁移之民,尽失故业。宜略宽界限,俾获耕渔,稍苏残喘。"④ 李率泰这时提出展界,以宽百姓,是因为郑成功的军队远渡台湾,荷兰人也已退出台湾海峡,福建沿海的威胁已大大减轻。

康熙七年(1668年),正月,清政府下令让莆田沿海百姓筑界墙,从江口修至枫亭。但同年八月开始讨论复界之事,让胥吏清造界外图冬铺分田地丁口。⑤ 十二月,"部院赵廷臣出示,准内港随潮采捕,数日又禁止"⑥。康熙九年(1670

① (清)陈鸿:《国朝莆变小乘》,收入陈支平主编《台湾文献汇刊》第2辑第14册,厦门大学出版社、九州出版社,2004年影印本,第244页。
② 《乾隆兴化府莆田县志》卷9《学校》,第15b页。
③ 萧一山:《清代通史》(上卷),中华书局,1986,第372~373页。
④ 《民国福建通志》总卷1《通纪·清二》,收入《中国地方志集成·省志辑·福建》第10册,凤凰出版社,2011年影印本,第109页。
⑤ (清)陈鸿:《国朝莆变小乘》,收入陈支平主编《台湾文献汇刊》第2辑第14册,厦门大学出版社、九州出版社,2004年影印本,第255页。
⑥ (清)陈鸿:《国朝莆变小乘》,收入陈支平主编《台湾文献汇刊》第2辑第14册,厦门大学出版社、九州出版社,2004年影印本,第255~256页。

年）之后，清王朝陆续颁布与展界相关的命令：康熙九年（1670 年）"二月初三日出示，准展界十五里，迁民回故土茅屋栖息"。康熙十二年（1673 年）十二月奉旨，"部院出示，准内港采捕，借此许造船出海，钓鱼不禁"。康熙十三年（1674 年）三月"廿六日，出示，令迁民复回故土，耕种采摘，兵丁不得拦阻"。① 同年范承谟总督福建后，在放宽海禁的同时，也允许百姓展界。

康熙十七年（1678 年），为了应对台湾郑经军队在福建沿海的骚扰活动，断绝郑军粮饷，清政府被迫再次下迁界令："十月廿八日，奉文滨海居民依旧界，尽迁入内地，以绝海上粮食。"② 当时沿海百姓出界耕种采捕已经数年，界外也种有庄稼。康熙十八年（1679 年）四月初五日清政府准许迁民出界收麦，限时半个月。迁民纷纷出界收麦。十四日，郑军于路边埋伏，"掳去男妇二百五十人，令其割麦下海，多者释之，少者杀之"③。出界收麦的迁民遭遇重创。

康熙十九年（1680 年）四月，清军将郑军驱逐出福建沿海。莆田沿海迁民看到界外已没有郑军，出于谋生欲望，便冒险出界采捕耕种。但清廷不顾百姓生计，复下令严禁采捕。地方文武官令乡兵出界，将迁民种植的田园禾豆全部拔去。

然而，清政府的阻挠挡不住迁民返回界外故里的洪流，清政府不得不把复界工作提上议事日程。康熙十九年（1680 年）六月二十九日，清政府下令"刑部尚书介、兵部尚书温、礼部尚书吴、抚院吴，总督姚、提督万"等官员，"酌议复界机宜"④。翌年二月二十二日，清政府终于下令展界，"大张告示，迁民渐回故土，采捕耕种，稍有宁居。奉文界外有主之田，仍还原主，无主之田，三分付投诚兵耕种，如屯田例，七分给民开垦，毋得混冒"⑤。据朱维幹考证，康熙二十年（1681 年）展界，莆田县共垦复田地山 429 顷 5 亩 8 分 7 厘，于康熙二十三年（1684 年）起科。康熙二十一年（1682 年），尽复界外，从此不再有界内界外之分。康熙二十三年（1684 年），垦复田地山 4017 顷 17 亩。康熙二十

① （清）陈鸿：《国朝莆变小乘》，收入陈支平主编《台湾文献汇刊》第 2 辑第 14 册，厦门大学出版社、九州出版社，2004 年影印本，第 259，265，269 页。
② （清）陈鸿：《国朝莆变小乘》，收入陈支平主编《台湾文献汇刊》第 2 辑第 14 册，厦门大学出版社、九州出版社，2004 年影印本，第 287 页。
③ （清）陈鸿：《国朝莆变小乘》，收入陈支平主编《台湾文献汇刊》第 2 辑第 14 册，厦门大学出版社、九州出版社，2004 年影印本，第 288~289 页。
④ （清）陈鸿：《国朝莆变小乘》，收入陈支平主编《台湾文献汇刊》第 2 辑第 14 册，厦门大学出版社、九州出版社，2004 年影印本，第 294~295 页。
⑤ （清）陈鸿：《国朝莆变小乘》，收入陈支平主编《台湾文献汇刊》第 2 辑第 14 册，厦门大学出版社、九州出版社，2004 年影印本，第 304~305 页。

六年（1687 年），编复界外图分共 50 图，并界内图分共 110 图。①

图 6 - 6　展界后百姓肩挑背扛、扶老携幼返回故乡

资料来源：《闽颂汇编》。

五　兴化乌白旗械斗

（一）兴化乌白旗械斗及其原因

1. 械斗的发展演变

所谓械斗是指不同群体之间的武装冲突。作为困扰兴化府的一大社会问题，械斗至迟在清代乾隆年间（1736～1795 年）已出现。乾隆四十九年（1784 年），胡朴园任莆田知县，通过禁止械斗等措施，促进民风好转，志称："胡朴园明府，余世交又同学友也，令闽十五年，所至皆有循声……甲辰（1784 年）春署莆田，岁大祲，念请赈动需日时，无以纾民急，特捐廉施粥，为合邑者绅倡，所全活无数。复严缉洋匪，禁止械斗，有道不拾遗风。"②

道光年间（1821～1850 年），兴化府械斗之风逐渐盛行。道光二十六年（1846 年），彭蕴章出任福建学政，任内颁布的《晓谕士子劝民戒斗示》称兴化

---

① 朱维幹：《莆田县简志》，方志出版社，2005，第 224 页。
② 《光绪乾州厅志》卷 15《艺文》，第 6 页 b 至第 8 页 a。

府受到漳州府、泉州府的影响，习染械斗之风，"照得本省漳泉两府素有械斗之习，近闻兴化亦染此风"①。道光三十年（1850年），莆田士绅陈池养在写给林则徐的信中提到莆田有盗贼与乡族械斗两大突出的社会问题："某于十五日起程回莆，渡江逾岭而后，所见稻谷、番薯都非丰稔之象；既入莆田，盗贼无禁，械斗不解。其盗贼也，劫夺淫掠椎埋之事，无日不有，无地不然。其械斗也，或分一乡一姓为二，或合数十乡百数十乡为一，互相纠结，日见鸱张，四野如沸，自远而近，法纪全无，抗诉不理，择肥而食，助之为虐。下游大概如斯，上游尚少械斗，而盗贼之害更甚。"②

道光后期，兴化府的械斗问题愈加严重，开始出现以"旗"为单位的乡族械斗集团——乌白旗。据《闽杂记》记载，兴化乌白旗械斗起源于仙游县洋寨村与溪里村械斗，两村械斗时经常分别执村庙中黑旗、白旗领斗，后来逐渐蔓延到附近村落、县。"兴化乌白旗之始，起于仙游洋寨村与溪里村械斗。洋寨村有张大帝庙，村人执庙中黑旗领斗获胜；溪里村有天后庙，村人遂执庙中白旗领斗亦胜。由是二村械斗，常分执黑白旗，各近小村附之，渐及德化、大田、莆田、南安等处，一旗皆万余人。"③陈池养对于乌白旗械斗的由来、影响范围、危害也有记载："兴郡之有乌白旗始于道光十八九年（1838～1839年），迄今凡十五六年，其初随处联各小乡与大乡斗，渐联渐多，而大乡亦复相联，至道光廿五年（1845年）仙邑香连慈（香田、连江、慈孝）三里联结大斗，旗分黑白，而乌白旗之名大著。自是后与乌旗合者为乌旗，与白旗合者为白旗，纵五十里，横几百里，亘于莆仙之间，战事不息，渐至穷蹙，因而扰害远近村庄，阻绝舟楫行旅，为害始大。"④

2. 械斗发生的原因

道光后期，兴化府产生乌白旗大规模乡族械斗。陈池养认为，嘉庆以前兴化府虽有械斗之风，但不如漳州府、泉州府严重，而且由于械斗往往以乡为单位，规模不大，官方得以禁止。道光以来，由于政府对械斗案件没能及时公正审理，小乡往往受侮，因而互相联结，联乡与大乡争斗，所谓"兴郡民情向系欺弱暴寡，但乡无甚大，官得而禁，故自嘉庆以前，虽有械斗之风，不如漳泉

① （清）彭蕴章：《归朴龛丛稿》卷12，清同治刻彭文敬公全集本，第12页 b。
② （清）陈池养：《慎余书屋诗文集》之《再上林少穆尚书书》，收入陈支平主编《台湾文献汇刊》第4辑第14册，厦门大学出版社、九州出版社，2004年影印本，第455页。
③ 施鸿保：《闽杂记》卷7《乌白旗》，来新夏点校，福建人民出版社，1985，第107页。
④ （清）陈池养：《慎余书屋诗文集》之《兴郡剿捕事宜议》，收入陈支平主编《台湾文献汇刊》第4辑第14册，厦门大学出版社、九州出版社，2004年影印本，第282～290页。

之甚。道光以来命案不办，惟闻缉凶，小乡受虐，无所控告，因而联乡与大乡斗，闻风而起，联结渐多"①。

道光后期，福建兴化等地区械斗规模的扩大与火器的大量使用也有直接关系。陈池养分析指出，台湾淡水地区山内多产硫黄，有民众采炼运到内地，福建地区硝容易炼制，因而配制火药的成本低廉，火药随处可买，导致民间械斗时常使用火器。他说："闽南械斗之以枪炮也，始自漳泉延及兴化，今骎乎兴化而北矣。枪炮用火药，药合硝与硫磺而成，省营伍火药磺自湖南，硝自山东，地方官购备，闽委员往运，水道遥远，往返经年，用是营中岁需硝不能如额，或反短绌。民间火药多而且贱何也？缘湾北路淡水山内多产硫磺，磺力甚大，奸民采炼载内地，名为土磺，布散民间，得之甚易，此磺所以多。硝炼自碱地，闽省取旧墙壁土炼之，碱气厚者其硝亦多，西洋又多载来之，硝比内地硝力尤大，此硝所以多也。磺出既多，硝炼亦易，配制火药，为价甚低，药每枪为钱六七文，随处可买，此民间械斗之多火器也。"②

咸丰年间（1851~1861年），特别是咸丰三年（1853年）以来，兴化府乌白旗械斗频繁发生。福建总督卞宝第称，咸丰三年至四年（1853~1854年）莆田地区乌白旗械斗，互相攻击掠夺，民众深受其害，"风俗好斗健讼，停葬溺女，闽省略同，而抢掳较甚。咸丰三、四年土人分乌白旗，树党攻掠，尤为民害"③。咸丰三年（1853年）的械斗蔓延至莆田各地，陈池养指出："莆邑江口一带及江口山内，涵江之沿海及倚山各村，壶山东南之大仓、硋窑及魏厝、林边、梁厝、珠墩、山前、南北渚林一带，平海之奉谷、武盛二里，在在皆斗，或有偶息之处，几无不斗之时，今且及于壶公山前及南北两洋及广、常二里矣。"④ 据《榜头镇志》记载，咸丰三年（1853年），仙游县县城以南各乡一百零八宫在封建宗族的挑动下，与东乡的昆头塘坡宫、坝下龙兴宫发生大规模的乌白旗械斗，双方各死伤多人，不少房屋被焚，坟墓被挖，财物毁坏无数，损失严重。⑤

① （清）陈池养：《慎余书屋诗文集》之《代杨东村明府拟请王抚宪速临兴郡禀稿》，收入陈支平主编《台湾文献汇刊》第4辑第14册，厦门大学出版社、九州出版社，2004年影印本，第389页。

② （清）陈池养：《慎余书屋诗文集》之《台郡淡水产磺宜归官采炼论》，收入陈支平主编《台湾文献汇刊》第4辑第14册，厦门大学出版社、九州出版社，2004年影印本，第266~267页。

③ （清）卞宝第：《闽峤輶轩录》卷1，清光绪刻本。

④ （清）陈池养：《慎余书屋诗文集》之《兴郡剿捕事宜议》，收入陈支平主编《台湾文献汇刊》第4辑第14册，厦门大学出版社、九州出版社，2004年影印本，第287~291页。

⑤ 榜头镇志编纂委员会编《榜头镇志》第三编《政治》，1989，第103页。

咸丰三年（1853 年），兴化府乌白旗械斗爆发，适逢林俊在永春县发动小刀会起义，后来起义军由永春转战兴化，并与兴化乌白旗械斗势力相结合。八月二十四日，在乌白旗的配合引导下，起义军攻占仙游县城，知县黄学惠被杀。九月初九日，起义军进攻兴化府城西南门，败退仙游城途中，在濑溪村遭民团伏击，伤亡甚重。九月二十四日，林俊又联合乌白旗攻打兴化府城，苦战一天，未能破城。翌日，数千乡兵赶到支援，林俊败退。后来，在清政府的招抚下，枫亭乌白旗解散了一半。① 林俊义军被迫于十一月十五日撤出仙游，十一月十七日清军副将吕大升收复仙游县城。关于林俊义军与乌白旗的结合，咸丰五年（1855 年），闽浙总督王懿德等奏称："兴化府属莆田、仙游两县乌白旗匪首陈尾、朱三纠众谋逆，勾结逆首林俊、黄有使，攻陷仙游县城，戕害文武员弁，叠次围攻兴化府城。"② 后经由陈庆镛等督师剿办之后，接受安抚。《闽杂记》也记载："兴化乌白旗之始，起于仙游洋寨村与溪里村械斗……癸丑、甲寅间，永春小刀会匪首林俊滋事，诱致两旗人破仙游、围兴化，势甚猖獗。前臬宪保慎斋泰，剿办年余。俊死，白旗先自投诚，乌旗犹恃众反复。及陈颂南侍御奉旨归办会匪，始亦就抚，然抢掠之习，犹未尽除也。"③

地方官未能认真公正及时地审理械斗案件，是造成咸丰年间（1851～1861年）械斗案长期持续的重要原因。咸丰四年（1854 年），《舌击编》记载："查仙游乌白旗两造纠结械斗抢掳，久为巨害。历年地方官拿办，因恐激成大事，无不颟顸了结。上年竟敢勾合逆匪，占踞城池，戕害官吏，正可乘机痛办，永除名目。"④

同治年间（1862～1874 年），兴化等地民间械斗仍然十分严重。同治四年（1865 年），闽浙总督左宗棠奏称兴化、泉州、漳州、永春民风犷悍，会盟结党，遇事列械私斗，"其兴化、泉州、漳州、永春各属，负山滨海，民风犷悍尤甚，向有乌白旗、红白旗、小刀会、千刀会等名目，拜会傅徒，杀人行劫，无恶不为，结党横行，形同化外，官司往捕，兵少则啸聚拒捕，兵多则匿入土楼、山寨，开放枪炮，至于钱粮抗纳不完，遇事列械私斗，犹其罪之小焉者也"⑤。同治九年（1870 年），福建巡抚王凯泰指出，漳州、泉州乡族械斗之风最为严

① （清）沈储撰《舌击编》卷 2，吴辉煌校注，厦门大学出版社，2014，第 39 页。
② 中国第一历史档案馆藏清代军机处录副奏折《王懿德等奏折》（咸丰五年四月二十七日），转引自邵雍《中国近代帮会史研究》，上海人民出版社，2011，第 67 页。
③ （清）施鸿保：《闽杂记》卷 7《乌白旗》，来新夏点校，福建人民出版社，1985，第 107 页。
④ （清）沈储撰《舌击编》卷 2，吴辉煌校注，厦门大学出版社，2014，第 55 页。
⑤ （清）左宗棠：《左文襄公奏疏》初编卷 23《附陈下府民俗并办土匪情形片》，清刻本，第 48a 页。

重，莆田、福清、长乐、闽县亦在所难免，"其械斗之风，漳、泉为甚。即兴化府属之莆田县，福州府属之福清、长乐等县，均所不免。甚至闽县之尚干等乡亦复效尤。大姓欺小姓，强房凌弱房，势不相下，则聚而互斗。竟有起衅甚微，酿成多命者"①。

光绪年间（1875～1908年），兴化府乌白旗械斗仍然如故，莆田县械斗之风尤甚。械斗组织者购置枪炮，聘请专人训练械斗队伍，冲突往往造成巨大的人员伤亡。涂庆澜指出："窃福建兴化府属莆田县，民俗蛮悍好斗，近年日甚。遇有争竞，动辄连结乡村，置枪炮，请教师，呼群挈队，多至千人，少亦数百，对敌交锋，至于斗毙多命而不悔。"② 光绪三年（1877年），任职于马尾船政署的林之泉在《闽中林姓纪游录》中称，莆田地方官对械斗案往往束手无策："且莆境滨海，大族居焉，多有械斗杀伤人命等案，县令为蹙额焉。"③ 莆田县乌白旗械斗不断蔓延。光绪十年（1884年）八月十八日上谕中称："福建莆田县各路械斗滋蔓，黑白旗会匪勾结各乡奸民，四出抢劫。"④ 光绪二十年（1894年），美籍传教士威廉·蒲鲁士和妻子蒲星氏被派往莆田传教，在莆田期间撰写《新中国在演进》一书，该书于光绪三十三年（1907年）由美国国家出版社出版，书中提到当时莆田地区械斗频繁："在兴化地方乡村，族姓之间不断发生械斗，内战频繁，且富有血腥气，我在这地区耳闻目睹，确信中国人如需要是能够作战的。"⑤

械斗的原因有争山、争水、迎神赛会、讨债、诉讼等。光绪年间（1875～1908年），闽浙总督何璟、福建巡抚张兆栋奏称："莆邑民情健讼好斗，近年尤甚。其涉讼也，必有把持包揽之人从中渔利，名为制堂，盖取挟制公堂之义，竟有两造愿息而制堂不遂其欲不止者。其纠斗也，率起于争山、争水、赛会、索逋，迨衅隙已深，联络乡里，分类抢掠相寻，又有因讼不直，斗以泄忿，制堂仍为之主谋，寻衅报复，攻击不休，查办稍迟即酿巨案。"⑥

① 台湾文献委员会编《福建省例·刑政例下·清讼事宜八条》，收入《台湾文献史料丛刊》第7辑，台北：大通书局，1987，第1038页。

② （清）涂庆澜：《荔隐山房文略》之《请饬办莆田械斗折》，清光绪三十二年（1906年）刻本，第3a页。

③ （清）林之泉：《闽中林姓纪游录》，载莆田金紫林氏源流研究会编《莆田金紫林氏梨岭英田宗族谱》，2000，第48页。

④ 中国第一历史档案馆编《光绪朝上谕档》第10册（光绪十年），广西师范大学出版社，1996，第265页。

⑤ 〔美〕威廉·蒲鲁士：《新中国在演进》（节译），黄季平译，载中国人民政治协商会议福建省莆田市委员会文史资料研究委员会编《莆田市文史资料》第5辑，1990，第9页。

⑥ （清）何璟、张兆栋：《请饬议改调改选县缺疏》，载葛士浚《清经世文续编》卷17《吏政》，清光绪石印本，第4b页。

地方官未能及时公正地处理民间诉讼仍是光绪年间莆田械斗的重要原因。如光绪八年（1882 年），有人奏称莆田县派驻平海的县丞秦维榕擅离职守，对于公事置之不理，导致平海经常发生械斗、抢虏等。"军机大臣字寄，闽浙总督何、福建巡抚张，光绪八年（1882 年）十月初二日奉上谕有人奏、福建莆田县属平海县丞秦维榕，自补缺以来，不赴任所，寓居府城，勾通府幕孙楝，遣侄结拜师生，该县丞谋充委员，时赴府署审案，与府书余廉串通关说，遇案藉端科派，否则酷用非刑，株连拖累，于平海公事，概置不问，以致该处居民，时有械斗、抢虏等事。请饬查参详等语。平海为沿海要区，全赖地方官弹压巡防，以资治理。若如所奏，该县丞擅离职守，借委营私，亟应严行参办，以肃吏治而重地方。著何璟、张兆栋确切查明据实参奏，原片著钞给阅看，将此各谕令知之，钦此遵旨寄信前来。"①

宣统年间（1909～1911 年），兴化府械斗之风并未减弱。宣统三年（1911 年）六月，《汉文台湾日日新报》报道："兴化府辖之莆田、仙游两县，迩来乡民好斗之风，亦如泉州同安等处，靡特田土之争，动辄起衅，即睚眦细故，亦掳杀无休，此诚互乡蛮悍之恶习也。"② 据《莆田县志》统计，宣统年间乌白旗械斗案多达 21 件。③

（二）械斗的治理及成效

1. 劝导措施

清代福建地方政府官员在治理福建民间械斗的过程中逐渐意识到，与其在发生械斗之后进行弹压、惩治，不如平时进行防范，事先采取劝导措施。道光二十年（1840 年），祁寯藻、黄爵滋、邓廷桢在奏折中建议："劝诫于未斗之先。"④ 同治九年（1870 年），福建巡抚王凯泰亦指出："是弹压于方斗之时，惩创于既斗之后，不如消弭于未斗之先，为保全更大也。"⑤

为防止械斗发生，地方官员平时进行劝导。道光九年（1829 年），胡效曾任莆田知县，当时莆田风俗好械斗，经胡知县真诚劝导，卓有成效。"胡效曾，

① 中国第一历史档案馆编《光绪朝上谕档》第 8 册（光绪八年），广西师范大学出版社，1996，第 306 页；《清德宗实录》卷 153，"光绪八年（1882 年）冬十月乙卯"。
② 《厦门通信·永无口祸》，《汉文台湾日日新报》1911 年 6 月 25 日，第 3 版。
③ 莆田县县志编集委员会编《莆田县志 莆田的乌白旗械斗（草稿）》，1962，第 15～21 页。
④ 《礼部"为内阁抄出祁寯藻等奏"移会》，载台湾中研院历史语言研究所编《明清史料戊编》（上、下），中华书局，1987，第 1262 页。
⑤ 台湾文献委员会编《福建省例·刑政例下·清讼事宜八条》，收入《台湾文献史料丛刊》第 7 辑，台北：大通书局，1987，第 1039 页。

字谨斋，合肥人，嘉庆丁丑（1817 年）进士，以知县分发福建，历署晋、光、邵武、光泽诸县事，补莆田。俗好械斗，闵不畏死，效曾在任六年，开诚劝谕，民多感悟，去后为立生祠。嗣因年老，改补颍州教谕，旋乞归。"①

文化教育落后是福建民间械斗盛行的重要原因。为遏止械斗，一些官吏提倡兴办学校教导民众，开启民智。咸丰年间（1851～1861 年），福建督学徐树铭调解莆田、同安吕黄二姓械斗之后，为防止再次发生械斗，为双方设立私塾，训导其子弟。《清史稿》载："徐树铭，字寿蘅，湖南长沙人，道光二十七年（1847 年）进士，选庶吉士，授编修，典四川乡试。咸丰二年（1852 年）迁中允，简山东学政，累迁内阁学士，授兵部右侍郎，督学福建，按试兴泉，适莆田、同安吕、黄二氏械斗势汹汹，树铭喻以大义，手书劝谕文付二氏，躬祭斗死者而哀之，二氏愧悔，复为立型仁、讲让二塾，训其子弟，二氏愈益和。"②

2. 弹压和审判措施

弹压和审判是清代福建地方政府处理民间械斗的常用措施。地方政府在得知某地正在酝酿或已经发生械斗之后，其首要任务是及时制止，缉拿案犯。地方官获知发生械斗后，亲身或派兵前往制止。光绪十一年（1885 年），徐承禧任莆田县令，发生械斗时前往劝导，恩威并用，使双方心悦诚服。志称："徐承禧，字心燕……长莆，风气素悍，不相能辄械斗，杀伤多人，承禧曰：'法在而民不知畏，有司之不职也'，值两造矢石雨发时往，以诚感之，以威慑之，各悦服而罢。"③

清代州县中配置衙役，但由于械斗规模大，组织严密，衙役数量有限，往往难以制止，需要借助驻军弹压。光绪二十七年（1901 年），兴化府发生乌白旗械斗，地方官无法制止，电请省宪派营勇前往助剿。《申报》报道称："香港《循环日报》云：闽省兴化府民风最为蛮悍，莆仙两邑交界处，频年械斗，几成不共戴天之仇。前左文襄公督闽时曾调重兵痛加围剿，此风似觉稍衰，迩来日久玩生，顽民分建乌白各旗械斗如故，地方官无从解散，遂电省宪请派营勇前往慑之以威，闻省宪已派定福强、福胜各军即日启行往剿矣。"④

调整行政机构设置有助于弹压械斗。光绪年间（1875～1908 年），莆田县近海各乡械斗频发，派驻平海的县丞不足以弹压，光绪十年（1884 年），莆田士

---

① 《光绪续修庐州府志》卷 30《宦绩传》，第 8a 页。
② 赵尔巽等撰《清史稿》"列传二二九"，民国 17 年（1928 年）清史馆铅印本，第 1a 页。
③ 《民国六合县续志稿》卷 13《人物志》，第 8a 页。
④ 《械斗宜惩》，《申报》1901 年 8 月 5 日，第 2 版。

绅涂庆澜奏请将莆田县兴粮通判改为海防通判并移驻平海，将派驻平海的县丞移驻笏石，以便弹压械斗。"伏查莆田县近海各乡民俗强悍，自笏石以下至平海、湄州、忠门、莆禧各处，延袤近百里，地广民顽，最喜械斗。虽平海设有县丞，然泛兵差役不过数十人，不足以资镇压，且地滨于南，控驭势难周遍，距郡窵远，而莆邑政务殷烦，又有鞭长莫及之势。臣查兴粮通判与府县同驻郡城，职务较简，可否请旨饬下该督抚会商妥议，将兴化粮捕通判改为海防通判，移驻平海，并就近于湄州各营水师酌调一营，共相镇守，即将平海县丞移驻笏石，首尾控制联络声势，以成犄角，不特海口不患空虚，即笏石附近数百乡，亦可借资弹压，一转移间实于地方治理大有裨益。"①

发生械斗后，有的民众向政府提起诉讼，由官方判决。有的地方官员对械斗案不敢查办，民众见告官未能得到及时处理，于是隐忍不告，地方官也装作不知情，不得已时才派差役前往制止，勉强具结了事。光绪年间（1875~1908年），涂庆澜称莆田县械斗严重，而官方未有办一斗案、拿一枪犯、惩一凶手者："福建兴化府属莆田县，民俗蛮悍好斗，近年日甚……地方文武积习畏惧，不敢查究，民见告官不办，遂皆隐忍不告，官即佯若罔闻，必不得已，则派差役前往谕止，勉强取具空结，粉饰了事，不旋踵而斗如故也。闻本年春间，该县东路笏石以下各巨乡相斗致毙数命，报官不办，遂致蔓延四处，群相效尤，于是北路则有九峰、中沁至霞坂、沟上等村，共斗毙数十命。南路则濑溪顶至华亭、埔头等村，共斗毙数十命。惟西路广业、常太二铺，稍见静谧。其最甚者，东路笏石以下数十乡，如五虎、六狮、东汶、东蔡、朱寨等处，现在无日不斗，无斗不毙，尸骸枕藉，共见共闻，而地方官安坐衙署，若罔闻知，计自入春以来斗者数百乡，毙者数十命，祸亦烈矣，绝未闻有办一斗案，拿一枪犯，惩一凶徒者。"② 有的地方官办理械斗案时仅以罚款了事，导致械斗之风日益严重。宣统二年（1910年），《汉文台湾日日新报》报道称："清国兴化府械斗之风，甲于全省，枪刀会、乌白旗名目，随庄皆是。地方官办理不得其法，徒以开兵费罚款了事，以致斗风日甚，官斯土者，皆视为畏途。"③

3. 调解措施

清代兴化地区的械斗案件除部分以官方审判的方式解决外，大多数案件采

① （清）涂庆澜：《荔隐山房文略》之《请改移通判县丞片》，清光绪三十二年（1906年）刻本，第5a~5b页；《清德宗实录》卷192，"光绪十年（1884年）八月癸巳"。
② （清）涂庆澜：《荔隐山房文集》之《请饬办莆田械斗折》，清光绪三十二年（1906年）刻本，第3a~3b页。
③ 《亚铅欧铁·顽民感化》，《汉文台湾日日新报》1910年12月10日，第2版。

用调解方式处理。地方官员为避免因械斗案件影响仕途，往往默认民众私下和解，在处理械斗案件时也往往试图先采用调解方式。咸丰三年（1853 年），沈储指出莆仙地方文武官员对于乌白旗械斗一味采取和解方法，建议乘兵威严惩，"莆仙乌白旗久为巨害，此番荼毒良民，极为惨酷，若不乘我兵威，暴其罪状，大加惩创，实不足以彰国法而安众心，今闻在事文武一以和解为主，仍是办理械斗故习，将来民心愈愤，匪胆愈张，不久激成事端，必致重烦兵力办理，更为棘手。兹幸宪台驻节办理，自蒙俯察情形指授方略，必能除暴安良，为地方造无穷之福。卑职刍荛末议，妄效一得之愚，未知有当于采择否，临颖不胜惶悚之至。卑职谨禀，咸丰三年（1853 年）十二月二十日"①。

从民众角度而言，即使械斗中发生命案，为了规避法律惩处，他们也并不想报官。发生械斗之后，民众常借助调解组织调解。有的调解组织属于临时机构，发生械斗之后，由调解人组成临时调解团体进行调解，这种调解团体俗称"公亲团"。有的调解组织属于常设机构。宣统年间（1909～1911 年），莆田出现以劝息械斗为宗旨的社团——公德社。针对清末莆田械斗频繁，宣统二年（1910 年）十月间，美籍传教士蒲鲁士授意莆田总堂牧师宋学连向各界人士筹募银元 500 余元为经费，以止息械斗诉讼为宗旨，在莆田总堂召开公德社成立会。通过章程，组织董事会，凡官绅农工商学等各界热心赞助者，均为名誉董事，并聘请江春霖为社长，宋学连为副社长。宣统三年（1911 年）在坊巷牧师寓东边购买平屋一座为社址，民国元年（1912 年）公举宋学连具禀府署立案，得到批准。近城的械斗，由总社派员调停，远地的械斗，由公社函请邻近士绅协同该地牧师出任调停，讼事难于了结的，社中代为完案。② 公德社在调解械斗方面曾发挥重要作用。《兴化卫理公会史》记载："由本社（公德社）同人劝止械斗之乡，不知凡几，如东沙、朱寨两乡，受社员方德高之劝化而息事。"③《汉文台湾日日新报》对于公德社发挥的消弭械斗作用曾有专门报道："兹有当地绅商何某等，出为邀集各乡者，组织一会名为公德社，其宗旨专以弭防械斗，凡乡民构怒争锋，总归该社调处，务使两造悦服复归于好，俾得永远相安，无令蛮杀，等于无政府之乱民。何某等又以本乡江春霖侍御名誉素著，为合郡所钦服，公举以充会长，经得侍御许可，因是联合会员数十名，具禀请于厦门道台，

---

① （清）沈储撰《舌击编》卷 2，吴辉煌校注，厦门大学出版社，2014，第 41～42 页。
② 莆田县县志编集委员会编《莆田县志·莆田的宗教（草稿）》，1963，第 69 页。
③ 杨齐福：《基督教会与近代福建社会习俗的改良》，载赵麟斌《闽台民俗散论》，海洋出版社，2006，第 170 页。

批准立案，当经庆观察批示嘉许，准予存案，并出示晓谕云。"①

综上所述，有清一代，兴化府民间械斗愈演愈烈，械斗区域、规模不断扩大，道光后期，开始出现乌白旗械斗，延续至民国。政府与民间力量平时劝导防范，发生械斗之后派员弹压，或交由官方审判，或召集地方人士调解，都未能从根本上解决械斗问题。乡族组织是乌白旗械斗的组织基础，吏治不振是乌白旗械斗长期延续的重要原因。

第二节　社会经济持续发展

一　人口增加与向外移民

（一）人口增加

明末清初的战乱及迁界，使莆仙地区的人口大为减少。清人余飏在《莆变纪事》中，对明清之际当地的人口变化做了如下概述：

> 国变以后，丁亥、戊子之乱，山海纠合，乡树一帜，家兴一旅，乡与城仇，南与北敌，山与海哄，杀戮如草，白骨盈郊。丁亥十一月廿三日，顷刻之间，黄石拼命者三千余人，此百年来所未有之惨也……至于官兵一出，或对阵，或洗塞，乡村鸡犬为之一空，计此时人民之死者已一半矣。壬寅之秋，截界令下，沿海孑遗，逃亡流窜，遍野哀鸿，不可收拾。加之庚（甲）辰、乙巳水旱为灾，百役并至。界内之民死于力役，死于饥饿，死于征输，至有巷无居人、路无行迹者。而招安贼伙又复横加欺凌，土著残黎又无一聊生矣。吾乡人民至是真九死一生矣。②

引文中的"丁亥"为顺治四年（1647年）、"壬寅"为康熙元年（1662年）、"庚辰"应为甲辰，即康熙三年（1664年）、"乙巳"为康熙四年（1665年），"九死一生"显然有夸大之词，但明末清初莆仙人口急剧减少是不争的事实。

自顺治八年（1651年）清政府在全国范围内进行首次丁口的编审，到乾隆六年（1741年）户口登记制度做出重大改变，"这一时期的丁统计数既不是人

---

① 《厦门通信·永无口祸》，《汉文台湾日日新报》1911年6月25日，第3版。
② （清）余飏：《莆变纪事·人稀》，江苏古籍出版社，2000，第25~26页。

口数，也不是户数或纳税的成年男子数，而只不过是赋税单位"①。清代前期莆田、仙游的"丁"也不例外，只是赋税单位。清代莆田、仙游在籍户口数见表 6-2。

表 6-2　清代莆田、仙游在籍户口数

	莆田		仙游	
	户数	口数或丁口数	户数	口数或丁口数
顺治十八年	—	丁 36968，口 60886	—	丁 5419，未成丁 5394
康熙五年	—	—	8664	丁 6598，未成丁 7240
康熙二十年	—	丁 37198，口 61314	—	丁 6601，未成丁 7368
康熙二十五年	—	丁 37286，口 61331	—	丁 6602，未成丁 7408
康熙三十年	—	丁 37344，口 61361	—	—
康熙三十五年	—	丁 37383，口 61376	—	丁 6612，未成丁 7423
康熙四十年	—	丁 37398，口 61384	—	—
康熙五十年	—	丁 37416，口 61391	—	丁 6614，未成丁 7431
康熙五十五年	—	—	—	丁 14120
康熙六十年	—	—	—	丁 14210
雍正五年	—	丁 37701，口 61867	—	丁 14304
雍正十年	—	丁 37989，口 62347	—	丁 14398
乾隆元年	—	—	—	丁 14493
乾隆六年	—	丁 38279，口 62831	—	丁 14590
乾隆十一年	—	丁 38569，口 63315	—	丁 14688
乾隆十六年	—	丁 42447，口 69714	—	丁 14768
乾隆二十一年	—	丁 48725，口 80073	—	丁 14853
乾隆二十六年	—	—	—	丁 14943
乾隆三十一年	—	—	—	丁 15041
道光九年	84263	口 394997	24826	口 167175
宣统三年	72947	口 378271	49320	口 306798

资料来源：乾隆《兴化府莆田县志》卷 5《赋役志·户口》，台北：成文出版社，据 1926 年重印本影印，1968，第 173～174 页；乾隆《仙游县志》卷 18《赋役志·户口》，《中国地方志集成·福建府县志专辑》第 18 册，上海书店出版社，2000，第 218 页；道光《福建通志》卷 48《户口》，台北：华文书局股份有限公司，据同治十年重刊本影印，1968，第 982～983 页；民国《福建通志》卷 14《户口志》，第 43～44 页，江苏广陵古籍刻印社，据 1938 年刊本缩印，1986。

乾隆五年（1740 年）初冬，乾隆皇帝颁布谕旨"其自今以后，每岁仲冬，

---

① 何炳棣：《明初以降人口及其相关问题 1368～1953》，葛剑雄译，生活·读书·新知三联书店，2000，第 40～41 页。

该督抚将各州县户口减增、仓谷存用，一一详悉具折奏闻"①。因此，乾隆六年（1741 年）以后的人口统计数字在理论上说是代表了全部人口，但实际上直到乾隆四十年（1775 年），"省和县都未能驾驭保甲机构认真执行人口登记的工作，保甲系统的人口登记似乎依然缺乏成效"②。莆田县从雍正十年至乾隆六年（1732～1741 年）、从乾隆六年至乾隆十一年（1741～1746 年）"增益"的丁和口都是 290 和 484；仙游县从康熙六十年至雍正五年（1721～1727 年）、从雍正五年至雍正十年（1727～1732 年）增加的丁和口都是 94，此后直到乾隆三十一年（1766 年），每五年增加的丁和口均不超过 100。如此雷同的数据，说明在此期间莆田、仙游两县的丁口数并非认真编审的结果。至于莆田县从乾隆十一年至乾隆十六年（1746～1751 年）"增益"丁 3878、口 6399，乾隆十六年至乾隆二十一年（1751～1756 年）"增益"丁 6278、口 10359，两次丁口骤增，县志认为是由于"诏谕督抚饬属报实在民数以为编查保甲之考成，故州县奉行惟谨，不敢隐匿耳"③。

乾隆四十年（1775 年），颁发了一系列上谕切责各省督抚，并充分动员地方保甲机构以清查全国的实际人口，这一制度在乾隆四十一年至道光三十年（1776～1850 年）得到切实的执行。《嘉庆重修一统志》卷 427 记载，兴化府男妇大小共 493433 名口，计 100196 户；又屯民男妇共 37557 名口，计 5135 户，总共 105331 户、530990 口，户均约 5.04 口。道光《福建通志》载，道光九年（1829 年），兴化府有 109089 户、562172 口，户均约 5.15 口。根据以上记载，兴化府从嘉庆二十五年至道光九年（1820～1829 年），口的年平均增长率为 6.4‰。从道光九年到宣统三年（1829～1911 年），仙游县人口增加了 139623 口，而与此同时，莆田县人口却减少了 16726 口，令人费解。何炳棣认为，福建许多县宣统三年（1911 年）的户口数并非普查的结果，也没有收集任何人口数字，其数字是窜改虚造的。④

（二）向外移民

清代，"摊丁入亩"制度的实施，大大刺激了人口的快速增长。莆仙地区人

---

① 《清高宗实录》卷 130。
② 参见何炳棣《明初以降人口及其相关问题 1368～1953》，葛剑雄译，生活·读书·新知三联书店，2000 年，第 42～54 页。
③ 《民国莆田县志》卷 14《赋役志·户口》，《中国地方志集成·福建府县志专辑》第 16 册，上海书店出版社，2000，第 572 页。
④ 何炳棣：《明初以降人口及其相关问题 1368～1953》，葛剑雄译，生活·读书·新知三联书店，2000，第 92 页。

多地少的矛盾日益突出，为了缓和这一矛盾，人们除了从事技艺、经商外，也有不少人向省内其他县及广东、海南、江西、浙江、台湾等地及海外迁移。

1. 向省内其他县移民

莆仙各族姓在繁衍、发展的过程中，也不断向省内各地迁移发展。如琳井朱氏，于唐末广明元年（880 年）迁入莆田。4 世朱裔徙汀州，[①] 8 世起向省内其他县迁移者渐多，17 世至 24 世（大约是明代至清代前期）达到高峰（见表 6 - 3）。

表 6 - 3　莆田琳井朱氏向外迁移情况

单位：人

迁出地	8世	10世	11世	12世	14世	15世	16世	17世	18世	19世	20世	21世	22世	23世	24世	25世	26世	27世	28世	合计
仙游	2	2			1			6	4	3	3	4	6	6	2			1	3	43
晋江	1					2	1													4
泉州				1	1															2
同安					1															1
惠安						1		2	1		1	1								6
云霄	1		1																	2
东山					1															1
漳州			2		1															3
龙溪									1											1
诏安			1																	1
建安		1																		1
建宁													1							1
建阳															1					1
福州				1						1	1		2	1	1	1		1		9
长乐											1			1			4			6
福清												1	1		1					3
永泰													1							1
永定												1								1
汀州															1					1
总计	4	3	4	2	5	3	1	8	6	4	6	7	11	8	6	1	4	2	3	88

资料来源：《莆田朱氏通谱》第 2 卷，2005，第 675～678 页。

---

① 《莆田朱氏通谱》，1999，第 93、94 页。

清代仙游飞钱陈氏也频繁向周边县区迁徙，见表6-4。

表6-4　清代仙游飞钱陈氏向外迁移情况

始迁祖	迁入地
林田房二十五世玉鸣	泉州城内田中
富洋房二十五世沐	永泰
巷边房二十六世树	福清渔溪
砺山房二十七世翰	福鼎南门曹衙
砺山房二十七世谐	福鼎县
象圹房二十七世海	福清县
砺山房二十七世清平	福清葱头
砺山房二十七世炳	永泰三十都
砺山房二十七世添	福清南仓
下墘房二十八世侯	福鼎县林西桥
砺山房二十八世岳	福清后林
砺山房二十八世桂	福清南仓
下墘房二十八世池、璘	福鼎县林西桥
下墘房二十九世海	福鼎县
下墘房二十九世联	福清县
砺山房三十一世宗玉	永泰县嵩口镇

资料来源：仙游《飞钱陈氏族谱》（续修本），1999，第71页。

显然，清代莆仙人在省内的移民方向还是以闽东、闽南居多，闽北、闽西较少。

2. 向广东、海南移民

莆仙人向广东的移民始于唐宋，元明仍有部分家族陆续迁入，主要迁徙地为潮汕地区。据统计，从唐到清初迁入潮州府的108个家族中，来自莆田的移民家族达到39个[1]，占全部迁入家族的36%，可见莆田移民对潮州府的人口发展影响之大。乾隆《潮州府志》云："潮属居民繁庶，物产殷允，五方云集。闽、赣验贩、垦种之徒，恋恋不肯去，日久，田庐邱墓竟归编户。"[2] 潮州至今

[1] 参见黄桂《潮州的社会传统与经济发展》表3-5《历代入潮移民名录》，江西人民出版社，2002，第118~134页。该表列了110个移民家族，但序号第15迁自莆田的方瑶与序号第53方濂溪为同一人（濂溪为其号），序号第58迁自莆田的陈尧卿与序号第86亦来自莆田的陈尧卿应为同一人，故实质上是108个家族。序号52蔡氏和序号76谢氏的迁出地"蒲阳"即莆田，莆田自唐迄明指莆仙，清代以后专指莆田；序号77刘氏的迁出地"蒲中"，《（隆庆）潮阳县志》卷12《刘玘传》为"莆中"。
[2] 《乾隆潮州府志》卷13《都图》，第1页。

将桌子称为"床",如书桌称为"书床",摆台称为"拍床"。据语言学家研究,整个闽南话地区并未将桌称床,只有莆仙方言如是。潮州人将桌称"床",是莆田人入潮之遗风。①

除潮汕地区之外,还有不少莆田人迁入雷州半岛。"据说,雷州市不少族谱皆云系迁自闽莆田"。②"海南岛临高县,1980 年派人来莆了解莆田人族姓原始,据云该县人口五十余万,有十几姓的族谱,均云来自莆田"。在文昌市,有兴化会馆。在琼崖沿海一带,民家"木主牌",每于其上部穿凿一孔,用红线贯穿。"询之,说系始祖初迁时,木主牌不便藏贮,乃穿一孔用绳打结,或挂于扁担头,或系佩于腰际。久之成为习俗"③。这种风俗习惯与现在莆田民间风俗基本相同。

3. 向江西、浙江移民

莆仙人口还向江西迁移,如在广丰县(今上饶市广丰区),有一批莆田县移民于乾隆十八年(1753 年)以前迁入。他们立家创业后,于乾隆十八年"醵金建庙(妈祖庙)于城东堂庑台舍,均如式春秋举行祀典"。为了保证该庙祭祀和修理经费,他们集资"置有田亩、店铺"。该庙经嘉庆十五年(1810 年)和道光十年(1830 年)两次修理,依然矗立在城东。当时,莆田移民还在县东永平乡五都读州和县南新城乡十九都沙田"俱立庙奉祀"④,使妈祖信仰深入广丰乡村。在玉山县,康乾时期一批莆田移民迁徙该县,在南门内枣树巷由"闽莆公建"天后宫,乾隆三十四年(1769 年)陈元华倡修。⑤

莆仙人口向浙江的迁移,据新编《莆田市志》记载,唐至明代,有徐、戴、陈、林、金、季、孙等姓氏,因战乱、经商或为官、谋生,迁居于浙江省平阳、玉环、青田、温岭等县。在泰顺县,清初有莆仙人迁居,到光绪初年(1875年),子孙不少。"有发族者,类皆国初由兴(化)、泉(州)内徙之民,故又特操泉音。"⑥ 光绪《常山县志》记载,章煦,"原籍福建莆田县,万历间(1573~1619 年)迁居常山商字庄水南入籍";李元模,"原籍福建兴化府莆田县,于雍正间(1723~1735 年)迁邑洪字庄东门入籍";王景嵩,"福建兴化府

---

① 陈泽泓:《潮汕文化概说》,广东人民出版社,2001,第 121 页。
② 陈长城:《迁居外地的莆田人》,《莆田市文史资料》第 11 辑,1996。
③ 陈长城:《迁居外地的莆田人》,《莆田市文史资料》第 11 辑,1996。
④ 《同治广丰县志》卷 2《坛庙志》,台北:成文出版社,1975,第 329 页。
⑤ 《同治玉山县志》卷 2《坛庙志》,台北:成文出版社,1975,第 374~375 页。
⑥ 《光绪泰顺分疆录》卷 2《方言》,台北:成文出版社,1975,第 132 页。

莆田县人，于雍正十三年（1735 年）迁居邑之水南入籍"①。

4. 向台湾移民

莆仙人向台湾移民始于南宋末年（1279 年）。据乾隆初年（1736 年）《重修台湾府志》记载："南社、猫儿干二社番（均在今云林县仑背乡），其祖兴化人，渡海遭飓风，船破漂流到台；娶番妇为妻。今其子孙婚配，皆由其父母主婚；不与别番同。"② 明末至清代，莆仙人移居台湾的渐多，如莆田蔡文举在明熹宗天启年间（1621～1627 年）渡海抵达台湾，先在台南设立慎德堂，后居高雄县冈山镇。③ 又如莆田延寿徐氏，"明末清初迁徙台湾的有二十八世徐应月，三十世徐君赐之子徐祖、徐功，三十一世徐光彩的次子徐宗、三子徐悦、四子徐山。清乾隆年间（1736～1795 年）三十三世徐喜，配黄氏，携子徐孟，迁台湾南路湖仔内庄；三十三世徐尚，配王氏，携启、长、在三子迁台湾新港西"④。莆田乌墩派西门房 31 世朱寅，莆田灵川东汾郑氏 9 世爱溪、13 世演吓、16 世玉新（出嗣仙游后改名蔡加荣），莆田石阜朱氏金山房 12 世洲、16 世渐、18 世金绥等迁居台湾；仙游罗峰傅氏 26 世至 34 世迁居台湾者有 8 人；⑤ 仙游飞钱陈氏23 世大任，27 世捷、挺、金、潜、玉五人迁往台湾。⑥ 清顺治三年（1646 年），仙游王士玉去台湾；⑦ 康熙二十年（1681 年），仙游枫亭黄前到台湾谋生。⑧ 乾隆九年（1744 年），莆田后埭龙坡宋新恩后裔宋来高率兄弟 12 家相继东渡台湾，在北路淡防厅桃涧堡广兴庄开基，至光绪十四年（1888 年），将住地命名为"宋屋乡"，其子孙今分布于台湾竹庄、关西、湖口、中坜、杨梅、苗栗及南部的美浓、潮州各地。清末，忠门铁灶村俞氏，迁台湾桃园县观音乡，其子孙于1987 年、1988 年两度返莆寻根认祖。⑨

成书于乾隆三十年（1765 年）的《小琉球漫志》记载："台地居民，泉、漳二郡十有六七，东粤惠、潮二郡十有二三，兴化、汀州二郡十不满一，他郡

① 《光绪常山县志》卷 59《寓贤》，台北：成文出版社，1975，第 1296～1298 页。
② 《重修台湾府志》卷 15《风俗（三）·番社风俗（二）·彰化县（一）·附考》，《台湾文献史料丛刊》第 2 辑，台北：大通书局，1984，第 440 页。
③ 《莆田市姓氏志》，方志出版社，2010，第 140 页。
④ 《莆田市姓氏志》，方志出版社，2010，第 231 页。
⑤ 参见彭文字、蔡国耀编著《莆田文化丛书·海外交流》，福建人民出版社，2003，第 36 页。
⑥ 仙游《飞钱陈氏族谱》（续修本），1999，第 71 页。
⑦ 《莆田市志》卷 3《人口》，方志出版社，2001，第 239 页。
⑧ 《仙游文史资料》第 9 辑，1991，第 24 页。据仙游县枫亭镇人民政府编《枫亭志》（方志出版社，1999，第 303 页）载，黄前于康熙二年到台湾谋生。
⑨ 莆田县地方志编纂委员会编《莆田县志》，中华书局，1994，第 140 页。

无有。"①《安平县杂记》亦载:"台无土著。土著者,熟番与生番而已。其民人五方杂处,漳、泉流寓者为多,广东之嘉应、潮州次之,余若福建之兴化府、福州府,全台合计两府之人流寓台地者,不过万人而已。"② 在台湾地名中,彰化县东螺堡兴化庄,嘉义县中埔乡和屏东县万丹乡的兴化廊,云林县麦寮乡兴化厝,高雄县大树乡兴化厝庄,基隆市七堵区数一里兴化坑,云林县仑背乡和台两乡的兴化寮,云林县北港镇、台北县和淡水县兴仁里的兴化店,高雄县义山湄洲里,屏东县万丹乡兴安里等,③ 是莆仙人移民台湾的历史见证。

5. 向海外移民

有文献记载的莆仙人向海外移民始于元代,元至正二十七年(1367年),莆田仁德里台谏坊(今西天尾镇)俞良甫为避乱东渡日本,寓居东京嵯峨,以刻书为业。所刻的书,"字体隽秀,版面整洁,选本精良,为日本学界所珍视,特称为'俞良甫版'"④。明代,移居海外的更多,洪武元年至永乐元年(1368~1403年),陈、黄、柯、蔡、许、李、王、林等姓先后移居东南亚各地。⑤ 还有不少人移居日本、琉球。⑥ 明末清初,"天灾、兵乱频仍,不少人被迫漂洋过海谋生"⑦。仙游《王姓族谱》载:"十八代王士奇于明崇祯年间(1628~1644年)去南洋谋生。"莆田人黄嘉略(1679~1716年),原名黄日升,于康熙四十一年(1702年)随法国传教士梁宏仁(Artus de Lionne)到欧洲,自康熙四十五年(1706年)起定居巴黎,康熙五十二年(1713年)四月与一位巴黎女子结婚,黄嘉略尝任法国国王路易十四的中文翻译,兼管王家图书馆中文书籍的整理编目工作。康熙五十五年(1716年)十月病逝于巴黎寓所,年仅37岁。黄嘉略是第一位有确切记载的在法国定居的中国人,也是第一位向法国人传播中国文化的中国人,在中法文化交流史上占有重要的地位。⑧

鸦片战争后,西方殖民者在福建沿海地区贩买"契约华工",时称"猪仔",以莆田、仙游、泉州、永春等地为多。仙游度尾后埔林天佑,因家贫,25岁时和两个同乡被当作"猪仔"贩卖到泗水当劳工,不久,一人自杀,一人病

① (清)朱仕阶:《小琉球漫志》卷6《海东剩语(上)》,《台湾文献史料丛刊》第1辑,台北:大通书局,1984,第52页。
② 《安平县杂记》,《台湾文献史料丛刊》第2辑,台北:大通书局,1984,第23页。
③ 参见彭文字、蔡国耀编著《莆田文化丛书·海外交流》,福建人民出版社,2003,第37页。
④ 莆田县地方志编纂委员会编《莆田县志》,中华书局,1994,第1047页。
⑤ 参见莆田市地方志编纂委员会编《莆田市志》卷38《华侨》,方志出版社,2001,第2430~2431页。
⑥ 莆田县地方志编纂委员会编《莆田县志》,中华书局,1994,第891页。
⑦ 《莆田县志》第33篇《华侨》,中华书局,1994,第891页。
⑧ 许明龙:《中法文化交流的先驱黄嘉略》,《社会科学战线》1986年第3期。

故，林挣扎于死亡边缘，幸得生还。莆仙人被贩卖到马来西亚吡叻州、金宝、安顺等埠的最多，最盛时兴化人单在太平州各锡矿区充当矿工者就有4000多人。咸丰三年（1853年），永春林俊起义失败，莆仙地区参加义军的部分人被迫逃亡海外。同治九年（1870年），仙游榜头上昆村陈瑞满经故友介绍，前往马来西亚霹雳州安顺垦荒。他多次回乡携带亲友去居住地开荒种植，将贫瘠的安顺建设成富庶的"新昆头"。光绪八年（1882年），东垞乡（今赖店东垞村）杨乌柏往印度尼西亚经商，他还引荐几位亲属出境贸易，此后，往印尼的居民不断增加。光绪十八年（1892年），枫亭和平村旅居菲律宾的华侨余池郎带领斗北、坑头山、沧溪等地乡亲去菲律宾谋生。光绪二十六年（1900年），枫亭马厝村马兴和秀峰村蔡贵也分别去马来西亚和新加坡经商定居。光绪年间（1875～1908年），仙游九座寺、三会寺、会元寺有僧尼出国，释圆仁法师带俗家郊尾后旦村2位亲人去苏门答腊谋生，枫亭释微嘉也帮助3位乡人去吉隆坡经商。[1] 据宣统三年（1911年）的统计资料，新加坡的兴化人有1932人。[2]

综上，由于"摊丁入亩"制度的施行，康熙之后莆仙地区人口迅速增长，清末达到封建社会的高峰，加剧了人多地少的矛盾，客观上推动莆仙先民较大规模地向海外移民。

二　农业持续发展

清朝延续明朝鼓励农业发展的政策措施，实施"招垦"和"更名田"等土地管理制度。"招垦"即将无主的荒地招民开垦，作为己业。"更名田"即把明朝部分藩王的土地归原佃种人垦种，"与民田一体，给民为业"。这种土地政策使大部分农民获取了少量土地，有利于小土地所有制的发展。同时，清廷还实施"摊丁入亩""滋生人丁，永不加赋"的田赋措施，极大地调动了农民的生产积极性，也促进了农村经济的发展。

（一）复耕、拓垦农田

清初的"截界迁民"和海禁政策，导致兴化沿海近50万亩农田沦为荒地，大批地主破产，众多田主在战乱中死亡或失踪。复界之后，莆田沿海出现了众多无主农田，大片土地荒芜，无人耕种。兴化府根据"招垦"和"更名田"的土地政策，"察明原产，给还地主"，将无主农田划归给有耕种能力的农民和归

---

① 参见莆田市地方志编纂委员会编《莆田市志》卷38《华侨》，方志出版社，2001，第2430～2431页。
② 参见郑莉《新加坡兴化人的木偶戏与仪式传统》，《南洋学报》（新加坡）2008年第132期。

降的郑军士兵耕种。据《莆田市志》记载，"康熙十九年（1680 年）年初，清军攻占郑军据守的莆田县南日、湄洲和惠安县崇武诸岛，郑经退守台湾。三月，准许民众展界复业，将界外荒地的十分之三归郑经降兵耕种"。①清代积极的土地政策，对于兴化沿海农田复耕起到了积极的作用。

沿海"截界"时间较长，土地大面积抛荒，被海水长期浸泡，水利设施毁坏，复耕相当艰难。为了鼓励"界外"农田复耕，地方政府鼓励地主投资农业，促进传统农业经营方式转变。如清康熙三十七年至四十年（1698～1701 年），一些富豪和地主，在沿海开垦新涌地和滩涂近 50 顷。仅雍正年间（1723～1735年），兴化耕地面积就扩大到了 143 万亩，还有仙游县的 2644565 亩屯田。据《福建通志》记载：兴化"海民，又于堤外海地开为埭田，渐开渐广，沮为斥卤，利饮清泉，故为埭田"。②这些埭田多为个人开发，土地所有权归个人所有。由于人口迅速膨胀，对耕地需求日增。其时北洋平原开发几近饱和，只好再次向大海要地。为此，涵江百姓多次进行围海造田。三江口镇新浦村民李廷佐采用填筑开辟法，把海滩地垫高，垦成可耕地，群众纷纷效法，在当地形成围垦热潮。据张琴《莆田县志稿》记载，光绪十九年（1893 年），今三江口镇鳌山村、新浦村、鲸山村村民分别围海造田 80 亩、80 亩、48 亩。光绪二十一年（1895 年），三江口镇哆中村村民围垦 80 亩。据不完全统计，清末至民国初（1911～1912 年），仅三江口镇望江片沿海几个村就围垦扩大耕地 2000 多亩。

（二）兴修水利

清代，由于福建沿海地区的进一步开发，人口进一步增加，垦荒面积扩大，生态环境进一步被破坏。尤其是木兰溪上游的水土流失更加严重，河道输沙量增大，河底泥沙淤积较为明显，导致陂体受侵蚀更加严重，灌溉渠系淤塞更为频发，进而给木兰陂的维护工作带来了极大的困难。据记载，清代木兰陂共修12 次，仅次于明代。同时，清代修缮木兰陂的时间间隔相比前代更短，平均 15年即有一修，而这一数字在明代则是 19.5 年，在元代则是 28 年。③

顺治八年（1651 年），兴化府太守朱国藩曾应李宏后人李维机之请，组织人员修缮堤岸，但效果不彰，故前人称此时木兰陂已是"外饰壮观，中若败

---

① 莆田市地方志编纂委员会编《莆田市志》，方志出版社，2000，第 34 页。
② 《道光福建通志》卷 34《水利志·莆田县》。
③ 何彦超：《木兰陂与宋清时期区域水利社会研究》，硕士学位论文，南京农业大学，2015，第 32 页。

絮"①。康熙六年（1667 年），兴化府太守陈秉化等巡视木兰陂，决定采取"资取诸受水之田，役取诸食力之佣"的"计亩征赀"的方式，捐俸为倡，组织人力、物力，于农闲之时施工，先后更换被水腐蚀的闸门，重立将军柱，疏通渠道，堵塞决口，耗时 100 天完成了此次修缮工作。② 此次修建工作是有记载的清代"计亩征赀"这种新的资金筹集方式的首次运用，标志着普通民众力量在修缮工作中参与度的提高。此后木兰陂的修缮资金筹集多使用这一方式。

　　清代木兰陂的修缮延续了明代的工作体系，以修陂体、固堤岸、疏渠道三项工作为主。相对来说，这一时期堤岸加固、渠道疏浚的工作量有所减少，而陂体修缮的工作量则大大增加。由于木兰溪上游的水土流失加剧，水流含沙量增大，对陂体造成的冲击更为严重。如康熙十九年（1680 年）八月大水，陂门29 间坏 14 间，送水长石塌没。雍正五年（1727 年）秋九月、雍正六年（1728年）五月，木兰陂连续两次决口，最严重时决口处达数丈。堤岸加固、渠道疏浚的工作量虽相对以前有所减少，但与陂体修缮的工作量加在一起，仍较为庞大。因此，这一时期的木兰陂修缮工作多先进行工程预算，量出计入后再行摊派。这样的修缮形式一直延续到清末，到民国时期又逐渐演变为"田头制"管理模式。③

表 6 - 5　清代木兰陂修缮情况

年份	主持者	修缮情况	历时
顺治八年（1651 年）	朱国藩	堤岸穿孔，堵漏	不详
康熙六年（1667 年）	陈秉化、吴调元等	陂岩溃决	100 天
康熙十九年（1680 年）	苏昌臣、张四教等	陂闸门坏十四座，堤岸坏	1 年多
康熙四十年（1701 年）	赵邦牧、赵世安等	重修陂	不详
雍正五年（1727 年）	沈起元	陂决口，堵口	7 个月
雍正十年（1732 年）	苏本洁	陂决口，堵口	不详
乾隆二年（1737 年）	陈玉友	修陂闸门与回澜桥	3 年
乾隆十六年（1751 年）	李长者裔孙	修回澜桥、疏浚沟渠	不详
乾隆三十二年（1767 年）	蔡琛	疏陂上游泥沙	5 个月
乾隆四十一年（1776 年）	杨烱、张奕、王光燮	南岸堤坏	不详
乾隆四十三年（1778 年）	福昌等	陂墩面石被冲坏	不详

---

① （清）黄起有：《重建木兰陂记》，载宋国强主编《莆田市历代水利功臣录》，2013，第 91 页。
② 何彦超：《木兰陂与宋清时期区域水利社会研究》，硕士学位论文，南京农业大学，2015，第 32 页。
③ 何彦超：《木兰陂与宋清时期区域水利社会研究》，硕士学位论文，南京农业大学，2015，第 32～33 页。

续表

年份	主持者	修缮情况	历时
嘉庆十年（1805 年）	马夔陛等	修陂、修万金桥	不详
道光五年（1825 年）	姚观等	修堤岸，疏上游及沟渠泥沙	不详

资料来源：林国举、姚宗森编《木兰陂水利志》，方志出版社，1997，第18～19 页。

清代兴化府在水利建设上取得了很大成绩，仅仙游县就新建陂塘数十处。其代表人物是陈池养。

陈池养（1788～1859 年），字子龙，号春溟，晚号莆阳逸叟，莆田县城内后塘巷（今荔城区镇海街道梅峰社区后塘巷）人，清嘉庆十四年（1809 年）进士及第，官至冀、景、深三州知州，为官11 年后因丁父忧，于嘉靖二十年（1815 年）卸任致仕，热衷于家乡公益事业。此后30 年间，他先后主持整修了太平陂石圳、镇海堤、南安陂和木兰陂等48 处水利设施。在治水实践中，他亲自募捐、规划、组织施工、督办，并在搜集有关水利史料的基础上，总结了自己治水的经验与教训，条分缕析，写成了《莆阳水利志》8 卷。《莆阳水利志》是莆田历史上第一部水利和地理学专著，全志约16 万字，分为"图说、水道、陂塘、堤防、祠祀、章奏、公牍、传记"等八目，对莆田县大小水利工程都做了详尽的叙述，图文并茂。尤其可贵的是，该志还指出维修、预防等应注意的措施，做到未雨绸缪，防患于未然。值得一提的是，陈池养还热心教育，历主厦门玉屏、仙游金石、莆田兴安等书院教席，著有《慎余书屋诗文集》《慎余书屋诗钞》《莆阳水利志》《毛诗择从》等。其诗"清真雅秀，卓然可传"。如《车中偶成》曰："落花飞絮拂轻尘，百啭莺声夹道春。多少风光归柳上，最无聊赖是征人。"该诗以芳春清丽景象反衬征人精神上无所寄托的伤感之情。

为了改善灌溉条件，涵江地区也陆续新建、扩建一批海堤、陡门，如望江里增筑海堤约10 公里，重修镇前海堤，重修西湖陈坝陡门、下港陡门（位于今白塘镇镇前村与南埕村之间）、港尾陡门（位于今白塘镇江尾村）。乾隆《莆田县志》记载，邑境内的国欢镇、白塘镇、三江口镇、江口镇就有陡门10 多座、涵洞50 多口。

（三）大量种植经济作物

清代，兴化府农业生产形成水旱轮作、一年多熟模式，乾隆《仙游县志》载："东西二乡多水田，岁可二稔……旧县（今山区游洋、钟山、石苍）一带，多山而寒，可种之田岁一稔。""莆田岁二熟。皆种早晚稻。地肥者种麦，则岁有三熟。"① 由于精耕细作和使用良种，单位面积粮食产量显著提高。如稻米生产，平原地区亩产两三石，多者可达四五石。小麦、大麦种植面积也进一步扩大，"北洋地狭人稠，冬季多种麦"，沿海一带则"十亩之止有三亩麦"②。此外，番薯等高产旱作物在沿海地区的种植面积大幅度扩大，志称"地瓜处处皆种，可佐五谷之半"③，在一定程度上缓解了人地矛盾。人们还把甘薯刨片晒干，便于储存和运输。山区还引种耐瘠耐寒的马铃薯。乾隆《兴化府莆田县志》载：马铃薯"来自台湾，形似莱菔，肉松而色黄，味同番薯"。

随着蔗糖需求量的增加，兴化甘蔗种植面积进一步扩大。清代，兴化境内开始引进喜油蔗，种植方便，产量高，糖分多，既可以作为果蔗销售，又能榨汁制糖，比传统的甘蔗收益更好，极大地调动了蔗农的生产积极性。清代兴化境内甘蔗种植十分普遍，有些地方"白紫二蔗，动连千顷"，"连冈接阜，一望丛若芦苇"，"蔗田万顷碧萋萋"。

烟叶种植成为清代兴化的重要产业。乾隆年间（1736～1795 年），仙游已是福建省四大晒烟产区之一。仙游"东西乡间种烟草、花生，获利较赢，亦可以握土膏"。"烟草之熟视早稻，花生、甘薯之熟视晚稻。其种之总在春。故农民四时缘勤，而冬夏尤甚。"④ 因为种烟获利巨大，道光年间（1821～1850 年），兴化烟帮从日本引进叶脉状如古船的品种"船本"入莆栽培。该品种叶长色绿、脉细，长势良好，需肥量较占泽本少，抗叶斑，单产每公顷可达 2625～3000 公斤，是加工兴化烟丝"皮条丝"的最佳原料。烟叶在清代兴化经济中占有重要地位，种植面积达 10000 余亩，产量 2000 多吨。烟草的大面积种植又带动了烟草加工业的发展。清代，兴化境内的烟草加工逐渐发展成为一个独立的行业。仙游的烟草加工技术堪称一绝。《福建烟草志》记载："仙游晒红烟的晒制，根据气候状况，因地制宜，灵活掌握，经过晒制会使烟叶从绿变黄，从黄转红。仙游晒红烟的晒制过程分变色期、定色期和干燥期……晒出叶色鲜明纯净的上等红烟。"⑤ 用仙游红烟叶加工的上等烟丝，色彩鲜艳，口感极好，先"用一段中间挖成长方形孔的木头（或竹筒），将卷好的烟叶塞进孔眼内的木夹板中，一

---

① （清）林岵瞻：《莆田县志稿》，《风俗·物产·祥异》卷。
② 郭松义：《清前期南方稻作区的粮食生产》，《中国经济史研究》1994 年第 1 期，第 24 页。
③ （清）林岵瞻：《莆田县志稿》，《风俗·物产·祥异》卷。
④ 《乾隆仙游县志》卷 8《风俗》。
⑤ 《福建烟草志》，方志出版社，1995，第 10 页。

次性压榨而成，再用菜刀切成丝"，最后，掺些香料、油料和白酒等，制成不同香味的烟丝产品，销往各地。[①]

花生为外来作物，很早就传入中国，但到清代才大面积种植。清代兴化府境内花生种植与花生油加工业也有较大的发展。时人郭柏苍在《闽产录异》中载，当时兴化府花生油作坊很多，花生油成为民众主要食用油之一。花生种植面积不断扩大，促进了花生油加工业的发展。清代兴化境内花生加工作坊众多，通常使用木质榨油车榨油。志称："木榨具分大木车与小木车，用石（铁）锤、绞车、吊锤、飞锤等撞压于木车榨出油料中的油脂。"[②] 这种榨油设备投资少、见效快、操作简便。花生油加工业成为清代兴化地区的特色行业。

清代龙眼嫁接栽培技术比较成熟，屈大均在《广东新语》中记载："闽之龙眼树，三接者为顶园，核种十五年始实，实小不可食，则锯木之半，以大实之功枝接之，至四、五年又锯半，接如前，如此三次，其实满盖，倍于常种。"[③] 兴化龙眼树经过三次嫁接之后，品种得到了改良，特别是乌龙岭、泉州本、油潭本等品种，果实又大又甜。同时，兴化果农善于科学管理果树，通过浇肥、锄草、防寒、除虫等措施，保证龙眼树的健康成长。另外。清代兴化果农还掌握了控制龙眼树果实生长数量的技术，即根据果树的"身体状况"控制结果数量，果实太多，果树肥力透交，颗粒必小。所以，从龙眼树开花起，果农就跟踪观察及时疏花、疏果，防止龙眼树果实过盛而"体力"透支，果实变小。而闽中其他各县园主果农对于私有龙眼树，往往任其自生自灭。例如福州城内外，龙眼树不少，但都没有嫁接，没有锄草浇肥，没有疏花疏果。这种纯野生的果实，与兴化龙眼相比大为逊色。[④]

清代兴化荔枝依然远近闻名。顺治初年（1644年），周亮工为福建按察使，遍尝闽中荔枝，称兴化府"荔枝种类最繁……当以莆田宋家香为第一"。[⑤] 清末，美国传教士蒲鲁士应美国农业部之请，回国时运送89株兴化陈紫荔枝苗至美，其中引种于同纬度之佛罗里达州的48株成活，后得以大面积推广，人称"蒲氏荔枝"，被誉为"果中皇后"。除了荔枝、龙眼外，莆田"白梨"枇杷、仙游的"陈燮"柿子也很出名。莆田果农还成功培植度尾"文旦柚"。莆田水果干制品

① 蔡天新：《莆商发展史》，中央文献出版社，2014，第184页。
② 莆田市地方志编纂委员会编《莆田市志》，方志出版社，2000，第1606、1607页。
③ （清）屈大均：《广东新语》卷25《荔枝》。
④ 朱维幹：《福建史稿》（下册），福建教育出版社，1988，第440～441页。
⑤ 朱维幹：《福建史稿》（下册），福建教育出版社，1988，第440页。

闻名遐迩，江浙等地的桂圆行均为兴化人所开，新品一到，人们争相购买。莆田还引进了凤梨、香木瓜、番石榴、香蕉等。

除了种植烟草、甘蔗、龙眼、荔枝、枇杷、茶叶等经济作物，清代兴化境内还大量种植大豆、油菜、芝麻等作物，用以榨取油脂。莆田的黄麻、仙游县龙华镇的薏米远近闻名。中草药种植也是兴化百姓重要经济收入项目之一，品种有茯苓、菖蒲、何首乌、金樱子、山栀子、车前子、荆芥、芙蕾藤、桑螵蛸、天门冬、通草、使君子、天南星、桔梗、茴香、紫苏、薄荷、香薷、枸杞、黄精、蛇床子、牵牛子、蓖麻子、羊蹄草、紫背草、花椒、艾、益母草、半夏、陈皮、苍耳、香附子、蒴藋、甘菊、金银花、山药、瓜蒌、木贼、夏枯草、橘红、竹沥、淡竹、乌梅、石斛、巴豆、扁豆、麦门冬、蘘荷、骨碎补参、黄连、枳壳、六月霜、辛夷、皂荚、百合、豨莶草、沙参、苦参、木鳖子等 59 种。[①]道光十八年（1938 年），仙游枫亭开始种植罂粟，贻害无穷。[②]

总之，清代"摊丁入亩"政策的施行导致人口迅速膨胀。在这样的背景下，尽管莆田百姓千方百计扩大耕地面积，但与人口增长速度相比，耕地仍显不足。莆田人民寻找到三条解决问题之道：一是改变原有的生产模式，采取水旱轮作、一年多熟模式；二是精耕细作和使用良种，提高单位面积粮食产量；三是种植经济作物，增加经济收入。

三　手工业与渔盐业

清初，兴化境内战乱频繁，反清复明运动此起彼伏，加上"截界""禁海"等人为的阻碍经济发展的措施，境内百业凋敝。到康熙中后期，社会日趋稳定，市场逐渐繁荣，需求的扩大拉动了兴化手工业的恢复与发展。据史书记载：清初兴化境内手工业行业众多，主要有制糖、晒盐、纺织、蜂蜜、瓷瓦、木材、造纸、蓝靛、屠结、印染、竹编、木铁器、制扇、漆器、雕刻、航运、制蜡、米粉等近 20 类行业，但此时手工业生产方式十分落后，规模较小，劳动生产率低，如制盐、打铁、织布、制糖、酿酒、造纸、刺绣、烧瓦，竹木器制作等业，皆为私营作坊，设备和技术落后，产值低。清光绪十九年（1893 年）后陆续出现印刷、碾米、火电、炼乳等现代工业，但规模都不大。清末，随着资本主义商品经济的发展，外国商品大量涌入，兴化传统手工业遭受严重冲击，纺织、

---

① 《乾隆仙游县志》卷 7《地舆志下》。
② 仙游县枫亭镇人民政府编《枫亭志》，方志出版社，1999，第 22 页。

制糖、刻印和粮食加工业等逐渐被机器工业所替代，自给自足的传统手工业日渐解体。

（一）纺织业

清中前期，纺织业仍然是兴化境内规模最大的手工业行业，主要纺织品有蕉布、苎布、棉布、绸布、麻布、剑麻布等。郭柏苍的《闽产录异》记载："兴化妇女所织布巾、布带，年售甚广。""红花兴化为多，妇女好穿红衣，俗称兴化红。""次则为青麻布，莆贫家妇女专治此。蓝青麻莆地所产，其布粗而易成。凡人家丧服及诸农作着短小衣服皆用此，高贾转贩他方亦广。"

清代兴化境内仍然盛产黄麻、红麻和苎麻等，主要麻区分布在木兰溪沿岸及仙游的郊尾，莆田的渠桥、黄石、华亭、西天尾等乡镇。经营麻织品的商家众多，仅涵江集镇就有十来家，如郑亚明的"明记"、詹文樵的"德成"、张文斌的"文斌"、黄桂花的"瑞丰"等。

清代，兴化府"以足运轮，人劳而工敏"的纺纱脚车广泛运用，织工能织成许多奇异的花色图案，如龙凤、飞禽走兽、福禄寿等花样。清代，兴化境内生产的丝绸和棉布，品质上乘，物美价廉。据史书记载，清代莆田黄石生产的丝，质地缜密，款式多样，诸色皆有，美观柔软，销路甚广。兴化"苎麻丝布"和"棉纱丝布"，素以物美价廉、牢固实用而著称，被誉为"东方织品"，大量销往全国各地。鸦片战争后，国外廉价纺织品大量涌进中国市场，加上机器纺织的布平整光滑、质地细密、色彩鲜艳，迅速占领了兴化市场，传统纺织业遭受严重冲击，日渐萎缩。

清中前期，在纺织业持续发展的带动下，染布业长盛不衰。一方面，清代兴化境内印染技术有了较大提高。农民采用栽种的靛蓝类植物（俗称靛青），浸制成染料，把土布染成青、蓝、黑色，做衣服、被单等，后来还染印单色白花布和多色花布。另一方面，兴化境内染布作坊不断增多，染布业成为一个重要行业。《莆田市志》记载：清代仙游境内印染作坊已经"发展到100多家"，遍布城乡，"莆田民间多从仙游购进靛青，也建有印染作坊数十家"。

（二）木雕业

清代是莆田木雕的繁荣期。莆田木雕多采用本地盛产的"龙眼""荔枝"果木，雕成各种武将、仕女或神像、飞禽走兽，辅以老漆涂饰，使作品更显色泽深沉，龙眼木雕因材质美而得名。清代，兴化府的木雕已经有了专业化的分工与合作。《莆田县志稿》记载："莆木工、土工、金工、石工皆有。木工分为三：曰都绳，曰细墨，曰雕柴。都绳唯能建造屋舍，其工坚致牢实。细墨制造椅桌器用等项，间有新巧之工，然而坚致细密视他处矣。雕柴者，凡一切雕刻之工归焉。土工则建屋造坟，能以牡蛎灰和纸作人物花卉，渲染颜色，居然鲜采。金工则范铜为器，时见新巧而烛台尤佳。又有熔锡之工，但作锡器比铸铜者稍逊。打铁之工亦不佳，但制田器尚可用。石工极精巧，能于石上雕琢人物花卉，有细如丝者皆不断。又有镌刻文字者，书版碑碣□类，其工最丑，间有可者，无大佳也。"①

雍正年间（1723～1735 年），兴化府有著名工匠游伯环，他精于紫檀人物、花瓶底座雕刻，赋形苍古严谨。乾隆年间（1736～1795 年），莆田后洋艺人制作的贴金透雕花篮被当作贡品进献清宫，现存于故宫博物院。而莆田木雕真正形成风格，还是得益于清朝中晚期有名的廖氏家族。当时城厢名匠廖明山善于用寸木雕镂人物、花草虫鱼等，其孙廖熙等五兄弟均为雕刻名手，尤以廖熙为著。

莆田市博物馆内有两件木雕精品，代表了清代莆田雕工的高超水平。一件是清晚期金漆透雕果盒，该果盒高 56 厘米，口径 41 厘米，底径 37 厘米。盒呈八角形，为整块硬木透雕，分为顶部、盒身、盒腰、脚座四部分。顶部外圈圆雕并蒂双莲，双莲上立两神仙和两凤凰。内圈为一平面活动板，板中镂一孔，为手指伸入开启用，盒身为八面框架，框内置放活动板，板上透雕三国人物故事图，板后置透雕几何图案薄板，为双层装饰。框外可缠枝莲花纹，框与框之间雕力士神，力士神双手托着龙柱，柱顶是龙头。盒腰呈束腰形，里层浮雕四幅锦鸟为背景，外层圆雕八骑马将军和八侍卫。脚座为八只前立后卧的昂首狮，张口龇牙，形态可爱。整个果盒集浮雕、圆雕、透雕技法于一体，雕工精细，构图活泼，金光耀眼，具有浓厚的地方色彩。②

另一件是清金漆木雕人物龙纹桌灯，该桌灯由灯身和底座两部分构成。灯身部分仿亭台结构，中空，顶部呈三层塔状，最上层呈覆斗状，中一孔为烟孔，下二层逐步外扩，方形，三层四周全部透雕漆金花板，上层为海水、龙等，中为飞禽，屋宇四角各有一骑兽人物，以铁丝与主体连接，下为双龙屋宇。灯身中部四角各有一柱，柱身套透雕蟠龙，中间四面嵌透雕漆金人物故事及花鸟图案活动板，四周美人靠栏沿，栏沿透雕漆金人物花鸟图案。基座上层若须弥台，

---

① （清）林岵瞻：《莆田县志稿》，《风俗·物产·祥异》卷。
② 福建省地方志编纂委员会编《福建省志·文物志》，方志出版社，2002，第 258 页。

束腰嵌四片透雕漆金花鸟、瓜果等图案，四角各有一力士，下层四角各有一兽形脚，间饰透雕漆金花卉图案牙板。灯身并饰有彩色绒球。底座部分呈三层，自上而下逐级外延，最上一层为条状花板，四角雕如意头，承接灯身，中为几案形，束腰部分每面各有二长条形镂孔，下为盘状平台，隼卯结构。雕工精美，工艺精湛。整器以金色漆为主，辅以红、黑、褐色漆。

图6－7　清金漆透雕果盒　　　　　　图6－8　清金漆木雕人物龙纹桌灯

随着雕刻业的发展，木雕也被大量运用到民居建筑中。清代莆田古民居、府第的屋架、横梁、吊兰、云座等都存有大量精美的松梅、菊竹、花鸟、走兽之类的浮雕。涵江宫下茂盛林家四进七间厢大宅和长埕头徐姓、苏姓、林姓等四座四进五间厢、七厢的古府第建筑群内数不胜数的木雕作品，皆清代的上乘之作。

（三）石雕业

莆田石雕可以上溯到唐宋时期。清代，莆田石雕水平达到了一个新的高度，仙游石雕大匠郭怀被誉为"八闽雕刻始祖"。郭怀（1748～1835年），仙游县度尾镇砺山村顶厝门人，是一位石匠世家传人。其父郭力是当地赫赫有名的石匠，在家庭氛围影响下，郭怀童年时就对石雕情有独钟，从各地木雕、玉雕、石雕中领悟到雕刻艺术之真谛，终于开创了"蟠龙石柱"这一独门绝技，开中国南派石雕技艺之先河。

图 6 - 9　南潮宫龙柱（局部）　　　图 6 - 10　南潮宫石狮

清代，莆田石雕佳作层出不穷。莆田黄石吴府大门外的两只大石狮，造型奇特生动，是石雕艺术的杰作。涵江铺尾的大石坊上，有大量的人物花鸟浮雕，有棱有角，明快精美，工艺高超。仙游东门石坊上的石雕堪称清代兴化石雕艺术的巅峰代表作。清代仙游县富商陈天高父子，因捐建仙游金石书院受清廷褒扬。清道光五年（1825 年），奉旨建坊，历时 30 年竣工。坊通高 16 米、石宽 8 米，仿木建筑，为石雕艺术精品。坊顶端中为日照火炬，左右为双龙朝天，两边彩草翠飞，具有我国古代宫殿建筑的特色。坊顶之下递分为三层，上层正中嵌

图 6 - 11　仙游东门石坊

着"玉旨"碑座，左右翼以飞龙绕柱，庄严肃穆。中层横嵌着御赐的"乐善好施"横匾，其下为三组浮雕历史人物，两旁置设两座玲珑精巧的小坊亭，精雕忠、孝、廉、节人物像，四柱精刻浮雕牡丹花卉，与上层的"玉旨"牌座交相辉映。下层是建坊者的题名匾，匾下的飞龙拱座，绣镶匾缘，缀刻舞凤、金鳌、麒麟、文狮、莲花等图案，雕刻精细，独具匠心。三层之下是四根方形坊柱，匝角磨光，顶托起巍峨的牌坊。牌坊四周有石栏围护，间架有致，结构匀称。建坊石匠多是石雕名匠郭怀的徒弟，其雕刻技艺已达到相当高的水平。

（四）盐业

清初"截界迁民"，兴化沿海百业俱废，盐场凋敝。志称：截界数十年，莆田县"盐坵船税银四百四八两七钱九分四厘，俱无征"①。复界之后，兴化制盐业迅速恢复，康熙四十七年（1708年），改上里场为莆田场，乾隆四十八年（1783年），增设下里、前江2场。下里场位于前沁乡，距城40里，东至前江场界，西至凌烟村，南临海港，北至董蔡村，分为前沁、珠墩、董蔡、凌烟、埭头5团，共有盐坎7.73万坎，户额17.05万担，场灶239户。前沁场距城50里，东至鹭峰山，西至下里场界，南临海，北至东峤村，分为前江、沟头、前徐、西安、霞江、渚林6个盐团，共有盐坎6.54万坎，户额13.81万担，场灶284户。②道光年间（1821～1850年），兴化府共有附海盐户985户，盐埕21201坎，年产额盐74065.77担。兴化府的盐场成为福建省主要的食盐生产基地之一，盐税是地方财政的主要收入。

（五）渔业与水产养殖业

清初因"截界迁民"，渔业大幅萎缩，特别是海禁期间，"寸帆不得下海"，渔业遭受灭顶之灾。志称："清初，台湾海峡两岸战事频繁，兴化府渔船损失严重，抑制了海洋捕捞业的发展。清康熙二十年（1681年）复界后，海禁开放，莆田沿海地区纷纷制造大船（俗称乌槽），可载重100～150吨。咸丰八年（1858年）埭头黄岐村刘卅四造三桅杆木帆船1艘，载重量180吨，咸丰十一年（1861年）黄岐村刘灶造300吨木帆船1艘。"③清代兴化境内造船作坊众多，分布在涵江、江口、秀屿、黄石、南日岛、湄洲岛等地，形成了不少专业造船、修船的村落，如涵江的岱埕村、新浦村，黄石的东角村和南日岛的三墩村、西皋村、沙洋村等。黄石的井埔、东华和西天尾溪安等地，则以制造溪船、沟船和修船为主。造船业的兴盛也推动了兴化渔业的发展。清代，兴化渔民的海洋捕捞技术也有较大的进步。渔民的海洋捕捞普遍采取定置网作业，其"捕捞量占海洋捕捞总产量的60%左右，有双桩有翼张网、插杆无翼张网、框架张网3种捕捞作业方式。其中以双桩有翼张网使用较为普遍，占定置网作业的90%左右"；还有"插杆无翼张网，（每年）2～8月在南日岛，小日、鳌山、罗盘、赤山等小岛，用载重2吨左右的渔船，下海劳力3～4人，把网张设在近内海礁突

---

① 《乾隆莆田县志》卷6《杂项租税》。
② 莆田市地方志编纂委员会编《莆田市志》，方志出版社，2000，第1361页。
③ 莆田县地方志编制委员会编《莆田县志》，中华书局，1995，第303页。

出部大潮线上下潮流湍急的海区,主捕日本鳀、青鳞鱼、赤鼻鱼、白鱼、比目鱼、七星鱼、三角鱼及其他小鱼虾"。但内河捕捞技术相对落后,大多为民间兼业,分散捕捞,捕捞工具简陋。主要渔具有细目绫、竹弓钓、手钓、手撒网、手提缯、虾笼、鱼笼等,捕捞方法有网、钓、放笼、搬石堆,以及用毒、炸、鸬鹚等捕捞溪河天然繁殖的鱼、虾等淡水产物。① 从总体上看,清代兴化水产业生产规模与明代相比有了一定的扩大。志称:明弘治年间(1488~1505年),整个兴化府"岁办鱼课3056石,闰月加米255石;折银1069.8两,闰月加班加89.5两"。"清代,莆田县的鱼课银年征1120两。乾隆年间(1736~1795年),新增鱼税银319两。"②

清代,莆田境内水产资源丰富,品种众多,清《仙游县志》载:有鲤、黄瓜鱼、马鲛、鲳、带鱼、方头、黄鳝、鲈、墨鱼、水母、鳝龙虾、志鱼、蚶、蛏、蛤蜊、虾蚶等。道光《枫亭志》载,太平港下溪海会流出生香鱼,里民称为"孝子鱼",长二三寸许,如小指,无鳞骨,清香异常,以正、二月时为佳。太平港内有海鱼乘潮而入,大小不等。同时,兴化沿海出现了大规模的海产品人工养殖区,有多个大规模的海蛎、海蛏和紫菜养殖场。自然养殖区主要分布在南日岛及周围小岛、湄洲岛、鹭鸶屿等地,以天然石磹为养殖基地。③ 光绪年间(1875~1908年),仙游县"在沧溪港内建蛏埕150亩",清末,仙游人创立条石6万多条,养蛎规模甚巨。④ 此期,兴化淡水养殖业也有了一定的发展,主要淡水鱼有鲤鱼、鲫鱼、草鱼等。

总体而言,清代兴化境内的手工业有了长足进步。涵江上梧和南埕村的"染布缸"、柯塘村的"酱油缸"、枫岭村的"粮缸"(即利用水力磨米、麦)、霞萧村的"油缸"(即榨油坊)等成为远近闻名的"四大缸"。近代工业也开始起步,机器开始投入手工业生产,全新的工业时代即将来临。

四 近代民族工业的滥觞

福建和全国各地一样,自19世纪70年代起,在外国资本主义的催迫和洋务运动的带动下,开始出现民族资本的近代企业。同治十三年(1874年)在福州成立的悦兴隆砖茶公司是福建第一家近代民族工业企业,也是继同治十二年

---

① 莆田市地方志编纂委员会编《莆田市志》,方志出版社,2000,第1278~1279页。
② 莆田市地方志编纂委员会编《莆田市志》,方志出版社,2000,第1799页。
③ 莆田市地方志编纂委员会编《莆田市志》,方志出版社,2000,第1284页。
④ 莆田市地方志编纂委员会编《莆田市志》,方志出版社,2000,第1283页。

（1873 年）陈启源在广东南海创办的继昌隆缫丝厂之后的第二家万元以上的民族工业企业。到宣统三年（1911 年），福建民族资本经营的企业已有 50 余家。然而，这些民族工业企业在全省的分布极不均衡，大多集中于福州、厦门两个通商口岸。

"光绪十九年（1893 年），兴化卫理公会在城厢井头创办罗马文铅字印书局（后定名为美兴印书局），印刷教会读物。"① 这是莆田境内最早的机器印书局，也是莆仙地区近代机器工业的开始。光绪二十四年（1898 年），卫理公会在莆田创办罗马文版《奋兴报》（半月刊），莆田始有报纸，光绪三十四年（1908年）增用中文印刷。

在教会帮助下，莆田于光绪二十四年（1898 年）办起一家面粉厂，但不久便倒闭了。② 光绪二十五年（1899 年），卫理公会引进了纺织机器，并派人到国外学习先进纺织技术，在莆田府城开设"美兴纺纱织布局"，拉开了莆仙近代机器纺织业的序幕。③

莆仙地区自宋代以来就是重要的蔗糖产地之一，但使用传统的手工榨糖法制作的蔗糖，不但糖质不精，而且糖浆损失也十分严重。自五口通商后，洋糖输入日盛，外国侵略者又在香港、汕头开厂制糖，土糖难与价廉物美的洋糖竞争。光绪十一年（1885 年）二月，左宗棠奏请在福建试办糖厂。他上奏说，以往仙游的白糖、福州的红糖，均用土法榨取，不利于与洋商竞争。为了"不夺民间固有之利，收回洋人夺去之利，更尽民间未尽之利"，建议"先派熟知糖务之员，亲赴美国制糖之区参观做法，购小厂机器兼雇洋工数名来华试制"，待"著有成效，即行扩充。不惟内地各口可以一律照办⋯⋯"④ 左宗棠通过先垫官款再招商承办的办法，在福州南台创办了一所制糖厂。遗憾的是，左宗棠于光绪十一年七月二十七日（1885 年 9 月 5 日）在福州病逝，他所提倡的机器制糖"著有成效，即行扩充"的计划未能实现。宣统元年（1909 年），华侨郭祯祥兄弟集股 45 万元，创办"华祥制糖公司"，在同安水头、海澄浒城和龙溪田边各设一所糖厂。⑤ 宣统二年（1910 年），在仙游成立股本 50 万元的"华洋糖厂"，

① 《莆田县志》"大事记"，中华书局，1994，第 24 页。
② 《闽海关十年报，1892 年至 1901 年》，载《福建文史资料》第 10 辑，1985，第 103 页。
③ 参见蔡天新《莆商发展史》，中央文献出版社，2014，第 191～192 页；《莆田县志》，中华书局，1994，第 979 页。
④ 《左宗棠全集》第 11 册《奏稿（十一）》卷 63，上海书店，1986，第 9809～9812 页。
⑤ 林庆元主编《福建近代经济史》，福建教育出版社，1999，第 154 页。

年产四五千担。①

在航运方面，光绪二十二年（1896 年），商人租用日本"纪摄丸"号轮进三江口港装卸货物，拉开了莆仙近代轮船海运的序幕。光绪三十二年（1906年），涵江民营的第一艘轮船——"涵江"号（150 吨位）航行于涵江至福州、宁波航线。②

在粮食加工方面，"至清宣统三年（1911 年），县内粮食加工均沿用磨、砻、臼传统工具进行加工。油脂加工只有土法榨油榡，加工工具为硬木质的木榨机。粮食复制品生产，靠一家一户用古老的生产工具手工操作，生产主要食品如线面、米粉、年糕、米糕等"③。宣统三年（1911 年），涵江人李兰舌在涵江宫下设碾米厂，用 14 马力的蒸汽机带动碾米机加工大米，为莆田有蒸汽机的开端。④

综上所述，在 19 世纪末 20 世纪初，工业近代化的微风已吹拂到莆仙大地，在印刷、面粉加工、纺织、制糖、碾米等部门已开始引入机器生产。但是，这些工业企业数量少、规模小、资金少，工业近代化程度极为有限。

五　商帮活跃与对外贸易发展

（一）商业的恢复与发展

明末清初的战乱及迁界、海禁，对莆仙经济造成严重破坏，城镇商业全面萧条，对外贸易几乎停滞。秀屿在明代中后期每年商业利润不下 20 万两，迁界令下，化为焦土；枫亭"繁华之景恍如隔世，人亡屋毁，基址无存，荔树万株髡为荆棘"。⑤ 康熙二十二年（1683 年）统一台湾后，长达 40 年之久的全面海禁终于结束。康熙二十三年（1684 年），在福建泉州府的厦门建立了闽海关。次年，又在广东广州、浙江宁波、江南松江开设了粤海关、浙海关和江海关。⑥ 随着海禁的解除和农业、手工业的恢复与发展，莆仙商贸亦逐渐恢复，到清中后期再度繁荣。福建省地方志编纂委员会编《福建省志·商业志》记载："清代，兴化市场已具相当规模，莆、仙两县商户近千户。仅涵江、城厢、枫亭、

---

① 王金绂：《中国经济地理》下册，北平文化学社，1930，第 97 页。

② 《莆田县志》第 12 篇《交通》，中华书局，1994，第 350 页。

③ 《莆田县志》第 10 篇《工业》，中华书局，1994，第 300 页。

④ 《莆田县志·莆田工业史（草稿）》上册，1961，第 2～3 页。

⑤ （清）郑得来等：《连江里志略》卷首，收入莆国耀主编《莆阳方志九种》，吉林文史出版社，2016，第 94 页。

⑥ 彭泽益：《清初四榷关地点和贸易量的考察》，《社会科学战线》1984 年第 3 期。

鲤城四地即有 16 行业之盛。当地富商，凭借本地食糖、桂圆等土特产，发挥三江口、枫亭（太平港）港口的海上运输优势，与江南一带进行较大规模的贸易。同时，也开始了对台贸易，输出品种有食糖、桂圆干以及土布、土烟、陶瓷、青靛等，输入品种有大米、棉布、苏广百货、药材等。"①

图 6 - 12　中外合璧建筑——涵江东方二十五坎

资料来源：《莆田市历史文化名城保护规划》（未刊稿），2019。

涵江是一个依港而兴的集镇，清初因海禁而一度不振。海禁解除后，涵江港又成为海舶出纳之地，商舶航行于天津、上海、宁波、福州、厦门、汕头、广州一带。②雍正七年（1729 年），设立涵江海关，隶属闽海关。随后，涵江商贸交易进一步扩大，到嘉庆年间（1796～1820 年），涵江已万商云集，成为土特产品运出、外来商品输入的枢纽，经营区域不断向外埠发展。邑人陈池养（1788～1859 年）在《涵江》一诗中描述道："澄清海宇驰海禁，帆樯利重波涛轻。乘风远近随所赴，载来金珠不知数。百货转移满民间，举袂成幕为汗雨。苏杭都会真相似，山川气运当其时。"涵江的衙前街、顶铺、鉴前、前街、后街、新桥头及宫口河一带，已有二三百家商店。境内涌现出宫下吕家、苍然陈家、霞徐黄家、宫口河陈家、延宁林家、顶铺徐家等富商巨贾，号称"百万富甲全郡"。清末，三江口港对外开放，与厦门、福州、泉州、三都澳为福建五大港口，涵江成为闽中重要物资集散地，雄踞全省沿海"四大名镇"（涵江、金峰、石码、石狮）之首。③

据乾隆《仙游县志》记载，仙游县属 14 里中，附郭功建里有 6 条街，市有东街市、西街市、南街市、东门市、四门市 5 处；孝仁里有田岑街市、半路街市、太平街市、台斗岭市、茅亭街市、泗州市、鱼牙街市、大坂口市、新店市等 9 市；其余 10 里有 19 市，全县共有集市 33 处。其中，折桂里坝下街市，"货

①　福建省地方志编纂委员会编《福建省志·商业志》，中国社会科学出版社，1999，第 127 页。
②　《涵江区志》卷 7《交通》，方志出版社，1997，第 162 页。
③　参见林祖泉《千年涵江》，方志出版社，2004，第 22～23 页。

船往来贸聚之区"；连江里枫亭市，"街长三里许，南通泉州，北通郡城，东通黄石、平海，西通本县……滨海之区，鱼货所泊"。① 至清末，"县城已有商业活动的街道 6 条、集市 4 处、墟 2 个、商店 1380 家。乡村集镇有小街 28 条、集市 20 处、墟 8 处，商店 1695 家"。②

（二）对外贸易发展

康熙二十三年（1684 年）解除海禁后，对出海贸易仍有诸多限制，如商船许用双桅，但梁头不得过 1 丈 8 尺，舵手人等不得过 28 名；出海贸易的商民必须报官，取具保结等。康熙五十六年（1717 年）一度禁止往南洋吕宋、噶罗吧（即巴达维亚）等处贸易，所幸这次南洋之禁只持续了 10 年，雍正五年（1727 年）即"开洋禁，以惠商民"，准许商民前往南洋贸易。乾隆十九年（1754 年），福建巡抚陈弘谋奏："闽省地处海滨，南洋诸番，在在可通，福、兴、漳、泉等府，地狭民稠，田土所产，不敷食用，半藉海船贸易，为资生之计。"③ 但是，清政府对出国的华人总是不信任，不但不加保护，反而任由外国殖民者迫害，称他们为"自弃王化"的"本应正法之人"，是"孽由自取"。④ 在对待外国商人方面，乾隆二十二年（1757 年），清政府只许外商在广州收泊交易，取消了其他三个海关。这种海洋贸易政策，不利于莆仙对外贸易的健康发展，部分商民铤而走险进行海上走私。

第一次鸦片战争后，清政府被迫开放五个通商口岸，其中两个在福建，即福州、厦门。地处福州、厦门两个通商口岸之间的莆仙地区，对外贸易发展迅速，"洋货从福州、厦门倾销兴化市场，涵江成为莆田、仙游、惠北、福清南部的商贸中心，'三里长街，街巷相通，商户鳞次栉比'"⑤。当时，"海外贸易航线悉为外国洋轮占夺。境内出口贸易多由上海、福州、厦门洋行在境内的代理商、代理行代理收购、贩运、经销，亦有境内商行同外商、洋行直接交易。进口以生活用品、农业用品为主，由商行、代理行（代理商）自营零售，或转销给个体商店、商贩零售"⑥。《仙游县志》记载："光绪初年（1875 年），仁德乡

---

① 《乾隆仙游县志》卷 9《建置志一·市镇附》，《中国地方志集成·福建府县志专辑》第 18 册，上海书店出版社，2000，第 143～144 页。
② 仙游县地方志编纂委员会编《仙游县志》第 13 篇《商业》，第 418 页。
③ 《福建巡抚陈弘谋奏》（乾隆十九年四月二十八日），《宫中档乾隆朝奏折》第 8 辑，台北"故宫博物院"印行，1982，第 138 页。
④ 《史料旬刊》第 22 期，故宫博物院，1931。
⑤ 莆田市地方志编纂委员会编《莆田市志》卷 29《工商行政管理》，方志出版社，2001，第 1739 页。
⑥ 陈美德、戴永存主编《莆田市外经贸志》第 4 章《对外经贸活动》，方志出版社，1995，第 83 页。

（今龙华镇）林紫英经传教士介绍，首家代理厦门美孚洋行进口煤油推销。"①
宣统元年（1909 年），"美孚火油行在涵江设立分行，蒲鲁士介绍方德敬任帮
办，此为莆田买办资产阶级之首"②。

清末民初，主要代理经销进口货物的商家有如下 4 家。

源沣行。由莆田平海（现秀屿区）商人林心香和林鸿宾父子经营，代理英
商亚细亚公司煤油和英商卜内门公司肥田粉。

义德行。由涵江人方义德和方家明经营，代理美商美孚石油公司煤油和德
商爱礼司公司肥田粉。

通美行。由涵江人陈镜鸿经营，代理美商德士古石油公司煤油和英商卜内
门公司肥田粉。

仙游霞桥新存瑞豆饼行。代理厦门谦顺洋行，包销进口化肥。

主要兼营外贸收购、贩运的商行、船行有如下 3 家。

涵江鲲南公司。由涵江人方家明经营，租用上海宁绍公司 800 吨级 "甬兴"
号轮船。

涵江义太船行。由黄献武和康秋涛合股开设，租用上海商船 "德佑" 号、
"建新" 号、"游鲲" 号等，经营由大同商行、福兴太商行收购的出口货物贩运。

北方轮船公司。由政记公司和毓大公司合股开设，有轮船 "茂利" "毓济"
"毓通" "肇兴" "福星" "福兴" 等多艘，主要贩运境内进出口货物。

在此期间，"境内城镇多设有豆饼行、桂圆行、米行、杉行、酱油行、京
果行，经营进出口货物的采买、包销、代销业务。仙游县城关的林春行、通
兴、新兴、广兴、进兴、德记、升记、胜记、连记、兴记商家及枫亭新存瑞
号商家。诸商家多代理经销日本、英国、德国、荷兰、美国等国洋行进口货
物"。③ 可见，清末莆仙境内进出口商品代理已经发展成为一个行业，形成了一
个代理商阶层。

（三）兴化商帮的壮大

莆仙商贸的恢复和发展，促进了海内外兴化商帮的发展壮大。据澄渚《俞
氏族谱》载，明末清初百余年间，澄渚俞氏族人之往南京、湖广、江右、杭州、
江浦、乌江、泰州经商贸易的有几十人，且有连续三四代的，有 "归置腴田千

---

① 仙游县地方志编纂委员会编《仙游县志》第16篇《对外经济贸易》，方志出版社，1995，第497页。
② 《莆田市文史资料》第 7 辑，1991，第 51 页。
③ 陈美德、戴永存主编《莆田市外经贸志》第 4 章《对外经贸活动》，方志出版社，1995，第 83～84 页。

余亩"或"积贸巨万"的。① 苏州《兴安会馆天后宫记》云：莆仙商人因"金
阊为舟楫之往来，士商所辐辏，莆、仙两邑宦游贾运者多"。康熙年间（1662~
1722 年）莆仙商人在南濠姚家弄内兴筑了天后宫，称兴安会馆。② 乾隆十三年
（1748 年），莆仙商人在浙江嘉兴乍浦南门外建立莆阳会馆。黄石天后宫《水南
会馆碑记》云："诸同人经营于苏（苏州）、松（松江）、嘉（嘉兴）、金（金
华）四府。乾隆三十四年（1769 年），金谋建庙，因即每担货物抽出香金。至
四十年（1775 年），鸠工庀材。又二十年，有续其功者，而庙成。"③ 碑立于乾
隆六十年（1795 年），所谓诸同人者，计 38 家。④ 可见清代前期到江浙经商的
黄石人数量之多。乾嘉以前，莆仙巨商辈出，如梧塘的卢富茂、江口的林文顺
和涵江顶铺的徐万、后坡李万兴（李百万）、苍前陈姓（科记、驾记）、宫上吕
祥兴、保尾同升号、延宁林宏聚、度下何姓等，他们或营海舶，或在各地经营，
或与外地通商，至咸丰、同治犹盛。⑤ 据载："光绪十五年（1889 年），吾乡人
操陶猗术游斯地（上海）者无虑十数家，独茹珊林君天性伉爽……未弱冠来吴
中习计然业。咸、同间（1851~1874 年）由京江而芜湖，而江北，而沪渎，奔
走长江上下数千里，每履一处，建一业，出人头地，声誉日起。"⑥

表 6-6　清代莆田商人在国内各商埠所建会馆

省市	商埠	会馆（宫）名	坐落所在	修建年代	修建者	资料出处
江苏	苏州	兴安会馆	南濠姚家弄	康熙年间 （1662~1722 年）	莆仙商人	乾隆《吴县志》 卷 106《艺文》
	娄县 （今松江）	兴安会馆	白龙潭北	道光二十五年 （1845 年）	兴化府众商	光绪 《松江府续志》
上海	上海	兴安会馆	南市复兴东路	光绪年间 （1875~1908 年）	莆田、仙游众商	《上海县续志》
	上海	兴安会所 （俗称桂圆公所）	金家宅街	乾隆年间 （1736~1795 年）	闽省桂圆、黑枣、 檀香商	民国《上海县志》 卷 6
浙江	象山	兴化天后宫	盐仓前	咸丰五年 （1855 年）	兴化府商人	《象山县志》
	温州	天妃宫	大南门外	乾隆六年 （1741 年）	莆田商人	乾隆《温州府志》 卷 9《祠祀》
	乍浦	莆阳会馆	萧山街	乾隆十三年 （1748 年）	兴化商人	乾隆《乍浦志》 卷 6

① 《莆田文史资料》第 8 辑，1985，第 100 页。
② （清）廖必琦：《兴安会馆天后宫记》，乾隆《吴县志》卷 106《艺文》。
③ 《福建宗教碑铭汇编·兴化府分册》第 227 号。
④ 参见朱维幹《莆田县简志》第 31 章"莆田人之海上生命线"，方志出版社，2005，第 276 页。
⑤ 《莆田文史资料》第 8 辑，1985，第 100 页。
⑥ （清）涂庆澜：《荔隐山房文略》卷 1《林茹珊六十寿序》，光绪三十二年（1906 年）刻本。

续表

省市	商埠	会馆（宫）名	坐落所在	修建年代	修建者	资料出处
福建	福州	兴安会馆	下杭街	未知	兴化商帮	《福州便览》
	涵江	兴安会馆	徐霞新开河	乾隆四年 （1739 年）	莆仙海商	光绪二年（1876年） 《重修兴安馆碑记》
	黄石	水南会馆	水南	乾隆三十四年 （1769 年）	莆水南桂圆商	乾隆六十年（1795年） 《水南会馆碑记》
	永泰	兴安会馆	嵩口	嘉庆十六年 （1811 年）	莆仙商人	嵩口天后宫牌匾
	崇安	兴安会馆	五夫里	道光年间 （1821~1850 年）	未知	罗小平《五夫之巷》， 《朱子文化》2014 年 第 1 期
	邵武	兴安会馆	城东街 （今中山路）	清代中晚期	莆仙商人	《熙春邵武：中国闽 北千年古县邵武历史 文化》，海峡文艺出 版社，2008，第 33~ 34 页
	泉州	兴化会馆	涂山街胭脂巷	未知	未知	张大任编 《妈祖宫集》， 1990，第 6 页

　　莆仙商人通常以行业结帮，出现了"一村一业、一地一品"的经营格局，诸如涵江霞徐的海商、梧塘的"桂圆帮"、仙游的"烟帮"、黄石的纱布商、枫亭的"糖帮"等，都具有明显的地区性商帮和行业商帮的特色。不但莆仙境内有众多的行业商帮，全国各地及海外也有以行业或地域组成的兴化商帮，其中最著名的是福州兴化商帮，"掌控了福州的食糖、干果、烟丝、百货和交通运输业等，在福建商界具有举足轻重的影响力"①。代表性的商帮有海商、烟帮、桂圆帮等。

图 6 - 13　永泰嵩口兴安会馆嘉庆十六年
（1811 年）立匾

图 6 - 14　位于台江下杭路 27 号的福州兴安
会馆（现为台江区教师进修学校）

---

① 参见蔡天新《莆商发展史》，中央文献出版社，2014，第 209、214 页。

1. 海商

涵江《苏氏族谱》记载："振泉公于清初康熙时（1662～1722年），造洋船（应是大乌艚）二只，俱三千篓。至六十年，文山公主意，又造三千篓新洋船一只，向亲友各字号赊借货物，自己装载，运往天津地方，货甚是利益。"[①] 雍正六年（1728年）七月初六日，莆田县人詹逢春、陈日昇、吴德瑛各领照票，各驾鸟船一只，装载糖、布、烟、纸等物，前往胶州发卖，投王元顺行内。[②] 雍正九年（1731年）六月至九月，有8只莆田商船抵达天津，参见表6-7。乾隆《泉州府志》载：朱叔权，雍正八年（1730年）任兴泉道，有惠政。其后降调天津府同知。"值寿诞，兴、泉两郡海船至津贸易者计数百人，登堂庆祝。"[③] 乾隆《莆田县志·列女传》亦载，戴万经以海上运载为业，乾隆三年（1738年）过宁波，风狂舟覆。妻陈氏闻之，亦投海死。[④] 朱维幹《莆田县简志》因此得出："足见清初之莆，亦有远航贾舶。至今西陈、吉蓼（今吉了）、塔林诸村犹有之。塔林人罕有至莆城者，而多在宁波经商。塔林薯园极少，然其妇女如在城镇者不事耕作，以其所需之粮食、薪炭及家庭日需品，多由宁波、温、台采购，以本村之船运回故也。"[⑤]

表6-7　雍正九年（1731年）莆田商船抵达天津情况

商船归属	商人名	船号水手数	载运货物
莆田县公字57号	黄祥光	21	松糖507包、白糖1包、五篓碗880个、七寸盘240个、宫碗2070个、茶盅3850个、斗碗350个、四寸盘1600个、汤碗1600个
莆田县公字214号	陈章盛	21	白糖75包、松糖380包、鱼翅1包、紫菜19篓、茶叶92篓、龙眼50桶、乌梅4包、姜4篓、红曲6篓、粗碗盘6510个
莆田县公字117号	陈誉	18	白糖60包、松糖446包、甲纸70块、龙眼39桶3箱、茶叶2包、陈皮5袋
莆田县公字134号	苏富盛	23	松糖536包、白糖89包、荔枝6桶、枝元31桶、桂圆8箱、茶叶12篓、乌梅12包、落花生3篓
莆田县公字186号	吴兴	22	白糖155包、松糖420包、茶叶30篓
莆田县公字193号	伍得胜	19	净边纸50篓、茶叶87篓、桂圆20桶、松糖381包

---

① 转引自蔡麟《清中叶间涵江海运业概述》，《莆田市文史资料》第2辑，1986，第76页。
② 范金民：《清代前期福建商人的沿海北艚贸易》，《闽台文化研究》2013年第2期。
③ 《乾隆泉州府志》卷32《名宦四》，《中国地方志集成·福建府县志辑》第23册，上海书店出版社，2000，第102页。
④ 《乾隆莆田县志》卷31《列女传》，第640页。
⑤ 朱维幹：《莆田县简志》，方志出版社，2005，第276页。

商船归属	商人名	船号水手数	载运货物
莆田县公字 221 号	陈琦	21	松糖 409 包、白糖 30 包、桂圆 63 桶、茶叶 76 篓、乌梅 17 篓、姜黄 1 包、佛手 10 桶
莆田县公字 218 号	许廷辅	23	白糖 112 篓、松糖 493 篓、茶叶 10 篓、陈皮 8 袋、桂圆 5 桶、乌梅 17 篓、佛手 14 桶、密罗 2 桶、粗碗 7660 个、粗茶盅 1350 个

资料来源：雍正九年（1731 年）十二月十五日刑部尚书刘于义折，载《文献丛编》第 18 辑《雍正朝关税史料》，北平故宫博物院铅印本，民国 25 年（1936 年）。

　　莆田海商运载的货物，既有莆仙出产的糖、桂圆、荔枝等土特产，也有邻近地区的杂货。乾隆二十五年（1760 年），莆田县商民林四官即林仙，与胡八官附搭本府商民胡七官船只，到泉州府收买杂货，往天津发卖。又到山东岱山收买红枣。十一月初二日在岱山开船，要往浙江宁波府发卖，遇风漂到琉球国麻山浦底浜洋面。①

　　乾隆、嘉庆年间（1736～1820 年），梧塘卢富茂，涵江苍前东山陈家，宫下荔枝埕吕家、林家，延宁东埕尾林家等，都是靠航海起家。其中，苍前东山陈家有 13 只大木帆船（即乌艚），每年"头牙"（农历二月初二日）时出海，"尾牙"后回来，资本雄厚；宫下荔枝埕林家，也有 13 只大船，最远航行至仰光、缅甸一带。② 乾隆四年（1739 年），涵江 40 家"航海营生"的商人，在涵江霞徐成立了兴安会馆，并捐资修建了天后宫。光绪二年（1876 年）《重修兴安会馆碑记》云："莆人之贾于吴越者率以海舶，其出纳登降皆集于涵，故其主客皆会于涵，此涵江会馆之所以由设也。"③ 涵江兴安会馆的成立，反映了涵江"鬻贩金闾，航飞来往"的繁荣景象。④

　　仙游人徐万宝，清康熙年间（1662～1722 年）在仙游经营药铺，还利用水路航运，"将仙游的蔗糖、烟草、木材、土纸、桂圆、蜜枣、苎麻布、靛青等土特产运销江、浙、淮、津、京，并在台湾开设店铺。同时，从省外输入豆饼、粮、油、京果、丝绸等，在仙游批零兼营"，获利颇丰，富甲八闽，号称"徐百万"。⑤

---

① 《麻山浦底浜洋面漂着中国难人》，转引自松浦章《清代帆船沿海航运史の研究》，日本关西大学出版部，2010，第 245 页。
② 参见蔡麟《清中叶间涵江海运业概述》，《莆田市文史资料》第 2 辑，1986，第 76～77 页。
③ 蒋维锬编校《妈祖文献资料》，福建人民出版社，1990，第 342 页。
④ 《兴安会馆香灯会碑记》[乾隆二十八年（1763 年）]，蒋维锬编校《妈祖文献资料》，福建人民出版社，1990，第 245～246 页。
⑤ 仙游县地方志编纂委员会编《仙游县志》第 35 篇《人物》，方志出版社，1995，第 1106 页。

图 6 - 15　大竹岛清代沉船出水的青花碗

资料来源：莆田市地方志编纂委员会编《莆田市名产志》，方志出版社，2012。

2. 烟帮

莆仙地区自明万历年间（1573～1620 年）开始种植晒烟，清代，兴化烟帮不断壮大。《莆田市志》记载："明末清初，省内外许多重镇，都有仙游人开设的烟铺、烟行。仙游城关'隆兴号'烟行经营的荔枝牌烟丝，精工细作，畅销江浙一带，颇负盛名。"① "隆兴号"烟行创办者陈天高（？～1786 年），祖籍石狮，后迁居仙游。他利用本地丰富的晒烟，从事烟丝加工，每年收购烟叶万余担，雇 100 多人刨制烟丝，其烟畅销福建、江西、浙江等地，聚资百万，成为仙游烟商第一巨富。② 仙游另一烟商徐年盛（1655～1739 年），年轻时承家业在仙游、泉州等地经营徐氏烟行，后拓展经商渠道，率徐家船队，自枫亭、泉州诸港往来于台湾海峡，运销仙游土产烟丝、桂圆等，又将台湾的名优土特产运销大陆，沟通大陆与台湾的物产贸易；还航运烟草北上，至天津、烟台各埠经销，成为百万富翁。③ 光绪年间（1875～1908 年），仙游人徐大同等在福州开设的大咸、隆书等 4 家烟庄，月销烟丝 300 公斤。④

除了仙游烟商之外，莆田县也有一批经营烟草的商人。据《福建省志·烟草志》记载，"雍正年间（1723～1735 年），莆田兴化人又在福州城增设大同、双盛等烟铺 10 多家，年产烟丝各约 3.6 吨"⑤。道光、咸丰年间（1821～1861 年），涵江梧塘沁后村商人在浙江永康、武义等地创办了多家烟铺，如蔡文士经营的"万兴"号、蔡义士经营的"福茂"号、蔡文銮经营的"恒利"号等，另西天尾碗洋村商人亦在永康开设"黄义春"号。他们都是在莆设烟丝加工作坊，

---

① 莆田市地方志编纂委员会编《莆田市志》卷 25《商业》，方志出版社，2001，第 1560 页。
② 仙游县地方志编纂委员会编《仙游县志》第 35 篇《人物》，方志出版社，1995，第 1106～1107 页。
③ 仙游县地方志编纂委员会编《仙游县志》第 35 篇《人物》，方志出版社，1995，第 1106 页。
④ 《福建省志·烟草志》第 2 章《烟丝加工》，方志出版社，1995，第 71 页。
⑤ 《福建省志·烟草志》第 2 章《烟丝加工》，方志出版社，1995，第 70 页。

在浙江开烟铺。①

3. 桂圆帮

唐宋以来，莆仙境内龙眼的栽培日益繁盛，龙眼干即桂圆，是莆仙向外销售的重要土特产品。到了清代，兴化桂圆驰名全国。莆田的涵江、梧塘、黄石、华亭和仙游县城、枫亭等地，都形成了专门经营桂圆的市场；省外的宁波、杭州、上海、南京、苏州、无锡、天津等地，都有莆仙商人创办的桂圆行。朱维幹《福建史稿》云："宁波、上海的桂圆行，皆莆人所开设。每年白露节，新桂圆出口。一到甬、沪，江浙人士，争先购买，以分赠戚友。最主要的顾客，实为舟山洋渔民。每只渔船出海，一定要预购一箱（重30斤）高级桂圆，因为海上生涯，非炖服桂圆汤，不足以御寒。"② 行号之著者，"宁波有南昌、安记、隆记（这一家是宁波人开的，较特殊，专代莆田桂圆商销货）等二三十家，上海有义太、捷春、福生、万和等四五十家，其他如杭（州）、嘉（兴）、湖（州）、'顶江'（包括金华、兰溪、永康、武义一带）、南京、温州、绍兴、镇江、苏州等地，到处有之"。③《莆田市志》记载："桂圆每年外运40～50万担。在外经营桂圆的有上海50家、宁波30家、南京24家。"④

清代兴化桂圆帮地域、乡族色彩浓厚，乡人、族人互相提携。莆田的华亭、城南、梧塘、涵江和仙游的溪顶、枫亭、郊尾等地，都有专门经营桂圆的村庄。涵江霞徐黄姓所开之桂圆行有义兴、瑞裕、鼎和、大同、泉裕等行号，"占桂圆总数的三分之二以上"，财力雄厚。⑤ 省外开设的桂圆行以梧塘的东福村和西庄村最为著名。东福人善于商贸活动，"历史上曾为'兴化桂圆'流通江浙一带，促进城乡经济繁荣作了突出贡献，创下辉煌业绩。据忠吴万寿社碑文记载，清道光年间（1821～1850年）就有12家在外经商，单芜湖福昇泰号百年老店，1934年在册员工就达96人。至民国末，东福人在外埠独资、合资创办的商店、商行达50余家，经商和当店员的达500余人"⑥。这些商号大多以经营兴化桂圆为主。西庄卢富茂大厝（今梧塘古街）的卢九泰（友仕），"其父亲于清道光年间（1821～1850年）在苏州开设鸿兴桂圆行。九泰接办鸿兴之后，卢富茂品牌的桂圆干北运苏州，每年不下几千担。西庄村后庄商人朱志儒，在上海开设福

① 《莆田文史资料》第19辑，1994，第99～100、113页。
② 朱维幹：《福建史稿》下，福建教育出版社，2008，第381页。
③ 《莆田文史资料》第8辑，1985，第28页。
④ 莆田市地方志编纂委员会编《莆田市志》卷29《工商行政管理》，方志出版社，2001，第1739页。
⑤ 《莆田文史资料》第8辑，1985，第1页。
⑥ 蔡金耀主编《梧塘镇志》，方志出版社，1997，第90～91页。

生桂圆行。他在后庄自家私宅内建造面积 150 平方米的焙房 1 座，可一次焙制桂圆鲜果五六十担，年运销上海的桂圆干也达千担以上。他还为亲友代销运到上海的桂圆干，每年也达几百担"。到民国时期，西庄商人在上海、南京、芜湖开办的桂圆行有 12 家。[①] 其他如梧塘漏头商人郑阳书和侄儿郑金镛于光绪年间（1875～1908 年）在金华开设德成隆记桂圆行，郑金镛还开设德利商行，主要经营桂圆、南北货，成为著名的大商户。梧塘东南村商人连焕堂在上海开设"捷春"桂圆行，信誉卓著，使"捷春"成为兴化桂圆的代名词，上海中医师药方只写"捷春"几粒，而不写桂圆几粒。松西泗州芳莱号则是梧塘境内首屈一指的大商户，主营桂圆干，兼营纱布。"每年头水（首批）桂圆运到上海后，许多莆仙籍的桂圆商自认不是芳莱号的竞争对手，不敢擅自开盘定价，大家都等芳莱号开价后，随价销售。"它在涵江拥有 40 多间店铺和商行的房产权，资本异常雄厚。[②]

（四）海外兴化商帮

清代，特别是鸦片战争以后，随着莆仙出国谋生的百姓日渐增多，海外兴化商帮逐渐形成。《福莆仙乡贤人物志》记述了莆仙人在海外各地的发展情况："成批的华侨出国，在十九世纪末叶才开始……他们的第一个旅居地是马来亚（包括今新加坡及西马来西亚），后来逐渐扩展至荷印（今印尼）、沙勝（捞）越、英属北婆罗洲（今沙巴）、文莱以至于东南亚各地。他们为谋求生计，漂洋过海；但因语言隔阂，推荐无人，又且识字不多，只好出卖劳动力，或担银土（挑锡米），或拉人力车，或当筑路工人。后来，在这些人中，产生了几个有胆识、求进取的杰出人物。在仙游人中，以从事锡矿起家的傅顺、杨兆琰为代表。在莆田人中，称为脚车业始祖的东源村姚为祺为代表。"

其中，姚为祺是莆田江口东源村人，光绪十八年（1892 年），20 岁的他跟着乡亲到马来亚吉隆坡谋生。7 年之后，即 1899 年，他在吉隆坡开设了福隆兴脚车修理铺，开始经营脚车业，成为莆田人乃至福（清）莆（田）仙（游）人经营脚车业的始祖。在短短三年之后，福隆兴取得了英国驰名脚车的代理权，源源不断地从英国进口脚车，成了脚车二盘商。在他的提携、帮助下，堂弟姚金榜在吉隆坡开设中和公司，亲人姚来喜在荷印（即今印尼）泗水开设万丰隆公司。到了 20 世纪 30 年代，莆仙人经营的脚车店、汽车零件商遍布马来亚、荷

---

① 蔡金耀主编《梧塘镇志》，方志出版社，1997，第 93、177 页。
② 蔡金耀主编《梧塘镇志》，方志出版社，1997，第 178 页。

印、沙捞越、北婆罗洲（今沙巴）、文莱，并形成了兴化帮或福莆仙帮，开始执南洋脚车业、汽车业的牛耳，姚金榜则成了 30 年代末南洋兴化人的首富。[1]

随着海外移民的增多，海外莆仙人的经营范围日渐扩大，涉及汽车、自行车、机械零件、轮胎、缝纫机、五金电器、钟表、餐饮、酒吧等行业。《莆田县志》记载："莆田侨胞在侨居地从事工农业、金融、房地产、交通运输、工商服务等业，他们辛勤劳动，艰苦奋斗，为侨居地各项事业建设作出贡献。"[2] 光绪二十五年（1899 年），在马来西亚太平成立"福兴仙馆"，是福清、莆田、仙游三县移民的联合组织，是海外历史最悠久的兴化同乡会馆，1948 年改称"太平兴安会馆"。

综上所述，康熙二十二年（1683 年）统一台湾之后，海禁政策退出历史舞台，莆仙商贸特别是对外贸易逐渐恢复，到清中后期再度出现了繁荣景象，其中最重要的表现是海内外兴化商帮发展壮大，海商、烟帮、桂圆帮等在商界颇具影响力。

第三节　文化的式微与转型

一　传统教育与转型

清代前期和中期，莆田教育有所发展，官学教育形成一定规模，书院发展比较快，私学分布于城乡各地。这一时期，莆田还向台湾派遣了一些官学师资，使得两地之间有了较多的联系。晚清，面对千年未有之大变局，中国社会经历了一系列大的变革，教育的变革是其中的重要部分。在这种历史背景下，莆田教育面临着转型，出现了一批与传统学校性质完全不同的新式学校。

（一）传统教育

1. 官学

清代，莆田的官学有兴化府学、莆田县学和仙游县学等。

康熙十三年（1674 年），兴化府学毁于兵灾。康熙二十一年（1682 年），知府苏昌臣复建，并建圣城、贤关两坊。雍正二年（1724 年），与兴化府学密切

---

① 《福莆仙乡贤人物志》编辑委员会编《福莆仙乡贤人物志》，新加坡：福莆仙文化出版社，1990，第98 页。

② 莆田县地方志编纂委员会编纂《莆田县志》第 33 篇《华侨》，中华书局，1994，第 897 页。

相关的圣庙遭受火灾，后进行重修，改称文庙。光绪三十年（1904年），诏令罢科举兴学堂，兴化府学被废止。

清代，莆田的府学、县学在学额、入学资格、考试、学生待遇等方面都有明确规定。顺治五年（1648年），确定兴化府学的廪膳、增广、附学生员为180名，县学的廪膳、增广、附学生员为390名，卫学的廪膳、增广、附学生员为45名。康熙初年（1622年），将府学、县学、卫学生员名额控制在270名。当时，莆田、仙游两县每年参加应试的童生多达四五千人，最终能够入学成为生员者很少。同治二年（1863年），实行录取生员捐输加额之例，即凡捐输3000两钱可增加1个名额。兴化府学、莆田县学和仙游县学各自最多可增加这类生员7名。凡遇国之大典举行的年份，可再增加生员名额12名。同治（1862～1874年）后，廪膳生员每年可得膳银4两8钱，其他类别的生员不享受这种待遇。

考试方面，清代莆田有县试、府试、院试之分。县试、府试既是入学考试，又是筛选考试，通过这种考试遴选参加院试的考生。经县试筛选合格者可参加府试。府试名目繁多，有汇考、头覆、二覆、三覆、四覆、五覆六场，全部考完需要较长时间，这对考生的学识、体力、财力都是一种考验。县试场次及应试科目与府试相同。每三年举行两次院试，由省提学按临主考。院试有考生员和甄别试考等第两种。考生员分两场举行，两场皆中式即可入学庠为生员（秀才）。凡应县试、府试者，不论年龄老幼统称童生。凡丧服未满者，三代内曾为娼、优、隶、卒者，冒籍者，犯案者及廪生员不肯出结具保者，均不得参加考试。凡举人、生员、贡生、监生、童生不谙官话者不准送试。院试毕，三日内揭榜，正取如额数，备取数名。次日全部复试，发现有文字不符者革除，以备取生按次递补。①

清代，莆田的府县学对教师名额、资质、享受待遇等也有明确规定。

清代，随着闽台教育交流的加深，莆田向台湾派遣了不少师资。康熙、雍正、乾隆年间（1662～1795年），台湾各地官学的教授、教谕等学官多由莆田等地派出，莆田科第人物赴台任教的颇多，这表明当时台湾各地儒学勃兴，急需从大陆引进教职人员。莆田赴台任教的学官分布比较广泛。如康熙年间（1662～1722年），林宸书在台湾县任儒学教谕，林弼在诸罗县任儒学教谕，陈慧和林逢秋在凤山县任儒学教谕，林炯在彰化县任儒学教谕。雍正年间（1723～1735

---

① 刘荣玉、姚志平：《莆田市教育志》，方志出版社，2000，第61～62页。

年），陈浚发、陈桧堂相继任教于诸罗县学，陈云从任教于台湾府学。乾隆年间（1736～1795 年），王时升任诸罗县儒学训导并逝于任上，陈藻先是任台湾县学教谕，后任淡水厅训导。唐山任台湾教授，后在任上去世。黄天球在彰化县学任教，林需在凤山县学任教，柯其辉任台湾府学训导，历时三载。莆田学官赴台任教的历史很长，咸丰（1851～1861 年）以后仍然有人前往台湾任教。宋际春曾任台湾教谕，后在任上去世，傅孝之前往淡水任教谕，郭幼安曾任台湾府学教谕。应当指出的是，这些赴台的莆田籍学官大多具有科举功名，且有在大陆任职的经历。

除赴台任学官外，一些莆田籍人士还在台湾办书院和私学。康熙四十四年（1705 年），福建水师提督、莆田人吴英在台南安平县建东安坊书院。莆田读书人携眷东渡台湾进行开馆授徒的也不乏其人。

2. 书院

从地方文史学者的具体举证来看，清代莆田书院数量较多，且分布广。如康熙后期，重建兴安书院。雍正七年（1729 年），在府城创建正音书院。雍正八年（1730 年），在莆田笏石创办海滨书院。乾隆十八年（1753 年），郑白、方维兰在莆田新县重修广业书院。乾隆年间（1736～1795 年），重建黄石水南书院，创建东埭奋贤书院、水潮蓬壶书院、崇福里霞峰书院。嘉庆年间（1796～1820 年），创办城厢擢英书院、前云凤岗书院。林姓人在涵江建吉江书院。郑姓人在涵江办琼岛书院。苏书田在涵江办中和书院。陈姓人在涵江办景行书院。许光祚在涵江办养性书院。此外，涵江还办有建章书院、应湖书院。后来，莆田创办崇正书院、湘溪书院、清源书院、云庄书院、文昌书院、惠阳书院、华江书院、培元书院等。"清以前书院教育主要以城市及近郊为中心，而清代已分布到山区和沿海，如新县、大洋、游洋、钟山和埭头、秀屿、笏石、忠门、灵川等乡镇当时均创办有书院。"①

就具体形态而言，清代莆田的书院具有一些明显特点。

（1）出现官学化的书院

比较典型的例子是兴安书院，其地址在府城西门（今属城厢区），初名明宗书院。明万历年间（1573～1620 年），由分守徐即登倡建，延丰城人李才集诸生讲学，并修明宗书院志，由郡人陈经邦作序。康熙二年（1663 年）仲冬，在旧书院遗址上动工兴建，康熙四年（1665 年）完工。书院规模宏大，集教学、学

---

① 谢如明：《莆田发展简史》，厦门大学出版社，2008，第 157 页。

术研究、祭祀等功能于一体。乾隆五年（1740 年），改称兴安书院，内附平海卫学，俗称小府学。乾隆三十六年（1771 年），添附莆田县学。到嘉庆年间（1796～1820 年），学院办学成绩名扬四方，被视为府学院。光绪年间（1875～1908 年），书院废而改为学堂。

除兴安书院外，金石书院也是一所较为典型的官办书院。金石书院在仙游县城东北金石山上，乾隆十四年（1749 年），知县陈兴祚首倡兴建。这所书院由知县兼任院长，县署将常年所得租谷拨充书院，作为教师束脩、学生膏火之用。金石书院全年计支 484 石，分别为山长束金 160 石，供膳、节礼、盘费、仆从日食 40 石，生徒膏火 240 石，工役 24 石，祭祀 20 石。[1] 其中，山长报酬与学生生活费占总支出的比例相当大，表明经费主要用在了这两类人身上。乾隆十八年（1753 年），又捐置膏火田。次年（1754 年），为书院统发各种书籍 42 部 152 本以及经传 9 种 24 本，这是仙游书院拥有官费图书设备之始。光绪二十八年（1902 年），废院事、立新学，改办官立金石小学堂。梁章钜幼时曾在这所书院就读，晚年时回忆说："余十岁，即随先资政公游学于泉州之厦门厅廨，继至仙游县之金石书院，旋里后，始肄业于鳌峰书院。时掌教者为孟瓶庵师，补弟子员，后复从游于郑苏年、林畅园二师之门，明师益友，受益孔多。"[2] 在梁章钜的多次求学经历中，其在金石书院的学习时间不会太长，因为其后来又到福州鳌峰书院就学，但在金石书院受到的启蒙教育，给他留下了较深印象。

水南书院也被认为是具有官学化特征的书院。水南书院建于嘉庆十五年（1810 年），记载此次修建盛事的《重建水南书院碑》已损毁严重、字迹模糊不清，不过从中可知这所书院历经多次重修。一修于明万历十二年（1584 年），再修于康熙二十四年（1685 年），过了百余年到乾隆末年再次重修。从乾隆五十八年（1793 年）至嘉庆十五年（1810 年），先后修了大成殿及两庑、学舍、南仪门、露台、泮池、广桥、文节祠。这些建筑多出现在官学中，水南书院重修时出现这些建筑，表明这所书院具有官方属性。为纪念此次重修，还立了《重建书院董事芳名碑》《重建书院提捐芳名碑》，表彰了一批参与修建水南书院的主要人物、捐资与捐地者，人数多达数百名。这些人或有科举功名，或具有国学生、贡生、监生身份，属于教育受益者反哺教育的典型个案。

① 福建省地方志编纂委员会编《福建省志·教育志》，方志出版社，1998，第 44 页。
② 陈水云、陈晓红校注《梁章钜科举文献二种校注》，武汉大学出版社，2015，第 405 页。

（2）出现推广官话的正音书院

福建方言多，与官话没有内在关联，其中尤以莆田话和福州话难听懂，更难学会。语言不统一已经影响到政令的有效实施，朝廷下决心来解决这一问题，采取的措施具体、有力，这得到莆田地方官员的积极响应，短时间内在兴安书院遗址上建起正音书院。雍正十年（1732年），兴化一府二县设立正音书院7所，其中府城1所，莆田县4所，仙游县2所。① 除兴化府正音书院附设在兴安书院内，莆田、仙游两县正音书院分别附设在县学内。在莆田这样一个典型的方言区，开设正音书院进行正音教育，统一语言标准，有助于实现官方对社会的有效控制，对于文化的传承也具有积极意义。此外，建立正音制度，为境内通用语言的发展以及使方言与官话接轨起了很大作用，也促进了官话在当地的传播。

（3）出现以传授理学为宗旨的书院

众所周知，宋明时期，莆田是理学传承的重要区域，涌现出不少颇具影响力的理学人物。莆田与理学的深厚渊源，催生了一些理学书院。

位于莆田秀屿区月塘镇的蓬壶书院，背靠东云寺，面朝岱前山，坐北朝南。传说该村祖先师从朱熹，信奉理学，从浙江金华兰溪迁入莆田后，家家户户挂有"理学家声大，彭城世泽长"的楹联。有此渊源，这所书院重视理学的传承自在情理之中。

始建于雍正八年（1730年）的海滨书院，由当地各家族集资筹建，取莆阳美誉"海滨邹鲁"之意，称"海滨书院"，这也是一所理学书院。自创建以来，曾有两次大规模整修，一次为咸丰元年（1851年），另一次为光绪十六年（1890年），对整修捐助者均勒石立碑以志之。为维持书院日常开支和春秋二祭之需，社会贤达、有识之士纷纷慷慨解囊，或助金银，或献田产，或捐店房。鼎盛时期，海滨书院在笏石拥有店房10多间，租田20亩左右。

广业书院是一所纪念郑樵的理学书院，郑樵与理学之间的关系被理解为一种源与流的关系，其中蕴含的丰富历史价值和学术内涵值得进一步加以探讨。

（4）出现家族创办的书院

光绪二十五年（1899年），黄中瓒撰写《重建桐黄书院记》，指出位于莆田城中黄巷里的桐黄书院是由其曾伯祖于乾隆年间（1736～1795年）兴建的，后遭到损毁，祖父"起而修之"。但是，到了咸丰年间（1851～1861年）由于风

---

① 陈谷嘉、邓洪波：《中国书院史资料》（中），浙江教育出版社，1998，第1422页。

霜剥蚀而损毁严重。他少年时便想着修复这所书院，因能力有限未能如愿。成年后忙于修理祠墓，未能同时修书院，这样又过了40余年。光绪二十三年（1897年），他得到一笔400余金的收入，于是开始书院的修复工程。书院初具规模后，黄中瓒便想着使其能够发挥教育作用，在族人的支持下设立了励学社，试图为书院后续的发展提供物资和金钱支持，也有鼓励族中子弟向学之意。从这所书院的历史来看，这是一所家族式的书院，由家族中的长辈兴建，经数次重修，接受教育的大都是家族子弟。

涵江的瑶山书院是为当地方氏后裔设教的地方，书院建于何时已不可考。据《方氏族谱》所载，为"光绪己丑年六月廿五日重修"。书院奉祀文昌帝君，有"父子、兄弟、叔侄科甲"木匾一方。当年，周瑛曾在这里讲学，留下"群凤朝阳"的墨迹。

霞峰书院坐落在莆田市秀屿区月塘镇霞塘村境内，也是一座家族式书院。始建于乾隆五十八年（1793年），由唐选元秉承其祖父唐志鹏遗愿所建，曾任台湾府教授的唐山之嫡孙理亭协建，唐钟元与其昆季叔侄捐金、倡募、度地于崇福山之麓而肇建，至嘉庆三年（1798年）落成。道光十三年（1833年），郡庠生沈国英、郡贡生唐赓廪等人募资重修，清末改为私塾。

（5）加强管理

莆田的书院大都制定有详尽的章程，以此来规范师生行为，加强内部管理。如兴安书院于光绪八年（1882年）制定章程，对山长选任、生员在学、考课等都有明确规定。关于山长，要求由士绅举荐当地品学兼优的人士担任，并请兴化知府出面聘请以示郑重。同时，要求山长必须长年在院内主持院务。关于生员，规定每年正月举行入学考试，交报名费24文。录取对象为生员、监生、童生等，名额为正课各20名、副课各30名，附课人数不限。学生享受生活补贴，生员和监生修正课者每月发给膏火制钱1串又500文，修副课者每月发给膏火制钱1串又200文；童生修正课者每月发给膏火制钱1串又200文，修副课者每月发给膏火制钱1串。在学时间安排为三月开馆，冬月闭馆。关于考课，要求每月举办官课和师课各一次，具体时间为初十官课、二十五日师课，要求考前学生须向监院报名并交8文卷资，通过考试获得一定名次者可得到生活补贴。具体而言，参加官课的生员和监生获前20名、童生获前15名，各奖30串；参加师课的生员和监生获前15名、童生获前10名，各奖6串。同时，通过考课对学生进行重新分等，按名次高低对修正课、副课、附课的学生进行升降递补，体现了动态管理的原则，目的在于使学生全力向学而不致懈怠。

（6）重视祭祀

莆田书院大都重视祭祀，通过这项活动，引导师生向先贤学习，进一步自觉地以传统人伦道德来约束自己的行为。祭祀被视为一项十分庄重的活动，故而有制度化的安排，如每年春秋二祭，每月朔、望行香，开馆和散馆行礼，祭祀的对象是孔子、朱熹及乡贤等。仙游金石书院专门在后进建了朱子祠堂，供师生祭拜，参加者除师生外，还有不少热心教育公益的社会人士。海滨书院将在书院创建、整修、置业活动中贡献较大者擢为坛樾主。如笏石翁氏，捐献田产作为修建书院的宅基地和"学田"，便成为坛樾主。坛樾主享有诸多权利，如子弟入学优先、在书院埕里曝晒物品优先、享受胙肉（猪、羊祭品）等优先。每逢春秋二祭，或祈求考场取胜、人登魁榜，都要求谨具猪羊、果品、酒醴、庶馐等祭品。届时，信众在朱子像前毕恭毕敬，拈香百拜，整个祭仪庄严肃穆。祭祀毕，坛樾主及参与者们各携胙肉等祭品而归。

莆田水南书院的祭祀活动由轮值董事主办，会长主祭。通常聘有主办董事8人，按年龄大小周而复始地进行轮值。水南书院的祭祀活动不仅具有很强的仪式感，而且具有实质性的意义。事前广而告之，在相对广泛的范围内形成一种浓厚的节庆氛围。祭祀的各项活动分别在孔庙大成殿、主文运的文昌祠、祭祀朱熹的紫阳祠进行，具有丰富的内涵和动态性。祭典结束后对祭品的分发也很讲究，不同社会阶层人士领取祭品的品种和数量不同，显示差异性和对主事者、有功名者的尊重，但每个等第间的差异似乎并不大，且参与者人人有份。显然，在宗法社会的祭祀活动中，主事者往往会在肯定参与者的阶层差别的同时，刻意营造相对平等的氛围。这种现象值得研究者关注。

3. 私学

清代莆田的私学分为义学、义塾及社学等。

康熙年间（1662～1722年），莆田私学多由官员主导创办。康熙二十四年（1685年），兴化知府建4所义学，莆田知县建2所义学，后屡经修葺。这些基础教育设施大都依附于寺观或书院。据1943年印行的《莆田教育史》记载：康熙二十四年（1685年），兴化知府建义学3所，在凤山寺、梅峰寺和元妙观。莆田知县建2所，在涵江和水南书院，另建1所在平海卫。康熙三十二年（1693年），兴化知府在凤山寺、平海卫学各设义塾1所。康熙四十二年（1703年），莆田知县在平海卫学设义塾一所。从以上可以看出，康熙年间兴办的义学数量比较多，由官方主导的倾向一直持续到光绪年间（1875～1908年）。光绪三年（1877年），兴化知府在郡城龙门下设兴安义塾，通判在署西巷设兴文义塾，莆田知县在城郊建龙桥义塾。光绪八年（1882 年），知府、通判、知县各建 1 所义学。光绪二十三年（1897 年），莆田全县有义学 50 所，学生 851 人，其中男生 634 人、女生 217 人，男女生分班学习。尽管由官员创办，其仍属私学性质。

与此同时，民间办私学的热情也很高。莆田城内最大的罗弄里私塾由塾师宋玉祥创办，有学生四五十人，山区、沿海都有家长送孩子前来入学。光绪年间（1875～1908 年），举人出身的林兆骐也在家设塾。当时的元妙观私塾，有学生四五十人。私塾学生从学习《孝经》开始识字，俗称开宗。逢年过节学生应向塾师送礼，如送一些食品。莆田农村设有不少蒙馆，可视为私塾的初级阶段。在城镇的私塾有兼为经馆者。塾师要求学生死读硬记，常施体罚。这一时期，在莆田出现了一些女子在家接受教育的事例，如将军吴英在家设塾亲自为爱女授教便是一例。"国朝吴将军英，莆田人也，幼为海寇所掠，投诚后，以功累迁至水师提督。御赐作'万人敌'匾额，加号威略将军。顾性喜吟咏，有爱女名丝，字黄绢，将军亲课之，亦擅风雅。《闺秀正始集》及《闽川闺秀诗话》均载其诗。"[1]

莆田的私学对教学有一定的要求。如仙游的私塾在教学方面分月书、季书、年书，由家长自行选择。月书缴费 3 角，年书缴费相对便宜。塾师要求学生开宗明义必念孝经，亦念杂言、尺牍。学生死读硬记，上段内容背不来不授下段内容。塾师授读使用当地方言，学生用白漆的木板写字。塾师要求学生每天回家在灶前、天井边各背书一遍，据说是背给灶公和天公听。此外，还要求背当日的天干地支。

至于莆田的社学何时出现，迄今没有定论，但从一些碑记中可以窥见这类具有基础教育性质的教学点的一些面貌。

综上所述，清代莆田的学校教育并不像有人认为的那样总体上处于衰颓状态，而是成体系、具规模、有影响，尤其在书院的建设和发展方面更是具有特色，这些都值得肯定。但是，旧的教育形态越来越不适应新的社会变革的需求，莆田的学校教育需要除旧布新进而实现根本转型，这是历史的大趋势。有识之士对此有清醒认识，重大的教育变革伴随着社会变革迅速展开。

（二）教育转型

晚清实行新政，变革教育、废止科举、设立学堂是新政的重要内容。戊戌

---

[1] 陈康祺：《郎潜纪闻初笔、二笔、三笔》，中华书局，1997，第 826 页。

变法期间，光绪皇帝颁布诏令，废除各地书院，改设学堂。在这种背景下，莆田教育也面临着变革与转型，新的教育形式开始产生并发展。作为近代教育重要内容的中小学教育、留学教育等逐步取代传统的官学和书院教育，教会教育的引入带来了西方近代先进的教育制度和教育内容。

1. 新式教育兴起

晚清，地方官商、士绅及教会等相继兴办小学堂，新式学堂在莆田不断出现，私塾得到改良，近代教育逐步取代封建儒学教育。当地学务部门按层级将新式学校划分为高等、初等两类，按经费来源将之划分为官立、公立、私立三种。到宣统三年（1911年），莆田有官立、公立、私立小学堂46所（一说有全日制普通学堂48所、实业学堂2所），学生1000余人。

新式教育的出现可分为两个阶段。

第一阶段为光绪二十四年（1898年）至光绪三十年（1904年）。

莆田的中等普通教育是以光绪二十四年（1898年）培元书院改为兴化培元西学堂作为起点的。莆田最早出现的新式小学是莆田知县吕兆璜于光绪二十六年（1900年）在城厢凤山寺设置的莆田县官立小学堂。受国内兴办新学风潮的影响，继吕兆璜之后，莆田的一些官员也参与创办新式学校。光绪三十二年（1906年），知府赖辉煌邀请绅士商议，拟定办学章程，由莆田和仙游两县筹资银元4200元，府署拨擢英、兴安两书院经费3200元，汇总这两笔款共7400元作为开办经费，以擢英书院为校址，正式成立官立兴郡中学堂。该校聘请张琴任监督、关陈谟任教习，招收莆田和仙游两县学生80人，实行分级教学，这是莆田地区出现的第一所官立中学。据统计，光绪二十八年（1902年）至宣统三年（1911年）福建省办有中等以上学堂30所，其中莆田1所，就是兴郡中学堂。

书院改学堂是晚清教育变革的一个重要方面，莆田士人对此闻风而动，除将擢英书院改建为兴郡中学堂外，还将培元书院改建为培元西学堂，将金石书院改建为金石公立小学堂。《福建教育史》引述光绪三十三年（1907年）的统计材料指出，光绪二十八年（1902年），全省只有3所官立小学，而当时的莆田、仙游就占了2所，即"莆田县官立小学堂和仙游县官立金石小学堂"。

一些追求新风俗、具有新思想的莆田人也在家乡创办新式中小学。光绪二十六年（1900年），莆田县贯里小学堂在城厢开学。光绪二十九年（1903年），莆田人黄绶、黄纪星等在霞徐创办崇实中学堂，据说这是莆田第一所新式的私立中学。此后，涂开榘等人在府城顶务巷创办砺青小学，林翰为校长，这是莆田第一所新式的私立小学。此外，还有公立普东小学堂、公立荔东小学、私立正本小学堂。

这一时期，莆田学校的教育制度与学科设置顺应时代潮流进行了相应改革，显现出与传统教育完全不同的办学形态。如引进了西方的一些学科设置、教学形式，乃至考试制度，表明其正在从旧教育向新教育过渡。仙游县官立金石小学堂于光绪二十九年（1903 年）春季正式开学，聘请乡绅黄继星为监督，招生 30 余名。校内分设高等和初等两科，初等为初小水准，学制 4 年；高等为高小水准，学制 5 年。"学生只收男子，而且限于所谓'身家清白'的，即有权势的富翁子弟，至于所谓的'贱民子弟'则被拒于教育大门之外。教学内容本着'中学为体，西学为用'的方针，注重古学，兼学欧西洋学科；形式上虽因袭外国制度，而实际上仍教受（引者注：应为授）中国固有的经书，充斥着忠君爱国等封建传统的道德知识；教学科目有修身、字课，（年级较高的设作文课）习字，读经、史学、舆地、算学，体操等。"①莆田的教育在培养目标、学校体制、教学内容和教学形式等方面尽管还有不少不尽如人意之处，但受国内教育变革风潮的影响，已经有了大的变化，与旧式教育相比进步幅度很大。

第二阶段为光绪三十年（1904 年）至宣统三年（1911 年）。

光绪三十年（1904 年），在朝廷诏令罢科举兴学堂后，莆田和仙游两县的入学署被废除，改设县劝学所，施行所谓教育自治体制，教育行政架构改变。光绪三十年（1904 年）《奏定学堂章程》（即《癸卯学制》）实施，促使莆田的传统儒学教育进一步向现代学校教育转变。

这一时期，不少有识之士纷纷创办初、高等小学。仙游先后设立了县公立同熏两等小学堂、县公立凤仪小学堂、县公立孟晋两等小学堂、公立兴晓初等小学堂、公立通智初等小学堂、公立晓旭小学堂、公立受谦小学堂、公立馨山小学堂、公立池头小学堂、公立槐荫小学堂、公立通致小学堂、公立罗峰初等学堂。莆田县设立公立通德小学堂、公立进群小学堂、公立湖山小学堂、公立柳桥小学堂、公立开文小学堂、公立铸新小学堂、公立红泉小学堂、公立培心小学堂、公立文新小学堂、公立笏石小学堂、公立东阳小学堂等。应当指出的是，上述主要创办于光绪三十年（1904 年）至光绪三十二年（1906 年）的所谓公立小学，其实大都是由私人创办，而非官办，公立已然成为一种通用的标签，私学教育才是这一时期莆田教育的主体。同时，乡村教育也得到发展，兴办了

---

① 陈明泉：《仙游县实验小学沿革发展史》，《仙游文史资料》第 6 辑，1988，第 48 页。

不少私塾，推动了教育的普及。据《福建教育史》统计，至光绪三十二年（1906 年）止，福建全省共有小学堂 113 所，其中兴化府 26 所，仅次于福宁府（28 所），约占全省的 23%；小学生数 5595 人，其中兴化府 1499 人，居全省之首，约占全省的 27%。[①]

光绪三十二年（1906 年）后，新式学堂的持续兴起对莆田的普通教育产生比较大的影响。当年，仙游知县王士俊筹集经费，在城内大井巷创办通致公立高初等小学，学生达 200 余人，修业限定为 4 年，学生都是童生；黄继星等人在龙兴宫向兰书院创办兴晓公立初等小学；黄学敏在西门外创办孟晋公立两等小学；槐荫公立两等小学堂在金石祠创办；光绪三十三年（1907 年）在赖店创办罗峰初等小学，次年增设高等班，改为罗峰公立两等小学堂；宣统二年（1910 年）在榜头的南溪、郊尾的沙溪各设初等小学堂一所，其他乡也相继设立初等小学堂。全县官立、公立和私立小学堂计有 30 余所，而官立只有金石两等小学堂 1 所。这些教育机构规模大都比较小，条件比较简陋，招生人数不是很多，但代表了晚清普通教育发展的新趋势。同时，根据《强迫教育章程》的规定，莆田、仙游两县采取各种强制措施，要求凡年满 7 岁的幼童必须入学，若学龄儿童未入学堂，应处罚其父兄。

至辛亥革命前夕，莆田县共有各种学堂（包括教会学堂）32 所，仙游县有 29 所，初步形成近代教育网络。据民国 2 年（1913 年）福建各县教育统计，莆田有学校 35 所、学生 2268 名，仙游有学校 49 所、学生 2317 名。这里的学校应指各级学校。

一些新式学堂在设立之初即奠定了近代学校的基础，要求学生学习自然科学，并宣传科学救国理念，这与外国人早期在我国设立的西学堂不同。一些学校不仅是科学教育的阵地，还是传播民主进步思想的阵地。如兴化私立砺青小学堂，其教师曾在莆田创办醒社，购买新书数百册，订购几种进步报纸供师生阅读，包括日本东京出版的《民报》《江苏》《浙江潮》等，湖南革命志士陈天华等所著《猛回头》《警世钟》以及进步人士办的《时务报》《新民丛报》《申报》。教师们将所接受的民主革命思想灌输给学生，启发青少年追求进步、追求民主，影响甚大。"此外，小学堂还开放封建社会的女禁，实行男女同校，允许男女社交公开，莆田最早的女学生叶壸兰、蒋淑兰、周惠兰等就曾在该校读过书；男女生都效法出洋留学归来的老师，剪掉发辫，为莆田剪发辫维新的开路

---

① 刘海峰、庄明水：《福建教育史》，福建教育出版社，1996。

先锋……"①

与此同时，师范教育机构、劝学所、教育会等相继出现。光绪三十一年（1905 年），仙游开设师范传习所，专门培训新式合格师资。同时，对教师进行检定考试，使通晓诗赋经史的老教师转而学习数理、外语等新学科，帮助他们通过检定考试，从而获得从教资格。宣统元年（1909 年），仙游设立劝学所和教育会，前者是一种新型的教育行政机构，在县主事的监督下管理学务；后者则是一种教育行政的辅助组织，以促进教育之普及为主要任务，具体活动有成立教育研究会、开办各种讲座和讲习班、培训教师、印行相关教辅材料等。此外，职业教育出现萌芽。莆田的中等职业教育始于 19 世纪 90 年代，当时一些基督教团体及社会实业界人士创办了实业学堂，有师范、护理、蚕桑等专业，按专业确定校名，有本科、预科两类。至宣统三年（1911 年），莆田有实业学堂 2 所。

2. 教会教育得到发展

近代西方教会首先是从沿海进入中国的，福建是受教会影响较大的省份，莆田又是福建所属各个区域中教会影响力较大的地区。西方教会在中国传教时，往往以兴办学校、医院、慈善机构为先导，通过这些机构来扩大教会的影响力，争取和吸收中国教徒，最终实现传教的目的。莆田在中国教会教育史上有着重要地位。

早在同治六年（1867 年），西方传教士就在南日岛设立草湖义学。光绪四年（1878 年），美以美会在莆田创办培元书院，地址在坊巷奕世金紫内，租赁民屋为校舍。光绪十六年（1890 年），传教士蒲鲁士创办福音书院。光绪二十年（1894 年），美以美会在莆田城内创办美以美女学堂，次年改称咸益女学堂。光绪二十四年（1898 年），美国传教士蒲鲁士改培元书院为培元西学堂。光绪三十三年（1907 年），培元西学堂改名为哲理中学。此外，教会在莆田先后创办圣路加高级护士、助产士学校等中等学校。从光绪十八年至民国 2 年（1892 ~ 1913 年），美卫理公会先后在莆田城关、涵江、黄石、笏石、北高、埭头、平海、南日等地开办了妇女学、妇女培道所和妇女传习所等 10 余所学校。学生毕业后，被派往各地担任传道事工。

在仙游，美以美会于同治七年（1868 年）在仙游城内创办妇女学校，要求学员以学习兴化方言、罗马文拼音为主，并授以圣经知识。光绪二十三年

---

① 佘庆涛、林启贤：《砺青纪略》，《莆田文史资料》第 11 辑，1987，第 115 页。

（1897 年），德国籍女传教士李德安来仙游任女布道使，后在城关西门外后山建道德女子学校。这类学校专门招收教会内的牧师、教徒子女入学。光绪二十六年（1900 年），美国教会在仙游创办道德女学和模范小学。

教会所办的学校，其教育制度和教育内容与传统教育机构完全不同。如培元西学堂的学制分为上学、中学、小学三等，课程有英文、天文、地理、格致、化学、算学、儒学、作文、国语、圣经等。在学者多为清贫子弟，半日诵习，半日工作，或任纺织，或任排印、装订，或助教于小学。有地方文史工作者认为："清末，美、英、西班牙等教会在仙游创办的学校，不受当时仙游满清县署的管理，自行一套学科，自定一套规章，自编一套教材。尽管如此，教会学校多少对清末仙游教育起了作用。"①

3. 留学教育首开风气

西学东渐趋势的加强，新式学堂的创办，以及莆田处于沿海的开风气之先的区位优势，使得不少先进的莆田人渴望增加对外部世界的了解。晚清留学欧美、日本运动的展开，在很大程度上促使莆田人留学国外，从而产生了对中国社会变革具有重要意义的留学教育。

20 世纪初，莆田开始有留美学生。光绪二十八年（1902 年），22 岁的黄琼笙远赴英国牛津大学学医科，被认为是莆田自费留学第一人。光绪二十九年（1903 年），宋发祥与郭玉清由美以美教会资助前往美国。光绪三十四年（1908 年），18 岁的莆田女子蔡禄治留学美国。到民国元年（1912 年），留学美国的莆田籍人士有姓名可稽的 11 人，其出国时间与人数分别为：光绪二十九年（1903 年）2 人、光绪三十三年（1907 年）年 1 人、光绪三十四年（1908 年）1 人、宣统二年（1910 年）5 人、宣统三年（1911 年）2 人。② 这些自费留学生大多由美国传教士介绍，或经教会资助前往美国。

莆田最早的官费留日学生被认为是张景棠，其于全闽学堂肄业后，于光绪三十一年（1905 年）赴日本弘文学院师范科学习，后入日本大学学习。返国后，任莆田官立高等小学校长。之后，于光绪三十一年至三十二年（1905 ~ 1906 年）先后自费留日的有黄胜白（后又留美）、林翰、涂开榘、陈樵、陈乃元、蔡碹、徐煦、黄仲良、黄明儒、黄绁、黄缙、许有年等数十人。就福建省而言，莆田留日学生的比例还是比较高的。

---

① 陈永春：《清末仙游县教育简况》，《仙游文史资料》第 2 辑，1984，第 138 页。
② 陈兆庆：《戊戌变法后文献名邦的延续与发扬》，《莆田文史资料》第 11 辑，1987，第 70 页。

留美的郭玉清与宋发祥于光绪三十四年（1908 年）学成回国，经清政府统一核验后，郭玉清任内阁中书，宋发祥为格致科举人，都受到官方任用。此后，不少人在科技、教育等方面卓有建树，有的成为国际科技界和学术界的杰出人物。一些莆田籍留日学生学成归国后，选择回到家乡的学校任教，为发展教育做出贡献。

在创办于光绪二十六年（1900 年）的兴化私立砺青小学堂任教的有多位曾留学日本的教师。如蔡心权毕业于日本法政大学，归来后自编算术课本讲授；陈友渔毕业于日本大学高专法科，也自编自然科教材讲授；陈爱吾毕业于日本东京警察讲习所，担任体育课教学，他的哑铃操和器械运动教学在莆田独树一帜；曾传三毕业于日本法政大学，担任音乐课教学，是在莆田最早教唱新式歌曲的教师。光绪三十二年（1906 年），留学日本明治大学政经科的林翰（字西园）毕业回到莆田。莆田官立小学堂第 4 任监督张景棠与他商量，并经知县宁云汉同意，将官立小学堂、砺青小学堂两校合并为莆田官立砺青小学堂，由其为第一任堂长。林西园接任后励精图治、大力革新，使学校在短期内面貌一新。光绪三十四年（1908 年），该校第一届毕业学生 40 名，涂开化等 6 名优等生由福建提学使呈报，由清廷学部授予廪生，其余的优等生、中等生则给予增生、附生待遇。在举行毕业典礼时，林西园邀请兴化知府、莆田知县及知名绅士涂庆澜、关陈谟等参加。"当场发给清廷学部证书，簪花回家拜祖，一如以前清朝考中秀才的仪式，轰动了全莆田，使砺青名驰遐迩，刺激了家长的积极性，纷纷令子弟入学堂读书，一时社会风气大变，各地纷纷设立学堂，学生数激增，促进了西方科学文化教育之花在兴化遍地开放。"①

有研究者将 20 世纪初莆田地区教育事业比较发达归因于留学生、华侨和外出经商者多，他们在学成归国或发家致富之后，大多能积极支持家乡兴办教育事业。同时，莆田人吃苦精神突出，校舍因陋就简，多是利用书院、祠堂、寺庙、公共场所和租用民房等，学校经费主要靠社会捐资，教师有以教育为己任的精神。这些确实是基本因素，但全国性的教育变革风潮的裹挟、各地提供的兴办新式教育的范例是更为重要的促进条件。

二　科举的成绩与终结

清代，传统的读书入仕观念在莆田社会中根深蒂固，在有影响力的官绅视

---

① 余庆涛、林启贤：《砺青纪略》，《莆田文史资料》第 11 辑，1987，第 118 页。

野中，子弟只有"业儒及力作"才是本业。因此，参加科举考试争取入仕是不少家庭对子弟的要求，也是多数读书人的首选。

图6-16　凤山寺古塔

资料来源：林清华主编《闽中革命史画册》，中央党史出版社，2011。

（一）童试

童试含县试、府试和院试，是科举考试不可或缺的重要组成部分。福建台湾道徐宗幹便认为："童试功名虽小，为国家取士之始，而亦上天劝赏阴骘之权；为考官者取黜之间，鬼神鉴之。此本学政之所以每届考试，必昭告于城隍也。"① 在莆田，清代童生县试一般在二月举行，童生试前向所属县署报名，并具写姓名、年龄、籍贯和上三代已仕未仕等相关履历，并取县同考五人之互相保结，或具有本县之廪生保结，而且需要身家清白，没有冒籍、匿丧、顶替等项不良记录之人。《清会典》卷32《礼部·贡院》规定："童生考试有冒籍、顶替、倩代、匿丧、假捏姓名、身遭刑犯，及出身不正如门子、长随、番役、小马、皂隶、马快、步快、禁卒、仵作、弓兵之子孙，娼优、奴隶、乐户、丐户、疍户、吹手，凡不应试者混入，认保、派保、互结之五童，互相觉察。容隐者，五人连坐，廪保黜革治罪。"显然，官方对应试者有较高的资格、学识乃至语言方面的要求。对于应考者无论老幼皆称童生，有人撰联称曰："行年八秩尚称童，可云寿考，已云寿考；到老五经犹未熟，不愧书生，尚愧书生。"② 话虽这么说，但童试的各个环节马虎不得。县试在莆田城内龙门下试院分六场（有的地方是考四场或五场）举行，全部考完需一个月。虽是地方考试，但也门禁森严。"每场于天未明进入场，鸣炮封门，出题后两小时，童生须做完小讲（文章的一段）送县官盖戳，以防作弊，否则不录取，至黄昏开门，已交卷的许出场。"③ 府试的程式大致与县试相同，考前由童生向府礼房报名纳卷。有所不同的是，府试防范舞弊的措施更为严厉，如要求莆田县学和兴化府学的廪生依次为参加考试的童生"挨保"，有的甚至一人为50余名童生"挨

① 杨学为：《中国考试史文献集成》第6卷，高等教育出版社，2003，第130页。
② 《挽叔公，一生科考均名落孙山》，见《唐达联集》，http://gz.eywedu.com/duilian/0069.htm。
③ 《莆田县志·莆田教育史（草稿）》，莆田县县志编纂委员会，1965，第6页。

保”。有人称这种做法为“认保”“派保”，提法各异，但都要求由他人来证明考生身家清白、品行无瑕。府试也分六场举行，考试内容与县试相同。县试结果在凤山寺前张榜公布，因寺有塔，取“雁塔题名”之义；府试结果在兴化府学前张榜公布，府学有泮池，取“泮水先声”之义。清代，莆田每年参加县试和府试的童生在4000名左右，落选者约占2/3。

院试是科举考试制度中初始的考试，只有院试过关者才有资格参加乡试。自顺治五年（1648年）起，莆田开始举行院试，由学政主持。“学政亦称‘学院’或‘学差’，由皇帝钦派科甲出身之翰林充任，每省一人，三年一任，任何高官如非翰林出身，不能放学差。学政考文童兼考武童，故加提督衔，以示崇隆之意。其全部官衔为‘钦命提督某省学政’，身份等于钦差，与巡抚平行，能专折奏事，为各省布政使所不能者。”① 学政每三年按临莆田考生员两次，分别负责考取新生员和对旧生员进行能力检测，后者也称甄别试。在甄别试中，按成绩之优劣将考生分为四等，一等者升为廪生，将来可以出贡，四等以下者予以黜革。故这一考试也称“考等第”。按清代惯例，“院考两场，考试内容，与府、县考大致相同。评阅试卷，请较远书院山长或幕友担任，或自五百里外聘请，以资回避，而昭慎重，人数至少四五人”②。院试结束后，三日内揭榜，正取如额数，备取数名。次日全部复试，发现有文字不符者革除，以备取生按次递补。彭鹏小时家贫，但立志砥砺向学。12岁时随奶母俞氏到莆田城里应童子试，由于体弱多病，每场考试都由奶母背到考场，直至考场闭门开始考试奶母才离去。考试结束后，奶母必在场外伫立等候接走彭鹏。清代名士杭世骏在《彭无山遗事》中对此有生动描述：“鹏年十二，弱小不胜衣，遇试日，五鼓俞襁至试场前门，阖始去。日午必伫俟，襁而归。”③ 彭鹏的袍服、鞋子以及笔墨、经书等，都是靠奶母帮工得到些许工钱所购。她病故后，彭鹏撰文哭祭。彭鹏参加童子试时为兴化知府张彦珩所赏识。名宦王锡琯亦深器之。“顺治庚子（1660年）举于乡，出永嘉王锡琯之门，有国士之目。”④ 彭鹏20岁时，学使测试，名冠一郡。

在莆田，院试的名次按各场名次高下及补覆次数多寡而定。“第一名称批首（有称案首），第二名至第十名称前茅。中式生员例行‘笄挂’时，生员穿蓝绸长衫，镶天青缎，戴雀顶，齐集府署大堂习仪，由知府带领到试院笄挂。提学

① 刘兆瑸：《清代科举》，台北：东大图书公司，1979，第9页。
② 刘兆瑸：《清代科举》，台北：东大图书公司，1979，第10页。
③ （清）杭世骏：《道古堂文集》卷37，《续修四库全书》集部，别集类。
④ （清）杭世骏：《道古堂文集》卷37，《续修四库全书》集部，别集类。

受拜三礼，各分金花一枝。礼毕，生员乘轿舆，以彩旗鼓前导，回家拜祖。"①

对于童试等科举前期考试，清政府对包括莆田在内的福建各地均有具体缜密的规定，其目的在于突出危机管控，注重防范风险，一旦察觉考场内外出现异动，便及时进行干预。首先，明确地方官员在考试过程中所负的责任。乾隆初年规定："福建地方，如有借事聚众，罢市、罢考、打官等事，均照山、陕题定光棍之例，分别首、从治罪。嗣后，学臣考试地方，如有奸徒聚众生事、凌胁官长等情，学臣系封锁衙门，内外隔绝，无由禁缉；该提调及地方官并驻防武职立即协拿务获。审实，即照定例办理。若提调及地方官事前不能防范，事后又不严拿，及批审之后，徒以一二软弱无辜抵塞结案者，听督、抚、学臣据实题参。文职交吏部议处，武职交兵部议处。其廪保不加详慎，滥保匪人，以致场内生事者，一并斥革。"② 上述措施规定了提调官员等在维护教育秩序和考场安定方面的主要责任，提出了相应的问责措施。以朝廷名义对福建的科举考试秩序进行整顿和规范，表明当时这方面的情况不容乐观，存在进行干预的必要性。其次，对考生的身家、履历进行严格排查。乾隆十一年（1746 年），朝廷针对福建历来考试，考生多不用本姓、本名，捏造三代，随意填写的状况，要求省里主要官员对包括兴化府及莆田、仙游两县在内的各州县限期进行彻查，并规定了改正的期限。"有假捏姓名，未经更正者，定限三月内，悉令呈请更正。该学教官，出具所属士子俱系本姓、本名，并无诡捏印结，申详存案。倘逾限不首，该教官朦胧出结，另经发觉，本生斥革治罪，仍将出结之教官查参议处。其童生考试，有不用本名、本姓假捏入学者，查出，本童斥革治罪。仍将保结廪生，一并斥革。"③ 这一规定重在防止考生假冒身份，试图从初始阶段就排除舞弊的可能性。在处罚违规考生的同时，也处罚失职官员，实行的是连坐法。最后，对莆田等地的考试场所进行统一设置。乾隆十八年（1753 年），朝廷议准："福建除延、建、汀、邵、福宁等五府考棚宽裕，原可一场考试，毋庸另议；其福州、兴化、泉州、漳州等四府，永春、龙岩等二州，或绅士捐修号舍、添建考棚，或院落搭棚凑足，或借用寺、观、衙署，每县考试，俱令统作一场，不必另分两场。"④ 之所以做这样的规定，表面的理由是"重卷之弊，不禁自除"，似乎只是单纯涉及考务方面的某项技术性问题的解决，其深层次的

---

① 刘荣玉、姚志平：《莆田市教育志》，方志出版社，2000，第62页。
② （清）素尔讷等纂修《钦定学政全书校注》，霍有明等校注，武汉大学出版社，2009，第74页。
③ （清）素尔讷等纂修《钦定学政全书校注》，霍有明等校注，武汉大学出版社，2009，第124页。
④ （清）素尔讷等纂修《钦定学政全书校注》，霍有明等校注，武汉大学出版社，2009，第246页。

目的在于方便控制，防止出现管理上的漏洞。

清代，科举考试与官学教育的内在联系依然紧密，只有进官学读书才能取得参加科举考试的资格，而官学名额的分配与获得有着较为严格的限定。

雍正二年（1724 年），有过一次全国范围内的规模较大的学额调整。当时规定："增福建省各学取进文童额数。闽县、侯官、长乐、福清、莆田、仙游、晋江、南安、惠安、同安、安溪、龙溪、漳浦、海澄、南靖、平和、南平、建安、瓯宁、建阳、崇安、邵武、长汀、上杭、永定、福宁二十六州县，向系大学，照府学额，各取进二十名；连江、福安二县，向系中学，升为大学，各取进十五名；永春、德化、尤溪三县，向系小学，升为中学，各取进十二名。"① 在《钦定学政全书》中也有类似记载。对于这次朝廷为包括莆田在内的福建部分州县调整学额，有的研究者认为，这表明福建依然是科举文教大省，享受到了给予大省的相应优待；有的研究者认为这充分体现了一些发展较快的区域，如福州府，在文教发展中的主导地位。虽各有诠释，但多给予正面理解。"福建省在这次全国的学额调整中，不仅动作最快，而且调整面也比较大，涉及了三十一个州县学。就调整儒学数额而言，不算多，不及陕西、山东、直隶、广东、山西、江西、浙江，只排在第十位，但其调整学校与通省学校数额之比，占到了44%，在全国居第七位，而其大州县学照府学额的数字为二十六，排在全国第三位，仅次于文化最发达的江苏（三十三个）及最受朝廷关注的直隶（二十八个）。这说明福建省在文教发展方面较为突出的州县要多于其他省份。"② 上述说法客观、平实，不过在莆田这样一个昔日的科举大邑，即便按等同于府学的"大学"分给名额，莆田县学也只获得 20 个名额，不能满足日益增长的就学需求，客观上限制了参加科举取士的人数。易言之，清廷虽然增加了取录人数，但不能从根本上解决问题，莆田士民对此优惠政策及君王的所谓美意处于无感的状态中。

图 6-17　贡元匾和亚魁匾

① 《清世宗实录》卷 24，"雍正二年（1724 年）九月丁卯"。
② 李世愉：《清代科举与闽都文化》，《闽江学院学报》2013 年第 3 期。

同一时期，由于同属福建的台湾教育相对不发达，能获得参加童试资格的人数较少，莆田等地的一些士子便违反有关规定，渡过海峡到台湾去冒籍应考。乾隆二十九年（1764年），巡台御使李宜青在奏折中向朝廷报告，发现不少福州、兴化、泉州、漳州四府的童生，冒充台湾同姓居民的兄弟或侄儿，以台湾考生身份参加考试并获得功名，侵占了台湾秀才名额。这样就出现了台湾童子试所取中的秀才，有不少来自福州、兴化等四府的怪异现象。朝廷震怒，严令禁止，但这种现象仍时有发生。

（二）乡试

乡试是省级考试，被认为是科举考试中比较复杂也比较重要的阶段性考试，每三年一科，若遇朝廷有庆典，会增加一科即所谓恩科。据统计，清代共举行考试正科86次，恩科26次，总计112次。由于在农历八月举行，乡试又称"秋闱"。福建乡试在福州举行。"省城福州地盘不算大，人口亦不多，然每逢子、午、卯、酉年乡试，为正科，于八月初九、十二、十五三天举行。来自全省各地上万名的应试者及其家属、随从云集福州，热闹非凡，盛况空前，犹如过年过节一般，这是二、三年一遇的科举盛会，给省城福州增色不少。"① 莆田距福州不远，士子赴考相对方便。

不少莆田士子在乡试中表现突出，史籍中有一些这方面的记载。顺治十七年（1660年），彭鹏初次应福建乡试。主考官刘大谟慧眼识珠，于遗卷中拔取彭鹏，时称得士。后来，彭鹏先后5次参加会试，未能进士及第，只能以贡士身份赴吏部等候选任。林扬祖于道光五年（1825年）参加福建乡试，试八股文《子温而历〈全章〉》，他以六经内容构成通篇框架，经精心结撰、精致磨琢，中当年乡试第一名，又于道光九年（1829年）中进士。

清代莆田士子能在竞争激烈的科场春风得意，并非靠天意和运气，而是与自身努力及地方官学的教育质量密切相关。据统计，清代来自兴化府学的举人213名，来自莆田县学的举人257名，来自仙游县学的举人73名，来自平海卫学的举人7名，寄籍考中举人的2名。在清代福建历科乡试得中的各府州县学举人统计中，兴化府列第5位。由此可知，仅就莆田士子而言，曾在府县学和卫学学习后考中举人的数量占总的举人数量的绝大多数。有学者指出："兴化府由于只辖莆田、仙游二县，从中举成效上看也是科举大府。同样，在兴化府的

_____

① 戴显群、方慧：《福建科举史》，黑龙江人民出版社，2003，第302页。

图 6 - 18　林扬祖府第

内部区域，照样存在着极为严重的聚结效应，中举人数绝大多数集中于莆田一县，仙游县只占有极小的比重。究其原因，除了莆田是兴化府的政治、经济中心之外，兴化府学就在莆田，而且府一级的书院均设在该县，仙游的书院不管从数量上还是从教学应考的质量上均无法与莆田相匹敌。"① 在清代，莆田县与闽县、侯官、晋江、长乐、福清、同安、南安等县是考中举人较多的区域。

（三）会试与殿试

会试是集中会考的意思，每三年举行一次，由礼部主持，在辰、戌、丑、未之年的二月在京师举行，雍正以后基本改为三月举行。因系一次性集中全国举人参加朝廷组织的统一考试，故称会试，也称礼闱、春闱。会试亦分三场进行，首场初九日、第二场十二日、第三场十五日。

为方便本地考生参加会试，福建各地都在北京设立了接待考生的科举会馆。这些会馆有的以所在府州冠名，也有的以所在县域冠名，具有一定规模的会馆有晋江邑馆、安溪会馆、泉郡会馆、永春会馆、龙岩会馆、汀州南馆、莆阳会馆、仙溪邑馆、漳州西馆、福州新馆等。莆阳会馆、仙溪邑馆为兴化府人士所设。

据《明清进士题名碑录》等统计，乾隆帝在位60年间，莆田、仙游两县仅有13人考中进士；嘉庆帝在位25年间，莆田仅有郭尚先、陈池养等5人考中进士；道光帝在位30年间，莆田仅林扬祖、潘渭春2人考中进士；同治帝在位13年间，莆田仅涂庆澜、刘章天2人考中进士；光绪帝在位34年间，莆田仅江春霖、张琴等6人考中进士。由此推断，前往北京参加会试的莆田士子的人数不会太多。

---

①　刘一彬：《闽台交融的考试纽带：清代福建乡试研究》，厦门大学出版社，2016，第90页。

在整个科举考试中，殿试是最高一级
的考试，由皇帝亲自主持，录取者称为进
士。殿试考时务策一道，策题二三百字所
问内容为关系到当时民政、经济、惩弊等
项时务，要求考生答题不得少于 1000 字。
殿试有明确的时间、地点和程序方面的规
定。殿试结束后，会形成一份关于考生的
翔实材料，其格式是固定的，内容涉及本
人履历、家族成员谱系、师承履历，可称
之为科举履历的档案材料。以江春霖为例，
其介绍自己："字仲默，号杏村，序一又
行九十四。咸丰丙辰年（1856 年）五月初
六日吉时生，福建兴化府学优廪生，莆田
县民籍。"此处按规定交代了自己的姓、

图 6 - 19　江春霖故居

名、字、号、排行、生辰以及户籍所在地。末了还提供了详细的居住地点，江
春霖写的是："世居福建兴化府莆田县北关外待贤里南坛铺梅阳村，离城四十
里。"就家族成员谱系而言，江春霖从始祖国全、二世祖德益、三世祖振华、四
世祖茂芳、五世祖起山、太高祖淑蕃，一直介绍到自己的父亲希濂、母亲陈氏、
继母林氏。其间，还涉及家族成员的变动迁徙、获取功名、出仕为官等方面的
情况。就师承履历而言，江春霖按受业肄业师和受知师等类别，先后历数了早
年的启蒙老师、求学兴安书院时的老师，参加童试、乡试、会试的座主，乃至
朝考的阅卷大臣、殿试的读卷大臣等，涉及师承的字号和师承的称谓，林林总
总，多达 50 余位。这其中不乏福建省的知名人士，如林扬祖、郭柏荫、林鸿年
等，以及名满天下的朝中重臣徐桐、翁同龢等。徐桐为江春霖在福建求学时的
老师等，翁同龢则是其参加会试时的主考官或殿试时的阅卷大臣。按官场规矩，
考生应当一一道来，不得漏报，并非江春霖借机攀高枝。据说这样可以使朝廷
了解每位进士的指导老师的水准，以判断其是否具有任官的资格。在这份履历
的末尾，十分突出地标明了江春霖在乡试、会试、殿试中的名次，确认其为
"钦点翰林院庶吉士"。

（四）民间对科举的重视

在莆田这样重视科举功名的地方，科第人物受到尊崇也是很自然的事，民

间有不少的褒扬举动，如建祠、立坊等。光绪二十七年（1901年），王福善在《世贡举祠记》中介绍了在仙游榜头后庄兴建世贡举祠的缘由、经过及内部架构。他指出，按照历朝历代的规矩，"非达官不得立家庙"，但按惯例在籍进士、举人视同于七品官，其家族属于科第之家，所以设立了这个祠堂。"先考躬孝友，砥节砺行，始以钦赐副举人起家，而祠祀未举，小子惧焉。光绪癸巳（1893年）秋，福善始卜奠宅于竹庄；己亥（1899年）秋，始克遵遗命，谋诸宗人，即后庄立阖房宗祠。既只奉高、曾、祢神主，升附于我七世祖矣，乃于其冬新立家庙于居屋之东，特祀祖、祢，盖即封赠所例及以为别子之庙也。"①王福善的家族中只有父亲得过科举功名，但建的这座家庙却同时祭祀了高祖、曾祖等多代先人，他认为这是按惯例行事，即封建时代家庙祭祀的对象可以往上辈延伸加以"通祀"。这座历时两年建成的家庙，"其制，五架三间，中为堂，东西为夹室，两廊绕以房，收藏遗物祭品，并为子孙读书处，俭以朴，毋奢以靡"②。显然，这座家庙既是祭祀场所，又是子孙读书的地方，具有纪念性和实用性的双重特点。在家庙落成仪式上，他强调要通过这一举动，使子孙后代"上邀褒荣之典，下为俎豆之光"，从而告慰于先人。③这是一段较为稀见的与科举有关的史料，从中我们了解到科第之家在仙游的乡村中可以享受到不少特殊待遇，其中允许为先人建家庙是最被看重的一项待遇，因为它满足了那个时代人们传承家风、显名于世、光宗耀祖的心理。赋予家庙以综合性用途，如用作家族子弟的读书场所，也寄托了立庙人希望子孙后代继续获得功名的愿望。

　　参加科举考试不仅要求考生具有较高的学识，其家庭还必须拥有较充盈的财力。有研究者认为，清初童生参加县、府两试的费用为10两银子。当时，10两银子通常可买10石粮食，相当于一个三口之家农民的全年口粮，甚至全部家当。④同其他区域一样，莆田社会各界对科举考试的认同感很高，官方和民间有不少约定俗成的措施来支持寒门士子应考。其中，民间捐置学田以所得租谷资助考生的做法较为常见。翻检莆田和仙游两县的方志，可看到多条这类捐助记录，其内容具体、明确，举凡学田所在位置、数量、承租人、租赁收入，接受捐赠的单位、指定用于科举考试的某项开支，都详载无遗，使人一目了然。

①　郑振满、丁荷生编纂《福建宗教碑铭汇编·兴化府分册》，福建人民出版社，1995，第463页。
②　郑振满、丁荷生编纂《福建宗教碑铭汇编·兴化府分册》，福建人民出版社，1995，第464页。
③　郑振满、丁荷生编纂《福建宗教碑铭汇编·兴化府分册》，福建人民出版社，1995，第464页。
④　张杰：《清代科举家族》，社会科学文献出版社，2006，第69页。

（五）清代莆田籍举人、进士人数

关于清代莆田籍举人、进士的人数，一直存在争议，有多种说法。

关于举人，《福建省志·人事志》认为，莆田的举人数量在清代福建 10 府 2 直隶州中位列第 5 名。在光绪年间（1875～1908 年）福建举行的 13 科乡试中，福州府考中举人 1158 人，兴化府仅考中举人 73 人。在整个清代福建举人分科统计中，福州府考中举人 4607 人，兴化府考中举人 464 人。[①]《莆田市教育志》认为，迄光绪三十一年（1905 年），凡 257 年间，中举人 579 人，中武举人 99 人，荐辟出仕 20 人，中贡生 491 人。[②] 在莆田举人总数上两种说法相差甚远，后者比较接近历史事实。

关于清代莆田进士人数，说法更为多元。有 57 人说[③]、64 人说[④]、77 人说[⑤]、61 人说[⑥]，等等。至于仙游县在清代所中进士人数更是存在争议，认定的数量为 5～16 人不等。

以上各家在清代莆田进士人数上存在明显差异，显然与所根据的文献不同有关，也不排除对文献资料的误读，甚至有出于某种目的而故意增减的因素存在。但是毋庸讳言，与宋明时期的科考取士盛况相比，清代莆田在这方面确实落后了。出现这种状况的原因是多方面的，如明代遭逢倭乱，府城被陷，百姓流离，经济与文化受到重创；莆田士人在清初多持与异族统治者不合作的立场，不屑于通过科举考试步入仕途；清代官方对学校教育的重视程度不如宋明时代，兴化府的总体文化水平下降。这些因素直接导致莆田参加科举考试的人数减少，取中者也少，莆田原先所拥有的科举名邦的地位受到严重冲击。

这些消极因素多出现在明末清初，康熙之后，随着政权的稳定，社会的发展，士人向心力的增强，这些消极因素大多消失，即便有些仍存在于局部区域，其影响也已经大大减弱。因此，对于清代莆田科考取中数量减少原因的分析，不能仅局限于莆田来谈，而应当把它放在全省乃至南方相关省份的广阔视野下进行比较分析，方能得出令人信服的结论。

---

① 福建省地方志编纂委员会编《福建省志·人事志》，方志出版社，2000，第 23 页。
② 刘荣玉、姚志平：《莆田市教育志》，方志出版社，2000，第 63 页。
③ 《民国莆田县志·选举志》："有清一代，莆田之登进士者仅 57 人，而举于乡者仅 463 人，比之宋、明二代，式微甚矣！"
④ 林祖泉：《莆阳进士录》，海峡文艺出版社，2013，第 294 页。
⑤ 《莆田市教育志》认为："迄光绪三十一年（1905），凡 257 年间，第进士 77 人，第武进士 12 人"。参见刘荣玉、姚志平《莆田市教育志》，方志出版社，2000，第 63 页。
⑥ 福建省地方志编纂委员会编《福建省志·人事志》，方志出版社，2000，第 24 页。

据民国《福建通志》统计，清代福建省共中进士 1421 人，从地区分布看，居前 4 位的是：福州 735 人、泉州 328 人、漳州 113 人、汀州 87 人。[①] 其中福州占全省总数的 51.7%，最为突出。汀州从明代的第 6 位上升到第 4 位，兴化从明代的第 3 位下降为第 5 位。据《明清进士题名碑录》统计，清代福建中进士 1348 人。其中，按县域区分，闽侯 521 人、晋江 109 人、长乐 76 人、莆田 57 人、福清 43 人、南安 30 人、漳浦和安溪各 28 人、惠安 24 人、连江 22 人、龙溪 21 人，其余各县都在 20 人以下。[②] 另据何炳棣统计，清代福建共中进士 1399 人，在全国各省中居第 8 位。若按每百万人口中进士数计算，福建与河北并列第 1 位。[③] 无怪乎著名作家郁达夫在《记闽中的风雅》一文中指出："前清一代，闽中科甲之盛，敌得过江苏，远超出浙江。所以到了民国廿五年（1936 年）的现代，一般咬文嚼字，之乎者也的风气，也比任何地方还更盛行。"[④] 以上几则史料虽然在福建取中进士人数的统计方面存在差异，但从中透露出的历史信息表明，这一时期莆田的进士数量确实远不如宋代和明代。这并不意味着莆田科考进入衰颓时期。实际情况是，莆田的科考地位有所下降，但仍在本省位居前列，按何炳棣的统计，即便在全国也不算落后。若以县为统计单位核算进士拥有数量，兴化府所属莆田县列全省第 4 位，居侯官、闽县、晋江之后，名次不低。就人才分布而言，莆田县属人才中等发达县。光绪年间（1875～1908 年）全国有 1300 余县，算上相当于县的州，约有 1500 个县级行政单位。清代开科考试 112 科，取录进士 26000 余人，计算下来每个县平均应当有进士 17.5 人。显然，莆田拥有的进士人数远高于这一平均数。

莆田和仙游两县在科举取士方面存在不平衡，这一现象早在唐宋时期便已存在。清代时，两县的科举取中率的差距已经缩小，但莆田的进士与举人数量仍分别是仙游的 7 倍和 5.21 倍。除了莆田人口数量多，作为兴化府所在地占有便利条件，以及得到了切实的政策优待，其长期所拥有的社会经济条件和人文环境好于仙游，也是应当予以考量的重要因素。

晚清，科举制度的弊端日益显现，朝野要求废科举、兴学校的呼声渐高。光绪三十一年（1905 年），施行了千余年的科举制度宣告废除。在中国科举史上有过不俗表现，且长期作为科举名区的莆田与科举考试的因缘也随着科举考

---

①　见沈瑜庆、陈衍等纂《福建通志·选举志》卷 10、卷 11，方志出版社，2016，第 5163～5180 页。

②　见朱保炯、谢沛霖编著《明清进士题名碑录索引》全三册，上海古籍出版社，1998。

③　转引自王豫生《福建教育史》，福建教育出版社，2004，第 256～257 页。

④　郁达夫：《郁达夫散文精品》，汉语大辞典出版社，1999，第 106 页。

试正式退出历史舞台而终结。

三　文学艺术下移

明末清初，兴化府是南明政权与清廷对峙地区之一，府城数度易手，频繁战乱使兴化的社会、经济、文化都遭到严重破坏。而康熙元年（1662 年）开始的大规模"截界迁民"更严重地破坏了兴化沿海地区的经济与文化。康熙二十一年（1682 年）复界后，兴化府的经济、文化得到恢复，但康雍乾年间（1662～1795 年）大量的"文字狱"冤案，使知识分子噤若寒蝉。与元朝相似，清代兴化许多士子是学而优而未仕，有清一代，兴化全府进士竟只有 60 多名，杰出的文学、艺术人才多活跃在民间，呈现出明显的文学艺术下移态势。

（一）文学

据近人统计，清代莆田著述作者 95 人，存书 189 部①；仙游著者 20 人，著述 30 多部，今存者则只有寥寥四五部而已。收入《四库全书》者仅有一部祖籍莆田的仁和人吴任臣所著《十国春秋》。《四库全书存目》亦只著录兴化人书目 12 部。清代在兴化文学史上较有影响的作家有郭凤嗺、王凤九、林麟焻、郑王臣、郭尚先、郭篯龄、陈云章、陈池养、宋际春、涂庆澜、刘尚文等。

郭凤嗺，字友日，莆田人，清顺治间（1644～1661 年）诸生，明兵部尚书郭应聘之孙。少时养尊处优，后家世衰落，艰辛备尝，心怀郁结，寄情诗文，性耽苦吟，著有《郭子诗草》《郭子诗选》《白舫诗集》。郭诗古体多沉郁顿挫，而近体情景清切，皆楚楚可观。其歌行体如《截界行》《买谷行》《卖子行》《苦役行》等都是反映兴化下层民众苦难之作。《截界行》描写迁界令下达后，官军驱迫百姓离开故园，甚至焚烧房屋的残暴行径，百姓流离失所，痛不欲生，"亲属骇相对，号泣但呼天"，"妇女哀路傍，牛豕散广阡。暮投树下宿，朝坐草头餐"，"壮者身何托，老幼命难全。饥寒更转徙，他邦谁肯怜"，甚至发出"人生不如草，倏忽见摧残"的哀叹。这是对清廷"截界迁民"暴政造成莆田沿海惨象的真实写照，也是对"官军""长吏"暴行的悲愤控诉。《买谷行》写一个子亡无靠的老人，为了缴纳三年军粮，被迫卖女。诗中揭露"官差入门怒如虎"，百姓因连年战乱和旱灾，早已是"十家九家火不举"，然而还得"鬻女买谷输官仓，输入官仓供雀鼠"。《卖子行》则描写一个妇女"丈夫从役去，身

---

① 《莆田县志稿》之《莆田人著作存本》分册，1965。

死鼓山南。家贫子尚幼，战场痛暴骸"，但"田荒赋频加，人亡徭犹在"，她只好卖掉幼子来埋葬丈夫，不料卖子所得的钱，却被官差以徭役为名掠夺而去，诗中反问造成这种"死别与生离"的人间惨剧，到底是"谁所使"。在文网严密的清代，敢于写作这类揭露黑暗的现实主义诗作是十分难能可贵的。

王凤九（1622～1697年），字而轩，号霞庵，仙游人。幼失父，敏而好学，顺治五年（1648年）举人，官河北涉县知县，有政声，尤以治水患有功。其《过客吟》云："水患患民不患官，救济救灾是青天。倘若朝朝皆治本，海晏河清谁希贤。"凤九后以治水忤上司而被罢官，留任一年后归乡。他家居著书30载，于文学、经学、天文、地理之学均有一定建树，著有《霞庵文集》《汇书》等。志载，王凤九原有文集4卷、诗集2卷，今唯存文集，收录各类文章110篇，多为题跋及学术文章，其中记游散文和碑记较具文学性，如《过太行山记》《忆游壶山记》《九华山记》《天马鲤湖合记》《娲皇庙记》① 等。

林麟焻，字石来，号玉岩，莆田人，康熙九年（1670年）进士，历官中书舍人、户部员外郎、礼部郎中、贵州学政等。康熙二十一年（1682），任册封琉球副使。林麟焻在琉球观风问俗，著《中山竹枝词》一卷，成为关于中琉交流史的重要文献。林麟焻工诗，在京时，常与友人往来唱和，其"拂郁困顿之致，悯时伤乱之怀"，都发之于诗，著有《玉岩诗集》《星槎草》《郊居集》《竹香词》，编辑了《列朝外纪》，修纂了《莆田县志》等。王士禛认为林麟焻"诗温润缜密，孚尹旁达，扶疏而直上，譬之玉与木，然愧予不能为玉人工师也"②。林尧英认为"集中所载如《四门》《夹漈草堂》《宫人斜》诸篇，皆清丽芊眠，婉约有致"。③ 其《九日》云："霜风猎猎冷吹衣，菰米初香蕨正肥。无限登临好重九，陇云亭叶一齐飞。"此诗截取几个镜头，生动描绘重阳节的气候及习俗，王士禛评云："绝调必传。"④ 林麟焻的词作，如《望湘人》《水调歌头·钓龙台怀古》等亦为后代所传诵。

郑王臣，字慎人，号兰陔，又号黄石山人，莆田人，生于康熙六十年（1721年）至雍正三年（1725年）⑤，乾隆六年（1741年）拔贡，充武英殿校录，一时蜚声艺苑。而后以直言得罪权贵被免职归乡，家居十余年，勤学苦读，

---

① （清）王凤九撰《娲皇庙记》见嘉庆《涉县志》卷8《艺文志》。
② （清）王士禛：《玉岩诗集序》。
③ （清）林尧英：《玉岩诗集序》。
④ （清）林麟焻：《玉岩诗集》卷1。
⑤ 见《清人诗文集总目提要》卷27。

学问弥深。乾隆二十一年（1756 年）中顺天乡试副举人，分发四川，历任铜梁、成都、井研知县。史载其"兴利除弊，民皆德之……擢兰州知府"。郑王臣性恬淡、喜吟咏。据涂庆澜《莆阳诗辑》引《荔隐居纪遗》载，郑王臣晚年告病回乡后与宋帝赉、曾范洪等人结"兰社"，一月一会。其著作颇丰，代表作有《兰陔诗集》《兰陔四六》《兰陔诗话》等，编有《莆风清籁集》。郑王臣对兴化文学的贡献是多方面的，有创作、评鉴、搜编等。《兰陔诗集》收录《连云草》《集杜诗》《燕中怀古诗》《香草集》4 种诗集。《连云草》为王臣官四川时所作，集中《岳忠武祠》《冯唐故里》《豫让桥》《黄粱祠》《邯郸怀古》《琢州道中》等篇什皆遣兴怀古、寄寓情思之作。《集杜诗》为乾隆二十五年（1760 年）王臣任筠邑簿书时所作，"凡流连景光，凭吊古迹，与夫怀人赠友之作皆集杜句，计得诗五十首。对偶精切，如天造地设而一气混成"。如《谒武侯庙》《江上人家》《巡行村落至孔雀溪》等皆对偶工整，用典精切，可见诗人读书之博。《燕中怀古诗》为王臣客居京师时在历代都城遗迹处的怀古咏史之作。诗作分别"以事系地，各为一题。其诗主于怀古咏史，而其体则仿佛乐府之遗声。凡四十章，少或数十言，长者数十韵"。集中《文丞相祠》《黄金台》《望诸君墓》《王孝子故里》等诗作，隶事博富，吊古伤今，寄意深远。《香草集》有《闲情三十首》，多为感物伤怀之作，以细腻委婉之句，抒发怀才不遇之情。《兰陔四六》4 卷，为王臣"受业子婿"陈霈整理，汇辑骈体文 72 篇，分表、颂、赋、序、书、启、祝文、祭文、辞、诔、疏等类。王臣诗文兼擅，此集中的骈文很多是实用性的，却皆写得文气疏畅、声韵和谐、辞藻华美、情文并茂。《兰陔诗话》附于《莆风清籁集》诗人或诗作之后，共评点品鉴诗人 440 多人，内容丰富，是清代兴化的一份重要诗评文献。《莆风清籁集》共 60 卷，初刻于乾隆三十七年（1772 年），选录自唐初至清中叶 1075 位作者的 3134 首诗[①]，是一部时间跨度千年的莆田（旁及仙游）诗歌总集。作者意在广录兴化历代诗歌，故举凡诗坛耆宿、公卿将军、布衣隐士、僧尼道士、青衣闺秀，三教九流，不问身份性别，诗佳皆可入选；形式载体则及于集句、石刻、谶语、杂谣、神异、鬼物等。该书保存了大量的兴化历代诗歌和文人资料，是了解兴化诗歌衍变发展不可或缺的重要文献。

---

① （清）钱琦在《莆风清籁集序》中谓"斯集所采诗至三千余篇""著录者一千九百余人"，为后之学者多所引用。此依黄祖绪《清代兰州知府郑王臣与〈莆风清籁集〉》一文的统计数据，见郑王臣辑、林煌柏主编《莆风清籁集选注（下）》，中国文史出版社，2013，第 1090 页。

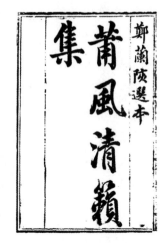

图 6 - 20 郑王臣《莆风清籁集》书影

嘉庆间莆田文学家以陈云章、郭尚先、陈池养等人为代表。

陈云章（1779～1850 年），字君兴，号秋河，晚号海东钝叟、茶隐老人，莆田人。嘉庆十四年（1809 年）进士，历官乐平、新昌、余干、武宁知县，官至宝应直隶州知州。为官"严毅清勤，门无私谒"。爱聚书，藏书不下 5 万卷，筑有"清远楼"以珍藏书籍。工诗文，著有《清远楼稿》，主修《武宁县志》《浮山东阳陈氏族谱》等，《国朝莆阳诗辑》录其诗 42 首。云章之诗"清真遛亮"，评者认为其作品出入苏轼、白居易和陆游之间。他喜游家乡名山胜迹，多纪以长歌。如《湄洲谒天后宫》句云："宣和赐号庙貌古，淳熙以后难悉数。或称夫人或天妃，我朝封号恩尤普。年年三月祝神诞，一炷藏香香不断。鲰生归自江湖间，扁舟欲访蓬山馆。"是对湄洲妈祖庙的至诚礼赞。

郭尚先（1785～1833 年）[1]，字元开，号兰石，又号伯抑，莆田人，嘉庆十二年（1807 年）解元，十四年（1809 年）进士，历官翰林院编修、国史馆纂修、四川学政、翰林院侍读学士、光禄寺卿、大理寺卿、礼部右侍郎等，卒年四十八。其为官风节清峻，书画篆刻、诗咏文章，皆超雄特出，著有《增默庵文集》《增默庵诗集》《郭大理遗稿》《芳坚馆题跋》《使蜀日记》《经筵讲义》《进奉文》等。郭的诗文以题跋为最多，如《题画》诗云："古木秋容淡，斜阳塔影高。登临曾此地，慷慨著吾曹。久对烟云幻，应知岁月劳。荆溪田可买，愿与息尘嚣。"尾联用苏轼"荆溪买田"典故，[2] 诗人借题画以表达归隐田园的愿望。

---

① 郭尚先卒于道光十二年十二月二十九日，此时已是公元 1833 年 2 月 5 日。

② 宋苏轼钦羡宜兴荆溪山水之美，尝云："一入荆溪，便觉意思豁然，欲买田其间，种橘作小亭，名以楚颂。"（元）倪瓒：《题陈惟允画荆溪图》，载《清閟阁集》卷 9，西泠印社出版社，2010，第 299 页。

道光朝以降，还有莆田的宋际春、郭篯龄、涂庆澜、刘尚文及仙游的王绍燕等文学名家。

宋际春（1816～1874年），字孟礼，号柘耕、蔗耕，晚号凌虚子、壶中子，莆田人。道光十五年（1835年）举人，历官寿宁、闽清县学教谕。同治九年（1870年）赴台湾任凤山教谕，卒于任上，著有《宋柘耕诗文集》《绿天偶笔》。宋际春"博览群书，诗才清丽"，为时所赏。如在台作《东宁杂咏》三首之一云："九州之外一弹丸，控引闽都实巨观。天暖断无衾似铁，地摇安得屋如山。鱼龙曼衍多珠贝，士女风流半芎兰。问俗更烦贤守念，何当佩犊解刀环。"郑成功子郑经曾改称台湾为东宁，此诗咏台湾风物，气势雄浑。

郭篯龄（1825～1886年），子祖武，又字子寿、山民，郭尚先子。郭篯龄博学，工诗和古文辞，著作颇丰，有《吉雨山房遗集》《山民随笔》《周易从周》《筮学从周》《读左疏证》等。他在歌颂合祀陈文龙和陈瓒的《二忠祠》诗中写道："劲节丹心萃一门，九原奚愧魏公孙。吾君吾侄肯相负，斯母斯儿不苟存。四字千秋真孟子，三山遍地祀忠魂。黄扉龙首文山并，信有江闽两状元。"陈少香称其诗："古体硬语盘空，雅近昌黎。近体亦戛戛独造，秀逸可人。"李小湖评论其诗："超轶之思，娇拔庸俗，绝句胜古，古又胜律。"①

涂庆澜（1837～1912年），字海屏、瀣坪，号耐庵、荔隐山人，莆田人，同治十三年（1874年）进士，历官翰林编修、国史馆协修。光绪年间（1875～1908年），典试贵州，任国史馆纂修、功臣馆总纂，叙劳加侍讲衔。光绪二十二年（1896年），以知府赴浙江任厘金总办，两年后乞归，著有《荔隐山房遗集》《使黔日记》《使浙日记》《国史昭忠列传》《莆阳文辑》《国朝莆阳诗辑》等。其楹联巧对，风靡一时。又工书法，楷书精严，行书秀逸。所纂《莆阳文辑》5卷，收录自唐至清末莆人文章181篇，仿姚鼐《古文辞类纂》例，分为8类，句读标圈，又附作者官阶事略。又编有《国朝莆阳诗辑》4卷，意承《莆风清籁集》之例，辑录清乾隆至光绪年间（1736～1908年）诗人48家，选诗479首，附以自作《荔隐居纪遗》、刘尚文《续梅花百咏斋附记》或其他诗评，为后人留下一份宝贵的近代文学史料。

刘尚文（1845～1908年），字澹斋，莆田人，宋文学家刘克庄后裔，少年笃学，孝友谦抑。伯兄照黎（字云阁）攻举业，家贫不能兄弟俱业儒，尚文改营货殖，以资其兄。尚文年二十四，就肆中勤学，习为诗、古文辞，遵例报捐国

---

① （清）涂庆澜：《荔隐居纪遗》。

学生。嗣后致力于学术，博雅嗜古，尤其喜书画金石。著有《澹斋诗文集》《莆阳金石初编》《莆画录》《莆志书目集证》《续梅花百咏斋附记》等。尚文性好游，所至家乡山水，多有诗纪之。如游梅峰之《梅寺晨钟》："月满山前路，幽人未归去。但闻有钟声，不见梅香处。"游五侯山之《双髻》云："山名犹藉绮罗香，宝髻双双晓镜旁。恰合蟠龙新巧样，应添螺黛助晨妆。"游梅妃故里《江妃村》云："曾否荒丘返骨无，梅花开遍燕将雏。只怜夜雨淋铃曲，不及楼东一斛珠。"郭篯龄认为"其思在于诗之前矣，其性情学术又在于诗之前矣"[①]。

清代兴化文坛有作品集传世者还有仙游举人刘璋寿《慕凤岩诗集》、莆田秀才林际鹏《天池斋偶吟》、贡生林尧光《涑亭诗略》、拔贡黄海《鲸涛集》和《续莆阳比事》手抄残本、进士廖必琦《荔庄诗钞》、进士林兆鲲《林太史集》、进士翁霆霖《翁笋楼集》、举人郑远芳《用拙居存稿》、拔贡陈梓《玲珑山馆诗集》、举人陈锡麟《瞻园诗草》、举人杨玉章《研经堂稿》以及进士江春霖《梅阳山人集》等。

清代兴化之闺秀诗人知名者有陈琼、林文贞、方琬、俞若耶、蔡捷、林瑛佩、陈谨媛、郭宜章、陈昆璧等，其中以乾嘉年间（1736～1820年）吴荔娘和嘉庆年间（1796～1820年）陈淑英为著名。

吴荔娘（1786～1802年），字绛卿，莆田人，夙慧而早夭。荔娘生平介绍以著名文学家洪亮吉（1746～1809年）于嘉庆七年（1802年）所撰《陈姬吴荔娘圹志铭》一文最为可靠。文中记述荔娘"生于海浦"，为安徽青阳县秀才陈蔚之妾，然嫁陈蔚才一年余就去世。陈蔚伤心不已，哭诗云："尘满妆台镜影虚，伤心犹记汝来初。晨窗辟纸争临帖，旅夜焚香伴读书。辛苦追寻千里外，等闲欢笑一年余。钿函剩有《兰陂稿》，吟向秋风泪湿裙。"[②]特请洪亮吉作圹志铭以纪念。洪于"壬戌（1802年）九月雨夜偶检案头，得荔娘所作《兰陂剩稿》，读竟怃然"，深感其慧业"可传"，遂为之作志。志中记载荔娘出身莆田农家，其父粗识书义，荔娘幼喜从父读，八九岁即学作五言、七言诗，无师自通，可谓夙慧。其性绝爱洁，室无纤尘，且不信神鬼。14岁时，已有很多踵门求婚者，陈蔚时客兴化，以文才得娶荔娘。婚后荔娘随夫归青阳，不料"遘疾遽卒"，年

---

① （清）郭篯龄：《刘澹斋诗序》。
② 黄祖绪：《壶山门第》，作家出版社，2015，第586页。

仅 16 岁，葬于青阳九华山侧原。① 其《兰陂剩稿》于嘉庆年间（1796～1820年）刊入《陈氏联珠集》，录诗 33 首。荔娘 14 岁时已是"诗笔苍健"，曾为吴兴 9 岁幼女严静题画墨竹三首，为人所诵，其一云："绣阁遥邻墨妙亭，开帘煤麝动芳馨。晴窗书破洪儿纸，谁识金銮未十龄。"② 其为世传诵作品还有《园居》《春日偶城》《咏牡丹》等诗作。《园居》句云："地偏饶逸兴，那问室如蜗。"《春日偶成》句云："莺儿有语迁乔木，燕子多情觅旧庐。"《咏牡丹》句云："国色日来描不得，世人空自费胭脂。"皆清新不凡，被誉为"晚唐佳句"。

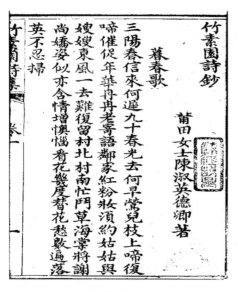

图 6-21　陈淑英《竹素园诗集》书影

陈淑英（1808～1877 年），字德卿，莆田国学生陈捷登之女，嫁秀才翁焕文为继室。焕文博通经史，善属文，兼能词赋。淑英家居，相夫教子，每乘女红之暇，留心诗文篇什。道光五年（1825 年）焕文中举，人谓焕文"优于学，由有贤内助之佐读"也。淑英著《竹素园诗集》2 卷，督学使厉恩官、兴化知府刘国光及乡贤宋际春、林扬祖等为之作序，题词赞颂者 20 多人。陈淑英诗多近体，作品"气含孤秀，词综众妍，近体累累如贯珠，与唐音尤合"（宋际春序）。如《月下十咏》《梅花十咏》《秋吟二十首》，皆咏物写景之力作。而《癸丑六月大水作》《田叟歌》长篇则是关注现实的风教之作。前诗末云："恨侬不作男儿身，代为舟楫群生渡。愿将珥笔绘流民，留与采风使者顾。"后诗末云："一年勤动易一禾，一禾直抵万金宝。膏粱子弟无惜心，玉粒挥除贱如草。"作为一位闺秀诗人，能写出同情百姓、谴责官家和纨绔子弟的思想深刻的作品，洵为难得。至于"诗余"如《菩萨蛮·闻雁》《忆王孙·春草》《一剪梅·寄远》等，虽皆伤时思远之常见闺阁题材，但都写得情真意切、深婉缠绵，艺术性很强。淑英最擅长的是集句诗，前人成句，经她妙手掇集，不但内容妥切，粘对等竟亦天衣无缝，足见她浏览之广博、读书之用功。如《萩芦溪即景》集句："何处秋风至（刘禹锡），迢迢听漏终（李昌符）。人

① （清）洪亮吉：《更生斋文乙集》卷 1，载《洪北江全集》，清嘉庆七年（1802 年）刻本。
② （清）袁枚：《随园诗话》（下册），云南人民出版社，2003，第 1290 页。

烟寒橘柚（李白），疏雨滴梧桐（孟浩然）。树色双溪合（刘长卿），山云四面通（张祜）。干戈愁鬓改（张乔），离思托飞鸿（徐凝）。"又如《壶塘书舍》集句："云飞岩接翠连天（游艺），独上江楼思悄然（赵嘏）。山色满窗书满架（刘菊庄），春光如海日如年（张旭）。数竿修竹三间屋（梁栋），十里松阴百道泉（陈继儒）。永昼迢迢无一事（韦庄），煎茶扫地亦随缘（陆游）。"这些集句诗在历代闺秀诗中独树一帜。

（二）书画艺术

闽中画派在明代兴化地区已崛起，名家辈出。清代兴化虽然科举不振，然受闽中画派影响，活跃于民间的书画名家则迭现辈出，刘尚文《莆画录》收清代莆田画家近 30 人，其中文人画家佼佼者有周韩起、郭尚先、罗大勋等。

周韩起，字聘伊，号莘野，莆田人。顺治年间（1644～1661 年）诸生，善写墨竹，同邑画家陈僧权授以笔法。遂臻佳妙。惟颇自珍惜，不轻易为人作画，画作罕传。著有《秋容亭集》。

郭尚先既是文学家，又是艺术家，诗文以外，工书法，楷书端重纯和，行书洒落雅健，得意之作足与赵孟頫、董其昌相媲美；善绘画，尤喜绘兰菊山水；又精鉴赏，善篆刻，有《芳坚馆印存》传世。

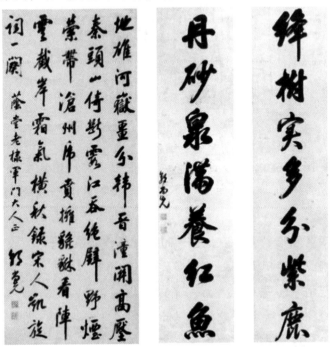

图 6－22　郭尚先书法作品选

图 6 – 23　郭尚先绘画作品选

图 6 – 24　郭尚先篆刻作品选

罗大勋，字仲嘉，号遁斋，莆田人，光绪初乡贡，擅长水墨山水，气格苍劲。因近视，故多作册页、扇面之类小品。民国间著名画家周维祯、林向秀等皆其弟子。

民间职业知名画家甚多，有作品传世者如杨津、欧峡、黄卷、杨舟等。

杨津，字巨源，莆田人（一说仙游人），民间著名职业画家，活动于明末清初，画史称他善山水、花鸟、兰竹，尤以人物画名重一时，尝写关羽像，神态生动，威仪凛凛，士大夫争求购之，传世画作有《云头思汉图》等。其后仙游李霞喜画关羽像，深受其启迪。

图 6 - 25　罗大勋《山水册页》选

图 6 - 26　杨津《云头思汉图》

图 6 - 27　杨舟《月下雄鹿图》

　　黄卷，字圣谟，号开益，莆田人。明末清初著名画家。画史称其善纵笔大幅山水松石，鲜有人知，世人独爱其所绘仕女图。其作于崇祯九年（1636 年）之《嬉春图》和《柳荫闲坐图》，皆为工笔仕女图作品，"造微入妙，开模为先”，形神兼备，造诣极高。《仕女中堂》之作，工笔手法，精描细绘，仕女形神与情景，刻画得淋漓尽致，画家一过目即能摹写，殊秀润。①

杨舟，字渔者，原籍苏北，隐居莆田苦竹山，成为职业画家。活动于康熙、乾隆年间。擅绘巨幅画，常作龙、虎、猴、鹿，尤以画鹿著称。又精人物画，所作《打猎图》，描绘平沙一片，寸马豆人，列队数百人众，人马形态跃然纸上。所作水墨山水近似沈周，表现烟云缥缈，岩石嶙峋，神韵不凡。传世作品颇多。

欧峡，字符泰，莆田人，活动于乾隆年间（1736～1795 年），善画人物，尚有《妈祖圣迹图》等画作精品传世。

清代兴化画坛名家见诸画史者，文人画家还有莆田人陈雪、林赞王、陈远、宋翃（韩长）、康崑、林麟焜、曾咏洙、程骥远等，仙游人黄汝楠、朱官澄等。

民间职业画家如莆田有郭巩、陈岳、吴晋、廖大受、李兆年、林嘉楠、常澍、黄阁、黄辙、吴应雄、林湛、俞洲、黄士衡、朱诚、游司直、林谦豫、周维桢、李光藻、姚云等，仙游则有陈文、江大琼、李泰、李墀、郑元凯、林一士等。

以书法知名者亦代有名家。宋祖谦，字尔鸣，号去损，莆田人，顺治诸生，宋珏为其从叔祖，工楷、隶、八分，兼精画理。黄庆云（1704～？ 年），字章御，仙游人，雍正八年（1730 年）进士，任浙江义乌知县，为官清正廉明，能诗善书，尤擅行楷。陈乔龄，字荔庄，道光十七年（1837 年）举人，进士陈云章子，善书法。涂庆澜（1839～1912 年），字海屏，同治十三年（1874 年）进士，行楷均苍劲秀逸。游观澜，字叔海，号金石缘主人，光绪十年（1884 年）秀才，廪贡。书法晋唐，端庄娟秀，结构精严。江春霖（1855～1918 年），字仲默，号杏村，晚号梅阳山人，光绪二十年（1894 年）进士，工书法，初学欧、虞，兼学颜、柳，晚年留心二王。书迹骨硬笔劲，恰如其人。郭慎行（1825～1909 年），字幼安，又字心余、星渔，进士郭尚先孙，光绪十一年（1885 年）拔贡。性好古，金石鼎彝，搜藏甚勤，擅书法，尤精篆刻。翁邦达，光绪二十三年（1897 年）武举，喜作榜书，笔力雄健，气势磅礴，有朱文公遗韵。

---

① 见《图绘宝鉴续纂》，其《柳下美人图》，收入昭和 4 年（1929 年）日本大塚巧艺术出版社的《唐宋元明名画大观》，昭和 11 年（1936 年）由原田谨次郎编辑的《支那名画宝鉴》再次收录，均列为明代绘画。北京故宫博物院收藏其仕女扇面，系其顺治十二年（1655 年）所作。事迹详见《画史汇传》《中国美术家人名辞典》《宝绘图鉴》《中国美术史纲》下册及《壶山门第》第 459 页。

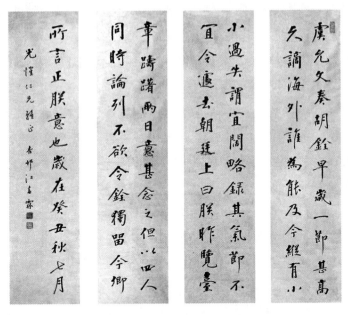

图 6-28 江春霖四条屏书法作品

清代著名书家还有莆田吴养浩、吴牧、郑开、黄辙等。仙游则有康熙岁贡唐仁永、岁贡唐斯盛，雍正十三年（1735 年）举人黄汝楠[①]，嘉庆诸生林大章，等等。

清代莆田的篆刻家也代有人出，如黄应闻究心印学，并擅篆刻，其钟情于石印，篆刻在印面上可见其微妙变化，尽得笔意刀趣，山情水意。著有《问字编》，参订《石鼓斋印鼎》。

（三）工艺美术

工艺美术家古代被列为匠人，很少受到文人的关注，因此文献资料较少。但仍有一些名家留下事迹。如清雍正至乾隆年间（1723~1795 年），莆田七埭里（涵江埭里村）人游伯环，精于紫檀红木人物、花瓶、香炉底座等工艺品雕刻，赋形苍古，用刀灵活，一瓶一钵，绝不雷同；其弟伯铭，则精于制作铜器；另一弟伯潜精于制作博古橱及细木家具。游氏兄弟，一人一艺，各著声名，为时所颂。

木雕工艺名家，清朝中晚期还有莆城玉井巷的廖氏家族。廖氏之祖廖明山，"善用寸木雕镂人物、花草虫鱼等"，所雕花堵、围屏等，为时所颂。其玄孙廖

---

① 黄汝楠于乾隆二十四年（1759 年）任湖北来凤知县，《同治来凤县志》卷 19 "秩官"记名作"黄汝梅"。今依《乾隆仙游县志》卷 39 传记载名。

熙、廖永兄弟亦均为雕刻名手。廖熙（1863～1918年），城内坊巷人，兴化府著名雕花艺人，长于人物、刻花、工精刀挺，其《关公》《达摩》等雕刻取天然材料，化朽为奇，仿真神传。他擅书画，融中国绘画于民间雕刻之中，木雕艺术境界很高。从庙宇、祠堂的雕花构件到宅第的家佩、箱柜，从宗教人物造像到散件的梅瓶底座、撰盒等，均留有他的痕迹。福建省博物馆收藏的两件廖熙木雕作品关公像，堪称廖氏木雕的经典之作。关公像高约30厘米，呈坐姿态，形态端庄大方，身披锦绣官袍左脚微向前斜跨，右脚内收，双手交集与右胯，气宇轩昂且不失威武之势。细节刻画上，其头戴冕冠，凤眼赤目，双眉微整，五绺长髯飘洒胸前，神情肃然。衣纹线条具有绘画性，衣褶相互叠压的关系被刻画得清晰又自然，注重造型的整体感和抑扬舒急的节奏感，而不过分强调线条与肢体起伏转折的相应变化，大有"曹衣出水""吴带当风"之气度，极具艺术感染力。在刀工上，用刀如笔，行运自如，刀锋锐利磊落而绝不拖泥带水，隽秀中见健劲。廖氏木雕代表了莆田木雕技艺的最高水平。[1] 光绪三十四年（1908年），一代名师廖熙在巴拿马赛会上以著名的《关公座像》赢得金奖，由此奠定莆田木雕以圆雕为主的华美、细腻风格。此后，廖熙雕刻艺术名扬海内外，其雕件为英、美、法、日本等国及我国港、澳、台地区的古董商所瞩目。今天，故宫博物院尚存多件"廖氏"木座和清乾隆年间（1736～1795年）莆田后洋艺术家雕刻的贡品"贴金透雕花篮"馔盒和浮雕花窗构件，莆田博物馆也存有数件"廖氏木座"。

兴化石雕艺术历史悠久，清代嘉道年间仙游郭力、郭怀父子尤为突出。郭力是仙游度尾镇砺山村人，出身石匠世家，赫赫有名。其子郭怀青出于蓝而胜于蓝。郭怀读私塾6年，后弃学随父学艺，18岁起游走天下，博采众长，从各地木雕、玉雕、石雕中领悟到雕刻艺术真谛，开创融木雕、玉雕技法为一体的"蟠龙石柱"独门绝技，被誉为"八闽雕龙始祖"。嘉庆九年（1804年）应其父和乡人之召，郭怀返乡参与南潮宫重修工程，前后历经27年，带领徒弟为南潮宫完成石龙柱等石雕传世精品。所雕蟠龙石柱上方用月宫表示天堂，用海浮石表示大海，意在表现蟠龙能上天入海的传说；用祥云翻滚、闪电阵阵表现龙为雷电的化身。所雕石锄棒细如火柴梗，荷花叶上一棵棵突出的小刺，蟠龙背脊上如毛细血管似的软骨清晰可见，隐藏于蟠龙和祥云之中的正八面形石柱八面平整均等，八边之棱角线条笔直，柱子与蟠龙结合得天衣无缝，整体造型栩栩

---

① 李松：《土木金石传统人文环境中的中国雕塑》，陕西人民美术出版社，2005，第199页。

如生。据考，出其师徒之手且存世成为县级以上文物保护单位的石雕作品如今除存于南潮宫外，还存于度尾剑山杨泗宫、中岳锦溪宫和仙游东门石坊、仙游文庙等处。其所传闽南石匠艺徒创作的安溪文庙、惠安东岳庙、福州于山法雨堂等省内许多古建筑的蟠龙石柱，亦可觅见郭怀雕刻技艺的印记。郭氏技艺对闽南尤其是惠安的石雕技艺发展影响极大。

图 6 - 29　度尾砺山南潮宫郭氏石雕

乾隆、嘉庆年间（1736 ~ 1820 年）的郭八使则是雕砚名家。郭八使，字石迁，明代兵部尚书应聘裔孙。八使喜刻端州佳石，创作态度十分认真，作品一旦完成，必为精品。所刻砚台花草鸟兽，栩栩如生，人叹为神技。乾隆四十四年（1779 年）举人、著名诗人郑远芳曾作诗推崇云："郭氏名石迁，熟精制砚术。人巧错天工，所作皆雅逸。"①

综上所述，在清代莆仙文化总体上走向式微的历史条件下，文学艺术另辟蹊径，走向民间，一方面从民间汲取创作养分，寻找创作灵感，开辟广阔的创作空间，另一方面更真切地反映民间社会生活，更直接服务于普罗大众，也更具有生命力，从而在清代莆仙文化中写下浓重的一笔。

四　莆仙戏的发展

清初，莆仙戏因社会动荡而衰落，逮至康熙雍正乾隆时期，随着社会、教

---

① （清）郑远芳：《旧砚改作，诗以志喜》，见《用拙居存稿·循陔剩稿》，清嘉庆四年（1799 年）刻本。

育、科举等方面的发展而得以逐渐恢复。清代莆仙戏的发展，主要体现在以下三个方面。

（一）戏班的发展

关于清初莆仙戏的戏班数量，没有具体记载资料。据清陈鸿《熙朝莆靖小纪》载，康熙三十四年乙亥（1695年）"十二月二十九日迎春，戏子二十八班，共妆春架四十架"。可见，康熙年间（1662～1722年）的莆仙戏班数量至少有28班。至乾隆朝，戏班有了较明显的增加。乾隆二十七年（1762年）莆田头亭瑞云祖庙所立的《志德碑》载，其时莆田县部分戏班因不堪官府扣留戏船，乃联名呈控，后经有司榜文，恶行得以禁止，戏班乃树《志德碑》以纪其事。当时参加立碑署名的戏班有双珠、云翘、翔鸾、庆顺、锦和、八艳、八阳、斌亭、胜凤、碧兰、集锦、敲金、玉珠、雪阳、揖瑞、集瑞、锦林、锦树、瀛珠、珍玉、兴隆、泮水、沐芳、鸣盛、书仓、东聚、壶兰、瑞云、荣招、树梨、凤仪、金兰等共32个。[①] 这些戏班仅是部分使用戏船的戏班，并不是莆仙戏班的全部。

图 6 - 30　头亭瑞云祖庙
清代《志德碑》

关于清代仙游县戏班情况，道光年间（1821～1850年）仙游县令陈盛韶所撰《问俗录》中"七子班"条说仙游县民"俗喜歌舞，春秋社及神诞、里巷昏丧靡不演剧，而价亦廉，合邑六十余班，每班七八人，闽人通称曰七子班"[②]。60多个应为道光年间仙游一县戏班的数量。20世纪仙游县戏曲工作者曾考证，仙游县"古戏班从清咸丰、同治开始到建国之前，共查悉有188班。其中清代期间占一半，清末最多，达70多班"[③]。

据调查，清中叶至清末（1821～1911年），莆田、仙游二县前后共有戏班150多个。从收集的传统戏曲抄本记载的班名看，道光至宣统年间，莆田县有红

① 杨榕：《福建戏曲文献研究》，中国戏剧出版社，2007，第327页。
② （清）陈盛韶：《问俗录》卷3，载《蠡测汇钞·问俗录》合册，书目文献出版社，1983，第76页。
③ 王金麟：《仙游县旧戏班概况》，载莆田市政协学习宣传和文史资料委员会编印《莆仙戏》专辑，2006，第285页。

窗凤池班、彩凤班、凤仪班、金珠班、熙春班、竹音班、顺珍馆、附凤班、成月楼、紫星楼、蓬瀛春、瑞如班、宝聚班、堂春班、珍宝班等90多个戏班。仙游县则有万泉班、春盛班、捷兴班、盛音班、成美班、长春班、长兴班、胜春班、振瑞班、万春班、和春班、振美班、协顺班、双兴班、合成班、泉春班等60多个戏班。①

古代莆仙戏演员皆为男性，旦角亦为男旦，但莆仙戏前身——兴化杂剧中是有女演员的，故明末清初莆田人俞启相有"女优"演出的记述。只是自康熙十年（1671年）到乾隆三十九年（1774年）的一个世纪间，康熙、雍正、乾隆三朝曾数次颁布禁止女戏的饬令，各剧种女艺人逐渐退出了舞台。莆仙戏女演员被禁止上台后，她们中的一部分参加十番八乐队，改操"架旦"②，有的就自己组织戏班并授徒。清中叶以后，莆仙戏中由女艺人组班授徒的戏班有莆田女班主黄十五嫂的万宝班，女班主林阿姝的赛金梅、赛金莲、赛金兰、赛金茎、赛金莱、赛金英等14个班，等等。而清末更刮起各行各业组织戏班之风，如鼓师组班的鼓槌班、鼓珠班、鼓梅班，银匠组班的打银一班、打银二班，等等。还有许多以各地村名、地名命名的班，如后周班、西园班、屏山班、塘下班、顶墩班、树兜班、赖店班、西埔班、榜头班、溪头班等。

（二）剧目数量的发展

清代莆仙戏剧目资料较丰富，1962年福建省有关部门在莆仙两县共征集到剧目5619个，其中有剧本的5326个，还征集到舞台演出剧本（戏簿）共8000多本，在"戏簿"封面上标明清道光至宣统年间（1821～1911年）的就有1357本。清初进士杨梦鲤和咸丰举人杨玉章等留下的两份剧目，足以证明清代莆仙戏剧目有了较快的增加。

杨梦鲤，字登龙，晚号南叟，莆田人，清顺治九年（1652年）进士，官青阳知县，擅文学，精武艺。在其所著《意山堂集》联句集中，有戏联80多副，包含清初莆仙戏演出剧目70多种。大多是一副戏联吟咏一个剧目，联句都较长，举例如下（括号内注剧目简称）。

> 叹公瑾不知贤，空恨生瑜何生亮；
> 且荆州亦汉物，奚须言借又言还。（《三国》）

① 柯子铭主编《中国戏曲志·福建卷》，文化艺术出版社，1993，第61页。
② "架旦"指莆仙十番队行进演奏队伍最后压阵的化妆女艺人。

千古说桃园，烟尘力扫黄天，肇迹龙兴西蜀；

三分起草泽，气运争回赤帝，同心鹿竞中原。（《三结义》）

金缘爱色色爱金，金尽爱忘，红粉自然贪佳士；

我既负人人负我，我从负起，青楼何必怨状元。（《王魁》）

淑女展成将帅才，果辅乘龙犁虎穴；

木兰空副相思愿，终教守兔到蟾宫。（《木兰》）

笑比河清，不愧国家臣子；

心同月皎，敢欺天地鬼神。（《包拯》）

一封血疏动龙颜，忠作孝，死复生，金銮殿中贞烈胆；

万里赐环娱鹤发，正胜邪，仇报怨，木棉庵里权奸魂。（《叶李》）

一念错即属轮回，从地狱度亲，诚孝独推千古；

万目观应须猛省，借优棚说法，菩提遍现十方。（《目连救母》）

损友缔心交，非盗环谁知胡柳；

同胞遗度外，因杀狗始叶埙篪。（《杀狗》）

玉娥早识榜头人，任宰相冷眼痴心，甘离朱门茹雪草；

造化能坚窑客志，听老僧敲钟覆钵，炼成冰骨步沙堤。（《吕蒙正》）

片纸靖干戈，助好合姻缘，全凭白马；

西厢深锁钥，传风流心事，只借红娘。（《西厢》）

乞火会良缘，怎泄沉香气味；

破洞传妙诀，争回慈母自由。（《刘锡》）

锦堂里故破菱花，意恋闺中红粉女；

彩楼上戏抛荔子，情牵马背绿衣郎。（《陈三》）

盘根错节志宁移，正以妻不下机，嫂不为炊，涵养异时相度；

附势趋炎心莫怪，谁云官弗居高，金弗在多，能满今日人情。（《苏秦》）

何须采药问仙踪，固宠谋疏，忠愍已褫二竖魄；

不避上章通帝听，保身念冷，肃清终借三贤功。（《严嵩》）

一妇呼天，兆民戟指，万里长城能不倒；

九州众叛，二世偕亡，千秋小庙岂无因。（《孟姜女》）

兰去莲来，旅馆结晋秦，到底堂堂相国婿；

文经武纬，拜亭藏姑嫂，分明两两状元妻。（《拜月亭》）

彷徨米糒获明珠，雁塔状元，犹忆调羹手段；

狼狈糟糠临宝镜，龙图学士，岂容剪发威风。（《高文举》）

白面愚哉，枕边不问春多少；

红颜别也，醉后空怀意假真。（《梁山伯》）

弃子养亲，几万里奔波，离而合、合而离，竟作状元之母，榜眼之妻，总由孝心一点；

舍孤全爱，十六年鞠育，生念养、养念生，能使平章有父，太守有儿，共传高义千秋。（《傅春卿》）

对薰风闷拨幽弦，声声弹出孤鸾恨；

披明月直陈奏疏，字字宣来乌鸟情。（《蔡伯喈》）

也有的一副戏联中包含两个或更多剧目，如：

乞火事可信可疑，说到风流泥亦活；

罗斋时谁知谁识，传来胪唱壁笼纱。（含《刘锡》《吕蒙正》）

耻哉磨镜说风流，未经商母断机教；

荡矣投荔称窈窕，倘遇姜郎一笔休。（含《陈三》《商辂》《姜孟道》）

苏子嫂苟有包子嫂之情，奚至后恭悔前倨；

温小姐若具牛小姐之慨，不劳白纸告青天。（含《苏秦》《包拯》《高文举》《蔡伯喈》）

听琴、磨镜更私奔，风月至乖伦，孰似断机明素志；

吊友、出妻成愤懑，姻缘皆悖德，何如怀远送寒衣。（含《西厢》《陈三》《红拂》《商辂》《梁山伯》《姜孟道》《孟姜女》）

从来才子配佳人，或抛荔、赠梅，或追舟、赴吊，各遂姻缘，独惜汉姬归丑虏；

自古贤媛成命妇，若断机、击鼓，若剪发、投江，均全节义，堪怜窦氏扫长街。（含《陈三》《裴禹》《必正》《梁山伯》《昭君》《商辂》《叶李》《高文举》《王十朋》《朱买臣》）

第二份剧目称《梨园百咏》，又名《百艳词》。清咸丰二年（1852 年）[①] 举

[①] 清涂庆澜《国朝莆阳诗辑》卷 4 载杨玉章为"咸丰壬子（1852 年）举人"，柯愈春著《清人诗文集总目提要（中册）》亦作"咸丰二年（1852 年）举人"；民国张琴《莆田县志稿·选举》则载为同治九年（1870 年）举人。此依咸丰二年说。

人杨玉章，字琢如，涵江人，光绪元年（1875 年）与涵江文人刘彦士、卢微之、陈笃人等联咏莆仙戏所演剧目 100 个，每句五言，咏一个剧目，缀成长篇五言排律，故名《百咏》。所含 100 个剧目如下：

《西厢》《百花亭》《梁山伯》《郭华》《益春》《四郎探母》《文君》《仙姑问》《拜月亭》《春江》《冯琰》《裴孝英》《红绡》《田氏》《金沙女》《杨绾》《永乐君》《大姑娘》《唐高祖》《孟光》《刘锡》《张果老》《尼姑下山》《朱买臣》《千里送》《孟道》《郭英》《王嬛女》《赵五娘》《高文举》《梁红玉》《姚孝英》《贞梅雨》《张尹时》《莫怀古》《花月姑》《江梅妃》《秋胡》《西施》《刘阮》《孟姜女》《杨恕》《春海棠》《王朝元》《姜诗》《谢瑞卿》《李孝贞》《叶李》《吕万禅》《琴操》《兰季子》《杀狗记》《李亚仙》《寻亲记》《武则天》《蔡琰》《屠节》《吕布》《双鸳鸯》《教子》《邹小姐》《白蛇》《刘智远》《潘巧云》《梁灏》《卖油郎》《珍珠衫》《潘大华》《陶三春》《凯文》《吕蒙正》《朱弁》《钟无盐》《云霞》《茂郎》《别姬》《水冰心》《阎惜姣》《刘金定》《樊梨花》《周禹》《陈美娥》《李白》《王羽赞》《待月台》《娘阿》《潘金莲》《红拂》《王昭君》《黑白夫人》《彩燕》《正德君》《张青》《高怀德》《王德元》《香罗带》《萧亮》《唐寅》《孙夫人》《李旦》。

以上剧目大多完整保留了下来。

（三）演出艺术的发展

莆仙戏的演出艺术在清代也有一定的发展，主要体现在唱腔音乐、舞台角色及组织以及舞台美术三个方面。

第一，唱腔音乐方面。兴化唱腔在当时乱弹诸腔蓬勃兴起的影响下，大量吸收乱弹诸腔的剧目和艺术形式，特色更加鲜明。唱腔结构为"曲版连缀体"，男女同腔同调，本噪发音；旋律以五声音阶为基础，徵调式、商调式居多，宫、羽调式次之；曲版丰富多彩，有"大题三百六，小题七百二"；还吸收了外来"小鼓类"曲牌，旋律较华丽流畅，行腔多配小锣小鼓，俗称"花鱼鼓堂"。音乐则讲究以不同的乐器表现不同的场景，营造相应的气氛。如婚丧喜庆、迎宾送客、登殿升帐等，采用"大吹"演奏，配有大鼓、大钹、二钹、钟锣、小锣等演奏，气势庄严雄壮；若是酒筵歌舞、花亭月夜、杨柳春风等怡人诗意场面，则用小唢呐或竹笛、二胡、弹拨乐器演奏，音乐气氛清丽优美；再如表现风雪雷霆、刀光剑影、推车摇橹等紧张场面，则以打击乐器为主，以表现场面的张弛松紧和节奏的抑扬顿挫。

清代，莆仙地区的"十番八乐"等民间曲艺也有新的发展。十番有文十番、武十番之分。前者主要是用丹皮、檀板、云锣、奚琴、四胡、尺胡、三弦、八角琴、九弦琴、苏笛等十种乐器演奏，旋律较为缓慢，音色低沉古雅，保存古老音乐特点；后者用横笛、板胡、四胡、二胡、尺胡、中胡、贡胡、三弦、八角琴、云锣等十种乐器演奏，旋律较快，音响洪亮，音色尖响。"八乐"则是在十番基础上加上唢呐、锣、鼓、钹等打击乐器，并多有演唱。清代莆仙戏的后台伴奏也从原先的锣、鼓、吹等单纯乐器，转向民间吸收"十番八乐"的部分乐器和外地剧种的乐器，如二胡、板胡、琵琶、三弦、扬琴等，使莆仙戏的音乐表现更加多样化与抒情化。

第二，舞台角色及组织方面。莆仙戏舞台角色历史上有所谓"七子班"之说，即由"生、旦、贴生、贴旦、靓妆（净）、末、丑"七个行当组成。清代，莆仙戏行当有所增加。据记载，清乾隆二十七年（1762 年），莆仙戏已有"八阳""八艳"班，即在七个行当之外多了"老旦"一角，凑成了所谓的"八仙子弟"。清代的莆仙戏班一般都保持 13 人的规模，包括"八仙子弟"即演员 8人，乐员 3 人，负责鼓板、大小锣和吹笛，勤杂 2 人，包括笼官（负责服装道具等"戏笼"）和棚杂（打杂）。到了清末，有的莆仙戏戏班扩大到 20 多人，增加了副生、四旦（花旦）、副靓妆、五旦等脚色行当（图 3）。

第三，舞台美术方面。莆仙戏戏曲服饰，包括服装款式、装饰纹样、色彩等在明代已基本定型，人物脸谱与昆曲、弋阳脸谱式样亦大致接近，但清代，舞台美术又有了一定发展。如戏曲服饰进一步做了加工改进，显得更加丰富多彩和靓丽怡人，因此在新春贺岁、迎神赛会活动中，人们往往喜借戏班演员来装扮"春架"，营造喜庆气氛。清末，莆仙戏还对一些生活服饰进行艺术化处理，使其成为舞台服装。如时事剧《林则徐禁烟》《吗啡劫》等，把生活服装搬上了舞台，更好地塑造了人物。1963 年黄文狄主编的《莆仙戏传统舞台美术》一书中收录的清季服饰就有蟒袍、补褂、帔袄、箭衣、马褂、甲子、通身捆以及大量头饰与砌末等，这些都使得莆仙戏的舞台美术更加精美和赏心悦目。

总之，在明代莆仙戏繁荣的基础上，清代莆仙戏无论是在戏班和剧目的数量上，还是表演艺术上都有所发展，达到一个新的高度。清代莆仙戏的继续发

蟒袍　　　　　　補褂

馬褂（一）　　　　　　馬褂（二）

图 6 - 31　莆仙戏清季服装举例

展，反映了民间艺术具有广大的市场和强大的生命力。

五　传统宗教缓慢发展

（一）佛教的发展和在海外的传播

清朝统治者以理学治国，在宗教上尊崇藏传佛教格鲁派。出于巩固封建统治的需要，清王朝虽也对汉传佛教采取了一定程度的扶持，但其热情已大大减退。此外，清初福建作为反清复明的基地，战事频繁，地方社会经济文化遭到严重破坏。清军攻入福建后，为封锁固守厦门、金门的郑成功，顺治十八年（1661 年），清廷又颁布了"迁界令"，强迫福建沿海一带民众悉数内迁。迁界使沿海一带土地荒芜，大片良田沦为海荡，经济衰退，哀鸿遍野，佛教事业难免受到影响。上述因素导致清初兴化府的佛教寺院大为衰落，虽然也有一些寺院、庵、堂得到不同程度的新建或修葺、重建，但很快也出现僧逃寺废的现象。梅峰寺在康熙七年（1668 年）、康熙四十年（1701 年）、康熙四十九年（1710年）及雍正五年（1727 年）先后数次得以修建。康熙十八年（1679 年）住持良忠重建龟山福清寺，然此后的 200 年间，龟山寺也渐复圮坏，到光绪初年（1875 年）时除了仅存的一座法堂外，皆成废墟。康熙二十九年（1690 年），悟明和尚重修囊山慈寿寺，然因繁重的赋税及战争等因素，到雍正年间（1723～1735 年），囊山慈寿寺已僧逃寺废，圮坏不堪。康熙三十一年（1692 年），镇守福建兴泉等处的总兵王万祥捐俸兴修广化寺，历时三年告竣。然而，因战争及自然灾害等，咸丰、同治年间（1851~1874年），广化寺日渐破落，至光绪十二年（1886年），全寺除观音阁外，皆成瓦砾蔓草，全寺住僧只剩2人。总体而言，清初，兴化府新建、重修的寺院数量远不能与被毁废的寺院数量相提并论，即使是号称兴化府"四大丛林"的广化寺、梅峰寺、囊山慈寿寺、龟山寺，僧侣总数也不足50人。

到了光绪年间（1875~1908年），莆田佛教开始复苏，各大寺纷纷复建。光绪十一年（1885年）住持通源重建囊山慈寿寺。光绪十六年（1890年）善和和尚住持广化寺，开始重振广化寺，不仅选择传法弟子，定下了广化法系的"善元通本体圆定学贤能真觉仁如性曾登福慧禅"20字辈行，而且陆续重建了大雄宝殿、客堂、禅堂、方丈，还于凤凰山的最高点创建一座天马岩。此后，本如和尚又建了大悲阁，还赴北京请回7000余卷藏经珍藏。光绪二十五年（1899年），僧微嘉重兴梅峰寺，从海外募款，先后兴修大雄宝殿、方丈、客堂、钟鼓楼、韦驮殿及禅堂，而且也定下了梅峰寺法嗣的24字行辈"心宗贤达妙性文章觉古来源真理本然非有大道即空中光"。光绪二十八年（1902年），僧成慧、妙胜重建龟山寺，还制定了龟山法派"怀成本茂定真禅宽如满正增自显道最昌圆志融文平聪香金福兹法灿永寂良心慎广智鸿长品实聚上敏秀藏密"46字辈行。

清代，兴化府佛教发展的一个显著特征是不少高僧走出国门，弘法海外，充当中外文化交流的使者。国欢寺住持超元（1598~1662年），莆田县人，字道者，雪峰亘信禅师弟子，于顺治七年（1650年）东渡日本弘扬佛学，住持长崎崇福寺，后移锡平户普门庵，创立日本"盘圭禅"派，当时慕名而来的弟子数千人，著名僧人和居士有五六十人，"群贤毕集"，"其名声之噪不亚唐僧"，日本学者在《道者超元来朝及其影响》中写道："道者拥有众多的门生弟子，或者忏悟人生，或者修身养性，或者指点迷津，或者度众济世。创禅界之新风，立禅界之不二法门，盛极一时，有口皆碑。"超元是莆田传法海外的第一人。独湛性莹禅师（1628~1706年），又称独湛寂闻道人，莆田黄石人，俗姓陈，顺治十一年（1654年）随隐元大师东渡日本，康熙二十一年（1682年）担任京都黄檗山第四代住持，在日本弘法达52年之久，对日本佛教黄檗宗的创立和发展做出重要贡献，有《梧山旧稿》《语录》《扶桑寄归往生传》传世。微嘉，仙游人，光绪年间（1875~1908年）在吉隆坡剃度出家，后住持广福亭，广行募化得资后回乡重建梅峰寺，开莆田地区佛教僧人向东南亚寻求发展之先河。继后，广化寺僧通莲、本如、体心、本清等相继到东南亚弘扬佛法。这些僧人的南渡，为以后各寺院创建南洋廨院打下了最早的基础。

图 6 - 32　日本崇福禅寺

（二）道教的缓慢发展

清朝前期，统治者并不重视带有浓厚汉文化色彩的道教信仰，特别是从乾隆朝起，道教的政治地位日渐下降，失去统治者扶植的正统道教不可避免地更加衰落了。但是，为了巩固统治，清王朝又不得不对中国土生土长的宗教加以利用，以作为统治各族人民，特别是汉族人民的思想工具。因此，从政治目的出发，清王朝逐渐形成一条对道教既利用又抑制，且抑制不断加强的政策。有清一代，道教在莆田地区的发展状况已大不如前。其间，境内的一些重要宫观虽进行多次的修缮或扩建，如为避康熙名讳，将玄妙观改称元妙观，并分别在嘉庆、咸丰、光绪年间（1796～1908 年）重修元妙观；黄石北辰宫、凌云殿、东岳观等也得到多次的修缮扩建；光绪年间（1875～1908 年），还新建了涵江城隍庙（即今鲤江庙）和莆田县城隍庙。但清代莆田严格意义上的道士很少，高道更是少之又少，以做法事为职业的火居道士居多。清末，莆田出现一位著名的正一派道士陈愈德，他曾到清廷内宫做法事，内廷赐给他一袭五爪金龙道袍。①

综上所述，由于清代宗教政策的制约，莆田的佛教、道教等正统宗教发展缓慢，道光之后虽然有所改观，但总体发展状况不如明代。唯一值得记述的是清代莆田不少高僧大德走出国门，到日本和东南亚弘法，传播中国佛教文化。

---

① 周益民、雷凤忠编著《宗教信仰》，"莆田文化丛书"，福建人民出版社，2003，第 70 页。

图 6 - 33　涵江鲤江庙神龛

这些高僧大德的海外传教不但取得骄人的成就，也在一定程度上影响着近现代莆田佛教的发展。

六　妈祖信仰的鼎盛

（一）清代对妈祖的敕封

宗教信仰的发展与社会经济的繁荣息息相关，一般而言，盛世盖庙，宗教信仰繁荣，乱世则拆庙，宗教信仰衰败。清朝入关后一段时期内，实行民族歧视政策。福建为反清复明的重地，清军南下以武力平定反清斗争，并一度实行禁海和迁界政策，沿海 30～50 里成为一片废墟，社会经济文化受到极大破坏，妈祖信仰也难逃厄运，沿海地区的妈祖宫庙因迁界而焚毁殆尽。所幸，为了平定东南，统一台湾，康熙皇帝重视水师，特别是福建水师，而水师将士多信仰海神妈祖，直接影响朝廷对妈祖信仰的态度。康熙十九年（1680 年），应福建水师提督万正色的请求，朝廷敕封妈祖为"护国庇民妙灵昭应弘仁普济天妃"，并派礼部员外郎辛保等人到福建湄洲祖庙致祭，从而为清廷大力扶植妈祖信仰确定了基调。有清一代，朝廷褒封妈祖多达 16 次，为历代之最，封号也从"天妃"升格为"天后"（见表 6 - 8）。[①]

①　关于敕封"天后"的年代，目前有康熙二十年、康熙二十三年、康熙四十四年、康熙末年、雍正年间、乾隆二年等不同说法，莆田湄洲妈祖祖庙董事会编《湄洲妈祖志》（方志出版社，2011，第 219 页）采用"康熙二十三年晋封为天后"说，姑从此说。

表 6 – 8　清代朝廷敕封妈祖一览

时间	封号	褒封事由	主要根据
康熙十九年（1680 年）	护国庇民妙灵昭应弘仁普济天妃	庇万正色攻克厦门	汪楫《使琉球杂录》《天妃显圣录》
康熙二十三年（1684 年）	晋封天后	助施琅平定台湾	郁永河《海上纪略》等
乾隆二年（1737 年）	护国庇民妙灵昭应弘仁普济福祐群生天后	庇督饷台湾	清宫档案及周煌《琉球国志略》
乾隆二十二年（1757 年）	加"诚感咸孚"	庇全魁、周煌使琉球	清宫档案及周煌《琉球国志略》
乾隆五十三年（1788 年）	加"显神赞顺"	平台湾林爽文暴动	清宫档案
嘉庆五年（1800 年）	加"垂慈笃祐"	赵文楷使琉球	清宫档案
道光六年（1826 年）	加"安澜利运"	江苏巡抚奏漕运安抵	清宫档案
道光十九年（1839 年）	加"泽覃海宇"	林鸿年使琉球还	清宫档案
道光二十八年（1848 年）	加"恬波宣惠"	江苏巡抚奏庇漕运	清宫档案
咸丰二年（1852 年）	加"导流衍庆"	江苏巡抚奏庇漕运	清宫档案
咸丰三年（1853 年）	加"靖洋锡祉"	福建巡抚奏庇漕运	清宫档案
咸丰五年（1855 年）	加"恩周德溥"	热河都统奏击退盗艇	清宫档案
咸丰五年（1855 年）	加"卫漕保泰"	漕运总督奏庇漕运	清宫档案
咸丰七年（1857 年）	加"振武绥疆"	不详	同治五年御祭文
同治十一年（1872 年）	加"嘉祐"	以护漕有功	《光绪会典》及《上海县续志》
光绪元年（1875 年）	加"敷仁"	以台湾防务神灵显应	清德宗实录

资料来源：莆田湄洲妈祖祖庙董事会编《湄洲妈祖志》，方志出版社，2011，第 217 页。

清廷不但频繁敕封妈祖，把封号提升到"天后"，还把妈祖正式列入国家祀典。康熙十九年（1680 年）至五十九年（1720 年），妈祖不但被清廷列入群祀祀典之列，还被纳入部分地方祀典，但未享春秋二祭。康熙五十九年（1720 年）至嘉庆二十二年（1817 年）享地方祀典的春秋二祭，并于嘉庆十一年（1806 年）后纳入各省沿江河祀典，享春秋二祭。嘉庆二十二年之后，朝廷在都城建造妈祖庙惠济祠，由朝廷派官员定时祭祀。①

（二）妈祖职能的演变

经过清朝统治者的确认，妈祖成为国家正神，妈祖信仰完全走上正统化道路，借助国家的力量，妈祖信仰进一步发展和对外传播，达到鼎盛，主要表现在以下几个方面。

① 郑丽航：《清代国家祭祀体系中的天后考述》，《海南大学学报》2009 年第 5 期。

图 6 - 34　妈祖祭典

1. 从福建海商之神发展为全国海商之神

清代商人活跃，商业会馆林立，据统计，清代商帮兴建的会馆多达 191 所，其中明确记载由福建商帮或闽商参与兴建的天后宫有 142 所，分布在大江南北①。清代沿海地区商业贸易的发展达到高峰，"使得中国沿海各地被纳入一个联系严密的海上贸易网中，使得原先往来不多的各地商人形成了一个关系密切的社会群体。这个群体日益强大，需要一种文化上的认同方式。正是因为这种需要，突出了'海商之神'性格的妈祖形象，才能成功地为这个群体提供了一种大家都可接受的认同方式"②。一方面，闽籍和非闽籍合建的妈祖庙增多了，如锦州天后宫是乾隆时江浙和福建茶商合建的，咸丰年间（1851～1861 年）海口天后宫由"建、广、潮、高、琼五行商民相与捐建"。另一方面，非闽籍商人合建妈祖庙的现象也不少。如乾隆时江苏、浙江商人合资建造的盖平妈祖庙。光绪年间（1875～1908 年）蓬莱妈祖庙重建，由海、辽、沈、盖及各省行商出资。许多妈祖庙"逐渐摆脱商人同乡会馆的性质，成为不同籍贯商人共同议事活动的场所"③，标志着妈祖从"福建海商之神"发展为"全国海商之神"。④

2. 从海神发展为海陆全能之神

清代妈祖信仰不仅在沿海地区盛行，而且随着军队、移民、官宦、商人的

---

① 陈尚胜：《清代天后宫与会馆》，《清史研究》1997 年第 3 期。

② 李伯重：《"乡土之神"、"公务之神"与"海商之神"——简论妈祖形象的演变》，《中国社会经济史研究》1997 年第 2 期，第 56 页。

③ 李伯重：《"乡土之神"、"公务之神"与"海商之神"——简论妈祖形象的演变》，《中国社会经济史研究》1997 年第 2 期，第 53 页。

④ 参见李伯重《"乡土之神"、"公务之神"与"海商之神"——简论妈祖形象的演变》，《中国社会经济史研究》1997 年第 2 期。

足迹传播到除西藏、蒙古等少数地区之外的全国各地。清代四川省内的天后宫达 200 座以上，分布在 98 个州县厅。关于妈祖信仰为什么能在西南、西北这些地理环境险恶的地区流传，清代四川绵州安县县令、莆田人陈汝亨〔字学乾，号惕六，雍正五年（1727 年）进士〕，在其所撰《天后宫记》中有所解释："后之神以险而灵也。海之中波涛汹涌，飘风一踔数千里，漫澜不见崖岸，祷之即应，叩之即在。鲛人贾客，涉大风涛，后之功也，而恃以无恐。闽浙青淮、岭南关东，皆所式凭。而予尝游彭蠡，过洞庭，由震泽，渡易水，历孟津、望三门，禹迹之所经，龙穴之所都，而后之神实镇护焉。盖遇险而灵，非独于海然也。夫神之在一邑者，庇一隅。吾乡滨海，称大方焉，而后降生，生于莆而福庇天下。功德所被，求之丈夫中，古今有几人哉？西蜀四面巨川，万流奔赴，湍波荡激之中，舳舻往来不绝，非后之功乎！《易》曰：'地险山川邱陵'，蜀之谓也。又曰：'利涉大川'，后之德也。岂特吾乡人所宜庙而祀之乎？"① 不论在沿海或内陆，大慈大悲有求必应的妈祖都能满足人们的诉求，因而成为全能之神，被各行各业百姓所共同信奉。

图 6-35　青岛天后宫　　　　　　　图 6-36　湖南芷江天后宫

3. 从移民保护神发展为台湾的保护神

早在明末，妈祖信仰就传入台湾岛，明郑时期台湾至少有 10 座妈祖庙，主要集中在台南。康熙统一台湾后，妈祖信仰在台湾得到迅速发展，成为台湾的保护神。

康熙派大军渡海统一台湾，在当时的造船和航海条件下，要取得胜利并非易事。由于官兵中多为闽籍将士，施琅等军队统帅把妈祖奉为护军之神，利用妈祖信仰来鼓舞士气。起兵前，施琅特地从湄洲祖庙奉请妈祖神像随军护佑，并举行隆重的祭典。妈祖显灵帮助王师收复台湾的各种传说很多，其中平海卫

---

① （清）陈汝亨：《安县志·艺文》。

"涌泉济师"和澎湖助战收复台湾的传说影响颇大。平海卫"涌泉济师"略云：康熙二十一年（1682年）十一月初三，施琅奉命统率舟师统一台湾，三万多将士驻扎莆田平海卫，"俟长风，破巨浪，以靖扫鲛窟"。当年适逢大旱，连本来泉水如涌的天妃庙前的水井也"泉流殚竭"，严重影响舟师日常生活。施琅前往天妃庙虔诚礼拜，祈求妈祖赐予充足泉水，拜祷之余，天妃庙前的水井泉涌不竭，供三万多将士饮用绰绰有余。施琅感恩妈祖庇佑，遂"因镌石纪异，名曰'师泉'"，[①]并撰写《师泉井记》，记述此奇事之来龙去脉，刻石立碑于庙前。"涌泉济师"的传说还在澎湖、东山岛等地反复出现，但故事的蓝本均源于平海卫。

图 6-37　平海天妃宫的"师泉"井和《师泉井记》碑

《天妃显圣录》这样记载澎湖助战收复台湾的传说：康熙二十二年（1683年）底，施琅在莆田平海两次出师收复台湾均因遇到风暴而折返。翌年四月，移师铜山（今东山岛）。六月，施琅再次挥师进攻澎湖，在与郑氏军队鏖战正酣畅时，"将士咸谓恍见天妃，如在其上，如在其左右，而平海之人俱见天妃神像是日衣袍透湿，与其左右二神将两手起泡，观者如市，知为天妃助战致然也"。[②] 六月十八日夜，施琅部将刘春梦见天妃告诉他说，"二十一日必得澎湖，七月可得台湾"，果然六月二十二日攻下澎

图 6-38　《澎湖助战图》

①　（清）施琅：《平台纪略》碑。
②　（清）林豪：《澎湖厅志》卷11，《台湾文献史料丛刊》第164种，台北：大通书局，第381页。

湖，七月初台湾"倾岛投诚，其应如响"。① 毋庸讳言，上述神话传说是为了鼓舞士气而特意编造出来的，但将士们却信以为真，广为传播。统一台湾后，一部分将士驻扎台湾，成为台湾居民，这部分将士的家眷便成为信仰妈祖的中坚力量，有力地推动了妈祖信仰在台湾的传播。

清廷统一台湾后，逐渐放宽对大陆民众移民台湾的种种限制，促使闽人移民台湾的新浪潮产生。为了祈求平安渡过台湾海峡，闽人常常随身带去家乡的妈祖神像或香火，甚至专程前往湄洲祖庙恭请神像和香火，妈祖信仰随着闽人移民足迹传遍宝岛台湾。时人郁永河《海上纪略》载："海神惟马祖（妈祖）最灵，即古天妃神也。凡海舶危难，有祷必应；多有目睹神兵维持，或神亲至救援者。灵异之迹，不可枚举。洋中风雨晦暝，夜黑如墨，每于樯端现神灯示祐。又有船中忽出熠火，如灯光，升樯而灭者；舟师谓是马祖火，去必遭覆败，无不奇验。船中例设马祖棍，凡值大鱼水怪欲近船，则以马祖棍连击船舷，即遁去。"闽人开发台湾成功后，便归功于妈祖的庇佑，兴建妈祖庙，举行隆重的祭祀活动。据统计，康熙统一台湾后，台湾新建妈祖庙多达222座，分布在除花莲之外的台湾全岛。②

图 6－39　台南大天后宫

（三）多部与妈祖信仰有关的志书编纂出版

民间信仰的兴盛除了宫庙的数量、信徒的人数等指标外，神明志、宫庙志的编纂尤为重要。经过宋元明妈祖信仰的发展，虽然也出现了《圣妃灵著录》《天妃娘妈传》等书籍，但或不成体系，或流于小说，难登大雅之堂。清

---

① （清）林豪：《澎湖厅志》卷11，《台湾文献史料丛刊》第164种，台北：大通书局，第381页。
② 朱天顺：《清代以后妈祖信仰传播的主要历史条件》，《台湾研究集刊》1986年第2期，第52～53页。

代，随着妈祖信仰的鼎盛，信众开始组织力量挖掘妈祖文化内涵，先后编纂出版《天妃显圣录》上下卷、《天后显应录》上下卷、《天后昭应录》三卷、《天后圣母圣迹图志》二卷、《敕封天后志》二卷、《湄洲屿志略》四卷等，这些著作的主要内容包括妈祖本传、妈祖灵应传说、妈祖世系、褒封诏诰、谕祭文、祷文、奏疏、艺文、丛谈等，在记述妈祖信仰的产生和发展演变的同时，对妈祖进行更加全面系统的神化和美化，使其形象更加伟大、完美。

图 6 – 40 妈祖救父兄

值得一提的是，清嘉庆十四年（1809年）进士陈池养撰写的《林孝女事实》，从儒家的层面最终完成了对妈祖孝女形象的塑造。略云："林孝女，系出莆田，唐邵州刺史蕴九世孙。曾祖保吉，周显德中（954～960年）为统军兵马使，弃官归隐湄洲屿。祖孚，袭勋为福建总管。父惟悫（一作"愿"）为宋都巡官。孝女次六，其季也。生弥月不啼，因名曰默。八岁从塾师读，悉解文义，喜诵经礼佛。年十六，随父兄渡海，西风甚急，狂涛怒撼，舟覆。孝女负父泅水到岸，父竟无恙，而兄没于水。又同母嫂寻其兄之尸，遥望水族辏集，舟人战栗，孝女戒勿忧，鼓枻而前，忽见兄尸浮水面，载之归葬，远近称其孝女。屿之西有乡曰门夹，矼礁错杂，有商船渡此遭风，舟人哀号求救。孝女谓人宜急拯，众见风涛震荡不敢前，孝女自驾舟往救，商舟竟不沉。自是矢志不嫁，专以行善济人为己任，尤多于水上救人。殆海滨之人，习于水性，世因称道其种种灵异，流传不衰。里人立祠祀之，号曰'通贤灵女'。厥后，庙宇遍天下，累膺封赐。"在"百善孝为先"的封建社会，以孝女形象出现在人们面前的妈祖无疑具有很强的感召力，对清末民国时期妈祖信仰的传播发挥了不可低估的推动作用。

七 三一教的衰微与复兴

(一) 三一教从兴盛急剧走向衰微

明末清初，随着三一教的迅速发展，其"书符作药，啖鬼为神"① 等迷信色彩愈来愈严重，连三一教三传弟子董史也不得不承认：由于年代既久，愈传愈失真，"不知者遂以却病为林子之道，诵经礼忏为林子之教，其不流于医巫也者几希哉!"②

康雍乾年间（1662～1795年），清朝为了进一步加强专制主义中央集权统治，多次谕令地方大臣严厉查禁"邪教"，各种民间宗教多遭厄运，三一教也被殃及。

清代三一教先后两次遭到政府的打击。第一次发生在康熙五十五年（1716年），据李光荣的《莆田大事记》记载，当时有三一教信徒名朱昆者，因"迷惑少妇，事泄，株连合郡三教门徒"。朝廷下诏拆毁三一教堂祠，至今莆仙民间仍流传"三教给朱昆败"的俚语可谓旁证。实际上，这次查禁三一教并不彻底，有些三一教堂祠改名为玉皇殿得以幸免，更多的三一教堂祠改名为文昌阁赖以保存，所谓"国初毁三教堂时，皆托文昌以免"③。至今莆田仙游民间的三一教堂祠中有相当部分称为"某某书院"，玉皇殿称"玉皇祠"即此禁教的产物。

三一教第二次被禁是在乾隆五十三年（1788年）前后。当时朝廷正组织人力纂修《四库全书》，销毁或剔除一切不利于清朝统治的书籍。林兆恩的著作《林子全集》也被列为禁书，"属于军机处奏请全毁书目之列"④。把《林子全集》列入销毁书目的理由除了林兆恩著作"悠谬""诞妄"外，更重要的是："况从其教者日盛，奸伪诈盗无所不有，恐他日一方为患，不下黄巾、白莲也。"⑤ 显然，销毁《林子全集》的真正目的是防止三一教成为反清组织。

在清廷两次打击下，三一教从兴盛急剧走向衰微，福建省外的三一教均湮没，或与其他民间宗教合流，或演变为民间信仰。但莆仙是三一教的发源地，

---

① （明）董史：《林子门贤实录》。
② （明）董史：《东山集草》卷1《仙邑三教堂盂兰盆序》。
③ （清）郭篯龄：《吉雨山房诗集》卷4《四月初八在玉湖书院作》。
④ 《销毁抽毁书目·禁书总目》。
⑤ 《四库全书总目提要》卷125《杂家类》。

群众基础雄厚，三一教在这里秘密流传，从未间断。

（二）三一教复兴

清末，随着清朝统治日益没落，对"邪教"的禁令也逐渐松弛，三一教也在沉寂 100 多年后重新在莆田仙游等地流行开来，并出现复兴的景象。促使三一教从衰微走向复兴的代表人物是陈智达、梁普耀等人。陈智达（？~1872 年），涵江鲸山人，后世三一教徒称之为"三教继传弟子"。梁普耀（？~1904 年），涵江苍林西陂人，后世三一教徒称之为"三教接传弟子"。其主要活动如下。

1. 修复和建立三一教堂祠

康雍乾年间（1662~1795 年），不少三一教堂祠被拆毁，虽有一部分三一教堂祠因改换书院等名字赖以保存下来，但年久失修，至清末已大多是残垣断壁，破败不堪。清末莆田、仙游一带的三教祠堂相继被修复，还新建了不少。

2. 重印三一教著作和编纂简明通俗读本

针对"代迁年久，印板既亡，真本罕觏，传抄不免遗错"① 的问题，陈智达、梁普耀等人"力搜往籍，凡诸孤本，渐次印行"。清末重刊的三一教著作有《林子三教正宗统论》《夏午真经》《夏午真经纂要》《九序摘言内景图》《林子年谱》《林子本行实录》《林子门贤实录》等。同时，又针对三一教经书浩繁而深奥，令许多人望而生畏和无法理解的问题，编纂一些简明通俗读本，如陈智达编《三教初学指南》，梁普耀著《林子本体经释略》，郭嗣周、林兆麟等编纂《林子三教正宗易知录》《修行道经易知录》等，便于信徒阅读。

3. 整理修订三一教仪轨

面对三一教被长期取缔后仪轨多残缺不全且不统一的问题，陈智达、梁普耀、林兆麟等人着手对其整理修订，包括入教仪式和规则、讲经会道仪式和规则、祭祀仪式和规则、教阶制度与教规等，并力图把莆仙一带的三一教仪轨统一起来，但三一教已衍化出许多宗派，他们所整理修订的仪轨仅在各自所属的宗派中施行。

在陈智达、梁普耀等人的推动下，三一教在莆田、仙游一带一度出现了复兴景象。梁普耀任总持师时，悟本堂的门人就有二三千人之多，下属堂祠 20 多座，"道运兴隆，如泉始达"。② 郭嗣周主持函三派时，"夏教大行，四处建立夏

---

① 《夏午真经》第 1 册《重刊夏午真经纂要序》。
② 《镇家宝》卷 2。

堂，而入门者接踵而至"。①

4. 传播到我国台湾地区和东南亚地区

清末三一教先后从惠安和莆田传入我国台湾地区，并在民国时期得到发展。新竹县香山乡三一教是由清末惠安县樟坑人林主传入的，三一教主与惠安县保护神灵安尊王供奉在同一座庙里，"居民信仰的很多"②。台湾学者郑志明在田野调查后认为，台北三一教是日据时期莆田陈布先传入的，后来还建立了养兴堂、龙山堂、三益堂、养圣堂、仙兴堂、捷元宗孔堂、齐圣堂等三一教堂祠，信徒大多来自莆仙地区。③

图 6-41 马来西亚巴生三一教堂——宗孔堂

三一教还随着清末莆仙移民的足迹传入新加坡、马来西亚等东南亚国家。在新加坡，建有琼三堂、天性祠和天元堂等。在马来西亚，至今可以确认的三一教堂祠有 20 余座，分布于吉隆坡、雪兰莪、霹雳、槟榔屿、森美兰和柔佛等地。"崇祀之者，多为莆仙二邑之乡侨。"④

尽管清末民国时期三一教一度出现复兴的景象，但由于缺乏强有力的宗教领袖，仍是四分五裂，无法统一。三一教徒中也出现了"以盲引盲，弊端百出，以至腐儒目之为曲学，庸流视之为弁髦，私立党援，各立门户，或则流于荒唐枯槁，或则流于炫异矜奇，愈趋愈下"⑤ 的现象。三一教徒中的上层人士深表忧

---

① 《夏午真经》第 1 册《高占梅序》。
② 〔日〕铃木清一郎著，高贤治、冯作民编译《台湾旧惯习俗信仰》，台北：众文图书公司，1978。
③ 郑志明：《台北地区夏教的宗教体系》，《台北文献》直字第 76 期。
④ 晴山：《太谷学派之开山祖林兆恩》，《兴化文献》，1948。
⑤ 《镇家宝补遗》卷 2。

虑，多次通过乩示曲折地透露出来。他们说道："诚以斯堂虽付托有人，而各堂仍涣散如前，是吾道之大虑也。"① "虽极一时之盛，而实力维持者尚属寥寥，恐中间一经无端之挫，能不灰心者有几人？"② "斯堂人众虽多，良莠不齐，求其心口相应，行纯品端，足以为世人所效法者，实属寥寥。后来将何以为道学之干城，作中流之砥柱？而一发千钧之道脉，难免有中辍之忧也。"③ 他们一方面公开反对谈妖说怪、却病书符、香花舞蹈，主张恢复林兆恩内外兼修的宗旨；另一方面又以扶鸾的迷信形式来表述自己的主张，希望通过求神降乩，借助"神"的力量来纠正三一教徒的种种偏差，甚至以乩示反对扶鸾，宣称："诸门人不力求心法精进，而专致志于求神降乩，殊令人发指。"④ 莆田各地三一教堂祠"仍循旧辙，积重难返"⑤。仙游县"信奉斯道者斯多，皆囿于俗见邪说，而能不背正宗者，实不多见"⑥。后来连"神仙"们也深表失望，民国6年（1917年）宣称"若仍蹈前辙，吾将从此永矣"⑦。民国11年（1922年）甚至威胁要将三一教堂祠"付之一炬，免使惹人讥议"⑧。应该指出，神仙下凡、飞鸾阐化是虚幻的，不可信以为真，但扶鸾者编造乩示的动机、目的是真实的，剥去乩示的神秘外衣，从中仍可窥见三一教内部的一些情况。如从"神仙"们对三一教的复兴寄予厚望，到后来发展为忧心忡忡，又从忧心忡忡到失望、痛心疾首甚至暴跳如雷的种种变化，反映了编造乩示者的复杂心态和三一教在兴盛中潜伏的危机。

综上所述，清康雍乾之后，三一教在官府的禁止下急剧衰微，但并未消亡，它仍在福建莆田、仙游一带秘密流传，绵延不绝。清末民国时期，三一教再次在莆田、仙游、惠安等地流行，并一度出现复兴的景象，但总体来说，其影响远远不如明末清初。

八 民间宗教的传入与演变

民间宗教是指未得到国家法律保护或当局认可的、在民间自发或秘密流传

---

① 《镇家宝正集》卷4。
② 《镇家宝正集》卷4。
③ 《镇家宝正集》卷4。
④ 《镇家宝正集》卷4。
⑤ 《镇家宝补遗》卷1。
⑥ 《镇家宝正集》卷4。
⑦ 《镇家宝正集》卷4。
⑧ 《镇家宝补遗》卷2。

的各种宗教的统称。民间宗教的教义具有两重性。一方面，其教义不可避免地要打上儒道释正统思想的烙印，与正统宗教一样发挥着社会整合、心理调适、伦理教化和社会交往的功能。另一方面，其教义中某些方面反映了社会底层百姓的思想信仰和利益诉求，与封建正统观念和封建统治有所冲突。民间宗教产生的社会基础是小农经济，经常为人治病，提倡教友之间互相帮忙、有福共享、有难共当，为信众提供暂时的避风港。民间宗教多提倡众生平等，甚至男女平等，所描绘的"真空家乡"的世界也非常美妙，对农民和妇女很有吸引力。另外，民间宗教多宣扬三教合一或多教合一，符合百姓实用功利的宗教信仰心态。其经文宝卷，普通人读起来朗朗上口，容易理解，易于流传。因此，尽管民间宗教遭到历代王朝的严厉镇压，但仍具有顽强的生命力。

在中国历史上，民间宗教名目繁多，特别是在明清时期，民间宗教又如春笋般涌现，教派之多，前所未有。莆田地区的民间宗教多为省外传入，影响较大的有金幢教、龙华教、先天教等。

（一）金幢教

金幢教，又称金堂教、经堂教、金童教、蔡阿公教、关门教等。相传，直隶永平府王佐塘①（1538～1620 年）于明万历年间（1573～1620 年）创立该教，以无生老母为最高神祇，宣称众生只要信仰金幢教，并严格遵守三皈五戒，虔诚忏悔，就能得到"赦宥"，死后便能返归"真空家乡"，与无生老母幸福地生活在一起，永远摆脱业苦，不生不灭。

天启二年（1622 年），蔡文举将金幢教传入莆田。蔡文举（1584～1654 年），字华宇，门徒称之"蔡阿公"，莆田涵江宁海桥孝户村人。天启元年（1621 年），蔡文举在浙江温州平阳县经商时，皈依金幢教。翌年，遵从二祖董应亮的旨意，回福建传教，在其老家福建上俞（今涵江区上梧村）建立第一座金幢教佛堂，名曰树德堂。金幢教在莆田得到初步发展后，蔡文举派遣其得意门徒到各地传教，传教足迹遍及江西、广东、广西、南京、扬州以及福州、泉州、汀州、古田、仙游、邵武、福宁、漳州等地。

---

① 马西沙、韩秉方认为金幢教的创始人是王森，王佐塘就是王森。参见马西沙、韩秉方《中国民间宗教史》，上海人民出版社，1992；连立昌、王见川认为王森和王佐塘是两个人，王佐塘才是金幢教的创始人。参见连立昌《福建秘密社会》，福建人民出版社，1992；王见川《台湾斋教与鸾堂》，台北：南天书局，1996。

图 6 – 42　蔡文举传教图　　　　　　图 6 – 43　金幢教树德堂内部

　　莆田是金幢教在南方的传播中心，不但信众云集，而且骨干较多，号称蔡文举最得意门徒的"十干师"中，有五人是莆田人，分别是陈仲孙、吴一绪、蔡孙治、林大妹、林锦仔。陈仲孙（1588～1654年），字直斋，为蔡文举最得力的助手，贡献颇大。他不但与蔡文举一道把金幢教传入莆田，协助建造树德堂，还帮助蔡文举打理斋堂内务，并前往江西、湖广等地传教。蔡文举和陈直斋去世后，金幢教分裂为蔡、陈两派，蔡家又分为四个支派，陈家分为三个支派，在莆仙等地传教，形成所谓"四蔡三陈"的局面。

　　清代民国时期，金幢教主要在沿海地区下层社会中传播，因其家族色彩较为浓厚，虽有数十座佛堂，但规模不大，信徒不多，影响逐渐缩小。康熙二十二年（1683年）蔡文举的曾孙蔡权还把金幢教传到台南，先后创建慎德堂和西华堂。到清末台湾已有30余座金幢教佛堂，并拥有不少信众①。另《三极根源行脚事迹集》记载："台湾金幢教，自清朝雍正三年（1725年），南方第四代蔡德洲向来台湾地方传教。"②

---

①　《重修台湾省通志》卷3《住民志·宗教篇》。
②　关于何人把金幢教传入台湾，台湾学者王见川认为《重修台湾省通志》中记载的蔡权最早到台湾传教不可信，而是翁永峰把金幢教传入台湾的。参见王见川《台湾斋教与鸾堂》，台北：南天书局，1996。我们认为，清代金幢教是由不同人在不同时间传入台湾的。

（二）先天教

先天教，又称先天道，形成于清初，创始人是江西人黄德辉，黄被奉为先天教九祖。先天教以无生老母（后改圣号为瑶池金母、无极天尊）为最高神祇，宣扬三期末劫、龙华三会、弥勒下凡普度众生，要求信徒自耕自食，三皈五戒，不婚不嫁，茹素苦修，禁欲终身，争取返本归根、躲过灾劫，回归天宫无生老母的怀抱中。先天教的信徒男性称斋公，女性称斋姑，以女性居多。斋堂称为佛堂或寺门。

福建先天教是由道光年间（1821～1850年）传入福建的青莲教改名而来，青莲教教职道号有先天五行、后天五行，其教名取义于此。先天教第一个教主可能是李道生，光绪年间（1875～1908年）在长乐、福州等地有一定影响。[①]

关于先天教何时由何人传入莆田，张琴《莆田通志》记载："光绪间（1875～1908年）传江宁张真元、长乐张道兴。道兴在福州乌石山道山观旁建玉皇殿，后传莆田欧阳德元。"[②]据此可知，光绪年间（1875～1908年）欧阳德元将先天

图 6-44　先天教源华堂

教传入莆田。不过先天教信徒对莆田先天教传承另有说法：张真元→福州张道兴→莆田林昌光→黄石林监中→黄石王天福→黄石黄德义。[③]

由于先天教教规戒律严苛，发展缓慢，信徒不多。民国时期，有些先天教斋堂与扶乩结合起来，吸引众多百姓观看，影响逐渐扩大。同时有的斋堂的教

---

① 连立昌：《福建秘密社会》，福建人民出版社，1992，第93～94页。
② （清）张琴：《莆田通志》卷8《风俗志》下。
③ 俞黎媛：《闽台民间宗教信仰的生态学研究》，2015，未刊稿，第221～222页。

规戒律略有松弛，信徒渐多。当时，莆田仙游有先天教斋堂 42 处，教徒上千人。[①] 其中，涵江一带就有开明堂、坤元堂、真华堂、应华堂、光华堂、源华堂等斋堂，影响较大。

先天教在清咸丰年间（1851～1861 年）由黄昌成、李昌晋从福建传入台湾，黄昌成在台南传教，李昌晋在台北传教，"各兴其教，而今颇盛"[②]。

（三）龙华教

龙华教是由罗教（无为教）演变而来的。罗教由山东即墨人罗清（1443～1527 年）创立，后世称之罗祖，故该教又称罗祖教。罗教以无生老母为最高神祇，以真空家乡为理想归宿，以龙华三会和未来佛（弥勒佛）为信仰核心，以《罗祖五部六册》为经典，主张三教合一，注重内丹修炼。罗教在明初一度得到朝廷的扶植，明武宗皇帝曾降旨将《罗祖五部六册》颁行天下。罗清去世后，其子女纷纷自立门户，形成四大支派，罗祖教的信徒遍布中国底层社会，成为当时影响最大的民间宗教。万历四十六年（1618 年），朝廷下令严厉禁止罗教，但其变换各种教名，继续在民间流传，其中，在江南盛行的龙华教即是其变种。

龙华教教名始于罗清的女儿罗广，她在其父去世后，称其父为"无为祖"，改称其修行地北京盘山庵为"无为庵"，自立教名为"无为教"，继续传播罗教。嘉靖年间（1522～1566 年），浙江殷继南加入无为教，自称罗祖转世，为二世祖，并将无为教改为龙华教，宣扬三阳劫变、弥勒降世、龙华三会。此后，浙江姚文宇也宣称为罗祖转世，成为无为教三世祖，其影响迅速扩大到江南各地。

无为教在明末传入闽东、闽北，莆田黄石的黄大姐（号普德）、涵江塘头的池普方、莆田大洋的张普通先后加入无为教。他们因到各地传教有功，分别被奉为无为教的七祖、八祖和九祖。无为教大约在清初从福州传入莆田，当时无为教分裂成一是堂派、汉阳堂派和复信堂派，其中汉阳堂派产生于仙游，影响较大。

汉阳堂位于仙游大济古濑村白鸽岭山麓，乾隆五十七年（1792 年）由普耀创建。普耀俗名卢炳（1739～1804 年），度尾云居人，曾拜无为教十三祖福清陈普聪为师，因舍财护教，备受器重，后奉命到仙游传教，形成汉阳堂派，被奉为无为教十四世祖。此后，汉阳堂派法脉传承不绝，至今已经传至三十七世祖了，均为莆仙人。汉阳堂派在嘉庆二年（1797 年）由十五祖普涛（俗名卢德

---

① （清）张琴：《莆田通志》卷 8《风俗志》下。
② 连横：《台湾通史》卷 22。

成）传入台湾。

图 6－45　龙华教汉阳堂

除了汉阳堂派外，莆田民间还流传着无为教的一源祖堂派系。一源祖堂坐落于涵江江口镇高美村，志称其为清雍正十年（1732 年）长乐罗普栋来涵江传教时创建。[1] 一源祖堂派又发展为 10 个支派，有较大的影响，其中有两支传承至今。[2]

龙华教在清代民国时期的莆田广为传播，志称有 300 多处斋堂，我们能查到的斋堂名称也有数十处。龙华教之所以能拥有众多信众，除了其教义在一定程度上反映社会下层民众的信仰诉求外，还与其和佛教合流、比较温和有关。黄石镇龙华村男女老幼都入教吃斋，俚语有"龙华的猫都不吃荤"。当地还形成副业"龙华担"，专门销售豆腐加工成的"豆丸"小吃，常常贩卖于乡间戏棚前，颇受百姓喜爱。清末莆田郭篯龄在《山民随笔》中说道："吾邑茹素者有龙华会名目……其教堂确是遍布各处，入教人只念经礼佛，每逢斋期佛诞，念经做道场而已，并没有劝人修炼等怪诞行为。至其所念的经，也是莆田的佛教方面的经书，询之教内人，亦不知同正式佛教有什么不同之处。"

综上，清代金幢教、龙华教、先天教等民间宗教传入莆田，并扎下根来，流传于下层社会，影响不小。其中金幢教、先天教还传到台湾，至今仍有信众。金幢教、龙华教、先天教在莆田的流传，进一步证明莆仙文化具有很强的包容性，莆仙是宗教文化多元共生之地。

---

[1]　或云道光年间（1821～1850 年）创建。

[2]　关于龙华教在莆田的历史，参见俞黎媛《闽台民间宗教信仰的生态学研究》，2015，未刊稿，第 258～274 页。

九　基督教①的传播与中外宗教信仰的冲突

（一）天主教传入

相传，清康熙年间（1662～1722 年），有湖南籍人陈某，是个虔诚的天主教徒。一次，带家眷航海遇到风暴，其船漂至莆田平海澳，因此登陆居住。久之，子孙繁衍，自成一村，即命名为"湖南村"，全村人皆是天主教徒，并建有教堂，这是莆田县现址可考最早的一座天主教堂。

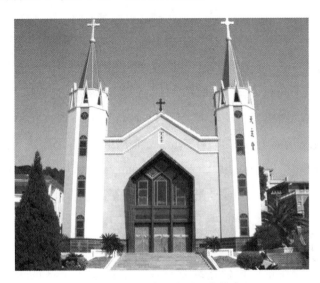

图 6 - 46　平海湖南村天主教堂

除耶稣会外，明清时期，巴黎外方传教会也曾在莆田传教，并培养了一位著名的华人神职人员——黄嘉略。黄嘉略教名为阿卡狄奥（Arcadio），出身于天主教家庭，7 岁时跟随在当地传教的巴黎外方传教会传教士比朗（Philibert Le Blanc）学习天主教神学和拉丁文。康熙四十一年（1702 年）冬，随巴黎外方传教会传教士到达巴黎，不久，被派到罗马深造学习。回巴黎后，黄嘉略在法国皇家文库任职，并编撰了第一部《法汉词典》，为中法文化交流做出贡献。黄嘉略是福建第一位留欧学生。

（二）新教的传播与发展

清嘉庆十二年（1807 年），伦敦会（London Missionary Society）传教士马礼逊（Robert Morrison）来到广州，拉开了近代中国基督教历史的序幕，马礼逊成

---

① 基督教包含天主教和新教。

了19世纪第一位来华的新教传教士。继他之后，英美各国差会纷纷派遣传教士来华，但由于清政府的禁令，西方传教士根本无法合法地在中国居留，大多只能在新加坡、马六甲等东南亚国家和地区的华侨华人中传教。为了取得合法的在华居留权，西方传教士们除了严厉抨击清政府的闭关政策外，一直叫嚣着用武力打开中国的大门。鸦片战争后，清政府被迫与帝国主义列强签订一系列不平等条约，依据条约，外国传教士便一步步地获得了在中国沿海沿江以至内陆的传教权。在这种历史背景下，美国的美以美会和英国的圣公会先后由省城福州传入莆田地区。

美以美会之传入莆田地区，始于南日岛，倡教者为南日岛草湖村村民林振珍。林振珍，字聘儒，原名式端，祖籍惠安，其祖迁往莆田南日岛草湖村，世代以捕鱼为业。林振珍染鸦片烟癖，以流浪江湖教练拳术为业。同治元年（1862年），林振珍到福州探亲，路经美以美会的小岭堂，顺便进去听道，受感信教，后由西教士明正理（Samuel Lybrand Binkley）为之施洗入教，成为莆田美以美会的第一个信徒。同治二年（1863年）正月，林振珍被美以美会福州教区委任为福清渔溪堂传道，其间经常返乡布道。同年八月，林调任福州小岭堂传道，仍不时回乡布道，不久便有3人入教。翌年六月，林又改调福清霞浦堂传道，因该处与南日岛相近，故返乡布道更为频繁，信者与日俱增。同治四年（1865年），林振珍在草湖村建造教堂一座，这是莆田地区的第一座美以美会教堂，此时有信徒35人。福州教区派魏其品任草湖堂传道，兼理草湖堂日常事务；林振珍任福清海口堂传道，兼理南日岛教会。从此南日岛教会日渐兴旺。以此为突破口，美以美会的势力迅速扩展到莆田地区的山隅海角。

图 6－47 林振珍

图 6-48　莆田第一座基督教堂——南日岛草湖堂

同治四年（1865 年），林振珍同孙西川、杨得权等人到莆田东门外太师庙前布道。两年后（1867 年），莆田设立牧区，林振珍首任牧师，租赁城内龙门下（今城厢区胜利路南段）一处民房为教堂，不久迁往南门内十八张厝，这是莆田城内的第一所美以美会教堂。同治七年（1868 年）春，林振珍开始到平海布道，并在平海东湖村设立教堂。同年秋，林又到涵江布道，在后沟租民房为会所。三年后，涵江成立牧区，堂址设在顶埔观坡西游宅里。同年冬，林振珍到仙游城关布道，在下街（今城内街）租店房为会所。次年，仙游设立牧区。同时，莆田笏石、北高、江口等地也设立美以美会教堂。同治十一年（1872年），莆田设立教区，首任教区长为西教士麦利和（Robert Samuel Maclcy）。这年，林振珍又与孙西川等本地信徒去永春布道。同治十三年（1874 年），永春设立牧区，隶属于莆田教区。在林振珍等人的努力下，至光绪十六年（1890年），美以美会在莆田共设立 13 个牧区，建立教堂 27 座，拥有信徒 1034 人。

光绪十六年（1890 年）冬，美国传教士蒲鲁士被派驻莆田，主持莆田教务。蒲鲁士来莆田后，通过各种途径发展美以美教会势力，如倡创兴化音罗马字，使文盲教民能在短时间内学会诵习《圣经》；大力发展社会事业，兴办哲理中学、咸益女子中学等教会学校；建立教会医院；创办麻风院、孤儿院、戒烟社、公德社等慈善机构；设立美兴印书局，出版《奋兴报》；引进碾米机、染织机等西方先进生产机械，发展农工实业；加强对教徒的训练，更多地引人入教等。这些举措使莆田美以美会的势力大为壮大。光绪二十二年（1896 年），莆田美以美会宣布脱离福州年议会，独立为"兴化布道年议会"（Hinghwa Mission Conference），同年召开第一次年议会，光绪三十年（1904 年），正式命名为"兴化年议会"（Hinghwa Annual Conference）。

圣公会传入莆田地区始于清光绪年间（1875～1908年）。据档案资料记载，早在同治元年（1862年）圣公会福建教区就派遣英国传教士宋恩来（Thomas Stringer）到莆田，进行所谓的"开荒布道"工作。宋恩来是第一个来莆田传教的英国圣公会传教士，但他并没有引人入教。光绪二年（1876年），福建教区又派遣胡约翰（John Eichard Wolfe）、罗为霖（Rev. S. Ldoyd）两位传教士来莆田布道。他们来到莆田后，首先成立了圣公会莆田支区，并在城内湖岸（今荔城区凤山街）租赁民房为会所，称为"安立间复原堂"。这是圣公会在莆田设立的第一所教堂，也是莆田支区的总堂，委任华人陈总信为会吏，胡、罗二教士则为布道使。光绪四年（1878年），总堂由湖岸迁往北河坑边，并设小规模的男学堂和妇女学堂，又在后街开设圣经书店，一边出售圣经及教会书刊，一边派人四出游行布道，并赠送圣经单行本。于是，信者与日俱增，原来的堂所容纳不下，于光绪五年（1879年）迁到仓边巷，旧堂改为医院。次年，又从仓边巷迁回湖岸。光绪十五年（1889年），莆田圣公会各堂传道和教徒代表共70多人在莆田三官店召开首次支区议会，讨论教会发展事宜。此后，信者日增，至光绪二十一年（1895年）莆田县已有圣公会教堂7座，传道6人，受洗信徒180人。

圣公会传入仙游始于光绪六年（1880年）。是年，胡、罗二教士同到仙游设堂布道。光绪十八年（1892年），在县城南门内建立"圣公会仙游支区总堂"，首任牧师为古田人陈宗圣。这是圣公会在仙游兴建的第一座教堂。至光绪十九年（1893年），仙游县有68人入教。

图6-49　仙游圣公会教堂

《辛丑条约》签订以后，倪天和（S. J. Nightingale）夫妇、华实（R. R. Walker）夫妇等 27 位英国传教士先后来莆田传教，他们居住在莆田地区，或从事布道工作，或从事医务工作，或从事教育工作，极大地扩展了莆田圣公会的势力。据统计，至光绪二十九年（1903 年），莆田地区共有圣公会神职人员 26 人、信徒 1265 人，其中领圣餐者 567 人。

（三）基督教与传统宗教信仰的冲突

基督宗教以耶稣基督为唯一的真神，反对任何形式的偶像崇拜，不允许中国教徒信仰混杂。我国又恰恰是一个多神教的国家，在万物有灵观念的影响下，中国人民创造了成千上万的神灵，自然界中的万事万物，上至日月星辰、风雨雷电，下至各种飞禽走兽、种种植物乃至无生命的石头等，都可以成为人们崇拜的对象。人们因此建造了数以万计的神庙。基督教的一神教教义与中国的多神信仰严重对立，二者发生冲突难以避免。

基督教的排他性，使得早期传教士们对中国本土的宗教信仰充满了敌意，他们来华传教时便不遗余力地抨击并试图摧毁本土的神灵体系。明末最先叩开中国传教大门的耶稣会士们即抱着这一强烈的愿望："做耶稣的勇兵，替他上阵作战，来征讨这崇拜偶像的中国三头巨魔。"当然，基督教在中国传播早期，传教士采取低调渐进的策略，不敢大张旗鼓地打压中国传统宗教。对于广大民众或晓以偶像的无灵，或利用"神迹"来激发民众对上帝的崇拜心理，或著书立说批判神灵信仰，或悄悄地鼓动信徒摧毁神灵偶像。如西班牙传教士德·拉达在中国沿海一带传教时，便经常告诉中国民众妈祖的无灵，指出向妈祖求救是"徒劳无益的，他们应向唯一真实的上帝求救"，以此来与妈祖争夺信徒。然而，中国传统宗教信仰根深蒂固，明末清代罗马教廷和传教士们的种种努力，收效甚微。

鸦片战争后，伴随着西方列强的炮舰，传教士们再次进入中国。在列强的武力保护下，他们的传教活动便肆无忌惮，在他们看来，"现在是可以到中国城市的大街上，提高我们的嗓门大喊大叫的日子了"。为了全面改塑中国人的信仰，他们中的许多人到各大庙宇直言不讳地指出神祇崇拜的盲目与愚昧，并以各种侮辱神灵的方式来证明它们的无灵，甚至蓄意挑起庙产纠纷，干涉民间的迎神建醮活动等，从而导致基督教与中国民间神祇信仰的严重冲突。其中，民间的迎神建醮活动引发的民教冲突尤为突出。

中国民间宗教信仰极其繁杂，各种民间宗教节日更是数不胜数，在这些宗教节日里，往往要举行迎神、演戏、赛会等活动，所需费用由村民分摊。基督教教徒以奉教为由，拒出"菩萨金"。这样，在神费的摊派上，教外人士与教民之间的冲突便不可避免。

莆田人好巫尚鬼，莆田不但神灵众多，而且宫庙林立，因迎神赛会而引发的民教冲突时有发生。为此，福建省通商总局于光绪元年（1875 年）出示"护卫教会通行告示"，声称：

> 各国洋人在于内地传教，条约载明耶稣基督圣教又名天主教，原为劝人为善，凡欲施诸己者，亦如是施诸人。嗣后，所有安分传教、习教之人，当一体矜恤保护，不可欺侮凌虐；凡有遵照教规安分传习者，他人毋得骚扰等语。前因延、建、邵及兴化府属各邑村乡，教外绅民屡以迎神、建庙、演戏等事，科派奉教人出钱未遂，强抢毁骂等情，先后接准领事官照会，均经由局饬地方官从重惩办，并出示严禁在案……（绅耆军民）不得以迎神、建庙、演戏等事，科派奉教人出钱，凡系传教、习教之人，各绅军民等均宜以礼相待，民教相安。①

尽管如此，各地因向教徒摊派神费而引发的民教冲突仍屡禁不止。光绪十四年（1888 年）春，美以美会仙游西牧区下新厝教民黄得土等人，因拒出 12 文神金，触怒族绅，被众人痛殴后遭衙役私押。教区长许播美力请县令王士骏公审，最后以"惩蠢役，斥族绅"了事。光绪十五年至光绪十六年（1889～1890年），仙游香田里有美以美会信徒黄朝高因拒出神金，受乡人迫逐不得回家，田园地产被人霸占，房屋被烧。对此省通商局数次发文书到仙游县，敦促县令"速办此案，以免民教不安"，但当时正值仙游县令更换，"以致日久不办"。光绪二十一年（1895 年），仙游慈孝里又有美以美会信徒林龙，也因拒出神费，"受其乡之人迫逐，两年不能归家，妻子离散，田园物产被收"。因为这两桩案件，美国领事官委员贺某特于光绪二十一年（1895 年）十一月二十三日赴仙游县，要求县令"即速严拿惩办"，"拿其人，罚其赔款"，并限令县令"于本月三十日回复"。光绪二十五年（1899 年），涵江美以美会信徒严某因拒出本乡摊派的迎神赛会款，被同乡林大目殴打，信徒严某即将此情报告当时涵江教区传道陈家声。陈家声一面自撰呈词向莆田县县令控诉迫教，一面遣人报告美国传

---

① 林东知：《万国公报》（二），台北：华文书局股份有限公司，1968，第 1184 页。

教士蒲鲁士，要求蒲鲁士出面交涉。蒲鲁士"以林大目勒派神金，抢劫教徒家财，护及传道，事关迫教，案情重大，有违反传教约章"为辞，要求县长即速派人查办，"否则酿成教案，地方官要负完全责任"。当时地方官慑于洋人淫威，立即派人到林大目家调查。陈家声听说此情，径自到林家楼上，将衣服撕破，面上蒙以灰尘，大呼救命。地方官不察真伪，以迫害教会属实回报县长，致使林大目被罚款了事。这些冲突，表面上是由出不出菩萨钱所引起的，实质上反映了基督教与中国民间宗教信仰的矛盾与冲突，体现了二者对立的一面。

总之，基督教早在明代就传入莆田，但发展缓慢，信众很少。近代，基督教借助西方列强的炮舰得以在莆田较快传播，建造了一些教堂。然而基督教教义与中国传统宗教教义的矛盾冲突，导致基督教教会与非基督教民众之间的冲突，酿成一些教案。在经历了冲突、碰撞之后，基督教便注意调整传教方式，积极探讨如何与中国社会相适应的问题，并取得一定的成效。

第七章　民国：风起云涌的革命斗争
与动荡变革的社会

晚清至民国时期，"中国处在三千年未有之大变局"中，其间发生了许多重大历史事件，莆田人民在其中发挥了突出的作用，如辛亥革命时的壶公山起义、五四运动中"查禁日货"和推广白话文运动、新文化运动中进步思想的宣传、民国 15 年（1926 年）中共莆田党组织的成立、土地革命时期的闽中三年游击战争、前赴后继的抗日战争和解放战争，等等。在世界资本主义经济大潮的推动下，莆田也开启了近代化进程，虽然取得一些成绩，但由于社会动荡不安，民族工业发展缓慢，近代化道路艰难曲折。在文化方面，则出现了变革的潮流和复兴的大势。莆田在传统教育向新式教育转型过程中走在时代的前列，兴办了大批有特色的各类学校，培养出不少在各行各业有影响的人物。在文学艺术变革方面，莆田出现了黄衣青、郭风、彭燕郊等著名白话文、白话诗名家。莆仙戏无论在内容上还是形式上都能适应时代的需要进行改良，在反帝反封建、宣传民主自由和移风易俗等方面，发挥了积极的作用。至于莆田获得"田径之乡"的美誉，则是多种因素促成的，对后来的莆田社会产生了重要影响。

第一节　民国政治与革命斗争

一　辛亥革命与壶公山起义

（一）辛亥革命在莆田的酝酿和发动

经过戊戌变法和义和团运动，全国人民反帝反封建的思潮进一步高涨。莆田封建士大夫中的一些有识之士和资产阶级知识分子，目睹内忧外患，在爱国民主思想推动下，以兴办教育为契机，开始进行资产阶级民主革命的宣传鼓动。光绪二十八年（1902 年），莆田涵江人黄绶与其伯父黄纪云、胞叔黄纪星等人，召集镇上绅商曾简仲、曾述洙、陈杰人、陈怀忠等人集资创办了兴郡崇实中学堂，校址设在涵江霞徐铺黄宅，先后聘请黄纪星、张琴、关陈谟、陈世馨、陈沆、李郁、陈霁湖、郭嗣周、陈南金、魏显荣等为教职员。黄绶经常与陈沆、陈世馨、李郁等纵谈革命、议论时政。接着黄绶、黄纪星又出资派人到上海设立达文社，聘请陈沆、陈世馨、李郁等，联络福建革命人士郑权创办刊物和著译、出版新书，宣传革命思想。光绪二十九年（1903 年），出版有郑权所著《瓜分惨祸预言记》《福建之存亡》和其他一些介绍新思想的译著等。不久，达文社在上海被清政府查封，上述二书被禁。而崇实学堂亦因宣传革命和掩护福州革命志士郑权、林斯琛、刘文栋、林心斋等避难而被莆田当局勒令停办。后来，该校部分教师如陈沆、黄纪星、李郁与学生林君汉、黄主亚、黄胜白、陈柱生、刘匡汉等仍先后赴沪加入林森领导的革命团体"旅沪福建学生会"，继续从事革命宣传鼓动工作。

光绪三十年（1904 年），莆田城厢区涂开榘（清翰林涂庆澜之子）、陈樵、陈乃元、蔡瑄与学生林宗汉、林君汉、黄绀等，在莆田城内马巷创办"醒社"，宣传革命。醒社附设阅报所，由涂开榘捐资 700 元，加上同志捐款共千元。派人到上海订购新书、报纸，如在日本东京出版的刊物《民报》《江苏》《浙江潮》和陈天华所著《猛回头》《警世钟》，上海出版的《时务报》（梁启超主办）、《新民丛报》、《申报》、《东方杂志》（商务印书馆出版）和章士钊所著（署名蔡著）的《孙逸仙》，以及福州革命党人郑权等的著作，计有 100 多种，供人阅览，旨在开启民智。

接着，涂开榘、陈樵、陈乃元、蔡瑄、林翰、林君汉等又在城内顶务巷创办"莆田砺青小学堂"。涂开榘出资最多，被推选为堂长。第一学期招收青年学生 43 人，分甲、乙两班，推举林翰为校长，陈樵任舍监，叶滋华、叶如年、洪景皓、涂开榘、黄纪星、蔡碹分任国文、史地、体操、理化、算术教员。这就是所谓莆田"砺青派"的发端。与此同时，叶滋华还同林尔瀚、陈乃元在顶务巷开办"开文学堂"，招收年龄较大的"童生"20 人，希望培养新学"秀才"。后因清朝正式废除科举，这届学生大多赴省报考省立师范和优级师范学堂。

达文社和醒社是莆田最早宣传民主革命的社团。① 光绪三十一年至三十二年

① 参见朱焕星、林君汉《辛亥莆人革命事略》，莆田涵江图书馆印，1942；林侨鹤《辛亥前后莆田官、私立学堂和地方派系的衍化》，中国人民政治协商会议福建省莆田县委员会编《莆田文史资料》第 2 辑《辛亥革命专辑》，1981，第 117～129 页。

（1905～1906 年），这些团体中的一些人，如林翰、张左如、黄胜白、陈樵、涂开桨、张景棠、蔡瑄、陈乃元、黄湘等先后赴日本留学。这时，孙中山在东京创立"中国同盟会"，提出"驱除鞑虏，恢复中华，创立民国，平均地权"的革命纲领，在中国留学生中产生很大影响。莆田这批留学生大多数与同盟会有联系，思想上也接受了孙中山提出的革命纲领。他们回国后，以砺青小学堂为基地，继续进行革命宣传和串联活动，并先后加入"旅沪福建学生会"和福州的"桥南公益社"（即同盟会福建支部）两个革命团体。

宣统三年（1911 年）10 月 10 日，武昌起义爆发，各省纷起响应，向清朝地方统治者发起猛烈攻势。福建革命党人在省城福州策动新军第十镇统制孙道仁率部起义后，确定主攻目标为闽浙总督府和福州将军府。革命军由新军二十协协统许崇智为前敌总指挥，莆田人林师肇自告奋勇任炸弹队队长。加入炸弹队参战的莆田革命党人还有陈樵、陈芑贻、叶声、林一士、黄国卿、林黄胄、林立、宋承裘等。① 11 月 9 日拂晓，革命军发起总攻，清军负隅顽抗。激战至上午 11 时许，清军阵地被革命军攻破，清军挂白旗投降；总督杜寿吞金自杀，将军朴寿被俘。当晚，同盟会福建支部以福建军政府名义出示安民，宣告省垣光复。11 月 13 日，举行福建军政府成立典礼，孙道仁出任福建都督。

福建新军的起义与哥老会有直接的关系，因为新军中有不少官兵是哥老会成员。哥老会本来是具有反清复明色彩的民间秘密结社，并以反抗贪官污吏和义侠互助为行动宗旨，哥老会也是辛亥革命所依靠的中坚力量之一。哥老会于清末自湖南传入莆田后，发展颇为迅速，至辛亥革命时已具相当实力；而驻莆的新军第三十九标二营湘籍管带万国发即系哥老会成员，其士兵中也有不少是哥老会的人。② 故武昌起义消息一传到莆田，哥老会和同盟会的人都活跃起来。后者主要在福州参加光复省垣的战斗，前者则在福州和莆田之间传递消息。所以，省垣光复前夕，莆田革命党人即与万国发商讨起义事宜，万当即答应与同盟会结盟。万赴省参加策划新军宣布起义会议时，把军权交其弟万鹏程掌握，约定一旦省垣光复，莆田即宣布起义。

11 月 12 日，革命党人黄缃和万鹏程在东岩山军营召集莆田士绅和各界代表会议，每人发给事前制作的小旗一把和缠臂白布一块，由万鹏程代表驻军首领万国发宣布莆田光复易帜，废除"大清"国号和"宣统"年号，以黄帝纪元为

---

① 朱焕星、林君汉：《辛亥莆人革命事略》，莆田涵江图书馆印，1942。
② 莆田县县志编集委员会编《莆田县志》第 2 卷《政治志（初稿）·上》，1966，第 79～80 页。

年号。会后，组织军民一起上街游行。11 月 15 日，林师肇奉闽都督之命，偕旅省参战的莆籍革命党人回莆宣慰。林师肇等与在莆革命党人讨论成立同盟会莆田分部，推黄纪星负责；又成立莆田治安事务所，以暂时维持地方秩序。原知府韩方朴躲入美教会，后在教会包庇下逃回原籍；兴化府协镇余开新和莆田知县刘裔经均解职返籍。福建军政府遂正式任命余文藻为府知事，万国发为协镇，裁撤莆田治安事务所。

总之，莆田人民积极参加辛亥革命，特别是在宣传鼓动方面做出重要贡献。辛亥革命在莆田虽然以和平易帜的方式宣告成功，但莆田的社会性质并没有改变，民族民主革命的任务也没有完成。

（二）壶公山起义

辛亥革命没有从根本上动摇封建主义和帝国主义的统治基础，更不可能改变中国半殖民地半封建的社会性质，使其走上民族独立和发展资本主义的道路。清代原有的社会矛盾不但没有缓解，反而进一步激化和扩大。于是，酝酿于清末的莆田壶公山起义，便在中华民国元年（1912 年）6 月爆发了。

1. 起义的准备

壶公山起义的领导者是黄濂。黄濂，俗称十六叔，生于同治元年（1862 年），莆田县三十六乡硋灶村（今城厢区灵川镇硋灶村）人。平生信奉金幢教（俗称"斋教"），持斋事佛，经常为乡人排难解纷，很受群众爱戴。他排行十六，群众尊呼为"十六叔"。贫苦农民受到官府和地霸欺压无处申冤，常到黄濂的斋堂诉苦。黄濂激于义愤，经常掏腰包济人急难，在群众中威信很高。光绪二十八年（1902 年），黄濂因领导农民抗捐被官府通缉在案。光绪三十二年（1906 年），黄濂以为事过数年，到南门外探亲，不意被县衙差役发现捕投狱中。新任知县宁云汉用酷刑迫供，欲置黄濂于死地。黄濂乘妻子探监时与之密谋，决定卖掉两个女儿，以换取现金贿赂狱吏，并与难友商定脱身之计。难友于腊月中旬便称黄濂患病，待到二十五日，黄濂服下麻醉药装死。莆田风俗以这一天为"天官赐福"吉日，故暂时停尸牢门外留待次日候检。是夜，黄濂由其亲信背逃。

黄濂脱险回家乡后，便养精蓄锐，在农民中串联，酝酿待时机成熟时起事。宣统三年（1911 年）10 月，武昌起义的消息传到莆田，黄濂决定立即响应，在壶公山发动三十六乡和二十八乡农民聚义，宣称驱逐清朝官吏，铲除教会恶势力，义民们革命情绪十分高涨。不料，福州随而光复，兴化亦和平易帜，接着便是南北和议，袁世凯窃国，所有官僚政客、地主豪绅、捐蠹差役剪掉了辫子依旧骑在人民头上作威作福。黄濂对辛亥革命的结果深感失望，便决心率领农友在兴化举事，开展以反帝反封建压迫为内容的武装斗争。这时，莆田沿海农民群众反抗北洋政府秉承洋人旨意派兵铲除"烟苗"和美国教会横行霸道两种矛盾更加激化，为黄濂起义创造了有利条件。

2. 起义的发动与失败

黄濂认为起义时机已经成熟，便于民国元年（1912 年）农历五月初五日在壶公山竖起"黑虎忠义堂"的旗帜，召集部众，修筑石寨，以图大举。继之附近沿海的青山、双髻山、五侯山上亦燃起烽火响应，一时声势浩大。黄濂遂发表檄文昭示天下：

> 窃惟为国之道，在乎安民，安民之道，在乎使民复生，而非驱民就死。是故所欲聚而所恶勿拖（施），圣贤曾垂明训；一人贪而一国作乱，古今同证斯言。闲读吾国数千年史书，如陈涉、吴广、杨玄感、徐寿辉、韩山童、刘福通、李自成、张献忠诸人，不生于承平隆盛之时，而起于秦、隋、元、明之季，盖二三豪杰应时而出，所以泄民愤而清乱源也。辛亥革命，孙中山推翻满清，创立民国。方庆共和政体，长堪福利群黎。不料肇建新邦，相距才阅数月，孙既让位，袁即登场。赋税免而仍收，政令可朝更暮改；刑罚轻而实重，吾民几九死一生；用无赖以催科，不宁鸡犬；任恶绅而肆虐，更甚豺狼。且也百姓仍怕官厅，官厅又怕洋势，教堂遍布乡曲，美会尤为嚣张。名为民国，事无异于皇朝，政号共和，祸较烈专制。万夫怀失所之忧，百姓有皆亡之叹。濂山野亡命，囹圄余生，素无功德及人，又乏才能问世，何敢无端肇乱，强效涉等所为？盖深恨异类之肆其凶残，实不忍同胞之罹于水火。窃不自量度，爰与二三君子，借壶山为根据地，帷幄尽可运筹，勉同志存仁义心，措施非同暴动。其宗旨在驱民贼而除苛政，求本治以苏众生。吾兵皆节制之师，入境必秋毫无犯，天道推好生一念，成功庶春台共登。担大事唯决断乃成，伏望同胞谅我！囿一方则见闻有限，仍期将伯助予。敢布腹心，用当吁告。[①]

黄濂宣告起义后，兴化府知事佘文藻会同协镇杨春华、知县左钟岳召集一

---

① 宋湖民辑《关于黄濂起义的文电资料（一）》之《壶山黑虎忠义堂檄文》，载中国人民政治协商会议福建省莆田县委员会编《莆田文史资料》第 2 辑《辛亥革命专辑》，1981，第 65～66 页。

些地主、绅士，设立团练局准备发兵镇压。民国元年（1912 年）8 月 29 日（农历七月十七日）早晨，余文藻亲自率队进攻壶公山。当官军上山时，突然风雨大作，山路骤滑，余文藻命令冒雨登山，士兵疲惫不堪。农民军利用山林做掩护，待敌人逼近时，始发动反击，官军被打得抱头鼠窜，败下阵来。官军被黄濂打败后，城内地主豪绅惊恐万状，纷纷收拾金银细软，送眷属到城外亲戚处暂避。

余文藻见势不妙，即把军情急报福建都督府，都督孙道仁接到呈文后，水陆并进，陆路派团长孙葆瑢率领，水路则令楚观舰在平海湾游弋。孙葆瑢率配有新式武器的新军抵莆。孙葆瑢先用诱降手段，派绅士张琴、陈清芗到锦墩村与黄濂部下接洽招抚事宜，即遭拒绝。于是孙葆瑢率部于 9 月 21 日（农历八月十一日）进攻三十六乡。农民军设大本营于昭灵宫，前沿陈兵于新塘、沟尾，严阵以待。官军驻扎在网山、东沟一带，不敢前进。相持约两小时后，农民军越逼越近，官军用机枪扫射，农民军损失四五十人。孙军进到沟尾、凌厝两村，焚毁民房 300 余间。正当危急之际，两支农民军援兵由东汾、洋尾和太湖、田厝赶到，黄濂亲率所部从昭灵宫冲出。孙葆瑢见农民军声势浩大，斗志顽强，怕被反包围而不敢恋战，遂率部向渠桥撤退。

黄濂在三十六乡击退孙葆瑢新军后，军威大振，遂决定于 10 月 4 日（农历八月二十四日）进攻郡城。当晚，黄濂率起义群众数千人分三路从南门、东门和西门攻城。其中农民军前哨 10 余人用竹梯已从西门登上城垛，但因后援未到又退了下来。官军凭武器优势守至天亮，黄濂见强攻不下，只好下令撤退。是役，农民军牺牲 2 人。官军乱抓过路群众 10 余人处决邀功。嗣后，孙葆瑢又于 10 月 16 日（农历九月初七日）率部进攻壶公山，结果再度被农民军击败。

孙葆瑢在莆两个月，劳而无功。这时福建政局变动，袁世凯派岑春煊为福建镇抚使，知府余文藻和知县左钟岳亦被撤换。岑春煊还派福宁镇总兵吴鼎持书来莆，请前清御史江春霖出面再度招抚黄濂。但江春霖的招抚主张遭教会和豪绅强烈反对，而黄濂亦保持警惕不轻易就范。江氏知难而退，向岑提出辞呈。黄濂致公开信（呈文）与岑氏，慷慨陈词，历数彭寿松、余文藻的罪行："清政不纲，民遭屈抑，无从吁诉，反抗之案迭起。及民国成立，方冀一扫积弊，拨云雾而见青天。讵料余文藻酷虐无道，比清吏益烈。民贼彭寿松，拥其无上权力，毒我福建。余文藻为其爪牙，又拥其无上权力，毒我兴化。"[①]

① 朱维幹：《一九一二年黄濂领导的莆仙农民起义》，载中国人民政治协商会议福建省莆田县委员会编《莆田文史资料》第 2 辑《辛亥革命专辑》，1981，第 33 页。

黄濂与官方和议不成，又僵持不下，遂决定进兵仙游，进行战略转移。1912年12月18日（农历十一月初十日），黄濂所部于仙游宝模铺汇集，由东门进攻。当时仙游知县孙时雍手下仅拥有号称巡防营的一连兵力，故不战而逃。黄濂进城后安抚百姓，秋毫无犯，还破仓分粮，并召集民众惩办捐蠹郑元恺。次日，为避免官军反扑，乃自动撤回莆田根据地。

黄濂回师莆田后，又转战沿海，抗击下乡"拔苗"的官军。于是年（1912年）12月27日（农历十一月廿八日）率起义军2000余人与官军激战于笏石。双方相持至2月6日（正月初一），平海、南日一带农民亦响应起义军加入战斗。双方会战于笏石四乡，官军中了埋伏，死伤40多人。官军援兵到达后，实行焦土政策，对各村进行大屠杀，计焚毁民房140多座，杀死群众七八十人。起义军在笏石无法立足，遂于3月5日（正月二十八日）转移至平海半岛的赤岐村。官军穷追不舍，向赤岐、下屿、渚林等村进攻，黄濂带领群众誓死抵抗。官军又以游弋于平海湾的楚观号兵舰炮轰赤岐村，毁坏民房200余间。下屿、渚林一带战斗相当激烈，起义军和村民死伤数十人，但起义军实力并无重大损失。

黄濂在莆田沿海难以得手，决定转移，再度进攻仙游县城。民国2年（1913年）5月4日（农历三月二十八日），黄濂所部一举攻克仙游县城，委任潘木为仙游县长，受理诉讼。黄濂在文庙明伦堂亲自接待来访群众，宣传起义宗旨，为民排难解纷，申冤理枉。仙游民众盛赞黄濂所部军纪严明，是仁义之师。

继孙葆瑢为团长的沈国英闻仙城陷落，急电令漳、泉清乡督办黄培松部由惠安北上，企图南北夹击起义军。这时，黄濂已积劳成疾，一病不起。起义军将领恐主帅有所闪失，乃率部撤返莆田。

黄濂退回家乡疗养后，省方又派人欲加招抚，许以充任莆田笏石协镇，发给3000元银元为军饷。然黄濂病势转沉，只派人与官方虚与委蛇，候机再举。民国2年黄濂病故。黄濂死后，部下逐渐星散，起义军随之解体。

壶公山起义是一场以反帝反封建压迫为主要内容的武装斗争，起义虽未成功，但在闽中、闽南地区引起很大反响。

二 护法战争与南北军混战

民国6年（1917年）6月，张勋率领辫子军到北京胁迫总统黎元洪解散国会，拥废帝溥仪复辟，孙中山决定南下护法。7月12日，张勋兵败，段祺瑞重任国务总理，拒绝恢复《中华民国临时约法》和国会。孙中山即以"拥护约法、恢复国会"为号召，率驻沪海军及部分国会议员到广州。8月，召开国会非常会议，组织护法军政府。9月，孙中山被推举为大元帅，领导滇军、粤军以及部分桂军、黔军、湘军、川军等抗击段祺瑞的军事进攻，南北两个政府对峙的护法战争爆发。

当时，福建省处在北洋军阀李厚基的统治之下。民国6年冬，南方军政府决定出兵福建，开辟第二战场，分散北洋军对西南的压力，致使福建自辛亥革命以来第一次被卷进全国性军阀战争，也使得福建各地民军蜂起，山头林立。

在闽南最早响应护法运动的是莆田县城西门外延寿村人杨持平。杨持平在辛亥革命前就投奔黄兴，后又辗转上海，参加北伐军队。清帝退位后，杨持平回到莆田创办《兴化报》，宣传革命，接着往厦门活动，任《闽南报》编辑，因受北洋军阀监视，避走南洋。民国5年（1916年），杨持平从南洋回国，加入中华革命党，发动民众讨伐北洋军阀。护国战争结束后，杨持平即到厦门执笔于《民钟报》，继续宣传民主革命，揭露北洋军阀以共和之名行专制之实的面目，因此曾受鼓浪屿（当时属英租界地）"会审公堂"传讯数次。他感到文攻不灵，只有诉诸武力。民国6年冬，杨持平先后赴同安和长泰策动民军林敬根、杨汉烈、黄炜诸部在长泰县山重村举事，通电响应孙中山的护法号召，组成闽南军（方声涛入闽后改称靖国军）。闽南十多县民军亦相率响应参加护法运动。

民国5年冬，仙游香田里卢厝村人张约（又名卢郁）召集枫亭霞桥村薛丙、青泽亭村薛红团在仙游古坪寨宣布参加护法起义，是为莆仙民军运动之倡始。但当时莆仙仍为李厚基北军的严密控制之地。民国7年（1918年）初，南方军政府曾派许莫多来莆田活动，驻莆营长江涛与排长陈各莫等人伪称入党，将许莫多诱捕杀害。① 之后，李厚基委任宁云汉为"莆仙办匪委员"，并调亲信马督彪到莆田以加强控制。

民国7年7月，护法军政府援闽粤军总司令陈炯明从闽西直捣漳州后，派人到仙游联络民军，授张约为援闽粤军左路司令。张约遂将所部民军扩编为3个营。7月20日，以张约为首的仙游各路民军联合进攻仙游县城，驻莆北军江

---

① 《李厚基为防剿南安等县匪徒情形并请奖在事出力人员密电（1918年3月13日）》，载中国第二历史档案馆、泉州市地方志编委会、鲤城区地方志委员会编《民国时期泉州地区档案资料选编》，1995，第171页。

涛、马督彪两个营紧急赴援,被民军击退。9月1日晚,仙游县城被民军攻占,县知事姚有则仓皇逃到莆田。①

在仙游民军起事的同时,原莆田革命党人邹鸿俦(又名邹去病)亦在三十六乡和二十八乡一带宣传护法斗争,整合黄濂旧部,在壶公山顶点火举事。因驻军江涛与马督彪不睦,互相观望,不敢进兵,邹之部众越集越多,有两三千人,号称闽南军第三路军,属杨持平领导。方声涛入闽任福建靖国军总司令后,委任邹鸿俦为莆田靖国军司令,设司令部于黄石镇,下辖何标、陈铁、黄金锁、潘云、余文通等各部。常太的陈龙、吴牧村、雷轰等亦组成民军加入"靖国军"。

9月上旬,粤军第二军军长许崇智所部黄国华(湖南人)率第五支队杨万顺(莆田华亭人)和第六支队蔡春庭(莆田常太人)到莆田,同莆田民军联合围攻莆田城。仙游民军领袖张约闻讯亦率部来莆田参战。11日,粤军和民军陈兵三路攻打莆田城:邹鸿俦部从阔口梅花亭进攻东门;杨万顺支队和仙游张约共同负责攻打南门;蔡春庭支队则配合常太民军从西门进攻;唯独北门至涵江的通道未被民军重视。福建督军李厚基听闻莆田城被围,即急电段祺瑞派装备优良的耿锡联"模范团"驰援莆田。耿团从涵江遣梁彦章一营从北门入城。南军多为没有作战经验的农民,单凭勇敢发动进攻,而北军则凭坚固的城防和精良的武器顽强防御,两军对阵数日,城池仍安然无恙。待民军弹药不继,攻势转弱后,梁彦章率所部从南门出击,把南门外民房焚为平地,使民军无从掩蔽。在战斗中,张约中流弹牺牲,仙游民军群龙无首,紧急撤退,于是南军左翼受挫。北军在南门得手后,又集中兵力攻击东门外邹鸿俦部民军。邹鸿俦部势成孤立,只得暂时退回黄石。攻打西门的民军从兴安涵洞爬入城中,但被守军发现,阵亡6人,余部不得已仍复退回。

9月下旬,粤军许崇智率所部谢、徐二统领和莆田人温彦斌一个营来莆,原革命党人林师肇、林立分别被委任莆仙护法军司令和参谋长,司令部驻梧塘。福建靖国军闽南司令杨持平亦率所部杨汉烈、翁程两个支队到黄石与杨万顺会师。杨持平主动跟许崇智协调,粤军、靖国军和莆仙民军计13支队伍归许统一指挥,但作战任务有适当分工:粤军以进攻涵江与北军耿团主力决战为主,民军抽一部从黄石向涵江夹击,以造成耿团腹背受敌;靖国军和民军则以进攻莆城为主,由粤军杨万顺支队配合。主战场即从莆田移到涵江。

---

① 伊莘眠、刘机廷、陈克绳口述,林信祺执笔《仙游民军的先行者——张约》,载中国人民政治协商会议福建省仙游县委员会文史组编《仙游文史资料》第1辑,1983,第74~75页。

耿锡联"模范团"布防于涵江北面约 3 公里的黄巷埔。粤军从梧塘进攻，激战一天，突破北军黄巷埔阵地。翌日，许崇智下令继续推进，当晚占领塘北山。北军退至镇内，以民房为炮垒，埋伏屋内顽抗。这时，涵江绅商担心街屋被毁，财产损失巨大，便以红十字会名义劝告许崇智不可用大炮轰击街市。许崇智自信可以攻破涵江，同意停止炮击，拟从顶铺尾入镇。北军得到喘息机会，又接到李厚基从海上运来的弹药补给，士气复振。耿选精锐战士化装为粤军预伏在顶铺外围村庄，待粤军进入顶铺时，进行反包围，使粤军两面受敌而又敌我莫辨。此役，南军因指挥员麻痹大意而损兵折将。与此同时，杨持平率靖国军亦在莆田与北军会战于新度、厝柄，围攻南门的粤军杨万顺闻讯便迅速回师从北军背后袭击。北军阵容大乱，死伤百余人，紧急从城、涵两路撤退。

正当南北军在莆田和涵江激战之际，陈炯明和李厚基的政治交易亦悄悄地达成。双方议定，以莆、仙为界，仙游以南 20 多县建立"闽南护法军区"，莆田以北仍归北洋军阀统治。陈炯明下令由许崇智派温彦斌为粤军代表与北军耿锡联团长在莆田签订军事驻防区划界协议。杨持平不同意南北和议，但粤军退出莆田后，民军势成孤立，只好率所部闽南靖国军并邹鸿俦所部民军暂退仙游；其余莆田民军或自动解散回乡，或在常太、广业山区一带占山为王。至此，历时 4 个月的护法战争宣告结束。[①]

综上所述，民国 6 年（1917 年）的莆田护法运动，声势浩大，并演变为南北军混战，给百姓带来深重的苦难。

三　五四运动与新文化运动

（一）集会游行，声援北京五四运动

第一次世界大战结束后，英、法、美、日、意等国家于民国 8 年（1919 年）1 月在巴黎召开"和平会议"。北洋政府在人民的压力下，向和会提出希望帝国主义放弃在华特权，要求取消"二十一条"和收回被日本夺去的原德国在山东的权利，遭到与会的帝国主义国家拒绝，北洋政府竟准备在和约上签字。消息

---

① 有关护法战争全过程可参阅林奇峰《护法运动时期的莆田民军》，载中国人民政治协商会议福建省莆田县委员会编《莆田文史资料》第 2 辑《辛亥革命专辑》，1981，第 132 ~ 136 页；林侨鹤、蔡春庭《莆田辛亥革命与民军始末》，载中国人民政治协商会议福建省莆田县委员会编《莆田文史资料》第 3 辑，1982，第 46 ~ 66 页；杨兆英口述，杨位中整理《护法时期援闽粤军、征闽靖国军与护法救国军联系福建民军和北军混战情况》，载福建省政协文史资料委员会编《文史资料选编》第 4 卷《政治军事编》第 7 册，2007，第 271 ~ 286 页。

传出，举国愤怒。5月4日，北京学生3000余人在天安门前集会，高呼"外争国权，内惩国贼""取消二十一条""拒绝和约签字"等口号，会后举行游行示威。北洋政府派军警镇压，逮捕学生30多人，北京学生即实行总罢课，并通电全国表示抗议。各地学生也纷纷游行示威，声援北京学生。

在福建，继福州、厦门之后，莆田学界从5月下旬起，积极响应北京学生的爱国行动，掀起声势浩大的声援斗争。1919年5月23日《奋兴报》报道："青岛问题日本将承继德国权利，我国专使在欧洲和会上要求索还，处于失败之地，日前北京各学校有殴毁章、曹举动。吾闽省、厦各校亦纷纷开会筹议抵制之方法。吾莆学生闻此消息后，均愤愤不平，拟将相率罢课。"莆田学界首先响应此运动的是福建省立第十中学学生，5月21日，十中学生集合开会，议决于22日实行罢课，支持北京学生的正义斗争。该校校长关陈谟获悉学生行动计划，立即出面劝阻。他一面要求学生照常上课，一面联系地方士绅林兆燕、宋增佑等，以"莆田公民代表"名义，于25日召开"各界联合会"，致电"北京大总统"和"国务院"，"乞电陆使拒绝签字，速图挽救，此间人民誓为外交后盾"①。但青年学生并未因此而放弃斗争，纷纷走出校门，互相串联，积极酝酿一场规模巨大的爱国示威游行。

图7-1 仙游学界声援北京五四运动

资料来源：中共福建省委《福建革命史画集》编委会编《福建革命史画集》，福建人民出版社，1982。

5月28日，省立第十中学学生会发函，呼吁城区各中小学全体师生于29日

① 莆田县县志编集委员编《莆田县志》第2卷《政治志（初稿）·上》，1966，第113页。

下午 1 时在射圃里举行爱国示威游行。翌日，城区各中小学实行总罢课，于下午 1 时齐集与会地点，参加者有省立十中、第四师范、哲理、砺青、湖山、通德、城东、城南、进群、麟峰、普东、育英、哲明、培元、道学、私立第七小学等 16 所学校师生 1000 多人。会后举行示威游行，每人手执一纸旗，上书"恢复国权""誓雪国耻"等字样。正当游行队伍即将出发之际，莆田县知事刘荫榛率大批军警前来阻止学生游行。刘知事向学生声称，"某国固然是可恶的，但是我们中国海陆军的力量还不能胜过他们而将他们灭亡，你们学生这样的举动更不中用了。况且时局现在还未大定，恐怕有'匪人乘这机会，扰乱治安，那就更不便了。我劝大家一定不要这样才好的'"[①]。但正如 1919 年 5 月 30 日《奋兴报》所说，"虽经此一番官样的口头禅，仍不能动学生之听"。刘荫榛见群情激愤，未敢下令镇压，遂"只得劝其游行时须有秩序云云"。

游行队伍由校旗军乐为前导，从射圃里出发，绕经城区各大街小巷而至北校场，再由北校场折返射圃里，沿途高呼"还我青岛""恢复国权""抵制日货""提倡国货"等口号，并高唱"国耻纪念歌"。各校都沿路散发事前油印的传单。学生情绪高涨，游行秩序井然，旁观群众无不称赞青年人的爱国行为，相劝勿用日货。

5 月 30 日，《奋兴报》不但详细报道了爱国示威大会的实况，还把各校传单内容全文转载，起到更广泛的宣传作用。这些传单包括《兴化救国团警告商界书》《莆仙学界警告莆邑商民书》《省立第十中学全体警告同胞书》《省立第四师范学校全体学生警告同胞书》《福建省第十中学校友会全体泣告同胞书》《兴化道学校告国人书》《留学日本的莆仙同学寄莆田学界函》，其文字慷慨激昂，爱国之情溢于言表，极富鼓动性和说服力。特别是一些用诗歌形式撰写的作品，一时成为民间歌谣，到处传唱，收效甚大。

6 月 3 日，北京政府大总统徐世昌对北京爱国学生继续实行高压政策，出动大批军警逮捕学生。消息传开，更加激起全国人民的愤怒，也促使莆田学生爱国运动掀起新的高潮。6 月 7 日，莆田女学生、女教师 300 多人在城东女校召开莆田女学生联合会成立大会。会上大家纷纷表示，要与男界师生互勉互励，并肩作战，将反帝爱国斗争坚持下去。11 日，省立十中、第四师范学生再度罢课。12 日，哲理中学继之。在罢课期间，每日各校学生以数人为一队，共 100 余队，四出检查日货。

---

① 莆田县县志编集委员会编《莆田县志》"'五四运动''五卅运动'在莆田（草稿）"，1963，第 2 页。

莆仙学界警告莆邑商民书

青岛噩耗传至，民气愤愤不平。

京中学界倡议，国贼胆落心惊！

津沪提倡国货，省厦联电欢迎。

佥议抵制日货，薄海咸表同情。

坚持到底不懈，耻雪五分热诚。

此次沿街游行，举动磊落光明。

警告阖邑同胞，勿与倭奴相亲。

倘若偷运私售，察出严罚重惩。

图7-2　《莆仙学界警告莆邑商民书》

资料来源：林清华主编《闽中革命史画册》，中央党史出版社，2011。

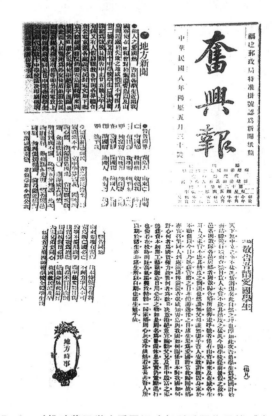

图7-3　对推动莆田学生爱国运动起到重要作用的《奋兴报》

资料来源：林清华主编《闽中革命史画册》，中央党史出版社，2011。

十中校长关陈谟等为了阻止学生罢课上街宣传，采取提前学期考试，欲使学生埋头功课，转移学生注意力，遭到学生们坚决反对。此后又变换手法，以天气炎热为借口，通知提前放暑假，试图以此削弱和分散学生们的战斗力，均未达到目的。学生们的斗争激情日趋高涨，加上适逢暑假，在上海、福州、厦门等地求学的回乡学生都自动加入在莆学生的战斗队伍，群情愈发激昂。

6月11日，县学联会组织爱国示威大游行。参加者除城区中学外，还有公立第二国民学校、私立第五国民学校、黄石善育学校及留省学生代表团等，声势比之前更为浩大。14日，十中、四师、哲理、道学四所中学学生邀请外地回莆田的学生出席莆田学生联合会成立大会。学联会下设调查、执行、交际、演讲、贩卖、文牍、会计、庶务8个部。同时推选出各部负责人，立即分工投入战斗。学联会还刊刻椭圆形图章一颗，上刻有"国耻"二字，把每个学生所穿衣服尽行盖印，以示"卧薪尝胆"之意。22日，学生们又组队步行至黄石镇示威游行、讲演宣传。23日，学生们在善育学校操场集合出发，先周游黄石镇各街巷，接着又远征至沿海重镇笏石七街和三区集镇。学生们冒酷暑、顶烈日，长途跋涉，沿途高呼口号、唱歌、讲演，虽声嘶力竭，却毫无倦容。城乡居民深受感动，有的燃放爆竹表示欢迎，有的烧茶送水慰劳，有的还加入学生队伍跟着高呼口号。正如1919年6月23日《奋兴报》报道的："爆竹之声，呼号之声，唱歌之声，声声相应，路人咸为感动。"入夜，学生又齐集黄石红泉书院开会。会场上挤满了人，有农民、工人、手工业者。本县学生代表林梓祥、留省学生代表李国瑞等人相继在会上激昂陈词。在学生们义正词严的控诉下，群情悲愤。商界代表也表示不卖日货、提倡国货。集会持续到深夜，群众情绪始终高涨。

莆田学生联合会还组织"学生讲演团"和"学生稽查团"，负责向群众宣传和检查督促禁用日货、提倡国货的工作。哪里有逢墟赶集或迎神演戏，哪里就有"学生讲演团"，起到良好的宣传作用。

（二）抵制日货、提倡国货运动

紧接爱国示威大游行之后，一个声势浩大的抵制日货、提倡国货的爱国运动在莆田如火如荼地展开。这场运动也由省立十中学生发起。该校学生会印制了国货调查表和日货调查表，由学生四出分送各商家填写。据1919年6月6日《奋兴报》报道，学生们还"于课余组织宣传队，每三人至五人为一队，分往各商铺，劝其勿售日货；凡路上遇有购用日货者，便多方婉言相劝，令其往商店换回国货"。十中学生还倡议组织"救国十人团"，即以10人为一团，负责互相监督，使用国货，禁用洋货，开展储蓄，兴办国民实业总公司。1919年6月13

日《奋兴报》全文转载了《救国十人团传单》。

学生们不仅口头宣传，而且付诸行动。如6月6日，莆田女学生联合会组织稽查队，从城区咸宜百货店、宝顺书坊等查出数百件日货，在街头举办日货陈列展览，使参观者受到教育。十中、四师、哲理等校学生组成100多个稽查队，四出检查日货，自6月中旬至下旬，连续从各水关码头和货船、货栈搜出日产火柴、肥皂、玻璃、玩具、纸张、白洋衫、卫生纸、洋白糖等数百件，皆当众烧毁，一时观者如堵，无不拍手称快。6月16日，县学生联合会派出学生代表10多人，到涵江商会劝告各商家不得贩卖日货。是日大雨倾盆，学生们冒雨上街宣传，涵江商人大受感动，纷纷表示拥护学联会通告，绝不再经销日货。之后，学联会又推举田春霖、林文洽、郑履祥、宋元懋四人为常驻涵江镇干事，黄元民、李国瑞、方一新三人为常驻江口镇干事，专任稽查日货工作。学生的爱国行动，得到工商界的理解和支持。莆田和涵江商会相继开会，做出"各商家凡从前所购之日货售罄后，不得再行贩卖"的决议。各商家自愿将铺内存货拿出加盖稽查印章为凭，以示永不经销日货的决心。

7月21日，在查禁日货活动的基础上，莆田学联会又邀请商会代表20多人，商讨联合组织"莆阳提倡国货联合会"。学生代表黄祖宪登台演说，言词痛切激昂，声泪俱下。商人们皆当场签名发誓不卖日货，并加入"莆阳提倡国货联合会"。该联合会向每户铺家发出启事，据1919年7月4日《奋兴报》转载，全文如下：

启者：某国货一日不消灭，即国货一日不畅销，必有适当之办法，则促进肃清之日期自觉不难。贵号对于提倡国货既已表示决心，盖印为凭，同人甚为钦佩；但良莠不齐，难期心口如一，仍请将旧存某国货确实报告，以便本会随时检查，庶免奸人乘机瞒混，有碍国货进行，爰定罚则数条，藉相戒勉：

（一）自抵制后有新办某国货者，除原货焚毁外，并须罚金示警。

（二）旧存某国货匿而不报者，查出以新办某国货论。

（三）旧存某国货将多报少者，照原价倍罚之，如十元罚二十元，一百元罚二百元，余类推。

（四）旧存某国货有高抬时价者，亦须罚金示禁。

（五）混改某国货标图为国货，一经查出，将原货一概焚毁。

（六）所有罚金均充作国货公司经费。

（七）按月罚金由本会列表登报，俾众周知。

莆阳提倡国货联合会启

学生们除督促商界提倡经营国货外，还自筹资金，自办国货推销，以激发群众的爱国热情。县学生联合会组织莆阳国货公司，招募50股，每股资金5元，合计250元。每逢早、午、晚课外时间和周末假日，学生们便成群结队上街推销国货。男同学一般只是在街上兜售，女同学则敢于挨家挨户推销国货，送货上门，效果尤佳。故报刊赞扬：自莆田女学生联合会成立后，莆田女生在爱国斗争中与男生并肩战斗，在提倡国货、推销国货一事，更是站在斗争的前列。

（三）推广白话文，提倡科学民主

莆田号称"文献名邦""海滨邹鲁"，儒家传统文化氛围十分浓厚，八股制艺和尊孔读经几乎是知识分子的必由之路。20世纪初，虽然有一批知识分子由西方教会输送到欧美留学或官费留学东洋，但他们为数太少，而且其根底是中国的传统文化，所以学成归国后，虽也参加维新改良运动，但辛亥革命后又大多步入仕途。名为西学堂的文化课，仍然是用文言文向学生讲授；连兴化《奋兴报》也是文言文的。至于男女学生不能同校就学的禁例，就是西方教会办的学校也不敢冲破。

五四运动的爆发，不仅激发了青年们的爱国主义热情，也激发了青年们对新文化的渴求。五四运动之后，在莆田掀起一股反对封建礼教、反对旧文学、废止尊孔读经、推广白话文、提倡科学民主的热潮。省立十中的《救国十人团倡议书》，应是莆田第一张用白话文写的文告：

青岛去，山东亡，山东亡，中国亡！国要亡了，他们的军队警察要来了，他们的人民都欢天喜地的到我们国里住家享福了。奴隶牛马鱼肉、打杀病死皆由仇人主持。我将亡未亡的中华民国四万万同胞呀！这一道黑漆漆万劫不复的地狱门就在眼前了。救救救，非拼命救不可，非四万万同胞齐心协力拼命救不可。救的方法很多，我想了一个法，名叫救国十人团，这方法是人人都做得到的，又容易实行，又可以持久。请大家斟酌斟酌，倘若认为不错，就分头实行起来。

民国9年（1920年）7月，莆田学生联合会又创办了莆田第一张白话文报纸——《莆田新报》，该报对帝国主义国家间的互相勾结、阴谋瓜分中国和北洋军阀政府的卖国媚敌行为，揭发、抨击不遗余力，获得群众支持。《奋兴报》也开辟了新诗歌园地，大量刊载新诗，甚至传统的诗钟征诗，其题目也寓有爱国思想。各中小学把国文课改称国语课，教师授课逐渐改用白话文和普通话。民国9年，莆田教育会派会员郑文熙、四师教员林青到北京教育部参加国语讲习会；又派女教师陈香冰、欧守玉到南京参加南京高等师范举办的暑期国语讲习科。当年暑假，县教育会又派国民学校教师戴远谟、魏长城等10人到省教育厅参加暑期国语讲习会。县教育会也举办国音讲习所，专门吸收小学教师学习国语发音。民国10年（1921年）暑假，省立四师也设国语讲习科，训练全县国民学校教师。

在提倡白话文和普及国语教育的同时，学校的体育学科也受到普遍重视。哲理、培德女校等学校分别于民国9年、民国10年举行校内运动会；四师、十中、哲理等学校还选派代表队赴福州、厦门各地参加全省运动会。

综上所述，为了响应北京学生的五四爱国运动，莆田学界从5月下旬起掀起声势浩大的声援斗争，除了示威、游行、演讲、罢课外，还开展抵制日货、提倡国货运动和推广白话文、提倡科学民主的新文化运动，充分显示了莆田青年的革命精神与伟大力量。这种精神和力量为中国共产党在莆田成立组织打下了坚实基础。

四　共产党组织建立和第一次国共合作

（一）早期接受马克思主义思想的莆田人

莆田学联、工商界以及社会各阶层大联合的五四爱国运动和查禁日货运动，为马克思主义思想在莆田的传播奠定了思想基础。在紧随其后的新文化运动中，许多新思潮的书籍、报刊进入莆田各中学，马克思主义学说开始被莆田的知识分子所认知，之后相当一部分受进步思想影响的学生考入北京、上海、广州、福州、厦门等高校，在大学里接受并宣传马克思主义思想，加入社会主义青年团和中国共产党组织。

中共莆田地方党组织早期创始人陈国柱[①]在哲理中学读书期间就接触到《新青年》等进步报刊。民国10年（1921年），他考入厦门大学，在中共党员施乃

---

① 　陈国柱（1898～1969年），曾用名陈继周、梓值、廖华，莆田市西天尾下坑村人。

铸①的引导下阅读大量进步书籍。民国 12 年（1923 年），厦门大学开设的社会学课程中有一章专门讲授"马克思主义学说"，他开始系统地接受马克思主义思想。民国 13 年（1924 年）厦门大学发生学潮②，陈国柱转入上海的大夏大学学习，其间加入社会主义青年团，民国 14 年（1925 年）正式加入中国共产党。同年，莆田籍学生林嵩龄③、黄苍麟④、陈嘉谟⑤分别在上海大学和上海交通大学加入中国共产党。此外，仙游籍学生黄经芳⑥于民国 12 年（1923 年）在北京师范大学求学时加入社会主义青年团。这些在外求学的莆仙籍进步学生，逐渐成长为莆田地区第一批无产阶级革命者，成为莆田早期的革命骨干。他们利用寒暑假时间将马克思主义书籍等进步刊物带回莆田，传阅宣传，马克思主义学说得到广泛传播，为早期中共莆田地方党组织的建立营造了浓厚的舆论氛围。民国 14 年，上海"五卅惨案"发生后，莆田社会各界"罢课、罢工、罢市"声援上海，并多方筹措资金支援上海工人。在这次爱国运动中，莆田各中学出现了许多学生自发组织的进步团体，如读书会、学术研究会、同志互助会等，⑦ 为早期中共莆田地方党组织的建立创造了组织条件。

图 7 - 4　陈国柱

图 7 - 5　陈国柱故居

① 施乃铸于民国 10 年（1921 年）在上海由邵力子、李达介绍加入中国共产党。
② 厦门大学 1924 年学潮：民国 13 年（1924 年）5 月下旬，中共党员施乃铸等进步学生发动厦门大学全体学生抗议学校主要负责人无理辞退几位进步教师，进行罢课斗争，并电请新加坡的陈嘉庚先生，要求撤换学校主要负责人，掀起了改革厦门大学的第一次学潮。因受到校方压制，施乃铸策动校教育科主任欧元怀，于 6 月上旬与 300 余名师生一起宣誓离校，赴上海筹组大夏大学。9 月上旬，大夏大学在上海成立，施乃铸在校内组织了一个共青团支部，团员有陈国柱、杨世宁、吴世华、周清水等。
③ 林嵩龄（1897～1956 年），别名林岳山，莆田城郊丰美人。
④ 黄苍麟（1901～1951 年），别名何蕴，莆田涵江霞徐人。
⑤ 陈嘉谟（1903～1976 年），又名陈啸高，仙游大济井头村人。
⑥ 黄经芳（1900～1968 年），又名黄震，仙游榜头莲乾村人，参加过南昌起义。
⑦ 蒋维锬主编《中共闽中地方史（新民主主义革命时期）》，中央文献出版社，1999，第 40 页。

（二）中共莆田地方党组织的建立与发展

民国 14 年（1925 年）1 月，中国共产党在上海召开第四次全国代表大会，通过《对于组织问题之决议案》①，决定在全国范围内尚未有党组织的地方"努力开始党的组织"②。同年底，陈国柱在上海大夏大学毕业，离校前他向党中央提交《关于在莆田建立中共莆田地方组织》的书面请示报告。党中央派袁孟冰找他谈话，要他"回莆进行建立地下党的工作，直接和中央（上海）发生联系"③。民国 15 年（1926 年）1 月，陈国柱奉命回莆，应聘到他的母校哲理中学高中部担任国文和社会学教师，在校期间向学生宣传反帝反军阀的爱国主义思想，组织"新读书社"，在各班级中吸收进步学生参加阅读、讨论，积极传播马克思主义思想，物色和培养发展对象。同年 2 月，陈国柱召集学生中的积极分子陈天章、陈兆芳、陈德来、吴承斌、吴梦泽到哲理中学钟楼二楼宿舍，代表党组织接收他们加入共产主义青年团，成立中共莆田特别（党团混合）支部，陈国柱任书记。支部成立后，陈国柱写信向中央汇报，中央批准他的报告，并确定中共莆田特别支部直属上海党中央领导。

民国 15 年 3 月中旬，陈国柱赴广州参加大革命，中共莆田特别支部工作由陈天章负责。陈天章等根据陈国柱临行前讨论确定的发展对象，召开支部会议，吸收莆仙籍的徐贻泽、林凤池、翁祖武、王纪修、戴友梅、刘天瑞、邱先兆、林锦如和外县籍的林怀才、余丽水、吴郅治、赖锡柱加入团组织，进一步扩大革命力量，印刷出版《哲理青年》。民国 15 年 6 月，北伐战争前夕，广东党组织领导人陈延年派陈国柱回福建做好接应北伐军入闽工作。陈国柱返回莆田后立即召开支部会议，将已经加入共青团的成员全部转为共产党员，成立中共莆田支部，直接隶属上海的中共中央，陈国柱任书记，组织委员为陈天章、宣传委员为陈德来。同年 7 月，在上海入党的林嵩龄、黄苍麟将党组织关系转回莆田，协助陈国柱做好中共莆田支部的领导工作。中共莆田支部成立后，积极向农民宣传反帝反封建反军阀的革命思想，发动农民组织农会，物色发展对象，组建农村党支部，不断发展壮大莆田地区的革命力量。

---

① 根据这个文件的精神，党中央和广东区委于民国 14 年（1925 年）冬，分别派出了一批共产党员到福州、厦门、莆田三地开展建党工作，其中厦门的党组织是由广东区委发展的，福州和莆田则直接由中央派在沪求学的党员回乡发展组织。因此，莆田是福建在大革命之前最早建立党组织的三个地区之一。
② 中共莆田县委党史办：《莆田建党与大革命》，《福建党史通讯》1986 年第 6 期，第 46～49 页。
③ 雷美莲：《哲理钟声 响彻闽中——纪念中共莆田地方组织成立 90 周年》，《福建党史月刊》2016 年第 7 期，第 5～6 页。

图 7-6 莆田第一个中共党支部成立旧址——哲理中学钟楼

资料来源：《福建省革命遗址通览（莆田市）》（总第 14 卷），中央党史出版社，2013。

民国 15 年（1926 年）12 月下旬，北伐军攻克福州，北洋军阀在福建的统治就此结束。随着全省革命形势的变化和中共莆田地方党组织力量的发展壮大，为了统一领导全省各基层党支部，中共福州地委通知陈国柱到福州商谈莆田组织问题。福州地委负责人方尔灏、陈兴钟等与陈国柱共同商议，决定成立中共莆田特别区委，隶属中共福州地委。[①] 莆田特别区委机关设在哲理中学钟楼，陈国柱任书记，组织委员陈天章、宣传委员林嵩龄、农运委员吴梦泽、工运委员林清汉、兵运委员陈兆芳、青运委员陈德来、妇运委员郭晓云。莆田特别区委（直到 1927 年 7 月第一次国共合作分裂之前）先后下辖莆田澳柄、夹漈、山门、丰美、咸益、郊下和仙游上宫 7 个农村党支部[②]，共有党员 44 名。

当时受中共莆田特别区委直接领导和影响的群众团体有：共产主义青年团，由陈德来、翁祖武负责，出版刊物《哲理青年》（半月刊）；农民协会，民国 15 年 12 月由县农协筹备会改组，委员长林清汉、副委员长董玉辉（盐民代表[③]），农协使用的章程、印章和旗样由广东海陆丰直接制发；学生联合会，以哲理中学学生会为核心，会长陈天章、社交翁祖武、文艺陈德来；反帝大同盟，民国

---

① 蒋维铁主编《中共闽中地方史（新民主主义革命时期）》，中央文献出版社，1999，第 42 页。

② 中共莆田澳柄支部（1926 年 10 月~1927 年 7 月），书记陈蒲川；中共莆田夹漈支部（1926 年 10 月~1927 年 7 月），书记吴国霖；中共莆田山门支部（1926 年 10 月~1927 年 7 月），书记林凤池；中共莆田丰美支部（1926 年 10 月~1927 年 7 月），书记林清汉；中共莆田咸益女中支部（1926 年 12 月~1927 年 7 月），书记郭晓云；中共莆田郊下支部（1927 年 1 月~1927 年 7 月），书记林文樵；中共仙游上宫支部（1927 年 4 月~1927 年 7 月），书记林锦棠。

③ 当时莆田没有产业工人，前下盐场三四千名盐工性质亦盐亦农，全部加入农会。

15 年由非基大同盟①改组，负责人郑秀毓。②

（三）第一次国共合作和分裂

莆田国民党地方组织肇始于民国 2 年（1913 年），张琴③在家门口挂出"国民党莆田支部"。后来由于张琴去北京担任国会议员，以知识分子为主的"砺青派"成为国民党在莆田的地方代表。民国 4 年（1915 年）袁世凯复辟，"砺青派"被当时莆田的北洋军阀解散，直到民国 15 年（1926 年）北伐军入闽后，"砺青派"才开始重新筹备建立莆田国民党地方组织，之后"砺青派"为了和国民党左派、共产党争夺地方领导权而投靠了国民党右派。

民国 15 年 6 月，陈国柱从广东回莆，与大夏大学毕业的莆田籍国民党左派人士曾天毅、陈震、郑柄炎、郑春荣等人商议共同筹建国民党莆田县党部，成立国民党莆田筹委会，机关设在城东小学，陈国柱主持国民党莆田筹委会工作，但由于北伐军还未入闽，所以未挂牌活动。中共莆田支部所属共产党员和共青团员全部以个人身份加入筹委会，采取"党内合作"方式，成为第一批国民党员骨干，帮助建立和发展国民党基层组织，这是莆田国共合作的开始。同年 11 月下旬，北伐军进驻莆田，推翻北洋军阀统治，国民党莆田筹委会在古谯楼正式挂出"国民党莆田县党部筹备处"，公开办公。在中共莆田地方党组织的帮助下，国民党莆田筹委会相继在涵江、广业、江口、常太等地建立国民党区党部筹备处，公开登记发展党员。仙游也在三宫殿成立"国民党仙游县党部筹备委员会"，张弛任委员会主任，下设榜头、盖尾、石碑兜三个党部，仙游县党部基本控制在国民党左派势力手上。④ 北伐军入闽前后的一段时间，国共合作关系良好，国共两党一起组织工会、农会，领导群众开展反帝反军阀斗争。北伐军入莆时，陈国柱等人更是组织十万民众夹道相迎，在中山公园召开军民联欢会，场面热烈为省内之最。

但是为了争夺莆田革命的领导权，"砺青派"代表陈乃元、何显祖等人投靠了国民党右派。陈乃元任福建省财务委员会委员长，何显祖任福建省盐运使。"砺青派"既获得时任福建临时政治会议主席方声涛的支持，又手握由莆田民军改编而成的前下盐场缉私队，且有地方土豪劣绅的支持，势力不断壮大。"砺青

---

① 非基大同盟，即反对基督教和教会同盟，相对于世界基督教学生同盟而形成的反帝爱国组织。
② 蚁文霖主编《中共福建省莆田市组织史资料（1926 年 2 月 ~ 1987 年 12 月）》，福建人民出版社，1993，第 14 ~ 18 页。
③ 张琴（1876 ~ 1952 年），字治如，莆田历史上科举制的最后一科进士，民国元年（1912 年）即申请加入国民党，中华民国第一届国会议员。
④ 蔡天新、钟健英编《仙游人民革命史》，新华出版社，1991，第 26 页。

派"打出"奉省临时党部之命来莆整理党务"的旗号，在莆田县立第一小学成立"中国国民党莆田县党部整理处"，将"国民党莆田县党部筹备处"定性为非法组织，形成莆田国民党两个地方党组织对峙的局面。但"砺青派"缺乏群众基础，没有基层组织，莆田的大革命运动仍然由国民党县党部筹备处组织开展。民国 15 年（1926 年）12 月，国民党福建省党部筹备处成立，任命陈国柱、林清汉为莆田农民运动特派员，筹建莆田农会。12 月 29 日，陈国柱以省党部筹备处的名义在古谯楼召开莆田县第一届农协代表大会，但莆田国民党右派雇用打手、恶棍冲进会场，鸣枪示威，以武力威胁，许多与会代表被迫跳楼逃难，这就是"跳鼓楼事件"。此后，莆田国民党两个地方党部矛盾进一步激化。

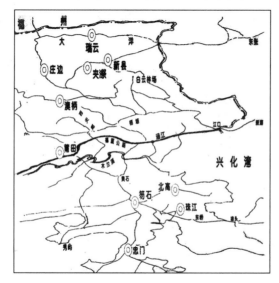

图 7-7 莆田农会组织分布示意

注："◎"表示农会组织所在地。

资料来源：林清华主编《闽中革命史画册》，中央党史出版社，2011。

民国 16 年（1927 年）1 月，国民党福建省党部筹备处由马式材和李培桐主持，创办福建党政干部训练所[①]，从全省各地招收进步青年进行为期半年的培训，准备派往各县筹建国民党县党部。陈国柱接中共福州地委通知，选派陈天章、陈兆芳、陈磊、陈德来、王纪修、李培兰、林景亮等 10 名共产党员参加学习，机缘巧合之下保存了中共莆田特别区委的革命力量，使他们在国民党右派反革命政变中得以保全。这批学员毕业后担任各地国民党县党部筹备员，为掩

---

① 福建党政训练所招收 60 多名学员，由共产党员刘大业、林淑玉主持日常工作，主要授课内容有"马克思主义浅说"、《中国国民党第一次全国代表大会宣言》、"联俄、联共、扶助农工"三大政策等。

护地方革命力量和巩固革命阵营发挥了重要作用。

民国 16 年（1927 年）4 月 3 日，福建省国民党右派拉开反革命政变的序幕，在南校场召开"拥蒋护党运动大会"，4 日成立戒严司令部，宣告福州戒严，大肆逮捕共产党和左派人士，查封各种革命团体和新闻单位。福州反革命政变的消息迅速传到莆田，4 月 8 日夜里，莆田国民党右派马秉彝亲率叶定国的一个连包围哲理中学，查抄中共莆田特别区委机关，陈国柱提前接到福州党组织的秘密通知，早已撤离到农村，反动派仅查抄到农会图章和一些普通文件。"四八事变"后，国民党右派成立"清党委员会"，中共莆田地方党组织被迫转入地下，已暴露身份的共产党员因被通缉而转移，革命力量未遭受较大的损失。4 月 14 日，国民党仙游县党部也被清查，吴威密令驻仙杨燕秋和傅舜英控制仙游县党部筹备处，逮捕并杀害政治监察署①陈炳中等 6 人。莆、仙两县革命斗争运动陷入低潮。

由于国民党右派的清党行动，陈国柱化名廖华，秘密转移到仙游兴泰上宫，在上宫馨山书院建立仙游第一个党组织——中共仙游上宫支部，隶属中共莆田特区委。民国 16 年 5 月，陈国柱赴武汉，向党中央报告福建的反革命事变情况和下一步工作指示，中共莆田特区委工作交由陈天章、吴梦泽、宋耀华共同负责。6 月，陈国柱派去福建省党政干部训练所的共产党员毕业回莆，成为国民党莆田县党部筹备员；9 月，通过各级代表大会投票选举，正式成立国民党莆田县党部，所有执行委员和监察委员除刘筠声一人离莆回南安外，"全部系共产党员"，共产党和国民党左派人士重新掌握国民党莆田县党部领导权，中共莆田特区委在国民党县筹备处内设特别支部，以国民党莆田县党部的名义组织和发起群众运动。直到民国 17 年（1928 年）年底，全体中共党员才退出国民党莆田县党部，这是莆田国共合作史上的一个独特现象。②

---

① 政治监察署：民国 15 年（1926 年）11 月 7 日，国民革命军攻克漳州后，为了集中指导闽西南各地革命工作，在 11 月中旬建立漳（州）龙（岩）政治监察署，首任政治监察员是鲁纯仁，后改为陈卓凡。莆属政治监察署于 1927 年 1 月成立，陈炳中任政治监察员。

② 参阅吴国钧《关于第一次国共合作破裂后莆田中共党员延期退出国民党问题》，《党史研究与教学》1993 年第 3 期。关于莆田中共党员延期退出国民党问题：莆田的中共党员从民国 15 年（1926 年）2 月筹备国民党莆田县党部，以个人身份加入国民党开始，直到民国 17 年（1928 年）12 月才全体退出国民党，较之全国迟了一年。主要是因为在全国大革命失败后，莆田的共产党员仍然掌握国民党莆田县党部，而且上级党组织中共闽南临时特委于民国 16 年（1927 年）10 月 10 日仍然制定出"继续打国民党旗帜"的工作大纲，成为莆田中共党员延期退出国民党的最早原因。同年 12 月，中共福建临时省委根据福建一些地区国民党县党部仍在左派或共产党手里的县区，制定允许延期退出的策略，利用国民党经济扩大革命势力，并且这一策略得到党中央的认可。民国 17 年底，宋耀华等共产党员退出国民党，许多同情或倾向共产党主张的国民党员也纷纷退出国民党，致使莆田县国民党员由 500 多人锐减为 11 人，几乎濒于坍台。

图 7 - 8　仙游第一个党组织——上宫党支部

民国 16 年（1927 年）8 月，中共闽南临时特委[①]成立，着手整理和恢复各地党团组织。9 月到 10 月，广业、江口、北路区委在王纪修、陈天章、吴梦泽、黄苍麟等同志的运作下相继成立；10 月陈国柱从漳州回莆奔母丧，党组织考虑到他在莆田的人身安全，安排仙游的黄经芳跟他对调工作。陈国柱到仙游县立中学教书后，着手整顿和建立仙游党的组织[②]，建立中共仙游特别支部，后改为东乡支部，并发展了城区、南区两个党支部。同年 12 月，中共莆田县委和中共仙游县委分别成立：莆田县委书记黄经芳，副书记宋耀华，委员陈天章、林嵩龄、陈兆芳、吴梦泽、林清汉、李培兰，机关设在东门兜，先后下辖广业、北路、江口、涵江、城区、渚林 6 个区委[③]；仙游县委书记陈国柱，委员王于洁、许淑修、林锦堂、林步庭，机关设在县立中学附近的陈家大院，下辖上宫、东

① 参阅《中共闽南临时特委报告——闽南概况及特委成立经过》［民国 16 年（1927 年）10 月 10 日］，载中央档案馆、福建省档案馆编《福建革命历史文件汇集》（省委文件 1927～1928 年），第 8～12 页。其各县特支及大中同学数计：龙岩 18 人，上杭 15 人，永定 12 人，平和 30 人，南靖 6 人，漳浦 8 人，龙溪 20 人，海澄 5 人，同安 6 人，惠安 5 人，莆田 50 人（区委），仙游 5 人，南安 3 人。厦门市委工人支部 4 个 20 人，学生支部 4 个 18 人，集美特支学生 20 人，工人 15 人，党团员共约 230 人。其中莆田区委占 50 人，仙游 5 人，是党团员人数最多的。
② 陈国柱：《仙游建党沿革》，载中国人民政治协商会议福建省仙游县委员会编《仙游文史资料》第 2 辑，1984，第 5 页。民国 15 年（1926 年）北伐军入仙期间，陈嘉谟曾经拿着一本签名簿，到处公开征求共产党员，凡签名的即是共产党员，当时仙游本地的“乌派”有些人签名加入，民国 16 年（1927 年）4 月国民党发动反革命政变后即一哄而散，既没有共产党的基层组织，也没有秘密机关。
③ 中共莆田广业区委（1927 年 12 月～1930 年 3 月），书记胡海；中共莆田北路区委（1927 年 12 月～1929 年 9 月），书记吴梦泽；中共莆田江口区委（1927 年 12 月～1930 年 5 月），书记郑纪（1929 年 9 月后陈天章任书记）；中共莆田涵江区委（1929 年 9 月～1929 年 10 月），书记王于洁；中共莆田城区区委（1929 年 10 月～1930 年 5 月），书记郑金照；中共莆田渚林区委（1929 年 10 月～1930 年 3 月），书记陈兆芳。

乡、城区、南区 4 个支部。① 经过重新调整部署,莆、仙两地党组织逐渐恢复并发展,中共莆田地方党组织重新领导莆仙两地革命,革命形势逐渐走向高潮。

综上所述,早在五四运动和查禁日货运动中,莆田的一些进步人士就接触了马克思主义。之后,许多进步书籍、报刊传入莆田,为一些知识分子所认可。民国 15 年(1926 年),中共莆田地方党组织成立,标志着莆田新民主主义运动进入全新的历史阶段。在中共莆田地方党组织的领导下,革命运动蓬勃发展。由于第一次国共合作分裂,国民党右派大肆镇压共产党,中共莆田地方党组织转入地下活动,革命斗争陷入低潮,直到民国 16 年(1927 年)下半年,中共莆田地方党组织才逐渐恢复和发展。

五 反烟苗捐和工农学商运动

民国 16 年 12 月,全省各县共产党的负责同志联席会议在漳州召开,会议选举成立中共福建临时省委,通过了《目前政治任务决议案》,提出目前的任务:"由抗租抗捐,一直到实行土地革命,工农武装夺取政权……"临时省委根据全省形势和主客观条件,指定莆田、仙游、惠安为全省 4 个暴动区域之一,要求按照当地实际情况,采取抗捐、抗税、抗烟苗捐等不同形式,从经济斗争发展为政治斗争以致武装暴动。② 民国 17 年(1928 年)2 月,莆、仙县委根据省委指示精神,确定了"发动土地革命,武装反抗国民党反动派"的斗争路线。

(一)莆仙人民反抗烟苗捐

民国 16 年(1927 年)10 月,吴威在福州病逝,林寿国旋即进军莆仙地区,从仙游、福清两地夹击并赶走驻莆、仙的新编军叶定国的部队,之后迅速收编林道川、魏铎、杨燕秋、陈国桢以及王剑南余部,成为莆、仙两地的新军阀,称霸福清、莆田、仙游地区。林寿国入驻莆田后,刚好是各地鸦片烟苗普遍下种之时,他为了大量收取烟苗捐税③,与省派莆仙烟苗捐局局长王之纲厘定分赃条件,并派副官陈恪三和军需官吴文柔坐镇仙游④,下乡大肆逼迫农民种植烟苗,专门催种收捐。当时的烟苗捐,"按赋册征收,有田不种亦要纳捐,以故全

---

① 蔡国泰、卢元宝主编《中国共产党福建省仙游县组织史资料(1927 年 4 月~1987 年 12 月)》,鹭江出版社,1993,第 12~14 页。

② 蒋伯英主编《福建革命史》,福建人民出版社,1991,第 223~225、304 页。

③ 北洋军阀从外地运来鸦片烟苗,勒令栽种,又以禁烟为由,征收烟苗捐。民国 12 年(1923 年)2 月,王永泉派莆田烟苗捐 20 万元,经各界反映,改为按亩收捐,所以烟苗捐又称为田亩捐。

④ 当时仙游有两个区 90% 的土地都被用来种鸦片,当地群众讥讽说:"现在人们必须把鸦片当粮食吃了。"参阅蒋伯英主编《福建革命史(上)》,福建人民出版社,1991,第 169 页。

邑无论何地，逼要种烟。有田已出卖，户胥不予过户，捐亦不免，以烟苗捐之繁重，官方雷厉风行，人民典妻卖子以输，弃乡离井者不知多少，而尤以'鼠饷'时代为烈"。[①] 到了四五月份，省政府明令停止征收烟苗捐，但林寿国反而更加疯狂地催征烟苗捐，莆仙人民苦不堪言。在此形势下，中共莆田县委和中共仙游县委抓住机会，组织发动群众，开展反抗烟苗捐斗争。

民国17年（1928年）3月18日，中共莆田县委利用巴黎公社57周年和北京"三一八"惨案两周年纪念日，发动农民进城举行示威游行，抗议国民党政府强行征收烟苗捐。中共莆田县委副书记宋耀华以国民党县党部的名义率农民到县署请愿，遭扭打受伤。莆田县长刘以藏下令拘捕农民代表，驱逐游行队伍，引发民愤。中共莆田县委分析形势，决定扩大抗捐斗争，派陈兆芳、吴承斌等共产党员下乡，组织各地农会成员手持红旗进城游行示威，并发动"学生罢课、工人罢工、商人罢市"配合抗捐斗争。陈天章带领农民代表冲进县政府，要求取消烟苗捐、释放被捕农民代表，刘以藏见势不对，从后门逃往三江口。林寿国看到抗捐示威游行波及的社会层面太广，而且斗争表现出的是国民党县党部和县政府之间的矛盾，因此也没有动用武力镇压游行。事后国民党省党部也只是下令停止县党部活动，其他事均不予追究。这次抗捐示威游行成功地解救了被拘押的农民代表，政府也被迫停收烟苗捐，抗捐斗争取得阶段性胜利。[②]

与此同时，中共仙游县委派组织委员王于洁在其老家东乡（今榜头镇一带）发动抗捐斗争，并以东乡为中心，推动全县抗捐斗争。王于洁在坝下小学成立"烟苗捐清算委员会"，组织共产党员和农民积极分子召开抗捐会议，进行部署和宣传。民国17年（1928年）4月下旬，东乡象洋村做大戏，王于洁趁人群会集的时候，登上戏台进行抗捐宣传，号召群众团结起来反对烟苗捐。看戏的群众群情激昂地涌向坝下税所，捣毁税所，东乡收捐员陈坤生被押解到榜头游街示众。坝下反烟苗捐斗争揭开了仙游人民反烟苗捐的序幕，随后东乡各界纷纷组织起来，批斗捐棍，清算烟苗款。5月初，东乡竹庄小学青年教师黄金秀和共产党员郑珍带领学生参加群众抗捐斗争，揪斗榜头收捐头目范志甫、望厝村捐税员张鸿飞、后厝捐棍青彪以及王辉，并将王辉就地正法。东乡的其他捐税员在群众的抗捐运动震慑下，为了避免被清算，大都退还捐税款，东乡的抗捐斗

① 黄裳元：《二十年祸仙之烟苗》，载中国人民政治协商会议福建省仙游县委员会编《仙游文史资料》第1辑，1983，第41页。
② 李祖兴：《闽中革命纪事》，鹭江出版社，1993，第17～18页。

争形势一片大好。东乡的抗捐胜利消息迅速传遍全县，中共仙游县委书记陈国柱抓住时机，立即布置共产党员深入仙游各地，进一步组织发动群众，为全县抗捐斗争积蓄力量。5月9日，仙游县立中学、慕陶中学、现代中学等校数千名学生为纪念"五九国耻"，在燕池浦广场召开大会，抨击军阀，强烈要求取消烟苗捐，会后举行示威游行，张贴标语，散发传单，高呼"取消烟苗捐、废除苛捐杂税、打倒军阀"等口号。游行队伍经过莆仙烟草捐局局长王之纲住宅时，愤怒的学生用石头砸了王之纲房子，之后冲进县政府，县长黄裳元惊慌而逃。

图 7-9 仙游抗日碑刻

资料来源：《福建省革命遗址通览（莆田市）》（总第 14 卷），中央党史出版社，2013。

学生的抗捐游行斗争在社会上引发巨大震动，城区内外的各界人士群起响应，全县抗捐斗争迅速连成一片，直接冲击军阀的黑暗统治。林寿国急忙调兵遣将，准备镇压仙游人民的抗捐斗争。5月10日，林寿国副官陈恪三带领一个连兵力到东乡镇压抗捐斗争，逮捕黄金秀并连夜将其押往仙游西门太师庙后山杀害，下令通缉陈国柱、王于洁、郑珍等共产党员，抗捐斗争运动在军队的暴力镇压下落下帷幕。仙游人民抗捐斗争的失败，以血的教训让早期中国共产党人认识到建立革命武装的重要性和紧迫性。

（二）工农学群众运动

民国 18 年（1929 年）3 月，根据省委指示，莆田县委迁往涵江，加强对工人运动的领导，重视工人、学生等各阶层的群众工作。

民国 18 年 7 月 6 日，共青团涵江区委发动学生将包捐头张竹庭戴高帽游街揪斗，部分工人、市民和农民加入游斗队伍。事后，莆田学联会和广业、江口等区学联会发表宣言，声援游斗。8 月，王于洁依照省委指示，召开会议讨论"中东路事件的示威问题"，成立行动委员会，深入各区召开党、团支部及群众会议，做好宣传发动工作。9 月 1 日涵江首先发起示威集会，之后城区、笏石、江口、广业等地陆续举行示威集会，国民党当局非常震惊，立即对城区、涵江等重要地区实行戒严。9 月 12 日，一艘英商泰利公司的轮船驾鳌号从厦门开抵涵江三江口，英商买办王九司指使船上水手殴打并重伤乘船从厦门大学回乡的林景仪。莆田旅厦同乡会得知此事后，第一时间与泰利公司厦门总部交涉，并且电告莆田的中共党员张如琦等人，要求扣留驾鳌号轮船。当时正值中共福建省委巡视员吴亚鲁在莆田巡视，他认为这是一次发动群众开展反帝爱国斗争的好机会，便在梧塘交通站召开扩大会议，研究部署"反帝援林"斗争计划，会议决定成立 5 人行动委员会，负责组织发动群众和制定宣传口号。9 月 17 日，莆田县委派张如琦、谢刚等率领学生、工人和农民 300 多人直奔三江口驾鳌号寻找凶手。但英商买办早已得到风声，请求驻涵海军保护，群众并没有抓到王九司及凶手。中共莆田县委决定，扩大反帝爱国统一战线，由莆田学联会出面，召集工人、教师、学生和社会各界联合成立"莆田各界反帝援助'林案'委员会"，从 9 月 18 日开始连续三天在莆田城区、涵江、三江口等地举行示威游行，并通电全国各地学联，揭露"林案"真相，积极开展反帝斗争。最终，在社会各界的舆论压力和广大学生的坚决斗争下，英商被迫赔礼道歉并进行经济赔偿。这次"反帝援林"爱国运动组织严密，影响范围广，将莆田地区反帝爱国运动推向了新的高潮。

民国 19 年（1930 年）1 月 28 日，《中共福建省委通告第五十八号》专门就"援助印度朝鲜革命运动问题"作出指示部署。[1] 莆田县委结合农村武装斗争实际，"继在城里、涵江发动援助印朝革命独立运动……，做到罢工、罢耕、罢市、罢课，到城里去示威"。示威运动影响巨大，国民党当局立即命令学校制止

---

[1] 《中共福建省委通告第五十八号——援助印度朝鲜革命运动问题（一九三〇年一月二十八日）》，载中央档案馆、福建省档案馆编《福建革命历史文件汇集》（省委文件 1930 年），第 54～55 页。

学生的革命行动，严禁集会游行，并派部队巡逻戒严。3月30日，省立莆田高级中学学生上街演讲宣传，学生代表陈文训当场被捕，游行队伍集结旅部门口示威。军阀林寿国派部队到各校搜查，逮捕活跃学生，随后下令处决陈文训、林春晖、许景范，并勒令学校开除其余被捕的学生。这次学生运动是莆田历史上规模最大也最激烈的一次，虽然最后被军阀血腥镇压，但学生表现出的不畏强暴、不怕牺牲的斗争精神，深深影响着莆田人民，群众自发反帝反军阀斗争的情绪日渐高涨。[①]

（三）仙游的秋收斗争和商会抗税斗争

民国22年（1933年），国民党当局在仙游摊派36万银元的军饷，成为压倒原本就饱受苛捐杂税压迫的仙游人民的最后一根稻草，官逼民反的态势一触即发。中共仙游县委抓住时机，于10月上旬印发《为秋收斗争告农民书》，号召全县农民团结起来，发动秋收斗争，抗捐抗税，建立农民自卫队，武装抵抗暴力压迫。10月23日，中共仙游县委在白马宫召开全县农民代表动员大会，县委书记邱荣泉号召农民组织起来，积极参加抗租团，反对苛捐杂税和国民党压迫，举行秋收斗争。会后，全县各地的农民群众在中共仙游县委的统一领导下，驱赶捐棍、砸毁税所，抗捐斗争席卷全县，各地的捐棍遭到严重打击。11月7日，中共仙游县委为了扩大斗争队伍，发布《庆祝苏联十月革命十六周年，中华苏维埃政府成立二周年纪念告仙游民众书》，号召社会各个阶层的民众加入秋收斗争。12月1日，组织农会参加十九路军驻仙部队在燕池浦召开的"中华共和国人民革命政府庆祝大会"，通过十九路军驻仙部队和新革命政府，撤销国民党仙游县党部。在社会各阶层的帮助下，他们捣毁了南门税局和城关税局，成功地将全县各乡的征税所、税局全部捣毁，税棍、捐棍纷纷出逃躲避，中共仙游县委领导的秋收斗争取得全面的胜利。

在中共仙游县委领导人民进行秋收斗争的同时，仙游的商人也因为国民党仙游当局的横征暴敛，愤然而起，强硬抗税。民国22年（1933年）10月中旬，国民党对仙游城关的商户加征10倍税收，仙游商会会长黄碧青马上召开商会理事会议，向县政府请求免于或减免征税，国民党仙游税局局长朱紫朝一口回绝，并于10月21日带兵押着黄碧青到商铺翻箱倒柜，强行征税。10月25日，黄碧青和两名商会代表到税局希望与朱紫朝商量减免征税事宜，朱紫朝态度强硬，

甚至下令将黄碧青收监。此举引发众怒，集结在税局门口的商人冲进税局，砸毁税局办公场所，朱紫朝见势不妙溜之大吉。10 月 26 日，仙游县长吴汉章下令逮捕黄碧青，查封他的房子。仙游商会保释会长的请求遭到拒绝后，立即组织城关商人罢市，游行示威，要求释放黄碧青。10 月 27 日，商会集体向驻仙的十九路军师长张君嵩请求出面协调，才成功将黄碧青解救回来。之后，为了避免吴汉章再次以抓捕商会会长为要挟，商会将黄碧青转移到漳州避难，其他商会成员继续坚持抗税。直到 11 月 20 日，福建事变爆发，国民党仙游县党部被撤销，吴汉章和朱紫朝出逃，十九路军驻仙部队殷公武接管仙游县政府。仙游商人的抗税斗争最终获得胜利。

总之，在中共莆田地方党组织的领导下，莆田人民轰轰烈烈地开展反抗烟苗捐斗争，并取得阶段性的胜利，有力地推动仙游的反抗烟苗捐斗争。此后，中共莆田地方党组织又领导了莆田"反帝援林"爱国运动、仙游的秋收斗争和商会抗税斗争，将莆田地区革命斗争推向新的高潮。

六　工农武装建立与发展

在大革命高潮时期，中共莆田特别区委就开始有意识有计划地筹备建立武装力量，专门设置兵运委员。民国 16 年（1927 年），曾试图通过莆田盐务缉私队扩编和策反土匪武装的捷径来达到目的，但均以失败告终。[①] 中共莆田特别区委从失败中吸取教训，开始扎扎实实地自主建立工农武装，走武装夺取政权的道路。

（一）莆田游击队成立和武装暴动

民国 17 年（1928 年），中共福建临时省委在肯定莆仙反烟苗捐斗争的同时，严肃地批评中共莆田地方党组织"仍然利用国民党的旗帜进行和平式的请愿"。同时，反烟苗捐斗争中血的教训，进一步促使莆田县委认识到"八七会议"提出的"枪杆子里面出政权，建立工农武装，武力反抗国民党"的重要性，开始筹建人民游击武装力量。经过一段时间的准备，吴梦泽和夹漈支部党员一起购买长枪 6 支，陈蒲川和澳柄支部党员一起购枪 3 支，陈天章等筹到长、短枪 2 支。[②]

民国 17 年 3 月，中共莆田县委在澳柄正式成立地方革命武装——莆田游击

① 蒋维锬主编《中共闽中地方史（新民主主义革命时期）》，中央文献出版社，1999，第 72~73 页。
② 金文亨：《闽中人民革命史》，厦门大学出版社，1991，第 24 页。

队，王天燊、王子尼、王连洪、吴景龄等 20 多人成为第一批游击队队员，陈天章任队长，莆田县委书记黄经芳任指导员，共有长短枪 17 支，主要在广业山区一带活动。[①] 成立暴动委员会，在澳柄、夹漈、东度三地组织 3 支以大刀、长矛和鸟枪为武器的群众武装队，成员有三四十人，武力抵抗当地包收烟苗捐的地霸范少京的收捐队伍，发动群众袭击赤石宫造枪厂，砸毁机器设备，缴获 4 支枪。仙游人民抗捐斗争被血腥镇压后，陈国柱、王于洁、郑珍等人被迫转移到莆田。王于洁毕业于北京高等警官学校，又在将乐县当过警官，军事素质较高，被任命为游击队的专职指导员，郑珍担任游击队副队长。不久，游击队攻打广业地区的民团，缴获长枪 2 支，消灭了岐山宫的武装据点，打通通往兴太的道路，扩大整个游击队的活动范围。6 月，游击队突袭澳柄岭税卡，缴获 20 支长枪、1 支驳壳枪。至此，莆田游击队枪支、弹药数量明显增加，人员也增加到30 多人。

民国 18 年（1929 年）6 月 15 日，陈天章率农民先锋队 100 多人，捣毁设在江口公路大桥的国民党海关和税卡；7 月 5 日，郑珍率领 20 多人打入东门外的阔口桥盐税局，缴获 12 支枪械；8 月，从上海大夏大学毕业的张如琦回莆参加武装斗争，配合陈兆芳、吴承斌等在沿海地区发动农民武装，在 11 月时就拉起了一支四五十人的游击队，武装斗争形势一片大好。莆田县委决定先在广业地区成立一支约 100 人的工农自卫队，同时着手组建江口游击队，派陈华和林锦如分别负责两支武装队伍的军事训练。

民国 19 年（1930 年）2 月，中共福建省委召开第二次代表大会，大会指出："泉属、莆田是军阀混战，土匪扰乱，群众受祸最烈的区域，反抗军阀的要求十分迫切。我们加紧发动和领导群众反军阀战争的斗争，由群众的游击战争，发展到地方暴动，造成泉属广大规模的赤色区域，闽北、闽西、漳属等地的农村斗争联系起来。"[②] 会后，省委派练文澜到莆田协助贯彻落实省委的决议。3月 15 日，陈兆芳、张如琦率领沿海游击队在北高镇濑宅发动农民暴动，捣毁北高镇粮柜，镇压捐棍 3 人，之后一路游行到黄石镇，捣毁黄石镇的粮柜，并将粮柜中的一切物件包括几千枚铜片散发给群众；3 月 24 日，陈天章、张如琦率领游击队在江口镇袭击新墩村附近的盐兵排，缴获枪支 24 支，捣毁江口的粮柜

① 李祖兴：《闽中革命纪事》，鹭江出版社，1993，第 18 页。
② 《中共福建省委关于省第二次代表大会给中央的报告（一九三〇年二月二十四日）》，载中央档案馆、福建省档案馆编《福建革命历史文件汇集》（省委文件 1930 年），第 79 页。

和消费税局；4月，陈天章、陈兆芳等将江口和沿海暴动的骨干队伍拉到广业地区，和广业农民自卫队会合，并在东泉圆通寺召开军事会议，确定"以澳柄、东度、夹漈为根据地，发动群众，组织农协，扩大武装，逐步向整个广业山区拓展，创建广业红色区域"的方针。为了增强游击队的武装力量，陈兆芳和吴承斌各自在沿海组织"兵变"。陈兆芳利用林寿国因讨卢战争急需扩编陆战队之际，派一批青年骨干应征潜伏进去，迅速掌握了一个排的武装力量，但是后来因为内外接应脱节，只有9个人成功带枪逃出；吴承斌在忠门利用宗族乡里的关系，对驻忠门民团何辉山的部下进行策反，成功率领50多人参加游击队。

莆田的武装斗争形势一时间发展迅猛，但是由于过分注重军事行动，没有深入发动群众建立革命根据地，同时党和游击队的骨干人员又发生一连串的意外事故和决策失误，在国民党的"清乡"运动中，县委代理书记陈光潜、涵江区委书记黄典麟被捕，革命斗争形势急转直下。

（二）工农红军第23军第207团

民国19年6月，中共福建省委书记罗明巡视莆田工作，总结莆田工农运动几番波折的经验教训，指出莆田的武装斗争难以持续发展的主要原因是缺乏坚强有力的统一领导。随后，派遣军事干部黄琬到莆田主持军事工作，并抽调曾一贯担任中共莆田县委书记，加强莆田地区党组织的领导力量。[①] 黄琬到莆田后，立即与陈天章等商议，计划将全县不脱产的农民游击队集中到澳柄、东度附近，并整编为工农红军，在广业地区建立莆田游击革命根据地。同时与沿海地区游击队负责人吴承斌接触，建议将沿海的武装力量转移到山区。从此，莆田区域的武装力量开始从分散走向集中。

民国19年（1930年）8月6日，中共福建省委召开第四次全体会议，决定各地区参照省委将党、团组织合并成立"总行动委员会"。莆田总行委成立，王于洁回莆任书记，曾一贯调任福州总行委书记。根据省委指示，莆田总行委确定"以广业为中心进一步发动农民打土豪、斗地主、杀恶霸，逐步实行土地革命，建立苏维埃政权"的工作思路。为了配合斗争，莆田各地游击力量经过集中整合，在东泉圆通寺召开军事会议，正式成立中国工农红军第23军第207团，以广业工农自卫队为基本骨干，吸收各地的农民游击队参加红军，由黄琬担任

---

① 蒋维锬主编《中共闽中地方史（新民主主义革命时期）》，中央文献出版社，1999，第90页。

图 7 – 10　工农红军第 23 军第 207 团驻地——澳柄宫

团长，陈天章任政委，并在澳柄、东泉等条件较成熟的地区成立赤卫队，配合工农红军开展土地革命斗争。8 月中旬，207 团袭击了范少京设在澳柄岭的路税关卡，击毙 5 名税兵、队长，缴获枪支 30 支；之后游击队继续与税棍陈宝山、恶霸陈火八、澳柄和安井教堂牧师顾伴元、澳柄后埔村桥头店陈西安斗争，缴获 2 支手枪。

图 7 – 11　中国工农红军第 23 军 207 团标语
资料来源：中共福建省委《福建革命史画集》编辑委员会编《福建革命史画集》，福建人民出版社，1982。

　　207 团的建立及其数次武装斗争行动引起军阀林寿国的忌惮。他得到地霸陈西安和范少京的举报后，立即派陈秀山带一个营的兵力，分别从澳柄岭、东坑岭、梧塘山三路进攻，其中一路专门堵击驻虎井村的赤卫队，另外两路围攻 207 团的驻地澳柄宫。陈秀山率部突袭红军 207 团，直接冲到澳柄桥头才被红军哨兵发现，一时枪声大作。黄琬当即指挥 40 多名红军撤退，自己带队断后，掩护主力转移，最后因伤被捕，不久就被杀害。此时，住在下茹山的王纪修和陈天章闻讯立即集合红军和赤卫队共同迎击敌人，且战且退，最后从小路撤到山上。

澳柄反"围剿"斗争，游击队牺牲 6 人，团长黄琬被捕后遭杀害，207 团被迫转移到莆仙交界的黄龙山区隐蔽。福建省总行委紧急从惠安调杨伟①接任 207 团团长，提拔军事骨干王铁成担任副团长，陈天章继续担任政委，莆田革命形势再次转入低潮。

（三）工农红军第 108 团

继工农红军 207 团在莆田广业山区建立之后，仙游地区也走上创建工农红军的道路。自民国 17 年（1928 年）林寿国血腥镇压仙游人民的抗捐斗争后，仙游的革命形势陷入低潮，直到民国 18 年（1929 年），革命力量才重新开始活跃，发动多次武装暴动。仙游临时县委组建了一支小规模的不脱产游击队，由林植负责武装斗争。3 月，林植率领游击队揪斗并枪决溪口捐税所的捐棍庄秋燕，随后惩毙白鸽岭护路队队长李益钦。民国 19 年（1930 年）1 月，蔡明善率领游击队 10 多人一举捣毁何岭关税馆。9 月，仙游临时县委筹集到 10 多支长短枪，组建了一支 20 多人的红军游击队，不断通过夺取国民党武装的枪支弹药来发展自身的武装力量。10 月，省委巡视员邓子恢到达莆田，在壶公山召开莆田总行委会议，要求仙游县委"着重以武装斗争促进土地革命高潮的到来，应从国民党地方武装组织手中夺取武器，建立工农红军游击队"。仙游县委分析当前局势，决定在善化地区开展武装斗争，以善化民团总部为突袭目标，缴获民团的枪支弹药来扩大武装力量。10 月上旬，善化民团团长林冠三等以酬神演戏为借口，大肆搜刮百姓大摆筵席，团兵也刀枪入库。仙游县委利用这个时机，成立行动指挥部，派出党员分赴各村秘密发动群众，约定以看戏为名掩护游击队员，同时挑选 30 多名农民骨干充实战斗力量。14 日下午，游击队共组织发动了溪头、三会、上梧、翁都、溪口等村 500 多名农民到善化看戏，对善化民团总部形成包围之势；另外由 50 多人组成突击队直奔民团总部，领队的黄英、余光身穿中山装、手持拜帖假意求见林冠三，游击队员兵分两路尾随其后，一队进入大厅，开枪射杀林冠三，另一队攻入团兵宿舍，缴获民团短枪 1 支、长枪 20 多支、子弹 1000 余发，击毙团兵 4 人，击伤 3 人。战斗胜利后，游击队安全撤出善化，沿途打出绣有斧头镰刀的红旗，从鲤鱼岭向书峰山区前进，夜宿四黄山。由于国民党的搜捕，黄英等率领部队辗转抵达钟山麦斜岩，正式宣布成立中国工农红军独立第 108 团，黄英任团长，林植任政委，以麦斜岩为革命根据地开展游击战争。

---

① 又名沈玉泉，闽西的干部，在 1930 年 10 月敌人向 207 团进攻时，怕死躲藏，放弃指挥责任，陈天章、汤军等人为了保存革命力量，只好分头率队撤退。事后，研究决定撤销其团长职务，责令其在山寨看守。

108 团成立之后，仙游县委以"稳定队伍、扩大武装力量"为首要任务，任命蔡明善为增设的没收队长，动员进步青年学生参加红军，壮大革命力量。之后，县委进一步确立"开辟百里根据地的任务"，以三五个人为小组，深入村居、寺庙、祠堂进行政治宣传和思想动员，宣传"抗捐、抗税、抗粮、抗租、抗债"斗争，联合群众共同惩治地方土豪劣绅，抓捕并枪决告密的钟山马铺地保谢敢和峤阳顶塘村鱼肉乡民的恶霸张贵。一系列军事行动极大地鼓舞了群众的革命热情，麦斜岩秋岭村的谢景容等 6 名青年农民率先参加革命队伍。到民国 19 年（1930 年）底，108 团人数发展近 100 人，革命力量迅速增长。

108 团的军事行动和发展态势引起国民党地方驻军的严重恐慌。民国 19 年（1930 年）12 月下旬，林寿国在"围剿"外坑乡苏维埃政权得手后，又命令驻仙的独立旅，在县保安队、常备队的配合下，派出两个营的兵力"围剿"108团。由于双方实力悬殊，108 团主力部队连夜转移到仙游和永泰交界的古邑一带，分散隐蔽，秘密活动，革命武装斗争转入低潮。

（四）福建红军游击队第二支队和外坑乡苏维埃政府

图 7 - 12　陈天章烈士

资料来源：中共福建省委《福建革命史画集》编辑委员会编《福建革命史画集》，福建人民出版社，1982。

民国 19 年 9 月，中共六届三中全会召开，福建总行委根据中央决议精神，于 11 月 1 日开始恢复党、团省委机构，撤销总行委，并要求"通告各级各地总行委立即取消，党团划分恢复党和团原有的组织系统"[①]。11 月上旬，省委常委兼军委书记王海萍和省委农村巡视员邓子恢到莆田传达三中全会精神，消除"立三左倾错误"的影响，在莆田建立特委组织，帮助恢复莆田的党团工作，领导闽中地区开展土地革命斗争。11 月 9 日，莆田总行委撤销，中共莆属特委成立，王于洁任书记，委员有陈天章、蒋声、王纪修、谢刚。后来省委决定，邓子恢留在莆田指导工作。邓子恢总结莆田武装斗争的经验，认为"莆田当前的革命形势是敌强我弱，红军开展武装斗争又缺乏作战经验，没有牢固的根据地；特委为了发展红军，筹集枪支、弹药、经费而采取单纯军事行动，没有帮助农民群众解决迫切要求解决的土地问题，因而没有得到

---

① 《中共福建省委通告——关于划分党团取消各级行委（一九三〇年十一月二十四日）》，载中央档案馆、福建省档案馆编《福建革命历史文件汇集》（省委文件 1930 年），第 350 页。

农民群众的热烈拥护和支持，致使红军陷入被动应战的状态；加上红军活动据点澳柄乡地处交通要道，离城较近，虽然群众条件良好，但当地反动势力基础也较雄厚，所以屡次遭受挫折"①。之后，中共莆属特委就"根据地选址问题"采纳了陈天章的建议，将土地革命试点和207团据点向东北山区的外坑乡转移，王纪修、吴梦泽、陈蒲川等继续留守澳柄、夹漈、东度，成立赤卫队，与外坑乡根据地相互策应。此时适逢惠安暴动失败，泉州特委被破坏，兰飞凤回忆道"惠安县划归莆田特委领导，决定我带这批军事干部（张威、汤军、杨炜等）去莆田特委成立红军教导队，培养一批红军军事指挥干部"②。兰飞凤、张威、汤军等人的加入，大大加强了莆田特委的武装领导力量。

民国19年（1930年）11月18日，在外坑乡工农红军第23军207团正式改组为福建红军游击队第二支队，张威任支队长，王于洁任支队政治委员，汤军任教导队长，陈天章任支队政治部主任。红二支队成立后，立即发布《考送福建苏维埃教导队学员布告》，开始招募红军，招收各县18～30岁的"有工人、雇农觉悟的知识分子到莆田教导处接受军事和政治培训"③。并且在外坑乡周围4个自然村发动群众进行土地革命，废除田租、债务，组织贫民团、赤卫队，打击地主恶霸。

民国19年12月9日，特委在外坑乡宣德宫召开各村农民代表会议，成立莆田外坑乡苏维埃政府，选举马备任外坑乡苏维埃政府主席，蔡扬、蔡钵为外坑乡赤卫队正、副队长，蔡金清为农会主席。

图7-13　外坑乡苏维埃政府旧址——宣德宫

资料来源：《福建省革命遗址通览（莆田市）》（总第14卷），中央党史出版社，2013。

---

① 张兆汉：《追忆邓子恢同志在闽中四个月兼悼陈天章、汤军两烈士及芦尾村一役死难同志们》，载中共莆田县委党史办公室编《革命回忆录选编——莆田建党六十周年纪念》，第45页。
② 兰飞凤：《惠安暴动的前前后后》，《福建党史通讯》1985年第5期，第24页。
③ 《考送福建苏维埃教导队学员布告》，民国19年（1930年）12月24日，现存仙游县档案馆。

红二支队的军事行动和外坑乡苏维埃政府的建立,在群众中反响热烈。红二支队先后深入白云、四洋、梅洋、水办、南坛等地打土豪、分田地,得到各地贫苦农民的热烈拥护,红军队伍也在斗争中扩大到160多人。①

民国19年(1930年)12月26日,林寿国得到马燕、马雄②情报,派王深率领1个营的兵力,伙同县国民党常备队1个连和广业范少京、白云郑郁的地方民团共800多人,"围剿"外坑乡苏区。陈天章等70多名红军因被围困芦尾村,最后战死33人,仅30多人突围成功。陈天章、汤军等6人被捕后,于28日在南门外就义。

邓子恢在外坑乡得悉伤亡状况,立即召集张威、蒋声、黄一星等研究,决定暂时撤离外坑乡,转移革命力量,向泗洋乡撤退。29日到达沁后小学,组织召开特委扩大会议,总结外坑乡苏区斗争的经验教训,决定撤销红二支队,张威等4名军事干部返回闽西苏区,邓子恢转移回福州。民国20年(1931年)2月26日,福建省委决定撤销中共莆属特委,恢复县委建制,王于洁任莆田县委书记,谢刚任仙游县委书记。

王于洁、谢刚返莆后,立即着手党团组织和游击队的恢复工作。到民国20年6月,中共莆田县委整顿恢复了6个支部,党员30多人;中共仙游县委恢复了5个支部,党员20多人。10月,仙游游击队重建,有队员10多人,黄一星任队长;民国21年(1932年)5月,莆田工农红军游击队也正式重建,林植任队长,王贝任政委。游击队在常太地区发动群众开展抗捐斗争,进而转到仙游东区发动武装斗争,计划在莆仙交界处创造一块游击根据地。9月,莆田县委升为中共莆田中心县委,下辖仙游县委、莆田境内的5个区委(黄石、笏石、城区、常太、忠门)和福清渔溪特支,王于洁任书记,王纪修、陈博、潘涛、邱荣泉、苏华、蔡先镳等为委员,带领莆仙人民开展武装斗争。

综上所述,中共莆田地方党组织在总结斗争经验教训中,开始扎扎实实地建立工农武装,先后建立莆田游击队、工农红军第23军第207团、工农红军第108团、福建红军游击队第二支队,走上了武装夺取政权的革命道路。虽然武装斗争的道路艰难曲折,但大方向是正确的,取得的胜利成果和经验教训也是十分宝贵的。

---

① 蔡天新:《百年莆田1900~2000》,中央文献出版社,2002,第111页。
② 马燕,林寿国部队特务;马雄,马燕之弟,混入红军队伍出卖情报。

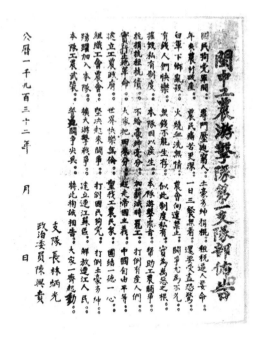

图 7 - 14　闽中工农游击队第一支队部公告

资料来源：中共福建省委《福建革命史画集》编辑委员会编《福建革命史画集》，福建人民出版社，1982。

七　十九路军入莆

（一）十九路军奉调入闽

民国 21 年（1932 年），"一·二八"事变中十九路军英勇抗战，粉碎日军不可战胜的神话，一战成名，受全国各界人士敬仰。但其因在淞沪战争中不服从蒋介石"不抵抗"的命令，遭蒋介石忌恨。蒋利用十九路军进攻苏区红军，让其两败俱伤，同时牵制广东的陈济棠，达到"以毒攻毒"的目的，于民国 21 年 6 月调蒋光鼐为驻闽绥靖公署主任，擢升蔡廷锴为十九路军总指挥兼十九路军军长，并令十九路军尽快入闽"进剿"。[①] 蔡廷锴接令后即命十九路军序列所属从镇江、南京分批乘船南下入闽。至 8 月，十九路军 3 万余人全部进驻福建，总指挥部设在漳州。十九路军是抗战的英雄部队，入闽后更是军纪严明，与原驻闽各地杂牌军的横征暴敛形成强烈对比，在福建民众中树立了良好形象，受到福建人民以及海外侨胞的热烈欢迎和拥戴。十九路军入闽后，以福建为基地，

---

① 吴明刚：《1933 福建事变始末》，湖北人民出版社，2006，第 113～115 页。

整肃和收编地方派系，与粤桂势力和解、妥协，对红军和苏区多采取守势，保存并发展自己的力量。

图 7-15 时任十九路军总指挥蒋光鼐（左）、十九路军军长蔡廷锴（右）

资料来源：陈永成：《老福建》，海峡文艺出版社，1999。

（二）整肃福建军政

十九路军入闽时，福建各地军阀割据，地方势力和杂牌驻军拥兵自重，在辖区内横征暴敛，大肆搜刮，苛捐杂税达 200 多种，民不聊生。其中以省防军第一旅陈国辉部军纪最为败坏。陈国辉在统治县域内乱设名目，逼迫农民种植鸦片，强征苛捐杂税，且多强盗行径。在民国 19 年（1930 年）秋，更是屠掠永春，酿成惨案①，海内外控告信堆积如山，民怨甚大。民国 21 年（1932 年）8月，福建海内外民众团体联席会议在香港召开，商议襄助十九路军共建新福建事宜，会议形成"闽省当务之急应整饬吏治，尤要着重改组省政府、肃清土匪，惩办陈国辉、方声涛、张贞等"等议案②，并将之面陈蔡廷锴。蒋光鼐、蔡廷锴为了统一福建的军政大权，提出"肃清土匪，建设新福建"的口号，着手改编、整肃乃至武力消灭地方杂牌势力，首先拿盘踞闽南和兴化的省防军第一旅陈国辉和第三旅何显祖开刀。③

---

① 民国 19 年（1930 年）秋，陈国辉与永春县湖洋区刘子宽发生利益冲突，乘机击败刘部，并把湖洋区各村焚毁。湖洋区为华侨家眷聚居之地，惨案发生之后，海外华侨震怒，纷纷向福建省代理主席方声涛抗议，要求惩办，但不了了之。

② 吴明刚：《1933 福建事变始末》，湖北人民出版社，2006，第 120～123 页。

③ 蒋维锬主编《中共闽中地方史（新民主主义革命时期）》，中央文献出版社，1999，第 122 页。

民国 21 年 8 月，省防军第三旅何显祖派驻仙游的自卫营营长江湘带兵进驻东沙，准备武力强征烟苗捐，东沙人民奋起抗捐。9 月 10 日，何军攻入村庄，制造震惊全国的"东沙惨案"。在东沙人民的坚持斗争和社会各界的舆论声援下，十九路军顺应民意，先在仙游缴了陈国辉部枪械，接着率部入莆，准备查办何显祖。何显祖闻讯后化名陈春生出逃香港，10 月中旬在汕头被扣押，随即押解回闽。同年 9 月下旬，"十九路军首领、福建绥靖公署主任蒋光鼐，借口商讨有关绥靖工作事宜，通过六十一师师长毛维寿，邀陈国辉来福州，陈国辉初尚犹豫不决，且其部属纷纷力劝陈勿轻身前往。后由福建省代理主席方声涛及委员林知渊函催"①，才于 9 月 26 日下午从仙游乘厦门航空处飞机到福州。27 日，陈国辉谒见蒋光鼐，当场被免职扣押，并撤销省防军第一旅番号；12 月底，陈国辉被判死刑，就地枪决。②

十九路军从江苏乘船入闽时，第 61 师毛维寿部于民国 21 年 6 月先抵达泉州，分兵驻安海、晋江、南安等地。原驻泉州各县的省防军第一旅陈国辉部只得将势力向仙游方向发展。其时驻仙游的省防军第三旅何显祖部正与林继曾争夺地盘，陈国辉乘机派遣林尚轩营先行入仙，之后再将主力部队从南安转到仙游。"东沙惨案"后，第 61 师派一个营进驻惠安涂岭、东吴；民国 21 年 9 月底，陈国辉在福州被扣押后，第 61 师副师长张炎即奉命率兵入仙，改编陈国辉部。陈国辉部的彭棠、陈佩玉和陈育才三个团联合对抗第 61 师。双方在仙游磨头交战，陈佩玉一个连被歼灭，十九路军直抵仙游县城。10 月 3 日，陈佩玉部在仙游东北面的大帽地带同十九路军交战，战败后向西北德化方向溃逃，最后在德化水口附近战败被俘。陈育才部则在仙、德交界的西山一带被缴械；③"彭匪棠毙于阵地"④。至此，陈国辉部三个团主力都被消灭。

福建事变后，中华共和国人民革命政府整饬吏治，撤销全省的国民党县党部，释放共产党员和革命进步人士，联共反蒋抗日；组织成立农民自卫队和农民会，取消苛捐杂税，禁止种植鸦片，"划福清、永春、漳平、永泰、莆田、长

---

① 秦望山：《陈国辉暨旧部与十九路军的关系》，载中国人民政治协商会议福建省委员会文史资料编辑室编《福建文史资料》第 3 辑，福建人民出版社，1964，第 92 页。
② 蔡天新、钟健英编《仙游人民革命史》，新华出版社，1991，第 78 ~ 80 页。
③ 蔡天新：《百年莆田 1900 ~ 2000》，中央文献出版社，2002，第 125 ~ 126 页。
④ 《陈国辉部已完全解决》，原载《福建民国日报》1932 年 10 月 10 日，转引自薛谋成、郑全备编《福建事变资料选编》，江西人民出版社，1984，第 13 页。

乐，为农运首要区域，于一月内，实行计口授田"①；整顿地方武装，扩编十九路军，命兴泉警备司令翁照垣收编莆、仙地区的陈国辉旧部和林继曾部等兵匪，拟将他们同之前收编的洪文德、余承尧两部民兵，一同改造并扩建，编为人民革命军第6军，最后因福建事变失败而未果，但在一定程度上缓解了莆仙境内的匪祸。② 革命政府推行的一系列新政，在客观上减轻了民众负担，稳定了地方政治，促进了农民运动发展，对莆田地区的革命起到推动作用。

（三）十九路军驻防莆仙和南撤入泉

民国21年（1932年）10月，十九路军入仙收编陈国辉部后，由第78师旅长翁照垣领兵驻防仙游。同年12月，十九路军补充师师长谭启秀调驻仙游，翁照垣移防他处。民国22年（1933年）11月22日，"中华共和国人民革命政府"成立，原福建绥靖公署撤销，成立人民革命军第一方面军总司令部，保留十九路军番号，并正式将原5师10旅扩编为5军10师，莆田、仙游划入兴泉省，由十九路军第三军第三师张君嵩接防，驻兵莆田、仙游、涵江。12月中旬，人民革命政府军事委员会调整部署，"命第三军以一个团留戍闽东南莆田、仙游地区，担任福泉公路护路及涵江、海口等沿海口岸戒备"③。

福建事变后，蒋介石发布"讨逆令"，亲自挂帅，赴前线督战，派蒋鼎文、张致中、卫立煌三路大军分别从江西、浙江进入闽北，集结海陆空三军共15万人讨伐福建的人民革命政府。民国22年12月22日至26日，蒋介石派遣空军不断轰炸福建全省的重要城市，如泉州、漳州、莆田、龙岩、南平各地，更以福州为重点目标。④ 民国23年（1934年）1月，入闽的蒋介石部队基本上完成对十九路军的战略包围；1月5日延平战役，两军战斗正式打响；7日，水口失守后，蔡廷锴于8日召开白沙会议，确定"火速南撤泉州"的军事策略，令区寿年率第三军首先渡江南撤，以急行军方式进占仙游，掩护军队总撤退；14日，区寿年抵达莆仙交界的长岭地带，迅速占领长岭两侧的马鼻山和云顶山高地，指挥部设在云顶山最高处的大钟峰。同时，蔡廷锴命令张君嵩占领香田里以北的后沈、梅塘一带，阻止北面的蒋介石部队从后抄截；⑤ 15日晚，十九路军已

---

① 《计口授田的首要地区》，原载《华北日报》1934年1月7日，转引自薛谋成、郑全备编《福建事变资料选编》，江西人民出版社，1984，第142页。

② 吴明刚：《1933福建事变始末》，湖北人民出版社，2006，第253页。

③ 薛谋成、郑全备：《福建事变资料选编》，江西人民出版社，1984，第193~195页。

④ 蔡廷锴：《回忆十九路军在闽反蒋失败经过》，转引自薛谋成、郑全备编《福建事变资料选编》，江西人民出版社，1984，第218页。

⑤ 蔡天新、钟健英：《仙游人民革命史》，新华出版社，1991，第93页。

全部撤离福州；16 日，蒋鼎文进驻福州，蒋介石任命其为东路军总司令，节制蒋在闽的所有部队，蒋鼎文严令各部不得停留，继续向南追击、围截十九路军，同时派飞机轰炸莆田华亭的濑溪桥，企图截断十九路军退路。

蒋介石共分五路围追阻截十九路军：第一纵队以国民革命军第 91 师李延年部、第 10 师李默庵部、第 83 师刘戡部为主力，由闽清经永泰过仙游的古邑镇，直下何岭关，准备绕道永春、惠安等县截堵十九路军主力；第二纵队以国民革命军第 36 师宋希濂部、第 87 师任敬久部、第 88 师孙元良部为先锋，由福州城西的洪山桥、峡兜渡江，从福清直逼莆田，对十九路军进行跟踪追击；第三纵队以国民革命军第 3 师李玉堂部为后援，由福州马尾登船，陈绍宽派军舰护送直接赴厦门，占领厦门、同安、漳州等地，追击、包抄漳泉的十九路军；第四纵队以国民革命军第 89 师汤恩伯部为侧翼，由闽清经永泰、仙游、永春，从安溪方向直逼泉州；第五纵队由国民革命军第 14 军军长卫立煌挂帅，统领其他四路人马，负责前方作战指挥和后勤给养补充。①

民国 23 年（1934 年）1 月 15 日，蔡廷锴率十九路军主力抵达仙游，南撤到仙游和惠安交界的枫亭、涂岭时，遭到蒋军第 10 师 58 团和地方民兵的袭击，损失惨重，一路突围进入泉州城。1 月 16 日，蒋介石第二纵队的宋希濂部在福清追上十九路军后卫部队第 49 师张炎部。17 日早上，宋希濂前头部队 216 团在莆田城北的赤溪桥头上遭张炎部伏击，团长王作霖中弹身亡，宋希濂指挥主力部队强攻，击溃伏军。张炎部退到长岭设伏，是夜，宋希濂宿营于长岭东面，多次组织冲锋均被击退。

17 日中午，已进入仙游的蒋介石第一纵队的第 91 师、第 10 师、第 83 师主力部队，与驻梅塘地区的十九路军第三师张君嵩部发生激烈战斗。第二纵队的前头部队 494 团蔡风翁部企图攻占云顶山，夺取制高点，张君嵩指挥部队拉上刺刀，奋力拼杀。双方激战一个下午，494 团伤亡惨重，败退梅塘、富洋一带等待救援。17 日晚上，蒋介石第一纵队主力集结于城南一带，与十九路军第 3 师相持不下，而南撤路线上的惠安涂岭一带，仍有民兵和蒋兵埋伏，在战略上形成三面包围的势态，十九路军第 49 师和第 3 师被压缩在香田里的长岭、后沈、长安、郊尾和沙溪一带，形势十分严峻。

18 日上午，张君嵩部向 494 团再次发起进攻，494 团无力招架，败退槐山、水沟一带。陈武旅长急调 493 团曾宪邦增援，修筑工事，阻击张君嵩的进攻。

①　蔡天新：《百年莆田 1900～2000》，中央文献出版社，2002，第 137 页。

张君嵩部为了击退北面截军，掩护主力部队南撤，背水而战，蒋介石军队两个团难以招架。第83师师长刘戡见势不妙，亲自阵前督战，并向卫立煌在仙游城关建立的"对空联络站"请求空军支援。卫立煌派飞机对张君嵩阵地进行狂轰滥炸，又进行扫射投弹，才将张君嵩部的攻势压下去。战斗持续了两天两夜，双方死伤无数。十九路军张炎部在张君嵩的掩护下，顺利南撤。

1月20日，张君嵩部向南突围，主力部队撤出香田里，途经枫亭时为了减轻部队负担，轻装上阵，焚烧了大批废枪和辎重物资，并将多余的枪支埋在山间古墓里。但负责"抄袭逆军归路之任务"的蒋军第一纵队第10师李默庵先头部队早已在仙游惠安段、涂岭以南公路北侧的小高地设伏。20日下午，张君嵩部撤到涂岭，李默庵分三路进行阻击。十九路军为了杀开血路，向李默庵部阵地发起猛烈攻击，两军鏖战4个多小时，阵地几番易手，相持不下。最后卫立煌调来飞机、大炮增援第10师，才守住阵地。天黑后，十九路军趁着夜幕掩护，声东击西，撤出阵地，绕道涂岭东面的海边往泉州方向撤退。涂岭之战，是十九路军和蒋介石军队双方最后一次真正意义上的军事对抗。

1月21日，十九路军第60师师长沈光汉、第61师师长毛维寿、第78师师长区寿年、第49师师长张炎在泉州联名发表"反正"通电，主力部队被蒋介石收编、肢解，其中张宪所部1万多人在莆田接受国民党中央军改编，一部分下级军官和士兵不愿投降，携枪逃跑，流落在外。至此，十九路军退出历史舞台。

总之，十九路军入闽乃轰动八闽的重大事件，大大振奋了福建人民的抗日热情。十九路军进驻莆田、仙游的时间很短，但剿灭了祸害百姓的地方杂牌军主力，得到莆仙百姓的拥护，也在客观上有利于莆田革命斗争的发展。有关十九路军英勇抗日的故事在莆仙大地广为传播，激励着莆仙人民前赴后继奔向抗日战场。

八　闽中游击区三年游击战争[①]

民国23年（1934年）10月，由于第五次反"围剿"失败，中央红军被迫

---

① 这里的闽中并非传统意义上的福建中部，而是特指1934～1937年，南方三年游击战争中"闽中游击区"的活动范围，涉及闽侯、长乐、福清、莆田、仙游、永泰、惠安等地，中心区域在福莆仙永边区的山林地带。新中国成立后因为种种历史原因闽中游击区一直未被确认，直到1988年12月27日，中央军委副主席杨尚昆正式批示同意《南方三年游击战争》编委会的报告，把闽中作为南方三年游击战争一块独立的游击区。

战略转移，开始长征。项英、陈毅继续领导闽赣浙粤湘豫鄂皖八省游击队，开辟游击根据地，进行艰苦卓绝的游击战争，直到抗日战争全面爆发。闽中游击区作为南方三年游击战争的重要组成部分，在与上级党组织失联的情况下，先后在闽中特委和闽中工委的领导下，率领闽中红军游击队开展游击斗争。

（一）闽中特委

民国 23 年 1 月，福建事变平息后，蒋介石派陈仪主政福建，同时调派宪兵四团进驻福州，专门镇压革命运动，实行白色恐怖。4 月，中共福州中心市委因叶觉登被捕叛变而沦陷，市委书记陈之枢等人被捕并叛变，造成福州一大批共产党员被捕入狱，并波及全省。练文澜被捕前曾多次以巡视员身份到莆田检查工作，在他叛变后，莆仙党组织因此遭受严重打击，主要领导林克、江家茂、关庆霖、王德华等被捕并叛变革命。这些人在莆仙两县到处诱捕革命同志，莆仙两地党团组织接连遭到严重破坏，被迫转移到沿海农村。5 月下旬，王于洁和苏华从福州转移回莆田，与潘涛取得联系，共同在莆田北路、黄石、渠桥、常太、笏石、忠门等地开展反叛徒斗争，有效遏制了叛徒的告密诱捕行为；并且开展党团内部自查和党性教育，肃清内奸，保护干部，着手重建党团组织。9 月，王于洁等在灵川西厝蔡先镳家中召开莆田党团扩大会议，决定重建莆田中心县委，会议推选王于洁担任中心县委书记，潘涛、林阿郎、郑金照、陈建新、黄国璋为委员，统一领导莆仙地区的革命斗争；整编游击队，郑金照任队长，潘涛任政委；计划开辟莆田、仙游、永泰交界的山区作为新的根据地。10 月中旬，郑金照、陈建新等到常太开辟革命根据地，吸收雷光熙参加革命，获得其贡献的枪支弹药，建立起十几人的农民武装。10 月下旬，王于洁为了与上级党组织取得联系，到厦门寻找，但未果，最后仅从厦门市委处得到《中共中央关于开展民族武装自卫的指示信》，后来因为联络员被捕，与厦门党组织的联系也因此中断。在这种情况下，莆田中心县委只能根据中央指示信的精神，发展常太山区游击根据地，在农村进行独立自主的游击战争。

为了扫除建设常太游击根据地的障碍，民国 23 年（1934 年）12 月，郑金照、潘涛率领游击队在常太农民武装的配合下，乔装打扮，利用枫叶塘常备队买柴火的空子，突然袭击，一举攻克了驻常太枫叶塘的镇公所常备队，打响闽中三年游击战争的第一枪。民国 24 年（1935 年）春，莆田闹饥荒，莆田中心县委发动群众破仓分粮，先后在忠门、北高、笏石、常太等地开仓放粮，缓解灾情，得到群众的大力支持和拥护。随着农村革命形势的发展，游击队逐步在莆仙边区建成以外坑、漈川、金竹坑三个村为中心的莆田、仙游、永泰边区游击根据地。

民国 24 年 4 月，莆田中心县委书记王于洁得知黄孝敏和刘突军在福清开展游击斗争，根据地就在莆永交界的罗汉里附近，当即赶往福清，通过原福州中心市委交通员池亦妹的帮助，与福清中心县委取得联系。双方就"与上级党组织失联情况下，应当继续坚持独立自主地开展游击战争，将莆田、福清两个中心县委联合起来，统一领导闽中游击战争，相互策应，互相配合，不断扩大游击范围"等问题达成共识。5 月，双方在福清樟溪召开联席会议，正式成立中共闽中特委，推选王于洁任特委书记，黄孝敏、潘涛、刘突军、余长钺为特委委员。会议决定将福清、莆田两支游击队整编为闽中工农游击队第一、二支队，统一领导，相互策应，分别在以罗汉里为中心的福清永泰边区和以常太为中心的莆仙边区开展游击战争。闽中特委的成立是闽中党组织历史上的一个重要转

图 7 - 16　中共闽中特委原驻地旧址

资料来源：《福建省革命遗址通览（莆田市）》（总第 14 卷），中央党史出版社，2013。

折点，它打破了莆田、福清两地中心县委各自为战的孤立局面，开启了两地游击队伍互相配合、相互策应的战略格局，使得北起乌龙江畔的峡南，南至惠安县北部约 150 公里的福厦公路干线两侧地区，成为闽中红军游击队驰骋的战场。①

（二）常太和罗汉里根据地建设

樟溪联席会议后，莆田、福清的领导人各自返回，布置具体工作的落实。

---

① 蒋维锬主编《中共闽中地方史（新民主主义革命时期）》，中央文献出版社，1999，第 164～166 页。

王于洁、潘涛回到莆田立即召开中心县委扩大会议，传达会议精神。民国24年（1935年）10月下旬，在常太漈川召开军事会议，把分散在莆仙各地的游击队正式整编为闽中工农游击队第二支队，郑金照任支队长，潘涛任政委；同时成立常太游击队，隶属第二支队；把留在根据地各村不脱产的游击队员统一整编为常兴民族武装自卫队（即赤卫队），配合游击队行动。莆田中心县委改组为莆田县委，林阿郎任县委书记，郑金照、黄国璋、陈建新、张伯庭为委员；民国24年12月，成立中共广常兴边区工委，陈建新任书记，先后建立17个党支部，发展党员50多人，加强并巩固根据地党的领导建设；在常太各村建立贫农团、妇女会、儿童会等群众组织，开展"抗捐、抗税、抗租、抗粮"斗争，同时有针对性地开展地方保甲长、二地主①和有影响的开明绅士的统战工作，成功团结了地方绅士蔡春庭等人，蔡兆英主动参加红军，献出家藏步枪11支、子弹2万余发，进一步增强了武装力量。

闽中工农游击队第二支队积极开展武装斗争，打击地主恶霸。民国24年秋末，游击队获悉国民党常太区区长会经过常太前往仙游，立即派一支小分队途中埋伏突袭，成功缴下2个护卫的枪支，区长慌乱逃亡。民国25年（1936年）1月11日，郑金照率领游击队40多人，袭击下洋教堂马口铺田赋征收所，逮捕当地包收捐税的铺差韩觐侯，押往下里洋山麓枪决，并张贴"中国人民抗日义勇军闽中第二支队"的布告；2月22日，游击队派黄联枢回家乡猴坑（今九坑），诱捕当地一直与红军为敌的联保主任杨本六，收缴其家中3支藏枪，并将杨本六和甲长吴洪国、土豪杨洪孙一起枪决。军队开赴仙游山坪洋，逮捕3个反动地主，缴获1支驳壳枪和1000元银元。军事上连番主动出击，基本肃清了根据地范围内的国民党基层组织和地主恶霸势力，将游击范围拓展到广业和仙游兴泰山区，形成了以常太为中心的莆仙边游击根据地。根据地范围内组织的"抗捐、抗税、抗租、抗粮"斗争更是让老百姓得到实惠，赢得群众的广泛支持，进一步巩固了根据地建设。

福清方面，黄孝敏、刘突军回到罗汉里，在山坑村召开会议，将福清游击队整编为闽中工农游击队第一支队，支队长魏耿，政委黄孝敏，参谋长杨采衡；福清中心县委改为福清县委，陈炳奎任县委书记；成立永泰工委，陈云飞任工委书记，组织根据地及周边村落建立农会，发动群众开展减租减息斗争，加强根据地建设；着手恢复城市工作，派陈振芳、池亦妹到福州开展工作，10月成

---

① 常太地区的田地大部分属于城里的大地主，二地主即当地的庄头。

立中共福州协职中学支部，建立城市联系据点。

民国 24 年（1935 年）7 月中旬，闽中工农游击队第一支队通过策动、招抚、打击等策略，全部收编土匪刘春水残部 30 多人，缴获枪支 30 多支、机枪 2 挺、子弹 4000 余发，游击队伍发展到 100 多人，装备力量进一步增强。之后多次组织力量打击长期流窜在福永边一都和东山一带的吴守山、黄阿大两股土匪，消除匪患。9 月，袭击一都民团和联保处，歼敌 20 多人，缴枪 10 多支，基本清除根据地周边的匪患和反动势力，将游击范围扩大到一都、东山、龟山、大化、下埔、北郭、波兰等村和闽侯的西台、时洋一带。民国 24 年 10 月 4 日晚，刘突军、吴德标率领 80 多名游击队员从罗汉里出发，长途奔袭莆田大洋田赋处和警备队，5 日拂晓抵达大洋，并以绝对优势兵力包围田赋处，缴枪 8 支，枪决铺差方春霖，教育并遣散其他警备队员。11 月，刘突军率 70 多人攻打闽侯县大义乡民团，迅速包围民团驻地的十八姓祠堂，缴获枪支 20 多支，解救被关押的壮丁。民国 25 年（1936 年）1 月，第一支队决定以闽侯县沪屿镇的土豪劣绅为目标，兵分两路进攻：一路由吴德标率领主力 60 多人，攻打紫来庵的保安队和民团，这次战斗共毙敌 10 多人，缴枪 10 多支、机枪 1 挺，解救在押群众 30 多人；另一路由刘突军带领 10 多人，深入沪屿镇发动数百群众，待紫来庵枪声一响就攻入沪屿镇，打开地主豪绅的仓库、商店，除部分留作部队给养外，全部分发给群众。① 民国 25 年 2 月 23 日，第一支队接到闽中特委委员潘涛送来的"关于明日福建省银行厦门分行有批钞票解省"的情报，要求第一支队选择合适地段给予截击。第一支队参谋长杨采衡率先实地侦查，确定将相思岭的河村桥作为埋伏点，并把挑选出来的 72 名游击队员分成 3 个小队，分别负责埋伏截击押钞车和阻击福州、福清方向的增援。24 日下午，战斗一打响就迅速结束，红一支队缴获现钞 200 多万元和部分金银、长短枪 8 支，俘虏福建省银行副总经理韩疆士、国民党第五次全国代表大会代表郑其妙、大田县长萨桓等 7 名国民党要员。② 红一支队多次主动出击的军事行动，有效地巩固了罗汉里游击队根据地，而战斗的连番胜利，不管在物质上还是精神上都极大地增强了闽中特委继续开展游击战争的信心。

（三）反"围剿"斗争

闽中工农游击队第一、第二支队在莆仙福永边区建设游击根据地，频繁地

① 李祖兴：《闽中革命纪事》，鹭江出版社，1993，第 58～60 页。
② 蒋维锬：《闽中三年游击战争概述》，载李祖兴主编《闽中党史研究文论选》，鹭江出版社，1993，第 76～77 页。

军事出击，捷报频传，极大地震慑了周边的地主豪强，打击、动摇了国民党在游击区的基层政权，国民党当局非常震惊，多次发动兵力"围剿"根据地。

在大洋田赋处和一都民团被红一支队攻克以后，国民党当局就开始追踪游击队动向。民国24年（1935年）11月，国民党保安团得到红一支队参谋长杨采衡、陈云飞在东山寨一带活动的情报，立即派两个连队进行围堵，双方交战直到夜幕降临之后才各自退去。民国25年（1936年）1月底，莆田马口铺铺差韩觐侯被红二支队镇压，他的侄子韩金系伙同国民党莆田驻军第四十九团两个连以及保安队、民团共500多人，兵分两路，从漈川和金竹坑分两路向常太游击根据地进发，游击队排长陈金藩奉命率队阻击，不幸牺牲，游击队只好退入深山，据险而战，直到天黑以后，国民党军队因为地形不熟，撤回渡口大本营。2月上旬，猴坑村联保主任向第四十九团派驻枫叶塘的部队报告游击队情报，于是驻军一个排和当地催粮队相互配合，再次进入外坑和漈川。这次游击队事先得到情报，立即组织群众到山上隐蔽，安排游击队埋伏在外坑山口，待国民党军扑空撤退之际开枪突袭。国民党军队紧急回撤，途经琵琶店时又遭游击队伏击。4月，国民党军队驻莆田第四十九团团长夏德贵增派两个连队协同枫叶塘一个排驻军以及常太壮丁队、仙游保安队第十一中队，共500多人，从下宫、漈兜、渡口、外坑四路围攻根据地。游击队为了避敌锋芒，组织群众坚壁清野，全部撤到山上隐蔽。国民党军队再次扑空，恼羞成怒，烧毁雷光熙等红军家属的房屋，又放火烧山，游击队为掩护群众撤退，冒火激战两个小时，国民党军队直到天黑才罢战撤回。之后，国民党军队为配合"围剿"，在枫叶塘增驻一个连，在常太根据地西北部的仙游地区驻军一个营，封锁游击队根据地的出口。为了跳出敌人的包围，游击队计划由郑金照率领小分队到沿海地区开展游击战争，转移敌人视线。4月底，小分队在袭击驻笏石三宫塘的国民党自卫队时失败，郑金照中弹牺牲，其他队员撤回莆仙边隐蔽休整，莆田的游击行动一时停顿。[①]

民国25年（1936年）2月底，红一支队的河村桥伏击战，震惊整个福建。事件发生后，福建省主席陈仪立即调动福州附近的宪兵第四团、省保安部队第一团和第五团、驻闽中陆军第四十九团以及附近各县的地方武装共3000多人，进山"围剿"红一支队，部队分别进驻福清的琯口、上店、磨石、东张，闽侯县的尚干、坊口、大义、西塘、溪口，永泰县的葛岭、大樟、塘前等地，对罗汉里福永边游击根据地形成"分进合围"的阵势，并派出飞机、装甲车配合

---

① 李祖兴：《闽中革命纪事》，鹭江出版社，1993，第56~59页。

"围剿"。国民党大军压境，黄孝敏立即召集红一支队领导人召开紧急会议，将重要文件和贵重物资转移埋藏，俘虏的国民党要员由魏耿负责看押在罗汉山上，组织基点村群众坚壁清野，并将游击队分成三个小队，分别由刘突军、吴德标、杨采衡率领，分驻后埔、马蹄山和双坑山，黄孝敏、陈云飞则分别率领警卫队和少量武装到敌后开展侦查斗争，配合前线的反"围剿"行动。国民党军队进山"围剿"一个多月，其间双方交火数次，国民党军队对多个红军基点村进行洗劫，据不完全统计，共烧毁房屋147间，抓捕群众200多人，杀害12人，抢劫财物不计其数。[①] 但"围剿"游击队的行动收效甚微。不料此时，在国民党的利诱下，红一支队支队长魏耿和何兰英叛变革命，献俘投敌，出卖游击队情报，严重威胁游击队的生存。4月底，王于洁得知魏耿叛变投敌，立即派黄孝敏回福清，通知游击队撤出罗汉里根据地，向莆永边区转移。5月上旬，刘突军、吴德标、杨采衡与王于洁在福莆边区会合，陈金来和陈云飞等一部分游击队员因为与部队失联，只好转移到闽东继续游击，国民党的"围剿"计划最终落空。5月中旬，闽中特委在后溪红菇苍的郭永星家召开特委会议，决定将两个根据地的武装力量全部集中到莆仙根据地来，将红一支队并入红二支队，组成"闽中抗日救国义勇军第二支队"，吴德标任支队长，刘突军任政委，雷光熙、王铁成任副支队长，杨采衡任参谋长。

当时，莆田的常太根据地也面临前有枫叶塘驻军封锁，后有仙游方向围堵的艰难局面。闽中特委决定避实就虚，跳出敌人的包围圈，将战场转移到平原和沿海，迫使国民党军队撤出"围剿"区域，打破这种被动防御的局面。民国25年（1936年）6月中旬，刘突军带领20多名游击队员，连夜从常太出发突袭驻在福厦公路莆仙交界长岭地段的一个保安排，缴获18支步枪、21套军装和几百发子弹，并故意扬言"不日攻打莆田县城"。国民党当局情急之下，只好撤回一部分"围剿"兵力防守县城。6月24日，刘突军再次率领80多名游击队员，化装为客商、农民和挑山货等，连夜奔袭设在黄石镇的国民党莆田第三区署，趁区警队出操休息之际，突然发起进攻，缴获枪支30余支，击毙区警4人。战斗结束后，还在黄石街头开展抗日宣传，募得捐款200元银元。部队在休整期间，应东沙群众的要求，到东沙组织群众揪斗恶霸何承祖，缴获枪支3支，银

---

① 蒋维锁：《闽中三年游击战争概述》，载李祖兴主编《闽中党史研究文论选》，鹭江出版社，1993，第77页。

元 2000 元，最后才撤回常太根据地。①

闽中游击队两次主动出击，攻打国民党的两个基层军事据点后成功撤退，再次刺激了国民党。民国 25 年 7 月，国民党陆军第 80 师 239 旅驻防闽中，239 旅的 478 团配合保安队重点部署"围剿"常太根据地。团长李鼎夷调驻军三个连、两个保安中队和常太地方常备队合计 700 多人，采用"清乡"方式进攻常太根据地，对根据地群众进行烧杀抢掠，游击队和群众被围困在山中，缺医少粮，难以为继。为了摆脱困境，闽中特委决定暂时撤出常太根据地，转移到莆永边区的赤石、山溪一带隐蔽，就地建立新的根据地。游击队首先与山溪的土匪头子黄开元谈判，打通进驻山溪的通道；之后做好地方统战工作，团结山溪附近的岐山、上院、黄龙等地的大刀会组织，协调处理地方宗族矛盾，组建赤卫队，配合游击队斗争，形成以山溪为中心，包括赤石、赤溪、宁里、旗插安在内的根据地。②

永泰县国民政府得知山溪附近有游击队在活动，便在山溪北面的永泰蕉坪村派驻保安队，筑堡设岗，直接威胁新根据地。民国 25 年 9 月 15 日，刘突军率领 60 多名游击队围攻驻扎在蕉坪村的保安队，缴获长短枪 20 多支、军装 10 多套、手榴弹几十颗、电话机 1 部。蕉坪保安队被缴械后，永泰县保安队立即调派一个连队进攻山溪，但是被游击队在山溪寺附近打埋伏，仓皇逃回永泰。10 月下旬，478 团团长李鼎夷调派麾下胡营长，召集莆田、永泰、仙游三县保安队计 500 多人，分别从常太、新县、永泰三路悄然包围山溪根据地，恰巧在山溪口被准备出去办事的刘突军遇到，刘突军及时集合队伍应战，双方对峙到下午 4 点。游击队为保存实力，主动撤出山溪，主力部队连夜转移到宁里、旗插安一带隐蔽，并由雷光熙带领一部分游击队员佯攻常太，引敌回援，掩护主力转移，最后再经漈川到仙游，折返回根据地与主力部队会合，再次挫败"围剿"计划。

国民党军为了掩饰败绩，在报刊和集会上大肆宣扬"闽中共匪已被消灭"的谎言。为揭穿国民党当局的谎言，游击队计划突袭福清琯口。民国 25 年（1936 年）11 月 23 日，游击队事先摸清琯口镇情报，由吴德标带队，突然袭击，一举攻克琯口炮楼，解除了地方民团的武装，逮捕并枪决了琯口联保主任潘德仁，缴获步枪 21 支。游击队撤退之际，吴德标用民团电话假冒团兵向国民党福清县党部报告："共军几千人攻到琯口，并要威胁福州……"福清县党部当即急告省府，福州因此戒严 3 天。琯口奔袭战是闽中三年游击战争的最后一战，

① 蒋维锬主编《中共闽中地方史（新民主主义革命时期）》，中央文献出版社，1999，第 184 页。
② 蒋维锬主编《中共闽中地方史（新民主主义革命时期）》，中央文献出版社，1999，第 186~187 页。

闽中红军游击队用事实揭穿国民党的谎言，使得国民党当局不得不承认闽中地区共产党和游击队的存在，客观上为闽中地区第二次国共合作奠定了基础。

（四）闽中工委

从民国23年（1934年）4月福州中心县委被破坏之后，闽中党组织就与上级党组织失去联系。直到民国25年10月，闽中特委才正式跟上级党组织建立联系，在中共南方临时工作委员会的指导下开展工作。根据中共中央《关于逼蒋抗日的指示》精神和南临委的工作指示，闽中特委决定进行战略转变，主动停止对国民党的军事行动，把游击队隐蔽在根据地内整训。民国26年（1937年）1月，闽中特委从南临委定期寄送的《救国时报》上得知"西安事变"和平解决后，党中央对蒋介石的态度从"逼蒋抗日"转变为"联蒋抗日"。因此，民国26年2月，王于洁计划在莆田城郊的四角亭召开特委会议，讨论落实闽中地区"联蒋抗日"的策略等问题。但是因特委交通员薛宝泉、赖金繁的出卖，王

图7-17 黄国璋

资料来源：林清华主编《闽中革命史画册》中央党史出版社，2011。

于洁、黄孝敏、余长钺、潘涛、陈炳奎五位闽中特委领导人被捕，并于6月23日在福州遇害。刘突军因随军没有到会而幸免于难，他立即组织召开党员骨干紧急会议，成立中共闽中工作委员会，刘突军任闽中工委书记，苏华、黄国璋任委员，继续领导闽中游击斗争。

民国26年5月，闽中工委委员黄国璋顺利抵达香港，重新与南临委取得联系，南临委派姚铎和黄国璋对接，黄国璋向其汇报和请示闽中工委工作。6月中旬，黄国璋带着南临委的工作指示回到莆田。闽中工委为落实上级党组织意见，立即在宁里村召开闽中工委扩大会议，会议同意厦门工委将晋南工委划归闽中工委领导的决定，增补晋南工委书记李刚为闽中工委委员；将闽中游击队改编为中华人民抗日救国义勇军第七路军第一纵队，吴德标任司令员，刘突军兼任政委，雷光熙、王铁成任副司令员，杨采衡任参谋长，任命金贯一为闽中交通员，往返于闽中和香港之间；执行党中央"联蒋抗日"的策略，尽量创造条件和机会与国民党当局谈判，争取实现闽中地区的国共合作。

综上所述，在闽中特委和闽中工委的领导下，闽中游击区开展了艰苦卓绝

的三年游击战争，虽然牺牲了不少革命同志，但也给予敌人以沉重的打击，得到中共中央的高度评价，被认定为南方三年游击战争的重要组成部分。莆田仙游作为闽中游击区的中心，发挥着领导作用，做出了突出贡献。

九　抗日战争

（一）国共合作抗日与"泉州事变"

1. 国共合作抗日

民国 26 年（1937 年）7 月 7 日，卢沟桥事变爆发，日本公然发动全面侵华战争。次日，中共中央即向全国发出函电，指出"只有全民族实行抗战，才是我们的出路"，号召"全中国同胞、政府，与军队团结起来，筑成民族统一战线的坚固长城，抵抗日寇的侵掠"，希望"国共两党亲密合作，抵抗日寇的新进攻"。[①] 7 月 17 日，蒋介石也在庐山发表了动员抗战的讲话。

在民族矛盾上升为国内主要矛盾的新形势下，中共闽中工委根据中共南方临时工委的指示，积极争取实现国共两党共同抗日。

民国 26 年 8 月 7 日晚，受闽中工委派去香港获取南临委最新指示的金贯一被捕，为免于被诬告为日本汉奸，被迫承认自己的中共党员身份。闽中工委从《莆田时报》上得知其被捕的消息，立即决定营救金贯一，与国民党当局和谈。8 月 12 日，中共闽中工委以闽中抗日救国义勇军第七路军第一纵队指挥部的名义，通过《莆田时报》致函国民党当局，并附闽中工委领导联合署名的《为反对日寇进占华北告民众书》，要求"一致抗日，进行和谈，释放金贯一"。8 月 20 日，国民党莆田县党部指导员黄士豪通过《莆田时报》发表同意接受闽中工委和谈的建议。闽中工委立即派杨采衡与黄士豪接洽，顺利营救出金贯一。随后，双方就国共合作、游击队改编等具体问题进行第二轮谈判。9 月上旬，刘突军到莆田和莆田县长夏涛声就部队改编地点、经费、安全等问题进行第三轮谈判，双方达成共识，闽中地区国共合作局面基本形成。[②] 和谈之后，闽中游击队集中在庄边尚书桥赤石宫集训。10 月 15 日，刘突军带领 200 多名游击队到莆田

---

① 《中国共产党为日军进攻卢沟桥通电》（1937 年 7 月 8 日），载中央档案馆编《中共中央文件选集》第 11 册，中共中央党校出版社，1991，第 274 页。
② 莆田市委党史征委会、泉州市委党史工委会：《闽中的国共和谈与"泉州事件"》，《福建党史通讯》1987 年第 4 期，第 31～32 页。

城南锦亭寺接受改编,正式编为"国民革命军第80师独立大队"①,刘突军任大队长,杨采衡任副大队长,下设两个中队,分别由吴德标、雷光熙担任中队长,金贯一、翁鸿锵分任中队指导员,蔡先镳为大队副官,黄飞白为军医,张庆为庶务长。闽中工委作出两项决定:一是派黄国璋再次去香港,向"南委"汇报闽中国共两党和平谈判和部队改编情况;二是进一步扩军和广泛开展抗日救国的宣传活动。指战员在莆田城区四处张贴标语,散发传单。宣传工作产生了巨大的政治影响,各地青年纷纷要求参军参战。部队在广化寺期间,参加军训的青年最多达400余人,部队从百余人发展到200余人。

图 7-18　民国 26 年 (1937 年) 中共闽中特委与国民党合作
抗日谈判地 (国民党莆田县党部旧址)

资料来源:中共福建省委《福建革命史画集》编辑委员会编《福建革命史画集》,福建人民出版社,1982。

2. "泉州事变"

民国 26 年 (1937 年) 10 月 26 日,金门沦陷,时任国民党闽中驻军第 80 师239 旅旅长钱东亮以闽南告急为由,调派独立大队驻防泉州②,将独立大队置于239 旅的直接控制之下。其间钱东亮不断地通过封官许愿、威胁恐吓、制造摩擦事端等手段,试图将独立大队吞并改组,但均以失败告终。民国 27 年 (1938 年) 3月 9 日,刘突军等 5 位同志北上到新四军驻福州办事处汇报工作,并顺道在莆田

---

① "泉州事变"后被国民党军方强令改称为特务大队,福清县档案馆存有两份公函:1938 年 1 月 1 日的函称"陆军第八十师独立大队";1938 年 3 月 22 日的函称"陆军第八十师特务大队"。

② 对于这份调令,闽中工委召开了多次扩大会议进行研究。一种意见认为,泉州是闽南八县的政治、经济中心,进驻泉州不但可以扩大党的政治影响,推动城市抗日救亡运动,而且可以相机恢复党在安溪、南安、永春的工作,不去则给国民党当局留下不执行军令、不真诚合作抗日的口实,使党组织在政治上陷入被动;另一种意见认为,武装力量离开基本地区,完全受制于钱东亮旅的控制,危险性极大,也削弱了根据地工作。最后工委决定服从调令,部队进驻泉州,留下几十名善于做地方群众工作的战士继续开展工作,其余 160 多人于 11 月中旬乘 4 辆卡车进驻泉州承天寺。

召开工委扩大会议。3月10日，刘突军刚到莆田车站，就被国民党顽固派逮捕并秘密杀害。3月11日清晨，钱东亮故意派人召见杨采衡、翁鸿铠，将二人调离部队，并派479团的董文敏包围驻承天寺的独立大队，四周架起机枪，封锁独立大队对外的联系，全体战士都被缴械看管，这就是震惊全省的"泉州事变"。

图 7-19　"泉州事变"发生地承天寺

资料来源：中共福建省委《福建革命史画集》编辑委员会编《福建革命史画集》，福建人民出版社，1982。

为了营救红军队伍，闽中工委分头行动，最后在闽粤赣省委和新四军福州办事处的努力帮助下，经过党中央批准，把闽中红军游击队编入新四军。之后，黄国璋以新四军代表的身份，手持新四军福州办事处介绍信亲自到泉州，才带回队伍，并拿回被缴枪械。① 民国27年（1938年）5月，杨采衡率领闽中红军游击队从福州出发，顺利抵达安徽太平县新四军军部，编入新四军军部特务营第二连，连长吴德标，翁鸿铠任指导员，莆仙儿女开始投身北上抗日的大潮。

（二）抗日救亡运动

全面抗战初期，蒋介石曾发表"地无分南北，年无分老幼，无论何人，皆有守土抗战之责任"的宣言，国民党地方当局允许各界民众在其"统制"下有限度地开展抗日救亡运动。特别是福建金、厦沦陷后，省主席陈仪彻底放弃对日"和平外交"幻想，决心转向抗敌御侮，省政府推出一系列抗日防御措施。

1. 莆田县各界抗敌后援会领导的抗日救亡运动

莆田的抗日救亡运动和其他地方一样，是用"莆田县各界抗敌后援会"的

———————————

① 被缴枪械直到部队到达福州之后才予以归还，由杨采衡负责清点交接。

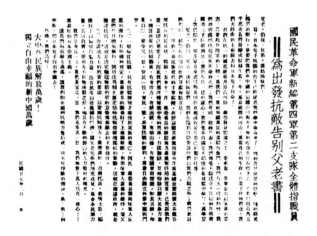

图 7 - 20　新四军第二支队为出发抗敌告别父老书

资料来源：中共福建省委《福建革命史画集》编辑委员会编《福建革命史画集》，福建人民出版
社，1982。

名义组织发动的。其成绩主要如下。

（1）宣传工作。"抗敌后援会"发出"国民精神总动员"号召，举行抗敌
宣传周和纪念"七七""一·二八""三九""九一八"等活动，建立乡镇壁报
站和民众讲堂；组织各学校师生组成演剧队、歌咏队和演讲队，深入农村、街
头演出、宣传，并教群众唱抗日歌曲；发动全县几十个民间剧团普遍上演抗日
改良剧（即现代戏），并由县"戏剧改良委员会"举办改良剧会演。此外，还
举办抗日书法、绘画、木刻作品展览和义卖。

（2）民训工作。包括战时青年训练班和妇女训练班两个方面。省民众训练
委员会"规定设立福建省民训干部训练总队，抽选高中二年以上学生编成……
每县市区设一民训工作队，每工作队又依照各县的区署数目分为若干分队，每
分队又分军事、政治两组。至于妇女，另编战时妇女训练工作队。另一方面，
由省府通饬各县党政军联合组织民训督导委员会，并由省民众训练委员会派出
视察员，分区视察"①。莆田的民训工作队主要由高中部的学生和青年教师组成，
他们的足迹遍及山区、平原、沿海的乡镇、墟集和大自然村。训练内容包括政
治、军事、救护、防空、调查汉奸、交通技术等。妇女通过训练后，则组成救
护队、宣传队、募捐队、缉私队、劝用国货队等。城乡的青年、妇女对民训十分

---

① 微尘：《福建民训工作的回顾与前瞻》，《抗敌知识》第 3 期，1938 年 5 月，转引自蒋维锬主编《莆田
革命史》，福建人民出版社，1995，第 159 ~ 160 页。

热情，大多数人都主动参加。如涵江地区第一期妇女领袖训练休业式那一天正当大雨滂沱，仍有"成千的妇女来参加这个仪式，这在涵江算是破天荒的了"①。

（3）募捐工作。七七事变后，开设国难防务捐，向全县富户摊派捐款 5 万元，购买铁丝、水泥、杉木等建设材料，用于构筑防御工事。民国 27 年（1938年）春又提倡贡献棉衣、军鞋、药品及银币等慰劳前线抗日军人。民国 30 年（1941 年）又开展"一元献机运动"，提出国民每人捐款一元购买飞机抗日。全县计划募捐 20 万元，由于国难时期，百业凋零，民众太穷，而政府除原有税收外又增加苛捐杂税，发行救国公债，民众不堪重负，因此实际募捐数额不多，但也起到了宣传抗日的积极作用。

2. 中共莆田中心县委领导的抗日救亡运动

中共闽中工委分为莆田、福清、泉州三个中心县委，莆田中心县委在苏华等的领导下积极投入抗日救亡运动，做了大量工作，取得了明显成效。

（1）创办刊物。民国 26 年（1937 年）12 月，中共闽中工委领导人采纳党员宋启康等的建议，决定利用国民党当局允许民间组织抗日救亡团体的有利形势，动员一批爱国民主人士在涵江成立时事研究会，出版刊物，宣传全民族抗日救国的主张。研究会决定创办《时论》旬刊，以研究时事问题及探讨理论与实践为宗旨，向全省发行。《时论》发行后深受读者欢迎，社会影响越来越大。国民党审查机关常以稿件未送审为借口，扣压刊物。为此，蔡文焕把刊物改名为《抗敌知识》（从第 10 期起），明确宣布编辑方针以"抗日第一"为最高原则，发表许多抗日文章。然而，《抗敌知识》才刊发 6 期就被当局勒令停刊。不久，以《永生》之名发刊，刚发两期又被停刊。接着，再更名为《总动员》印发。由于当局多方刁难，《总动员》被迫在纪念七七事变周年刊发纪念号后停刊。② 以上所述抗日救亡刊物虽然发刊时间很短，但因转载许多中共领导人和知名爱国民主人士的抗日言论，宣传中国共产党的团结抗日主张，扩大了中国共产党的政治影响，还团结了本县一大批爱国知识分子投入抗日救亡的宣传鼓动活动，在莆田乃至闽中都留下了深远的历史影响。

（2）组织农会。民国 27 年（1938 年）夏，国民党福建省党部曾布置各县党部出面号召在农村成立抗日农会。中共莆田中心县委利用这一机会，发动农

---

① 秉镕：《妇女训练》，《抗敌知识》第 6 期，1938 年 2 月，转引自蒋维锬主编《莆田革命史》，福建人民出版社，1995，第 160 页。

② 《时论》等编辑和发行情况，详见蔡金耀、邓捷敏《抗日初期的四种进步刊物》，载中国人民政治协商会议福建省莆田市委员会文史资料研究委员会编《莆田市文史资料》第 1 辑，1985，第 61 ~ 73 页。

民推选自己的代表参加县农干训练班，防止保甲长操纵选举、篡夺农会权力。这样，在平原、沿海和山区都有一批基层农会的权力掌握在共产党员、革命群众手里。这些农会一面深入发动群众开展抗日救亡运动，一面以农会名义同地主、富农谈判，执行"二五减租"政策。有的基层农会还组织农民开展反买青苗、反高利贷剥削的斗争。由于农民参加农会后得到了实际利益，农会在农民中的威信提高。农民有事都找农会解决，要出远门，就找农会打路条，有矛盾、纠纷则请求农会调解，等等。民国28年（1939年）国民党掀起第一次反共高潮时，下令解散农会，但受共产党影响的农会仍秘密或半公开地活动，继续发挥着重要作用。

（3）军事训练。中共莆田中心县委根据沿海地区随时都有变成战区的可能这一形势，决定派一批得力干部在忠门地区成立"抗日办事处"，组织青年农民利用夜间空余时间进行军训，并进行了编队。民国28年（1939年），国民党当局禁止抗日军训，县委决定把沿海"抗办"移到革命基点村——忠门王厝村，以"保疆守土"为口号继续发动群众，组织不脱产的农民抗日游击队，以便随时对付敢于来犯之敌。农民们白天从事生产或谋生，晚上参加宣传活动和军事训练，"抗办"也自然成为沿海抗日救亡活动的中心。

（三）抗日游击战争

抗日战争时期，闽中是福建抗日的主战场之一，闽中党组织领导武装抗日斗争，沉重地打击了日寇和伪军。

民国28年（1939年）7月下旬，中共福建省委在崇安县坑口召开福建省党员代表大会，莆田中心县委书记苏华当选为省委委员，中心县委委员方子民（方言）当选为七大代表。会议决定，莆田、福清、泉州三个中心县委复并为闽南特委（后又称"闽中特委"）。特委机关驻莆田北部与永泰南部交界的宁里一带。省委任命李刚为特委书记，苏华以省委委员身份参加特委领导。特委成立后，莆田恢复县委建制，林阿郎任县委书记。为了贯彻省党代会精神，特委在机关驻地举办干部培训班，分期分批抽调各县党员骨干到特委培训班学习。莆田县委则把工作基本点放在沿海抗日前沿地区，一面发动群众开展合法斗争，争取进行抗日救亡活动的合法权利，一面以"抗日办事处"为掩护建立隐蔽抗日据点，加紧训练武装力量。

在特委的领导和刘润世、陈金来、陈亨源等的指挥下，闽中抗日游击战争取得了一连串的战果。民国29年（1940年），中共闽中特委建立一支海上游击队，主要活动在黄瓜、南日、湄洲和福州长乐沿海岛屿。民国 30 年（1941 年）8 月 4 日，日寇马营警备司令官田中岛带领 100 多名日军，乘汽艇去长乐玉田。海上游击队在琅尾港伏击日寇，一举击毁敌舰 1 艘，击毙日军田中岛中佐等 42 人。此次战斗受到中共华中局的嘉奖。

同年 9 月，长乐光复，中共党员刘润世因领导抗日有功，被福建省政府委任为长乐县长。① 福建省委领导人指示黄国璋等利用刘润世的合法身份，在长乐建立隐蔽的抗日游击根据地。于是，黄国璋与李铁、苏华等研究决定把驻在莆

图 7 - 21 爱国将领黄珍吾在莆田新县文笔峰上书写的"复我山河"

永边的特委机关和电台迁到长乐罗都，县政府在罗都设后方办事处，成立罗都乡警卫队。特委决定从莆田动员一批党团员和进步青年到长乐地方部队当兵以隐蔽。中共莆田县委先后从莆田动员 80 多人到长乐，其中由翁鸿铠率 30 多人补充到县大队，作为刘润世的警卫力量；其余 50 多人编为罗都乡警卫队，实质为特委机关警卫队，由老红军郭永星（化名为林开礼）任队长。这支新兵队伍因全讲兴化话，故被当地群众称为"兴化兵"。

民国 32 年（1943 年）年底，中共福建省委南迁青溪，闽中地区成为福建抗日的指挥中心。闽南（中）特委接受筹款 150 万元的艰巨任务，黄国璋等人制订了袭击涵江交通银行的计划。民国 31 年（1942 年）2 月 28 日下午 4 时，化装为国民党团级军官的黄国璋坐着竹轿，在一群佩短枪的护兵拥簇下，大摇大摆

① 长乐抗日游击战争详见刘润世《战斗在长乐》，《福建史通讯》1985 年第 12 期。

地进入银行，不费一枪一弹，便获取现钞 470 多万元、黄金 20 余两。此次成功袭击银行，对解决省委经济拮据问题、支持闽北反顽斗争和鼓舞全省干部斗志都起了积极作用。11 月 3 日，蔡文焕领导的临时突击队在濑溪桥头伏击保安队，击毙敌连长，缴获机枪 1 挺、步枪 10 多支。同月 26 日，左丰美率闽北队伍，由康金树等带路，袭击了莆田忠门区公所和自卫队，缴获机枪 1 挺、步枪 36 支。

总之，抗日战争期间，莆田人民积极投身于抗日救亡运动，参与抗日游击队，支援抗日前线，为抗战最后胜利做出不可磨灭的贡献。莆田籍爱国华侨也心系祖国，积极捐款捐物，支援抗日战争，有的还回国投身抗战，有 20 多位莆田籍爱国华侨为抗战献出宝贵生命。

十　解放战争

（一）解放战争前期

抗日战争胜利初期，闽中地区特别是莆田的革命斗争处于相当恶劣的环境中。国民党福建省保安处派保安第一总队队长胡季宽率部进驻莆田，负责对闽中地区的"清剿"，各县的军、警、宪、特人员统归其指挥。胡季宽把莆田视为闽中"清剿"的重点县，实行株连政策和刑讯逼供，制造白色恐怖，全县共产党人和革命群众被捕数百人，民国 35 年（1946 年），仅在东岩山一处被杀害的福、莆、仙、永、德等县的烈士和群众就多达五六十人。[①] 革命力量遭到严重破坏。

民国 35 年初，中共福建省委决定派武装队伍出击，一方面牵制国民党的进攻部队，一方面粉碎敌人的经济封锁。民国 35 年 1 月，中共福建省委得到国民政府福建省银行押送一批钞票南下厦门的情报，决定抽调一个精干班的武装力量，在江口至涵江一带截钞。执行这个任务的有黄国璋、叶良运、林汝楠、康金树、任国信、施章干、黄国珍、郑永正、蒋阿光、义武、林国金、张兴来和罗智光等 13 人。1 月 28 日下午三点半左右，运钞队到达距江口约 5 里的伏击点上林亭。经过一个多小时的激烈战斗，击毙敌人 13 人，截取现钞 3850 万元（折合黄金 260 两），但闽中游击队支队参谋长叶良运和班长郑永正

---

① 如许：《莆田解放前五魔王》，载中国人民政治协商会议福建省莆田县委员会编《莆田文史资料》第 1 辑，1981，第 53~54 页。

壮烈牺牲。①

　　民国35年5月，中共闽中特委在福清大雾山召开扩大会议，会议决定分区发动群众，恢复和发展党的组织，恢复游击区。② 从下半年开始，闽中各县的地下革命斗争又逐渐趋向活跃。中共莆田党组织负责人杨杞松在忠门地区秘密串联发动，重建一支20多人的游击队。同年11月，闽中特委派林汝楠到莆田协助杨杞松恢复和扩大沿海地区的武装斗争。他们在东峤至北高一带发动群众开展反"三征"（征兵、征粮、征捐）斗争，并筹款、筹枪，组建一支四五十人的游击队，在邹曾徐、程口一带开辟了新的游击活动

图7-22　林汝楠

资料来源：林清华主编《闽中革命史画册》，中央党史出版社，2011。

据点。同年冬，新四军干部罗迎祥奉组织派遣返回福建，帮助莆田地方党组织抓武装工作，在罗迎祥和杨杞松的领导下，莆田沿海地区的武装斗争稳步发展，游击队伍扩大到50多人。

　　民国36年（1947年）春，闽中游击纵队（又称"戴云纵队"）成立，黄国璋任司令员兼政委，陈亨源任副司令员，林汝楠任副政委，罗迎祥任参谋长，郑春敏任总务科长。闽中游击纵队的成立，标志着游击战争的开始。纵队根据省委指示，从莆田出发，千里行军，向戴云山进发，以实现第二次"左黄会师"［第一次"左黄会师"是民国33年（1944年）5月，左丰美与黄国璋部队在德化会师］。此次大转移的战略意图是以戴云山脉为依托，建立稳固的游击根据地，在闽中地区全面开展游击战争，但由于孤军深入，沿途遭到敌军的阻击和围攻，损失惨重。6月底，黄国璋、高祖武、许集美领导的三支队伍在南安会合，仅有120多人。黄国璋决定把队伍改编为戴云纵队直属支队，由纵队参谋长罗迎祥兼任支队长，高祖武为副支队长，许集美任政工队队长。支队下属三个中队，第一中队队长俞洪庆，第二中队队长林云祥，第三中队队长毛票。支队在安南永地区发动群众开展游击战争，打击敌人。

_____

　　① 康金树：《江口上林亭"截钞事件"纪实》，载中国人民政治协商会议福建省莆田县委员会编《莆田文史资料》第7辑，1984，第8~16页。
　　② 林汝楠：《浴血奋战迎解放》，载李祖兴主编、中共莆田市委党史研究室等编《烈火春秋 闽中革命回忆录专辑》，鹭江出版社，1992，第208页。

（二）解放战争后期

民国 36 年（1947 年）底，解放战争进入新的转折点，即战争已从解放区推进到国民党统治区，出现了"蒋军由进攻转入防御，人民解放军由防御转入进攻这样一个局面"。① 民国 37 年（1948 年），人民解放军先后在辽沈、淮海战役取得了决定性的胜利，国民党军在长江以北的战线全面崩溃，南京政权岌岌可危，蒋管区的政治、经济陷于一片混乱。为了配合解放战争的新形势，民国 37 年（1948 年）6 月，闽中地委在闽侯县南阳顶大帽山召开有 25 人参加的地委扩大会，会议决定在闽中地区重新发动群众，扩党练干，打杀恶霸，反对"三征"（征粮、征兵、征税），提出"依靠贫雇农，冲破围墙，挖蒋根基"。会后，地委任命康金树、林汝梁、张坤组成莆田县工委，以康金树为书记，发动群众开展"二五"减租和反对"三征"斗争，开辟反对蒋介石国民党斗争的第二条战线。

1949 年 2 月，闽浙赣人民游击纵队闽中支队司令部在莆田大洋乡成立，黄国璋任司令员兼政委，莆田山区再次成为闽中地区的革命中心，轰轰烈烈地开展革命斗争。其活动主要如下。

（1）发动群众，反抗"三征"，开仓济贫。仅 1949 年 3~4 月，福莆永县委先后在瑞云、大洋、萍湖、新县开仓分粮 3000 多担；莆田县委先后在林墩、东华、西园、顶社、沟底、华西等地开仓分粮 11000 多担，受到闽中地委的表扬。②

（2）开展军事行动，消灭敌人有生力量。莆田和福莆永两县委领导的武装力量先后组织 22 次战斗，参加攻战和破仓的游击队员、民兵及群众达 1.32 万人次，击毙敌官兵 10 人，击伤 7 人，摧毁涵江、忠门、笏石、新县、北高、常太 6 个镇公所和笏石警察所，国民党基层政权逐渐趋于瘫痪。③

（3）发动募捐、借粮，支援人民解放战争。截至 5 月中旬，莆田县委上缴闽中地委劝募的黄金 31.41 两。④ 另据不完全统计，由福莆永县委和莆田县委在莆田境内募集供闽中支队司令部所需的粮食达 1600 多担。此外，城、涵联络站还向工商界募捐一批银元、布匹、西药和日用消费品。

---

① 毛泽东：《目前形势和我们的任务》（1947 年 12 月 25 日），《毛泽东选集》，东北书店，1948，第 6 页。
② 《中共闽中地委工作总结报告》（1949 年 5 月 15 日），转引自蒋维锬主编《莆田革命史》，福建人民出版社，1995，第 205~206 页。
③ 《中共闽中地委工作总结报告》（1949 年 5 月 15 日）和《林汝梁致林汝楠信》（1949 年 4 月 19 日），转引自蒋维锬主编《莆田革命史》，福建人民出版社，1995，第 206~207 页。
④ 《中共闽中地委工作总结报告》（1949 年 5 月 15 日），转引自蒋维锬主编《莆田革命史》，福建人民出版社，1995，第 207 页。

图 7-23　闽浙赣人民游击纵队闽中支队司令部

（三）解放前夕

1949 年 4 月下旬，毛泽东主席、朱德总司令发布《向全国进军的命令》，人民解放军百万雄师横渡长江，南京政府覆灭。5 月，第二野战军四兵团率先由赣入闽，在闽浙赣人民游击纵队配合下解放了闽北 10 个县。7 月上旬，闽中地委奉省委之命，派祝增华、蔡光周、高飞率队前往尤（溪）闽（清）永（泰）边迎接十兵团第二十九军侦察科长所率的先遣队部分人员。同时，闽中地委根据省委指示，在大洋召开紧急扩大会议，布置开展筹粮支前运动和准备接管工作。

1949 年 8 月 10 日，人民解放军第二十九军第八十六师一部进抵永泰，闽中支队积极配合解放军于 11 日解放了永泰县城。15 日，闽中支队 300 多人和林汝梁、张凤所率莆田游击大队一部 200 多人，配合人民解放军第二十九军第八十五师攻占福清的东张、宏路；16 日解放福清县城。接着，游击大队又配合解放军进军江口、涵江。8 月 17 日，莆田大队奉闽中支队命令开始陆续接管笏石、北高、埭头、忠门、黄石等乡镇和警察所。8 月 21 日，张坤等率游击大队进驻莆田城关。当日下午，从福清南下的人民解放军和闽中支队领导同莆田大队领导在荔城胜利会师，莆田宣告解放。中共闽中地委任命林汝梁为第一任莆田县委书记兼县长。

莆田解放后，中共莆田县委和县人民政府全力以赴投入支前运动，如期完成了 3 万担粮食和近万双军鞋及其他物资的支前任务。同时在南下大军的 3 条行军路上设立支前供应站，确保军需供应。接着，在解放漳、厦战役中，莆田县人民政府亦在短短 5 天内即筹足军粮 5000 担，及时运到前线。

1949 年 9 月 3 日，随军南下干部长江支队第一大队第五中队到达莆田，与原地下党干部会师。9 日，遵照中共福建省委指示，组成新的中共莆田县委和县人民政府，省委任命南下干部魏荫南任县委书记、尚炯任县长，林汝梁奉调仙游任职。莆田大队改编为莆田县警备大队。9 月 11 日和 16 日，莆田县警备大队配合人民解放军第二十九军一部先后解放了湄洲岛和南日岛；1951 年 1 月 1 日鸬鹚岛解放。至此，除乌丘屿尚为台湾当局所占据外，莆田跨入历史的新纪元。

图 7-24　南日岛烈士纪念碑

总之，莆田人民在解放战争时期立下不朽的功勋，做出重要贡献。解放战争初期，莆田人民在共产党的领导下，开展游击战争，打击敌人。解放战争后期，开展"二五"减租和反对"三征"斗争，开辟反对蒋介石国民党斗争的第二条战线。解放前夕，开展筹粮支前运动和接管政权工作。

第二节　社会经济艰难推进

一　社会动荡与对外移民

民国时期，由于社会动荡不安，政府腐败无能，战乱频仍，民不聊生，促使大批莆仙人背井离乡，到外地谋生，甚至移居异国他乡，形成新的移民浪潮。

（一）向海外移民

民国时期，莆仙两县向海外谋生、经商者众多，移民渠道更加多样化。

1. "客头"或"引荐社"引渡出境

客头，方言读"启头"，即以介绍乡人去南洋当劳工为职业者；"引荐社"是专门办理农民和商人出境的公司或中介机构。"客头"引渡比较分散，主要是通过熟人介绍，欲出境的人向"客头"交纳 20～30 元银元，然后由"客头"办理出境手续、购买车票和负责输送，途中食宿和车船费由"客头"负责。如民国 15 年（1926 年），莆田涵东村林德福等 30 多人，每人交费 20 元银元，由本村姓董的"启头"带领，由三江口乘船至厦门，改坐外国大轮船去新加坡，然后转往吉隆坡北部的"曼头补底"银矿当矿工。① 也有一些"客头"只收介绍费，差旅费用由出境者自理。如民国 14 年（1925 年），涵江内埔尾村阮吓佘等人，每人交给"启头"2 元银元作为介绍费，由"启头"组织从三江口乘船至厦门，然后每人交 8 元银元作为厦门至新加坡的船费，到新加坡当人力车车夫。②

"引荐社"实际上是有组织的"客头"，其与客头的不同之处是中介费可以代垫或赊欠，等出国后以工钱抵扣，或年底领工资时偿还。如仙游杨乌柏，他于光绪八年（1882 年）由马来西亚转往印度尼西亚的泗水经商。在光绪十六年至二十六年（1890～1900 年），他先后引导同姓人杨日栋、杨明洋等人到泗水，成立一个"引荐社"，专门负责办理引荐亲戚，到民国 11 年（1922 年），其引荐人数高达 100 多人，由泗水逐渐扩展到中爪哇一带，如文都乐稣县、外南梦县、西都文罗县、任抹日惹特区等地。前述旅居菲律宾的仙游华侨余池郎，也组织一个"乡谊社"，负责引荐同乡前往菲律宾谋生，并协助新到的同乡解决一些困难。③

2. 乡人或族人互相牵引出境

"老客引渡新客"，即由先期出境的乡人或族人带到海外，或是自己到海外投靠亲友，这是莆仙人向海外移民的重要方式。如莆田石庭黄氏，族人自晚清开始到海外谋生，到民国年间进入高潮。《石庭黄氏大族谱》记载："自清末民

---

① 《莆田文史资料》第 21 辑，1996，第 116 页。
② 《莆田文史资料》第 21 辑，1996，第 111 页。
③ 莆田市地方志编纂委员会编《莆田市志》卷 38《华侨》，方志出版社，2001，第 2455 页；《仙游文史资料》第 9 辑，1991，第 9～10 页。

国初近百年来，乡人络绎奔波海外，旅居南洋各部邦，兴家立业于印尼、新加坡、马来西亚、泰国各地，蕃衍生息，树叶茂盛，人丁不少于乡人，独树一支庞大派系。"① 据统计，到 20 世纪 80 年代末，石庭黄氏总人数 21809 人，其中国内 9209 人，海外 12600 人。②

3. 教会招募出境

在兴化传教的美国传教士蒲鲁士见兴化人稠地狭，谋生不易，于宣统三年（1911 年）与沙捞越王签订在诗巫新珠山下游的亚越兴办兴化垦场的协议。民国元年（1912 年）5 月 22 日，第一批兴化籍垦农 101 人，由方家明（莆田涵江人）、陈秉忠（牧师，仙游县陈库村人）率领抵达诗巫兴化芭垦场。翌年 6 月 17 日，陈秉忠率第二批 40 人（多数是仙游县的农户与经商者）到达。后因该地不肥沃，且地势低洼，耕种不易，不久便有人回国，有人迁往新加坡、马来西亚的实兆远、印尼的泗水等地方谋生。民国 3 年（1914 年），刘明炎、詹家仁等另觅垦场，在埔港种植树胶。随着垦场事业的发展，家乡群众得到讯息，离乡背井前往的人数日多。民国 17 年（1928 年），郑扣伯、陈燕章、林阿岱等 20 多户迁往依干江上游巴拉述种植树胶。民国 21 年（1932 年），黄兴、戴良英等迁往加拿逸杯港种植胡椒。至 20 世纪 70 年代，在沙捞越诗巫的兴化籍人口有 4000 多人，大部分从事割胶，一部分在各城市经商。他们在民国 26 年（1937 年）组织了"兴化公会"，该会后改为"蒲仙公会"，1958 年又改名为"兴化蒲仙公会"。③

4. 因政治避难而逃往海外

辛亥革命后，莆田的林师肇、杨持平、邹去病等讨袁志士被迫逃往南洋。④民国 16 年（1927 年）4 月，国民党右派发动反革命政变后，大批国民党左派人士和共产党员遭到通缉、残害，一批革命志士被迫转往南洋避难。抗日战争和解放战争时期，民众为逃避国民党抓壮丁而逃亡海外的也为数不少。民国 30 年（1941 年），福建省政府制定《战时限制人民出国暂行办法》，限制 16 岁至 50 岁的人出洋。此后，出国的多为妇孺，但仍有不少青壮年因逃避抓壮丁而冒险出洋。

---

① 《重修石庭黄氏族谱发刊词》，石庭福利基金会、石庭黄氏族谱编委会编《石庭黄氏大族谱》，1990，第 2 页。
② 石庭福利基金会、石庭黄氏族谱编委会编《石庭黄氏大族谱》，1990，第 377 页。
③ 刘子政：《黄乃裳与新福州》，新加坡：南洋学会，1979，第 68～69 页；《砂拉越诗巫兴化垦场六十年大事记》（1912～1972 年），《莆田文史资料》第 13 辑，1989，第 1～11 页。
④ 莆田县地方志编纂委员会编《莆田县志》，中华书局，1994，第 891 页。

5. 应国外企业聘用而出境

民国 8 年（1919 年）10 月 30 日，南洋柔佛树乳工业所在兴化《奋兴报》刊登广告，"招工出番"。11 月 7 日，南洋楔杞公司也刊登通告公开"招股"，有不少生活困苦者应"招"出国。莆仙人重视文化教育，随着侨胞居住地经济的繁荣和人口的增加，20 世纪 40 年代，莆仙华侨特地回国聘请中小学教师 200 多人，到侨居地从事华侨青少年的教育工作。①

6. 通过联姻出境，俗称"过埠新娘"

如民国 25 年（1936 年），榜头杨姓和枫亭蔡氏从仙游带走两批年轻女子（俗称"过埠新娘"）到印尼、马来西亚，卖给侨胞为妻。②

根据统计，到民国 4 年（1915 年），仙游全县共有 4000 人移民南洋。③ 到 1949 年，莆田县华侨共 54115 人，以星马（即新加坡）最多，共 31689 人，占近六成；其次是印尼（18438 人）、北婆罗洲（即北加里曼丹，3329 人）、泰国（312 人）、越南（247 人），其他国家人数较少。④ 20 世纪 90 年代初，在海外各地的仙游籍华侨有 65000 余人，以印尼最多，共 28247 人；马来西亚次之，共 23662 人；美国 3373 人，菲律宾 1209 人。其他如澳洲、德国、意大利、荷兰、巴西、泰国、日本等也有仙游籍华侨。⑤

（二）向台湾移民

光绪二十一年（1895 年）日本割占台湾后，台湾总督府颁布了《清国人入境台湾条例》，规定大陆民众渡台，一方面需要在原居住地办理繁杂的赴台手续；另一方面还被限制居住在基隆、淡水、安平、打狗（高雄）四个口岸，不得随意转赴他处，而且"严禁无赖、苦力等登陆"。数百年来福建向台湾的移民因此遭受了历史性的重挫。民国 15 年（1926 年），日本殖民当局对台湾汉族人口祖籍地进行调查，当年祖籍地为兴化府者共 9300 人，主要分布在高雄州（3300 人）、台南州（3200 人）、新竹州（1700 人）、台北州和台中州（各 500 人）、台东厅（100 人）等地。⑥

虽然日本殖民者采取种种措施限制大陆民众赴台，但是由于海峡两岸在血

---

① 莆田市地方志编纂委员会编《莆田市志》卷 38《华侨》，方志出版社，2001，第 2434 页。
② 莆田市地方志编纂委员会编《莆田市志》卷 38《华侨》，方志出版社，2001，第 2431 页。
③ 日本东亚同文会编《福建省全志》（1907~1917 年），李斗石译，延边大学出版社，2015，第 125 页。
④ 莆田市地方志编纂委员会编《莆田市志》卷 38《华侨》，方志出版社，2001，第 2432 页。
⑤ 《仙游文史资料》第 9 辑，1991，第 31 页。
⑥ 台湾总督官房调查课编《台湾在籍汉民族乡贯别调查》，台北：台湾时报发行所，1928，第 4~5 页。

缘和经济上的密切联系，要完全断绝大陆民众赴台实际上是不可能的。在日据时期，仍然有相当数量的福建等地民众陆续到台湾工作、探亲和从事其他活动，其中以劳工居多。这些赴台者被日本人称为"清国人""支那人"，一般称为"华侨"，成为台湾特定历史背景下的特殊移民群体。正如台湾学者指出的："台湾华侨与台湾人民的分别不在民族或语言、风俗习惯等文化，而在于法律身份和地位。"[①] 20世纪30年代中期，根据日本学者的研究，来自福建的劳工以闽侯县、惠安县人为主，其次为长乐、安溪、晋江、仙游、莆田等县人。从职业分布情况看，在人力车夫中一度漳州、泉州人占大部分，后兴化人（莆田、仙游）约占六成。[②] 根据民国27年（1938年）日军调查，台湾"华侨"总户数10345户，其中福建人8040户，占78%。在福建人中，兴化人有754户，占9.4%，其中莆田县人占八成，仙游县人占两成。就职业来看，理发师等系福州人和兴化人各占半数，人力车夫则是泉州人和兴化人各占半数。[③]

民国34年（1945年）台湾光复后，福建为台湾培养和输送了大批军公教人员与技术人才，其中有部分是莆仙籍，参见表7-1。除了表中所列外，还有莆田人林秀銮，任台湾省警备司令部第二处处长；蔡挺起，任台湾省警备司令部新闻室主任；陈炳勋，任工业专科学校校长；[④] 林一鹤，先后担任高雄二中和高雄一中校长，民国36年（1947年）9月高雄一中与二中奉命合并为台湾省立高雄中学，校长一职继续由其担任，民国37年（1948年）8月奉调台湾省教育厅服务。除了军公教人员与技术人才外，也有部分莆仙居民前往台湾营生、经商。据统计，中华人民共和国成立前，莆田县去台湾4229人。[⑤] 1949年国民党政权溃退时，撤往台湾的仙游籍公职人员、军队官兵及地方人士等达2000多人。[⑥]

表7-1 民国35年（1946年）台湾省各机关莆仙籍主要干部

姓名	籍贯	职别	到任年月
吴心甫	莆田	农林处兽疫血清制造所所长	1946.5

---

① 吴文星：《日据时期在台"华侨"研究》，台北：台湾学生书局，1991，第141页。
② 参见吴文星《日据时期在台"华侨"研究》，台北：台湾学生书局，1991，第25、161页。
③ 南支派遣军调查班：《台湾在住华侨总统计》《福建省华侨统计总括表》，民国27年（1938年）末；参见吴文星《日据时期在台"华侨"研究》，台北：台湾学生书局，1991，第161~162页。
④ 《莆田文史资料》第3辑，1985，第103页。
⑤ 莆田县地方志编纂委员会编《莆田县志》，中华书局，1994，第141页。
⑥ 仙游县地方志编纂委员会编《仙游县志》，方志出版社，1995，第133页。

姓名	籍贯	职别	到任年月
吴章植	仙游	警务处警察电讯管理所所长	1945.11
张兆焕	仙游	台湾省党部书记长	1945.10
张振汉	莆田	外交部驻台湾特派员办公处秘书代理特派员职务	1945.11
唐守谦	莆田	省立台北师范学校校长	1945.12
王鸿年	仙游	省立台北师范附属国民学校校长	1946.1

资料来源：台湾省行政长官公署人事室编《台湾省各机关职员录》（民国35年7月），台北：文海出版社，1978。

（三）向港澳移民

莆仙人移民香港历史悠久，《林氏族谱》记载：宋朝时，莆田有名林长胜者，举家迁居于今日九龙黄大仙附近的彭蒲围（今钻石山附近的大磡村）。长胜有两子云远、云高，云远又生两子松坚、柏坚，一门数代都以航海为业，往来于浙江、福建及广东一带。南宋理宗初年，松坚、柏坚两兄弟在海上遇台风，船货尽失，幸二人力抱船桅和船上所祀之"林氏大姑"的神像，浮至东龙岛的北岸，而得生还。他们为酬谢神恩，遂于上岸的地方以船篷为上盖，建起了一间草庙，用以崇祀林氏大姑。林氏大姑便是大家熟悉的天后妈祖。后来据闻有人在该庙祭祀时看到"南堂敲钟北堂响，南堂烧香北堂烟"的现象，以为神意应另建新庙于北堂。至咸淳二年（1266年），林松坚的儿子林道义集资在北堂建立新庙。南堂天后庙后来荒废湮没，北堂天后庙历经重修，至今犹存，当地人称其为"大庙"。

近代著名学者许地山认为："香港最早的居民以福建人为多。清代以前就有数以百计的莆田人、晋江人、漳州人在香港岛屿定居。"[1] 民国时期战乱不断，也有一些莆仙人赴港避乱。莆田人郭征甫到香港开设永隆行，商品以香菇为主，兼营进出口货物，后永隆行收盘，他在仙游人卢益三、炼三兄弟办的尚德行任经理，后来征甫侄宏本也在行内任会计。[2] 民国《枫亭志续编》记载：枫亭富商"购置商船巨舰，往来上海、台湾、香港、广州各重要商埠，采购各货，运出载入，懋迁有无"[3]。解放战争时期，莆仙富豪去香港的人数增多。

明嘉靖以来，葡萄牙殖民者以澳门为基地，垄断了欧洲与中国、日本的贸

---

① 吴泰主编《晋江华侨志》，上海人民出版社，1994，第229页。
② 《莆田文史资料》第21辑，1996，第51页。
③ 民国《枫亭志续编·经济概论》，收入蔡国耀主编《莆阳方志九种》，吉林文史出版社，2016，第481页。

易。莆仙一些海商在与葡萄牙贸易的同时出入澳门。清咸丰二年（1852年）至同治十二年（1873年），澳门的劳工贸易盛行，莆仙穷民赴澳增多，一些人被转输国外。清光绪年间（1875~1908年），兴化、漳州、泉州、潮州四府的林姓族人创立澳门西河堂。清末民国初期，莆仙动荡纷扰，不少人避居澳门。抗战全面爆发后，葡萄牙宣告中立，澳门幸免于残酷的战争，许多莆仙裔的南洋华侨与香港同胞逃难于澳门，莆仙内地有些富裕人家也迁到这个"世外桃源"。① 据统计，自咸丰元年至光绪二十六年（1851~1900年），莆田县移居澳门者1407人。② 1999年，莆田裔的澳门同胞有22662人、眷属14939人。③

（四）向省内外移民

民国时期，莆仙人除了向台港澳及海外迁移外，在省内各地及省外经商、谋生的亦不少，有"无兴（化）不成镇"之说。如莆田梧塘商人，在省内经营的地点以福州为主，闽北各地次之；在省外经商的，遍及江苏、浙江、安徽等省的几十个大中城市和集镇，共有商号147家，从商人数不下5000人。④ 其中，梧塘沁后村外出谋生者，国内以上海、永康、金华、绍兴为主，宁波、温州、苏州、舟山沈家门、武义、南京、福州等次之；梧塘东福村的东牌自然村，仅在南京、上海和芜湖"黄金地带"开设的商店（行）就有38家，从业人员达300多人。⑤ 梧塘九峰村在外的人数达千人。⑥ 又如涵江沁园村（今属国欢镇沁东和沁西两村），在古田开设纱布和百货等商店的，在县城有10多家，在平湖镇有3家，包括肩挑的货郎担在内，有200多人，"人数虽然不多，但可操纵全县和屏南县部分地区纱布和百货的命脉，故在全县经济和商业中是能举足轻重的"。⑦

综上所述，民国时期社会动荡不安，大批农民破产，逼迫大批莆仙人背井离乡，移民外地乃至外国。这一时期的莆仙移民，呈现出移民人数多、方式多元、目的地广泛的特点，在某种程度上影响着现代乃至当代莆仙历史。

二 农业缓慢发展

民国时期，莆仙地区的经济依然是自给自足的小农经济，政府虽有"平均

---

① 参见彭文宇、蔡国耀编著《莆田文化丛书·海外交流》，福建人民出版社，2003，第29页。
② 莆田县地方志编纂委员会编《莆田县志》，中华书局，1994，第141页。
③ 彭文宇、蔡国耀编著《莆田文化丛书·海外交流》，福建人民出版社，2003，第29页。
④ 《梧塘镇志》第5章《商业》，方志出版社，1997，第176~177页。
⑤ 《莆田文史资料》第19辑，1994，第95、104页。
⑥ 《莆田文史资料》第20辑，1995，第121页。
⑦ 《莆田文史资料》第14辑，1990，第106页。

地权，土地国有"的规定，但未能真正实行，土地制度基本上沿袭清末。抗战时期，莆田县的自耕农、半自耕农、佃农分别占农户总数的 53.3%、31.6% 和 14.9%，仙游分别为 42.4%、27.9% 和 29.7%，[①] 贫富不均，两极分化非常严重，制约了农业发展。

（一）水利废弛

此期，莆仙两县水利多数废弛失修，且被军阀、官僚、豪绅等利用为搜刮民财的门路。民国 31 年（1942 年），国民党当局以"以利军事"之名，毁坏南安陂部分渠道。至 1949 年，南安陂灌区耕地有 1 万多亩，但是，保证灌溉的只有 8000 亩。由于水利长期失修，在此期间，南北洋 9 万多亩地被海潮所淹，作物绝收。莆仙五大古陂严重漏水，渠道淤积崩坏，堤防低矮单薄，挡潮能力差，历代所修建的水利工程，此时已残破不堪，有效灌溉面积不到 20 万亩。[②] 民国 8 年（1919 年）秋，莆田遇到台风袭击，东甲堤、木兰陂陂首工程受到严重损坏。当时，任莆田红十字会理事长、圣路加医院（今莆田学院附属医院前身）院长的华实挺身而出，四处募捐，得缘金 33728 元，雇工修复东南堤和重修、翻修木兰陂，历时 3 年之久，免除洪水决堤之害。民国 36 年（1947 年）元月，由受益农户出资，运大块石 10 余船填塞洋埕陡门漏洞，溢注水泥砂浆，修理送水护坦，又修整歪斜闸槽，由是启闭容易，漏水也少。[③] 战乱不堪的民国时期，兴化在兴修水利上，已经远不如前代。

（二）品种改良，粮食产量提高

民国时期，政府在兴办农业教育、设立农学试验场、推广先进农技、鼓励精耕细作等方面做了一些努力，虽然由于领导机构不健全，人力、物力、财力投入甚微，发展速度缓慢，但在某种程度上促进了农业生产发展。民国 5 年（1916 年），枫亭"新存瑞"豆饼行试销英国进口的肥田粉（化肥），枫亭霞桥吴平甫的"美孚行"代销德国狮马牌肥田粉和英国卜内门肥田粉。农民开始使用化肥，对提高土地肥力有较大帮助。民国 25 年（1936 年）春，由福建省建设厅引进新蔗种爪哇 2878 良种在仙游种植。[④] 民国 27 年（1938 年），莆田县农业试验分场进行麻、果、茶、蔗等作物的改良、栽培与加工研究。民国 29 年

---

① 莆田市地方志编纂委员会编《莆田市志》，方志出版社，2000，第 951 页。
② 莆田市地方志编纂委员会编《莆田市志》，方志出版社，2001，第 1136 页。
③ 莆田市地方志编纂委员会编《莆田市志》，方志出版社，2001，第 1169 页。
④ 莆田市地方志编纂委员会编《莆田市志》，方志出版社，2001，第 2170 页。

（1940 年），仙游龙华李金促选育出水稻"青本"①。民国 30 年（1941 年）春，仙游枫亭职业学校从江西引进早稻良种"南特号"，取代本地品种"慈孝早"。民国 37 年（1948 年），仙游赖店农民陆财采用单株选育法，从南特号变异植株中培育新一代良种（1956 年，这个新品种被命名为"陆财号"）②，品种改良使农田单位面积产量有显著提高。志称，莆仙农民用火烧土、油菜饼、烟叶、烟秆、砒霜或烟灰拌种、人工捕杀等，加上青蛙、鸟类等天敌防治作物病虫害，在一定程度上也提高了粮食产量。③

（三）经济作物

莆田茶叶种植十分普遍。民国 13 年（1924 年），仙游县慈孝里（今仙游县园庄镇）古马山涌泉寺行圆法师和枫林村曾席儒，从武夷山引进水仙、黄袍（今佛手）茶苗在枫林村栽培。民国 22 年（1933 年），枫林村又从安溪县引进铁观音、色茶等优良茶种种植。④ 此后，莆仙地区茶叶品种繁多，有黄袍、佛手、水仙、福云、黄旦、乌龙、桃仁、大白茶、肉桂、菜茶等 20 多种。

甘蔗的种植也非常普遍。南北洋平原、东西乡平原是著名的蔗糖之乡。民国元年（1912 年），仙游枫亭霞桥薛庆春从外地引进少量"拔地拉"（俗称"乌鬼蔗"）果蔗，逐渐取代荔浦蔗。20 世纪 30 年代后期，仙游枫亭民众还引进新蔗种"番仔蔗"，并且改进种蔗技术。传统的甘蔗种植方式是春播，在春分至谷雨之间直接下种，大部分为"麦底蔗"，就是把蔗种斜插于麦行中。民国 30 年（1941 年）春，仙游枫江职业学校教师黄寿棋在赤岭指导种蔗，用 2% 石灰水浸种 48 小时，在整好的平畦中开沟浇水做泥浆，然后把蔗种按三角形排放压入泥浆中 2/3，为高产打下基础。

荔枝、龙眼、枇杷等名优水果生产继续发展。度尾文旦柚、霞溪橄榄、陈蠞柿子等成为地方驰名品牌。水果深加工也继续发展，除荔枝干、桂圆干闻名远近外，游洋李干、柿子饼、榜头蜜枣等也远近闻名，此外，莆田还生产荔枝酒、桂圆膏等。

民国时期，莆仙地区还广泛种植中草药，仅仙游县种植面积就达 7000 多亩，品种多达 70 多个，有土茯苓、白菊花、山豆根、枸杞、黄连等，为手工业

---

① 仙游县地方志编纂委员会编《仙游县志》，中华书局，1995，第 173 页。
② 莆田市地方志编纂委员会编《莆田市志》，方志出版社，2001，第 2164 页。
③ 莆田市地方志编纂委员会编《莆田市志》，方志出版社，2001，第 2167 页。
④ 莆田市地方志编纂委员会编《莆田市志》，方志出版社，2001，第 1040 页。

和商业的进一步发展提供了更多的原料和品种，也增加了农民收入。宋代，兴化境内已有种植罂粟的记载。清末至民国初期，罂粟种植比较普遍。尤其是民国元年（1912 年），福建省内军阀轮番主政，政治腐败，税赋繁重，烟苗捐赋额高，把持县政的民军头目逼迫农民广种罂粟，致使全城鸦片馆林立，民众深受其害。民国 22 年（1933 年），严禁种植，遂绝迹。[①]

三 民国手工业畸形发展

鸦片战争后，莆仙地区卷入资本主义世界市场，近代工业的发展，推动部分行业迅速发展，导致许多手工业种类萎缩甚至消亡。进入民国后，这种现象越发明显，虽然近代工业企业进一步发展，已有内燃机、车床、电厂、化工、粮油加工、制糖等，还出现了专门的酿酒厂，也带动了个别手工行业继续发展，如烟丝加工业，但是大部分传统手工业受到空前震荡和冲击，莆仙地区手工业呈畸形发展。

（一）木雕业

承继了明清木雕业的辉煌，民国之际，民间名匠朱榜首、陈仙阁等人配合著名画匠刘荣麟等，糅入国画大师李耕的人物画韵味，形成了以莆式武将造型为特色的圆雕人物风格。在涵江区江口镇园下村关帝庙等处寺庙、民居留下许多供后人观赏借鉴的人物及建筑装饰，多为圆、透、浮雕相结合的传世杰作。涵江区梧塘镇九峰林的方氏九间厢等 10 多户平透雕装饰的民居，成为这个时期木雕业的代表作之一。到了 20 世纪三四十年代，由于内、外战争因素，社会动荡不安，国家面临生死存亡，民不聊生。靠手艺生存的民间艺人们只能纷纷脱离本行，另寻谋生出路。于是，莆田木雕也面临生存和传承的双重危机，民间"雕花"陷入低谷。

（二）制盐业

民国 4 年（1915 年），下里场与前江场合并为前下场。民国 6 年（1917年），改平潭县韩厝寮盐场、福清江阴盐场为特别区，并入莆田场。民国 15 年（1926 年），莆田场改称莆田盐场公署，下设赤港、哆头、新墩场务所；前下场改称前下盐场公署，下设内四所（魏前、东珠、霞屿、铁炉）和外四所（霞塘、西埔、栖梧、南美）及笏石、桥兜、埔尾、遮浪转运站，内设总务、会计、稽

[①] 仙游县鲤城镇人民政府编《鲤城镇志》，方志出版社，2002，第 181 页。

征和生产 4 个股。民国 25 年（1936 年），各场务所建立公堆，设联合社，每社置社长 1 人，负责公堆管理，发放盐本等。民国 30 年（1941 年），增设组训股（后改为工管股）。民国 32 年（1943 年），建立"盐业工会"。民国 33 年（1944 年），改设总务、产运、会计、工管、统计、工程等 6 个股。民国期间，莆田地区盐政颓败，盐埕时兴时废，生产设备和生产方式简陋，盐业生产停滞不前。生产设备只有一种石坎，由于拦堤低，一遇大潮，盐坎被海水淹没，造成泥土淤积，个体盐民只好利用土层晒盐，这就是土坎制盐。滩场根本没有保卤排洪等设施，雨后需要 1 个月才能恢复产盐。每年大小暑缺潮时，就无法制盐，整年只能在秋末冬初的 3 个月晒盐。国民政府为多产盐，特颁发制盐许可证，规定有 20 盐坎的盐户可免抽壮丁 1 名。民国 26 年（1937 年），产盐 0.27 万吨。民国 30 年（1941 年），有盐坎 21.97 万坎，产盐 2.25 万吨。民国 35 年（1946 年），江阴盐场再度废坎，仅保留南曹、张厝两个盐滩，盐田 2009 亩，仍并入莆田场。民国 36 年（1947 年），在仙游枫亭设立盐税所，有盐埕两大块，计 120 亩。1949 年，因捐税繁重，物价飞涨，盐价下跌，盐民生活无法维持，放弃盐坎逃荒者甚多，晒户减至 3836 户，盐民只有 1.09 万人，产盐 9024 吨。[①]

在长期的实践中，莆田盐民不断总结经验，形成一套包括修滩、纳潮、制卤、结晶、采集等在内的制盐主要工序。纳潮，实际上是生产盐的原料"海水"的引进过程。莆田盐源自鲜活洁净的深层海水。为确保及时纳取高质量潮水，盐工们需要很早做好纳潮前的检查、疏通，而且还要掌握潮汛规律、观察潮水变化，无论晴天的潮头还是雨天的潮尾，都要确保纳入海水的品质。制卤是海水经过在纳潮沟沉淀后引入蒸发池，通过多次蒸发，按步卡放，经过层层盐田使海水达到最佳波美度（表示溶液浓度的一种方法），然后灌入结晶池。整个过程中要不断地测量海水的浓度，以确保整个晒盐过程顺利进行。结晶是海水晒成盐的最后一步。饱和卤水在结晶池继续蒸发浓缩，便有氯化钠晶体析出，称为海盐，这一过程就是氯化钠结晶的过程。一般在盐池底部铺着一层黑色盐膜，这层塑料膜有吸热功能，既有利于卤水结晶，也有利于保持盐的清洁。这时卤水浓度在 24 波美度，达到了出盐的标准。盐民们会每隔半小时用绳子搅动卤水，这叫"卤打花"，让新鲜卤水和老卤混在一起，这样能让盐的结晶体更加均匀细腻。原盐采集包括扒盐、淋卤、运盐、集坨等。晒制海盐是靠天吃饭，盐

---

① 莆田市地方志编纂委员会编《莆田市志》，方志出版社，2001，第 1365 页。

民们要时刻留意天气的变化，在雨天来临前扒收好所有的原盐，或用担挑或用板车推运，先堆到小坨淋卤，再逐一集运归入大坨，封盖保存。晒盐技艺看似简单，却因靠天吃饭，不确定的因素很多，需要有经验的师傅把握悬沙、潮汛、气候变化、盐卤浓度。至民国，莆田盐民的晒盐技艺已经成熟。

图 7 – 25　民国时期海水晒盐技艺

资料来源：英国威廉·查尔斯摄于 20 世纪初，莆田兴化府论坛，才子整理编辑，2016。

（三）其他手工业

民国前，莆田境内都是手工制作绿茶和红茶，用竹制手筛、焙笼和木质风扇等工具加工。民国时期，仙游园庄、枫林从闽北引进乌龙茶制作技术，提升了茶叶的口感，其初制程序为：鲜叶—晒青—凉青—摇青—杀青—揉捻—焙拣[1]。民国之际，莆田粮食加工业也进一步发展，开始使用机械化半机械化的生产加工机器，兴化米粉、线面等更加精致细腻。莆仙地区传统制铁业名闻遐迩，由于进口洋铁低价倾销而大受打击，生产迅速萎缩。只有小五金制造、铁农具制造和铸锅业仍坚持下来，艰难为继。制糖业也受到一定冲击，砂糖市场萎缩严重，但板糖、冰糖依然畅销福州、江浙一带，仅仙游县就有年产 2 吨以下的生产作坊 235 家，年产 9 吨以上的糖坊 15 家[2]，年运销 3250 吨。境内主要手工业产品和食品产量：每年有荔枝干 50 ~ 300 吨，桂圆干 24 吨，盐 3.4 万吨，糖 1.7 万吨，烟 1.5 万吨，纸 1569 吨。[3]

---

① 莆田市地方志编纂委员会编《莆田市志》，方志出版社，2001，第 2170 页。
② 莆田市地方志编纂委员会编《莆田市志》，方志出版社，2001，第 968 ~ 969 页。
③ 莆田市地方志编纂委员会编《莆田市志》，方志出版社，2001，第 973 页。

四　民族工业艰难前行

民国时期，国外商品、设备、技术的涌入，促使莆田境内开始出现机器化生产的工厂，这些工厂主要集中在机械、电力、印刷、粮食加工、罐头、纺织等行业。但是由于整个莆仙地区的工业基础非常薄弱，这种机器化生产的工厂数量少、规模小、设备简陋，机械化程度不高，大多仍属于家庭手工作坊性质，产量极不稳定，生产出来的商品在洋货充斥的市场上竞争力低，经营困难。据统计，民国时期，整个莆田动力机械只有 74 部，不到 1000 马力，全县工业总产值只占工农业总产值的 18.33%。①

（一）机械制造业

民国 13 年（1924 年），涵江商人林亚标从上海购回 1 台 6 尺手摇车床，并雇用上海人当技工，在涵江宫下开设一家七八名工人的小型机器修理铺，是莆田工业手工生产发展到机械生产的开端。② 同年，蔡四十安在涵江顶铺开设永安机器厂，专门生产织布机，设备也只有一些简单制造的手工工具，但当时莆田县 90% 以上的织布机都是由这家工厂制造；民国 15 年（1926 年），永安机器厂又从福州购回 1 台 1 丈长的老旧车床，提高生产效率。③ 民国 14 年（1925 年），涵江石庭吴克存叔侄从南洋回国，合伙在涵江鉴前城隍庙边开设长利机器厂，设备有 1 台 8 尺车床；民国 16 年（1927 年）开始翻铣铸造谷麦机和碾米机等。民国 18 年（1929 年），因碾米厂逐渐发展，除林亚标的修理铺因上海技工回乡而停业外，永安和长利两家运营状况良好，主要生产碾米机和为碾米厂修配动力机等。民国 24 年（1935 年）因碾米厂数量增加，柴油动力机在市场上畅销，长利厂老板到香港购回 6 台英制美德牌 8 马力动力机，但在进口的时候被当时的国民政府以"专卖"为由封禁。于是开始尝试自行仿制，仿造出 8 马力、10 马力、12 马力的柴油机，年产 22 台，销往仙游、惠安一带，价格比美德牌动力机便宜④，基本上占据了整个莆仙市场。全面抗战期间，由于柴油来源断绝，长利厂就将柴油机改装为卧式木炭机，增大功率，继续生产。抗战胜利后，长利厂又购置 2 台车床，不久后分为长利和永利两家，扩大经营。

---

① 莆田县县志编集委员会编《莆田县志·莆田工业史（草稿）》（社会经济资料之一）上册，1962，第 4 页。
② 莆田市地方志编纂委员会编《莆田市志》（第 2 册），方志出版社，2001，第 1330 页。
③ 莆田县县志编集委员会编《莆田县志·莆田工业史（草稿）》（社会经济资料之一）下册，1962，第 1 页。
④ 当时长利厂自制的柴油机 1 台 2150 元；英制的 1 台 2900 元。

1949 年前，涵江又有 5 家小机器厂先后成立，一般都只有 1 台车床，最多的有 3 台车床。整个民国时期，莆田县只有 10 台平均机龄 30 多年的手摇皮带车床，工人一共不到 30 人，技术水平低，除生产一些碾米机和柴油机外，其余的业务都是以修修补补和修配零件为主。[①]

（二）电力开发

1. 水电开发

民国 9 年（1920 年），黄学敏倡议莆仙两县联合筹办九鲤湖水电，并请来蒲天莱实地测量九鲤湖瀑布的水量和落差，最后决定在九鲤湖建立水电总厂，在仙游九龙岩和莆田智泉岩设分厂。4 月底上报省政府备案，但是因为政治形势突变，北洋军阀控制了福建地方政权，筹办水电站事宜暂被搁置。民国 10 年（1921 年），黄学敏再次呈请批准进行九鲤湖水电开发，历时一年半，筹垫资金，筹备图纸、说明书等资料，上报备案完毕，办好一切手续等待建厂，结果政局再发剧变，粤军入闽，南北战争不断，水电站建设再次被搁置。民国 14 年（1925 年）12 月，黄碧青等人第三次筹办水电厂，先在九龙岩设立水电厂，并在泉州安海商家"义美号"的担保下，与安海公司技师郑天德订立合同，由他订购水电机，负责筑厂、安装等事宜，但是郑天德卷款私逃南洋，"义美号"也关闭逃亡，创办水电厂希望破灭。[②] 民国 17 年（1928 年），台湾省建设厅厅长陈体诚率领台湾水利专家 10 余人赴九鲤湖勘测，提出可建 4 级水电站，共 10 万马力，预计总耗资 150 万银元。由于工程浩大，资金缺乏，没能兴建。[③]

民国 31 年至 34 年（1942~1945 年），莆田留美电机硕士黄苍麟等人，多方筹集资金，聘请人才，在莆田北濑（现东圳水电站附近）创建莆田第一座装机容量 40 千瓦的水电站，并将电力用于碾米、照明和电解制造氯酸钾——制造火柴的原料。抗战胜利之后，由于地方恶势力的破坏，水电站被毁。[④]

2. 火电开发

民国时期，莆田、仙游、涵江等地都建有火电厂，后多因管理不善、物价上涨、设备损坏等破产。新中国成立前夕，莆田城内仅有瑞源碾米厂可以发电

---

① 莆田县县志编集委员会编《莆田县志·莆田工业史（草稿）》（社会经济资料之一）下册，1962，第 2 页。

② 黄永聪：《民国期间仙游电厂春秋》，载中国人民政治协商会议福建省莆田市文史资料研究委员会编《莆田市文史资料》第 7 辑，1991，第 103~104 页。

③ 仙游县地方志编纂委员会编《仙游县志》，方志出版社，1995，第 273 页。

④ 余祖燕、余祖熙：《莆田电力的早期发展史》，载中国人民政治协商会议福建省莆田市文史资料研究委员会编《莆田市文史资料》第 2 辑，1986，第 81 页。

16 千瓦时,供少数居民照明。①

民国 6 年（1917 年），杨轴在莆田城区耗资 10 万余银元创办莆田电灯股份有限公司，装置 1 台蒸汽发电机 60 马力，约 45 千瓦，供城区照明用电，不久即停业。② 民国 9 年（1920 年）莆田电灯股份有限公司重新开业，吴仁民在莆田城厢的湖岸建厂，从美国购置 1 台 37 马力、功率 25 千瓦的旧柴油发电机，直到民国 13 年（1924 年）才开始发电，供莆田城内主要街道和少数商店傍晚至午夜照明用电。由于发电量太少，无法满足实际需要，城厢、涵江工商人士成立董事会，商议筹建新厂。民国 16 年（1927 年），莆田电灯有限公司迁址涵江延宁宫③，耗资 12 万银元，更换德国驰牌 200 马力柴油机、132 千瓦三相交流发电机组投产发电，用 8 号铜线架设 6.6 千伏线路到城内湖岸，全长 15.2 公里，供涵江和城厢城内的粮食加工和照明用电。之后该公司又吸收社会资金数万元购买一批变压器和电度表，扩大供电范围，实行电度收费。民国 18 年（1929 年）以后，由于柴油连续涨价，发电厂利润减少。其间电厂还开设"永通角票局"④，吸收社会资金，准备用于发展小型水电站，但由于会计挪用资金赌博，角票局被挤兑倒闭。到民国 25 年（1936 年），莆田电灯有限公司由于财政亏空，难以为继。民国 26 年（1937 年）省建设厅接管莆田电灯有限公司，改名为福建省建设厅莆田电厂，对其进行整顿检修，才逐渐扭亏为盈。民国 27 年（1938 年）12 月，该电厂更名为福建省公用事业管理局莆田电厂，勘定涵江新港为新厂址，向斯可达公司订购 500 千瓦汽轮发电机组 1 台，以备扩充，但是因为日军侵扰福清的渔溪镇，民国 28 年（1939 年）莆田电厂被迫将机组内迁，停止发电。

民国 28 年，黄碧青、郑赞化、戴启熊等人筹资 5 万余银元创办仙游电灯股份有限公司，厂址在仙游城关回龙庵，购买德国产的 GMA 型 100 马力柴油机和

---

① 莆田县地方志编纂委员会编《莆田县志》，中华书局，1994，第 382 页。
② 莆田市地方志编纂委员会编《莆田市志》（第 2 册），方志出版社，2001，第 1189 页。
③ 民国初年，厦门华侨领袖林尔嘉与莆田县梅洋江春霖御史为故交，当时江春霖的四子江祖箎在涵江经商，林尔嘉就资助江家在涵江经营电厂，在延宁宫附近购买地皮建造厂房，厂房建成后却因故停顿。1927 年，莆田电灯公司迁址涵江，江祖箎将建造未成的厂址折价入股，使得新电厂很快就能装机发电。参见余祖燕、余祖熙《莆田电力的早期发展史》，载中国人民政治协商会议福建省莆田市文史资料研究委员会编《莆田市文史资料》第 2 辑，1986，第 79 页。
④ 民国时期，国民党中央、中国、交通、农业四大银行掌握发行钞票大权，但对票面低于 1 元的辅币并不控制，各地都可发行。民国 23 年（1934 年），电厂开设"永通角票局"，发行一角、贰角及五角辅币，辅币上印有电厂发电机的图像，电厂信誉良好，发行额达数万元，足够办小型电厂。但是当时的会计将资金一夜输个精光，导致角票局被挤兑倒闭，电厂只好宣布"凡用户交付电费，可搭配半数永通角票"，电厂经济更加艰难。参见余祖燕、余祖熙《莆田电力的早期发展史》，载中国人民政治协商会议福建省莆田市文史资料研究委员会编《莆田市文史资料》第 2 辑，1986，第 80~81 页。

64 千瓦交流发电机组，以 2.2 千伏电压供城内照明用电。其供电范围东至东门，西至半度街，南至圣公会、南门街，北至美会道德模范学校、女医馆。后因物价上涨、经营不善，公司亏损严重，民国 28 年 4 月，由省建设厅接管，更名为福建省建设厅仙游电厂，民国 29 年（1940 年）又更名为福建省企业公司仙游电厂。全面抗战期间，柴油难以供应，该电厂改用木炭发电，发电量仅 4.4 万千瓦时，经营亏损。民国 31 年（1942 年）仙游县政府接管该电厂，改为仙游电厂。民国 32 年（1943 年），由于操作不当，动力机爆裂停机，其间多次检修和订购设备，直到 1949 年，在留美高级工程师黄古球的指导下才修复完成，但因时局动荡，物价飞涨，缺乏资金整修线路而未能发电。[①]

民国 30 年（1941 年），涵江创办青年电厂，通过汽车引擎拖动 8 千瓦发电机发电，后来因为故障而停止发电。该电厂又重新购置了 1 台木炭机带动 16 千瓦发电机发电，3 年之后因管理不善，电厂亏损关闭。[②]

（三）粮食、食品加工机器生产

1. 粮食加工厂

民国 3 年（1914 年），蒲天莱从国外引进一台 20 匹的内燃机，在黄石开设面粉加工厂，这是莆田第一家用内燃机进行粮食加工生产的工厂。之后叶天祥在涵江宫下街创办胜冒加工厂，从事大米和面粉加工，雇用工人 6 人，使用 1 部 24 匹木炭机，一砻二机，2 个升降机，4 个钢磨，1 个石磨，4 个筛柜，8 小时可加工大米 700 公斤或小麦粉 800 公斤。随后，魏春霖、曾纪和、张少石等人合资创办大丰碾米厂。民国 17 年（1928 年），涵江出现交流电碾米设备，叶天祥从上海购进 1 台英国产的克劳斯莱电动碾米机，在涵江沟岑埕创办东华米厂（后改为信昌碾米厂），同时销售电动碾米机设备。民国 24 年（1935 年），信昌碾米厂在涵江鉴前扩建厂房，改为利群碾米厂，增加碾豆、碾棉花、榨油、制作吊笼、车制机器零件等业务，成为当时涵江机械工业的龙头企业。20 世纪 30 年代末，涵江卓坡商人阿珍创办贤兴碾米厂，使用 1 台德国产的碾米机。民国 30 年（1941 年），魏春霖在涵江鉴前开设私人益丰加工厂，专门加工大米，雇用工人 28 人，日夜生产，成为当时涵江最大的碾米厂。李友兰、蔡子良等 5 个

---

① 黄永聪：《民国期间仙游电厂春秋》，载莆田市政协文史资料学习宣传委员会编《莆田市文史资料》第 7 辑，1991，第 103～107 页；莆田市地方志编纂委员会编《莆田市志》（第 2 册），方志出版社，2001，第 1190～1191 页。
② 涵江区地方志编撰委员会编《涵江区志》，方志出版社，1997，第 141 页。

教友合办的五福碾米厂，拥有 1 台 24 马力的机器，每小时能加工大米 500 公斤，生产规模与利群碾米厂相当。[①]

民国 19 年（1930 年），仙游的城关、榜头、枫亭等地先后采用煤气内燃机配碾米机加工粮食；民国 29 年（1940 年），仙游县共 44 处采用机械加工粮食。1949 年，仙游县私营碾米厂有 63 家，加工粮食 1.266 万吨，职工 252 人。[②] 碾米厂也可附带生产畜禽饲料等伴生产品。

2. 罐头厂和炼乳厂

民国 17 年（1928 年），涵江石坊巷医生李可信与苍然的何文润合资，在顶铺开设莆田第一家罐头厂——通山罐头厂，专门生产水果罐头。[③] 一直到新中国成立，共发展了 6 家罐头厂。这些罐头厂设备都很简陋，据通山、鸿业、志强等 5 家罐头厂的资料统计，只有双层锅 2 个、手摇冲床机 1 架、手摇封口机 1 架、搭手端折机 2 台，所产的品种仅有荔枝、枇杷、桂圆和牛乳等罐头，年产量不到 10 吨，销售范围最远只到福清、仙游等地，生产断断续续，产量极不稳定。[④] 在罐头生产品种上，莆田涵江、仙游枫亭开始出现红烧肉罐头和肉酱罐头。

民国 23 年（1934 年），江口人林安禄在涵江尾梨巷开设莆田第一家炼乳厂——福成炼乳厂（后更名为福康乳厂）。之后陆续有何文焰的鸿业、郑国藩的美亚、林金环的大中、郑景耀的福隆等炼乳厂开办。全面抗战期间，由于外地的炼乳、罐头货源中断，本地的炼乳业迅速发展，到 1949 年，生产炼乳的厂家达 20 多家，有鸿业、康福、美亚、福隆、大中等炼乳罐头厂；水果罐头厂有通山、泰丰、振兴、鸿业、华通等。民国晚期，仙游县的郊尾、园庄一带 33 人自发筹资入股，在郊尾创办乳品厂，利用土灶和铁锅等土法炼乳。[⑤] 截至 1949 年底，共有工人 200 人，资金 8400 元，制铁罐机器 19 台，日产炼乳罐头 1320 罐，产品销往莆田、仙游、惠安、永泰、永春、福清等地，还出口东南亚地区。

（四）印刷业

民国 15 年（1926 年）以后，由于报刊日益增多，且社会上对印刷的需求日增，莆田城内和涵江先后办起印书局，承接报刊、簿籍、票据等印刷业务。民

---

① 蔡天新：《莆商发展史》，中央文献出版社，2014，第 273～274 页。

② 仙游县地方志编纂委员会编《仙游县志》，方志出版社，1995，第 298 页。

③ 涵江区地方志编撰委员会编《涵江区志》，方志出版社，1997，第 143 页。

④ 莆田县县志编集委员会编《莆田县志·莆田工业史（草稿）》（社会经济资料之一）上册，1962，第 14 页。

⑤ 莆田市地方志编纂委员会编《莆田市志》第 2 册，方志出版社，2001，第 1337～1338 页。

国 16 年（1927 年），戴爱东、郑子明等人合资购置 5 台铅字印刷机，聘用十几名工人，建立新民印书局；民国 20 年（1931 年），新民印书局又分出一家莆阳印书局；不久新民印书局停办，莆阳印书局又分为光明、复兴两家。民国 30 年（1941 年）前后，又增设了文化服务社印书部和黎明、竞新印书局，还有《福建新报》和《正报》所附设的力行印刷所等。民国 15 年（1926 年），涵江商人江哲甫、杨绍勋、方文元等人从上海购回 3 台圆盘印刷机，集资创办涵江印书局。之后涵兴、友联、文化服务社涵江分社印刷部和春城印刷所①等印刷厂也相继设立。民国 35 年（1946 年），仙游城关洪桥创办《全民报》，使用小型印刷机械，开始采用铅字排版印刷，之后又创办了大中印刷所、闽中印刷部、《民声新闻》社印刷所、大光印书局。

这些印刷局设备都比较简陋，规模最大的正报社大印刷厂也只有印刷机 4 台，工人 20 人。全部印书局总共只有对开机 8 架，三开机 2 架，四开机 1 架，德式四开立机 1 架，圆盘六开、八开、十二开机 10 多架以及各号铅字 280 担，至于铸字机和六号铅字模仅春城印刷所有 1 副，当时全部印刷工人只有 52 人。② 因此，所印的报纸和书籍，铅字不全，多以符号代替，版面模糊，看起来很吃力。

（五）其他工业

1. 肥皂和玻璃生产

莆田境内肥皂生产始于 20 世纪 20 年代初。民国 9 年（1920 年），涵江创办了第一家美中华肥皂厂，主要生产"美中华肥皂、黑皂和皂条等"。民国 19 年（1930 年），涵江有兴义、泰元、三友 3 家肥皂厂，工人 17 人，全靠手工操作，年产量不超过 10 吨，且经常处于半生产半停顿状态。抗战胜利后，莆田县政府在涵江新桥头创办东南食盐精制厂，陈国钦担任厂长，主要生产精盐、肥皂等产品。民国 37 年（1948 年），陈国钦辞职后自办福祥肥皂厂。③

民国 15 年（1916 年）涵江设立玻璃厂，专门制造煤油灯和灯罩。厂房简陋，只有 1 个小炉和 13 个工人。④ 民国 30 年（1941 年），涵江集奎的林德懋和

---

① 民国 22 年（1933 年），涵江霞徐商人黄涵生投资创办《莆田日报》印刷所，购置一套平板对开印刷设备，雇用 15 名工人，后来因为与驻军发生冲突，民国 27 年（1938 年）被迫关闭，随后更名为春城印刷所，专印《闽中日报》和《正闻通讯》。

② 莆田县县志编集委员会编《莆田县志·莆田工业史（草稿）》（社会经济资料之一）上册，1962，第 18 页。

③ 蔡天新：《莆商发展史》，中央文献出版社，2014，第 275 页。

④ 莆田县县志编集委员会编《莆田县志·莆田工业史（草稿）》（社会经济资料之一）上册，1962，第 20 页。

蔡依妹在上梧开办玻璃小作坊，生产煤油灯、灯罩、药品等，为莆田硅酸盐化工工业之始。1949 年底，莆田县有协兴光和福星光 2 家私营玻璃作坊，工人共有 25 人，土熔炉 4 个，铜模具 80 多种，手工生产玻璃日用品，供应莆田、惠安、永泰等地。[①]

2. 纺织和鞋革制造

莆田的土布生产，在自给有余时，才部分供应到市场贸易。但是由于洋布的冲击，土布销路很窄。全面抗战时期，洋布进口中断，土布才逐步盛行起来。民国 24 年（1935 年），莆田县有木制织布机 6 台，需一手过梳、一手盘面，操作不便，每台一昼夜只能生产 5 米左右的粗布或麻袋布。民国 27 年（1938 年），榜头紫泽村村民从福州购进木制织布机，除织白布外还能生产毛巾和小面幅花布，其产品在市场上畅销。[②] 之后，出现脚踏铁制织机，产品的数量显著增加，质量也显著提高。直到新中国成立前，涵江和附近的几个集市，有铁制和木制织布机 20 台左右，从业人员有 40 人。仙游县有私营纺织厂 9 家，职工 12 人，年产棉布 3640 米。此外在西洙、后黄和南埕等农村还有织布人员数百人。[③]

民国 19 年（1930 年）左右，莆田开始出现使用化学药品的新式方法来制皮革。至新中国成立初期，莆田县经营皮革的也只有 3 家，产量不多，商品有乌面革、拷底皮、牛皮囊等，销售到涵江、城关一带，原料多向屠户和农民购买。[④] 仙游城关、枫亭、郊尾等地有私人鞋店 9 家，主要生产布鞋、皮鞋，采用旧汽车轮胎作鞋底，用牛皮或布料作鞋面。[⑤]

3. 鼎犁和砖瓦、陶器

民国 19 年（1930 年）以后，莆田县的铸鼎生产基本上能够自给自足，不用再向温州买进。抗战胜利后，莆田县生产的鼎犁还曾远销至台湾。犁的生产设备简陋，基本都是手工操作，效率不高，并且有些设备和原料要从外地购买，如鼓风的手拉风箱要请永春人来做，铸造的原料除了以交换的方式向老百姓回收铸铁重新铸造外，还要从永春大量采购白口铁，后来改用沉轮捞起的机件做

---

① 莆田县地方志编纂委员会编《莆田县志》，中华书局，1994，第 305 页。

② 仙游县地方志编纂委员会编《仙游县志》，方志出版社，1995，第 297 页。

③ 莆田县县志编集委员会编《莆田县志·莆田工业史（草稿）》（社会经济资料之一）上册，1962，第17 页。

④ 莆田县县志编集委员会编《莆田县志·莆田工业史（草稿）》（社会经济资料之一）上册，1962，第21 页。

⑤ 仙游县地方志编纂委员会编《仙游县志》，方志出版社，1995，第 301 页。

原料。一直到新中国成立，莆田县只有联星、犁星和源盛等 7 家铸犁厂。^① 民国 34 年（1945 年），江西赣州铸锅新工艺传入仙游，在仙游城关后门亭和枫亭霞桥开办鼎昌锅炉厂和顺兴锅厂，年产铁锅 3 万多口，产品有手柄、大锅、小锅等 10 多种。^②

这个时期砖瓦业发展缓慢，时兴时衰，是农村的副业。抗战胜利后，砖瓦业开始发展，共有砖瓦窑 20 个，生产人员 100 多人，主要分布于涵江、笏石、庄边、盖尾、榜头、大济、龙华等地，手工造坯，以"鸡庵窑"松栖烧制，生产的砖瓦品种等级有 10 多种，年产砖 61 万块，瓦 165 万片。^③ 新中国成立前，陶器厂仅有 4 家，工人 20 多人，品种也只有一些传统的日用陶器，质量低劣，销路不好。

4. 车辆修配业和造船业

民国 14 年（1925 年），陈金銮、陈兆芳在鼓楼前开设莆田第一家自行车修理店；民国 16 年（1927 年），仙游赖店山尾村郑元宝在仙游城区南门桥头开办城昌号人力车、自行车修配店；之后各集镇、道口陆续开设修配店，多由华侨充任修理工，零配件都依靠进口。民国 21 年（1932 年），仙游十几位华侨在城关过岭合资开办仙游第一家聚和汽车修配公司；民国 24 年（1935 年），福兴泉汽车货运公司在涵江设立汽车保修厂，福建省汽车管理处也在莆田车站设立汽车保修厂，但是设备比较简陋，只有手摇简易机床、手摇钻台和虎头钳，配件全靠进口。^④

民国时期，涵江新浦、岱埕，黄石东角，南日岛三墩、西皋、沙洋及湄洲岛均有造船作坊，生产海船和小型渔船。黄石井浦、西天尾溪安修造沟船业，黄石东华修造溪船业，多为家庭作坊，造船技术世代相传。^⑤ 抗战胜利后，海运恢复，据不完全统计，从事造船和修理的人员有 100 多人，一年能生产渔船 50 多只、沟船 80 多只。^⑥

5. 烟丝业、卷烟业和酒业

民国时期，仙游具有十几家大的烟丝铺子，年销量 2 万吨；境外也有十几

① 莆田县县志编集委员会编《莆田县志·莆田工业史（草稿）》（社会经济资料之一）下册，1962，第 7 ~ 8 页。
② 仙游县地方志编纂委员会编《仙游县志》，方志出版社，1995，第 303 页。
③ 莆田县地方志编纂委员会编《莆田县志》，中华书局，1994，第 309 页。
④ 莆田市交通局主编《莆田市交通志》，华艺出版社，1992，第 219 ~ 220 页。
⑤ 莆田县地方志编纂委员会编《莆田县志》，中华书局，1994，第 304 页。
⑥ 莆田县县志编集委员会编《莆田县志·莆田工业史（草稿）》（社会经济资料之一）下册，1962，第 11 页。

家大烟商，年销仙游产的土制烟丝 6.6 万吨；年晒烟运销出口量约 300 吨。^① 全面抗战爆发后，洋烟货源中断，国民党政府实行"战时烟酒公卖制度"，鼓励地方烟业发展。涵江出现用脚踏木制卷烟加工机进行生产的卷烟厂，烟叶多是从仙游进货，用花生油和铁红等进行加工，然后切成烟丝。第一家是林鸿宾在保尾街原泉郡会馆内开设的"白马"和"白鹿"卷烟厂，有工人近 200 人；第二家是邱钟麟和江哲甫等合股在涵江顶铺开设的"双虎"牌卷烟厂；第三家是黄承初、刘超英等合股在豆菜巷开的"复兴"卷烟厂，生产"大鹰"牌香烟，有工人 100 人左右。抗战胜利后，卷烟厂改用机器生产，效率提高，香烟销往福清、仙游等地；民国 36 年（1947 年）以后，由于国外香烟冲击市场，这 3 家卷烟厂也先后倒闭。^②

民国 37 年（1948 年），涵江涵东开设莆田第一家酒厂——源盛昌酒铺，由厦门的贻厥斋酒厂派人到涵江和当地人合伙开设，专门酿制土米酒来泡制"贻厥斋"药酒，年产量 7 吨左右。这个酒铺一直存在到 1953 年，后由政府接办，更名为地方国营莆田酒厂。仙游地区私营酿酒作坊较为普遍，较大的作坊有 10 家，年产白酒 31 吨。

6. 冰糖和蜂蜜

仙游是福建省蔗糖的主要产地，所产的白糖、赤砂糖、红糖、板糖、冰糖，其味清甜，为全省最佳。民国 8 年（1919 年），洋糖进入市场，土产食糖积压，原料便宜，仙游县大糖商设厂加工经营，销路扩展到闽北、闽西，年运销出口量 1500 吨。民国 35 年（1946 年），仙游县的冰糖商发展到 35 家，年经营量达 4000 吨，贸易额 40 万银元。^③

民国 15 年（1926 年），城厢区城郊乡镇海村林嵩龄从上海引进意蜂蜂种 4 群和 1 套先进的蜂具，利用自家 7 亩果园作为放养场地，创办莆田第一个专业户养蜂场，开始仿制蜂箱、活框养蜂和使用机械摇蜜机。^④

1949 年，莆田县共有私营企业 151 家，其中工业系统 40 多家，主要是印刷12 家、机械 4 家、鼎犁 6 家、化工厂 3 家、炼乳厂 3 家、罐头厂 6 家、陶瓷厂 2家、瓦窑 6 家、卷烟 1 家；还有晒盐户 3836 户，工业产值 577 万元；个体手工

① 仙游县地方志编纂委员会编《仙游县志》，方志出版社，1995，第 428 页。
② 蔡麟整理《解放前涵江镇商业概况》（续四），载中国人民政治协商会议福建省莆田市文史资料研究委员会编《莆田市文史资料》第 8 辑，1993，第 62 ~ 63 页。
③ 仙游县地方志编纂委员会编《仙游县志》，方志出版社，1995，第 426 页。
④ 莆田市城厢区地方志编撰委员会编《城厢区志》，中国社会科学出版社，1999，第 133 页。

业 2411 户，工业产值 445 万元，合计 1022 万元。仙游私营工业企业总产值 497 万元，其中轻工业 287 万元，重工业 210 万元。①

总之，民国时期的莆田虽然也步入工业时代，建造了一些机器化生产的工厂，但由于工业基础薄弱，总体水平不高，经营不善，民族工业发展遇到很大困难，艰难前行。

五 交通运输业

民国时期，随着近代工业的发展，交通工具更新换代，公路桥梁进一步规划建设，莆田市交通运输在"水路先于并优于陆路"的基础上，出现水陆交通运输持续发展的趋势，海运一度冠于中国东南沿海，河运主导境内运输，汽车公路运输开始发展，但战争等因素制约了莆田交通运输的发展。

（一）水路交通运输

民国时期，莆田水路交通发展较快。内河运输方面，除了传统的溪船、沟船外，还出现了汽船，并开辟 4 条全长 42 公里的汽船航线，到民国 16 年（1927年），共拥有 15 艘汽船。全面抗战期间，内河运输更是一枝独秀，共有 300 多艘船只。海运方面，私营轮船公司和船务行兴起，航线通达福州、温州、宁波、上海、烟台、天津、大连、营口、台湾、南洋等地。民国 19 年（1930年），共计有轮船数艘、驳船 60 艘、帆船 600 艘、涡船 200 艘。

1. 内河交通运输

莆田平原河网地带及仙游东西乡平原木兰溪河道，自古以来就是城乡之间的重要航道。除萩芦溪外，木兰溪、延寿溪等均可通航，沟溪纵横交错，构成便捷强大的内河运输网。以木兰陂为中心，向南可通渠桥、黄石、桥兜、北高、笏石等地；向北可通城关、涵江、梧塘、西天尾等地；往木兰溪上游可通华亭、杉尾、石马，直达仙游县城，仙游会仙至涵江全长 62.5 公里。② 南北洋河道 381 公里，全年 2～4 吨沟船均可通航。平原地区以载重量较大的沟船航运为主，山区边缘及仙游河道较浅地带使用吃水量较小的溪船运输，以城厢、涵江和鲤城为中心，四周水乡大小码头密布，形成沟通莆仙整个中心地带的水路航运系统。③

---

① 莆田市地方志编纂委员会编《莆田市志》（第 2 册），方志出版社，2001，第 1328 页。
② 莆田县县志编集委员会编《莆田县志·莆田交通运输史（草稿）》，1960，第 17～18 页。
③ 莆田市交通局主编《莆田市交通志》，华艺出版社，1992，第 126 页。

（1）汽船：民国2年（1913年），莆田圣路加医院的华实委托购买1部12马力的立式单汽缸柴油动力机，在涵江制造出莆田第一艘捷兴号小汽船，能容20人，在莆田城区至涵江线往返客运。民国4年（1915年），美国人蒲鲁士购置1艘15马力的汽船，次年又购置1艘，两相对开，往返城区至涵江之间客运；民国6年（1917年），汽船移交善育堂[①]管理；民国8年（1920年）余景陀、阮开来向善育堂购船接办汽船业。之后涵江李可信等相继建造汽船，经营客货运，到民国16年（1927年）发展到15艘汽船，职工有250多人，成立莆田汽船站，实行联营，先后开辟涵江至梧糖、涵江至西天尾、岳公至笏石3条新航线。至民国25年（1936年）公路建成后，汽船业务缩小，经营亏本，只剩下城关至涵江、涵江至梧塘2条线，6艘破旧汽船，时有时无地继续通航。全面抗战期间，公路全部破坏，汽船业再度兴起，原有城涵汽船公司与莆田汽车行合并，组成闽莆汽艇公司，后来改称涵江汽船站，把3部汽车头改制成汽船，汽船规模发展为11艘。民国37年（1948年），城涵公路恢复，汽船又再次减少为8艘（其中城涵线6艘、城梧线2艘），工人30人，汽船改烧木炭。[②]

（2）溪船和沟船：溪船构造简单，船型是尖头弓底，每艘载重4吨左右，出水快、用力少、吃水浅、航速快，在溪滩急流中均可行驶。民国9年至34年（1920～1945年），莆田溪运鼎盛。尤其是全面抗战期间，公路被破坏、海运遭封锁，物资运送基本上全靠木兰溪溪运。仙游至莆田，顺流而下5小时可达，逆流而上同吨位的要30小时。民国29年（1940年），省驿运处涵江办事处在仙游南门设立溪船驿运站，船只编号，分队管理，组织溪船驿运。莆田黄石镇的东华、井后、东角、西洪村，华亭镇的顶宅、石山、湖头、湖里村，仙游的杉尾、昌山、仙溪、坝下、龙腾、昆头、义店、石马等村，均置有溪船，东华村多时有113艘，从业人员500多人，有"溪船之乡"之称。至1949年，计有溪船274艘。[③]

沟船船型是平头鸭蛋底，构造简单，坚固耐用，撑驶技术容易掌握，是南北洋水乡间重要的水上交通工具。民国14年（1925年）是莆田沟船发展较为兴

---

① 光绪十七年（1891年），美国传教士蒲鲁士在黄石镇建立善育堂，总面积60多亩，是全省最大的慈善机构，主要收容教会里的贫苦儿童、盲哑、残疾人，设有印刷所（后改为美兴印刷局）、缝纫、加工厂（加工面粉、稻谷和榨油）、编织及农学等部门。

② 莆田市交通局主编《莆田市交通志》，华艺出版社，1992，第217页；莆田市地方志编纂委员会编《莆田市志》第2册，方志出版社，2001，第1442页。

③ 林求真：《木兰溪航运简况》，载中国人民政治协商会议福建省仙游县委员会文史组《仙游文史资料》第2辑，1984，第53页。

盛的时期，因为当时南北洋多种植鸦片，需要运入大量的化肥，江东的沟船从原来的 2 只发展到 63 只，梧塘镇也有沟船、溪船 60 艘（客货运 31 艘、农用"海鸥"29 艘），全县计沟船、溪船 300 多只。[①]

2. 海上交通运输

民国时期，莆田的海运主要集中在涵江一带。民国 22 年（1933 年），涵江港挖通宫下桥边至下徐前港的沟道 1 条，名新开河，贯通港区内的河海航运。民国 23 年（1934 年），省水警总队在莆田设涵江水上巡警队；民国 24 年（1935 年），福建省船舶管理所在莆田设涵江交通管理所，办理莆仙两县船舶丈量和监理事宜。民国 26 年至民国 29 年（1937～1940 年），东南沿海港口被封锁，三江口港一度成为省内最大的吞吐港。[②] 这一时期，秀屿港和枫亭港也有所发展。民国 17 年（1928 年），林伯青在秀屿建造钢筋水泥码头 1 座，将枫亭港作为进入仙游的货物接运点，在陡门港购地建仓库；民国 27 年（1938 年），前下、山腰两盐场在秀屿设立转运站，将盐运往福州、三都、汕头等地。涵江成为海商的聚集之地，出现经营海上交通运输的轮船公司和船务行。

（1）木帆船：民国初期，轮船业兴起，木帆船一度受到排斥，发展不快。一战期间，外轮没有入港，木帆船有了较大发展，莆田县共有木帆船 200 多艘。民国 16 年（1927 年）至抗战前，平均每月有 2 艘轮船驶入秀屿港，再由小汽船或驳船及木帆船十几艘过驳往来于枫亭港、陡门港之间。霞桥港有商行 20 多家，每天满潮时，大、中、小型木帆船，最盛时有四五十艘进出港。[③] 全面抗战爆发后，国民党把较大的木帆船都拉去堵塞港口；民国 29 年（1940 年），由于木帆船出海必须领取放行证，加上盗匪猖獗，航海阻塞，许多船主只好另谋其他营生。直至民国 30 年（1941 年），林景耀、吴景棠等集资组建大中商行，以木帆船开辟新航线。民国 34 年（1945 年）抗战胜利后，海运一度畅通，石城、莆禧等地船民筹措资金，修理破旧的木帆船，木帆船发展到 180 多艘，但在国民党败退台湾时，木帆船多被劫走。

（2）轮船运输：民国初，涵江地区就有恒记、同益、隆记等商号代理码头船舶装卸、搬运及其配载理货与报关业务。之后轮船运输业迅速发展，自营、租用轮船的运输公司陆续开办，并且出现专门代理经营轮船运输业务的船务行。

[①] 莆田县县志编集委员会编《莆田县志·莆田交通运输史（草稿）》，1960，第 17～19 页。

[②] 莆田县县志编集委员会编《莆田县志·莆田交通运输史（草稿）》，1960，第 12 页。

[③] 林求真：《仙游县海运概况》，载莆田市政协文史资料学习宣传委员会编《莆田市文史资料》第 6 辑，1990，第 43～44 页。

民国元年（1912 年），涵江霞徐黄家大同桂圆行老板黄尔顺和吴星夫、方家明、余景涛等人集资 30 万元，创办上海福兴轮船公司，从英国赉赐公司购入国民号轮船 1 艘，载重 800 吨，开辟江口至上海的航线，每月定期航运，主要运载桂圆干和土特产，兼营客运；后因英文的购置合同被骗成租赁合同，起诉无效，公司破产。民国 3 年（1914 年）涵江霞徐商人黄献武开设振安轮船公司，购买振安、合安、福裕号 3 艘轮船（最小载重 400 吨，最大为 900 吨），行驶于三江口、福州、上海航线。陈发白开办顺安公司，经营顺安号轮船（载重 1200 吨），航行于闽浙沪之间；黄星浦开办宏安公司，经营升利号（950 吨）和华洋号（1400 吨）轮船；黄琴亭开办胜利船务行，经营航行于涵江、福州之间的涵兴号；林春波经营新华兴号轮船，航行于秀屿、涵江、温州等地；林伯青经营兴安公司，有枫江、枫眉、兴安、福安号等小轮船，航行于秀屿、枫亭、宁波、温州、上海等地。[①] 抗战胜利后，莆田县私营轮船只剩下 2 艘——宁海号（1949 年触礁沉没）和新华兴号（在国民军撤退时拉到厦门沉没），航行于厦门、温州一带。[②]

因为购买轮船经营风险巨大，所以莆田的海上运输主要依赖租用外地或外国轮船进行。民国 9 年（1920 年），方家明等人设立鲲南公司，租用上海宁绍公司的涌兴号（800 吨）航行于上海、涵江之间。黄献武、康秋涛等开办义泰船行，租用上海商船公司的德祐、建新、游鲲号等轮船，航行于上海、涵江之间；之后又租用北方政纪公司与毓大公司的茂利、成利、毓济、毓通、肇兴号等轮船，航行于涵江至大连、营口、烟台等线；福星、福兴号轮船航行于涵江、福州之间；福安、升利、福庆、顺安、新瑞安、德利、永贞号等轮船，航行于上海、宁波、温州等线；厦门泰利轮船公司的鹭江、驾鳌、永宁号等轮船航行于泉州、厦门等线。民国 26 年（1937 年）以后，主要有福生船务行租用葡萄牙籍的威金号（800 吨）轮船；上海公平公司，租用英商太古公司的神佑、神爱、神华、神福、神光号 5 艘轮船；大兴船务行租用新北京、新德利号轮船以及英国皇家公司的海阳、海门、海灯、海呈号 4 艘轮船直航三江口至香港航线。民国 34 年（1945 年）以后，涵江大安船务行代理上海救济总署的美国援华小运输舰牡丹花号轮船营运；福安船务行代理新安利、新福申、开琳号轮船营运；香

① 莆田市交通局主编《莆田市交通志》，华艺出版社，1992，第 208～209 页。
② 莆田县县志编集委员会编《莆田县志·莆田交通运输史（草稿）》，1960，第 11～12 页。

港裕成船务行代理和麟、和昌号轮船营运。①

专门代理经营轮船运输业务的船务行主要有：恒生轮局、华新轮局、鲲南轮局、涵兴轮局（后改为大兴船务行）、福生轮局（后改为福申船务行）、华安胜记轮船行、同益轮船行。民国29年（1940年）三江口被封锁之后，各船务行停业。民国31年（1942年），康兆荣等组建海达公司重新经营轮船业务。抗战胜利后，轮船业重新兴起，到1949年，涵江有船务行7家：复兴船务行（前身是福申）、大安船务行（前身是大东）、航平船务行、涵安船务行、祥安船务行、捷大船务行、光大船务行。②

（二）陆路交通运输发展

民国时期，莆田的陆路交通有所发展。在平原、沿海一带共修建了18条公路，总长度300多公里，但基本上都变成了零星分布、没有衔接的"盲肠路"。民国18年（1929年），关陈谟等创办私立莆田职业中学③，开设公路科、汽车驾驶科等专业，专门培养公路、测设等方面的技术人才。全面抗战期间，国民党政府为了阻止日军入侵，下令破坏沿海公路、桥梁，陆上交通运输受到严重破坏。到民国37年（1948年），政府和商（民）营车主集资修复，仅福厦线的莆仙段（59公里）和仙永线的仙郊段（20公里）的公路桥梁得到临时修复，恢复福厦线的客货运，私营汽车只剩下14辆。

1. 公路、桥梁建设

（1）公路建设。莆田公路修建自民国8年（1918年）开始，地方驻军长官王献臣、县长黄湘、张开川、关陈谟等人先后计划修建公路，但皆未建成。民国12年（1923年），仙游民军肖禄生部修建盖尾至郊尾公路5公里。民国13年（1924年），莆田县建设笏石至前沁公路5公里；仙游县城拆城垣建公路，建设郊尾至枫亭公路7公里。④ 民国14年（1925年），成立莆田县公路局，修筑福厦干线的莆田江口至枫亭段；民国16年（1927年）12月，开始修建福厦公路的莆仙段，民国18年（1929年）该路段通车，宽7.5米，碎石铺路，桥梁多为单车道木桥；民国16年修建濑溪到莆田段、涵江至莆田段公路；民国17年

---

① 莆田县地方志编纂委员会编《莆田县志》，中华书局，1994，第350页。
② 莆田市地方志编纂委员会编《莆田市志》第2册，方志出版社，2001，第1438~1439页。
③ 因为学校设在莆田城内东山之麓，1947年改名为莆田私立东山高级土木科职业学校。1951年改名为莆田私立东山土木工程学校。1956年迁至永安，改名为福建水利电力学校，为中华人民共和国成立后三明境内最早的中专学校。
④ 莆田市地方志编纂委员会编《莆田市志》第2册，方志出版社，2001，第1392~1393页。

（1928 年）修建长岭至濑溪段、涵江至江口段、江口至蒜岭段公路；到民国 23 年（1934 年）福厦公路全线通车。仙永段沿山路连侧沟仅 5 ～ 6 米，直到民国 27 年（1938 年）才通车。民国 28 年（1939 年），拆莆田县城墙改建环城公路。

民国 16 年至 26 年（1927 ～ 1937 年），先后建成支线公路 16 条，总里程 206 公里：涵江至三江口 3 公里（民国 16 年），莆田经黄石至笏石支线 18 公里（民国 22 年），莆田至枫叶塘支线 12 公里（民国 22 年），笏石至忠门、前沁经许厝通平海 2 条线全程 45 公里（民国 23 年），涵江至崇圣宫 10 公里（民国 26 年），仙游鲤城至郊尾 20 公里（民国 18 年），仙游鲤城至磨头 6 公里（民国 18 年），磨头至金沙 8 公里（民国 18 年至民国 22 年），枫亭至园庄 16 公里（民国 19 年），榜头至坝下 3 公里（民国 19 年），仙游鲤城至蜚乌 12 公里（民国 20 年），仙游鲤城至何麓 16 公里（民国 20 年），仙游鲤城至南安小罗溪 20 公里（民国 20 年），文殊至后埔 11 公里（民国 20 年），文殊至松板桥 6 公里（民国 20 年）。[①]

公路养护方面，民国 16 年（1927 年），福建省公路局在莆田设立莆仙公路分局，负责公路兴筑事宜，公路由商（民）营汽车公司租用路权并自行组织固定和临时道班进行养护。民国 23 年（1934 年）莆田养路工程事务所成立，民国 25 年（1936 年）公路养护移归省汽车管理处，莆田设莆泉、福莆养路段，开始种植公路树，但是由于经费不足、管理不善，路况越来越差，公路树成活率也非常低。[②] 民国 36 年（1947 年），莆田成立晋江总段（又称 16 总段），管养福州至龙海角尾间的公路干线。

（2）桥梁改造和机场修建。民国时期，修建的钢筋混凝土桥有卫东桥（民国 18 年建）、萩芦桥（民国 23 年重建）、坝下桥（民国 33 年建）、大济桥。随着公路的发展，出现了利用古桥改造而成的公路桥梁，即在旧桥墩上架设木桥面或石梁上浇注钢筋混凝土桥面成为公路桥，改造的公路桥主要有回岭桥、埭里桥、庙前桥、溪花桥、三官桥、架农亭桥、可溪桥、后角桥、濑溪桥、娘妈桥、雷公桥、后麦桥、万寿桥、潮信桥、熙宁桥、冲溪桥、回照桥、岳公桥、厝柄桥、济龙桥、塘头桥、市顶桥、保尾桥、新港桥、江口桥、新店桥、石庭桥、下埕桥、埔尾桥、塔桥、刘家前桥、大泮桥、仙水桥、南门桥、咸草顶桥、涵江桥等。[③] 但是桥梁、涵洞多是木台木面、石台木面的临时性结构，抗灾能力

---

① 莆田市交通局主编《莆田市交通志》，华艺出版社，1992，第 33 ～ 44 页。
② 莆田市交通局主编《莆田市交通志》，华艺出版社，1992，第 118、238 页。
③ 莆田县地方志编纂委员会编《莆田县志》，中华书局，1994，第 340 页。

差。全面抗战时期,除了阔口桥和仙游南门桥因各界人士力保幸免外,其余全部被破坏。

民国 21 年（1932 年）,莆田国欢坡和仙游海亭岭修建飞机场,但都因未使用而荒废。

2. 交通运输

（1）汽车运输兴起。莆田的汽车运输最早开始于民国 14 年（1925 年）,华亭云峰村的陈铁生以 1650 洋元向美孚洋行购买"雪佛兰"汽车零件,装配成一辆小汽车,在莆田县城至濑溪一带载客运行。同年,仙游榜头芹山华侨陈友从马来西亚带回一辆福特牌小汽车,在仙游县城至大济上湖之间载客运行。民国 16 年（1927 年）,莆田第一家汽车公司利民汽车公司在仙游成立。民国 17 年（1928 年）,莆田已有小汽车 20 多辆;民国 26 年（1937 年）,仙游县有汽车50 辆。

民国 18 年（1929 年）,省建设厅实行"公路承租",允许民间承租公路路权,经营汽车运输。民国 28 年至 32 年（1939～1943 年）,仙游县成立仙游汽车业公会,分别承租仙游县城至枫亭、度尾、榜头等 3 段路权①。到民国 37 年（1948 年）,莆田境内先后开办的民营汽车公司有 15 家:城南汽车公司（仙游城关至枫亭）、城西汽车公司（仙游城关至度尾）、城东汽车公司（仙游城关至榜头）、枫洛汽车公司（枫亭至惠安）、渔锦汽车公司（渔溪至江口）、笏平忠汽车公司（笏石至平海和忠门 2 条线）、涵锦汽车公司（涵江至江口）、城涵三汽车公司（城关至涵江、三江口）、城郊汽车公司（城关至郊尾）、涵崇汽车公司（涵江至崇圣宫）、莆黄笏汽车公司（城关至黄石、笏石）、福兴泉汽车货运有限公司（福州至泉州,宏路至东张,郊尾至仙游、永春 3 条线,民国 24 年蔡友兰在涵江创办,下设涵江、仙游、福州、莆田城关、江口、枫亭、洛阳、泉州、福清、东张等站点,是当时省内最大的一家汽车货运公司,民国 27 年被省政府收购,改为省运输公司）、福枫汽车公司（福州至枫亭）、仙游汽车路有限公司（仙游城关至郊尾）、福兴汽车股份有限公司（福州至莆田）。②

由于汽车公司承租路权,各自划地为界,行车区域无法连贯畅通,乘坐车辆要多次换乘和步行,极不方便。民国 23 年（1934 年）,福建省汽车管理处成立,把私人承租的路权收归公有,专营干线客运业务,在莆田驿前设立福莆车

---

① 仙游县地方志编纂委员会编《仙游县志》,方志出版社,1995,第 350 页。
② 莆田市交通局主编《莆田市交通志》,华艺出版社,1992,第 166～170 页。

务所，开始运行福州峡南至莆田的长途客车。① 民国 24 年（1935 年），成立福兴泉车务所，逐步收回福州至惠安段路权，规定由省营公司及福兴泉汽车货运公司营运，民营汽车只能在支线公路行驶。全面抗战期间，国民政府设立运输公司，在涵江设立运输总站，下设笏石、东郊、西天尾、梧塘等分站，统制所有货运，而且由于大部分公路路基桥梁破坏，各汽车公司停业，绝大部分汽车开到闽北及江西、湖南等地自营。民国 32 年（1943 年），恢复驿站制度，省县间的货运由国家统制，县内区域允许民间自运。民国 34 年（1945 年），以"外合内分"的形式成立福兴泉汽车公司，有 10 部改装的客车，后并入福州公共汽车股份有限公司。直到民国 37 年（1948 年）以后，福厦线的汽车客货运才逐步恢复，1949 年莆仙两县私营汽车仅 14 辆（莆田 2 辆、仙游 12 辆）。②

（2）人畜力运输。民国 13 年（1924 年）以前，陆上货运主要靠人力肩挑，客运靠轿马。公路修成以后，人力运输以黄包车、自行车、三四轮车、板车等工具从事客、货运输。华亭、枫亭、郊尾、盖尾等地有以骡马载人和驮运货物的队伍，公路建成通车后，马车运输成为城乡物资运输的主要工具。③ 这一时期，人畜力运输仍然是客货运输的主要力量。

人力挑运是民间最古老最普遍使用的运输方式之一，华亭、江口、白沙、常太等乡村的挑工数量最多。民国时期，莆田水路运输一度繁荣，水关头、天九湾、涵江宫口和仙游南门码头先后开辟，这些码头附近的居民经常兜揽搬运。三江口码头有搬运工人 300 多人，驳船 100 多艘，年装卸量 8 万～9 万吨；民国 7 年（1918 年），仙游会仙码头有"担名"④ 180 人，民国 32 年（1943 年）成立了挑挽工会；民国 24 年（1935 年），仙游南门码头成立民船公会；民国 28 年（1939 年），由于公路被破坏、港口遭封锁，为了抢运物资和军需品，福建省成立驿运管理处，在莆田涵江设办事处，管理"仙游—盖尾—濑溪—莆田—涵江""仙游—榜头—何岭—古邑—永泰""涵江—渔溪—宏路""仙游—山顶彭—炉边—南安洪濑"4 条路线，货物按站传递，水陆可通，各站配临时仓库，便于转运和保存。莆仙两县组织肩挑驿运队，一般以 20 人为一组，进行货物挑运。⑤

① 莆田市交通局主编《莆田市交通志》，华艺出版社，1992，第 174 页。
② 莆田市地方志编纂委员会编《莆田市志》第 2 册，方志出版社，2001，第 1421 页。
③ 莆田县地方志编纂委员会编《莆田县志》，中华书局，1994，第 347 页；仙游县地方志编纂委员会编《仙游县志》，方志出版社，1995，第 349 页。
④ 清康熙年间，仙游县衙授予会仙码头物资装卸的管理权限，从此开始出现"担名"组织，这是莆田历史上最早的搬运装卸组织。担名指的是村民中享有参加货物装卸优先权的名单，可代代相传。
⑤ 莆田市交通局主编《莆田市交通志》，华艺出版社，1992，第 163 页。

1949 年，枫亭港沧溪码头和涵江的陡门码头先后成立码头工会，有组织地从事码头搬运装卸。①

民国 3 年（1914 年），仙游盖尾镇聚仙村张维从新加坡带回一辆黄包车，随后有人从台湾购回 20 辆。公路兴建之后，黄包车成为当时客运的重要工具之一，仙游城关有黄包车出租店 8 家、黄包车 94 辆。全面抗战期间，公路被破坏以后，黄包车客运开始衰败，抗战胜利后才得以恢复，之后逐渐被二、三轮车所取代。民国 14 年（1925 年），仙游县华侨从南洋带回自行车，但是能用于客货运输的数量少，只有较大的集镇才有自行车修理店（兼营出租）。民国 18 年（1929 年），仙游城关会仙码头工人黄春仔等 7 人试制成功第一辆土板车，在木质轮外面钉上一层胶皮，可载重 500 公斤左右，车身笨重，车速慢，需要三人配合运输。② 至 1949 年，莆田县只有 6 架旧土车、10 架人力黄包车、少数的自行车。

综上所述，民国时期莆田的交通运输出现少见的亮点，无论是水路还是陆路交通都有较快发展，初步形成现代交通网，为社会经济的发展提供了便利条件。

六 银行、邮电初步发展

（一）银行业

民国时期，伴随着莆田商业贸易的发展，金融业亦同步发展。中国银行、交通银行、中国农民银行、福建银行等相继在莆田开设分支机构。莆仙农工银行、莆田实业银行、仙游农民银行等地方金融机构也陆续创办。抗日战争期间，涵江是福建省沿海唯一对外通航的港口，商贸繁荣，时有"小上海"之称。国民政府中央、省一级及莆仙境内 10 多家银行机构云集涵江，使之一时成为金融重镇。但由于内战频仍，物价飞涨，货币贬值，百业凋零，大多数金融机构困难重重，甚至倒闭。

1. 国家银行

（1）中国银行莆田分行。民国元年（1912 年），原大清银行改名为中国银行。民国 4 年（1915 年）8 月 4 日，在涵江设立汇兑所，行址在涵江陡门头。民国 8 年（1919 年）3 月，改为涵江支行，民国 17 年（1928 年）宣告停业，民

---

① 莆田市交通局主编《莆田市交通志》，华艺出版社，1992，第 190~195 页。
② 莆田市地方志编纂委员会编《莆田市志》第 2 册，方志出版社，2001，第 1419 页。

国 25 年（1936 年），恢复开办中国银行涵江通汇处。民国 29 年（1940 年）8 月，中国银行总行在涵江设立寄庄，翌年 1 月 15 日正式开业，行址在涵江镇宫口路 15 号。同年 4 月，迁莆田城关龙门下 74 号营业。民国 31 年（1942 年）5 月 27 日，中国银行在仙游设立寄庄，7 月 10 日开业，行址在仙游县城关西门模范街 138、140 号，民国 32 年（1943 年）1 月改为仙游办事分处。民国 32 年（1943 年）1 月 15 日，涵江寄庄改组为涵办事分处，地址设在莆田县城关南马路 74 号。民国 36 年（1947 年），涵江分处、仙游分处机构分别升格为涵江办事处、仙游办事处，1949 年 8 月后，由人民政府接管，保留中国银行机构。

（2）中国农民银行涵江、仙游办事处。民国 24 年（1935 年）7 月 1 日，中国农民银行在涵江前街设立涵江分理处，民国 31 年（1942 年）改为办事处，内设营业、文书、会计、出纳、农贷等股，员工 24 人。民国 33 年（1944 年）5 月，中国农民银行在仙游县城关设立仙游分理处，民国 36 年（1947 年）8 月，改为仙游办事处，员工 17 人，1949 年 4 月停业。

（3）交通银行涵江、仙游、莆田办事处。民国 25 年（1936 年）10 月，交通银行在涵江中正路设立涵江办事处，内设会计、营业、出纳、总务，员工 23 人。民国 31 年（1942 年），在仙游县城关设立记账处，隶属涵江交通银行。民国 34 年（1945 年）6 月，分别在仙游县城关、莆田县城关设立办事处。1949 年 8 月后，三处办事处业务由莆田、仙游两县人民银行接收。

2. 地方银行

（1）福建银行仙游、涵江分行。清光绪二十六年（1900 年）十月，于福州下杭街成立福建官银号，也称福建官钱局。光绪三十三年（1907 年）三月，改称福建官银行。民国 3 年（1914 年）8 月改为福建银行。同年，在仙游城关设立仙游分行，在涵江霞徐顶街游祠设立经理处。民国 10 年（1921 年），仙游分行停业，涵江经理处改为涵江分行，经理为黄湘，内设会计、出纳、业务。民国 11 年（1922 年），因滥发纸币发生挤兑，同年 8 月倒闭。

（2）莆仙农工银行。简称"莆仙银行"，民国 17 年（1928 年）成立，翌年 4 月注册，年限 30 年。行址在莆田涵江宫口，首任董事陈杰人，员工 12 人。资本额定国币 20 万元，发行 2000 股，每股 100 元，实收 15 万元，为股份有限公司性质，主要办理农工及商业银行业务。民国 23 年（1934 年），因股东挪用发行钞票，引起内部纠纷而停业。

（3）莆田实业银行。简称"莆田银行"，民国 18 年（1929 年）9 月创立。翌年，经财政部、工商部注册立案，年限 30 年，总行设在涵江镇前街，首任董事长张治如。资本额定国币 20 万元，发行 2000 股，每股 100 元，实收 5 万元，为股份有限公司性质。下设莆田办事处，全行员工 12 人。营业种类有定期存款、活期存款、定期放款、活期放款、贴现放款、各埠汇兑、兑换银钱钞票、抵押放款、信用放款、代解款项。民国 26 年（1937 年）底，因股东挪用发行钞票纠纷自动停业。

（4）仙游农民银行。民国 23 年（1934 年）初夏，由仙游籍留美学士李春辉招股设立仙游农民银行，行址在仙游县城关上模范街（今胜利北路），系国民政府财政部批准，发给经营执照，期限 30 年。首任董事长黄永甦，总经理黄孟英。资本额定 30 万元，实收 15 万元，为股份有限公司性质。经营农工银行条例规定的各项业务。翌年 3 月，宣告停业。

（5）福建省银行仙游办事处。民国 25 年（1936 年）3 月，福建省银行在仙游县城关模范街 7 号成立仙游办事处，民国 31 年（1942 年）3 月改为二等支行，民国 33 年（1944 年）8 月改为一等支行。内设营业、会计、出纳、事务 4 个股，1 个仓库，并配备襄理 1 人。民国 35 年（1946 年）6 月，在枫亭设办事处。1949 年 9 月 14 日，由仙游县军管会派员接管。

（6）福建省银行涵江分理处。民国 25 年 7 月，福建省银行在涵江霞徐顶街设立涵江分理处，配备会计、出纳、记账员。翌年改为涵江办事处，迁到涵江尾梨巷办公，内设会计、营业、出纳 3 个组。民国 35 年（1946 年）7 月改为涵江支行，经理方伯藩、襄理何日新，内设会计、营业、出纳、事务 4 个股，员工 21 人。1949 年 10 月 6 日，由涵江中国人民银行接管。

（7）福建省银行莆田县金库。民国 25 年 7 月，福建省银行在莆田城关龙门下街设立莆田县金库，主任何学杰。民国 29 年（1940 年）10 月改为莆田分理处。内设会计、营业、出纳、事务 4 个组。1949 年 9 月 14 日，由中国人民银行莆田县支行接管。民国 35 年（1946 年）6 月，设立仙游县枫亭办事处，1949 年 9 月停业。

（8）莆田县银行。民国 36 年（1947 年）8 月，莆田县银行奉令开始筹备，次年 1 月，核准注册开业，经营存放款、汇兑及代理县库等业务。行址在莆田县府路。资本总额 1 亿元，其中公股 3000 万元、商股 7000 万元。董事长林剑华，员工 12 人。在涵江设支行，在笏石设办事处。涵江支行员工 11 人，笏石办事处员工 4 人。全行资产总值 8.5 亿元，存款总额 4 亿元。民国 37 年（1948 年）9 月印发金圆辅币券。1949 年 6 月，签发银元辅币券 3000 元。1949 年 5 月，发行食米流通券 4000 担。1949 年 8 月 21 日，莆田解放，莆田县银行及附属涵江支行、笏石办事处同时停业，9月由中国人民银行莆田县支行接收。

（二）邮电

早在清光绪二十三年（1897年）和光绪二十六年（1890年），涵江已先后开办电报局和邮政局。民国19年（1930年），涵江又开设民营电话公司。这些通信机构在福建省内均属较早开办，但由于社会动荡、经济凋敝，莆田邮政、电信发展缓慢。民国时期，莆田地区在清末邮电网络的基础上，先后开办仙游、江口、枫亭和笏石邮局，仙游、枫亭电报局等。

1. 邮局

（1）涵江邮局。光绪二十六年（1900年）五月，莆田城关开办兴化邮局，同时，涵江、枫亭开办信柜。兴化邮局隶属福州邮务总局。兴化邮局开办后，由于涵江商业繁荣超过城关，同年十一月迁至涵江，称涵江邮局，涵江信柜移设莆田城内，由县前街回春药铺承办。民国3年（1914年），核定局所等级，涵江邮局列二等局。民国17年（1928年），中华邮政提出，根据工作情形、出纳状况及地理关系，重新核定局、所等级，涵江邮局列二等甲级局。

（2）兴化邮局。光绪三十三年（1907年）十月，复办兴化邮局，隶属福州邮务总局，租用金桥巷民房。民国3年（1914年），兴化邮局核定为二等局。民国17年（1928年），列二等甲级局。

（3）仙游邮局。光绪二十九年（1903年）四月，仙游县城开设邮政代办所，隶属涵江邮局管辖，由龙井街保安西药店代办。清宣统二年（1910年）设县城、枫亭、东沙、沙溪、郊尾、梅塘等6处邮政代办所。民国元年（1912年）10月，设立仙游邮局，隶属福州邮务总局。民国3年（1914年），仙游邮局列为二等邮局。民国20年（1931年），列为二等甲级邮局。中华人民共和国成立前夕，配有局长1人，襄办3人，信差9人，邮差1人，侨汇差1人，临时雇员4人，设有农村邮政代办所30处。

（4）其他邮局。光绪二十六（1900年）五月，枫亭开设邮柜，光绪三十二年（1906年）三月，改为邮政代办所。民国9年（1920年）11月，开设枫亭邮局，隶属福建邮务管理局。

民国9年9月，开办江口邮局。

民国9年12月，开办笏石邮局。

2. 电报局（电信局）

（1）涵江电报局（电信局）。清光绪二十三年（1897年），设立涵江电报局。民国 2 年（1913 年），电报局划分等级，涵江电报局列三等乙级。民国 33 年（1944 年）改称涵江电信局。

（2）莆田电报局（电信局）。民国年间莆田城关设报房，归涵江电报局节制，后因军事需要，改为莆田电报局，民国 16 年（1927 年）9 月改为莆田电报支局，仍隶属涵江电报局。"查莆田电报局从前原系报房，归涵江局节制，自军兴事起即改为三等局，委派局长添用司事局役各一名，开支顿增一倍之多，现在该省军事业已结束。该局自应按照新章自九月分起改为支局，即以代领叶敏章兼该支局主任，仍由涵江局节制，以节靡费。"① 民国 23 年（1934 年），改属福建电政管理局管辖。民国 33 年（1944 年），电报局改称电信局。1949 年，莆田电信局降为电信营业处，隶属涵江电信局。

（3）仙游电报支局（电信局）。民国 15 年（1926 年）10 月，开设仙游电报支局，由省局派员管理，隶属涵江电报局管辖，局址在蔡祠（今大井巷西边）。民国 23 年（1934 年）8 月，迁入朱子祠（龙宫巷）与仙游邮局合址。民国 33 年（1944 年）7 月，仙游电报局改为仙游电信局。

（4）枫亭电报支局（电信局）。民国 23 年（1934 年）6 月，枫亭开设电报支局，隶属涵江电报局管辖，同年，改属福建电政管理局管辖。民国 30 年（1941 年）9 月，枫亭电报局与枫亭邮局合址。民国 33 年（1944 年）7 月，枫亭电报局改为枫亭电信信，根据业务收入列五等，1949 年，列三等乙级。

3. 地方电话机构

（1）莆田民营电话公司。民国 19 年（1930 年）12 月，莆田商人郭笃周、林愧民等人集资 1.5 万元创办"莆田电话股份有限公司"，郭笃周任董事长，林愧民任经理。该公司系继福州、厦门、漳州之后福建省开办的第四处民营电话公司，设于涵江，在城内及桥兜设交换站，置 10 门交换机各一部，通达黄石、江口、笏石等地。民国 27 年（1938 年）公司迁沃柄霞溪，第二年又迁返原址，后被县政府接收，公司解散，人员安插于电话室者仅两人，其余的公司人员以其他交换机另售电话，通话地点有莆田、涵江、江口、黄石、笏石、桥兜 6 处。

（2）地方政府电话支局。民国 22 年（1933 年），莆田县政府设电话班，装设 10 门磁石电话交换机，在涵江装设电话单机一部。民国 26 年（1937 年），莆

---

① 《命令：局令：交通部电政总局训令、委任令第二一号：令莆田电报局局长林刚武、涵江电报局、福建电政管理局、莆田电报支局主任叶敏章》，《电政周刊》第 6 期，1927 年，第 6 页。

田县政府交换机扩展为 40 门，涵江、华亭等地也装设总机。之后，还与仙游、惠安、福清、永泰等建立了县间通信网。

民国 24 年（1935 年），仙游县政府设电话室，在仙游、枫亭和榜头分别装设 30 门、10 门和 5 门磁石电话交换机。

民国 30 年（1941 年）9 月，福建省建设厅成立电话总局，负责管理各县市地方电话；福州设电话分局；莆田、仙游成立电话支局；涵江设电话代办所，属福州电话分局管辖，办理县间电话业务。

综上所述，民国时期的莆田金融业有较快发展，各大银行在莆田都设立分支机构，开展相关业务，特别是有"小上海"之称的涵江，各级银行机构云集，反过来又有力地促进了社会经济的发展。邮电虽然清末就出现在涵江，但受社会经济文化的制约，在民国时期仍然发展缓慢。

七 商业和外贸曲折发展

（一）商业

莆田地处五口通商的福州、厦门之间，鸦片战争以后，莆田商业发生深刻变化，出现推销外国商品的洋行买办，代理厦门、福州等地的德、英、美、日等国的肥田粉、煤油等买办生意。洋货充斥市场，国货受到严重冲击。如民国 8 ~ 19 年（1919 ~ 1930 年），由于外国机制白糖的倾销，仙游县的食糖运销量从正常的每年 16 万吨降至 10 万吨。

民国时期，莆田商业发展到 40 多个行业，规模较大的行业有豆饼、桂圆、纱布、京果、轮栈等，较大的商行有上百家。民国《莆田县志》记载："商业最重资本。莆商号称巨擘者，豆饼商居第一位，桂圆商居第二位，布商居第三位，京果商居第四位，轮栈商居第五位，其资本每家万余元至二万元而止。"

抗日战争全面爆发后，民国 27 年（1938 年）5 月厦门沦陷，福州马尾港、泉州港遭日军封锁。地处兴化湾内的涵江三江口港，目标较小，虽受日军所布水雷封锁，但水雷被沿海村民打捞起来，轮船的进出比其他港口容易和安全。各地商人纷纷涌入莆田经商，涵江成为商贾云集的"小上海"，货物集散到各地。《莆田县志》称："二十六年抗战事起，敌人封锁海口，而英美商轮，通航如故，敌人所布置之水雷，被沿海村人，捞收殆尽。二十七年，汕头失陷以后，中外通商，只有涵江一口，百货堆积，殆无余地可容，省设贸易公司，运输公司及货运进口登检处，莆田县政府设立货站，涵市贸易之盛，侔于上海，涵商致富，又十倍于前。"① 据统计，当时涵江镇拥有大小店铺 700 多家，从业人员达 3000 人左右，专为商品流通和商人服务的行业应运而生，兴化商业空前繁荣。仙游县城大大小小商店共有 400 多家。全面抗战前，商人运进的货物以本地所需为主，除纱布、百货、京果、药材、豆饼、杂粮等大宗货物外，又从香港运进肥田粉和煤油等，全面抗战期间还转销到福州、泉州等省内各地乃至江、浙、粤等邻省交界处。运出的仍然是兴化的桂圆干、赤糖、荔枝干、烟叶、蜜枣、笋干、麻布等土特产。

抗日战争胜利后，美国货在一段时间内泛滥于莆田市场，大部分商店都出售外国商品，一些商人运用各种手段取得专卖权，控制莆田、仙游甚至福清、惠安等地的农村市场，获利惊人。部分拥有巨资者活跃于京、沪、津、杭等地，贩运投机、囤积居奇、垄断市场。国民党政府发动内战时，滥发钞票，通货膨胀，市场如战场，更有甚者，商场与官场互相勾结，奸商与贪官狼狈为奸，商场囤积居奇，抬价杀价，霸行占市。专事投机生意和中间盘剥的商店占相当比重，卖空买空的赌博性交易成风，中小商家破产倒闭时有发生。1949 年，仙游县有私营商业 1560 户，仅为清末的一半。

民国时期，莆田商业批发为私人资本经营，设有"商行""商庄""货栈"等商业批发机构，其中少数是专营批发，多为批发零售兼营，也有部分代理批发业务。其资本一般比较雄厚，特别是经营大宗批发业务的专业批发商，多为富商大贾。在批销层次上，有些是直接与生产者联系的第一手批发，兴化的桂圆干、荔枝干、赤砂糖和食用植物油、土烟等土特产品的就地采购与外运批售，属于一手批发业务。而经营外地工业品、副食品、医药等商品的批发商，则多数是通过代理商人转手的批发，俗称"二盘商"。

私营批发经营门类广、品种多，业务辐射范围宽，尤以清末民国时期的涵江、枫亭、鲤城、城厢等地为著。这些地方有着经商的传统，凭借发达的交通，成为境内货物的主要集散地。进入批发交易的商品遍及各行各业的各种门类，有豆饼业、桂圆业、纱布业、京果业、百货业、食糖业等。批发范围除了境内各地外，还有临近地县，同时辐射到京、津、皖、沪、浙、赣、两广及港澳台。在境内地区性的批发范围内，批发商一般都有着比较固定的批发区域和供销关系，批发商向零售商供货，可以据单发货，代办托运，也可以由销方派人选购，双方往来频繁，交易上一般采取挂欠形式，有的是预交定金，下次进货结清，

---

① 莆田县县志编集委员会编《莆田县志·莆田的商业（草稿）》，1961，第 10～11 页。

有的是按月对账，年关总结算，彼此相互信赖，注重信誉。

清末至民国时期，莆田地区私营零售商业发展较快，商业总户数约为9000户，其中专营或兼营零售的占多数。网点分布遍及平原、沿海和内地，以涵江、枫亭、城厢、鲤城等地为著。零售的方式有"坐商"与"行商"之分。行商零售的主要形式是"货郎担"，经营纱布、百货和日用小商品，靠肩挑走街串户，以"拨浪鼓"招揽生意。坐商零售有固定的摊位或店铺，对商店的命名比较考究，一般为图吉利、财运亨通，也有以人名和地方命名。在坐商经营的商店里，普遍雇有店员作为帮手。零售商的货源是由市内批发商供应的，采取的方式是开单提货，或者是看样选购。

（二）外贸

历史上，莆田是福建对外贸易的重要口岸之一。光绪二十五年（1899年），日本"纪摄丸"号货轮首次驶入三江口港。随着轮船运输业的兴起，舶来品从上海、福州、厦门、台湾、香港等地蜂拥进入莆田市场。

出口贸易多由上海、福州、厦门洋行在莆田境内代理商、代理行代理收购、贩运、经销。亦有境内商行同外商、洋行直接交易。进口商品以生活日用品为主，由商行、代理行（代理商）自营零售，或转销给商店、商贩零售。莆田比较著名的买办企业有代理英国亚细亚石油公司的源澧行，代理美国德士古石油公司的通美行，代理美国美孚石油公司及德国爱礼司公司的义德行，代理香港农肥、外轮的涵江天成洋行，代理日本商家的枫亭霞桥"新存瑞"豆饼行，以及通兴、新兴、广兴、进兴、德记、升记、兴记、胜记、连记、文峰宫纶成纱布店和文峰宫广奇兴苏广店等家。其时，涵江宫口河两岸成为洋行代理的集中地，其业务居莆仙垄断地位。民国时期，莆田商人开设有多家轮船公司，拥有10多艘轮船，或租用外籍轮船，从事进出口贸易运输，并开设多家商行，经营进出口业务。

全面抗战时期，福州、厦门和泉州等海港被敌封锁。南日岛沦陷，涵江、三江口、桥兜港屡遭日本飞机轰炸，南日东岱港损毁严重，涵江、桥兜港港道逐年衰退。三江口港由于航道较为隐蔽，一跃成为福建沿海的主要外贸吞吐口岸，涵江遂有"小上海"之称。

40年代，陆上公路运输业兴起，莆田、仙游与厦门、福州及上海依然保持陆上、海上贸易关系，由于实施《战时管理进出口物品条例》，莆田境内少量进出口商品，只能在福州、厦门、上海等地转口，谈不上完全意义上的对外贸易。

唯三江口港仍维持与香港地区及内地其他港埠通航。

民国时期，进口商品以生活用品、五金制品为大宗。民国初，始有电动机械进口。轻工制品如针织品、纺织品，以日本货居多。民国 2 年（1913 年），英国人华实购进德国产立式单汽缸 12 马力的柴油机 1 台，装配小汽车。民国 9 年（1920 年）至民国 12 年（1923 年），仙游县美以美教会相继进口美国发电机 3 台、活动电影机 1 台及蓄电池组。民国 13 年（1924 年），莆田电灯公司进口美国电动机、发电机各 1 台。次年，从美孚洋行购来雪佛兰牌小车零件，装配小汽车一辆。据民国 14 年（1925 年）莆田报纸记载，三江口豆饼年进口量达 120 万块，占三江口进口货总数量的一半。民国 13 年至 26 年（1924~1937 年），仙游县单进口化肥累计达 200 万包，贸易额达 3000 万银元；单进口煤油年均 20 万桶，贸易额达 47.2 万银元。民国 16 年（1927 年），有华侨进口自行车数部。同年，涵江电厂股份有限公司进口德国柴油机 1 台。民国 26 年（1937 年），汽油和煤油被列为禁止进口和转口的物品。民国 30 年（1941 年），花边、衣饰、绒毛或杂毛针织品、纺织品、鲍鱼、海参、燕窝、饼干、粮食、花生、桂圆、酒类、烟类、藤制品以及高级食品与生活用品等均被列入禁止进口的物品。民国 35 年（1946 年）3 月，国民政府实施《进出口贸易暂行办法》，实行进口物品许可办法，境内进出口贸易量锐减。进口物品划为自由进口类、许可进口类、禁止进口类等 3 大类。其后，进口商品有豆饼、肥田粉、煤油、布匹、棉纱、手表、呢绒、面粉、奶粉、罐头、牙刷、头梳、面巾、香料、胭脂，以美国、日本、德国、法国、我国香港地区商品居多。

出口商品则以土特产品为大宗。民国初，有桂圆干果、桂圆肉蜜饯、荔枝干果、杨梅蜜饯、糖类品、烟叶。民国 26 年（1937 年），日军封锁闽江口后，闽省货物集散悉赖涵江。境内出口货物量扩大，永春、德化、大田、尤溪、永安等地的茶、纸、香菇、笋干、瓷器、铁器、中药材等土特产多由涵江出口海外，以蔗糖、桂圆干等土特产品为出口大宗，年约 60 万担。民国 31 年（1942 年）6 月，国民政府颁发《战时管理进出口物品条例》，规定进出口界限。其后，境内出口贸易量锐减。出口商品仍以蔗糖、桂圆干果为大宗，烟叶次之。

民国时期，通商国家和地区主要有英国、美国、日本、荷兰、法国、德国、加拿大、葡萄牙、印度、新加坡、马来西亚、印度尼西亚及中国港澳台地区。

综上所述，民国时期的莆田商业在西方列强的商品冲击下求生存，在私营批发、私营零售方面发展较快。外贸方面，进口以日常生活用品为主，出口仍以土特产为主，在战乱频仍的背景下，很难有大的进步。

第三节　文化的变革与复兴

一　教育的发展与人才培养

民国时期，随着近代化进程的开启，莆田的新式学堂不断出现。民国元年（1912 年），同全国一样，莆田的学堂改称学校。民国 14 年（1925 年），莆田开征教育特种税，扩办初级中学，实施小学学区教育，这标志着地方教育开始步入正轨。民国 20 年（1931 年），国民政府实施《县长、市长办理教育行政暂行考成规程》，推行国民义务教育，并将学校教育分为普通教育、职业教育、社会教育及女子教育等门类。同时，在学校中统一校训，建立导师制度，实行招生考试和分级（分组）教学，统一学制和教材，还鼓励社会团体办学。此后，历经抗战和战后的恢复、建设，莆田教育有所发展。据统计，"莆仙地区近代教育经过缓慢发展，到 1949 年，两县共有小学 442 所，在校生 5.4 万多人；普通中学 18 所，在校生 7000 多人"[1]。《莆田教育志》认为，"迄 1949 年，境内有各级各类学校 472 所，平均每平方公里 0.12 所。在校学生数 6.4 万人，平均每万人口中仅有在校学生 512.7 人。在职教师 2003 人，生师比例为 31∶1"[2]。虽然统计方式各异，得出的具体数字不尽相同，但民国时期的莆田教育有所发展则是显而易见的。

（一）初等教育

莆田的初等教育以民国 16 年（1927 年）为界，大致可以分为前后两个发展时期。

光绪二十六年（1900 年），莆田官立小学于城厢凤山寺开办，为莆田第一所全日制小学。民国初年，莆田的小学堂统一改称小学校，监督改称校长。高等小学、初等小学合设称高级小学，单一的初等小学则称国民学校。民国元年（1912 年），仙游县执行教育部颁布的《教育暂行条例》规定初等小学允许男女同校，入学年龄为 7 周岁。至民国 3 年（1914 年）底，全县有县立、公立、私立初、高等小学 29 所。其中，县立 1 所，公立 21 所，私立 7 所。民国 4 年（1915 年），仙游将全县分为 5 个学区，要求各学区选择一所规模较完善、制度

---

① 谢如明：《莆田发展史》，厦门大学出版社，2008，第 190 页。
② 刘荣玉：《莆田市教育志》，方志出版社，2000，第 2 页。

较规范、设备较完整、经费来源较稳定的完小，作为本学区的"模范小学"。小学教学注重实用学科，初小实行男女同校。民国 4 年，进行私塾的改良。仙游县署要求塾师自行研究单级教授法及初等小学教科书，限定时间改进教学内容和方法，由官署进行核验后发给执教凭证。同时，公布《改良私塾暂时简章》，规定凡操行优良、文理通达、能照章教学的塾师，由官方指定的教学管理人员提供保证书，经本人到劝学所登记后，允许所办私塾继续存在。经调查证实已改良的私塾，由县署发给"合格私塾"执照并择优予以奖励，经调查核实没有实行改良的勒令停办。对于少数有能力改办为小学的私塾，要求按照部定规程办理。至 30 年代止，仙游对私塾进行多次整改，其间也有数次取缔私塾的举动，但由于民间有需求，私塾得以长期存在，直到民国 25 年（1936 年）左右才逐渐消失。学制方面，从民国 9 年（1920 年）开始，小学实行"四二学制"，即初等小学学习四年毕业，高等小学学习两年毕业。课程方面，民国初年设置了修身、国文、算学等多门课程。民国 8 年（1919 年）后，对课程有所调整，废除读经、讲经，算学改称算术，国文改称国语。民国 11 年（1922 年），全国实行新学制，高级小学改称小学，国民学校改称初级小学，实行统一的小学学制及课程设置，推行初级小学四年义务教育，建立学区中心小学辅导体制。仙游从次年开始增设完全小学。民国 13 年（1924 年），知名人士吴感、姚梅等人在度尾镇创建新制小学——私立万善小学。到民国 15 年（1926 年），仙游全县有小学 58 所。

民国 16 年（1927 年），国民党政权建立后，采取了一些促进初等教育发展的措施。民国 17 年（1928 年）下学期，福建省教育厅厅长程时煃主持制定和实施了全省教育改革方案。针对各县地方小学办理不善的问题，决定在全省各适中地点创设省立实验小学 4 所，即在福州、龙溪、莆田、建瓯各设一所省立实验小学，意在为地方小学树立榜样，促进地方小学教育的发展。还要求在省立莆田、龙溪、建瓯三所高中的师范科附设小学，并在小学课程、教材、教法等方面进行相应改革。课程方面，民国 25 年（1936 年）后将手工改称工作，将卫生科的一些内容归到公民训练和常识科中。教材方面，从民国 25 年开始采用福建省统编教科书。教学方面，提倡"五段教学法""直观教学法"等，本质上实行的仍然是一种注入式的授课法。从民国 20 年（1931 年）开始，对小学生的考试采用不定期考查和定期考查两种。

经过 10 年努力，莆田的初等教育有一定发展。据民国 25 年统计，当时闽南的晋江、南安等县小学都只有 100 多所，闽西的明溪县仅有 10 所小学，闽东的寿宁仅有 8 所小学,闽北的崇安县只有 3 所小学。而据民国 26 年(1937 年)统计,莆田的小学多达 374 所,在校小学生数达 45033 人。民国 29 年(1940 年),仙游县开始实施普及国民教育五年计划,在每个乡镇设一所中心小学。20 世纪 40 年代,莆田和仙游都推行国民教育,义务教育年限改为 4 年,并采取办学成绩考核及师资学历检定办法。至 1949 年,莆田有小学 442 所,在校学生 54034 人。

(二)中等教育

莆田普通教育的发展经历了由小到大、由分散到整合的过程,其间不少学校数易校名和校址,一些初等教育机构升格为中等教育机构。光绪三十二年(1906 年),兴化府开办官立兴郡中学堂,招收学生 80 人,民国元年(1912 年)改名为兴化中学校,民国 6 年(1917 年)起先后更名为福建省立第十中学、福建省立第十初级中学、福建省立莆田初级中学、福建省立莆田中学,民国 26 年(1937 年)8 月,复名为福建省立莆田初级中学,1953 年起,改名为福建莆田第一中学。光绪三十二年(1906 年),兴化私立砺青小学堂和莆田官立小学堂合并为莆田官立砺青小学堂。民国 14 年(1925 年)设立私立砺青初中班,民国 31 年(1942 年)起与小学分开,民国 35 年(1946 年)增设高中部,校址在荔城小西湖畔元妙观。民国 37 年(1948 年)更名为莆田县私立砺青中学。民国 13 年(1924 年),在仙游官立小学堂的基础上设立仙游县立初级中学,以后学校多次易名。民国 31 年(1942 年),先后兴建私立金石中学、省立仙游中学,1950 年 1 月,两校合并为仙游中学。

民国时期,莆田的中等教育在很长一段时间里只有官办中学。民国 11 年(1922 年)后,由于小学学制由 9 年改为 6 年,高小毕业生增加,一些民间人士开始捐资兴办私立中学并兼办职业教育。民国 17 年(1928 年),哲理中学获准立案,改称莆田私立哲理中学。

莆田有些学校是先办初级中学,随着教学质量的提高和生源的多样化,进而创办高级中学。如民国 13 年(1924 年),陈训彝、黄昭麟等创办涵江公立中学,民国 16 年(1927 年)增办高中,并集资向美国麦克米兰公司购买整套高中教学实验仪器,高中数理化科使用英文教材进行教学,且实行男女同校,民国 24 年(1935 年)再改名为私立涵中初级中学,民国 35 年(1946 年)成为完全中学,1956 年定名为莆田第六中学。又如,民国 14 年(1925 年)秋莆田公学创办,校长田春霖。民国 17 年(1928 年),该校改名为私立莆田初级中学,民国 25

图 7 – 26　哲理中学校园一角

资料来源：中共福建省委《福建革命史画集》编辑委员会编《福建革命史画集》，福建人民出版社，1982。

年（1936 年）因经费困难而停办，民国 31 年（1942 年）由蔡季斌等发起复办，称私立中山中学，民国 35 年（1946 年）秋增设高中部，成为完全中学。

从民国 13 年（1924 年）开始，莆田的中学分初级、高级两等，修业年限各为 3 年。普通中学一度设立职业科，向学生传授农、工、商、师范、家事等方面的技能。民国 22 年（1933 年）后，停设职业科，课程有所调整，但主干课程没有大的变动。民国 25 年（1936 年）以后，初中设公民、体育、国文、英语、数学、生物、化学、物理、历史、地理等 15 个课目，高中设公民、国文、英语、数学、生物、物理、中外历史等 16 个课目，这种课程设置一直持续到 1949 年。成绩考查方面，民国 22 年（1933 年）起实行学分制，并举行全省中学毕业会考。民国 28 年（1939 年）起，学生的成绩考查分为日常考查、临时考查和学期考试 3 种。

20 世纪 30 年代，因生源不足和经费困难，莆田的一批中学或停办，或并校。至民国 24 年（1935 年），停办中学 9 所。民国 29 年（1940 年），由于推行所谓国民教育新体制，中学有所增加。莆田的中等教育机构大多比较简陋，办学存在诸多困难，即便如此，仍有不少学校坚持办学并有所发展。民国 34 年（1945 年），"仙游金石中学"部分师生疏散到榜头，办起"仙游金石中学榜头分校"。后来，一些学生回"金石中学"就读，留下两个班，另外增收新生，于民国 35 年（1946 年）经省教育厅批准改名为"现代中学"，校长林寿柱。民国 37 年（1948 年）秋季，郑鄂飞任校长。建校初期，学校仅有一座土木结构的教学楼，设初一、初二两个教学班，后扩大到三个教学班，学生 200 人左右，教师有 10 余人。虽然缺乏稳定的办学经费，学校设备简陋，但为当地培养了一些初级人才。民国 36 年（1947 年），省立仙游高级中学有 7 个高中班和 4 个初中班，仙游县立初级中学有 12 个初中班，私立哲理中学有 8 个初中班，私立砺青中学有 12 个初中班。至 1949 年，莆田有中学 17 所，在校中学生 7256 人。其中，完全中学 11 所，高中学生 2190 人；初级中学 6 所，初中学生 5066 人。[①]

图 7 – 27　1949 年哲理中学高中毕业生合影

（三）职业教育

就时间段而言，民国时期莆田的职业教育大致可分全面抗战前、全面抗战中和抗战后三个发展阶段。

1. 全面抗战前

清光绪三十四年（1908 年），黄学敏自费创办"蚕桑学堂"。民国元年（1912 年）春，在郭岭创办仙游县立乙种农业学校。这是莆田较早出现的两所开展职业教育的学校。

民国 16 年（1927 年）以前，仙游和莆田两县，设立了多所培养卫生、师范、商业、农业等方面人才的学校。民国 16 年至全面抗战前，莆田地区设立了私立东山土木工程学校、私立国医学校、仙游县立农业初级职业学校、莆田私立国医专科学校、省立仙游简易私立学校等开展职业教育的学校。

同国内其他地方一样，莆田的实业学校分甲种、乙种两类。民国 11 年（1922 年），一些普通中学兼设职业类专业。民国 16 年，普通高级中学设立职业

---

① 刘荣玉、姚志平：《莆田市教育志》，方志出版社，2000，第 123 页。

科。民国22年（1933年）后，普遍实行独立设置职业学校，将之分为初级职业学校、高级职业学校两类，有师范、助产、护士、水产、商业、农业、木土工程建筑等7个专业。

这一时期，仙游民间办职业学校的热情较高，职业教育发展较快。民国13年（1924年），创办仙溪职业学校。民国14年（1925年），仙游郊尾沙溪村的杨雨耕创办私立枫江初中，后因经费拮据，于民国21年（1932年）停办。民国22年（1933年）春，枫亭一部分乡绅接管学校，改为县立连江小学。民国28年（1939年），重组校董会，办起私立枫江职业学校。以后学校规模不断扩大。到1949年，学校拥有占地20亩的校园，兴建达德堂、兰友楼等，先后培养出200名毕业生。

此外，仙游和莆田的有关人士发起设立莆田职业中学，地址在北校场旧都司署，将为两县公路交通建设培养中级技术人才作为办学目标。开办初期，先后开设公路科、测量科、汽车驾驶科、艺术科、土木科、护士科和窑业科。4年后，改称私立东山土木工程职业学校。

民国22年（1933年），温敬修赴南洋筹款，创办仙游第一国立医院（中医院），并开办仙游国医学校。当时只招一班，学生30多人，修业年限为4年，毕业一届学生26人，至民国25年（1936年）因经费短缺而停办。

民国22年（1933年），福建省公、私立职业学校达27所，占该年全省中等学校总数的近1/4，职业教育落后的状况有所改善，中等教育机构的分布暂时趋向合理。其中，省立职业学校7所，即福州工业学校、福州高级农业职业学校、福州职业学校、厦门职业学校、龙溪职业学校、南平职业学校和长乐初级农业职业学校；县立职业学校6所，即闽侯初级工业职业学校、闽清初级女子职业学校、福清初级农业职业学校、仙游初级农业职业学校、福安初级茶叶职业学校及漳浦初级园艺职业学校；私立职业学校14所，即福州柴井护士学校、福州塔亭护士学校、福州南丁格尔护士学校、福州惠乐生护士学校、莆田圣路加护士助产学校、集美高级水产航海职业学校、集美高级商业职业学校、集美农林职业学校、厦门闽南职业学校、莆田职业学校、福州协和职业学校、福州青年会商业职业学校、福州育秀女子初级职业学校及福州无线电传习所。[1] 从中可以看出，在6所县立职业学校中，莆田有1所；在14所私立职业学校中，莆田有两所。

① 王豫生：《福建地方史》，福建教育出版社，2000，第457页。

民国 23 年（1934 年）9 月，福建省教育厅决定在仙游金石山设立仙游县初级农业职业学校，委派余震为首任校长。余震上任后，延聘有丰富学科知识和实践经验的专业课教师到校任教。学校创办农牧实习基地，引进优良品种和改进生产技术，还雇请老农专门管理。同时，重视引进农作物优良品种，改进生产技术。学生一般上午学文化课，下午到农牧场实习。所需小农具由学生自备，大农具由校方提供。

民国 23 年（1934 年），莆田国医专科学校在涵江创办，校址设在涵江紫璜山原孔庙内。学校设立董事会，由涵江商会会长陈杰人担任董事长，分别由国药、桂圆、豆饼等公会主席担任董事。这是由当地商界人士支持兴办起来的专业学校，校长由清末翰林张琴担任，副校长由清末秀才、名中医魏显荣担任，教务长由名中医林韬安担任，训育主任由名中医刘伯丞担任，总务由张禹廷担任。学校附设涵江国医医院作为学生的实习场所。

2. 全面抗战中

全面抗战期间，虽然战事频繁，环境艰苦，办学条件差，但莆田的职业教育仍得到发展。这一时期，设立了莆田县私立夹漈农业初级学校、仙游县私立枫江初级职业学校、省立仙游师范学校以及一些商科职业学校、农业职业学校、水产职业学校等。

全面抗战期间，福建省教育部门为了适应战时教育的需要，于民国 28 年（1939 年）相继拟定中学、师范和职业教育实施方案，在全省划分中学区、师范区和职业教育辅导区。其中，全省有 9 个中学区。第六中学区以莆田为中心，辖 4 县，以莆田私立哲理中学为召集单位。

民国 29 年（1940 年）10 月，创办私立枫江职业学校，设初级农、商两科。

民国 31 年（1942 年），中国红十字会仙游分会理事会设立"中国红十字会仙游分会附属高级护士学校"，推举红十字会医院院长陈杜勋兼任校长，聘请红十字会医院内的几位医师和院外名医担任医务课教员，还聘请了英语、语文、体育等科的教员，并要求教务主任和训育主任等兼任教学工作。学校经省教育厅批准立案，经费由县商会向各商家募捐和接受华侨资助获得。[①]

3. 抗战后

抗战胜利后，莆田除对原有职业教育学校进行布局调整外，还设了一些新校。到 1949 年，莆田有中等专业技术学校 6 所，分别是省立仙游师范学校、莆

---

① 陈杜勋：《仙游红十字会护士学校简介》，《仙游文史资料》第 6 辑，1988，第 80 页。

田县私立博文初级职业学校、莆田县私立圣路加高级助产护士职业学校、莆田县私立东山高级土木科职业学校、莆田县私立夹漈农业职业学校、仙游县私立枫江职业学校等，在校学生 1401 人。[①]

职业学校注重培养学生的实际技能，如民国 33~34 年（1944~1945 年），枫江职业学校高级制糖科在赤岭开办小型糖厂，高级农科在赤岭、顶山、西明寺等设农场，作为学生实习的场所。该校还从江西引进早稻良种"南特号"，经试种后在本县和邻县部分农村推广，还成功进行甘蔗秋植试验。

课程根据学校的培养目标设置，如医务类学校设护理学、产科学、儿科学、妇科学、国医学等课程；农业类学校设作物栽培、土壤学、植物保护等课程；商业类学校设财经、会计、商品、珠算等课程。

抗战胜利后，由于莆田职业中学的学生所学课程与普通中学不同，升学受到很大限制，毕业生既不能考进大学，政府又不为其分配工作，所以在校学生数由原来的 500 多人减至 300 多人。民国 36 年（1947 年）秋，校长林兆麟采取特殊措施，降低收费标准。本来学生每人每学期要交劳师谷（作为学费）200 斤，并另交杂费；新标准规定新生只交劳师谷 100 斤和杂费，女生不收劳师谷，只收杂费。这个特殊措施受到青年学生和家长的欢迎。据统计，民国 36 年秋季招生第一次只报名 17 名；降低收费标准后，第二次报名 200 多人；经过入学考试，正式录取 150 人。往后，每学期招生都是采用减轻学生经济负担的办法，从而维持了学校的存在，不至于因经费困难而关门。[②]

1949 年，莆田有中等职业学校 6 所。其中，省立 1 所，私立 5 所。在校学生 1401 人。无论是学校数还是学生数，都居全省前列，在民国福建职业教育史上，莆田具有重要地位。

（四）师范教育

民国时期，随着基础教育的发展，莆田地区的师范教育也得到发展。

民国 6 年（1917 年），因泉州发生兵乱，省当局将拟设于泉州的省立第四师范学校移设莆田原兴化府学内。"学生来源是招收泉州辖内各县的小学毕业生，先由县招考，每县可选送五名，再由学校复考，名额只限四十名。这四十名是正取生，另录取备取生五名至十名许。如各县选送不足额时，由学校就复考的备取生补额。当时考试很严格，各县选送的学生入学一学期后，如成绩不好，

---

① 莆田市地方志编纂委员会编《莆田市志》第 3 册，方志出版社，2001，第 2046 页。
② 圣非：《前莆田职业中学创办和发展经过》，《莆田文史资料》第 10 辑，1986，第 26 页。

学期考试不及格的，仍予退学。学制是五年毕业。第一、二、三届都有仙游、惠安、永春、德化、晋江等县学生。"① 其后，学校改为省二高师范班、省莆高师范班，民国 22 年（1933 年）秋改为省立莆田师范学校。此时，仍招收初中毕业生入学，学制 3 年，每年招新生 100 名，分为两班。至民国 24 年（1935 年），全校共有 6 班，学生约 300 人，教职工 30 余人。民国 24 年（1935 年）起，全省实行师范生毕业会考，考场设在福州。民国 24 年，省莆师通过会考毕业的学生仅 20 余人。民国 25 年（1936 年），通过会考毕业的近 100 人。民国 25 年秋，福建省地方当局对中等教育实行统制，停办了设在各地的省立师范学校，将学生并入设在福州的省立福建师范学校学习。这样，省立莆田师范学校宣告终结。"从省四师至省莆师四个时期的十九年期间，所有招收师范（科、班）学生，虽有闽中各县学生入学，但实际上是莆籍学生占绝大多数。所有师范生都免交学、什费；省莆高以前三个时期，还供给膳食全年，每月每人膳费五元；至省莆师时期，膳食制改为奖金制，学生按成绩分为甲、乙、丙三等，甲等每人月发奖金六元，乙等三元，丙等不发。省莆高以前三个时期，师范生毕业时不由政府分派工作；至省莆师时期，才由政府分派小教工作。"②

仙游的"官立金石学堂"于民国 6 年（1917 年）改为仙游县立初级中学，民国 23 年（1934 年）秋改为仙游县初级农业职业学校。民国 16~24 年（1927~1935 年），学校曾两度附设师范班。其中，民国 16 年（1927 年）附设高级师范班，民国 22 年（1933 年）附设乡村师范班，招收初中毕业生入学，修业期限为两年。抗日战争全面爆发后，学校改名为"省立仙游简易师范学校"，招收福清、莆田、永泰、平潭、惠安、晋江、南安、永春、德化、同安、仙游等 11 个县的学生入学。民国 30 年（1941 年）9 月，福建省教育厅决定停办简易师范，设立"福建省立仙游师范学校"，余震仍任校长。学校招收初中毕业生，学制三年。不久，增设幼师班和艺师班，学生数增加，以培养普通师范生为主，招收初中毕业生入学，修业年限为三年。此外，设有甲、乙、丙三种简易师范班，招收初中毕业生、肄业生及具有高小以上文化程度者，修业时间分别为半年、一年半或四年，毕业后到农村任小学教师。民国 33 年（1944 年），除原有的"普师""简师本科"外，增设"艺师""幼师"各一班，招收初中毕业生，修业年限为三年。民国 36 年（1947 年）时，福建省有师范学校 13 所，福建省立

① 许元培：《前莆田省立师范学校沿革概况》，《莆田文史资料》第 10 辑，1986，第 2 页。
② 许元培：《前莆田省立师范学校沿革概况》，《莆田文史资料》第 10 辑，1986，第 5 页。

仙游师范学校是其中的一所。其与一批中心学校、民众学校合作，办实验场所，以实验各种新的教学方法。要求学生到附属小学或其他小学去实习，且设置了见习、试教、家访、课内外实践等环节。

（五）教会教育

道光二十七年（1847年），美国美以美基督教会开始在莆田活动，这是中国教会史上比较早的传教记录。此后，英籍传教士宋恩来于同治元年（1862年）前来传教。光绪二年（1876年），在莆田成立中华圣公会莆田支区。随着传教范围的扩大、信教人数的增加，教会教育也得到发展。从光绪五年（1879年）起，教会开始在莆田设立教育机构。当年，卫理公会美籍教士谢锡恩在莆田城内创办培元书院。光绪二十年（1894年），卫理公会女布道会在莆田城内扩建美以美女学堂。次年（1895年），改名咸益女子学堂。光绪二十四年（1898年），美国人蒲星氏创办培元学堂，设上学、中学、小学三部。光绪二十六年（1900年），雷腾（B. V. S. Taylor）设兴化圣教医院附属看护学堂，为县内第一所职业中学。早期教会设立学校系出于方便传教的考虑，但客观上对于莆田民众的文化启蒙和教育下移有利。

教会学前教育。民国时期的幼儿教育机构主要由清末教会办的幼儿教育机构演变而来。以莆田为例。民国6年（1917年），美以美女义学改称铸益女子小学，附设的蒙养堂改称蒙养园。民国14年（1925年），涵江铸新小学添设蒙养园，后于民国21年（1932年）改称幼稚园。民国25年（1936年），城东、凤山、长寿、西湖、仓后、石幢、哲元、铸益、涵江、楼下、沙坂、锦江、前沁、绍源等小学各设幼稚园，入园幼儿894人。其中，男童531人，女童363人。民国32年（1943年），莆田县立救济院育幼所改称元妙幼稚园。从民国21年（1932年）起，莆田的幼儿教育机构统一称为幼稚园，到民国25年（1936年）共有17个幼稚班，入园幼儿有166人。民国29年（1940年），幼稚园一度停办，民国33年（1944年）以后恢复了一些。民国36年（1947年），莆田县立城厢小学附属幼稚园独立设置，称莆田县立幼稚园。民国37年（1948年），因办学资金匮乏，幼稚园相继停办。1949年，全县仅有幼稚园1所，在园幼儿57人。[①]以仙游为例。民国3年（1914年），仙游美以美会在道德女学内创立道德幼稚园，设教师1人，招幼儿50多人，专收教牧及信徒子女。民国20年（1931

---

① 莆田县地方志编纂委员会编纂《莆田县志》，中华书局，1994，第776页。

年）春，功建小学开办幼稚班 1 班，收儿童 20 多人。民国 23 年（1934 年），仙游全县有幼稚园 3 所，在园幼儿 140 人，教师 6 人，全为女性。民国 24 年（1935 年），功建小学幼稚园改名为仙游县中心小学幼稚园，在园幼儿 152 人，教师 4 人。民国 25 年（1936 年），道德小学幼稚园改名为铸德小学幼稚园。1949 年，全县有幼稚园 4 所，在园幼儿 218 名，教师 10 名，全为女性。① 在民国中后期，莆田幼教机构中的教会因素逐渐减少，但对幼儿教育的影响长期存在。

教会女子教育。光绪二十三年（1897 年），美国传教士蒲鲁士及女布道使李德安在仙游创建女子学校，初办时只有 3 个初小班，专收女生。光绪二十九年（1903 年），在道德女子学校相邻处办慕范学校，专收男生。民国 10 年（1921 年），慕范学校扩建校舍，改为模范初级中学。民国 13 年（1924 年），开办托德女子初级中学。民国 32 年（1943 年），慕范初级中学与托德女子初级中学合并为私立仙游慕范托德联合初级中学，实行男女分部上课。在莆田县，教会先后开办咸益女子中学、培哲女子学校、培贞妇女学校和圣路加助产护士学校等。其中，咸益女中原名内女学，光绪十八年（1892 年）由传教士蒲星氏创办并任校长，第二年由传教士万明历接任校长，自民国 12 年（1923 年）起学校多次改名。后地方当局收回教育权，该校校长由华人担任。

教会中等教育。卫理公会所属哲理中学是莆田乃至全省教会中等教育的代表性学校。民国 23 年（1934 年）起兼收女生，上学期 6 班，男生 167 人，女生 6 人，共 173 人；下学期 6 班，男生 143 人，女生 18 人，共 161 人。至民国 36 年（1947 年）上学期，开设 20 班，男生 1013 人，女生 63 人，共达 1076 人。在旧中国的教会中等教育机构中，其学生数算比较多的。

莆田教会学校初期规模比较小，校舍比较简陋，师资匮乏，宗教色彩比较浓厚。随着时间的推移，这种状况逐渐改变，教会学校引进了新式课程，师资力量得到加强，办学条件得到改善，宗教色彩有所淡化。以莆田咸益女子中学为例，学校在创办初期，具有浓厚的宗教色彩，《圣经》被列入必修课程，由教会派牧师为圣经科教师，此外学校也有宗教活动。民国 17 年（1928 年），收回教育权后，学校开始改革，《圣经》不列入课程，举行的宗教活动逐渐减少，学生也是自由参加，唯主要的宗教节日——圣诞节，则照例举行庆祝活动。

1864～1949 年，卫理公会在莆田创办中学 4 所，完全小学 8 所，初级小学

---

① 仙游县枫亭镇人民政府编《仙游县志》，方志出版社，1995，第 827 页。

90 多所，以及一批幼儿园、托儿所、儿童识字班等，客观上形成相对独立的办学体系。小学有哲明小学、铸益小学、美育小学、育德女小、化石小学、善育小学、育贤小学、振声小学，中学有哲理中学、咸益女中、蒲星中学等。此外，还办有特种学校——道学校。

教会教育是西方列强进行文化渗透的重要工具，特别是早期的教会教育，其传教和吸收教徒的目的十分明确，对学生进行诸多约束，甚至要求学生先期做出毕业后为教会服务的承诺。尽管教会教育存在诸多消极因素，但在客观上也带来西方先进的教育制度、教育方法、教育理念，促进了近现代基础教育在莆田的发展。

（六）留学教育

早在晚清，莆田就有学生前往美国、日本留学。光绪二十九年（1903 年），宋发祥、郭玉清留学美国，后毕业于俄亥俄州卫斯理大学，被认为是莆田较早出洋的留学生。光绪三十一年（1905 年），张景棠、黄胜白、林翰赴日本留学，为莆田第一批留日学生。

最早向海外派遣留学生的是莆田的教会学校。莆田美以美会规定，凡牧师子弟可优先留学美国。在哲理中学、咸益女中等教会学校任教 10 年以上者，享有申请赴美进修的权利，至于去哪个国家，学习什么专业，以及回国后干什么都由教会决定。凡由教会资助出国留学者，学成回国后得先为教会服务若干年。宋尚节由教会送去美国留学，获化学博士学位，回国后学非所用，只能按教会规定去从事神职工作。欧元怀原毕业于道学院，美以美会送他到美国学神学，准备回来当牧师。欧元怀的儿子欧天健、欧天锡回忆说："到了美国，他先进西南大学文理学院做工读生，以干活所得工资维持自己的生活与学杂费用。后又进哥伦比亚专攻教育心理学与教育行政，得硕士学位。回国后，以对教育有贡献，办学有成绩，又由他的母校——美国西南大学赠与荣誉博士学位。"① 欧元怀在美国读的是教育专业，回国后到厦门大学任教，美以美会认为这违反了原先的规定，要他归还留美费用。

民国时期，莆田学生获公费资助留学的人数逐渐增多。20 世纪 20 年代初，中国公费留学生待遇是按各省所占参议员人数多寡而定。福建留学生名额只有56 名，每名每月发生活费 53 元，毕业后如继续留日留德研究的则加发 3 元。医

---

① 欧天健、欧天锡：《怀念先父欧元怀》，《莆田文史资料》第 5 辑，1983，第 62 页。

药费一次性发 80 元，学杂费年支 300 余元，由留学生监督负责代办。民国 22 ~ 24 年（1933 ~ 1935 年）是莆田学生去日本留学的最盛时期，主要原因是当时日本实行币制改革，在国内流通的是不兑现的纸币，而我国仍用银元，每百银元可以兑换日币 130 元左右，这样留学生在日本的生活开支比在上海生活还要少。

在早期莆田留日学生中，学社会科学者较多，有欧天健、林扬义、余文辉、张宪章、朱启泽、林秀燊、陈正灼、吴景棠、柯秀玉、蔡季斌和林维瑾等 11 人，学教育者有林一鹏和刘荆荫，学理工者有蔡文元、吴文辉、陈文奇和徐春连，学农业者有郑景涛和陈道坤，学医学者有陈玉涛、郑毓元、郭寿钰和宋元健，学军事者有林秀銮、张景灿和朱启宇，学铁道者有张景灏、张景桐兄弟，学兽医者有蔡庆璋，共有 29 人。"全国如以县为单位统计，无疑是莆田的人数为冠。"①

不少莆田留学生在海外励志向学，生活俭朴，于学业上取得好成绩，回国后对社会有所贡献。民国时期，莆籍留学生学理工科的占 3/4 多，这与社会上流行的"科学救国""教育救国"的思潮有关。理工科留学生中的代表性人物是林兰英，其留学美国费城朋州大学并获得物理学博士学位，后担任中国科学院半导体研究所副所长、学部委员。早年留学英国的余文光，曾获得剑桥大学公共卫生专业外科学学士学位，受聘为爱丁堡皇家科学院院士。民国 14 年（1925 年），回国不久的余文光在圣路加医院首先施行胃十二指肠溃疡外科手术并获成功。后长期担任莆田圣路加医院院长及浙江医学院附属第二医院院长，在实验外科领域成就斐然，被认为是"中国现代外科方法运用的先驱之一"。民国 13 年（1924 年），留美电学硕士吴仁民等人在莆田城内筹建电灯公司，第二年秋天投产供电。余宝笙于民国 13 年（1924 年）留美，民国 26 年（1937 年）获约翰斯·霍普金斯大学生化博士学位，是该校第一位女博士，并获美国科学家学会颁发的金钥匙。回国后，她在化学领域取得突出成就。

有学者认为，"民国期间，莆仙两县前往美国、日本和西欧等国留学的人数共有 186 人，居全国第一。其中留学美国的 101 人，留学日本的 71 人，留学英国的 9 人，留学德、法等国的 5 人"。② 还有学者认为，1949 年以前，莆田留学国外的多为私立中学毕业的学生。"据不完全统计，留学美国的有一百三十三人，其中女生三十二人；日本次之，有六十七人，女生四人；英国又次之，有

---

① 张宪章：《西安事变时我在日本的见闻》，《莆田文史资料》第 4 辑，1982，第 106 页。
② 谢如明：《莆田发展简史》，厦门大学出版社，2008，第 191 页。

八人，女生一人；其他国家只有一二人。"[1] 之所以在数字上存在误差，与统计方式、留学时间及回国时间的确定等因素有关。可以明确的是，这一时期留学生人数远比晚清时多，所学专业更加广泛，学习的时间更长，获得的学位更高。晚清时的留学生，大都只读完大学，毕业就回国工作。民国时期，留学生大多在读完大学后继续攻读，获得硕士或博士学位后才回国。另外，女留学生人数也大大增加，有的后来成为国内科技界享有盛誉的女科学家。

总之，民国时期，莆田的教育存在一些积极因素，基础教育、职业教育都有所发展，教育管理相对完善，培养出不少在各行各业有影响的人物，一批学校办出了特色。但是，民国时期莆田教育也存在明显的局限性，受当时政治、经济条件的制约，学校多设于城镇，设施简陋，校舍破旧。高级中学数量不多，相当多的贫民子弟未能享受到教育权利。社会通货膨胀，教育经费枯竭，虽开征特种国教基金，清理民间学产，仍难摆脱教育窘境。加上学费昂贵，教不得法，多数平民子弟望学门而生畏，学而有成者多流散外地。战乱、灾荒频繁发生，严重影响教育的发展。其中，教师待遇低下而无以为生以及国民党政府实行党化教育、着意对师生进行思想控制这两项因素，极大地制约了莆田教育的发展。

二　医疗卫生事业初步发展

民国时期，伴随着政治黑暗和社会动荡的是灾害的频发，据夏明方《民国时期自然灾害与乡村社会》一书的研究，民国时期各种自然灾害的频度和强度都是中国历史上较高的，并具有灾害普遍化和各种灾害并发、续发的特征。[2] 1949年10月前，莆田城乡卫生设施十分落后。人民生活居住环境和卫生状况的恶劣，人畜共居，厕所厨房毗连，污水横流，常见"六多一少"[3]。这种恶劣的卫生环境状况，加上南方温暖湿润，有利于致病微生物的生存繁殖和蚊蝇的生长，故一到春夏之交，肠道病以及其他瘟疫便开始流行。

（一）传染病流行状况

民国时期，莆田地区急性传染病如天花（俗称"出珠"）、鼠疫（俗称"老

---

① 陈兆庆：《戊戌变法后文献名邦的延续与发扬》，《莆田文史资料》第11辑，1987，第79页。
② 夏明方：《民国时期自然灾害与乡村社会》，中华书局，2000，第24~46页。
③ "六多"是指臭沟污水多、垃圾瓦砾多、断墙洼地多、蚊蝇老鼠多、疫病流行多、求神拜佛多，"一少"即卫生防疫机构少。

鼠瘟""浮瘤症")、霍乱（俗称"吐泻"）与地方性传染病如疟疾（俗称"倍寒"）、痢疾（俗称"泻痢"）、麻风（俗称"孤老"）、丝虫及各种寄生虫病、白喉、百日咳、脑膜炎、麻疹（俗称"出门"）等儿童传染病频发。

莆田城乡环境卫生差，边远乡镇和农村医疗事业极其落后，缺医少药，多种地方性、烈性传染病流行不绝，每年春夏之交尤为猖獗。"民国八年（1919年），同年夏季，霍乱流行，死亡数十人。"[1] 民国 29 年（1940 年）八九月间，全县霍乱大流行，城南于中秋节这一天疫死 104 人，市面上棺材为之一空，甚至有挖墓偷棺以葬死者的事件发生。[2] 民国 35 年（1946 年）秋，城厢霍乱流行，医院病床不足，县卫生院在梅峰寺设临时病床收治病人。[3] 莆田地区近代以来几次大规模霍乱的流行时间都集中在自然灾害多发的夏秋两季。一些自然灾害如旱灾、水灾等往往会破坏当地正常的生产和生活，致使民众体质普遍下降，给传染病以可乘之机。灾害还会导致难民不断增加，难民的流动会直接造成疫病的流行。同时，自然灾害也会使环境受到污染，适宜微生物生长，从而容易引发传染病。民国 33 年（1944 年），莆田地区遭遇旱灾，"夏旱灾，沿海一带野无青草"[4]，而与旱灾相伴的是霍乱连续流行，民国 32～33 年（1943～1944年），莆田城厢、涵江及周围农村霍乱流行，哆头村疫情最严重，死亡 300 多人。[5]

民国时期，军阀割据混战，兵祸连年不绝，人口流动频繁，隔离疫情的观念淡薄，更使疫情蔓延扩大。莆田的一位老医师忆述："过去霍乱流行多自哆头村先发生，而后蔓延至城涵。该村地处海滨，靠近三江口，船只往来频繁，因此霍乱的传入机会较多。"[6] 民国 27 年（1938 年），霍乱从福州由陆路传至莆田的三江口，后再向内陆人口密集地区传播，接着莆田"城厢、涵江相继流行，死亡近千人"。民国 35 年（1946 年）秋，上海霍乱大流行，疫情通过轮船"从上海沿海路传入莆田三江口新浦村，蔓延至哆头村，死亡多人"，后来疫情由该村向内蔓延，"又波及涵江、城厢、梧搪等地，仅圣路加医院及兴仁医院就收治三四百人"。莆田县卫生院在城内梅峰寺设病床收治病人。[7] 民国 37 年（1948

---

① 莆田市城厢区地方志编纂委员会编《城厢区志》，中国社会科学出版社，1999，第 11～14 页。
② 莆田县县志编集委员会编《莆田县志：莆田医药卫生史（草稿）》，1961，第 8 页。
③ 莆田市城厢区地方志编纂委员会编《城厢区志》，中国社会科学出版社，1999，第 11～14 页。
④ 戴启天：《福建省历史上灾害饥荒瘟疫辑录》（内部资料），福建省民政厅，1988，第 176 页。
⑤ 莆田市地方志编纂委员会编《莆田市志》，方志出版社，2001，第 2393 页。
⑥ 莆田县县志编集委员会编《莆田县志：莆田医药卫生史（草稿）》，1961，第 7 页。
⑦ 莆田市地方志编纂委员会编《莆田市志》，方志出版社，2001，第 2393 页。

年），仙游石苍济川霍乱病死 190 多人，绝户 3 户。[1]

表 7 - 2　民国时期（1912～1949 年）莆田县疫情一览

时间	疫名	传染区域	时间	疫名	传染区域
民国 3 年（1914 年）	鼠疫	城区	民国 16 年（1927 年）	伤寒	平原区
民国 13 年（1924 年）	鼠疫	平原区	民国 36 年（1947 年）	伤寒	黄石
民国 14 年（1925 年）	鼠疫	平原区	民国 32 年（1943 年）	回归热	城涵两地监狱
民国 18 年（1929 年）	鼠疫	全县	民国 22 年（1933 年）	脑膜炎	全县
民国 23 年（1934 年）	鼠疫	白沙乡	民国 23 年（1934 年）	脑膜炎	全县
民国 31 年（1942 年）	鼠疫	白沙宝坑村	民国 25 年（1936 年）	脑膜炎	全县
民国 33 年（1944 年）	鼠疫	新县前溪村	民国 8 年（1919 年）	霍乱	城涵两地
民国 34 年（1945 年）	鼠疫	庄边	民国 16 年（1927 年）	霍乱	平原区
民国 9 年（1920 年）	天花	全县	民国 27 年（1938 年）	霍乱	江口、涵江、城厢
民国 24 年（1935 年）	天花	全县	民国 29 年（1940 年）	霍乱	全县
民国 26 年（1937 年）	天花	全县	民国 32 年（1943 年）	霍乱	城涵及周边
民国 30 年（1941 年）	天花	全县	民国 34 年（1945 年）	霍乱	城涵及周边
			民国 35 年（1946 年）	霍乱	全县

资料来源：莆田县县志编集委员会编《莆田县志：莆田医药卫生史（草稿）》，1961，第 7 页。

民国时期，百姓的居住环境和卫生条件极差，食物、营养、水源、卫生都不能满足健康的需要，加上没有健全的疫病应对机制，病死率很高。战争给社会带来了严重的破坏，民不聊生，与和平时期相比，政府无力去应对各种传染病，民众在瘟疫面前更加无助；加上医院、医疗设备落后且有限，所以一旦传染病暴发，疫死率就很高。民国 31 年（1942 年），莆田梧塘镇霍乱大流行，王某等人因吃"土条冻"下酒，感染吐泻死亡，瘟疫蔓延至东坡、溪游、东福、西庄等地，造成 200 多人死亡。[2] 自清光绪二十二年至 1949 年，莆田全县染上鼠疫的有 186771 人，死亡 143924 人。[3] 疫病流行导致人口大量死亡，经常造成灭门性的悲剧。民国 37 年（1948 年），仙游县石苍济川霍乱病死多人，绝户 3 户。[4] 民国 29 年（1940 年），莆田和仙游地区同样霍乱大流行，且情况更为悲惨，棺材脱销，甚至出现"上午抬别人，下午被人抬，先死有棺材，后死无人埋，一

[1]　莆田市地方志编纂委员会编《莆田市志》，方志出版社，2001，第 2393 页。
[2]　莆田梧塘镇志编纂委员会编《梧塘镇志》，方志出版社，1997，第 337 页。
[3]　莆田县县志编集委员会编《莆田县志：莆田医药卫生史（草稿）》，1961，第 7 页。
[4]　仙游县地方志编纂委员会编《仙游县志》，方志出版社，1995，第 985 页。

棺装双尸，一穴埋多尸，病死者用草裹"的悲惨情景。[1] 民国 9 年（1920 年）、民国 24 年（1935 年）、民国 26 年（1937 年）、民国 30 年（1941 年）莆田全县天花大流行，每次流行时，都有成千的儿童死去。民国 22 年（1933 年）、民国 23 年（1934 年）、民国 25 年（1936 年），莆田全县脑膜炎大流行，大批儿童受染死亡。[2]

瘟疫是人类所面对的重大灾难，它不仅给人类的健康和生命带来极大威胁，而且会对整个社会生活造成破坏性影响。疫病流行时，人口大量死亡，各家各户闭门自保，这些疫区也被视为"恐怖地带"，民众裹足不前，商店关门，路人绝迹，正常的商贸活动受到严重影响。民国 9 年（1920 年）8 月初，莆田平海地区米价突然飙升，其原因在于"平海于上月间瘟疫流行，又值南风故商船不敢停泊"，大米没有办法运到此地。[3] 民国 29 年（1940 年）夏，莆田和仙游两县霍乱流行，到 9 月仍未停止，"并已经蔓延至晋江北区山领彭一带，死者已数人，南安县埔头乡，前日有小贩一批前往仙游采货，亦有一人毙命，以至商旅视为畏途，裹足不前云"[4]。

图 7-28　瘟疫盛行时，百姓以送瘟船仪式驱除瘟邪

（二）政府防疫卫生举措

1. 设立医疗机构、派遣医疗队

民国 25 年（1936 年），政府设立戒烟所，专管戒烟禁毒事宜。民国 26 年

---

① 莆田市地方志编纂委员会编《莆田市志》，方志出版社，2001，第 2393 页。
② 莆田县县志编集委员会编《莆田县志：莆田医药卫生史（草稿）》，1961，第 9~10 页。
③ 《来函更正》，《奋兴报》1920 年 8 月 22 日，第 4 版。
④ 《莆仙霍乱蔓延晋南两县》，《闽北日报》1940 年 9 月 1 日，第 4 版。

（1937 年），莆田、仙游两县相继成立县卫生院，隶国民政府，受县长指挥监督。卫生院代官方管理防保、戒烟等行政事务，同时从事医疗、壮丁体检等业务。同年，仙游县枫亭、潭边、榜头设立卫生所。① 民国 27 年（1938 年），福建省政府又将民政厅卫生科扩大为"福建全省卫生处"，要求将全省各县的戒烟院所全部改组为县卫生院，并推动建立区卫生所。到 20 世纪 30 年代末，福建省大部分县建立了县卫生院、特种区卫生所以及区卫生所。民国 30~31 年（1941~1942 年），赖店公婆石、城南、龙华、钟山、天马、三会相继成立卫生所，隶属仙游县卫生院。②

2. 督促民众卫生防疫

民国时期，民众普遍缺乏公共常识，加上卫生条件恶劣，广大人民经常染疫。当时政府也认识到，"防疫工作，不过治标，治本之道，还需改善环境卫生"③。民国 15 年（1926 年），国民政府警察局兼管卫生工作。莆田城厢、涵江及仙游城关、枫亭设立清道队，雇用清道夫打扫街道卫生。④ 在瘟疫流行之时，政府人员经常下乡检查卫生情况，号召民众关注卫生防疫，希望限制疫情扩散。"莆城霍乱之症至今尚未净绝……本初十日，刘县长派陈队长二督为前导，劝告各家清理街道，慎防饮食觉较为有益云。"⑤ 民国 8 年（1919 年）莆田地区霍乱流行，当地县长立即下令全城要做好卫生清洁工作，并严加督察。"刘县长于本月十三号出示其大意，谓沟渠污浊，街道肮脏，当此夏令最碍卫生，各店铺及住户人等嗣后屋内各宜打扫清洁，街上如有堆积污秽之物亦一律挑尽，其有无人主管之地则责成诸邻近住户扫除，倘有不遵一经巡警查出即照违警律处罚云。"⑥

（三）教会与公共卫生事业

鸦片战争之后，传教士大量进入中国，民众普遍对基督教持厌恶和拒斥的态度，传教工作举步维艰。面对这种困窘的局面，传教士改变他们的传教方式，将医疗事业作为打开传教大门的钥匙，改用金钱、物质、医疗等社会福利来吸引民众入教。有专家指出，近代新教传教士来到福州，面对一群没有文化、贫病交加的平民百姓，如果这时再像他们的前辈耶稣会士那样高谈阔论天文历法，则如对牛弹琴。当时百姓最现实的问题除教育外，就是与他们生命安全息息相

① 莆田市地方志编纂委员会编《莆田市志》，方志出版社，2001，第 2373 页。
② 莆田市地方志编纂委员会编《莆田市志》，方志出版社，2001，第 2380 页。
③ 《严防鼠疫蔓延》，《新福建》第 9 卷第 1 期，1946 年 2 月 15 日。
④ 莆田市地方志编纂委员会编《莆田市志》，方志出版社，2001，第 2384 页。
⑤ 《防疫声中之闻见》，《奋兴报》1919 年 9 月 5 日，第 3 版。
⑥ 《刘县长出示清道》，《奋兴报》1919 年 7 月 18 日，第 3 版。

关的医疗问题。传教士医生通过治病救人，就能活生生地向世人证明基督教的灵验。[①] 早期，教会开办了大量的医院和诊所，遍布各地。民国时期，教会普遍注重提升教会医疗事业的质量，莆田教会亦然。可以说，传教士开启了莆田公共卫生防疫事业之先河，他们面对疫病流行表现出的爱心，以及对染疫者的救助，也是应对瘟疫不可或缺的力量。[②]

1. 设立卫生机构组织

在传教士进入莆田，对当地的情况有所了解后，"医务传道"作为新的传教方式逐渐推广开来。各教会纷纷拟建医院，收治病人并借机布道。民国时期，莆田地区兴办了涵江"兴仁医院"、黄石"仁济医院"、仙游"美以美会女医馆"、莆田"圣路加医院"及其仙游分院以及莆田圣路加医院的其他分院和产科院。

（1）莆田圣路加医院

光绪二十二年（1896年），圣公会福州教区议会派英国传教士雷腾医生携其华人学生林叨安、余景陀等来莆田筹办医院，先租城内坑边大夫祠为诊所，这是圣路加医院的雏形端。由于设备简陋、地方过于狭窄，未能满足与日俱增的求医患者的需求。光绪二十三年（1897年），雷腾医生在莆田府城北门街（即今莆田市儿童医院所在地）购地为院址，设立医院以满足患者的需求。光绪二十五年（1899年），医院落成，定名为"史荦伯医院"，以纪念在"古田教案"中被打死的英教士史荦伯，对外称"兴化圣教医院"，民国元年（1912年），改名为"莆田圣路加医院"，1952年由政府接办，改名为"莆田县医院"，现为莆田学院附属医院。

图 7-29 圣路加医院石匾

在莆田地区所有教会医院中，"圣路加医院"的设备最完备、医治病人最多、影响最大。据统计，宣统二年（1910年）时，该院已有病床340张，成为圣公会在福建教区的最大医院。民国17年（1928年），该院有医生4名，住院

---

① 林金水主编《福建对外文化交流史》，福建教育出版社，1997，第434页。
② 陈义：《民国时期福建霍乱研究》，硕士学位论文，福建师范大学，2009，第52页。

病人 7928 人，就诊者达 6643 人次；民国 27 年（1938 年），有 6 名医生，住院病人 1765 人，初诊 7339 人次，复诊者高达 11343 人次；民国 37 年（1948 年），圣路加医院及其分院共有医生 9 名，住院病人 2626 人，初诊 4807 人次，复诊 9548 人次。

此外，莆田圣路加医院在仙游县城及各乡镇设有分院和产科院，民国 16 年（1927 年）在黄石设产科、民国 20 年（1931 年）在埭头设产科、民国 24 年（1935 年）在枫亭设产科、民国 29 年（1940 年）在涵江设立妇幼医院。据统计，仅民国 26～36 年（1937～1947 年）的 10 年间，圣路加医院就先后在莆田、仙游、德化等县附设分院和产科院共 20 余所。但是，该院的贡献绝不限于施医赠药方面，其在培训华人医科学生方面，亦有相当成绩，先后办有"兴化双凤医学校"和"莆田圣路加高级助产护士职业学校"，培养了许多华人医务人员。

（2）莆田圣路加高级助产护士职业学校

该校系圣路加医院之附属机构，原分看护及产科两校。其中，看护学校创设于民国 4 年（1915 年），名"圣路加医院看护学校"，学制三年，校务由医院历任护士长主持，民国 6 年（1917 年）向中华护士会备案。民国 24 年（1935 年），看护学校奉令办理立案，组织校董会，更校名为"私立圣路加医院护士学校"，民国 25 年（1936 年），奉准立案，再次改校名为"附设高级护士职业学校"。产科学校创设于民国 7 年（1918 年），名"圣路加医院产科学校"，校务仍由护士长兼理，专收护士学校毕业生，学业期限为一年，同年，向中华护士会备案。民国 23 年（1934 年）春，奉令办理立案，组织校董会，更定校名为"私立圣路加医院助产学校"，并增设助产本科，专收初中毕业生，修业期限二年。民国 25 年（1936 年），奉准立案，改校名为"附设高级助产职业学校"，并奉令将助产本科修业期限改为三年，一年制之产科改为助产特科。民国 26 年（1937 年），为节省经费及便利教学起见，两校合办，改校名为"福建省莆田私立圣路加高级助产护士职业学校"，校址独立设在莆田城内半门街原培元小学内，设置护士科、助产本科和助产特科三个专业。该校采取学徒式的边教、边学、边工作的培训方式。其实习基地有仙游"协和医院"和莆田"圣路加医院"及其分院、诊所。该校培养了一大批训练有素、优秀杰出的华人医务工作者。据统计，至中华人民共和国成立前，莆田圣路加高级助产护士职业学校共毕业不同专业学生 752 人。[①] 他们分布在莆田地区各大医院、乡镇诊所以及邻近

---

① 莆田市地方志编纂委员会编《莆田市志》，方志出版社，2001，第 2375 页。

县医院及诊所，为当地医疗事业的发展做出了突出的贡献。

（3）仙游协和医院

仙游协和医院的前身为"仙游私立圣路加医院"和仙游"美以美会女医馆"。

光绪三十一年（1905年），莆田圣路加医院在仙游县城攀龙桥附近购民房为医院，称为"仙游私立圣路加医院"，院内设有门诊部、医务室、药房和宿舍等，并派莆田人吴沐霖主持院务兼施医疗。此外，该院设有医士班，在培养华人医士、促进教会医疗事业发展方面颇有成绩。医士班学制为五年，莆田地区许多名医如蔡金喜、郑瑞荣、谢文英、陈海棠、邱世英等，都毕业于此院医士班，他们为我国医务界做出了一定的贡献。初期，该院的经费、物资及药品等均由莆田圣路加医院提供，经济困难的病人可享受免费治疗，后因莆田圣路加医院停止经费和药品的供应，经济日益困难，遂于民国24年（1935年）宣布关闭。

光绪三十一年（1905年）11月，美国女传教士李德安和慈善家江伯勒夫人（Mrs. Ganble）在仙游西门外七级地方总堂附近建立医院，定名为"美以美会女医馆"，以妇产科为主，住院只收女病人，不收男病人，当时有病床50张。民国15年（1926年）始，该院增办护士学校，以解决本院护士缺乏问题。民国26年（1937年），院长美德信（Miss E. J. Betow）退休回国，医院停办。

民国26年（1937年），卫理公会与莆田圣路加医院协商，将仙游美以美会女医馆同已关闭的仙游私立圣路加医院合并为"仙游协和医院"，并组织院董会，议定以原美以美会女医馆为院址，由莆田圣路加医院院长余文光兼任该院院长，医院人事由余文光负责调动，经费则由卫理公会负责。同年3月，医院开办。合办后的协和医院门诊及住院病人日增。据悉，民国26年10月，全院有职员（包括医士、护士、制药及配药师、学生及助理）18名，病床70张，住院病人338人，来诊次数达4175人次，共出诊4029次，种痘1700人次；至1948年，全院有职员38名，住院病人2535人，来诊次数达22416人次，种痘2415人次。①

（4）涵江兴仁医院

民国2年（1913年），美以美会传教士蒲鲁士从"庚子赔款"的利息中得到一些款项，在涵江镇紫璜山之麓建造三层医务大楼及院长室各一座，并命名该院为"兴仁医院"，意为"兴怀济世，仁体好生"。民国14年（1925年），受

---

① 王福梅：《莆田基督教会"新教"之研究（1863～1949年）》，硕士学位论文，福建师范大学，2002，第44页。

战事影响，教会经济困难，兴仁医院无法维持，由黄慕唐、林伯欣以私人身份接办，改名为"涵江医院"。民国18年（1929年），由教会收回仍名"兴仁医院"，并开始招收护士。兴仁医院开办以后，除当地人来此就医外，"邻邑亦多有就诊于此"，且往往不止一次来此就诊。据统计，民国3年（1914年），到院看病者达5483人次；民国5年（1916年），初次就诊者2582人，复来就诊33次，下乡出诊达328次，共施治病人6831人次，甚至"屡有取药，实有应接不暇之态"[①]；民国24年（1935年），院内设有内科、外科、妇产科和门诊部，有病床60张；民国26年（1937年），医院共有职员（包括医士、护士、制药师及配药员）22人，病床100张，共就诊16134人次；民国36年（1947年），医院共有职员27人，其中医士3人，护士7人，学生及助理员13人，另有病床120张，门诊人数达7381人，种痘及防疫注射1225人。[②]

（5）黄石仁济医院

民国9年（1920年），蒲鲁士夫人蒲星氏于黄石蒲岭创办仁济医院，院内设有内科、外科和门诊部，有病床20张。聘请吴梓瑞任院长，吴玉成、吴玉森等为护士。仁济医院的开办方便了黄石及其附近乡镇村民寻医问药，求医者络绎不绝。据统计，当时该院有医生1人、学生及助理3人，共施治病人1721人，施治总次数为7406次。然而，黄石仁济医院只存在6年，由于教会经济困难，于民国15年（1926年）宣布停办。

教会医院的兴办，发展了地方卫生事业，引进和传播了西医，且在培养华人医务人员方面成绩斐然。可以说，近代以来，莆田医疗卫生事业的发展，在很大程度上应归功于教会所创办的医疗事业。

2. 参与治疗时疫与防疫

面对时疫，教会除了创办大量正规医院和简易诊所为人治病外，还为民众注射疫苗，设立临时隔离病室，刊刻医方，赠送药水，开展了许多普及性的卫生宣传和防疫工作。

疫苗注射是预防霍乱的一个有效手段，虽然注射完霍乱疫苗之后产生的免疫效力不是终身的，但至少能有效应对突发的流行疫情。当时的教会人士也认识到防疫注射的重要性，首先在教会内部对教友进行注射，瘟疫流行之时，各

---

① 《美以美会兴化年议会录》，1916，第74页。
② 王福梅：《莆田基督教会"新教"之研究（1863～1949年）》，硕士学位论文，福建师范大学，2002，第44页。

个教会经常购置霍乱疫苗，为广大民众进行预防注射。

为了吸引民众以打开传教的大门，传教医生采取施医赠药的办法，在瘟疫流行之时，救助了不少民众。民国8年（1919年），莆田霍乱流行之时，基督教莆田青年会组织筹办了防疫社，并下乡救助。① 民国10年（1921年）霍乱流行，各教会医院和青年会设立的防疫社，还在此期间低价或免费发放药水，"特备霍乱药水多瓶每瓶小洋二角，贫者药金概免，凡有患此症者可速赴该社购服，其效如神云"。②

民国25年（1936年）3月，仙游地区瘟疫流行，当时仙游地区各医院都没有设立隔离室，无法收容众多的患者。鉴于此种情况，仙游协和医院特与县政府商量，租借该院对面之城隍庙充作本院隔离病室，收容疫症病人。后来政府将该座庙宇收回，协和医院深觉隔离病室必不可少，迫不得已，只得将本院宅内职员宿室修改一番，充作隔离病室，继续为社会服务。隔离病室对于治疗和预防传染病起了极大的作用，民国26年（1937年）该隔离病室收容了17名霍乱患者，并将其全部治愈，而且还收治了100多名鼠疫患者。③

传教士认识到公共卫生环境与疾病传染之间的关系，故重视卫生防疫，通过各种方式向民众宣传。教会经常举行公共卫生演讲，宣传普及卫生防疫知识。如《奋兴报》连续7期（第23～29期）刊载基督教青年会关于公共卫生演讲的通告，演讲的内容涉及个人卫生、家庭卫生、街道卫生与公共卫生的关系。④ 教会还聘请当地有名望的医生和政府官员主持演讲，以增强普通民众的卫生观念。在瘟疫流行时，一些教会组织能够大力防治疫病。民国8年（1919年），莆田霍乱流行，莆田青年会"于全村散布传单，且代为约署解说……演说病原、传染预防法等……下午路经黄石遂下马，沿街散发传单，大声疾呼清道防疫等"。⑤ 为了唤醒民众卫生意识，民国8年（1919年）莆田青年会卫生防疫社，还向"上海青年协会借来卫生幻灯影片，定于本星期起，就青年会所或其它公共地点开演，约三星期，该会已通告城内外各教会及各处所"。⑥ 借助当时先进的媒体工具向民众宣传卫生知识。每到夏季，瘟疫开始流行之际，教会都会采取一些措施来做好预防工作。例如，民国9年（1920年）夏，青年会就发起运动，号

① 《青年会防疫团记事》，《奋兴报》1919年9月19日，第3版。
② 《鼠疫渐灭霍乱复起》，《奋兴报》1921年8月26日，第3版。
③ 周典恩：《福建新教教会医院研究》，硕士学位论文，福建师范大学，2004，第58页。
④ 皮春花：《教会医学与福建近代社会》，硕士学位论文，福建师范大学，2007，第39页。
⑤ 《青年会防疫团记事》，《奋兴报》1919年9月9日，第3版。
⑥ 《卫生影片》，《奋兴报》1919年8月6日，第3～4版。

召民众做好防疫工作，并专门召开预防霍乱宣传会议，"向各界捐题经费组织卫生防疫社，本月二十号开会到者约百余人……皆言防疫之必要"①。

民国时期，莆田疫情多发，教会医院作为莆田医疗服务重要机构，在疫情防治中发挥着重要作用。在全面抗战爆发前，莆田的疫情防治工作多由教会医院承担。

在医疗方面，教会医院、诊所的兴办，发展了地方卫生事业，引进和传播了西医，在培养华人医务人员方面成就卓著。教会对孤儿院、盲人院、麻风院、戒烟社、戒毒社、公德社的扶持和设立在很大程度上改善了人们的生活。

（四）社会力量对地方医疗的补充

在20世纪30年代以前，莆田的医疗设施相当缺乏，医疗机构以个人诊所与教会医院为主，政府创办的公立医院很少，缺医少药是很普遍的现象。瘟疫流行时，民众求医困难，导致死亡率增高。在流行疾病面前，一些地方官绅也纷纷组织善堂或者成立临时急救组织进行防疫。对瘟疫的救治，当地方官府不能及时采取措施或者无力应对之时，社会力量的支持起了很大作用，这种作用在近代防疫体系还不健全时表现尤为突出，它是政府防疫力量的重要补充。②

民国7年（1918年），仙游傅氏宗族集资在赖店公婆石开办仙游地方慈善医院，民国26年（1937年）停办。民国20年（1931年），涵江桂圆、豆饼两个工会联合创办涵江地方医院，位于涵江宫口，设置内科、外科和妇科，民国23年（1934年）因为经费困难，该院由政府接办，改名莆田县立医院。民国22年（1933年），仙游中医师温敬修、施启谟等集资在城关大井巷中正阁前开办国医院，民国26年（1937年）停办。民国23年（1934年），莆田国医馆开办，位于涵江观顶坡孔庙，设置内科、外科、妇科和儿科，民国28年（1939年）关闭。民国26年（1937年），涵江妇幼医院成立，位于霞徐新宫，专治妇孺疾病，兼办产科。至民国37年（1948年），莆田县城厢、涵江、江口、梧塘等集镇有私人医院（诊所）19家，牙科、眼科、痔疮科医院4家；笏石、埭头、忠门、北高等集镇有私人医院（诊所）2家；南坛、广宫有行医兼设药房各1家。仙游县共有私人诊所22家，私人助产室5家。③

在疾病流行时，一些开明的地方官绅及时伸出了援助之手，发银赈济，并

---

① 《卫生防疫社之成立》，《奋兴报》1920年6月25日，第3版。
② 陈义：《民国时期福建霍乱研究》，硕士学位论文，福建师范大学，2009，第48页。
③ 莆田市地方志编纂委员会编《莆田市志》，方志出版社，2001，第2382页。

向患者施药，挽救民众的生命。民国 8 年（1919 年）夏，莆田霍乱流行，很多贫穷民众买不起治疗药物，莆田地方组织卫生防疫社应对瘟疫。防疫社主要经费由社会上的一些热心人士捐助，当地的县长带头捐款，一些官绅也踊跃捐钱。① 市面上出现许多民众自创的急救药方。"至于急救药方不下数十种，而有经验者两方，一方为富者所用，即肉桂二分、寮香一分；一方为贫人所用，汾酒十两、樟脑三钱。"② 莆田的黄永安先生亲历这场瘟疫，感受颇深，他认为"解毒活血汤方专治吐泻抽筋"③。此"解毒活血汤"是治疗鼠疫的良方，用它来治疗霍乱，同样能收到良好的效果，救人无数。并为此特地写信给报社，要求将此方公布于众。有人提出"黑点霍乱"症之说："霍乱疫病初起……头拘腹背四部发黑点。"并主张用"针挑法"治愈。④ 社会上的一些慈善人士在确认某些医方具有实效后，往往会刊刻分送，以便普通人可以照方配药。比如民国 8 年（1919 年）莆田霍乱流行，"近日热心公益人悯时疫之流行，四处遍贴告白，如学生联合会则用刷机印刷，中间详列霍症治疗法，霍症外治法，霍症预防法三种，又有慈善人手书灸法及药方，粘贴各处，此等善举，洵有益于同胞者也"⑤。

面对莆田医疗落后的现状，海外华侨也慷慨解囊。民国 35 年（1946 年），旅居印尼的华侨姚文霖等人成立慈善会，集资在江口创办福田（福清、莆田）医院。

（五）医家辈出，福泽社会

民国时期，我国医学对传染病已经形成较为完善的辨证论治体系，涌现出许多研究医药病理的名家，他们把自己的理论和经验向社会推广，福泽后人，莆田著名医家有温敬修、胡友梅、施启谟、林哲毅等。

温敬修（1876～1951 年），字世安，号希仲，仙游赖店西埔人。清光绪二十四年（1898 年），温敬修考中秀才，科举废除后，随名医陈清石学中医，在县城西门外鱼牙顶街开设中正阁中药房，选购道地药材，加工炮制，治病疗伤。后考进福建省优级师范学校专攻生物学，毕业后任小学及中学教员。温对生物学尤感兴趣，课余常带学生到野外采集草药，制作标本，指导学生了解各种药材性能，给学生讲授中医知识。民国 18 年（1929 年），当局将要"废止旧医"，

---

① 《捐款赞助公益》，《奋兴报》1919 年 8 月 6 日，第 4 版。
② 《防疫之八面观》，《奋兴报》1919 年 8 月 1 日，第 2 版。
③ 《黄永安君来函》，《奋兴报》1919 年 9 月 12 日，第 5 版。
④ 《黑点霍乱疫发生及救治法》，《奋兴报》1919 年 7 月 25 日，第 4 版。
⑤ 《四处遍贴药方》，《奋兴报》1919 年 7 月 8 日，第 3 版。

温敬修积极参加全国中医界联合请愿，通电抗议。民国 22 年（1933 年），温敬修捐银元 500 元，并赴海外向华侨募捐银元 20000 元，发动胡友梅、洪春魁、吴兆相、江谐、郑少斋等名医，共同创办仙游县国医专科学校，兼设仙游国医院，作为学生临床实习基地，亦方便病人就诊。温敬修身体力行，不仅亲任其校长兼院长，还亲自教授针灸、按摩等科目，广授生徒，成绩突出。他还潜心学术，对药用植物深有研究。1933 年起，相继在上海出版《药用植物学》《最新实验药物学》《伤科秘本》等专著。

胡友梅（1889~1967 年），乳名竹，号益三，仙游人，幼年便随父在乡里开中药铺，努力学习清代名医陈修园《南雅堂医书全集》《伤寒论》《金匮要略》《内经》《难经》等中医名著，颇受教益。民国 8 年（1919 年），胡友梅考入兴群中学（莆田一中前身）。民国 13 年（1924 年）毕业后，一度任小学教员。不久，即赴上海学西医，学成返回仙游开业行医。他大胆改革，突破传统疗法，采用中西医结合的方法为民众治病，疗效显著，一时声名鹊起。民国 22 年（1933 年），胡友梅与中医界同人发起创建仙游国医专科学校及国医院，亲自主持教务工作，还兼任内科教师和住院医师，致力于培养中医人才。他根据多年行医经验，结合教学实际，编著《中西对照医药学》，由上海世界书局出版。胡友梅一生精于医术，严以治学，著述甚丰，留下《八法药性赋》《中医诊疗常识》《实用中药新编》《中医医疗新编》《常用方剂歌括》《常用针灸治疗手册》《中医学术体系的初步探讨》《伤寒与温病诊疗表解》等不少医学论著，福及后人。

施启谟（1890~1980 年），字赞堂，别号谟生，仙游鲤城镇柳坑街人。早年就读于仙游县格致学堂，后随其父经营"福安药铺"，临床诊病，常以验方治疗疑难重症，屡见奇效。民国时期，患瘟病的人很多，施启谟采用桑菊、银翘配伍药方，疗效显著。民国时期，当局压制中医，他和中医界同人努力抗争。民国 35 年（1946 年），施启谟多方争取，复办国医院，出任院长，对医疗卫生贡献良多。

林哲毅（1906~1990 年），莆田江口人。民国 20 年（1931 年）毕业于上海南洋医学院，后又在其母创办的莆田江口姚氏保产局继续学习产科技术，专攻难产接生法。民国 22 年（1933 年），到莆田圣路加医院跟余文光院长学腹腔手术、骨科和 X 光透视等技术。民国 26 年（1937 年），林哲毅到仙游县私立协和医院主持院务，亲自诊治疑难病症，亲手做产科、外科高难度手术，并兼顾 X 光透视及化验工作，又兼任仙游高级中学和私立慕陶中学等校校医，还想方设法添置充实医疗器械和延揽医疗人才。

民国时期,莆田中医队伍里还有著有《伤寒讲义》《温病讲义》的林韬安,著有《中医病理学会宗》的刘宝森,著有《鼠疫治疗全书》的李健颐等名医。

总体而言,战乱频仍的民国时期,莆田的医疗卫生事业有了初步发展。首先,医疗技术提高。由于大量教会医院的创办,医生的需求量大增,传教士在医院或诊所招收学徒,让他们做护理工作。传教士将西医带入莆田,培养了一批批中国的西医师。西医教育弥补了传统中医教学的不足,在传播西医学知识方面发挥了作用。教会医学校将先进的医学理论及医疗技术引入莆田,提升了莆田的医疗水平。民国14年(1925年),余文光医师留英回国,在莆田圣路加医院施行胃十二指肠溃疡毕氏Ⅱ式手术。民国29年(1940年),涵江兴仁医院开展康氏反应、三大常规检验等项目。其中康氏反应仅在全省少数几家医院里开展,因此福清、仙游和闽南等地病人常来就诊。民国34年(1945年),仙游协和医院能施行剖宫产、子宫切除、卵巢瘤摘除手术,还能开展急腹症、肝、脾、胆囊、肿瘤等手术。①

其次,管理制度初步建立。民国时期,圣路加医院、兴仁医院均实行早会、交接班、差错登记、消毒隔离、常规护理等西方的护理制度。圣路加医院每年都开展"五一二"国际护士节纪念活动,为经过理论培训一年半结业的护士举行"加冕典礼宣誓会",并由总管护士长给护士戴上"饭斗式"的护士帽。还招聘男护士,负责对一些男病人的特殊护理。因为国民政府不设立药政管理机构,出现了药品随意经营、市场出售伪劣药材药品也无人过问的现象。民国19年(1930年),仙游中医师温敬修主持召集全县中医界人士座谈,组织药物学研究社,制定中药材统一加工炮制规程,聘请4名中药材质量检查员,对药材加工及销售进行检查监督,对违反药品质量要求的或销售伪劣药品的均处以罚款。20世纪40年代,涵江私营药房倡设药材同业公会,兼管药品质量监督。②

民国时期,莆田的医疗卫生虽有初步发展,但就总体而言医疗机构规模小、设备简陋,卫生技术人员短缺,农村乡镇卫生环境状况差。至1949年,莆田市境内医疗卫生机构欠缺,病床仅458张,卫技人员741人③,贫苦群众还是处在

① 莆田市地方志编纂委员会编《莆田市志》,方志出版社,2001,第2413页。
② 莆田市地方志编纂委员会编《莆田市志》,方志出版社,2001,第2426页。
③ 莆田市地方志编纂委员会编《莆田市志》,方志出版社,2001,第2372页。

缺医少药、饱受疫病之苦的状态。

三 "田径之乡"崛起

莆田开展田径运动有悠久的历史和良好的传统,群众性田径运动普及,田径人才辈出,为国家培养和输送不少优秀人才,其中有国际级运动健将 2 名,国家级运动健将 24 名,被誉为田径人才的摇篮。

(一) 萌芽时期(1906~1930 年)

莆田的田径运动可追溯到光绪二年(1876 年)在莆田开办的教会学校——培元书院。同治二年(1863 年),美国的美以美会传教士来莆传教,于光绪二年(1876 年)开设培元书院(今哲理中学),把体育运动列入正课。体育课的田径项目有跳高、跳远、铁饼、铁球、赛跑等,为莆田各学校开设体育课之始。[①] 清末变法,废科举,兴学校,莆田也相继创办了官立兴郡中学堂和私立砺青、湖山学校。当时中、小学均设有体育课,青少年学生都喜欢参加体育活动,这是莆田体育的初兴时期。光绪三十二年(1906 年)圣诞节,哲理学校举行以田径为主的第一届校内运动会,项目有兵式体操、体育游戏,成为莆田各学校举行校内体育比赛的开端。此后,哲理学校每隔一两年也举行一些田径单项比赛。光绪三十四年(1908 年)4 月,兴郡中学堂、砺青小学、哲理中学联合举办体育运动会,比赛项目有兵式体操、传递游戏、旗举通信、赛跑、掷标枪、推铁球等。民国 2 年(1913 年),哲理中学开始举行"十二人制"的排球运动。民国 4 年(1915 年),兴郡中学堂、砺青小学等学校开始把体育列为正式课程,每周授课 1~2 节,有体操、篮球、排球、足球、田径等。中小学学校普遍开展西方的各种体育运动,引起了广大学生的浓厚兴趣,学校体育成为学校教育中必不可少的组成部分,许多人也因此走上了体育成才的道路。教会学校成为莆田田径运动得以传播、开展的先行者和启蒙者。民国 7 年(1918 年),城区召集小学校体育竞赛大会。砺青小学有位学生获得赛跑冠军,该校特别安排这位学生佩戴红花"走马游街",仿效古代"状元游街"。这次运动会是莆田县小学生运动会的开端。民国 8 年(1919 年),哲理中学、兴郡中学堂、砺青小学三校联合举行田径运动会。民国 9 年(1920 年),哲理中学、省立第十中学(即兴郡中学堂)和省立第四师范学校学生,也组织田径队参加在厦门举行的福建省运

---

① 陈晴、赵勇:《教会教育与中国近代体育》,《武汉体育学院学报》1997 年第 3 期。

动会。民国13年（1924年），城厢小学举行以田径为主的运动会。

20世纪初期，在新文化运动推动下，体育运动在莆田学校中吸引了越来越多青年学生参与，体育课程逐渐由兵式体操变为球类、田径活动，出现了体育教师不足的局面，开始向外地聘请体育教师。由此，莆田培养出一支初具水平的田径运动队，该队不时参加在福州、厦门举办的省体育田径运动比赛，均名列前茅。如，民国11年（1922年）福州召开全省学校联合运动会，莆田哲理中学、省立第十中学、省立第四师范各派选手参加，哲理中学的黄淮钦获跳高、跳远第一名，兼获个人总分第二名；吴锦美、程天泗分别获得200米低栏第一名和第二名；陈锦湘获得400米栏第二名。这个时期，在外地求学的莆籍学生在体育方面也有出色的表现。就读于清华大学的宋俊祥，于民国8年（1919年）入选国家田径代表队，先后参加了第四、五届远东运动会。在福州第一师范学校读书的吴德懋，于民国10年（1921年）在省学校联合运动会上获得个人总分第一名，被选入国家田径队，先后参加了第五、六、七届远东运动会。民国13年（1924年）5月，在武昌举行的第三届全运会上，吴德懋一举夺得五项全能和十项全能及个人总分三个第一名、铁饼第二名、铁球及标枪第四名，轰动了全国体坛。民国14年（1925年）5月，吴德懋代表中国参加在马尼拉举行的第七届远东运动会，以2430分的优异成绩获得五项全能第一名，为祖国争得了仅有的一枚金牌。民国15年（1926年），在厦门集美学校求学的程天泗，参加闽南十三县联合运动会，获十项全能第一名，名扬闽省体坛。

（二）发展时期（1931～1949年）

五四运动之后，新的思潮逐渐在莆田普及，中、小学日渐增加，赴外地求学者与日俱增。他们寒、暑假期间回乡时，积极推动家乡学校的体育教育，吴德懋、程天泗等在操场上练习跨栏、铁饼、标枪等，使学生们对田径运动产生极大兴趣。民国20年（1931年）以后，程天泗、翁祖烈、马亮、刘剑城等从上海体育专科学校毕业回来，分别在各主要中学任教。之后，在外地攻读体育专科的林振新、林念祖、陈金铭、田春澜、林兆焕、郑寿铭、陈永祚等也先后学成归来，分别在各中学担任体育教师。由于他们积极努力和辛苦工作，各校的体育教育面貌大为改观，田径运动成绩迅速提高。

20世纪30年代中期，莆田县的男、女运动员已经在全省运动会上纵横驰骋，并在全国运动会上崭露头角，为莆田县田径运动的进一步发展打下扎实的基础。

民国22年（1933年），莆田田径选手30余人，由程天泗、翁祖烈、林振新

等率领，赴榕参加全省选拔赛，陈鸿筹、许梅英、黄琼英、林青渠、陈金莺等 5
人入选福建省田径队，参加在南京举行的第五届全运会，许梅英获得 200 米赛
跑第四名，这是莆田县女子在全国田径运动史上获得的第一个名次。

民国 23 年（1934 年）1 月，福建省第四届运动会在福州举行，莆田田径成
绩一鸣惊人，女子组技高一筹，以绝对优势压倒厦门、福州等地，获得团体总
分冠军。省报有"莆田姑娘异军突起，一鸣惊人，疑是来自天上"的赞美。

民国 24 年（1935 年）9 月，为了准备参加在上海举行的第六届全国运动
会，福建省在厦门召开第五届全省运动会，莆田选手有 70 多人参赛。获得男子
田径冠军、全能亚军；女子获得田径冠军，成绩为历年参赛最佳。男子田径选
手在全省运动会上获胜，为莆田的第一次，女子田径成绩也比以前提高。其中
男子跳高、铅球、标枪、五项全能和女子短跑、低栏、跳高、铁饼等项目的成
绩已接近全国顶尖水平。

民国 24 年（1935 年）10 月，莆田的程天泗、翁祖烈被聘为田径队指导员，
运动员吴锦棋、林振新、陈鸿筹、黄桂兰、许梅英、罗玉珠、陈赛英、陈金莺、
唐瑞媛等 9 人入选福建省田径队，参加在上海举行的第六届全国运动会。其中
吴锦棋获十项全能第四名，唐瑞媛以滚身式的姿势获女子跳高第一名，许梅英
夺得女子 50 米第六名、100 米和 200 米第五名、铁饼第四名，罗玉珠获 80 米低
栏第五名。莆田女子成绩优异，得到全国体育界的高度赞赏。

民国 25 年（1936 年）4 月，福建省三区军民运动会在泉州市举行，莆田县
获得男子田径亚军，女子获得田赛冠军、径赛冠军，且各项成绩比前一年省运
动会均有明显提高。

抗日战争全面爆发后，厦门沦陷，福州一再遭到侵犯，而莆田却幸免于日
寇铁蹄的蹂躏，学校照常上课，各校经常举行田径单项比赛活动，校际定期举
行小型多样的田径比赛，学生体育运动成绩平稳上升。此期，全县田径运动会
经常举行，莆田运动员田径运动技术水平不断提高，几欲称雄八闽。

民国 29 年（1940 年）、民国 31 年（1942 年）和民国 35 年（1946 年），先
后举行三届福建省第四行政区（晋江专区）运动会。参加的有晋江、惠安、南
安、同安、安溪、永春、德化、大田、仙游和莆田共 10 个县。大会设总锦标一
座，规定连得三次者可永远持有。民国 29 年（1940 年）4 月，福建省第四行政
区第一届运动会在永春举行。莆田县派出 60 余人参赛，战果辉煌，获男子田
赛、女子田赛、径赛、全能、排球等五项冠军，荣膺大会总锦标。民国 31 年
（1942 年）4 月，福建省第四行政区第二届运动会在晋江举行。莆田获男子田赛、

全能、女子田赛、径赛、全能、排球等六个冠军，再次获总锦标。民国35年（1946年）元旦，第三届四区运动会在莆田县举行，十县健儿角逐大会的13项锦标。莆田县夺得男子田赛、径赛、全能、篮球、排球，女子田赛、径赛、全能、排球等九个冠军，三度获总锦标。莆田十项田径运动成绩达到当时全国一流水平。

民国36年（1947年）10月28日，莆田县体育界自发组织田径选手39人，组成"莆田田径访问团"，赴福州、上海、南京等地，与当地体坛精英进行对抗赛。11月4号，莆田队首战福州队，男子14个冠军，女子8个冠军，男，女田赛、径赛锦标全部由莆田队囊括，莆田队以342分比85分获胜。福州一战，莆田队大显身手，首战告捷，轰动榕城。

11月24日、25日，莆田队对抗上海队，莆田队共夺得男、女冠军14个，男子跳高、三级跳远、女子铁饼的前4名全部由莆田队包揽，莆田女子队以85.5分比22.5分赢得田赛锦标和径赛锦标，莆田男子队以49分比28分赢得田赛锦标，上海队仅得一个径赛锦标，莆田队以153.5分比120.5分获胜。在与上海队的对抗赛中，男子跳高、跳远、三级跳、高栏、女子跳高、跳远、铅球、垒球、低栏等9个项目打破上海市该届运动会纪录，万米赛打破全国纪录。在打破上海运动会纪录的13人次中，莆田队占9人次。莆田田径访问团的辉煌战绩轰动上海体坛，各大报社纷纷报道比赛盛况，使名不见经传的莆田成为上海市民的热点话题。

11月30日，莆田队对抗南京队，在12个项目中，莆田队获得10个冠军。在25个田径项目中，有14项成绩优于上海，其中有10项纪录是莆田队创造的。原南京市运动会25个项目纪录有20个被莆田队刷新。男子跳远前4名、女子跳远前4名、女子铁饼前2名、女子垒球前2名都打破南京市运动会纪录。柯炳炎获得百米、高栏、标枪3项冠军及跳远第三名；徐凤山获得200米、400米冠军，100米及三级跳亚军；陈碧英获60米、100米、200米及跳远4项冠军，陈自福州、上海至南京，先后获得13个冠军，被舆论界誉为"女状元"。[①]

在同南京队的对抗赛中，莆田队以157分比118分获胜，男、女田赛和径赛锦标全部属于莆田队。[②] 对抗赛中有28人次打破南京市纪录，其中莆田队占17人次。莆田田径访问团一鸣惊人的举动，不但扩大了莆田的影响力，而且极大鼓舞了莆田运动健儿，树立起莆田冲出福建、进军全国、争取踏上世界体坛的

① 蔡天新：《百年莆田1900~2000》，中央文献出版社，2002，第206页。
② 《莆田文史资料》第11辑，1987，第148页。

图 7 - 30　莆田田径访问团全体团员合影

资料来源：《莆田市体育志》编纂委员会编《莆田体育志》，方志出版社，2010。

信心。莆田以一县之师，历时 56 天，三战皆捷，震撼全国体坛，反响强烈。当时中央教育部督学郝更生称赞莆田田径访问团此行，是中国体育史上破天荒的创举，对恢复战后体育工作，实有极大的帮助。访问团胜利归来后，民国福建省政府决定，以莆田运动员为主力组建参加第七届全运会福建田径代表队。"莆田田径访问团"的事迹还被载入中国《体育年鉴》中。"赤脚飞毛腿"（莆田队运动员赤脚参加赛跑比赛）和"田径之乡"的美称从此名扬全国。

四　莆仙戏的改良

19 世纪末，变法图强的维新思潮在中国思想界取得主导地位，以康有为、梁启超为首的维新派主张全面学习西方思想，政治上实行君主立宪、经济上实行发展民族资本主义的政策、文化上学习西方发展文教事业以开化民智。这股维新思潮也对全国戏曲界产生影响，"戏改良"成为热门话题。在此背景下，莆仙文艺界也出现一些维新人士，开始组织自由党、砺青学派，欲将戏曲作为唤醒民众的宣传工具。砺青学堂舍监陈樵（友渔）等人于光绪三十四年（1908年）不惜重金组建"新舞台"剧社，演出反映现实、针砭时弊的时装戏，拉开了民国时期莆仙戏改良的大幕。民国时期，莆仙戏改良活动主要体现在三个方面：一是剧目内容的改良，二是表演形式的改良，三是演出范围的扩大。

（一）剧目内容的改良

清末，莆仙二县的戏班有 90 多个，经常演出的剧目在 100 个以上，都是古装戏。辛亥革命至民国初期，莆仙戏开始出现反帝、反封建及宣传民主、自由等进步思想的时装戏。早期改良戏曲的时装戏和话剧都可被称为文明戏，莆仙的时装戏也有称为文明戏的。时装戏因其内容新颖，因此除具教育意义外，对莆仙戏艺术的现代发展也产生了促进作用。当时莆仙时装戏著名剧目有《三十六送》《敲齿换发》《石脚桶》《桂林生》《黑籍冤魂》《破除迷信》《皇帝梦》等。据记载，莆田县第一部上演的时装戏是宣统元年（1909 年）由"新舞台"第二班演出的《红顶扫马屎》。在这之前，戏台上虽也有阿相（莆仙民间蔑称缙绅豪强、权势人物）及鸦片鬼（抽鸦片者），时装扮相的角色杂扮于古装戏之中，但全台均为时装人物的剧目则是以此剧为滥觞。

《红顶扫马屎》剧作者叶滋华。[1] 该剧写八国联军侵华，北京沦陷，一名清廷一品大臣，头戴红顶官帽，身穿补褂官服，骑马经过租界，不料马拉屎于地，被一洋人小兵看见。于是"红顶"高官被洋人驱迫在大街上扫马屎。一贯在国人面前耀武扬威的"红顶"高官，只得乖乖地向洋人小兵打躬作揖，赔礼道歉。当时剧作者适与学界同人组织新舞台班，此剧遂由新舞台第二班演出。因剧情揭露清廷腐败，激发人民的爱国拒侮之心，轰动一时，产生强烈的社会影响。戏中具有革新因素，由教育界人士编演，故被人称为"学堂戏"。当时保守派曾撰联讽曰："度世先生不离古，学堂戏子亦维新。"其维新色彩由此可见。

由莆田"大共和"班演出的著名新剧目，则有由萧友渔[2]编剧的《三十六送》《敲齿换发》以及萧壮予[3]编剧的《猪哥阿旺》等。《三十六送》借用莆仙传统山歌之名，对内容重新进行编排，通过"新婚难离、奉命进学、送夫就学、沉迷妓馆、识破洋面"等出目，叙述广业山区白沙一对新婚夫妻的爱情故事。书生郑少英新婚后辞别妻子苏氏赴城求学，苏氏一路缠绵相送。不料丈夫在城里沉迷妓院。一个月后，苏氏送白粿到城里探望丈夫，感到失望。窗友设计让少英通过喝酒中风假死，考验妓女阿金和苏氏对他的感情，最终少英认识到妻子才是真正可靠之人，于是回心转意，刻苦攻读。《三十六送》从内容到表演形式（曲调、科介、化装等）都较为和谐，是时装戏成熟的一个标志。

萧壮予据民间故事改编的《猪哥阿旺》则是一出社会风情讽刺喜剧，曾被

---

① 叶滋华（1876~1917 年），号树庭，莆田城郊坪洋村人，清光绪廪生。光绪三十年（1904 年）参与创办莆田第一所私立小学"砺青小学"，并任国文教师。与同盟会革命党人联系密切，辛亥革命后，同邹去病等创办《兴化报》，抨击北洋军阀弊政。后参加创办出版《民国日报》，不久被袁世凯封禁。
② 萧友渔，莆田人，叶滋华弟子，民国初年编撰莆仙戏剧本最多的编剧。
③ 萧壮予，莆田人，编剧，萧友渔族人，1957 年卒。

陶青小学改编为话剧，嗣后仙游名丑李百丹将它改编为《桂林生与章保司》。1956年，仙游编剧柯如宽据老艺人回忆整理，后由陈仁鉴改写，定名为《新春大吉》。剧情写除夕时，贫民阿二在城隍庙躲债，见医生桂林生和棺材店老板章宝师（保司）在神前祈愿，求世人多病、多死，使他们都能发大财。阿二听后气愤至极，于是想出计策来揭露和整治他们。阿二于正月初一，让桂林生到章宝师家去给老板娘看病，让章宝师和徒弟把棺材送到桂林生家给桂嫂入殓。结果桂林生和章宝师两家互相追打指责，当众出丑。当阿二说出真相时，桂林生和章宝师受到了游春民众异口同声的唾骂。

20世纪20年代，由蒋少琬父子分别编剧、"高舞台"戏班首演的时装戏《柴骨锥》和《石脚桶》也名噪一时。蒋少琬父子皆为莆仙戏著名编剧，但父子不和，于是蒋子编写了《石脚桶》（也写作《石戈桶》）剧本，以讽刺其父像剧中土财主石芳兰一样爱财如命，却喜流连青楼，找"半开门"女人，把辛勤赚来的钱花得精光。"石脚桶"为剧中主角绰号，是吝啬鬼的典型。他以石头打制洗脚盆，为的是不让一滴洗脚水外漏。剧中主人公"石芳（一作'鹤'）兰"，莆仙方言谐音为"石脚桶"，后人以此名作熟语，讥人吝啬，一毛不拔。而蒋父看后，写了一出《柴骨锥》来回应儿子，讽刺儿子的浪荡不羁。剧中主人公"曹国瑞"，莆仙方言谐音为"柴骨锥"。"骨锥"又与莆语"骨佳"谐音，指斑鸠。"柴骨锥"后来成为形容身体瘦弱的痞子形象的熟语。

此外，也有一批揭露社会不良风气的时装戏，如《缉私》《赌博误》《用钱买父》《乌十五》《白衣党》《爱莲走错路》等，还有一批宣传社会平等、倡导婚姻自由的剧目，如《人民城市》《阿忽布田》《三女恋爱》《恋爱经》《自由结婚》等。

民国10年（1921年），仙游开始出现以学生为主体的仙游新剧社，演出呼吁民族平等与自由的《黑鸳鸯》、讲述献金救国故事的《爱国妓女》等。其后，又陆续演出《顾正红之死》《八国联军》《吴佩孚之死》《张作霖之死》等进步剧目。

民国20年（1931年）九一八事变后，中国人民开始进行抗日战争。在中华民族生死存亡的关头，莆仙戏班艺人也积极投入抗日救亡运动，出现了积极排演抗战宣传剧的热潮。民国23年（1934年），仙游成立了少年抗敌救国剧团，排演《平寇救国》等宣传抗敌救国的戏剧。随着抗战的发展，仙游一批进步的戏剧界文化人利用戏剧为抗战奔走鼓呼。民国26年（1937年）9月18日，正值纪念九一八事变六周年当天，仙游的一批爱国知识分子成立了"抗日剧社"①。成立时签名参加者达 60 多人，骨干成员有陈啸高、郑田青、郑毅、陈骏驹等人。剧社是自愿参加的业余文艺团体，人员流动大，经费无着，条件十分艰苦，但剧社十多位中坚成员始终秉持爱国热情，克服重重困难，坚持面向广大群众，宣传抗日救亡。剧社除在仙游县域几十个村镇演出外，还奔赴泉州、莆城、涵江等外地公演，起到了救国宣传作用。至民国 34 年（1945 年）日本投降，8 年间剧社共演出独幕剧 50 个、多幕剧 19 个、歌剧和哑剧各 2 个②。其中独幕剧如《汉奸的子孙》《流亡者之歌》《张家店》《毒药》《警号》《一年间》《东北的一角》《放下你的鞭子》《女性的呐喊》《游击队的母亲》《民族公敌》等，多幕剧如《夜光杯》《保卫卢沟桥》《前夜》《回春之曲》《凤凰战》《塞上风云》《草木皆兵》《罗店血战》《魔窟》等，歌剧如《流亡三部曲》《面包》等，都是当时影响较大的剧目。

图 7 - 31　民国 34 年（1945 年）仙游抗日剧社八周年社庆合影
资料来源：照片引自陈骏驹《莆仙戏史略》（福建人民出版社，1996）封底用图。

民国 30 年（1941 年）开始，"新汉宫"班开始演出从话剧改编为莆仙戏的时装戏。因这种时装剧由官方成立的"莆田县乡土戏剧改良委员会"提倡，人们把这种话剧加唱戏的表演形式称为"改良剧"。民国 32 ~ 34 年（1943 ~ 1945 年），是莆仙演出改良剧的高潮时期，莆田县演出改良剧最著名的戏班是"新汉宫"（曾改名"南山队"），影响较大的戏班还有"新共和""新移风""新国

---

① 仙游抗日剧社发起人田青、郑毅发表于民国 29 年（1940 年）《戏剧与文学》第 1 卷第 3 期的《福建仙游戏剧通信》一文写道："纪念'九一八'六周年的那天，一个戏剧的堡垒——话剧团体被建立起来了。"该团体成立之初称化装宣传组，民国 26 年（1937 年）11 月，宣传组扩大，才正式称为抗日剧社。
② 陈骏驹：《莆仙戏史略》，福建人民出版社，1996，第 120 页。

风"等。演出著名剧目有《麒麟寨》《五号情报员》《卢沟桥事变》《野玫瑰》等。这些新剧内容都表现爱国主题，演员表演认真严肃，加上布景新颖，受到了广大观众的欢迎，一时有压倒古装戏之势。据统计，5 年间，莆田县共上演改良剧 40 多个，绝大部分剧目是借由话剧改编，只有《鸭子从军》一剧是萧壮予创作的。仙游演出改良剧最著名的则是"仙游县抗日模范乐剧队"，队长陈啸高，该队所演《斩蒲龙》《大义灭亲》《梁红玉》《马江小景》《狼狗坑》（《张雄南之死》）等改良剧影响较大①。其时，除演改良剧外，还演出话剧、闽剧、平剧②。莆仙改良剧演出虽然到民国 34 年（1945 年）结束，但它为新中国成立后演出现代戏提供了舞台实践经验和一批艺术表演骨干。

图 7 - 32 民国 32 年（1943 年）彩排中的仙游新乐剧《张雄南之死》

资料来源：林清华主编《闽中革命史画册》，中央党史出版社，2011。

（二）表演形式的改良

宣统三年（1911 年），福州京剧大吉升③首次到莆田演出，接着福州的闽班亦陆续到莆田演出，对莆仙戏的表演形式产生一定影响，特别是京剧的侠义剧目和武功演技给莆仙戏班带来了刺激和改良启示。

首先是戏班人员普遍增多，行当分工更加精细。莆仙戏前身为宋元时期的兴化杂剧，只有生、旦、靓妆（净）、末、贴生、贴旦、丑，时称"七子班"。明清时期的兴化戏，因表现老妇剧目的增多，增加老旦行当，形成了由生、旦、靓妆（净）、末、丑、贴生、贴旦、老旦组成的所谓"八仙子弟"。民国时装戏和改良戏因剧情需要，角色众多，于是莆仙戏也吸收京班、闽班的行当设置，生分正生、贴

---

① 中国戏曲志编辑委员会：《中国戏曲志（福建卷）》，中国 ISBN 中心，2000，第 483 ~ 484 页。
② 向阳：《三个月来的仙游剧运》，《现代》第 1 卷第 3 期，1946 年，第 84 页。
③ 相传"大吉升"系由胡寿林（"左联五烈士"之一的胡也频祖父）于道光年间（1821 ~ 1850 年）从江西带回福州的安庆徽班，是福州最早的京剧戏班。

生、小生、老生等，旦分正旦、贴旦、武旦、青衣、老旦、四旦、五旦等，靓妆分靓妆、副靓妆、大花、二花、武二花等，末分末角、副末、老末等，丑分小丑、老丑、孩丑、女丑、武丑等，戏班的人数从明清时的 13 ~ 15 人增加到了 20 ~ 24 人。

服饰方面，莆仙戏仿效闽班，旦角废包头网巾，改梳水头，服装加水袖；表演也吸收闽班旦角的碎步，时称"客班踏"。

舞台设置方面，莆仙戏开始使用机关、布景，以新颖形式招徕观众。民国 3 年（1914 年），莆仙戏"蓬瀛春"班曾用白布绘制楼窗、栏杆，挂了棚面。民国 11 年（1922 年），莆仙戏"双赛乐"班使用固定软景和简单绘景。民国 36 年（1947 年），莆仙戏"新梅英"班、"老歌舞"班绘制机关布景。其后，侧幕式布景也搬上了舞台。舞台照明早期为吊盏烧木片、油灯盏，后用煤油灯（汽灯），民国末，一些地方已开始用电灯。

在音乐唱腔方面，莆仙戏吸收兴化民间的"十番八乐"特色，进一步丰富伴奏音乐，打击乐增加文鼓、武鼓、小锣、铙锣；吹奏乐也增加横笛、尺胡、四胡、三弦和八角琴等乐器。同时，唱腔也做了一些革新，原本是五声音阶旋律的，吸收民间音乐的伴奏乐器后，也增加"乙"和"凡"两个半音，从而使曲调旋律更富有流动性和优美抒情的风味。

受京剧启示，莆仙不少戏班还仿用京剧的武打道具，苦练武功，提升演技。莆仙戏紫星班常演出取材于东周列国故事的《伐子都》和取材于《说岳全传》的《挑滑车》剧目，其武生陈玉麟在《伐子都》中扮演子都，在《挑滑车》中扮演高宠，武功演技就是受到京剧的影响，颇受赞誉。仙游戏班，也多有效仿京剧制作的武打道具。

戏班组织方面，清乾隆年间（1736 ~ 1795 年），曾禁止女演员上台演戏。逮至 20 世纪 30 年代初，招收女童组建的莆仙戏女班开始出现，此后莆田相继出现了蟾宫、腾芳、群芳、天蟾、天然等蜚声莆仙戏舞台的女班。但仙游的戏班，则仅有龙华曾洪班有女艺人参加演出。女演员参加时装戏和改良戏的演出，对增加戏剧艺术感染力有着重要的作用。

（三）演出范围的扩大

民国期间，莆仙戏除了内容和表演形式改良外，演出范围也拓展到莆仙地区之外。如民国 24 年（1935 年），"新移风"戏班就受邀到上海演出。但是到台湾和海外演出则是此前所没有的。

民国 9 ~ 12 年（1920 ~ 1923 年），莆仙戏"紫星楼"班首次出国，赴新加坡、马来西亚吉隆坡演出。班主为莆田城内人黄九梓，演出剧目有《伐子都》和《征东》《征西》连台戏，《三国》及《封神榜》连台戏等，武生陈玉麟、靓妆陈乌铿二人的文工和武技，都极受华侨观众赞赏。

民国 16～19 年（1927～1930 年），"双赛乐"班也赴新加坡、马来西亚演出。班主为莆田西天尾人黄书亭，所演剧目有《梁祝》《天豹图》《瓦岗寨》《水浒》《三国》《方世玉打擂台》《王魁与桂英》《头美王》等。莆仙戏著名演员黄文狄受聘任导演兼主演，他扮演的梁山伯、王魁、李陵和头美王等生角戏，受到华侨和外国观众的夸赞。

民国 19～23 年（1930～1934 年），莆仙戏"蓬莱馨"班，赴新加坡、马来西亚吉隆坡演出。班主为莆田梧塘人梁福，所演剧目有《封神榜》、《薛仁贵征东》连台本及《玉朗清》（《驸马下铁磨》）等。著名演员有福生旦、丑仔金榜等。福生旦因唱腔好，还在南洋录了《玉通和尚》《有心无意》《访友》《铁口》等莆仙戏选段唱片。

民国 36～37 年（1947～1948），莆仙戏"赛凤凰"班从厦门乘坐英国"万福士"大火轮到新加坡、马来西亚吉隆坡和柔佛等地演出。班主为涵江人吴金榜，主要演员有姚玉坤、王仙华、孙元春等，演出剧目有《晏海》（《少林寺》）、《孟丽君》、《大红袍》、《小红袍》、《王莽》、《三国演义》、《瓦岗寨》、《李世民登基》、《狄青》、《狸猫换太子》、《落帽风》、《洪武君登基》、《崇祯帝吊死煤山》、《三藩之乱》、《同治送后》、《宣统登基》等。除历史剧外，还穿插演出一些传说故事剧，如《神不定》《有心无意》《李斯吃屎饼》等，颇受海外观众欢迎。

图 7-33　"赛凤凰"戏班于南洋演出时在新加坡合影

资料来源：莆田市政协学习文史资料委员会编印《莆田市文史资料·老照片专辑》，1999，第 50 页。

莆仙戏班赴宝岛台湾演出，则是民国 37 年（1948 年）的事。当时成立才两年的莆仙戏"新汉宫"班，得到台北市莆仙同乡会首任理事长蔡挺起帮助，由同乡会出面邀请并协助办妥赴台湾演出手续。同年农历七月初一（公历 8 月 5 日），戏班 30 多位演职员从莆田灵川镇东沙村下船出海，至台中梧栖港上岸，这是莆仙戏历史上第一个赴台巡回演出的戏班。演出剧目有《杨家将》《赵匡胤》《陈琳救主》等连台本戏，还有《贩马戏》《甘国宝》等全本戏和折子戏。其中绝大部分剧目是该班久演不衰的"看家戏"。

总之，民国时期莆仙戏无论在内容上还是形式上都能适应时代的需要进行较大的改良，在反帝反封建、宣传民主自由和移风易俗等方面都发挥了积极的作用。莆仙戏班还先后到新加坡、马来西亚等地以及祖国宝岛台湾演出，扩大了莆仙戏在南洋和台湾的影响。

五 文学艺术变革

（一）文学载体的变革

1. 现代报刊的创办

民国时期的文学载体变革，与现代的报刊创办有直接联系。特别是民国 8 年（1919 年）五四运动后，中国各地兴起新文化运动。这一时期，莆田的知识界也跟随时代潮流，掀起了提倡科学、废止尊孔读经和推广白话文运动的热潮。其时莆田各中、小学纷纷使用白话文文体，省立第十中学学生会率先用白话文发出《抗日救国十人团倡议书》，成为莆田第一张白话文告示。民国 8 年（1919 年）6 月，莆田学联成立之后，将推广白话文作为一项重要工作，各种布告、通知、传单、倡议书和标语等均采用白话文。学联会创办的《莆田新报》则成为莆田历史上的第一张白话文报纸，在莆田的新文化运动中起到导向作用。在《莆田新报》影响下，美国教会创办的《奋兴报》也被迫改文言文为白话文。随后，莆田的各中、小学校也纷纷效法，创办各种白话文小报，并开辟了新诗歌园地，大量刊载白话诗歌作品，促进了新文化运动的发展。民国时期，莆仙地区先后创办的白话文报刊有 100 多种，如莆田县有《莆田民报》[民国 9 年（1920 年）]、《蒲星报》[民国 12 年（1923 年）]、《莆阳醒报》[民国 13 年（1924 年）]、《衡报》[民国 13 年（1924 年）]、《哲理青年》[民国 15 年（1926 年）]、《影报》[民国 18 年（1929 年）]、《心之窗》[民国 20 年（1931 年）]、《大声报》[民国 21 年（1932 年）]、《喊报》[民国 21 年（1932 年）]、《民呼》

［民国 21 年（1932 年）］、《兰声》［民国 23 年（1934 年）］、《群力报》［民国 24 年（1935 年）］、《福建新报》［民国 27 年（1938 年）］、《铁鸟之群（文艺刊）》［民国 29 年（1940 年）］、《南方日报（兴化版）》［民国 31 年（1942 年）］、《闽中日报》［民国 36 年（1947 年）］、《大众时报》［民国 38 年（1949 年）］等。仙游县有《益报》［民国 10 年（1921 年）］、《蜚风报》［民国 22 年（1933 年）］、《闽中新报》［民国 28 年（1939 年）］、《力行报》［民国 31 年（1942 年）］、《联合报》［民国 38 年（1949 年）］等。

民国时期地方报刊的创办，对繁荣地方文学和培养文学人才起到重要的作用。著名文学家郭风最早的文学作品就是发表于莆田校刊和地方报刊的。郭风的散文《龙眼贼》《小鸟日记》于民国 21 年（1932 年）发表于《莆中校刊》；民国 24 年（1935 年），小说《醒民夫》发表于《莆师月刊》；民国 29 年（1940 年），散文《骡子》、诗歌《担架床》发表于《铁鸟之群（文艺刊）》；等等。

民国 30 ~ 36 年（1941 ~ 1947 年），莆仙文史工作者创办的几种乡土文献刊物也发表了大量文史和文学作品。如民国 30 年（1941 年）6 月涵江人康爵创办的《福建新报》之《莆口文献》副刊、民国 32 年（1943 年）3 月涵江陈长城创办的《福建新报》之《壶兰文献》副刊、民国 35 年（1946 年）3 月莆田朱维幹创办的《南方日报》及民国 37 年（1948 年）1 月《闽中日报》之《荔乡文献》副刊，这些地方报纸副刊登载各类白话文文章和资料 80 多万字[1]，其中有散文如遗大的《涵江二妙》、晴山的《在怀念中的故事》、文质的《枫江与陡门》以及众多的乡土文化介绍等。另外，民国 36 年（1947 年）2 月，由马来亚兴安会馆编印的《兴化文献》一书，所有稿件也都是由莆仙学者撰稿的，参撰者皆一时文化精英，如关陈谟、张琴、游介园、宋增佑、宋增矩、康爵、朱维幹、陈长城、陈晴山等。而民国时期以白话文为主的文集，今可见者有宋增佑《宋仁陶文集》、宋增矩《南禅室文集》、游介园《碧藏楼杂录》以及康爵辑《耕冰寄庐漫录》《乡故杂抄》等。

2. 白话文、白话诗名家

五四运动后，白话文、白话诗开始成为社会应用文和文学作品的主流。莆仙地区也出现在全省乃至全国有一定影响的名家。其中仙游的黄衣青和莆田的

---

[1] 蒋维锬《四十年代刊行的四种莆田乡土〈文献〉》一文统计，《莆口文献》刊文 7 万字，《壶兰文献》刊文 24 万字，《荔乡文献》刊文 54 万字。参见《莆田市文史资料》第 6 辑，1990，第 1 页。

郭风、彭燕郊就是代表。

图 7 - 34　青年黄衣青

黄衣青（1914～2013 年），原名黄懿青，笔名绮心、怡青、志光，民国 3 年（1914 年）生于仙游城关会仙巷芝兰室的一个教育世家，自幼酷爱中国古典文学，民国 14 年（1925 年）毕业于仙游县立师范中学，民国 20 年（1931 年）考入厦门大学教育系。因参加当时的进步组织活动，不能久留厦门，民国 22 年（1933 年）转学至上海的大夏大学（华东师范大学前身）文学系，选修儿童文学课。大学毕业后，于民国 25 年（1936 年）去日本，在早稻田大学听课，同时翻译英国狄更斯的《大卫·考伯费尔》，在国内《儿童晨报》上连载，题为《男儿奋斗史》。民国 35 年（1946 年）到上海，受聘中华书局《小朋友》周刊编辑，在《小朋友》《现代儿童》《儿童世界》《童话连丛》上，发表作品 100 余篇，并参与发起组织上海儿童文学工作者联谊会，以创作儿童文学和翻译闻名于上海，成为中国现当代著名的文学翻译家、童话作家。

图 7 - 35　青年郭风

郭风（1918～2010 年），原名郭嘉桂，是清嘉庆十四年（1809 年）进士、居官忠勤之循吏、著名书法家和文学家郭尚先后裔，民国 7 年（1918 年）生于莆田城内书仓巷，民国 25 年（1936 年）毕业于莆田师范学校，民国 33 年（1944 年）毕业于福建省立师专。自民国 21 年（1932 年）开始发表文学作品，创作历史达 70 多年。郭风在民国时期已发表白话作品数百篇，包括散文、诗歌、小说、报告文学、通讯等。他擅长写作散文诗，其作品想象丰富，文笔清新凝练，熔形象与哲理于一炉，有独特鲜明的艺术风格。至去世时，结集出版散文、散文诗和儿童文学作品集 50 多部，如童话诗集《木偶戏》《火柴盒的火车》，童话散文集《鲜花的早晨》《蒲公英和虹》《早晨的钟声》《蒲公英的小屋》《月亮的船》，散文集《小小的履印》《搭船的鸟》，散文诗集《叶笛集》《笙歌》《灯火集》《小郭在林中写生》《会飞的种子》，诗集《轮船》，等等，是国内著名的散文家、儿童文学家。

民国时期就已知名的文学名家还有出生于莆田黄石的彭燕郊（1920～2008

年），为"七月派"①代表诗人之一。彭燕郊原名陈德矩，民国 27 年（1938 年）参加新四军，曾在新四军政治部战地服务团和对敌工作部工作。民国 28 年（1939 年）开始在《七月》《抗敌》《现代文艺》《文化杂志》《诗创作》《抗战文艺》等有影响的刊物上发表作品。其代表作有《东山魁夷》《小泽征尔》《钢琴演奏》《混沌初开》等，是我国著名诗人、学者、编辑家，在诗歌创作和研究、编辑出版、民间文学、教育等诸多领域都取得了杰出的成绩。

此外，出生于仙游的新加坡华侨作家周颖南（1929～2014 年），以文名与商誉并称于海内外，发

图 7-36　青年彭燕郊

表文学作品 200 多万字，有《周颖南文集》《南国声华》《南国情思》《迎春夜话》《颖南选集》以及《叶圣陶、周颖南通信集》《俞平伯、周颖南通信集》《刘海粟、周颖南通信集》等文集十多种。

（二）旧体诗人和壶社

民国时期，不少莆仙文人还是以作旧体诗词为娴熟，留下一批诗词作品集，如仙游王寿桁（1862～1941 年）著《行行草》诗集 4 册，莆田张琴（1876～1952 年）著《桐云轩诗文集》，林翰（1878～1925 年）著《山与楼诗》，宋启人（1880～1955 年）著《仁陶诗草》，黄祖汉（1886～1970 年）著《倦知楼诗》，陈国柱（1898～1969 年）著《继周诗集》，林冠彬（1899～?）著《桐琴诗稿》等。

民国时期，莆仙地区先后出现过 10 多个不同规模的诗社，如壶社、湖山社、健社、画屏社、新莲社、蒲溪社、军余社、九华社等，其中最著名、影响最大的首推"壶社"。该社社员多数为旧体诗人，以清朝遗老、新学堂教师和地方绅士、官员为主，以近体唱和、诗钟撰作为主要活动内容，留下一批富于时代色彩的作品。

---

① 抗日战争全面爆发后，胡风长期负责"中华全国文艺界抗敌协会"领导工作，先后主编《七月》《希望》杂志和《七月诗丛》《七月文丛》等，艾青、田间、邹荻帆、阿垅、路翎等一批青年作家在他的指导和帮助下崛起于文坛，在他的带动下形成了著名的文学流派"七月派"。"七月派"是中国现代文学史上历时甚长、富有探索精神而又具有沉重悲剧命运的进步文学流派。

1. 壶社的创立时间与社员

壶社创立于民国 9 年农历五月初四日（1920 年 6 月 19 日）①，倡议创立者为清朝举人林翰和进士关陈谟。最早入社的有 8 位成员：陈耀枢、林回澜、方澜声、温彦超、宋增佑、游定远、宋赋梅、陈元璋。诗社取名"壶社"，大概是因为壶山为莆田镇山之故，另外亦寓有"壶酒论诗"的雅意。壶社成立不久，翰林张琴自广州回莆，亦受邀加入，壮大阵容，后来，张琴北上京城就职，而月课则仍多按时寄归。

先后参加壶社活动的诗人有 60 多人。有的为活跃社员，有的只参加一两次，绝大多数成员里籍是莆田本地，只有少数为游宦任职或过莆游旅者。其中有的是清朝进士，如关陈谟（1872~1932 年），字勋甫，号佛心，莆城书仓巷人，光绪二十九年（1903 年）进士，签分刑部主事，以母老乞归。历任兴郡中学堂总教习和监督、莆田团练所长、省临时议会议员以及兼任莆田教育会会长等，著有《莆中倭祸记》《莆闻录要》等。又如张琴（1876~1952 年），字治如，一作知庐，笔名持儒，晚号石匏老人，莆城十八张厝人，光绪三十年（1904 年）末科进士。宣统元年（1909 年）春进京，授翰林院编修。民国元年（1912 年）被选为国会众议院议员，民国 2 年（1913 年），在北京兼任《亚东新闻》主笔。民国 3 年（1914 年），回莆田任兴郡中学堂校长。学识渊博，于诗书画印，无所不能。著有《桐云轩声画集》《桐云轩诗文集》《孝经正义》《学庸通义》《六书考源》《帝国共和主义论》《莆田县志稿》等。

还有一部分为清朝举人出身。如林翰（1878~1925 年），字西园，莆城田尾人。清光绪二十八年（1902 年）举人，两度留学日本，毕业于明治大学。民国成立，任福建省议会议长，著有《山与楼诗集》等。陈耀枢，字朗如，号斗生，莆城后塘人，光绪二十八年（1902 年）举人。萧潆颐，字敦甫，自号艳公，莆城南门人，光绪二十三年（1897 年）举人。吴台（1880~1960 年），字星夫，号幼山、心佛，莆城衙后人，光绪二十四年（1898 年）举人，毕业于北京大清法律大学堂。民国 5 年（1916 年）任驻朝鲜仁川领事，后历任汉城总领事馆领事、司法部机要秘书等。

成员出身清朝秀才、贡生者不少。如林回澜（1883~1930 年），字东川，号奇

① 张琴《莆田县志稿》记壶社创立于"民国十年"（1921 年），误。其他如黄乃江著《东南坛坫第一家：菽庄吟社研究》（武汉出版社，2011）之"壶社创立于辛酉（1921 年）、壬戌（1922 年）之交"（第424 页）等说法，皆为讹误。

楠，晚自号荔园小宋，莆城雷山人，秀才，著有《荔园诗稿》。宋增佑（1881～1955年），乳名淑老，字启人、启仁、仁陶，笔名幼石，莆城罗弄里人，宣统元年（1909年）拔贡，著有《宋仁陶遗集》等。游定远（1875～1966年），字介园，号勺园、碧藏楼主人，莆城衙后人，秀才，著有《莆阳派印存》《抗日印史》《壶社诗草》等。陈敬汤（1881～1927年），字又铭，一作又名、佑铭、佑民，莆城铁树里人，宣统元年（1909年）拔贡。宋禧生（1878～1947年），字棋石，莆城双池人，秀才，兴郡中学堂毕业。张寿祺（1857～1927年），字介庵，莆城市头下人，光绪十一年（1885年）拔贡。陈元璋（1885～1959年），字亦才，一作翼才、奕才，号梅峰，莆城县巷人，秀才，著有《梅峰诗文集》。宋增矩（1886～1967年），原名增榘，字仁坤，号湖民、癯民，晚自号南禅、湜老，莆城罗弄里人，秀才，后考入北京大学英文系，著有《莆田金石木刻拓本志》《南禅室集》等。其他出身秀才的社员还有：方澜声（1882～1945年），字西湖；陈玉麒，字韵玱、韵沧；郑玉森，字栋臣，号栋丞；宋瞻屺，字萱怀；郑祖勋，字铭安；李鸿，字翼翀；宋赋梅，字子平；朱焕星，一名焕醒，字妙斋，号妙哉。

还有一批社员是留日回国人员。如陈樵（1871～1925年），字友渔，一作幼渔，号笑士，莆城田尾人，秀才，后毕业于日本法政大学，著有《丘园遗诗》。温彦斌（1891～1944年），字筱珊，一作笑珊、少珊、少山，小名洪，字岂凡，一作起凡，莆城安福人，于福州武备学堂、保定陆军中学堂毕业后留学日本，历任国民革命军总司令部高级参谋、少将参谋长、中将参谋长以及广东饶平县长、安徽霍山县长等。黄祖汉（1886～1970年），字仲良，又号衷凉，莆城东里巷人，留学日本，先后毕业于经纬学校、早稻田大学。归国后历任福建法政专门学校教员、省民政厅科长及秘书以及莆田砺青中学校长、莆田县参议会议长等，去台后任台湾省立师专教授、台北市莆仙同乡会第五届理事长，著有《倦知楼诗》。张景棠（1882～1935年），号左如，又号左庐，莆城市头下人，两度留学日本，回国后历任福建省议会议员、公立法政专门学校教务长、省政府公报室主任、莆田砺青中学首任校长等。陈肖洁，名炘侯，字肖洁，闽县（今福州）人，毕业于日本早稻田法政大学速成科，后任福建高等审判厅刑庭庭长。林卓立（1892～1970年），字倳鹤，原名林庆波，字孝本，莆城西墙巷人，毕业于日本千叶医学专门学校，后历任莆田《醒报》主笔，甘肃省、广东省参议咨议等。

社中新式大中学堂毕业的文教界诗人占较大比例。如林及锋（？～1925

年），字锐之，别署磊之、磊芝，号小鹅湖寓主，莆城河边人，官立兴郡中学堂首届毕业。郑渠（1889～1950年），字笑白，一作少白，莆城人，福建省立师范学堂毕业。林树源（1895～1980年），字贤仁，号远堂，晚号林东，莆城县巷人，省立第十中学毕业。苏师颖（1895～1951年），字遂如，一作邃如，号频陀、如石，别名苏群，莆城南门人，毕业于北京高等师范学校国文部。林挺秀，生卒年不详，字奇峰，号愚公，莆城北大路人，毕业于官立兴郡中学堂。蓝锵，生卒年不详，字少铿，莆城后塘人，毕业于国立武昌高等师范学校。林弼，生卒年不详，号蒲民，福建协和大学生物系毕业。陈晴山（1894～1960年），原名天福，莆城县后巷人，毕业于福州师范学堂。陈擎鼎，生卒年不详，毕业于上海大学英国文学系。陈士龙，生卒年不详，字云丞，莆田十中毕业。林冠斌（1899～？年），一作冠彬，字桐琴，毕业于上海中华艺术大学。林光弼，生卒年不详，莆田中学毕业。

社员中也有军警政界人士，其中有的是外地仕宦莆邑者，如李洪筹（1878～1944年），一作鸿筹，字海春，晚号匏公，江苏沛县人，秀才出身，民国9年（1920年）任莆田县长。苏南（1877～？年），字干宝，福建南安人，保定陆军军官学堂第三期毕业，任陆军步兵上校、福建参谋长。罗云，生卒年不详，字翰坡，一作翰波，莆田人，民国21年（1932年）始任陆军第83师步兵第249旅司令部中校主任参谋。林镗（1904～1993），字声甫，号辛父、莘父、申甫，莆城北大路人，毕业于厦门大学国学系，后任国民革命军新编第一军第一师宣传科科长、省立莆田中学校务委员会主委等。陈禅心（1912～2004年），原名春霖，字畏陀，原籍莆田常泰，迁居莆城东大路，毕业于省立农林高级中学，民国25年（1936年）始在抗日空军部队服役。林君汉（1882～1955年），原名林缥，莆田城内人，涵江兴郡崇实中学堂毕业。林秉周（1895～1968年），名本礼，字秉周，仙游社硎人，历任国民政府海军陆战队第二独立旅旅长、闽变中华革命军第一方面军海军陆战队副司令等。田则恒，生卒年不详，字谷士，一字古序，号毕公，闽侯人，历任福建陆军司令部少校书记官、莆田县府秘书。田无逸，生卒年不详，名春树，闽侯人，举人。林剑华（1901～1966年），原名景滢，字剑华，号兼化，莆城下务巷人，毕业于上海大学中国文学系，历任江西《国民日报》总编辑、国民党莆田县党部书记长、砺青中学和中山中学校董。罗志忠（1906～1996年），仙游人，任莆田中山中学军事教官。陈道中，生卒年不详，号明如，历任佛教居士林监事、莆田县宣讲社社长。林剑黎（1918～2008年），莆田城内人，莆田县义勇警察大队部书记。

2. 壶社的活动

壶社自创立至民国 36 年（1947 年）活动式微，大体经历了兴盛期（1920 ～ 1922 年）、衰落期（1923 ～ 1932 年）和重振期（1933 ～ 1946 年）三个时期。

壶社成立初期活动人数虽只有 10 人左右，然其成员志同道合，因此活动十分活跃。活动基本采用不定期做东形式，月有诗课，每次雅会，菜限八簋，"值会"者二人，地点由值会者自定。有时没能与会的社员，则用寄信投稿形式参加诗社活动，对缺课者，尚有罚金制度。一些人虽不在莆田，却仍是社中活跃分子，如民国 6 年（1917 年）考入北京大学英文系学习的宋湖民，壶社成立后，每月诗课题目寄去北京，宋氏也多有寄诗酬和。壶社的正常活动，持续了两年多，此时期是该社成立后的兴盛期。

民国 12 年（1923 年）后，福建时局动乱，莆田地方多事，加上壶社创建者林翰、关陈谟和中坚社员如林及锋、陈樵、陈又铭、林东川、温少山、陈朗如等诗人先后谢世，至民国 21 年（1932 年），参加初集的社友，存者已不及半数，社集活动遂渐趋式微甚而停止，是为衰落期。

逮至民国 22 年（1933 年），秀才出身的莆人陈元璋回莆任税务局长，其人宦囊充裕，公余之暇，雅好吟咏。陈于民国 22 年农历二月十一日，发起壶社重集。活动和宴饮地点设于衙后游氏碧藏楼，并请翰林张琴主持诗会。活动前，先以诗代柬，陈首唱求和。参加此次雅集者，有吴台、萧潗颐、宋增矩、温彦超、游定远、郑玉森、郑渠、林景滢、林树源、林弼和莆田县府秘书田谷士等人。此次活动后，壶社又吸收了一批新社员，社事一时呈现中兴景象，是为壶社之重振期。然新进社员多各有风格脾性，"已非原壶社社员皆谦谦诸君子矣"[1]。本年举行 8 次雅集唱和，后编为《壶社诗抄》刊印行世。

民国 24 年（1935 年），湖山小学校长宋启人以"湖山诗社"名义，多次发起折枝吟征诗，参与者除湖山小学教员外，亦多为原壶社成员。

民国 32 年（1943 年）秋，由张琴发起，举办社集，再度重振壶社。与集社员有郑栋臣、游介园、宋启人、宋湖民、郑少白、林剑华、陈擎鼎、林远堂、林蒲民、林申甫、陈禅心、林剑黎等。

民国 33 年（1944 年），黄祖汉、陈元璋等宦榕官员自省城福州归莆，壶社阵容再次壮大。此后加入壶社的社员有李鸿、郑文熙、林卓立、朱焕星、林冠彬、林光弼、罗志忠等人。

---

① 宋启人：《仁陶日记·癸酉》二月十二日。

图 7-37 《壶社诗钞》书影

民国 34 年（1945 年）8 月 15 日抗战胜利，壶社社员欢欣鼓舞，诗兴勃发，咏唱酬和不少，且多慷慨激昂之作，如《日皇归顺歌》《胜利词》《洗兵马》《受降歌》《胜利颂》《胜利歌》《皇军投降》《天皇乞降》等。本年自农历正月开始，又举办过多次的折枝吟（诗钟）活动。

民国 35 年（1946 年）4 月 6 日，海军上将萨镇冰自福州到莆田，时陈翼才在省任职，为萨氏下僚，陪萨氏到莆，并寓县巷陈氏自宅。壶社同人于 4 月 8 日在南山广化寺设宴欢迎萨氏，宾主相聚唱酬甚欢。此后几天，萨氏与壶社诗人还作有游木兰陂诗、游东岩山诗、梅峰寺饯行诗等共 100 多首唱和诗作。此次萨氏与莆田诗人的酬唱，亦是壶社重兴后的一次重大活动。此后时局混乱，社事不振。

壶社自成立至停止，举办过数十次雅集活动。有些活动可能因为规模小、作品少，没有留下完整资料。有记载的较大规模的雅集有 20 多次。壶社活动主要采用社课雅集方式，由社员"排月值课"。张琴、林树源、宋启人等都曾为厦门菽庄吟社吟侣。壶社主持人张琴与菽庄主人林尔嘉过从甚密，亦参加过菽庄吟社的创作活动，故壶社除社课雅集外，亦借鉴菽庄吟社对外征诗之创作活动方式，扩大影响。

民国时期吉了人李光荣编的《兴安风雅汇编》12 卷是莆阳名胜古迹诗咏的总集，有江春霖、吴鸿宾等作序，该书收录近代及民国诗人作品甚丰，因未刊刻，稿本编排不当及鲁鱼亥豕之处较多。

图 7 - 38　李光荣《兴安风雅汇编》稿本书影

（三）书画与工艺

1. 书法篆刻

活动于民国时期的莆仙书法名家，以清朝进士、举人以及秀才著名者为多。为人所称道的主要人物如下。

吴鸿宾（1851～约 1926 年），字云笙，号默髯，仙游度尾人，出仕后迁家莆城雷山，光绪十一年（1885 年）拔贡。朝考一等，任浙江海监、钱塘知县。善书法，行楷初学欧虞，行书圆润腴秀，笔力雄健，墨迹流传甚多，闽浙各大寺院之匾额楹联，多出其手。

图 7 - 39　吴鸿宾对联书法　　　　图 7 - 40　关其忠书法作品

江春霖（1855～1918 年），字仲默，号杏村，莆田梅阳人。光绪二十年（1894 年）进士，历官翰林院检讨，武英殿纂修，兼署辽沈等多地监察御史。访察吏治，与庆亲王、袁世凯等权贵抗争，声震朝野，为"有清御史第一人"。江氏书法清秀瘦硬，有骨气，字如其人。

张寿祺（1857～1927 年），字介安，号介庵，莆城市头下人，光绪十一年（1885 年）拔贡，擅小楷，秀润纤妍。

程骥远（1858～1935 年），字汝希，莆田黄石人，光绪十七年（1891 年）优贡，精书画，书学二王，山水宗四王。

关其忠（1868～1934 年），字介堂，莆田江口人，光绪三十二年（1906 年）优贡，工书法。

陈唐彬（1870～1964 年），字暮禅，道号了一子，莆田城厢人，光绪二十四年（1898 年）秀才，工书法，四体兼备，尤精篆隶。隶书取法汉碑《礼器碑》，瘦劲宽博，从容秀逸，晚年喜摹钟鼎文字，混古天成。

图 7-41　陈唐彬书法作品　　　　　　图 7-42　张琴书画篆刻作品

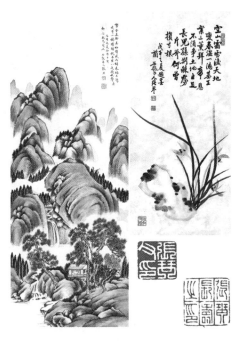

康浩（1874～1957 年），字叔明，涵江人，光绪十九年（1893 年）秀才，擅欧书，其书清雅端庄。

张琴（1876～1952 年），字治如，号石匏，光绪三十年（1904 年）进士，翰林院编修，诗书画印皆工，可媲美板桥"四绝"，其墨迹在民间和东南亚大量流传。

民国时期较著名的书法家还有不少。如游观澜，字叔海，莆城衙后人，光绪十年（1884 年）秀才，精书法，工篆刻，楷法晋唐，端庄娟秀；行楷沉着雍容，古劲绝俗。程拯远（1876～1947 年），字子亦，莆田黄石人，光绪二十一年（1895 年）秀才，岁贡，书精四体，篆隶别有古意。李国华（1881～1930 年），字文垣，莆田沁后人，宣统元年（1909 年）优元，工书法，喜作大字榜书，笔力沉雄，楷习欧体，行书学董其昌。魏其倬（1884～1941 年），字汉槎，涵江人，光绪二十九年（1903 年）秀才，擅长书法，运笔刚劲而秀逸。

2. 绘画

清末民国时期绘画名家以仙游为多，有"仙游画派"之说。代表人物有李霞、李耕、黄羲等。

李霞（1871～1938 年），字云仙，号髓石子，仙游人，生长于赖店横塘村，刻苦自学，继承扬州八怪之一黄慎的绘画传统，又能立异创新，笔势雄健，丈匹大幅，尤见工力。好画仙道佛儒和仕女人物，为国内国画画坛无师自通、自学成名的典范。光绪三十四年（1908 年）到皇宫作画，受到清末帝溥仪老师陈宝琛的推崇，并为其画册作序。宣统二年（1910 年）在南京、上海等地举办个人画展，轰动画坛。民国 4 年（1915 年）所绘《十八罗汉渡江图》被选送到巴拿马参加全球绘画赛会，获得优等奖章。民国 12 年（1923 年），《函谷跨牛图》又在美国纽约全球绘画赛会上获得了优等奖章，为中国画艺术再次赢得了国际声誉。李霞的人物画多取材于历史、神话及民间传说，如岳飞、白居易、苏东坡、王昭君、花木兰、弥勒佛、钟馗、八仙等。李霞的工笔人物画也极其洗练灵秀，勾勒技艺炉火纯青。

李耕（1885～1964 年），原名实坚，字砚农，号一琴道人、大帽山人，室称菜根精舍，自小生长于仙游度尾镇中岳村，勤奋好学。13 岁随父为寺庙作画。远承吴道子、仇英、唐寅、黄慎、上官周、郑板桥等。擅古典人物、山水、花鸟，兼长书法、诗文、金石雕塑、弦琴等。二十几岁时画艺已相当成熟，在实践中不断探索不同画派的风格而又撷取其精华，主张先效先贤，严法度，坚基础，后师造化，脱窠臼，创新意。其古典人物画，超凡脱俗，形、神、意、气兼备，构图奇拙，寓意深邃，善于以最简练的笔墨，变幻多端地高度概括人物形象。他每作一画，不管是立意、构图、运笔、用墨，都力求表现与他人不同的特点，给人以清新、爽朗的感觉，正是"熔百家而不沉于一派"，形成扬名海内外的"李耕画派"。其画在20世纪20年代中期即驰誉中外，深受东南亚各国华侨及日本人的推崇。民国13年（1924年），其《弥勒佛》作品在"东南五省画展"中荣获第一名。徐悲鸿在《申报》发表画评："有以奇拙胜者，首推李君耕，挥毫恣肆，可以追踪瘿瓢，其才则中原所无。"时有"北齐（白石）南李（耕）"之誉。1959年李耕创立"李耕国画研究所"，曾为人民大会堂绘制《松青鹤白东方红》等画，曾举办三人画展、五人遗作联展及"李耕父子画展"等，著有《菜根精舍画论》等画论著作，出版有《李耕画录》《仙游画家》等画集。

图7-43 李耕《弥勒佛》

图7-44 李耕《东坡尝荔图》

黄羲（1899~1979年），原名文清，又作文情，字可轩，号大蜚山人，仙游县鲤城街道大蜚山村人。少时拜李耕为师，后随李霞学画。到过苏州、杭州、上海、闽南和台湾等地。民国15年（1926年）考入上海美专，又进新华艺术进修，毕业后任教42年。其画既继承传统的国画技法，又吸取民间艺术的气质和特点，擅长人物画，用笔简洁，设色淡雅，是著名古装人物画家和美术教育家，有《黄羲教授十八描》等教材。

图 7-45　黄羲《麻姑晋酿》　　　图 7-46　黄羲《陆羽品茶图》

民国时期，莆仙较著名的画家还有不少。林向秀（1860～1921 年），字幼期，莆田城内龙坡人，擅绘山水，兼精篆刻。陈汝瑚（1864～1934 年），字梅庵、梅珊，号东湖居士，仙游榜头人，善墨梅，淡雅挺劲，浓淡相宜，时与李可信齐名。林肇祺（1868～1930 年），号颐道人、寿庵氏、鹤野老人、半痴等，仙游枫亭人。自幼处困境而仍矢志学画，擅山水花鸟，尤以画龙、虎、猴、鹿、鹰等著称，笔法多变，娴雅脱俗，又兼能诗书篆刻，誉驰画坛。李可信（1875～1949 年），字石安、实安，原籍福州，移居涵江顶铺，业西医，擅画梅花，吴昌硕曾题赠"八闽一枝春"，又善仿李霞人物，几可乱真。朱铎（1876～1945 年），字庆廷，一字警予，莆田城郊人，私塾肄业，自学成为著名画家。擅花鸟，尤精芦雁，含工带写；间作山水，气韵生动；兼善篆刻，刀法工整，多不击边。杨载（1886～1953 年），字渭蒲，涵江人，精画花鸟，书善四体，兼擅篆刻、精古鉴。

3. 工艺

莆仙传统工艺有石雕、木雕、砖雕、玉雕等，民国时期莆田工艺名师以木雕最为突出。莆田人廖祖庆，为光绪间木雕名家廖熙（1863～1918 年）侄孙，精于制作文房用具、算盘以及摆件座盖、砚匣等实用工艺品，雕工精妙，是为廖氏工艺之嗣响者。

　　雕塑家黄文英（1899～1971 年），号洗凡，涵江霞徐人，是民国时期涵江乃至莆田县一位颇负盛名的民间寺庙壁画家和雕塑家。涵江楼下人刘骥（1907～1978 年），又名荣麟，字舒腾，善画山水仕女，亦为著名雕塑家，工塑佛像。民国时期，仙游民间的各类建筑物，都有许多精美的木雕饰件。如度尾后埔材大厝的梁枋、斗拱雕饰，赖店坂头鸳鸯大厝的廊檐木雕、吊筒雕饰、窗花雕饰和四层斗拱雕饰，都极为精美，皆出于莆仙民间雕刻艺人之手。

　　20 世纪三四十年代，莆田朱榜首（1917～1982 年）、佘文科（1918～1994 年）、陈仙阁（1920～1989 年）等民间木雕名匠及刘荣麟等画匠，吸收仙游国画大师李耕的人物画韵味，形成了以武将人物造型为主的莆式圆雕。在今涵江区梧塘镇九峰村的方氏九间厢等 10 多户民居、江口镇园下村关帝庙等寺庙，都留下了许多人物及建筑装饰的圆、透、平、浮雕相结合的传世杰作。出身于木雕世家的黄丹桂（1915～1997 年），自小随其父黄文廉、祖父黄荣泉学习传统木雕技艺，25 岁时便成为黄氏木雕第三代传人。其所创作的民居木雕具有注重实用价值与艺饰价值完美结合、随型构图与现场设计得心应手、不雕重样与新意迭出以及散点透视与圆浮透雕融会贯通等特色，传统人物圆雕更是其拿手绝活。

　　民国时期，莆仙的工艺种类还有竹编、藤编、麦编、剪纸等。莆田城内林魁清兄弟就是远近闻名的藤编工艺名家。上述工艺产品主要为实用器，广泛流行于民间，又因材质易朽，故成为收藏品的极少。

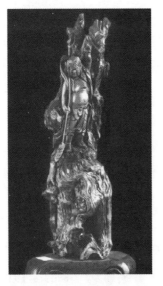 

图 7-47　黄丹桂木雕作品之一　　　图 7-48　黄丹桂木雕作品之二

综上所述，随着时代的变化，民国时期莆田文学试图摆脱旧有的模式，开始尝试白话文、白话诗的创造，出现了黄衣青、郭风、彭燕郊等著名白话文、白话诗名家。同时，传统的旧体诗歌仍盛行于世，壶社聚集大批莆田文人，创作大量旧体诗，其中不乏优秀作品。至于书法、篆刻、绘画等艺术，虽秉承传统，但也有创新，不少作品中透出变革的时代气息。

六　传统宗教与民间信仰

民国时期政府实行信教自由政策，佛教、道教及各种民间宗教信仰得以合法存在。然而，从民国4年（1915年）开始，知识界掀起了提倡民主、反对专制，提倡科学、反对迷信的新文化运动，中国传统宗教文化成为被批判、被打倒的对象。民国17年（1928年），国民政府颁布了《神祠存废标准》，对传统宗教信仰进行限制；加上基督教、天主教等外来宗教的冲击，中国传统宗教信仰遭受猛烈冲击。不过，由于国民政府制定的神祠存废标准的自相矛盾和不明确性，加上传统宗教信仰的基础比较雄厚，相关活动仍在民间进行，仍有其不可替代的社会影响力。

（一）道教

民国时期的莆田道教较以前更加衰微，许多宫观被破坏。如元妙观（又称玄妙观），是莆田地区最大的道观，宋代李俊甫在《莆阳比事》卷1中称："三殿宏丽，甲于八郡。"经过宋、元、明、清四朝的不断修缮、扩建，民国初年时元妙观占地24亩，拥有山门、三清殿、通明殿、九御殿、四官殿、文昌殿、五帝殿、东岳殿、五显庙、西岳殿、文昌三代祠、关帝庙、福神殿等坐北朝南、以朝南中轴线为中心的宏伟建筑群。然而，20世纪30~40年代，元妙观先后成为驻军营房、校舍、法院审判庭、福建新报社和印刷厂、社会服务处等，大部分建筑物被拆毁，仅存三清殿、东岳殿等少数殿宇。元妙观尚且如此，其他宫观更加惨淡。清末，莆田地区尚有住观道士。到了民国时期，大多数道士为了谋生，或改业，或走入民间，为人斋醮、度亡、做法事，俗称"师公"。

尽管如此，由于道教的玉皇大帝、玄天上帝、城隍神等信仰已成为社会习俗的一部分，在民间仍然有众多信众，甚至一些官员也参与了这些民俗活动。民国37年（1948年），主祀玉皇大帝的壶公山凌云殿重修正殿，宏伟壮观。黄石北辰宫是莆田地区规模最大、香火最为旺盛的玄天上帝庙。据《莆田县宗教志》记载，民国32年（1943年），春夏大旱，时县长叶长青特意请神驾到城内祈雨。① 民国初，莆田城隍神的祭典活动仍然十分隆重热闹，祭典多由行会筹办，通常要连台献戏 20 余日，甚至长达一两个月。一些宫观在地方社会治理方面仍有着不可替代的影响力。江口东岳观始建于元至元二年（1336 年），明永乐十一年（1413 年）、万历三十七年（1609 年）、清嘉庆十二年（1807 年）、民国 11 年（1922 年）曾多次重修或重建。东岳观在调解民间纠纷、维护地方社会秩序方面有着不可替代的"威权"。对此，民国 11 年（1922 年）的《重修锦江东岳观碑》给予了高度的评价，称：

> 锦江立观，始于有元，迄今五百余载，香火之盛甲于全莆。其所以御灾捍患、造福斯民于冥冥中者，不可殚述。至于排难解纷、彰善瘅恶，其威权实足辅地方官吏所不及。每间十数载，举神以巡行境内，一邑之人骈肩累迹，奔走偕来，以恪恭将事。谓非神之盛德及人，乌能若此耶？②

此外，东岳观还参与管理当地的农田水利系统，创办书院、小学、育婴堂、孤老院、义冢等文教及慈善机构，发挥着重要的作用。

图 7-49　江口东岳观

（二）佛教

民国时期，莆田佛教虽遭遇窘境，但由于佛教界的积极应对，呈现曲折发展之势。

清末，中国各地兴办学校，为缓解办学经费短缺问题，两广总督张之洞首

---

① 莆田县宗教事务局编《莆田县宗教志（初稿）》上册，1991，第 328 页。
② 郑振满、丁荷生编纂《福建宗教碑铭汇编》（兴化府分册），福建人民出版社，1995，第 327 页。

倡"寺产兴学"。张之洞认为，"今天下寺观，何止数万，都会百余区，大县数十，小县十余，皆有田产，其物业皆由布施而来，若改作学堂，则屋宇田产悉具，此亦权宜而简之策也"①，他主张将各县 7/10 的寺观改为学堂。这一主张得到社会广泛的赞同，此后至 20 世纪 20 年代，"寺产兴学"风潮弥漫全国。民国元年（1912 年），袁世凯颁布《管理寺庙条例》31 条，企图将佛教寺产纳入社会公益事业。民国 17 年（1928 年），国民政府召开全国教育会议，提倡以庙产兴学，改寺庙为学校，以寺产充教育基金。翌年，国民政府颁布《寺庙管理条例》21 条。当时，各省军阀、地方官吏纷纷以教育、慈善事业为由，强行接收地方寺庙。民国 17 年，仙游民军首领林寿国就企图霸占广化寺为军营，强令广化寺僧一周之内全部搬出，至今释迦文佛塔内壁还保存有醒目的革命标语。这股寺产兴学风潮，加上当时的新文化运动和西方文化的输入，给中国佛教以沉重的打击。民国 26 年（1937 年）仙游县仅有寺院 76 座，僧尼 260 人，其中僧145 人，尼 115 人。②

面对危机，中国佛教界的有识之士积极应对，掀起振兴佛教运动，组织佛教团体，创办佛学院，培养佛教人才，重新弘扬佛法等，莆田佛教界积极加入这场运动。民国 17 年（1928 年），广化寺住持本如与梅峰寺住持永静发起成立莆仙佛教会，本如、永静分别为正、副会长。不久，莆田、仙游两县各自成立佛教会，协调处理所辖县内佛教有关事宜。

为了振兴寺庙，民国时期莆田广化寺、梅峰寺、龟山寺、囊山寺等寺僧纷纷漂洋过海到东南亚一带谋求出路，募集资金复兴祖寺，使莆田部分佛教寺院得以重修。民国时期，广化寺的本如、本利、体心、体顺、体磐、圆仁、学经、圆禅等和尚先后下南洋，在南洋建有万隆协天宫、三宝垄大觉寺、苏门答腊喃旁大兴庙、井里汶巴杞安潮觉寺、苏门答腊巴东西兴宫等廨院。在这些廨院的资助下，作为祖庭的莆田广化寺不仅重修大雄宝殿，修建观音阁、天王殿，还兴建藏经楼、十八罗汉龛等，③寺院的建筑更趋于完善。梅峰寺自清末微嘉法师时开始重兴，民国初，微嘉法师重建钟楼，新铸造大钟。继微嘉之后，梅峰寺赴海外弘法的僧人不断增多。至 20 世纪 50 年代，梅峰寺僧陆续在新加坡、马来西亚、印度尼西亚等国家接管或创建寺院庵堂 18 所，为祖寺复兴筹集大量经

---

① （清）张之洞：《张文襄公全集》第 4 册，中国书店，1990，第 570 页。
② 谢如明：《莆田发展简史》，厦门大学出版社，2008，第 198 页。
③ 莆田县宗教事务局编《莆田县宗教志（初稿）》上册，1991，第 120～123 页。

费。自微嘉开始，梅峰寺全部经济来源，包括僧众日常生活费和寺院修缮工程款，均仰仗海外廨院的资助。民国时期，梅峰寺各殿宇屡有修葺。民国3年（1914年），龟山寺僧平章远渡南洋，到马来西亚弘扬佛法。其后，龟山寺僧不断南渡，先后在东南亚建立4个廨院，为龟山寺先后修建禅堂、客堂、斋堂、法堂、方丈、库房、钟鼓楼、东西庑、天王殿、大雄宝殿、历代灵塔等提供大量资金。民国时期，江口鼓峰寺还迅速地由一个小寺发展成为莆田县的一座大寺院，到第二代"仁"字辈时，先后受剃度的弟子有72人，他们个个禅法兼修，佛学精深，不仅分灯境内，还先后到马来西亚、印尼等国家和我国台湾地区弘法，创建廨院。此外，囊山寺、石室岩寺、会元寺等都有寺僧弘法海外，并资助祖寺复兴。

图 7 - 50　梅峰寺

（三）民间信仰

民国时期，在提倡科学、反对迷信的运动中，中国民间信仰受到沉重打击，各地推倒神像、捣毁庙宇的事件层出不穷，尽管如此，民间信仰作为社会习俗的一部分，仍然流传于世。

民国17年（1928年），国民政府颁布的《神祠存废标准》将全国各地的庙宇分为"先哲类""宗教类""古神类""淫祠类"四种。其中，"先哲类"指黄帝、大禹、孔子、关羽、岳飞等祠，规定此类庙宇"应一律保存，以志景仰"。佛教、道教、回教、耶教等各大宗教，划入"宗教类"，归属保护之列。所谓"古神者"，指日月星辰、风雨雷电之神、火神、龙王、城隍、文昌、土地公等神灵，"在古代多认为可祀之神，明清以来，载之祭典，然以现代之潮流考之，均无存在之价值矣"，"亟应详加更正"。"淫祠类"则专指带有迷信色彩的民间信仰，包括送子娘娘、财神、瘟神等神庙，政府认为此类淫祠乃"假木偶泥塑，蛊惑人心，为患社会"，"盘踞人心为害最烈者"，必须加以取缔。[①] 民国19~29年（1930~1940年），国民政府推行"新生活运动"，运动中禁止一切神庙香火，烧香祭祀、跪拜神灵等迷信行为，迎神赛会及其相关民俗活动也一律被勒令停办。在政府的限制下，民间信仰受到广泛而沉重的打击。莆田地区的民间信仰自然不能例外。

妈祖信仰可谓莆田地区影响最为广泛的民间信仰，民国时期，分散于城乡各地的妈祖庙也在反迷信活动中受到了严重冲击，不少妈祖庙或年久失修，或改作他用，甚至被拆毁。当时，以林春声为首的莆田九牧林氏族人以妈祖生前救父寻兄、仁义至孝符合"新生活运动"的宗旨为由，向地方政府提出了保护妈祖庙的请求，并请转呈中央政府加以决断。民国18年（1929年），闽侯县林兆琦等人也呈请保存天后宫。主管此事的福建省民政厅接到请求后，广泛查阅了地方志和林氏族谱等文献资料，确认了妈祖生前的孝女身份及其行孝事迹，批准了林氏的请求，唯令将"天后宫"名称改为"林孝女祠"，并呈请"由内政部令各省县转饬所属，凡有前项神祠，应予一律保存"。于是，全国各地的天后宫通过改名得以保存下来。不少妈祖庙还得以重修、扩建。如民国29年（1940年），文峰宫新建了一座三层的升天楼。民国36年（1947年），林姓族裔林竹亭等人重修湄洲祖庙。不仅如此，据《莆田县宗教志》记载，民国时期，莆田地区还新建了不少妈祖庙，其中，埭头镇9座，平海乡1座，忠门镇18座。[②] 于是，全国各地的天后宫（含妈祖庙）改名为"林孝女祠"的不在少数。不过，官方祭祀完全停止，民间小规模祭拜却绵延不绝，信众还重修了部分妈祖庙宇。

其他民间信仰分布在广大农村，虽然也受到"新生活运动"影响，但总体而言影响不大，神庙保存，祭拜活动照常，巫师、神婆、乩童、风水先生在农村仍相当活跃。

七　三一教的持续发展

民国时期，三一教延续清末复兴的势头，持续发展。

---

① 国民政府内政部：《神祠存废标准》，《中华民国史档案资料汇编》第5辑第1编"文化（一）"，凤凰出版传媒集团、凤凰出版社，1994，第498~506页。
② 莆田县宗教事务局编《莆田县宗教志（初稿）》上册，1991，第573~574页。

在莆田仙游，三一教活动活跃，继续大量修建三一教堂祠，如悟本堂建于同治五年（1866 年），至民国 3 年（1914 年）从悟本堂派生出来的三一教堂祠有 20 多座，到民国 5 年（1916 年）增加到 30 座以上。① 仙游榜头玉辉祠重建于清末，至民国时期，从这里衍生出来的新建三一教堂祠有 33 座。② 时人张琴说道："今莆、仙二邑，先生专祠数百，香火薪传不绝。"③ 有学者统计，仅民国时期，仙游新创建三一教祠、堂、书院，共 114 座，新发展门人 11540 人。④

民国 9 年（1920 年），仙游西埔温敬修，榜头张德堂、沙溪杨泉石、度尾严注定、龙华黄台青、赖店陆掌教等人，在鲤城中正阁成立仙游县三一教活动中心。推选温敬修（1876～1951 年）为理事长，其成员分别担任掌教师、副掌教师、监视、护教、参教等职务。下设度世科、济世科、醮事科、公益事业科。他们不但重刊《夏午尼经训》《灵应本体真经》《心圣直指》等三一教经典，还倡办福利事业，施药赠棺，收埋尸骸，扶危济困，收养孤儿，普惠群众。⑤

在仙游枫亭，杨通化（1895～1976 年）致力于三一教的传播，他创立的夏午堂系统的三一教堂祠达 100 多座，信徒数以万计。杨通化传教有三个特点：一是他把所有财产用于三一教的传播事业上；二是他淡于名利，对后辈奖掖有加，注重培养三一教接班人；三是他在采取教人内功、为人治病、讲经会道等传统方法传播三一教的同时，把高深的三一教义理改写为通俗易懂的歌曲，教门人传唱，吸引了许多信众，特别是中老年妇女，对三一教的传播起了相当重要的作用。⑥

尽管清末民国时期三一教一度出现复兴景象，但由于缺乏强有力的宗教领袖，没能形成统一的组织，也出现了各立门户、炫异矜奇、谈妖说怪、荒唐枯槁、却病书符、求神降乩等违背林兆恩立教宗旨的乱象，三一教上层有识之士虽然忧心忡忡，呼吁纠正各种偏差，但收效甚微，三一教在复兴中潜伏着衰微的危机。

八　基督教自立运动

鸦片战争后，基督教依仗不平等条约的保护得以再次传入中国并有较快发

---

① 《镇家宝补遗》卷 2。
② 《内科行囊》。
③ （清）张琴：《考礼正俗保存神社说帖》。
④ 林庆裘：《民国时期仙游三一教六大人物》（未刊稿）。
⑤ 林庆裘：《民国时期仙游三一教六大人物》（未刊稿）。
⑥ 林国平、毛元林：《杨通化与仙游、惠安三一教的复兴》，《福建宗教》2008 年第 1 期。

展，但仍然受到中国传统文化的抵制，其传教事业每每受挫。为了改变这种状况，从 19 世纪下半叶开始，部分传教士和中国教会内部的爱国人士就开始关注本色化运动和"自立教会"的发展问题，力图改变"洋教"之形象，建立具有中华民族特色的基督教。民国 11 年（1922 年）在上海召开的"中国基督教全国大会"正式提出了要使中国教会本色化的口号，大会发表的《教会的宣言》，对"本色化"做出如下阐释："我们对于西来的古传、仪式、组织，倘若不事批评，专做大体的抄袭，卑鄙的摹仿，实在不利于基督教永久实在的建设……所以，我们请求国内耶稣基督的门徒通力合作，用有系统的捐输，达到自养的目的。由果决的实习，不怕试验，不惧失败，而达到自治的正鹄，更由充分的宗教教育、领袖的栽培及挈切的个人传道而达到自治的目的。"

基督教的本色化运动和自立运动均强调教会的"三自"（Three Self），即自治（self-government）、自养（self-support）、自传（self-propagation）。从 19 世纪 70 年代始，莆田教会就开始对自立问题进行积极探索与实践，其中美以美会所取得的成绩较为突出。

（一）　自治

为了使本地传道者在传教事业中更好地发挥作用，莆田教会兴办了各种神学校和主日学校，加强对本地传道者的训练。

莆田美以美会最主要的神学校，是光绪十八年（1892 年）蒲鲁士创办的"福音书院"，亦称兴化道学校。据统计，光绪三十一年（1905 年），"有 76% 的本地传道者在该校受过训练。培养了 40 多位学生"；[1] 民国 12 年（1923 年），兴化道学校共有 182 名毕业生，皆任传道职务，其中，"年会传道 91 名，备用传道 79 人"[2]。这些人中，有许多成为莆田地区的名牧，在莆田美以美教会的自立发展中起了重要的作用。除道学校外，美以美会还办有十几所妇女学校、妇女培道所和妇女传习所，以培养女传道人才。

通过神学培训机构，美以美会培养了一大批本地传道者。由于传教士人手缺乏，对当地方言、风俗习惯、环境等不适应，一般只驻守在总堂，对教会在偏远乡镇及山区的工作，只能每年定期往来巡视，负责有关施行圣礼、检查会籍、排解纠纷等指导性的事宜，而教会的实际工作，便落在本地传道者身上，

---

[1]　D. MacGillivary, *A Century of Protestant Missions in China*（*1807 - 1907*）（Shanghai：American Presbyterian Mission Press, 1907），p. 438.

[2]　《兴化道学校在兴化布道工夫》，《奋兴报》1924 年 11 月 16 日。

因此，本地传道者在教会会务中占有举足轻重的地位。但他们也仅仅是负责操作性的会务而已，教会的领导权和决策权仍然操纵在外国传教士手中，真正能做到"自治"的少之又少。

教会的会务除了布道外，还包括诸如学校、医院、文字出版及其他社会福利事业工作。

从教会学校来看，在 20 世纪 20 年代全国非基督教运动前后，莆田地区基督教信徒便为教会学校的"自治"而努力，并纷纷组织学校的权力机构——校董会。其中，中华圣公会福建教区于民国 4 年（1915 年）就开始组织校董会。同年，兴化教会捐款 4000 元给男子寄宿学校校董会，为学校的"自治"提供物质基础。

在医院方面，新中国成立前，莆田地区的教会医院属于美以美会的有仙游"美以美会女医馆"、涵江"兴仁医院"和黄石"仁济医院"；属于圣公会的有莆田圣路加医院及其仙游分院。其中，仙游美以美会女医馆和圣路加仙游分院于民国 26 年（1937 年）合并为"仙游协和医院"。合并前的美以美会女医馆基本上都是在外国传教士的控制之下，由女教士任院长，直至民国 26 年（1937年）与圣路加分院合并后，医院才完全由华人治理，实现真正的"自治"。涵江兴仁医院和黄石仁济医院自建立之日起，就聘请华人医生任院长，由华人来治理。莆田圣路加医院则是首先实现华人独立管理的教会医院之一，在此方面，余景陀父子的贡献尤为显著。余景陀是雷腾医生的高足，光绪二十二年（1896年）随雷医生来莆田创办医院，民国 15 ~ 26 年（1926 ~ 1937 年）担任院长职务达 12 年之久。后由余文光任圣路加医院院长。此后至民国 25 年（1946 年），余文光之子余景光继任圣路加医院院长。圣路加仙游分院是由当地教会出资兴建的，自建立之日起，就由华人负责。[①] 不仅如此，莆田教会医院还积极兴办医学校，如双凤医学校、莆田私立圣路加高级助产护士职业学校等，培训了一大批华人医务人员，为莆田地区教会医院的"自治"提供了人才资源。可以说，医疗事业是莆田地区教会事业"自治"较成功的一方面。

莆田教会的出版事业，只有美以美会的"美兴印书局"和罗马文、汉文版《奋兴报》。其中，美兴印书局在民国 32 年（1943 年）之前都由西教士任局长，长期处于洋人的控制之下；罗文版《奋兴报》的主笔也大都由洋人担任；汉文版

---

① Gordon Hewitt, *The Problems of Success—A History of the Church Missionary Society* (*1910—1942*) (London: SCM Press Ltd., 1977), pp. 260 – 261.

《奋兴报》的主笔虽都是华人，但"在重大问题上，仍是秉承洋人的意志转向"①。

（二）自养

在莆田地区传教达16年之久的美国传教士蒲鲁士指出："'自养'问题是传教工作中的难题和关键，解决了这个问题，那么传教工作中十分之九的困难就会得到解决。"② 相对"自治"和"自传"而言，莆田教会对"自养"问题还是较为关注的。

美以美会传教士力维涛（Walter N. Lacy）认为，中国教会的"自养"史可分为三个方面：向当地教会捐献土地和房屋；自备教会附属机构——学校、医院的费用；供给牧师薪金及教会的全部费用。

1. 献财产

向当地教会捐献财产是19世纪60年代中国教会"自养"的最简单形式，当时许多教堂就是由此而建立起来的。在莆田地区也出现这种向教会捐献财产的情况。据蒲鲁士记载，在莆田太湖村，有两兄弟将自己价值300元的房子捐献给教会；一穷苦跛子将其唯一的财产——一座破烂不堪的房子献给教会；又有一退伍老兵，用一生的积蓄给自己准备了一副上等棺材，希望死后能得到体面的安葬，他也将这棺材捐给了教会。除此之外，莆田基督教徒还自己出资兴建教堂。据蒲鲁士统计，光绪二十九年（1903年）莆田地区共有美以美会教堂79所，其中至少有一半是由教徒出资捐建的。③ 民国13年（1924年），兴化圣公会"新建了许多教堂，所需资金几乎全由华人提供"④。特别是在民国16年（1927年）以后，由华人"自养"的教堂持续增加，相当多的教堂是华人在没有西方传教士资助的情况下兴建的。

2. 教会学校和医院的自养

早在光绪十八年（1892年），兴化美以美会培元书院的学生，除8位传道的儿子每月由教会提供50分的补贴外，其他学生的食宿都是自备的。随着高等教育的发展，其运行更多的是靠学生的学费来支撑，有的校舍还是由当地慈善家捐建的。在医院方面，莆田地区的一些教会医院在20世纪30年代已经达到完全的"自养"。如莆田圣路加医院，尽管其医药费极低，且还有一些免费治疗，每

① 陈筠：《莆田第一家新闻报纸——〈奋兴报〉》，《莆田文史资料》第5辑，1983，第147页。
② W. N. Brewster, "A New Method of Self-support," *The Chinese Recorder* 27（1896）：331.
③ W. N. Brewster, "A Review of Thirteen Years," *The Chinese Recorder* 34（1903）：588–590.
④ L. Beard Willard, "Recent Development in Chinese Church Life," *The China Mission Year Book*（1924）：112.

年仍可收入数目相当可观的治疗费，并能承担至少 5 个乡村产科院的费用。

3. 牧师薪金及教会开支的自养

这是教会"自养"进程中最重要、最棘手的问题。实际上，这部分的"自养"能否实现，与教徒捐输多少密切相关。

为劝勉信友尽力捐输，光绪二十年（1894 年），蒲鲁士发布了"十输其一启"，"十输其一"成了兴化美以美会信友捐输的最低标准。此后，兴化美以美会信友"踊跃捐输，自备资脯款项年年增进"。不仅如此，美以美会兴化年议会还设立"自备资脯部"，对捐款款项的分配以及各级教牧人员及其家属的薪金补贴做了具体规定。据称，在"自养"方面，兴化年议会位居全国美以美会各年议会之首。同治十三年（1874 年）时，兴化教区只有 3 位传道完全由当地教会供养；光绪十五年（1889 年），当地牧师薪金的 16% 是由当地教会提供的；至光绪三十年（1904 年）时，这个比例已增至 84%；① 民国 5 年（1916 年），属于兴化年议会的永春—德化教区已经达到"完全自养"。然而，由于教会势力的衰退及天灾人祸的频繁，民国 15 年（1926 年）以后，"各连环供养牧师，平均本地捐款仅三分之二，赖西国母会补助实占三分之一，而教育慈善各项经费不在其内，可见'自养'之力甚薄弱也"。②

与美以美会相比，莆、仙圣公会除了极力劝捐外，并没有采取什么措施促进"自养"，而其信徒的捐款也少得可怜。其中，仙游支区更是薄弱，"财政困难达于极点，各堂会对支区议会所应担任之款额，皆不负责，历年支会开支全靠中央津贴款以维持之"。③ 民国 23 年（1934 年），仙游支区宣告破产。莆田支区的经济状况在 20 世纪 20 年代之前，"虽无甚充裕，历来犹可量入敷出"。非基督教运动爆发后，"因受反教影响，一般信心薄弱之教友相率离道"，致使"各堂捐款非常退落"，至民国 17 年（1928 年）时，"收入、开出对抵外，尚短数百元，各职员薪水遂难照传道部新章而薪"④。在这种经济极端困难的情况下，圣公会莆、仙支区根本无法实现"自养"。

（三）自传

传教士们早就认识到，在中国传播福音的重担应由华人挑起。"自传"需要

---

① W. N. Brewster, "A Review of Thirteen Years," *The Chinese Recorder* 34（1903）：588 – 590.

② 《美以美会兴化年议会录》，美兴印书局，1926，第 106 页。

③ 《中华圣公会福建教区第 23 届议会报告书》附录"支区情形报告"，中华圣公会福建教区，1933，第 14 页。

④ 《福建辖境议会录》附录"支区情形报告"，中华圣公会福建教区，1929，第 16 页。

的不仅是本地牧师和传道的努力，一般信徒在布道和见证方面也很重要，因为一个信徒所做的布道和见证工作可能无法与一个本地牧师或传教士相比，大量的信徒却能比任何一个传教士取得更多成就。

由于莆田教堂的数量远远超过传教士人数，以当时传教士的数目，根本无法在每个教堂布道，牧养相对众多的中国信徒。加上方言、风俗习惯、环境等因素的影响，传教士大都只驻扎在位于县城的总堂。因此，教会在乡村及山区布道的重担自然地落在本地传道者身上。在这方面，宋尚节是莆田教会"自传"的一个典型。宋尚节（1901～1944 年）博士，光绪二十七年（1901 年）出生于莆田县凤迹村（今莆田笏石坑北村）的一个基督教家庭，自幼对布道极为热

图 7-51 宋尚节

心，民国 16 年（1927 年）从美国留学回国后，开始在全国各地游行布道。到民国 23 年（1934 年），"足迹遍布全国十三省，行程共计约五万余里，开会在千次以上，听道者人数已逾四十万人，决志信主者约在一万八千余人"。① 民国 24 年（1935 年），宋尚节先后赴菲律宾、新加坡、马六甲、槟榔屿、苏门答腊、缅甸、越南、泰国等地和我国台湾地区布道，震动了全国和东南亚各地教会。近人查时杰称赞宋尚节是民国时代最杰出的基督教奋兴布道家，他的一生"对中国基督教会的贡献与影响，的确可算是前无古人可与相比，而后亦无来者可资比拟，他是卓越的'一代神仆'"②。

除了本地牧师在"自传"方面做出努力外，一般平民信徒在布道和拓展教会势力方面所取得的成绩也不容忽视。莆田美以美会中有一位叫黄德金的平民信徒，不惜放弃既有的经营，接受洗礼。此后，他全身心地投入布道工作中，在短短的两年之内，发展了 10 个教堂。

然而，诚如美国公理会的卜舫济所言："本地教会在自传方面用力甚少"，"自传"是"三自"中较少被提及的一环。究其原因，近人邢福增认为："一方面，可能人们大多以自治、自养、自传为重要的先后次序，因此，讨论这方面的言论显然较其他两项为少。另一方面，中国信徒的素质问题亦有一定的影响。盖自传需要的不仅是本地牧师及传道人的努力，其他平信徒在布道及见证方面

① 查时杰：《中国基督教人物小传》上卷，台北：中华福音神学院出版社，1983，第 290 页。
② 查时杰：《中国基督教人物小传》上卷，台北：中华福音神学院出版社，1983，第 289 页。

也是同样重要的。"①

　　综上所述，中华人民共和国成立前，莆田教会在"三自"方面做了不少努力，也取得了一定成绩，是一种大胆且有益的尝试，但由于客观上的诸多阻力限制，"三自"运动的最终结果与原有的设想相差甚远。毋庸讳言，对当时的莆田教会乃至全国其他大部分地区的教会而言，"三自"理想的实现仍是一个相当遥远的目标。

---

①　邢福增：《文化适应与中国基督徒（一八六〇至一九一一年）》，香港：建道神学院，1995，第70～71页。

一　莆田历史大事记

史前

距今 5500～3500 年的新石器时代中晚期，就有人类在莆田繁衍，并形成以原始农业为主体的原始社会氏族部落形态。

距今 3500～2200 年，进入青铜时代后，莆田形成聚落和部族，构成"七闽"的一部分。

周秦

战国至汉初（前 475～前 206 年），莆田为闽越国属地，闽越国对莆田区域实施控制与管理。

汉

汉武帝元封元年（前 110 年），闽越国灭亡。或云白沙越王台是东越王余善被"计杀"之地。

相传汉武帝元狩年间（前 122～前 117 年），安徽庐江有何氏兄弟九人，为避淮南王刘安叛汉之祸，几经辗转来到闽越国，最后在仙游的九鲤湖修炼，分跨九鲤，羽化登仙，史称何氏九仙，千百年来受世人称颂礼拜，仙游县因此得名。

闽越国灭亡后，汉武帝下令"皆将其民徙处江淮间"，闽越地遂虚；两汉时期，北方汉人零星进入莆田。

南北朝

梁陈时期（502～558 年），郑氏三兄弟在莆田办学，史称"开莆来学"。

陈永定二年（558 年）秋，郑氏献宅创建金仙院，为广化寺前身。

南朝陈天嘉五年（564 年）十一月，陈将章昭达起兵讨伐割据建安、晋安两郡的陈宝应，宝应败逃至"蒲田"（莆口）被执。此为莆田地名见于载籍之始。

陈光大二年（568年），析南安郡置莆田县，县治在延陵里（今城区），属丰州（今福州），不久撤废，这是莆田历史上第一次设行政建置。

隋

隋开皇九年（589年），改丰州为泉州（今福州），析南安郡再置莆田县；金仙院升为金仙寺。

开皇十年（590年），再次撤销莆田县，辖地并入南安县。

唐五代

唐武德五年（622年），复置莆田县，属丰州（今泉州）。

贞观年间（627~649年），兴建多处规模较大的灌溉水塘，主要有：诸泉塘（今城厢北磨）、永丰塘（今城厢筱塘）、沥浔塘（城厢霞林）、颓洋塘（今涵江卓坡）、横塘（今黄石横塘）、国清塘（今黄石下庄）。

贞观二年（628年），在莆田城东北门外创建境内第一座道观（即今元妙观）。

武周圣历二年（699年），析莆田县西部地区置清源县，莆田、清源两县同属武荣州（今泉州）。不久，武荣州废，两县改隶于泉州（今福州）。

武周久视元年（700年），复置武荣州，莆田、清源两县复属武荣州。

景云二年（711年），改武荣州为泉州，莆田、清源两县属泉州；灵岩寺僧人志彦进宫讲解《四分律》，受到唐睿宗嘉奖，赐号"聪明"。

天宝元年（742年），改泉州为清源郡，因郡县同名，清源县更名为仙游县。

天宝十一载（752年），莆田人林披以明经及第，授临汀曹掾。

乾元元年（758年），清源郡复名泉州，莆田、仙游两县隶于泉州。

大历年间（766~779年），林蕴创办莆田第一所私立书堂"澄渚书堂。"

大历七年（772年），莆田县正式设立官学。

建中年间（780~783年），吴兴在杜塘（今西天尾霞尾）筑延寿陂，灌溉围海造田400顷，拉开北洋围垦的序幕。

贞元七年（791年），莆田人林藻举进士，为史籍记载的莆田第一位进士。

贞元八年（792年），欧阳詹举进士。欧阳詹乃泉州人，后迁居莆田。

元和八年（813年），福建观察使裴次元组织民众，在红泉界（今黄石一带）填海围田，垦田322顷，拉开南洋围垦的序幕。

咸通元年（860 年），莆田县排"百戏"迎接福州宗一师备禅师，莆田戏剧史料首见载籍。

咸通六年（865 年），智广在仙游与永春、德化交界处九座山建寺，俗称"九座寺"。

文德元年（888 年），首任莆田县令陈迈十世孙陈峤举进士，或以陈峤为仙游科第第一人。

景福二年（893 年），仙游郑良士著《白岩诗文集》10 卷和《中垒集》5 卷，向朝廷献诗 500 首，得授国子四门博士，累任康恩二州刺史兼御史中丞。

乾宁二年（895 年），莆田人黄滔举进士，滔擅文辞，被誉为"闽中文章初祖"。

天祐三年（906 年），杨在尧在仙游创办东山书院。

闽国天德元年（943 年）二月，闽王王延钧弟延政在建州称帝，国号殷，改元天德，莆田、仙游为其所属。

后汉乾祐二年（949 年），改泉州为清源军，莆仙两县隶于清源军。

宋

北宋建隆元年（960 年）三月，妈祖诞生。

乾德二年（964 年），陈洪进奉表纳款于宋，后改清源军为平海军，莆仙两县隶于平海军。

太平兴国二年（977 年），陈洪进在江口创建南湾上、下陂。明代把上下陂合二为一，改名南安陂。

太平兴国三年（978 年），陈洪进把漳、泉二州十四县（含莆、仙两县）正式纳入宋朝版图；仙游游洋人林居裔聚众起事。浙西南路转运使杨克让奉命剿抚，林居裔战败。

太平兴国四年（979 年），析莆田、仙游、福清、永福（今永泰）四县境合游洋、百丈二镇置兴化县，建太平军领之，军治、县治均设在游洋。

太平兴国五年（980 年），划德化县九座山一带归仙游县，改太平军为兴化军，将泉属之莆仙两县划归，从此兴化军领莆田、仙游、兴化三县。

太平兴国八年（983 年），移兴化军治于莆田，扩建莆田县城为军城，内为子城，建谯楼；又拆外城筑土垣，以环居民。

雍熙四年（987 年）九月，妈祖去世，后被奉为海神。

咸平二年（999 年），建兴化军学及三礼堂、御书阁等。

咸平五年（1002 年），仙游设立县学。

大中祥符二年（1009 年），宋真宗敕赐天下道观名"天庆观"，莆田玄妙观改名天庆观。

大中祥符五年（1012 年），莆田开始种植"占城稻"。

大中祥符八年（1015 年）重建三清殿等，该殿结构古拙，保存完好，是我国南方宋代木结构建筑的珍品。

庆历四年（1044 年），蔡襄上奏，请复北洋五塘，以利民田灌溉。

嘉祐年间（1056~1063 年），知军刘谔在萩芦溪上游（今萩芦镇莲花石下），修建太平陂，溉田 700 顷。

嘉祐三年（1058 年），蔡襄著《荔枝谱》，为世界范围内较早的果树栽培学专著。

治平元年（1064 年），长乐人钱四娘携 10 万缗入莆，兴建木兰陂。在将军滩前（今华亭西许处）筑陂，因选址不当，陂成被洪水冲垮。

治平年间（1064~1067 年），长乐人林从世在钱四娘筑陂失利后，也携十万钱继建木兰陂，选址于木兰溪下游温泉水口（今上杭头），陂成被波涛毁坏。

熙宁年间（1068~1077 年），候官人李宏应诏来莆建木兰陂。他吸取前人经验教训，在高僧智日的帮助下，慎重选址，于木兰山下筑建陂坝，工程浩大，耗时十年终建成，是福建古代规模最大的水利工程，也是全国仅存少有的具有多功能的大型古代水利工程之一。

熙宁九年（1076 年），莆田延寿人徐铎殿试第一（状元），薛奕武科进士第一（武状元）。

元祐元年（1086 年），宁海圣墩妈祖庙兴建，妈祖信仰开始大规模向外传播。

元丰六年（1083 年），木兰陂建成。

宣和元年（1119 年），宋徽宗御制《神霄玉清万寿宫记》，至今仍保留在三清殿。

宣和三年（1121 年），改筑军城，城周长增为 7 里零 83 步，城墙高 1 丈 5 尺，基厚 7 尺 5 寸，引北涧水为濠。建城门 5 个：东"望海"，西"肃清"，南"望仙"，北"望京"，东北"宁真"。

宣和五年（1123 年），传妈祖因显灵保护路允迪出使高丽国，圣墩妈祖庙被宋徽宗赐予"顺济"庙额；仙游人蔡絛撰成《西清诗话》。

靖康元年（1126 年），太守江常倡建熙宁石桥（俗称阔口桥），继任太守张读继建完工。

南宋建炎元年（1127 年），莆田人李富、方天觊建延寿桥，接通福州到兴化军的驿道。

绍兴八年（1138 年），莆田东里人黄公度进士第一（状元）；陈俊卿第二，为亚魁；林邓以 73 岁高龄为榜尊；龚茂良年 18 岁为榜幼，时称"四异同科"。

绍兴九年（1139 年），林光朝开始于黄石红泉宫讲学。

绍兴十年（1140 年），因山寇盗匪频发，仙游县城不靖，知县陈致一始有修筑城墙及挖掘护城河以御寇之倡议，但工程尚未完成，山寇已退，筑城工程便停工了。

绍兴十八年（1148 年），兴化县人郑樵徒步赴临安呈送著作，诏藏秘府。

绍兴十九年（1149 年），兴化军学大修。

绍兴二十六年（1156 年），妈祖被敕封为"灵惠夫人"。

绍兴二十七年（1157 年），白湖顺济庙兴建，翌年秋落成。

绍兴三十年（1160 年），朱熹到莆田参访林光朝。此后，朱熹多次来莆田讲学。

绍兴三十一年（1161 年），兴化县人郑樵完成 200 卷历史巨著《通志》。

乾道五年（1169 年），兴化县浔阳人郑侨进士第一（状元）。

乾道间（1165～1173 年），仙游县城修筑工程完工，并建成四座城门，东"九仙"，西"甘泽"（后改名"丽泽"），南"流庆"（后改名"望壶"），北"横翔"。

淳熙二年（1175 年），知军姚康朝建贡院于军治东隅。

淳熙三年（1176 年），仙游东乡（今榜头镇）修建平原杜陂，主渠长 18 公里。

绍熙二年（1191 年），朱熹到仙游塔斗山的会心书院讲学。同年，知军赵彦励首倡设置学田。

绍熙三年（1192 年），妈祖被敕封为"妃"。

嘉定七年（1214 年），莆田人李俊甫撰成《莆阳比事》一书，雕版印行。

嘉定十二年（1219 年），仙游知县许伯诩重建北门，改名"拱德门"。

绍定年间（1228～1233 年），陈均编纂《皇朝编年举要备要》，端平二年（1235 年）上进时改名《皇朝编年纲目备要》。

绍定三年（1230 年），知军曾用虎修筑军城，长 1298 丈，高 1 丈 8 尺，表里砌石，上覆以砖。工程于次年（1231 年）竣工。

端平二年（1235 年），莆田县水南人吴叔告殿试第一（状元）。

嘉熙三年（1239 年），仙游知县黄清叟主持重建西门，并改名"元台门"。

淳祐三年（1243 年），仙游知县蔡次传主持重建南门，并改名"登俊门"。

淳祐五年（1245 年），涵江书院建立。景定五年（1264 年）宋理宗题"涵江书院"匾。

淳祐九年（1249 年），刘克庄《后村居士集》50 卷刊刻于兴化郡斋。

宝祐四年（1256 年），仙游知县赵与泌再次重建东门。

宝祐五年（1257 年），黄岩孙主纂《仙溪志》15 卷。

咸淳四年（1268 年），莆田县玉湖人陈文龙殿试第一（状元）。

景炎元年（1276 年）十二月，叛将林华、陈渊等人通敌，元军攻陷兴化城，陈文龙阖家被俘北去，后不屈就义。

景炎二年（1277 年）三月，陈瓒率义军诛杀害死陈文龙的凶手林华，重新夺回兴化城。

景炎二年（1277 年）十月，元军再次攻陷兴化城，陈瓒被执，不屈而死。元军屠城三日，死 3 万多人，"血流有声"。

景炎二年（1277 年）兴建浙江城隍庙。

元

至元十五年（1278 年），改兴安州为兴化路。兴化军学改称兴化路学，设教授、学正等学官。

至元十六年（1279 年），划路城城区及附郭置四厢，设录事司，与县分治。

至元十八年（1281 年），妈祖被敕封为护国明著天妃。

至元二十年（1283 年），兴化路发生地震，有声如雷。

至元二十三年（1286 年），在乡村民社普遍设立社学。

至元二十四年（1287 年），设兴化路儒学提举司。

至元二十八年（1291 年），路学附设小学，并设阴阳学、医学正科等。

元贞二年（1296 年），天庆观改称玄妙观。

大德二年（1298 年），仙游县枫亭崇福寺僧祖和奏请双迟（今枫亭波安）创建盐埕。

大德八年（1304 年），枫亭崇福寺僧自永募建太平陂田。

皇庆二年（1313 年），兴化县治由游洋迁往湘溪。湘溪称为"新县"，游洋称为"旧县"（古邑），兴化县学等衙门也从兴泰里迁至广业里湘溪。

延祐年间（1314～1320年），总管郭朵儿、张仲仪组织开建木兰陂北渠引水工程。

延祐元年（1314年），郡人盐铁使方广翁建万寿宫。

延祐四年（1317年），僧隆源修建化龙桥。

延祐七年（1320年），莆田县尹张敬叔重刻绍熙《莆田志》。

至治三年（1323年），兴化路判官赵焕卿修复江口桥。

至顺元年（1330年），设兴化路蒙古字学。

元统二年（1334年），龟洋寺僧越浦创建宁海桥。桥在木兰溪桥兜入海处，为兴化路最大的桥梁工程。

至元二年（1336年），建江口祐圣观。

至正十三年（1353年），兴化知县达鲁花赤臧吉扩建兴化县署，改制锦坊为谯楼，翌年三月竣工；重建兴化县城隍庙。

至正十四年（1354年），僧霞谷兴建文峰宫。

至正十九年（1359年）正月，行宣政院使三旦八自称平章，原兴化路总管安童自称参政，在兴化路设分省，领莆田、仙游、兴化三县。

至正十九年（1359年），泉州亦思法杭头目阿迷里丁以支援福州为名，从泉州率兵袭取兴化。兴化城陷后，阿迷里丁纵兵在城内外杀掠近一个月。

至正二十年（1360年）正月，推官林德隆赶走兴化路判官柳伯祥，占据了兴化城。十二月，惠安人陈从仁杀死林德隆。

至正二十一年（1361年）四月至九月，柳伯顺与林珙兵戎相见，给莆田百姓带来巨大灾难。

至正二十二年（1362年），参政郑昱出任兴化分省后，林珙、陈同两家最终和解。

至正二十五年（1365年）十一月，亦思法杭出兵占领兴化，劫掠周边乡村。

至正二十六年（1366年），陈友定之子陈宗海率军大败亦思法杭军队，占领兴化城。

至正二十七年（1367年），莆田宋贵诚、方朴、朱德善、邱伯安、蔡景诚、陈本初、杨元吉、刘晟、陈观等创立“壶山文会”诗社；同年，莆田雕版刻书艺匠俞良甫东渡日本，侨居20多年，雕刻几十种汉籍，被称为“良甫版”。

明

洪武元年（1368年），明军南下，元兴化路守将弃城逃跑，兴化路三县遂归明朝；同年，废四厢录事司，以其所辖地归还附郭莆田县。设置兴化卫，下辖中、左、右、前、后5个千户所。

洪武二年（1369年），改兴化路为兴化府。路学改称府学，并立朱文公祠，祀朱熹。

洪武三年（1370年），兴化卫指挥李春曾重新茸缮兴化旧城。改莆田县署为府署，另建县署于城左厢善俗坊（即今县巷莆田县旧址）。

洪武十二年（1379年），兴化卫指挥程昇扩建卫城，周11里1830丈，城门改为四个：东"望海"，西"肃清"，南"迎仙"，北"拱辰"。原宁真门废弃不用。

洪武二十年（1387年），江夏侯周德兴命兴化卫指挥金事吕谦修建平海卫城、莆禧千户所城。设置迎仙、冲沁、嵌头、青山、吉了等巡检司并修建寨城。

永乐四年（1406年），莆田县赤柱人林环殿试第一（状元），授翰林院修撰。

永乐八年（1410年）十月，平海卫指挥同知王茂率军击溃试图在平海靠岸的两千多倭寇。

正统四年（1439年），平海卫指挥王茂设平海卫学。

正统十三年（1448年），裁撤兴化县，析长乐、武化2乡6里地归莆田县，永贵1乡4里地归仙游。

景泰二年（1451年），莆田县灵川柯朱人柯潜殿试第一（状元）。

景泰四年（1453年），八闽乡试中式90名，莆田占44名，史称"一邑半榜。"

成化十年（1474年）二月，郡守潘琴与同知习襄等主持重修郡城，翌年（1475年）二月竣工。

成化二十二年（1486年），兴化府发生地震。

弘治二年（1489年），莆田人黄仲昭修成《八闽通志》，翌年刊行。

弘治八年（1495年），兴化境域发生地震。

弘治九年（1496年），莆田僧人乌七三率农民起事。

弘治十二年（1499年），莆田持续干旱，知府陈效、御史胡华等官员多方赈济并蠲免田赋，安抚受灾农民。

弘治十六年（1503年），莆田人周瑛、黄仲昭修成《兴化府志》。

正德元年（1506年），郑纪向巡按御史韩廉申请拨银2400两，重修仙游县土筑城墙。

正德三年（1508年），知府张峛拨库银千余两，砌石作基，砖包土墙，未竣工去任。

正德五年（1510年）九月，山寇劫掠涵江、黄石、塘下等地。

正德十五年（1520年），兴化府境内发生地震，有声如雷，房屋倒塌。

嘉靖二年（1523年），仙游知县萧宏鲁奏请拨款，改用花岗岩白石（砻石）加固城基，陶砖包墙，并砌敌台28所，战楼一所。七月，广东饶平人申大总率军进入莆田，劫掠男女为质。浦城、漳平、海沧等地官军前来助剿。

嘉靖七年（1528年），续修仙游县城，翌年竣工。城墙长1095丈，高1丈2尺6寸，垛高5尺，墙宽3丈6尺。四个城门改为东名"宾曦"，西名"爱晓"，南名"迎薰"，北名"拱极"。

嘉靖十三年（1534年），知府黄一道用乱石重修镇海堤，外海堤因洪武年间（1368～1398年）江夏侯周德兴为防御倭寇拆了镇海堤石块建平海卫城与莆禧所城，仅留土堤，使南洋片遭受多次海涛侵害。

嘉靖十九年（1540年）十一月，把总丁桐率水师击溃侵扰南日和湄洲的倭寇。

嘉靖二十二年（1543年），黄继周、黄谦、林仰成、江从春应福建乡试分别获得第一、三、四、五名，林文宾参加广西乡试中第二名，人称"五魁"。

嘉靖三十年（1551年），林兆恩创立三一教。

嘉靖三十二年（1553年），倭船至莆田南日旧寨登岸骚扰，平海卫左所正千户叶巨卿率水军迎风鏖战，生擒倭寇14人。驻守兴化的泉州卫右所张养正于青山寨抗击倭寇时阵亡。

嘉靖三十二年（1553年），兴化府发生地震，有声如雷。

嘉靖三十三年（1554年），倭寇半夜到莆田沿海劫掠，叶巨卿阵亡。

嘉靖三十四年（1555年）十一月，倭船数十艘沿莆田海岸烧杀劫掠。平海卫千户邱珍率所部阻击时不幸坠马阵亡。

嘉靖三十七年（1558年）四月，倭寇千余人劫掠新桥头、涵江、镇前、洋尾等地，进迫兴化府城。林兆恩捐资请过境的湖湘麻阳兵退敌。

嘉靖三十八（1559年）六月，倭寇在兴化府城外骚扰。林兆恩率门徒赈济灾民。

嘉靖四十年（1561年），倭寇三次侵犯莆田。离兴化府城五里之遥的芦浦村民奋起反抗，终因寡不敌众，遭倭寇屠村。

嘉靖四十一年（1562 年），倭寇攻占兴化城，焚毁府学，杀进士 19 人，举人 53 人，庠生 356 人。

嘉靖四十一年（1562 年）九月，戚继光军队在莆田林墩取得大捷，杀死倭寇 2000 多人，救出被掳禁的百姓 2000 多人。

嘉靖四十一年（1562 年）十一月，倭寇 4000 余人围攻兴化府城。倭寇奸细混进城里，里应外合，不幸城陷。百姓遭遇空前劫难，林兆恩率门徒收瘗遇难尸体 16000 多具。

嘉靖四十二年（1563 年）四月，戚继光、刘显、俞大猷等人率军在平海围攻倭寇。斩首 2200 人，夺回被掠者 3000 人。

嘉靖四十三年（1564 年）二月，戚继光率军击败围攻仙游的 2 万多倭寇，杀敌 1000 余人，解救被俘男女 3000 余人。

嘉靖四十三年（1564 年），知府易道谈到任，因见莆田四个门楼均被倭寇焚毁，于是发起重修。

隆庆五年（1571 年），兴化府同知钱谷奉命修葺府城东、北二城门，四城门改称东"镇海"，西"永清"，南"迎和"，北"拱辰"。

万历三年（1575 年），康大和编纂《兴化府志》26 卷。

万历四年（1576 年），仙游知县徐观复倡办"尚志""顺阙""归象""养正""近圣"等书院。

万历九年（1581 年），知府陆通霄扩建兴化府城西北角，围乌石山在城内，长 85 丈 5 尺，俗称"重城"。

万历十六年（1588 年）十二月，柯守岳联合曾廷邦、畲民雷五等率众起事。

万历十九年（1591 年），莆田知县孙继有再次向院、道申请，修砌莆田旧城。

万历二十二年（1594 年），刑部郎中郑瑞星（仙游人）请旨回乡，主持修建杜陂上游一处陂渠，俗称"官陂渠"。

万历三十六年（1608 年），莆田知县何南金重修莆田旧城，重城周围砌以砖石，楼堞副阶为之一新。

万历四十一年（1613 年），林尧俞修成《兴化府志》56 卷。

万历四十二年（1614），兴化知府徐穆主持开浚护城河，四周共 600 余丈，深 6 尺。后仙游知县徐观又加高东门，并改名"朝阳"。徐穆捐俸倡修延寿桥。

天启二年（1622 年），蔡文举将金幢教传入莆田。

崇祯九年（1636），意大利籍神父孟达拉先后到仙游的枫亭及莆田的平海、南日等地传教。

崇祯十五年（1642年），仙游李芳馨等为无良胥吏所逼，树旗造反。

崇祯十六年（1643年），陈尾、林龙等起义，人数达万人。

清

清初，无为教从福州传入莆田，分裂成一是堂派、汉阳堂派和复信堂派，其中汉阳堂派产生于仙游，影响较大。

顺治三年（1646年），清军入闽，大败南明唐王军队，入驻兴化。

顺治四年（1647年）九月到十一月，南明大学士朱继祚及杨耿、潘忠琼、王方玉等部义军多次围攻莆田城。十一月，清政府从福州抽调军队援助莆田守军，杀死杨耿等部义军数千人，莆田城之围始解。

顺治五年（1648年）初，大学士朱继祚率众围攻兴化府城。正月，朱继祚、杨耿率众与各义军联合攻陷莆田。七月，清兵部侍郎李率泰率大军重夺莆田城；原知府胡允贡剃发降清。

顺治七年（1650年），南山寺住持超元东渡日本弘扬佛学。

顺治十二年（1655年）正月，郑成功军队采用"滚地龙"法，挖隧道到仙游城垣下，埋火药炸毁城垣，攻下仙游。

顺治十七年（1660年）八月，八旗马兵驻防北门一带乡村，占用民房，将来不及逃走的男女当作仆役驱使，祸害当地百姓。

顺治十八年（1661年）十月，莆田在朝廷旨命下实行迁界，沿海20里内百姓被迫内迁，界外田园、村落尽皆焚毁废弃。

康熙七年（1668年）正月，清政府下令莆田沿海百姓筑界墙，从江口修至枫亭。

康熙八年（1669年）三月，驻涵江水师2000余人，以未发粮饷为由，公然劫掠。

康熙十三年（1674年）二月，驻涵江水师以无粮为借口，在涵江、黄石以及乡村地区大肆劫掠。

康熙十八年（1679年），良忠重建龟山福清寺。

康熙二十年（1681年）二月，清政府下令展界，迁民得以迁回故土。

康熙二十一年（1682年），莆田人林麟焻任册封琉球副使，在琉球观风问俗，著《中山竹枝词》一卷。

康熙二十三年（1684 年），妈祖被敕封为"天后"。

康熙二十五年（1686 年）七月，兴化府发生地震，有声如雷。

康熙二十九年（1690 年），悟明和尚重修囊山寺。

康熙三十七年（1698 年）秋，兴化大水，木兰陂基址塌陷，莆田人林祯捐资主持抢修木兰陂新堤。

康熙四十四年（1705 年），林麟焻、朱元春纂修《莆田县志》36 卷。

康熙四十八年（1709 年），经朝廷批准，长期悬而未决的莆仙洋额讼案公结。

雍正二年（1724 年），重修府学文庙。

雍正七年（1729 年），设立涵江海关，隶属闽海关。

雍正八年（1730 年）七月，兴化知府张嗣昌与莆田知县汪郊筹资重修城堞，对颓裂的城墙和倾倒的城堞重修加固。次年四月竣工。

雍正九年（1731 年）出任兴化知府的苏本洁，先后修复使华陂、木兰陂以及因迁界毁坏的南洋海堤。

雍正十三年（1735 年），仙游知县陈兴祚重建金石书院。

乾隆十九年（1754 年），福建巡抚陈宏谋向金石书院赠书 51 部 156 本。

乾隆二十二年（1757 年），兴化知府宫兆麟建督学院作为专门的考场。

乾隆二十三年（1758 年），莆田人廖必琦修成《兴化府莆田县志》，俗称乾隆志，刊刻行世。

乾隆三十七年（1772 年），莆田人郑王臣编纂《莆风清籁集》60 卷，刊刻行世。

乾隆五十年（1785 年），莆田后洋雕匠制成贴金透雕花篮一只，被送入皇宫。

乾隆五十九年（1794 年），兴化知府安汎主持重修莆田城，并将西门"永清门"改称"来凤门"。

嘉庆十二年（1807 年），擢英书院在莆田创办。

嘉庆十三年（1808 年）三月初八，莆田发生地震，屋瓦有声。

嘉庆十四年（1809 年）二月十三日，兴化境域地震有声；六月十六日，地又震。

嘉庆十六年（1811 年），兴化境域地震，有声如雷。

道光元年（1821 年），陈池养辞官归里，倾心家乡水利建设，先后参与修复太平陂、南安陂、木兰陂等蓄水灌溉工程，还参与重修东角、遮浪海堤。他著有《莆阳水利志》一书，后人供奉他于乡贤祠。

道光五年（1825年），闽浙总督孙尔准督修木兰陂，又令署地方官绅募捐修复东角、遮浪海堤，并亲题"镇海堤"三个字，里民感念他的功德，立生祠于东角祀之。

道光六年（1826年）十二月十九日夜，地大震，大雨。

道光十八年（1838年），仙游县洋寨村与溪里村发生械斗，两村分别执村庙中黑旗、白旗领斗，后来逐渐蔓延到莆田、德化、大田、南安等县。

道光三十年（1850年），莆田致仕绅士陈池养再次主持补修城垣计18段，清理削砍城墙四围石缝榕树，补雉堞之缺82处。

咸丰三年（1853年）八月，永春人林俊义军攻占仙游县城，改仙游县为兴明县。十一月十八日，清军副将吕大升收复仙游县城。

咸丰四年（1854年）九月中旬，清军攻破仙游县盖尾乡，乌白旗首领朱五、陈万年、陈尾等阵亡。林俊逃往永春、南安交界云峰乡。

同治元年（1862年），圣公会福建教区派遣英国传教士宋恩来（Thomas Stringer）到莆田，进行所谓"开荒布道"。

同治四年（1865年），林振珍在草湖村建造教堂一座，这是莆田地区的第一座美以美会教堂。

同治六年（1867年），莆田设立牧区，林振珍首任牧师。

同治七年（1868年），美传教士麦利嘉·蒲承恩来莆设教堂，仙游美以美教会成立。

同治十一年（1872年），莆田设立教区。

同治十二年（1873年），陈步祥倡建仙游兴山书院。

光绪二年（1876年），圣公会福建教区派遣胡约翰（John Eichard Wolfe）、罗为霖（Rev. S. Ldoyd）两位传教士来莆布道。

光绪四年（1878年），美基督教会在坊巷创办莆田第一所教会学校培元书院（哲理中学的前身）。

光绪六年（1880年），圣公会传入仙游。

光绪十年（1884年），"中法马江海战"爆发，兴化知府施启宗、莆田知县徐承禧，乘隙发起修城以备防，不久楼堞、警铺为之一新。

光绪十一年（1885年），兴化知府施启宗用处理械斗的罚款修筑四门城楼，修葺雉堞，并建窝铺27所。

光绪十五年（1889年），莆田圣公会召开首次支区议会。兴化始种鸦片

（烟苗），毒害甚广。

光绪十六年（1890 年）冬，美国传教士蒲鲁士（William Nesbitt Brewster）被派驻莆田，主持莆田教务。

光绪十八年（1892 年），蒲鲁士创办"福音书院"，亦称兴化道学校；仙游县城南门内建立圣公会第一座教堂"圣公会仙游支区总堂"。

光绪十九年（1893 年），兴化卫理公会在城厢井头创办罗马文铅字印书局（后定名为美兴印书局），印刷教会读物。这是莆仙境内最早的机器印书局，标志着莆仙地区近代机器工业的开始。

光绪二十年（1894 年），美卫理公会等在莆田县城创办美以美女学堂，次年改为咸益女子学堂。三江口开港，首开福（州）兴（化）轮船航线。

光绪二十一年（1895），兴化第一所医院兴化圣教医院（后改名圣路加医院）在府城创办。

光绪二十二年（1896 年），莆田美以美会宣布脱离福州年议会，独立为"兴化布道年议会"（Hinghwa Mission Conference），同年召开第一次年议会。

光绪二十三年（1897 年），涵江开办电报局。

光绪二十四年（1898 年），卫理公会在莆田创办罗马文版《奋兴报》（半月刊），莆田始有报纸（1908 年增用中文印刷）。同年，在教会的帮助下，莆田办起第一家面粉厂，但不久后便倒闭。

光绪二十五年（1899 年），美国教会在莆田府城开设"美兴纺纱织布局"。三江口首次接纳外轮日本"纪摄丸"轮船。

光绪二十六年（1900 年）四月，仙游知县王国瑞发起修复城垣，翌年十月竣工；莆田知县吕兆璜设官立莆田小学堂；莆田城关开办兴化邮局，涵江、枫亭开办信柜。

光绪二十八年（1902 年）一月，莆田官立学堂在凤山寺创办（翌年改名官立小学）。同年仙游创办官立金石小学。

光绪二十九年（1903 年），宋发祥、郭玉清留学美国，为莆田最早的留美学生；仙游县城开设邮政代办所。

光绪三十年（1904 年），莆田第一所现代私立小学砺青小学创办，林翰为校长。同年，美教会将培元书院扩建为哲理中学。美教会在仙游创办模范小学。

光绪三十一年（1905 年），在仙游城关设师范传习所。黄胜白、林翰、张左如等赴日本，为莆田最早的留日学生。

光绪三十二年（1906 年），兴郡中学堂及仙游县官立小学创办；设县劝学所，在乡村设蒙小学堂。涵江民营的第一艘轮船"涵江"号开辟涵江至福州、宁波航线。

光绪三十四年（1908 年），仙游画家李霞应邀到皇宫作画，受到清末帝溥仪老师陈宝琛的推崇，陈为李的画册作序。美教会中文版《奋兴报》创办。

光绪年间（1875～1908 年），欧阳德元将先天教传入莆田。

宣统元年（1909 年），莆田和仙游分别成立教育会；莆田县上演第一部时装戏《红顶扫马屎》，莆仙戏全台时装人物以此剧为滥觞；美孚火油行在涵江设立分行，方德敬任帮办。

宣统二年（1910），在仙游成立股本 50 万元的"华洋糖厂"，年产四五千担；莆田第一位女留学生蔡禄治留学美国。"莆田县商会"在涵江成立。江春霖辞官归里。

宣统三年（1911 年），涵江人李兰舌在涵江宫下设碾米厂，为莆田有蒸汽机的开端；莆田和仙游分别成立教员养成所，推行二部教授办法；9 月，林师肇、陈樵等 10 多人加入福州革命团体"桥南公益会"。同月，同盟会莆田分部成立。11 月 12 日，革命党人宣布莆田光复易帜，以黄帝纪元为年号。

民国

民国元年（1912 年）6 月 19 日（农历五月初五日），黄濂在壶公山宣布起义；莆田人杨持平、叶华滋自办的第一张报纸《兴化报》（周刊）创办。圣公会兴化圣教医院更名为圣路加医院（今莆田学院附属医院）；涵江霞徐黄尔顺等人创办上海福兴轮船公司，开辟江口至上海的航线。

民国 2 年（1913 年）5 月 4 日，黄濂率众再次攻下仙游县城。县劝学所改称县教育公所，负责管理小学事务；莆田和仙游小学教员养成所改为小学教员讲习所。林翰当选省议会议长。张琴当选国会议员，在京创办《亚东新闻》。

民国 3 年（1914 年），涵江霞徐黄献武开设振安轮船公司，开辟三江口、福州、上海航线；蒲天莱在黄石开设莆田第一家以内燃机为动力的面粉加工厂；莆田城区周围村庄鼠疫流行，死亡甚多。

民国 4 年（1915 年）2 月，廖熙代表中华民国参加旧金山巴拿马万国博览会，其作品《代代相传皇宫椅》摘获金奖；8 月，中国银行在涵江设立汇兑所。美传教士蒲鲁士创办兴善轮船公司，继而又创办碾米、制糖、面粉、肥皂等工厂。

民国 5 年（1916 年），仙游人张约（又名卢郁）等在仙游古坪寨宣布参加护法起义，是为莆仙民军运动之始；仙游枫亭新存瑞豆饼行开始销售英国进口的化肥。

民国 6 年（1917 年），杨持平等人在长泰县山重村举事，通电响应孙中山的护法号召；官立兴化中学改称省立第十中学，仙游县立中学设立；杨轴在莆田城区创办莆田电灯股份有限公司，为城区照明之始。仙游张兆骐等在古坪寨起义，为莆仙护法军的首倡者。

民国 7 年（1918 年），莆仙南北军战争宣告结束；省立第四师范学校成立，莆田县督学局成立。

民国 8 年（1919 年）5 月，莆仙学生罢课并上街示威游行，声援北京学生的五四运动。莆田学联成立之后，推广白话文。7 月，学联会创办莆田历史上的第一张白话文报纸《莆田新报》。莆田城区和涵江两地霍乱流行，涵江民众死亡尤多。

民国 9 年（1920 年），近代著名诗社"壶社"于农历五月初四（6 月 19 日）创立；莆仙戏"紫星楼"班首次出国，赴新加坡、马来西亚吉隆坡演出；涵江创办了美中华肥皂厂。

民国 11 年（1922 年），莆田县劝学所改称县教育局，各县小学教员讲习所改称县国语讲习所。

民国 12 年（1923 年），仙游县劝学所改称县教育局；李霞《函谷跨牛图》在美国纽约全球绘画赛会上获得优等奖章，李耕《弥勒佛》作品在东南五省画展中荣获第一名。

民国 13 年（1924 年），因修筑仙（游）郊（尾）公路，仙游开始拆除城墙；莆田城区开始有火力发电。

民国 14 年（1925 年），成立莆田县公路局，修筑福厦干线的莆田江口至枫亭段；私立枫江职业学校在仙游创办。

民国 15 年（1926 年）2 月，中共莆田特别（党团混合）支部成立，6 月，中共莆田支部成立；11 月下旬，北伐军进驻莆田，推翻北洋军阀统治；12 月，中共莆田特别区委成立；12 月 29 日，发生"跳鼓楼事件"。

民国 16 年（1927 年）4 月 8 日晚，国民党发动"四八"反革命政变，查抄中共莆田特别区委机关；12 月，中共莆田县委和中共仙游县委相继成立；戴爱东、郑子明等人建立新民印书局；莆田利民汽车公司在仙游成立；修建福厦公路的莆仙段和仙永段；莆田霍乱流行。

民国 17 年（1928 年）3 月，中共莆田县委在澳柄正式成立第一支地方革命武装——莆田游击队；同年省立莆田实验小学成立；仙游中医院成立；"莆仙银行"成立。

民国 18 年（1929 年），关陈谟等创办私立莆田东山职业学校，开设公路科、汽车驾驶科等专业；仙游女子初级中学改为仙游现代中学；10 月，中国工农红军独立第 108 团成立；"莆田银行"创立；莆田县瘟疫大流行。

民国 19 年（1930 年）8 月，莆田总行委成立，同月在东泉圆通寺正式成立中国工农红军第 23 军第 207 团。11 月，第 207 团改组为红二支队。12 月，莆田外坑乡苏维埃政府成立；冬，涵江发生特大火灾，200 多户受灾，损失数十万金；仙游县霍乱流行；涵江开设民营电话公司。

民国 20 年（1931 年），莆田和仙游成立县义务教育委员会。

民国 21 年（1932 年）9 月，中共莆田中心县委成立，下辖仙游县委、莆田境内的 5 个区委和福清渔溪特支；9 月 10 日，何显祖制造震惊全国的"东沙惨案"；莆田和仙游首次举行中小学毕业会考；莆田国欢坡和仙游海亭岭修建飞机场。

民国 22 年（1933 年），高中毕业生赴福州参加全省统一毕业会考；仙游国医院和国医专科学校创办；涵江港挖通宫下桥边至下徐前港的沟道——新开河，贯通港区内河海航运。

民国 23 年（1934 年）12 月，郑金照、潘涛率领游击队攻克驻常太枫叶塘的镇公所常备队，打响闽中三年游击战争的第一枪；江口人林安禄在涵江开设莆田第一家炼乳厂——福成炼乳厂；仙游农民银行创立；莆田汽车站在城关驿前建立，福州至莆田长途汽车通行。

民国 24 年（1935 年）5 月，中共闽中特委成立。10 月下旬，正式整编各地游击队为闽中工农游击队第二支队；莆田天花流行；莆田圣路加医院附设的护士、助产士两校合并，成立圣路加高级助产士学校。

民国 25 年（1936 年）5 月，闽中特委将红一支队并入红二支队；11 月，琯口奔袭战爆发，为闽中三年游击战争的最后一战；莆田县成立戒烟医院，收容吸毒者；省汽车管理处在莆田设莆泉、福莆养路段，开始种植公路树；交通银行在涵江中正路设立涵江办事处。

民国 26 年（1937 年）2 月，闽中特委书记王于洁因叛徒出卖被捕并遭杀害；6 月，中共闽中工委成立；9 月，闽中红军游击队改编为国民革命军陆军第 80 师特务（独立）大队，开赴泉州待命；仙游"美以美会女医馆"和圣路加仙游分院合并为仙游"协和医院"。

民国27年（1938年）2月，国民党第80师第239旅旅长钱东亮秘密杀害刘突军，并解除集结在泉州承天寺的特务（独立）大队武装，制造了轰动全省的"泉州事变"；莆田城区、涵江、江口霍乱流行，死亡近千人。

民国28年（1939年）5月，国民党军队第三战区司令部下令破坏沿海公路、桥梁。

8月至次年3月，又下令拆毁莆仙两县城墙及平海、莆禧、江口等寨城。

民国29年（1940年）7~9月，霍乱大流行，死者不计其数。莆田和仙游两县初中毕业会考在仙游举行。

民国30年（1941年），天花流行，儿童死亡上千人；仙游枫江职业学校从江西引进"南特"号早稻良种在仙游推广种植；"新汉宫"班开始演出从话剧改编为莆仙戏的时装戏，时称"改良剧"；福建省电话总局在莆田、仙游设立电话支局，涵江设电话代办所。

民国31年（1942年），省立莆田初级中学改称省立莆田中学，仙游红十字医院附设高级护士学校；莆田的留美电机硕士黄苍麟等人在莆田北濑创建莆田第一座装机容量40千瓦的水电站；仙游及莆田山区鼠疫流行。

民国32年（1943年），莆田中学受到国民政府教育部的通令嘉奖。

民国33年（1944年），国民政府教育部在仙游创办国立海疆学校；仙游金石中学改为省立仙游高级中学。

民国34年（1945年），霍乱流行；福兴泉汽车公司成立，有10部改装的客车；交通银行分别在仙游县城关、莆田县城关设立办事处；8月18日，莆仙各界人民热烈庆祝抗日战争胜利。

民国35年（1946年），省立仙游师范学校发生学潮，学生要求驱逐校长和军事教官；文峰宫前（文献路）发生特大火灾，损失惨重。

民国36年（1947年）4月，黄国璋从福清率游击队到忠门与莆田人民游击队会合，成立闽中游击纵队（又称戴云纵队）；7月14日，山洪暴发，南洋平原大水灾，早稻歉收；冬，莆田田径访问团出访福州、上海、南京，三战三捷，轰动全国体坛。

民国37年（1948年），莆田县银行注册开业；仙游赖店人陆财培育出矮秆"南特"号水稻良种；涵江涵东开设莆田第一家酒厂——源盛昌酒铺；莆仙戏"新汉宫"戏班到台中访问，成为莆田历史上第一个赴台湾巡回演出的戏班；8月，莆田县鼠疫流行，仙游县霍乱流行。

民国 38 年（1949 年）2 月，中国人民解放军闽浙赣游击纵队闽中支队司令部在莆田大洋成立；8 月 21 日闽中游击支队解放莆田县城，23 日成立中共莆田县工委和莆田县人民政府，9 月 9 日组成新的中共莆田县委和县人民政府。

二 现存莆田历代主要著述一览

序号	作者	著作名称	卷（册）数	易查之版本或藏书单位
1	林藻〔贞元七年（791年）进士〕	《林藻集》	1卷	霞浦王遐春刻《唐六贤集》本
2	林蕴〔755～826，贞元四年（788年）明经登第〕	《林邵州遗集》	1卷，附录1卷	福建省图书馆藏嘉庆校刻本
3	许稷〔约766～779，贞元十七年（801年）进士〕	《中唐许稷诗》	1卷	国家图书馆
4	释文矩（820～898，高僧）	《博山篇》	不分卷	收入《古今图书集成》
5	释本寂（840～901，高僧）	《抚州曹山本寂禅师语录》	2卷	《大正藏》第47册
6	黄璞〔大顺二年（891年）进士〕	《名川名士传》	辑1卷	陈庆元辑本
7	徐寅〔849～921，乾宁二年（895年）进士〕	《钓矶文集》（《徐正字集》）	10卷，附录1卷，又一种5卷	《四库全书》本
		《徐昭梦诗集》	3卷	康熙刊本
		《徐正字诗赋》	2卷	《四库全书存目丛书》本
8	黄滔〔840～911，乾宁元年（894年）进士〕	《黄御史集》	10卷，附录1卷	《四库全书》本
		《黄御史集补遗》	1卷	《文津阁四库全书补遗》第1册
9	翁承赞〔859～932，乾宁三年（896年）进士〕	《翁拾遗诗》	1卷	收入《全唐诗》
10	释省澄（五代末北宋初高僧）	《泉州千佛新著诸祖颂》	1卷	《敦煌遗书》本、五代敦煌三界寺僧道真抄本
11	陈致雍（五代末北宋初）	《曲台奏议》	原20卷，存3卷	原张琴藏有精钞本3卷，部分收入《永乐大典》《全唐文》，辑录3卷94篇
12	林瑀〔天圣二年（1024年）进士〕	《太玄经注》	10卷	首都图书馆
		《太玄经释文》	1卷	郑樵《通志》本

序号	作者	著作名称	卷（册）数	易查之版本或藏书单位
13	蔡襄［1012～1067，天圣八年（1030年）进士］	《荔枝谱》	1卷	《四库全书》本
		《茶录》	1卷（上下篇）	《四库全书》本
		《蔡忠惠公集》	36卷，首1卷，附"别纪""补遗"2卷	《四库全书》本
		《蔡忠惠公法书》		莆田市图书馆
14	方龟年［景祐元年（1034年）进士］	《记室新书》（又名《翰苑新书》）	70	托名谢枋得、方龟年，康爵考作者为莆阳锦水亭主人，姓名不详。《四库全书存目丛书》本
15	陈次升［1044～1119，熙宁六年（1073年）进士］	《谠论集》	5卷	《四库全书》本
16	蔡京［1047～1126，熙宁三年（1070年）进士］	《宣和书谱》	20卷	蔡京、蔡卞等主编，《四库全书》本
		《宣和画谱》	20卷	《四库全书》本
		《太清楼侍宴记》	1卷	《说郛》本
		《保和殿曲宴记》	1卷	《说郛》本
17	蔡卞［1048～1117，熙宁三年（1070年）进士］	《毛诗名物解》	20卷	《四库全书》本
18	郑至道［元丰二年（1079年）进士］	《琴堂谕俗编》	2卷	与赵仲刚合撰，《四库全书》本
19	蔡传（1066～约1126叙荫）	《吟窗杂录》	50卷	原题"陈应行编"，后人考为蔡传撰，《四库全书存目丛书》本
		《历代吟谱》	5卷	《四库全书存目丛书》本
20	蔡伸［1088～1156，政和五年（1115年）进士］	《友古词》	1卷	《四库全书》本
21	蔡絛（生于1091年前）	《铁围山丛谈》	6卷	《四库全书》本
		《西清诗话》（又名《金玉诗话》）	原3卷，现存1卷	《说郛》本
22	黄彻［1093～1168，宣和六年（1124年）进士］	《䂬溪诗话》	10卷	《四库全书》本
23	方深道［宣和六年（1124年）进士，原作晋江人，朱维幹考为莆田人］	《老杜诗评》	5卷	《四库全书存目丛书》本
24	郑厚［1100～1160，绍兴五年（1135年）进士］	《艺圃折中》	1卷	《说郛》本
		《湘乡遗稿》	1册	莆田市图书馆藏有张琴手钞辑本

序号	作者	著作名称	卷（册）数	易查之版本或藏书单位
25	郑樵（1104～1162 荐辟）	《通志》	200 卷	《四库全书》本
		《夹漈遗稿》	3 卷	《四库全书》本
		《尔雅注》	3 卷	《四库全书》本
		《六经奥论》	6 卷	旧题郑樵撰，《四库全书》本
		《诗辨妄》	1 卷	顾颉刚《郑樵诗辨妄辑本》
26	郑樵、郑厚	《莆田二郑先生六经雅言图辨》	8 卷	《原国立北平图书馆甲库善本丛书》本
27	蔡絛（1107～?）	《北狩行录》	1 卷	《四库全书存目丛书》本
28	黄公度〔1109～1156，绍兴八年（1138 年）状元〕	《知稼翁集》	11 卷，附录 1 卷	《四库全书》本附录 1 卷为《知稼翁词》
29	林光朝〔1114～1178，隆兴元年（1163 年）进士〕	《艾轩集》	9 卷，附录 1 卷	《四库全书》本
30	方昕〔绍兴三十年（1160年）进士〕	《家训集鉴》（又名《集事诗鉴》）	1 卷	台湾《丛书集成新编》本
31	刘朔〔1127～1170，绍兴三十年（1160 年）进士〕	《春秋比事》	20 卷	《四库全书》本旧题宋沈棐撰，余嘉锡考证为刘朔所著
32	方崧卿〔1135～1194，隆兴元年（1163 年）进士〕	《韩集举正》	10 卷	《四库全书》本
		《外集举正》1 卷		
		《韩文年表》	1 卷	《韩愈年谱》辑本
33	蔡戡〔1141～1182，乾道三年（1166 年）进士〕	《定斋集》	20 卷	《四库全书》本
		《定斋诗余》	3 首	《强村丛书》本
34	李过（约 1162～1224，或为江苏兴化人）	《西溪易说》	12 卷	《四库全书》本
35	陈宓（1171～1230）叙荫	《复斋先生龙图陈公文集》	23 卷，拾遗 1 卷，附录 1 卷	《宋集珍本丛刊》本
36	陈均（1174～1244，国子监太学生）	《九朝编年备要》（《皇朝编年纲目备要》）	30 卷	《四库全书》本
		《中兴两朝编年纲目》	原 18 卷	国家图书馆、首都图书馆
37	方信孺（1177～1222）叙荫	《南海百咏》	1 卷	《丛书集成初编》本
		《观我轩集》	1 卷	《两宋名贤小集》本
38	方大琮〔1183～1247，开禧元年（1205 年）进士〕	《铁庵集》	37 卷	《四库全书》本
		《壶山四六》	1 卷	《四库全书》本
39	王迈〔1184～1248，嘉定十年（1217 年）进士〕	《臞轩四六》	2 卷	《四库全书存目丛书》本
		《臞轩集》	16 卷	《四库全书》本

序号	作者	著作名称	卷（册）数	易查之版本或藏书单位
40	李俊甫〔嘉定十年（1217年）进士〕	《莆阳比事》	7卷	阮元《四库全书未收提要》本　《四库全书存目丛书》本
41	方实孙	《淙山读周易记》	21卷，图1卷	《四库全书》本
42	刘克庄〔1187~1269，淳祐六年（1246年）赐同进士〕	《后村先生大全集》	196卷	《四部丛刊》本
		《江西诗派小序》	1卷	《知不足斋丛书》本、《历代诗话》本
43	黄绩（1196~1266）	《易通》	6卷	成书于淳祐丙午（1246年），长乐赵以夫撰，莆人黄绩参定。《四库全书》本
44	陈允平（约1218~1295，原籍莆田，迁居宁波）	《西麓小稿》	1卷	《宋人小集》本
		《日湖渔唱》	3册	《词学丛书》本、《宋元名家词钞二十二种》本、《粤雅堂丛书》本、《强村丛书》本
		《西麓继周集》	1卷	《词学丛书》本
45	林光世〔景定二年（1261年）赐同进士〕	《水村易镜》	1卷	《四库全书存目丛书》本
		《景定嘉言》	2卷	
46	黄仲元〔1231~1312，咸淳七年（1271年）进士〕	《四如先生文稿》（《四如集》）	5卷	《四部丛刊》本
		《四如讲稿》	6卷	《四库全书》本
47	郭廷炜〔咸淳十年（1274年）进士〕	《郭氏世庆志》	1卷	福建师范大学图书馆(抄本)
48	方澜（1263~1339）	《方叔渊遗稿》	1卷	《丛书集成续编》本
49	洪希文〔1282~1366，咸淳三年（1267年）乡贡〕	《续轩渠集》	10卷，附录1卷	《四库全书》本
50	郑构〔泰定中（1324~1328年），荐辟〕	《衍极》	5卷	《四库全书》本
51	陈旅（1288~1343，荐辟）	《安雅堂集》	13卷	《四库全书》本
52	彭致中	《鸣鹤余音》	9卷	是书作于元至正七年（1347年），可知其为元代人《道藏要籍选刊》本、《四库全书存目丛书》本
		全真宗眼方外玄言	2卷	国家图书馆抄本
53	陈道潜〔1364~1433，建文二年（1400年）进士〕	《淇园编》	4卷	《明代莆人文集》本
54	林环〔1376~1415，永乐四年（1406年）状元〕	《絅斋先生集》	24卷	《明代莆人文集》本《明别集丛刊》第一集第三十二册
55	林文〔1390~1476，宣德五年（1430年）探花〕	《淡轩稿》（《淡轩先生诗文集》）	12卷，补遗1卷	《四库全存目丛书》本

序号	作者	著作名称	卷（册）数	易查之版本或藏书单位
56	陈迁［1430～1511，天顺八年（1464年）进士］	（弘治）《仙溪志》	16卷（存10卷）	福建省图书馆、福建师范大学图书馆（抄本）
57	周华［正统间（1436～1449年）儒士］	《兴化县志》（《游洋志》）	8卷	莆田市图书馆、福建省图书馆
		《四书集说》	20卷	重庆图书馆
58	柯潜［1423～1473，景泰二年（1451年）状元］	《柯竹岩集》	18卷，补遗2卷，附录1卷	《四库全书》本、《明代莆人文集》本
59	彭韶［1430～1495，天顺元年（1457年）进士］	《彭惠安文集》（原名《从吾滞稿》）	11卷	《四库全书》本
		《别本彭惠安公文集》	7卷，附录1卷	《四库全书存目丛书》本
		《政训》	2卷	《四库全书存目丛书》本《文公政训》一卷有《丛书集成初编》本
		《皇明名臣言行录赞》	1卷	福建省图书馆
60	周瑛［1430～1518，成化五年（1469年）进士］	《翠渠摘稿》	8卷	《四库全书》本
		《书纂》	5卷	有《四库全书》存目提要
		（正德）《漳州府志》	34卷	浙江图书馆藏明刊本
61	郑纪［1433～1508，天顺四年（1460年）进士］	《东园文集》	13卷，附录1卷	《四库全书》本
		《东园诗集续编》	8卷	有《四库全书》存目提要
62	陈蒱［1434～?，成化二年（1475年）进士］	《百可漫志》	1卷	《说郛》本、《五朝小说》本、《皇明百二十家小说》本
63	黄仲昭［1435～1508，成化二年（1466年）进士］	《资治通鉴纲目集注》	59卷	朱熹撰，黄仲昭校刻
		《八闽通志》	87卷	《四库全书存目丛书》本
		《弘治兴化府志》	54卷	与周瑛合著，莆田市图书馆、仙游县图书馆
		《弘治邵武府志》	25卷	国家图书馆藏明刊本
		《未轩文集》	12卷，补遗2卷	《四库全书》本
64	陈音［1436～1494，天顺八年（1464年）进士］	《愧斋集》（《愧斋文萃》）	17卷	《明代莆人文集》本
65	郑瑗［1443～1493，成化十七年（1481年）进士］	《井观琐言》	3卷	《四库全书存目丛书》本、《丛书集成初编》本
		《蜩笑偶言》	1卷	有《四库全书》存目提要
66	宋端仪［1447～1501，成化十七年（1481年）进士］	《考亭渊源录》	24卷	《四库全书存目丛书》本
		《立斋闲录》	4卷	《四库全书存目丛书》本
		《道南三先生遗书》	11卷	有《四库全书》存目提要

序号	作者	著作名称	卷（册）数	易查之版本或藏书单位
67	李文利［成化十六年（1480年）举人］	《大乐律吕元声》（附《律吕考注》）	10 卷	《四库全书存目丛书》本
68	林俊［1452～1527，成化十四年（1478年）进士］	《见素文集》 《奏疏》 《续集》	28 卷 7 卷 12 卷	《四库全书》本
		《见素诗集》	14 卷	福建省图书馆、国家图书馆
		《陈氏二忠录》	3 卷	前康修其藏抄本
		《西征集》	260 篇	有《四库全书》存目提要
		《云庄公画像赞》	1 卷	《明代莆人文集》本
69	方良永［1461～1527，弘治三年（1490年）进士］	《方简肃文集》	10 卷	《四库全书》本
70	林有年［1464～1552，弘治五年（1492年）举人］	（嘉靖）《仙游县志》	8 卷	《北京大学图书馆藏稀见方志丛刊》本
		（嘉靖）《安溪县志》	8 卷	《天一阁藏明代方志选刊》本
		（嘉靖）《瑞金县志》	8 卷	《天一阁藏明代方志选刊》本
		（正德）《武义县志》	5 卷	《稀见中国地方志汇刊》本
71	林塾［1466～1519，弘治十五年（1502年）进士］	《拾遗书》	1 卷	有《四库全书》存目提要
72	黄如金［约1468～?，弘治十八年（1505年）进士］	《古文汇编》	12 卷	福建省图书馆藏刻本
73	郑岳［1468～1539，弘治六年（1493年）进士］	《莆阳文献》	88 卷	《四库全书存目丛书》本
		《山斋集》	24 卷	《四库全书》本
74	马思聪［1470～1519，弘治十八年（1505年）进士］、马明衡［1491～1557，正德九年（1514年）进士］	《马忠节父子合集》	2 卷	《明代莆人文集》本
75	林富［1475～1540，弘治十五年（1502年）进士］	（嘉靖）《广西通志》	60 卷	参修，《四库全书存目丛书》本
		《两广疏略》	2 卷	福建省图书馆藏明刻本
76	王大用［1479～1553，正德三年（1508年）进士］	《书经旨略》	1 卷	有《四库全书》存目提要
77	黄巩［1480～1522，弘治十八年（1505年）进士］	《黄忠裕公文集》	8 卷	《福建丛书》影印本
78	彭大治［正德九年（1514年）进士］	《定轩公存稿》	1 卷	台北故宫博物院图书馆藏明刻本

序号	作者	著作名称	卷（册）数	易查之版本或藏书单位
79	朱澜 [1486～1552，嘉靖二年（1523年）进士]	《天马山房遗稿》	8卷	《四库全书》本
80	林文俊 [1487～1536，正德辛未（1511年）进士]	《方斋存稿》（《方斋诗文集》）	10卷	《四库全书》本
81	林大辂 [1487～1560，正德九年（1514年）进士]	《愧瘁集》	21卷	《明代莆人文集》本
82	方澜 [正德十二年（1517年）进士]	《读书漫笔》	18卷	有《四库全书》存目提要
83	姚鸣鸾 [1487～1526，正德十六年（1521年）进士]	《嘉靖淳安县志》	17卷	《天一阁藏明代方志选刊》本
84	邹守愚 [?～1556，嘉靖五年（1526年）进士]	（嘉靖）《河南通志》	45卷	《天一阁藏明代方志选刊》本
85	林达 [正德九年（1514年）进士]	《自考集》	7卷存5卷	《明别集丛刊》本
86	马明衡 [1491～1557，正德九年（1514年）进士]	《尚书疑义》	6卷	《四库全书》本
		《侍御马师山先生轶文》	1卷	《明别集丛刊》本
		《忠节马光录先生轶诗》	1卷	《明别集丛刊》本
87	郑洛书 [1496～1534，正德十二年（1517年）进士]	（嘉靖）《上海县志》	8卷	国家图书馆、上海图书馆藏民明刊本
		《郑思斋文集》	1卷	有《四库全书》存目提要
88	马思聪、马明衡、马朝龙	《莆田马氏三代集》		《阳明学要籍选刊》本
89	林颖 [嘉靖四年（1525年）举人]	（嘉靖）《通州志》	6卷	《天一阁藏明代方志选刊续编》本
90	黄金 [1496～?，嘉靖二年（1523年）进士]	《东游集》	1卷	《四库全书存目丛书》本
91	陈昂（诸生）	《白云集》	7卷	《四库全书存目丛书》本
92	柯维骐 [1497～1574，嘉靖二年（1523年）进士]	《宋史新编》	200卷	《四库全书存目丛书》本、《二十四史外编》本
		《柯子答问》	6卷	《续修四库全书》本
		《史记考要》	10卷	国家图书馆藏明刊本
93	王凤灵 [1497～1562，正德十二年（1517年）进士]	《笔峰存稿》	5卷	《四库全书存目丛书》本
94	黄大廉 [1498～1561，嘉靖十一年（1532年）进士]	《新刊性理白文辑略要语》	4卷	福建省图书馆藏明刻本
95	康大和 [1498～1577，嘉靖十四年（1535年）进士]	《万历兴化府志》	36卷	莆田市图书馆，国家图书馆 海峡书局影印本
		《停云馆摘稿》	11卷	香港大学冯平山图书馆藏明刻本

序号	作者	著作名称	卷（册）数	易查之版本或藏书单位
96	黄廷用［1500～1566，嘉靖十四年（1535年）进士］	《少村漫稿》	4卷	《明代莆人文集》本
97	姚虞［1507～?，嘉靖十一年（1532年）进士］	《岭海舆图》	1卷	《四库全书》本
98	阮琳［嘉靖十九年（1540年）举人］	《图书纪愚》	1卷	有《四库全书》存目提要
99	方攸跻［1512～?，嘉靖二十九年（1550年）进士］	《方员外集》	1卷	《明别集丛刊》本
100	林兆恩（1517～1598，三一教创始人）	《林子三教正宗统论》	36册	莆田市图书馆、国家图书馆、福建省图书馆、福建师范大学图书馆2016年宗教文化出版社出版
		《林子全集》	41册	《四库全书存目丛书》本，北京图书馆
		《林子会编》	30册	北京图书馆、南京大学图书馆
		《三一教主夏午尼经》	12册	福建师范大学社会历史学院
		《常清静经》	1卷	《稗乘》本
101	黄谦［1519～1591，嘉靖二十九年（1550年）进士］	《苏山选集》	7卷	选定，有《四库全书》存目提要
102	郭应聘［1520～1586，嘉靖二十九年（1550年）进士］	《西南纪事》	6卷	《四库全书存目丛书》本
		《郭氏世庆志》	不分卷	福建师范大学图书馆
		《明林氏家传三种》	1册	福建师范大学图书馆藏1920年刊本
103	黄天全（布衣）	《九鲤湖志》	6卷	《四库全书存目丛书》本
104	郑应旗［嘉靖中（1522～1566年）贡生］	《怀忠录》	无卷数	有《四库全书》存目提要
105	卓晚春（道士）	《莆阳卓小仙诗抄》	1册	福建师范大学图书馆函三堂印本
106	郑茂［1526～?，嘉靖三十二年（1553年）进士］	《靖海纪略》	1卷	《丛书集成初编》本
107	彭文质［1528～?，嘉靖三十八年（1559年）进士］	《读丹录》	无卷数	有《四库全书》存目提要
108	游日章［1529～1575，嘉靖三十八年（1559年）进士］	《骈语雕龙》	4卷	《四库全书存目丛书》本

序号	作者	著作名称	卷（册）数	易查之版本或藏书单位
109	林兆珂〔万历二年（1574年）进士〕	《宙合编》	8卷	《四库全书存目丛书》本
		《杜诗钞述注》	16卷	《四库全书存目丛书》本
		《李诗钞述注》	16卷	《四库全书存目丛书》本
		《楚辞述注》	10章2册	福建省图书馆、国家图书馆藏万历刊本
		《檀弓述注》	2卷	《四库全书存目丛书》本
		《考工记述注》《考工记图》	2卷 1卷	《四库全书存目丛书》本
		《毛诗多识篇》	7卷	《四库全书存目丛书》本
		《致工记述注》	4卷	天津图书馆
		《选诗约注》	13卷	重庆图书馆
		《林伯子诗草》	1卷	《四库全书存目丛书》本
		《林子年谱》	1卷	福建省图书馆、福建师范大学图书馆、山西图书馆
110	林润〔1530~1569，嘉靖三十五年（1556年）进士〕	《林中丞念堂集》	3卷	福建省图书馆
		《愿治疏稿》	8卷	福建省图书馆
		《林御史残稿》	1册	《明别集丛刊》本（第五辑）
111	余翔〔嘉靖三十七年（1558年）举人〕	《薜荔园集》	4卷	《四库全书》本
112	陈经邦〔1537~1615，嘉靖四十四年（1565年）进士〕	《新编吕氏春秋纂要月令》	1卷	《格致丛书》本
		《明世宗实录》		徐阶、张居正等纂修，国家图书馆
113	周伯耕〔隆庆年间（1567~1572年）举人〕	《虞精集》	8卷	《四库全书存目丛书》本
114	方应侁、柯宪世〔二人为万历中（1573~1620年）诸生〕	《九鲤湖志》	2卷	万历二年1574合编，莆田市图书馆、福建省图书馆藏明刻本
115	方沆〔1542~1608，隆庆二年（1568年）进士〕	《猗兰堂诗集》	20	游介园藏钞本二卷
116	李多见〔万历二年（1574年）进士〕	《楚游稿》	2卷	国家图书馆
117	林民止〔万历二年（1574年）进士〕	《玄冥子》	8卷	日本京都大学人文科学研究所
118	林鸣盛〔万历二年（1574年）进士〕	《闽林大宗世谱》	1册	福建省图书馆藏清刊本
119	康当世〔万历年间（1573~1620年）诸生〕	《九鲤湖志》（《九鲤湖新集》）	18卷，存17卷	国家图书馆藏明刻本
120	姚旅（?~1622，布衣）	《露书》	14卷	《四库全书存目丛书》本

续表

序号	作者	著作名称	卷（册）数	易查之版本或藏书单位
121	林登名［万历年间（1573～1620年）］	《莆舆纪胜》	9卷	国家图书馆明刻本、莆田市图书馆抄本
122	张洪都（？～1614）	《林子四书正义》	5册	福建省图书馆藏民国铅印本
123	郑贤［万历年间（1573～1620年）贡生］	《古今人物论》	36卷	《四库全书存目丛书》本
124	王三极	《性理备要》	12卷	成书于万历丁亥（1587年），有《四库全书》存目提要
125	林尧俞［1558～1626，万历十七年（1589年）进士］	《万历兴化府志》	59卷，一作56卷	国家图书馆存残本
		《礼部志稿》	100卷	林参与编修该书，国家图书馆，1983年台湾商务印书馆出版
126	黄起龙［1558～？，万历二十六年（1598年）进士］	《留垣奏议》	4卷	不存，有《四库全书》存目提要
127	郭良翰（1560～？，国子监生）	《问奇类林》	35卷，存30卷	福建省图书馆、北京师范大学图书馆、东北师范大学图书馆藏明刻本
		《续问奇类林》	30卷	福建省图书馆藏明刻本
		《皇明谥纪汇编》（《明谥纪汇编》）	25卷	《四库全书》本
		《历朝忠义汇编》	22卷	天津图书馆、哈佛大学哈佛燕京图书馆藏明刻本
		《历代象贤录》	20卷	首都图书馆、哈佛大学哈佛燕京图书馆藏明刻本
		《周礼古本订注》	6卷	《四库全书存目丛书》本
		《郭氏续世庆志》		福建师范大学图书馆
		《道德经荟解》	2卷	福建省图书馆、台湾《老子集成》本
		《南华经荟解》	33卷	《无求备斋庄子集成初编》本
		《理学宗旨》	36卷	美国国会图书馆藏明刻本
		《孙武子会解》	4卷	国家图书馆、日本尊经阁文库藏明刻本
128	唐大章［1560～1644，天启中（1621～1627年）贡生］	《书系》	16卷，存13卷	《四库全书存目丛书》本

序号	作者	著作名称	卷(册)数	易查之版本或藏书单位
129	卢文辉(1563~1617)	《九序摘言内景图》	1卷	莆田市图书馆
		《夏午经纂要》	4卷	莆田市图书馆
		《三一教主夏午尼林子本行实录》	2卷	福建省图书馆
130	方承郁〔万历二十六年(1598年)进士〕	《文庙考》	2卷	国家图书馆藏明刻本
131	周如磐〔1567~1626,万历二十六年(1598年)进士〕	《澹志斋集》	14卷	《明代莆人文集》本
		《新刻壬戌科翰林馆课》	10卷	与汪辉同辑,大连图书馆藏明刻本
132	黄鸣乔〔1564~?,万历三十二年(1604年)进士〕	《袁州府志》		
		《天学传概》		国家图书馆
		《黄御史集附录》	1卷	国家图书馆、首都图书馆
133	陈玄藻〔万历三十八年(1610年)进士〕	(万历)《浦城县志》	16卷	《国家图书馆藏地方志珍本丛刊》本
134	陈臣忠〔万历三十二年(1604年)进士〕	《纲鉴要编》	24卷	福建省图书馆藏明刻本
		《晋书诠要》	12卷	辽宁省图书馆、云南大学图书馆藏明刻本
		《尺牍隽言》	12卷	《四库全书存目丛书》本
135	曾楚卿〔1575~1632,万历四十一年(1613年)进士〕	《新锲曾太史汇纂素翁启蒙琢玉鳌头大全》	3卷	东京大学东洋文化研究所藏明刻本
		《新镌曾元赞书经发颖集注》	6卷	国家图书馆藏明刻本
136	宋珏(1576~1632,国子监生)	《荔枝谱》	1卷	国家图书馆、福建省图书馆《说郛续》本
		《端明别纪补遗》	2卷	《蔡忠惠公文集》附
		《古香斋诗辑》	1册	福建师范大学图书馆抄本
137	徐淑英〔万历年间(1563~1660年)〕	《女诫杂论》	1卷	有《续玉台文苑》本
138	徐德英〔万历年间(1563~1660年)〕	《革除建文皇帝纪》	1卷	《古今说部丛书》本
139	周婴〔约1583~?,崇祯十五年(1642年)特赐进士〕	《远游篇》	12卷	福建省图书馆、国家图书馆《台湾文献汇刊》本
		《卮林》	11卷	《四库全书》本
		《费氏家训注》		注,国家图书馆

序号	作者	著作名称	卷（册）数	易查之版本或藏书单位
140	彭汝楠〔1584～1643，万历四十四年（1616年）进士〕	《遥清编稿》	1册	福建省图书馆藏旧抄本
141	王家彦〔1588～1644，天启二年（1622年）进士〕	《王忠端公文集》	5卷	《续修四库全书》本
142	黄鸣俊〔1590～1646，万历四十七年（1619年）进士〕	《武林纪略》	2卷	浙江图书馆藏明刻本
143	释照乘〔天启六年（1626年）湄洲妈祖庙主持〕	《天妃显圣录》	1册	《妈祖文献整理与研究丛刊》本
144	余藻（万历朝人）	《石鼓斋印鼎》	9卷	国家图书馆、哈佛大学哈佛燕京图书馆藏钤印本
145	余飏〔1603～1649，崇祯十年（1637年）进士〕	《莆变纪事》	1册	莆田市图书馆《福建丛书》影印本
146	余飏、余光〔飏兄，崇祯中（1628～1644年）诸生〕	《春秋存俟》	12卷	福建省图书馆《中华再造善本》
147	宋光廷〔崇祯六年（1633年）入京太学〕	《李沧溟集选》	4卷	选，《四库全书存目丛书》本
148	林麟焻〔康熙九年（1670年）进士〕	《玉岩诗集》	7卷	《四库全书存目丛书》本
		（康熙）《兴化府莆田县志》	36卷	纂，国家图书馆
149	方铉〔1606～?，崇祯中（1628～1644年）诸生〕	《红琉璃集》	6卷	国家图书馆
150	郑凤超（1609～?，荐辟）	《郑凤超文集》	存1卷	国家图书馆藏，天台阁抄本
		《烟语》	1卷	国家图书馆藏，天台阁抄本
		（福建莆田）《郑氏大宗系》	不分卷	福建师范大学图书馆
		《杂录》	1册	福建师范大学图书馆藏抄本
151	林嵋〔1610～1648，崇祯十六年（1643年）进士〕	《蟛蜞集》	9卷	国家图书馆《明代莆人文集》本
		《香眉阁杂记》	1册	福建师范大学图书馆藏抄本
152	郑郏〔1615～?，崇祯十七年（1644年）贡生〕	《皆山集》	6卷	莆田市图书馆藏抄本
		《易测》	7卷	福建省师范大学图书馆藏康熙三十八年（1699年）刊本

序号	作者	著作名称	卷（册）数	易查之版本或藏书单位
153	余怀［1616～1696 崇祯年间（1628～1644 年）诸生］	《板桥杂记》	3 卷	《四库全书存目丛书》本
		《宫闺小名录》	1 卷	辑，福建省图书馆《四库全书存目丛书》本
		《玉琴斋词》	4 册	《清代诗文集汇编》本
		《甲申集》	7 卷	福建省图书馆、国家图书馆
		《东山谈苑》	8 卷	编纂，福建省图书馆
		《江山集》	7 卷	福建省图书馆
		《茶史补》	1 卷	福建省图书馆
		《余子说史》	10 卷	福建省图书馆
		《味外轩诗辑》	1 卷	福建省图书馆《清代诗文集汇编》本
		《曼翁友声集》	1 卷	福建省图书馆
		《广霞山人同人集》	1 卷	福建省图书馆
		《枫山酒船诗》	1 卷	福建省图书馆
		《余澹心文》	1 卷	福建省图书馆
		《砚林》	1 卷	首都图书馆《昭代丛书合刻》本
		《妇人鞋袜考》	1 卷	首都图书馆有《香艳丛书》本、《檀几丛书》本
		《吴门画舫录》	1 卷	国家图书馆
		《五湖游稿》（《五湖游谢》）	3 卷	国家图书馆
		《秋雪词》	1 卷	北京图书馆藏《百名家词钞》本
		《研山词》	1 卷	周亮工《尺牍新钞》本、清初《名家词钞六十种》钞本（郑振铎藏）
		《南朝金粉》	2 卷	上海图书馆，1919 年广益书局出版
		《四莲华斋杂钞》	8 卷	国家图书馆、莆田市图书馆
		《三吴游览志》	1 卷	首都图书馆
		以上 22 种收入《余怀全集》上下册，上海古籍出版社 2011 年		
154	林承霖	《莆阳诗编》	12 卷，存 2 册	福建省图书馆
155	方元会［崇祯十六年（1643 年）进士］	《莆阳刺桐金紫方氏族谱》	2 卷	国家图书馆

序号	作者	著作名称	卷（册）数	易查之版本或藏书单位
156	林尊宾［崇祯十五年（1642年）举人］	《春秋林氏传》	12 卷	莆田市图书馆藏抄本
157	苏之琨［金陵人，祖籍莆田，崇祯十五年（1642年）举人］	《明诗话初编》	4 本	《八闽文献丛刊》本
158	卓有见	《策统纲目》	39 卷	不存，有《四库全书》存目提要
159	陈士槐［崇祯年间（1628~1644年）诸生］	《河图发微》	无卷数	不存，有《四库全书》存目提要
160	李熊	《木兰陂集》	2 册	福建省图书馆、莆田市图书馆藏刻本
161	林尚葵（煃）［崇祯十二年（1639年）举人］	《广金石韵府》	5 卷	与晋江李银合撰，《四库全书存目丛书》本
162	彭在份	《读丹录》	无卷数	不存，有《四库全书》存目提要
163	林允昌	《经史耨义》	22 卷	《四库全书存目丛书》本
164	李灿旸	《旭东余草》	1 册	福建师范大学图书馆藏抄本
165	周榘（莆人迁江宁）	《二十二史讳略》	1 卷	《丛书集成续编》本
166	严佛宣	《历代名臣印谱》	存 3 册	前刘尚文藏残本 3 册
167	郑巩	《研斋印谱》	1 册	福建省图书馆藏拓本
168	林尧光［顺治五年（1648年）拔贡］	《涑亭诗略》	1 卷	《四库全书存目丛书》本
169	王凤九［顺治五年（1648年）举人］	《霞庵文集》	13 卷	莆田市图书馆、福建师范大学图书馆
		《汇书》	6 卷	有《四库全书》存目提要
170	杨梦鲤［顺治九年（1652年）进士］	《意山堂汇编杂著雅言新编》	4 卷	福建省图书馆、荷兰莱顿大学图书馆
		《意山堂清话》	1 卷	福建省图书馆
		（顺治）《青阳县志》	6 卷	国家图书馆、浙江省图书馆
171	林九棘［顺治年间（1644~1661年）国学生］	《十咏堂稿》	8 卷，存 7 卷	国家图书馆《清代诗文集珍本丛刊》本
172	林毓俊［顺治年间（1644~1661年）拔贡］	《纪游诗草》	8 卷	国家图书馆《清代诗文集珍本丛刊》本
		《纪游文集》	3 卷	国家图书馆《清代诗文集珍本丛刊》本
173	林人中［顺治年间（1644~1661年）诸生］	《莆阳风雅》	19 卷，存 14 卷	编，福建省图书馆藏稿本
		《荼邨诗集》	1 册	福建师范大学图书馆藏抄本

序号	作者	著作名称	卷（册）数	易查之版本或藏书单位
174	林华皖［顺治年间（1644～1661年）拔贡生］	《治鲜集》	3卷	《续修四库全书》本
		（康熙）《新乐县志》	20卷	《国家图书馆藏地方志珍本丛刊》本
175	方镥［顺治年间（1644～1661年）诸生］	《四子集》	30卷	编，国家图书馆
176	陈鸿	《熙朝莆靖小纪》	1卷	莆田市图书馆、福建省图书馆 《福建丛书》影印本
		《国朝莆变小乘》	1卷	莆田市图书馆、福建省图书馆 《福建丛书》影印本
177	林向哲［顺治年间（1644～1661年）诸生］	《欧离子集》（《玉岩阁诗集》）	12卷，存4卷	福建师范大学图书馆藏刻本
178	董史（1624～约1688）	《东山集草》	2册	国家图书馆、福建省图书馆
		《林子门贤实录》	1册	莆田市图书馆
179	周韩瑞［顺治十一年（1654年）举人］	《撷芙蓉集》	2卷	国家图书馆、福建省图书馆 《四库禁毁书丛刊》本
		（康熙）《新修曲江县志》	4卷	《国家图书馆藏地方志珍本丛刊》本
180	林尧华［顺治十一年（1654年）举人］	《浣亭诗略》	3卷	烟台图书馆，有《四库全书》存目
		《山疆花圿长短句》	1卷	烟台图书馆，辑入《四库全书》存目
		《浣亭归来吟》	1卷	烟台图书馆
181	彭鹏［1635～1704，顺治十七年（1660年）举人］	《古愚心言》	8卷	《四库全书存目丛书》本
		《中藏集》	3卷	莆田市图书馆藏清刻本
		《朱文公政训》	1卷	《丛书集成初编》本
182	吴英（1637～1712年）	《行间纪遇》	6卷	国家图书馆清道光刊本，厦门大学出版社2016年点校本
183	黄琼，布衣	《梅史》	14卷	福建省图书馆、台湾省图书馆
184	林诜孕［康熙八年（1669年）举人］	《康熙定南县志》	10卷	国家图书馆藏清刻本
185	黄澄［康熙年间（1662～1722年）诸生］	《小学集解》	6卷	有《四库全书》存目提要
186	郑文炳［康熙年间（1662～1722年）诸生］	《明伦集》	5卷	有《四库全书》存目提要 张伯行《正宜堂丛书》本

序号	作者	著作名称	卷（册）数	易查之版本或藏书单位
187	林桢［1639～1714，康熙年间（1662～1722年）国学生］	《学诗庭集》	1卷	福建师范大学图书馆（刊本）
188	林铎［康熙年间（1662～1722年）副贡］	《葵园草诗集》	2卷	福建省图书馆（刊本）
189	贺青来［康熙年间（1662～1722年）诸生］	《八壶怡客句》	2卷	福建省图书馆（刊本）
190	林（王素）［康熙年间（1662～1722年）诸生］	《经济成书》	12卷	关于作者姓名，日本京都大学人文科学研究所作"林一"
191	郑得来［顺治五年（1648年）贡生］	《连江里志略》	2卷	仙游县图书馆藏抄本
192	张丰玉	《宁洋县志》	8卷	《稀见中国地方志汇刊》本
193	郭彦俊［康熙年间（1662～1722年）贡生］	《仙游县志》	40卷	福建省图书馆藏抄本
194	余宾硕［康熙年间（1662～1722年）布衣］	《金陵览古》	4卷	《南京稀见文献丛刊》本
195	朱元春［康熙二十年（1681年）举人］	《兴化府莆田县志》	36卷	与林麟焻同纂，《国家图书馆藏地方志珍本丛刊》本
196	余兰硕	《团扇词》	1卷	《百名家词抄》本
197	彭圣坛［康熙庚午至癸酉年间（1690～1693年）贡生］	《水镜新书》	1卷	莆田市图书馆
198	林源［康熙三十八年（1699年）举人］	《宛舫居诗文集》	10卷	福建省图书馆、国家图书馆、首都图书馆（抄本）
199	朱朗［康熙五十四年（1715年）进士］	《训蒙家课》（家课小题初学课本）	1册	厦门市同安区图书馆
200	黄海［雍正元年（1723年）拔贡］	《鲸涛集》	2卷	福建省图书馆（刊本）
		《续莆阳比事》	存3卷	福建省图书馆（抄本）
201	林逢时［雍正元年（1723年）举人］	《学海丛珠》	20卷	国家图书馆藏《林逢时杂文汇订》
202	廖必琦［雍正二年（1724年）进士］	《兴化府莆田县志》	36卷	与林黉同纂，莆田市图书馆（刊本）
		《荔庄诗钞》	6卷	福建省图书馆（刻本）
		《木兰陂集节要》	10卷	雷应龙辑，廖续辑《中华山水志丛刊》本
203	俞荔［雍正二年（1724年）进士］	（乾隆）《永福县志》	10卷	福建省图书馆（刻本）
204	郑时敏［雍正年间（1723～1735年）诸生］	《南湖郑氏大宗谱》	残卷	福建师范大学图书馆旧抄本

序号	作者	著作名称	卷（册）数	易查之版本或藏书单位
205	林清标［乾隆六年（1741年）举人］	《寿世简便集》	1 册	《中国古医籍整理丛书》本
		《敕封天后志》	2 卷	国家图书馆、莆田市图书馆 《妈祖文献整理与研究丛刊》本
		《易解集义》	7 卷附录 1 卷	辑，福建省图书馆（刊本）
		《黉祀备考》	2 卷	辑，泉州市图书馆（民国刊本）
		《医学指南》（《经验单方汇编》）	4 卷	辑著，国家图书馆。 2015 年经学文化事业有限公司
		《庐山太平兴国宫采访真君事实》	8 卷	《中国道观志丛刊》本
206	郑王臣［乾隆六年（1741年）贡生］	《莆风清籁集》	60 卷	《四库全书存目丛书》本
		《兰陔四六》	4 卷	莆田市图书馆、福建省图书馆（刻本）
		《兰陔诗集》	2 卷	福建省图书馆（刻本）
		《燕中怀古诗》	1 卷	国家图书馆
207	翁兰［乾隆中（1736～1780年）拔贡生］	《秋皋遗稿》	2 卷	首都图书馆
208	林荔［乾隆二十五年（1760年）举人］	《乾隆凤台县志》	20 卷	《中国地方志集成》本
209	林兆鲲［乾隆三十一年（1766年）进士］	《林南池集》（《林太史集》）	14 卷	莆田市图书馆、福建省图书馆 《清代诗文集汇编》本
210	翁霪霖［乾隆四十三年（1778年）进士］	《翁筠楼诗集》	6 卷	福建师范大学图书馆（抄本）
		《壶华古词》	1 册	福建省图书馆
		《南广杂咏》	1 卷	莆田市图书馆（刻本）
		《出山草》	6 册	莆田市图书馆（刻本）
211	郑远［1710～?，乾隆四十四年（1779年）举人］	《用拙居存稿》	8 卷	莆田市图书馆（刻本）
212	吴元枢［乾隆四十五年（1780年）举人］	《玉锦于》	4 卷	福建省图书馆（刊本）
		《桥工新志》	1 册	福建省图书馆（抄本）
213	王捷南［嘉庆九年（1804年）举人］	《闽中沿革表》	5 卷	莆田市图书馆（刊本）

序号	作者	著作名称	卷（册）数	易查之版本或藏书单位
214	陈云章［1779～1850，嘉庆十四年（1809）进士］	（道光）《武宁县志》	44 卷	首都图书馆《明清武县志汇编》本
		《莆田浮山东阳陈氏族谱》	16 卷	《北京图书馆藏家谱丛刊》本
215	郭尚先［1785～1832，嘉庆十四年（1809 年）进士］	《增默庵文集》	8 卷	国家图书馆
		《郭大理遗稿》	8 卷	《续修四库全书》本
		《增默庵诗遗集》	2 卷	《续修四库全书》本
		《使蜀日记》	1 册	莆田市图书馆
		《芳坚馆题跋》	4 卷	莆田市图书馆（刻本）《芋园丛书》本
		《郭氏印存》（《郭兰石印谱》）	1 册	篆刻，福建省图书馆、莆田市图书馆
		《郭先生墨迹》	1 册	稿本，福建省图书馆
		《书札》		国家图书馆
		《芳坚馆楷书夏小正》	1 册	国家图书馆
		《芳坚馆书髓》	1 册	国家图书馆
		《帘舫先生事迹》	1 册	国家图书馆
		《宋元名诗三百首》	1 册	福建省图书馆
216	吴荔娘（1787～1802）	《兰陂剩稿》	1 册	福建省图书馆（抄本）
217	陈池养［1788～1859，嘉庆十四年（1809 年）进士］	《慎余书屋诗钞》	6 卷	莆田市图书馆（刻本）
		《慎余书屋诗文集》	5 卷	莆田市图书馆（刻本）
		《莆阳水利志》	8 卷	莆田市图书馆（刻本）
218	李泌［嘉庆年间（1796～1820 年）贡生］	《重修木兰陂集》	1 册	福建省图书馆
219	陈梓［嘉庆年间（1796～1820 年）拔贡］	《玲珑山馆诗钞》	1 册	福建省图书馆刊本
220	林从敷	《尚书要解》	6 卷	有乾隆本，莆田市图书馆
221	林朗如	（道光）《枫亭志》	8 卷	莆田市图书馆、仙游县档案馆（抄本）
222	林扬祖［1799～1883，道光九年（1829 年）进士］	《莆田县志稿》	不分卷，原 21 册	莆田市图书馆藏抄本《福建师大图书馆藏稀见方志丛刊》本
223	陈淑英（1808～1887）	《竹素园诗集》	4 卷	莆田市图书馆（刻本）
224	宋际春［1816～1874，道光十五年（1835 年）举人］	《瑶荔山房集》（《柘耕诗文集》）	10 卷	莆田市图书馆（抄本）
		《绿天偶笔》	1 册	福建师范大学图书馆藏校抄本
225	陈乔龄［道光十七年（1837 年）举人］	《陈荔庄诗钞》（附《补桐书屋诗钞》）	1 册	莆田市图书馆、福建师范大学图书馆（抄本）

序号	作者	著作名称	卷（册）数	易查之版本或藏书单位
226	王绍燕［道光十九年（1839年）举人］	《不忘记初斋诗草》	4卷	福建省图书馆藏刊本
227	郭尚英［道光年间（1821~1850年）拔贡］	《兰石伯兄行状》	1册	福建省图书馆
228	郭篯龄［1825~1886，道光年间（1821~1850年）拔贡］	《易海归宿》	2卷	福建省图书馆（刻本）
		《吉雨山房诗集》	5卷	国家图书馆、泉州市图书馆
		《吉雨山房遗集》	20卷	莆田市图书馆（刻本）
		《周易从周》	10卷	国家图书馆2010年文听阁图书有限公司
		《芳坚馆书髓》	1册	国家图书馆
		《三易三统辩正》	2卷	同安区图书馆
		《山民随笔》	9册	福建师范大学图书馆
229	陈椿龄［咸丰二年（1852年）举人］	《补桐书屋诗钞》	1册	莆田市图书馆
		《续莆阳文献》	1册	莆田市图书馆
230	杨玉章［咸丰二年（1852年）举人］	《寄鸥咏草》	1卷	国家图书馆
		《研经堂稿》	1卷	福建省图书馆藏稿本
231	宋廷尊［咸丰年间（1851~1861年）诸生］	《砚香斋草》（剩稿）	1册	莆田市图书馆
232	刘璋寿［1824~1881，咸丰九年（1859年）举人］	《慕凤岩诗集》	8卷	福建省图书馆（刻本）
233	郭慎行［1825~1909，同治十一年（1872年）拔贡］	《爱吾鼎斋印存》	4卷	福建省图书馆、莆田市图书馆藏拓本
		《爱吾鼎斋集》	1册	莆田市图书馆（抄本）
		《漫园遗稿》	1册	
234	涂庆澜［1837~1911，同治十三年（1874年）进士］	《国朝莆阳文辑》	5卷	国家图书馆、莆田市图书馆
		《莆阳诗辑》	4卷	国家图书馆、福建省图书馆。
		《荔隐山房集》	16卷	国家图书馆、福建省图书馆刻本
		《大臣传》	20卷	辑，国家图书馆
235	刘尚文［1845~1908，同治七年（1868年）国学生］	《莆阳金石初编》	2卷	福建师范大学图书馆(刻本)
		《莆志书目集证》	2卷	莆田市图书馆（刻本）
		《刘澹斋诗存》	2册	福建师范大学图书馆(抄本)
		《莆画录》	1卷	福建省图书馆（刻本）
		《马忠节父子合集》	4卷	福建省图书馆

序号	作者	著作名称	卷（册）数	易查之版本或藏书单位
236	李光荣（1849～1921，布衣）	《兴安风雅汇编》	12 卷，存 11 卷	莆田市图书馆（抄本）
		《莆阳竹枝词》	1 册	莆田市图书馆（抄本）
		《陇西李氏族谱》	4 卷	莆田市图书馆（抄本）
237	江春霖〔1855～1918，光绪二十年（1894 年）进士〕	《古欓山庄题咏集》	1 册	厦门市图书馆
		《梅阳山人小楷》	1 卷	莆田市图书馆
		《梅阳江侍御奏议》	2 卷	福建省图书馆藏民国印本
		《梅阳山人诗钞》	1 册	福建省图书馆藏抄本
		《梅阳山人集》	6 卷	莆田市图书馆、福建省图书馆藏抄本
238	戴绍郑（1866～1939）	《戴伯谦诗集》	无卷数	2018 年戴剑恩主编排印本
239	郭嗣周、陈唐彬〔1868～1964，光绪二十二年（1896 年）廪生〕	《镇家宝正集》	4 卷	抄本，莆田函三堂刊本
		《补遗》	2 卷	
240	关陈谟〔1872～1932，光绪二十九年（1903 年）进士〕	《莆中倭祸记》	1 册	莆田市图书馆（抄本）
		《莆田史谈》	1 册	莆田市图书馆（抄本）
		《江汉词抄》	1 册	莆田市图书馆
241	林春声〔光绪年间（1875～1908 年）诸生〕	《约选莆阳人物志》	1 册	福建师范大学图书馆（石印本）
242	翁祖荫〔光绪十五年（1889 年）举人〕	粤行草掇存	1 册	福建师范大学图书馆、福建省图书馆
243	张琴〔1876～1952，光绪三十年（1904 年）进士〕	《莆田县志稿》	34 卷	莆田市图书馆、莆田市档案馆 《中国地方志集成》本
		《读尔雅》	6 卷	莆田市图书馆
		《桐云轩声画集》	3 卷	国家图书馆（铅印本）
		《绝句传吟》	1 卷	莆田市图书馆
		《理学讲义》	1 卷	莆田市图书馆
		《桐云轩诗集》	10 卷	1990 年福建美术出版社出版《张琴题画诗七百首》
		《集阴符经篆书对联》	1 卷	
		《莆田县南山志》	2 卷	福建省博物馆（抄本）
		《广化寺志》	2 卷	《中国佛寺志丛刊》本
		《印谱》	1 册	莆田市图书馆
		《桐云轩杂钞》	2 册	莆田市图书馆
		《陈忠肃公年谱》	1 卷	莆田市图书馆
		《洪范释义》	1 卷	莆田市图书馆
		《桐云轩文集》	4 卷	以上均家藏原稿本
		《桐云轩稿》	36 册	莆田市图书馆（稿本）
		《陈文龙年谱》	1 卷	莆田市图书馆（抄本）

序号	作者	著作名称	卷（册）数	易查之版本或藏书单位
244	林翰 [1878～1925，光绪二十八年（1902年）举人]	《山舆楼诗》 《山舆楼诗外集》	4卷 1卷	莆田市图书馆（铅印本）
245	陈应麟	《古学捷录》（《群书备考》）	10卷	《四库全书存目丛书》本
246	宋增佑 [1880～1955，宣统元年（1909年）拔贡]	《仁陶杂著》	2册	莆田市图书馆（稿本）
		《仁陶日记》	2册	莆田市图书馆（稿本）
		《仁陶遗集》	1册	莆田市图书馆
		《莆碑》	1册	莆田市图书馆（抄本）
		《仁陶诗草》	6册	莆田市图书馆
		《略可居室漫录》	2册	莆田市图书馆（稿本）
		《村居杂钞》	1册	莆田市图书馆（稿本）
		《滥收拾》	9册	莆田市图书馆（稿本）
		《莆阳楹联汇辑》	1册	莆田市图书馆（抄本）
		《抗战期中日记》	1册	莆田市图书馆
		《略可居室闲话》	1册	莆田市图书馆
247	宋增矩 [1886～1967，光绪三十一年（1905年）补博士弟子员]	《南禅室集》	1册	莆田市图书馆（印本）
		《后村先生年谱》	1册	莆田市图书馆
		《莆田金石木刻拓本志》	2册	莆田市图书馆（铅印本）
248	黄祖汉（1886～1970）	《倦知楼诗》	1册	莆田市图书馆
249	康爵（1895～1944）	《莆人著作提要》	1册	莆田市图书馆（抄本）
		《耕冰寄庐乡贤书目》	1册	国家图书馆
		《耕冰寄庐漫录》	1册	辑，莆田市图书馆（稿本）
		《乡故随钞》	1册	莆田市图书馆（抄本）
		《兴化武备抄略》	1册	福建省师范大学图书馆藏康氏抄本
		《莆风清籁集补遗》	1册	《莆风清籁集》新刊附录
250	郭嗣周，林兆麟	《林子三教正宗易知录》	1册	函三堂1922年铅印本
251	李仲筠	《芙蓉吟馆诗钞》	1册	莆田市图书馆（抄本）
252	康仁声	《莆阳康氏家谱》	2册	福建省图书馆（抄本）
253	陈梅	《东山圣侯陈公列传杂志》	1册	编著，福建省图书馆
254	林侪鹤	《辛亥前后莆田地方派系》	1册	莆田市图书馆
255	林奇峰	《辛亥前后莆人革命动态》	1册	莆田市图书馆
256	侯绍岐	《金沙魏公将军壮烈志》	2卷	国家图书馆（刻本）
257	林际鹏	《天池斋偶吟》	6卷	福建师范大学图书馆藏旧稿本
258	徐鲤九	《九鲤湖志》	2册	福建省图书馆民国刊本

序号	作者	著作名称	卷（册）数	易查之版本或藏书单位
259	朱振先	《木兰陂志》	2 卷	福建师范大学图书馆藏抄本
260	王尽庭	《荩庭诗稿》	1 册	福建师范大学图书馆藏抄本
261	陈学谦	《吕祖功过格》（附《莆阳明德集》）	1 册	福建师范大学图书馆藏民国印本
		《荔城见闻录》	1 册	莆田市图书馆油印本
262	郭嗣蕃	《兰石公年谱》	1 卷	《北京图书馆年谱丛刊》本
263	陈锡姝	《瞻园诗草》	1 册	福建师范大学图书馆藏原抄本
264	柯经纬	《柯心斋稿》	1 册	福建师范大学图书馆藏抄本
265	林开翼	《留月山庄存草》	1 册	福建师范大学图书馆藏抄本
266	谢用麻	《蚕桑撮要》	1 册	福建师范大学图书馆藏清刊本
267	傅肇修	《醉竹园诗集》	4 卷	福建省图书馆刻本、中科院图书馆藏刻本
268	茅次荃	《焚余集》	1 册	福建师范大学图书馆藏稿本
269	黄化龙	《莘郊黄氏族谱》	4 卷，存 2 卷	福建师范大学图书馆藏刻本
270	黄邦士	《莆田碧溪黄氏族谱》	19 册	福建师范大学图书馆藏旧抄本
271	黄彬	《介石轩诗稿存》	1 册	福建师范大学图书馆藏抄本
272	黄忠瓒	《莆阳刺桐黄氏续修族谱》	1 册	福建师范大学图书馆藏抄本
273	王福善	《受谦诗文集》	2 册	福建师范大学图书馆藏抄本
274	翁焕孙	《刀环间唱集》	1 册	福建师范大学图书馆藏抄本
275	余洛、朱鸣阳、林茂竹、吴焕章等	《木兰陂集》	2 册	莆田市图书馆（刊本）
276	施启宗	《兴安书院志略》	2 册	序，福建师范大学图书馆藏旧抄本
277	陈懋列	《莆田水利志》	2 卷	台湾《中国方志丛刊》本
278	（民国）陈日新	《莆阳乡土地理》	2 卷	福建师范大学图书馆藏排印本
279	（民国）东来老人	《仙游乡土志》	2 卷	仙游图书馆（稿本）

序号	作者	著作名称	卷（册）数	易查之版本或藏书单位
280	王寿桁	《行行草》	4 册	抄本
281	朱焕星、林君汉	《辛亥莆人革命事略》	1 册	莆田市图书馆
282	陈智达	《三教初学指南》	1 册	民国刻本
283	梁普耀	《本体经释略》	1 册	民国刻本
284	游介园	《碧藏楼杂志》	1 册	稿本
285	壶社同人	《壶社诗抄》	1 册	莆田市图书馆（印本）
286	壶社同人	《壶社诗草》	28 卷	莆田市档案馆（抄本）
287	佚名	《水南书院志》	1 册	福建师范大学图书馆藏乾隆刊本
288	佚名	《莆阳曾氏族谱》	4 册	清嘉庆抄本
289	佚名	《清朝莆阳入泮全录》	1 册	福建师范大学图书馆藏抄本
290	佚名	《仙游县岁科试录》	1 册	福建师范大学图书馆藏刊本

注：1. 本表收入的为莆田籍贯人氏撰写的、尚存的、影响较大的、比较容易查找的主要著述，一些虽然长期居住莆田但非莆田籍贯人氏所著的如欧阳詹《欧阳行周集》或籍贯有较大争议人氏所著的如吴任臣《十国春秋》，或在莆田为官人氏所著的如黄岩孙《仙溪志》、康爵《莆阳科第录》、徐承禧《治莆事略摭存》、萨福榛《南日岛志》，或在莆田出家为僧人氏所著的如释正禄《龙华寺志》，或流落海外或珍藏民间不易见到的著述，暂不收入；2. 本表按作者出生年月先后排序，出生年月不详者按科第先后排列；3. 本表由陈枚香整理制作，刘福铸、黄祖绪参详校正；4. 历史上莆田人著述汗牛充栋，本表挂一漏万，在所难免，有待方家补正。

三　莆田岁时记[*]

莆田岁时记^{**}　　　幼石（宋增佑）

　　旧历分四时八节，民间对于年节之礼式及礼物，各因其风俗习惯而不同，故各地风土记、岁时记，均有特别记载。莆中各族，多半由中州迁来，过年过节，与外地大同小异，但亦有一二特别可纪之点，自改用阳历后，古历已成废历，然民间犹沿用之，以其适合农事也，故旧历亦曰农历，是不可以不记。

正月

　　元旦，侵晨即起，拜神祇祖先，各祀以挂面。祀毕煮面，一家男妇老少，各分一碗，惟不用汤，谓汤多则出门必遇雨。北河各大姓，是日子姓均到祠，分长幼，行团拜礼，或分柑，或分百子橘，取一年吉利之义。人家有客至，则饷以面一碗、柑一双。（五日内皆然）余儿时，见绅士必具衣冠到亲友家拜年，新婚者亦然，然只拜岳家及受业师而已。光宣之间只用名片，遣家人，到处贺年，亲拜之礼亦废。民国初元，则以贺年片寄邮。新生活运动实行，并贺年片亦不用，以其近于虚文，且不经济也。

　　初二日，例不相往来，出嫁之女子，遇父母之丧，必送祭礼，婿亦须亲往拜奠，曰过初二节。其他亲友则概行谢绝，丧家于是日用白纸书"恭辞光顾"

---

*　莆田的岁时节庆在继承中原岁时节庆的同时，又具有某些地域特色，是莆仙文化的重要组成部分。但由于岁时节庆既有相对的稳定性和传承性，又有鲜明时代性和区域性，很难在通史中用有限的文字加以全面记述，因此，我们选取宋增佑《莆田岁时记》一文权当这部分内容的补充。

**　该文最早刊载于马来西亚雪兰莪兴安会馆《兴化文献》编委会编《兴化文献》（1947 年），"幼石"是作者宋增佑的笔名。宋增佑（1881～1955 年），乳名淑老，字启人、启仁、仁陶，莆城罗弄里人，宣统元年（1909 年）拔贡，著有《宋仁陶遗集》等。由于时代关系，该文的某些文句读起来比较拗口，为了尊重历史，只对少数明显错误的文字加以改正，尽量保留原作。

四字，贴于大门外。

相传明嘉靖四十一年，倭陷莆城，杀人放火，死者相枕藉，城中腥秽，至不可居。至次年正月二日，乡下人始入城，探问亲友，故俗以是日为不吉利之日，禁不相往来，唯往游园林寺观，抵暮乃归，儿女竞采桃花插头，名曰踏青。

> 按县志："倭以嘉靖四十一年十一月廿九日陷城，历六十余日，始率众趋平海，至四十二年四月十二日戚继光始讨平之。"则是年正月初二日，倭寇尚盘据城中，乡下人来往必不自由，入城探问亲友之说，似非事实。
>
> 关佛心先生《倭祸记》：吾人例于正月初二日，忌不探问，故老相传以为屠城纪念，而倭寇弃城既在正月廿九，而纪念反在初二，何以故？查倭寇扰莆，自涵江至城，无乡幸免，合之胁从及掳掠之众，当在万人以上，廿九日之退，系从容退出，并非战败，其退也，至二月初一始行退尽，而城中之先期逃遁，及临时幸免者，及亲戚关系者，相率于二月二日入城探视，寇已远飙，惊魂甫定，遂于二月初五日补行做岁（莆人谓过年曰做岁）名之曰做大岁。又大屠城自十一月廿九日起至正月廿九日皆足纪念，故四十二年做大岁之后，遂定每年于正月初二日为探亡期，初五日仍举行大岁之礼，做大岁不能在二月，故屠城纪念亦不能在十一月廿九日，或在二月二日为纪念日，而定正月二日为纪念日，其理由当如上所述也。

初三日迎年。腊底廿三日送诸神朝天，曰送年。至是日备礼品迎迓，与送年同。俗传诸神朝天已毕，各回本位，名曰回銮。初四日亦有迎年者，在腊底以廿四日送年，则迎年以四日。余尝笑谓上天来往路程，总以十日为期，谁云天远？

初五日做大岁。相传明季陷倭时，城中人不得度岁围炉，倭平，乃以是日置备祭品祀神祭祖，补行度岁，故名曰做大岁。

自元旦至初五，曰五日岁，亦曰破五，谓破例许民娱乐也。旧例以射圃里为走马及赌博之场所，赌摊林立，马匹成群，游人麇集。热闹至五天乃止。今射圃里已建学校，赌博亦禁止。五日岁城内虽依旧走马，惟在官道驰骋，或骑往梅峰一游耳。

初七日人日，道君书载：北极天元真君下降，各家各户，酌水献花，诵北斗经以祈福。

初九日玉皇至尊万寿，登壶公山凌云殿进香祝寿者络绎于道。十五日为天官赐福之期，各家皆于夜半香花点烛，当空顶礼，祷祝全年吉利。

每岁正月初十左右，递相邀饮，号传坐酒，此长安风俗也。吾莆在三十年前，官府宴绅士，绅士相互酬答，谓之请春酒，交游广酬应繁者，日必赴数席。民国初元，尚有此举。自抗战后，物价高涨，提倡节约，春酒之应酬，稍有减省。

立春先一日，府及县官率僚属，具朝服，乘露舆，执事前导，胥役各手执纸花一枝，或装饰马架添景，迎春于东郊，所谓五马行春是也。（立春在腊底，则不甚热闹。）

各官至阔口村，在官田中，择耆老一人牵牛，知府秉耒，知县播种，三推而止。礼毕迎土牛及策牛人泥像（莆语曰春牛，太岁）于府署大门，构棚供奉，立春日昧爽，各官齐集行鞭春礼，坠于城下而碎之。自改用阳历，迎春之典遂废。

是日士女聚观，阗塞街市，各带盐米乙包，俟春牛来则撒之，谓撒得者则全年吉利。抬春牛、太岁者，为阔口人，预使儿童走而哄于市曰："春牛来了"，众以为春牛真来，争出盐米乱撒，乃竟不果来。七哄八哄之后春牛真真来了，而看热闹者盐米已撒尽，抬春牛者乃得免"眯目""行不得"之苦，故莆语谓口惠而实不至曰："春牛十八哄。"

历代帝城点灯，在正月十五前后各一夜，谓之"元夕"，金吾不禁，许士女纵观，示与民同乐也，然民众犹以为未足，每提前自十二日起，谓之"预放元宵"。后又增至十七、十八两夜，谓之"增上元"，亦曰"展元宵"。莆俗元宵，亦多至十五前后，灯月交辉，名实相称。然自初七起至二十日，各乡各处，均有元宵，则更延长多日矣。揣其原因，乡下做元宵，着重在演剧，莆剧向不及五十班，若各乡同日并举，则戏剧不敷分配，故依次排演，几乎整月皆是元夜。此项费神最多，随风随俗，几成铁案，不可移易。

乡村约百家必立一社，祀社公社母（莆语曰社妈），于祝社公诞之外，以元宵为最热闹，盖上元祈谷之典为一起，所谓春祈秋报是也。此外各宫各庙，神之位号至繁，各有元宵，则必装扮执事，喧动箫鼓，舁神像行傩走境，家家设香案，陈果酒，候神至拜献，焚楮币以送之，谓之献纸。至晚回宫，夜间则于演剧之外，放烟火、跳棕轿，或僮身踏火、穿花、坐刀轿、掷铁球，或法师滚火堆、打筋斗，或筵中燃烛千百炬，如火山，或点橡烛一对，重一百二十斤，或登大鲤一尾，重四五十斤，或叠柑于地，高与屋梁齐，或堆柴高逾丈，焚之以暖神足。形形色色，夸多斗奇，不可胜纪。最奇者东埭村元宵，走回宫时，必将神像翻倒，全身粉碎，抛散委地，任人抢夺，抢得则以为全年吉利。次日即将神像之肢体，送还宫内，司宫者须俟缘金商定，然后收受。得神首者众争羡为占"福首"，索缘金尤贵，非数十金不肯了。盖神像以木制成，骨节转接之处，俱以蒐丝绾之，稍一颠簸，则丝断而像散碎，尽委于地。元宵原以祈福，乃至支解神体，此种俗例，不知于义何取？

按各乡元宵，多有走回宫之例，但不如东埭之剧烈耳。清江东周灵慈庙初九日元宵，走回宫亦哄动一时，相传往年元宵将近回宫，离庙尚有五百步，大雨骤至，抬神驾者恐被雨淋坏泥塑之神像，快跑回宫。而是年乡内财丁并进，后遂沿以为例，竞选壮丁抬神驾，跑愈快愈佳，虽至倾跌，摔坏神像，亦以为利益。以故最后一着如风驰电掣而过，观者目为之眩，是则利神之不利以为利，亦殊可哂也。此例至今尚存，一年一度，回宫依然跑也，而跑则不如从前之轻快而自如。询之乡人，则曰：向之抬神驾者非老则死，现时承其乏者，乃未经练习跑步之壮丁也，原来凡事须经练习乃工；未经练习，便做轿夫不得。

城内元宵，以十五、十六两夜为最多，故为曰"元宵心"，不演剧，只由社老捧出社炉绕境，各家或迎接入厅堂，进香拜祝，曰："接行道。"（即行傩之转音）或在门口叩拜，曰献纸。社妈则以塑像到各家散花，妇女祈子者供奉尤虔，名曰请花。城中二十四社，惟龙坡社独无社妈，相传社公与邻近某神赌，最后以社妈作孤注，竟将社妈输掉，不数日，社妈像无故自倒，屡塑亦屡坏，自是社妈散花之例遂废，亦一趣闻也。

元夕前后，市井少年，每有弄龙弄狮之举，遇有"接行道"人家，便送往凑凑热闹。更有雇约少女，盛装艳服，扮演故事，骑马出游，名曰马架，鸣锣鼓，张灯火为前导，观者随后拥挤，虽马或跳跃，亦不避也。间亦送往各家，下马歌唱，主人款以茶点犒以银牌，唱毕，乃上马行。连宵达旦，乐此不疲，亦年少一快心事也。

二十二日塾师召集生徒开学。盖自去腊二十二日放寒假，迄今恰满一个月。

二月

二月初二日首福，亦曰头牙，在历史上为中和节。各家做头牙，祀神及祖先，与尾牙同。店家则以此为雇定伙计之新聘约，所以必须做牙，新伙计得有"吃牙"之权利，乡下亦有做二月二之例。热闹或较元宵为盛，然不甚普遍。大约元宵未有大规模之热闹者，则在二月二补做热闹一回也。

二月初三日文昌帝君诞，与七月初七日北斗魁星诞，在科举时代，读书人祀奉尤虔，塾徒每凑集份金，演剧致祝。自科举废，帝诞魁诞，却冷淡了许多。

三月

冬至百六是清明（或在二月末），在历史上有拔河、淘井、养花，许多故事。在莆田却看做小节。节料亦极简单，或只备笋蔬麦饭祀先，间有祭扫者，然不如重九、冬至之盛，以此时多雨也。

黄石谷城宫祀杨公太师，一年一度出游（或在四月），四方来进香者，男妇数万，皆乐捐缘金，数颇可观。十年前地方人士改祀陈忠肃公，因名陈太师祠。

北辰宫亦在黄石，祀玄天上帝，额曰武当行在。香火甚盛，历次祷雨均有验。帝爷诞在三月三日，仙游、惠安亦有来祝嘏者。是日谷城宫董事即派人到宫收缘金，为数亦不少。太师爷出游之日，以帝爷香亭殿后。观者皆脱帽致敬。

四月

四月八日浴佛，诸寺僧以供佛之面食，分送于乡绅家，化米为斋粮。

各乡多有杨公太师庙，四月廿六日太师爷诞，每连日演剧，亦民间娱乐之一助也。

五月

五月朔曰端一，初四日做节，曰端四，初五日曰端午，莆俗则五日皆可做节。有：初一糕，初二粽，初三螺，初四艾，初五划（莆语曰爬，谓划龙舟也）之谚。故是节称曰五日节，但仍以初四做节占多数。

《帝京景物略》以五月一日至五日为女儿节，按之莆俗亦然。是节人家所备节料，为糕、螺、桃、粽，皆小儿女最适口之食品，在端午浴午时水后，抹雄黄酒、穿新衣履、新兜肚、佩绣花香囊，系五色长命缕，出门游玩，看竞渡，何等风光，女儿节之称，洵不虚也。

五日凌晨，乡下妇，采杂树，缚成束，置竹筐中，挑入城，叫卖："午时草"，人家争购之，置露天，晒之，过午卖不了，则弃之于道，挑空筐而返，故莆语谓过时不值钱之物曰午时草。

俗谓五日时有甘露降，家家于傍午天，争出汲水，曰挑午时水，挑回置大锅中，取午时草煮沸，一家男女老少，均取此水沐浴，云可去毒，又多在午时曝衣制药，若有雨则否。

相传五月为毒月，端午节暑湿郁蒸，为毒物现形之期，故例须悬蒲剑，插艾虎，放黄烟，佩赤灵符，浴五香水，以祛除毒害。

女儿所制兜肚，或布或绸，色尚红，故亦曰"红肚"。多以丝线绣五毒：五毒为虎、为蛇、为蜈蚣、为蜥蜴、为蜘蛛。五者绣在一起，似不类。或曰：虎之毒在须，蛇与蜈蚣之毒在牙，蜥蜴之毒在粉，蜘蛛之毒在溺，皆毒物也。绣之于兜肚，取以毒攻毒之义也。

女子初嫁之年，遇端午，母家必送"头年节"。礼盘全担之外，兼备婿及女之衣、履、全副，及兜肚、扇、伞各物，女之翁姑及直系亲属，亦须各赠以兜肚一方。然此惟大家有之，中户以下，则不求备也。次年以后，皆有送节，但物品则减少许多。

竞渡吊屈此风甚古。莆之北关外凌头桥、吴桥，端午节划龙舟，递年皆不误。各乡则延至七月间举行。

从前私塾塾徒，遇午节必送节敬于塾师。节仪之多寡，随年龄而定，多则千钱，少亦二百。塾师于节后开学时，各分塾徒扇一把。

五月亦称虎月，五月五日虽生男，亦云妨父母，至嫁娶、开张、建屋、接任全月，皆有禁。云犯则不利，今民智开通，已不复记此俗忌矣。

六月

六月六日为天贶节，福德正神（俗称土地公）诞，亦在是日，莆剧每演土地公送子送宝各出，故民间认为财神喜神，街头巷尾，均设土地公厝以供奉之。至人烟稠密之处，祝土地公诞，每连日演剧，谚有云："水漈头土地公，赛过西天尾上帝爷。"盖水漈头为城南闹市，平时受尽供养，诞时又连日夜看戏，西天尾上帝那得有此庸福？但自撤店房以拓大公路，水漈头土地公厝，今亦废矣。

新娘妈亦于是日诞，（事略详十二月迎年中）妇女多备礼品以祝之，并为之更换衣服。

十九日观音大士诞，各乡间有演剧致祝，然因农功正忙，每每延期，近十年来，戏价昂贵，大半节省。

七月

《荆楚岁时记》：七月七日，人家妇女，陈瓜果于庭，对银河下拜双星，以乞巧。《风土记》又云：七夕乞富、乞寿、乞子，惟得乞一，不得兼求，求三年，乃得言之，莆俗，是夕以炒豆果饵祀神，罕有设瓜果酒醴以乞巧者。

中元节，俗称七月半，《宋史·礼志》称：十三夜迎节，十五日供养祖先素食，十六日送节，与莆俗中元节略同，十三日接公妈（莆语称历代祖考妣曰公妈）。侵晨，将三代公妈轴挂于中堂，以茶饼供养之，十五日（或十四日）备祭品致祭，焚楮帛。十六日送公妈，乃收藏像轴。是节消耗，以纸钱为巨。焚化时，火炎上，故俗称曰公妈热。仙游全年纸市，在七月半倾销，几十之七八。

莆俗出嫁女子，其父母已殁，或一人先殁，必送祭礼于母家，谓之送纸。第一次送纸，谓之送"头年纸"，祭礼为时果、碗菜五盘（猪首、猪蹄、金果、糕、干鲨鱼，共五盘），父母如吃素，则用素食谓之"办斋"，母家回礼，红灯一对、竹车椅一只（小儿所坐的）、蔗一对、碗十个，盛时果十样。笏石以下各乡，须待子孙长成时，始送纸，谓女子之子，能自挑礼物至外祖家送纸也。送纸之例，至女殁，或外孙一世而止，但有祭业指定为送纸之用者，虽历久亦送。

此时秋阳燥烈，肉易馁败，远道来往，非独费时费力，抑且有碍卫生，二十年前，官厅即有禁送纸之布告，然女儿最爱外家，且以颜面关系，虽在严禁之中，亦必设法送往，官厅亦旋禁而旋弛，至今尚沿例不改，但较为少数耳。

中元前一日，市上卖鸡冠花，谓之洗手花，此时无花可插瓶，故各家买此花以供祖先耳。

中元节各寺院俱建盂兰盆会，供诸佛。

郡设厉坛，是日迎城隍神于坛，榜无主孤魂而祭之。（每年祭厉坛三次：清明、中元、十月朔）各家则于黄昏时，备办孤魂盘于门口，烧化楮钱冥衣，以祭游方子，城乡几乎普遍。泉属寓莆者，有"做孤"之例，所备礼品甚丰腴，但以七月为限，不定期。

八月

中秋之夜，赏月聚饮，曰做秋。戚友以月饼、白果、栗相馈遗，曰送秋。各宫各社均演剧酬神，故中秋戏金，比平时贵至四五倍，近亦稍稍节省。

九月

初一日起塾师放学三天，东君如续聘，则以四日来开学，在家设馆授徒者，亦沿例放学。塾徒如他就，听其自由离馆。盖塾师学历，以九月四日开始，全年修金，以八月止结算也。

重九有登高之例，莆俗则利用之以祭扫，是时多晴少雨，故祭扫比清明尤盛。

各乡多在九月间祝社公诞，杀鸡为黍，每户各有供献，名曰"出碗桌"，愈丰腆愈佳，盖寓秋成报赛之意也。

十月

朔日，各姓祠堂，皆荐饧易以飨祖，祭毕分饧，各有规例，俗云：十月初一吃饧，则腰不痛。

十月下元普渡，多在三教祠，举行超度道场，间有演剧者。

十一月

冬至做节，备礼物祭神祭祖，较他节为丰。前一夜，各家点烛放爆，男妇老少咸团聚于灶神前或厅堂，搓汤圆，或抟粞（莆语春米为粉曰粞）捏成元宝犬子各样式，并制饲鹊丸，一串十二粒，如豆大，闰年加一粒，冬至早煮汤圆，供奉神祖后，以汤圆或元宝犬子糊诸门，并安放鹊丸于屋瓦上。须臾，群鹊争来啄食，噪声哗然，俗恶鸦而喜鹊，故闻鹊声，咸曰来报喜。

冬至祭墓，尤盛于重阳，四郊道上，男妇挑祭品登山祭扫者纷然。

十二月

莆俗买卖或典赎不动产，俱在十二月初五日交割，做中人忙个不了。

十六日曰尾福，亦曰尾牙，统呼曰做牙。生理家在是日必设席宴行友及伙计，俗例吃尾牙后，伙计即算结束雇约，至次年首牙，若与宴，则为继续被雇之信约，故牙祭在商家最看重，通常人家不过略备蔬素，祀神与祖而已。

尾牙之次日，各店家即遣伙计分送各欠户之账单，二十日以外，伙计即沿门逐户，收取欠账，然只敢问之而已。欠账者答曰：迟数日来，则去。至廿五日以后，则大索而特索，至除夕鸡鸣，乃罢手。

廿五日，俗称廿五日头，见面不得讨债，在前清时，官府亦不办案或抓人，故欠债或犯案者，皆放胆入城市采买，或探问亲友，市上行人，特别拥挤，以米送城隍庙施舍者，肩挑背负，相续不绝，多则一石八斗，少则十斤八斤，皆焚香告神，而后以米交董事登记，亦有以银钱作代价者，穷一日之力，计所收米逾千石之多，现金尚不在内（近十年来，米价昂贵，施米者亦各自减少），一般人以为城隍爷之灵所致，盖施米者皆望神知其乐善好施而默佑之也。

廿六日庙董制米条分给贫民，除夕前一日凭条领米，庙中贫民麇集，有后至而不得米条者，鹄候终日，饥寒交迫，竟无缘分得颗粒，未免口出怨言，甚矣施惠之难也。

廿三或廿四日，备礼物，焚纸制轿马，送诸神朝天，曰送年，祀灶尤虔，谓灶神能奏明人家善恶也。礼物四碟中，有"送年粿"。愈甜愈佳，谓神食之而甘，能代各家隐恶，而扬善也，新娘妈亦有送年，此为吾莆特例，然有一故事在：

嫁女必备妆奁，殊破费，俗谓女子为赔钱货，故生女辄弃之，或竟溺之。有黄氏妇，家不甚丰，而心焉悯之，收留弃女而抚养之，并苦劝同里勿歧视女子，受其感动者亦不少，溺女之风稍杀。迨黄氏所养之女子嫁时念黄妈恩，无可为报，乃束草为黄妈，佩诸身，随带至婿家，终身奉祀之，因称之曰"新娘妈"，此后女子出嫁，必沿例崇奉，以纪念黄妈之功。

新娘妈之构造：以早稻藁三十六秆，红箸一支作骨，红绳束之四节，或圆柱形，钉于座（座字应读莆音，如炉座、斗座之座），使之竖立而不倒，座系拚土（城外）或削竹（城内）为之，再以红纸一方糊圆柱，更剪金纸作种种花样成兜肚贴于腰，头上插纸花五支，像箸钗之饰，送年日，妇女辈先将新娘妈之旧纸撤去，换以新纸，依样装束谓之换季（一年两次，一寒一暑，换夏服在六月六日）。然后设祭品、焚纸轿，送之朝天。

莆有一谜：新妇讨是新妇精，衣裳不洗积隔年，讨汝入门未曾打，容汝胆大会上天。谜底即"小娘妈"，颇有趣，但须以莆音读之方合。

夫妻斗口，妻每傲其夫曰：我辈会上天，汝会上天否？

北方在腊月廿四日扫屋尘，曰除残，莆则曰"扫巡"，盖洒扫而巡视其清洁与否也，但在二十日以内行之。先除夕一日，曰小除，各家备鸡、豚、年糕、挂面，以祀天地神祇，曰辞年，燃竹爆，换桃符，皆寓除旧迎新之意。

亲戚以礼物相馈遗，曰馈岁，以酒食相邀致，曰别岁。除夕年少相约不眠，曰守岁，以睡或得恶梦，则来春必不吉利也。

除夕围炉，取团圆之义，莆俗无论何等人家，在三十晚上（小建则廿九夜）必齐集全家男妇老少同桌共饮，曰围炉，菜计十碟，取十全之义。有生蛎房、生豆腐共一碟，向无人下箸，然例必取备，久不解其用意，继思古代民族，大半生食，苗民更保持古风，不肯更改，此间土著皆苗民，在围炉时，想必备有此物，客籍同居，见而效之，遂成惯例，理或然欤？

又有芹菜一碟，亦为围炉必备之食料，围炉时，第一箸必食芹菜，取芹菜之兆也，且芹中通而香甜，谓食之可益人智慧。

从前除夕，城隍庙必唱戏，戏资系守庙道士所出，无力还债者，往看之，则收债者便不敢向之索债，名曰看鲁戏，以故除夕看鲁戏之谚，即避债之隐语也，此盖含有要誓之意，意谓城隍爷正直无私，此辈敢于到庙看戏，必确系无钱可还债，可以质诸正直之神，而非以赖债自私也。入民国后，庙里已不复做鲁戏，而欠债者并不必关门躲赖，欲赖则竟赖之耳，盖前人讲信用，以赖债为辱，非穷无复之，断不肯去看鲁戏，今则好占便宜，虽有钱者亦若甚吝惜而不肯直截爽快地清还，可见赖债已成习惯，何必做鲁戏以当避债台耶？自抗战后，物价逐日变动，商家已实行"现金交易，赊欠免言"之信条，除夕可免讨账之苦，安闲快乐多矣。

围炉后，家长分压岁钱，凡在十六岁以下之子弟，皆有分，多寡随家长之意思，盖以是供给儿童游春买果饵之用也。有伯有叔诸兄，亦互相赠遗，故卑幼者所得较多，仆没（役）伙计，在年关中亦有此项收入。

年关亦可谓之难关，欠人人欠，俗例总要在此结束。算是一重难关，能超过此关，即洒脱无累，走马游春，无量欢喜矣。

编后附注：

一、莆域辽阔，大小乡以三千余计，风俗习惯，每大同而小异，年节亦然，篇中所述特别之点，只就所闻所知者采入，遗漏尚多，读者谅之！

二、旧历以建寅为岁首，正在农事暇时，过此则西畴有事，乡村几无闲人，故民众对于旧历新正，十分欢迎，利用时间，寻求娱乐，以调节劳逸，虽稍稍破费，不惜也。其他各节，备物祀先，鸡黍之供，取之宫中而已足，并无例外浪费，即甚拮据之家，而麦饭菜羹，礼不敢缺，盖感时追远，可为民德归厚之一证。

三、莆俗神祀过繁，全年例外之销耗不赀，且有迷信之讥，但今亦渐渐减省，如三月廿三日天后圣母诞、五月十九日城隍老爷诞，往时各会各业，分日庆祝，每演剧至十数昼夜不休，近五年来却冷淡了许多，是亦可为民智开通之一证。

四、旧历五年置两闰，正月、十二月罕置闰，闰端阳、闰中秋、闰重九，颇为热闹。闰三次之，他月则否。

五、侨民久在海外，乡风或至淡忘，特写此篇，以饷侨居海外者一看，如与家人父子在佳节中团圆情话，使不至有在异乡为异客之感也，至于烦琐之嫌，所不敢辞。

四　莆田市非物质文化遗产名录

表 1　世界级非物质文化遗产

序号	类别	项目名称	保护单位	公布时间
1	民俗	妈祖信俗	北岸湄洲妈祖祖庙董事会	2009.01

表 2　国家级非物质文化遗产（含世界级非遗）

序号	类别	项目名称	保护单位	公布时间
1	传统戏剧	莆仙戏	莆田市艺术研究所	2006.05
2	民俗	妈祖祭典	北岸湄洲妈祖祖庙董事会	2006.05
3	传统舞蹈	灯舞（莆田九鲤灯舞）	荔城区黄石镇和平村委会	2008.06
4	传统音乐	十番音乐（黄石惠洋十音）	荔城区文化馆	2008.06
5	民俗	元宵节（枫亭元宵游灯习俗）	仙游县枫亭元宵游灯民俗学会	2008.06
6	传统美术	木雕（莆田木雕）	莆田市二轻联社	2011.05
7	传统音乐	莆仙十音八乐	涵江区文化馆	2014.11
8	传统美术	错金银	莆田市华昌珠宝有限公司	2014.11
9	传统美术	竹刻（莆田留青竹刻）	莆田市云起香材有限公司	2014.11
10	传统技艺	家具制作技艺 （仙游古典家具制作技艺）	福建省古典工艺家具协会	2014.11

表 3　省级非物质文化遗产（含省级以上非遗）

序号	类别	项目名称	保护单位	公布时间
1	民间音乐	仙游度尾鼓吹乐	仙游县度尾镇文化站	2005.10.31
2	民间音乐	黄石惠洋十音	荔城区文化馆	2005.10.31
3	民间舞蹈	荔城沟边九鲤灯舞	荔城区黄石镇和平村委会	2005.10.31
4	戏曲	莆仙戏	莆田市艺术研究所	2005.10.31
5	岁时节令	仙游枫亭元宵游灯习俗	仙游县枫亭元宵游灯民俗学会	2005.10.31
6	民间信仰	湄洲妈祖信仰习俗	北岸湄洲妈祖祖庙董事会	2005.10.31

序号	类别	项目名称	保护单位	公布时间
7	传统手工工艺	延宁宫妈祖蔗塔传统制作工艺	涵江区延宁宫管委会	2007.08.28
8	民俗	妈祖回娘家祭祀民俗	秀屿区贤良港天后祖祠董事会	2007.08.28
9	传统音乐	涵江车鼓	涵江区文化馆	2009.05.31
10	传统舞蹈	黄石登瀛高跷	荔城区黄石镇登瀛村委会	2009.05.31
11	传统舞蹈	聚英书院"九莲灯"	仙游县大济镇坑北聚英董事会	2009.05.31
12	传统舞蹈	麟山宫皂隶舞	仙游县枫亭镇麟山宫董事会	2009.05.31
13	传统美术	留青竹刻（莆田）	莆田市云起香材有限公司	2009.05.31
14	传统美术	梧塘黄氏纸扎	涵江区梧塘黄氏纸扎传统技艺研究中心	2009.05.31
15	传统技艺	复茂饼家制作技艺	福建复茂食品有限公司	2009.05.31
16	传统技艺	莆田传统木雕技艺	莆田市二轻联社	2009.05.31
17	传统技艺	仙游"仙作"古典工艺家具制作技艺	福建省古典工艺家具协会	2009.05.31
18	民俗	闽台送王船习俗	城厢区灵川镇东汾五帝庙董事会	2009.05.31
19	民俗	妈祖信俗	荔城区文峰宫董事会	2009.05.31
20	民间文学	江梅妃传说	荔城区黄石镇江东村委会、浦口宫董事会	2011.12.14
21	民间文学	妈祖传说	莆田市群众艺术馆	2011.12.14
22	传统音乐	莆仙十音八乐（涵江）	涵江区文化馆	2011.12.14
23	传统音乐	莆仙十音八乐（仙游）	仙游县郊尾镇古店村委会	2011.12.14
24	传统体育、游艺与杂技	南少林武术（莆田）	莆田市南少林武术协会	2011.12.14
25	传统美术	泥塑（莆田神佛泥塑）	莆田市蒲洋神佛工艺品有限公司	2011.12.14
26	传统技艺	铜雕技艺（莆田）	莆田市湄洲塑画院	2011.12.14
27	传统技艺	传统木结构营造技艺（仙游）	仙游龙威工艺品有限公司	2011.12.14
28	传统技艺	金镶玉、"玉镶金"传统技艺	莆田市华昌珠宝有限公司	2011.12.14
29	传统技艺	壶山砂花传统技艺	荔城区壶公山祥云殿董事会	2011.12.14
30	传统技艺	腐乳酿造技艺（莆田豆腐乳制作工艺）	莆田市涵兴食品有限公司	2011.12.14
31	传统医药	中医传统制剂方法（仙游青黛提炼技艺）	仙游县药品检验所	2011.12.14
32	民俗	祈梦习俗（九鲤湖）	仙游县九鲤湖风景区管委会	2011.12.14
33	传统美术	木雕（莆田木雕）	莆田市蒲洋佛像工艺品有限公司	2011.12.14
34	传统美术	木雕（莆田木雕）	莆田市兴化雕塑研究院	2011.12.14
35	曲艺	梆鼓咚	莆仙音乐与戏曲研究中心	2017.02
36	传统美术	仙游彩绘技艺	莆田市伟达艺术装饰有限公司	2017.02
37	传统技艺	兴化米粉制作技艺	福建来康家食品发展有限公司	2017.02

序号	类别	项目名称	保护单位	公布时间
38	传统技艺	仙游竹雕	仙游县榜头新明竹木人家工艺厂	2017.02
39	传统技艺	莆田铜铸胎掐丝珐琅工艺	涵江区静远堂景泰蓝研究中心	2017.02
40	民俗	莆田钱四娘信俗	莆田市香山宫钱四娘祖殿董事会	2017.02
41	民俗	莆田春节做大岁习俗	莆田市图书馆	2017.02
42	民俗	莆田贤良港海祭	莆田贤良港天后祖祠董事会	2017.02
43	民俗	莆田壶公信仰	莆田壶山书院	2017.02

表4　市级非物质文化遗产（含市级以上非遗）

序号	类别	项目名称	保护单位	公布时间
1	民间音乐	黄石惠洋十音	荔城区文化馆	2007.05.26
2	民间音乐	鼓吹乐	仙游县度尾镇文化站	2007.05.26
3	民间音乐	仙游八乐	仙游县文化馆	2007.05.26
4	民间音乐	车鼓	涵江区文化馆	2007.05.26
5	民间音乐	文枕琴	莆田市致源文化传媒有限公司	2007.05.26
6	民间音乐	文十番	涵江区文化馆	2007.05.26
7	民间舞蹈	黄石沟边九鲤舞	荔城区黄石镇和平村委会	2007.05.26
8	民间舞蹈	南门棕轿舞	城厢区凤凰山街道南门社区居委会	2007.05.26
9	民间舞蹈	九莲灯	仙游县大济镇坑北聚英祠董事会	2007.05.26
10	传统戏剧	莆仙戏	莆田市艺术研究所	2007.05.26
11	曲艺	俚歌梆鼓	荔城区文化馆	2007.05.26
12	民间工艺	文峰宫妈祖供品	荔城区文峰宫董事会	2007.05.26
13	民间工艺	白塘俞氏纸扎	涵江区白塘镇上梧村俞氏家族	2007.05.26
14	民间工艺	卢埕李氏斋菜	涵江区涵系街道楼下社区卢埕李氏家族	2007.05.26
15	民间工艺	刘氏竹雕	莆田市云起香材有限公司	2007.05.26
16	民俗	湄洲妈祖祭典	北岸湄洲妈祖祖庙董事会	2007.05.26
17	民俗	枫亭元宵游灯习俗	仙游县枫亭元宵游灯民俗学会	2007.05.26
18	民俗	妈祖回娘家祭事习俗	秀屿区贤良港天后祖祠董事会	2007.05.26
19	民俗	瑞云祖庙戏神庙会	荔城区瑞云祖庙董事会	2007.05.26
20	民俗	正月初三做寿	仙游县文化馆	2007.05.26
21	民俗	文峰宫妈祖诵经	荔城区文峰宫董事会	2007.05.26
22	民俗	延宁宫妈祖蔗塔	涵江区延宁宫董事会	2007.05.26
23	民俗	妈祖金身巡游习俗	北岸湄洲妈祖祖庙董事会	2007.05.26
24	民俗	湄洲女头饰服饰	北岸湄洲妈祖祖庙董事会	2007.05.26

序号	类别	项目名称	保护单位	公布时间
25	民俗	妈祖信众谒祖进香习俗	北岸湄洲妈祖祖庙董事会	2007.05.26
26	民间工艺	莆田传统木雕	莆田市二轻联社	2009.01.04
27	民间工艺	仙作古典家具	福建省古典工艺家具协会	2009.01.04
28	民间工艺	荔城光临龙眼木雕	莆田市光临雕塑创作室	2009.01.04
29	民间工艺	荔城陈氏工艺雕塑	莆田市顺源美术雕塑院	2009.01.04
30	民间工艺	妈祖宴菜	莆田市妈祖宴菜传习所	2009.01.04
31	民间工艺	梧塘黄氏纸扎	涵江区梧塘黄氏纸扎传统技艺研究中心	2009.01.04
32	民间工艺	湄洲妈祖祖庙妈祖贡品	北岸湄洲妈祖祖庙董事会	2009.01.04
33	民间工艺	荔城区兴化米粉	荔城区文化馆	2009.01.04
34	民间工艺	黄石浦口宫红桔塔	荔城区黄石镇江东村浦口宫董事会	2009.01.04
35	民间工艺	妈祖平安饼	福建复茂食品有限公司	2009.01.04
36	民间工艺	复茂兴化麻薯	福建复茂食品有限公司	2009.01.04
37	民间工艺	复茂绿豆饼	福建复茂食品有限公司	2009.01.04
38	民间工艺	复茂家乡粽	福建复茂食品有限公司	2009.01.04
39	民间工艺	复茂百年大礼饼	福建复茂食品有限公司	2009.01.04
40	民间工艺	江口吴氏卤面	涵江区文化馆	2009.01.04
41	民间工艺	江口林氏纸扎	涵江区文化馆	2009.01.04
42	民间工艺	新县方糕	新县镇文化站	2009.01.04
43	民间工艺	涵江霞徐春景斋菜	涵江区霞徐顺济庙	2009.01.04
44	民间工艺	涵江哆头土笋冻	涵江区文化馆	2009.01.04
45	民间工艺	笏石下郑草编工艺	秀屿区文化馆	2009.01.04
46	民间工艺	笏石下郑竹编工艺	秀屿区文化馆	2009.01.04
47	民间工艺	湄洲鱼饭	北岸湄洲妈祖祖庙董事会	2009.01.04
48	民间工艺	湄洲妈祖平安糕	北岸湄洲妈祖祖庙董事会	2009.01.04
49	民间工艺	湄洲妈祖平安面	北岸湄洲妈祖祖庙董事会	2009.01.04
50	民间工艺	湄洲海蛎吊养	北岸湄洲镇文化站	2009.01.04
51	民间工艺	枫亭糕	仙游县枫亭镇文化站	2009.01.04
52	民间舞蹈	枫亭皂隶舞	仙游县枫亭镇麟山宫董事会	2009.01.04
53	民间舞蹈	湄洲棕轿舞	北岸湄洲镇文化站	2009.01.04
54	民间舞蹈	黄石澄瀛高跷	荔城区文化馆	2009.01.04
55	民间音乐	大洋干笛子	涵江区大洋乡文化站	2009.01.04
56	民间音乐	庄边山歌	涵江区庄边镇文化站	2009.01.04
57	民间音乐	枫亭龙鼓诗	仙游县枫亭镇文化站	2009.01.04
58	传统戏剧	莆仙独角戏	涵江区文化馆	2009.01.04

序号	类别	项目名称	保护单位	公布时间
59	传统武术	南少林"三十六宝"传统拳术	莆田市南少林武术协会	2009.01.04
60	传统武术	涵江戴氏南少林鸣鹤二十八宿	涵江区文化馆	2009.01.04
61	传统习俗	新度祥云殿玉皇信仰习俗	荔城区壶公山祥云殿董事会	2009.01.04
62	传统习俗	文峰天后宫三献礼	荔城区文峰宫董事会	2009.01.04
63	传统习俗	东汾端午节化龙船	城厢区灵川镇东汾五帝庙董事会	2009.01.04
64	传统习俗	涵江洋尾元宵跑廿六	涵江区白塘镇洋尾村委会	2009.01.04
65	传统习俗	萩芦崇圣宫元宵圈灯	涵江区萩芦镇崇圣宫董事会	2009.01.04
66	传统习俗	涵江镇前打铁球	涵江区白塘镇镇前村委会	2009.01.04
67	传统习俗	东峤凌烟建房"点脊"习俗	秀屿区东峤镇文化站	2009.01.04
68	传统习俗	北埔凤山寺巡游习俗	秀屿区笏石镇凤山寺董事会	2009.01.04
69	传统习俗	湄洲三月二十三禁捕	北岸湄洲镇文化站	2009.01.04
70	传统习俗	湄洲提虎蛋习俗	北岸湄洲镇文化站	2009.01.04
71	传统习俗	湄洲婴儿满月习俗	北岸湄洲镇文化站	2009.01.04
72	传统习俗	湄洲婴儿周岁对晬	北岸湄洲镇文化站	2009.01.04
73	传统习俗	湄洲老人生日礼俗	北岸湄洲镇文化站	2009.01.04
74	传统习俗	湄洲传统婚礼习俗	北岸湄洲镇文化站	2009.01.04
75	传统习俗	湄洲祝寿礼俗	北岸湄洲镇文化站	2009.01.04
76	传统习俗	湄洲妈祖祖庙庙会	北岸湄洲镇文化站	2009.01.04
77	传统习俗	湄洲新船下水习俗	北岸湄洲镇文化站	2009.01.04
78	传统习俗	湄洲脱草鞋习俗	北岸湄洲镇文化站	2009.01.04
79	传统习俗	湄洲民间盖房上梁习俗	北岸湄洲镇文化站	2009.01.04
80	传统习俗	湄洲男子抬神轿习俗	北岸湄洲镇文化站	2009.01.04
81	传统习俗	湄洲民间"换花"习俗	北岸湄洲镇文化站	2009.01.04
82	传统习俗	湄洲"出花园"成年礼俗	北岸湄洲镇文化站	2009.01.04
83	传统习俗	湄洲民间挂腹习俗	北岸湄洲镇文化站	2009.01.04
84	传统习俗	九鲤湖祈梦习俗	仙游县九鲤湖风景区管委会	2009.01.04
85	传统习俗	枫亭留春节	仙游县枫亭镇文化站	2009.01.04
86	民间信仰	陈瓒信仰习俗	荔城区城隍庙管委会	2010.11.25
87	民间信仰	三一教信仰	莆田市东岩山三一教祖祠	2010.11.25
88	民间信仰	东庄陈靖姑信仰习俗	秀屿区东庄镇陈靖姑祖庙董事会	2010.11.25
89	民间信仰	平海卫城城隍爷信仰习俗	秀屿区平海镇平海城隍庙董事会	2010.11.25
90	民间信仰	江梅妃信仰习俗	荔城区黄石镇江东村委会、浦口宫管委会	2010.11.25
91	民间手工技艺	"金镶玉""玉镶金"传统技艺	莆田市华昌首饰有限公司	2010.11.25
92	民间手工技艺	福建华邦明清古典家具传统技艺	福建省华邦经典家具有限公司	2010.11.25

序号	类别	项目名称	保护单位	公布时间
93	民间手工技艺	莆田林氏车雕传统技艺	荔城区爵品工艺制品有限公司	2010.11.25
94	民间手工技艺	莆田柯氏藤编传统技艺	莆田市柯国华藤编工艺所	2010.11.25
95	民间手工技艺	莆田传统精细木作技艺	莆田市兴化雕塑研究院	2010.11.25
96	民间手工技艺	莆田传统金银首饰加工技艺	莆田市湄洲塑画院	2010.11.25
97	民间手工技艺	莆田传统铜雕技艺	莆田市湄洲塑画院	2010.11.25
98	民间手工技艺	方氏家酿枇杷酒工艺	莆田市天妃红枇杷酿酒有限公司	2010.11.25
99	民间手工技艺	后洋果馔盒制作技艺	莆田市荔城区蒲洋佛像工艺品有限公司	2010.11.25
100	民间手工技艺	蒲洋神佛泥塑造像技艺	莆田市荔城区蒲洋佛像工艺品有限公司	2010.11.25
101	民间手工技艺	仙游洋塘木雕手工技艺	福建仙游龙威工艺品有限公司	2010.11.25
102	民间手工技艺	仙游龙威古建木作营造技艺	福建仙游龙威工艺品有限公司	2010.11.25
103	民间手工技艺	仙游纸扎古典工艺	仙游县盖尾镇琼林村委会	2010.11.25
104	民间手工技艺	仙游社硎季冬白粿制作技艺	仙游县社硎乡社硎村委会	2010.11.25
105	民间手工技艺	白沙戴氏白粿制作技艺	涵江区白沙镇文体服务中心	2010.11.25
106	民间手工技艺	涵兴记豆腐乳制作工艺	莆田市涵兴食品有限公司	2010.11.25
107	民间手工技艺	龙东黄氏线面制作技艺	涵江区白沙镇文体服务中心	2010.11.25
108	民间手工技艺	黄氏木雕工艺	莆田市丹桂工艺有限公司	2010.11.25
109	民间手工技艺	埭头民间泥塑工艺	秀屿区埭头镇翁厝村委会	2010.11.25
110	民间手工技艺	世明古装古典工艺	仙游县世明民俗用品行	2010.11.25
111	民间舞蹈	舞弄九鲤	荔城区镇海办长寿居委会	2010.11.25
112	民间舞蹈	沟边傩舞	荔城区黄石镇和平沟边村委会	2010.11.25
113	民间文学	妈祖的传说	莆田市艺术馆	2010.11.25
114	民间文学	江梅妃的传说	荔城区黄石镇江东村委会、浦口宫管委会	2010.11.25
115	民间文学	田公元帅的传说	荔城区黄石镇江东村委会、浦口宫管委会	2010.11.25
116	民间文学	白沙郑樵故事	涵江区白沙镇文体服务中心	2010.11.25
117	民间文学	沃柄宫故事	涵江区白沙镇文体服务中心	2010.11.25
118	民间文学	龟山茶的传说	城厢区文化馆	2010.11.25
119	民间文学	龙眼的传说	城厢区文化馆	2010.11.25
120	民间文学	小五哥传说	城厢区文化馆	2010.11.25
121	民间文学	黄濂起义歌	城厢区文化馆	2010.11.25
122	民间文学	传统婚事闹房经文	仙游县古店闹房经文组	2010.11.25
123	民间戏曲	木偶戏	荔城区黄石镇江东村委会、浦口宫管委会	2010.11.25

序号	类别	项目名称	保护单位	公布时间
124	民间音乐	九莲唱	莆田市艺术馆	2010.11.25
125	民间音乐	古店八乐	仙游县郊尾镇古店村	2010.11.25
126	方言	莆田方言	莆田市艺术馆	2010.11.25
127	传统医药	仙游建青黛传统炮制技法	仙游县药品检验所	2010.11.25
128	传统医药	《传统中门正道命学》功法	莆田市科技协会	2010.11.25
129	传统医药	南少林戴良鸿跌打膏药	涵江区江口戴氏家族	2010.11.25
130	传统医药	笏石民间痔疮传统治疗	秀屿区笏石镇北捕村委会	2010.11.25
131	传统医药	东峤民间刮痧传统艺术	秀屿区东峤镇百庄村委会	2010.11.25
132	传统体育、游艺与杂技	黄氏南少林舞狮	涵江区武术协会	2010.11.25
133	传统体育、游艺与杂技	黄氏南少林鸣鹤拳·械	涵江区武术协会	2010.11.25
134	传统体育、游艺与杂技	莆田南少林"韦驮拳"	莆田市南少林武术协会	2010.11.25
135	民间文学	郭定光传说	秀屿区东峤镇凌烟村委会	2013.04.24
136	传统美术	仙游黄氏面塑	仙游县枫亭黄氏面塑习所	2013.04.24
137	传统美术	张氏人物雕塑	仙游县兴泰工艺有限公司	2013.04.24
138	传统美术	李氏彩绘技艺	莆田市伟达艺术装饰有限公司	2013.04.24
139	传统美术	陈氏根艺	莆田市有根斋根艺有限公司	2013.04.24
140	传统美术	兴化挂屏木艺	莆田市屏艺坊古典装饰艺雕厂	2013.04.24
141	传统美术	郑氏沉香雕刻技艺	城厢区文化馆	2013.04.24
142	传统美术	林氏脱胎造像技艺	荔城区兴胜工艺贸易有限公司	2013.04.24
143	传统美术	仙游屏风制作技艺	福建省御源轩古典艺术家具有限公司	2013.04.24
144	传统美术	仙游东乡张氏竹木雕刻技艺	仙游县东乡竹木雕刻技艺馆	2013.04.24
145	传统美术	莆田宋氏象牙雕刻技艺	莆田市湄艺实业有限公司	2013.04.24
146	传统美术	仙游石雕传统技艺	仙游石雕技术研究中心	2013.04.24
147	传统美术	仙游竹雕技艺	仙游县榜头新明竹木人家工艺厂	2013.04.24
148	传统美术	郑氏山水木雕圆浮雕技艺	城厢区腾晖工艺厂	2013.04.24
149	传统技艺	仙游文房雅具制作技艺	仙游县度尾镇书潭珍藏坊名木艺品厂	2013.04.24
150	传统技艺	漆木碗制作技艺	福建山中古典工艺家具有限公司	2013.04.24
151	传统技艺	仙游古典艺术家具制作技艺	福建山中古典工艺家具有限公司	2013.04.24
152	传统技艺	仙游东乡林氏古典家具制作技艺	仙游县洪英工艺有限公司	2013.04.24
153	传统技艺	王氏自然形古典家具	莆田市三德古典家俬有限公司	2013.04.24
154	传统技艺	莆田民居古建技艺	莆田市顺源美术雕塑院	2013.04.24
155	传统技艺	莆田家居木作技艺	福建省华闽华居实业有限公司	2013.04.24
156	传统技艺	仙游木作雕镂镶嵌技艺	福建省凯丰里古典家具有限公司	2013.04.24

序号	类别	项目名称	保护单位	公布时间
157	传统技艺	莆田金属铸塑造像技艺	仙游恒晟造像工艺厂	2013.04.24
158	传统技艺	南日木帆船制作技艺	秀屿区南日镇浮叶村委会	2013.04.24
159	传统技艺	俞氏传统木刻雕版	莆田市奇艺紫檀古典家具艺术有限公司	2013.04.24
160	传统技艺	九条茶制作技艺	莆田市非物质文化遗产学会	2013.04.24
161	传统技艺	大洋林氏麦芽糖制作技艺	涵江区大洋乡兔洋村	2013.04.24
162	传统医药	莆田南少林拳医	涵江区江口镇戴氏家族	2013.04.24
163	传统医药	戴氏药茶、凉茶配方	涵江区江口镇戴氏家族	2013.04.24
164	传统医药	英龙街塔兜膏药	荔城区英龙街塔兜膏药传习所	2013.04.24
165	传统医药	郑氏传统跌打伤科	城厢区郑氏传统拳医研究院	2013.04.24
166	传统医药	祖传伤痛秘方	莆田市尚薰堂生物科技有限公司	2013.04.24
167	传统医药	黄氏果膏系列配方	莆田市大同医药有限公司	2013.04.24
168	民俗	文峰天后宫"元宵烛山"	荔城区文峰宫董事会	2013.04.24
169	民俗	湄洲妈祖祖庙祈年典礼	北岸湄洲妈祖祖庙董事会	2013.04.24
170	民俗	东华闰五搭桥亭	荔城区文化馆	2013.04.24
171	民俗	江口东岳观庙会习俗	涵江区福莆仙东岳观文物保护管理所	2013.04.24
172	民俗	下江头坐刀轿打铁球	荔城区黄石镇下江头隆显坛董事会	2013.04.24
173	民俗	仙游枫亭东宅庙会	仙游县枫亭镇东宅庙董事会	2013.04.24
174	传统舞蹈	皂隶舞(东汾五帝庙)	城厢区文化馆	2013.04.24
175	传统戏剧	木偶戏(东海西厝)	城厢区文化馆	2013.04.24
176	曲艺	俚歌(常太山歌)	城厢区文化馆	2013.04.24
177	传统体育、游艺与杂技	莆田南少林武术(佛祖棍法、青龙大刀、五雷拳、老鹰披翅拳术、韦陀扁担法、传统猴拳、桂麟拳、白鹤拳)	莆田市南少林武术学会	2013.04.25
178	传统戏剧	莆仙戏	莆田市艺术学校	2013.04.24
179	传统体育、游艺与杂技	莆田南少林武术(白鹤拳)	莆田市非物质文化遗产学会	2013.04.24
180	传统音乐	仙游道教音乐	仙游县道教协会	2015.10.16
181	传统戏剧	大五福	莆田文峰天后宫	2015.10.16
182	传统美术	莆田贝雕	莆田市荔城区双艺雕刻艺术馆	2015.10.16
183	传统美术	莆田玉雕	莆田闽翠缘玉雕有限公司	2015.10.16
184	传统美术	莆田银雕	荔城区宝缘珠宝有限公司	2015.10.16
185	传统美术	莆田石雕	莆田市国珍雕刻工艺有限公司	2015.10.16
186	传统技艺	腐竹制作技艺	荔城区新度镇柴火灶美食楼	2015.10.16
187	传统技艺	詹氏香道	莆田市云起香材有限公司	2015.10.16

序号	类别	项目名称	保护单位	公布时间
188	传统技艺	古瓷修复技艺	仙游县（卢氏）古瓷器修复传习所	2015.10.16
189	传统技艺	古木器修复技艺	仙游县赖店镇承民工艺厂	2015.10.16
190	传统技艺	莆仙传统乐器制作技艺	莆田传统乐器制作技艺林氏传习所	2015.10.16
191	传统技艺	蔡氏古琴制作技艺	仙游钟声乐器厂	2015.10.16
192	传统技艺	仙游传统漆刻技艺	仙游县漆芳世家漆艺商行	2015.10.16
193	传统技艺	仙游字画裱褙技艺	仙游县芳草堂书画裱褙修复中心	2015.10.16
194	传统技艺	仙游描金漆画技艺	仙游描金漆画艺术中心	2015.10.16
195	传统技艺	传统土陶制作技艺	仙游县盖尾镇新窑村民委员会	2015.10.16
196	传统技艺	陈桥家具制作技艺	莆田市涵江区新古典工艺家具商会	2015.10.16
197	传统技艺	金箔制作技艺	莆田市龙标金箔有限公司	2015.10.16
198	传统技艺	铜铸胎掐丝珐琅工艺	莆田市涵江区静远堂景泰蓝研究中心	2015.10.16
199	传统技艺	莆田传统美食烹饪技艺	莆田市城厢区老蒲鲜海鲜楼	2015.10.16
200	传统技艺	龟山茶制作技艺	福建省三紫有机茶叶有限公司	2015.10.16
201	民俗	莆田春节做大岁习俗	莆田市图书馆	2015.10.16
202	民俗	吴圣天妃信仰习俗	仙游县游洋镇兴角宫	2015.10.16
203	民俗	圣泉妈信仰习俗	仙游县圣泉宫管理所	2015.10.16
204	民俗	钱四娘信仰习俗	莆田市香山宫钱四娘祖殿董事会	2015.10.16
205	民俗	壶公信仰习俗	莆田壶山书院	2015.10.16
206	民俗	妈祖海祭	秀屿区贤良港天后祖祠董事会	2015.10.16
207	传统音乐	文枕琴	莆田市艺术学校	2015.10.16
208	传统戏剧	莆仙戏	莆仙戏剧院	2015.10.16
209	传统戏剧		仙游县莆仙戏鲤声艺术传承保护中心	2015.10.16
210	传统曲艺	梆鼓咚	莆田学院音乐学院莆仙音乐研究中心	2015.10.16
211	传统技艺	仙游古典家具制作技艺	莆田市大家之家古典家具有限公司	2015.10.16
212	传统技艺		仙游东方圣名贵木材有限公司	2015.10.16
213	传统美术	莆田木雕	莆田市善艺李氏工艺有限公司	2015.10.16
214	传统美术		福建省福来世家工艺有限公司	2015.10.16
215	传统美术		仙游绿色走廊创艺中心	2015.10.16
216	传统美术	莆田神佛雕塑	莆田凤达雕塑工艺厂	2015.10.16
217	民俗	三一教信仰习俗	荔城区黄石三一教东镇祠	2015.10.16
218	民间文学	龙华寺传说	仙游县龙华寺	2018.03.13
219	传统技艺	莆田小吃制作技艺（傅氏干咩羊肉）	仙游县赖店国义羊肉店	2018.03.13

序号	类别	项目名称	保护单位	公布时间
220	传统技艺	莆田小吃制作技艺（龙花担泗粉）	莆田市荔城区黄石镇桥兜村民委员会	2018.03.13
221	传统技艺	莆田小吃制作技艺（陈氏红团）	莆田市歆宴缘餐饮管理有限公司	2018.03.13
222	传统技艺	阳火炭焙古法制茶技艺	福建省盛世祥和农业科技发展有限公司	2018.03.13
223	传统技艺	郑宅茶传统制作技艺	莆田市枫林郑宅茶科学研究所	2018.03.13
224	传统技艺	古邑双酿红酒酿造技艺	仙游古邑双酿红酿造技艺研发中心	2018.03.13
225	传统技艺	妈祖筵席烹饪技艺	莆田有味有醋餐饮管理有限公司	2018.03.13
226	传统技艺	莆田海产品传统加工技艺	福建省莆田市海家味食品有限公司	2018.03.13
227	传统技艺	莆田海盐传统晒制技艺	福建省莆田盐场	2018.03.13
228	传统技艺	莆田黄金首饰制作技艺	莆田市柯伊诺尔珠宝首饰有限公司	2018.03.13
229	传统技艺	莆田骨雕传统技艺	仙游东乡骨雕传习所	2018.03.13
230	传统技艺	莆田水晶传统雕刻技艺	仙游县度尾苏家雕水晶雕刻传习所	2018.03.13
231	传统技艺	仙游青瓷传统烧制技艺	仙游县宝瓷斋工艺陶瓷厂	2018.03.13
232	传统技艺	莆田漆雕缕画	莆田市卓群文化发展有限公司	2018.03.13
233	传统技艺	东沙村油纸灯笼制作技艺	莆田市城厢区东海镇东沙村民委员会	2018.03.13
234	传统技艺	忠门蒸笼制作技艺	莆田市湄洲湾北岸经济开发区文化发展办公室	2018.03.13
235	传统医药	余氏传统消痛配方	莆田市医国堂民间秘方研究所	2018.03.13
236	民俗	枫亭水阁	仙游县枫亭镇镇霞街社区居民委员会	2018.03.13
237	民俗	仙游十供科仪	仙游县道教法事传习所	2018.03.13
238	民俗	东海镇金沙宫上元祈福习俗	城厢区东海东沙金沙宫	2018.03.13
239	民俗	吉了寨端午赛龙舟习俗	莆田市秀屿区东埔镇吉城村民委员会	2018.03.13
240	传统美术	莆田神佛泥塑（唐式佛像彩绘、贴金）	城厢区庄严苑工艺品有限公司	2018.03.13
241	传统美术	莆田石雕（自然形石雕）	莆田市荔城区石源艺雕有限公司	2018.03.13
242	传统美术	莆田玉雕（软玉）	湄洲湾职业技术学院上塘珠宝玉石学院	2018.03.13
243	传统技艺	莆仙传统乐器制作技艺（惠洋十音传统乐器制作技艺）	莆田市荔城区黄石金福文体乐器商行	2018.03.13
244	传统技艺	仙游字画裱褙技艺（黄步英装裱技艺）	仙游永盛斋古书画修复中心	2018.03.13
245	民俗	妈祖信俗（妈祖签诗）	莆田文峰天后宫	2018.03.13
246	民俗	妈祖信俗（莆禧天妃宫崇福夫人巡安习俗）	莆田市秀屿区莆禧天妃宫董事会	2018.03.13

序号	类别	项目名称	保护单位	公布时间
247	民俗	吴圣天妃信仰习俗（路口宫上元巡安习俗）	莆田市荔城区西天尾吴圣天妃文化联谊会	2018.03.13
248	传统美术	莆田留青竹刻	莆田市藏云堂精微透雕艺术研究院	2018.03.13
249	传统美术	莆田木雕	福建省洪英工艺有限公司	2018.03.13
250	传统美术	莆田木雕	仙游县榜头官舍艺雕厂	2018.03.13
251	传统美术	莆田木雕（龙眼木雕）	莆田市荔城区黄石镇清銮木雕艺术馆	2018.03.13
252	传统技艺	传统木结构营造技艺	仙游木结构营造技艺传习所	2018.03.13
253	传统技艺	仙游古典家具制作技艺	仙游县坝下飞鸿古典家具有限公司	2018.03.13
254	传统技艺	九条茶制作技艺	莆田市仙游县林田九条贡茶责任有限公司	2018.03.14

五 莆田市文物保护单位名录

表1 莆田市全国重点文物保护单位（12处）

序号	名称	地点	年代	类型
1	木兰陂	城厢区霞林街道办事处木兰村黄头自然村与陂头自然村之间	宋	古建筑
2	释迦文佛塔	城厢区凤凰山街道办事处新塘社区	宋	古建筑
3	元妙观三清殿	荔城区镇海街道办事处英龙居委会梅园路东路391号	宋	古建筑
4	天中万寿塔	仙游县枫亭镇辉煌村塔斗山上	五代	古建筑
5	镇海堤	荔城区黄石镇徐厝村徐厝自然村	唐	古建筑
6	无尘塔	仙游县西苑乡凤顶村凤顶自然村	宋	古建筑
7	湄洲妈祖祖庙	湄洲岛管委会湄洲镇宫下村东北面	清	古建筑
8	宁海桥	涵江区镇前距离莆田市区约15公里的木兰溪入海口	元	古建筑
9	平海天后宫	秀屿区平海镇平海村东至自然村	清	古建筑
10	仙游文庙	仙游县鲤城街道办事处内社区师范路1号	清	古建筑
11	龙华双塔	仙游县龙华镇灯塔村龙华寺	宋	古建筑
12	荔城报恩寺塔	荔城区镇海街道东岩山报恩寺内	宋	古建筑

表2 莆田市省级文物保护单位（48处）

序号	名称	地点	年代	类型
1	蔡襄墓	仙游县枫亭镇铺头社区锦岭自然村	宋	古墓葬
2	古谯楼	荔城区镇海街道办事处文献居委会步行街中间	清	古建筑
3	东门石坊	仙游县城东镇东门村东150米	清	古建筑
4	三会寺	仙游县大济镇三会村三会张自然村	明	古建筑
5	郑樵墓	涵江区白沙镇白沙村尖峰尾山近山腰处	清	古建筑
6	林兆恩墓	城厢区华亭镇苦溪村	明	古墓葬
7	贤良港天后祖祠	秀屿区山亭镇港里村	清	古建筑

序号	名称	地点	年代	类型
8	卫里公会莆田总堂	荔城区镇海街道办事处凤山居委会仓边巷	民国	建筑
9	东岩山石塔（报恩寺塔）	荔城区镇海街道办事处英龙居委会东岩山报恩寺内	宋	古建筑
10	莆禧城墙（含莆禧城隍庙、天妃宫）	秀屿区山亭镇莆禧村	明	古建筑
11	永兴岩石窟	涵江区大洋乡院埔村	元	石窟寺及石刻
12	浦口宫	荔城区黄石镇江东村中境自然村	清	古建筑
13	兴化府城隍庙	荔城区镇海街道办事处梅峰居委会庙前路	明	古建筑
14	大宗伯第	荔城区镇海街道办事处长寿居委会梅园路边	明	古建筑
15	云门寺	荔城区镇海街道办事处英龙居委会双池巷	宋	古建筑
16	石室岩砖塔	城厢区龙桥街道办事处北磨社区石室岩寺内东南侧	明	古建筑
17	延寿桥	城厢区龙桥街道办事处延寿村延寿自然村	宋	古建筑
18	碧溪宫	涵江区新县镇广宫村西洛阳山麓	宋	古建筑
19	李富墓	城厢区常太镇岭下村坪田自然村	宋	古墓葬
20	东汾五帝庙	城厢区灵川镇东进村东汾自然村西南侧	清	古建筑
21	江口东岳观	涵江区江口镇江口社区江口街	清	古建筑
22	蒲坂郑氏宗祠	荔城区新度镇蒲坂村后郑自然村	明	古建筑
23	龙纪寺	仙游县盖尾镇后山村院里自然村	清	古建筑
24	蒲坂戴氏宗祠	荔城区新度镇蒲坂村前戴自然村	明	古建筑
25	澳柄宫革命旧址	涵江区白沙镇澳东村桥头自然村	民国	近现代
26	圣泉宫	仙游县鲤南镇圣泉村圣泉自然村	清	古建筑
27	涵江黄氏民居	涵江区涵东街道霞徐社区	明	古建筑
28	涵江江氏民居	涵江区萩芦镇梅阳村新厝自然村	清	古建筑
29	文峰宫三代祠	荔城区镇海街道办事处文献居委会步行街中间	清	古建筑
30	谷城宫	荔城区黄石镇水南村山兜自然村	明	古建筑
31	太湖祠	荔城区黄石镇井后村井埔自然村	明	古建筑
32	黄石文庙	荔城区黄石镇黄石村中心小学内	清	古建筑
33	黄滔祠	荔城区镇海街道办事处英龙居委会东里巷	明	古建筑
34	东吴石塔	秀屿区东埔镇东吴村	明	古建筑
35	湄洲麟山宫	湄洲镇下山村宫兜自然村麟山路185号	清	古建筑
36	平海卫城隍庙	秀屿区平海镇平海村西北530米	清	古建筑
37	青峰岩摩崖石刻	秀屿区东庄镇秀屿村	明	石窟寺及石刻

序号	名称	地点	年代	类型
38	万寿观	仙游县鲤城街道办城内社区仙游一中校内	清	古建筑
39	枫亭麟山宫	仙游县枫亭镇麟山村秀郊自然村	清	古建筑
40	玉新书院壁画	仙游县榜头镇龙腾村过坑自然村	清	古建筑
41	重兴寺	荔城区黄石镇重兴街	明	古建筑
42	下亭陈氏民居	荔城区拱辰街道濠浦社区下亭自然村	民国	近现代
43	莲峰宫	涵江区大洋乡莲峰村	清	古建筑
44	枫林世惠祠	涵江区梧塘镇枫林村梅岑自然村	清	古建筑
45	嵩山寺观音殿	秀屿区东庄镇嵩山上	清	古建筑
46	埔坪陈氏墓	仙游县度尾镇帽山村	宋	古墓葬
47	兴角宫	仙游县游洋镇兴山村上宫自然村	明	古建筑
48	瑞云祠李耕壁画	仙游县度尾镇度峰社区后面自然村池尾	民国	古墓葬

表3　莆田市市级文物保护单位（133处）

序号	名称	地点	年代	类型
1	瑞云祖庙戏台	荔城区拱辰街道办事处拱辰村辰门兜自然村	清	古建筑
2	冬卿旧第	荔城区镇海街道办事处英龙居委会东里巷	明	古建筑
3	熙宁桥	荔城区镇海街道办事处阔口居委会南300米	宋	古建筑
4	哲理钟楼	荔城区镇海街道办事处凤山居委会仓后路7号	民国	近现代
5	柯氏修史堂	荔城区西天尾镇溪白村企溪自然村（已迁绶溪公园内）	明	古建筑
6	朱天贵祠	荔城区西天尾镇溪白村企溪自然村（已迁绶溪公园内）	清	古建筑
7	郭尚先故居	荔城区镇海街道办事处凤山居委会书仓巷5号	清	古建筑
8	彭鹏故居	荔城区镇海街道办事处文献居委会金桥巷	清	古建筑
9	林扬祖故居	荔城区镇海街道办事处长寿居委会庙前路	清	古建筑
10	玉井陈氏民居	荔城区镇海街道办事处凤山居委会井头巷8号	清	古建筑
11	河边林氏民居	荔城区镇海街道办事处英龙居委会河边路54号	明	古建筑
12	河边翁氏民居	荔城区镇海街道办事处英龙居委会河边路68号（已迁绶溪公园）	清	古建筑
13	双池陈尚书宅	荔城区镇海街道办事处英龙居委会双池巷	明	古建筑
14	御史第（东阳明清民居建筑群）	荔城区拱辰街道办事处东阳村东阳自然村	明	古建筑
15	玉湖祠	荔城区镇海街道办事处阔口居委会阔口村	清	古建筑
16	东山祖祠（三教祠）	荔城区镇海街道办事处英龙居委会东岩山上	清	古建筑
17	真武坛	荔城区镇海街道办事处梅峰居委会胜利路	清	古建筑
18	北辰宫	荔城区黄石镇登瀛村埕尾自然村	清	古建筑
19	东镇祠	荔城区黄石镇华东村西沟自然村	清	古建筑

序号	名称	地点	年代	类型
20	显济庙	荔城区黄石镇井后村井埔自然村	清	古建筑
21	裕昆堂	荔城区西天尾镇湖头村西窟自然村	清	古建筑
22	梯云斋书院	荔城区西天尾镇澄渚村庙前自然村	清	古建筑
23	祥应庙	荔城区西天尾镇溪白村白杜自然村	清	古建筑
24	林泉院遗址（南少林寺遗址）	荔城区西天尾镇林山村丰后自然村	宋	古遗址
25	关圣庙（原名圣武庙）	荔城区西天尾镇碗洋村基边自然村	明	古建筑
26	永宁社	荔城区西天尾镇洞湖村西窟自然村	清	古建筑
27	三台拱曜（原名林披墓）	荔城区西天尾镇龙山村乌石自然村	唐	古墓葬
28	龙津庙	荔城区新度镇厝柄村沟东自然村	清	古建筑
29	祥云殿	荔城区新度镇锦墩村汉口自然村	清	古建筑
30	郑露墓	荔城区新度镇宝胜村下塘里自然村	唐	古墓葬
31	瑶台中一堂	荔城区黄石镇瑶台村中境自然村	清	古建筑
32	定庄堡遗址	荔城区黄石镇定庄村定庄自然村	清	古遗址
33	琳井朱氏大宗祠	荔城区黄石镇井后村井埔自然村	清	古建筑
34	沙堤朱氏大宗祠	荔城区黄石镇天马村朱厝自然村	清	古建筑
35	下亭庆源祠	荔城区拱辰街道濠浦社区下亭码自然村	清	古建筑
36	孚应庙（吴公庙）	荔城区拱辰街道办事处畅林村上林自然村	清	古建筑
37	东山妈祖行宫	荔城区镇海街道办事处英龙居委会东岩山上	宋	古建筑
38	通明殿	荔城区北高镇福岭村东田自然村	明	古建筑
39	塔仔塔	荔城区北高镇汀江村后埕口自然村	明	古建筑
40	陈国柱故居	西天尾镇下垞村王西自然村	民国	近现代
41	唐甘露林（林攒父母墓、林攒墓）	城厢区凤凰山街道办事处林桥村桥尾自然村	唐	古墓葬
42	黄滔墓	城厢区龙桥街道办事处兴安社区莆田二中旧校内	唐	古墓葬
43	广化寺	城厢区凤凰山街道办事处新塘社区凤凰山南麓	清	古建筑
44	薛公池·咏归亭	城厢区龙桥街道办事处太平社区府前巷	明	古建筑
45	蔡襄祠	城厢区霞林街道办事处棠坡村蔡垞自然村（已迁）	清	古建筑
46	智泉摩崖石刻	城厢区龙桥街道办事处北磨社区凤凰山东北麓	明	石窟寺及石刻
47	莆田烈士陵园	城厢区凤凰山街道办事处筱塘社区龙脊山	1957年	近现代
48	杨持平烈士墓	城厢区凤凰山街道办事处筱塘社区龙脊山烈士陵园内	民国	近现代
49	欧阳詹墓	城厢区凤凰山街道办事处新塘社区广化寺北侧	唐	古墓葬
50	陈仁墓	城厢区凤凰山街道办事处新塘社区	宋	古墓葬

序号	名称	地点	年代	类型
51	刘克庄墓	城厢区龙桥街道办事处延寿村马坑山	宋	古墓葬
52	泗华陂	城厢区龙桥街道办事处泗华村	唐	古建筑
53	施水亭井	城厢区霞林街道办事处霞林社区	唐	古建筑
54	石梯寺	城厢区东海镇坪洋村	清	古建筑
55	端明殿	城厢区东海镇东沙村沟东自然村	清	古建筑
56	梅峰寺	城厢区龙桥街道办事处兴安社区	清	古建筑
57	林润故居	城厢区霞林街道办事处沟头村 莆田新一中校内西面	明	古建筑
58	横江祖宫	城厢区常太镇霞山村下里洋自然村	清	古建筑
59	半岭宫青龙书社	城厢区灵川镇桂山村赤土自然村	清	古建筑
60	西岩广福寺	城厢区龙桥街道办事处太平社区	清	古建筑
61	龟山寺	城厢区华亭镇后塘村龟山	清	古建筑
62	龙山宫	城厢区华亭镇南湖村湖里自然村	清	古建筑
63	程鲲化墓	城厢区华亭镇柳园村卓陈林	清	古墓葬
64	陈俊卿墓	城厢区常太镇常太村东圳水库水岸龙汲山	宋	古墓葬
65	高地天后宫	城厢区灵川镇青山村高地自然村	清	古建筑
66	黄府墓	城厢区龙桥街道龙桥社区诗山自然村	宋	古墓葬
67	正学门	涵江区涵东街道宫下社区	清	古建筑
68	李富祠	涵江区白塘镇洋尾村	明	古建筑
69	黄璞故居	涵江区国欢镇黄霞村	明	古建筑
70	卢埕杨氏民居	涵江区涵西街道楼下社区	清	古建筑
71	东埕林氏民居	涵江区涵西街道延宁社区	清	古建筑
72	国欢寺	涵江区国欢镇塘西村	清	古建筑
73	雁阵宫	涵江区三江口镇鳌山村	清	古建筑
74	新有社	涵江区涵西街道涵西社区	清	古建筑
75	龙津社	涵江区涵东街道铺尾社区	清	古建筑
76	鲤江庙	涵江区涵西街道孝义社区	清	古建筑
77	涵江天主堂	涵江区涵东街道塘北社区	清	近现代
78	端明陡门	涵江区涵西街道延宁社区	宋	古建筑
79	新桥	涵江区白塘镇集奎村	明	古建筑
80	黄岸墓	涵江区国欢镇黄霞村	唐	古墓葬
81	瑶岛祠	涵江区涵东街道后度社区	明	古建筑
82	夹漈草堂	涵江区新县镇碧溪村	民国	近现代
83	紫霞堂	涵江区江口镇东楼村	清	古建筑
84	开福寺	涵江区庄边镇岐山村	清	古建筑

序号	名称	地点	年代	类型
85	延宁宫	涵江区涵西街道延宁社区	清	古建筑
86	天妃宫	涵江区涵东街道霞徐社区	清	古建筑
87	三真宫	涵江区白塘镇南垾村	清	古建筑
88	黄冈祠	涵江区国欢镇黄霞村	清	古建筑
89	混元殿	涵江区三江口镇鲸山村	清	古建筑
90	玉林宫	涵江区国欢镇林柄村	清	古建筑
91	会庆堂	涵江区国欢镇后洋村	清	古建筑
92	洞庭宫	涵江区国欢镇洞庭村	清	古建筑
93	李氏大宗祠	涵江区白塘镇洋尾村	清	古建筑
94	兴化县城隍庙	涵江区新县镇文笔村	明	古建筑
95	赤溪龙山宫	涵江区庄边镇赤溪村赤溪自然村	清	古建筑
96	南下霞美庙	涵江区萩芦镇南下村霞美境	清	古建筑
97	善德堂	涵江区涵西街道保尾社区	清	古建筑
98	仙宫堂	涵江区三江口镇后郭村	清	古建筑
99	新县文峰宫	涵江区新县镇文笔村	清	古建筑
100	善扬宫	涵江区大洋乡大洋村	清	古建筑
101	庄边古窑址	涵江区庄边镇庄边村、滁洋村、百圳村 三村交汇处	宋	古遗址
102	白沙祖宫	涵江区白沙镇白沙村	清	古建筑
103	滁州宫	涵江区庄边镇滁洋村	清	古建筑
104	外坑乡苏维埃政府 旧址（宣德宫）	涵江区新县镇外坑村部西 350 米之塘后自然村	清	古建筑
105	九莲岩建筑群	涵江区梧塘镇九峰村	清	古建筑
106	闽中抗日义勇军集训 旧址（尚书桥赤石宫）	涵江区庄边镇尚书桥村新村自然村西侧	清	古建筑
107	闽中支队司令部疗养所 旧址（坂洋带雾寺）	涵江区大洋乡坂洋村汀际自然村	民国	近现代
108	闽中支队粮仓旧址 （瑶山水头宫）	涵江区大洋乡瑶山村三连自然村 贵峰岩大庄线北侧 150 米	清	古建筑
109	宁里中共闽中 特委旧址	涵江区庄边镇凤际村宁里自然村	近现代	古建筑
110	叶良运革命活动地 （瑶珠堂）	涵江区三江口镇鳌山村沃里自然村	明	近现代
111	闽浙赣人民游击纵队闽 中支队司令部旧址	涵江区大洋乡人民政府驻地东侧 1 公路处	民国	近现代
112	西温戏台	秀屿区东庄镇西温村	清	古建筑
113	东云寺	秀屿区东峤镇魏厝村	明	古建筑

序号	名称	地点	年代	类型
114	壶南祠	秀屿区东庄镇营边居委会	清	古建筑
115	合一宗祠	秀屿区埭头镇石城村	清	古建筑
116	水仙宫	秀屿区埭头镇后温村	清	古建筑
117	嵩山寺	秀屿区东庄镇石前村	清	古建筑
118	潮音亭	秀屿区东庄镇石前村	民国	古建筑
119	鳌城宫	秀屿区东庄镇前云村	清	古建筑
120	锦山宫	秀屿区月塘镇坂尾村	清	古建筑
121	蒲弄宫	秀屿区东峤镇梁厝村	清	古建筑
122	天云洞	秀屿区埭头镇温李村	清	古遗址
123	玉湖宫	秀屿区东庄镇石码村	清	古建筑
124	南日岛烈士纪念碑	秀屿区南日镇海山村	1964 年	近现代
125	南通殿	秀屿区月塘镇前康村	清	古建筑
126	中共闽中游击队珠江中队旧址——林氏宗祠	秀屿区东峤镇珠江村 5 组	民国	近现代
127	东峤盐民学校旧址——普应亭	秀屿区东峤镇前沁村前沁自然村	民国	近现代
128	樟莲寺	北岸湄洲镇西亭村	重建	古建筑
129	莆禧城隍庙	北岸山亭镇莆禧村	清	古建筑
130	林贞明墓	北岸忠门镇秀田村	明	古墓葬
131	贤良港古码头遗址	北岸山亭镇港里村	宋	古遗址
132	吉了港	北岸东埔镇吉城村	明	古遗址
133	吉了寨	北岸东埔镇吉城村	明	古遗址

表 4　莆田市县级文物保护单位（231 处）

序号	名称	地点	年代	类别
1	坝下珠光书院	仙游县榜头镇坝下村	明	古建筑
2	榜头灵山寺	仙游县榜头镇坝下村	清	古建筑
3	菜溪岩寺	仙游县菜溪乡菜溪村	清	古建筑
4	菜溪郑侨状元祠	仙游县菜溪乡菜溪村	明	古建筑
5	蔡京墓	仙游县枫亭镇溪南村	宋	古墓葬
6	蔡宗盛墓	仙游县枫亭镇下社村	宋	古墓葬
7	陈鄙墓	仙游县榜头镇后坂村	唐	古墓葬
8	陈经邦墓	仙游县郊尾镇新和村	明	古墓葬
9	陈可大墓	仙游县盖尾镇琼峰村	宋	古墓葬
10	陈可行墓	仙游县榜头镇泉山村	宋	古墓葬

序号	名称	地点	年代	类别
11	陈可久墓	仙游县鲤城街道富洋村	宋	古墓葬
12	陈峤墓	仙游县榜头镇后坑村	唐	古墓葬
13	陈汝器墓	仙游县盖尾镇琼峰村	宋	古墓葬
14	陈台墓	仙游县榜头镇望厝村	唐	古墓葬
15	陈爕墓	仙游县赖店镇张埔村	明	古墓葬
16	城内飞钱宗祠	仙游县鲤城街道城内社区	清	古建筑
17	城内三妃宫	仙游县鲤城街道城内社区	清	古建筑
18	澄渚桥	荔城区西天尾镇龙山村大桥头自然村	宋	古建筑
19	赤荷杜陂渠	仙游县榜头镇赤荷社区	宋	古建筑
20	赤荷官陂渠	仙游县榜头镇赤荷社区	明	古建筑
21	赤荷玉辉书院	仙游县榜头镇赤荷社区	清	古建筑
22	灯塔万岁山石刻	仙游县龙华镇灯塔村	元	石窟寺及石刻
23	顶溪山遗址	仙游县游洋镇梧椿村	新石器时代	古遗址
24	东方亭崖刻	涵江区新县镇广宫村	元	石窟寺及石刻
25	东峰东山寺	仙游县度尾镇东峰村	清	古建筑
26	东来寺	涵江区江口镇新前村	清	古建筑
27	东门纠察庙	仙游县鲤城街道东门社区	清	古建筑
28	东门迎春亭	仙游县鲤城街道东门社区	清	古建筑
29	东桥普明书院	仙游县榜头镇东桥社区	清	古建筑
30	东石土楼	仙游县园庄镇东石村	清	古建筑
31	度峰锦丘宫壁画	仙游县度尾镇度峰社区	清	古建筑
32	飞云庙	荔城区黄石镇江东村中境自然村	清	古建筑
33	枫林涌泉寺	仙游县园庄镇枫林村	清	古建筑
34	凤顶凤山塔	仙游县西苑乡凤顶村	宋	古建筑
35	凤顶九座寺	仙游县西苑乡凤顶村	清	古建筑
36	福海堂	涵江区江口镇江口社区	清	古建筑
37	傅淇墓	仙游县园庄镇东石村	宋	古墓葬
38	盖尾石马桥	仙游县盖尾镇石马村	宋	古建筑
39	高峰青龙寺	仙游县园庄镇高峰村	清	古建筑
40	宫保尚书祠	城厢区龙桥街道办事处兴安社区东岩山山麓	明	古建筑
41	龚茂良墓	城厢区华亭镇山牌村	宋	古墓葬
42	鼓峰涌源寺	涵江区江口镇官庄村	清	古建筑
43	观音山遗址	仙游县榜头镇后坂村	新石器时代	古遗址
44	官舍玉林书院	仙游县榜头镇官舍村	清	近现代
45	桂苑祠	荔城区黄石镇清后村和丰自然村	清	古建筑

序号	名称	地点	年代	类别
46	郭琪墓	仙游县榜头镇梧店村	宋	古墓葬
47	郭尚先墓	荔城区西天尾镇后卓村下亭自然村	清	古建筑
48	海安朱氏民居	仙游县枫亭镇海安村	清	古建筑
49	海滨新兴宫	仙游县枫亭镇海滨村	清	古建筑
50	横塘李尚芬祠	仙游县鲤南镇横塘村	宋	古建筑
51	横塘圣源堂	仙游县鲤南镇横塘村	清	古建筑
52	红旗仙门寺	仙游县龙华镇红旗村	清	古建筑
53	洪桥天后宫	仙游县鲤城街道洪桥社区	清	古建筑
54	洪桥田圣府	仙游县鲤城街道洪桥社区	清	古建筑
55	洪桥郑纪祠堂	仙游县鲤城街道洪桥社区	明	古建筑
56	后坂圆通寺	仙游县榜头镇后坂村	清	古建筑
57	后南溪望夫塔	仙游县榜头镇后南溪村	宋	古建筑
58	后庄闽中游击队活动据点旧址	仙游县榜头镇后庄村	民国	近现代
59	鲎尾寨	秀屿区埭头镇后郑村	商	古遗址
60	虎啸潭旧址	仙游县鲤南镇柳坑社区	明	古遗址
61	环水亭	秀屿区埭头镇武盛村	清	古建筑
62	黄石天后宫	荔城区黄石镇黄石村亭下自然村	清	古建筑
63	黄仲昭墓	城厢区华亭镇云峰村	明	古墓葬
64	辉煌会元寺	仙游县枫亭镇辉煌村	清	古建筑
65	鸡子城遗址	仙游县榜头镇泉山村	汉	古遗址
66	济川古井	仙游县石苍乡济川村	宋	古建筑
67	建华王回宗祠	仙游县龙华镇建华村	明	古建筑
68	剑山杨泗宫	仙游县度尾镇剑山村	清	古建筑
69	江春霖墓	涵江区萩芦镇梅阳村	民国	近现代
70	金沙罗汉岩摩崖石刻	仙游县龙华镇金沙村	宋	石窟寺及石刻
71	进士坊	秀屿区平海镇平海村	明	古建筑
72	九峰寺旧址	仙游县赖店镇新周村	明	古建筑
73	九鲤湖摩崖石刻	仙游县钟山镇湖亭村	宋	石窟寺及石刻
74	九战尾抗倭旧址	仙游县鲤城街道龙泉社区	明	古遗址
75	康朗墓	仙游县枫亭镇九社村	明	古墓葬
76	坑北余立丰祠堂	仙游县大济镇坑北村	清	古建筑
77	昆仑槐塔	仙游县榜头镇昆仑村	明	古建筑
78	兰亭寺观音壁画	城厢区华亭镇埔柳村山仔自然村	清	古建筑
79	兰友观音亭	仙游县枫亭镇兰友社区	清	古建筑

序号	名称	地点	年代	类别
80	兰友林兰友祠	仙游县枫亭镇兰友社区	清	古建筑
81	兰友太平塔与社公塔	仙游县枫亭镇兰友社区	宋	古建筑
82	黎轸墓	仙游县盖尾镇杉尾村	宋	古墓葬
83	李宏墓	荔城区黄石镇东山村东山自然村	宋	古墓葬
84	李氏宗祠	荔城区黄石镇西利村西利自然村	清	古建筑
85	砺山南朝宫	仙游县度尾镇砺山村	清	古建筑
86	连治墓	仙游县盖尾镇湖板村	宋	古墓葬
87	莲乾章山书院	仙游县榜头镇莲乾社区	清	古建筑
88	林碧峰墓	仙游县枫亭镇学士街	清	古墓葬
89	林敬斋墓	仙游县鲤城街道木兰社区	明	古墓葬
90	林兰友墓	仙游县枫亭镇铺头村	清	古墓葬
91	林旻墓	秀屿区埭头镇潘垞村	明	古建筑
92	林氏宗祠	秀屿区埭头镇英田村	唐	古墓葬
93	林孝子祠	荔城区新度镇阳城村中境自然村	清	古建筑
94	林义墓	仙游县鲤城街道龙泉社区	宋	古墓葬
95	林英墓	仙游县大济镇龙坂村	宋	古墓葬
96	灵慈庙	荔城区北高镇呈山村顶陈自然村	清	古建筑
97	灵惠祖宫	涵江区白沙镇宝阳村	清	古建筑
98	灵山郑瑞星府第	仙游县榜头镇灵山村	明	古建筑
99	凌云殿	荔城区新度镇大坂村顶大坂自然村壶公山南	清	古建筑
100	岭北灵济宫	仙游县园庄镇岭北村	清	古建筑
101	流憩殿	荔城区黄石镇徐厝村东头自然村	清	古建筑
102	柳坑陈可大祠	仙游县鲤南镇柳坑社区	清	古建筑
103	柳坑南门桥	仙游县鲤南镇柳坑社区	宋	古建筑
104	龙安陡门（龙江）	荔城区西天尾镇洞湖村溪安自然村	唐	古建筑
105	龙穿城址	仙游县游洋镇里洋村	汉	古遗址
106	龙山普正书院	仙游县游洋镇龙山村	清	古建筑
107	垅溪陈氏祠堂	仙游县大济镇垅溪村	清	古建筑
108	罗峰白石院	仙游县赖店镇罗峰村	清	古建筑
109	罗峰龙头书社	仙游县赖店镇罗峰村	宋	古建筑
110	马思聪墓	城厢区华亭镇西许村	明	古墓葬
111	麦斜工农红军108团成立旧址	仙游县钟山镇麦斜村	宋	近现代
112	麦斜岩摩崖石刻	仙游县钟山镇麦斜村	秦	石窟寺及石刻
113	茅知至及夫人墓	仙游县龙华镇象运村	宋	古墓葬

序号	名称	地点	年代	类别
114	梅岭朝天寺	仙游县枫亭镇铺头社区	清	古建筑
115	明山宫	秀屿区东峤镇汀塘村	清	古建筑
116	木兰养性堂	仙游县鲤城街道木兰社区	清	古建筑
117	南安陂	涵江区江口镇石狮村	宋	古建筑
118	南桥兴贤庙	仙游县鲤城街道南桥社区	明	古建筑
119	南桥雁塔	仙游县鲤城街道南桥社区	明	古建筑
120	南桥郑樵祠	仙游县鲤城镇南桥社区	明	古建筑
121	南日教堂	秀屿区南日镇岩下村	清	古建筑
122	南溪福隆堂	仙游县榜头镇南溪村	清	古建筑
123	南渚林氏大墓	秀屿区东峤镇渚林村	宋	古墓葬
124	囊山寺	涵江区江口镇农山村	清	古建筑
125	破窑山窑址	仙游县度尾镇云居村	宋	古遗址
126	铺头七星祠	仙游县枫亭镇铺头社区	清	古建筑
127	埔尾窑址	仙游县度尾镇埔尾村	宋	古遗址
128	埔尾郑纪府第	仙游县度尾镇埔尾村	明	古建筑
129	戚公祠	荔城区黄石镇桥兜村林墩自然村	明	古建筑
130	前厝锦田宫	仙游县赖店镇锦田村	清	古建筑
131	前连连氏祠堂	仙游县盖尾镇前连村	清	古建筑
132	前连昭灵宫	仙游县盖尾镇前连村	清	古建筑
133	青埔天后宫	荔城区黄石镇清后村五马直沟自然村	明	古建筑
134	清民居	涵江区江口镇江口社区	清	古建筑
135	琼峰李御史碑刻	仙游县盖尾镇琼峰村	明	石窟寺及石刻
136	萩芦溪桥	涵江区萩芦镇萩芦村	民国	近现代
137	仁和庙	城厢区华亭镇华亭社区大街旁	清	古建筑
138	如嵩桥	涵江区白沙镇长兴村	宋	古建筑
139	阮鹏墓	仙游县龙华镇金沙村	唐	古墓葬
140	沙溪乐善好施坊	仙游县郊尾镇沙溪村	清	古建筑
141	沙溪孝节坊	仙游县郊尾镇沙溪村	清	古建筑
142	山尾鸣峰岩寺	仙游县赖店镇山尾村	明	古建筑
143	上昆塘坡宫	仙游县榜头镇上昆村	清	古建筑
144	上昆天马山寺	仙游县榜头镇上昆村	明	古遗址
145	蛇湾城址	仙游县钟山镇鸣和村	汉	古遗址
146	圣寿寺碑碣	涵江区江口镇厚峰村	明	石窟寺及石刻
147	师泉井	秀屿区平海镇平海村	清	古建筑
148	狮子岩寺	秀屿区东峤镇赤岐村	清	古建筑

序号	名称	地点	年代	类别
149	十八战抗倭旧址	仙游县鲤城街道十字社区	明	古遗址
150	十字天地坛	仙游县鲤城街道十字社区	清	古建筑
151	十字西亭宫	仙游县鲤城街道十字社区	清	古建筑
152	石狮贞节坊	涵江区江口镇石狮村	清	古建筑
153	石室岩寺	城厢区龙桥街道办事处北磨社区	清	古建筑
154	石庭宫	涵江区江口镇石东村	清	古建筑
155	书峰漈头宫	仙游县书峰乡书峰村	明	古建筑
156	苏钦墓	仙游县大济镇西南村	宋	古墓葬
157	苏洋陂	涵江区新县镇碧溪村	重建	近现代
158	塔兜黄朝尊孝子祠	仙游县园庄镇塔兜村	清	古建筑
159	太平陂	涵江区萩芦镇崇福村	宋	古墓葬
160	潭边龙井宫	仙游县度尾镇潭边社区	清	古建筑
161	通济越王宫	荔城区西天尾镇三山村下柯自然村	清	古建筑
162	通天寺	荔城区黄石镇和平村五龙自然村	明	古建筑
163	万灵宫	荔城区北高镇后积村后积自然村	明	古建筑
164	王回墓	仙游县龙华镇建华村	宋	古墓葬
165	王迈墓	仙游县园庄镇云峰村	宋	古墓葬
166	王文烨墓	仙游县榜头镇昆仑村	重建	近现代
167	望厝玉山祠	仙游县榜头镇望厝村	清	古建筑
168	魏升墓	仙游县龙华镇金建村	明	古墓葬
169	温泉濯缨池	仙游县赖店镇温泉村	宋	古建筑
170	翁六桂祠	荔城区黄石镇清中村东前自然村	清	古建筑
171	五府桥	荔城区新度镇下横山村南至自然村	清	古建筑
172	西音宫石雕	涵江区庄边镇西音村	清	古建筑
173	溪车窑址	仙游县大济镇溪车村	宋	古遗址
174	溪尾山遗址	仙游县园庄镇土楼村	新石器时代	古遗址
175	霞街戚继光碑刻	仙游县枫亭镇霞街社区	明	石窟寺及石刻
176	霞街太平陂	仙游县枫亭镇霞街社区	元	古建筑
177	霞街吴瑛将军碑亭	仙游县枫亭镇霞街社区	清	古建筑
178	霞桥灵慈庙	仙游县枫亭镇霞街社区	清	古建筑
179	霞溪刘氏祠堂	仙游县度尾镇霞溪村	清	古建筑
180	下楼金凤桥	仙游县鲤南镇下楼村	宋	古建筑
181	下明普光书院	仙游县榜头镇下明社区	清	古建筑
182	仙华追远堂	仙游县盖尾镇仙华村	明	古建筑
183	仙溪第一山石刻	仙游县盖尾镇仙溪村	明	石窟寺及石刻

序号	名称	地点	年代	类别
184	仙游革命烈士纪念碑	仙游县鲤南镇柳坑社区	1961 年	近现代
185	香山宫	荔城区新度镇青垞村云庄自然村	清	古建筑
186	香山岩寺	涵江区江口镇石狮村	清	古建筑
187	象星岳王庙	仙游县菜溪乡象星村	清	古建筑
188	象洋重兴亭	仙游县榜头镇象洋村	清	古建筑
189	萧妃墓	仙游县枫亭镇辉煌村	元	古墓葬
190	新灵宫	涵江区江口镇西刘村	清	古建筑
191	新塔窑址	仙游县龙华镇林内村	明	古遗址
192	新郑出米岩塔	仙游县榜头镇新郑村	宋	古建筑
193	醒桥亭碑刻	仙游县赖店镇罗峰村	宋	石窟寺及石刻
194	兴山中共上宫支部旧址	仙游县游洋镇兴山村	民国	近现代
195	许山瓷窑址	城厢区东海镇利角村	宋	古遗址
196	薛大丰墓	仙游县枫亭镇锦湖村	明	古墓葬
197	岩里寺旧址	仙游县赖店镇潘硎村	宋	古建筑
198	杨秀峰墓	仙游县郊尾镇染厝村	清	古墓葬
199	杨再尧墓	仙游县度尾镇剑山村	唐	古墓葬
200	旸谷兴彰宫	仙游县郊尾镇旸谷村	清	古建筑
201	旸谷杨氏宗祠	仙游县郊尾镇旸谷村客厅自然村	清	古建筑
202	洋塘山遗址	仙游县大济镇钟峰村	商	古遗址
203	洋尾黄氏忠孝祠	仙游县园庄镇洋尾村	清	古建筑
204	叶颙祠旧址	仙游县大济镇溪口村	宋	古遗址
205	叶颙墓	仙游县大济镇乌石村	宋	古墓葬
206	游洋惠政桥	仙游县游洋镇游洋村	宋	古建筑
207	余崇龟墓	仙游县度尾镇霞溪村	宋	古墓葬
208	余赠墓	仙游县度尾镇度峰社区	明	古墓葬
209	玉墩朱绂少保祠	仙游县赖店镇玉墩村	宋	古建筑
210	玉井井亭宫	仙游县赖店镇玉山村	清	古建筑
211	玉塔东渡塔	仙游县鲤南镇玉塔村	明	古建筑
212	玉溪祠	荔城区黄石镇西洪村东至自然村	清	古建筑
213	玉宵宫	秀屿区平海镇平海村	清	古建筑
214	园庄庄山书院	仙游县园庄镇园庄村	清	古建筑
215	越王台及九经山玉皇殿	涵江区白沙镇宝阳村	汉	古遗址
216	云峰文龙宫	仙游县园庄镇云峰村	清	古建筑
217	云庄王回御史祠	仙游县榜头镇云庄村	清	古建筑
218	长安放光岩寺	仙游县郊尾镇长安村	明	古建筑

序号	名称	地点	年代	类别
219	昭惠新宫	涵江区白沙镇狮亭村	清	古建筑
220	郑恒淑墓	仙游县度尾镇埔尾村	明	古墓葬
221	郑纪墓	仙游县鲤城街道白塔村	明	古墓葬
222	郑良士墓	仙游县鲤南镇横塘村	唐	古墓葬
223	郑樵墓碑亭	涵江区白沙镇白沙村	清	古建筑
224	郑瑞星墓	仙游县盖尾镇琼峰村	明	古墓葬
225	郑远墓	仙游县盖尾镇斜尾村	清	古墓葬
226	重霄宫	涵江区江口镇坂梁村	清	古建筑
227	朱绂墓	仙游县赖店镇玉墩村	宋	古墓葬
228	朱瀚墓	仙游县赖店镇玉墩村	唐	古墓葬
229	珠文堂	仙游县园庄镇东石村	清	古建筑
230	卓迈墓	城厢区华亭镇埔柳村柳园自然村	明	古墓葬
231	紫霄山岩刻	荔城区西天尾镇渭阳村围庄自然村	宋	石窟寺及石刻

表5　莆田市区级文物保护单位（51处）

序号	名称	地点	年代	类型
1	东角百廿间大厝（徐厝谢氏大厝）	荔城区黄石镇徐厝村谢厝自然村	明	古建筑
2	朱慧虚墓	荔城区北高镇汀江村后埕口自然村	明	古墓葬
3	屏山泰和宫	荔城区黄石镇屏山村屏山自然村	清	古建筑
4	西成寺和飞燕府	荔城区黄石镇江东村祁境自然村	清	古建筑
5	苦竹寺	荔城区西天尾镇下垞村	清	古建筑
6	龙山妈祖宫	荔城区西天尾镇龙山村新村自然村	清	古建筑
7	唐校书余公祠	荔城区新度镇东埔余村东埔自然村	明	古建筑
8	金刚旧刹	荔城区镇海街道办事处英龙居委会东岩山下	清	古建筑
9	白云岩寺	荔城区镇海街道办事处英龙居委会东岩山下	清	古建筑
10	光裕坊	荔城区镇海街道办事处文献居委会金桥巷	明	古建筑
11	莆田县城隍庙	荔城区西天尾镇龙山村乌石自然村	清	古建筑
12	万寿庵元代石佛与龙德井	城厢区凤凰山街道办事处南门社区	清	古建筑
13	宝树阁	城厢区龙桥街道办事处兴安社区	清	古建筑
14	钟潭石刻	城厢区霞林街道办事处霞林社区象鼻山上	明	石窟寺及石刻
15	状元井	城厢区龙桥街道办事处延寿村霞坡自然村	唐	古建筑
16	陈岩宝泉寺	城厢区龙桥街道办事处洋西村山兜自然村	清	古建筑
17	弥陀寺	城厢区凤凰山街道办事处林桥村桥尾自然村	清	古建筑

序号	名称	地点	年代	类型
18	真人祠（仙厝）	城厢区凤凰山街道办事处新塘社区凤凰山东南麓	清	古建筑
19	浙江城隍庙	城厢区凤凰山街道办事处新塘社区	清	古建筑
20	巽离宫	城厢区华亭镇霞皋村霞皋自然村	清	古建筑
21	董直庵墓	城厢区常太镇松峰村坝头顶	清	古墓葬
22	耀明庙	城厢区龙桥街道办事处兴安社区	清	古建筑
23	青蛙山古窑址	城厢区东海镇利角村青蛙山东、南麓	宋	古遗址
24	游金辂墓	城厢区东海镇坪洋村坪洋自然村	清	古墓葬
25	万寿桥	涵江区白塘镇集奎村	宋	古建筑
26	浮屿宫	涵江区白塘镇上梧村	清	古建筑
27	卢文辉墓	涵江区国欢镇黄霞村	明	古墓葬
28	吉祥寺	涵江区白塘镇镇前村	元	古建筑
29	功德祠	涵江区白塘镇集奎村	清	古建筑
30	灵显庙	涵江区涵东街道苍然社区	清	古建筑
31	塔桥	涵江区白塘镇上梧村	宋	古建筑
32	上生寺	涵江区涵东街道卓坡社区	明	古建筑
33	塘北书廊	涵江区涵东街道塘北社区	明	古建筑
34	铁灶宫	涵江区三江口镇东清村	清	古建筑
35	兴显宫	涵江区白塘镇周墩村	明	古建筑
36	正极殿	涵江区涵西街道保尾社区	清	古建筑
37	乌台社	涵江区涵东街道苍然社区	清	古建筑
38	大成里社	涵江区涵东街道宫下社区	清	古建筑
39	凤来宫	涵江区江口镇石狮村	明	古建筑
40	关氏祠堂	涵江区江口镇园下村	民国	古建筑
41	萍湖祖庙	涵江区庄边镇前埔村	清	古建筑
42	州牧祠	涵江区白塘镇洋尾村	清	古建筑
43	崇圣宫	涵江区萩芦镇崇圣村	清	古建筑
44	东坡天后宫	涵江区梧塘镇后东坡村	清	古建筑
45	香龙福社	涵江区梧塘镇枫林村	清	古建筑
46	悟原堂	涵江区国欢镇黄霞村	清	古建筑
47	卓午祠	秀屿区东庄镇营边居委会	明	古建筑
48	吴承斌烈士墓	秀屿区月塘镇月埔村	民国	近现代
49	莆禧天妃宫	北岸山亭镇莆禧村	明	古建筑
50	紫霄洞崖刻	北岸山亭镇东仙村	明	石窟寺及石刻
51	兴化府学泮池·碑亭	荔城区镇海街道文献居委会擢英中学内	明	古建筑

参考文献

1. 志书

（宋）黄岩孙：《仙溪志》，福建人民出版社，1989。

（宋）李俊甫：《莆阳比事》，江苏古籍出版社，1988。

（宋）《咸淳临安志》，台北：成文出版社，1970。

（明）《嘉靖惠安县志》，福建人民出版社，2016。

（明）康大和：《万历兴化府志》，海峡书局，2017年影印本。

（明）夏玉麟、汪佃修纂《建宁府志》，厦门大学出版社，2009。

（明）叶春及：《惠安政书·附崇武所城志》，福建人民出版社，1987。

（明）《正德琼台志》，彭静中点校，海南出版社，2006。

（明）周华：《（正统）兴化县志》（《游洋志》），1936年刊本。

（明）周瑛、黄仲昭：《重刊兴化府志》，蔡金耀点校，福建人民出版社，2007。

（清）《雍正惠来县志》，台北：成文出版社，1968。

（清）《乾隆潮州府志》，台北：成文出版社，1967。

（清）《乾隆福宁府志》，上海书店出版社，2012。

（清）《乾隆揭阳县志》，台北：成文出版社，1974。

（清）《乾隆普宁县志》，台北：成文出版社，1974。

（清）《乾隆泉州府志》，上海书店出版社，2000。

（清）《乾隆吴县志》，乾隆十年（1745年）刻本。

（清）《乾隆延平府志》，台北：成文出版社，1967。

（清）《嘉庆澄海县志》，台北：成文出版社，1967。

（清）《道光琼州府志》，台北：成文出版社，1967。

（清）《道光万州志》，王若点校，海南出版社，2004。

（清）《同治广丰县志》，台北：成文出版社，1975。

（清）《同治玉山县志》，台北：成文出版社，1975。

（清）《光绪常山县志》，台北：成文出版社，1975。

（清）《光绪海阳县志》，台北：成文出版社，1967。

（清）《光绪太平续志》，上海书店出版社，1993。

（清）《光绪泰顺分疆录》，台北：成文出版社，1975。

（清）《光绪漳州府志》，上海书店出版社，2000。

（清）《宣统徐闻县志》，台北：成文出版社，1974。

（清）陈池养：《莆阳水利志》，台北：成文出版社，1974。

（清）陈懋烈修《莆田水利志》，台北：成文出版社，1974。

（清）范咸：《重修台湾府志》，"台湾文献丛刊"第 105 种。

（清）廖必琦：《乾隆兴化府莆田县志》，台北：成文出版社，1968。

（清）林麟焻：《康熙兴化府莆田县志》，中国文史出版社，2018。

（清）林扬祖：《道光莆田县志稿》，"福建师范大学图书馆藏稀见方志丛刊"
　　本，北京图书馆出版社，2008。

（清）石有纪修、张琴纂《民国莆田县志》，《中国地方志集成·福建府县志辑》
　　第 16 册，上海书店出版社，2000。

（清）叶和侃等纂《乾隆仙游县志》，上海书店出版社，2000。

（清）张琴编纂《莆田广化寺志》，福建师范大学图书馆藏本。

（清）周玺：《彰化县志》，"台湾文献丛刊"第 156 种。

（清）朱仕阶：《小琉球漫志》，"台湾文献丛刊"第 3 种。

《安平县杂记》，"台湾文献丛刊"第 52 种。

蔡国耀主编《莆阳方志九种》，吉林文史出版社，2016。

蔡金耀主编《梧塘镇志》，方志出版社，1997。

陈美德、戴永存主编《莆田市外经贸志》，方志出版社，1995。

陈日新编《莆田乡土地理》，美兴印书局，1921。

东来老人编《仙游乡土志》，民国未刊稿本。

《福莆仙乡贤人物志》编辑委员会编《福莆仙乡贤人物志》，新加坡：福莆仙文
　　化出版社，1990。

胡太初修、赵与沐纂乾隆《临汀志》，福建人民出版社，1990。

林洪霖主编《莆田市金融志》，方志出版社，2003。

林庆尧主编《仙游县教育志》，方志出版社，1997。

《民国建阳县志》，上海书店出版社，2012。

《台湾省通志稿》，台北：捷幼出版社，1999。

仙游县地方志编纂委员会编《仙游县志》，方志出版社，1995。

仙游县枫亭镇人民政府编《枫亭志》，方志出版社，1999。

《仙游县粮食志》编纂委员会编《仙游县粮食志》，方志出版社，1995。

朱维幹：《莆田县简志》，方志出版社，2005。

城厢区地方志编纂委员会编《城厢区志》，中国社会科学出版社，1999。

福建省地方志编纂委员会编《福建省志·交通志》，方志出版社，1998。

福建省地方志编纂委员会编《福建省志·教育志》，方志出版社，1998。

福建省地方志编纂委员会编《福建省志·人事志》，方志出版社，2000。

福建省地方志编纂委员会编《福建省志·商业志》，中国社会科学出版社，1999。

福建省地方志编纂委员会编《福建省志·烟草志》，方志出版社，1995。

福建省莆田县宗教事务局编《莆田县宗教志》，莆田县宗教事务局，1991。

涵江区地方志编纂委员会编《涵江区志》，方志出版社，1997。

〔阿拉伯〕伊本·胡尔达兹比赫著，宋岘译注《道里邦国志》，中华书局，1991。

莆田市地方志编纂委员会编《莆田市姓氏志》，方志出版社，2010。

莆田市地方志编纂委员会编《莆田市志》，方志出版社，2000。

莆田市地名志编委会编《莆田市交通志》，华艺出版社1992。

莆田市教育委员会编《莆田市教育志》，方志出版社，2000。

莆田市邮电局编《莆田市邮电志》，方志出版社，2002。

莆田县地方志编纂委员会编纂《莆田县志》，中华书局，1994。

莆田县志编委会编《莆田县志（稿）》（共56册），1959~1966，内部印发。

2. 古籍及资料汇编

（唐）黄滔：《莆阳黄御史集》，中华书局，1985。

（宋）蔡襄：《荔枝谱》，福建人民出版社，2004。

（宋）蔡襄：《莆阳居士蔡公文集》，书目文献出版社，1998。

（宋）陈振孙：《直斋书录解题》，上海古籍出版社，1987。

（宋）方大琮：《铁庵集》，《四库全书》集部·别集类第1178册。

（宋）高承：《事物纪原》，中华书局，1985。

（宋）洪迈：《夷坚志》，中华书局，1981。

（宋）黄仲元：《莆阳黄仲元四如先生文稿》，上海书店，1986。

（宋）江应辰：《文定集》，商务印书馆，1936。

（宋）乐史：《太平寰宇记》，中华书局，2008。

（宋）李心传：《建炎以来系年要录》，中华书局，2013。

（宋）林光朝：《艾轩集》，中国文史出版社，2014。

（宋）刘克庄：《后村先生大全集》，上海书店出版社，1989。

（宋）吕颐浩：《忠穆集》，《四库全书》集部·别集类第1131册。

（宋）秦观：《淮海集》，北京图书馆出版社，2003。

（宋）苏轼著、李之亮笺注：《苏轼文集编年笺注》，巴蜀书社，2011。

（宋）田况：《儒林公议》卷上，张其凡点校，中华书局，2017。

（宋）王若钦等：《册府元龟》，中华书局，1960。

（宋）王象之：《舆地纪胜》，中华书局，1992。

（宋）魏了翁：《鹤山集》，《四库全书》集部·别集类第1173册。

（宋）叶适：《水心集》，《四库全书》集部·别集类第1164册。

（宋）张守：《毗陵集》，中华书局，1985。

（宋）赵汝适《诸蕃志校释》，杨博文校释，中华书局，1996。

（宋）郑樵：《通志》，中华书局，1987。

（元）贡师泰：《玩斋集》，《四库全书》集部·别集类第1215册。

（元）洪希文：《续轩渠集》，《四库全书》集部·别集类第1205册。

（元）马端临：《文献通考》，中华书局，1986。

（元）张养浩：《张养浩集》，吉林文史出版社，2008。

（明）陈荐夫：《水明楼集》，《四库全书存目丛书》集部·别集类第176册。

（明）陈仁锡：《皇明世法录》，台北：台湾学生书局，1966。

（明）陈子龙等选《明经世文编》，中华书局，1962。

（明）董应举：《崇相集》，《四库禁毁书丛刊》集部第102册。

（明）顾炎武：《天下郡国利病书》，《续修四库全书》第597册《史部·地理类》。

（明）黄仲昭：《未轩文集》，《四库全书》集部·别集类第1254册。

（明）计六奇：《明季北略》，中华书局，1984。

（明）焦竑：《玉堂丛语》，中华书局，2014。

（明）解缙等编《永乐大典》，中华书局，1986。

（明）林俊：《见素文集》，《四库全书》集部·别集类第1257册。

（明）林兆恩：《林子三教正宗统论》，民国刊本。

（明）戚祚国汇纂《戚少保年谱耆编》，中华书局，2003。

（明）邱濬：《重编琼台稿》，《四库全书》集部·别集类第1248册。

（明）宋珏：《荔枝谱》，福建人民出版社，2004。

（明）陶宗仪、朱谋垔：《书史会要》，浙江人民美术出版社，2012。

（明）谢肇淛：《五杂俎》，中华书局，1959。

（明）徐渭：《南词叙录》，《曲苑》第 9 册，民国 10 年（1920 年）石印本。

（明）姚旅：《露书》，福建人民出版社，2008。

（明）张燮：《东西洋考》，中华书局，1981。

（明）郑纪：《东园文集》，《四库全书》集部·别集类第 1249 册。

（明）郑岳：《莆阳文献》，《续修四库全书》第 548 册《史部·传记类》。

（明）郑岳：《山斋文集》，《四库全书》集部·别集类第 1263 册。

（明）周之夔：《弃草集·文集》，江苏广陵古籍刻印社，1997。

（明）朱国祯：《皇明大政记》，北京大学出版社，2002。

（明）朱浗：《天马山房遗稿》，《四库全书》集部·别集类第 1273 册。

（清）陈鸿：《莆变小乘》，江苏古籍出版社，2000。

（清）陈梦雷等编《古今图书集成》，中华书局，1986。

（清）冯奉初辑《潮州耆旧集》，吴二持点校，暨南大学出版社，2016。

（清）谷应泰：《明史纪事本末》，商务印书馆，1934。

（清）顾嗣立编《元诗选初集》，中华书局，1987。

（清）顾祖禹撰《读史方舆纪要》，中华书局，2005。

（清）梁章钜：《归田琐记》，中华书局，2012。

（清）倪在田：《续明纪事本末》，台北：大通书局。

（清）彭定求等编《全唐诗》，上海古籍出版社，1993。

（清）《钦定四库全书荟要》卷 16368，集部《道园学古录》。

（清）沈云：《台湾郑氏始末》，文物出版社，1986 年影印本。

（清）素尔讷等纂修《钦定学政全书校注》，霍有明等校注，武汉大学出版
    社，2009。

（清）涂庆澜：《荔隐山房集》，光绪三十二年（1906 年）刻本。

（清）吴任臣：《十国春秋》，中华书局，1983。

（清）徐松辑《宋会要辑稿》，中华书局，1967。

（清）余飏：《莆变纪事》，江苏古籍出版社，2000。

（清）郑王臣：《莆风清籁集》，《四库全书存目丛书》集部第 441 册，齐鲁书
    社，1997。

（清）郑远芳：《用拙居存稿》，清嘉庆四年（1799 年）刻本。

（清）左宗棠：《左宗棠全集》，上海书店，1986。

蔡国泰、卢元宝主编《中共福建省仙游县组织史资料（1927 年 4 月~1987 年 12

月）》，鹭江出版社，1993。

陈谷嘉、邓洪波：《中国书院史资料》，浙江教育出版社，1998。

《陈书》，中华书局，1972。

陈垣编纂《道家金石略》，文物出版社，1988。

陈瞻岵：《莆阳南山广化寺历代文献汇集》，莆田南山广化寺印行，1986。

陈直校证《三辅黄图校证》，陕西人民出版社，1980。

《大元通制条格》，郭成伟点校，法律出版社，2000。

傅璇琮等主编《全宋诗》，北京大学出版社，1991。

《宫中档乾隆朝奏折》第 8 辑，台北"故宫博物院"印行，1982。

蒋维锬编校《妈祖文献资料》，福建人民出版社，1990。

《旧唐书》，中华书局，1975。

李修生主编《全元文》，凤凰出版社，2004。

《明清史料》，中华书局，1987。

《明神宗实录》，上海古籍书店，1983。

《明史》，中华书局，1974。

《明世宗实录》，上海古籍书店，1983。

《明太宗实录》，上海古籍书店，1983。

《明太祖实录》，上海古籍书店，1983。

《南史》，中华书局，1975。

《清朝文献通考》，上海商务印书馆，1936。

《清高宗实录》，中华书局，1985。

《清史稿》，中华书局，1998。

《清世祖实录》，中华书局，1985。

《三国志》，中华书局，1999。

三余氏：《南明野史》，《台湾文献史料丛刊》第 5 辑，台北：大通书局。

《宋史》，中华书局，1977。

《隋书》，中华书局，1973。

唐圭璋编《全宋词》，中华书局，1965。

《唐会要》，中华书局，1955。

王文泰：《闽国史汇》，暨南大学出版社，2000。

《新五代史》，中华书局，1975。

《新元史》，海南国际新闻出版中心，1996。

薛国中、韦洪编《明实录类纂·福建台湾卷》，武汉出版社，1993。

薛谋成、郑全备编《福建事变资料选编》，江西人民出版社，1984。

杨镰主编《全元诗》，中华书局，2013。

蚁文霖主编《中国共产党福建省莆田市组织史资料（1926 年 2 月～1987 年 12 月）》，福建人民出版社，1993。

《元和郡县图志》，中华书局，1983。

《元史》，中华书局，1975。

郑振满、丁荷生编纂《福建宗教碑铭汇编·兴化府分册》，福建人民出版社，1995。

朱维幹纂辑、李瑞良增辑《四库全书名人著作提要》，福建人民出版社，2001。

诸葛计、银玉珍：《闽国史事编年》，福建人民出版社，1997。

诸葛忆兵：《宋代科举资料长编》，凤凰出版社，2017。

《资治通鉴》，中华书局，1956。

福建省档案馆、中共福建省委党史征委会闽浙赣办公室编《闽浙赣党史文件资料选编》，福建人民出版社，1987。

江苏广陵古籍刻印社：《笔记小说大观》，江苏广陵古籍刻印社，1983。

民国壶社同人：《壶社诗草》，抄本。

莆田市档案馆编《莆仙革命历史档案资料珍藏选编》，2009。

台湾总督官房调查课编《台湾在籍汉民族乡贯别调查》，台北：台湾时报发行所，1928。

中共莆田市委党史研究室等编《烈火春秋·闽中革命回忆录专辑》，鹭江出版社，1992。

中华妈祖文化交流协会等编《妈祖文献史料汇编》第 1 辑，中国档案出版社，2007。

中华妈祖文化交流协会等编《妈祖文献史料汇编》第 2 辑，中国档案出版社，2009。

中华妈祖文化交流协会等编《妈祖文献史料汇编》第 3 辑，海风出版社，2011。

3. 谱牒

（清）陈云章修《莆田浮山东阳陈氏族谱》，"北京图书馆藏家谱丛刊·闽粤侨乡卷"第 7 册，北京图书馆出版社，2000。

（清）方元会纂修顺治《莆阳刺桐金紫方氏族谱》，"北京图书馆藏家谱丛刊·闽粤侨乡卷"第 1 册，北京图书馆出版社，2000。

（清）黄邦士辑《莆阳碧溪黄氏宗谱》，福建师范大学图书馆藏本。

（清）徐临纂辑乾隆二十六年（1761 年）《莆田延寿徐氏族谱》，福建省图书馆
　　收藏。

傅蜜修《仙溪罗峰傅氏族谱》，民国 15（1926 年）年石印本。

林光铨校《西河林氏族谱》，"北京图书馆藏家谱丛刊·闽粤侨乡卷"第 1 册，
　　北京图书馆出版社，2000。

莆田《南湖郑氏家乘》。

《莆田朱氏通谱》，1999。

《莆田朱氏通谱》第 2 卷，2005。

仙游《蔡氏族谱》。

仙游《飞钱陈氏族谱》（续修本），1999。

仙游《郭氏正续世庆志》。

《仙游县榜头镇紫溪陈氏世谱》，2001。

郑时敏修莆田《南湖郑氏大宗谱》。

石庭福利基金会、石庭黄氏族谱编委会编《石庭黄氏大族谱》，1990。

4. 今人著作

蔡天新：《百年莆田 1900～2000》，中央文献出版社，2002。

蔡天新：《莆商发展史》，中央文献出版社，2014。

蔡天新、钟健英编《仙游人民革命史》，新华出版社，1991。

曹家齐：《宋代交通管理制度研究》，河南大学出版社，2002。

查时杰：《中国基督教人物小传》上卷，台北：中华福音神学院出版社，1983。

陈宝良：《明代儒学生员与地方社会》，社会科学文献出版社，2005。

陈骏驹：《莆仙戏史略》，福建人民出版社，1996。

陈庆元：《福建文学发展史》，福建教育出版社，1996。

陈泽泓：《潮汕文化概说》，广东人民出版社，2001。

陈支平：《福建六大民系》，福建人民出版社，2000。

陈支平、詹石窗主编《透视中国东南：文化经济的整合研究》，厦门大学出版
　　社，2003。

陈支平主编《福建宗教史》，福建教育出版社，1996。

程民生：《宋代地域文化》，河南大学出版社，1997。

程章灿：《刘克庄年谱》，贵州人民出版社，1993。

戴显群、方慧：《福建科举史》，黑龙江人民出版社，2012。

多洛肯：《明代福建进士研究》，上海辞书出版社，2004。

顾长声：《传教士与近代中国》，上海人民出版社，1991。

何炳棣：《明初以降人口及其相关问题1368～1953》，葛剑雄译，生活·读书·
　　新知三联书店，2000。

黄桂：《潮州的社会传统与经济发展》，江西人民出版社，2002。

黄祖绪：《壶山门第》，作家出版社，2007。

黄祖绪：《明代莆仙及东南沿海抗倭集》，中国文史出版社，2020。

黄祖绪：《莆仙历代高僧大德知见录》，宗教文化出版社，2019。

蒋维锬主编《莆田革命史》，福建人民出版社，1995。

金文亨：《闽中人民革命史》，厦门大学出版社，1991。

李弘祺：《宋代官学教育与科举》，台北：联经出版事业股份有限公司，1994。

李弘祺：《宋代教育散论》，台北：东升出版事业有限公司，1970。

李如龙：《汉语方言学》（第2版），高等教育出版社，2007。

李祖兴主编《闽中党史研究文论选》，鹭江出版社，1993。

利玛窦、金尼阁：《利玛窦中国札记》，何高济等译，中华书局，1997。

连立昌：《福建秘密社会》，福建人民出版社，1989。

梁庚尧：《宋代科举社会》，台北：台湾大学东方出版中心，2015。

梁桂元：《闽画史稿》，天津人民美术出版社，2001。

廖大珂：《福建海外交通史》，福建人民出版社，2002。

林国良主编《莆田妈祖信俗大观》，海风出版社，2014。

林国梁主编《福建兴化文献》，台北：台北市莆仙同乡会，1978。

林国平：《林兆恩与三一教》，福建人民出版社，1992。

林国平、彭文宇：《福建民间信仰》，福建人民出版社，1993。

林国平、邱季端主编《福建移民史》，方志出版社，2005。

林金水主编《福建对外文化交流史》，福建教育出版社，1997。

林清华主编《闽中革命史画册》，中共党史出版社，2011。

林庆元主编《福建近代经济史》，福建教育出版社，1999。

林祖韩：《湄港联珠》，华艺出版社，2001。

林祖泉：《莆田林氏科第录》，海峡文艺出版社，2017。

林祖泉：《莆阳进士录》，海峡文艺出版社，2013。

刘海峰、庄明水：《福建教育史》，福建教育出版社，1996。

刘念兹：《南戏新证》，中华书局，1986。

刘一彬：《闽台交融的考试纽带：清代福建乡试研究》，厦门大学出版社，2016。

刘兆璸：《清代科举》，台北：东大图书公司，1979。

刘子政：《黄乃裳与新福州》，新加坡：南洋学会，1979。

裴化行：《利玛窦司铎和当代中国社会》第 1 册，上海徐家汇土山湾印书馆，1944。

钱南扬：《戏文概论》，上海古籍出版社，1981。

卿希泰主编《中国道教史》（第 2 卷），四川人民出版社，1996。

阮其山：《莆阳名人传》，海峡文艺出版社，2013。

邵雍：《中国近代帮会史研究》，上海人民出版社，2011。

沈仁国：《元朝进士集证》，中华书局，2016。

宋国强：《莆田市历代水利功臣录》，内部出版，2011。

孙培青：《中国教育史》，华东师范大学出版社，1992。

唐文基：《福建古代经济史》，福建教育出版社，1995。

汪征鲁主编《福建史纲》，福建人民出版社，2003。

王金绂：《中国经济地理》下册，北平文化学社，1930。

王豫生：《福建教育史》，福建教育出版社，2004。

翁卫平：《莆田体育百年》，海风出版社，2009。

翁卫平主编《天下莆商》，经济日报出版社，2005。

吴怀祺：《郑樵研究》，厦门大学出版社，2010。

吴明刚：《1933 福建事变始末》，湖北人民出版社，2006。

吴松弟：《中国人口史》第 3 卷《辽宋金元时期》，复旦大学出版社，2000。

吴文星：《日据时期在台"华侨"研究》，台北：台湾学生书局，1991。

萧启庆：《元代的族群文化与科举》，台北：联经出版事业股份有限公司，2008。

萧亚生：《兴化家族与祖先崇拜》，鹭江出版社，2014。

萧一山：《清代通史》，中华书局，1986。

谢如明：《莆田发展简史》，厦门大学出版社，2008。

邢福增：《文化适应与中国基督徒（一八六〇至一九一一年）》，香港：建道神学院，1995。

徐晓望主编《福建通史》，福建人民出版社，2006。

杨力、叶小敦：《东南亚的福建人》，福建人民出版社，1993。

杨榕：《福建戏曲文献研究》，中国戏剧出版社，2007。

张福基：《兴化卫理公会史》，兴化卫理公会，1947。

张宏生：《江湖诗派研究》，中华书局，1995。

张杰：《清代科举家族》，社会科学文献出版社，2006。

张静主编《中国戏曲史研究卷》，安徽文艺出版社，2015。

张声作主编《宗教与民族》，中国社会科学出版社，1997。

郑国瑞：《郭尚先——清代台湾书法个案研究》，高雄：复文图书出版社，2013。

郑礼炬：《明代福建文学结聚与文化研究》，人民文学出版社，2015。

郑尚宪、王评章：《莆仙戏史论》，中国戏剧出版社，2006。

郑振满：《明清福建家族组织与社会变迁》，湖南教育出版社，1992。

周积寅：《曾鲸的肖像画》，人民美术出版社，1981。

周雪香：《莆仙文化述略》，中国社会科学出版社，2008。

周振鹤、游汝杰：《方言与中国文化》，上海人民出版社，1986。

朱绍侯主编《中国古代史》，福建人民出版社，1990。

朱维幹：《福建史稿》，福建教育出版社，1985。

朱维幹：《莆田县简志》，方志出版社，2005。

邹逸麟：《中国历史地理概述》，上海教育出版社，2005。

马来西亚雪兰莪兴安会馆编《兴化文献》，1947。

莆田市莆仙文化研究院编《莆田市名人志》，福建人民出版社，2014。

5. 期刊、报纸及论文（集）

蔡金发：《从蔡宅忠惠祠到东沙蔡襄纪念馆》，《福建论坛》1994年第5期。

陈宝良：《明太祖与儒佛道三教》，《福建论坛》1993年第5期。

陈长城：《莆田涵江发现摩尼教碑刻》，《海交史研究》1988年第2期。

陈高华：《元代的海外贸易》，《历史研究》1978年第3期。

陈少丰：《宋代未立市舶机构港口之海外贸易》，《海交史研究》2016年第1期。

陈余：《莆田旧社会商业概述》，《莆田文史资料》第8辑，1985。

范金民：《清代前期福建商人的沿海北糟贸易》，《闽台文化研究》2013年第 2期。

范正义：《基督教与中国民间信仰——以福建为研究中心》，硕士学位论文，福建师范大学，2001。

韩振华：《五代福建对外贸易》，《中国社会经济史研究》1986年第3期。

黄赤：《试分析元王朝不平等的民族政策》，《金田》2015年第12期。

黄洋：《有关陈文龙的遗文、书信、文诰、诏书和祭文》，《福建论坛》1997年 第2期。

柯凤梅、陈豪：《福建莆田古窑址》，《考古》1995年第7期。

李辉柄：《莆田窑址初探》，《文物》1979 年第 12 期。

李最欣：《五代闽国诗人徐寅人品和文品之说纠谬》，《台州学院学报》2018 年
    第 4 期。

廖大珂：《"亦思法杭"初探》，《海交史研究》1997 年第 1 期。

林精华：《与文天祥"隆名并峙"的民族英雄陈文龙》，《福建论坛》1994 年第
    6 期。

林祖泉：《莆田历代科考及第探析》，《福建史志》2014 年第 5 期。

刘福铸：《从郑氏族谱看郑露是梁陈时人》，《莆田侨乡时报》2018 年 5 月 28 日。

刘福铸：《广化寺是莆田历史上真正的第一座佛教寺院》，《莆田侨乡时报》2018
    年 6 月 27 日。

刘福铸：《"南湖三先生"是梁陈时人难以否定》，《莆田侨乡时报》2018 年 5 月
    18 ~ 21 日。

卢建一：《明代海禁政策与福建海防》，《福建师范大学学报》1992 年第 2 期。

聂崇正：《明代官廷中何以浙闽籍画家居多》，《美术观察》1997 年第 4 期。

彭泽益：《清初四榷关地点和贸易量的考察》，《社会科学战线》1984 年第 3 期。

司徒尚纪：《海南岛历代民族迁移和人口分布初探》，《历史地理》第 7 辑，上海
    人民出版社，1990。

孙晟：《两朝之间：清初迁界与社会变迁——以福建兴化地区为中心的研究》，
    博士学位论文，厦门大学，2006。

谭立峰：《明代沿海防御体系研究》，《南京林业大学学报》2012 年第 1 期。

谭其骧：《浙江各地区的开发过程与省界、地区界的形成》，《历史地理研究》
    第 1 辑，1986。

谭其骧：《浙江省历代行政区域——兼论浙江各地区的开发过程》，《长水集》
    上册，人民出版社，1987。

王冠倬：《元代市舶制度简述》，《中国历史博物馆馆刊》1979 年第 00 期。

王松苗：《关于宋朝经济中心的南移》，《青海师范大学学报》1990 年第 4 期。

吴松弟：《宋代户口的汇总发布系统》，《历史研究》1999 年第 4 期。

徐文明：《曹山本寂禅师的禅法思想》，《世界宗教研究》2001 年第 2 期。

徐晓望：《福建历史上几个人口数字考证》，《福建论坛》1987 年第 4 期。

徐晓望：《〈占城稻质疑〉补证》，《中国社会经济史研究》1984 年第 3 期。

许明龙：《中法文化交流的先驱黄嘉略》，《社会科学战线》1986 年第 3 期。

许众行：《叔侄两忠烈——陈瓒与陈文龙》，《福建论坛》1996 年第 1 期。

杨国利：《两宋时期经济中心南移的思考》，《兰台世界》2014 年第 30 期。

章深：《重评宋代市舶司的主要功能》，《广东社会科学》1998 年第 4 期。

章翊中、张竞华：《明太祖朱元璋吏治措施及其特点》，《江西社会科学》2001
年第 12 期。

郑莉：《新加坡兴化人的木偶戏与仪式传统》，《南洋学报》（新加坡）2008 年第
132 期。

郑镛：《论明代月港在中国海外交通史上的地位》，《漳州职业技术学院学报》
2012 年第 3 期。

郑振满：《莆田平原的宗族与宗教——福建兴化府历代碑铭解析》，《历史人类学
学刊》2006 年第 1 期。

郑振满：《宋以后福建的祭祖习俗与宗族组织》，《厦门大学学报》1987 年增刊。

周世泉等：《本寂与曹洞宗的最后形成》，《东华理工大学学报》（社会科学版）
2008 年第 3 期。

周伟洲：《唐朝与南海诸国通贡关系研究》，《中国史研究》2002 年第 3 期。

朱晓蓉：《黄滔与闽地文人群体的崛起》，《厦门广播电视大学学报》2008 年第
2 期。

朱仲玉：《明代福建史学家柯维骐和宋史新编》，《福建论坛》1984 年第 1 期。

6. 其他

《福建辖境议会录》附录"支区情形报告"，中华圣公会福建教区，1929。

《美以美会兴化年议会录》，美兴印书局，1926。

《中华圣公会福建教区第 23 届议会报告书》附录"支区情形报告"，中华圣公会
福建教区，1933。

《中华圣公会福建教区莆田支区简史》，莆田县档案馆，全宗号 36，目录号 1，
案卷号 01。

D. MacGillivary, *A Century of Protestant Missions in China*（*1807 – 1907*）（Shang-
hai：American Presbyterian Mission Press，1907）.

Gordon Hewitt, *The Problems of Success—A History of the Church Missionary Society*
（*1910 – 1942*）（London：SCM Press Ltd.，1977）.

L. Beard Willard, "Recent Development in Chinese Church Life," *The China Mission
Year Book*，（1924）.

W. N. Brewster, "A New Method of Self-support," *The Chinese Recorder* 27（1896）.

W. N. Brewster, "A Review of Thirteen Years," *The Chinese Recorder* 34（1903）.

后　记

　　莆田市，位于福建沿海中部，史称"兴化""兴安"，雅称"莆阳"，俗称"莆仙"。南朝陈光大二年（568 年）首次设县。自宋太平兴国五年（980 年）设兴化军以来，莆田就一直保持相对稳定的行政区域而号称"千年古府"，又以积淀厚重的文化底蕴而被誉为"海滨邹鲁""文献名邦"。

　　1983 年，经国务院批准，撤销莆田地区，成立莆田市，开启了莆田改革开放和社会主义现代化建设的新征程；2002 年，国务院批准莆田市调整部分行政区划，撤销莆田县，辖区分属荔城区、城厢区、涵江区和秀屿区，莆田历史掀开新的一页。进入新时代，莆田全方位推动高质量发展，加快推进美丽莆田建设。兴化大地生机勃发、欣欣向荣。

　　盛世修史，明今示变。近年来，莆田市委、市政府以习近平新时代中国特色社会主义思想为指导，深入学习贯彻落实习近平总书记关于弘扬中华优秀传统文化的重要论述，高度重视地方历史文献的挖掘整理出版工作，组织编写了大量历史文化读物，对激发全市人民爱国爱乡热情、加快推动美丽莆田建设、提升莆田知名度和美誉度发挥了重大作用。但这些文史读物或侧重于某个朝代或侧重于某个方面，莆田悠久历史的发展脉络和经济社会文化发展变迁的内在逻辑未能得到全景式、全方位展现，这成为众多有识之士的心中憾事。

　　为全面展现莆田"文献名邦"的辉煌历史，2016 年 4 月，经市委、市政府同意，市委宣传部组织并委托福建师范大学社会历史学院具体负责《莆田通史》的编纂工作。几年来，在该学院林国平教授的牵头组织下，11 位专家学者历时四载、五易其稿，著成这部近百万字的图文并茂的《莆田通史》，全面系统地阐述了史前至中华人民共和国成立前的莆田政治、经济、社会、文化、制度等方面的发展与变迁情况，充分展现了莆田悠久的历史和独特的文化魅力。这是第一部以通史体例全方位展现莆田辉煌历史的鸿篇巨制，也是一部存史兴邑、资政育人的史著力作。

本书由林国平教授、彭文宇教授主编，具体分工如下：纲目的编制、概述的撰写和全书统筹统稿主要由林国平负责；史前部分由郑国珍编写；府县建制沿革、文学艺术和方言部分由刘福铸编写；人口家族和交通商贸部分由周雪香编写；农业手工业、民国时期的医疗卫生、体育部分由俞黎媛编写；教育和科举部分由黄新宪编写；政治和军事部分由范正义编写；乌白旗械斗、民国时期政治和革命斗争、民族工业、交通运输、银行邮电等由陈金亮、陈静编写；水利由彭文宇编写；宗教信仰部分由王福梅、林国平编写；附录二"现存莆田历代主要著述一览"由陈枚香、刘福铸、黄祖绪共同编制，其他附录由林国平编制；本书的多数图片由林国平拍摄，在拍摄中得到游国鹏、林玉霞、陈培锋等人的大力协助，部分图片由莆田市博物馆、刘福铸、黄新宪、肖亚生、郑秋鉴等提供。总之，本书是在前人研究基础上分工合作编写而成的，是集体智慧的结晶，衷心感谢各位作者付出的辛勤劳动和做出的重要贡献！

本书在编纂过程中，先后召开多次座谈论证会，卢美松、陈支平、黄祖绪、阮其山、萧亚生、金文亨、许更生、蔡天新、谢如明、林祖泉、林祖良、黄国华、柯凤梅、蔡庆发、郑秋鉴、朱合浦、郭世平等文史专家学者提供了很好的意见建议；上述专家学者中的多数人承担了部分审读任务，其中黄祖绪还三次审读全部书稿，贡献良多；厦门大学陈支平教授热情赐序。在此一并表示衷心的感谢！

由于时间、精力和学识等因素，本书错漏舛误在所难免，敬请广大读者、各界人士批评指正。

《莆田通史》编委会

2020 年 6 月

图书在版编目（CIP）数据

莆田通史 / 林国平，彭文宇主编． -- 北京：社会
科学文献出版社，2021.2
ISBN 978 - 7 - 5201 - 7746 - 7

Ⅰ．①莆…　Ⅱ．①林…②彭…　Ⅲ．①莆田 - 地方史
Ⅳ．①K295.73

中国版本图书馆 CIP 数据核字（2021）第 032782 号

莆田通史

主　　编 / 林国平　彭文宇

出 版 人 / 王利民
责任编辑 / 易　卉
文稿编辑 / 郭锡超

出　　版 / 社会科学文献出版社　（010）59367161
　　　　　　地址：北京市北三环中路甲 29 号院华龙大厦　邮编：100029
　　　　　　网址：www. ssap. com. cn
发　　行 / 市场营销中心　（010）59367081　59367083
印　　装 / 三河市东方印刷有限公司

规　　格 / 开　本：787mm × 1092mm　1/16
　　　　　　印　张：53　字　数：950 千字
版　　次 / 2021 年 2 月第 1 版　2021 年 2 月第 1 次印刷
书　　号 / ISBN 978 - 7 - 5201 - 7746 - 7
定　　价 / 368.00 元